羅雲鋒 著

論語廣辭

上海三聯書店

作者简介

羅雲鋒　現任教於華東政法大學。華東師範大學文學博士。法學博士後，社會學博士後（後退站）。撰寫出版有《禮治與法治》、《文教與政教》、《儒家廣議》、《儒家廣論》、《孟子解讀》（猶《孟子廣辭》）等十六七本著作，將要出版《大學廣辭》、《中庸廣辭》、《不舍獨看風景》、《中國古代哲學範疇正名》等書。

近來主要關注中國古代哲學、漢語語言哲學、漢語哲學、新經學，與西方分析哲學、語言哲學、心靈哲學或智識哲學等，以及"（古今）漢語與現代漢語文學、漢語文學理論的重審與重造"這一論題。

自　序

　　本書以講明疏通《論語》本來義理（義禮、道理）為主，兼顧辭章、“邏輯”、“廣義”①，稍涉“評論”②，偶及“今論”，而總名之曰“廣辭”。除“今論”稍以今世理義評判之（指《論語》及先秦儒家所揭櫫之義理等）而外③，餘皆本諸還原存真之初衷，原存孔子或先秦儒家之道義學術面目之真也；又用以提供一義精、論足、典雅、暢達之《論語》讀本④。若夫細緻周全之總體評價⑤，將俟異日（如《論語評議》）。

―――――

　　①　或“廣理”、“擴論”，亦即孔子、先秦儒家乃至先秦以及秦漢以來之學者所揭櫫之諸等理義之增廣納入，如儒家理義之重要精約者，或旁涉之重要理義、文詞疏略難盡明者，理義辭意疑難者等，欲使此書盡量集納孔子或先秦儒家道理義禮學術之大成，而讀者亦可藉此書而稍窺其堂奧。

　　②　文本內部評論，或儒家義理內部之分析評論。

　　③　道義評判，判別道義是非，今日價值判斷、正當性分析評判、規範分析云云。

　　④　古往今來既有之優秀《論語》讀本甚多，固然各有優長，然亦各或稍有不足：或則原文於今（之一般讀者）稍覺古奧簡略，或則因夾雜考證注釋而或支離破碎、文氣文勢不暢，或則重白話“譯述”不重義理論述辨析，或則語不雅馴比如“譯述”之白話無文嚼蠟（稍乏文學辭章美感之熏陶感染），或則義理解讀不能通貫而每至於前後扞格矛盾，或則卷帙浩繁，諸如此類，不一而足，每使讀者或則望而卻步，或則愈讀愈增迷亂而疑惑重重，或則窮經皓首卒無預期之得，等等。無論如何評價，此書確實影響巨大，而今無適合一般讀者研讀分析之古文理想讀本（兼顧普及與提高、義理與辭章，解讀與分析，邏輯與語言美感等，故不宜徑用白話），是吾憂也。筆者憂急於此，故不憚谫陋，乃發有此意願而有此書也（此即吾撰此書之根本初衷）。或未能至，而斯心可鑒也。

　　⑤　即對於《論語》全書、孔子思想、先秦儒家乃至古代儒家思想學術之總體評價。

　　義理①，先秦或曰道或曰義或曰禮②，時或混同用之，亦稍區以別之③；道則天道、地道④、人道⑤之總名⑥，義則尊法天道⑦、依循人道⑧、發而為諸等人義（人伻與人倫⑨），禮則揆諸道義而製作禮儀（乃至禮樂）法度也。宋儒又拈出一"理"字，亦多取其道、義之意。其道義也，以為皆由先聖先王仰觀俯察、本法天地之道而用中製作而來，不啻為天經地義，故而斷言信仰之不疑。

　　今或又正義區分之，曰：道（天則或客觀規律；最高價值原則或最高道德原則。涉及今之所謂本體論或元倫理學）、理（原理、理據、機理、理知或理智，亦含有條理或邏輯之義，兼含客觀原理與主觀理智之義⑩。涉及今之所謂認識論或知識論、論理學）、義（諸等人義、道德規範。涉及今之所謂倫理學）、禮（諸等禮儀規範。涉及禮樂制度、禮樂學、禮俗學、立禮學）、仁（作為最高價值原則之仁善；作為儒家特定道德規範之諸等仁義規範。涉及（元）倫理學）、德（作為最高價值原則之德行；作為儒家特定道德規範指引下之道德

---

　　①　中華文化乃可謂"**天道義理文化**"，或"**則天道義文化**"（亦曰"法天"）。"天道義理"一詞中，"天道"兼含有"天則"與"元道"之意；"義"本於天道而發衍，曰諸種"義禮"或"禮義"，即今之所謂"道德規範"；"理"曰理則，凡含三義，下文有詳述。"則天道義"一詞中，"則"曰"則效、取法、效仿"，"天"曰"天道"（兼含有"天則"與"元道"之意），"則天"又曰"法天"，"道"即"天道"或"元道"，"義"即禮義、義禮。亦可曰"**天道德性文化**"。詳細論述見下文，又可參見本書附錄《論"道"：正名與分析》，不贅。

　　②　宋儒則曰"理"，或"理義"、"義理"云云。

　　③　其間固有其歷史發展，限於篇幅，此處無法一一細緻辨析縷述。

　　④　"地道"一說，或以"天道"一詞包舉之。或曰天則地則。

　　⑤　天道、地道、人道。

　　⑥　天道、地道皆有其客觀自然規律或原理之意（即所謂"天則""地則"而"法天地之則"），然古人用之，每皆尤重其元倫理原則之意（其來源則曰"法天地之則"而來），則曰天道、地道皆大公無私親，而又有所謂天上地下、天尊地卑之別——然後者不合於現代價值觀念。下文有詳述。

　　⑦　以"天道"包舉"天道、地道"。

　　⑧　或曰"仁道"。

　　⑨　關於人伻與人倫之詳細界定與論述，參見本書正文相關注釋及拙著《大學中庸廣辭》，茲不贅述。

　　⑩　理之於道，一則以理求道達道，二則以理判道正道（證真與證偽）；若夫理之於義，一則以理判義正義，二則以理判義之合道性。

行為。涉及倫理學)云云。道(元道,法"天則"而來)為總名,義(諸義,諸等人義)為具目,禮為儀軌,仁為道體,德為道用。若夫理,今分為理知(人之理智,智性或曰理性,主體理性能力,主體邏輯思維能力。或曰其為內在天賦,而生長擴展;或曰其為外在客觀理則,主體學習訓練而獲得)、理據或原理(事物本來之理則、機理、物理或客觀規律或客體理則)與推理(求其理據、論證、求理證理也)(總言之,則斯之所謂理也,大體涉及今日所謂之認識論、知識論、論理學、邏輯學乃至廣義物理學等;而不取宋儒"理義"、"天理"之"理")。理之於道,一則以理(理性、原理與推理)求道達道,二則以理判道正道(原理與推理,證真與證偽);而理之於義,一則以理判義正義衍義(演繹擴展其諸義)(理性、原理與推理),二則以理判義之合道與否也(理性、原理與推理,證真與證偽)。故曰道為根本,發而為(諸)義;(諸)義為枝條,有本(諸義之本在道)暢茂;而"理"則求道衍義而又正之也。然後遵道行義,以理裁之,發用為德行。先儒稍乏斯"理"之明覺,或未講明其意,吾今乃揭櫫增補闡述斯義矣。故今之理義或義理,乃曰"以理本道正義",然後乃可正道行用,則"理義"豈不重哉? 本書所以將尤重疏通講明其道理或義理也①。

　　辭章②,乃曰本書之用字(遣詞)、修辭、造句、成章諸事也。用

---

　　① 關於"道""義""禮"等概念之詳細論述,參見本書附錄:《論"道":正名與分析》。
　　② 中華文化又可謂之為"**象意理性文化**"。在一定意義和相當程度上,一方面,漢字漢語乃中華文化之重要載體(工具)之一,另一方面,漢字漢語文化又是中華文化之最重要表現之一,或者換一種說法,中華文化之根本與精華又幾乎全部含納或體現於漢字漢語中。一語以蔽之,即上文所謂"象意理性文化",即"(則天)**觀物取象**("**觀物**"亦可謂"則天"、"法天"之意),**象以含意**;**取象有則**,**含意有理**(即曰其"取象含意"皆有內在理則或內在理據,非漫無理據之隨意牽合,故亦非今日僅僅視文字為"符號"而名之曰"語言符號"也);**觀象達意**,**睹字知理**,**皆知其理則**",故曰理性文化也。反向而溯之,則曰:**睹字而見象**,**見象而會意**,**見象會意而知理**,又知萬物天地之法則也。物者,萬物也,天文地理人類庶物(即鳥獸動植)也;象者,萬物之象也;"取象有則"者,觀物象之法則(今日本質特徵或客觀物理規則等)而取之也,又曰取象之法則也(如"六書"等);"象以含意"者,象以表意,義也,故此"意"也兼"情"也、"義(道義或義禮)"、"則"等而籠統言之;"含意有理"者,即曰"象以表意"必有理則理據,非浪漫無理路准的者也。然後乃能"觀象達意,睹字知理,而皆知其理則",乃為象意理性文化。　　(轉下頁注)

(轉下頁注)

(接上頁注)唯古人之"理",或曰乃"象理",物象之理,今日經驗主義物理,有時或未至於今之所謂必然客觀規律或理則之"理"或"理性"之境地。然因其為"象意"文化或"象意理性文化",故中國人對於物、物象或自然萬物(比如自然山水,各種農業文明之自然物產,同時包括自然化的人造萬物——並非工業化的人造物)總葆有一種熱愛與歡喜,不脫離於自然萬物和自然宇宙本身,乃至將自身亦化入於此一自然宇宙世界中,表現出天人合一、物我自然和諧乃至物我兩忘之自然純粹之文化境界或特色,某種意義上,乃是一種最為健康自然之人類文化觀念或文明形式。**然從另一個角度來看,則中華文化乃亦在一定程度上囿於此種"意象"、"物象"或"意象理性"或"物象理性",亦即上文所云之經驗主義理性,而在純粹或抽象理性方面稍有所欠缺、不逮、無意識或不在意。**質言之,中國人更喜歡意象思維、物象思維、及物經驗主義思維,不大喜歡或不大習慣純粹的抽象物(比如抽象概念,concept/abstract idea/abstract concept,雖則此一"抽象"之中文譯語仍有意無意用了一"象"字)或抽象思維,導致在抽象思維、純粹邏輯思維等方面稍有欠缺,並因此導致在科學思維、科學精神或科學研究方面(並非實用技術層面)之某些不足。中華文化或漢字漢語文化或漢字本身雖亦曰"取象有則有理","六書"中亦有"指事"、"會意"之"抽象",然大多數漢字乃仍是"象意"文字,而純粹抽象概念並不多。並且,即使古漢語與現代漢語中亦不乏抽象概念或字詞——尤其是現代漢語,通過組字或組詞之方式,從西方文化中借鑒來許多抽象概念——但這些抽象概念都是以本質上或絕大多數都是"意象文字"之漢字來表示,故即使有許多現代漢語中之詞組型抽象概念,因其組詞之單字仍為"意象"漢字,而中國人受此種"意象漢字"或"意象文化"浸染太深,故在以此種抽象詞組來閱讀思考時,不期然而仍然受其漢字之"意象"所影響,以此來思考現代漢語詞組型抽象概念(即使在現在之中國,除了受到漢語語言文字學之特殊訓練者,或因特殊專業職業,比如漢語語言文字學或語言學家、古代文學尤其是詩詞研究者等之外,大部分一般中國人往往將漢字視為一種純粹之語言符號來使用,未必能意識到所有漢字背後之意象或象意理據,但仍然對許多較為典型之意象化漢字,而能自然而然地作意象化理解),而仍然表現出"意象思維"之特色,則一般人仍難以發育出相對更為純粹之抽象思考或邏輯思考能力。質言之,只要使用此種漢字或基於漢字之漢語,一般而言,中國人或中國文化便或較難發育出更高之抽象思維能力或邏輯思維能力。當然,正如上文論述所示,此種論述完全並非否認漢字及漢字漢語文化乃至中華"象意理性文化"之特殊價值,尤非意味著要像五四以來之某些人那樣,激進乃至非理性地宣稱"以拼音文字取代漢字"。絕非如此。漢字、漢字漢語文化和中華文化有其屹立天壤之間而永不磨滅之價值。然或亦可嘗試探討一些新思路(比如漢字漢語之進一步規範化,造新字新語,增字符以表若干現代語法——包括詞法——或現代邏輯成分,乃至增補純粹符號,等等,然此皆當慎重斟酌、從長計議也),在此"象意理性"漢字與"象意理性"文化之基礎上,增補入足資發育滋長其純粹理性或抽象思維能力之成分,而兩相成全也。茲事體大,非一言可盡,尤非學殖薄弱如我者所可置喙,故略開端緒以俟後之吾華有志鴻儒碩學也。而終**使吾中華文化、語言、文學乃成為象意理性、象意美感與"抽象"理性**(或科學理性)**、邏輯美感兼有之文化、語言、文學也**。

字則力求每字有義(古漢語每皆一字一義,現世漢語則多詞組①),名義有定;字義本乎訓詁,依及本義而思其本來造字理據(六書等②),與乎內在轉註通假引申之意理,然後用之,所謂正字(正名)典雅(合乎訓詁),前後一貫③,而稍避現世新詞④,以呈葆其古文之本來面目美感,與乎其內在理據本色⑤。修辭則固然多用古字古語,而尤喜擇其意象比興意味濃厚者,或從前人註疏中引徵之(類比論述、比興論述或意象比興等),以增其意象文章美感(意象文化),俾讀者不僅通其義理,亦得觀覽知曉,而陶冶感染乎吾華之意象情意文化⑥;又或

---

①　所謂雙音節詞或多音節詞等。

②　理論上,於其(倉頡及後世造字者)造字之初時,每字皆有理據;若夫轉註、假借等字,亦皆有其原由乃至理據;而於理想形態上,今人當追溯究明所有漢字之造字理據與用字理據,至少當邏輯自洽,而或自圓其說,乃使漢字、漢語與中華文化(中國文化)成為一種理性化或具有理性淵源之文字、語言與文化。於此理想,仍須努力,尤其是語言學與語言文字學界之學人,所負責任甚重也(然又當須有見識通博明達、不拘囿於單一學科之博通學者)。若夫下文所言及之修辭、成章等方面,文學家、作家、文學或寫作研究者等,又當努力。某種意義上,缺乏語言學、語言文字學乃至語言哲學之知識或自覺意識者,恐亦難成為優秀之作家、文學家或文學評論家等也。若夫《新爾雅》之撰著,雖或亦有志意焉,而自忖才學尚不足,則俟諸鴻儒碩學與乎大人君子也。

③　至少於每一節內部,其字義不可反復變易。

④　現代漢語詞組,雙音節詞或多音節詞等;尤其是用字理據或造詞理據有問題者。然此徒一文字語言之理想狀態,而實難完全遵循達成之。實則此序此書亦皆多用現代詞語。

⑤　或曰漢字、漢語乃至漢文化之理性化本色。

⑥　然毋庸諱言,此乃漢語語言風格價值之一,今世如欲為說理文章,及思想或哲學表達,固當須有漢語語言之發展進化也。吾人非謂簡單反對新語新詞(白話文或現代漢語等),乃曰現代漢語或所謂現代白話文仍有其進一步發展、規範與提升之空間也。或曰:"五四"語言進化之簡單化白話文方向或思路亦或可探討商榷,蓋其激於一時之嚴峻形勢、艱巨任務(嚴酷形勢或非常態形勢下之救亡圖存、啟蒙動員等),而不得不倉促求其實用與速效,無暇考慮將來常態化和平繁榮富強時期之更優文化遠圖。此固有其不得已乃至勢所必然處。然當時易境遷、國力國運趨上向好、條件成熟時,便當從容論道,而思創設更好之文化戰略、野望,或更優之文化設計,改良、進化與實行也。不可故步自封而將倉促間的權宜之計固化為根本戰略。倘若如此,若就吾國語言文字文學之進化發展而言,便或未能**區分戰術性之權宜之計與戰略性之長遠謀劃,暫時之實用主義因應與長遠之理想主義更優設計,當下之識字啟蒙教育之需求與長遠之全民族文化提升教化之追求等**,而缺乏文化進化更生創造之主動創造性也。循(轉下頁注)

偶創新語①，以補古語、古文法之或不足者。造句則求合乎文法（現代語法），每或補充彰明其所省略隱匿者②，前後連貫（不違背基本語法，以免造成誤解），俾句意清明自足，以免諸種費解或誤解云爾③。成章則力求思路清晰，眉目條理清楚，論述完足④，文氣貫通（而非註疏考證體之支離破碎，毫無文氣文勢可言）而自成文章（而非《論語》之語錄體），俾讀者讀之通達舒暢，一氣呵成，既獲思想義理之切磋教益，又得文章修辭之美感熏陶，與乎精神志氣之自如伸張舒展也⑤。

　　邏輯⑥，與上述辭章所著眼者或有重合⑦，然以其事之重，而特

（接上頁注）此思路而反思白話文運動，若非處於那種迫切環境下，或假若換之於如今之獨立和平之環境，則或曰：與其曰"文學革命"（當然，思想內容層面當然需要更多變動和注入）、"白話文"，毋寧曰"文學改良"（當然，這是僅就其語言形式等層面而言的，內容當然要注入、吸收更多之有價值之優秀現代文化因素）、"文言改良"或"文言進化"。茲事體大，非一言可盡，姑存其端緒而待後之慎重討論。

　　①　如或以"諸等"、"諸種"附於名詞前後以表複數，然暫亦止淺嘗輒止而已，其進一步之創製，亦俟諸將來及其他俊彥碩學也。

　　②　即所省略隱匿之句子要素。而對於可能造成誤解者，則盡量以句子成分完整之方式造句表達。

　　③　如由於各種省略或多義現象或詞性內在轉換現象等所導致之費解或誤解，並因此導致思想文化及受此種思想文化影響之民族、個體之思維含糊混亂、邏輯不清等諸多弊病。此亦欲使借題發揮而又離題萬里之解讀無從得逞，故亦關乎"正義"也。

　　④　論證要素與論證過程完整，乃有其以理服人之理性特色，而非僅僅揭櫫其命題而無論證，則有思想武斷或思想灌輸之嫌疑也。

　　⑤　若夫漢學、清學或樸學之學術考證文章，則不能得此境界，反或消磨壓抑讀書人之精氣神之伸張舒展，是其弊端也。

　　⑥　邏輯思維、抽象思維與科學思維等，以彰明其理性思維品質。今人或曰先秦古人之邏輯學或名學稍簡陋乃至幼稚，恐亦或有臆測成分。蓋先秦古書每多流失，傳於後世者百不其一。今人唯就其所傳之書（如先秦名家之書）而遂斷先秦名學（乃至先秦之"科學"，或經驗科學）之整體面貌，則恐或有厚誣古人處。雖然先秦之"天道"概念，或未明確區分天則與元道，然其所謂"天道"，本來包含天則（客觀規則、規律，必然規則等）意味，此則自無可疑。且古人何以知"天則"（如先秦之天文曆法數學等）？或其"天則"何以獲致？今人以文獻與考古材料皆難佐證為由，遂斷其蓋為經驗觀察而已，又斷言中國先秦古人無科學，則此亦或有誤會處。先秦古人固然每以類比思維來言說"天道"，或論證"從天則至元道"之必然性，然則其何以知"天則"，則乃是另一問題。雖然文獻材料每曰是聖人仰觀俯察而來，似若其天則概出經驗觀察而來。然先秦天文曆法之精密，雖曰仰觀俯察，而亦必有符合乃至應用現代所謂科學思（轉下頁注）

拈出講明之。古雖無"邏輯"一詞，然有名學，正名之學與邏輯學皆今之論理學之一部。以古之冊簡繁重（所謂"學富五車"即其證），筆書運轉不易，而平民尤不易得之；且夫孔子欲以大道行教天下，稍揭有教無類乃至平民教育（今日平民教育）之意，故其（孔子及其弟子，《論語》編者）為文也簡約精練，力避辭費，而尤重直探義理精華（而刊落贅詞浮文），又不得已而偶或於其正名論證省而略之。故其文辭每皆字正義明，精約簡練，朗朗上口，而人易誦習而內化之也（二千年以來，中國人言談行事中每引《論語》或孔子之語，以此也）。然以年代久遠，時事變易，語言訓詁轉變多歧，而今人讀之，竟或亦覺其偶有古奧疏漏，乃至若似獨斷無據者①。故吾今乃以"廣辭"補足其所省略者與邏輯論證，將以講明諸等道、理、義、禮間之內在理路，俾免道理學術講論之武斷、含糊、矛盾、扞格等弊病，又以訓練、增長讀者國人之理性邏輯思維能力也。

　　其餘如"廣義"②，增廣擴展孔子或儒家本來所存所倡之義理，俾讀者藉以管窺孔子乃至先秦儒家道義學術之一斑；如"評論"③，乃主於儒家思想學術內部之義理評論（重在疏通），使其義理尤加彰明通貫，而又

（接上頁注）維或科學方法者。實則所謂現代科學與現代理性，其所謂現代科學及其科學方法本來亦包含經驗科學（及其方法，比如觀察法、歸納法等）與實驗科學（及其方法，如實驗法等）、理論科學（及其方法，如假設、演繹、推理、論證或證偽等），而其所謂現代理性亦本來包含經驗理性與抽象理性（形式邏輯、數理邏輯等）或科學理性。至於先秦中國是否有探討此類（知識論、邏輯學等）者，雖曰今除名家之言或諸子偶論之外而並無存無徵，然其時能製定此種高度精密之天文曆法，乃至知此"天則"或有此"天則"意識，蓋亦或有較先進之科學與理性預焉。唯難逆測當時具體情形何如，而後世又無傳無存，遂乃使其後中國古代之科學與理性之發展，有所不逮於今也。然此（邏輯等）關乎一國文化思想學術科技之進展，與乎一國國民與社會之理性、常識乃至人生福祉之提升，意義重大，故此特強調之。質言之，**俾中華文化**（及中國人）**不但是講道義**（元道）**之文化，亦且是講理則**（天則）**、講邏輯之文化。**

　⑦　如正名、文法、語法、條理等。

　①　實則其義理（元道、人道、諸種人義），原皆本乎天則，而皆有其內在理據也。

　②　蓋欲以本書而使讀者得以管窺先秦儒家之道義學術也。

　③　辯斥曲說謬論，俾義理貫通正大，欲以恢復先秦儒家之本來面目（而曲解謬論無得間隙而入也）。

辯正誤解或謬論；如"今論"①，或曰現代評論，又曰外部道義評估(古今中西)，乃於先秦儒家學說或有之過失(或明顯弊端；或後代學者之曲解誤解等)，而商榷規正之(如絕對專制主義、絕對人格等級制等)；若夫"考證"②，即名物制度及其考證，則或以小號字體括入小括號而簡略注釋之③，或則精簡以頁內註，要以無礙於正文之理義論述與文氣暢通也④。

　　所謂"廣辭"⑤者，增廣其辭以明達其理義、辭章⑥、邏輯，而又增廣孔子或先秦儒家本有內在之義理也⑦。質言之，以增廣義理

――――――――――

　　① 亦曰實事而求是(事實，是非)求正(正合於元道)求理(內在理據，天則，理性、邏輯等)求道(元道，天道，乃至新元道、新天道)，又曰元道進化、天則新探而更新天道義禮也。

　　② 一切建立於事實與真相之基礎上，所謂無徵不信。考證固亦重要，然非此書重點，有意之讀者諸君自可參閱其他《論語》註疏考證專書云爾；且贅述名物考證，則或致文辭枝蔓破碎，恐反礙本書欲藉以行其義理切磋熏陶之初衷也。

　　③ 文內註，然以小號字體出之，以免影響正文文氣及正文閱讀。即對於疑難字詞與重要概念，予以必要之注釋與概念界定，從而既使"廣辭"之敘說或論說因建基於準確概念界定之基礎上而更為精確有據(而避免傳統思想文化論述可能之概念含糊、語意不精確等弊病)，又使正文廣辭得以專注於義理分析論述本身，而不必因作注釋或概念界定而馴至碎義難逃、文風破碎之病也。質言之，因已有"文內注"，故"廣辭"正文只需直接闡明經義，故其文句語義便更為清通流暢，自成一體，免去以往"注疏體"之瑣碎零散之弊病，而又具有語意貫通、辭章優美之特點。

　　④ 《論語廣辭》部分章節之正文末尾，或亦附有若干參考或補述文字或材料，而名之曰"註解"、"解說"、"註解與發揮"云云，乃即一些重要名物考據或文化制度背景闡述，以便於讀者更深入地理解《論語》之內涵和義理。而稍與正文分隔開來，俾免妨礙正文之義理論述與文氣暢達。

　　⑤ 以"廣義"為主，而兼顧辭章、邏輯等。"廣辭"皆用古文或文言文，語言風格亦儘量貼合原文，俾其篇章自足融洽，而讀者可藉以直接理解經文之大義微意，免卻以往讀者因或不識其意而多猜測之苦，亦欲使絕大多數讀者皆能通過閱讀《論語》直接得其教義；同時，又避免注疏體之注疏混雜、語句繁瑣零碎不暢通之弊病，使"廣辭"本身文從字順而兼具有文學辭章之美感熏陶，使"廣辭"本身自成一體而具有了文意暢達、條理貫穿、邏輯嚴密之論說文之特點(而不必因頁註、疏雜糅而打斷了辭章本身之文氣或脈絡)；並且因為第一部分文內注之字義或概念界定，而使"廣辭"之敘說或論說更為精確(從而避免傳統思想文化可能之概念含糊、語意不精確等弊病)。

　　⑥ 古文"辭章"一詞，除遣詞造句等修辭學、文章學乃至音韻訓詁學等含義外，本來亦包含條理、邏輯之意。惟今以"邏輯"一詞，特別強調理義表達之內在邏輯貫通或邏輯自洽之要求。

　　⑦ 故"廣辭"包括"廣義"。

為主,而兼顧辭章、邏輯等。其所增廣之"廣辭",若每節"論語"之背景(歷史、人事、因緣、名物等),孔子或先秦乃至後之儒者之足資啟發之相關典籍文本或論述①,用以闡明隱含經義或語意者②,於生僻字詞而增字句以明其意,於重要或特別概念則以增字或鋪敘等而予以字義或概念界定論述(避免傳統思想文化或典籍中之字義或概念含糊之弊病),其他諸如文法助詞之增補云云;若干章節之解讀或仍有闕疑,則以"別解"或"另解"之"廣辭體"形式出之③。此外又有如上文所述之辭章、邏輯諸層面之配合。質言之,既以精解詳論理義,又以文風統一、文氣通暢,俾每節廣辭正文皆可自成一較精美自足之篇章,義理、辭章、邏輯等相得益彰,而讀之得多方面之教益熏陶也④。

《論語廣辭》之初衷體例已如上述。然而言之有意,行之為難;心嚮往之,而學殖荒疏,實恐未至,而《論語廣辭》未必能皆如自序所期之美備也。或亦將俟諸將來之重訂,乃至後之賢哲碩學云爾。

且吾創此"廣辭體"以解《論語》,又寓探索、示範經典古籍整理新方法之微意在,乃至欲藉以樹其經典整理之新典範⑤,俾以從此

---

① 而或以"或曰"、"或論曰"等名之,或不出其書名作者名,以集矢於義理論述,又免妨礙正文文氣貫通。

② 或自撰,或徵引。

③ 蓋因有些章節或者確實很難有唯一之解讀(故闕疑之),或者不同解讀仍各有其價值,或者雖有定讞但此解在歷史上(思想文化史等)仍發揮過重要作用,故仍皆羅列之。

④ 或力圖呈現中華傳統文化之多元總體風貌,得其中優異部分之多元教益熏染,而非狹隘拘囿於一端。又或曰:乃使傳統典籍尤其是相關經學典籍自此擺脫由於簡奧深隱、微言晦澀所帶來之若干理解上之問題,但同時又以相對精練之古文而保持一定程度之"經體"形式,便於識記推廣化育其中之優異部分也。

⑤ 實則筆者之《孟子解讀》(其實亦可曰《孟子廣辭》,上海三聯書店 2020 年 8 月版)、《大學廣辭》、《中庸廣辭》(暫未出版)等,皆與此《論語廣辭》同一思路,合而稱之為《四書廣辭》。又或將以此"廣辭體"同一思路整理"儒家十三經"乃至先秦諸子之其他典籍也。詳見拙著《孟子解讀》、《孟子廣義》之"後記"。關於傳統經學在當代之整理傳受,又可參見拙文:《傳統經學在當代傳受的三個層面》,參見拙著:《儒家廣論:松江先生卮言錄》,社會科學文獻出版社 2017 年 10 月版。茲不贅述。

免卻讀者學人皓首窮經之苦，使有志百姓國人盡皆能披覽陶染①，得其正向義理之教益（與乎優美辭章之感染熏陶），而又自析評判別之。且節省其暇晷，不誤其人生百業之創造修習與樂生也。其願也如此，然其成否，則有待後之公論，不敢自謂必得。

　　本書之參考書目，以《論語集釋》與《論語義疏》（含《論語集解》）、《論語疏證》、《論語正義》、《四書章句集註》、《論語註》、《論語大義》等常見書為主，而於《論語集釋》尤多徵引（尤其是唐宋以下學者之註疏論述），以其摒棄門戶之見，搜集徵引多方，不拘一格而羅列宏富甚備也。同時參酌《論語後案》、《讀四書大全說》諸書，並據《論語集釋》等書按圖索驥，旁涉他書，參酌眾說，獨下己意，將以呈現一義正詞嚴、理義明晰、文辭典雅完足之古文《論語》讀本，是吾願也。

2021 年 7 月 31 日

---

　　①　《論語》等古代儒家經典，乃至包括先秦諸子在內之一切經典古籍，而不會因為古籍之簡奧晦澀而望而卻步。

凡　例

1. 本書《論語》原文，大要本諸《論語義疏》與《論語正義》，而稍參酌他書。

2. 於《論語》原文，每節皆先以大號加粗字體單獨顯示，以尊重經典之原始面目。

3. 於《論語》"廣辭"之每節正文，亦皆先錄入《論語》原文。而或增補字詞句，以資讀者理解。其所補入者（即《論語廣辭》正文之"廣辭"或"補辭"部分），亦與《論語》原文同一字體大小，然皆納於較大小括弧中，既以使義理晰明、文辭暢達自足，又以示此系本書作者之所補入者也（而與《論語》原文區以別之）。其《論語》原文中有關疑難字詞之簡略註釋，則以小號字體括入小括弧中（為節省篇幅，或免礙正文觀瞻，或有小引而不另注），區以別之，俾免妨礙正文（包括《論語》原文與補辭）之文氣通暢也。

4. 於《論語》"廣辭"每節正文之末尾，凡有"今論曰"、"今之餘論曰"、"今或論之曰"等語者，皆與前文空一行，以示區分。此乃因其或有作者借題發揮者，或有以現代白話文撰述者，或有關疑而稍有啟發者，諸如此類，文風體例稍不侔，故皆分隔另行之。書中又有標以"註解"、"解說"、"註解與發揮"云云者，或類如古之注釋考證，或類如"今論"，亦與"廣辭"正文別行之。

5. 本書之廣辭，或自撰，或徵引，偶或綜合諸書而撮述。其所撮要徵引者，盡量不改原文，然以統一論述思路故，或為文風一體、文氣暢達故，亦稍有增補字句者，而以同一大小字體括弧之，以示區別。偶亦於注釋中重出原文。

6. 本書凡有徵引或注釋，為集矢於義理論述及文氣暢通故，除若干重要《論語》註疏學者外，正文大體不錄作者名（而以"或曰""或論曰"等代之）與書名（偶有例外）；其頁內注則大體只註明古籍作者及書名，後之重出者乃至僅錄其書名，皆不標頁碼。然亦稍有例外者。讀者自可參閱"參考文獻"。

7. 本書所徵引者，或如"參考文獻一"而直接引徵；其餘，如"參考文獻二"中所列書目等，大體皆間接引自《論語集釋》，不敢略美。然亦不贅註。

8. 本書採取繁體橫排，以符合今人閱讀習慣。

目　錄

學而第一

子曰:"學而時習之,不亦説(悦)乎? 有朋自遠方來,不亦樂乎? 人不知而不愠,不亦君子乎?"

子曰:"學思覺道,每日修習力行,而自有心得長進,不亦內心喜悦乎?[①] 師徒朋友講習論道,以善及人而信從者眾,群英遠近畢至,合群論道講學,成德修業,不亦外合群而共為樂乎?[②] 古之學者為己(己求大道,律己自修其德),深造自得,欲罷不能,他人之不我知,而我不愠怒也。遯世不見知而不悔,不亦君子乎?"

或問:所學所習者何? 曰:少小(小學)則學孝悌、學射御書數與乎禮樂之少小可行者,而踐履力行也,長大(大學)則學習禮樂刑政、為政治國等一切學問,所謂"明明德、新民而止於至善"之大學也[③]。

或曰:此兼教、學、自處三者而言。

自教者言,必先學習而後教,所謂學而不厭也;師者道德廣聞而慕道向善之信從弟子眾,所謂得天下之英才而教育之也;弟子一

---

① 契理悟道而內心怡悦也。

② 同志切磋而合群歡樂也。

③ 參見:《大學》、《中庸》,又可參見拙著《大學廣辭》、《中庸廣辭》。

時不能知悟而不慍，所謂誨人不倦也。

自學者言，學、習而實得其道其善，求師訪友（敬賢）、朋友切磋有得其道其善，同學朋友一時不我知而不慍也。

自人之自處言，學、習以求道自立，朋友切磋以悟道相長，世人不我知而我求道不止、道樂囂囂、樂天知命也。古之學者為己（自我修養進德，非專為律人也），深造自得，欲罷不能，他人之不我知，而我不慍怒也。此皆不亦説乎、樂乎、君子乎！

蓋“學者，始於時習，中於講肆，終於教授者也。”①

總論之，或曰：“明夫學者，始於時習，中於講肆，終於教授者也。”②又或曰：“‘人不知’者，世之天子諸侯皆不知孔子，而道不行也。‘不慍’者，不患無位也。學在孔子，位在天命。天命既無位，則世人必不知矣，此何慍之有乎？孔子曰‘五十而知天命’者，此也。此章三節皆孔子一生事實，故弟子論撰之時，以此冠二十篇之首也。二十篇之終曰‘不知命，無以為君子’，與些始終相應也。”③此又可對照“不患人之不己知，患己不知人也”一句。

有子曰：“其為人也孝弟，而好犯上者，鮮矣；不好犯上，而好作亂者，未之有也。君子務本，本立而道生。孝弟也者，其為仁之本與！”

有子曰：“其少年之為人也孝悌，而好無理冒犯（抵觸道理義、禮

---

① 《皇疏》。

② 《皇疏》。

③ 《挈經室集》，轉引自：程樹德著，《論語集釋》，中華書局，2013 年 3 月第一版。以下如非參考文獻（一）中之書目，大體皆轉引自該書，不贅述。按：本書所徵引之書目，除參考文獻（一）及特別註明者外，凡屬附錄參考文獻（二）“其他間接徵引書目”者等，皆轉引自程樹德所著《論語集釋》一書，而稍或查證，不贅註。特此説明。

或正理正禮,侵越人伻、人份①之正禮)正德長上②或慈友父兄賢人者,
鮮矣;不好無理冒犯正德父兄長上他人,而好無理作亂悖暴爭鬥,
與父母尊長師兄斤斤計較者,未之有也。君子弟子兒女子弟者,務
(專力於,盡力於)本,本立而道生。孝悌也者,其為仁之本與!君子
務本而孝悌,此入道之門,積德之基,學聖人之學莫之先矣!小子
(小兒女,少小)孝悌正德慈友之父兄師長,成人後而以人伻(平等禮
敬、尊重他人之基本平等人權)、人份(又曰人倫)之禮待人也。後生小子
且當先服行斯言矣。”

　　論曰:孝悌為本、弟子務本、君子務本云云,皆言孝悌為“入道
之門、積德之基”③,乃發揚其仁愛良善之心行,自小矯揉而立正立
善,俾其本性或習氣中或有之桀驁不馴者漸次消去,“必先之以孝
弟,以消其(無理)悖(正理)逆(正道)陵(侵凌,或侵凌平等人伻④)暴(暴
慢、暴虐)之心;繼之以忠信,以去其便辟側媚之習”⑤,如此便能重
厚和易,守正知止知節,而能於人生持其不悖理、不違(正)禮、不逾
矩、不過分之節度與期待,至於成人立道,而各以正理自律,正禮
(人伻與人份)自維,真實奉行中道,克己敬人,敬人伻,奉人份,尊長
老而愛幼小,而共得和樂人生。

　　“所謂鮮者,意曰偶有不得已,如父兄有過(比如孟子所謂周公

---

　　①　人伻,即今之平等基本人權,《論語·學而》所謂“泛愛眾”,《孟子·離婁下》所
謂“仁者愛人”,《盡心下》所謂“仁也者,人也”,《中庸》所謂“仁者人也”,“旅酬下為上,
所以逮賤也”,《禮記·曲禮》所謂“雖負販者,必有尊也”,即可謂“人伻”,雖卑下者必待
之有“伻禮”或“人伻之禮”。伻原音 bēng,使令、使者之意,今取其造字法“從人從平”而
賦予新義曰“普遍平等基本人權”,而改賦予新音曰 píng。人份,又曰人倫,乃在人伻基
礎上(或前提上),又根據不同人倫而有相應之倫理或倫禮。所謂“人伻”、“人份”之具
體含義,詳見拙著《大學廣辭》、《中庸廣辭》中之相關界定與論述。
　　②　父兄、長輩、師長也。“長上”是否應包括官長? 古之君臣今之上下屬之權力
義務關係和禮儀規範如何? 對於此等問題,又當另有詳細規制設計,如憲法、行政法等
公法之法律規制,如合理不過分之禮儀規範之設計等。
　　③　朱熹,《四書章句集註》。
　　④　人伻,即今之平等基本人權。詳見拙著《大學廣辭》與《中庸廣辭》。
　　⑤　顧炎武著,《日知錄》。

"日月之過,人皆見之")而犯顏直諫,亦將本諸孝悌溫仁敬愛之心,非謂本性桀驁而心有此好也。"質言之,倘或偶疑父兄師長有悖離正理正禮者,小子不得已,將溫言和容而據理諮述,乃至犯顏直諫也;然非好之,非桀驁不馴,乃是心存仁善孝悌之心,而諫正諫止也①。諮述者,後生小子一時不敢自是,而先詢問詳情也。如是而行,則既可免少年客氣意氣之爭執不遜,又可使為父兄師長之長上者,當隨時怵惕謹慎,自省克己,為父兄師長而自尊自奉(持守正理正禮),免因一己之失理失禮,而使後生小子不得已而諫止,而自慚愧羞恥也。

或曰:後生小子暫時學業未成、修養有待、見識不廣、情緒未穩,恐或以一己之偏頗與意氣,而誤會父兄師長之正善意旨,未必有諫正之道理清明,故暫時用此規範抑制其躁急粗率之心行也②。待道、學初立而成人後,則一切諸人皆當以人伾之正理正禮③相互對待,即除對等而不過分之人倫(即人份)禮儀外,一切衡之以理義,互敬之以人伾禮義也。於家,固然仍有基本之親愛孝悌;於世間之一切人際交接,則言泛仁人伾,互尊親愛④,不言孝悌也。

論曰:君子弟子兒女生員務本,本立而道生。孝悌也者,後生小子,在家而敬正德父母兄長,入學而尊敬正道正義之師長也。自然親愛於父母尊長(此處尊長指家中年高長輩)為孝,禮敬師長生員同

---

① 朋友間之勸善諫止亦如是。
② 故少年後生小子對父兄師長多一份孝悌受教敬畏之禮,父兄師長對少年後生小子多一份父兄師道尊嚴與正教肅然也。父兄師長則亦另有正理正禮之自我修養與外在規制,而少年後生小子對應於父兄師長之人格平等權,並不與教化情境場域中父兄師長所擁有之一定教化威權相矛盾(此種教化權與教化威權亦當有嚴格、明確之限定設計,無論立法、立禮,皆遵循相應之基本規則,亦即所謂的立法學、立禮學之相關原則和技術等)。成人以後,則但以正道正禮相互尊重維持,以此為前提而稍有父兄師長子弟之人倫或人份之敬禮(相關禮儀設計);有道義相切相規之親切自由,而不可再有教訓之威權也。此可謂正道教化權與平等人格權之區分。
③ 平等互敬之現代正禮。
④ 消極言之,則曰不冒犯對方平等基本權利或人權。

儕兄姐為悌為敬,推愛及人,乃至萬物眾生,而平等相待、互尊互敬、泛仁親愛,斯為仁也。

今或曰:但言孝悌,不言對父兄師長或所謂在上位者之對等要求或規範監督,則權利義務關係不對等,易形成父兄師長或所謂在上位者蠻不講理、專橫獨裁之心。此種憂慮不為無據,故父兄師長尤當以理義謹飭其身而自責自修也。實則孔孟等先秦儒家亦皆強調所謂在上位者之克己自省,自奉正道正義,自守正禮正法,而有同等之立規告誡與乎戒律懲罰也①。故曰:位尊而無禮(正禮自奉,有禮敬他人),齒長而無德(無德),老而不自愛,是為無德之人,無德之人,奚以敬? 子斥原壤曰:"幼而不孫弟,長而無述焉,老而不死,是為賊!"②斯之謂也。為人父兄師長上司者,聞之敢不怵惕自警。

子曰:"巧言令色,鮮矣仁!"

子曰:"和顏悦色,溫恭仁厚,君子仁者之風也;言語平正誠實,容色端正和悦,君子仁者之正言正色也。不合正道正理正義正禮(與事實)之巧言令色,欲以諂媚於人,鮮矣仁。"孟子所謂"以言與不言餂(tiǎn,誘取,應為銛 xiān,鉤取也)人"③,亦斯之謂也。故《禮記·表記》曰:"君子言足信也,色足憚也。"信於理義,憚於正禮,而後和言悦色而已矣。

論曰:用巧字、令字,皆言其並非發乎自然真心、内外表裡(裏)不一,乃内無仁善溫愛之真情,而但外飾之而已。質言之,不誠也。至於本乎溫情仁愛之意,而溫言善誘(和顏悦色、發自内心)、與人為

---

①　徒稍未直接論及師長子弟之直接對等公義對待關係與法則,今或可明言補之。

②　《論語·憲問》:原壤夷俟。子曰:"幼而不孫弟,長而無述焉,老而不死,是為賊!"以杖叩其脛。

③　《孟子·盡心下》(14—31)。

善,則固然是仁也。語言顏色,乃至文字著述,一本於仁心理義正禮,躬行實踐,而後乃謂自得其人其仁,是皆仁者之風矣①。故曰:君子一切本乎正理正義正禮,則無論和顏悦色,或金剛怒目,皆可矣。徒不可無其實而但鶩巧言令色也②。

曾子曰:"吾日三省吾身:為人謀而不忠乎? 與朋友交而不信乎? 傳不習乎?"

此兼人道、師道、弟子道而言。

曾子曰:"吾日三省乎吾身:為人謀而不忠乎? 與朋友交而不信乎? 吾人所傳學之正道不身習乎?"忠者,盡己盡心、心無私隱之謂忠;信者,言有准實,心口如一之謂信。此以人道言。

曾子曰:"吾為師而日三省乎吾身:吾為師也,為弟子謀而不忠乎? 與弟子朋友交言而不信乎? 吾所傳之於人之正道而不身習乎?"曾子之師道自處,教人法門在此。師有師道,此之謂也。此以師道言。

曾子曰:"吾為弟子而日三省乎吾身:吾為弟子也,為師友同學謀而不忠乎? 與同學朋友切磋交流言語而不信乎? 所傳於師者而不身習乎?"(傳授之於師,習熟之於己。)其為弟子學生言學習之道也如此。此以弟子道言。

孟子亦有類似之言:

孟子曰:"君子所以異於人者,以其存(正仁)心也。君子以仁存(養其)心,以禮存(養其)心。仁者愛人,有禮者敬人。愛人者,人恒愛之;敬人者,人恒敬之。

---

① 如宅心仁厚,與人為善,厚重和易,和顏悦色,温言潤語(顏色和悦),談笑風生云云。

② 又可談及情商與道理或理義、正法、正禮等之關係。

（倘）有（某）人於此，其待我以橫逆，則君子必自反（反思，省察檢點）也：我必（有）不仁（之處）也，必（有）無禮（之處）也，（不然，）此物（事）奚宜（宜，事也；事，為也，則奚宜乃何為之意）至哉？（倘）君子其自反而仁矣，自反而有禮矣，（而）其（人之）橫逆猶是也，（則）君子必（又）自反也：我必（有）不忠（之處）。（倘君子）自反而忠矣，（而）其（人之）橫逆猶是也，（則）君子曰：‘此亦妄人也已矣。如此，則與禽獸奚（有別）擇（別、異）哉？於禽獸又何難（責難）焉？’

是故君子有終身之憂，無一朝之患也。乃若所憂則有之：舜，人也；我，亦人也。舜為法於天下，可傳於後世，我猶未免為鄉人也，是則可憂也。憂之如何？（曰：）如舜（行之）而已矣。（此君子終身之憂也。）

若夫君子所患則亡矣。非仁無為也，非禮無行也，（則無患矣）。如有一朝之患，則君子不患矣。（不患者何？君子反求諸己，常行仁禮，本當無患，即有橫來之患，非己愆也，故君子歸天歸命，不以為患也。）”①

子曰：“道千乘之國：敬事而信，節用而愛人，使民以時。”

子曰：“何以引導千乘兵車之大國而行王道仁政？曰：敬謹於國事政事，政令必信於民（與民必誠信）；節用（公事節儉有度，以愛惜國庫公幣民財）而愛人（民）；行政使民（使令人民）以時，於農工商之事（如農業時代之使民於水利等公事，而不違農時），又使民以正，於國政公事，而一合於大道、正法、正禮與人道（人伻與人份）。”《易傳》曰：“節以制度，不傷財，不害民。”此之謂也。

---

① 參見《孟子》(8.28)；又可參見拙著：《孟子解讀》。

　　論曰:此蓋論君子士人之為政治國之術也。於孔子之世,方今周室不能有為,小國不足有為,惟大國可以自奮,故君子賢士弟子當引導大國及其賢君,以道義承當,力行仁政王道,範型天下也。今日之君子士人者,或為未來之君臣百官公職仕員也。千乘之國,大國也。十井八十家出車一乘,甲士三人,步卒七十二人,又有"一乘車士卒共七十五人,又有炊家子十人、固守衣裝五人、廄養五人、樵汲五人,共一百人。馬牛芻茭(兵甲)具備。"①"天子六軍出於六鄉,大國三軍出於三鄉,蓋家出一人為兵也。又三遂亦有三軍,三鄉為正卒,三遂為副卒。鄉遂出軍而不出車,都鄙出車而不出兵。'古者天子用兵,先用六鄉。六鄉不足,取六遂。六遂不足,取都鄙及諸侯。昔諸侯出兵,先盡三鄉三遂。鄉遂不足,然後徧徵境內。'"②而農隙講武,有事則從天子號令而聲討征伐。

　　千乘之制,可知上古之邦國治理其有組織法度。有法有度,有條有理,有張有弛,有進有退,進則兵農合一,農隙講武,戎事衛國;退則解甲歸田,盤樂安居。進可攻伐禦守,退可安居樂業;張可禦征卻敵,馳可安居舞雩。進為軍國王師義師,退為君民互敬安樂之天下國家。可謂上古禮義法治與人伻相與、人倫互敬之葛天氏之民生也。今之君子士人,若有意公忠為國,亦當知今日之天道、正理、正大政道等,而另有籌措安排。

　　"使民以時"者,使民於國家公事而不誤農時也。《王制》曰:"用民之力,歲不過三日。"而國有興作建設,君民共為之,共用之,共樂之,此之謂與民同樂。

子曰:"弟子入則孝,出則弟,謹而信,泛愛眾,

---

① 《論語正義》。
② 《論語正義》。

而親仁。行有餘力,則以學文。"

子曰:"弟子入而在家,則忠孝於仁愛慈善正德之親長,出而在外,則悌順於正德之師友尊長(之德義教誨),謹而信(謹慎於理義權衡,言行信實於理義),泛愛眾(尊重人伻①,一視同仁),而親仁(親近仁賢有德之人,尊賢之人倫也)。行有餘力,則以學文。"

論曰:孝悌親長為百行之本,立德之基。泛愛眾,普愛眾也,人伻也;親仁,親近仁者也,又親切仁厚(溫仁)也,尊賢之人倫也。行有餘力之行,先踐履實行孝、悌、謹、信、愛、親(仁賢)此六者也。此之類皆乃用以立德自修成人,篤行實踐,內化成習不移,而後可以學文。文者,文字、小學也,大學、六藝、道藝也,禮樂射禦書數也,言語、政事、德行、文學也,六經(詩、書、禮、易、春秋、樂)也,乃至一切學問知識科技也。立德成人之後,一事不知,儒者君子之恥,此言君子當終生問學上進不輟也。

又曰:小學先習禮踐履親仁,以養德行,行有餘力,則以學文。小學成德行禮樂後(所謂約禮),大學尤重博文。

或論曰:子曰:"民可使由(遵循,循禮,循法度等)之,不可使知之"②,乃曰其中人則先由後知,其才性高者則且由且知之,其才性有所不及者,亦使其有所由之也。由行於何? 亦曰孝悌忠信、謹信愛親之禮義踐履實行也。孟子曰:"行之而不著(明)焉,習矣而不察(明,考)焉,終身由(循用)之而不知(明;究)其道者,眾(凡庸之人)也。(賢者則反身而誠仁,求則得之。著名其道其善以施於大事,察知其善其道而推以為仁,究竟其道而為君子儒者,賢者也。)"③亦此之謂也。

---

① 人伻,即今之平等基本人權。
② 《論語·泰伯》。
③ 《孟子、盡心上》(13.5);又可參見拙著:《孟子解讀》。

子夏曰："賢賢易色，事父母能竭其力，事君能致其身，與朋友交言而有信。雖曰未學，吾必謂之學矣。"

子夏曰："賢妻之賢（德），而輕易（不重）其色，所謂於夫婦夫妻也，不好其色而好其賢也；事父母，能竭其力；事君國之國事公事（國者民之集成，國事公事即民事也），盡心致身力；與朋友交，言而有信。倘能如此力行踐履，則雖曰未學，吾必謂之學矣。此何謂邪？曰：學在力行其道，不僅在讀書也。"

或解曰：賢賢乃尊賢，易色即肅然而改色（改容）起敬也。此一節中，蓋論為學之要略，乃各揭櫫尊賢之道、孝道、臣道、朋友道，而每一分句中，前半句明其論題之目（規範之名目），後半句論此一目之要事（具體行事、做法、要求、內容，或規範之要求），故易色乃為改容起敬之意。君子學也將以行道，其關鍵在於得人而集義共事，而尤重尊賢征任，故子夏於學也以賢賢易色為首，重言之也。

又或曰：賢賢乃尊賢，賢賢易色即所謂好德如好色也。

今論曰：此蓋就公共倫理言說，故不言及兄弟夫婦之倫也[1]。若夫孝道，雖曰亦有家庭倫理或私人倫理之意，然而古之君子大人為政治平，亦曰以上率下，身教化育，範型天下，故而尤有公共倫理之含意，而子夏亦納入之。或曰：此或以孝道概言家庭倫理而已，故不必贅言夫婦兄弟之倫而自然包舉思及也。

---

[1] 而賢賢易色當解為尊賢改容而敬之之意。或曰舉"事父母"而包"兄弟夫婦"，皆家庭倫理或齊家之事也。

子曰："君子不重則不威，學則不固(或曰當為"不學則不固")。主忠信。無友不如己者。過則勿憚改。"

子曰："君子不自正色敦重(沉穩)於正禮正義，則不威(威者，尊嚴於禮義，而後人敬之)；不學(道、理、義、禮或理義經義，切磋研討理義經義之所以然)，則不能固執禮義(道義。或解曰：學則不固陋)。親近忠信有德之人，勿友其道、德不正類於己者(蓋所謂尊賢而友之師之之意)。過，則勿憚改。"

論曰：君子不自敦重(沉穩)則不威，重者，敦重自得其正大深固，時時省察克治也，以此自處而有威厚尊嚴。威者，'正其衣冠，尊其瞻視，儼然人望而畏(敬)之'①，所謂自奉尊嚴於禮義而人敬之也。自重之法有四，曰"重言、重行、重貌(容)、重好(美)。言重則正而有法(合理義)，行重則正而有德，貌(容色)重則正而有威(貌重即矜莊於正禮)，好重則正而有觀美。亦是穩重修美其人其心其身，視聽言動皆中禮，非禮則勿之。

如知學，則能堅固持守其正理正義，而克其固陋，又克其人其學之浮躁也。

親近正道有德忠信之人，勿友其道不正類於己者。所謂"道不同正，不相為謀"也。若夫德大不如己，泛仁(尊其平等人伻人權)而不納交求友，如此而有便辟善柔之誡；德大尚乎己，納交師事(敬賢)而不敢友(賢德師友之"人份"②)，如此而有尊賢廣德上進、見賢思慕敬齊之志。或曰："不如己"者，是"不忠不信，內無其實之違於道者"，虛偽不正、不實行踐履於正道者，固不可友也。若夫素日之交行也，則"君子尊賢而容眾，嘉善而矜不能"③，又"三人行，必有我師"④而從善如流，又有"中也養不中，才也養不才"⑤之義，非可傲慢於人也。

---

① 《論語·堯曰》。
② 人伻，即今之平等基本人權。人份，則人倫，各得其分。詳見拙著《大學中庸廣辭》。
③ 《論語·子張》。
④ 《論語·述而》。
⑤ 《孟子·離婁下》(8.7)。

過,則勿憚改。或自治改過,或朋友更相諫諍(規過)改過;又或有交友不慎之過,亦當速改。孔子曰:"加我數年,五十以學《易》,可以無大過矣。"①曾子曰:"太上不生惡,其次而能夙(早)絕之,其下復而能改。"②顏回不貳過而優入聖域;子路聞過則喜;孟子論周公曰:"古之君子,過則改之……其過也,如日月之食,民皆見之;及其更也,民皆仰之。"③朱熹曰:"自治不勇,則惡日長,故有過則當速改,不可畏難而苟安也。……然或吝於改過,則終無以入德,而賢者亦未必樂告以善道,故以過勿憚改終焉。"④或曰:"無心失理爲過,有心悖理爲惡。自治勇,則過可反而爲善,自治不勇,則過必流而爲惡。"⑤又曰:"悔過於明,則明無人非;悔過於幽,則幽無鬼責,從此日新月盛,必浩然於天壤之內。"⑥又曰:"憚者,因循畏難之意。過出於無心,故改之即可以無過;憚生於有心,故憚改將成為大惡。"⑦

或曰:所謂"無友不如己者",其要在於自先志道求善,在於知人,在於尊賢,而後可友賢德之人也。若夫其德其道不如類於己者,倘無犯理幹義之大過,亦曰庸敬人伴(今日平等基本人權及人格尊嚴),而無所額外優待尊敬之禮遇也。亦以此激勵各人進德修業,力爭上游而勸勉風習也。

曾子曰:"慎終追遠,民德歸厚矣。"

① 《論語・述而》。
② 《曾子・曾子立事篇》。
③ 《孟子・公孫醜下》(4.8)。
④ 《四書章句集注》。
⑤ 胡炳文,《四書通》,參見:程樹德,《論語集釋》。
⑥ 李顒,《二曲集》。
⑦ 唐文治,《論語大義》,上海人民出版社,2018 年 6 月版。

曾子曰:"慎終追遠,民德歸厚矣。""慎終者,喪(父母、祖父母之喪)盡(其哀)其禮;追遠者,祭(先祖)盡(其敬)其誠。民德歸厚,謂下民化之,其德亦歸於厚。蓋終者,人之所易忽也,而能謹之;遠者,人之所易忘也,而能追之,厚之道也。故以此自爲,則己之德厚;下民化之,則其德亦歸於厚也。"①"言凡父祖已殁,雖久遠,當時追祭之也。"②蓋"常人之情,於親之終,悲痛之情切,而戒慎之心或不及;親遠而祭,恭敬之心勝,而思慕之情或疏。君子存心則加於此,送終既盡擗踊哭泣之情,又慎喪死之禮,如《禮記》'殯而附於身者,必誠必信,勿之有悔'之類;祭遠者既盡孝敬之意,又致追慕之情(不忘先祖之恩情,不忘此身之所由來也),如《禮記》所謂'祭死者如不欲生,霜露既降,有悽愴之心,雨露既濡,有怵惕之心'之類。如此則過於常人,其德爲厚。上之人既如此,下民化之,其德亦歸於厚。"③

論曰:"當春秋時,禮教衰微,民多薄於其親,故曾子諷在位者但能慎終追遠,民自知感厲,亦歸於厚也。《禮·坊記》云:'修宗廟,敬祭祀,教民追孝也。'"④"慎終者,喪盡其哀。追遠者,祭盡其敬。君能行此二者,民化其德,皆歸於厚也。"⑤

又曰:"'靡不有初,鮮克有終',終宜慎也。久遠之事錄而不忘,是追遠也。""欣新忘舊,近情之常累。信近負遠,義士之所棄。是以慎終如始,則尠(或作"鮮")有敗事;平生不忘,則久人敬之也。"⑥

又曰:慎終追遠,孝之至情也。事死如事生,則事生之孝道至情亦可知矣。於家於父兄也孝悌,則於外於人之忠信亦可知矣。

---

① 《四書章句集注》。
② 《論語正義》。
③ 許謙,《讀四書叢說》。
④ 《論語正義》。
⑤ 《集解》。
⑥ 《皇疏》。

故曰民德歸厚。

子禽問於子貢曰："夫子至於是邦也,必聞其政,求之與? 抑與之與?"子貢曰："夫子溫、良、恭、儉、讓以得之。夫子之求之也,其諸異乎人之求之與?"

子禽問於子貢曰："夫子至於是(某)邦國也,必能與聞(知聞;或曰被委任以政事,即聘之)其國政,此夫子求之而得與? 抑或諸國君自願與(告與,授予,或諮商請治,即諮請知聞與治之)之與?"

子貢曰："非求非與。夫子溫(言語容色和厚溫潤如玉)、良(秉心良善,善心賢良而忠信)、恭(恭敬有禮,平人伜,謹人份人倫)、儉(儉約克己自制,律己嚴)、讓(謙讓有禮敬)以得之。得之,自然而來之也。夫子君子士人不求。即曰夫子求之,其諸(此)亦異乎凡俗術士之求也。"曰:夫子有此五德,令聞令望,格于四方遐邇,過化存神,盛德感人,故人君方皆自願諮商求與為治也;而天下邦國之賢士卿大夫、國老鄉賢等,皆願諮商與(告與)聞風俗掌故、禮樂政事於夫子也。夫子又能觀化知政、觀風察俗而知其邦政之得失,亦是自得聞其國政之意。夫子修其天爵,而人爵從之。故夫子之所謂求也,以德求,求行道,非求顯名利祿也;以德求,以道求,實則皆德道自彰自充而人君求之,人民慕之也。強字之曰求耳,實則夫子不求也。若夫側媚依阿以求者,更無論矣。士不見諸侯(即士人不可主動干求,乃是君卿聞其賢德令聞令望,而後求見聘請之),君子不伎不求,以德感人,盛德光輝,遠近沐被慕悅,而後君民舉之也。增一分德業,多一分感染加持之力(感應),多一分和樂自安。學者當以此德業學術(五德)自得之,以德業學術感人,而後君民或舉之,學者或仕任之。學者不求。

子曰:"父在,觀其志;父没,觀其行;三年無改於父之道,可謂孝矣。"

子曰:"人子孝乎否? 曰:父在,觀人子之志;父没,觀人子之行;其行也,三年無改於父在之日;其志也,終生無改於父之善道(教誨),可謂孝矣。"

孔子曰:"昔者周公事文王,行無專制,事無由己,可謂子矣。"①此所謂"父在,子不得自專,庶己於父之善道而已,以此而養其志。"古者人子居喪三年,"升降不由阼階,出入不當門隧。"②言行恭敬,若父猶存,不敢又不忍遽當室也。此所謂"父没,觀人子之行"。至於太子(王君卿之子等),則"古者諒蔭(闇)不言,聽於冢宰,三年無改父王之政(或作"道")"③,亦曰念父志而不忍改也。子云:"君子馳(寬諒)親之過,而敬其美。"④若夫父傳善道善政,則終生無改,豈曰三年;若父之道有所未善,一則父在而諫匡,曾子曰:"君子之所謂孝者,先意承歡,諭父母於道。"⑤所謂幾諫微諫是也。二則父没而馳過,所謂馳過敬美,擇善而從是也。

或曰:"以人子於父在時,觀父之志而承順之;父没,則觀父在生之行而繼述之。"《禮》曰:"視於無形,聽於無聲。"觀其(父)志之

---

① 《韓詩外傳卷第七》:孔子曰:"昔者周公事文王,行無專制,事無由己,身若不勝衣,言若不出口,有奉持於前,洞洞焉若將失之,可謂能子矣。武王崩,成王幼,周公承文武之業,履天子之位,聽天下之政,征夷狄之亂,誅管蔡之罪,抱成王而朝諸侯,誅賞制斷,無所顧問,威動天地,振恐海内,可謂能武矣。成王壯,周公致政,北面而事之,請然後行,無伐矜之色,可謂能臣矣。故一人之身,能三變者,所以應時也。"《詩》曰:"左之左之,君子宜之;右之右之,君子有之。"

② 《禮記·曲禮》論居喪之禮。

③ 《漢書·師丹傳》。

④ 《禮記·坊記》。

⑤ 《禮記·祭義》:曾子曰:"是何言與! 是何言與!! 君子之所為孝者:先意承志,諭父母於道。參,直養者也,安能為孝乎?"

謂也;又曰:"善繼人之志,善述人之事。"不敢忘父母先人之行事功勞,觀其(父)行而追思效仿之謂也。亦可是也①。蓋"在心為志,發事為行,此為觀人於家而言之。父在,子不得專,故(子)觀(父)志;父死,子述其業,故(子)觀(父)行。然雖父没,在喪三年,哀慕猶若父在,不忍改父之事者,蓋孝子之心矣。至於喪畢,人之業有權限,而志可自由,雖父之尊親,過則改之,無能掩抑之者也。"②

另可參閱《子張》:曾子曰:"吾聞諸夫子:孟莊子之孝也,其他可能也;其不改父之臣,與父之政,是難能也。"《里仁》:子曰:"三年無改於父之道,可謂孝矣。"

餘論:此句除講通常孝道外,又有講君卿貴族子弟之繼父志行而為政之意,今無宗法世襲之制度,則此可不論。又或曰:道只有正邪,豈有父之道、子之道之謂?

有子曰:"禮之用,和為貴。先王之道斯為美,小大由之。有所不行,知和而和,不以禮節之,亦不可行也。"

有子曰:"禮之用,和為貴。先王之道,禮立,而善於調和潤澤和同之(然其行用,亦當於禮之範圍內)。所謂禮立而行禮,又於中調和潤澤和同之,於斯為美(善)。其後小大國、事、人等,皆由之不違;若有所不能行(其妙其善其效),此無他故,蓋倘知和而和,而不以禮節之,則亦不可行也。"

論曰:"禮難獨行,必兼用和然後爲貴。"③然亦過猶不及。《禮·樂記》云:"禮勝則離。"人若但循禮而不知用和(用情和同之),

---

① 以上參見《南軒論語解》、《論語集釋》。
② 康有為,《論語注》,中華書局,1984 年 1 月。
③ 《四書辨疑》。

膠柱鼓瑟，刻薄寡情，則人皆寒心冷漠而離析，故不可行。故禮貴嚴
肅法度，又貴用和用情，使不至於離也①，非謂棄禮不顧也。禮為本
體，和助施用。和而當合禮中節，《中庸》云：“發而皆中節，謂之和。”
“其謂以禮節之者，禮貴得中，知所節，則知所中。《中庸》云：‘和而
不流，強哉矯。中立而不倚，強哉矯。’和而不流，則禮以節之也，則
禮之中也。”②《禮·樂記》又云：“樂勝則流。”和而不中節合禮則流，
縱情恣肆，流於放蕩失檢，失其節制端謹也。故曰“徒知和之為貴而
一於和，不復以禮節之，則亦非復禮之本然矣，所以流蕩忘反而亦不
可、不行也。”③“嚴而泰，和而節，此理之自然，禮之全體也。毫釐有
差，則失其中正，而各倚於一偏，其不可行均矣。”④

　　又論曰：《樂記》云：“禮勝則離，樂勝則流。”則此“一章（節）大
意總為放蕩之人痛下針砭。學者讀這章（節）書要知謹守禮法，將
身放在規矩準繩之中，方是至和，不可一毫涉晉魏風流。若嵇康、
阮籍輩，真是萬世罪人。”⑤

　　或解曰：有子曰：“禮之用，和為貴。先王之道斯為美。然偏倚
則難行。於禮，若小大（之禮節皆機械）由之，而無和潤，則將有所不
能行也；於和，若知和而和，為和而和，而不以禮節之，亦不可行也。”

　　或解曰：有子曰：“禮之用，和為貴。先王之道，斯為美，小大
（之事）由之（和）。若其政其事有所不能行效，乃因知（徒）和而和，
不以禮節之，亦不可行也。”

　　再論曰：禮與和，豈可偏廢哉！和者，調和、調味、相應、潤澤、
和同、和甯、中和、中庸（不偏不倚，過猶不及而用中）、恰當、恰到好處、

---

　　①　此既為用禮之方，亦為製禮之法也。
　　②　《論語正義》。
　　③　《四書章句集註》。
　　④　《四書章句集註》。
　　⑤　《松陽講義》。

調和潤澤使中和中庸不偏倚也。樂亦以為和（同和寧）也；然"樂勝則流"，則"和勝亦流也。"禮者，法度（或曰節目，大體）也；和者，潤澤也；禮者，基本規範儀節也；和者，具體情境下之規則運用也；禮者，形式邏輯命題或絕對規則也；和者，情境邏輯、經驗邏輯、人事邏輯等非形式邏輯也；禮者，絕對、抽象、分析判斷也；和者，相對、具體、綜合判斷決策也；禮者，法也理也；和者，情也意也。和者，禮之用，而妙用存乎一心，然亦皆不違禮也。若"夫敬以和，何事不行？"①

　　禮宜別敬，樂宜和同，所謂一張一弛也。於公則人權無別而上下職事有別，公私有別；於私則人伻互敬、人倫絜矩而後和同共樂，上下之界限泯矣；於公私之間則公敬事民、事，而民敬謝之。則乃是同樂共和也。公事畢，下堂，則禮之和也。與民同樂即與民同和，一時平等和同，所謂人伻共樂是也。

有子曰："信近於義，言可復也；恭近於禮，遠恥辱也；因不失其親，亦可宗也。"

　　有子曰："徒信，近似於義，而其言可覆（覆按）也，不失為小信之人；徒恭，近似於禮，或亦可遠恥辱也；因（因循）斯二者尚不失近似於禮義，故亦可尊重也②。"子曰："夫恭近禮，儉近仁，信近情，敬讓以行此，雖有過其不甚矣。夫恭寡過，情可信，儉易容也。以此失之者，不亦鮮乎？"③

　　信、恭，皆各為德之一維，然尤當以禮義為本，以禮義為絜矩。

---

① 《禮記·樂記》。
② 或解為：因托於人而不失其親族，亦可宗也。所謂"因托於人"，如諸侯失國，而托寓於他國之諸侯，所謂寓公是也——然士不托於諸侯，孟子言之詳矣。所謂"亦可宗也"，即亦可以所托之諸侯之社稷宗廟為其宗，雖非本宗，然因其本來便是近親之宗（所謂宗法、大宗小宗云云），故亦可也，如晉、鄭相因宗，魯、衛相因宗等。
③ 《禮記·表記》。

義非徒信也,必先之以道、理為本,若此,則義或不必信(所謂權),而信亦未必義也。故君子之出言行事也,遇事先當正(動詞,以道正之,或正其道)道窮理,以正禮義,而後信恭持行之。孟子云:"大人者,言不必信,唯義所在。"①禮非徒恭,必先之以正、敬為本,正則合道,敬則誠心,若此,則禮或不必恭(如正言讜論、大義凜然,如對暴惡邪僻之人事),恭未必合禮。故君子之行禮也,必先正禮,而後恭敬不失其正。若夫恭不合禮,則非禮也,非禮之恭,終不恭也,其遠恥辱也暫;非義之信,小信未孚,徒言可復(覆)而已,雖有硜硜小信,或不顧理義,則終不可信也,終不能取信於人也。

信以道義為本,故"曾子云:'言之必思復之,思復之必思無悔言,亦可謂慎矣。'思無悔言,亦謂以(道)義(義理)裁之,否則但守硜硜之信而未合於(道)義,人將不直吾言,吾雖欲復之不得也。"②恭以正禮為本,"恭是遜從,禮是體別。若遜從不當於禮,則為恥辱。若遜從近禮,則遠於恥辱。"③信不失義,恭不悖禮,是之謂也。

朱熹曰:"此言人之言行交際,皆當謹之於始而慮其所終。不然,則因仍苟且之間,將有不勝其自失之悔者矣。"④

論曰:於常道言,自當正義而信,正禮而恭,此經也。義不必信,非禮而恭以暫遠恥辱,此皆非常之權也。凡人君子之言行,皆當嚴其權變,雖(即使)權而仍當合經合義。

論曰:此處之信,不問道義徒小信也,乃"硜硜哉小人"之信;此處之恭,不問正禮而徒足恭也,徒恭則或失之於諂(失正禮),雖然,而究竟不失其一善一效,故曰可宗。實則道義重於信(言不必信,唯道、義所在),正禮重於恭。

若夫"因不失其親,亦可宗也","程明道曰:'因恭信而不失其

---

① 《孟子·離婁篇》。
② 《論語正義》。
③ 《皇疏》。
④ 《四書章句集註》。

所以親近於禮義,故亦可宗。'伊川曰:'因不失於相近,亦可尚也。'
又曰:'因其近禮義而不失其親,亦可宗也,況於盡禮義者乎?'"①
其意曰:因斯二者(信、恭)尚不失其親近於義、禮,故亦可宗守之也。
又或解曰:若因用斯二者而不失其親近於義、禮,則亦可宗信持守
也。又或解曰:因托於人而不失其親族,亦可宗也。所謂"因托於
人",如諸侯失國,而托寓於他國之諸侯;所謂"亦可宗也",即亦可
以所托之諸侯之社稷宗廟為其宗,雖非本宗,然因其本來便是近親
之宗,故亦可也。此句蓋難有確切之解,故姑闕疑之。

子曰:"君子食無求飽,居無求安,敏於事而慎於言,就有道而正焉,可謂好學也已。"

子曰:"君子學者食無求飽(今曰不求珍饈異饌,或不以穀祿為念),
居無求安(安逸舒適),敏審疾速於事行而慎於言辭,就有道而正焉,
可謂好學也已矣。"

"食無求飽,居無求安",先立志也,志於求道而道樂自安也,若
夫徒騖飲食逸居,奚暇求道? 無志之人而已。"敏於事而慎於言",
首重於行事踐履,不可徒騖虛文辭章也;又當慎言,不敢任情喜怒
自恣自是也。"就有道而正焉",敏捷於事,復勤於思考請益,德業
切磋精進也,然後乃得其正,而免勞而無功乃至勞而失正之弊。學
貴於志道、踐履、切磋就正,非必讀書乃謂學也。

朱熹曰:"不求安飽者,志有在而不暇及也。敏於事者,勉其所
不足。慎於言者,不敢盡其所有餘也。然猶不敢自是,而必就有道
之人以正其是非,則可謂好學矣。凡言道者,皆謂事物當然之理,
人之所共由者也。"②

---

①　洪邁,《容齋隨筆》。
②　《四書章句集註》。

論曰："無求安飽，學者之志有所不暇也。"①有道，有道者也，有正道德行學問者也。正者，問正其言行道事，而兼問道與問事，是者行之，非者改之也。學者，學正道禮義、德行、言語、政事、辭章等也，謹言慎行，修身養德，非徒記誦辭章字知（文知）而已。子曰："有顏回者好學，不遷怒，不貳過。"又"告子張曰：'慎言其餘，慎行其餘。'又曰：'言忠信，行篤敬。'《中庸》曰：'言顧行，行顧言。'是皆以言行爲學也。"②是皆可謂好學也。荀子亦曰："夫人雖有性質美而心辨知，必將求賢師而事之，擇良友而友之。得賢師而事之，則所聞者堯舜禹湯之道也；得良友而友之，則所見者忠信敬讓之行也。身日進於仁義而不自知也。"③或曰：敏於事即疾速於事，聞斯行之也。

論曰："道者，事物當行之理。大而倫常，小而日用，莫不各有其理，猶行者各有其路，故名之曰道。其原出於天，根於性，而具於心，無一時一物不有此理，一一由性中自然而出之，故《中庸》曰'率性'，曰'不可須臾離'，從來言道者，莫明切於此。"④

子貢曰："貧而無諂，富而無驕，何如?"子曰："可也。未若貧而樂，富而好禮者也。"

子貢曰："貧而無諂，富而無驕，何如?"子曰："可也。未若貧而樂道，富而好禮者也。"君子素（素者，鄉也，處其平素相應之地也，德能精進向上而又安處與其德能相應之地位或位置也）其德位而行，不願乎其外⑤，求道精進，樂天知命而已矣。

樂者，樂道，志於道也；又樂得道也，因得道而喜悦自適；又得

---

① 《集解》。

② 《石渠意見》。

③ 《荀子·性惡篇》。

④ 王植，《四書參注》（《經正録》引）。

⑤ 《中庸》。

道而達觀知命,素位而行,守道自喜也。總而言之,可謂樂志於道,正道素位而行,窮達自然,而天命自得自適也。貧而無諂,富而無驕,此當然正常之事,"於道雖可,未及臧也"①,以斯乃常人眾人中正消極之行事耳,未足以言積極求道進取之境界也。故孔子"許其所已能而勉其所未至也"②。質言之,貧而無諂,富而無驕,不忮不求,是消極之修行;貧而樂道,富而好禮,是積極之修行。富而好禮,即富而不忘正行也。

　　論曰:"古之得道者,窮亦樂,達亦樂。所樂非窮達也,道得於此,則窮達一也,如寒暑風雨之節矣。"③"貧毋逸樂,富則不勞;富必備禮,貧則從簡,素位而行,隨分自盡,此不忘之也。"④"顏子居陋巷而樂道聖賢(原文為"帝王",茲改易之)之道,周公相成王而思兼三王之禮,貧富不同,其揆一也。"⑤處貧處富之法,斯可謂得之矣。朱熹曰:"常人溺於貧富之中,而不知所以自守,故必有二者之病。無諂無驕,則知自守矣,而未能超乎貧富之外也。凡曰可者,僅可而有未盡之辭也。"⑥

　　按:"貧富無諂驕"或亦接上一句"食無求飽,居無求安"而來,子貢聞而有問也。蓋子貢稍有自足其德、安於小成之心,故孔子乃進而啟發激勵之也。此節與上節"食無求飽,居無求安",及下節"如切如磋,如琢如磨",正相應合,皆言好學問學求道之"道問學"之事也。故此三節可合而觀之。

子貢曰:"《詩》云:'如切如磋,如琢如磨。'其

①　《皇疏》。

②　《四書章句集註》。

③　《呂氏春秋·慎大覽》。

④　《論語後案》。

⑤　《論語述何》。

⑥　《四書章句集註》。

斯之謂與？"子曰："賜也，始可與言《詩》已矣，告諸
往而知來者。"

　　子貢聞而受教，當下領悟，曰："《詩》云：'如切如磋，如琢如
磨。'進德修業亦如玉石匠人，磨礪不懈，精益求精，更進一步，終
生不止。故人亦不當自足於'貧而無諂、富而無驕'，而當進於
'貧而樂道、富而好禮'，乃至自修上進不止。此詩其斯之謂
與？"子曰："賜也，始可與言（談，說，討論）《詩》已矣！告諸往而知
來者。"

　　切磋琢磨者，"皆治器之名"，"骨謂之切，象謂之磋，玉謂之琢，
石謂之磨。"謂治骨象玉石以成器也①。子貢知此（匠人切磋琢磨之
事）皆細心磨礪、精益求精之功，乃進而穎悟自修求道問學立禮之
道，而皆當精進不止，向上不止，求道不止，終生未可以自足其德其
學也。大道在天，終生求之；求道喜悅，素位而行，窮達自安。子貢
非徒受教，乃能引《詩》穎悟，益有引申發揮，由貧不諂、富不驕（而
稍有自足其德、安於小成之意之病），進於安貧樂道、富而好禮；又再進
之，而悟會詩句求道精進、向上不止之意，有超出孔子所未明言者，
斯為能告往知來，舉一反三，故孔子贊許之。《詩》多比興隱喻引
申，故觸類旁通，乃能得《詩》之意。子貢能讀一悟三，故孔子曰"可
與言《詩》"，亦曰"孺子可教"也。

　　質言之，此皆是已言未言、已行未行、已達未達、已有未有（有
無相生）之意、之眼光，而子貢悟之；此又是讀《詩》說《詩》之道，比興
而廣意引申，舉一反三，觸類旁通，鑒往知來，而至於通達人生大
道、天道性命也。"知來如所謂悟性，神之為也。藏往如所謂記性，
智之為也。告往知來，殆所謂悟性者歟？多學而識，殆所謂記性者

---

　　① 《論語正義》。

歟?"①故孔子欣然頷首。

而切磋琢磨亦是修養工夫,可見其非易易,故怵惕謹慎,自修進德不止也,所謂"無諂無驕,質美而自守者能之。樂與好禮,非道學自修不能及此。"②朱熹曰,此"《詩·衛風·淇澳》之篇。言治骨角者,既切而復磋之;治玉石者,既琢而復磨之。治之已精而益求其精也。子貢自以無諂無驕爲至矣,聞夫子之言,又知義之無窮,雖有得焉,未可遽自足也,故引是詩以明之。往者,其所已言者,來者,其所未言者。"③

總述以上兩句,子貢善於經商,而能致富,故聞上節孔子"食無求飽,居無求安"之言,而思及自身,乃有"貧富無諂驕"此問,而稍或有自足其德、安於小成之意。孔子於是隨事施教,循循誘進,意曰"無諂無驕者生質之美,樂道好禮者學問之功"④,而又語意混融,引而不發。子貢聰明,當下穎悟,故隨後(下文)而引《詩》以證之。孔子心上歡喜,知孺子可教,而告之以學《詩》之道。學《詩》之道與成人之道同也。此又是因事設教、因材施教、舉一反三之教法也。

黃氏曰:"如切如磋者,道學也;如琢如磨者,自修也。切磋者必判其文理之細,道學似之;琢磨者必去其瑕玷之微,自修似之。"⑤

子曰:"不患人之不知己,患不知人也。"

子曰:"不患人之不知己,患不知人也。"上句言有德自彰,可欲

---

① 《四書參注》。
② 《論語後案》。
③ 《四書章句集註》。
④ 劉台拱,《論語駢枝》。
⑤ 轉引自《論語大義》。《論語集釋》亦有引述。

之謂善。故所當患而求之者，自我進德修業，泛仁忠信，敬業樂群，力行實踐，使己有可知之實德實才，而不必患人之不己知、求人之必知己也。士不見諸侯，君子不求知顯於人。求見求顯於諸侯朋人，則有自足其德、違道干譽之病失。德不孤，必有鄰，豈用求哉。求者、孤者，德業未精未至也。故曰："有不可患而勿容患者，有真可患而不容不患者。"①勿容患者，不患人之不己知也；真可患者，患自無可知之德業仁善學行也。

　　下句則言患己之不知人。古曰不知賢不肖，今又曰不知忠恕共情之道②，不知他人之優長，而但以吾長較彼人之短，而肆意臧否也③。古則曰親賢取善，遠佞避邪，"乃若所患者，有賢者在前而不知爲賢，則出而無所可任用，處而無所可效法；有不肖者在前而不知爲不肖，則信用之而爲其所欺，交遊焉而爲其所惑"④；於國家治亂亦如此，"則仕而擇可宗之人，有位而舉賢才爲用，爲宰輔而進退百官，非知人之明其可乎？否則賢愚渾淆，分朋傾軋，而亂亡至矣。"⑤

　　或曰："蓋知人爲窮理之學。若爲政而不知人，則無以辨善惡邪正之分，而好惡流於乖僻，是政治中之患；若爲學而不知人，則無以辨詖淫邪遁之失，而趨向入於歧途，是學術中之患。故知人之學，爲聖門先務之急。"⑥

　　何能不患？曰："能奪我名而不能奪我志，能困我於境遇而不能困我於天人無愧之中，不患也。"⑦患與不患，其義深矣，"以患不己知者，反而自患其知，斯亦爲爲己之實學。不然，患己知不早，則

---

①　《四書訓義》。
②　如所謂同理心、共情心等。
③　《曲禮》亦曰："愛而知其惡，憎而知其善。"
④　《四書訓義》。
⑤　《讀四書叢説》。
⑥　唐文治，《論語大義》。
⑦　《四書訓義》。

屈學以阿世;不患知人之不明,則親小人而遠君子,其爲大患,可勝
道哉!"①

　　論曰:自知,則盡性知命也;知人,則向善(與人為善)友賢也。

---

① 《四書訓義》。

爲政第二

子曰："爲政以德，譬如北辰，居其所而眾星共之。"

子曰："爲政以德，譬如北辰，（立其中正，其心明亮），居其中正，發其明心，明其明德，眾星相應，光耀人間。此之謂北辰如王君賢明居其正中，而眾星如賢能循正集義，共成仁政也。"立其正極光明，而善者從之，賢能畢至，晦暗難遁，而亮者愈亮，賢者愈賢，共臻於清天朗亮。自身中正德亮，薦引賢德，而可端拱（正身端慤，拱手恭敬；或曰端坐拱手①）而治也。

或曰："人人共之以成大同，故端拱而致太平，如北極不動，而眾星共繞而自團行也。無他，惟天下爲公，故無爲而治也。霸主專制爲治，雖衡書擔石，嚴刑重罰，智取術馭，威壓強制，百出其道，職事愈隳，亂機愈伏。無他，惟自私天下，故欲治無成也。"②

或曰："此政治統一之說也。德，如《皋陶謨》之九德（寬而栗、柔而立、願而恭、亂而敬、擾而毅、直而溫、簡而廉、剛而

---

① 1.正身拱手。指恭敬有禮，莊重不苟。2.指帝王莊嚴臨朝，清簡爲政。3.謂閒適自得，清靜無爲。（漢典）

② 《論語註》。

塞、彊而義）①、《洪範》之三德（一曰正直，二曰剛克，三曰柔克）②是也。居其所，猶《書》所謂'安汝止'。眾星共之，言旋繞而歸向之也。取象於星者何？庶民惟星，散也，惟有德以翕聚之，而後散者歸於一。不然，月之從星，則以風雨，是為亂象。《大學》曰：'君子先慎乎德。有德此有人，有人此有土。'蓋政治之統一，不徒統一乎土地，要在統一乎人心。德者，統一人心之具也。"③

子曰："《詩》三百，一言以蔽之，曰'思無邪'。"

子曰："《詩》三百，一言以蔽之，曰：'思勿邪，皆歸合於正。'"此孔子删《詩》之權衡與初衷，又《詩》之定論也。思歸正，情歸無邪自然，所以為《詩》教也。《詩》始於風，發乎情，止乎禮義；情思行事正常髮露，而允執其中正，皆當本歸於正禮也，而得自然性情之正。《詩》以道性情，性情者，正性常情正禮也，何邪之可有！吾人讀《詩》也，思當無邪，則讀斯《詩》也，乃能自然感善懲惡，而皆得性情之中正。

---

① 《書·皋陶謨》："皋陶曰：'都，亦行有九德，亦言其人有德，乃言曰：載采采。'禹曰：'何？'皋陶曰：'寬而栗、柔而立、願而恭、亂而敬、擾而毅、直而溫、簡而廉、剛而塞、彊而義，彰厥有常，吉哉！'"孔傳："言人性行有九德以考察，真偽則可知。"《左傳·昭公二十八年》："心能制義曰度，德正應和曰莫，照臨四方曰明，勤施無私曰類，教誨不倦曰長，賞慶刑威曰君，慈和徧服曰順，擇善而從之曰比，經緯天地曰文。九德不愆，作事無悔。"《逸周書·常訓》："九德：忠、信、敬、剛、柔、和、固、貞、順。"《舊唐書·楊綰傳》："寬柔敬恭，協於九德；文行忠信，弘於四教。"（詞典網：https://www.cidianwang.com/cd/j/jiude56933.htm）

② 《書·洪範》："三德，一曰正直，二曰剛克，三曰柔克。"孔穎達疏："此三德者，人君之德，張弛有三也。一曰正直，言能正人之曲使直；二曰剛克，言剛強而能立事；三曰柔克，言和柔而能治。"《周禮·地官·師氏》："以三德教國子，一曰至德，以為道本；二曰敏德，以為行本；三曰孝德，以知逆惡。"《國語·晉語四》："晉公子善人也，而衛親也，君不禮焉，棄三德矣。"韋昭注："三德，謂禮賓、親親、善善也。"（詞典網：https://www.cidianwang.com/cd/s/sande75358.htm）

③ 《論語大義》。

《史記·孔子世家》曰:"古者《詩》三千餘篇,及至孔子,去其重,取可施於禮義,上采契、後稷,中述殷周之盛,至幽厲之缺,始於衽席,故曰'《關雎》之亂以為風始,《鹿鳴》為小雅始,《文王》為大雅始,《清廟》為頌始'。三百五篇孔子皆弦歌之,以求合《韶》《武》雅頌之音。禮樂自此可得而述,以備王道,成六藝。"

論曰:"古有采詩之官,王者所以觀風俗、知得失、自考正也。"①"詩之爲體,論功頌德,止僻防邪,大抵皆歸於正"②。"凡詩之言善者,可以感發人之善心,惡者,可以懲創人之逸志,其用歸於使人得其情情之正而已。"③

子曰:"道之以政,齊之以刑,民免而無恥;道之以德,齊之以禮,有恥且格。"

子曰:"倘(為政者)先導之(民)以正常政治(政法之治,政制法教;法制禁令;"立常制以正民者也"④),齊一之以刑罰威禁,如此則民畏懼(於刑罰),然(民)或但求苟免於刑政(苟且遁免於罪;"刑者,興法辟以割物者也"⑤)而無恥(心)耳;倘(為政者)先導教身範之(民)以內性仁善之道德操行,齊一之以正善禮(制度品節)俗(禮義,以正道禮法情理勸化之),如此則民有(禮義廉)恥之心而敬德、格(格即正⑥)正、臻善矣。"

此言正道德義禮樂之教化為先為上,化之或為刑措;然亦次之

---

①　《漢書·藝文志》。
②　邢疏。
③　《四書章句集註》。
④　《皇疏》。
⑤　《皇疏》。
⑥　或解曰恪,敬也;或曰來、至,歸於善,至於善;或曰革,洗心革面,變革其不正而歸於正。

以政刑,政刑相參,正政而立常制正法以引導、制度、治理之（常政），刑罰以威禁、懲罰其不化不德不法者也。不先之以道德禮義教化,又不先之以正政常制,再則又不先之以政治清明、率先垂範,而徒務刑罰威禁,非治國治天下之正途,必不治不安也。《孔子家語－刑政篇》曰:仲弓問於孔子曰:"雍聞至刑無所用政,桀紂之世是也;至政無所用刑,成康之世是也。信乎?"孔子曰:"聖人治化,必刑政相參焉。太上以德教民,而以禮齊之。其次以政導民,而以刑禁之。化之弗變,導之弗從,傷義以敗俗,於是乎用刑矣。"《孔叢子－刑論篇》曰:仲弓問古之刑教與今之刑教。孔子曰:"古之刑省,今之刑繁。其爲教,古有禮然後有刑,是以刑省;今無禮以教而齊之以刑,刑是以繁。《書》曰:'伯夷降典（五典、五常之類,《尚書》所謂"五常",謂父義、母慈、兄友、弟恭、子孝）,折民惟刑。'謂先禮以教之,然後繼以刑折之也。夫無禮則民無恥,而正之以刑,故苟免。"又孔子答衛將軍文子曰:"齊之以禮,則民恥矣。刑以止刑,則民懼矣。"《禮記・緇衣篇》曰:子曰:"夫民,教之以德,齊之以禮,則民有格心;教之以政,齊之以刑,則民有遯心。"

朱熹論曰:"聖人爲當時專用政刑治民,不用德禮,所以有此言。聖人爲天下,何曾廢刑政? 道之以德,是躬行其實以爲民先。如必自盡其孝,而後可以教民孝;自盡其弟（悌）,而後可以教民弟;宜其家人,而後可以教國人;宜兄宜弟,而後可以教國人。"[①]道、德、理、義、禮、樂之教訓化民、自循同化、天下共守之,豈可或缺而徒以刑政爲事哉!

又論曰:"政者,立常制以正民者也。刑者,興法辟以割物者也。制有常則可矯,法辟興則可避。可避則違情而苟免,可矯則去性而從制。從制外正而心內未服,人懷苟免則無恥於物,其於化不亦薄乎? 故曰:'民免而無恥也'。德者,得其性者也。禮者,體其

---

① 《朱子語類》。

情者也。情有所恥而性有所本，得其性則本至，體其情則知至。知恥則無刑而自齊，本至則無制而自正，是以'導之以德，齊之以禮，有恥且格'。"①

子曰："吾十有五而志於學，三十而立，四十而不惑，五十而知天命，六十而耳順，七十而從心所欲，不踰矩。"

子曰："吾十有五而志於學，而學禮樂大道，為君子人也；三十而立，力行而立於禮；四十而不惑，知人事之理（知人，又知物，知物即知事理）而不動心；五十而知天道天命（知命），故恪遵其道命，窮理盡性而素位而行；六十而耳順，"聲入心通，無所違逆"②，皆得其善者；七十而從心所欲，不踰矩，而"不勉而中，不思而得"③，所謂"致中和"也。

申言之，則曰：

吾十有五而志於學，斯學者，大學也（謂明明德、新民、止於至善等④），經術道術也。

三十而吾學立，學立者，立於道，立於禮，立於五經也。吾自十五有志於學，三年明一經，至於卅歲而通五經之業；三十曰壯，有室，而立於禮，故可以居家室而以禮齊家也。

四十而不惑，明經學問涵養體悟任事格致經年，德業自修，而通達諸事之理，故道理學理事理倫理皆不惑，以齊家，以涖政事，亦皆可無疑惑也。

---

① 《皇疏》引郭象云。
② 《論語大義》。
③ 《論語大義》。
④ 參見《大學》，又可參見拙著《大學廣辭》。

五十而已仕十年,知天道天命,知窮通世運與吾之稟賦,故而知天命我之所在也(推闡大道,為萬世立法),所謂"天命我,我亦慨然以天下自命"也。然亦素其位而行。

六十而耳順不違,所謂和而不同,逆違之言不入,而仁善之言順從若決江河也。

七十而從心所欲,不踰矩,所謂"喜怒哀樂之未發而中,發而皆中節而和"①是也。

孟懿子問孝。子曰:"無違。"樊遲禦,子告之曰:"孟孫問孝於我,我對曰'無違'。"樊遲曰:"何謂也?"子曰:"生,事之以禮;死,葬之以禮,祭之以禮。"

孟武伯問孝。子曰:"無違(於正禮)。"樊遲禦,子告之曰:"孟孫問孝於我,我對曰'無違(於正禮)'。"樊遲曰:"何謂也?"子曰:"生,事之以禮(正禮);死,葬之以禮(正禮),祭之以禮(正禮)。"時或有從親於不義(而無諫言)、葬祭僭禮(非正禮)者,故孔子斥之,乃曰當以道義為先,生死喪祭皆無違道理正禮,以順成親長道義正禮操持之正志正德,如斯乃可謂正孝矣。無違親長之正命理義而為孝,不然,若幹違道義正禮,乃適成父母子女之惡也,豈可曰孝?

述論曰:(魯)"孟僖子為懿子之父,本賢大夫。嘗從(魯)昭公至楚,病不能相禮,歸而講禮學禮,苟能禮者必從之。逮死,召其大夫曰:'禮,人之幹也,無禮無以立。我死,必屬說與何忌於孔子,使事之學禮焉。'其所云何忌卽懿子也。"②孟僖子遂屬(遣)其子何忌

---

① 《中庸》。
② 《四書賸言》

（孟懿子）學禮於孔子，是時魯三家僭禮，歌雍舞勺，《檀弓》云："三家視桓楹"，葬僭禮也；《八佾》云："三家以雍徹"，祭僭禮也。孟懿子問孝之事乃在其後十幾年，而何忌已繼位也。墮三都之事亦在此前後，其時，孔子用魯為大司寇（魯定公十三年，前 497 年），使仲由墮三都，何忌先允後悔，墮三都遂功敗垂成。其後不久，孔子去魯，周遊列國。問孝之事在前，悔反墮三都之事在後，豈孔子早識孟懿子之肆意僭禮違忤邪？故孔子以"無違"一語雙關及之，一者云無違親命（斯則無違僖遺何忌學禮之命），二者云無違正禮，兩者合而為一，方為正孝。孔子（或編纂《論語》者）恐人誤會其意，以為孝為一概迎合（無條件迎合）親命，乃至悖理違禮之事亦聽之，故又為"無違"下一規制（前提條件）。孔子又有雙關警告諷諫之意，而"語意渾然，若不專為三家發者"①。孟懿子執意僭禮，固然心知肚明。樊遲當時年少，孔子恐樊遲未會其意，乃明言示之，亦是師道苦心，隨時隨事而教之。

孟武伯問孝。子曰："父母唯其疾之憂。"

（魯）孟武伯（即孟懿子何忌之子）問孝。子曰："子女於父母，唯父母之疾病是憂。"故於平日省定溫凊有素，照顧無微不至，以免其疾。病則責己致其憂，湯藥巾櫛，服事上下。唯必得無恙為首務也。

論曰："孝子之事親也，病則致其憂。"②何以致其憂？曰："父母有疾，冠者不櫛，行不翔，言不惰，琴瑟不禦，食肉不至變味，飲酒不至變貌，笑不至矧，怒不至詈，疾止復故。"③斯之謂也。

---

① 《四書章句集註》。
② 《孝經》。
③ 《禮記·曲禮》。

今或解曰:"(於子女之自處自為),唯(恐自身子女之)疾病或惹父母之憂。"所謂"孝子不妄為非,唯人子之有疾病然後使父母憂。"①言為人子女,當常敬慎自居,不妄為非,不以非道非理非禮非義非法而橫使父母憂慮,惟或有疾病然後使父母憂耳,則其素日自奉謹嚴於正道禮義也可知。吾則曰:子女亦不當因愛身奉身不謹而致病,而貽父母之憂,故"居恒須體父母之心,節飲食,寡嗜慾,慎起居,凡百自愛,必不使不謹不調,上貽親憂。父母所憂,不僅在饑寒勞役之失調,凡德不加進,業不加修,遠正狎邪,交非其人,疏於檢身,言行有疵,莫非是疾。知得是疾,謹得此身,始慰得父母,始不愧孝子。否則縱身不夭札,而辱身失行,播惡遺臭,不幾貽父母之大憂哉?"②然謹慎奉身仍或不免於疾病者,則必告父母,勿益增其憂念也。此尤以小兒女為然。

或曰:此處孔子乃接上節,答孟懿子問孝之"無違"而言,意曰當憂慮幾諫匡正父母之僭過(過度,逾越法度制度)違禮之事,一則無違親命,二則幾諫親過,而一於正禮。亦可自圓其說。"孟懿子問孝"與"孟武伯問孝"兩節,當合而觀之,而其意自明。孔子乃既言孝道,又言當時政事,說理諷諭兩渾然。

子遊問孝。子曰:"今之孝者,是謂能養。至於犬馬,皆能有養;不敬,何以別乎?"

子遊問孝。子曰:"今之孝者,謂徒能飲食供養耳。此何足稱孝。人之於犬馬,亦皆能有養(養犬馬,所謂犬馬聲色玩好之類);不敬,何以別乎?"此語雖若有引喻失義之嫌(有似養父母與養犬馬並論),然亦是極言其不孝之罪,用以深警之也,言子女之孝,不徒能養(其父

---

① 《集解》引馬融語。
② 《反身錄》。

母之)口體,亦當養志而正禮敬之也。子思曰:"今而知君之以犬馬畜伋也。"未敬也。孟子曰:"食而不愛,豕交之也。愛而不敬,獸畜之也。"無論養父母養賢德(乃至養子女亦當養以道理禮義),豈不當於此深自怵惕深省哉! 所謂養也,皆當敬以道理義禮也。子云:"小人皆能養其親,君子不敬,何以辨?"① "故上孝養志,其次養色,其次養體。"② 故下文又言"色難"。

子夏問孝。子曰:"色難。有事弟子服其勞,有酒食先生饌,曾是以為孝乎?"

子夏問孝。子曰:"色難。有事,弟子服其勞;有酒食,請先生饌食。此尊師之禮也(師弟子之禮)。然豈(曾)是(服勞饌食)之足以為孝乎?"此但養體而已,為人子女之孝敬事親,當更有進於此者也,如養志、養色等。養色者,隱候父母顏色,先意承志承歡也。《曲禮》曰:"視於無形,聽於無聲。"則"色難者,觀父母之志趣(顏色),不待發言而後順之者也。"③然此為難也。

養色實亦養情養志也,而俾父母(子女)情意和洽歡樂也。孝非養色之一事,然必養色養情方為孝也。前言"無違(正禮)、禮事、養疾(養身,問疾)、敬養,乃至喪祭盡心以正禮而致哀敬",此言"色難"、服勞饌食,皆是孝道之一維④,而"上孝養志,其次養色",再其次養身養口體也。服勞奉養問疾固是而盡心矣,而養色為難,養志

① 《禮記‧坊記》。
② 包慎言,《溫故錄》。
③ 司馬光,《家範》。
④ 《呂氏春秋‧孝行覽》曰:養有五道:修宮室,安床第,節飲食,養體之道也;樹五色,施五采,列文章,養目之道也;正六律,和五聲,雜八音,養耳之道也;熟五穀,烹六畜,和煎調,養口之道也;和顏色,説言語,敬進退,養志之道也。此五者,代進而序用之,可謂善養矣。

(聽命無違與理義正禮幾諫)又尤重也。

或解曰：色難者，子女事親之際，當時時和顏悦色(子女當和顏悦色以事親)，是為難也。《玉藻》曰："親癠，色容不盛，此孝子之疏節也。"《禮記·祭義》曰："孝子之有深愛者必有和氣，有和氣者必有愉色，有愉色者必有婉容。孝子如執玉，如奉盈，洞洞屬屬然，如弗勝，如將失之。"①此解亦是而有好意矣。

又或曰："事師事親同一左右就養，雖爲《内則》所載，然師者道之所在，嚴肅之意較多，事父母更當柔色以温之。夫子言此，乃弟子事先生之禮不足以爲孝也。"②則事親之道與尊師之道稍有不同，"嚴威儼恪，非事親之道，(師教)成人之道也"③，亦曰事親當色容和悦也。《祭義》曰："養可能也，敬為難；敬可能也，安為難。"④安則和悦安養父母之情與志也，亦使父母安然自在和樂也。

若夫事師，則曰："君子之為弟也，行則為人(老師，老夫子⑤)負。"⑥所謂"斑白者(師老、人老)不以其任行乎道路，而弟(弟子)(代之而)達乎道路矣。"⑦《禮記·王制篇》細論曰："(若老少師弟俱有所擔負者，則若俱為)輕任(有擔負者)(，乃)並(與少者代而擔負之)；(若俱有)重任(，乃)分(為輕重，重與少者，輕與老者，各擔負之，不可並與少者一人)；斑白者(老而無力者)不提挈(也)。"此尊師之一事耳，而皆所以尊道而尊師，尊德而尊老也。

---

① 《四書章句集註》。

② 《鄭氏述要》。

③ 《禮記·祭義》。

④ 《論語註》。

⑤ 古者大夫致仕而為師，年老，力或不能堪，故爾，又以尊師尊老也。青壯可自為時則或不必也。言或不必者，若所任重而難堪，則弟子亦分任之也。

⑥ 《大戴禮記·曾子制言上篇》。

⑦ 《祭義篇》。

子曰：“吾與回言終日，不違如愚。退而省其私，亦足以發。回也，不愚。”

子曰：“吾與回言（教示之，“言”者，孔子自謙也）終日，回於吾說也，默而識之，無所違異疑問，如愚（，似無所一己之思悟發明）。（教學畢而）退，而（吾，孔子）省察其與同門二三子之私論（私下之論說），其言亦足以發明奧義大體，舉一反三，由已言者而及於未言者。回也，不愚也。”

解曰：“不違者，無所怪問。於孔子之言默而識之，如愚者也。察其退還與二三子說繹道義，發明大體，知其不愚也。”①

子曰：“視其所以，觀其所由，察其所安。人焉廋哉？人焉廋哉？”

子曰：“視（直視其當下所為之事）其所為之事，觀（廣看，廣瞻回溯而尋繹其所由之道術）其所由之道術（所經歷由來之道，引申為所由之道術），察（細察深思，細看沉吟）其所安好者（hào，嗜好、干求、安居者，所安居而樂好之者）。如此，則人焉廋藏哉？人焉廋藏哉？”此何謂邪？曰：目視其當時行事與言動舉止，觀想其所循由之道術，沉吟察識其樂主嗜好止處安定之所在，則其為人也，其人之心志、性情、格局、善惡等，便大體可知，人豈能掩藏之哉！② 既不能掩瘦之，有志君子自當正志警惕自省，恪謹於其所為所由所安者也。

論曰：所為有善惡正邪之分，所由有“循大道而不由小徑”（道不由徑，小徑、便道，或引申為非正道、邪道等；此言正道、邪道之辨）與“道不

---

① 《集解》。
② 豈能掩藏之於世人天地哉。

由義之穿窬"之變,所安有德業、道、學與權位、利祿、安逸玩物、人慾橫溢之別,人之識人交際、親賢遠不肖,亦當從此數者辨別區分也。故曰:"考事行不如考心術,考心術不如觀嗜好。察其事由,窺其意趣,然後人之表裡(裏)、顯微、肺肝如見矣。"①

又論曰:此論人觀人之術也,蓋由事象(今曰現象;所為之事,知其然)至於道術(事義,或為事時所由之道術、方式;今曰解釋或價值觀;知其所以然),又至於其情志乃至本性本心(安好、嗜好;今曰目的、情志;知其心)也;亦曰由行而術(或方法)而心(或道)道也;又曰知其然,又知其所以然,復知其心也。質言之,既論其跡(所以,即所踐履者),又論其所以然(所由,亦即所行事背後之道術或價值觀),尤其論其所安心(所安)。

解曰:"視,直視也。觀,廣瞻也。察,沈吟用心忖度之也。即日所用易見,故云視。而從來經歷處此即為難,故言觀。情性所安最為深隱,故云察也。(此)言人誠難知,以三者取之,近可識也。"②

此識人之術也③,實則尤是自審自省自修改過之術也。故或論曰:"知人原不是易事。其實非人之難知,只是不細心去看耳。既欲知人,若但求之毀譽,索之語言文字,又或為論心不論跡之說,探之於踐履之外,其不為人所欺者鮮矣。'人焉廋哉'二句要看得好,不是誇張其效,言人雖善匿,至此卻無處躲避,猶之權度設而人不可欺以輕重長短。然則謂情偽之難測而世路之險巇者,此知責人而不知責己者也。謂知人之明不可學者,此知責天而不知責己者也。又須知此是論人如此,若待人之道則不然,一善可取,不忍棄也。今日學者讀這章(節)書,須將聖人觀人之法先去自觀,所為果有善無惡乎?所為善矣,意之所從來者果盡善乎?果心安意肯

---

① 《論語註》。
② 《皇疏》。
③ 而豈以貌相哉。

而非勉強乎？苟有纖毫未善，須痛自滌濯，使徹內徹外，無一毫不可令聖人見，方是切己學問。"①

子曰："温故而知新，可以為師矣。"

子曰："温故而知新，可以為師矣。"

或曰：必通知古今，斯乃可以為師，所謂沉潛古學，發為新知也。趣時厭古，泥古薄今，兩皆失之；不如温古學知新學，古道新意，兩相作用，則可以為師矣。温故與知新，其間之傳承轉移，在乎一心。一心者何？曰聖心也（，又道心也）。聖心者何？曰仁心、善心、道心、正心、公義之心也。故又曰：温習六經先王之聖道（聖道，仁道善道正道也），通其大義，體其聖心（聖心即仁心、善心、正心也），應時斟酌創發，發為新知，為時代之先覺，先覺覺後覺，先生覺後生，斯乃可以為師矣。

或曰：温習先前已學之故知，俾不忘而積學，內化於己，而謂得之；復孜孜於學習新知，日積月累，新學有得，終生不懈，而成通人碩學，斯可以為師矣。

或曰：守故彌温（温習古道古學已學），造新必通（古今），斯可以為師也。亦是"告諸往而知來者"之意也。

或曰：於温習故學、古道中而可有新得，於字裏行間而有一己之體會心得，非徒記問膠鼓，而舉一反三，告往知來，斯然後可以為師。

或曰：吾温習故書而每有新悟新解新得，可見學有進展（新體悟），思有新悟，今日之我可以為舊日之我師也②。一生修行實踐，

---

① 《松陽講義》。
② "温故而知新，則所業日益，不待外求師而即可以為我師矣。"參見：《論語集釋》，程樹德按。

學思未足不止，溫故知新，斯則可以為師矣。

論曰：溫故知新，非徒學習之法門，亦為（萬般）創新（人文日新——今日文化創新——、格致物理而致新知——今日科技創新等）之法門也。

子曰："君子不器。"

子曰："君子不器。"

器者，器具也，禮器也，器用也；不器者，不囿於礙於一器一材一藝之小用也。子曰："君子不可小知，而可大受也；小人不可大受，而可小知也。"①君子周於道德學問，將以淑世濟民，故將大學之，學其大，而為博通大人（大人者，道德粹懿學問淵博者也）君子。大學者何？曰在明明德，在新民，在止於至善；曰道德（天道人道、正道德行）性命（盡本性知天命）、禮義廉恥、禮樂刑政也。如斯者，一事不知，儒者之恥，恥不能成博通大德大學也。《禮記·學記》曰："君子曰：大德不官，大道不器，大信不約，大時不齊。"斯之謂也。

論曰：專家之學可為，一技之長當有，自食其力，而後能獨立不阿，自濟濟他，而仍須問道成德，以成君子。所謂器而後不器。故子曰："君子不器。"器者，但適一用而不能相通；至於道德君子，則專精而後橫求博通，無所不學，無所不施，業無常分而可兼濟道學世務。藝成而下為可器，德成而上為不器；專而無德學力行或器小，器用自立而又通博多學則為不器之大器也。

子貢問君子。子曰："先行，其言而後從之。"

子貢問君子。子曰："先行，其言而後從之（從而言之）。"

---

① 《論語·衛靈公》。

先行而後言，言則必從(信從，符合)其實行，無所僞飾(如實言之，無虛飾)，信也；然若先言而後行，其行或有所不逮，則行不合言而失信也。"故君子寡言而行，以成其信"。《曲禮》云："不辭費"，言而不行爲辭費，辭費傷信。故君子先行後言，所謂微言而篤行之，行必先人，言必後人。① 若夫言而不行；或徒騰口説、大言不慚，而無必為之志；或行而無實、言行不逮，而不可為後生後世之楷則，君子皆恥之。

論曰：斯乃孔子答子貢何以為君子之問，孔子以為力行忠信為本。或曰此乃孔子對治之言，"子貢之患非言之艱，而行之艱也，故告之以此"②，蓋亦《説命》所謂"非知之艱，行之惟艱"之旨也。實則此亦對治世風之言也，《禮記・表記》曰："天下有道，則行有枝葉(行勝於言)；天下無道，則辭有枝葉。"然則"君子不以辭盡人"③，亦不以辭言自見，而見諸實行也。擴而言之，以至著書立説、答問講論、垂訓立教等，皆當如此，實體諸身，必心可從口，行可從言，未有行不逮而空言者，而後可。

此上乃就成德君子立論，或曰此又可就在位君子立論。若夫君子在位為政，尤當謹言慎行。子曰："王言如絲，其出如綸(綬帶)；王言如綸，其出如綍(音 fú，同綍，古代出殯时拉棺材所用之大繩)。故大人不倡游言(浮言，空言)。可言也，不可行，君子弗言也；可行也，不可言，君子弗行也。(如此)則民言不危(高於，或毀害，違背)行，而行不危言矣。《詩》云：'淑慎爾止，不愆於儀。'"子曰："君子道人(於善)以言(政教)，而禁人(之惡)以行(刑政)。故言必慮其所終，而行必稽其所

---

　　① 《考證》：《禮・緇衣》：子曰："言從而行之，則言不可飾也。行從而言之，則行不可飾也。故君子寡言而行，以成其信。"《曲禮》："不辭費"，鄭注："爲傷信。君子先行其言而後從之。"《釋文》："言而不行爲辭費。"《大戴禮・曾子制言篇》：君子先行後言。又《立事篇》：君子微言而篤行之，行必先人，言必後人。參見：《論語集釋》。

　　② 《四書章句集註》。

　　③ 《禮記・表記》。

敫;則民謹於言而慎於行。《詩》云:'慎爾出話,敬爾威儀。'《大雅》曰:'穆穆文王,於緝熙敬止。'"①故曰:"爲治不在多言,顧力行何如耳。"故(知)"言行之際,不特君子小人之辨,實國家治亂之原。"②

或問:《左传·襄公二十四年》曰:"太上有立德,其次有立功,其次有立言,雖久不廢,此之谓三不朽。"然則何以立言?斯則《中庸》言之綦(qí,極)詳矣,"君子動而世為天下道,行而世為天下法,言而世為天下則。遠之則有望,近之則不厭"③。"傳曰:'太上立德,其次立言。'(此)明君子之道,言必可則,令後世准而從之。(所謂)君子之言必爲物楷,故凡有言皆令後人從而法之也"④。此大人君子之立言也。

或解曰:"君子先行其言,而後人民從之。"乃曰君子言行信實而率先垂範之意。亦有好意。

論曰:先行後言,乃中國人行事方式之一。不重誇飾之言,尤重實行。守先待後,以身作則而示範身教。

子曰:"君子周而不比,小人比而不周。"

子曰:"君子周(周至,周備,遍,普遍,遍及,公平周到,忠信於公眾;或曰周密)而不比(偏,黨,私黨,阿黨於私;或曰狎褻),小人比而不周。"

周者,仁心人伻⑤周遍待人也;比者,阿黨比私而不能以人伻正禮合同於眾,黨同伐異而不能奉法於公,於私則侵人人伻,於公則僭越公制法度也。又謂"以公義合者周也,以私利合者比也。"故

---

① 《禮·緇衣》。
② 漢申公語,參見:《論語集釋》。
③ 《中庸》。
④ 《皇疏》。
⑤ 參見拙著《大學中庸廣辭》。

"忠信奉公親仁合眾為周,阿黨朋比營私伐異為比"。朱熹曰:"尊
賢容眾,嘉善而矜不能,此之謂周。溺愛徇私,黨同伐異,此之謂
比。"①又曰:"君子小人卽是公私之間,皆是與人親厚。君子意思
自然廣大,小人便生計較。周與比相去不遠,要須分別得大相遠
處,君子與人相親亦有輕重有厚薄,但意思自公。"②

　　論曰:"君子視萬物猶一體,故愛無不溥,無所爲而爲也。卽時
而有好有惡,而好惡一出於公。好善固是愛,惡惡亦是愛。蓋侯明
撻記無非欲其並生於天地間,而不至長爲棄人也。小人非無所愛,
而所愛惟徇一己之私,有所爲而爲也。同己則狎昵親密,綢繆汲
引;異己則秦越相視,陰肆排詆,必使之無所容而後已。是有君子
之愛,則福及群生,人人得所,而朝野有賴。有小人之愛,則朋比作
祟,黨同伐異,而禍延人國。"③

　　或論曰:"比與黨有別。周禮五家爲比,五族爲黨。比人少而
黨多。比爲兩相依附,如鄰之親密。黨則有黨首,有黨羽,援引固
結,蔓延遠而氣勢盛。此比字對周説,正於其狹小處見不能普遍,
猶未至於党之盛也。"④

子曰:"學而不思則罔,思而不學則殆。"

　　子曰:"學而不精思尋繹(其理、其所以然等),則罔然無自真得,臨
事而惘然(臨用而惘然);思而不學(古曰學六經,學往聖前賢先王先哲之經典
道術等也),則或猶疑未解,或武斷自是(自足其智),臨事而危殆⑤。"學

---

①　《朱子文集》(答程允夫)。

②　《朱子語類》。

③　《反身錄》。

④　戚學標,《論語偶談》。

⑤　或解為疲累,亦可,乃僅從今之所謂教學法而言;實則尤當有學道成德之意在也。
參見:《集解》:"學而不尋思其義,則罔然無所得。不學而思,終卒不得,徒使人精神疲殆。"

以資思,思以資學,而後得之於己;又所謂温故而知新也。故又曰:學是温故,思是知新。温習故知古學,創解新知新事;博學往古之道法,精研覃思新事新境,而皆中道合義適時,可謂學思結合、知行合一矣。

何以罔? 不知其理其所以然,則其臨事應用也紛然雜陳,無以辨別擇取也。何以殆? 恐流淪為異端,或剛愎自用、自足其智而失其正,失其常經中道也;又誣罔聖人之(正)道也[1]。

或論曰:"學而不思,訓詁詞章之弊也;思而不學,明心見性之害也。罔者紛雜而昧,殆者昏默而危。大抵天資魯鈍者,聞見先於知覺;天資高明者,知覺先於聞見。故聖人有以正之。涵養與窮理之功,交相為用,則所學所思,自無過不及之患矣。"[2]

子曰:"攻乎異端,斯害也已!"

子曰:"不知博觀通識,未達中正之道,而專攻治學於異端,斯亦有害矣。""子曰:'素隱行怪,後世有述焉,吾弗爲已矣。'"[3]異端之奇巧他技小道,必有可觀,致遠恐泥,專治之,或至於徒務小道而失大道(之中正)。故當以通達中道大本植其基,勿失人生中正之道,而後乃或可攻治其一藝一技也。故曰:攻藝不失正經(身履常道)。

此亦可謂承接上節而言:思而不學則殆,然則所當學者何? 曰天道、大道、中正之道、先王之聖道、五經正典之常道也(今又曰客觀必然之道理),非謂學攻乎偏頗違逆天道正道之異端也。故或又解曰:子曰:"未能專一於大道,而專治乎小道異端,斯亦有害大道也。"("《春秋傳》曰:'惟一介斷斷焉無他技',斷斷,猶專一也;他技,奇巧異端

---

① 《皇疏》:夫學問之法,既得其文,又宜精思其義。若唯學舊文而不思義,則臨用行之時罔罔然無所知也。罔,誣罔也。言既不精思,至於行用乖僻,是誣罔聖人之道也。

② 《論語大義》。

③ 《中庸》。

也。’‘古人云多爲少善，不如執一。鼫鼠五能，不成技術。’”①然非謂不能攻乎（專治乎）異端，唯當攻之以中正之心（所以求中正也），又當先攻乎正經大道而後心有定主也。異端何以攻之？曰“叩其兩端而竭焉”。子曰：“吾有知乎哉？無知也。有鄙夫問於我，空空如也，我叩其兩端而竭焉。”②扣其兩端而以知其中正也，又扣其兩端然後用中也。故曰：攻乎異端，適以尋繹其中道，而正其中也。何以正之？曰權也，“孟子言：‘子莫執中，執中無權，猶執一也。’權者，能用之（中）之謂也。過與不及，則有輕重，必有兩端，而後立其中，權兩端之輕重，而後中可用。不知有兩端而權之，則執中者無可用，而異端之說轉勝。故異端之熾由執中無權者致之，是以可與立者，尤貴乎可與權也”③。攻乎異端而知其兩端多端，權而知其中道，則雖攻乎異端，而異端於我何有哉！

故曰：攻乎（專治乎）異端，將以正其中，又以用其中。“《中庸》云：‘執其兩端，用其中於民。’（執其兩端，即攻乎異端也。所謂）兩端，過與不及（也）；用其中於民，賢與不肖皆能行之（也）。’所謂執者，度之也（，攻之也）。執其兩端而（攻）度之，斯無過不及而能用中。中則一，兩則異；異端即兩端。民受天地之中以生，所謂命也。是以有動作禮義威儀之則以定命也。有所治而或過或不及，即謂之異端。攻乎（專治乎）異端，即不能用中於民，而有害於定命，如（儒家每言後世）楊墨之言治國（者，雖或亦有好意，然又）皆有過與不及，有害於用中之道。然其爲過不及之說，其奇足以動人之聽聞，其巧則有一時之近

①　《論語足徵記》：“《春秋》文十二年傳曰‘惟一介斷斷焉無他技’，《解詁》曰：‘斷斷，猶專一也。他技，奇巧異端也。’”《論語發微》亦曰：“《公羊》文十二年傳‘惟一介斷斷焉無他技’，何休註：‘斷斷，猶專一也。他技，奇巧異端也。孔子曰：“攻乎異端，斯害也已。”’疏云：‘鄭註《大學》云：“斷斷，誠一之貌也。他技，異端之技也。”是與此合。’按斷斷專一即《中庸》之‘用中’，《大學》之‘誠意’。誠意而能天下平，用中而能經綸天下之大經，立天下之大本，知天地之化育。夫焉有所倚，無所倚則平也。此釋兩端而用中之謂也。”

②　《論語·子罕》：子曰：“吾有知乎哉？無知也。有鄙夫問於我，空空如也，我叩其兩端而竭焉。”

③　《論語發微》。

效。自聖人之道不明不行,則一世君臣上下易惑其説,是以異端之技至戰國而益熾。"①故曰:"無求中正之心,未達中正之道,而專攻治學於異端,斯亦有害矣。"故當攻而權之也。此即"攻乎異端而後以執中用中","攻乎異端適以執中而權"也。攻之權之而後庶幾能用中。故曰:道術政教用中,智、理可辯可攻,而相容思想異端,然後復執其兩端多端,權衡之而用中於民。循環往復,趨中不離,斯可矣。又曰:於問學,吾必先温故讀經學道,又不強排異端,而多方攻治之,以求中道,所謂三人有師,不恥多問,與人為善,善與人同,集思廣益,以集大成也。於政,吾不徑用異端,而必用中正。斯可矣。

論曰:用中或亦有塑造邦國、社民(今曰社會,以及社會共識)基本共識之意,製禮作樂皆當"度其兩端,而用其中於民",非徑以極端異端而繩律諸凡民眾人也。孟子云:"子莫執中,執中無權,猶執一也。"權即權度也,或有自以為執中者,未曾權度之,不知兩端異端之狀;或有誤以執異端為執中者,未治學研究乎異端,故無權度也。立法、製禮、用政者,當本乎中正之心之道,先專攻(研治)格致乎其兩端(所謂"執其兩端")乃至多端,而後用中於民。理上理解,行(事)上行中(正)。如斯而道、學與政、教分立而並行,相輔相成。若於行政行事上亦徑用異端,則小範圍之智識追求與人事交流規則,固不可律諸眾人也。故中國古代講禮樂大一統,亦是為政用中之意也。惜乎對於所謂思想異端太過排擊,此則失思想寬容之道(思想自由,言論自由,思想寬容),且或至於似中而非中,久中時變而漸滯礙偏頗,反失其中正。故今當有更好籌措安排,比如:理上理解,行上中庸;或中庸為共識,異端為私智,則何如?

又論曰:"子曰:'素隱行怪,後世有述焉,吾弗爲已矣。'"②"子夏曰:'雖小道,必有可觀者焉,致遠恐泥,是以君子不爲也。'"③

---

① 《論語發微》。

② 《中庸》。

③ 《論語·子張》。

"所謂素隱行怪,所謂小道,卽異端也。君子止於不爲",非不問不知也,而扣之(叩其兩端)然後用中;亦非不容恕也,雖狂狷者而與之,而又裁之爲中正。故曰雖攻乎異端,而其心不忘求理求中正而已,如斯而可矣。若夫意氣用事,攻乎異端而不求理求中正,不律以正道,而一味"黨同伐異,必至是非蠭起,爲人心世道之害,故夫子深戒也。"①此皆涉及所謂思想異端、思想方法、思想論爭(或黨同伐異)諸論題,及其與思想共識、政治統一、禮樂用中等之間之關係,亦可深思之。

或解"攻"爲"攻擊",或"序理"("序"卽"理之、權之","執叩其兩端而理之、權之"也)曰:子曰:"攻伐理辯異端思想之偏失,則異端自息,斯則害止矣。""《韓詩外傳》云:別殊類使不相害,序異端使不相悖。蓋異端者各爲一端,彼此互異,惟執持不能通則悖,悖則害矣。有以攻治之,卽所謂序異端也。斯害也已,所謂使不相悖也。"②"《繫辭傳》'愛惡相攻',虞翻云:'攻,摩也。'彼此切磋摩錯,使紊亂而害於道者悉歸於義,故爲序。"③然只可從道理、真理上辯,不可以"弭謗"之名而扼殺鉗制言論思想自由。先王亦有采詩觀風之事之制,孔子亦曰"盍各言爾志"。豈可無理攻擊鉗制言論哉。

又或解曰:子曰:"爲政而攻擊排斥思想異端,無忠恕寬容之心行,斯亦有害矣。"不取。

子曰:"由! 誨女知之乎? 知之爲知之,不知

---

① 程樹德按:"《中庸》引子曰:'素隱行怪,後世有述焉,吾弗爲已矣。'子夏曰:'雖小道,必有可觀者焉,致遠恐泥,是以君子不爲也。'所謂素隱行怪,所謂小道,卽異端也。君子止於不爲。若夫黨同伐異,必至是非蠭起,爲人心世道之害,故夫子深戒也。"參見:《論語集釋》。

② 《論語補疏》。

③ 《論語補疏》。

為不知,是知也。"

　　子曰:"由!誨女知(志,記)之乎?知之為知之,不知為不知,是知(智)也。"《儒效篇》曰:"知之曰知之,不知曰不知,內不以自誣,外不以自欺,以是尊賢畏法而不敢怠傲,是雅儒者也。"不尊賢,即孟子所謂"姑舍汝所學以從我",而不能"尊人之道、知"(無對於賢人之"道、知"之基本尊重);"敬畏",則知己知也有限(知自己之知識道理有限),而將隨時受教於他人賢者也。質言之,對一己之無知,有清醒之體認;而對他人賢者之有知(識)有道,則多一份敬畏與尊重,故敬友博學多聞者(尊賢親賢),以增廣我之知識道理也。

　　孔子直呼子路之名,顯見是直言教訓之,謂子路不可以一己有限之聞見,遂斷他人眾人之所知(而己不知)者,為不知或非知也。《荀子·子道篇》記其事曰:子路盛服見孔子,孔子曰:"由!是裾裾(jū,衣之前襟曰裾,裾裾謂盛服)何也?昔者江出於岷山,其始出也,其源可以濫觴。及其至江之津也,不放舟,不避風,則不可涉也。非維下流水多邪?今女(汝)衣服既盛,顏色充盈,天下且孰肯諫女(汝)矣。"子路趨而出,改服而入,蓋猶若也。孔子曰:"由!志之!吾語女:奮於言者華(文華誇飾),奮於行者伐(自誇),色知而有能者,小人也。故君子知之曰知之,不知曰不知,言之要也。能之曰能之,不能曰不能,行之至也。言要則知,行至則仁。既知且仁,夫惡有不足矣。"[①]

　　或解曰:此乃曰與朋輩或師友交往論學時之意態,不可強己之不知為知(又不學、思)而強詞奪理,強謂對方之知為不知;而當採取虛心之意態,知為知、不知為不知,疑事闕疑毋質,方為誠意正態。"疑事勿質"即是知為知、不知為不知,乃學習與論學之基本意態方法也。

---

　　① 《韓詩外傳》卷三、《說苑·雜言篇》、《家語·三恕篇》文同。參見:《論語疏證》。

又或曰：子路好勇，或多與同門辯論，孔子戒之，故此上三節皆對子路而發言也[1]。前言當深思博學，中言當存仁恕之心，不可排擊異端。此言尊重"己所不知而他人知之者"，不可強不知為知而強詞奪理與人辯論，必先學而深思，自知自有得，而後方可與人平心和氣論學也。或曰："蓋資於聞見者有知有不知，而此知(智)則無不知，乃吾人一生夢覺關也，既覺則無復夢矣。"[2]此句亦可作如上之解讀：吾不知者，未必世上便都無其知也，故當虛心好學，不可動輒排擊，強他人之知為不知(此皆好辯，亦上節所謂之攻擊異端)，強自己之知為唯一之知。己所不知而他人知之者，亦可先闕疑，而後學思，而後判其知之否也，不可僅憑意氣用事而攻擊駁拒之。

質言之，一人所不知之事，或乃己所不知耳，不可遂謂"此知"為無有或無其意義。或曰：此解可與上句論"異端"一節合而解釋之：異端，汝所不知者，然不可遂謂異端之知無有或非知，而攻擊之，如此則有害於智也。

子張學幹祿。子曰："多聞闕疑，慎言其餘，則寡尤；多見闕殆，慎行其餘，則寡悔。言寡尤，行寡悔，祿在其中矣。"

子張問學幹祿之道，所謂"宦學事師"，欲出仕求事功，行道於公事國家人民也，且得常祿，非所以逞權慾貪公幣也。子曰："於今世也，政事未修，法度未正。則於言也，多聞而闕其疑者，其餘不疑者，猶慎言之，如此則寡尤責；於行也，多見行而闕其危殆未正者，其餘政事，皆慎行之，如此則寡悔。言寡尤，行寡悔，事無愧疚危

---

[1]　若以上三節皆對子路而言，則其義甚明，豁然而解。然亦不可拘泥之。
[2]　《反身錄》。

殆,祿在其中而已矣。法度修明之治世則不然,慎其言行,而必循正振作也。"亂世慎言行,微辭危行以避害容身,愛其身以有待也;治世慎言行,正言正行,以用事奉公仁民。

論曰:正身正色立朝,政事謹慎,以免過悔而誤國僨事害民,並非是全身避禍之意。且"儒者之學,正誼明道。慎言行,原非得祿之地。孟子曰:'經德不回,非以幹祿也。'"①

又論曰:自"為民製產"而薄稅斂之意之制亡,庶民與卿大夫之生計俸祿相差懸殊,遂使士人自束髮讀書始,便從利祿起念,終身汲汲,既不知"古之學者為己"而進德修身為本,又不知以求知造知造福民眾為務,又不知表見一己之個性,乃至庸庸碌碌一世幾千年,無所表見也。

哀公問曰:"何為則民服?"孔子對曰:"舉直錯諸枉,則民服;舉枉錯諸直,則民不服。"

哀公問曰:"何為則民服?"孔子對曰:"政在選賢臣。舉直錯(棄置,捨棄,黜退)諸枉,君子在位,小人在野,窮凶極惡者乃至黜退流放之,而以正教正義導正政,則民服;舉枉錯諸直,小人得志欺民,君子失位去位避隱,邪僻教義致亂政,則民不服。"《書·堯典》曰:"流共工於幽州,放歡兜於崇山,竄三苗於三危,殛鯀於羽山,四罪而天下咸服。"《左傳·文公十八年》曰:"舜臣堯,賓於四門,流四凶族(渾敦、窮奇、檮杌、饕餮),投諸四裔以禦魑魅。是以堯崩而天下如一,同心戴舜以為天子,以其舉十六相,去四凶也。"皆是之謂也。

論曰:"舉直錯枉,則君子無掣肘之虞;舉枉錯直,則善人無立足之地。斯民皆直道而行,其心豈可欺哉?"②

---

① 《論語大義》。
② 《論語大義》。

季康子問：“使民敬、忠以勸，如之何？”子曰：“臨之以莊則敬，孝慈則忠，舉善而教不能，則勸。”

季康子問：“使民敬、忠以勸，如之何則可？”子曰：“求之於己，非求之於人也。己所不及，豈能先求民之敬忠以勸（於君卿官臣）？忠敬乃（君卿官臣）先求乎己（己敬忠以勸於道、德、理、義、禮、樂）而後或可相應（民相應而敬忠以勸）之事也。於用仕臨民也，我臨（交接）之以莊重（敬）端肅（，合於正中禮義），非禮不動，則彼亦將以中正禮義而莊敬正肅待我，非禮而不為也；我孝親慈眾仁民以忠，則彼亦感而忠愛；我舉善人賢者而教不能，則民勸勉上進於賢德也。”

論曰：此從古之為政者而言也，莊者，嚴於律己、謹持道德禮義、敬奉法度、修明政事之意也。不徒容貌也，而尤重言行謹飭，端奉禮義，修持有度也[1]。臨之以孝慈則忠者，古者王君養老幼於東序，所謂老吾老以及人之老、幼吾幼以及人之幼也；君子（或君卿官臣）一己之身行，在家也孝親慈幼，而又推己及人，在外也老老幼幼[2]，親愛於人民，相與為之典型，則民亦將相與忠敬也。善者賢人親仁養德，所以為己（進德修業，盡心行仁，非求名利也），不求人知，而我（君、君子等為政者、舉薦者）必求知之，又舉薦任用之，所以為國民社稷之福祉，又勸善也；又教不能者（一時不能於禮義等者），俾人無廢材，各盡其性其用，而共臻於禮義悦心得福之地，致太平也，亦即所謂“尊賢而容眾，嘉善而矜不能”[3]也。

---

[1]　莊者，自奉正禮，自守（禮義）謹嚴，自敬而敬他，皆合於中正禮義，非裝腔作勢也。

[2]　亦即《禮記·文王世子》篇所云養老幼於東序。參見《論語大義》。

[3]　《子張》：子夏之門人問交於子張。子張曰：“子夏云何？”對曰：“子夏曰：‘可者與之，其不可者拒之。’”子張曰：“異乎吾所聞：君子尊賢而容眾，嘉善而矜不能。我之大賢與，於人何所不容？我之不賢與，人將拒我，如之何其拒人也？”

論曰：為政者得位秉權，舉善即以道義勸勉天下，人皆感化風從，義利之辨遂明；教不能，亦曰道義教育感化之。舉善，所以有賢人以仁善道義教其暫不能者，即孟子所謂"中（賢）也養（教）不中，才也養不才也。"①

論曰："為政之道，治人者必先治己。莊，所以自為敬也；孝慈，所以自為忠也；舉教，所以自勸於善也。初非求民之敬忠與勸，而表正景端，效自隨之。"②

或謂孔子曰："子奚不為政?"子曰："《書》云：'孝乎惟孝，友于兄弟，施於有政。'是亦為政，奚其為為政?"

季氏專權，魯昭公失國，奔竄於外，其大夫季孫意如廢昭公之子，而立昭公之弟，是為定公。孔子惡其（定公）貪國，而不討意如逐君之罪，失君臣兄弟之義（定公於昭公，名分則君臣，親則兄弟），遂不仕③。或謂孔子曰："子奚不為政?"子曰："《書》云：'孝乎惟孝（惟令盡於孝也），友于兄弟，（然後）施（行）於有政（有政即政事）。'④於今宗法之世也，孝友為政事之本，修身齊家為治國平天下之本，倘定公是行（兄弟人倫之事變，推擴之而言及春秋時一切父子兄弟等人倫之禍也）而亦謂之為政，奚其誠為為政哉?"定公逐其兄而竊國，孔子恥為之臣，以此箴誡之也。

---

① 《孟子·離婁下》：孟子曰："中（賢）也養（教）不中，才也養不才，故人樂有賢父兄也。如中也棄不中，才也棄不才，則賢不肖之相去，其間不能以寸。"
② 《論語大義》。
③ 而退修《詩》《書》《禮》《樂》，弟子彌眾。是在定公元年。
④ 《尚書·君陳》："惟孝，友於兄弟，克施有政。"

或解曰：……或謂孔子曰："子奚不為政？"子曰："《書》云：'孝乎惟孝，友于兄弟，施於有政。'是（孝友於身，孝友於家，修身齊家也）亦為政，奚（必）其（出仕治國平天下）為為政？"

論曰：為政者之本在於自（身）修（修身）齊家，身不修，家不齊，何足以為政？然則何以修身齊家？曰道義仁善以修身，孝悌（或曰孝友，孝友者，父慈子孝，兄愛弟友也。舉孝悌、孝友而概夫婦父子兄弟等一切人倫禮義也）以齊家。道義仁善之本在於仁相人偶，仁相人偶之本在於孝友。故曰：不能孝友，何以為政？又曰：為政之鵠的，亦在使百姓兆民皆得孝友親愛之情意善生，又推及於（一切）人，皆得仁相人偶之善生而已。故曰：不能孝友而仁人己，何以為政？

或論曰：孝乎惟孝，友于兄弟，此為為政者之先學先修或本格（今日資格條件）；施於有政，此曰而後行於政事。如大乘佛教之僧人必先閉關修持於佛法戒律，義理精熟，一心不動，而後或方可入世度人也。

餘論：今則曰：天下人皆中華民族之同胞兄弟也，為政而不孝友於同胞兄弟，奚可?！又：後人或尊古之賢者為聖人，只視其有安樂天下之心行，而以此律效聖人之文字苦心，未必斤斤求其人之文學中也。又：魯君與三桓皆違先王之道、制也，此孔子所以行（去魯）。

子曰："人而無信，不知其可也。大車無輗(ní)，小車無軏(yuè)，其何以行之哉?"

子曰："人而無信，不知其可也。大車無輗(ní)，小車無軏(yuè)，其何以行之哉?""車待輗軏而行，猶人須信而立也"。信者，誠信也，豈可有半點自欺欺心！欺則不靈，不能感格。虛情假意，貓狗猶不信親，遑論人心金石哉！

論曰："字義人言為信。人而無信，不成為言，即不可為人矣。以車為喻者，車以輗軏為樞機，人以言為樞機，人無信，則天下皆知其欺詐。樞機既失，發號施令，其誰信之？此蓋為當時執政者而發。"①

論曰："義以為質，信以成之。"

子張問："十世可知也？"子曰："殷因於夏禮，所損益，可知也；周因於殷禮，所損益，可知也；其或繼周者，雖百世可知也。"

子張見五帝三王之禮文質變易，故問治禮於孔子："禮法（制度、法度）變易何如？十世（或解為易姓革命，朱熹曰易姓受命為一世；或解為三十年為一世）可知（否）也？"②子曰："殷禮因於夏禮，禮所損益（夏禮尚忠，然夏桀荒淫失正，故殷禮加質之），可知也；周禮因於殷禮，禮所損益（殷禮尚質，然殷紂荒淫失正，故周禮加文之），可知也；其或繼周者，雖百世，其禮之大本（當立）與損益（當有），皆可知也。可知者何？王者必法天道、本人道而立治以禮（禮義法度），此百世不易者也（或解為三綱五常，不取）③；文質三統④，依時相承而變易，此所損益者也（或解為典章制度，亦稍可通）。何以立禮？"先王之立禮也，有本（即質也）有文（典文、文制）。忠信，禮之本也；義理，禮之文也。無本不立，無文不行。禮也者，合於天時，設於地財，順於

---

①　《論語大義》。

②　邢疏："子張問於孔子，夫國家文質禮變，設若相承，至於十世，世數既遠，可得知其禮乎？"

③　《白虎通》云："王者受命必改正朔者，明易姓，示不相襲，明受之於天，不受之於人，所以變易民心革其耳目以化之。"轉引自《論語義疏》。

④　"文質，謂夏尚忠，商尚質，周尚文。三統，謂夏正建寅為人統，商正建醜為地統，周正建子為天統。"朱熹，《四書章句集注》。

鬼神，合於人心，理萬物者也。……故必舉其定國之數，以為禮之大經，禮之大倫。"①又曰用中以立禮②。文質變易損益者何謂邪？古之王者文質代變，夏尚忠，商尚質，周尚文，曰'文王之禮也，郁郁乎文哉'，典文備矣，故曰夏、殷質，周文。然而行之既久遠，或漸文質相離，而有文勝、質勝之弊③，子曰："虞夏之質，殷周之文，至矣。虞夏之文，不勝其質；殷周之質，不勝其文。"④故文勝則矯之以質，質勝則矯之以文（然則王者治世，一文一質，文質彬彬，相須而行，可謂美備也），如斯而文質代變，此所損益者也。其後有王者起，必製禮，製禮（用中以製禮）則必有禮之大本（合乎天道與中庸之道），又必有所損益；大本則禮合天道中正，損益則隨時矯正（各矯文勝、質勝之弊）潤澤之，文質因變有常，故曰可知。"

何如而損益因繼？則曰："聖人南面而治天下，必自人道始矣。立權度量，考文章，改正朔⑤，易服色，殊徽號，異器械，別衣服，此其所得與民變革者也。其不可得變革者則有矣，親親也，尊尊也，長長也，男女有別，此其不可得與民變革者也。"⑥此或此節之原意，然亦可師其聖（孔子）心而或損益之也，如上。

或論曰："人治之大，禮為常經。秉禮者，其國存；損益得宜者，其國治；廢禮者，其國亡。故曰'雖百世可知也。'"⑦

---

① 《禮記·禮器》。
② 詳見《中庸》，參見拙著《中庸廣辭》。
③ 《論語·雍也》：子曰："質勝文則野，文勝質則史。文質彬彬，然后君子。"
④ 《禮記·表記》。
⑤ "朔者，蘇也，革也，言萬物革更於是，故統焉。"《論語義疏》。
⑥ "聖人南面而治天下，必自人道始矣。立權度量，考文章，改正朔，易服色，殊徽號，異器械，別衣服，此其所得與民變革者也。其不可得變革者則有矣，親親也，尊尊也，長長也，男女有別，此其不可得與民變革者也。自春秋之並為七國，七國之並為秦，而大變先王之禮。然其所以辨上下，別親疏，決嫌疑，定是非，則固未嘗有異乎三王也。故曰：'其或繼周者，雖百世可知也。'"參見：《禮·大傳》，參見：《禮記今註今譯》；又：參見：《論語正義》。
⑦ 《論語大義》。

　　補述一："定公時,魯自大夫以下皆僭離於正道,故孔子不仕,退而修詩書禮樂。弟子彌衆,至自遠方,莫不受業焉。……孔子之時,周室微而禮樂廢,詩書缺。(孔子遂)追跡三代之禮,序《書傳》,觀殷夏所損益,曰:'後雖百世可知也。'以一文一質,周監二代,鬱鬱乎文哉,吾從周。故《書傳》、《禮記》自孔氏。語魯太師樂……又曰'吾自衛反魯,然後樂正,雅頌各得其所。'古者詩三千餘篇,及至孔子,去其重,取可施於禮義,上采契后稷,中述殷周之盛,至幽厲之缺,始於衽席,故曰'《关雎》之乱以为风始,《鹿鸣》为小雅始,《文王》为大雅始,《清庙》为颂始'。三百五篇,孔子皆弦歌之,以求合《韶》《武》雅頌之音。禮樂自此可得而述,以備王道,成六藝。"①

　　補述二:子曰:"夏道尊命,事鬼敬神而遠之,近人而忠焉,先祿而後威,先賞而後罰,親而不尊;其民之敝:惷而愚,喬而野,朴而不文。殷人尊神,率民以事神,先鬼而後禮,先罰而後賞,尊而不親;其民之敝:蕩而不靜,勝而無恥。周人尊禮尚施,事鬼敬神而遠之,近人而忠焉,其賞罰用爵列,親而不尊;其民之敝:利而巧,文而不慚,賊而蔽。"

　　子曰:"夏道未瀆辭,不求備,不大望於民,民未厭其親。殷人未瀆禮,而求備於民。周人強民,未瀆神,而賞爵刑罰窮矣。"

　　子曰:"虞夏之道,寡怨於民。殷周之道,不勝其敝。"

　　子曰:"虞夏之質,殷周之文,至矣。虞夏之文,不勝其質;殷周之質,不勝其文。"

　　子言之曰:"後世雖有作者,虞帝弗可及也已矣!君天下,生無私,死不厚其子,子民如父母,有憯怛之愛,有忠利之教,親而尊,安而敬,威而愛,富而有禮,惠而能散。其君子尊仁畏義,恥費輕實,忠而不犯,義而順,文而靜,寬而有辨。《甫刑》曰:'德威惟威,德明惟明。'非虞帝其孰能如此乎?"②

---

① 《史記·孔子世家》。
② 《禮記·表記》。

子曰："非其鬼而祭之，諂也。見義不為，無勇也。"

　　魯昭公出，故(魯卿)季平子禱於煬公(伯禽之子，後為魯君，以小宗而代大宗也)。定公元年九月，立煬公(立宗廟)。[1] 季氏又嘗旅[2]祭(旅祭即祭山，唯王者可祭山，國君則祭封內之山；季氏旅祭乃僭也)於泰山。子曰："非其鬼(鄭玄：人神曰鬼)而祭之，諂也。淫祀求諸媚也。非禮、諂求邀福、心術不正之祭，祭之無福。煬公非季平子之鬼(乃魯君之鬼，故魯君方可祭)，泰山非季氏所當祭祀者，鬼神不享非禮之祭。見義不為，無勇也。冉有，仕季氏，而於此弗能救，是見義不為而無勇也。君子集義而行，不必邀福淫祀，而淫祀諂媚鬼神，與乎見義不為，皆無勇也，季氏豈可禱乎(獲罪於天，不可禱也)？"其鬼者，祖考之鬼、祭法有定之鬼也；非其鬼者，非祖考之鬼、當祧不祧之鬼(廟數有定)、淫祀之鬼神也。《左傳》曰："神不歆非類，民不祀非族。"此之謂也。

---

　　① 定公元年，"立煬公"，《左傳》曰："昭公出，故季平子禱於煬公。九月立煬公。""煬公，是伯禽的兒子，是魯國第一次以小宗代大宗的君，所以季孫禱告他。"詳見：李宗侗著《中國古代社會新研》及《中國古代社會史》，轉引自：《春秋左傳今注今譯》。

　　② 《康熙字典》：【書·禹貢】蔡蒙旅平。【傳】祭山曰旅。【周禮·天官·掌次】王大旅上帝。【註】大旅上帝祭於圜丘。國有故而祭，亦曰旅。

八佾第三

孔子謂季氏:"八佾舞於庭,是可忍也,孰不可忍也?"

昭公二十五年,魯君"將禘於襄公,(魯國臣民來)萬(舞)者二人,其(餘)眾(皆)萬(舞)於季氏(之廟)"①,魯君失民久矣,而季氏僭舞八佾。八佾者,天子之舞樂也,八人執羽為一列,為一佾,所謂八音克諧也。天子八佾,諸侯六佾,卿大夫四,士二。而"成王以周公為有勳勞於天下,(乃)命魯公世世祀周公以天子之禮樂。朱幹玉戚,冕而舞《大武》;皮弁素積,裼而舞《大夏》。"②今季氏僭之。孔子聞之,論曰:"季氏也,八佾舞於庭,是可忍也,孰不可忍也?"不循先王之道、制(今曰天道公道、公義公法),僭越正道法度(今曰正義、正當性、合法性等③),君臣全民共抨擊之。"藏孫曰:'此之謂不能用先君之廟。'"魯眾大夫遂怨季平子(季孫意如),與昭公謀伐季氏。

論曰:孔子惡其不遵正規禮制,今曰不循憲法、行政法等公法而僭越職權也。

---

① 《左傳》。
② 《禮記·明堂位》。
③ 正當性不同於合法性,不贅述。

餘論:《左傳》言"魯君世從其失,季氏世修其勤,民忘君矣!"對季氏亦有中正(客觀)之評論①。今亦可解為:孔子亦對君失道失民多所諷斥,非曲意徇失道昏君也,此亦斥責君不君臣不臣、君臣皆失道而不循公法之意也。

三家者以《雍》徹。子曰:"'相維辟公,天子穆穆',奚取於三家之堂?"

魯國三桓(孟孫、叔孫、季孫)世為大夫,稱三家,漸多僭越禮制,侵凌魯君。後三家竟以《雍》徹(即徹饌時奏《雍》樂)。《雍》者(《周頌》篇名),天子祭祀宗廟、進食徹饌、饗宴諸侯時之歌也;其後諸侯相見饗禮亦得歌此。徹,祭祀食饗畢,收其俎饌也。古之禮制,徹時奏歌,王君大夫各有其樂,不可僭越。故子曰:"'相(助)維辟公(諸侯),天子穆穆(天子雍容深遠之儀容)',《雍》歌也,奚取於三家之堂?"天子之饗其諸侯也,廟堂作歌,庭前舞佾,勖勉諸侯戮力王事,襄助天下公事,而天子雍雍穆穆也。三家大夫,豈可僭用王者之樂?

今論曰:此節於古則曰孔子尊王尊君,尊王政王道之禮製,以成王道大一統之郅治;於今則言孔子維護公共行政之法度禮制,而斥其不循法度(憲法或憲制、法律、規則等)、禮制與公法權力限度(今則比如蔑視正規政治錄用制度、人才選拔制度等亦是也),而欲任意僭制越權也。

子曰:"人而不仁,如禮何? 人而不仁,如樂何?"

---

① 《左傳今注今譯》。

季氏僭王者禮樂。子曰："禮儀三百，威儀三千，待其人而後行。人而不仁，如禮何？人而不仁，如樂何？縱有禮樂儀文亦小人哉。唯忠信之人可以學禮；苟無忠信之人，禮樂徒偽飾欺世耳。'禮者，仁之節；樂者，仁之和。'仁為禮樂之本，力（實）行為禮樂之用。禮者，言而履者也；樂者，行而樂之也。（制度在禮，文節在禮，行之其在人乎。人而不仁，至道不凝。）"論曰："有仁而後人道立，有仁而後文為生。苟人而不仁，則非人道。蓋禮者，仁之節；樂者，仁之和。不仁，則無其本，和節皆無所施。"①

今論曰：今所流傳下來之禮樂制度，本來不乏淆亂顛倒、面目似是而非者，並非本來面目，且本來面目又未必無可議者；故今日研禮，仍當用乎中庸（中庸即用中）之道，本天道順人道，據理以去取，適時以創製而已。或曰三代有良法美意，今以此良法美意而重訂而為新禮樂，亦不可謂為違先聖先王之道也。蓋以先聖先王之大道之仁善之心意為本，其制或有不同者，吾今增刪損益創製之，乃所以繼先王先聖之道之仁善，又奚不可哉！

林放問禮之本。子曰："大哉問！禮，與其奢也，寧儉；喪，與其易也，寧戚。"

林放以"世之為禮者專事繁文"，故問禮之本。子曰："大哉問！吾子能識時弊，不苟同流俗而欲探本也。平居宮室日用之禮，與其奢侈僭越失度也，寧儉而敬肅，以奢則不遜，失禮之本；喪禮，與其易治外在儀文之節，而怠馳哀戚之誠也，寧戚，以喪禮之本在哀與情，'與其哀不足而禮有餘也，不若禮不足而哀有餘也'②。禮貴得中，

① 《論語註》。
② 《禮記·檀弓》。

不豐不殺,'先王之製禮也,不可多也,不可寡也,唯其稱也'①。過中不及,俱是失禮。然若不得中,則宗廟宮室器具寧卑之而不侈,喪禮寧哀之而不飾偽。禮無儀節失之野,禮徒儀節失之偽,禮貴其誠、其實、其節(中節、中度)也。"

子曰:"夷狄之有君,不如諸夏之亡也。"

子曰:"禮貴其實(有)。夷狄之有君,不如諸夏之亡(無)也。何也? 夷狄之有君長而無王道禮義,則徒有君禮之名而無君國王道(即仁道仁政)禮義之實也。若夫諸夏,即或一時無君,朝野禮義儀軌不墜也。國有禮義不墜,而朝、野、國(又家)、民各循正禮,曆然自治,正軌維持不亂,而有君國王道之實也。禮義立、存,則國立國存,君臣庶民各奉禮義而已;無禮義,則國、民不立,文明無彰,故曰不如。不如中國禮義之盛大也。"若夫'有君無禮(義),不如有禮(義)無君也。'故季氏僭君禮而無禮義之實,若夷狄然,有猶亡也。此又一解。

又一解:子曰:"夷狄尚且有君(知君臣之分),不似諸夏今(春秋時也)竟亡也。"斥言各國大夫僭篡也。然或論曰:然此大多是戰國時之事(孔子則春秋時人也),宋儒每采此解,如程朱,恐未必是孔子原意。孔子欲居九夷,欲游楚、吳,蓋無是意也。

又一解:宣公十三年,楚莊王伐鄭,勝之,鄭伯肉袒請罪,楚莊王釋之為禮,親自手旌,左右撝軍退舍七里。晉師乘楚師之弊,而莊王逆而勝之②,而令還師以俟晉寇,曰:"吾兩君不相好,百姓何罪?"又有禮義也③。故孔子論之曰:"夷狄(指楚國)之有君(指楚莊

---

① 《禮記·禮器》。

② 即邲(音必)之戰,晉、鄭敗績。

③ 《公羊傳·宣公十二年》:三、夏六月乙卯,晉荀林父帥師及楚子戰於邲,晉師敗績。公羊傳曰:大夫不敵君,此其稱名氏以敵楚子何? **不與晉而與楚子** (轉下頁注)

王，有君即謂君有禮義也），不如諸夏（此指晉、鄭）之亡（無君，即君無禮義，故曰無君）也。"有，夷狄之君而有禮義（有禮義，則進乎文，進乎華夏）；亡，謂諸夏國君無禮義也（無禮義，則退乎野，退乎夷狄）。憂而斥之也。

又一解：哀公十三年，黃池之會，諸侯畢至，而吳子（吳君）實主之。孔子惡之（惡諸侯之主夷狄），曰："夷狄（吳楚等）之有君，不如諸夏之亡也。"《春秋》經曰：公會晉侯及吳子於黃池。公羊傳曰：吳何以稱子？吳主會也。吳主會則曷為先言晉侯？不與夷狄之主中國也。[1] 蓋內

（接上頁注）**為禮**也。曷為不與晉而與楚子為禮也？莊王伐鄭，勝乎皇門，放乎路衢。鄭伯肉袒，左執茅旌，右執鸞刀，以逆莊王曰："寡人無良，邊垂之臣，以干天禍，是以使君王沛焉，辱到敝邑。君如矜此喪人，錫之不毛之地，使帥一二耋老而綏焉，請唯君王之命。"莊王曰："君之不令臣交易為言，是以使寡人得見君之玉面，而微至乎此。"莊王親自手旌，左右撝軍退舍七里。將軍子重諫曰："南郢之與鄭相去數千里，諸大夫死者數人，廝役扈養，死者數百人，今君勝鄭而不有，無乃失民臣之力乎？"莊王曰："古者杆不穿，皮不蠹，則不出於四方。是以**君子篤於禮而薄於利，要其人而不要其土，告從不赦不詳，吾以不詳道民，災及吾身，**何日之有？"既則晉師之救鄭者至，曰："請戰。"莊王許諾。將軍子重諫曰："晉，大國也，王師淹病矣，君請勿許也。"莊王曰："弱者吾威之，彊者吾辟之，是以使寡人無以立乎天下？"令之還師而逆晉寇。莊王鼓之，晉師大敗，晉眾之走者，舟中之指可掬矣。莊王曰："嘻！吾兩君不相好，百姓何罪？"令之還師而佚晉寇。

《左傳·宣公十二年》：十有二年春，葬陳靈公。楚子圍鄭。夏六月乙卯，晉荀林父帥師及楚子戰於邲，晉師敗績。左傳曰：……及昏，楚師軍於邲，晉之餘師不能軍，宵濟，亦終夜有聲。丙辰，楚重至於邲，遂次於衡雍。潘黨曰："君盍築武軍，而收晉尸以為京觀？臣聞克敵，必示子孫，以無忘武功。"楚子曰："非爾所知也。夫文，**止戈為武。**武王克商，作《頌》曰：'載戢干戈，載櫜弓矢。我求懿德，肆於時夏，允王保之。'又作《武》，其卒章曰：'耆定爾功'。其三曰：'鋪時繹思，我徂維求定。'其六曰：'綏萬邦，屢豐年。'**夫武，禁暴、戢兵、保大、定功、安民、和眾、豐財者也。**故使子孫無忘其章。今我使二國暴骨，暴矣；觀兵以威諸侯，兵不戢矣。暴而不戢，安能保大？猶有晉在，焉得定功？所違民慾猶多，民何安焉？**無德而強爭諸侯，何以和眾？**利人之幾，而安人之亂，以為己榮，何以豐財？武有七德，我無一焉，何以示子孫？其為先君宮，告成事而已。武非吾功也。古者明王伐不敬，取其鯨鯢而封之，以為大戮，於是乎有京觀，以懲淫慝。今罪無所，而民皆盡忠，以死君命，又可以為京觀乎？"祀於河，作先君宮，告成事而還。

[1] 《公羊傳·哀公十三年》：哀公十三年，公會晉侯及吳子於黃池。公羊傳曰：吳何以稱子？吳主會也。吳主會則曷為先言晉侯？**不與夷狄之主中國**也。其言及吳子何？會兩伯之辭也。不與夷狄之主中國，則曷為以會兩伯之辭言之？重吳也。曷為重吳？吳在是則天下諸侯莫敢不至也。

諸夏而外夷狄也^①。

> 季氏旅於泰山。子謂冉有曰："女弗能救與?"
> 對曰："不能。"子曰："嗚呼! 曾謂泰山不如林
> 放乎?"

季氏旅祭(祭山之名,臚陳牲幣於山林中,先庪音鬼懸而後埋之)於泰
山。禮:天子祭天下名山大川,……諸侯祭名山大川之在其地
者^②。故天子與魯君可祭泰山也。今季氏以魯國大夫(天子陪臣,陪
臣即重音蟲臣)而祭泰山,僭也。時冉有為季氏宰,故子謂冉有曰:
"汝弗能救與?"冉有對曰:"不能。季氏不聽。"子曰:"嗚呼! 季氏,
非其鬼神而祭之,諂也。曾謂泰山不如林放乎? 林放尚知求問禮
之本,季氏豈謂泰山之神不知奉禮之本而可誣諂乎? 神不享非禮
之祭。季氏不辯正其禮,無禮不智,諂祭亦枉然。"

> 子曰："君子無所爭,必也射乎! 揖讓而升,下
> 而飲,其爭也君子。"

聖人之製射禮也,有鄉射,有大射,鄉射教民興禮讓成善俗,大
射選賢士,觀容儀才力;鄉射敬人讓人而和悦,大射敬人讓人而和

---

① 此是公羊家言。包氏《温故錄》:夷狄,謂楚與吳。春秋内諸夏外夷狄。成襄
以後,楚與晉爭衡,東方小國皆役屬焉,宋魯亦奔走其庭。定哀時,楚衰而吳橫。黃池
之會,諸侯畢至,故言此以抑之。襄七年鄔之會,陳侯逃歸。何氏云:"加逃者,抑陳侯
也。孔子曰:'夷狄之有君,不如諸夏之亡。'言不當背也。"又哀十三年,公會晉侯及吳
子於黃池,傳:"吳何以稱子? 主會也。吳主會,曷為先言晉侯? 不與夷狄之主中國
也。"何氏云:"明其實以夷狄之強會諸侯爾。不行禮義,故序晉於上,主書者惡諸侯之
君夷狄。"轉引自:《論語集釋》。

② 《禮記‧王制》。

悦,其爭也有禮有定則,必合道合理。聖人之製作射禮與定則也,
必合道合理,必公而平(今日機會平等與公平競爭)必敬必讓(勝敗皆禮
敬謙讓,又有禮敬謙讓之禮);故君子之爭也,必敬而循此正則,勝不驕
人,北不怨人,"失諸正鵠,還求諸身"而已矣。子曰:"君子無所爭,
必也射乎! 揖讓而升、下,而飲,雍容自敬,其爭也君子。"不勝則退
而自修心神德才,力爭上游,爭其德才不爭其意氣也。若夫製則而
非道違理、不公不平,非正則也;君子糾謬匡正其則(不公正、不合理
之規則),而求天下之正則也。

解曰:其"射儀之禮:初,主人(如君、卿、鄉大夫等主射禮者類)揖賓
而進,交讓而升堂。及射竟,勝負已決,下堂猶揖讓不忘禮;而飲,
謂射不如者將罰爵而飲酒也。射勝者黨,酌酒跪飲(敬酒)於不如
者云:'敬養。'所以然者,君子敬讓,不以己勝為能,不以彼負為否。
(謙)言彼所以不中者,非彼不能,政是有疾病故也。酒能養病,故
酌酒飲彼,示養彼病也。所以《禮》云:'君使士射,不能,則辭以疾,
懸弧之義也。酒而不如者亦跪受酒,而云:"賜灌(即飲也)。"服而為
敬辭也。'夫小人之爭,必攘臂厲色。今此射雖心止不忘中,而進退
合禮,更相辭讓,跪授跪受,不乖君子之容,故云'其爭也君
子'也。"①

又解論曰:"古者生男,必設桑弧蓬矢於門左,至三日夜,使人
負子出門而射,示此子方當必有事於天地四方,故云。至年長,以
射進仕。禮,王者將祭,必擇士助祭,故四方諸侯並貢士於王,王試
之於射宮。若形容合禮,節奏比樂,而中多者,則得預於祭;得預於
祭者,進其君爵土。若射不合禮樂,而中少者,則不預祭;不預祭
者,黜其君爵土。此射事既重,非唯自辱,乃系累己君,故君子之人
於射而必有爭也。(爭者何? 爭為賢德君子(而選仕佐王道行仁事)
也。)君子於射,講藝明訓,考德觀賢,繁揖讓以成禮,崇五善以興

① 《論語義疏》。

教。（此其所爭者，德能禮讓也，又爭之於己也，己自進德修業，力爭上游也。若夫為己之學，何以爭人？）故曰：'君子無所爭。必也射乎！'（射所以觀德能以勵己也。然其爭也君子。何謂邪？ 誠也，又循其禮法（正則公法）也，得失一循於禮、法而誠、平_{公平}，無自欺欺人也。所謂）求勝在己，理之常也，（然必誠必平，不失禮、法（正則公法），故）雖心在中質，不可謂爭矣。故射儀曰'失諸正鵠，還求諸身'，求中以辭養①，不為爭勝以恥人也。又曰：'射，仁道也。發而不中，不怨勝己者，反求諸己而已。'（其爭也有正禮（公平法度），是為君子之所謂爭，實不爭（爭於己不爭於人）也。）"②

餘論：觀鄉射禮、大射禮之制度，可謂"事為之制，曲為之防"，"周監於二代，禮文尤具，事爲之制，曲爲之防。故稱禮經三百，威儀三千。於是教化浹治，民用和睦，災害不生，禍亂不作，囹圄空虛，四十餘年。孔子美之曰：'鬱鬱乎文哉，吾從周。'"③必也正禮、新禮，存正其仁道、人伾、人倫對等之善禮，斯可矣。古曰：能製此禮，能知此禮，能行此禮，則能治此身，能治此國，能平天下。今之後生學者，能有此種製作者乎？

今論：

先求合理公平之規則，合理規則既定，則當一律共相遵守合理（正當，公平）合法之規則，在規則內競爭，有風度地接收競爭的結果，而保持對他人（競爭者或對手）的人格、尊嚴的尊重、敬意和禮儀，揖讓和樂之。是為君子之爭。

比如體育競賽，必須尊重和遵守規則，按照規則（或在規則許可範圍內）來進行公平比賽（不搞任何賽場外的伎倆或小動

---

① 射畢，勝者敬酒不如者，曰"敬養"，意曰彼非不能，乃身有微恙，故敬酒以養體，如今之言"承讓"也。

② 《皇疏》。參見：《論語義疏》。

③ 《漢書·禮樂志》。

作），並接收公平競賽的比賽結果，表現出公平競賽的君子或紳士精神（公平競賽，fair play）——當然，比賽之前和結束時，都要有相應的表示友好的禮儀和風度，勝不驕人或侮辱對手，敗不遷怒於對手。

此外，這裏還有非常關鍵的一個前提需要提出，那就是：是否願意，和是否有能力，製定出公平合理的競賽規則，盡可能地杜絕任何可能的不公平競爭的地方，而不是私心昭著地千方百計地在規則製訂上偏袒己方，這便可以照見出這項運動（規則）的格調，或設計這項運動的人或任何群體（製作規則的人）的品性、道德水準或心體境界——當然，願意與否屬於德性因素，能夠與否還包括理性和智慧能力因素。任何存在不公平競賽漏洞的競賽規則（乃至一切規則，包括法律），最終都會將這項運動或事務變成一場鬧劇，或某些人的自娛自樂的東西，讓所有人都大倒胃口，而讓這項運動失去其吸引力和魅力（失去其正當性或道德性），並最終毀掉這項運動（或事務）本身。要讓一項運動（或事務）有吸引力和發展興旺，首先要設計公平合理的競賽規則；要毀掉一項運動（或事務）同樣很簡單，製定出不公平的競賽規則就可以了。

質言之，制度設計的能力，既涉及心體和德性，也涉及理性和智力。一個人或一個民族的（文化）制度設計的能力同樣如此。

並且，就其治平天下之文化制度設計（包括各領域裡的規則設計）而言，則尚須有其他之關注。比如，並不是競爭勝利了便贏家通吃，也不是競爭失敗了便毫無出路或成為賤民，規則設計的目的，有時是為了公平選拔各個領域中的優異者，鼓勵人人力爭上游，充分發掘和發揮自己在某個領域或某個方面的潛力。但人們培養和發揮自己的潛力和能力的方面應該是極為多元化的，每個領域都須有其合理公平的競爭規則（設計）。因而人們也就有了多元化的選擇和出路。同時通過制度設計，使得在某個領域競爭失敗的人仍然有其他種種出路（包括消極性的基本的社會保障制度如失業保障制度等),或者,保證所有的人都有機會去自食其力,按照自己的興趣來謀生(比如創業自由等),並仍然可能通過自己的努力或能力獲得較好的生活。也就是説,通過制度設計,既鼓勵人人努力向上,自食其力,適當拉開收入差距,保持某種激勵性,同時又通過合理的制度設計,而對在某些方面能力稍不足的人(其實很多時候只是在某方面或某個領域,或某個階段的不足),有其特別而適度的優待和照顧,俾天下人不至於貧富懸殊,差距太大,或造成令所有人沉痛的人道悲劇。這既考驗制度設計者的智力,也尤其考驗制度設計者的良心和道德——如果制度設計者其實是全民或天下之人,那麼,這就是説:這既考驗全民、天下人或人類的道德水準,也考驗全民、天下人或人類的智力水準。人類智力的提高並不容易,所以要設計對於天下人或全人類都公平的世界制度並非易事;但有一點卻相對容易,那就是在道義上和理論上認可所有人都是平等的,尊重所有人的人格——如果暫時沒有充分考慮到其他生物的話——,所有人都有權利以其淬煉之多元化才智和努力,去追求並獲得美好的生活,等等,這同樣是對人類智力和道德水準的一種重大考驗。

當然,在一個既有的不完美的世界狀態或現實地基上思考此種重大命題,還有發展戰略等諸多問題或考量因素。然亦須亦可將上述因素考慮進來。

餘論:

讀者可參閱《儀禮》中對於鄉射禮、大射禮等之描述,可知先秦中國禮儀之邦之真正含義。

在正當禮義法度内爭,爭而有禮儀,不忿不激。

歷代注者之分歧在於:此節到底是宣導"爭"還是"讓",而分兩派意見。

康有為談兩黨相爭,又談對爭而進之,又談平世尚爭亂世尚讓,皆以發表一己之文化政見而已①。

對於理解這一節而言,必須參閱《儀禮》中的相關章節,瞭解其射禮的整個過程,然後才能明瞭禮意,明瞭古代製禮或應然禮的"對等性大於等級性"的原則乃至實質,而不是簡單化地批判。當然,必須有圖示才能真正看懂原文。讀者亦可參閱婺源江永撰著之相關圖示。

此處周禮(射禮)所示者,亦可謂一種組織有序、有禮、有敬意、有節文之公共文化生活。

> 子夏問曰:"'巧笑倩兮,美目盼兮,素以為絢兮。'何謂也?"子曰:"繪事後素。"曰:"禮後乎?"子曰:"起予者商也! 始可與言《詩》已矣。"

子夏問曰:"'巧笑倩(笑貌;好口輔,口輔即近口角處,或曰兩腮,或曰即今之小酒窩也)兮,美目盼(動目,視;或曰目黑白分明)兮',或解此曰'素(白色)以為絢(采色。先有其素色本質,而後文飾以絢采也)兮',何謂也?"子曰:"繪事後素(後於素,於繪畫之事,繪色後於敷其素色素粉,即敷素在先。繪畫之法,先敷素粉,後施五采)。"子夏曰:"禮亦後(禮在後)乎?(繪色後於素質,則禮文亦後於仁愛忠信之質乎)"子曰:"起予(發明我意)者商也! 學一以知二,舉一而喻反,始可與言《詩》已矣。仁以為質,而後禮以為節文,猶佳人素質倩盼,而後飾以妝彩也——佳人妝繪五彩之事,後俟於其人之素(白色)質素地也;又猶繪畫之事也,先敷素粉輪廓(美形)而為底質②,而後施五采也。"禮後,謂禮文

---

① 　《論語註》。

② 　猶今之先素描其輪廓、形態、氣韻,而後施以墨彩也,如今之水彩或油畫。傑出畫家固在於其所擅長於色彩調配等文飾技法,又尤以匠心獨運、靈感構思、選題、構圖等為根本也。

後於忠信實行之本質也,猶言禮之文後於禮之本(質)。"先王之立禮也,有本(即質也)有文(典文、文制、文節)。忠信,禮之本也;義理,禮之文也(;仁敬踐履,禮之本也;節文,禮之文也)。無本不立,無文不行。"①意乃必得其人(仁)而後可謂禮也。甘受和,白受采;忠信之人,可以學禮。苟無忠信之人,則禮徒虛飾。人而不仁,如禮何? 是以得其人之質本性仁為貴也。君子必先成人教人,而後論其禮文也(質而後文,文質彬彬),質而後文,文質彬彬。

　　此節蓋諷喻當時徒為虛禮虛文而無禮義之實者,有所針對而發也。

　　解說與發揮:

　　見《衛風‧碩人》,"巧笑倩兮,美目盼兮",而無"素以為絢兮"此一句②。前有"碩人其頎,衣錦褧(音囧)衣"一句。今人譯為:"她的口輔,一笑百媚;她的眼睛,黑白分明,真是一個天生麗質,絕代佳人。"③

　　"君子曰:甘受和,白受采;忠信之人,可以學禮。苟無忠信之人,則禮不虛道。是以得其人之為貴也。"④今人譯為:"先哲人有言:甘味為眾味的根本,可以調和百味;白色為眾色的基礎,可用以承受眾色;又如忠信之為一切禮儀的精神基礎。所以要有忠信的人,才可以學禮;如果沒有那樣的精神基礎而胡亂跟著做的,那就不是'禮'了。所以說禮雖重要,而更重要的還在於有沒有忠信之人。"⑤

　　康有為強調質的重要性,康有為解曰:"孔子創禮,而再三言禮之本,恐人以文滅質,詐偽日滋也。"⑥

---

　　①　《禮記‧禮器》。
　　②　《詩經今注今譯》。
　　③　《詩經今注今譯》。
　　④　《禮記‧禮器》。
　　⑤　《禮記今注今譯》。
　　⑥　《論語註》。

或引《考工記》"繪畫之事後素功"而解曰"繪，畫文也。凡繪畫先布眾色，然後以素分佈其間，以成其文，喻美女雖有倩盼美質，亦須禮以成之也"（鄭玄），亦有好意，或可備一說。而全祖望駁之。但康有為所解較好："《考工記》曰：'畫繪之事，後素功。'又曰：'畫繪之事，雜五采。'謂先以粉地為質，而後施五采。猶人有美質，然後可加文飾。"①羅按：鄭玄、皇侃所解皆誤，朱熹、康有為之解是，全祖望所解亦是，然以為此與《考工記》所引文毫無干係，亦誤②。

子曰："夏禮，吾能言之，杞不足徵也；殷禮，吾能言之，宋不足徵也。文獻不足故也，足則吾能徵之矣。"

子曰："夏禮，吾能言，之杞（夏桀無道失國，殷封其後於杞，奉守祭祀圖籍，備其典章文物③）觀學焉，而典籍文物禮制多湮滅無存，不足徵明（朱熹曰證，驗證；康有為曰明證；徵集或考證；證明；包曰成，證成；或曰：效驗）也，吾僅得夏時五行焉；殷禮，吾能言，之宋（殷紂無道失國，周封微子於宋，奉守祭祀圖籍，備其典章文物）觀學焉，而亦殘篇斷簡，崩漏漫漶，不足徵明也，吾僅得乾坤八卦焉。此皆時世久遠，先代禮樂毀散（棄），而兩國僅存之文獻（典籍簡策史冊與實際禮樂文制；或解獻為賢人）不足故也，若足，則吾皆能徵明之矣。無徵不信，故吾但取夏時之等（天文曆法之等分次序，亦為製禮之重要一維，循之又可悟禮之運轉變化）、坤乾之義④（陰陽變易之理，亦為製禮之重要一維，循之亦可悟會禮之

---

①　《論語集釋》。
②　參見《論語集釋》。
③　"王者存二王之後，杞宋皆得郊天，以天子禮樂祭其始祖受命之王，自行其正朔服色，備其典章文物"，戴望，《論語補注》。
④　《禮記·禮運》。

文質變易之理也),而絀(黜)杞故宋以闕疑也。若夫周也(,有百二十國之寶書),列國之典册文獻足資訪求徵明,故今吾從周禮,而(斟酌三代之禮,損益以)用之。又以魯國所存周之禮典史文最為獨備,故吾用之而修《春秋》(筆削),寓王法於魯,所謂依託魯史而徵明王法也。'文獻足而《春秋》成,故能據魯親周故殷絀夏,運之三代①,以治百世也。'"

子曰:"禘自既灌而往者,吾不欲觀之矣。"

孔子在魯,魯禘祭宗廟②。子曰:"禘自既灌而往(後)者,吾不欲觀之矣。"魯君禘祭宗廟,有僭天子禮者,孔子為魯君諱,故但言"不欲觀"而微諷之也。

禘者,大祭也,祭天、祭地、祭宗廟之禮之大者,皆謂之禘。祭天之大禮如圜丘與南郊;祭地之大禮如方澤之祭;祭宗廟之大禮如五年之祭,皆為禘祭。

唯天子得祭天祭地,諸侯不可。若夫宗廟之禘,其一為時祭,於殷則曰春禴(yuè,古同"礿",祭也③)夏禘,於周則曰春祠夏禴(yuè,古同"礿",祭也。周禮,以禴夏享先王。《公羊傳》曰:夏曰礿。注。始熟可汋,故曰礿④⑤;諸侯皆可時祭也(或曰亦唯天子得此時祭,姑闕疑)。其

---

① 《論語發微》。
② 禘祭與祫祭、時祭皆不同,"蓋祫祭與時祭俱及始祖而止,禘更及始祖之上,故為大祭。"參見:胡培翬,《禘祫答問》。
③ 夏、商二代為春祭,周代則改稱夏祭。
④ 《説文解字註》:(礿)夏祭也。周禮,以禴夏享先王。《公羊傳》曰:夏曰礿。注。始熟可汋,故曰礿。《釋天》曰:春祭曰祠,夏祭曰礿,秋祭曰嘗,冬祭曰烝。孫炎曰:祠之言食;礿,新菜可汋;嘗,嘗新穀;烝,進品物也。汋與礿疊韵。……《王制》:春曰礿,夏曰禘。與《周禮》異。从示,勺聲。以灼切。古音在第二部。礿亦作禴,勺龠同部。參見:漢典。
⑤ 見《三禮辭典》。

二則吉禘,而分為祫(xiá,於太廟中合祭祖先)與禘,"三年之喪畢而吉禘",天子三年一祫、五年一禘①,諸侯則得祫不得禘②——然魯國可禘於周公廟③,此成王、康王尊周公而賜之魯國④,然唯可禘於周公廟也,而不可及於魯君之群廟,與天子之禘有殊⑤。然其後魯國亦禘祭於群廟,故孔子微諷之(諷其"既灌之後",未明斥其"禘",下文有詳論)。

　　灌者,於行(吉禘之)祫、禘之禮時,"酌鬱鬯灌於太祖,以降神也"⑥。灌,或作祼,或作盥,或作灌,灌即祼之假借,其實則一也。祼者,爵獻也,酌鬯初獻於祖考也⑦。

----

①　《論語釋故》:"凡天子三年喪畢而祫於大廟,明年春禘於群廟,自後五年而再殷祭。一祫一禘,祫在秋,禘在夏。"

②　《論語釋故》:"祫、禘之分,祫者,合也;禘者,審諦昭穆(羅按:父曰昭,子曰穆,依次排列神主牌位)也。審諦昭穆,故昭穆各於其廟也。"

③　又包括所謂大嘗(嘗新穀也)禘(內祭)。

④　《禮記·祭統》:"昔者周公旦有勳勞於天下。周公既沒,成王、康王追念周公之所以勳勞者而欲尊魯,故賜之以重祭。內祭則大嘗禘是也。夫大嘗禘升歌清廟,下而管象,朱幹玉戚以舞大武,八佾以舞大夏,此天子之樂也,康周公,故以賜魯也。"《禮記·明堂位》:"季夏六月,以禘禮祀周公於太廟。"

⑤　其後,魯君僭於他廟,"昭十五年禘於武公,二十五年禘於襄公,定八年禘於僖公,皆行於一廟,而不徧及群廟,但用天子之禘禮耳"。參見:《論語釋故》。

⑥　《集解》。

⑦　《周官·大宗伯》:"以肆獻、祼享先王,以饋食享先王","肆獻、祼,祫也。饋食,禘也。""所謂'以肆獻、祼享先王',是凡祭求諸陰陽之義也。肆獻所以求諸陽,灌所以求諸陰。周人貴陰,故先求諸陰,郊特牲謂'臭陰達於淵泉'者即謂灌。凡祭重灌,於禘尤甚,故夫子欲觀之。**禘視曰觀,非常視也。**"參見:《論語釋故》。

《義疏》云:'先儒舊論灌法不同。一云於太祖室裡龕前東向,束白茅置地上,而持鬯酒灌白茅上,使酒味滲入淵泉以求神也。而鄭康成不正的道灌地。或云灌屍,或云灌神,故《郊特牲》云:"周人尚臭,灌用鬯臭,鬱合鬯,臭陰達於淵泉。灌以圭璋,用玉氣也。既灌然後迎牲,致陰氣也。"鄭注:"灌,謂以圭瓚之鬯,始獻神也。"又《祭統》云:"君執圭瓚灌屍,大宗執璋瓚亞灌。"鄭注:"天子諸侯之祭禮,先有灌屍之事,乃後迎牲。"案鄭二注或神或屍,故解者或云灌神是灌地之禮,灌屍是灌神之禮。而鄭注《書》大傳則云:"灌是獻屍,屍乃得獻,乃祭酒以灌也。"'今案:灌義雖異,至宗廟有灌,天子諸侯之禮同也,魯之失禮,孔安國以為魯逆祀,躋僖公,亂昭穆,故不欲觀。**不知孔子仕魯在從祀先公之後,不當復譏逆祀。**而鄭康成說又與魯禘義異。"參見:《論語集釋》,程樹德按,

　　魯國僭郊祭①。然孔子此言魯之禘祭當為宗廟之祭，即所謂祫禘之祭(吉禘)也。宗廟之吉禘，按其本原之禮，則天子可祫可禘，諸侯可祫不可禘，而魯則可用天子禮樂禘於太廟(即周公廟)，不可用之於群廟。然其後魯君與諸侯等皆亦假天子禘之名，而禘於群廟(諸魯君之廟)，而仍與天子之禘有別，故孔子不言。質言之，蓋其時諸侯自有禘祭之禮，然自既灌以後，則多僭越，故孔子不欲觀之。

　　所謂"既灌之後之僭越"，**而有兩解，其一曰逆祀**："既灌之後，列尊卑序昭穆，而魯逆祀，躋僖公，亂昭穆，故不欲觀之矣。"②所謂"逆祀"，即"閔僖兄弟相繼，例同父子，各為昭穆"，即所謂"昭穆亂於既灌者"，皇侃疏云："未陳列主之前，王與祝入太祖廟堂中，以酒獻屍。屍以祭，灌於地以求神，求神竟而出堂，列定昭穆，備成祭禮。時魯家逆祀，屍主驎(音翻)次，當於灌時，未列昭穆，猶有可觀；既灌以後，逆列已定，故孔子云'不欲觀'也。往，猶後也。"③**其二解曰迎牲後之僭用天子禮制**，"今魯禘灌用黃彝，不備前代之器，從諸侯禮也。至迎牲以後，朝踐再獻之時，則白牡山罍，兼用四代之禮，其餘可以類推。故夫子曰：'吾不欲觀之矣。'"

　　羅按：此或以後解為妥通，"禘非魯所宜行，夫子不欲觀之旨蓋有難言，故托言既灌以往以明之。其實不欲觀者，並不徒係乎灌以往也，並不徒在乎灌後之不敬也。夫灌在迎牲之前，周人先求諸陰，以是為祭之首事，灌畢而後迎牲。是既灌以後，尚是行禮之初，所行儀節不過十分之一。魯之君臣方致祭太廟，未必即於此時已懈怠也，而不欲觀之意果何以徵哉？蓋魯禘非禮，夫子本不欲觀，而祭時中所用之禮儀，其僭越尤為過甚。自既灌以往，用牲則有白牡。薦獻之時，尊爵俎豆皆用天子及四代之器制，甚至朱幹玉戚以舞《大

---

　　①　《明堂位》："魯君孟春乘大路，載弧韣，旂十有二旒，日月之章，祀帝於郊，配以後稷。"
　　②　《集解》。
　　③　《皇疏》。

武》，皮弁素積以舞《大夏》，又納夷蠻之樂於太廟，僭分侈張，正夫子所目覩而心嘅者。而其儀又多行於灌後，此子所以託為是言也。蓋禘不欲觀，乃夫子本意，又不可直言其非。而由灌後以觀，又失禮中之失禮者，故即既灌以往以寓不欲之意，其旨微矣。"[1]

或解曰："灌者，方祭之始，王以酒獻尸，尸灌於地以求神也。初獻以往，誠意已散，則其倦怠失禮可知矣。"[2]

《禮記・禮運》曰："孔子曰：嗚呼哀哉！我觀周道，幽厲傷之。吾舍魯何適矣？魯之郊禘，非禮也，周公其衰矣。杞之郊也，禹也。宋之郊也，契也。是天子之事守也。"

解說與發揮：

今則萬民平等之世，此不可行。或國家可禘聖人始祖等，民間亦可禜教宗神靈等，以增長國家認同。

今可曰地方政府不可僭越中央政府之禮制（及職權等），以維持國家（天下）之大一統也。此亦極嚴肅之政治禮制。然不同憲制或政制而有不同安排，可參閱比較憲法之相關論述。

礿祠禴嘗烝[3]，春祭先王曰祠（食），夏曰禴（礿同禴，禴為殷名，礿為周名；礿，新菜可汋（音樂、確、酌）），秋曰嘗（嘗新穀），冬曰烝（進品物）。蓋不同季節享獻不同祭品也。

或問禘之說。子曰："不知也。知其說者之於天下也，其如示諸斯乎！"指其掌。

或（蓋魯國君臣或魯人也）問禘之說何謂也。子曰："吾不知也。

---

①　《論語補注》。
②　《論語大義》。
③　見《三禮辭典》。

倘有知其説者,則於治天下之道也,其如示(視,看;或指示;鄭解為置)諸斯(指手掌)乎!"指其掌。

論曰:禘祭之類者,治國治天下之本也,亂之則國亂而天下亂。然而禘祭如郊禘者,天子之禮也,魯不可僭(而實僭之)。孔子為魯君諱,故曰不知,不欲顯言之也;而微諫宣道,故曰此關天下治平之根本。《禮記·禮運》曰:"孔子曰:嗚呼哀哉! 我觀周道,幽厲傷之。吾舍魯何適矣? 魯之郊禘,非禮也,周公其衰矣。杞之郊也,禹也;宋之郊也,契也。是天子之事守也。"

何以言禘祭為治平之本?"子曰:'郊社之義,所以仁鬼神也。嘗禘之禮,所以仁昭穆也。'又曰:'明乎郊社之義、嘗禘之禮,治國其如指諸掌而已乎?'"①《祭統》曰:"凡祭有四時:春祭曰礿,夏祭曰禘,秋祭曰嘗,冬祭曰烝。礿禘,陽義也;烝嘗,陰義也。禘者,陽之盛也;嘗者,陰之盛也。故曰莫重於禘嘗。古者於禘也,發爵賜服,順陽義也;於嘗也,出田邑,發秋政,順陰義也。故《記》曰:嘗之日,發公室,示賞也;草艾則墨,未發秋政,則民弗敢草也。故曰:禘嘗之義大矣,治國之本也,不可不知也。明其義者,君也;能其事者,臣也。不明其義,君人不全;不能其事,為臣不全。"《中庸》云:"宗廟之禮,所以序昭穆也。序爵,所以辨貴賤也。序事,所以辨賢也。旅酬下為上,所以逮賤也。燕毛,所以序齒也。"又曰:"郊社之禮,所以事上帝也。宗廟之禮,所以祀乎其先也。明乎郊社之禮、禘嘗之義,治國其如示諸掌乎?"②此言報本(慎終追遠,民德歸厚)、守禮、正名之意明,則天下國家可治也。而魯君皆違之,論正名,魯君禘祫不分、昭穆不辨;論守禮,不能尊王,不能尊先王之道法制度;論報本,違亂祖宗宗法。曰不知,正所以明其當明知也。

---

①　《仲尼燕居》。
②　以上皆引自《論語正義》。

祭如在,祭神如神在。子曰:"吾不與祭,如不祭。"

孔子之祭也,祭先祖如其在,事死如事生,孝思不匱、慕恩情深也;祭百神如百神在,敬之畏之,齋肅端謹,不敢或欺或怠也。祭必敬誠以與之也。子曰:"敬誠之心不與,則祭如不祭。祭者,以此誠心感通鬼神天道也。祭之本,在此心之敬畏誠肅。"又曰:"禮勿不敬。禮不與敬,行禮如不禮。"

解說與發揮:

一個國家,一個民族,一個人,都需要有一定的敬畏之心,這種敬畏從何而來? 對此,不同的國家、民族和個人,其敬畏感之來源可能都會不一樣,但需要敬畏感本身,卻是一致的。有敬畏感才有謹慎和尊重,才有自我端肅和對他人以及外在世界的尊重。在中華文化裡(裏)面,這種敬畏感往往來自於對於祖先、先輩、聖賢、英雄義士以及天道、神靈的追慕、感戴和恩情。古代有很多祭祀活動,除了這裏(裡)提出的祭祖、祭神之外,還有其他許多祭祀,都是(應該)很端肅敬畏的,或能夠培養出人的端肅敬畏之心;古人甚至在吃飯時也會祭祀,感謝先人嘗百草、教稼穡、調百味等的功勞,因而饋贈給我們後人這樣的食物——當然也包括對於主人的感謝。一個人的內在的敬誠端肅,往往就在這樣的禮儀活動中得到感染、激發和長養,而有利於自身的修養和社會生活的善意。沒有任何敬畏之心或敬意的人,在任何時候都不嚴肅,都嘻嘻哈哈;對任何事物都不尊重,缺乏敬意;既不能尊重別人,也不能尊重自己;既不能同情地理解他人,也不能把握自身的情感和情緒,就會導致嚴重的個人問題和社會問題。

古代祭禮有很多儀式,這種儀式本身也是精心地設計出來的,目的是為了培養和配合人的敬畏之心。

王孫賈問曰："與其媚於奧,寧媚於灶,何謂也?"子曰:"不然,獲罪於天,無所禱也。"

王孫賈問曰:"與其媚祭於奧主(室中西南隅,一室之尊①;或喻君),寧媚祭於灶神,何謂也?"子曰:"不自修德守正,但諂媚以邀福,大公之神豈聽哉! 神不享非禮。非其鬼而祭之,諂媚何益哉! 亦曰守正(正道正義)奉禮、正直行事而已矣。不然,若自為奉行不正有虧,獲罪於天,無所禱也。君子正命自立,何所用於諂媚於鬼神哉!"

解說與發揮:

王孫賈,或解為周朝王者之孫,(或有獲罪於周王者,故)自周而至於衛國,出仕為大夫;或解王孫為氏,本為衛人,而為衛國大夫。

此節有多解,或解奧主為近臣,灶神為執政;公孫賈為執政,故公孫賈以此暗示孔子,使其求媚依附於己(《集解》孔注,皇疏);

或解奧為喻君,灶喻權臣,朱熹亦解公孫賈為權臣,"以奧有常尊而非祭之主,竈雖卑賤而當時用事,喻自結於君,不如阿附權臣也。賈,衛之權臣,故以此諷孔子。"(《集注》)

然又有解此為公孫賈自問出仕自處之術,即彼在衛國出仕,當媚於君(奧)邪? 當媚於權臣或佞臣(灶,如南子、彌子瑕等)邪?(《四書約旨》)

---

① 《曲禮》:"人子居不主奧。"

或又解奧為南子而灶為彌子瑕？（程樹德）

或解奧為南子，處於室中深隱之地，灶喻朝廷之上，蓋欲附會"孔子見南子而子路不悦"之一事，媚奧即媚南子。此則似解為公孫賈責孔子；

或解曰"媚其君者將順於朝廷之上，不若逢迎於燕退之時也"（《日知録》）。

"古來權奸憑藉寵靈，勢位已極，又患無名，每以美職厚禄牢籠正人君子，以爲名高。而不知正人君子惟恐不義富貴，浼其生平，超然遠引，若鳳翔千仞，豈彼所得而牢籠之哉？學者於此處須慎之又慎，所謂風急天寒夜，纔看當門定腳人。若此處一錯，一失腳便成千古憾矣。"（《反身録》）此亦可作講述啟發。

上節言祭祀時要有敬畏之心，要通過祭祀養成人的敬畏之心，這裏（裏）又説"獲罪於天，無所禱"，似乎矛盾，其實卻正是相反相成。因為祭祀和敬畏並非為了邀福，而恰恰是敬畏天道之廓然大公。天道廓然大公，則人當正身行事，不可欺天邀福。福禄乃德業之附屬品而已，無德業，豈可欺天求福哉？此不智、不知天命也。孟子言"修天爵而人爵隨之，而並非'修人爵以邀天爵，既得人爵以棄天爵'"，正此意也。但不知天命之流俗恰恰如此，不敬天道，而欲邀福於天神，不得則怒之，乃是執迷不悟耳。智者則反是，敬畏天命，而不欺天諂天以邀福也。故曰："人生真實有命，窮達得喪咸本天定。須是安分循理，一聽於天。若附熱躁進，於定命無秋毫之益，於各節有泰山之損。"[1]

關於"天"，亦有多解，或解"天以喻君也。孔子距之曰：如獲罪於天，無所禱於衆神。"（《集解》孔云）或解天以喻周王，則此為孔子尊王之意，"皇疏引欒肇云：奧尊而無事，竈卑而有求。時周室衰

---

[1]　《反身録》。

弱,權在諸侯,賈自周出仕衛,故託世俗言以自解於孔子。孔子曰
'獲罪於天。無所禱'者,明天神無上,王尊無二。言當事尊,卑不
足媚也。"[1]

子曰:"周監於二代,鬱鬱乎文哉！吾從周。"

子曰:"周(指西周)之典章制度禮樂,資監(視)於夏殷二代,鬱
鬱美盛乎可謂文明具備哉(也包括典籍文物富備)！(今世禮崩樂壞,故)
吾(今之製禮(修定禮樂)也,將)從學周禮(而損益用之)也[2]。然吾
觀周道,幽厲傷之。然則吾今舍魯何適矣?！"魯,周公之後。周公
成文武之德,製禮作樂。伯禽封魯,其分器有備物典冊。典冊即周
禮,是爲周所賜也。'文武之道,布在方策'。方策者,即魯所藏也。
周禮遂盡在魯。"[3]故吾從本周禮,據魯新周,以製《春秋》,以明先
王百世之法,通三統而損益以成之也。"

論曰:"周監於二代,禮文尤具,事爲之制,曲爲之防。故稱禮
經三百,威儀三千。於是教化浹治,民用和睦,災害不生,禍亂不
作,囹圄空虛,四十餘年。孔子美之曰:'鬱鬱乎文哉,吾從周。'"[4]
《中庸》云:"子曰:'吾學周禮,今(魯國)用之,吾從周。'夫子此言吾
從周,是據魯所存之周禮言。《禮運》孔子曰:'吾觀周道,幽厲傷
之。吾舍魯何適矣?'是言魯能存周禮也。"[5]

解說與發揮:

所謂的周禮、夏禮、殷禮,都是一個大概念,裡(裏)面涉及極多

---

① 《皇疏》。
② 吾今之製禮也,將從許周禮而損益用之也。
③ 劉寶楠,《論語正義》。
④ 《漢書·禮樂志》。
⑤ 劉寶楠,《論語正義》。

方面,可以説是一代典制,如想知道其中詳情,通過閲讀"三禮"是一個較好的渠道。

今人讀此,因為文字太過抽象,又因為根本没見過、不瞭解,故而根本無法具體地想像所謂的三代之禮的全景,所以往往很難真正理解這句話。換言之,不同的讀者在讀到同樣一句話時,其腦海中所浮現出來的景象是不一樣的。一個從没到現場觀摩過交響樂的人,僅僅從音樂史上的一兩句話的簡單描述,是很難想像交響樂演奏時的整個場景的。同理,一個研究古代文化的學者讀到《論語》這句話時,其腦海中的景象和細節,也和一個對古代思想文化全無概念的初學者完全不同。如果讀者讀過《儀禮》、《周禮》、《禮記》並觀摩過一些古代禮樂的現代仿古表演——儘管未必能完全再現古代禮樂——,那麼,他對於這句話的理解,或許可以稍微具體深刻一點。但孔子對於三代禮樂的瞭解和把握,與今天的我們是完全不一樣的,夏、商二代之禮樂,孔子能言之,文獻亦或稍窺,杞宋之間又稍親見之,周代文武周公之禮樂典章,則多親見之,知其美盛,又知其有所資鑒於夏、商二代,故盛讚之。孔子為人文聖人,即或有時代局限,也不至於背離基本的人文常識太過,故其對於周禮的稱讚,肯定不是從今天通常的對於古代禮樂的諸如專制性等級制度、專制性剝削制度或統治階級文化壓迫等的簡單化的刻板印象上,而得出這樣的結論的。事實上,雖然秦漢以降的封建或專制帝制確實存在上述的種種根本嚴重問題,但這也只是其中的一個方面,並且未必是那樣一種極端或刻板印象式樣的表現。而對於所傳説的三代王者之正大禮樂,則因為其後的禮崩樂壞,以及"諸侯以其害於己而皆去其籍,導致無法窺見古代禮樂制度之本來面貌或全貌"等諸多原因,而有更多誤解。現代研究者試圖去做的,第一是盡可能還原其本來面貌和全貌,第二乃是對此進行評估。在此過程中,並非是採取非此即彼的思維方式,這樣就可能將其中的有價值的東西也拋棄掉了。

在製禮作樂方面,對先前或歷史上的好的做法的借鑒,以及對於橫向的別的國家或文化體系的借鑒,都是有價值的。本乎仁心、公心而製禮作樂,既有所借鑒,又能有創造性,造福全體人民,乃至人類。我想,如其為聖人之心,則孔子應該是這樣做的。同樣,今人於此如想有所作為,亦當如此,效法其心志和創造性,而製定出更好的符合全體人民(乃至人類)利益的新禮樂。

此節蓋可接"宋不足徵"為解。

今人若有志製禮作樂(現代禮樂或現代新禮樂,合於或不悖於現代正向價值觀念之新禮樂),當何如?"禮經三百,威儀三千"何處尋?亦曰仁善為本,中學為本,而古今中外尋繹之也。

製禮作樂,必資鑒先代之良法美意,而革其弊端也。

或問:今天還需要製禮作樂嗎?如何製禮作樂?立意、原則、範圍、綱目、主體、方法、程式等,將何如?

子入大廟,每事問。或曰:"孰謂鄹人之子知禮乎?入大廟,每事問。"子聞之曰:"是禮也。"

子在魯,入周公大廟,或助祭備物,或觀禮察器,每事問其人。或曰:"孰謂鄹人之子(指孔子)知禮乎?入大廟,每事問(意曰其蓋不知也)。"子聞之曰:"是禮也。禮必謹必正,禮樂犧牲服器必當必中節,問之,正惟恐其或有失禮也,反唐突祭主。故或有薄正祭器之事。此慎重其禮也。"或曰此是孔子微賤時事,入大廟助祭,"有所職守,當行之事不敢自專,必諮之(於)主祭者而後行"[1],敬慎而是其禮也。

論曰:孔子有心,志在治平,故處處留心,事事皆我事我任,好

---

[1] 《論語後錄》。

古敏求之。有其心志,則必多問;問其然,亦問其所以然,又問其所以然之正否當否(今日正當性拷問),又思問改創完善之法,是真有志者。

解說與發揮:

或曰:"此當是入廟助祭,有所職守,當行之事不敢自專,必諮之(於)主祭者而後行。若問器物,則廟中爲嚴肅之地,夫子必不嬈嬈如是。"①年輕時或初學時,乃至任何時候,都要謙虛,尊敬賢德正直之長者與富於經驗者,尊重傳統,虛心學習詢問,而不是目空一切、驕傲自負、成見太深、剛愎自用、固執己見、一意孤行,認為自己一切都是對的,聽不進其他意見,或在不瞭解相關情形的情況下,就指手畫腳。

知之為知之,不知為不知,不知則多問,多問而後知也。

如果你去讀一讀《儀禮》,就知道古代禮儀之發達、繁雜和嚴整要求,可謂程式繁多而嚴格,必須一絲不亂,這都對執禮者提出了極高之要求。所以能夠輔助和主持好一項乃至所有禮儀活動的人,其辦事能力、遵守禮儀和規則的意識等等,都可謂是甚高而為傑出人才,所以孔子平時就非常注意這方面知識和能力的培養和訓練。也是因為同樣的理由,孟子認為"天與之,百神受之"的人,就具備了成為天子的基本資格。或者換一種說法,古代的統治,不過就是禮儀祭祀方面的事務,在世俗政治事務層面的移置和擴展,所以這些知識和能力就成為一個統治者比如天子的最重要的知識技能了。此亦可對照孔子評論其弟子"願為小相"時的相關論述。

子曰:"射不主皮,為力不同科,古之道也。"

子曰:"周之古者,禮射不主皮(力貫皮革之的)。為力不同科,周

---

① 《論語後錄》。

古之道也。力射(或戎射,武射),曰軍旅習戰之射,尚力(或曰力射),主力貫皮革甲衣(貫革之射),以觀其膂力勇武也;故為皮侯(侯,矢的),其為力也,持氣滿弓,股肱沉穩,勇毅干城也。至於禮射,則主其中質與否,又主其容儀之和頌(和頌,和容合雅頌也)中禮,以選賢能君子,佐治國也。故其侯也,有五采之侯、獸侯(皆布侯,以布為之侯);其為射也,正心和志,中正合道(射道,又大道也),容體端肅,合節雍容也。周古之為治也,尚文尚禮;今之為治也,尚武尚力。故曰古之道也。"

解說與發揮:

不主:不貴、不重視、不注重,其主要目的不在於;或解為"著",著於皮。

此言禮治與力征。

此或與"其爭也君子"之意相關,此為禮射而已,不同於軍禮、軍旅之射也;軍旅之射,則貫革之射也。

讀者可參閱《周禮‧鄉大夫》、《儀禮》之鄉射禮、大射禮等處之相關論述。

《儀禮》中對於鄉射禮、大射禮等的設計,處處突出有差而對等互敬之禮儀;必有相互之敬,所以養成國民禮讓之風俗。而在射禮動作程式的設計上,也體現了這一點,目的不在於比試勇力,而尤其在於奉正禮守法度而揖讓周旋進退之雍容有禮。

此乃文道,力射則為武道。周代(當然也包括後來中國歷史上的所有朝代)有十分豐富復雜的禮儀系統,無論是從國家(天下)的政治組織、治理,還是從文化本身來說,這都是中國古人文化自信的根本憑藉之一維,確實有文野即文明與野蠻之分,所以那時中國人表現出來的某種文化驕傲(當然更好的表述應該是文化自信)也是有其理據和事實基礎的。近世以來,因為種種原因,中國人的創造才能被抑制,得不到發揮和表現,導致在某些方面落後於西方,甚至在心態上也失去了古代中國人的文化自信，乃至於因此而否定古代中國文化的（歷史主義意義上，或超越性意義上）先進和偉大，以及忘記了中國人自己本來便可有文化創造才能，和本來便應有創造行動等的事實或道理本身；既失去了自我創造和超越的勇氣，便事事亦步亦趨，或一味盲從，失去了自己的獨立判斷，這卻是很可值得知恥而奮發的事情了。

子貢欲去告朔之餼羊。子曰："賜也，爾愛其羊，我愛其禮。"

周禮，歲終①，諸侯朝正於天子，天子頒（班，頒佈）告朔②於諸侯。朔者③，月令也，"敬授民時"，統一天下月令曆法，乃王者治天下之大法也④。天子藏之（朔，月令等）於明堂⑤，歲終頒之於諸侯；

---

① 或曰諸侯於季秋發而朝王，三月乃到。此或謬誤，來三月，去三月，豈不六月之久？

② 《論語駢枝》："《周禮·太史》：'正歲年以序事，頒之於官府及都鄙。頒告朔於邦國'，鄭注：'頒讀爲班。班，布也。以十二月朔告布天下諸侯。'《孔子三朝記》云：'天子告朔於諸侯，率天道而敬授之。以示威於天下也。'又數夏桀商紂之惡曰：'不告朔於諸侯。'《穀梁》文六年傳云：'閏月者，附月之餘日也。天子不以告朔。'又十六年傳云：'天子告朔於諸侯，諸侯受乎禰廟，禮也。'"天子告諸侯者，如"天子之於諸侯有行禮，有告事。行禮於諸侯，若頫問賀慶賑膰賙檜之屬，大使卿，小使大夫。告事於諸侯，若塚宰布治，司徒布教，司馬布政，司寇布刑之屬，皆常事也。以其爲歲終之常事，又所至非一國，故不使卿大夫，而使微者行之以傳遽，達之以旌節，然後能周且速焉。諸侯以其命數禮之，或以少牢，或以特羊而已。"

③ 《論語正義》："《白虎通三正篇》：'朔者，蘇也，革也。言萬物革更於是，故統焉。'《四時篇》：'朔之言蘇也，明消更生故言朔。'《說文》：'朔，月一日始蘇也。'《書大傳》：'夏以平旦爲朔，殷以雞鳴爲朔，周以夜半爲朔。'謂夏用寅時，殷用醜時，周用子時也。"

④ "《書·堯典》曰：'敬授民時。'授時即頒授官府都鄙之制。其下分命、申命，則所謂頒告朔於邦國也。宋氏翔鳳說：'月令："季秋合諸侯，制百縣，爲來歲受朔日。"鄭注謂百縣與諸侯互文。四方諸侯極於天下，必三月而後畢達，故以季秋行之。非如鄭說秦以建亥爲歲首，於是歲終也。'其說良是。天子頒告朔諸謂之告朔，又謂之告月。"

⑤ 惠棟，《明堂大道錄》："明堂月令者，乃虞夏商周四代治天下之大法。"

諸侯受之(朔,月令等)以歸邦國,藏諸祖廟(禰廟或太廟)。

每月朔日(初一)(天子諸侯皆)告朔於朝廟(太廟),(告而)受行之於王畿邦國(此即尊行大一統王政也);又祭以特牲,天子以特牛,諸侯以特羊。特羊者,以腥羊作獻,謂之餼(腥牲曰餼,腥羊也;或曰:餼,乞與,供給享獻)羊。幽厲失道,王政不行,(天子)遂不告朔於諸侯,自是天子告朔之禮遂缺①②(周王失道,王政不行,不能王政大一統也);而魯之有司猶尊王,循例朝廟告朔(意為魯國有司每月仍告天子之朔於廟)供羊(魯仍尊王也)。其後魯文公六年,(魯君雖(或曰天子))閏月不告朔於廟(然魯有司猶有告朔餼羊之禮),而猶於朝廷視朔聽政③,仲尼譏之④,以為舍大禮(魯君不能告朔尊王;或曰天子告朔之禮失,王政不行)而徇小義(魯不能告朔而徒餼羊也,或不能尊王而徒視朔聽政也;或曰魯君尊王朝廟視朔餼羊之禮猶未失)也⑤。文公十六年夏四月,文公又以

---

①　此因幽厲失道,遂不告朔於諸侯,而魯之有司循例朝廟供羊(,至於定哀間猶然)。或問:魯之有司仍供羊何謂? 於天子使者? 於廟? 於廟而後頒於諸臣? 似為前一者。

②　《論語發微》:"《史記·曆書》曰:'三王之正若循環,窮則反本,天下有道則不失紀序,無道則正朔不行於諸侯。幽厲之後,周室微,陪臣執政,史不紀時,君不告朔,故疇人子弟分散。'此天子不告朔之始也。故《禮運》孔子曰:'吾觀周道,幽厲傷之。'謂不告朔則王政不行,而周道缺自幽厲始。又曰:'吾舍魯何適矣?'謂魯秉周禮,遂有曆官。故《漢書·藝文志》有夏殷周魯曆十四卷。《史記·十仁諸侯年表》、《漢書·律曆志》並以《春秋》繽共和以前之年,所謂魯曆即《春秋》之曆也。魯既有曆,故能行告朔之禮,其始猶以大夫奉天子命而受,至文公四不視朔之後,而告朔朝廟之禮並廢。《春秋》不書不告朔而書不視朔者,以不視朔比不告朔,則不告朔之惡尤大,故諱愈深。其先於六年書'閏月不告月,猶朝於廟'者,不告月是也,猶朝於廟非也。以見朝廟視朔皆本告朔以行之,則告朔之禮當愛矣。《鄉黨篇》云:'吉月必朝服而朝。'皇侃云:'君雖不視朔,而孔子月朔必服以朝,是我愛其禮也。'蓋魯君不視朔,則大夫有吉月不朝者,故以必朝言之,亦切證也。"羅按:天子告朔,以期天文曆法(天道)、四時月令大一統,即是王道天下大一統之意也。

③　因天子未頒告朔,魯君無朔可視可聽,然魯君仍參與視朔聽朔餼羊之儀式。

④　譏周王失告朔之禮也。

⑤　關於此句,有兩種解讀,一者以為,"《春秋》文公六年:'閏月不告月,猶朝於廟。'不告月,王朝之禮失。猶朝於廟,魯之未失禮也。"另有一解則以為,"'閏月不告月,猶朝於廟'者,不告月是也,猶朝於廟非也。以見朝廟視朔皆本告朔以行之,則告朔之禮當愛矣。"

疾而不視朔聽政者四①②,其後無疾亦不視朔聽政。至此而朔日告朔視朔③(諸侯餼羊意義上之視朔)之禮既俱闕,天子固早已不告朔諸侯,魯君竟亦不告朔餼羊於廟,又不視朔聽政於朝廷(天子諸侯俱失禮:天子王政不行,而諸侯亦不尊王,王道大一統已失墜也),而有司朝廟仍徒用其羊而已④。

　　子貢以其禮已廢,餼羊似無謂而妄費者,故欲去告朔視朔之餼羊。子曰:"賜也,爾愛其羊,我愛(惜)其禮。餼羊其禮者,王政王道,王道王政大一統也,又天子王政、諸侯尊王之禮也。餼羊去,則其禮遂一廢而不可復徵溯也。故孔子欲愛存之,以留其天地消息也。"⑤

解説與發揮:

　　告朔:一般指天子於每年歲末向諸侯頒發下一年之月令;諸侯接受天子月令而歸藏於祖廟,次年每月朔日,諸侯國之有司皆於祖廟以特牲(牲羊)祭祀,宣讀此月之月令,諸侯群臣聽之,此亦謂之

---

①　視朔似兼有聽朔(聽王之告朔)與聽政之二義,聽朔則在朝廟,聽政則在朝堂。告朔要用餼羊,視朔則不必。

②　天子不告朔,故諸侯不視朔,此處之視朔乃是與天子使者來諸侯朝廟告朔結合一起之視朔,非謂聽政意義上之視朔,後者或曰為朝享,亦即月祭,不在祖廟。質言之,文公不參與在朝廟上所行之餼羊儀式之視朔,然或參與在朝堂上所行之聽政意義上之視朔,故《鄉黨》中記載孔子"必朝服以朝"也。質言之,要區分作為餼羊儀式的魯君視朔與作為聽政的魯君視朔。

③　《論語正義》:"《玉藻》:'天子玄端而朝日東門之外。聽朔於南門之外。諸侯皮弁聽朔於太廟。鄭注以南門為明堂。**天子稱天而治,亦有聽朔之禮,與諸侯同。特天子聽朔於明堂,諸侯則於廟耳**。於廟故又謂之朝廟,《春秋》所云'猶朝正於廟'是也。其歲首行之,謂之朝正,《左》襄二十九年傳'釋不朝正於廟'是也。襄公以在楚不得朝正,則是公在國時必朝正矣。朝正即視朔,當時天子猶須告朔,故魯視朔之禮尚未廢。至定衰之時,天子益微弱,告朔不行,而魯之有司猶供餼羊,故子貢欲去之。"

④　魯君不參與作為告朔儀式的視朔。

⑤　《論語發微》:"《鄉黨篇》云:'吉月必朝服而朝。'皇侃云:'君雖不視朔,而孔子月朔必服以朝,是我愛其禮也。'蓋魯君不視朔,則大夫有吉月不朝者,故以必朝言之。"

告朔（或告月），然與天子之告朔不同。諸侯於祖廟之告朔結束，諸侯群臣歸至於朝堂聽政，則謂之為聽朔或視朔（或曰是君聽朔視朔，或曰君臣）。

（天子）頒告朔，即是尊王大一統之大義。

"而魯之有司猶循例朝廟供羊"，此可見魯國確為諸侯國中最得周禮者也，故孔子欲據魯王周故宋也。

禮存，即或徒有儀文，而仍能使人知識其禮，知有其禮，或能溯其源流道理，而留一消息期待也。後人視其然而問之，或有知禮者仍能告之以所以然，則幸或能復禮也。若禮之儀文亦無存，則世人將茫然不知天壤間尚有此可經行天下之王道大禮也。

天子，猶古之中央政府也；諸侯，猶古之地方政府也。中央政府失道，則不能負擔其領導地方政府的責任；地方政府不遵守中央政府的政策法令，則就將陷入各自為政乃至互相爭戰的政治混亂局面，生靈塗炭，民不堪命。

子曰："事君盡禮，人以為諂也。"

子曰："禮之製作也，泛仁親愛（曰人仁人伻①），而又別倫差等（人倫人份），而尤重對等相應之義敬也（人倫對等互敬），以勸德業，以別職事，以合同相與以情，以戮力共事以義也。義禮必正當自證，得其中正。君君臣臣，言君臣義合，君有君禮，臣有臣禮，互敬守制（互敬則人格人權平等，曰人伻也；守制則有公共職權禮儀之別，而一於正法正禮，或公法公禮），然後可集義共事也。君臣泛仁親愛，人仁人伻也；君令臣事，差等之別也（倫理，君臣之倫）；君仁（義）臣恭互敬以義，對等之禮也（人倫對等互敬）。聖人製禮，各有相應，而各自盡禮義也。今天下失道，不知正禮，各以僭越逾度，偏畸任意。君不能

---

① 詳見拙著《大學中庸廣辭》。

禮臣,臣不能禮君,其禮義失墜（失正,正禮正義失墜）,其事不成。至若事君國盡正禮,人反以為謟、以為逾也。正禮不可加減,如正法不可加減任意然。君國禮臣民盡正禮,人反以為懦（柔過）、以為虐（剛過）也。反之,又有臣民事君國而違禮無禮邪禮（如謟佞阿黨之類）,而自以為正禮者;君國事臣民而違禮無禮邪禮（如欺瞞虐剝之類）,而自以為正禮者。斯之謂禮崩（過與不及乃至混亂滅裂）也。禮崩而求國立,其可乎?”

　　論曰:“古之君者,群也,位也,國家一統之象徵與維持也。禮者,道之節文也,合道而有義禮。道者,天道人道、天心人心、民心民意也,聖人兆民心意通達也。獨運共議,製作皆以合道也。”

解說與發揮:

　　此句的言說背景及其言說針對性今皆不可考,如強為之說,亦只是猜測而已,故只能就其義理本身作一些解說和發揮。

　　無正禮共識,則人或以正禮行事,而他人以為不正（謟）也。

　　此節必欲接上節而強解,則或亦可解讀為:雖然天子無告朔之禮,而魯君仍然奉行正禮,於每月朔日於本國朝廟舉行告朔餼羊之禮,此為諸侯事天子之正禮也,乃諸侯事天子之盡禮也,則魯君本來乃有正禮盡禮之行,以此贊許魯君之行為。然因其他諸侯皆早已失禮不為,習以為常,故後反而或有流言以之為謟,魯君遂廢去之,則不能盡諸侯事天子之正禮也。

　　天下失（正）道失（正）禮之後,禮無正則,人們就分不清正禮與謟媚的區別了,或者,謟媚之行為與正禮之行為就很難分得清了——甚至連其行為者本人也根本不知道自己的行為到底是謟媚還是正禮,不能自覺,或自欺欺人,尚且以為自己所行所為皆中正——除非心有定則之人。小人鄉愿固然肆無忌憚,振振有詞,興風作浪;意在嚮往正禮大道的人（有志為道德君子者）也未必能得其中正,狂瀾之下或亦不能守其正中,則或有狂者、狷者,狂者積極進取而或失其中正,狷者消極有所不為而亦或失中正,雖優於小人鄉願多矣,終究亦失其中正也。於失道之世,中正甚難行,然尤其難得。難行,則或有不得已而退隱者,天下囂攘,中正之道之語為天下所疾視而不得行也;難得,則知其不可而為之,淑世振作,中流砥柱,力挽狂瀾,正靠此等人也。但缺乏正禮之常識和共識(即中正之道與中正之理),所以人們的行為就完全失範了,無法評估。這種失範既表現在人們缺乏正禮之常識與共識(當然許多時候也表現在缺乏一個奉行中正之道的有力的權威,或缺乏全民文化常識的權威。兩者必取其一,而有其一或許便能二合一,為一生二而二歸一),也表現在人們不接受任何(正)禮之(確定之)正則與常則,即認為在任何情形下限制自己的某些行為的任何規則都是不可接受的,都是損害自己利益的,都是違反自己所認為的"自由"或"人權"的。於是,人們或個人在處理或對待相關事務時,或適用某些他們所以為的禮則或法律規定時,想當然地隨意解釋變換,偏頗遊移,毫無定則——或沒有穩定的行為規則或規範——,而在不同事情上完全根據自己的喜好或私意歪曲常識、定則和正禮,而皆振振有詞,鄙視基本原則和基本常識(這也是上述"缺乏中道權威"的一種更為嚴重的表現,並且還常常打著"反權威"、"反專制"的幌子)。只要是不符合自己當時私人利益的——而並不管這是否是一項必要的社會公共利益,並在實質正義和程序正義上得到證明——,就反對,就說這種禮義和常識是不正當的,是損害個人正當利益的。或者是另一種表現:明明是涉及公共利益的事務,需要得到其他全體人民的共識或同意,在民主立法的基礎上製定保護全體人民利益的規則,然後共同奉守和實行之,而某些人卻看不到這一點,慨國家利益或公共利益之慷,專斷地為他人來決策。不知道所有的事情都必須在理論上自證正當性和自圓其說,都必須有自證其是的內在邏輯圓滿,都有內在的理據,而不是情緒化的表達。情緒化的行為方式往往是從一個極端倒向另一個極端,而行事全無自我準則和規律。事實上,無論禮是由聖人所製作,還是通過其他的方式,比如今天所謂的"民主立法或民主製禮"的方式,中道禮則(或法則)一旦形成之後,肯定會限制某些活動,換言之,對所有人都是一種限制,而同時亦因此使得每個人都獲得其個人權利或利益或"自由權利"之保障,從而獲得更大的社會利益或公共利益。

定公問:"君使臣,臣事君,如之何?"孔子對曰:"君使臣以禮,臣事君以忠。"

魯國失政,三家專恃,事君僭越失禮,定公患之,問:"君使臣,臣事君,如之何?"孔子對曰:"君臣義合,戮力王事(王事即天下為公之事也)國事民事而已。君使臣以禮,臣事君以忠,忠禮於道理義禮國民。"邦國君臣中央地方之制度,不可違逆失禮,失則失國家一統而國亂民瘼也。此國民大本大利,君職本分,不可謙抑退讓。治天下亦如是。孔子為定公司寇,墮三都,欲復定君臣之禮;後定公、季桓子受女樂,終不成,而孔子去國①。

解説與發揮:

古之禮,或有泛仁愛人之意,終亦有維護貴族等級制之意之實,今不可從。必先基本人格人權平等(人侔)、政治平等(民本民

---

① 《論語·微子》:齊人歸女樂,季桓子受之。三日不朝,孔子行。《史記·孔子世家》:齊人聞而懼,曰:"孔子為政必霸,霸則吾地近焉,我之為先並矣。盍致地焉?"黎鉏曰:"請先嘗沮之;沮之而不可則致地,庸遲乎!"於是選齊國中女子好者八十人,皆衣文衣而舞康樂,文馬三十駟,遺魯君。陳女樂文馬於魯城南高門外,季桓子微服往觀再三,將受,乃語魯君為周道遊,往觀終日,怠於政事。子路曰:"夫子可以行矣。"孔子曰:"魯今且郊,如致膰乎大夫,則吾猶可以止。"桓子卒受齊女樂,三日不聽政;郊,又不致膰俎於大夫。孔子遂行。

治），依次而設必要之政禮與人倫之禮（人倫）、社會之禮，而得其正當性，舍此則逆文明大勢而行也。

論曰："君之職在治國安民，故必須有使臣戮力王事之事，使則必以正道正禮也。"

此亦可推論中央地方關係，如地方政府無宣戰權、媾和權，無國家外交權力；地方軍政分開，軍事為國家層面之事，地方只有行政權和警察治安權等。

禮，若不合基本人格人權平等、正義之則，則終於不能維持。秦制以後，政禮尤多失正者，故幾千年政亂可證。

所謂"君"一定要有作為，要使臣作事，要下令，但卻是為國為民，且尊道奉法守法（公法）而下令使臣。臣官亦如是，要有自我作為，為國為民主動作為謀利益，同樣是在法律框架之內。民則有人伓人權，正常情形下，不受公權力之任何非法干預使令，除非緊急狀態下，當國家或政府根據緊急狀態法等依法宣佈緊急狀態時，則國民根據緊急狀態法的規定，而暫時讓渡一部分正常狀態下的權利。當緊急狀態結束，則仍然恢復之前的正常狀態和人伓權利狀態。公權力根據法律規定來宣佈、延長或結束非常狀態，而無權一直延續非常狀態及其非常管制。公權力無權干預國民的任何正當人伓人權。一切依正法行事，理論上，法無禁止而民皆可為（雖然在個人道義自處上，民亦當有所持守，未必法無禁止便肆無忌憚也）。公權力如想實行一項新的規定或禁止措施，則必須於法有據，或根據新的情形按照正當的立法程序製訂出新的法律（有時可以是迅速的立法，當然，這種"迅速"本身同樣必須是有法可據並依法而行的），但是在製訂和頒佈法律的過程中，亦必須遵守立法程序和立法原則，如此法律才有正當性和合法性。但國民亦愛國愛民，所以雖然在某種情形下，法律並無禁止，但國民根據國家形勢以及自己的判斷，為國家大利益或公共社會利益考慮，而可自願主動調整乃至自我讓渡一部分正常情形下的權利或利益，亦可見出國民的素質和公共精神、國家精神,但這是國民的自我選擇和自我修養,完全基於自願或自我責任感、自我榮譽感,公權力不可強制。公權力應當始終在法律的框架內,以依法行政的形式,來進行政治抉擇和公共行政。立法部門亦當如是,根據相關法律來進行立法或修訂法律,比如在非常情形下,立法機關亦必須作出迅速的立法決議或行動——乃至有非常狀態下的特殊立法程序——,以應付某些特殊情形,並在事後進行相應的善後或完善——但這一切都應當有相應的法律依據或正當性,不是准的無依。法律是否完備,就體現在在立法學方面的預先安排。

子曰:"《關雎》,樂而不淫,哀而不傷。"

子曰:"《關雎》,樂而不至於淫(過度),哀而不至於傷(哀絕而身心毀傷),中和有節也。《詩》之意,在於宣導常情,又以禮樂節文中和其情,使之不過不亂,而得性情之正也。古之為詩也,詩樂(音悦)合之以和樂(音勒)也。"

解説:

或曰:原詩之意今不可知,其歷代之註解,多為後人添加其意,或並非的解,故今或可離棄其詩而存其義理而已,如此,則此句或可直接寫成:"子曰:'樂而不淫,哀而不傷。'"然後加以義理闡述即可。若對照詩歌本身來解說,則往往多扞格,即或可自我貫通,其價值觀念等又或有不合現代人文道德價值處,故讀者可直接離詩談理而已。

但朱熹的解讀相對較為切理,"《關雎》,《周南·國風》詩之首篇也。淫者,樂之過而失其正者也。傷者,哀之過而害於和者也。《關雎》之詩,言後妃之德,宜配君子,(君子)求之未得(有德之淑女後妃),則不能無寤寐反側之憂(哀)。(君子)求而得之,則(君子淑女夫婦)宜其有琴瑟鐘鼓之樂。蓋(君子)其(求有德淑女之)憂

（哀）雖深而不害於和,（君子）其（愛悦淑女而享夫婦之）樂雖盛而不失其正,故夫子稱之如此。欲學者玩其詞,審其音,而有以識其性情之正也。"①

歷來解《詩經》尤其是《關雎》者,都特別強調其教化意義,"臣聞之師曰:妃匹之際,生民之始,萬福之原。婚姻之禮正,然後品物遂而天命全。孔子論《詩》以《關雎》爲始。言太上者民之父母,後夫人之行不侔乎天地,則無以奉神靈之統而理萬物之宜。故《詩》曰:'窈窕淑女,君子好仇。'言能致其貞淑,不貳其操,情慾之感無介乎容儀,宴私之意不形於動靜。夫然後可以配至尊而爲宗廟主,此網紀之首、王教之端也。"②此解無納妾之意,專就夫婦之道而為言,亦稍平正。

《關雎》一詩之本意,有多種解讀:

其一説是毛詩所謂的美後妃之德,然亦眾説紛紜,頗多扞格不通者,而以朱熹的解讀最為平正:"《關雎》,《周南·國風》詩之首篇也。淫者,樂之過而失其正者也。傷者,哀之過而害於和者也。《關雎》之詩,言後妃之德,宜配君子,（君子）求之未得（有德之淑女後妃）,則不能無寤寐反側之憂（哀）。（君子）求而得之,則（君子淑女夫婦）宜其有琴瑟鐘鼓之樂。蓋（君子）其（求有德淑女之）憂（哀）雖深而不害於和,（君子）其（愛悦淑女而享夫婦之）樂雖盛而不失其正,故夫子稱之如此。欲學者玩其詞,審其音,而有以識其性情之正也。"③鐘鼓節,琴瑟和,則鐘鼓琴瑟之樂本來有節而和,正合於"樂而不淫"。

其他諸多解讀,如言後妃"樂得淑女以配君子,憂在進賢"④,以助君子也,"汲汲乎求賢內輔,絶無閨房燕暱之情"⑤(當然,對於

---

① 《四書章句集註》。
② 《漢書·匡衡傳》。
③ 《四書章句集註》。
④ 《皇疏》。
⑤ 《論語駁異》。

此點,可對照周代婚姻制度來談,不可簡單地以今律古,以為後代妄談生造以維護男權制度。在周代,天子娶三家九女,一家娶自天子之京畿或本國,但非同姓,另二家娶自其他邦國諸侯異姓,所迎娶之每家之女,又有其(指出嫁者)兄之女與其妹一同隨至為妾,並非獨自一人來歸,故每家三女,三家九女也。如此才能理解為何《詩經》某詩中衛國某妃在其妾出國時為何那麼悲傷的原因了,因為她們很可能本來就是親人關係,平時相互親和維持),增一"憂在進賢",而為男權納妾張目,導致原詩難以自圓其説,以至於聚訟紛紜,愈文飾調和彌縫而愈多漏洞。

並且,如果這樣解讀的話,則"哀而不傷"便無法落實,因為以此解,則《關雎》似並無"哀"意。或曰後妃思得淑女而"寤寐思服,輾轉反側",可對"哀而不傷",但這似乎並非"哀",未必切合。故鄭玄解"哀"為"衷"以牽合之。但毛詩説此乃後妃與淑女之琴瑟友之,以此解妃、妾之友情,曰"樂而不淫,哀而不傷",則與所謂的夫婦之化似又隔著一層矣——若解為"君、妃"夫婦之情,曰"(君)汲汲乎求賢內輔,絕無閨房燕暱之情"①,反而意似可合("求賢"即"君子求賢偶佳偶",並非"后妃求賢妃"之意),然此與毛詩"美後妃之德"説不合,且"后妃求賢"之説難通(無論解為"后妃求賢妃",或解為"后妃進賢人",皆有難通處)。

或曰:"《關雎》之興,'樂得淑女以配君子,憂在進賢,不淫其色',是樂而不淫也。'哀窈窕,思賢才,而無傷善之心',是哀而不傷也。"②然而,此句主語變換不定,如果是"後妃""樂得淑女以配君子,憂在進賢",則不存在"不淫其色"的問題——後妃豈"淫其色"哉? 則其意或為"後妃樂得淑女以配君子,憂在進賢,使君子不淫其色"? 亦太牽纏。後一句"(後妃)哀窈窕,思賢才,而無傷善之

<hr/>

① 《論語駁異》。
② 《皇疏》又引李充語。

心"又作何解？似又頗不通。"後妃哀窈窕"是何意？淑女(所謂賢才)尚未得而先哀窈窕邪？"思賢才"若是思賢德淑女之意，則"而無傷善之心"又是何意？其意豈曰後妃見新來之淑女善好而配君子，而無其嫉妒傷善之心？説來説去，太多不通之處。故宜采朱熹之説，而摒棄破除一切所謂"後妃為君夫擇女進賢淑納妾"之無聊之談。

雖然，究竟無確論，故亦闕疑而羅列之，或可參考："申公詩説云：'《關雎》，文王之妃太姒思得淑女以充嬪御之職，而供祭祀賓客之事，故作是詩。由是觀之，《關雎》後妃所作也。所謂窈窕淑女，蓋指所求嬪妾而言，未得而憂，既得而喜，此其性情之正可以想見。其所云參差荇菜者，爲潔俎豆以供祭祀賓客之事，而後妃皆資左右之助焉。汲汲乎求賢內輔，絕無閨房燕暱之情，孔子所稱"樂而不淫，哀而不傷"者也。'"①

其二説是魯詩所謂的歎康王妃之事，"魯詩説《關雎》爲康王時詩。《漢書·杜欽傳》曰：'佩玉晏鳴，《關雎》歎之。'注曰：'後夫人雞鳴佩玉去君所。周康王后不然，故詩人歎而傷之。'"②——大意是之前的後夫人雞鳴即離開君後寢所，以免君後耽於男女之情而妨礙聽政也，則當時君後及後夫人可謂以禮節情而"樂而不淫"者也；周康王后則違反此制，故詩人歎傷其道之漸失也。則解以此為刺詩。以此解，則"《關雎》，樂而不淫，哀而不傷"，合《關雎》一詩為説，似可通，然似亦當改"哀"為"衷"："樂而不淫"，則後、妃夫婦愛悅有節也；"衷而不傷"，則後妃衷懷君子而不過傷也，至於"哀"則似乎過甚其辭也。或曰"哀"乃詩人哀歎夫婦之道失墜之"哀"，此則離詩辭詩情而言詩人之情，為兩層意思，似稍不協合。

其三則曰此或以《關雎》一詩而兼言《葛覃》、《卷耳》也，所謂

---

① 《論語駁異》。
② 《論語發微》。

"古之樂章皆三篇爲一",則此節或可改爲"《**關雎**》,**樂而不淫**;《**卷耳**》,**哀而不傷**",因爲《卷耳》乃是後妃思念君子之詩,"維以不永懷"、"維以不永傷"。**然則孔子此句,蓋在説明《詩》三百之立意,在於維持情意之中正有節有和也。即所謂"思無邪"也。**

其四兼就詩、樂而言,"此蓋欲學者於詩與樂皆當察之。既玩其詞,而知其所以不淫不傷。復審其音,而知其所以不淫不傷。《樂記》曰:'凡音之起,由人心生也。'又曰:'樂者,音之所由生也。其本在人心之感於物也。'故因人心而可以識其性情也。"①

其五則不論其詩,但論其樂,或曰"《關雎》三章,周公已用合鄉樂,作爲房中之樂,著於《儀禮》鄉飲酒、燕等篇。"②故鄭樵云,"人之情聞歌則感,樂者聞歌則感而爲淫,哀者聞歌則感而爲傷。《關雎》之聲和而平,樂者聞之而樂其樂,不至於淫;哀者聞之而哀其哀,不至於傷。此《關雎》所以爲美也。"③此似純從音樂本身爲之言説,不及詩歌之內容意義,亦可謂偏頗之解。此則但就音樂效果而言,不論其詩辭內容。劉寶楠亦稍持此論,"《八佾》此篇皆言禮樂之事,而《關雎》諸詩列於鄉樂,夫子屢得聞之,於此贊美其義,他日又歎其聲之美盛洋洋盈耳也。"④

其六則可專就夫婦之道而爲言,不必采毛詩後妃進賢之德之説,"(君子或詩人)樂得淑女以爲君子之好仇,不爲淫其色也。(君子)寤寐思之,哀世夫婦之道不得此人,不爲減傷其愛也。"⑤此解仍就後妃爲君子選淑女而爲言,實則可加其主語或敘述者爲詩人或君子,則便是專就夫婦之道而爲説。朱熹即專就夫婦之道而爲之解讀。

---

① 趙惪,《四書箋義纂要》。
② 陳奐,《毛詩疏》。
③ 《通志略》。
④ 《論語正義》。
⑤ 《皇疏》引鄭玄語。

其七或以德與色爲言，"樂在得淑女，疑於爲色。所樂者德，故有樂而無淫也。"①此解雖可，且與儒家觀念頗相合，如"賢賢（解爲"賢其妻之賢"）易色"之類，然並不十分切合原詩，原詩只説"窈窕淑女，君子好逑"，並未特別强調德色區分，所以並非或不可作爲説此詩之重點。如以此爲説此詩之重點，則有强爲之説之嫌疑。

其八則曰是述男女相戀之情，則詩當解爲男子懷人，然則"哀"似亦過甚其辭。雖説朱熹之解稍好，而"哀"字亦稍有過重之嫌。

總而言之，《關雎》的敘述者或敘事主體有幾種可能：男子，女子，詩人比如瞽者——而瞽者采詩，則仍可能採取男子或女子的視角來敘述。另外，還存在著其他可能：比如，是單一敘述者或敘述視角，還是綜合敘述者或敘述視角，包括現代所謂的"全知敘事"，即敘述者及其敘述視角可以不斷轉換——換言之，在周代，或許並無單一敘述視角的意識或思維，正如中國繪畫並無單一透視法一樣。姑闕疑。

哀公問社於宰我。宰我對曰："夏後氏以松，殷人以柏，周人以栗，曰使民戰慄。"子聞之曰："成事不説，遂事不諫，既往不咎。"

哀公四年六月，亳社（社即國社）災②，將復立其主（社主）。哀公遂問社主（即社主及社木等，社主或爲木製）之事於宰我。宰我對曰："國社所植之木不同，各隨其地之所宜。故夏後氏以松，殷人

① 《皇疏》引江熙語。

② 劉寶楠，《論語正義》："天子諸侯别有勝國之社，爲廟屏戒，與廟相近，故左氏言問於兩社，亦以勝國社在東，對正在西之國社言也。周受殷社曰亳社，亳者，殷所都也。春秋哀四年六月，亳社災。"

以柏,周人以栗。所謂栗,蓋曰古者戮人於社,而聚民警戒,使民戰慄也。"①子聞之曰:"宰予妄説,逢迎欺君②。凡建邦立社,各以其土所宜之木③。此以社主土生,土生必令得宜,故用土所宜木也。夏居河東,河東宜松。殷居亳,亳宜柏。周居酆鎬,酆鎬宜栗也④。松,猶容也,想見其容貌而事之,主人正之意也。柏,猶迫也,親而不遠,主地正之意也。栗者,猶戰栗謹敬貌(敬天畏天),主天正之意也⑤,此皆導正君民於善道者。社者,所以保平一方之民也。而(宰我解曰)使民戰慄,豈建國立社、君人仁民之道哉?宰予妄説,蓋欲隱語三桓之事矣,而將輕啟殺伐之釁!然成事不説,遂事不諫,既往不咎,宰予,(於其言也),實當深自怵惕思慮懺警也。"⑥

論曰:"夫子時未反魯,聞宰我言因論之也。成事遂事當指見所行事,既往當指從前所行事。竊疑既往指平子言,平子不臣,致使昭公出亡。哀公當時必援平子往事以爲禍本,而欲聲罪致討,所謂既往咎之者也。然而祿去公室,政在大夫,已非一朝一夕之故。哀公未知使臣當以禮,又未能用孔子,遽欲逞威洩忿,冀以收已去之權勢,必不能,故夫子言此以止之。"⑦

---

①　《白虎通·宗廟篇》記此事曰:"《論語》云:哀公問主於宰我,宰我對曰:'夏后氏以松,松者,所以自竦動;殷人以柏,柏者,所以自迫促;周人以栗,所以自戰慄。'"此解則有好意,與《論語》所記不同,蓋《白虎通》乃為正説義理,故或改易宰我之言説史事也。轉引自:《論語疏證》。

②　蘇子由,《古史》:"哀公將去三桓而不敢正言。古者戮人於社,其託於社者,有意於誅也。宰我知其意而亦以隱答焉。曰使民戰栗,以誅告也。"蓋哀公有去三桓之心,故曰宰予逢迎,而與哀公隱語陰謀。

③　《周禮·大司徒》:"設其社稷之壝(音唯)而樹之田主,各以其野之所宜木。"參見:《論語疏證》。

④　《皇疏》。《淮南子·齊俗篇》:"有虞氏之祀,其社用土。夏后氏,其社用松。殷人之禮,其社用石。周人之禮,其社用栗。"參見:《論語疏證》。

⑤　《九經古義》。

⑥　既往不咎,孔子蓋言魯國政在大夫非一朝一夕,而哀公又不能自我振作、秉禮治國,輕舉妄動無濟於事,故姑且如此言也。

⑦　參見:劉寶楠,《論語正義》。

《白虎通·社稷篇》曰："社稷所以有樹,何? 尊而識之,使民望見即敬之,又所以表功也。故《周官》曰:'司徒班社而樹之,各以土地所宜。'《尚書·逸篇》曰:'大社唯松,東社唯柏,南社唯梓,西社唯栗,北社唯槐。'"①此又一説。

解説:

社:社主;社木;國社。或以"社"為"主":社主(社主或稱田主);宗廟主;以及木主(兼廟主、社主或田主而言)。哀公蓋就"復亳社之主"一事而兼問宗廟主等,故以"問主"而兼之。關於社主所製,或曰以木為之,或曰以石為之。吾意蓋國社四周遍植木,謂之社木;而社主用木製成,藏於石室,國有大事,如戎事或遷社,則輿(抬)出以行,所謂"'社藏主石室。'《左傳莊十四年》正義謂'慮有非常火災',而《郊特牲》言'大社必受霜露風雨,以達天地之氣',故藏主於壇中石匱,後世埋石不爲匱,號之爲主。又云:'軍出取社主以行。'《小宗伯》所謂'太師立軍社奉主車',《大祝》所謂'太師宜於社立社主'。《定四年左傳》云:'君以軍行袚社釁鼓,祝奉以從。'"②然亦有堅持社為石製者。

關於"成事不説,遂事不諫,既往不咎",今解曰:已經做完了的事情就不再討論,因為討論於其事已無補;錯事已成完就不再匡諫,因為匡諫亦無法改變和挽回那個錯誤;已經過去了的事情和錯誤就不再責怪追究,因為責怪追究也無濟於事。這當然是對於某些事情(比如一些並非原則性的或重大的小問題小錯誤)和某些人事物件(比如親人朋友之間,或這裏所涉及的君臣師徒之間)而言,並不是一個普遍的絕對的原則或規範。可歸入絜矩或自恕之規範,然不可強行要求別人這樣原諒寬恕自己。然此非關今之所謂公共行政事務——此則必有公法問責之。

---

① 轉引自:《論語疏證》。
② 《癸巳類稿》。

過錯業已釀成，諫谷無濟於事。覆水難收也。

或解曰：欲成事，則不可預說，先行後言之意；事成則無所用匡諫之術，亦曰行而不言；事成既往則乃可無咎。然此則跡近陰謀，不可取。

子曰："管仲之器小哉！"或曰："管仲儉乎？"曰："管氏有三歸，官事不攝，焉得儉？""然則管仲知禮乎？"曰："邦君樹塞門，管氏亦樹塞門；邦君為兩君之好，有反坫，管氏亦有反坫。管氏而知禮，孰不知禮？"

時人弟子或有美管仲者，以為大器賢人。子曰："管仲之器小哉！一匡有功，齊強而不能佐行王道，致其政也及身而沒，不能範型遺澤後世王者兆民。故曰器小。"或曰①："然則管仲儉乎？"曰："管氏有三歸之家，各有鐘鳴鼎食；其家臣具備，官事不攝（各有專職之官即家臣，一人一職，沒有兼官，可見家臣僕從眾多，亦可謂奢侈）。焉得謂儉？臣官其富侈不廉（而多私臣）如斯，必傷民財，為民累也。""然則管仲知禮乎？"子曰："邦君樹（立）塞門（門戶前之照壁、屏牆之類，古之特別禮制），管氏亦樹塞門；邦君為兩君之好（會），有反坫（音diàn，壘土成台，用置爵器等，即賓主飲酒後返爵於坫上，亦特別禮制），管氏亦有反坫。禮：公事，禮制有常，有等。然而管氏如斯之所為，皆以卿臣而僭用諸侯之禮制也。管氏如是而謂知禮，則孰不知禮？不知君臣之禮，不能自守王道禮制②，何以導民於禮法？此其所以器小，

---

①　弟子聞孔子言，或忖度曰：管仲雖非大器，然亦有儉廉知禮之德，故又問之。

②　"蘇氏曰：'自修身正家以及於國，則其本深，其及者遠，是謂大器。揚雄所謂大器猶規矩準繩、先自治而後治人者是也。管仲三歸反坫，桓公內嬖六人，而霸天下，其本固已淺矣。管仲死，桓公薨，天下不復宗齊。'"參見：《四書章句集注》。又：《四書通證》："揚子《先知篇》：'或曰："齊得夷吾而霸。仲尼曰小器。請問大器。""其猶規矩準繩乎？先自治而後治人之謂大器。"'"

不能為大一統之王政,而法於後世也。欲為大器者,可深思鑒
戒矣!"

解説與發揮:

　　從"坫"亦可看出古代禮制之繁復,亦可看出古代建築形式之
內在禮制含義,即所有的建築形式其實都是有其文化内涵的。我
們今天的建築形式呢? 是否亦可發揮我們的創造力,創造出新時
代中新的有意味、有文化的建築形式來呢?

　　自己尚且不能奉守禮制,又不能自修道德,而奢侈逾制,所謂
"三歸具官,塞門反坫,奢僭之事至身自爲之"①,宜其不能為王道
仁政而至於聖賢之列也。

　　窮奢極侈、高高在上、僕從指示,或人之慾也,而其慾不可長。
此多彼必少,猶凍餓他人也。仁者豈忍為此乎?

　　君子不為私人事務使令他人,亦無權因為私人事務使令他人;
使令者,必為公事;公事者,為民為國為人之事也。

　　古代中國自己製造出來了一系列禮制,包括相應的程式、儀
軌、禮器、服飾、儀容、音樂舞蹈、建築等。因為完全是根據自己的
禮道或禮之原則來進行自主的創造,所以整個系統都是內在貫通
的,可以自圓其説的,所有的儀軌和程式都和整體的系統、禮道或
禮之原則完全合拍,經得起"所以然"即"內在理據"的推敲,或者,
經得起當時道義原則下的正當性和合法性的推敲。這是自主創造
的文化系統的特點。反之,如果自己缺乏創造的主動性和能力,事
事從外面借鑒或抄襲,往往就是東抄一塊,西抄一塊,完全沒有内
在的貫通,每個部分看似形似,但如果去追問其正當性或所以然,
卻根本經不起推敲,處處鑿枘不通,而各個部分之間也會相互扞
格,這都是因為不是基於道義、理性的自主貫通的創造或創製,而

---

　　① 《論語集注考證》。

只是臨時抱佛腳地拿來或拼湊。內在貫通性(邏輯自洽)和整體系統觀(同樣是內在貫通,互不扞格矛盾),以及內在的正當性完滿論證,這是文化創造或禮樂製作的基本要求。反之,如果沒有這樣的一種系統觀,並據此將所有主體和因素都納入到考量視野中,而只是根據自己的喜好,為了滿足個人的私心來進行接收或拿來,正如戰國時期的諸侯一樣,"因其(即先王之制,先王所創製之內在貫通的整體典章制度)害於己,而盡去其籍",那這樣的文明境界或制度創設水準都將大大退化,在內在貫通性、邏輯自洽、正當性自我證明、照顧所有主體的利益(道)等方面就會出現許多問題。現代世界用的是在以往經過思想文化鬥爭而獲得的現代文化原則和價值原則的基礎上,以民主立法的方式,即根據民眾的需求不斷增加新的法律或法條,逐漸完善。中國古代卻是聖賢立法的方式,按照一般的宣稱或道義理想,他們從一開始就考慮所有主體的利益,立下一些根本原則或大綱,然後各安其位其分,同時又有流動性,也增加後續立法或調整的一些空間。處於兩者之間的立法,就是戰國時期的諸侯那樣的了,主要按照自己的私心私慾來進行有利於己的立法,這是最有問題的立法方式,跟聖賢立法和現代民主立法都無法相提並論。

注解:

關於"三歸",歷來有多種解釋,如"國君一娶三女,管仲亦娶三國之女"、"三處家庭"等①,但綜合之,楊伯峻認為"三歸"是"市租"的解釋較好:"所謂三歸者,市租之常例之歸之公者也。桓公既霸,遂以賞管仲。"②然吾謂三歸之家,都城之家是一家,另賜予兩埰地或采邑,亦有府第,鐘鼎器物齊全,而家臣具備,故曰三歸也。

---

① 《論語譯注》。
② 《論語譯注》。

俞樾此解亦似較通:"所謂歸者,即以管仲言,謂管仲自朝而歸。其家有三處也。家有三處,則鐘鼓帷帳不移而具從可知矣。故足見其奢。且美女之充下陳者亦必三處如一。又以三歸爲桓公所賜,蓋猶漢世賜甲第一區之比。賞之以三歸,猶云賞之以甲第三區耳。……管仲家有三處,一處有一處之官,不相兼攝,是謂官事不攝。但謂家臣具官,猶未見其奢矣。"①

關於"三歸"的其他解釋:三歸之家或為府邸;三歸為地名;三歸為采邑;三歸之台;三歸之台以處婦人;三歸為泉府,即藏財貨之所;三歸為三饋,即三牲之饋;娶三姓女,即三國之女來歸;又或疑曰:類如"三閭大夫"之"三歸"? 而皆為桓公所賜。然又或曰管仲故意要求"三歸"之奢,用以掩蓋其君桓公奢侈之失;或故意築三歸之台而自傷於民(故意不得民心),以免除桓公之猜疑(猜疑功臣功高蓋主或有篡逆之心)。如此則管仲乃是故意自汙而免患,所謂"寧謗分以要治,不潔己以求名,所謂君子行道忘其爲身者也。漏細行而全令圖,唯大德乃堪之"②。其他如曰一日而增"三歸",則此三歸恐是泉府或儲藏財貨之台庫,或稅收機構,每歸向一定區域之民人收取賦稅? 皆乃桓公所賜也。又或曰三閭財貨之所歸? 或曰乃將附近之民之府第賜予管仲? 皆闕疑之。

本節所謂"坫",指的是在兩楹之間用土壘成的用於放置酒器等的土堆或土檯子,"蓋兩君之好用之庋爵者",屬於古代禮制之一種,尊往往亦設在坫旁邊。"反坫"即飲完酒後將酒器如爵等放回到坫上。但"反坫"是兩君相見為好時才能使用的禮制,管仲居然亦襲用之,則是僭越,故孔子説管仲不知禮。

關於"坫",有不同種類:1.堂隅之坫;2.屏牆之坫;3.絫土以庋

<hr>

① 《羣經平議》。
② 《皇疏》。

物者。其中,"粲土以庋物者"之"坫"又有三種情形:(1)兩楹之間之坫,即本節"反坫"之"坫";(2)堂下之坫,蓋用之庋圭者;(3)房中之坫,閣食之制也。堂隅之坫亦有二:(1)西坫;(2)東坫。**此節所言即堂隅之坫。**

屏牆之坫也稱為反坫,但和《論語》本節的反坫不同。屏牆之坫或反坫即《郊特牲》所云'臺門旅樹反坫'",是乃外向為反,"如今世院司臺門內立牆之例,是正所謂屏牆也。蓋反坫與出尊相連是反爵之坫,反坫與臺門旅樹相連是屏牆之反向於外者,《郊特牲》所云乃大夫宫室之僭,《論語》所云乃燕會之僭",兩者不同。"蓋反坫出尊正與兩君之好相合,禮各有當,不必以《郊特牲》之反坫强並於《論語》之反坫也。……反坫者亦屏牆也。《禮記·郊特牲》云:'旅樹反坫,大夫僭禮也。'《雜記》云:'**管仲鏤簋而朱紘,旅樹而反坫,山節而藻梲,賢大夫也,而難為上也。**'亦謂其僭禮也。"①

另一種分類將"坫"分成四類:堂隅之坫;反爵之坫;康圭之坫;庋食之坫。**反爵之坫即本節所謂之"坫"**,"一曰反爵之坫,在兩楹之間。人君與鄰國為好會,其獻酢之禮更酌,酌畢則各反爵於其上。"②"總而論之,康圭之坫惟天子有之,庋食之坫惟士有之,**反爵之坫諸侯以上斯有之,堂隅之坫則通上下皆有之也。**"③

子語魯大師樂。曰:"樂其可知也:始作,翕如也;從之,純如也,皦如也,繹如也,以成。"

孔子周遊列國,時時措意禮樂教化之事,博學觀覽諸國之樂,

---

① 全祖望,《經史問答》。
② 金鶚,《求古録》。
③ 金鶚,《求古録》。

於樂也大有得。年六十八而自衛反魯，當是時也，魯國禮樂崩壞，正音不存。子欲正樂，遂見魯大（音大，亦作音太）師。子語（告）魯大師作樂正樂之道（此當為孔子反魯時事，孔子時年六十八）。曰："樂其可知也：始作①，擊鐘呂奏頌，以均節諸樂②，翕（xī，合，閉合，收攏）如也（鐘呂翕如，敲擊編鐘而前後出入開合、翕如有節狀；又喻鐘聲揚揚飄逸開合而盛）；次乃從（cóng 或 zòng，依從此均節定音之樂調而隨之奏樂也；或解從為縱：放縱，舒縱其聲；縱緩之；言五音既發，放縱盡其音聲；或謂八音皆作；或曰放）之：升歌，純如也（升歌三終，人聲純一；音聲諧和；感人之貌）；和，笙歌，皦（jiǎo，古同皎，潔白明亮）如也（笙歌三終，笙聲清楚分明；或曰音節分明；使清別之貌；明，皦者，玉石之白甚明也）；間歌，繹如也（間歌三終，即人之歌聲與笙聲間歌以作，相續不絕；志意條達之貌）；合樂，洋洋如也，亂之而樂以成也（合樂三終，樂成，或曰成樂之一終）。"③純、明、節、理，樂理、人道相應也。孔子遂論定《詩》三百五篇，而皆弦歌之，以求合乎《韶》《武》雅、頌之音。而鄭衛樂淫、哀、傷之音聲既去，雅頌平正，節而不流（樂而不淫，哀而不傷），人聞之以中和，得性情之中正也④。

　　或：孔子周遊列國，時時措意禮樂教化之事，博學觀覽諸國之

---

　　①　"《周禮・大司樂疏》引鄭注：始作，謂金奏。《禦覽》五百六十四引《論語》注：時聞金奏，人皆翕如。翕如，變動之貌。"參見：《論語集釋》。《周禮・春官宗伯下・大司樂》，"乃奏黃鐘，歌大呂，舞雲門，以祀天神"，疏曰："云'以黃鐘之鐘、大呂之聲'者……欲作樂，先擊此二者之鐘，以均諸樂。是鐘師云：'以鐘鼓奏九夏。'鄭云：'先擊鐘，次擊鼓。'《論語》亦云：'始作，翕如也。'鄭云：'始作，謂金奏。'是凡樂皆先奏鐘以均諸樂也。必舉此二者，以其配合。"觀此，則知"翕如"之意乃是擊鐘擊呂時的編鐘前後出入開合之狀。參見：《周禮・春官宗伯下・大司樂》，上古版《周禮注疏》。

　　②　"宮"音為五音之主，《禮記・樂記》所謂"宮為君，商為臣，角為民"。

　　③　此節可對照結合《周禮・春官宗伯下》中談大司樂、樂師、大師、小師等之論述來幫助理解，參見：上古版《周禮注疏》。另可參閱《禮記・樂記》等。

　　④　長短高下有節。古代有琴譜，以文字記錄曲譜；到唐代而發展出減字譜，宋代又發展出工尺譜，然並未明確標注長短節奏，而在乎演奏者個人之演繹發揮。孔子正樂，則對其長短高低節奏等有其合於雅頌之樂的要求。

樂,於樂也大有得。年六十八而自衛反魯,當是時也,魯國禮樂
崩壞,正音不存。子欲正樂,遂見魯大(音大,亦作音太)師。子語
(告)魯大師作樂正樂之道(此當為孔子反魯時事,孔子時年六十八)。
曰:"(正)樂其可知也:始作,五聲(亦稱五音,宮商角徵羽)既發,八
音(金石絲竹匏土革木等樂器)並奏,翕如盛也(盛盛貌。然此或作"始
作,鐘呂翕如,以節之"為妥);隨其後也,舒縱盡其聲,純純如和諧也
(純一而和諧,言不離析散逸也);皦如而音節分明也(言雖純如而如一,
其音節又明亮皎皎然也);繹如而尋續不斷也(繹,尋續也,言聲相尋續而
不斷絕也);然後正樂以成矣(縱之以純如、皦如、繹如,言樂始於翕如,而
成於三音者也;三者,純、皦、繹也;以成矣,奏樂如此,則是正聲一成也。蓋
鄭聲多哇,又失鐘呂之節,一瀉無繹,故曰不純不皦不繹也)。"[1]純、明、
節、理,樂理、人道,正相應也。孔子遂論定《詩》三百五篇,而皆
弦歌之,以求合乎韶武雅頌之音。而鄭衛樂淫哀傷之音聲既去,
雅頌平正,節而不流(樂而不淫,哀而不傷),人聞之以中和,得性情
之中正也。

解說與發揮:

古者以瞽者為樂師,既解決了他們的生活出路,如體恤鰥寡孤
獨然,而有仁政之意;又因為瞽者善於辨音奏樂,亦可謂因材而
用——當然,樂師並非全是瞽者,亦有非瞽而為樂正、樂師而為瞽
者相帥者。而太師、少師亦可擇賢者任之。

亦可對照《泰伯下》:子曰:"師摯之始,《關雎》之亂,洋洋乎!
盈耳哉。"當與此為同時之事。

又可對照:《禮記·樂記》:"凡音者,生人心者也。情動於中,
故形於聲,聲成文謂之音。是故治世之音安以樂,其政和;亂世之
音怨以怒,其政乖;亡國之音哀以思,其民困。聲音之道,與政通

---

[1]　此一解讀主要基於皇侃《論語義疏》。

矣。"此可稍窺孔子正樂之意。

　　儀封人請見。曰："君子之至於斯也,吾未嘗
不得見也。"從者見之。出曰："二三子,何患於喪
乎? 天下之無道也久矣,天將以夫子為木鐸。"

　　孔子去魯過衛,衛儀邑之封人(儀邑為衛國邊境城邑;封人,官名,典守封疆城邑者,蓋為衛國賢者義人)請見,曰:"凡有君子之至於斯地也,則吾未嘗不得見也。吾今請見夫子。"孔子從者(孔子從行之弟子)紹見之(孔子)。見畢,封人出曰:"二三子何患於夫子之喪位去國(孔子失位去大夫;去國流徙;出亡在外;天下將喪斯文,天下將喪大道)乎? 天下之無道也久矣,極衰必有盛,天將以夫子為木鐸①(金口木舌之鈴,置於木杖之上,巡行宣佈號令時,用於聚眾警示者)也;振文教,宣法令;出則王佐,處則道聖,在乎夫子,而終將為天下製作大法,而教令於天下矣。"聖人或行道,或製作大法,生不虛來也。

　　論曰:此言夫子有王佐之才也,必將得用而行之。奈何終於不用。然而仍傳大道消息,而為天下留一轉機。

　　儀封人亦是賢人,注目察觀天下,故聞有賢人來,則欲見而論道,蓋亦欲有所治平淑世天下之志,而亦沉淪下僚也。蓋儀封人見賢者頗多,而孔子則聖也。

---

　　① 《尚書·胤征》:"每歲孟春,遒(音 qiú)人以木鐸徇於路。"孔安國注:"遒人,宣令之官。木鐸,金鈴木舌,**所以振文教**。"孔穎達疏曰:"以執木鐸徇於路是'宣令'之事,故言'宣令之官'。《周禮》無此官,惟《小宰》云'正歲帥理官之屬而觀治象之法,徇以木鐸曰:**不用法者,國有常刑**。'宣令之事,略與此同。此似別置其官,非如《周》之小宰。名曰'遒人',不知其意,**蓋訓道為聚。聚人而令之**,故以為名也。《禮》有金鐸、木鐸,鐸是鈴也。其體以金為之,明舌有金、木之異,知木鐸是木舌也。《周禮》教鼓人以金鐸通鼓,大司馬教振旅,兩司馬執鐸。《明堂位》云:'**振木鐸於朝。**'是**武事振金鐸,文事振木鐸**。今云木鐸,故云'所以振文教'也。"由此可見,此云"為木鐸"即"振木鐸",即為王佐之臣也。參見:《尚書正義》,上古版。

論曰：當時之諸侯卿大夫士等，皆縈情措意（追鶩）於財貨干戈車馬，孔子卻處處留意禮樂文物典籍史冊等，退而删述著作，終成一代典制，此是聖人之心術眼光之所以然也。蓋孔子周流四方亦不忘隨時批閱，而有韋編三絕之類事（孔子讀《易》，韋編三絕，此借用概指耳）。儀封人進而見之言之，觀其宫室車馬中之所攜帶，聽其心中之所思所想，扣其心志道術議論，觀其氣象，而知其聖，知其必將有所作為也。

子謂《韶》，"盡美矣，又盡善也。"謂《武》，"盡美矣，未盡善也"。

子謂《韶》，"盡美矣，又盡善也。"謂《武》，"盡美矣，未盡善也"。《韶》，舜樂名也；舜以聖德受禪，天下樂之，故曰盡美；以揖讓文德紹致太平，故曰盡善也。《武》，武王樂也；武王應天順民，伐暴紂，救民於水火，天下樂之，故曰盡美；似不得已，而以干戈殺伐取天下，未及以文德禪讓致太平，故曰尚未盡善也。樂則盡美。於理事（或事理），文王已德洽天下，則武王或猶有可善擇者也。

鄭玄曰："《韶》，舜樂也。美舜自以德禪於堯；又盡善，謂太平也。《武》，周武王樂。美武王以此定功天下；未盡善，謂未致太平也。"[1] "孔安國曰："《韶》，舜樂名也。謂以聖德受禪，故曰盡善也。《武》，武王樂也。以征伐取天下，故曰未盡善也。"[2]

皇侃曰："《韶》，舜樂名也。夫聖人製樂，隨人心而為名。韶，紹也。天下之民樂舜揖讓紹繼堯德，故舜有天下而製樂名韶也。美者，堪合當時之稱也。善者，理事不惡之名也。夫理事不惡，亦

---

① 劉寶楠，《論語正義》。
② 《論語義疏》。

未必會合當時;會合當時,亦未必事理不惡,故美、善有殊也。《韶》樂所以盡美又盡善,天下萬物樂舜繼堯,而舜從民受禪,是會合當時之心,故曰盡美也。揖讓而代,於事理無惡,故曰盡善也。《武》,武王樂也。天下之民樂武王干戈,故樂名《武》也。天下樂武王從民伐紂,是會合當時之心,故曰盡美也。而以臣伐君,於事理不善,故曰未盡善也。"

或曰:"舜以文德爲備,故云《韶》盡美矣,謂樂音美也。又盡善也,謂文德具也。虞舜之時,雜舞干羽於兩階,而文多於武也。謂《武》盡美矣者,《大武》之樂比體美矣。未盡善者,文德猶少,未致大平。"①

解説與發揮:

此或是樂與詩或樂律與文辭分説,樂(舞)則美矣,辭或有未善處,以其大倡干戈武功也。孔子正樂本來便兼顧樂與詩,故其論樂也往往兼顧二者。此蓋在國外觀習音樂時,對《韶》與《武》之評價,可對照《述而》:子在齊聞韶,三月不知肉味。曰:"不圖為樂之至於斯也!"此則為孔子三十五歲時自魯適齊時事。其後來正樂,亦有一番評論。亦可對照《肆夏》、《鹿鳴》等樂來分析。

或論曰:武王或仍然可有其他選擇。因為文王已經德洽天下,武王如果繼續文王的思路,繼續修文德懷柔遠人,則天下歸心,或可以更和平的方式取得天下,而減少天下的殺伐和民瘼。雖然一般的説法認為武王伐紂,商民倒戈,但"血流漂杵"(孟子即對此存疑)也是傳説的一部分。孔子大概認為這未必是最好的選擇,而更希望能夠有更和平的方式來完成治道和治權轉換。但從政治哲學上來分析,到底什麼時候才是真正的時機成熟?是"翦商"時機成熟的當時便干戈取天下,還是等待條件更好的時機,以和平的"禪

① 《論語後録》。

讓"方式來完成天下治道與治權的轉換呢？哪一種對於天下和兆民的損害會更小一些呢？或曰：當時干戈取天下，固然有殺伐，但再等待時機，既有的暴紂未必就不會對其治下的兆民大肆虐殺，而付出更大的成本。亦可深思之。

子曰："居上不寬，為禮不敬，臨喪不哀，吾何以觀之哉？"

子曰："居上不寬（仁以愛民），為禮不敬，臨喪不哀，則其人也，吾何以觀之哉？倘失其本，（而盡於末微細故處文飾虛偽）則餘皆不足觀也。"

論曰："居上主於愛人，故以寬爲本；爲禮以敬爲本；臨喪以哀爲本。既無其本，則以何者而觀其所行之得失。"①又論曰："君子攻其惡，不攻人之惡，非仁之寬與？自攻其惡，非義之全與？此之謂仁造人，義造我。是故以自治之節治人，是居上不寬也。以治人之度自治，是爲禮不敬也。爲禮不敬，則傷行而民弗尊。居上不寬，則傷厚而民弗親。"②

論曰：寬以得眾，敬以禮人，哀以通情。

① 《四書章句集註》。
② 《春秋繁露・仁義微篇》。

里仁第四

子曰:"里仁為美。擇不處仁,焉得知?"

子曰:"里(居,處;或曰鄰里,鄰近,擇鄰,亦可通)仁為美。擇不處仁,焉得(謂)知(智)?"此曰君子居仁由義也。孟子曰:"居惡在?仁是也;路惡在?義是也。居仁由義,大人之事備矣。"[①]又曰:"自暴者,不可與有言也;自棄者,不可與有為也。言非禮義,謂之自暴也;吾身不能居仁由義,謂之自棄也。仁,人之安宅也;義,人之正路也。曠安宅而弗居,舍正路而不由,哀哉!"[②]焉得謂知!荀子曰:"故君子居必擇鄉,遊必就士,所以防邪僻而近中正也。"[③]所謂無友德不如類於己者,擇德善而學從也。

解說與發揮:

依荀子之解讀,則曰:不選擇賢德善人而與之親近交遊,反而和無德小人混在一起,怎麼能說得上是智者之所為呢?而至於遇人不淑,又怎麼談得上知人呢?是皆咎由自取也。所謂物以類聚,人以群分;近朱者赤,近墨者黑。可不慎哉。

---

① 《孟子·盡心上》。
② 《孟子·離婁上》。
③ 《荀子·勸學篇》。

居處、交遊、興趣、問學等，無不如此。你想成為什麼，最後就成為了什麼；你如果不想成為那個什麼，就一定要拿出力量來對抗內心裏或外部世界中的那些你不喜歡的東西。

"里仁"說明了自處仁義的重要性（里者，自居處也），也說明了交遊（交友）與環境的重要性（荀子之解讀），但更重要的仍然是自己的選擇。這不是有所歧視或違反平等精神，而是在平等權利以及互相尊重精神基礎上的德性精神和自修意識的結合。比如"近朱者赤近墨者黑"、"蓬生麻中不扶自直"云云，皆有是意。孔子在這裏將選擇的權利和責任都交給個體自己，個體應為自己的選擇和後果負責。如果不選擇親近、向慕、自居和力行其仁，而被其他非仁義之人事而引誘裹挾而去，而造成各種後果、惡果，或"收穫"各種壞的結果，或自食其果，那怎麼能稱得上是明智的人呢？明智的人從一開始就應該意識到這一點，意識到親近、操存力行其仁的重要性和價值。

如何里仁處仁呢？"我"怎麼知道哪些是仁哪些不是仁呢？亦曰好學（學天道與以往聖賢之大道、中道、正道）求理（格物致知，窮理明知）而親賢尊賢也，故又須親近正直仁善之士。那麼，又怎樣才能辨別正直仁善之人與不正直仁善的人呢？此則又須知人。然而其前提仍在自己的德性信念和自我謹慎（於正道正義）克制（於邪僻慾念人事）。如果自己心術不正，自然就無法親近正直仁善之人；自己邪僻恣肆，自然就喜歡那些逢迎和投你所好或你所存之人性弱點的人。人須有知人之明而不可心存僥倖，須有師友切磋而不可剛愎自用、偏聽偏信，須有讀書學習以明道明理而不可偏執、自足其智或自我中心主義。

知仁厚之價值，力行仁厚而得其安樂利益，則自然能居仁處義，自得其樂。

子曰："不仁者不可以久處約，不可以長處樂。

仁者安仁,知者利仁。"

子曰:"不仁者不可以久處約（困窮），其心不能安仁安命,故久處約斯必濫矣;不仁者不可以長處樂（富貴）,長處樂則驕慢淫佚而敗德取禍。反之,（秉性）仁者安仁,知者利仁。仁者見道不惑,行仁無悔,窮達無改,如此而心自安樂,不如此而反不安,非外物外境外緣所能奪也。"

子曰:"唯仁者能好人,能惡人。"

子曰:"唯仁者審察通知天下之好惡,無私心偏見,平心公正而論;故唯仁者能好人之好,能惡（音務）人之惡（音厄）。不仁者則不然,以一己之私心偏見而武斷也,每見過猶不及之病。故曰:唯仁者能識審他人之好惡。"

或曰"惡（音厄）人",對不仁之人而惡斥之,即所謂"仁者當用惡以絕不仁"[1]。此解則試圖接續下節"苟志於仁矣,無惡也"之文義。

子曰:"苟志於仁矣,無惡也。"

子曰:"苟志於仁矣,則其心將操存光明,而自無作惡之念行也。"

或曰此接續上節,解為"無所厭惡者",仁者存心仁厚,仁者愛人,無所惡、無所不愛,本未嘗有惡人之初衷,而稍有佛教慈悲眾生之意,"仁者愛人,雖所屏棄放流,皆欲其自新,務於安全。不獨仁

---

[1] 《論語訓》。

人無惡,但有志於仁皆無所憎惡。"①此解雖高,然未必合於儒家本意。

子曰:"富與貴是人之所欲也,不以其道得之,不處也;貧與賤是人之所惡也,不以其道得(或為"去")之,不去也。君子去仁,惡乎成名? 君子無終食之間違仁,造次必於是,顛沛必於是。"

子曰:"富與貴是人之所欲也,不以其道得之,不處也;貧與賤是人之所惡也,不以其道去之(得以去之,使得惡去之),不去也。君子,仁者也,君子若去仁,則惡乎成其名為君子? 君子無終食之間違仁,造次(出行造訪旅次之中;急遽倉促、苟且不違之時)必於是,顛沛(越躓;蹎跋;僵僕傾覆、事變危急之時)必於是。平素時危,其貫如一。"

解讀與發揮:

此接上節談"處約處樂"之法之道。

或解為:"不以其道得之(得其去之,即去之),不去也。"又或解為:"不以其道得之(得其富貴),不去(其貧賤)也。"

"君子去仁,惡乎成名?"好名是好事,就怕不好名,或好惡名亂名或無實之名;在這裏,孔子或儒家將名建立在"仁"的基礎上,是"仁"名。儒家或儒教亦曰名教,名教有若干種含義,但也包括這裏的"仁名之教"的含義。何者為仁? 曰愛人也。愛一人是仁,愛一國之人亦是仁;愛親近朋友是仁,愛疏遠民陌是仁。今天的倫理學則將此一論題進一步展開:如何處理愛一個人與愛許多人、愛親近朋友與愛疏遠民陌之間的關係? 兩者之間是否必須有一些共同前

_____

① 《論語訓》。

提(現代價值觀念則曰平等人伴或平等基本權利)? 是否會發生衝突或矛盾(比如,如果一些人非常富裕而另一些人非常貧窮,貧富兩極分化,這是否也可以説是這種矛盾或衝突的表現? 亦即對一部分人仁愛而對另一部分人極不仁愛,也就是不公)? 發生衝突和矛盾時如何抉擇? 能否因為愛一類主體而損害另一類主體或其他更多主體(現代價值觀念則曰公平,建立在平等基本權利基礎上的公平)? 又是否能因為愛另一類主體或更多主體而損害這一類主體乃至這一個主體? 當兩者不可兩全的時候,該如何抉擇(比如非常狀態下的處置原則及其正當性自證,是否可能讓人們雖然在情感上無法接受卻在理性上認可抉擇的必要性或合理性? 假設無緣無故的外星人戰爭來臨的時候,讓誰去打仗呢? 在有些狀態下,人們為何覺得不公平? 有些狀態下人們卻主動請纓而表現出責任感或榮譽感呢? 是什麼樣的預先安排導致了這種不同的選擇和結果)? 抉擇的標準和正當性何在? 如何才能不違背"仁"的根本原則? 情與理的關係如何? 等等。吾今曰:至少可先區分人伴與人倫,餘則尋繹細論之。倫理學對這些論題的討論很多,亦可參看。

子曰:"我未見好仁者,惡不仁者。好仁者,無以尚之;惡不仁者,其為仁矣,不使不仁者加乎其身。有能一日用其力於仁矣乎? 我未見力不足者。蓋有之矣,我未之見也。"

子曰:"我未見好仁者,我未見惡不仁者。好仁者,必以仁為第一義,而無以尚之;惡不仁者,其為仁矣,必不使不仁者(不仁之行事)加乎其身(即必不行不仁之事)。有能一日用其力於仁矣乎? 我未見於此(一日為仁)而力不足者。蓋有之矣(有力不足一日為仁者,或有一日力仁者),我未之見也。"

或解曰：子曰："我未見好仁者，我未見惡不仁者（或：我未見嗜好仁而極度厭惡不仁者）。（誠）好仁者，則以仁為（一切行事之首要與本務，餘皆）無以尚之，無以推諉之；真惡不仁者，其為仁矣，則不使一毫不仁之人事加染乎其身。好仁則求仁行仁，惡不仁則潔身自好，拒避斥退一切不仁之人事也。我若惡拒不仁之人事，則天下之不仁者少一分施逞；我若好仁，則天下之仁者增多一分加持。人人向仁惡不仁而仁義普行天下，豈難哉！有能一日用其力於仁矣者乎？我未見力不足者也，非無力而不能，乃無心而不為也。一日用力於仁，十日、百日、千日、萬日，亦猶是也。好仁惡不仁者與一日力行其仁者，蓋皆有之矣，我未之見也。亦曰哀哉！入手工夫在此，莫謂我天資稟賦有差而自暴自棄也。"

論曰：好仁者，積極進取；惡不仁者，消極退守，不使不仁加乎身也。故曰：積極而言之：必以仁善為第一義；消極而言之：不為不仁之事。好仁者，以為無所（任何事）可以尚之仁，以仁為無上之事也，為第一義，為優先之選擇也。"惡不仁"，或即上文所言的"唯仁者能惡人"。

又曰：好仁有"好'人之仁'"，有"好之"之仁（即好仁之仁）；好"人之仁"，則尊賢友士，善與人同；"好仁"之仁，則居仁由義，自修不止。實則一也。惡不仁亦有惡"人（他人）之不仁"，有惡己之不仁；惡"人之不仁"，則無友德不如類（正）於己者，避邪斥惡，使不仁者不近乎身，不能加非義於己；惡己之不仁，則時刻檢束自身，觀過知錯而改，寡尤不貳過。其實則一也。

子曰："人之過也，各於其黨。觀過，斯知仁矣。"

子曰："觀人有術。人之過也，各（應合）於其黨（品類；或曰不同品類人物自有不同過錯）（類；有仁者君子之過，亦有小人不仁者之過，過亦各有黨類也。故）觀其過（之黨類），斯知其仁否矣（觀其不同過錯性質類型,則知其人其事之不同品類,如君子小人之分)。"譬如君子直而或寡恕,仁而或容非,至情而或過禮,狂狷疾虛妄而或過猶不及,此皆仁者之過也。故曰:"與仁同過,然後其仁可知也。"①然則知其過,亦將改之而就中正也。

論曰:"人之過失各由於性類之不同,直者以改邪爲義,失在於**寡恕**,仁者以惻隱爲誠,過在於**容非**。是以與仁同過,其仁可知。觀過之義,將在於斯者。"②程氏曰:"人之過也,各於其黨。君子常失於厚,小人常失於薄;君子過於愛,小人過於忍。"③觀其過之黨類,而可知其仁不仁矣。

又曰:"黨,類也。小人不能爲君子之行,(故倘其_{君子等})非小人之過,當恕而勿責之④。(君子)觀過(君子觀過處置之法,就其黨類而使賢愚各得其所而已矣),使賢愚各得其所,則爲仁矣。"⑤

子路有姊之喪,可以除之矣,而弗除也(期而不除)。孔子曰:"何弗除也?"子路曰:"吾寡兄弟而弗忍也。"⑥子路可除而不除,是其過禮也,然而仁親之情在其中也。故為君子之過。此曰觀其過而知其仁也。

梁車為鄴令,其姊往看之,暮而後至,閉門,因逾郭而入,車遂刖其足。趙成侯以為不慈,奪之璽而免之令⑦。此則觀其過而知其不仁也。

---

① 《禮記·表記》。

② 《皇疏》。

③ 《四書章句集注》。

④ 於某小人之小人之過,君子或可恕之,不予計較;於某君子之君子之過,君子或可恕之,以其過亦君子之過也。若夫某君子而有小人之過,則其當自知過大矣。此亦可窺恕道之一法。

⑤ 《集解》。

⑥ 《禮記·檀弓上》:子路有姊之喪,可以除之矣,而弗除也。孔子曰:"何弗除也?"子路曰:"吾寡兄弟而弗忍也。"孔子曰:"先王制礼,行道之人,皆弗忍也。"子路聞之,遂除之。

⑦ 《外儲説左下篇》,轉引自《論語疏證》。

　　樂羊為魏將而攻中山。其子在中山,中山之君烹其子而遺之
羹。樂羊坐於幕下而啜之,盡一杯。文侯謂堵師贊曰:"樂羊以我
故而食其子之肉。"答曰:"其子而食之,且誰不食?"樂羊罷中山,文
侯賞其功而疑其心。孟孫獵,得(幼畜),使秦西巴持之歸,其母隨
之而啼,秦西巴弗忍而與之。孟孫適至而求,(秦西巴)答曰:"餘弗
忍而與其母。"孟孫大怒,逐之。居三月,復召以為其子傅。其禦
曰:"曩將罪之,今召以為子傅。何也?"孟孫曰:"夫不忍,又且忍吾
子乎?"故曰:巧詐不如拙誠。樂羊以有功見疑,秦巴西以有罪益
信①。《説苑·貴德篇》曰:樂羊以有功而見疑,秦西巴以有罪而益
信,由仁與不仁也。

　　又:《後漢書·吳傳》曰:嗇夫孫性私賦民錢,市衣以進其父。
父得而怒,曰:"有君如是,何忍欺之?"促歸伏罪。性慚懼,詣持衣
自首。屏左右問其故,性具談父言。曰:"掾以親故,受污穢之名,
所謂觀過斯知仁矣。"使歸謝其父,還以衣遺之②。此亦稍見孫性
本心之仁,徒不義而不可縱之也。

餘解:

　　子曰:"觀人有術。人之過也,各於其黨。觀過,斯知人矣。"

　　子曰:"觀人有術。人(民)之過也,各於其黨。觀其過之黨類,
斯知其仁不仁矣。"

　　子曰:"民之過也,各於其黨。觀其過,斯知仁矣。蒞民行政,
亦如是也。"

　　或曰:由觀人之過而推人及己,觀己之類而觀己類之過,而好
仁改仁,斯知仁矣。

---

①　《韓非子説林上篇》,轉引自《論語疏證》。
②　轉引自《論語疏證》。《論語集釋》亦引《論語稽求篇》而引此。

子曰："朝聞道，夕死可矣。"

孔子年老，恐其道之終不行於世，亦有憾焉。子曰："吾老矣，然若朝聞大道之行治於世也，雖夕死可矣。"孔子之憂天下也如此其急其誠。

論曰：道所以濟民，聖人存身，爲行道也。濟民以道，非以濟身也。故云誠令道朝聞於世，雖夕死可也。傷道不行，且明己憂世不爲身也①。故曰：於末世亂世，一心志在行道淑世。若夫道而終行之，而吾所仁愛祈視之兆民親朋，皆能安樂善生，吾自欣慰；而吾人一身之生死，又豈以為大在意哉。若夫太平治世，吾亦善生安居，泛仁親愛而共歡樂於世，同乎眾生兆民之樂也。

或解曰：子曰："至道難聞，人若老將死而昧於道②，亦可恨也。若夫朝聞道，夕死可矣。"朱熹曰："聖人非欲人聞道而必死，但深言道之不可不聞耳。"③顧炎武曰："吾見其進也，未見其止也。有一日未死之身，則有一日未聞之道。"④

又論曰：每日以道自處，當時自安，得其正命。即或有不期然之患，夕死是命，又何怨焉。

曰：吾願兆民、眾生從此安樂，吾往矣，雖無名不存，逝而不惜。

曰：朝聞道而躬身力行，而道、人一體，日不虛度，當時道喜。道、人不二，知命而無貪不義，雖夕正命而死，亦無憾也。此得道自喜、自安不迫之言。或曰：人生非徒知道、體道也，亦有正常之世俗人性善生樂趣，亦是矣。道亦在平常人生與平常日用中。然若不求道，不得其道，則或不知正生也。不知道者，枉生枉死，當時喧

---

① 《皇疏》。
② 《論語後案》。
③ 《朱子語類》。
④ 《日知錄》。

囂,去後空空杳杳。知道者,生死安樂,無負天人。

曰:一日長道得道,則得一日喜悅利益,則比昨日未長道得道之時而尤喜也。

曰:然聞道悟道又豈易易?為其難也,所以道喜甚乃有乎超越生死者也。

解讀與發揮:

又可對照孟子"知命"之說,於此而知儒家於性命雙修之生命信仰,而幾乎進類於宗教信仰之境界。

儒家信仰異於別類宗教之彼岸世界之信仰,而為世俗仁道人文精神之生命信仰,此儒家信仰特異之處。

原文雖有力量,然若讀者不識文字極言誇張之法,亦或有讓人誤解處,或養成一種輕薄浮誇、浪漫虛矯之缺點。此何謂邪?須知:一般情形下,不必如此輕死,恐亦難以如此;非常情形下,仍可以此句激揚風發之也。故此句當補充相關背景,以既使讀者明其意義重心之所在,又免其可能之虛矯誇飾、情緒化之心理與文風,而養成平實自然之風格。就一般情形而言,談話寫作,皆當平易務實。

聞道即得道,內心得道之喜悅,非僅謂聽聞其道而已。事實上,道在耳邊眼前人不識,每日孜孜矻矻問學苦思,而終生未入其道,未得道之喜悅利益,這種情形是很多的。聽聞、領悟、力行、得其道樂或道之喜悅,此之謂聞道。古人或有言曰:"聽君一席話,勝讀十年書",又或曰"今受教也,而醍醐灌頂"云云,亦可謂聞道喜悅之心事也。

子曰:"士志於道,而恥惡衣惡食者,未足與議也。"

子曰："士志於道,而恥惡衣惡食者,未足與議也。"士者,道(仁道、大道、正道、中道等)士也,身以行道德化;又仕也,公士也,仕以行道為國為民為公事為天下也。道者,天道人道(仁道)公義禮樂也,又行道也。仕以公事而有定祿,致仕而歸於民,非大富也;若欲大富,私力農商治生或可也,然非仕職,亦非道士公士義士國士也。無他,公私之一間耳。

論曰:志於道,則日月汲汲問學求道不遑,奚暇於逐利? 學成後,雖有高官厚祿,倘不能行其正道,亦不與焉,不枉道就職以害道害志也。故雖或惡衣惡食,而守道不回,囂囂自樂道,是士也。反之,非道非士之庸邪,則何足與議於道與士?

解讀與發揮:

人無仁義行善之志,教之何益,由之(禮法刑政)而已。人而有仁義善良之志,乃可教為士,為兆民之福也。

子曰:"君子之於天下也,無適也,無莫也,義之與比。"

子曰："君子之於天下(天下之公事與天下之庶民)也,無私敵(適通敵,私心敵對、敵視排斥)也,無偏慕(莫通慕,偏愛、偏心愛慕)也,義(公義,正道禮義)之與比(比方,比類;擇斷;親,類)。"而非私心偏頗之黨比也。

論曰:(身為仕人君子者,)於公事也無敵無慕,於眾人(民)也無厚無薄,義之以斷,正法是依,而好惡皆得其正也。於天下公事兆民而私敵偏愛,則非君子之心志行事也。故曰:"君子與人無有偏頗厚薄,惟仁義之親也。"①《詩》曰:"無偏無党,王道蕩蕩",是之

---

① 《皇疏》。

謂也。公私之分當嚴。若夫非關公事之私事私情,亦曰依乎正道禮義(而或有親疏好惡之別矣,然此只關私人情意,非關泛仁人侔)而已矣。此何謂邪? 於私人情誼也,泛仁親愛而有人侔,正己敬人有別而有人倫,然亦皆有擇善遠惡①之知(智),理所當然,如斯而已矣。

或解曰:子曰:"君子之於天下(天下之公事與天下之眾民)也,無適(往近,親近;或曰專主)也,無莫(不可往近,疏遠)也,義(公義,正道禮義)之與比。"無適無莫者,無近無不近、無親無疏、無過無不及而中正也;義之與比者,唯義以為親比。《詩》曰:"無偏無党,王道蕩蕩",是之謂也。

或解曰:子曰:"君子之於天下(天下之公事與天下之眾民)也,無適(可)也,無莫(不可)也,義之與比。"無適無莫者,無可無不可也;義之與比者,唯義(公義,正道禮義)以為比同也。故子曰:"我則異於是,無可無不可。"②可與不可之間,在乎道義也。

子曰:"君子懷德,小人懷土;君子懷刑,小人懷惠。"

子曰:"若君子(人君;仕君子;公職人員)懷(念,重)德(道充而德化;公德,政治道德;仁德仁政),則小人(庶民)懷(念,感念,慕,向慕;歸)土(安居;安土重遷;土地田產生計),所謂"道之以仁德,而德之流行,如置郵而傳命",百姓安居;而又懷柔遠人,四方之民慕歸之——否,則小人(小民)思遷而逃去③;若君子懷刑(法;法治仁政;政循法度;行仁政;

---

① 故人亦知好仁向善進德,以免被人鄙棄之也。

② 《論語·微子》:逸民:伯夷、叔齊、虞仲、夷逸、朱張、柳下惠、少連。子曰:"不降其志,不辱其身,伯夷、叔齊與!"謂:"柳下惠、少連,降志辱身矣。言中倫,行中慮,其斯而已矣。"謂:"虞仲、夷逸,隱居放言。身中清,廢中權。""我則異於是,無可無不可。"

③ 或曰下句"君子懷刑,小人懷惠"即"言君子歸於刑,則小人歸於他國慈惠之君。此章之義,以懷德懷刑對舉相形,欲在位之君子不任刑而任德也"。亦可通。參見:《群經平議》。

刑,先王之制、法度;先王之法度典型;今曰天道法治①),則小人懷惠(仁政之利惠,感戴仁政之恩惠),所謂"道之以政刑(仁政,仁政法度)",而民感念其仁政之惠利也——否,則小人睭恨而離心。君民也,德、政(仁政法度)相濟,即所謂王道仁政,而德化流行、影響從風而已。"②

或解曰:子曰:"君子(人君;仕君子;公職人員)懷(念,重)德(道充而德化,公德,政治道德),小人(庶民)懷土(田產,安土樂生);君子懷刑(敬天畏法,敬畏天道典型),小人懷惠(樂其惠利而善生;或曰逐利,貪利)。君子得俸祿,小人得治生,各安其位職義矩也。亦曰公私職分之別也。否,則君不君而民黜之,臣不臣而民罷之,民不民而有法刑也。一於天道典型法治而已矣。"

或解曰:子曰:"君子懷(重於,安於,主於,事於)德,小人懷土;君子懷刑,小人懷惠。""君子終日所思者,是如何進德修業,小人則求田問舍而已。君子安分守法,小人則惟利是圖,雖蹈刑辟而不顧也。"③此為德性意義上之君子小人:君子重德,小人重土地田產;君子重法守法(或曰畏法),小人重惠利。一者見利思義、法,一者見利忘義、法,此君子小人之分也④。故又或曰:"上有德,則禮義明,教化行,國君子之所安也。上有刑,則善有所恃,惡有所懼,亦君子之所安也。小人則不然,有土以居之,則苟安重遷,德則非所知也。有惠以私之,則樂其所養,刑則非其所利也。君子小人識慮之遠近,用心之公私,於此分矣。當時之君既無德政,又無刑章,何以安君子?爭城爭地,民不得一日安其居;重征厚斂,未嘗有以惠其下,又無以安小人矣。君子小人皆失其所,是以微示傷歎之意也。"⑤

---

① 此處之"刑",非古今之"刑罰"或"刑法"意,乃政、法度之意。
② 《為政》:子曰:"道之以政,齊之以刑,民免而無恥;道之以德,齊之以禮,有恥且格。"然此兩節之意義重心不同,不可簡單比同。
③ 程樹德,《論語集釋》。
④ 若接下句而解,則似以此解為貫通。
⑤ 《論語意原》。

注釋與參考:

刑原有兩種寫法和兩種不同意義:荆,從刀井,罰罪也,法也;刑,典型之謂。

刑:典型之謂;典型即先王之道、制、法度,所謂"率由舊章"、"懷思典刑而則效之"也,"懷土,孔訓重遷,……懷刑者,不愆不忘,率由舊章,兢兢焉恐踰先王之法度也。"①

"懷土"與"乞骸骨"、"安土重遷"。

"君若化民安德,則民下安其土,所以不遷也。……李充云:凡言君子者,德足軌物,義兼君人,不唯獨善而已也。言小人者,向化從風,博通下民,不但反是(君子之軌物君人)之謂也。故曰'君子之德風,小人之德草'也。此言君導之以德,則民安其居而樂其俗,鄰國相望而不相與往來,化之至也。……齊之以刑,則民惠利矣。"②

"'德難形容,必示之以法制。'"③

"懷,思念也。懷德,謂存其固有之善。懷土,謂溺其所處之安。懷刑,謂畏法。懷惠,謂貪利。君子小人趣向不同,公私之間而已矣。"④

子曰:"放於利而行,多怨。"

子曰:"(人之為人行事;君,或仕君子,公職人員等之為政,倘)但放(依照;逐,追逐)於利而行,多怨(取怨,或怨人,怨天尤人;取怨,即人怨之,民怨之),或取怨(取怨,即人怨之,民怨之),或怨人(怨人不知足,怨人不公,怨人多財而已少財,仇富等)。倘治國以利號召,唯利是圖逐,一無義矩定則,天下遂爭亂(為人行事亦如是)。以其不以正道正理之義法

---

① 《論語後案》。
② 《皇疏》。
③ 《筆解》,韓愈語。
④ 《四書章句集註》。

節之也。故曰：但以利號召而治國治事合群，無道理義法節正，必怨必亂。"不得利者怨，以其不得也；得利者亦怨，貪得無厭也。天下遂不論取與之合道義否，但論得利之多少；而多少皆無正理定則，則得與不得皆怨。無他，無道德理義正法（法度）故也。

論曰：此節所講仍是"義利之辨"之意，所謂"義勝利者爲治世，利克義者爲亂世"①。放於利而行者，非徒枉尺直尋而爲之，乃至雖枉尋而直尺，亦爲之②。天下熙熙攘攘，多枉道行事、事人、交接者，不問其道義，天下雖亂而多怨。"程子曰：'欲利於己，必害於人，故多怨。'"③朱熹曰："凡事祇認己有便宜處做，便不恤他人，所以多怨。"④又或曰："貪利之人，義理所不知畏矣，故以多怨惕之。"⑤

論曰："世之衰也，天下日相尋於怨，大之爲兵戎，小之爲爭訟，迨其怨之已成，而不能相下也。則見爲氣之不能平，而機之相爲害，乃夫子窮其致怨之本而推言之曰：夫人亦何樂乎怨人，而亦何樂乎人之怨己哉？乃上下相怨而忘乎分，親戚相怨而忘乎情，乃至本無夙恨自可以相安之人，而成乎不可解之忿者，何其多也！放於利者，豫擬一利以爲準，因是而或行或止，必期便於己而有獲者，乃爲之曲折以求其必遂，則己之益人之損，己之得人之失，雖假爲之名，巧爲之術，人既身受其傷，未有能淡然相忘者焉。激之而氣不可抑，相制相挾而機不可測，則無所往而不得怨焉，實自此始也。故君子欲靜天下之爭以反人心於和平，無他，以（正）義裁利而已矣。"⑥

---

①　《荀子·大略篇》。

②　《孟子》。

③　《四書章句集註》。

④　《朱子語類》。

⑤　《四書詮義》。又：比之於許多人所力求之單一化、精確化之解釋，多元化解釋，或反復論説之注疏方式，其價值在於根據人之性情病根各各不同，而或於此多元不同之論説告誡中，對之得一對治醒悟。

⑥　《四書訓義》。

子曰:"能以禮讓為國乎? 何有? 不能以禮讓為國,如禮何?"

子曰:"能以禮讓為國乎? 則於從政也何難之有? 不能以禮讓為國,則如禮何所用正? 禮者,正法也,先王先聖本乎天道,依乎人性(人道),以製人道,而有道義(正義而義正),而後用中(即中庸)製作禮法,(而於泛仁人伓之外,又)使人倫各有義界禮節,如斯而俾無相力權凌侵,而後各各自卑撙節,以尊人讓人(兼顧人伓、人倫),而為為國之本也。"

禮者,自修也(先律己,非謂先律人),敬也德也(尊賢敬讓),法度也。《禮記·經解篇》曰:禮之於正國也,猶衡之於輕重也,繩墨之於曲直也,規矩之於方圓也。故衡誠縣(懸),不可欺以輕重;繩墨誠陳,不可欺以曲直;規矩誠設,不可欺以方圓;君子審禮,不可誣以奸詐。是故隆禮由禮,謂之有方之士;不隆禮,不由禮,謂之無方之民:敬讓之道也。故以奉宗廟,則敬;以入朝廷,則貴賤有位;以處室家,則父子親,兄弟和;以處鄉里,則長幼有序。孔子曰:"安上治民,莫善於禮。"此之謂也。

古之禮者,古之道與德也,又諸事之法度也,以治事治國平天下。《仲尼燕居篇》曰:子曰:"禮者何也? 即事之治也。君子有其事必有其治。治國而無禮,譬猶瞽之無相與! 倀倀乎其何之? 譬如終夜有求於幽室之中,非燭何見? 若無禮,則手足無所錯(通措),耳目無所加,進退揖讓無所制。是故以之居處,長幼失其別;閨門三族失其和;朝廷官爵失其序;田獵戎事失其策;軍旅武功失其制;宮室失其度;量鼎失其象;味失其時;樂失其節;車失其式;鬼神失其饗;喪失其哀;辨說失其黨;官失其體;政事失其旅;加於身而錯於前,凡眾之動失其宜。如此則無以祖洽於眾也。"

禮者,古之人倫之禮也。《禮記·曲禮上》曰:"夫禮者,所以定親疏,決嫌疑,別同異,明是非也。道德仁義,非禮不成;教訓正俗,非禮不修;分爭辨訟,非禮不決;君臣上下父子兄弟,非禮不定;宦學事師,非禮不親;班朝治軍,官行法,非禮威嚴不行;禱祠祭祀,供給鬼神,非禮不誠不莊。是以君子恭敬撙節退讓以明禮。"①

禮讓為國何謂邪?曰治國不以禮,猶無耜而耕也②。《荀子·強國篇》曰:"彼國者亦有砥厲,禮義節奏是也。故人之命在天,國之命在禮。人君者隆禮尊賢而王;重法愛民而霸;好利多詐而危;權謀傾覆幽險而亡。"

今則論曰:禮者,泛仁人伻之外,又有人倫對等之禮也。古人或有未講明或未理解對等之人義者,遂使後人以為其主張專制等級制——然事實上其後亦確多等級制之倫理安排,無論是政治倫理抑或社會倫理等,又無論其是否違背孔孟之原意,此又為歷史事實。故今則曰:禮基於道、義,而義則正義(正當性)而對等(《禮運》所謂之人義③),因其對等正當而人願守禮也。所謂禮讓,倘若是等級制禮節,則如何能説是"讓"?換言之,倘若"禮"本身是專制等級制的,不公平、不正義,則怎麼可能要求等級制下之下位階者接受這樣的禮,和"讓"?而上位階者於此而談所謂的"讓",豈不是很虛偽麼?此則無道理也。不正義或不公正之禮,非道,恰所以致亂致爭之源也,何能治國?!"禮"法可有、當有,然當首先合乎天道正義,

---

① 以上轉引自《論語疏證》。

② 《禮記·禮運篇》。

③ 《禮記·禮運》:"何謂**人情**?喜怒哀懼愛惡慾七者弗學而能。何謂人義?父慈、子孝、兄良、弟弟、夫義、婦聽、長惠、幼順、君仁、臣忠十者謂之人義。講信修睦謂之人利,爭奪相殺謂之人患。故聖人之所以治人七情,修十義,講信修睦,尚辭讓,去爭奪。舍禮,何以治之?"羅按:此處之十義,雖有對等之意,然仍非平等之對等,仍有權力等級或壓制之相當程度,故仍須斟酌損益而後合於正十義。今曰泛仁人伻之後而有對等之人倫禮義設計也。此亦為新禮義倫理設計之基本原則。

然後可謂以正禮法治而治國治天下也。倘"禮法"而不道不公,則必爭必反,得其天道正禮義禮而後止,而後長治久安;得其正道而後可兼言法治與禮治,而將各各或自讓也。

子曰:"不患無位,患所以立;不患莫己知,求為可知也。"

子曰:"不患無位,患所以立(得位;立位,稱位,立德,如所謂"德不配位"云云)之德學道藝也(所以立者何? 曰德學道藝也);不患莫己知,求為有可知之道藝德學仁行也(所為可知者何? 道藝德學仁行也)。位者,公職也,所以行道為公,賢能者立(位之,得位;立位,稱位)之;名者,令聞也,所以從道德公業而來,二者皆非所以私求富貴利祿而來也。而名、位以公德公功自至,不可偽飾末造而求之。"

論曰:"君子能為可貴,不能使人必貴己;能為可信,不能使人必信己;能為可用,不能使人必用己。故君子恥不修,不恥見污;恥不信,不恥不見信;恥不能,不恥不見用。是以不誘於譽,不恐於誹,率道而行,端然正己,不為物傾側,夫是之謂誠君子。"[1]"且夫昔者瓠巴鼓瑟而流魚出聽,伯牙鼓琴而六馬仰秣。故聲無小而不聞,行無隱而不形。玉在山而草木潤,淵生珠而崖不枯。為善不積邪? 安有不聞者乎?"[2]故子曰:"德不孤,必有鄰。"[3]亦斯之謂也。

又論曰:汲汲以求,則或不擇手段,無所不為。中華文化講究德業進修,以真實行事而得令聞,聲聞自彰,而水到渠成;而不主張干求(如士不見諸侯),恐因此而長偽飾與欺世盜名之風之事也。

---

① 《荀子·非十二子篇》。
② 《荀子·勸學篇》。
③ 《論語·里仁》。

子曰:"參乎! 吾道一以貫之。"曾子曰:"唯。"子出。門人問曰:"何謂也?"曾子曰:"夫子之道,忠恕而已矣。"

子曰:"參乎! 吾道一以貫(行;統貫)之。"曾子曰:"唯。"子出。門人(孔子弟子)問曰:"何謂也?"曾子曰:"夫子之道,忠恕而已矣。"

忠者,中心自誠有(自保愛、自修成),自修成其仁善道義也。恕者,如己心於人心,所謂與人為善;又如人心於己心,所謂捨己(捨己之過或不善而)從人(之善),而各以此仁善道義之心推己及人也。故曰:中心自誠有(仁善道義)之謂忠,如己心於千萬人之心(人同此心,或曰人性本善之仁心善心)之為恕(即曰如於天心或人心公道也)。忠為盡己成己(於道德理義),為一;恕為成物及物(於仁善理義),通於他人萬物,為貫。故一以貫之仍是一本萬殊之意,一本於忠吾自心於道理仁善志誠,而貫之以恕(以成物,以成萬殊)。故曰:有一有貫;有一、本,亦有萬、殊;有一本成己,道、人一體,亦有萬殊及物,通情成物。一者,一心(於道義)也,一道也,一本也(如言"義之與比"、"理之與比"、"道之與比"然),超越乎生死時間;貫者,歷時之終身行之者也,萬殊之推己及萬物萬人者也。

忠者善於自為仁善,進修德業,自奉道義而不違;恕者善於與人為善,又絜矩也,同天道公理也,而以己心通他心,以他心通己心,乃至互通千萬人之心。忠恕,而後中庸之道至。故《中庸》曰:忠恕違道(中庸之道)不遠。

故曰:一道一心一本,而終身行之推之應用之於萬事也;推用之萬物萬事萬人,即恕也,貫也。

再論曰:恕者,施諸己而不願,亦勿施於人①。孔子曰:君子有三恕:有君不能事,有臣而求其使,非恕也;有親不能報,有子而求其孝,非恕也;有兄不能敬,有弟而求其聽令,非恕也。士明於此三恕,則可以端身矣②。又曰:己惡饑寒焉,則知天下之欲衣食也。己惡勞苦焉,則知天下之欲安佚也。己惡衰乏焉,則知天下之欲富足也。知此三者,聖王所以不降席而匡天下。故君子之道,忠恕而已矣③。

恕即《中庸》所謂譬也。譬即絜矩(持矩法則之)之道也,絜矩以譬諸人己也④。譬諸己以正禮,則倫各絜矩正禮,得其中焉;譬諸己以賢不肖,則見賢思齊,見不賢而內自省,外自修焉。"見賢思齊,則之其所親愛畏敬哀矜(孤寡幼弱)而辟(譬喻於己)焉;見不賢而內自省,則之其所賤惡哀矜(無所知能者)敖惰而辟(譬喻於己)焉。"⑤絜矩譬喻反推之於我身,而後反審視責求諸己也;審責諸己,然後正禮斯得;然後善者有諸己,惡者去諸己,而其身修(修於正道,修於善、仁義與正禮)也;其身修,則可以身率之而齊家,於家中倫類,而倫各相與親愛之、畏敬之、哀矜之,而免其賤惡、敖惰者也。如此則家自齊整以正禮而不亂也。……親愛、畏敬、哀矜、賤惡、敖惰之倫類相與,倘不能譬己而恕人,平心倫對,各得其正中,而過猶不及,失禮失正,則家亂不治也。)……是故君子(絜矩,)有諸己(親愛妻子兒女、畏敬父兄長老、哀矜孤寡幼弱之賢與禮⑥)而後求諸人,無諸己(德薄者見賤惡、無所知能者見哀矜、不率教者見敖惰之不肖與見不禮敬⑦)而後非

---

① 《中庸》。

② 《荀子·法行篇》,《韓詩外傳卷四》文大同。轉引自《論語疏證》。《中庸》亦曰:子曰:"君子之道四,丘未能一焉;所求乎子,以事父,未能也;所求乎臣,以事君,未能也;所求乎弟,以事兄,未能也;所求乎朋友先施之,未能也。庸德之行,庸言之謹;有所不足,不敢不勉,有餘不敢盡;言顧行,行顧言,君子胡不慥慥爾!"亦此意也。

③ 《韓詩外傳卷三》。

④ 下文講"平天下在治其國"時將有詳述,此暫不贅述。實則修身齊家治國平天下皆是"絜矩之道"而已。分修身齊家治國平天下而說之,所以明其本末先後次序也。

⑤ 《禮記集說》。

⑥ 孔曰善行仁讓,而附之以"治國在齊其家"講。

⑦ 孔曰惡行貪利,而附之以"治國在齊其家"講。

諸人；所藏乎身不恕（孔解為恕實），而能喻諸人者，未之有也①。（此何意？曰：譬恕皆絜矩推己及人之意也，倘身不能絜矩譬喻恕人而推及，則亦不能使其家中各倫各人絜矩譬喻恕推而各守正禮也，則身各恣肆自逞無禮非禮，家遂不治齊於禮也。）②

註解與發揮：

與人為善＋善於為仁。

吾初解"貫通"為有定有本，有本而後從心所欲皆為仁善，心發行動，自可創造而皆居仁由義，不必多聞多學而行事皆合也。

焦循解"貫通"為"通於人"，舍己從人，成己成物而後為貫通。

説仁心可，説"理一"則不可，朱熹不過借此闡述一己之哲學（理學）主張，惜乎此處牽強也。

船山不作虛空之解，而仍肯定現實入世生活本身之意義，為之得一哲學依據或解釋。

或許當時曾子好多聞多識而無統貫守約，故孔子教示提醒之邪？如此，則孔子稍帶批評之意？

言"吾道全在實行（力行）（其事）也"。

忠並非僅僅忠君或私人效忠，乃人際間之普遍準則也，正道正義正直而忠，朋友之道也。

朱熹注《論》《孟》專講"理"字，康有為注《論語》專講"大同"，此皆立説之心太重。

---

①　此上兩句原附於"治國必先治其家者"之後，吾意以為此句乃説明"齊家在修其身"，故今移於此。鄭注："'有於己'，謂有仁讓也。'無於己'，謂無貪戾也。"孔穎達疏："所藏積於身既不恕實，而能曉喻於人，使從己者，未之有也。言無善行於身，欲曉喻於人為善行，不可得也。"又曰："「是故君子有諸己而後求諸人」者，諸，於也。謂君子有善行於己，而後可以求於人，使行善行也。謂於己有仁讓，而後可求於人之仁讓也。「無諸己而後非諸人」者，謂無惡行於己，而後可以非責於人為惡行。謂無貪利之事於己，而後非責於人也。"

②　參見拙著《大學廣辭》。

子曰:"君子喻於義,小人喻於利。"

子曰:"君子(古曰卿大夫士或在位者,今曰公職人員與道德君子)喻(曉;諭;論)於公義(正道理義,今又曰公德公法公義公利,公私義利之辨),小人(古曰庶人,今曰凡俗)喻於私利。"自然之事理也(此乃位權公職意義上之君子小人,即公職人員與一般國民)。故曰:君臣有俸祿者,故當喻以公義公法,不獨非義非法而必不敢取,且必論其公義德能仁功;庶民百姓無俸祿者,以生計故,或不得已而有喻以利者,而當義利並重,以道義、政法制其利之取與也。義利之辨,兼為君卿大夫士與庶民而言,而其義法稍有不同也。故欲為俸祿在位君子,但為公義不論私利;欲為農商力業小民,固可力治生產求其利,然亦不敢幹犯政條刑律與乎正道禮義也。故又曰:欲以培成在位君子,則必先教諭以道仁(天道仁政)公義公法(公職人員之道義法度之教訓,以及正德正義之研討切磋與涵養修積);欲為政而治世(治國治縣治鄉治公事等),必興利生利於小民,而後小民富庶,君子廉潔,而國泰民安也。

或解曰:子曰:"君子喻於義,小人喻於利。"(此則德性或品行意義上之君子小人)孟子曰:"雞鳴而起,孳孳為善者,舜之徒也。雞鳴而起,孳孳為利者,蹠之徒也。欲知舜與蹠之分,無他,利與義之間也。"[1]斯之謂也。

子曰:"見賢思齊焉,見不賢而內自省也。"

子曰:"見賢思齊焉,見不賢而內自省也。"思齊則善與人同,舍

---

[1]　《孟子·盡心上》。

己(之不善或過錯而)從人(之善)，與人為善；内自省則自訟自察，有(不賢者或過錯者)則亦改之。《荀子·修身篇》曰："見善，修然必以自存也；見不善，愀然(qiǎo，憂懼貌)必以自省也。"

子曰："事父母幾諫。見志不從，又敬不違，勞而不怨。"

子曰："事父母幾(微，隱微，含蓄；見微先諫)諫，幾諫即微諫也，所謂'父母或有過，則下氣怡色，柔聲以諫'也[1]。見志不從，又敬不違(離去；不違犯父母)(所謂'諫若不入，起敬起孝'也)，勞(侍奉，服事，勞苦[2]；憂慮，憂慮父母將有眚過得罪也[3])而不怨，此曰'雖父母怒不悦而斥拒之，亦不敢疾怨，愈發起敬起孝；俟父母或悦，則復諫之。其意也，與其父母或將過而得罪於鄉黨州閭，乃至國法公義，寧孰(一再，多次，屢次)諫。'愛親之心，不得不發故也。"若夫親上為過大甚，則又不敢不斗膽犯顏顯諫，以免親惡成甚而觸犯刑律天罰也，此即《孝經》所謂"父有爭子"以免罪也。

子曰："父母在，不遠遊。游必有方。"

子曰："父母年歲漸高，或有心體情意漸柔弱不自支給者，又愈念子女孫輩，則為人子女者，自當湯藥侍奉，孝養怡親。故曰：父母

---

① 幾諫微諫，與顯諫稍相對，即委婉以諫或柔婉以諫，俾父母自知之而改之，而又不至於彰親之過咎太甚。或曰微諫幾諫是見幾微而先諫，亦可通。然尤當審慎察識之，不可剛愎自是而動輒誤以為父母之過。

② 《論語註疏》：邢昺疏："父母使己以勞辱之事，己當盡力殷勤，不得怨父母。"

③ 王引之，《經義述聞》："勞，憂也。高誘注《淮南·精神篇》：'勞，憂也。'凡《詩》言'實勞我心'、'勞心忉忉'、'勞心慱慱'、'勞人草草'之類，皆謂憂也。勞而不怨，即承上'見志不從'而言。言諫而不入，恐其得罪於鄉黨州閭間，孝子但憂之而不怨其親也。《曲禮》曰：'三諫而不聽，則號泣而隨之。'可謂憂矣。……《孟子·萬章篇》曰：'父母愛之，喜而不忘。父母惡之，勞而不怨。'勞與喜相類，亦謂憂而不怨也。"

在,不遠遊。游必有方(常;具體地方;方向)。以免貽親之憂念也。"
故子又曰:"父母之年,不可不知也。一則以喜,一則以懼。"①

若夫子女幼小時,亦有相應之禮,所謂"爲人子之禮,出必告,
反必面,所遊必有常,所習必有業(大版)"②是也。

論曰:"父母之生子,以古者壯有室論之,則在三十以外。卽以
今人論之,亦在成童以後。然孩提無知,必稍長乃能愛能敬。假令
父母得上壽中壽,其盡養亦不過二三十年,否則十數年耳。多爲一
日之遊,卽少盡一日之養。況壽夭生死本屬無常,偶違寒暑之和,
保無風木之痛? 近而有方,卽急走追反,尚得於彌留時一訣;遠遊
則勢有不及,遊而無方則信無可通,湯藥不得奉,含殮不得視,附身
附棺,能無悔乎? 一自高堂之別,遂抱終天之恨,不孝之罪,百身何
贖。及至匍匐歸來,不過躃踴哭泣而已,卽令極意體貼,於父母所
未了之事未了之願一切了之,以慰先靈,而捫心自問,畢生果可無
憾乎? 故可已則已,其或家貧累重,菽水難謀,不能不出求生計以
佐旨甘,則非有方不可,然究不如不遊之爲得也。"③

子曰:"三年無改於父之道,可謂孝矣。"

子曰:"三年無改於父之道,可謂孝矣。"
論曰④:孔子曰:"昔者周公事文王,行無專制,事無由己,可謂子矣。"⑤

---

① 《論語·里仁》。
② 《禮記·曲禮》。
③ 《論語稽》。
④ 參見《論語·學而》:子曰:"父在,觀其志;父沒,觀其行;三年無改於父之道,可謂孝矣。"
⑤ 《韓詩外傳卷第七》:孔子曰:"昔者周公事文王,行無專制,事無由己,身若不
勝衣,言若不出口,有奉持於前,洞洞焉若將失之,可謂能子矣。武王崩,成王幼,周公
承文武之業,履天子之位,聽天下之政,征夷狄之亂,誅管蔡之罪,抱成王而朝諸侯,誅
賞制斷,無所顧問,威動天地,振恐海内,可謂能武矣。成王壯,周公致政,北面而事之,
請然後行,無伐矜之色,可謂能臣矣。故一人之身,能三變者,所以應時也。"詩曰:"左
之左之,君子宜之,右之右之,君子有之。"

此所謂"父在,子不得自專,庶己於父之善道而已,以此而養其志。"古者人子居喪三年,"升降不由阼階,出入不當門隧。"①言行恭敬,若父猶存,不敢又不忍遽當室也。此所謂"父沒,觀人子之行"。至於太子(王君卿之子等),則"古者諒闇(liàng ān,居喪之盧;又作諒陰 liàng yīn②)不言,聽於冢宰,三年無改父王之政"③,亦曰念父志而不忍改也。子云:"君子馳(寬諒,寬略)親之過,而敬其美。"④若夫父傳善道善政,則終生無改,豈曰三年;若父之道有所未善,一則父在而諫匡,曾子曰:"君子之所謂孝者,先意承歡,諭父母於道。"⑤所謂幾諫微諫是也。二則父沒而馳過,所謂馳過敬美,擇善而從。

另可參閱《子張》:曾子曰:"吾聞諸夫子:孟莊子之孝也,其他可能也;其不改父之臣,與父之政,是難能也。"《學而》:子曰:"父在,觀其志;父沒,觀其行;三年無改於父之道,可謂孝矣。"

子曰:"父母之年,不可不知也。一則以喜,一則以懼。"

子曰:"兒女漸長,父母漸老。父母之年(歲數),不可不知也。一則以喜,一則以懼。"見其壽考則喜,見其衰老則懼也⑥。古之孝

---

① 《禮記·曲禮》論居喪之禮。
② 居喪時所住的房子。《禮記·喪服四制》:"《書》曰:'高宗諒闇,三年不言。'善之也。"鄭玄注:"闇,謂廬也。"《論語·憲問》引作"諒陰"。《文選·潘嶽》:"今天子諒闇之際,領太傅主簿。"李善注:"諒闇,今謂凶廬裡寒涼幽闇之處,故曰諒闇。"參見:漢典(漢典引自百度百科)。
③ 《師丹傳》。或《禮記·曲禮》。
④ 《禮記·坊記》。
⑤ 《禮記·祭義》:曾子曰:"是何言與! 是何言與!! 君子之所為孝者:先意承志,諭父母於道。參,直養者也,安能為孝乎?"
⑥ 《集解》。

子皋魚曰："樹欲靜而風不止，子欲養而親不待也。往而不可追者，年也；去而不可得見者，親也。"①曾子曰："故人之生也，百歲之中，有疾病焉，有老幼焉。故君子思其不可復者而先施焉。親戚既没，雖欲孝，誰為孝？年既耆艾，雖欲弟，誰為弟？故孝有不及，弟有不時，其此之謂與。"②故子曰："父母在，不遠遊。游必有方。"③

子曰："古者言之不出，恥躬之不逮也。"

子曰："古者言之不（輕）出（或解出為出位、出格；過甚其辭），恥躬（身）之不逮（及）也。言，人之品，不可苟。躬行實踐，其言其人乃信。言過其行，言過其實，輕諾寡信，君子恥之。講論、傳道、立言、著述，亦皆如是也。"故子曰："君子欲訥（言難；遲鈍、遲緩；言語卑下）於言，而敏於行。"④又曰："先行其言，而後從之。"⑤皆所以慎言知恥也。

餘論：太上立德，其次立言，則古人仍是德行第一，非是後來德行、立言著述並列之謂。

孔子之言辭（如《論語》所記述），包括著述，確乎簡易，片言而止。

---

① 《韓詩外傳卷九》曰：孔子行，聞哭聲甚悲。孔子曰："驅！驅！前有賢者。"至則皋魚也。被褐擁，哭於道傍。孔子辟車與之言，曰："子非有喪，何哭之悲也？"皋魚曰："吾失之三矣。少而學，游諸侯，（《文選》《長笛賦》注引作吾少好學，周流諸侯。）以後吾親，失之一也。高尚吾志，間吾事君，（《文選》注作不事庸君而晚事無成。）失之二也。與友厚而小絶之，（《文選》注作少擇交遊，寡親友而老無所托。）失之三也。樹欲靜而風不止，子欲養而親不待也。往而不可追者，年也；去而不可得見者，親也。吾請從此辭矣。"立槁而死。孔子曰："弟子誡之！足以識矣。"於是門人辭歸而養親者十有三人。（《説苑敬慎篇》文大同，作丘吾子。皋與丘魚與吾聲同。）轉引自《論語疏證》。

② 《大戴禮記·疾病篇》。

③ 《論語·里仁》。

④ 《論語·里仁》。

⑤ 《論語·為政》。

吾以前對此稍有微詞或臆測，如以為微言大義或是畏譏避禍等，今日乃知此是其人格行事之一貫自我修持。後人讀書思問，或要講透方能解悟。孔子則片言而得意忘言也。

非不可敢言也。敢言，故敢於躬行實踐；非謂敢言無實，亦非謂不敢言而安於無實也。

子曰：“以約失之者，鮮矣。”

子曰：“守約。以約失之者，鮮矣。”

論曰：蓋謂問學進德貴在守約也。然此言亦可謂言約而意深廣也，如“多言必失”、“多言則不逮”、“多慾必亡”、“多心則疑（惑）”、“多念不定”、“自放縱不檢束必亂”、“奢侈必敗”、“多鶩則不精”云云，皆是此意矣。儒家曰“正心不亂”，佛家有“一心不亂”之説，現代心理學有“心理能量損耗”之説，皆坐不能守約、不能約此心也。

或解“約”為儉約，如“不可久處約”之“約”，而曰“儉約則無憂患”①。亦可通。

子曰：“君子欲訥於言，而敏於行。”

子曰：“君子欲訥（言難；言語遲鈍、遲緩；言語卑下）於言，而敏於行。”何以故？曰：“古者言之不出，恥躬之不逮也。”②故而慎言敏行。曾子曰：“君子博學而孱守之，微言而篤行之。行必先人，言必後人。君子終身守此悒悒（yì，憂患，憂己不能持守實行）。”③

---

① 《集解》。
② 《論語·里仁》。
③ 《大戴禮記·曾子立事篇》。

餘論：孔子之語言風格亦如此，訥言精約。然有時或亦因過於簡約，而訓至於一般讀者解悟之困難。故就今人之著述而言，固當精練而確切也。

子曰："德不孤，必有鄰。"

子曰："德不孤成，必有鄰（近；親；鄰里；鄰朋；報，回報，回應；類應，類從）朋有德者，熏習輔導而成之。"子謂子賤曰："君子哉若人！魯無君子者，斯焉取斯?"①亦斯之謂也。"獨學而無友，則孤陋而寡聞。"②故君子尚友。孟子曰："一鄉之善士斯友一鄉之善士，一國之善士斯友一國之善士，天下之善士斯友天下之善士。以友天下之善士為未足，又尚論古之人。頌其詩，讀其書，不知其人，可乎？是以論其世也，是尚友也。"③

或：子曰："德不孤立，必有鄰朋。同心相應，同氣相求；積善累德，同志類應來聚。"故曰："君子敬以直內，義以方外，敬義立而德不孤。"④有德然後有朋友，斯之謂也。故曰："君子其身而同焉者合矣，善其言而類焉者應矣。故馬鳴而馬應之，牛鳴而牛應之，非知也，其勢然也。"⑤

論曰：倘自有德，則必有鄰；倘無道德鄰朋，則自德不足夠也，當進德自修而後得道德鄰朋。可親可欲之謂善，善則可親可欲，可親可欲即有鄰朋也。此君子之所謂憂患無友，故自審而進修也。

今又論曰：相信或堅信德可同聲相應、同氣相求，堅信人世間自

---

① 《論語·公治長》。
② 《禮記·學記》。
③ 《孟子·萬章下》。
④ 《易·坤文言》。
⑤ 《荀子·不苟篇》（又見《韓詩外傳卷一》），轉引自《論語疏證》。

有有德者,乃至堅信人心有本性之德,而堅信自修以至於真德(誠)後,則必能感化、召喚、喚醒有德者或世人之内在本性之德也。故君子只一意自修進德,唯憂吾德不足不誠不真不立,無患德立而孤而無道德鄰朋也。此乃對於人性本有德、本良善之堅定信念與信仰也。

又可對照"三人行,必有我師"一句。

又論曰:"千人之諾諾,不如一士之諤諤"之精神,亦須有。

子遊曰:"事君數,斯辱矣,朋友數,斯疏矣。"

子遊曰:"事君而面數(數落,列舉過失加以指責)其過,斯辱矣;朋友而面數其過,斯疏矣。君臣朋友義合,故微辯微諫,而聽由其道義自省自處也,所謂'其過失可微辨而不可面數'①也。於臣也,'爲人臣之禮不顯諫'②,三諫不聽可去之;於朋友也,'忠告而善道之'③,三微諫而不聽則止,而存盡君臣朋友之情義:盡其義,存其情,而情義兩全也。"④

或解曰:子遊曰:"事君而屢數(數落,責備,責其罪)之,斯(取)辱矣,朋友而屢數之,斯疏矣。"

或解曰:子遊曰:"事君煩數(頻繁打擾而不知節,細碎瑣屑而無條理

① 《禮記·儒行》。

② 《禮記·曲禮》:"為人臣之禮,不顯諫。三諫而不聽,則逃之。"《論語·先進》:季子然問:"仲由、冉求可謂大臣與?"子曰:"吾以子為異之問,曾由與求之問。所謂大臣者:以道事君,不可則止。今由與求也,可謂具臣矣。"曰:"然則從之者與?"子曰:"弑父與君,亦不從也。"然《禮記·檀弓上》又言:"事親有隱而無犯,左右就養無方,服勤至死,致喪三年。**事君有犯而無隱**,左右就養有方,服勤至死,方(比照,即比照父母三年之喪)喪三年。事師無犯無隱,左右就養無方,服勤至死,心喪三年。"其間異同之樞機,亦可深思。

③ 《論語·顏淵》:子貢問友。子曰:"忠告而善道之,不可則止,無自辱焉。"

④ 此解可與前文關於"幾諫父母"者對勘。

本末，僕屬不絶、齷促取憎）而不知節禮，斯辱矣；朋友而煩數不知節禮，斯疏矣。君臣朋友義合，其情親而有合，其禮敬而有分。親（而不狎）而敬，近而有禮，斯則相得長久之道也。"《禮記》曰"祭不欲數"①，祭猶如此，君臣朋友之教，其理亦猶如是。"君子淡以成，小人甘以壞"也②。

　　或解曰：子遊曰："事君而自伐數（數己之功勞），斯辱矣；朋友而自伐數，斯疏矣。"③

　　論曰：以天合與以義合，以此區分五倫，或以此分析五倫，或甚好，所謂主恩（情）與主義也。

　　今論曰：此句可推導設計古今之"君臣"（以言今，則比喻之言，實則其政治哲學乃根本不同）、朋友相處之法則。如"君臣，三諫不聽則去"。或曰今則不然，不以此論公政也。不過，即使在現代民選民治政治中，總統或首相一旦贏得選舉，則可根據相關憲法等公法所規定授予的權力，依照法律程序，而任命一部分相關高級政府官員，則他們之間之關係，雖非古之君臣關係，然亦以義合、以道（政見）合，故其屬僚諫之不聽，道不同不相為謀，亦可掛冠而去也。又如朋友之以義合，則亦俟合適之時機，而"溫言忠告善道之，切磋之，三諫之或三喻之而不聽，則止，而求同存異"，如此，則在諫者而言，固不失朋友盡忠匡正之義責，在被諫者，將來亦不諉過埋怨朋友，而維持一種人間義合之情誼也。至於朋友之間顯諫與否，則不必盡如君臣之間之方式，而自可或顯諫或喻諫，而皆盡忠溫言善道

---

　　①　"君子之交淡如水，小人之交甘如醴。君子淡以成，小人甘以壞。事君與交友皆若是矣。數者，昵之至於密焉者也。惟恐其辱，乃所以召辱，不欲其疏，乃所以取疏。故曰上交不諂，下交不瀆。"參見：吳嘉賓，《論語説》。《宋書·蕭思話劉延孫傳論》"夫侮因事狎，敬由近疏。疏必相思，狎必相厭。厭思一殊，營禮自隔。子曰：'事君數。斯疏矣。'"，參見：劉寶楠，《論語正義》。

　　②　《論語集釋》。

　　③　原意當不為是，然此解亦有其價值，故亦列舉之。

之而已。

解讀與發揮：

綜合各家觀點①，"數"有如下若干種含義：面數落其過、責其罪；煩數即屢諫，驟諫即屢諫——驟亦有疾速、突然意；頻頻，頻繁，頻煩屢數，與疏相對；數己之功勞；計數，列舉；煩速，疾，速數；煩瑣，偪促煩瑣，僕屬不絕、齷促取憎；僭，不信，即當信而後諫。然或以第一義為當。

---

① 《論語集釋》。

公冶長第五

子謂公冶長，"可妻也。雖在縲絏之中，非其罪也"。以其子妻之。

公冶長嘗無辜系獄，後自證解得出。子謂（論）公冶長，曰："可妻也。雖嘗在縲（黑索）絏（系，拘攣）（縲絏 léi xiè，即監獄，或被官府權力權威者定罪）之中，非其罪也"。以其子（女）妻（為之妻）之。蓋謂其人一貫，無論平居危難，不為不義，不為詭辭，守正循禮而可信託也。無辜獲罪，聖人猶或難免，然吾以此本心道義（正道正義）逆之，豈唯以權威外緣為榮辱臧否哉。

解讀與發揮：

獨立自我判斷的重要性。在進行道德（倫理）評價或正當性分析時，不以外在官府、權力之斷言為依據，將道德判斷和倫理判斷的標準還諸天道、正道、中道與道德主體本身，而不是寄託於任何外在的權威。即使在文政制度上（文化制度設置，也包括禮儀制度或禮儀系統等）認可或部分認可某些外在權威的某些正當性或合法性，但在道德判斷本身，卻仍然堅持自己根據天道、中道與本心靈明良知而來的獨立倫理判斷和道德判斷，而表現出了嚴肅的自我道德決斷的信念、意志和信仰。在不同的歷史情境下，有時，迫於時勢，或因為其他種種原因,一般人或未必去反抗權力或權威的判決,但在內心或個體道德決斷上,應根據自己所掌握的相關信息,做出獨立的判斷——包括闕疑或懸置,因為相關信息不足以支撐任何切實的判斷(包括虛假、誣枉的信息)——,直到獲得新的確切充足的信息或證據而作出相應的調整。只是不可欺心,不可自欺欺人,這是將道德判斷和倫理判斷的責任完全賦予道德主體本身,使其有更多的自覺性。道德判斷完全是個體的、獨立的,但卻是依據本心、良知或天道、中道、正義等,只有這樣,才可能有真正的道德,而任何外在強加的道德,都違背了道德主體的道德自由意志。至少在這裏的敘述中,孔子並不是根據公冶長的任何可能的才華或才能,尤其不是根據官府或權力、權勢、權威等來作出這個決定的①,而或僅僅是以此方式來表明一種道德決斷的獨立態度、個體態度或個體責任——當然,秉承人格獨立、基本人權平等尤其是自由意志和自由決斷的現代人,尤其是女權主義者,可能會對此句中所存在的"女子的命運被他人決定"這一狀況表示反對,這是另一個論題。

子謂南容,"邦有道,不廢;邦無道,免於刑戮"。以其兄之子妻之。

子謂南容②,曰:"南容其人,邦有道,則中正進取,不廢其德才(見任用);邦無道,則言行謹慎,自飭守正,不隨流俗汙濫,不從風靡

---

① 我也曾經試圖補充相關的背景說明,但一者毫無線索,二者,經過仔細思考之後,意識到了下文所說的這一點——即為表達一種獨立的道德判斷的態度或意志等——,乃不再執著於補充說明背景,換言之,《論語》重在闡述義理,故雖然亦基於史實,卻非重點。

② 孔子弟子,魯人,南宮括,字子容,又作南宮適、南宮韜。括、適、韜皆有"容"義,古人名字意義往往近似;朱熹以為:南容,孔子弟子,居南宮,名韜,又名適,字子容,諡敬叔,孟懿子之兄也。朱熹或誤。

失茫然（於正道中道），不為邪僻之事，而免於刑戮"。南容明乎時勢，動容出處得其宜，可謂知（智）矣。孔子乃以其兄之子（女）妻之。又曰："邦有道，危（正）言危行；邦無道，危行言孫。"①曰："甯武子邦有道則知，邦無道則愚。其知可及也，其愚不可及也。"②皆斯意也。

論曰：此蓋言其人性情平和中正沉穩，不狂不燥，不卑不亢，不過度逾矩，庸言庸行，正道禮義不違，無論亂世平世，皆有一貫之處世原則，即中道也，故出處得宜，不隨流俗，不被世風迷亂本性本心本智……

今論曰：我們未必贊同這種人生觀或價值觀，但觀乎中國歷史，或如果在中國古代社會或文化系統中生活，便知道這點是極其重要的。

子謂子賤，"君子哉若人！魯無君子者，斯焉取斯？"

魯人宓子賤（宓不齊，字子賤，孔子弟子，魯人）治單父（魯城邑名），彈鳴琴③，身不下堂而單父治，其民附。"孔子謂子賤曰：'子治單父而衆說（悅），何施而得之也？'對曰：'不齊父其父，子其子，恤諸孤而哀喪紀。'孔子曰：'是小民附矣，猶未（足）也。'曰：'不齊所父事者三人，所兄事者五人，所友事者十有一人。'孔子曰：'父事三人，可以教孝矣。兄事五人，可以教弟矣。友事十一人，可以教學矣（，又足以袪雍蔽矣）。是士附矣，猶未（足）也。'曰：'此地有賢於不齊者五人，不齊師之而稟度焉。'孔子曰：'昔堯舜聽天下，務求賢

---

① 《論語·憲問》。
② 《論語·公冶長》。
③ 彈琴而化，可見禮樂教化之要也。

以自輔。夫賢者,百福之宗也,神明之主也。((子賤)(不齊)所師者五人,足以慮無失策,舉無敗功矣①。)惜乎不齊所治者邑也!'"②③蓋言其德才足以為政於國也。

孔子兄子有孔蔑者,與宓子賤偕仕。孔子往過孔蔑,而問之曰:"自汝之仕,何得何亡?"對曰:"未有所得,而所亡者三。王事若襲,學焉得習?是學不得明也;俸祿少,饘粥不及親戚,是以骨肉益疏也;公事多急,不得弔死問疾,是朋友之道闕也。其所亡者三,即謂此也。"孔子不悅,往過子賤,問如孔蔑。對曰:"自來仕者無所亡,其有所得者三。始誦之,今得而行之,是學益明也;俸祿所供,被及親戚,是骨肉益親也;雖有公事,而兼以弔死問疾,是朋友篤也。"孔子喟然④,謂(論)子賤,曰:"君子哉若斯人也(指宓子賤)!若果謂魯無君子者,則斯人(指宓子賤)斯邑(指單父此邑)也,焉(哪裡,何處)所取如斯之賢人(指宓子賤所任用之單父賢人)與德才(指宓子賤及單父賢人之德才)哉?子賤及其父兄師友,其道、德、學、政、人也奚自哉?自吾鄉魯也。唯魯之禮樂文明不墜,所以可以養成群君子者也。"鄉里之禮樂美,風俗醇,文獻(鄉賢)備,教化盛,則君子多;鄉國君子多,則能取士以共襄美善之政也。政自學來,學以成德成人(賢人),人(賢人)以成政,政教(學)美善以化民成俗;習俗移人(民),民化之,則國治也。故曰:賢人多,用以為國,何(難之)有!

又曰:鄉君子多,樂道樂群,則美善其鄉風里俗,德不孤存,必

---

①　《呂氏春秋·察賢篇》。

②　《說苑·政理篇》。

③　此處所述與《呂氏春秋》稍有出入,可對照參看:"子賤(宓不齊,孔子弟子,魯人)治單父,其民附。孔子曰:'告丘之所以治之者。'對曰:'所父事者三人,所兄事者五人,所友者十有二人,所師者一人。'孔子又曰:'所父事者三人,足以教孝矣。所兄事者五人,足以教弟矣。所友者十有二人,足以祛雍蔽矣。所師者一人,足以慮無失策,舉無敗功矣。惜也不齊即爲之小,不齊爲之大,功乃與堯舜參矣。'"參見:《呂氏春秋·察賢篇》。

④　《孔子家語疏證》,p143。另可對照《說苑·理政》,參見:《孔子家語疏證》。

有鄰薰也。苟鄉無禮樂文獻(賢)，俗偷薄鄙野，則將"獨學孤陋，將無以自進於道德也"①。

論曰：實則孔子用人、行大道亦得益於此類。孔子為司寇時，其使仕者，多為門人弟子，又多魯人，正為此節作一注腳也。多門人弟子，則君子不器，每多德行文物教化之事；多魯人，則亦是"德不孤，必有鄰"，而薰染教化於一鄉一國乃至天下也。德化流行，賢人君子多，故可成就王者之事業也。"夫子爲司寇，門人多使仕者，原思、子羔、冉有、季路、樊遲、子貢、公西華是也。若子游仕武城，子夏仕莒父，子賤仕單父，仲弓仕季氏宰，未知爲夫子所使否。至於漆雕開之使仕而不仕，與閔子騫之使仕而不仕，則皆在此時。雖子騫力辭費宰，然仍爲夫子宰，要經從政，與子開之始終不仕稍不同，要其使仕則一耳。夫子使開，與子路使羔同。夫子既使由墮費，而子路卽使羔宰費，以鎮叛亂，此在夫子、子路實有使仕之責，非汎遣也。"②

子貢問曰："賜也何如?"子曰："女器也。"曰："何器也?"曰："瑚璉也。"

子貢問曰："賜也何如?"子曰："汝，器也。"曰："何器也?"曰："瑚、璉(黍稷器。夏曰瑚，殷曰璉，周曰簠簋 fǔ guǐ，宗廟器之貴者)③也。"瑚、璉亦宗廟禮器之貴者，皆有一器之用也；然若雍也，則可使南面，通達乎道而後可也。賜也勉乎哉，至於全體大用也！孔子曰："君子不器。"④"器者，各周於用，至於君子，無所不施"⑤，而至於

---

① 《論語後案》。
② 《四書賸言》，參見：《論語集釋》。
③ "瑚璉，黍稷器也。夏曰瑚，殷曰璉，周曰簠簋，宗廟器之貴者。"參見：《集解》。
④ 《論語·為政》。
⑤ 《集解》。

道,故君子不止乎器也。《易經·繫辭》曰:"形而上者謂之道,形而下者謂之器。"此之謂也。

李氏曰:"器者,以一能成名之謂。如子路之治賦,冉有之爲宰,公西華之治賓客,以至子貢之瑚璉皆是也。君子之學,德成而上,藝成而下,行成而先,事成而後。顏子視聽言動之間,曾子容貌辭氣顏色之際,而皋、夔、稷、契、伊、傅、周、召之功勳德業在焉,此之謂不器。"①君子上而通達天道,下而德化流行,而襄成天下大道也。

餘論曰:若夫孔子,不徒"入太廟,每事問","少能多鄙事",而多才器,然尤能通達大道,而德化流行,非徒一器或器用之者也。如上節孔子美子賤,實則孔子本人用人、行大道,亦得益於此類。孔子為司寇時,其使仕者,多為門人弟子,又多魯人,正為此節作一注腳也。多門人弟子,則君子不器,每多德行文物教化之事;多魯人,則亦是"德不孤,必有鄰",而薰染教化於一鄉一國乃至天下也。德化流行,賢人君子多,故可成就王者之事業也。此是聖人王者、君子賢人之行事,非徒一器也。

或曰:"雍也,仁而不佞。"子曰:"焉用佞? 禦人以口給,屢憎於人。不知其仁,焉用佞?"

仲弓(孔子弟子,冉雍,字仲弓,魯人)為人仁厚簡默,矜於言,時人或以為短於言辭,故曰:"雍也,仁而不佞(高材仁巧;口才妙巧捷敏)。"子曰:"焉用佞(口才妙巧捷敏)? 禦(操縱、凌駕)人(或解為民)以口給(口辭捷給,巧舌如簧),屢憎於人(或民)。不知其仁,焉用佞?""君子欲訥於言而敏於行,言之雖多,情或不信"②,行或不顧,失其本也。仁者愛人,又正以禮義實行,言語本乎是;無仁而佞言無實,則偽

---

① 李文貞,《論語劄記》,參見《論語集釋》。

② 《梁氏旁證》。

也,諂迎欺蒙也,淫詞詭辯也,顛末也,小人也。

今論曰:佞,早期亦有一定正面意義,或乃為中性,其後則漸為貶義,即巧舌如簧、諂媚逢迎之類。"不知其仁,焉用佞",此可為今之所謂庸俗"情商"下一針砭。

子使漆雕開仕。對曰:"吾斯之未能信。"子説。

孔子為魯司寇,使漆雕開(孔子弟子,姓漆雕,名啟,字子開,或曰蔡人)仕,曰:"子之齒可以仕矣,時將過"。對曰:"吾("吾"或為啟,漆雕開自稱名)學業未成,斯①(斯道斯學)之未能信②實無礙,尚須究習也。"子説(悅),善其志道深,學不成不仕,道不信不行也。學道必信實體認,貫通無礙,而後能道充志堅,探囊取物,行之不疑。故仕不可急。

所謂"吾斯之未能信",蓋言其欲明善誠身而至於至誠而後仕也。孟子曰:"居下位而不獲於上,民不可得而治也。獲於上有道,不信於友,弗獲於上矣。信於友有道,事親弗悅,弗信於友矣。悅親有道,反身不誠,不悅於親矣。誠身有道,不明乎善,不誠其身矣。是故誠者,天之道也。思誠者,人之道也。至誠而不動者,未之有也。不誠,未有能動者也。"③欲感格動人化民,則將誠信斯道也。

或解曰:孔子為魯司寇,使漆雕開(孔子弟子,姓漆雕,名啟,字子

---

① "斯"有多種可能解釋:斯道斯學;如斯,究習治道、體道自修如斯;此時,斯時之道德學問等。

② "信"亦有多種可能解釋:於道、學信實無礙,體道自得;誠信不疑、信實體悟自得,信此道,內外一致,或體道自然無疑;使民信己,取信於民;取信於君;見信於時。

③ 《孟子·離婁上》。

開,或曰蔡人)仕,曰:"子之齒可以仕矣,時將過"。對曰:"吾("吾"或為啟,漆雕開自稱名)斯之未能信①。"子説,悦其志道精進,不自足也。

論曰:"孔子嘗以其(漆雕開)學業大成使之仕宦,當是孔子為魯司寇時。蓋自天分氣,人己同體,但當成己而後成物。若明德之後而不新民,則於仁道有缺,此聖人合内外之道也。漆雕子以未敢自信,不願遽仕,則其學道極深,立志極大,不安於小成,不欲為速就,宜乎為八儒之一大派也,故孔子悦之。"②

另或有幾種解讀思路:"不己知";"知之為知之";孟子之"獲於上有道";有自知之明;"時將過",等等。

子曰:"道不行,乘桴浮於海。從我者其由與?"子路聞之喜。子曰:"由也好勇過我,無所取材。"

孔子師徒會坐。子曰:"用之則行,舍之則藏。今吾周流天下中國,而大道終不行,故吾或欲乘桴(桴,編竹木大者曰筏,小者曰桴)浮於海,(而之九夷③,行道教於海外)。從我者,其由(子路)與?"子路聞之,率爾而喜。子哂曰:"由也好勇過我(蓋狂者進取),惜乎無所取裁也(無所取裁於事之宜)。"此蓋因數子路行行(剛強之貌)而唸(音豔,俗而少學,或剛猛失容),故孔子因材施教,而欲糾其氣質之偏也。

或解曰:孔子師徒會坐。子曰:"用之則行,舍之則藏。今吾周流天下中國,而大道終不行,故吾或欲乘桴(桴,編竹木大者曰筏,小者

---

① 我還不敢相信這一點,即不相信我之德能修養學問積累已經達到了可以出仕的程度或水準,或還不能相信我可以勝任出仕任官。言其有自知之明,求道精進而不自滿。

② 《論語注》。

③ 所謂"九夷",有若干解説:或曰朝鮮;或曰東夷即渤海;或曰吳越等地。

曰桴)浮於海,(而之九夷,行道教於海外)。從我者,其由(子路)與?
(或解為:吾儕從我者,其亦將俱由之與?)"子路聞之,率爾而喜。子哂
曰:"由也,好勇而過,我無所取**材**於汝也(戲言不欲與子路俱行也;或
解曰"我無所取於好勇而過者也";另或解"材"為"哉","我無所取於汝哉",亦
可)。必也臨事而懼,好謀而成者也①。"此蓋因數子路行(剛強之
貌)而嗲(音豔,俗而少學,或剛猛失容),故孔子戲言以發之②,類於"由
也兼人,故退之"③,而亦有因材施教、糾其氣質之偏之意云爾。

　　或解"取材"為"好謀而成":子路曰:"文治以道,而有顏淵。於
武事即戎也,如子行(率領,指揮)三軍(大國三軍,萬二千五百人為軍,謂
為大國之軍帥也),則誰與(與之俱;或解贊許)?"子曰:"暴(徒手搏鬥)虎
馮(徒涉)河,死而無悔者,吾不與也。必也臨事而懼(戰戰兢兢,而必
敬慎其事也),好謀而成(周全,完善,成熟④)者也。"⑤謀而周全成熟,即
所謂"知所取裁"也。若夫行軍任事也,而臨事無懼,輕謀不審,則
恐不得其死矣。又:君子將帥義正以為上,正義而後勇,斯可治
軍⑥,而無過犯矣;不然,君子有勇而無義為亂,小人有勇而無義為
盜。由也好勇過我,惟當戒慎恐懼,而時時取裁於義(事之宜)⑦,則

　　①　《論語·述而》:子謂顏淵曰:"**用之則行,舍之則藏**,唯我與爾有是夫!"子路
曰:"子行三軍,則誰與?"子曰:"暴虎馮河,死而無悔者,吾不與也。必也臨事而懼,好
謀而成者也。"
　　②　觀乎《論語》一書,孔子與子路之對語,每皆直率,正言匡諫,可見師徒間一種
活潑潑之道義相規之情狀也。子路亦有心量,未嘗因此而慍怒於夫子也。
　　③　《先進》:子路問:"**聞斯行諸?**"子曰:"有父兄在,如之何其聞斯行之?"冉有問:
"聞斯行諸?"子曰:"聞斯行之。"公西華曰:"由也問聞斯行諸,子曰'有父兄在';求也問聞
斯行諸,子曰'聞斯行之'。赤也惑,敢問。"子曰:"求也退,故進之;**由也兼人,故退之**。"
　　④　按《史記·仲尼弟子列傳》中之記載,子路之死,恰在於"謀而不成",不周全,
不完善、完備,不成熟也。
　　⑤　《述而》。
　　⑥　《史記·仲尼弟子列傳》:"子路為蒲大夫,辭孔子。孔子曰:'蒲多壯士,又難
治。然吾語汝:恭以敬,可以執勇;寬以正,可以比眾;恭正以靜,可以報上。'"
　　⑦　《公冶長》:子曰:"道不行,乘桴浮於海。從我者其由與?"子路聞之喜。子曰:
"由也好勇過我,無所取材。"

義勇（事宜而勇）；義勇而好謀，則智勇而雙全也。戒慎恐懼者，臨事而懼也；取裁於義與智者，好謀而正以成也[①]。

解讀與發揮：

孔子"憂道之切，欲行道於海外，教其臣民禮義"，此可見孔子並不持狹隘民族主義或種族主義立場，而持人類普遍主義立場來行道，大道為公，天下為公，天下為仁，天下文明，而並非是霸道征伐統治也。故亦可藉"直掛雲帆濟滄海"一詩而喻言其志也。

或曰：浮海，隱居邪？行教於海外邪？周流各國，欲行大道，而道終不行，然則舉世滔滔兇險，如孤獨舟楫飄浮出没於狂狼波濤之間，兇險至極，一般凡人豈有此勇毅而堅持之？唯有子路有此勇敢。然其暴虎馮河，好勇而過，或好勇而過我，惜乎稍欠裁斷，即無所擇取裁斷之也。此可與《論語·述而》中相關文字對照解讀，則知孔子之意也：子謂顏淵曰："**用之則行，舍之則藏**，唯我與爾有是夫！"子路曰："子行三軍，則誰與？"子曰："暴虎馮河，死而無悔者，吾不與也。必也臨事而懼，好謀而成者也。"[②]"乘桴浮於海"云云，此蓋孔子稍有隱藏退處之微歎；"從我者其由與？"或有兩解，一解為：從事於我的弟子們，也會一起追隨我而"乘桴浮於海"嗎？另一種解釋是：願意

---

①　《先進》：閔子侍側，誾誾如也；子路，行行如也；冉有、子貢，侃侃如也。子樂。"若由也，不得其死然。"《史記·仲尼弟子列傳》亦記子路之結局：初，衛靈公有寵姬曰南子。靈公太子蕢聵得過南子，懼誅出奔。及靈公卒而夫人欲立公子郢。郢不肯，曰："亡人太子之子輒在。"於是衛立輒為君，是為出公。出公立十二年，其父蕢聵居外，不得入。子路為衛大夫孔悝之邑宰。蕢聵乃與孔悝作亂，謀入孔悝家，遂與其徒襲攻出公。出公奔魯，而蕢聵入立，是為莊公。方孔悝作亂，子路在外，聞之而馳往。遇子羔出衛城門，謂子路曰："出公去矣，而門已閉，子可還矣，毋空受其禍。"子路曰："食其食者不避其難。"子羔卒去。有使者入城，城門開，子路隨而入。造蕢聵，蕢聵與孔悝登臺。子路曰："君焉用孔悝？請得而殺之。"蕢聵弗聽。於是子路欲燔臺，蕢聵懼，乃下石乞、壺黶攻子路，擊斷子路之纓。子路曰："君子死而冠不免。"遂結纓而死。孔子聞衛亂，曰："嗟乎，由死矣！"已而果死。故孔子曰："自吾得由，惡言不聞於耳。"此正"不懼"之後果。

②　《論語·述而》。

或敢於跟從我"乘桴浮於海"的人，大概是(只有)由(子路)吧？換言之，當時孔子和眾弟子一起言談，子路聽到這句話後(當時孔子的口語大概就是《論語》裡面的聲口，並無今日所謂的文言白話之分，而是文言一致)，以為"由"說的是自己，於是馬上表示歡喜的表情或語言(或曰子路是事後聽聞，因為，如果孔子這樣去問弟子們，假若是當時言談，並且子路亦在，則通過來回問答，對"由"字的解釋也應該很清楚，子路不會產生誤解)。故孔子說子路好勇稍過，或過我，但可惜這裏沒有裁斷文句，導致子路理解錯了我的意思(我話未說完，你就馬上表示意見了，正如在《論語》其他地方批評子路率爾一樣)；或者，子路好勇稍過，可惜我找不到桴材，蓋不欲直接批評子路。

或解曰：子路好勇過，我無所取其以作桴材而浮海也。此言子路能從我，不能濟我？然而孔丘亦曰："自我得子路，惡言不至於門，人不敢侮"云云，故或非也。

或曰：孔子"乘桴浮於海"之言，乃一時感歎假設誇張之言，並非正式有心立言。子路不假思索此語境而信其為真。孔子嘉其勇、誠、直，而自言吾此語乃假設無心之言，而子路未聽出此意，未曾分辨裁制判斷之也。

孟武伯①問："子路仁乎？"子曰："不知也。"又問。子曰："由也，千乘之國，可使治其賦也，不知其仁也。""求也何如？"子曰："求也，千室之邑，百

① 可對照：《先進》：季子然問："仲由、冉求可謂大臣與？"子曰："吾以子為異之問，曾由與求之問。所謂大臣者：以道事君，不可則止。今由與求也，可謂具臣矣。"曰："然則從之者與？"子曰："弒父與君，亦不從也。"《雍也》：季康子(羅按：即季孫肥，魯國正卿，諡康，稱季康子。季平子生季桓子，季桓子生季康子。哀公十一年，季康子使公華、公賓、公林以幣迎孔子。孔子在外周流十四年，至此始回魯國，而編次《詩》《書》等。)問："仲由可使從政也與？"子曰："由也果，於從政乎何有？"曰："賜也，可使從政也與？"曰："賜也達，於從政乎何有？"曰："求也，可使從政也與？"曰："求也藝，於從政乎何有？"

乘之家，可使為之宰也，不知其仁也。""赤也何
如?"子曰:"赤也，束帶立於朝，可使與賓客言也，
不知其仁也。"

　　孟武伯或欲求士為用①，而詢問於孔子:"子路仁乎?"子曰:"不知
也。"②又問。子曰:"由也，公正果敢而信，片言可以折獄，千乘之國，可
使治其賦(兵賦)③也(意曰子路之才，可仕爲諸侯之臣也)④，不知其仁也。"⑤

―――――――――

　　①　此或有幾種情形：或孟武伯欲用士也，而諮之於孔子；或孟武伯欲為君卿求士
為用也；或季康子欲用之，而先使孟武伯與季子然來問，其後季康子亦親自問之；或則
此是孟武伯欲用，季康子問則是季康子欲用，而終於孟武伯未用，季康子用冉有等。此
蓋或是孔子為司寇時使弟子仕之事，或是孔子歸魯後使弟子仕之事。

　　②　《先進》:"由也升堂矣，未入於室也。"故不言仁。

　　③　治賦之法，不可不知，以成實學也。

　　④　可治兵賦，以其果敢服眾而具組織力也。

　　⑤　子路好勇，於仁、學、禮、謀或有所不及，故孔子屢次指正之，故不稱仁。
《論語·述而》:子謂顏淵曰:"用之則行，舍之則藏，唯我與爾有是夫!"子路曰:"子
行三軍，則誰與?"子曰:"**暴虎馮河，死而無悔者，吾不與也。必也臨事而懼，好謀而成
者也。**"《子罕篇》:子疾病，子路使門人為臣。病閒，曰:"**久矣哉! 由之行詐也，無臣而
為有臣。吾誰欺? 欺天乎?** 且予與其死於臣之手也，無寧死於二三子之手乎? 且予縱
不得大葬，予死於道路乎?"《先進》:閔子侍側，誾誾如也；**子路，行行如也；**冉有、子貢，
侃侃如也。子樂。"**若由也，不得其死然。**"//子曰:"由之瑟奚為於丘之門?"門人不敬
子路。子曰:"**由也升堂矣，未入於室也。**"//柴也愚，參也魯，師也辟，**由也喭。**//子路
問:"**聞斯行諸?**"……子曰:"求也退，故進之；**由也兼人，故退之。**"//子路、曾皙、冉有、
公西華侍坐。子曰:"以吾一日長乎爾，毋吾以也。居則曰:'不吾知也!'如或知爾，則
何以哉?"**子路率爾而對曰:"千乘之國，攝乎大國之間，加之以師旅，因之以饑饉；由也
為之，比及三年，可使有勇，且知方也。夫子哂之。**……曰:"夫子何哂由也?"曰:"**為國
以禮，其言不讓，是故哂之。**"《子路》:子路曰:"衛君待子而為政，子將奚先?"子曰:"**必
也正名乎!**"子路曰:"有是哉，子之迂也! 奚其正?"子曰:"**野哉由也!** 君子於其所不知，
蓋闕如也。名不正，則言不順；言不順，則事不成；事不成，則禮樂不興；禮樂不興，則刑
罰不中；刑罰不中，則民無所措手足。故君子名之必可言也，言之必可行也。君子於其
言，無所苟而已矣。"《季氏》:……孔子曰:"求! 君子疾夫舍曰欲之，而必為之辭。丘也聞
有國有家者，不患寡而患不均，不患貧而患不安。蓋均無貧，和無寡，安無傾。夫如是，
故遠人不服，則修文德以來之。既來之，則安之。**今由與求也，相夫子，遠人不服而不
能來也；邦分崩離析而不能守也。而謀動干戈於邦內。吾恐季孫之憂，不在顓臾，而在
蕭牆之內也。**"《陽貨》:子曰:"由也，女聞六言六蔽矣乎?"對曰:"未也。""居! 吾語女。
好仁不好學，其蔽也愚；好知不好學，其蔽也蕩；好信不好學，其蔽也賊；好直不好學，其
蔽也絞；**好勇不好學，其蔽也亂；好剛不好學，其蔽也狂。**"//子路曰:"君子尚勇乎?"子
曰:"君子義以為上。君子有勇而無義為亂，小人有勇而無義為盜。"

“求①也何如?”子曰:“求也,遊藝而侃侃如,善政事、理財,千室之邑,百乘之家,可使為之宰也②,不知其仁也。”③“赤也何如?”子曰:“赤也(公西赤,字子華,魯人),有容儀,善禮事言談,束帶立於朝,可使與賓客言也④,不知其仁也。”⑤

　　季子然(亦嘗)問:“仲由、冉求可謂大臣與?”子曰:“吾以子為異之問(別事之問),曾由與求之問。所謂大臣者:以道事君,不可則止。今由與求也,可謂具臣矣。”曰:“然則從之者與(蓋言從令,從上之令)?”子曰:“弒父與君,亦不從也。”⑥

　　子罕言利,與命,與仁⑦。若夫自處,亦謙曰:“若聖與仁,則吾豈敢?”⑧此何故邪? 曰仁有心體行用,仁之心體則自得之,仁之行用則有遠近廣狹也;以其心體與近易者言,則“我欲仁,斯仁至矣”;以其行用廣遠難能者言,“君子無終食之間違仁”⑨,“不使不仁者加乎其身”⑩,“無求生以害仁,有殺身以成仁”⑪,“博施於民而能濟眾”⑫,達於天下⑬,

---

　　① 冉求,字子有,通稱冉有。

　　② 可獨當一面而為卿大夫小邑之宰也;可使之為卿大夫之家臣家宰或邑宰,可獨治一邑之才也。

　　③ 《論語・先進》:季氏富於周公,而求也為之聚斂而附益之。子曰:“非吾徒也。小子鳴鼓而攻之,可也。”《孟子・離婁上》:孟子曰:“求也為季氏宰,無能改於其德,而賦粟倍他日。孔子曰:‘求非我徒也,小子鳴鼓而攻之可也。’”

　　④ 《先進》:“赤何如?”對曰:“非曰能之,願學焉。宗廟之事,如會同,端章甫,願為小相焉。”

　　⑤ 孔子或責公西赤不儉廉:《雍也》:子華使於齊,冉子為其母請粟。子曰:“與之釜。”請益。曰:“與之庾。”冉子與之粟五秉。子曰:“赤之適齊也,乘肥馬,衣輕裘。吾聞之也,君子周急不繼富。”原思為之宰,與之粟九百,辭。子曰:“毋! 以與爾鄰里鄉黨乎!”

　　⑥ 《先進》。

　　⑦ 《子罕》。

　　⑧ 《述而》。

　　⑨ 《里仁》。

　　⑩ 《里仁》。

　　⑪ 《衛靈公》。

　　⑫ 《雍也》。

　　⑬ 《陽貨》:子張問仁於孔子。孔子曰:“能行五者於天下,為仁矣。”請問之。曰:“恭、寬、信、敏、惠。恭則不侮,寬則得眾,信則人任焉,敏則有功,惠則足以使人。”

此則雖王者亦猶必世而後仁①。論其廣遠則為之也難,故言之訒,又不輕許於諸弟子也②。然非謂斯諸弟子非君子賢者也③。且其後也,斯諸弟子之於仁,亦皆有擴展而漸至於大者矣。

餘論曰:此卷大體皆在講(孔子弟子等)人物品評、言語應對、性情行事、出處進退等而已。此以上數節又特別談及子路之性情氣質。子路果敢、剛毅直率,然失之於粗率剛硬,不知仁佞,不似雍之"仁而不佞",不同於南容之謹慎世情、優裕進退而能明哲保身,不似子賤之仁賢沉厚簡默也。

孔子此處之回答亦可謂實事求是,並不因為親近弟子而過甚其辭,此為言說臧否之基本原則。

子謂子貢曰:"女與回也孰愈?"對曰:"賜也何敢望回。回也聞一以知十,賜也聞一以知二。"子曰:"弗如也! 吾與女弗如也。"

子謂子貢曰:"女(汝)與回(顏回)也孰愈(優勝,勝過,超越)?"對曰:"賜也何敢望回。回也聞一以知十,賜也聞一以知二。"子曰:"弗如也! 吾與(和;朱熹解為"許",許與,同意)汝弗如也。"④

蓋顏回性仁心明,依其明睿之本性、常識、道理(今又有邏輯)以

---

① 《子路》:子曰:"如有王者,必世而後仁。"

② 《顏淵》:司馬牛問仁。子曰:"仁者其言也訒。"曰:"其言也訒,斯謂之仁已乎?"子曰:"為之難,言之得無訒乎?"

③ 《憲問》:子曰:"君子而不仁者有矣夫,未有小人而仁者也。"

④ 《先進》:子曰:"回也其庶乎,屢空。賜不受命,而貨殖焉,億則屢中。"《學而》:子貢曰:"貧而無諂,富而無驕,何如?"子曰:"可也。未若貧而樂,富而好禮者也。"子貢曰:"詩云:'如切如磋,如琢如磨。'其斯之謂與?"子曰:"賜也,始可與言詩已矣! 告諸往而知來者。"

判斷而思考之,故聞一而知十,不失常度;賜或有用智者,故曰但能"聞一以知二"。孔子亦自曰不如,既是謙言,所謂聖而不自居聖也;尤是真心讚許之言也。孔子嘗曰:"有是哉顏氏之子! 使爾多財,吾為爾宰。"①由此亦可知也。

故曰:智術不如性仁,性仁自然而明中,智術則逞一己之智量,然終究人算不如天算,而天算即性本仁明也。性仁則萬物萬事通,智術則每事每物用智而已;智者千慮多失,仁者本性任心自然,無所失也。故又曰:任天道人心本性而不用私智也。

今論曰:"聞一以知十",今曰善於比類與推演,邏輯與條理,知方知類,注重思維術,演繹與推理等。

宰予晝寢。子曰:"朽木不可雕也,糞土之牆不可杇也,於予與何誅。"子曰:"始吾於人也,聽其言而信其行;今吾於人也,聽其言而觀其行。於予與改是。"

宰予無疾而於白晝耽息於內寢,無所事。子曰:"朽木不可雕也,糞(除穢,掃除)土之牆不可杇(wū,平塗,塗抹;泥塗;或曰是瓦刀;或作

---

① 《史記·孔子世家》:孔子困於陳蔡,絕糧,從者病,莫能興,而孔子講誦弦歌不衰。子路慍見。孔子知弟子有慍心,乃召子路而問曰:"詩云'匪兕匪虎,率彼曠野'。吾道非邪? 吾何為於此?"子路曰:"意者吾未仁邪? 人之不我信。意者吾未知邪? 人之不我行也。"孔子曰:"有是乎! 由,譬使仁者而必信,安有伯夷、叔齊? 使知者而必行,安有王子比干?"子路出,子貢入見。孔子曰:"賜,詩云'匪兕匪虎,率彼曠野'。吾道非邪? 吾何為於此?"子貢曰:"夫子之道至大也,故天下莫能容夫子。夫子蓋少貶焉?"孔子曰:"賜,良農能稼而不能為穡,良工能巧而不能為順。君子能修其道,綱而紀之,統而理之,而不能為容。今爾不修爾道而求為容。賜,而志不遠矣!"子貢出,顏回入見。孔子曰:"回,詩云'匪兕匪虎,率彼曠野'。吾道非邪? 吾何為於此?"顏回曰:"夫子之道至大,故天下莫能容。雖然,夫子推而行之,不容何病,不容然後見君子! 夫道之不修也,是吾醜也。夫道既已大修而不用,是有國者之醜也。不容何病,不容然後見君子!"孔子欣然而笑曰:"有是哉顏氏之子! 使爾多財,吾為爾宰。"

圬)也。宰予也,若自甘朽木與糞牆然,自暴自棄,則吾於予與(也;或曰給予)何誅(責)?"孔子"所以言此二者,言汝今當晝而寢,不可復教,譬如爛木與糞牆之不可施功也。"①實所以深責之也。

子曰:"始吾於人也,聽其言而信其行;今吾於人也,聽其言而觀其行。宰予,利口辯辭,然言辯而行不逮,故吾於予與(也)改是②,而察言觀行兼顧之。"孔子曰:"吾欲以顏色取人,於滅明③(孔子弟子,澹台滅明,子子羽,魯人,《史記》言其"狀貌甚惡",而實有其才)邪改之。吾欲以言語取人,於予邪改之。"④此皆孔子重辭痛責之也。

或曰"晝寢"當為"畫寢",則宰予之過在於不識本末,而騖觀美,又不識朽木、糞土之牆之本質,故勞而無功。質言之,不用功於學行,徒務於小事,故孔丘責之。此喻又或責宰予魯鈍,不能識得事物本質,而於錯誤地基上為無用之功而已。

餘論: 對於澹臺滅明,《孔子家語》中之記載與《史記·仲尼弟子列傳》之記載有異:"澹臺子羽有君子之容,而行不勝其貌;宰我有文雅之辭,而智不充其辯。孔子曰:"里語云:'相馬以輿,相士以居,弗可廢矣。'以容取人,則失之子羽;以辭取人,則失之宰予。"⑤"澹台滅明,武城人,字子羽。少孔子三十九歲,狀貌甚惡。欲事孔

---

① 《皇疏》。

② 《史記·仲尼弟子列傳》:"宰予字子我。利口辯辭。……宰我為臨菑大夫,與田常作亂,以夷其族,孔子恥之。"

③ 《史記·仲尼弟子列傳》:"澹台滅明,武城人,字子羽。少孔子三十九歲。狀貌甚惡。欲事孔子,孔子以為材薄。既已受業,退而修行,行不由徑,非公事不見卿大夫。南游至江,從弟子三百人,設取予去就,名施乎諸侯。孔子聞之,曰:"吾以言取人,失之宰予;以貌取人,失之子羽。"

④ 《大戴禮五帝德篇》。然按此處之語意,前曰澹台滅明貌惡而有才,則後半句似亦當解作褒獎宰予之意,或是宰予言語多不謹慎深思,利口辯辭而不信實,然其行也,則有可觀。如作此解,則此節或非"宰予晝寢",而或為"畫寢"乃至其他,而"朽木不可雕,糞土之牆不可圬"亦或非斥責之語?然作何解?但"信"與"觀",則亦提示語意轉折,故當解以"深責"為是也。

⑤ 《韓非子·顯學》中所記與此類似,參見:《孔子家語疏證·子路初見》。

子,孔子以為材薄。既已受業,退而修行,行不由徑,非公事不見卿大夫。南游至江,從弟子三百人,設取予去就,名施乎諸侯。孔子聞之,曰:'吾以言取人,失之宰予;以貌取人,失之子羽。'"①以《論語》此節之句式,似當以《孔子家語》、《韓非子》所解為是——且韓非子不似《論語》記者皆系孔門弟子,並非儒家中人,無門派之見,或許更能中立持論;然結合《論語》中對於澹台滅明"道不由徑"之贊許來看,又當以《史記》為是。終未知孰是。

不可教之意。民間有所謂"爛泥巴扶不上壁"之説,正是此解。

子曰:"吾未見剛者。"或對曰:"申棖。"子曰:"棖也慾,焉得剛?"

子曰:"吾未見剛者。"或對曰:"申棖(chéng)。"子曰:"棖也慾(多情慾;多嗜慾),焉得剛?"多慾而為慾牽,難自制拔,焉得剛!剛者,孟子浩然之氣是也。所謂"配義與道,自反而縮,雖千萬人,吾往矣。"②剛則志意堅決不動心。其人多慾,清剛之氣遂寖微矣。

論曰:"正大光明,堅強不屈之謂剛,乃天德也。全此德者,常伸乎萬物之上,凡富貴貧賤,威武患難,一切毀譽利害,舉無以動其心。慾則種種世情繫戀,不能割絶,生來剛大之氣,盡爲所撓,心術既不光明,遇事鮮所執持,無論氣質懦弱者多屈於物,卽素貞血氣之彊者,亦不能不動於利害之私也。故從來剛者必無慾,慾則必不剛,不可一毫假借。"③

俗語有"無慾則剛"之説,蓋從此來。

---

① 《史記·仲尼弟子列傳》。
② 《孟子·公孫醜上》。
③ 《反身錄》。

子貢曰：“我不欲人之加諸我也，吾亦欲無加諸人。”子曰：“賜也，非爾所及也。”

子貢曰：“我不欲人之加（施）非義諸（之於）我也，吾亦欲無加（施）非義諸人。”子曰：“賜也，‘己所不欲，勿施於人’，然此非爾所實及也，又不知其正義（真正含義）也（非爾所真知也）。”①

子貢之意，己所不欲者，則不欲人加諸我；人所不欲者，則（人）亦不欲我加諸人。而所謂己所不欲與人所不欲，同是一事，乃天下之通則，故可以“己所不欲，勿施於人”一語蔽之。此處之“己”也，“人”也，“常人”也，“伾人”②也，“天下人”（今曰法律平等主體）也。此所言者，即“恕”也，“絜矩”也，以己人如人心，以人心如己心，而通如天下人之心也。孔子以為子貢雖有此言此志，而實未能領悟其真義，又未能持守之，如為季氏聚斂，即是“人（己）（指庶民）之所不欲而我猶施與人”也，故曰“非爾所及”，而深責之。

“己所不欲”之“己”，非謂“一己”與“一己之私見私慾”也，乃天道、人道、公道也，天下人之常識、共識、公義（群己權界）也。倘其為天道、人道、公道，或天下人之常識、共識、公義，則雖“一己私人之所不欲”，而亦當持守也。子貢為季氏聚斂，即為一己一人（季氏）之私見私慾，而違天道人道公道與乎天下之常識共識公義，故孔子斥之為“弗及”也。

今論曰：人倘不先守天道、人道、公道與乎天下之常識共識公

---

① 子貢所表述者，即是孔子所謂“己所不欲，勿施於人”，然孔子以為子貢未能行及此也，如其從政後之為季氏聚斂，即是“己所不欲而施於人”，即是“以非義加諸人”也，故孔子直言“非爾所及”，而深責之。

② 人伾，詳見拙著《大學中庸廣辭》。

義,而但偽飾之以"個體權利"、"法律"之名,則亦猶是也。慎之。

　　譬如,"吾"此時此地此境而強眾智勇健壯多友,"吾"異時異地異境異人則或弱寡愚怯疾病老幼孤獨,相對待而言也,又自然之代序也(不同年齒階段,人皆有之),故皆當如通而恕之。聖人製禮作樂,必皆如心忠恕而絜矩用中(中庸)以製作也。且他人亦人,我亦人,我之親疏遠近皆是人,皆有是之狀態,雖曰別愛之,而必曰先泛仁兼愛之(愛人,人伻之泛仁)而後別愛之(人倫之愛敬),故曰泛仁人伻兼愛而後親親人倫別愛也……

　　古之所謂"恕",非今之所謂"寬恕"(原諒)也,乃曰(天道)"公義"而已。公義其道法,寬恕其私德;公義而法治法制(法定人伻、基本人權與法定義務),寬恕而德慈自修。二者不可故意淆亂也。

　　若夫常識共識公義之達成程序,則又是一事。暫不贅述。

　　或解"加"為"誣",曰孔子從政多年,深知毀譽難所自辭,而清者自清,濁者自濁,他人之毀譽加誣,何有於我哉! 孔子勉其不必在意前者(我不欲人之加諸我也)。後者當力行,前者不強求,而自然而然至,方是矣。所謂吾人雖不大理於眾口,屢憎於人,而君子坦蕩蕩,自無傷也。或曰:仁而故不加誣諸人,仁而尤當立人達人,前為消極之仁,後為積極之仁。然此解亦卑矣,故不取。

子貢曰:"夫子之文章,可得而聞也;夫子之言性與天道,不可得而聞也。"

　　子貢曰:"夫子之文(詩書禮樂;六籍)章(或解"文"為詩書禮樂或六籍,而解"章"為"明"也;或將"文章"而解為詩書禮樂或六籍;《集解》:文采形質著見,可以耳目循也;《集注》:文章,德之見於外者,威儀文辭皆是也),雅(常)言(而見)之,故可得而聞(見)也;夫子之言性(鄭注:性,謂人受血氣以生,有賢愚吉凶;何注:性者,人之所受以生者也;天命之謂性)與天道①,罕言之②,故不可得而聞也。"

太史公論曰:"孔子論六經,紀異而説,不書。至天道性命,不傳。傳(是)其人,不待(須)告;告非其人,雖言不著(明)。"③此"言天道性命,忽有志事,可傳授之則傳,其大恉微妙,自在天性,不須深告語也。(又)言天道性命,告非其人,雖爲言説,不得著明微妙,曉其意也。"④性與天道,而幽微深隱者,非天機卓達者不易入,又不易以言辭解,主親證心悟。若夫思而不學,祖尚浮虛空談(若老氏、釋氏、宋明理學尤其是明末心學等之末流者),翻成玩狎,則性與天道未必悟,而詩書禮樂、孝悌忠信、修己安人之實學已墮,反多弊病債害。故無論孔子生前身後,子貢諸弟子皆罕所得聞也。

論曰:文章可聽聞研讀,其言性與天道則不可得聞也。何故邪? 蓋性與天道,凡俗人一時難以領悟,多説反增迷妄,故罕言。然而宋明學者多言性與天道,而於實學(六籍文章或詩書禮樂)或反有所不能實習也。

或解曰:哲人其萎,其文籍章明,可得而研讀見習;至於言談微中,可以解紛,而其音容言解則不可得而聞也。亦可傷也。

或問:"言"曰"聞"猶可也,而文章何故説"聞"? 曰:詩書禮樂中之文辭,而雅言之,故可得而聞也。

性與天道,亦曰人性(五常)與天道(天之性:如春仁夏禮秋義冬智

---

① 天道:鄭注:七政變動之占;何注:元亨日新之道也;吉凶禍福之理知;一陰一陽謂之道;天理;《中庸》:"至誠不息",新新不已。或曰:"言性與天道",謂《周易》、《春》秋,即《周易》、《春秋》中多所言之也。

② 《子罕》:子罕言利,與命,與仁。

③ 《史記·天官書》,《正義》曰:"待,須也。言天道性命,忽有志事,可傳授之則傳,其大恉微妙,自在天性,不須深告語也。著,明也。言天道性命,告非其人,雖爲言説,不得著明微妙,曉其意也。"《論語集釋》轉引自《潘氏集箋》。

④ 同上。

然），或性命與天道。

子路有聞，未之能行，唯恐有聞。

子路，有聞一善言（正言讜論或匡諫指陳，即：告之以善言或告之以有過，皆善言也），則必當下實行之（遷善改過）；倘未之能行成（遷改而成德之），則唯恐又聞其他，而行之不給（及）也。以子路勇於必行，當下遷善改過，於其身也，絲毫不寬假時日也。其聞過則喜、聞善必行也如此①。

或解曰：子路，倘有聲聞而實未之能行，則唯恐有聞。不患人不知聞，患己無其實行而名實不副也。所謂“不急於聞，而急於行”②。此蓋受教於夫子“知之為知之，不知為不知”之後也。

子貢問曰：“孔文子何以謂之文也？”子曰：“敏而好學，不恥下問，是以謂之文也。”

孔文子（衛大夫，名圉，孔叔圉）其人，私德多虧③，而諡文（勤學好問曰文）④，子貢疑而問曰：“孔文子何以諡謂之文也？”子曰：“亦有一長也。敏（識之疾敏聰明）而好學，不恥下（學問能力職位在我之下者）問，是以謂之文也。”

朱熹曰：“先王之製諡，以尊名節，以壹惠（一定、評定其惠澤），故人生雖有衆善，及其死，則但取其一以為諡，而不盡舉其餘也。以

---

① 故能“登堂”矣。
② 《朱子語類》。
③ 其事可參見《左傳·哀公十一年》，參見：《左傳今注今譯》（下冊）。
④ 《諡法》云：“勤學好問曰文。”

是推之,則其爲人或不能無善惡之雜者,獨舉其善而遺其惡,是亦諡法之所許也。蓋聖人忠孝之意,所以爲其子孫之地,與銘器者稱美而不稱惡同旨。惟其無善之可稱而純於惡焉,則名之曰幽厲,有不能已耳。"①《諡法》云:"勤學好問曰文。"諡則或爲尊親者諱;史則直書無隱,千古而無所逃於天地之間也。故人之生也,其言行出處、道德聲名,可不戒慎怵惕乎!

論曰:中國儒家文化重名(名譽聲聞),故曰名教。

子謂子產,"有君子之道四焉:其行己也恭,其事上也敬,其養民也惠,其使民也義。"

子謂(評論)子產(鄭大夫公孫僑),"有君子之道四焉:其行己也恭,其事上也敬,其養民也惠,其使民也義"②。

今論曰:斯義也,古之公事禮法,如取民有制、使民以時等;而今之公法也,如憲法、行政法等,而仕民皆不得凌駕侵越。至於所謂"事上",今則人格平等,故其所謂敬也,於公則公共職事之相敬於公義公法,或有所謂上下職權、職事之不同,而不敢越於公法職權之外;於私則私人情意之泛仁兼愛人怦之相敬,或各各自卑以尊人,又有人倫別愛之相敬也。所謂"養民、使民",實則今乃"官爲民養"、"官爲民使而服事之"而已,則"執政聽民爲(服務)民利民"而已,不言使與惠也。民我同胞,且君官就食於民而已,故其(君官)於民也,必敬必愛必畏,又必以政事利之,此所謂服事養民而惠之也。

"其行己也恭,其事上也敬,其養民也惠,其使民也義":"其行己也恭,其事上也敬"可兼就公私而言,然亦須公私分明;"其

---

① 　《朱子或問》。
② 　朱熹解爲:"使民義,如都鄙有章,上下有服,田有封洫,廬井有伍之類。"

行己也恭”，則無論公私，皆能自克矜謹，平等尊重恭敬一切人，所謂泛仁人伾也；“其事上也敬”，於公事，則於公法公義之内敬上盡職；於社會倫理，則於情意私義之内敬德敬賢敬老等也；蓋德行或有差等，至於人格人伾，則平等也。“其養民也惠，其使民也義”皆就公事説，今則不言“養民”、“使民”，官由民養民使，非本末倒置也。然則“養、使”可置换爲“執政、服務、服事”，曰“其處政也聽民利民，其事民也以公義”，可也。若將“其養民也惠，其使民也義”用於私域或私人倫理，則曰“其與人交而惠而義”，然斯惠也，爲純粹個人德行，並非義務。文中之“義”，則必然規範義務，非謂德行也。

子曰：“晏平仲善與人交，久而敬之。”

子曰：“晏平仲（齊大夫，晏姓，平諡，名嬰）善與人交，久而人敬之。”其交道何在？曰正身義事，不苟合（取容），不苟訾（於己所不知），寬而能容，忠恕之而已。晏子有言曰：“事君苟進不道忠，交友苟合不道行，不任於上則輕議，不篤於友則好誹，此邪人之行也。事君盡禮行忠，不正（預期，期待）爵祿，不用則去而不議；其交友也，論身行義，不爲苟戚，不同則疏而不誹，此正士之行也。”[1]此晏子所以久而人敬之之道也。

論曰：“交有傾蓋如舊，亦有白首如新。隆始者易，克終者難。敦厚不渝，其道可久，所以難也。故仲尼表焉。”[2]又論曰：“交際之間，其人實有可敬，而我不知敬，則失人。其人本無可敬，而我誤敬之，則失己。失人失己，必貽後悔。故必由淺漸深，由疏漸親，爲時既久，灼見真知，然後用吾之敬，自可免失人失己之患，此其所以爲

---

① 《晏子春秋》。
② 《皇疏》。

善也。或問：'交主於敬，如子所云，交可不敬乎？'曰：'交所以用吾情，敬所以行吾心。汎愛，交之謂也。親仁，敬之謂也。敬行於久，善交之謂也。'"①又曰：泛愛，人伻也；親仁，敬賢之人倫也。

子曰："臧文仲居蔡，山節藻梲，何如其知也？"

子曰："臧文仲（魯大夫臧孫辰，文為諡）為魯君居藏蔡龜（天子之守龜，以卜筮也。天子諸侯大夫士之守龜各有差，而天子蔡龜長尺二寸；以魯君得賜天子禮樂，故魯亦有蔡龜）②，而山節（節：栭，音兒，斗拱，柱上支承大樑之方木，即柱頭斗拱；山節：刻山於節）藻梲（梲音桌，梁上短柱；木杖。藻梲：畫水藻於梲）(shān jié zǎo zhuō)③以飾其居（即居藏蔡龜之屋所），何如其知（智）也？"山節藻梲，天子宗廟之禮也，而臧文仲用之，若曰大夫而用此，僭也④；若曰為魯君，則僭天子禮⑤；若曰敬神，則自有禮度而不可謟黷奢侈（而加重國家庶民之公共財政負擔）；且神可正敬不可苟媚，而臧文仲實乃媚神以邀福也，則豈可得遂，又豈可謂知？朱熹曰："孔子言其不務民義而謟黷鬼神如此，安得爲知。《春秋傳》所謂'作虛器'，卽此事也。"

子張問曰："令尹子文三仕為令尹，無喜色；三已之，無慍色。舊令尹之政，必以告新令尹。何

---

① 《惠廸邇言》(《四書拾遺引》)。

② 《全祖望經史問答》："據漢人之說，則居蔡是僭諸侯之禮，山節藻梲是僭天子宗廟之禮，以飾其居。"如《漢(書)・貨殖傳》序：'諸侯刻桷丹楹，大夫山節藻梲。'《後漢(書)・輿服志》：'禮制之壞，諸侯陪臣皆山節藻梲。'"然又有說"但臧孫居蔡，非私置也，蓋世爲魯國守蔡之大夫。"《廣辭》於"居蔡"取後解，於"山節藻梲"則兼就"僭"與"媚神"分說也。

③ 山節藻梲，即於房屋大梁上之斗拱雕刻山形，於梁上之短柱繪飾藻紋。

④ 然前文言臧文仲乃為魯君藏，似乎另當別論，實則仍是僭。參見下註。

⑤ 然或曰魯君得成王之賜，於周公太廟，得用天子之禮，不為僭。然居藏蔡龜而如此，蓋仍是僭。

如?"子曰:"忠矣。"曰:"仁矣乎?"曰:"未知,焉得仁?"

"崔子弑齊君,陳文子有馬十乘,棄而違之。至於他邦,則曰:'猶吾大夫崔子也。'違之。之一邦,則又曰:'猶吾大夫崔子也。'違之。何如?"子曰:"清矣。"曰:"仁矣乎?"曰:"未知。焉得仁?"

子張問曰:"令尹子文(令尹子文,楚大夫,姓鬭 dòu,名穀,字於菟 wū tú①)②三仕為令尹,無喜色;三已之,無慍色。舊令尹之政,必以告新令尹。何如?"子曰:"忠矣(忠於君國,忠於公事也)。"③曰:"仁矣乎?"曰:"未知(智),焉得仁?"(智尚未及,何得謂仁;不及智,亦難為仁)

論曰:"(令尹子文)進無喜色,退無怨色,公家之事,知無不爲,忠臣之至也。(然而)子玉(芈姓,成氏,名得臣,字子玉,鬭(鬭)伯比之子,子文之弟)之敗,(始於)子文之舉④,舉以敗國,不可謂智也;賊夫人之子⑤,

---

①　古代楚人稱虎為"於菟"。

②　關於令尹子文,有兩種解說,《莊子》、《吕氏春秋》、《史記》皆曰為孫叔敖;或曰鬭穀於菟。《廣辭》取後者。《四書賸言》:"《國語》鬭且廷曰:'昔鬭子文三舍令尹,無一身之積,恤民之故也。'是子文實有三已事,此其明文。況且廷又曰:'子文受禄必逃之而後反之。'此皆讓爵讓祿之實行。觀其後忽舉子玉以自代,雖所舉不當,然其退讓之意則概可睹也。"

③　子文忠國之事,又可參見《左傳·莊公三十年》:"鬭穀於菟為令尹,自毁其家以紓楚國之難。"

④　《左傳·僖公二十七年》:"楚子將圍宋,使子文治兵於睽,終朝而畢,不戮一人。子玉復治兵於蒍,終日而畢,鞭七人,貫三人耳。國老皆賀子文,子文飲之酒。蒍賈尚幼,後至,不賀。子文問之,對曰:'不知所賀。子之傳政於子玉,曰:"以靖國也。"靖諸內而敗諸外,所獲幾何?子玉之敗,子之舉也。舉以敗國,將何賀焉?子玉剛而無禮,不可以治民。過三百乘,其不能以入矣。苟入而賀,何後之有?'"

⑤　《左傳·僖公·僖公二十七年》:"楚子將圍宋,使子文治兵於睽,終朝而畢,不戮一人。子玉復治兵於蒍,終日而畢,鞭七人,貫三人耳。"而子玉終於敗於城濮之戰,自殺,參見:《左傳·僖公·僖公二十八年》。然此句意義稍歧異:夫人之子,指子玉?指子玉所殘殺之士卒?指舉薦不當而不恤本國之軍民,驅以沙場而殺之?指"族人犯法"之事?

不可謂仁。"①子文智蔽於子玉②,舉讓而誤國債事災民,豈智? 舉而害其兄弟子民(上文所謂"賊夫人之子"),又豈可謂仁?③ 在位君子之用人行政,關乎一國兆民之福祉,仁以愛民,智以知人斷事行政,豈可輕忽如此! 仁智者用人行政,必以國運民祉公義為准,不可失之輕忽蔽黯(而不明也)。

又論曰:子張所述令尹子文之行事,徒奉守公法、忠於公職等基本操守而已,未見其愛民之心事也。若夫舉薦用人,事關國運民祉之大局,可不智慎哉? 不智而舉薦用人行政,而誤國債事災民,豈可謂仁!

或解曰:子張問曰:"令尹子文三仕為令尹,無喜色;三已之,無慍色。舊令尹之政,必以告新令尹。何如?"子曰:"忠矣(忠於君國,忠於公事也)。"曰:"仁矣乎?"曰:"未知他行④,然單就汝所述之事,則焉得謂仁?"

"崔子(齊大夫,名杼)弑齊君(齊莊公,名光),陳文子(齊下大夫,名須無)有馬十乘,棄而違(去,離去)之。至於他邦,則曰:'此邦宰也,猶吾大夫崔子⑤也。'違之。(復)之一邦,則又曰:'猶吾大夫崔子也。'違之。(崔子)何如?"子曰:"清矣(潔身去亂)。"曰:"仁矣乎?"曰:"未知(智)。焉得仁?"(智尚未及,何得謂仁;不及智,亦難為仁。)

---

① 《皇疏》。

② 《論衡》。

③ 實則鬭子文其人,讓爵祿,恤民而無一身之積,不可謂無其賢德處也,然舉薦讓爵不當,而誤國災民,故不可謂智仁也。《四書賸言》:"《國語》鬭且廷曰:'昔鬭子文三舍令尹,無一身之積,恤民之故也。'是子文實有三已事,此其明文。況且廷又曰:'子文受祿必逃之而後反之。'此皆讓爵讓祿之實行。觀其後忽舉子玉以自代,雖所舉不當,然其退讓之意則概可睹也。"

④ 或曰:"但聞其忠事,未知其仁也",參見:《集解》。

⑤ 魯論作"高子",高厚也,"蓋弑君之逆,法所必討。高子為齊當國世臣,未聞聲罪致討,以春秋貶趙盾律之,宜與崔子同惡矣。"陳立,《句溪雜著》(論語正義引),參見《論語集釋》,稍牽強,《廣辭》不取。

或論曰:"陳文子所之驟稱(言說,播揚)其亂,不如甯子之能愚,蘧生之可卷,亦未可爲智也。"[1]此説蓋對於"隱惡而揚善"、"明哲保身"而論之。然陳文子此舉,徒自伐其清,於事無補,則於仁也何有? 道德君子之行事,非徒爲令聞自安,而尤貴實有裨益於天下國民,如援之以道、援之以三立之類,可謂仁矣。若夫徒自高聲譽而於世無補,乃至或取實禍,無所表見於世,如此不智,則焉得謂仁? 此孔子素所論之者也。今又論曰:蓋陳文子固或有自伐而不智處,然"能愚"、"可卷"云云,孔子雖多言之,究爲諸等性情氣質(今日氣質性格)與行事方式之一耳,此外又有光明磊落、正直俊偉、當義立斷與乎怒髮衝冠、金剛怒目、慷慨赴義、千萬不辭(自反而縮,雖千萬人吾往矣)之性格行事,亦可貴也。

或解曰:"崔子弒齊君,陳文子有馬十乘,棄而違之。至於他邦,則曰:'猶吾大夫崔子也。'違之。(復)之一邦,則又曰:'猶吾大夫崔子也。'違之。何如?"子曰:"清矣(潔身去亂)。"曰:"仁矣乎?"曰:"未知他行,然單就汝所述之事,則焉得仁?"

餘論: 此節中,崔杼弒君之事,本來牽纏,而此處皆隱去,孔子及其弟子和儒家出於尊君之需要,主要貶斥崔杼,然於事實上,其中所牽涉之諸人,全在行不義之事。故對此句,只可純作義理分析而已。實際上,陳文子當時亦嘗阻止崔杼娶棠薑[2]。

註解:

"未知。焉得仁?"一讀"知"爲本字,知道之意。但又分三種解説:一説**"未知他行"**[3],未知此二人其他行事。一説孔子未曾聽聞汝子張

---

① 《皇疏》。然李充之解仍然懸空泛泛,如朱熹《集注》亦如是。孔子蓋責其不能討賊定亂也。然此處之"智",到底實指何義? 則仍須斟酌。參見《左傳今注今譯》。

② 關於崔杼弒君之事,可參看《左傳·襄公二十五年》,參見《左傳今注今譯》。

③ "邢疏言:'如其所説,但聞其忠事,未知其仁也。'又言:'據其所聞,但是清耳,未知他行,安得仁乎?'"

所述之史事,實則子張記述有誤,故孔子答以"未知"而期子張自悟改正之①。一説孔子不瞭解此二人之情形(未知此二人之具體情形也,故闕疑答曰"未知"),但如單論"仁否",則據子張之敍述而言,此二人徒忠與清而已,未曾至於仁之層次或境界。而無論何種解説,則孔子皆是就事論事,單就本事來判斷其行為尚未達於仁之層次。但第二種解釋稍不周全,蓋以孔子之博識,不可能對此二人之史事不熟悉。

一讀"知"為"智",此亦有兩種解説,一説:意為不明智之人則焉能謂之仁(哪裏能談得上仁呢)②。則孔子乃是根據兩人之其他事蹟,而綜合判斷其人是否仁德,同時提出一普遍論點,即仁同時亦至少須和"智"關聯,如果不智,好心辦壞事,仍是不仁,故仁者必求學進智也。另一説:"《漢書人表》此語,師古注曰:**言智者雖能利物,猶不及仁者所濟遠也。**引此者,蓋班氏自述所表先聖後仁及智之次皆依於孔子也。"③

季文子三思而後行。子聞之,曰:"再,斯可矣。"

季文子(魯正卿大夫季孫行父。文,謚也)三思而後行,嘗曰:"備豫

---

① "太史傳孫叔敖亦云:'三得相而不喜,知其材自得之也。三去相而不悔,知非己之罪也。'然則此實孫叔敖事,與文子年代不甚遠,而子張因之傳疑也。……此申鮮虞違之他邦又之一邦事,與文子同事,姓名易譌,而子張復因之傳疑也。二大夫事蹟,於魯之春秋無一焉,夫子安從知之? 而安從論之? 故為此存不論不議之辭,而亦不置一譏貶。他日告子張曰:'多聞闕疑。'蓋有以也。"參見《四書大全辨》,轉引自《論語集釋》。

② "《漢書人表》此語,師古注曰:言智者雖能利物,猶不及仁者所濟遠也。""《論衡·問孔篇》説此章曰:'智與仁不相干也。有不智之性,何妨爲仁之行? 五行之道,不相須而成。人有信者未必智,智者未必仁,仁者未必禮,禮者未必義。子文智蔽於子玉,其仁何毀?'""《中論·智行篇》:'或曰:"仲尼言未知焉得仁,乃高仁耶?"對曰:"仲尼此亦有所激然,非專小智之謂也。"'亦讀知爲智。""《論衡·問孔篇》曰:'子文智蔽於子玉。'皇疏引李充曰:'子玉之敗,子文之舉。舉以敗國,不可爲智也。陳文子所之驟稱其亂,不如甯子之能愚,蓬生之可卷,亦未可爲智也。'"

③ 《論語集釋》。

不虞,古之善教也。"①子聞之,曰:"再,斯可矣。"蓋三思可以寡過,而季文子其人,賢明廉儉復顧慮深沉,謹小慎微,斯亦不可謂不臧也;然其纇者也,多思則或優柔寡斷而失其幾,或反至於世故利害之心勝,故孔子對治之以剛斷,義以勇決。

或論曰:"文子生平蓋禍福利害之計大(太)明,故其美惡兩不相掩,皆三思之病也。其思之至三者,特以世故太深,過爲謹慎。然其流弊,將至利害徇一己之私矣。蓋孝義節烈之士,雖天分學力兼而有之,而臨時要必有百折不回之氣,而後可成。古今來以一轉念之誤而抱恨終身者多矣。此章(節)再思三思,界限甚大,分際甚明,讀者不可忽也。"②故曰:君子配義與道而行之,再思而當義立斷,何至於三!

或解曰:季文子(魯大夫季孫行父。文,謚也)三思而後行③。子聞之,曰:"未至於三也。再而已矣。三思可以寡過。"

註解:

關於此節之意,有以下三種解釋,竊以爲當以第一解爲當,且尤合於義理及其發揮。一、季文子過思之弊。二、季文子未曾至於三思,僅至於再思而已。三思,思其是非(義),亦思其利害(智),然非僅從利害乃至爲惡之一邊思也。而文子未曾三思而後行也,若果三思而後行,則必無諸如"黨篡而納賂,專權而興兵,封植以肥己"④等

---

①　《左傳·文公六年》:"季文子將聘於晉,使求遭喪之禮以行。其人曰:'將焉用之?'文子曰:'備豫不虞,古之善教也,求而無之實難,過求何害?'"參見:《左傳今注今譯》(中);晉卿中行文子荀寅亦嘗曰:"君子之謀也,始、中、終皆舉(計慮,計謀)之。"參見:《左傳·哀公二十七年》,參見:《左傳今注今譯》(下)。

②　《論語稽》。

③　晉卿中行文子荀寅亦嘗曰:"君子之謀也,始、中、終皆舉(計慮,計謀)之。"參見:《左傳·哀公二十七年》,參見:《左傳今注今譯》(下)。

④　《升庵全集》。

之人生行事也。三、季文子其人賢明，二思即可寡過，不必三思也。

子曰："甯武子，邦有道則知，邦無道則愚。其知可及也，其愚不可及也。"

子曰："甯（nìng）武子（衞大夫甯俞。武，謚也），邦有道則智（展智能而用事作爲），邦無道則愚（佯愚似實如真）。其智可及也，其愚不可及也。"①

論曰："人情莫不好名，咸貴智而賤愚，雖治亂異世，而矜鄙不變。唯深達之士，爲能晦智藏名，以全身遠害。飾智以成名者易，去華以保性者難也。"②子曰："邦有道，不廢；邦無道，免於刑戮。"③亦斯之謂也。

或論曰："上章節論季文子之知，此章述甯武子之愚，正可兩兩互勘。大凡烈士殉國，孝子殉親，皆必有百折不回之氣而後成。當其不知有性命，不知有身家，一往直前，無所顧忌，有似乎愚。及其至性至情，動天地，泣鬼神，人乃以爲不可及。而不知所不可及者，即在此置身家性命於度外之一念乎。武子仕衞，進不求達，退不避難，在見幾而作之士，不免從旁竊笑。而卒各行其是，以保其身，而濟其國，此夫子所以歎美之也。"④

孔子此句，或有解爲孔子贊甯武子能佯愚韜隱避禍、明哲保身，同於"子謂南容"一節。然朱熹與《論語稽》中之解說又有深意（乃至更有意義），"成公無道，至於失國，而武子周旋其間，盡心竭力，

---

① 或曰"有道"爲衞文公時，或曰爲衞成公時，或曰有道無道皆屬衞成公朝，則雖爲一朝一君，而仍分有道與無道之時或事也，或曰只是對於"國之安定僞亂"而言，《論語集釋》。

② 《皇疏》。

③ 《論語·公治長》。

④ 《論語稽》。

不避難險。凡其所處,皆知巧之士所深避而不肯爲者,而能卒保其身,以濟其君,此其愚之不可及也"①。此爲仁勇者之"配義與道"之求仁似愚也。"邦無道則愚",不以明哲保身、隨波逐流、同流合污為念,而舉世囂囂、舉世非之,而我乃一義孤行、一身獨任,雖千萬人,吾往也不回而已。

以此解,則本節非所以徒論明哲保身之意也;然此亦有(天下)無道之時不為虎作倀、狼狽為奸、沆瀣一氣之意在。

子在陳曰:"歸與! 歸與! 吾黨之小子狂簡,斐然成章,不知所以裁之。"

哀公三年,孔子在陳,時年六十。魯召冉求,為季氏家臣。孔子亦牽動歸國之念,曰:"歸與! 歸與! 吾黨之小子(指冉求等弟子),志行狂簡進取(簡:大;狂簡:志大而略於事,高卓,或志高遠而才疏略,志高而行事有所疏簡),才華斐然成章(樂竟為章,成文成事為章;如豹紋文采斐然,比喻其才終成),如豹變文(紋)蔚②。惜(吾黨之小子)尚不知所以裁之③(裁之即用之,喻用其才而合於中正也,如尊王、王道仁政等)。吾願與俱歸而述作行教,使其知所裁正也。中正合於王道禮樂,則為政為仁乎何有(何難之有)!"卒未及行。哀公十一年,魯人以幣召之,乃歸,時年六十八,遂專意刪述六經而行教。

或解曰:哀公三年,孔子在陳,時年六十。魯召冉求,而余弟子亦多有在魯從政者,孔子(心系故國,若有憂)念之,曰:"歸與! 歸

---

①　《四書章句集註》。

②　《易》曰:"君子豹變,其文斐也。"

③　如豹紋斐然,裁之而後乃成禮服也,而得中正其宜合禮。裁之,即用之,喻用其才而合於中正(中正於天道人道)也。

與！吾黨之小子(指在魯國從政之冉求等弟子門人)狂簡(狷；狂簡即或狂或狷；狂是志大進取，簡是退守略事而有所不為)①(簡：略，退守而有所不為；或曰簡是狷，有所持守而不為)。匪(非；妄穿鑿)然成章(妄穿鑿以成文章)(或曰斐然成章，斐：紋采燦然)②，(恐其)而不知所以裁正之(或：斐然成章而不知所以裁正之)。吾當歸以教導裁制之，而使合於中正也③。中正，則小子可立，國可恃以興也。"卒因事未及行。

注解：

綜合之，"斐然成章"或"匪然成章"或有幾種解釋：(一)"匪然成章"：妄穿鑿以成文章，如宰我妄解；妄穿鑿而解禮樂、行政事，不得中正，如冉求為季氏用田賦；(二)"斐然成章"：文章典册斐然而富，即孔門弟子搜集相關禮書典籍(乃至孔子言辭論説)等，將以為孔子刪述六經也；(三)"斐然成章"：孔門弟子們才華如豹變文蔚而

---

①　竊以為：**此處之狂簡即是孟子所謂狂狷**，簡與狷同音，聽聞記述不同而已，然其原意也，或以孟子之解釋為是，不必依孔注。因為如依孔注和朱注，解"簡"為"大"，然則孔子弟子並非全是狂簡即消極進取者，亦有狷者即消極持守者，而狂狷俱不得中正，所以孔子欲歸而裁之。實則"簡"與"狷"亦可通，"簡"則略於事，"略於事"即是"退守而有所不為"，即"狷"也。

②　如宰我妄解"周人以栗，曰使民戰慄"云云，亦可謂是"匪然成章而妄穿鑿"也；或曰：此或為孔子諸弟子於此已開始私下記述孔子平時言辭論説(如"子張書諸紳"之類，《衛靈公》)，以及試圖幫助孔子收集相關禮樂典册(如至杞宋而求相關册簡等)，至於"斐然成章"：**此眾弟子所為，徒聚集(文獻典册)而已，不能裁之，故孔子欲歸而編定刪述之，而裁定六經也。**如朱竹垞亦有類似意見，"左氏爲孔子弟子，主其説者衆矣。謂'孔子將修春秋，與左丘明乘如周，觀書於周史，歸而修春秋之經。丘明爲之傳'者，嚴彭祖也。"參見：朱竹垞，《孔子弟子考》，《論語集釋》。此或亦可備為一種假説。然此處同樣可解讀為"斐然成章"，指孔子言自己弟子或狂或狷，而皆有所才華成就，徒不知裁制而合於中正也。

③　冉求為季氏用田賦，宰予妄解，子路"賊夫人之子"，皆是**"不知所以裁之"**之事例也，故孔子欲進一步系統解説教育之，此又牽涉禮樂典籍之編定，即所謂的刪述六經之事也。參見：《論語·八佾》：哀公問社於宰我。宰我對曰："夏後氏以松，殷人以柏，周人以栗，曰使民戰慄。"子聞之曰："成事不說，遂事不諫，既往不咎。"又參見：《論語·先進》：子路使子羔為費宰。子曰："賊夫人之子。"子路曰："有民人焉，有社稷焉。何必讀書，然後為學？"子曰："是故惡夫佞者。"

成章。"不知所以裁之"或"裁之"的含義亦有幾種解釋：指導、裁正諸弟子之政事等；删述編訂六經；行教於諸弟子。

子曰："伯夷、叔齊不念舊惡，怨是用希。"

子曰："伯夷、叔齊不念（念念不忘）舊惡（即怨，宿怨、夙怨，交惡，其惡於己有關涉），怨是用希。"

論曰：人之相交涉也，當時或有所交惡。若其無大惡大錯，其人改之，或時過境遷，事過則皆或寬恕或止而不論也。在乎具體情境與吾人心胸。

朱熹曰："此與不遷怒一般。其所惡者，因其人（其事）之可惡而惡之，而所惡不在我。及其能改（，或時過境遷），又衹見其善，不見其惡，聖賢之心皆如此。"① 於其惡也，當時或寬容恕諒之，或隨事指斥之，然既往則不念（忘之）不及也。論曰："聖人之心如明鏡止水，妍媸因物之自取。蓋所惡者，惡其惡也，非惡其人也。因其自取，非出於有心也。若惡其人而出於有心，則追念不忘矣。"②

或解曰：子曰："伯夷、叔齊不念（不提及乃至屢數之，寬忘之）人（他人，其惡於己無關涉）之舊惡（惡事錯事壞事），怨是用希。"與人交也，其人或有舊惡，然或已得其報，或已幡然改過，則往咎不及，不數辱之，而在乎此時之其人也。君子不揭短，而人不怨，故可親，得其人正。可親者，有寬諒恕容善善感正之仁厚之心也。

註解：
或曰，這裏的"惡"是其人，或其人與他人之"惡"，不是與"我"相互

---

① 《朱子語類》。
② 林希元，《四書存疑》。

間之"交惡";換言之,不是與"我"相關之私怨。質言之,就是説,其人過去的惡,事情或人事已經過去,並且今已無之,就不再提及,不揭傷疤。

然此句下有怨字,則前"惡"字是事實描述,指其時之(人)事之惡,"怨"字是主觀感受。換言之,"惡",這既可以是非相關之客觀描述,亦可以是相互之交涉關係,而無論是哪一種,因賢者君子當時之"惡之",亦皆一揆於義,及其(人)改過或時過境遷,則"我"便不再斤斤延續此惡惡之心,而大度容人而已。朱熹首明其以"介"、以"正義"而惡人,次言以恕、以寬以宥人,尤為周全:"伯夷、叔齊,孤竹君之二子。孟子稱其'不立于惡人之朝,不與惡人言。與鄉人立,其冠不正,望望然去之,若將浼焉。'其介如此,宜若無所容矣,然其所惡之人,能改即止,故人亦不甚怨之也。"[①]

或曰:此亦當看是何怨何惡,不可籠統論之。

子曰:"孰謂微生高直?或乞醯焉,乞諸其鄰而與之。"

子曰:"孰謂微生高[②](微生姓,高名,魯人)直?或(有人)乞醯(xī,醋,同酨 xiān)焉,高也乞諸其鄰而與之。"

直何謂?曰是是,非非;有有,無無,不假轉念思索,內外一致也。若夫微生高之待乞醯者也,答曰無之而乞諸鄰,是直;答曰有之而私(私下,偷偷地)乞諸鄰,其意也,或在"矯情飾行,以詐取名"也[③],

---

① 《四書章句集註》。

② 或曰微生高即尾生,"《太史公書蘇秦列傳》曰:'信如尾生,與女子期於梁下。女子不來,水至不去,抱柱而死。'"蘇代語燕昭王曰:'信如尾生高,則不過不欺人耳。'或曰微生高與尾生系二人,"然魯又有微生畝,則微生固魯之著姓,不必以微、尾字通用,謂即尾生也。且彼以信聞,此以直聞,直與信固兩義,未容牽合。"參見:《論語稽》、《論語集釋》。

③ 《潘氏集箋》。

則豈可謂直？蓋乞醯非關周急濟難，直言無之，可；答曰無之而代乞之，亦可。徒不可答有而私乞沽名譽也。斯微事也，然其意也，一多雜心雜念，便恐流為“曲意徇物”，乃至為詐佞也。當下本念①，思無邪，斯為直。又或有仁善柔懦者，不忍拒人，故或爾，然反損其直，故孔子揭櫫此義理，以加持其人正直行事之心力也。

或曰：答曰有之而私乞諸鄰，雖曰不直，而或亦可謂有好名之仁心矣，倘仁義以配行之，則可不執於直（拘泥於直）也。然斯事至微小也，不必如此而權；若其事大也，此又唯聖賢能權之為之。孟子曰：“大人者，言不必信，行不必果，惟義所在。”②方斯之謂也。

子曰：“巧言、令色、足恭，左丘明恥之，丘亦恥之。匿怨而友其人，左丘明恥之，丘亦恥之。”

子曰：“巧言、令色、足（手足之足；過度、過禮③；蓋兼有二義）恭（手足舉動過度恭敬，而違正禮），左丘明（魯太史④）恥之，丘亦恥之。匿怨而友其人，左丘明恥之，丘亦恥之。”

《表記》云：“君子不失足於人，不失色於人，不失口於人。”足恭（手足舉動恭敬過度，而違正禮），是失足於人也；令色，是失色於人也；巧言（佞言），是失口於人也。然皆不止於此，反之如接於人而足傲狎、色慢厲、言讒邪（或其人過，或豫知其人或過，而無幾諫匡正等），亦皆是也，故君子慎而恥矣。若夫匿怨而友其人，“友而不

---

① 無轉念而多雜心雜思。
② 《孟子·離婁下》。
③ 或解為過度、過禮。
④ 孔穎達：左是氏，丘明是名；俞正燮《癸巳類稿》：左氏官名，丘姓明名；司馬遷：左氏是氏，明是名。

心,面友也"①;"藏怨於心,詐親於形外"②,皆非君子之行事。不誠不直而詐親,君子之所恥也。

　　或解曰:子曰:"巧言、令色,足(過,過度,過禮)恭,左丘明(魯太史)恥之,丘亦恥之。匿怨而友其人,左丘明恥之,丘亦恥之。"足恭者,恭而過度,非正禮也,而有讒佞徇人餂人③之病。論曰:"恭者從物,凡人近情,莫不欲人之從己,足恭者以恭足於人意,而不合於禮度,斯皆適人之適,而曲媚於物也。"④故君子恥之。

　　或解曰:子曰:"巧言、令色,斯足(過,過度,過禮)恭也,左丘明(魯太史)恥之,丘亦恥之。匿怨而友其人,左丘明恥之,丘亦恥之。"

　　《孟子》曰:(齊大夫)公行子有子之喪。(齊之貴臣)右師(王驩)往吊,入門,(門內弔唁者甚眾,)有進而與右師言者,有就右師之位而與右師言者。孟子(亦在弔唁者之中,而獨)不與右師言,右師不悦,曰:"諸君子皆與驩言,孟子獨不與驩言,是簡(慢,怠慢)驩也。"孟子聞之,曰:"禮,朝廷不曆位而相與言,不逾階而相揖也。(喪禮有類於朝廷之禮者,)我欲(遵)行(正)禮,(故不曆位逾階而相與言揖,)子敖(王驩)以我為簡,不亦異乎?"⑤此中之就進與右師言者,皆失足於人(右師),又恭而過度,故又失足於正禮者也;獨孟子依循正禮,無足恭之病,未曾失足於人與正禮也。

　　然能仁而不仁之,亦是失仁(人)也。

註解:

　　足恭,有兩讀兩解,或解為手足之足,或解為過度、過足之足。解

①　楊雄《法言》。
②　《皇疏》。
③　《孟子·盡心下》(14.31)。
④　《皇疏》。
⑤　《孟子·離婁下》,參見拙著《孟子解讀》,上海三聯書店,2020年8月版。

為手足之足，所謂"不失足於人"也，蓋謂古人之趨翔周旋盤辟(盤辟，盤旋進退，周旋進退，盤辟即是盤旋)、坐立授受，皆有禮儀法度，不可失節，失則不敬也，不徒不敬人，亦且不敬己，故特重之。如迎長者賓客當趨而不趨，則是失足失敬於人，亦因而失足於己，人將謂曰不知禮不自重也；如作揖周旋、居坐跽拜而失禮法矩度，如箕踞，如長者請茶授禮物而不起，如朋友賓客來訪而不迎不立等，皆是失足於人己也。解為過度、過足之足，則恭而過度，不合禮也，過度過禮之恭之禮，非禮也。

顏淵、季路侍。子曰："盍各言爾志？"子路曰："願車馬、衣輕裘，與朋友共。敝之而無憾。"顏淵曰："願無伐善，無施勞。"子路曰："願聞子之志。"子曰："老者安之，朋友信之，少者懷之。"

顏淵、季路侍(或坐或立)。子曰："盍(何不)各言爾志？"子路曰："願車馬衣裘(裘，皮服；四者皆人之所私財私好也)①，與朋友共，敝(壞，敝破，穿壞或用之敝破)之而無憾。"顏淵曰："願無伐(誇)善(有德能優長)，無施(著，誇大，張大；或曰使，命，施加)勞(功勞，有功；或曰勞事。施勞：誇大功勞；或曰使命人以勞事)②。"子路曰："願聞夫子之志。"子曰："老者吾安(撫安，安老，養之以安)之(老者)，朋友吾信(與之以信)之(朋友)，少者吾懷(愛)之(朋友)。"③

----

① 或作"車馬輕裘"，輕裘者，貴重衣服。

② 前解為不自誇功勞，後解則為不使命施加勞事於他人。竊以為當取功勞之意為尤切。

③ 此句有多種解讀：第一種解讀，主語為"吾"，但在表述時省略了主語；三個"之"字為賓語前置之助詞以及相應的賓格代詞，而將安、信、懷全作主動格及物動詞解，即"老者吾安之，少者吾懷之，朋友吾信之"，其本意為"吾安老者，吾懷少者，吾信朋友"——換言之，這三句都隱匿了主格主語"吾"——只是為了強調不同物件，故用"之"字作助詞(和賓格代詞)而將賓語前置，起到一種突出強調不同物件之效果，而安、信、懷皆用作主動格及物動詞，意為：安撫或安綏(安綏或恭敬而安定之)老(轉下頁注)

(接上頁注)者、信任朋友、懷愛或關愛少者。但一些人之所以對這個解釋稍不滿意，可能是覺得“朋友信之”似乎有點“簡淺”，所以試圖採取第二種解讀。不過，就第一種解讀來看，我們可以說孔子的理想是基於仁愛的生活人倫本身，仁愛、人倫和人本身才是最根本的。

第二種解讀，主語分別為“老者”、“朋友”、“少者”，解“安、信、懷”為意動用法，意為：老者安我（以我為安，因為我對老者恭敬孝敬，所以老者對我感到安心和放心也——其實也是一種信任，或放心），朋友信我（以我為信，因為我對朋友誠實無欺，所以朋友相信我也），少者懷我（以我為懷，此“懷”即“愛”之意，因為我對少者慈愛慈惠，所以少者喜愛我也）——這種解釋似乎既將“安、信、懷”理解為老者、朋友、少者等不同對象對“我”的態度，又理解為他們將這些視為“我”的品質，或是對“我”的品質的某種肯定，而表現出某種主體間性的特點來，即是因為對我的品質的某種認可和肯定，因而選擇“安我、信我、懷我”。如果採取這種理解，則這裏孔子和子路、顏淵不同的地方在於：子路、顏淵主要談自己應有的主動作為和品德修養，或應該怎樣作為和品德修養，是從“我”的一面來談；孔子卻不是這樣談（不同的談論方式），即孔子並不談自己的主動作為或品德修養的路徑或言行應該如何如何，而是談其回饋效果或實際德行的效果（應該如何），換言之，不僅僅是獨善其身（我自己應該怎樣做），注重及己之修養，而更注重兼善他人，注重“推及”或“及人”（一定要“及人”），注重我做的效果或及人之效果；此一效果又並不是我自己說了算，而是被推及或“及人”的對象自身的回饋和評估，如果我所“推”的不同對象和他人，都以我為善（安、信、懷），然後才算是達成了我孔子獨善及己和兼善及人的仁愛的理想。質言之，合及己與及人，這才是仁；老者、朋友、少者等，是仁愛的對象，推及的對象；對象以我為善，然後才算是達成真正仁愛的德行（而根本並不是自我表彰自己的道德如何如何，並不是由自己來評判）。這是孔子對於“仁”的一個深刻闡釋。

在這種考察角度或句法分析角度下，並未結合上下文而補充隱含的主句“我的志向是：使老者安我，使朋友信我，使少者懷我”，即不加入隱匿主句中的隱含主語“我”，或不連接上下文（上文的主句和下文的三分句）而孤立地單就下句而將下句當作獨立的句子來分析；如此，則“老者、朋友、少者”都是主格主語。但問題在於，如果結合上下文，則這三句並非是三個獨立的句子，而實際上是上一主句統攝下的三個分句。這就涉及對這三句話的第三種句法分析或解讀。

或曰，還有第三種解讀，將此三句和上文“各言爾志”、“子之志”聯繫起來分析，則此三句（“老者安之，朋友信之，少者懷之”）並非三個獨立的句子，而是三個分句，主句則在上文，是“吾之志在於達成（或使得）：……”，分句則為“老者安之（我），朋友信之（我），少者懷之（我）”——然亦可分析為：“吾之志在於：……”，分句則為“使老者安之（我），使朋友信之（我），使少者懷之（我）”。就前者言，在這種句法分析框架下，“老者、朋友、少者”皆是被動賓格名詞作主語而前置，而三“之”字兼有助詞和代詞的作用，就助詞作用言，是將隱匿主動主格名詞“吾”作賓語而後置為隱匿賓格名詞“我”，就代詞言，則三“之”字都代指隱匿主動主格名詞作賓語而後置之賓格化“我”。這(轉下頁注)

子路，輕財好施，有朋友通財、休戚與共之義矣；顏淵，有不自伐德施功之義矣。所謂"自伐者無功，自矜者不莊。"①《禮記·表記》云："君子不自大其事，不自尚其功，以求處情(情實)。過行弗率，以求處厚。"此顏淵之德行也。若夫孔子，仁善及人，"近者悦，遠者來"，"綏之斯來，動之斯和"，各得其宜其安，斯仁之化矣。《韓詩外傳》云："遇長老則修弟子之儀，遇等夷則修朋友之儀，遇少而賤者則修告道寬裕之儀，故無不愛也，無不敬也，無與人爭也，曠然而天地包萬物也。如是則老者安之，少者懷之，朋友信之。"②斯之謂也。

或解曰：顏淵、季路侍(或坐或立)。子曰："盍各言爾志?"子路曰："願車馬衣裘，與朋友共敝之，而無憾。"顏淵曰："願無伐(誇)善，無施勞。"子路曰："願聞夫子之志。"子曰："(使)老者安之(安我，對我安心放心，以我為安)，朋友信之(信我，以我為信)，少者懷之(懷我，思懷於我，以我為懷)。"子路，輕財好施，與朋友休戚與共；顏淵，不自伐沽名，不勞人利己，修己安人而已③。孔子，"近者悦，遠者來"，"綏之斯來，動之斯和"，各得其宜其安，仁之及化也。

子曰："已矣乎! 吾未見能見其過而內自訟者也。"

子曰："已矣乎! 吾未見能見其(兼言他人與自己)過而內自訟

(接上頁注)種分析有其語法學或語言學的價值，但對於理義分析並非必要，然亦且復雜，上述第三種解讀亦稍有不妥切處，故暫不贅言。

當然，如果這樣分析，則第一種句法亦可以説是：吾之志在於：(吾)安老者，信朋友，懷少者；但因為這並不影響第一種句法分析的正確性，所以更不必另分出第四種句法分析或解讀。

①　《皇疏》。

②　《韓詩外傳六》。

③　皇侃云："顏淵所願，願己行善而不自稱，欲潛行而百姓日用而不知也。又願不施勞役之事於天下也。"

者也。"

朱熹曰:"内自訟者,口不言而心自咎也。人有過而能自知者鮮矣,知過而能内自訟者爲尤鮮。能内自訟,則悔悟深切而能改必矣。夫子自恐終不得見而歎之,其警學者深矣。"[1]

論曰:"天下有一種人,全不知道自己差了,將差處都認做是處,此是不能見其過。有一種人,明知自己差了,卻只管因循牽制,甘於自棄,或只在口頭說過,此是不能内自訟。這有三件:一是爲氣質做主而不能變化,一是爲物慾牽引而不能割斷,一是爲習俗陷溺而不能跳脱。所以不能無過者,由此三件。所以有過而不能見不能自訟者,亦由此三件。這三件帶了一分,便成一分病痛。所以天下有過者多,而能改者卻少。就及門弟子論之,如子路人告之以有過則喜,可謂能内自訟矣,卻未必能見其過。冉求之力不足,非不自見其過也,卻不能内自訟。若顏子之不貳過,不遠復,則皆從能見能自訟來,雖其天資之美,然亦必得力於夫子之激發,故未見非終不見也。學者於此,切不可草草看過。此是聖門教人第一喫緊工夫,不從這一關著力,種種工夫皆不能透徹。然見之訟之於既過之後,又不若防之於未過之先。防之之法無他,亦只是戒慎恐懼。"[2]

子曰:"十室之邑,必有忠信如丘者焉,不如丘之好學也。"

子曰:"十室之邑(四井爲邑,井有三家——或曰八家——,四井凡十二家),必有忠信如丘者焉,不如丘之好學也。我非生而知之,好古敏而求之耳。吾子有顏回者好學,不幸早死,今也則無。可哀哉!"

---

① 《四書章句集註》。
② 《松陽講義》。

論曰：此孔子所以勸學也。學矣乎，美質以成才；君子廣學博雅，謙謙明通，可以成人，可以為國。勸學(習)教化，其事也大矣。勉乎哉！朱熹曰："美質易得，至道難聞，學之至則可以爲聖人，不學則不免爲鄉人而已。可不勉哉！"①

所謂"里邑"云云，《禮記・曲禮》曰："入里必式"，以敬之，所謂"不誣十室"也。《荀子・大略篇》曰："禹過十室之邑必下。"何以下？蓋"十室之邑，必有忠信，故下之"，以致敬也②。《大戴禮-制言篇》曰："禹過十室之邑則下，爲秉德之士存焉。"③所以尊賢勸善教化也。

或解曰：子曰："十室之邑，必有忠信如丘者，焉(安，為何)不如丘之好學也。"

---

① 《四書章句集註》。
② 《荀子》楊倞注。
③ 以上引自《論語集釋》。

雍也第六

子曰:"雍也可使南面。"

仲弓問子桑伯子,子曰:"可也,簡。"仲弓曰:"居敬而行簡,以臨其民,不亦可乎? 居簡而行簡,無乃大簡乎?"子曰:"雍之言然。"

子曰:"雍(冉雍,字仲弓,人稱犁牛氏,魯人)①也,'自處以敬,中有主(尊道守義)而自治嚴'②(又主以德化民),居敬(敬慎於自我道義德業修持,又敬畏豫備、盡心勞心於政事民祉)而行簡(簡要,提綱挈領;居敬行簡,凡事必先勞心敬慎考量周全而後行政也,如此而政事清簡穩重有理,不煩擾百官兆民,非妄動妄為,非苟繁叢脞,尤非尸位素餐,躲避本職政事),勞心而省事(省事本於預先勞心),執要以禦繁,"簡之可以祛煩,敬之可以運簡"③,故可使南面治國政④(從政、理政;古則亦有臨民、治人等含義)也。"

---

① 冉雍,兄冉耕,弟冉求,皆在"孔門十哲"之列,世稱"一門三賢";據稱其四十四世孫為冉閔。冉雍以德行稱,曾為季氏私邑之宰,仕三月,季氏待以禮貌,而諫不能盡行,言不能盡聽,遂辭去,復從孔子。居則以處,行則以游,師文終身。

② 《四書章句集注》。

③ 陳震,《筤墅説書》(《論語經正録》引)。

④ 原意當為"南面治國政"之意,今解兼天子君卿大夫士而言,統解為從政理政即可。古解,或曰"南面"指"為天子及諸侯",或指"為卿大夫",或指國君,此處不作區分,兼而統指"南面理政治民"而言,天子君卿大夫士皆有臨民治民之權也。然於今言之,則"治"字稍有問題,不可解為"統治"、"命令"等,只可解為"奉民意奉道(轉下頁注)

其要其簡,則仁則正則中則常(常識,中庸)也①。

仲弓問子桑伯子(或為隱士)何如,子曰:"可也,簡。"仲弓曰:"居敬而行簡,以臨其民,不亦可乎? 居簡而行簡,無乃太簡乎?"子曰:"雍之言然。"蓋子桑伯子其人,質美行簡,臨人寬略,處事簡要,此其所"簡而可"者也;然子桑有質無文,"自處以簡(簡略以必要之禮文,乃至疏簡於勞心勞力之行事),則中無主而自治疏"②,易野,孔子嘗見,子桑不衣冠而處,此欲同人道於牛馬也,乃其所"簡而不可"者也。故孔子僅可其可,以示尚當更進於禮樂節文。自治、為國、為天下也,必有禮樂文節之,居敬矜謹,文質彬彬,合於中正,然後可大治也。故仲尼曰:"太簡無禮樂,吾欲說而文之。"③

質言之,所謂"居敬而行簡",恭己敬德(以禮義),勞心洞察,盡心遠豫,思籌周遍,然後言動行政,此即"敬",即"勞心盡心",即"恭己南面";而後可得政令清簡貫要,行之無違礙,此即"簡",即"無為而治"。子曰:"為政以德,譬如北辰",亦此之謂也。恭己南面,無為而治,無為者,勞心思籌而政令清簡、百官安職也。何獨為政,舉凡自治、處事、接人、為國、治學諸事,皆當如此也。

論曰:"治民全在不擾,而**省事本於勞心**。居敬者眾寡小大無敢慢,此心日行天下幾徧,洞察情形,而挈其綱領,所行處精神在焉;即所不行處,精神亦無不在。如此行簡,民安可知。居簡之簡,一切放下,全無關攝,廢事生弊,可勝言哉!"④

或論曰:治國一說尚可,南面治民一說則狂妄淩人,此所以君卿官員盛氣淩人、壓迫盤剝人民之所由來邪? 此亦有"只知其一不

(接上頁注)而依道依法行政或理政"也,故可解為"南面理政"而已。

① "天理爛熟,則千條萬歧,皆以不昧於當然",此亦以簡馭繁之法,參見王夫之,《讀四書大全說》,轉引自:《論語集釋》。

② 《四書章句集注》。

③ 《皇疏》。

④ 鹿善繼,《四書說約》。

知其他"之處。今曰治民乃安民也,非所以操控鉗制之。何以安之? 安之以泛仁人伻(今曰平等基本權利),各人自在不擾(今曰基本自由)也;然後又安之以對等人倫中道(今曰合理對等之現代社會人倫禮儀),安之以正道禮義之教(今曰天道正義中道禮義),再安之以政(今曰合正當性與合法性之政治、政事)、法(包括今之所謂憲法、行政法等公法,以及民法、刑法等)也。倘若盡説南面"治"人,不説泛仁人伻,不説平等或對等人倫與自由(故不可不敢違禮違法擾民),終是淩人之心未去。今曰不可,當改易創設之。

此節當與上節對勘之,乃知其全意,蓋仲弓之所以可使南面,恰在其"居敬行簡"也……

哀公問:"弟子孰為好學?"孔子對曰:"有顏回者好學,不遷怒,不貳過。不幸短命死矣! 今也則亡,未聞好學者也。"

哀公問:"弟子孰為好學?"孔子對曰:"有顏回者好學,不遷怒[1],不貳(復,再)過。不幸短命死矣! 今也則亡,未聞好學者也。"

論曰:孔子當時此答之意也,或曰歎息真好學者難得,而深惜顏回,或曰諷諫哀公不當遷怒貳過,或曰哀公求賢自輔,而孔子歎息顏回有王佐之才而早死;而又為言約情復性之修養法門也。

"不貳過"看似易易,實則尤難,難在"擒山中賊易,擒心中賊難"。非不知其過也,乃至非不知其害也,而慾利僥倖之心勝,而貳過三過千百過,初或悔疚,漸而自寬,而漸往非人處(方向)行去,苦海無邊也。

---

① 怒當其其分理,不違理,不過分;怒不移易而濫及無辜,或由一事而移易於他事——故當就一事論一事;不以怒彼而移易怒己,亦不以怒己而怒彼;解而不宿怨。

今論曰："不遷怒"一件,看似容易,實則亦難,難在不自覺與不自克。自覺,即今之所謂"情緒識別"與"理性分析";自克,即今之所謂"情緒管理"或"情緒控制"。或曰當下社會許多人每皆情緒化,缺少情緒控制,明明為一己之情緒問題或思想問題,每皆毫無克制地遷怒於他人或社會,造成各種情緒暴力、語言暴力乃至實際之暴力。"不遷怒"之人成就"不遷怒"之社會,如此社會才能多一些理性和和諧。"不遷怒",乃養成好性情之入手法門之一。

子華使於齊,冉子為其母請粟。子曰:"與之釜。"請益。曰:"與之庾。"冉子與之粟五秉。子曰:"赤之適齊也,乘肥馬,衣輕裘。吾聞之也,君子周急不繼富。"原思為之宰,與之粟九百,辭。子曰:"毋! 以與爾鄰里鄉黨乎!"

子華(公西赤,有容儀)為魯君(或曰為孔子,時孔子為魯大夫)使於齊,冉子為其母請粟(恐其或有匱乏,故朋友請以周濟之)。子曰:"與之釜(六門四升曰釜)。"請益(增加,加多)。子曰:"與之庾(十六門;或曰二門四升)。"冉子與之粟五秉(十六斛為秉;一斛原為十門,後改為五門,此時則十門一斛)。子曰:"赤之適齊也,乘肥馬,衣輕裘,其祿厚足矣。吾聞之也,君子周(周濟不足)急(窮迫)不繼(繼有餘)富。"

子為魯(小)司寇[1],原思(原憲,字思,魯人,或曰宋人)為之(孔子)宰(為孔子家宰或家相,上士),孔子與之粟(家宰俸祿)九百(門;或石,一百二十斤;或斛),原思辭(讓不受,或請損之),子曰:"祿法所當受也(原思家宰上士,當得其穀祿),不必讓[2]。無以(實在不得已;或難道不,何不;

---

[1] 時孔子五十三歲左右,五十六歲去位。
[2] 孔注,《集解》。

或曰"毋以";或曰"毋"),與爾鄰里鄉黨(五家爲鄰,二十五家爲里,萬二千五百家爲鄉,五百家爲黨)乎!"

子華用事食祿於魯,祿厚家富,無窮乏之虞,本不必孔子周之,冉子請粟以友情,而(友)孝其親耳,故孔子許其情而止其過(過度,過禮)也;原思爲孔子家宰,本當食孔子常祿,故受之其宜,不必辭,以示國、家公私職事之法度也。而原思於斯也不欲以家相(家宰)自處,欲以弟子職而恭遜禮讓之也,孔子無以強之,乃言辭宛轉,一則固持公私之分際法度,二則順養其禮讓仁厚之心也,其言若曰受之(原思受祿)是公法本分,周之(原思周鄰,周之子華)是私人情意之仁也。受之無愧,固可隨意處置;而周之鄰里,則是仁德之情事也。

論曰:"君子之於辭受取與之際,苟非其義,一介不以與人;苟以其道,舜受堯之天下亦不爲泰。而士(世人)或以嗇與爲吝,寡取爲廉"[1],故"寧與毋吝,寧廉毋貪"[2],一意媚俗徇人,跡近向善仁厚,實則不敢考正(而遵循自斷其)禮義、不達事理、未得中行[3],乃至糊塗稀泥、沽釣鄉願之行事也。爲國自治以正禮法度,豈可徇畏虛名俗見如此! 前言微生高[4]亦坐此病,可不惕醒哉。

論曰:行事中正,不必過度。逾越正禮,非禮也。

今論曰:簡而言之,即不說過頭的話,不作過頭(偏頗極端)的事,不過火,不過度,不偏不倚,有分寸,合於正禮,恰如其分……只是言行中正而已,如中庸之道。雖然,中庸這個詞亦應謹慎對待,並非流俗所謂之"隨大流",庸,常也,常,常識也,正識也,並非"流俗或隨大流"也。

---

[1]　《蔡模論語集疏》
[2]　朱熹語,參見蔡模《論語集疏》。
[3]　不能恰如其分。
[4]　《論語・公冶長》。

教育小孩亦當如是，皆當中正，不偏不倚，不吝不過，不可過度，如過度溺愛、過度教育（比如操之過急之過度早教）等，皆類於此。

於政事亦當如是。為政者固然當仁人民，行仁政，然若今世某些不負責任之外國政客，一意討好取悅選民，過度承諾，提出種種不切實際或言而無實之許諾，而不顧其將來是否能兌現，是否合理可行，是否會導致更嚴重之後果；輕率之承諾既出，最後既不能兌現，又或讓國家財政無以為繼，反而造成更大之問題，等等，這些其實也是因為缺乏中正行事之意識和原則所致，非理性審慎、秉彝沉穩、仁民而務實之政治家之所為。因此種討好，表面上看似有好意，實則亦是不負責任，不用理性，不管長遠，不顧國家人民之長遠福祉，預先消耗資源和民眾之信任，豈是中正之政治家之行事哉！於此尤可知前述"預先勞心，全盤籌措，居敬而行簡，可使南面"之深意也。

孟子亦有類似討論，可參看。萬章曰："士之不託諸侯，何也？"孟子曰："不敢也。諸侯失國而後託於諸侯，禮也。士之託於諸侯，非禮也。"萬章曰："君餽之粟，則受之乎？"曰："受之。""受之何義也？"曰："君之於氓也，固周之。"曰："周之則受，賜之則不受，何也？"曰："不敢也。"曰："敢問其不敢何也？"曰："抱關擊柝者皆有常職以食於上。無常職而賜於上者，以為不恭也。"[1]又·孟子曰："可以取，可以無取，取傷廉；**可以與，可以無與，與傷惠**；可以死，可以無死，死傷勇。"[2]

子謂仲弓曰："犁牛之子騂且角，雖欲勿用，山川其舍諸？"

子謂（告）仲弓（冉雍）曰："犁（雜文雜色）牛之子騂（xīng, 赤色）且

---

① 《孟子·萬章下》。
② 《孟子·離婁下》。

角(角周正美大而中合於犠牲也),雖欲勿用(為祭祀,如祭天、祭山川之神等;"勿用為祭祀"即不能大用之,而僅用之於普通之耕牛而已,比喻用人),山川(之神)其(豈,代詞助詞化)舍諸(言祭祀山川之神而必用之,喻言其可為國南面也①)? 己而修美,何憂不吾知? 將必用之也。"

論曰:人之行用亦如是。少而修習,長而豹變文蔚,德才文質班班,則天下必有吾人用世之地也;雖其父或不能美善,無害其子之進修美善而得行用也。進德修業在於吾身,此為自修之道;進賢用人不論出身,此為官人之道。其實則一也,修身為美,小子勉乎哉!

或解曰:子謂(論)仲弓曰:"犁牛(指伯牛,名耕,冉耕,字子牛,為仲弓父)②之子騂且角,雖欲勿用,山川其舍諸?"雍(冉雍,字仲弓)也,自處以敬,居敬而行簡,有為政臨民之度,其德才也,縱不能(為天子)而祀上帝,亦能恭己南面(而為諸侯)治國政也(天子祭天郊祀,諸侯祭封內山川)③。

論曰:不患不己知,患己無所知也。其樞機也,在於自我修身養才;若己有才,必有用世之地,不必憂慮躁急也。

子曰:"回也,其心三月不違仁,其餘則日月至

① 《雍也》:子曰:"雍也可使南面。"

② 《論衡》云:"母犁犢騂,無害犧牲。祖濁裔清,不妨奇人。鯀惡禹聖,叟頑舜神。伯牛寢疾,仲弓潔全。顏路庸固,回傑超倫。孔墨祖愚,丘翟聖賢。"

"仲弓,冉雍之字。家語謂是伯牛之族人,而其父行賤,故云。史記弟子傳亦同。獨王充《論衡》謂:'母犁犢騂,無害犧牲。祖濁裔清,不妨奇人。鯀惡禹聖,叟頑舜神。伯牛寢疾,仲弓潔全。顏路庸固,回傑超倫。孔墨祖愚,丘翟聖賢。'竟以犁牛指伯牛,仲弓者,伯牛之子。殊為可怪。但王充漢人近古,且其人博通墳典,必非漫然無據而為是言者。先仲氏曰:'伯牛名耕。耕與犁通,如司馬牛本名耕,而孔安國謂名犁,字子牛,以耕即犁也。則伯牛本名犁,其曰犁牛之子者,但言耕牛以暗刺其名,與氏所云色雜旁見也。'參見:《四書賸言》《論語集釋》。然此解犁牛為伯牛,以為是仲弓之父,以為暗諷伯牛,恐不確,因伯牛乃德行之士,有疾,而孔子深悼之。仲任(王充)或亦誤會矣。

③ "為政者君,執政者卿,從政者大夫也。"參見:《四書大全辨》。

焉而已矣。"

子曰:"回也,其心三月不違仁,其餘則日月至焉而已矣。"仁也,非謂偶發仁心、一時造其域而已,當時時操存,臨事而權衡,無論危難之際,無敢或忘,無以人慾淩逆道體性仁理義,然後內化一體無間,從心所欲不逾矩也。子曰:"君子無終食之間違仁,造次必於是,顛沛必於是。"①斯得矣,得則不違,仁安道樂也!餘小子勖(xù,勉勵)乎哉!

論曰:一時之仁心仁行易為,仁、道難"得",聖人猶不敢居也。此"得"即得道也,豈惟三月,終身奉之而道樂而已。或曰:愛乃長久之忍耐與善良情意,則仁乃當為終身奉持不違者也。

今論曰:偶動仁心,偶行仁行,或平時偶發惻隱之心,皆不難,而危難之際、長久考驗之時,是否仍有耐心、耐性與信念、意志、能力,此則甚能考驗其人平時之修養真功矣。或曰:因為心血來潮、頭腦發熱、新鮮好奇等,而偶為一二善事,甚至沾沾自喜,以邀求世人之揄揚,此皆不可謂為仁者也;然而世間亦多此類人,明明所為甚少,所索求者多,卻甚至還為此憤憤不平,說自己仁者,而未獲其應有之尊重,此實皆孟子所謂"**杯水車薪**"與"**心血來潮**"而已,何與乎真正之仁。

季康子問:"仲由可使從政也與?"子曰:"由也果,於從政乎何有?"曰:"賜也,可使從政也與?"曰:"賜也達,於從政乎何有?"曰:"求也,可使從政

----

① 《論語·里仁》:子曰:"富與貴是人之所欲也,不以其道得之,不處也;貧與賤是人之所惡也,不以其道得之,不去也。君子去仁,惡乎成名?君子無終食之間違仁,造次必於是,顛沛必於是。"

也與?”曰:“求也藝,於從政乎何有?”

　　季康子執政,或欲擢用大夫,而問(諮詢)孔子:“仲由可使從政(為大夫)也與?”子曰:“由也果(果敢決斷),於從政乎何有(何難之有,有餘力也)?”①曰:“賜(端木賜,復姓端木,字子貢)也,可使從政也與?”曰:“賜也達(通於物理,物理即事理),於從政乎何有?”曰:“求(冉求,字子有)也,可使從政也與?”曰:“求也藝(多才多藝),於從政乎何有?”②

　　服事者吏士,從政者大夫,執政者卿相,為政者君王;君王能仁(仁德而通達天道),卿相能通(通達治道),大夫能器(藝),吏士能事。仁德者,道也,於為政乎何有;果、達、藝云云,皆其器也,於從政乎何有? 從政者,聽從施行君卿邦國之命政也,以吾器吾藝而從政也。此三子之器藝,為大夫而從政何難之有③! 若夫器藝而進於通道,則卿相君王之事也;君王者,仁也,道也,公也,天下邦國也,唯仁者可為之。道也仁也,回也體之深④,雍也有德行,故恭己南面,王佐之才,回也,雍也⑤。君子器藝自修,而不一二自劃(於器藝),必也進取通達於大道,仁而能通,通而輔仁,以大有為於世也,以大有益於天下國家民人也。

---

①　《公冶長》:子曰:“由也,千乘之國,可使治其賦也。”

②　《公冶長》:子曰:“求也,千室之邑,百乘之家,可使為之宰也。”

③　《公冶長》:孟武伯問:“子路仁乎?”子曰:“不知也。”又問。子曰:“由也,千乘之國,可使治其賦也,不知其仁也。”“求也何如?”子曰:“求也,千室之邑,百乘之家,可使為之宰也,不知其仁也。”“赤也何如?”子曰:“赤也,束帶立於朝,可使與賓客言也,不知其仁也。”然又或惜乎徒具臣也。參見《先進》:季子然問:“仲由、冉求可謂大臣與?”子曰:“吾以子為異之問,曾由與求之問。所謂大臣者:以道事君,不可則止。今由與求也,可謂具臣矣。”曰:“然則從之者與?”子曰:“弒父與君,亦不從也。”

④　《先進》:“子曰:‘回也非助我者也,於吾言無所不說。’此可見顏回乃通達大道者,非一二器藝之士也。”顏回對於孔子談論皆能默然會心,由此亦可見其體道之深。

⑤　《先進》:子曰:“從我於陳、蔡者,皆不及門也。”德行:顏淵,閔子騫,冉伯牛,仲弓。言語:宰我,子貢。政事:冉有,季路。文學:子游,子夏。

論曰：器藝而從政（今曰行政才幹或從政才幹），治國治天下則當仁者任道也。仁者體國經邦，通達大體，恭己正人，廓然大公，非為一身一家一族一宗（鄉）一黨一事一群一器而已，為國為天下，為大公大道也。唯仁者公而不私，正遍而不偏倚。

此三子也，於從政為大夫則不難，果、達、藝皆為才藝之一維，可用也；於執政為國乃至為天下，則非仁不可也[1]。故孔子嘗曰"不知由、求、赤三子之仁矣！"[2]君子若欲從政為大夫士，其所需之才藝小；若欲為國為天下，所需之才藝德性也大，非仁者不能，故有志君子進德修業而求為通才大才，不可拘於一器一域而自劃其限也。小子勉乎哉！

論曰：果則果敢能行，令行禁止；達則通達事理，雄辯善事，能理劇煩（子貢曾任魯、衛之相）；藝則多才藝，善政事理財，能堪多任，有宰相之資（冉求曾任季氏家宰）。雍則簡而恭己，未雨而勞心綢繆，故可南面而治，與此三子稍不同也。故孔子又嘗謂仲由、冉求為具臣[3]，有以責備勸勉者也。對照以讀，便知此節之意。而子路、冉

---

[1]　本乎仁，則政簡，恭己南面，乃至無為垂拱而治矣。其奧秘則在於，"天理爛熟，則千條萬歧，皆以不昧於當然"，此亦以簡馭繁之法，參見王夫之，《讀四書大全說》，轉引自：《論語集釋》。

[2]　子路、冉求、公西華之從政，皆於尊王大義上稍有過，可參見《論語》中相關論述。反之，德行諸人，則或能仁，故孔子多許之，此節以下皆敘此等諸人，亦有深意也。如顏回："子曰：'賢哉，回也！一簞食，一瓢飲，在陋巷。人不堪其憂，回也不改其樂。賢哉，回也！'"（《雍也》）此顏回不欲出仕違大道也。如閔子騫而知出處，而於為政為國之大體根本上絲毫不通融：季氏使閔子騫為費宰。閔子騫曰："善為我辭焉。如有復我者，則吾必在汶上矣。"（《雍也》）《集解》曰："孔曰：'費，季氏邑。季氏不臣，而其邑宰數叛。聞子騫賢，故欲用之。不欲為季氏宰，語使者曰："善為我作辭說，令不復召我也。"復我者，重來召我也。去之汶水上，欲北如齊也。'"如伯牛，"伯牛有疾，子問之，自牖執其手，曰：'亡之，命矣夫！斯人也而有斯疾也！斯人也而有斯疾也！'"（《雍也》）此伯牛知禮守禮，有德行識大體，而不幸死矣。於仲弓，則雍也居敬行簡，可使南面（《雍也》）（他處亦曰"雍也，仁而不佞"，《公冶長》；"問仁"，《顏淵》；"問政"，《子路》），直言其能為國南面也。質言之，於此章中各節之編排，自可窺見編撰者之內在思路，即為國為政與從政服事之分際，而勉勵由、賜、求、赤諸弟子進於大道也。

[3]　《先進》：季子然問："仲由、冉求可謂大臣與？"子曰："吾以子為異之問，曾由與求之問。所謂大臣者：以道事君，不可則止。今由與求也，可謂具臣矣。"曰："然則從之者與？"子曰："弒父與君，亦不從也。"

有並以季氏家宰終,子貢為魯、衛之相,然則季康子或有所忌憚邪(孔子尊君王魯,三子為孔子弟子,或疑其將尊君王魯而不敢用)?

又可思及者:器與道;藝與仁;專才與通才。

季氏使閔子騫為費宰。閔子騫曰:"善為我辭焉。如有復我者,則吾必在汶上矣。"

閔子騫(孔子弟子,名損)則不然(不同於由、賜、求),識為政大體,知出處進退。

季氏(季康子)欲使閔子騫為費宰。閔子騫曰:"善為我辭(辭謝季氏之徵辟)焉。如有復(再①)説(勸説)我者,則吾必去魯而在汶上(汶水之北,即離開魯國而或至於齊)矣。"費,季氏之私邑也,家臣屢叛,而季氏欲以閔子強其私家;季氏,(身為)卿而亂(禮)法僭謀於君國者也。閔子受教於孔子,循據(先王)王道禮法,當尊君(王),張公室,薄稅斂,行仁政,愛子民也;以季氏僭政聚斂之意不可救,諫將不聽行,故去而不就。此則知經邦大道、為政大體者也,其仁德也,豈曰惟能從政也已哉。

論曰:季氏不臣魯君,其邑宰公山弗擾以費叛,季氏使閔子騫為費宰。……此上兩節或當合而觀之,上節言此三人之才皆足以從政,乃至執政;此節以閔子騫不就,暗諷季氏不能用人,及不能正禮(尊君或王魯)行道邪?

伯牛有疾,子問之,自牖執其手,曰:"亡之,命矣夫! 斯人也而有斯疾也! 斯人也而有斯疾也!"

---

① 桓子時,閔子騫嘗為費宰;今季康子欲復使其為費宰,故曰"復";或曰僅謂"再次"之意。

伯牛空居而有惡疾(癩;或曰厲,即寒熱病。皆能傳染)①,不欲見人以染之。子問之,自牖(南牖;或曰墉,牆也)②執其手,曰:"亡之,命矣夫! 斯人也而有斯疾也! 斯人也而有斯疾也!"斯人也,德行唯謹,危言正行,順受其正之人也,而竟有斯疾也,豈不命矣乎!

孟子曰:"莫非命也,順受其正。""人之終無非命也。命有三名,行善得善曰受命,行善得惡曰遭命,行惡得惡曰隨命。惟順受命為受其正也。"③正行有為,在我;生死有命,在天。人皆有終(死),順受其正而已矣。命有可知者,有不可知者,可知者在人(之德行),不可知者在天,皆敬而畏之而已。

朱熹曰:"禮,病者居北墉下,君視之,則遷於南牖下,使君得以南面視己。時伯牛家以此禮尊孔子,孔子不敢當,故不入其室而自牖執其手,蓋與之永訣也。"④如斯之言,則伯牛守禮者也,雖將死而不廢違禮法,類乎曾子易簀,與為政之道通也⑤。

論曰:仁人而或死或早殀,皆命也。人皆有一死,是命;仁人而或早殀,亦是命。正命可知,天命不可知;正命可知,故安循之(安循天道禮義之正),完全托身於正義;天命不可知,故敬畏之,完全托身於天命而已(交由天來裁決)。天命可信,不可求,尤不可以一己之我心、一己之私智求;鬼神可敬畏,而不必迷信(其賜福之説)——尤不必諂,以鬼神不可欺也(心亦不可欺)。可敬畏(怵惕戒慎)者(天命天道)與天地鬼神,可信託安心者天命天意與天道正義(正命),如

---

① 《論語集釋》:按:"考《内經》、《素問》,風熱客於脈不去名曰厲,或名寒熱。是厲為熱病之名。凡熱病,在春曰瘟,在夏曰暑,在秋曰疫,在冬曰厲。伯牛之疾,即冬厲也。漢人以癩釋之,失其旨矣。"。

② 《集注考證》:"'牖'字誤,當作'墉'也。蓋室中北墉而南牖。墉,牆也。古人室北牆上起柱為壁,雖壁間西北角有小圓窗,名厞謂之屋漏,然無北牖之名也。"參見:《論語集釋》。

③ 趙歧註。參見:焦循,《孟子正義》。《論衡‧命義篇》之論"命"稍與此異,可參看,不贅。

④ 《四書章句集註》。

⑤ 然亦有駁此者,參見《論語集釋》。

斯而已矣。

子曰："賢哉,回也!　一簞食,一瓢飲,在陋巷。人不堪其憂,回也不改其樂。賢哉,回也!"

子曰："賢哉,回也!　一簞(筍也,竹器)食,一瓢(瓠剖為兩半,空幹而為瓢)飲,在陋巷。人不堪其憂,回也不改其樂。賢哉,回也!"顏回,亂世而隱,不仕無道(政無道而隱處,不仕昏暴)。守道不回,而安貧樂道也。士之出處行藏,依於仁、道,而一於正法正禮也。

孔子嘗謂回曰："家窮居卑,何不仕乎?"對曰："有郭外之田五十畝,足以給饘粥。郭內之田四十畝,足以為絲麻。鼓琴足以自娛,所學於夫子者足以自樂,回不願仕也。回願貧如富,賤如貴,無勇而威,與士交通,終身無患難,亦且可乎?"孔子曰："善哉,回也,夫貧而如富,其知足而無慾也;賤而如貴,其讓而好禮也;知勇而威,其恭敬而不失於人也;終身無患難,其擇言而出之也。若回者,其至乎!"①觀乎此,則知何以求道行道樂道也。

論曰:不改其樂,道樂也。非無所事事,乃猶求道樂道不止也。今人或以為只是安貧,而未知安貧仍當求道行道樂道,則仍是空疏消極。須知安貧尤當修習其道,雖因一時天下無道,靡然從風,無所人事作為,則固不能出世從政而助紂為虐,然仍可為將來天下有道時預為綢繆,乃至戮力行事,而為天下之轉機預一己之力也。此顏回之樂道也。

冉求曰："非不說子之道,力不足也。"子曰："力不足者,中道而廢。今女畫。"

---

① 《韓詩外傳》。

冉求(聞之①)曰：“非不說子之道，力不足也。”子曰：“力不足者，中道而廢。今女自畫(止；界)而已。”君子學道，循序漸進，勉修不已，學無止境，死而後已。豈曰力不足哉？子曰：“有能用其力於仁矣乎？我未見力不足者。”②畫地自限，非力不足也。若夫顏淵則不然，孔子曰：“吾見其進也，未見其止也。”③顏淵曰：“夫子循循然善誘人，博我以文，約我以禮。欲罷不能，既竭吾才，如有所立卓爾。雖欲從之，末由也已。”④則孔子此言也，所以勉勵弟子好學上進不止也，而顏子得之，故孔子贊許焉。孟子亦嘗曰：“不為也，非不能也。”亦同此意(非力不足也)。

或解曰：冉求(聞之⑤)曰：“非不說子之道，力不足也。”子曰：“力不足者，自可中道而暫息⑥，蓄其力也；但此志不懈，一息尚存，必將復進之，鍥而不捨，不至不已，而忘吾身之老，忘吾生之有限也。今女自畫(界；止)不進。”君子學道，循序漸進，勉修不已，欲罷不能，學無止境，死而後已。豈曰力不足哉？畫地自限，非力不足也。

子謂子夏曰：“女為君子儒，無為小人儒。”

子謂子夏曰：“汝為君子儒，無為小人儒。”
《周官·太宰》曰：“儒以道得民”，所謂儒，諸侯保氏有六藝以

---

① 如加“聞之”，則接上節而言，亦可通。
② 《里仁》：子曰：“我未見好仁者，惡不仁者。好仁者，無以尚之；惡不仁者，其為仁矣，不使不仁者加乎其身。有能一日用其力於仁矣乎？我未見力不足者。蓋有之矣，我未之見也。”
③ 《子罕》。
④ 《子罕》。
⑤ 如加“聞之”，則接上節而言，亦可通。
⑥ 《禮記·表記》：“鄉道而行，中道而廢，忘身之老也，俛焉日有孳孳，斃而後已。”

教民者也；又曰師儒，鄉里教以道藝者，即所謂教民者也。"子夏於時設教，有門人，故夫子告以為儒之道。君子儒，能識大而可大受；小人儒，則但務卑近而已。（此處之）君子、小人，以廣狹異，不以邪正分。"①故曰：君子爲儒，將以明道，所謂賢者識其大也。小人為儒，或有規模狹隘處，所謂"不賢者識其小"也。此處之所謂小人者，言其心志學問之格局規模也，乃專就子夏之對治而言，所謂"商也不及"②。蓋子夏矜持拘謹，初或有硜硜哉小人狀，若有所不及③，故孔子告其廓大之矣。

子夏嘗既除喪而见（孔子）。（孔子）予之琴，和之而不和，弹之而不成声，作而曰："哀未忘也。先王製礼，而弗敢过也。"若夫子张，既除丧而见，予之琴，和之而和，弹之而成声，作而曰："先王製礼，不敢不至焉。"④於此可見，子夏氣質拘謹，規模或稍狹隘，有所不及（亦可曰是守禮而過）；子張氣質揚厲，張大其心志言辭，有所過之，皆不得其中⑤。故孔子誡之。誡之而曰："師也過，商也不及"，而過猶不及也⑥。

子夏聞命，有所悟而後張大之。

論曰：小人儒，又可謂心志卑陋淺狹（如自私）者也，如此，則小人爲儒，或規模狹隘，或鶩其末，或矜其名，或孚小信，或知而未仁，或私心黨與（而不能公平天下，仁及眾民），或好為文辭搖曳，皆有所不

---

①　《論語正義》。

②　《先進》。然或曰此是氣質之差異，參見：《四書改錯》，《論語集釋》。

③　如《論語‧子張》：子夏曰："雖小道，必有可觀者焉；致遠恐泥，是以君子不為也。"

④　《禮記‧檀弓上》：子夏既除喪而见。予之琴，和之而不和，弹之而不成声，作而曰："哀未忘也。先王制礼，而弗敢过也。"子张既除丧而见，予之琴，和之而和，弹之而成声，作而曰："先王制礼，不敢不至焉。"

⑤　如《子張》：子夏之門人問交於子張。子張曰："子夏云何？"對曰："子夏曰：'可者與之，其不可者拒之。'"子張曰："異乎吾所聞，君子尊賢而容眾，嘉善而矜不能。我之大賢與，於人何所不容？我之不賢與，人將拒我，如之何其拒人也？"於此亦可見二者氣質之差異也。

⑥　《先進》：子貢問："師與商也孰賢？"子曰："師也過，商也不及。"曰："然則師愈與？"子曰："過猶不及。"

識大體也。君子慎之。

《荀子·非十二子篇》曰："弟（音頹）佗（弟佗：dì tuó，而讀為 tuítáng，頹唐，隕落狀）其冠，神襌（zhòng dàn，通"冲淡"，平淡）其辭，禹行而舜趨，是子張氏之賤儒也。正其衣冠，齊其顏色，然而終日不言，是子夏氏之賤儒也。偷儒（通惰）憚事，無廉恥而耆飲食，必曰君子固不用力，是子遊氏之賤儒也。"蓋亦疾其後之所謂小人儒也。

或解曰：此言"人博學先王之道，以潤其身者，皆謂之儒，但君子則將以明道，小人則矜其才名。言汝當明道，無得矜名也。"①

子游為武城宰。子曰："女得人焉爾乎?"曰："有澹台滅明者，行不由徑。非公事，未嘗至於偃之室也。"

子游為武城（魯下邑）宰。子曰："汝得人（賢才）焉（於是，於此地）爾（如是；或曰是"耳"字；或曰"焉爾乎"皆是語氣詞）乎?"曰："有澹台（tán tái）滅明（澹臺姓，滅明名，字子羽）者，行不由（小）徑（小徑、蹊徑，小路；由徑，抄小路）。非公事，未嘗至於偃②之室也。"

論曰：於私德也，行不抄由小徑，可見其人素行端謹，必合正道（禮法），無有（不為）投機取巧、投隙抵巇、好逞私智（小慧）、枉曲讒佞、僥倖偷薄之行事，而時時自避瓜田李下之嫌疑，所謂"君子絕惡於其細，禁奸於其微"③，推之可以奉法守禮也；於公事也，不誚不苛（苛求他人），謹守公私分際，非公事無所虛與酬酢，朋黨迎合，干

① 何晏、邢昺，《論語註疏》。
② 《論語後錄》："偃，《說文》云：'於讀若偃，古人名伖字子遊。'則知子遊名當作'伖'，'偃'其借字也。"
③ 惠士奇，《禮說》。

求請托,而守正奉法、兢兢營職而已。如此則公私不亂,奉循正法禮義也。且夫小事小節猶如此,則其大事大節亦可知,而必不至於枉道徇曲徇人(之非義),枉尺直尋也。如斯者,可以從政為國也。

論曰:小節不亂,大節亦或可知;至於枉己枉義、枉法枉禮而徇人,背公徇私而害國民公事者,君子恥之。

子曰:"孟之反不伐,奔而殿。將入門,策其馬,曰:'非敢後也,馬不進也。'"

子曰:"魯大夫孟之反不伐其功。哀公十一年,嘗與齊軍戰,大敗(魯軍與孟之反一時敗北)。奔而殿后,以護衛其軍。將退入城門,策其馬,待魯軍兵眾先進,而曰:'吾非勇敢而殿后也,馬不進也。'"其人謙抑不伐、自揜(yǎn)其功如此。吾子(平抑矜伐之心),道理自任,循道行止,道樂無求,職分當為而已,如此則無矜伐之心矣。

孟之反之事見《左傳·哀公十一年》①,時魯師及齊師戰於郊,

① 《左傳:哀公十一年》:"哀公十一年春,齊為鄎故,國書、高無丕帥師伐我,及清。季孫謂其宰冉求曰:'齊師在清,必魯故也。若之何?'求曰:'一子守,二子從公禦諸竟。'季孫曰:'不能。'求曰:'居封疆之間。'季孫告二子,二子不可。求曰:'若不可,則君無出。一子帥師,背城而戰。不屬者,非魯人也。魯之群室,眾於齊之兵車。一室敵車,優矣。子何患焉? 二子之不欲戰也宜,政在季氏。當子之身,齊人伐魯而不能戰,子之恥也。大不列於諸侯矣。'季孫使從於朝,俟於黨氏之溝。武叔呼而問戰焉,(冉求)對曰:'君子有遠慮,小人何知?'懿子強問之,對曰:'小人慮材而言,量力而共者也。'武叔曰:'是謂我不成丈夫也。'退而蒐乘,孟孺子泄帥右師,顏羽御,邴泄為右。冉求帥左師,管周父御,樊遲為右。季孫曰:'須也弱。'有子曰:'就用命焉。'季氏之甲七千,冉有以武城人三百為己徒卒,老幼守宮,次於雩門之外。五日,右師從之。公叔務人見保者而泣,曰:'事充政重,上不能謀,士不能死,何以治民? 吾既言之矣,敢不勉乎!'師及齊師戰於郊,齊師自稷曲,師不逾溝。樊遲曰:'非不能也,不信子也。請三刻而逾之。'如之,眾從之。(魯左)師入齊軍,(魯)右師奔(敗北),齊人從(追擊)之,(齊大夫)陳瓘、陳莊涉泗。(魯大夫)孟之側後入以為殿,抽矢策其馬,曰:'馬不進也。'林不狃之伍曰:'走乎?'不狃曰:'誰不如?'曰:'然則止乎?'不狃曰:'惡賢?'徐步而死。師獲甲首八十,齊人不能師。宵,諜曰:'齊人遁。'冉有請從之三,季孫弗許。(轉下頁注)

魯"右師奔,左師入齊師,齊人宵遁。而樊遲請三刻而踰溝,冉求以武城人三百爲私屬,用矛入齊師,二人之功也。微二子,魯幾爲城下之盟矣。夫子恐二子以有功自足,故亟稱孟之反以進二子。是亦一説也。"①

子曰:"不有祝鮀之佞而有宋朝之美,難乎免於今之世矣!"

　　子曰:"衛國君臣無道,好佞好色,佞人容悦者取容當路,吾未見好德如好色者也。居衛國也,不有祝(宗廟之官)鮀(tuó,衛大夫②子魚,有口才,嘗以佞才長衛於蔡,時世貴之)之佞(口才)而又宋朝(宋公子,出奔來衛,有美色而善淫)之美,難乎免於今之世矣(難免即罹害)!③ 衛豈可居哉!"其"今之世",衰世亂世也。衰亂專制之世,君臣權勢無道(衛靈公無道),佞、色是尚,唯親任佞人容悦者而已,賢德忠正(於國民公義)樸誠獨立(於正道禮義,正直而立於世者)之義人,乃至全天下之平民百姓,皆難乎免於斯國斯世矣。祝鮀(音 tuó)佞而巧言強詞,違奪禮義,以逢迎媚惑君主時俗;宋朝但美姿容而善淫惑,惑亂國政風俗④。此豈君子之行事哉。嗚呼,斯衛非中正君子之所居也(而當全身遠害)。

(接上頁注)孟孺子語人曰:'我不如顔羽,而賢於邴泄。子羽銳敏,我不欲戰而能默。泄曰:"驅之。"'公爲與其嬖僮汪錡乘,皆死,皆殯。孔子曰:'能執干戈以衛社稷,可無殤也。'冉有用矛於齊師,故能入其軍。孔子曰:'義也。'"羅按:林不狃亦可謂有義節者;另:春秋時之戰爭頗講"禮"。參見:《左傳今注今譯》(下册)。

①　《四書翼注》。

②　或曰是士,《周官》唯大祝是下大夫,小祝、喪祝、甸祝皆以士爲之。參見:《論語正義》。

③　祝鮀佞而取容於衛靈公,宋朝美而善淫取容於南子等。

④　祝鮀之事,參見《左傳:定公四年》,參見《左傳今注今譯》(下)。宋朝之事,參見《左傳:定公十四年》,參見《左傳今注今譯》(下)。

或解曰:子曰:"不有祝鮀之佞,而有宋朝之美(比喻美質者。然此非關宋朝其人本身之賢否①,不然則有比類失當之虞),難乎免於今之衰亂之世矣!"衰亂之世,權勢專制橫行,佞人巧言亂義,政乖俗亂,禮崩樂壞,君子無所存其身矣(佞人巧言取容避禍,美質者守正循義而動輒得咎)。世尚佞才,美質難容,所謂美質而不佞,難乎免於衰亂斯國斯世也②。斯所以言論佞才與美質也,祝鮀、宋朝云云,徒説事義耳,不必拘泥史事③,所謂"夫子非不惡宋朝也,所以甚言時之好佞耳"④。亦即孟子所謂"好臣其所教,而不好其所受教"。(《孟子·公孫醜下》)

或解曰:子曰:"不有祝鮀之佞,而有宋朝之美,難乎免於今之衰亂之世矣!"衰亂之世,"當如祝鮀之佞,而反如宋朝之美,難乎免於今之世害也"⑤,蓋反諷譏刺之也。美而不佞,猶身為魚肉,權勢覬覦爭奪利用,身不由己,顛沛流離,塵世沉浮,亦難免矣。若欲得免,去衰亂,反正法正禮而臻於太平世而已,然後佞才消遁,美質安正自顯於世也。

或論曰:其佞,雖亦令人不齒,反而免於世害;無佞而美,則難免矣。蓋曰宋朝有美質,被權勢寵倖物化,而不能自主,非善事也。

---

① 史上名宋朝者有數人,或有德行不足者,故言爾。

② 另有一解,則不將佞與美質對立起來,而認為孔子主張兩者結合:《論語正義》:"先兄五河君經義説略:'**美必兼佞,方可見容。美而不佞,衰世猶嫉之**。故九侯女不喜淫,商辛惡之。褒姒不好笑,周幽惡之。莊姜之美,衛人為之賦碩人,而衛莊亦惡之。美而不佞,豈容於衰世乎? 蓋美者,色也。所以説其美者,情也。如不必有可説之情,胡然而天,胡然而帝,祇見其尊嚴而已,何説之有? 故夫子嘆時世不佞之人,雖美難免。**夫子非不惡宋朝也,所以甚言時之好佞耳**。'先兄此説即注義也。"如采此解,則此"佞"字,非如後世"奸佞"之"佞",可謂是"巧言善言,有口才"之"佞",或亦可屬"言語"之一科。

③ 《論語稽求篇》:"……先仲氏曰:'此寓言也,言無希世之資,而徒抱美質,以游於人,鮮有不為世害者。以佞比阿世,美比善質,直捷明白。蓋美而善淫,人未有不思疾害之者,此與懷美質以希世用正同,故曰難免。邢氏疏曰:"宋朝美而淫,時世疾之。"正此義。'"

④ 《論語正義》。

⑤ 《論語正義》。

則此或言宋朝無自知之明也；或又實則反語而疾佞甚也。

子曰：“誰能出不由戶？何莫由斯道也？”

子曰：“誰能出不由戶？何莫由斯道也？”斯道也，大道也，正道也，（正當）禮義也（或曰“學問”或“學習”，由“問學”、“學習”而證成“斯道”也）。此道簡易，平常居處所奉行者也，若門戶然。誰能出而不由戶？（正當）禮義，猶門戶也。由此道，則可通行無阻礙，囂囂安然，得見天地清高；不由斯道，則處處碰壁，動輒得咎，乃至干犯刑戮，身心傷殘。則何莫由斯道也。

論曰：“經禮三百，曲禮三千，其致一也”，若大道然，故“人行事必由禮，如入室不能不由戶”①，出門不能不由戶也。又曰：“孔子創教，自本諸身，徵諸民，因乎人情以為道，故曰道不可離。蓋為人道，而異乎鳥獸道、鬼神道也。人行不能不由道，人出不能不由戶，極言不能離之意。此孔子之道所以不可易也。”②

子曰：“質勝文則野，文勝質則史。文質彬彬，然後君子。”

子曰：“質（實）勝（多）文（華）則野（鄙略；或曰野人，野人言語鄙略），文勝質則史（記書史也；史者，文多而質少也；或曰史官，史官為文或虛華）。文質彬彬（班班均適，文質相半之貌），然後君子。”

解曰：“凡行禮及言語之儀也，實多而文飾少則如野人，鄙略大樸也；人若為事多飾少實，則如書史（史官），（其人其）史書多虛華無實，妄語欺詐也。若文與質等半，則為會時之君子也。”③或曰：

---

① 《論語正義》。

② 《論語註》。

③ 《論語義疏》。

“此章明君子也。謂人若質多勝於文,則如野人(而)言(語)鄙略也;文多勝於質,則如史官(而或言語虛華,華而不實,虛而不誠)也。文華質樸相半,彬彬然,然後可為君子也。”①

　　論曰:“‘子曰:“虞夏之質,殷周之文,至矣。虞夏之文不勝其質,殷周之質不勝其文。”’②文質得中,豈易言哉! 後儒語錄每用俗語,野也;漢魏碑記不載事實,而濫用陳言,史也。皆不得其中者也。”③今人讀上古各代之文,蓋可感知也;若夫經之文也,則文質彬彬。過猶不及,故君子言語行事、文采辭章,皆守其中道,文質彬彬而已矣。

　　或曰:文質彬彬,則中道也;中道漸違,寖以敝之,過猶不及,或則文勝質,或則質勝文;而或史或野,“文質相復,猶寒暑也。殷革夏,救文以質,其敝也野;周革殷,救野以文,其敝也史。殷周之始,皆文質彬彬者也。春秋救周之敝,當復反殷之質,而馴致乎君子之道。故夫子又曰:‘如用之,則吾從先進。’先野人,而後君子也。”④惟君子能守其中,文質彬彬;惟君子將革其敝,而救文救質,復歸於中道也。君子之為人也,誠樸端愨,真實不欺,奉守禮義以為質,博通六藝(禮樂等)之文,豹變文蔚以為文⑤,博文約禮而後文質彬彬也。故或曰:“文,六藝之文;禮貫乎六藝,故董生云:‘《春秋》者,禮義之大宗也,可謂博矣。君子約之以禮義,繼周以俟百世,非畔也。’”⑥

　　又可論及者:知行合一;文武合一;情意感發之自然(表達)與自制;務實與務虛;質樸與繁文縟節;云云。

　　或曰:今則當有新(正)經學、新(正)禮義,而後博文約禮,將復

①　邢疏,《論語注疏》。

②　《禮·表記》。

③　《論語稽》。

④　《論語述何》。

⑤　《易經》革卦象辭曰:“大人虎變,其文炳也;君子豹變,其文蔚也。”

⑥　《論語述何》,參見:《論語集釋》。

歸於中道文質彬彬也。

子曰：“人之生也直，罔之生也幸而免。”

子曰：“人之生也直（直立而出生，喻正直，直道而行；劉寶楠解為“誠”①），罔之生（罔，彎曲，曲身簇身團身而出生，比喻不正直，枉道而行；或解“罔”為“誣罔”；或曰“罔”為“無”，無此“直立”或“正直”；劉寶楠解為“不誠”、自欺欺人）也幸而免。”②君子直行而安，小人罔行而危，皆其常則常果；若夫君子不幸與小人僥倖，乃其萬一非常之果也，故“君子無幸而有不幸，小人有幸而無不幸也。”③人或有不幸，而不可僥倖；正直而不幸，萬一而已，天也命也，亦可安受也；誣罔正道而倖存，僥倖也，亦萬一而已，終必有咎悔，所謂“失此直道，天威所必譴，王法所必誅，衆怒所必加，免者幸而已矣”④。

直則生，不直則不足以生，此其常理矣。直道而行，正命自安；枉道而行，即或幸而免，亦將終生身心擾動，非命難安。子曰：“三

---

①　據《論語》中所用“直”，應為“内外一致”、“言行一致”、“道行一致”——比如直道與枉道——之意，當然，也有情感表達和思想表達的直接之意（但本質上還是重在情感表達和思想表達的内外一致的含義），甚至我們可以説，“直”在孔子這裏，雖然在具體論述中，亦常常和正面道德價值相關聯，就此而言，直和勇等處於同一價值層級，但卻並非是内在自足的或“更高階”而無須進一步自我設定或自我論證的道德價值範疇，如仁，甚至在更多的時候乃至本質上只是一種價值中立的客觀判斷，或邏輯學要求，即“符合”、“相應”乃至“自洽”之意，故有正直，亦或有不正之直乃至邪直，有直其道、亦有枉其道，因有所謂“直而無禮則絞”、“好直不好學，則絞”等説。所以，這裏可以將“直”區分為邏輯論證或言思表達意義上的“直”和將“直”道德價值化後的道德上的“直”。

②　用現代語法來分析，此句是雙關語；在古代，則此種類比或比興的論述方式，是常見的，或是人的内在思維方式之一，不需要區分字面意義與比喻意義（雙關）亦能根據那時的思維常識理解其意義。字面意義：人是直立而出生的，倘是曲身纏結而出，則其能生存下來不過是僥倖而免死。比喻意義：人之得以生存於世，靠的是正直（於道義或正義）；如果其人不正而誣枉道義或正義，其能生存於世，也不過是僥倖而免於刑戮罷了。

③　李充語，引自《皇疏》。

④　《論語後案》。

代直道而行。"①孟子曰:"莫非命也,順受其正"②,"君子有終身之
憂,無一朝之患。"③《左傳》云:"民之多僥倖,國之不幸也。"韓愈
云:"惟君子得禍爲不幸,小人得禍爲恒。君子得福爲恒,而小人得
福爲幸。"④亦皆斯之謂也。

或解曰:子曰:"人之生也直,罔之(或爲枉之),則生也幸而免。"
又或解曰:子曰:"人之生也直,罔之(或爲無之,無其直),則生也
幸而免。"

子曰:"知之者不如好之者,好之者不如樂之者。"

子曰:"知(知道)之(或解"之"爲"道"⑤)者不如好(嗜好,追求,力行
苦求而得利)之者,好之者不如樂(道樂,道自樂,力行而不苦之,而無求其
外在之利益)之者。"所謂"(於)學問(於道),知之者不如好之者篤,
好之者不如樂之者深。"⑥知有其道其學而不實在學、習之,即不好
也,好則學、習;然好之、學習之而不樂,則仍未悟道得道也;道以由
之,以交接處世,以正命安樂,然則悟道之後,學而習之,自得其樂,
不如斯而心中怏怏咎悶而不樂也。

論曰:"知之者,知有此道也。好之者,好而未得也。樂之者,
有所得而樂之也。知而不能好,則是知之未至也。好之而未及於
樂,則是好之未至也。此古之學者所以自強而不息者與?"⑦又曰:

① 《衛靈公》。
② 《孟子·盡心上》。
③ 《孟子·離婁下》。
④ 引自《論語後案》。
⑤ 或解爲學問義理,如此則此節講學問之道,見下文另解。
⑥ 《集解》。
⑦ 《四書章句集註》。

"樂原於好,好原於知,以用功之節次言;真知自好,真好自樂,以究竟言。"①又曰:知之,則知而已矣;好之,則又孜孜以求;樂之,則矻矻以行而自得而自樂(樂其道自身,而非道之外在利益),不以為苦,不以為外在聲名福祿之利也。

或解曰:子曰:"知之(解"之"為學問,如此則此節講學問之道)者不如好之者,好之者不如樂之者。"

子曰:"中人以上,可以語上也;中人以下,不可以語上也。"

子曰:"唯上智與下愚不移。中人(中知,中材,學力或學殖中等)以上(包括中人與上智之人),可以語上(高明之道,如天道、性命、鬼神、仁、利等,夫子罕言之;上智之所知)也;中人以下(不包括中人),不可以語上也。"即語之,或懵然不覺,或一時難悟難入,反增歧迷誣罔,或鑿空弄虛,或迷信沉淪,欲益反損,故不語也。俟其學思修行有所進展,或漸告悟之以上進也。

或解曰:子曰:"中人(中知,中材,學力或學殖中等)以上("以上"或可刪),可以語上(高明之道,如天道、性命、鬼神、仁、利等,夫子罕言之;上智之所知)也;中人以下,不可以即語上也,必也力敦其學,先進取於中人,而後或可以語上也。"教化之事,豈有所棄也哉? 無所而不施,有教而無類也;然為學(教與學)不可躐等驟進,因其材質而施教,循其序次而漸進也。此為學教化之道也。孟子曰:"中(賢)也養(教)不中,才也養不才,故人樂有賢父兄也。如中也棄不中,才也棄不才,則賢不肖之相去,其間不能以寸。"②

---

① 《論語後案》。
② 《孟子·離婁下》(8.7)。

　　或解曰：子曰：“求學問道之事，貴在自立其志。中人而欲上進者，可以語上（高明之道，如天道、性命、鬼神、仁、利等，夫子罕言之；上智之所知）也；中人而自甘沉淪於下流者，不可以語上也。無志不立，無志難進。小子勉乎哉！”

樊遲問知。子曰：“務民之義，敬鬼神而遠之，可謂知矣。”問仁。曰：“仁者先難而後獲，可謂仁矣。”

　　樊遲將出仕，欲知居位臨民之事，乃問知。子曰：“務（致力於）民之義，敬鬼神而遠之，可謂知矣。”問仁。曰：“仁者先難而後獲（得功；得祿；或曰為“獲仁名”之意），可謂仁矣。”

　　所謂“民之義”，即人義也，《禮運》曰：“何謂人義？父慈、子孝、兄良、弟弟、夫義、婦聽、長惠、幼順、君仁、臣忠，十者謂之人義。”①“務民之義”，即教化之事也，而先富（或食；飲食）之，而後教之（人義即民之義），《詩》云，“飲之食之，教之誨之”，而人文化成，此之謂也。所謂“敬鬼神而遠之”，天道鬼神之事也，孔子曰：“夏道尊命，事鬼敬神而遠之，近人而忠焉。殷人尊神，率民以事神，先鬼而後禮。周人尊禮尚施，事鬼敬神而遠之，近人而忠焉。”②愛民而近事焉，敬畏天命鬼神而遠之也③。獲罪於天，不可禱也，故敬之畏之，而知止知忌憚也；遠之，則不黷不詔也，以神不歆非類非義，而吉凶禍福各依乎天道人義也，則淫祀媚邀，豈知者之所為？人道化成，而正命勉力於其可知者，鬼神玄幽，而敬畏其不可知者，乃可謂知矣。

　　朱熹曰：“專用力於人道之所宜，而不惑於鬼神之不可知，知者

---

①　《禮記·禮運》。

②　《禮記·表記》。鄭注：“遠鬼神近人，謂外宗廟內朝廷。”

③　《先進》：子曰：“未能事人，焉能事鬼？”

之事也。"程子曰："人多信鬼神,惑也。而不信者,又不能敬。能敬能遠,可謂知矣。"①

所謂"先難而後獲",士人之治身(己)也,"艱難之事則爲物先,獲功之事而處物後,則爲仁矣。"②仁者之心當如此。《詩》云："坎坎伐輻,彼君子兮,不素餐兮。"③此之謂也。

餘論:此可見儒家對待鬼神、宗教之態度;亦可見西周以來之中國文化乃為人文主義、人道主義、現世主義或入世主義之特質。《先進》曰："季路問事鬼神。子曰:'未能事人,焉能事鬼?'敢問死。曰:'未知生,焉知死?'"此所謂於可知可行者而力行之,於不可知者亦得保持敬畏而敬遠之也。

或解曰:樊遲問知。子曰："知者之臨民也,務(致力於,使)民之(至,臻於)義,敬鬼神而遠之,可謂知矣(此為中華文化之人文主義和人道主義之本色,是人文主義文化,而非宗教主義文化)。"問仁。曰："仁者之為國也,務民於先難而後獲,先勞而後逸,可謂仁矣。"④

故或論曰:為政治國安民(古之所謂"治民")也,非謂一味徇人姑息,尤非違道理、無原則、無禮義、無責任之縱容引誘,而使民眾墮落沉淪,暫得其安逸,而又終至於貧窮腐敗等之後果也。故曰"先難而後獲"。

又或解曰:樊遲問知。子曰："務民之義,敬鬼神而遠之,可謂知矣。"問仁。曰："仁者先難而後獲,可謂仁矣。"所謂"先難

---

① 《四書章句集註》。
② 《皇疏》。
③ 此斷章取義而反用其意。
④ 《論語訓》:"此問爲政之知仁,故以**務民不惑爲知**,言不以姑息爲仁。先令民爲其難,乃後得其效。"

而後獲",吾身先勞苦之,而後得其功利福祿也。無論士民,不勞則無獲,故皆以仁心而勞苦之。於民人之治生也,先勞後獲,皞皞如也;於士人之治身(己)也,先勞後獲,囂囂[1]如也。可謂仁矣。"子貢問君子。子曰:'先行其言,而後從之。'"[2]蓋亦此之謂也。

子曰:"知者樂水,仁者樂山;知者動,仁者靜;知者樂,仁者壽。"

子曰:"知者樂水,仁者樂山;知者動,仁者靜;知者樂,仁者壽。"知者樂運其智以化物治世(如水周流不息而遍物),"達於事理物理,而周流無滯"[3],故樂水;仁者安於天道義理,安定好生(如山之生長草木),故樂山。"夫知者何以樂於水也?夫水者緣理而行,不遺小間,似有智者;動而下之,似有禮者;蹈深不疑,似有勇者;漳汸(fāng,或 pāng)而清,似致命者;歷險致遠,卒成不毀,似有德者。天地以成,羣物以生,國家以寧,萬物以平,品物以正,此智者所以樂於水也。夫仁者何以樂於山也?夫山者萬民之所瞻仰也,草木生焉,萬物植焉,飛鳥集焉,走獸休焉,四方益取與焉。出雲道風,嬀(xì,大息貌,或曰遍及)乎天地之間,天地以成。國家以寧,此仁者所以樂於山也。"[4]知者運思問學格物不息而智識日進,故曰動;仁者恬淡中和、守正不動無擾、無所慾牽、平直淑世而安常泰然,故曰靜[5]。知者,知天地萬物本來變易不居,知我之心智精神情意之日

---

① 《孟子·盡心上》:"人知之,亦囂囂;人不知,亦囂囂。"

② 《論語·為政》。

③ 康有為,《論語注》。

④ 《韓詩外傳》。

⑤ "知者才智迸發,如機軸轉運,不能自已,故動;仁者神明元定,如明鏡澄澈,粹然無慾,故靜。"參見:康有為,《論語注》。

進日新,知萬物之各適自致,因果自然,而體道自得,故樂(或曰以其役用多,或損壽考,故不曰壽);仁者中正持守,無所悔吝憂患,心神安安嚚嚚,遠鄙倍恥辱,多吉休,故多壽考。董仲舒云:"仁人之所以多壽者,外無貪而内清淨,心平和而不失中正,取天地之美以養其身,是其且多且治。"①"仁者内不傷性,外不傷物,上不違天,下不遠人,處正居中,形神以和,故咎徵不至而休嘉集之,壽之術也。"②

子曰:"齊一變,至於魯;魯一變,至於道。"

子曰:"齊一變,(當)可使至於魯;魯一變,(當)可使至於道(王道;大道)。"

齊、魯,周公(又指周公姬旦之子伯禽)、太公之國,太公大賢,周公聖人,而齊、魯有周公、太公之餘化也,故因齊、魯,或可為有為之國。餘化何謂? 曰:"初,太公治齊,修道術,尊賢智,賞有功。故至今其士多好經術,矜功名,舒緩闊達而足智。其失誇奢朋黨,言與行繆,虛詐不情,急之則離散,緩之則放縱。"③而魯,乃周公、伯禽之國也,"周興,以少昊之虛曲阜,封周公子伯禽爲魯侯,以爲周公主其民,有聖人之教化",其後而"'魯道衰,洙泗之間齗齗如也',孔子閔王道將廢,迺修六經以述唐虞三代之道,弟子受業而通者七十有七人。是以其民好學,上禮義,重廉恥。"④故曰"齊不如魯。"斯之皆謂餘化也。

然其後齊、魯政教皆有所沉浮衰頹,逶迤至於斯時,則其弊也,"齊俗急功利,(任刑名,好霸術),喜誇詐,乃霸政之餘習"⑤,**正而**

---

① 《春秋繁露・循天之道篇》。
② 荀悦,《申鑒・俗嫌篇》。
③ 《漢書・地理志》。
④ 《漢書・地理志》。
⑤ 《四書章句集注》。

不謫者是也；而"魯則重禮教，崇信義，（雖亦有沉淪，而）猶有先王之遺風焉"①，故曰，"今其政教雖衰，若有（賢者義人或）明君興之者，齊可使如魯，魯可使如大道行之時也（大道即曰王道）"②。然則齊（當）可變為魯，魯（當）可變為大道（王道）。何以故？魯之於齊，尤近於大道也，政俗有美惡，故變革先後難易不同。

或問：何如而變？曰"變齊（則）先革功利而崇仁義，變魯（則）先振紀綱法度"③，曰："變齊而至於魯者，道之以政，齊之以刑；變魯而至於道者，道之以德，齊之以禮。"④仁、義而有禮、法，斯臻於大道（王道）矣。或曰：於衰亂之世而欲振衰起弊也，必也先之以雷霆法政，使民知法度之治，而後以法治開仁義崇德倡禮之大道，則仁義禮法合而為大道之治也。

子曰："觚不觚，觚哉！ 觚哉！"

子預鄉飲酒禮，見觚（gū，酒器，禮器）而皆破棱為圓，器形（象）、器量皆不倫，失禮器之禮意。故子曰："觚不觚也！ 為觚而不合於觚之形制，已失其禮。斯觚哉？斯觚哉？而其禮義法度豈有存邪？"

觚，所以為鄉飲酒之禮（器）也，獻以爵而酬以觚。古之觚也，"一升曰爵，爵，盡也。二升曰觚，觚者，少也，飲常寡少也。"⑤如此則人知約己自克（囂囂而不違群己權界），而禮之功成。而今之觚也，

---

① 《四書章句集注》。

② 《集解》，包注。

③ "變齊先革功利，變魯先振紀綱"，文王憲語，引自《四書釋地又續補》。

④ 《日知錄》。

⑤ 《論語稽求篇》："故韓嬰作《詩》說有云：'一升曰爵，爵，盡也。二升曰觚，觚者，少也，飲常寡少也。三升曰觶，觶，適也，飲之體適適然也。四升為角，角，觸也，不能自適，但觸罪過也。五升曰散，散者，訕也，飲不知節，徒為人謗訕也。'若觶亦五升，所以為罰。觚亦五升，所以明罰。雖同是五升，而觚觶異稱，是禮器稱名，其必以義起如此。今淫酗之家，飲常過多，雖復持觚，亦不寡少，故夫子借觚以歎之。"

破棱爲圓,過於二升,則飲常不寡,失禮儀之初衷,如此則人無制節,禮乃不成。而將亂,或沉湎於酒,或浪無制節,或淆亂名實(名實不副,名義不符,名存而實亡),乃至於干犯禮義,僭越法度,皆不知禮也(失其制,輕變古制)。人心好野逸、惡制節,其知(智)其力初或不給,而自放無禮,當時恣肆逍遙,後必亂,墮成惡果,悔無及。與其悔不當初也,毋寧預為製禮而教化之,強踐之,知為禮之利要,約制而成習,不煩而懷恩也。禮,豫而慈悲自愛矣。不知禮,則出處進退、修己安人、從政為政,乃至為國為天下,奚而可哉?

或解曰:子見童子削觚(木簡,然此解當不合原義)而憮憙。子曰:"削觚而成器,憮而不成器(琢之而成器,不琢不成器);或為廟堂器,或為廢釁(xìn,同"釁"xìn(血祭)),此曰玉之裂縫)材。觚不觚? 觚哉! 觚哉! 小子勉乎哉!"

又或解曰:子於鄉飲酒禮,見觚(酒器,禮器)而皆破棱爲圓。子曰:"觚也,上圓象天,下方象地,人之存於斯世也,當方正耿介而如觚也。為人治國當法棱義方。而今之觚也,棱而為圓,猶世道之喜圓惡方,而觚已不觚矣! 觚哉! 觚哉!"

註解:

觚有二義:酒器或禮器,用於鄉飲酒禮等("古者**獻以爵而酬以觚**,《説文》所謂'鄉飲酒之爵'也。"[1]);秦漢後有木簡謂之觚("削木爲之,或六面,或八面,可書,以爲簡牘。陸士衡《文賦》'或操觚而率爾'是也。"[2])孔子生活在春秋時代,當時並無秦漢時之木簡之觚,故此當解為酒器。但作為酒器和禮器的觚,其容量與製作形式(或器形器象)本來應有嚴格的規制或規定,即在容量上,應該是所謂的"**二升曰觚**",表示寡少之意;在器制或器形器象上,上圓下

---

[1]　《丹鉛録》。
[2]　《丹鉛録》。

方,所謂"上圓",即其口為圓形;所謂"下方",即是其腹與足皆有棱,以此表示**"古人製器尚象,以一觚言之,上圓象天,下方象地,且取其置頓之安穩焉"**①之意。

故古人製作禮器,無論在形制上還是規格上,都必須符合規格制度,以符合規格制度之禮器來行禮,才能真正表示或傳達其禮意,所謂**"設器命名,義各有取。君子顧其名當思其義,所謂名以實稱也"**②。中國古代文化在很大程度上是一種意象文化,不同意象往往代表不同的含義,尤其是禮意或禮義;同時,其容量規格等(其實就是禮的制式或嚴格約制)也各有其禮儀設計的初衷,不可亂,亂則違背禮的制式,或嚴格約制中所表達的禮之"權界"了。

換言之,嚴格遵守無論是禮器的形制還是制式或規格約制,其實就是一種嚴格守禮的行為。但發展到後來,有的人在製作這種酒器(禮器)的時候——當然也肯定有其他禮器的情形——卻削其觚的腹部之四棱,而變為圓形,即所謂的**"破觚爲圓"**,從而使觚的容量增多為二升以上(原本應是"二升曰觚"),而不再符合此種禮器本來的禮意了,從而也就起不到禮器或禮儀製作的行禮的初衷了。

比如,原來的觚作為禮器,其禮意乃是**"獻以爵而酬以觚"**③(一升曰爵,二升曰觚),寡飲之以表禮即可,用今天的俗語來說,就是"意思意思一下就可以了"——因為獻酬是在鄉飲酒禮上的常規禮儀,將會有多輪次的頻繁獻酬,如果不是象徵性地寡飲以二升之觚,勢必多飲而爛醉,那就會導致整個鄉飲酒禮的失格,或無法進行下去——即使鄉飲酒禮規定可以乃至必須達到諸如類於"微醺"、"不醉不歸"的程度,但如果從一開始就用這種不合規格或大大超出規格容量的觚,去進行主賓獻酬飲酒的話,那麼整個鄉飲酒

---

① 《丹鉛錄》。
② 《論語稽求篇》。
③ 《丹鉛錄》。

禮還没結束，其人就爛醉如泥，則整個鄉飲酒禮就無法圓滿完成，而違背了鄉飲酒禮的初衷。並且，用這樣超規格的酒器來飲酒，就會導致沉湎於酒的惡習，而引發許多嚴重的後果(比如大禹等人對此就有非常嚴肅的警告)。

所以，關於"**觚不觚**"，古人有多種解讀，一説是譏歎當時"**輕變古制**"①或"**失其制**"②，一説是"**戒沉湎於酒**"③，一説是譏歎"**不知禮**"④，一説是"**猶言君臣不君臣**"、"**疾世爲政不用政法**"⑤、"**以喻爲政不得其道則不成**"⑥，一説譏其"**名實不副，名義不符**"，一説"**歎其名存而實亡也**"⑦，其實皆一也(關於"**觚不觚**"，另有兩解，亦皆可備一説，故亦錄之如右：**舊有注云："孔子曰：'削觚而志有所念，觚不時成，故曰觚哉觚哉。觚，小器耳。心不專一，尚不時成，況於大事也?'"**⑧或可備一説，《鹽鐵論》《潛夫論》等亦持此論："不觚之歎有數説，《鹽鐵論·殊路篇》引此經而申之曰：'故人事加則爲宗廟器，否則廝養之釁材。'《潛夫論·相列篇》云：'觚而弗琢不成於器。'是勉人自砥礪也。"⑨另一解曰："趙鹿泉謂觚體本方，比人之耿介，夫子之歎不觚，亦世道喜圓惡方之一端也。"⑩)，即不守禮制⑪。

而在孔子等先秦儒家看來，不守禮制就會導致嚴重的生活後果(個人)、社會後果(社會)和政治後果(國家乃至天下)。孔子從禮之小事上明示其重

---

① 《丹鉛録》。
② 《四書章句集注》。
③ 《皇疏》。
④ 《皇疏》。
⑤ 《皇疏》。
⑥ 《集解》。
⑦ 《論語後案》
⑧ 《論語正義》。
⑨ 《論語後案》。
⑩ 《論語後案》。
⑪ 當然，我在這裏並未對"禮制"一詞進行嚴格界定，一般往往將"禮制"解釋爲中國古代的一整套的政治性的禮法制度安排，可謂是禮法之政治制度；但我在這裏其實是在更寬泛的意義上乃至有點隨意地來使用"禮制"這個概念或詞語的，即禮的規制、規格、約制等，也包括前文所述的禮器之形制、制式等。

大之意義和後果,而歎之。今人當深味其真正之根本意義也。萬物萬事皆有其制其格,或曰法度,於人事則曰禮,守之而理(有條理有秩序)成,違之而混亂,故先當(據大道而)製定合理嚴格之禮格法度,而後嚴格奉行之;而禮之儀象或禮格或上文所述的"禮制"(禮的規制、規格、約制等)乃能和"禮意禮義"相符,才能發揮禮制法度的真正作用。

若曰隨著時代發展,"禮制"或有不當不妥,亦可通過類似於今日所謂的法律進化或法律調整、法律修訂的方式——在古代則曰"禮之損益"——而調整為新的合宜合理的禮格或禮制——當然,這個調整的過程須嚴格遵循"立禮學"的方法和程式(實則《中庸》就詳細地闡述了立禮學的基本原則和方法,乃至可視為一篇"立禮學"總論),類於今日的立法學;所有的具體某個禮格規定的調整,都是在嵌入於整體禮格系統或禮制系統中的前提下來思考籌措的,牽一髮而動全身,正如今天的法律(條文)調整必須有整體法律體系思維一樣。

也就是説,或者,一個禮格或法律條文的變化,會帶動整個法律體系的某些調整;或者一個禮格或法律條文的調整,必須吻合和深嵌入原有的經過正當性分析(或拷問)的最基本禮義原則或禮義體系、法律原則(法源或道)或法律體系之中。故在禮格或法律條文的調整或變動上,無論是從下到上的約定俗成的方式或原則,或是從上到下的"製禮作樂"的方式,或是習慣法的方式,或是自然法的方式,或是成文法、製定法等的形式,其實都要經過一個正當性立法審查或立禮審查(當然,其方式其實是多樣的或多元的),如此才能確立為新的禮格或法律。這是一種理想的狀況,事實可能難以如此。

此外,或將觚解為"棱","**觚者,棱也。以有棱角,故謂之觚**"①。而諸家對觚有幾棱亦有不同解釋,或曰四棱,或曰六棱,或

---

① 顏師古古語,參見:劉寶楠,《論語正義》;《論語集釋》。

曰八棱。竊以為四棱為當,所謂"**上圓象天,下方象地**"①也,且不必解為木簡也。

餘論:羅按:這裏講的是古人飲酒的一些禮儀,今人大概很少瞭解,亦可講述之,以明古人製禮之目的初衷以及相關程序和標準等(包括"古者**獻以爵而酬以觚**",以及觚的形制、鄉飲酒禮的過程等)。今天在中國各地都有不同的飲酒禮儀或規矩,但這種民間飲酒禮儀或規矩是怎麼來的呢?雖然亦有傳統之遺意或禮俗延續的因素,但顯然並非完全是先秦學者所宣稱的古代聖賢如周公等的聖賢立禮——據《儀禮》來看,據説由聖人製禮作樂而來的先秦禮儀,其禮義和禮儀之間的對應關係是十分清楚的,也是内部邏輯自洽的。換言之,每一個具體禮儀或禮格,都有其相應的禮義,或都是可以在當時的禮義原則或禮義系統中得到正當性自證或説明的(《禮記》的性質有點類似,但顯然仍未達到今日立法學的系統性或形式性等的高度,或方法論自覺),所以不能隨便違背,違背就名實淆亂,即淆亂了禮儀和禮義之間的對應關係。這就是古代聖賢立禮學的正當性或正當性審查標準所在。

宰我問曰:"仁者,雖告之曰:'井有仁焉。'其從之也?"子曰:"何為其然也? 君子可逝也,不可陷也;可欺也,不可罔也。"

宰我問曰:"仁者,雖告之(指仁者)曰:'井有仁②焉(意為井中有可以為仁之事,比如有人落井而下而救之)。'其從之(從而投井救人為仁,追求從事於此為仁之事)否也?"子曰:"何為其然也(何必如斯無謂投井而

---

① 《丹鉛録》。

② 救人即是仁,即有仁存焉,故只需説"井有仁焉"便可,本來未分所救之人是否仁人惡人也。

救)？於茲事也，君子可逝（往，去；或曰：死於仁義。蓋語意雙關）而籌措也，不可陷（自陷死亡之危境；或曰見陷害於邪惡。蓋語意雙關）而死無益（無濟於事）也；或可見欺（於人）（之假借之義方）也，不可自罔（於義與智）也。”欺之在人，非吾所及，若其欺之以正言義方，故或可暫見欺（此因君子不逆詐而信人之善也。若夫欺之以非義，則必不信，以君子必不為不義也）；罔之在己，智當及之，故不可罔，配義與道而細察明斷之。可逝，在我仁也，以其中有為仁之義存焉；不可陷，在我智也，以其中有無益非智非仁者存焉。言可而不言必者，就其義理而言之則曰可，就其情境而言之則不言必，而當義智（、理智（理義之智））以斷之也。故曰：或（可）逝或（可）不逝，斷之在仁智；必不可陷，斷之在義智（理智（理義之智）），陷而無益（於仁）有害（於吾生吾義），故必不陷也。若夫已知其為偽為害，則必不逝，必不見欺也。子曰：“知者不惑。”孟子曰：“君子可欺以其方，難罔以非其道。”[1]即此意也。蓋“君子之人，若於道理宜爾，身猶可亡，故云可逝。若理有不可，不宜陷於不知，故云不可誣罔令投下也。君子不逆詐，故可以闇（àn）昧欺；大德居正，故不可以非道罔也。”[2]朱熹曰：“欺，謂誑之以理之所有；罔，謂昧之以理之所無。”[3]

又論曰：欺、罔互文見義，若曰他欺與自罔。或以仁事欺騙其前往，然“吾”自不可臨事境而被罔欺也。欺者，他人欺（騙）己；罔，則自罔不智也。

錢穆對此節寫作緣由另有一解，即因孔子意欲赴佛肸、公山弗擾之召，故宰我微諷而諫之（子路則不悅），恐孔子此去（逝）雖為仁，

①　《孟子·萬章上》：曰：“然則舜偽喜者與？”曰：“否；昔者有饋生魚於鄭子產，子產使校人畜之池。校人烹之，反命曰：‘始舍之，圉圉焉；少則洋洋焉；攸然而逝。’子產曰：‘得其所哉！得其所哉！’校人出，曰：‘孰謂子產智？予既烹而食之，曰，得其所哉，得其所哉。’故君子可欺以其方，難罔以非其道。彼以愛兄之道來，故誠信而喜之，奚偽焉？”

②　《皇疏》。

③　《四書章句集註》。

而或不免於禍也。故孔子答此,言君子將配義與道,可欺而不可陷罔也,以此慰之也[1]。

子曰:"君子博學於文,約之以禮,亦可以弗畔矣夫!"

子曰:"君子博學於六籍文典(《詩》《書》《禮》《樂》等道藝典籍),而約歸之(身行,或君子之身)以常禮法度(禮儀法度,禮、法常理常識),亦可以弗畔(違道;或曰畔嗁 yàn;或曰偏畔)於道義(或禮義)常理(常識)矣夫!"所謂博文(道藝典籍)而究明道理禮義,約禮而力行踐履(此禮義),則其立身行事也,亦可以無違無偏於道義常理也。

或解曰:子曰:"君子博學於六籍文典(《詩》《書》《禮》《樂》等道藝典籍),而約歸之(文,文典)以常禮法度(禮儀法度,禮、法常理常識),亦可以弗畔(違道;或曰畔嗁;或曰偏畔)於道義(或禮義)常理矣夫!"博文而究明道理禮義,約文歸禮而力行踐履(此禮義),《曲禮》所謂"道德仁義,非禮不成",荀子所謂"學始乎誦經,終乎讀禮"也。

今論曰:禮則正中禮儀法度也,用以檢束其身、治平邦家而踐履之,人不可無,而古今有其相通者,而順道因義製禮,不離天道人心之常理常識也。文,古則六籍墳典也,大體皆有關倫理與治道,而為今之所謂倫理實踐知識(包括生活倫理如家庭倫理與社會倫理,與政治倫理),即所謂禮文,講明道理禮義法度之文也,故其時所謂六籍典章之文,可歸要於"禮";今之文也,則曰一切道藝典籍與知識專業。然人之處於世,於知識探求自可極深研

---

[1] 參見《論語新解》。

幾,而於其人其身行也,必有所正禮常禮之奉守,故道理(道學義理)經籍常典不可不博究通識之也。則曰:因信奉此一正中禮樂文明(必正中而後可,故先當有所謂正當性分析),故必持守此世之常禮也,所謂因義信禮,因信守禮,不因知識之探求而廢棄人倫常禮本分也。知識無異端,行事有常理(常經;常識;基本常度,基本共識),無為心旌搖盪身行迷惑也。博學於文,歸要於禮,斯之謂也。

約,既有約要、簡約和約束之義,但又不僅僅是簡約(曲禮三千,亦不可謂簡約)或約束之意,乃二義合之而又有歸要、歸常(中庸)、歸正之意。千知萬識,典章文獻,而此心此行不失中道、正禮、常禮,即所謂歸要也。如人類學家知僻遠"野人"之風俗,而自身之行為規範不失此常此禮(其所生活之文化系統中之"常"、"禮"),如科學家、學者研究物理與各學科知識學術,而其身心行事,不離正軌常禮,不會流宕忘歸,放縱無極,是為"約之以禮"也。

文行(又比如文質)合一,事道合一,事有萬端,歸於一道心;曲禮三千,歸於敬,歸於忠恕仁義。此外又可論及:知識與身行;知文求義(探討義理)與踐履等。

或曰:此亦接上節而談,言君子處身行事從政,皆博文約禮,不及陷罔亂也。

子見南子,子路不説。夫子矢之曰:"予所否者,天厭之！天厭之！"

衛靈公夫人南子,為人不檢束,時得寵[1]。孔子之衛,南子乃使人謂孔子曰:"四方之君不辱而欲與寡君為兄弟者,必見寡小君

---

① 而與太子蒯聵有隙爭,將立公子輒以拒蒯聵,或曰故欲借重孔子以鎮服人心。

（即南子,人稱其君夫人為寡小君）。寡小君願見。"孔子辭謝,南子虛假
禮義（如賓客朝聘之禮）而強之,子不得已而見之。見之而曰："吾鄉
爲弗見,（今）見之禮答焉。"子路聞之而不得其詳,不説,以為孔子
廢常違禮,欲因寵幸詭遇干求,枉道徇人,或"委曲遷就,以冀萬一
之遇"①而屈身行道,有失士節。夫子乃以指指天而矢（誓）之曰:
"吾答禮耳,不得已也。予若有所否屈於道者（若吾所為有不合於道
者;或曰不合於禮者）,則天厭（厭棄;壓）之（則天將厭棄我）！ 天厭之也！"
孟子曰："古者不為臣不見（士不見諸侯）。段幹木逾垣而辟之（其
君）,泄柳閉門而不納（其君）,是皆已甚。迫,斯可以見（其君）矣。"②
此蓋孔子所以不得已而見南子也。

　　或解曰:衛靈公夫人南子,為人不檢束,時得寵③。孔子之衛,
南子乃使人謂孔子曰："四方之君不辱,欲與寡君爲兄弟者,必見
寡小君。寡小君願見。"孔子辭謝,南子虛假禮義（如賓客朝聘之禮）
而強之,子不得已而見之。見之而曰："吾鄉爲弗見,（今）見之禮
答焉。"子路聞之,**以為南子無禮,不説**④。夫子指天而矢（陳,直告
之）之曰："吾所如斯而否塞者,乃天厭（厭棄）我（我）！ 天厭我也！
時勢使然,大道難行,豈人哉！"其後衛靈公見孔子,不用子之道,
而與南子同載,孔子載副車,招搖過市。衛人歌之曰："同車者色
耶,從車者德耶。"孔子亦恥之（次乘）,遂托以問陣而以微罪行。
去衛。
　　或解曰:衛靈公夫人南子,得寵,聞孔子賢名,乃虛假靈公詔命

---

①　《陔餘叢考》。
②　《孟子·滕文公下》(6.7)。
③　而與太子蒯聵有隙爭,將立公子輒以拒蒯聵,或曰故欲借重孔子以鎮服人心。
④　《家語》:靈公與南子同載,孔子載副車,招搖過市。衛人歌之曰："同車者色
耶,從車者德耶。"

召孔子。子不得已而見南子,"欲因而説靈公使行治道"①,子路不説,以為孔子欲因寵幸詭遇干求,枉道徇人,"如此委曲遷就,以冀萬一之遇"②而屈身行道,廢常違禮,有失士節。夫子乃矢(誓)之曰:"予之行事若有所不合於道者,天將厭之(厭棄我)!天將厭之!"

或解曰:衛靈公夫人南子,得寵,虛假靈公詔命召孔子。子不得已而見南子,子路聞之不説,以為或有失士節。夫子乃矢(誓)之曰:"予所不如斯者(若吾不見),則天將厭(厭棄;壓)之(則天將厭棄我)!天將厭之也!南子,衛君之夫人也,曰小君,而召之(以賓客朝聘之禮),豈敢不見。不見則失君臣賓客之禮,則天將厭棄我也。"或曰:"夫子知子路不説,故告以予若固執不見,則必觸南子之怒而厭我矣。天卽指南子。夫子言**人而不仁,疾之已甚為亂**。孟子亦言仲尼不為已甚。可知聖人達節,非俗情所能測矣。"③然此解尤牽強。

或解曰:子見南子,子路不説。夫子矢之曰:"答禮耳,不得已也。予若有否鄙枉道之心行(事),則天將厭棄我,天厭棄我也。"此同於第一解。

或解曰:子見南子,子路不説。夫子矢(發誓;或陳,直告之;指,以手指指天)之曰:"予之道所否屈(否塞)而不行者,其乃天厭(厭棄;或壓)我(天厭棄我)!天厭我也!"

子曰:"中庸之為德也,其至矣乎!民鮮久矣。"

子曰:"中(中:用中,"用中為常道也","執其兩端,用其中於民";中和,"記

---

① 《集解》。

② 《陔餘叢考》。

③ 《論語正義》。

中和之爲用";"不得過不及謂之中";反其"過不及氣稟習俗之偏"者也;時中①)
庸(庸;常;經常,常經;"所常行謂之庸","庸德之行,庸言之謹"②;用;平常)之為
德也,其至(極有價值,可行之久遠)矣乎! 民鮮(罕知此道,缺乏此道)久
矣。"中庸,用其中正(中,中道,正義,通達天下人類之(天道)人道,如通千萬人
之心者),守其常經(庸,常,常經,常識),製為正禮正法,而恪遵謹持之,而
常行之,不過不偏,亦無不及不中,時中而和。中庸,可以修身,可以
待人處世,可以治事,可以為政治國平天下也,故曰其至矣乎③。

或解曰:子曰:"中庸之為德也,其至矣乎! 民或能數日循奉
之,而鮮能期月守持之也。能暫不能久,能此不能彼,能一時一事
而不能終生萬事,則猶未內化自得於中庸之道利矣。過猶不及,偏
狹極端,失其中庸,則人事多害,不得其安和。"

或解曰:子曰:"中庸之為德也,其至矣乎! 民鮮能守行此道此
德已久矣。吾將以中庸之道化育之也。"

子貢曰:"如有博施於民而能濟衆,何如? 可謂仁乎?"子曰:"何事於仁,必也聖乎! 堯舜其猶病諸。夫仁者,己欲立而立人,己欲達而達人。能近取譬,可謂仁之方也已。"

子貢曰:"如有博施於民而能濟衆(衆庶,衆民,兆民;或曰衆物、衆
生),何如? 可謂仁乎?"子曰:"茲則何事(何嘗,何止)於仁,必也聖

---

① 洪震煊,《中庸説》:"所謂中行,行卽庸也。所謂時,卽時中也。時中則能和,
和乃爲人所可常行,故有子言言禮之用,和爲貴。"
② 《易·文言》曰:'庸言之信,庸行之謹',九家注云:'庸,常也。謂言常以信,
行常以謹。'"參見:《洪氏震煊中庸説》。
③ 關於"中庸"之詳細解釋,可參考拙著《中庸廣辭》,茲不贅述。

乎！堯舜其猶病諸(病於此，病其難；或曰於此猶或未足)。博施濟眾，
長養萬物，成己以成物，此仁者之志也，然非虛立名號①，非馳騖高
遠，非躐等貪冒，而無德無位，或賢能未深厚者，尤所不易廣濟者
也。故當謙慎其辭，而切實行己以求仁而已矣。何如而求之？夫
仁者，己欲立而立人，己欲達而達人。能近取譬("近取諸身，以己所
欲，譬之他人"②，推己及人，忠恕絜矩，就近而於平常日用之行事中具體施行
之)，可謂為仁之方(道；術)也已。為仁，當下就近見諸行事，如孝悌
忠恕於父母兄弟師長朋友，如恤矜於鰥寡孤獨，如恤民，而漸隨其
力而推擴之，所謂素其德其力其位而行，盡心勉力為之而已，而仁
之與否也，則不敢自居而貪冒也。"

　　論曰："子貢從廣遠處言仁，夫子從切近處言仁。子貢之言願
大難償，故堯舜猶病。夫子之言則推己及人，只在盡己之心，由近
及遠，能立達一人則仁及一人，能立達千萬人則仁及千萬人，何病
之有？'能近'二句指出下手所在。方如治病之方，言近取諸己以
譬人，即為仁之方也。"③

　　"博施濟眾不是馳騖高遠……而由仁達聖，則必從強恕求仁，
以馴至乎聖。此即子貢終身行恕之終事也。大凡聖道貴博濟，必
由盡己性、盡人性以至於位天地、育萬物，並非馳騖，故《大學》明
德必至親民，《中庸》成己必至成物，《論語》修己必至安人安百姓，
《孟子》獨善其身必至兼善天下，即《學記》記學自九年大成後，忽
接曰：'夫然後足以化民易俗，近者悅服，而遠者懷之。'夫聖道未
成，亦必先力推忠恕，而後可以成聖學。……取譬非借境，即《大
學》'絜矩'、《中庸》'不願勿施'、《孟子》'強恕而行'中事。此聖道

────────────

　　①　博也，眾也，小之三人為眾，大之九州天下之人民為眾，乃至萬物眾生為眾庶，
無有極，所以病其難也；又博也眾也，其在遠方而虛指而已，何有實事於其人哉，徒為向
風而虛辭慷慨，所以或有虛浮乃至偽飾者也，故君子慎其辭。

　　②　《四書章句集注》。

　　③　《論語稽》。

一貫，聖學一言，而終身行實地指出。子貢之繼曾子而聞道，全在此也。"①

又論曰："子貢以仁之用言此，必有德有位者，故雖堯舜猶病。若學者坐而言此，則非切己功夫，故夫子以仁者之心求仁之方告之。然亦非全無用處，老吾老以及人之老，幼吾幼以及人之幼，舉斯心而加彼，老者安之，少者懷之，隨其分以及人，此自崇高富貴至士庶皆可行者，顧不取必於其博與衆耳。"②"夫子以行仁之方，不論大小廣陿。天子之仁，厚諸夏而薄四裔；諸侯之仁，厚境内而薄諸夏。遞而推於卿大夫之仁，一介士之仁，凡己之所不得辭者，卽施濟之所及。仁者之於人，分有所不得辭，情有所不容遏，相感以欲而嫥責於己焉，所謂能近取譬也。"③

又論曰：此心此身之愛人推達而為仁；仁之廣被通達神化而為聖；此聖者也，堯舜猶不敢居，吾子豈敢自居聖者之功乎？莫冒其名，而先但從近身忠恕者切己實行之。聖，非吾子之所及也。

---

①　《四書改錯》。
②　李光地，《論語劄記》。
③　《論語後案》。

述而第七

子曰:"述而不作,信而好古,竊比於我老彭。"

子曰:"述而不作,信而好古,竊比於我老彭(老,老耼;彭,彭祖也,孔子嘗問禮從學於老子也,故尊之;//老彭,商賢大夫,孔子殷人之後,而親之;//老耼、彭祖為同一人①;//老耼周史,彭祖商史,是二人)②。"

老彭③,(天子之)史(官)也,受命天子聖王而整理文獻典籍者也,其職事即在於好古考信④,述而不作——此語蓋當時史者之通稱俗語也。孔子謙以自謂"竊比",意曰但為好古而述信,未敢言製作,以古時惟聖王乃可製禮作樂也(而或以禮樂大道之大意付諸史,委託史官實任其職事也)。孔子無(天子之)位,亦未嘗敢自稱聖仁(德),又非史職(天子史官,無天子聖王之委託),故雖有志於製作,終究不敢

---

① "《世本》云:'彭祖姓籛名鏗,在商爲守藏史,在周爲柱下史。'而《史記·老子傳》曰:'周守藏室之史也。'又《張湯傳》:'老子爲柱下史。'以是參證,知其爲一人也。按彭祖之述古不經見,而孔子嘗問禮於老耼。又孔子答曾子問,動云'聞諸老耼'可見《論語》述古之老彭,即《禮記·問禮》之老耼。而或者謂彭祖在殷已極老壽,何由復至春秋時?彭則籛鏗,耼則李耳,既爲一人……"參見:趙翼,《陔餘叢考》。

② 意為:吾竊比我於老彭。

③ 宋翔鳳,《論語發微》:"論語不曰彭老而曰老彭者,以老子有親炙之義,且尊周史也。至三朝記稱商老彭者,以老子雖生周代,而所傳之學則歸藏之學,故歸之於商,尤信而好古之明徵也。"

④ 老子所謂"執古之道,以禦今之有,能知古始,是謂道紀"也。

自謂名正言順，故而謙抑自謂竊史職而述之。其意曰：述則越史（如謂越俎代庖），作則僭王（聖），前者罪輕，後者罪重，故吾但言"竊比於老彭"。然孔子亦嘗曰"知我罪我，其惟《春秋》"，則仍有自罪"竊比於聖王"之意也。此孔子見當時禮崩樂壞，道法典籍毀棄，悲傷天下兆民苦海流轉，而有淑世拯溺之志，亦是一片聖仁之心，故曰述（先王之道法），而本非敢僭竊也。雖然，實則孔子亦稍寓製作於考信集述也。此可見孔子有天下自任之心志，天下為公，義不容辭，當仁不讓也。

皇侃曰："述者，傳於舊章也。作者，新製禮樂也。孔子曰：我但傳達舊章而不新製禮樂也。夫得製禮樂者，必須德位兼並，德為聖人，尊為天子者也。所以然者，製作禮樂必使天下行之，若有德無位，既非天下之主，而天下不畏，則禮樂不行；若有位無德，雖為天下之主而天下不服，則禮樂不行，故必須並兼者也。孔子是有德無位，故述而不作也。"①

論曰："故知禮樂之情者能作，識禮樂之文者能述。作者之謂聖，述者之謂明。明聖者，述作之謂也。"②"述"則述聖王製作之意，述聖王之道法，述先王之制度禮樂也。孰述之？則史職也。子曰："我非生而知之者，好古，敏以求之者也。"③孟子曰："其文則史，其義則丘竊取之矣。"皆或謂竊比史職史官。文即述也，義則又有所作也（雖亦可解為"述"聖王之意之道法，然尤可或尤當解為"作"，製作禮樂或禮義也），所謂"取"，非僅謂"取述"，乃又有"製作"意。故此處之"竊比"，不僅有竊比史官意，或亦稍有竊比聖王製作意也。

中國古代，歷來禁止"私家著史"，而孔子或為第一人，其後則蔚為大觀。

---

① 《論語義疏》。
② 《禮記今注今譯·樂記》。
③ 《論語·述而》。

上古三皇五帝之天下，乃天下之天下，乃聖仁有德者而後有位也。斯時也，有位者必有德，無德則必黜之，然其制則今已湮滅無傳。

今以思想創造論之，則於製作而言，可有其志，不可有其傲慢剛愎自是，而俟論定乎千古賢哲生民也。故曰：作不作，爾志，盡心勉力焉而已；傳不傳，在乎其道，聖仁大公而善則傳；用不用，時勢也，天也命也，非爾力也，君子進退裕如，此心安然。質言之，人雖不可自居聖仁，亦不可自居聖王，然未嘗不可有聖王依則天道人道而淑世製作之心意也。

子曰："默而識之，學而不厭，誨人不倦，何有於我哉？"

或謂夫子聖仁①，不學而知（即生而知之）。（子貢乃問於孔子曰："夫子聖矣乎？"）子曰："吾也，默而識（音志，記；默識，不言而存諸心，記其善者而蓄德也；靜心思悟體察）之（蓄德）②，學而不厭③（成己），誨人不倦（成人）④，如斯而已，亦可謂為仁之一方矣。若夫聖與仁，則吾豈敢？而何有於我哉？"⑤聖仁豈敢自居，勉力默識、求學、為仁行道，

---

① 《孟子·公孫醜》："然則夫子既聖矣乎？"曰："惡！是何言也？昔者子貢問於孔子曰：'夫子聖矣乎？'孔子曰：'聖則吾不能，我學不厭，而教不倦也。'子貢曰：'學不厭，智也；教不倦，仁也。仁且智，夫子既聖矣乎。'夫聖，孔子不居，是何言也？"

② 如聞一善言、知一善行，則默靜而虛心體悟，涵味而記於心，將有所施行也。

③ 所謂學者，研讀經籍，講論義理、修習踐履（學禮修禮）、任事廣聞也，非徒讀書之一事也。

④ 忠恕也，我有善言善道，必告之，與人為善也。誨之往復，無倦，盡己為忠也。學者當於此修養其仁心情意。

⑤ 《述而》：子曰："若聖與仁，則吾豈敢？抑為之不厭，誨人不倦，則可謂云爾已矣。"公西華曰："正唯弟子不能學也。"又《孟子·公孫醜》："然則夫子既聖矣乎？"曰："惡！是何言也？昔者子貢問於孔子曰：'夫子聖矣乎？'孔子曰：'聖則吾不能，我學不厭，而教不倦也。'子貢曰：'學不厭，智也；教不倦，仁也。仁且智，夫子既聖矣乎。'夫聖，孔子不居，是何言也？"

虛心成己成物,靖心蓄德,而力爭上游而已矣。

　　或解曰:或謂夫子生知(不學而知)。子曰:"默而識(音志,記;默識,不言而存諸心;靜默而思,靜心空明而學記)之,學而不厭(成學成己),誨人不倦(成人,立達他人)①,如斯而已矣。生知何有於我哉?"吾儕而生斯世也,虛心默識,役志好學,推達立人,成己成物,亦可謂有所作為也。

　　或解曰:子曰:"默而識(音志,記;默識,不言而存諸心,蓄德也)之,學而不厭(成己),誨人不倦(成人),何有(何難之有)於我哉?"又何有(何難之有)於人哉!而人各勉乎哉,亦曰成己成物之方也②。

　　或解曰:子曰:"默而識(音志,記;默識,不言而存諸心)之(蓄德),學而不厭(成己),誨人不倦(成人),此外(其他)則何有於我者哉?"謙言也。

　　或解曰:子曰:"默而識(音志,記;默識,不言而存諸心)之(蓄德),學而不厭(成己),誨人不倦(成人),何有於(如)我者哉?"③如能循此為之,亦可有所成也。

子曰:"德之不修,學之不講,聞義不能徙,不善不能改,是吾憂也。"

　　子曰:"德之不修(踐習施行),學之不講(講,習也,習,肄也),聞義不能徙,不善不能改,是吾憂也。"

　　德者,善也,善行善言善性善道也,如孝弟忠信,皆是德;修德,則於平常日用行事中踐習施行之,非空口大言也,如徐行後長、辭

---

　　① "我學不厭而教不倦"。
　　② "何有"蓋為當時習慣語或俗語,《論語》與《孟子》中多用之,而皆解為"何難之有",如此則此節亦當取此解。
　　③ 《公冶長》:子曰:"十室之邑,必有忠信如丘者焉,不如丘之好學也。"然此一解讀稍不切。

讓而對、昏定晨省、坐屍立齊，皆是修德，而自有其目，所謂"曲禮三千"，皆是修德（修禮習禮亦是修德，如《禮記》中之"曲禮"、"少儀"、"儒行"等，皆是也，今可理性審擇學習之）。

學者，德行、義理、言語、政事、禮樂、文學也，而必多實學，非徒懸空虛論也。講學，則講論發明、修習踐演也。古之學之目如何？① 曰德行、言語、政事、文學之孔門四科也，曰《詩》、《書》、《禮》、《樂》、《易》、《春秋》之六經也，曰禮樂射禦書數之六藝也，亦非虛浮空泛文辭，而各有其務實具體之條目製作（内容）與教法也。

"聞義而徙，不善而改"，則是遷善改過也，如舜也，"聞一善言，見一善行，若決江河，沛然莫之能禦也"②；如子路也，"人告之以有過則喜"③，則當下改過實行也；又如"禹惡旨酒而好善言"，皆是善於遷善改過者也④。

講學而明理義，徙義而日進於善，改過而日臻於純粹，如此乃可進德修業，進於君子賢德也。反之，則沉淪下流，人所不齒，是吾人之憂也。

又：古之學也，實學也，非徒虛文誦讀也。"古之爲教也以四術，書則讀之，詩樂同物，誦之歌之，弦之舞之，揖讓周旋，是以行禮。故其習之也，恒與人共之。學而時習之，有朋自遠方來，所謂君子以朋友講習也。學人習之，其師則從而告之。《記》曰：'小學正學幹，大胥贊之。籥師學戈，籥師丞贊之。春誦夏弦，大師詔之。瞽宗秋學

---

① 學必有系統自洽之細目，有必有相應之踐習實踐之方，且必有相應之教法。今之學也於此而何如？

② 《孟子·盡心上》：孟子曰："舜之居深山之中，與木石居，與鹿豕遊。其所以異於深山之野人者幾希。及其聞一善言，見一善行，若決江河，沛然莫之能禦也。"

③ 《孟子·公孫醜上》：孟子曰："子路，人告之以有過則喜。禹，聞善言則拜。大舜有大焉，善與人同，舍己從人，樂取於人以爲善。自耕稼、陶、漁以至爲帝，無非取於人者。取諸人以爲善，是與人爲善者也。故君子莫大乎與人爲善。"

④ 《離婁下》：孟子曰："禹惡旨酒而好善言。湯執中，立賢無方。文王視民如傷，望道而未之見。武王不泄邇，不忘遠。周公思兼三王，以施四事，其有不合者，仰而思之，夜以繼日；幸而得之，坐以待旦。"

禮,執禮者詔之。冬讀書,典書者詔之。'曰學曰贊曰詔,必皆有言,故於文講從言。孔子適宋,與弟子習禮大樹下;魯諸儒講禮鄉飲大射於孔子塚,皆講學也。禮樂不可斯須去身,故孔子憂學之不講。"①

餘論:"德之不修":第一,德是什麼,或德有哪些? 第二,德如何修? 或曰:"修德是本,爲要修德。故**講學,徙義、改過卽修德之目。**又云:須先理會**孝弟忠信**等事,然後就此講學。"②

"學之不講":學如何講? 如何學? 學什麼?

又:如何或何處"聞義"? 如何知自己之"不善"?

或曰此節與上節本是同一節,而合而解之。上節是孔子正面自述,此節則是對後生弟子或自己反面言之。德之不修,即是不能"默而識之";學之不講,即是不能"學而不厭";聞義不能徙,不善不能改,則是此"誨人不倦"而彼則不能修習改過也。此則是吾爲師之憂也。然亦可謂是自言,曰,吾修身之憂在此。

此節似承上節,前言"此外則何有於我哉"或"何難之有於我哉",此節則對弟子與自己言説也,正相對應。或曰前節謙言己所不能(此三者何有於我哉)。

子之燕居,申申如也,夭夭如也。

子之燕居(閒居),申申如也,夭夭如也。申申,伸展體舒也;夭夭,屈身鬆馳也,所謂"心內夷和外舒暢者也"③。"申申如狀其躬之直,夭夭如狀其躬之稍俯也。此記聖人徒坐之容,合伸屈觀之而見其得中也。"④君子之閒居也優容有節,寬舒自在也。

---

① 《述學》。
② 《朱子語類》。
③ 孫綽語,《皇疏》。亦可謂:身體屈伸如意、容色夷暢和舒也。
④ 《論語後案》。

或解曰：子之燕居（閒居），申申如也，夭夭如也；體倦則伸，志倦則欠，而容體屈伸如意收放自如也。

或解曰：子之燕居（退朝曰"燕居"，退燕曰"閒居"①），或申申如也，或夭夭如也。申申，容體整飭，敬也；夭夭，容體舒緩，和也。君子閒居亦和中。

或解曰：子之燕居（在家閒居而弟子侍，如《禮記·仲尼燕居》），或申申如也，或夭夭如也。申申而端謹，謂施教也。夭夭如春草初長，謂弟子昭若發矇，有如時雨化之也②。

註解：

燕居：或曰是閑坐；或曰是閒暇無事之時；或曰是不仕之時。

申：本義是伸展。夭：本義是屈，折；少壯。

申申夭夭，有三種解讀，第一，或指是容體屈伸如意。然此亦分三種情形：如是類於箕踞之坐姿，則或申申，而身形伸展寬舒而悠然；或夭夭，而屈身放鬆而舒適。如是跪坐姿，則或申申，即長跪而身長直，而端謹；或夭夭，即跪坐而屈身或曲身，而悠閒。如是立姿，則或申申，挺直伸展而身長，而端謹整飭；或夭夭，屈身俯身如行禮狀，而恭也。此曰燕居，當時類於箕踞之坐姿。

第二，或指是容色之和舒愉悦，悠閒放鬆，申申，則容色舒展發揚而明朗；夭夭，則容色肌肉自然鬆弛而悠緩。志定則容色舒緩，此亦是養志而養容色也。

第三，兼指容色與體貌，舒展悠閒愉悦狀。原文確切之意已不可知，而大體是此意，曰孔子閒居之時則容體寬舒愉悦也而已。

---

① 《禮記今注今譯》。
② 《論語述何》。

子曰："甚矣吾衰也！久矣吾不復夢見周公。"

子曰："甚矣吾衰也！久矣吾不復夢見周公。"日有所思，夜有所夢；精誠所至，鬼神交感；用志純熟也。"孔子往者思為東周，故夢寐之間得見周公。及道久不行而行年已老，無復此志，其平日既樂天知命，淡然無慾，故寢時亦心神安泰，無復有夢，此亦一身昔盛今衰之驗也。"①又曰："聖人無想，何夢之有？蓋傷周德之日衰，哀道教之不行，故寄慨於不夢，發歎於鳳鳥也。"②

或曰：用志純熟則必有所幽冥感應，而或將一朝豁然開朗也。

子曰："志於道，據於德，依於仁，遊於藝。"

子曰："志於道，據於德，依於仁，遊於藝。"人之生也，如行走於道路，此心必志向於正道，而不違離至於邪僻也；守持此善德也，如拄(持)杖而行於正道，又如聞得一善言善道，而必據守正位、實德(德者得也)不失也③；依依(親近)不離於仁心仁行，則可倚以安遠(行遠)此身此生也；又可優遊嫻習於六藝(禮樂射禦書數；或曰詩書禮樂易春秋。當為前者)，以長才儲能，將以有所自立(自治其生，自食其力)作為(更大作為，如為政行道等)也。"志道、據德、依仁之與遊藝，有輕重而無先後。"④遊藝而不能志道據德依仁，則不可。有藝無道(道、德、仁)，其藝或可述，其人無足述也；有道無藝，亦恐難以擔當大任也⑤。

---

① 《論語稽》。

② 李充語，參見《皇疏》。

③ 或：而據守正位於此善德也，如拄(持)杖而行於正道，又如聞得一善言善道，而必守持實德(德者得也)不失也。

④ 《論語經正錄》。

⑤ 《泰伯》：曾子曰："可以托六尺之孤，可以寄百里之命，臨大節而不可奪也。君子人與？君子人也。"

今或曰：若今之科技、專業知識，亦藝也，可遊可為，而用以行道達道，利用厚生，及於眾生萬物也已矣。

道者何？仁道（人道）也，天道也；仁道愛人，天道公正；愛人以忠敬，公正無私覆，如天地日月，曰天無不覆，地無不載，日生萬物，月無私照，而庶物以平安也。

子曰："自行束修以上，吾未嘗無誨焉。"

子曰："自行束修（束帶修飾，以就外傅）以上（十五歲以上之成童）[1]之成童，苟以求教之心來相見，吾未嘗無誨焉。"此可見孔子誨人不倦之意。

或解曰：子曰："若其人也，自（自有志願，自發其願）行（致）束修（摯禮，脩，脯也；十脡為束。童子贄見薄物；今曰學費，實則不同）以上（以至，以來，以來相見，以求學，以入學），則吾未嘗無誨焉。"禮聞來學，不聞往教，其人若以斯禮來，則有問學求教之願望，則吾必有所教誨也。孟子曰："夫子之設科也，往者不追，來者不拒。苟以是心至，斯受之而已矣。"[2]此可見孔子盡己而忠、與人為善、誨人不倦之仁心也。

註解：

"束修"有幾種解釋：第一，十五歲以上之成童，"自行束脩以上，謂年十五以上能行束帶脩飾之禮"[3]；第二，童子之摯，亦喻指

---

① 行，為也，為束帶修飾之事，先秦時童子十五歲則當束帶修飾而就外傅。自行束脩以上，即十五歲以上之成童也。

② 《孟子・盡心下》：孟子之滕，館於上宮。有業屨於牖上，館人求之弗得。或問之曰："若是乎從者之廋也？"曰："子以是為竊屨來與？"曰："殆非也。夫子之設科也，往者不追，來者不拒。苟以是心至，斯受之而已矣。"

③ 《論語後案》。

童子①；第三，"脩，脯也。十脡爲束"②；第四，束爲束帛，脩爲脩脯；第五，約束脩飾；第六，贄，大夫士出境聘問時所用之禮；第七，"脯脩是婦人相見之物，男子無之"③。

全句句意亦有幾種解讀：第一，成童以上皆教誨之。第二，"苟以禮來，則無不有以教之也"④。第三，"能飭躬者皆可教也"。第四，"仲尼言小子灑掃進退束脩末事，但能勤行此小者，則吾必教誨其大者。"第五，"爲約束脩飾之意，與魯論悔字得相合，是子言從能束脩以來，內省常若不足，故所行未嘗無悔也"；"聖人戒慎恐懼，省察維嚴，故時覺其有悔。自行束脩以上，謂自知謹飭砥礪而學日以漸進也。恐人以束脩即可無悔，故言未嘗無悔以曉之。"⑤

結合"束脩"含義之一二三點及句意之一二三點，則其意可歸結爲兩種解讀：第一，"童子以至薄之贄即十脡脯來相見，則必有所教誨也"。第二，能夠自我束帶修飾的十五歲以上之成童，來之則我必有所教誨之也。

或曰此節或當與互鄉童子來見之事相關，或同一事而不同弟子之記載也：互鄉難與言，童子見，門人惑。子曰："與其進也，不與其退也，唯何甚！人潔己以進，與其潔也，不保其往也。"⑥

---

① 《論語後案》："蓋年十五以上，束帶脩飾以就外傅，鄭君與孔義可合也。《曲禮》：'童子委摯而退'，疏曰：'童子之摯悉用束脩。故《論語》孔子云："自行束脩以上，則吾未嘗無誨焉。"是謂童子也。'"《樸學齋劄記》亦曰："《禮·曲禮》云'童子委摯而退'者，童子見先生或尋朋友，既未成人，不敢與主人相授，受拜抗之儀，但奠委其摯於地而自退避之，然童子之摯悉用束脩也。故《論語》'自行束脩以上，吾未嘗無誨'，是謂童子也。"
② 《四書章句集注》。
③ 《論語偶記》。
④ 《四書章句集註》。
⑤ 以上參見《論語集釋》。
⑥ 《論語·述而》。

子曰：“不憤不啟，不悱不發，舉一隅不以三隅反，則不復也。”

子曰：“不憤（心多思考欲言①）不啟（開其意，開啟，啟導②），不悱（fěi，心有疑思難明③）不發（達其辭，發語，導而發語之）；（物有四隅（方），）舉一隅而示之，若其不能以三隅反（印證，相證），則不復告之（以其未曾自主深思也），以待其自主用心深思、推求多方、廣思其類、印證貫通、勉力領會也。”學必役志自求，自求不得，則師友諮問切磋，復深思自悟得也。於學者弟子也，發憤忘食，問師請益（小扣則小鳴，大叩則大鳴），學而時習，觸類旁通，深思自得也；於先生師儒啟牖之術也，時觀而弗語，以存其（弟子生徒）用心；（待其）力思不能而問（師），然後語之，則淪肌浹髓而渙然冰釋矣。思之宜深，專心致志，勉力以爲受教之地也；啟之宜精，點到為止，以待其終復自思自得之也。

《禮記・學記》曰：“君子既知教之所由興，又知教之所由廢，然後可以為人師也。故君子之教喻也，道而弗牽，**強而弗抑，開而弗達**。道而弗牽則和，**強而弗抑則易，開而弗達則思**；和易以思，可謂善喻矣。”④斯之謂也。

解曰：據此節，可知上節是論教學之誨（不是“悔”字），而束脩既可是束帛或十脡脯，意曰來者有問學之心，自心志道向學，而與此節之“不憤不啟，不悱不發”之主動進學思問，正可銜接。

①　運思充分，醞釀思考長久充滿，奔湧欲出。

②　如開啟户牖使見其明其條理思路然，導而條貫而出，歷歷分明。

③　心思之，欲解疑惑而難以語言發；心有疑惑難以表達。朱熹分別解為“心求通而未得之意”、“口欲言而未能之貌”，仍覺意有未切；此句當突出教者必待學者主動運思、充分思考、急於求知求道之後再來啟發教育之教學方法。悱悱，抑鬱於心而未能表達貌。

④　《禮記今注今譯・學記》。

子食於有喪者之側，未嘗飽也。於是日哭，則不歌。

子食於有喪者之側，未嘗飽也；於是日哭（弔喪，哭喪，吊於人），則不歌（亦即不樂，不作樂）①。不飽不歌者何？不忍也，隱惻之心然也，而仁者同其哀情也。《檀弓》曰：“弔於人，是日不樂（不作樂，即不歌，樂音悅）。”餘哀未忘，自不能歌樂也。且一日之中，或歌或哭，亦是褻於禮容也。

子謂顏淵曰：“用之則行，舍之則藏，唯我與爾有是夫！”子路曰：“子行三軍，則誰與？”子曰：“暴虎馮河，死而無悔者，吾不與也。必也臨事而懼，好謀而成者也。”

孔子師徒會講。子謂顏淵曰：“世用之（“我”）則出，而能必行吾道（吾道）；世舍之則可退處，自食其力，而修藏吾身吾道（吾身；或兼曰“道”，吾身吾道）。豈肯與世俯仰，必也一準於道義，唯我與爾（汝，你）有是（上述行止之區分別擇；或曰“是”為“道”；或曰“此志此才此智”；或曰知命）夫！”用之則獻吾道以行淑世，舍之則修吾道，或則大隱待時而起，或則藏諸名山待訪也。用舍在外，順天命也；行藏在我，正性命也。何如而能出行？曰身自體仁修德，配義與道，正直立世，敬人人敬，而進賢聚賢（賢人來佐），集義立制行事，共襄天下為公之仁義大道也。何如而可處藏？曰辭尊居卑，辭富居貧，好學樂道不倦，又（謀）以一技一藝之長，存身於天壤之間（山林田畝等），漁樵風雨觀日月，蓬門蓽户避塵囂；粗茶淡飯聊自安，進德修業自可樂也。

---

① 或斷句為“哭則不歌”，茲不取。

樂者何？修道觀世之樂也，道成撰述傳世之樂也。道樂自忘憂，而天下風雲時勢，亦另具隻眼而已矣。

子路曰："文治以道，而有顏淵。於武事即戎也，如子行（率領，指揮）三軍（大國三軍，萬二千五百人爲軍，謂爲大國之軍帥也），則誰與（與之俱；或解贊許）？"子曰："暴（徒手搏鬥）虎馮（徒涉）河，死而無悔者，吾不與也。必也臨事而懼（戰戰兢兢，而必敬慎其事也），好謀而成（周全，完善，成熟①）者也。"謀而周全成熟，即所謂"知所取裁"也。若夫行軍任事也，而臨事無懼，輕謀不審，則恐不得其死矣。又：君子將帥義正以爲上，正義而後勇，斯可治軍②，而無過犯矣；不然，君子有勇而無義爲亂，小人有勇而無義爲盜。由也好勇過我，惟當戒慎恐懼，而時時取裁於義③，則義勇；義勇而好謀，則智勇而雙全也。戒慎恐懼者，臨事而懼也；取裁於義與智者，好謀而正以成也④。

或曰："臨事而懼，正夫子慎戰之意。好謀而成，正夫子我戰則克之意。"⑤又曰："趙充國攻羌，以遠斥侯爲務，行必爲戰備，止必

---

① 按《史記・仲尼弟子列傳》中之記載，子路之死，恰在於"謀而不成"，不周全，不完善、完備，不成熟也。

② 《史記・仲尼弟子列傳》："子路爲蒲大夫，辭孔子。孔子曰："蒲多壯士，又難治。然吾語汝：恭以敬，可以執勇；寬以正，可以比眾；恭正以靜，可以報上。""

③ 《公冶長》：子曰："道不行，乘桴浮於海。從我者其由與？"子路聞之喜。子曰："由也好勇過我，無所取材。"

④ 《先進》：閔子侍側，誾誾如也；子路，行行如也；冉有、子貢，侃侃如也。子樂。"若由也，不得其死然。"《史記・仲尼弟子列傳》亦記子路之結局：初，衛靈公有寵姬曰南子。靈公太子蕢聵得過南子，懼誅出奔。及靈公卒而夫人欲立公子郢。郢不肯，曰："亡人太子之子輒在。"於是衛立輒爲君，是爲出公。出公立十二年，其父蕢聵居外，不得入。子路爲衛大夫孔悝之邑宰。蕢聵乃與孔悝作亂，謀入孔悝家，遂與其徒襲攻出公。出公奔魯，而蕢聵入立，是爲莊公。方孔悝作亂，子路在外，聞之而馳往。遇子羔出衛城門，謂子路曰："出公去矣，而門已閉，子可還矣，毋空受其禍。"子路曰："食其食者不避其難。"子羔卒去。有使者入城，城門開，子路隨而入。造蕢聵，蕢聵與孔悝登臺。子路曰："君焉用孔悝？請得而殺之。"蕢聵弗聽。於是子路欲燔臺，蕢聵懼，乃下石乞、壺黶攻子路，擊斷子路之纓。子路曰："君子死而冠不免。"遂結纓而死。孔子聞衛亂，曰："嗟乎，由死矣！"已而果死。故孔子曰："自吾得由，惡言不聞於耳。"此正"不懼"之後果。

⑤ 《四書改錯》。

堅營壁，尤能持重愛士卒，先計而後戰，此所謂臨事而懼者。嘗謂李廣之不擊刀鬥，程不識之行伍整嚴，孰得孰失，於懼不懼判之矣。"①

或解曰：孔子師徒會講。子謂顏淵曰："世用之(道)則吾出行此道，世舍之(此道)則吾處藏此身此道，必不與世俯仰，唯我與爾有是(上述用舍出處行止之區分別擇)夫！"天下有道(用道)，則吾必出行此道淑世；天下無道(舍道)，則吾乃處藏此道待時。或知其不可而為之，或英雄造時勢以推行其道。用舍行藏，必以其道也。

子路曰："子行三軍，則誰與？"子曰："暴虎馮河，死而無悔者，吾不與也。必也臨事而懼，好謀而成者也。"

註解：

"好謀而成"之"成"，有幾種解釋：第一，周全，完善，成熟；第二，正，合於義，正於名；第三，誠正，誠②；第四，誠而實，誠正而務實；第五，定，決，成其謀③；第六，成功，取勝④。

按《史記·仲尼弟子列傳》中所記載的子路之結局來看，子路之死，恰在於"謀而不成"。所以這裏的"成"，應該是周全、完善、完備、成熟的意思。而第六種解釋與此稍近。第二種解釋亦可有一定佐證，比如，《論語·子路》：子路曰："衛君待子而為政，子將奚先？"子曰："**必也正名乎！**"子路曰："有是哉，子之迂也！奚其正？"子曰："野哉由也！子於其所不知，蓋闕如也。名不正，則言不順；

---

① 《論語後案》。

② 《羣經平議》："成當讀為誠。行軍之事固不可無謀，然陰謀詭計又非聖人所與也，故曰'好謀而誠'。懼與誠，行軍之要矣。"

③ 《論語補疏》："好謀無決即是好謀無成。好謀而成，即是好謀而能決也。"

④ 戴望，《論語注》："王者行師，以全取勝，不以輕敵為上。傳曰：'善為國者不師。善師者不陳，善陳者不戰，善戰者不死，善死者不亡。'"《禮器》云：'子曰："我戰則克，祭則受福，蓋得其道。"'"

言不順,則事不成;事不成,則禮樂不興;禮樂不興,則刑罰不中;刑罰不中,則民無所措手足。故君子名之必可言也,言之必可行也。**君子於其言,無所苟而已矣。**"又比如:《論語·陽貨》:子路曰:"君子尚勇乎?"子曰:"**君子義以為上。君子有勇而無義為亂**,小人有勇而無義為盜。"似乎都有一定關聯性。但總的說來,第二、第三、第四這幾種解釋,雖然從道義或道理本身來說,有其價值,但從吻合原文意指的角度來判斷,則不可取。第五種亦不合,因為子路既不是沒有考慮道義(包括他準備殺掉孔悝,仍有尊君的某種考慮在內),也並非不能決定,而是不能周全考慮。所以應該解釋為"周全"比較合適。

故解曰:孔子知子路好勇,故含蓄告其當義在勇先,以之出處行藏,可無犯道義,可保身,而子路終於於此吃虧,激於憤怒或"好勇過",而終於有殞身非命處。孔子對子路是非常清楚其優缺點,肯定其勇的優點(孔子亦曰"自吾得由,惡言不聞於耳"之類),而又點化、陶染以進之。師生情意之深厚,於此可見。

子曰:"富而可求也,雖執鞭之士,吾亦為之。如不可求,從吾所好。"

或有勸孔子仕者。子曰:"若富(財富,在當時即實指爵祿,即出仕得爵祿,不可簡單理解為大富巨富)而("而"有"如"義)可(意指有正當性,合於道,故可之)求(求,取,追鶩和獲得、享有。"可求",意為"所得所有所求合於道,或不違背道義")也,雖執鞭之士①之爵祿,吾亦可求得而為之②(意指若有正當性則可以出仕)。如不可求(意指求得之而不合道,不能行

---

① 《地官·司市》:"入則胥執鞭度守門",參見:《論語後錄》;或曰"君之禦士,亦有祿位於朝",參見:《皇疏》。

② 即擔當執鞭之士而獲執鞭之士之爵祿或其富。

道,則不接受爵祿,即不出仕。不可,不正當也),從吾所好而已。"富貴爵位(公職出仕),人之所好也,又人之未嘗不可享有者也,然必求之以道、得之以道、行之(行其職事)以道而後可①。若求得其爵祿而合道,則雖執鞭之士之爵祿,吾亦可求為之(若其職位爵祿有正當性,可行正道,則可出仕,無論其職位高低);如為其爵祿職事而不能合道行道(不可即不合道),則雖貴如王公之爵祿職位,吾亦不求不為②(若其職位爵祿無正當性,不能行正道,則不可出仕,雖如王公,亦不出也)。而惟從修吾所好(如修道,如講論教化,如述而不作而刪訂詩書等)而已矣。"飯疏食飲水,曲肱而枕之,樂亦在其中矣。不義而富且貴,於我如浮雲。"③斯之謂也。夫子之求(得爵祿富貴,即出仕)也,求之以體仁進德修道,而自然得之(富,或爵祿),而行道也,孟子所謂"修其天爵(德),而人爵(祿位)從之"也。若夫如此而亦不得爵祿(富、貴、職、位),則天也,命也,夫子不求(不出仕);所修求者,天爵也,大道(仁)也。故夫子雖曰(名曰)求之(富),亦異乎人之求之也。子禽問於子貢曰:"夫子至於是邦也,必聞其政(國君與孔子爵祿也),(夫子)求之而得與?抑(國君)與之與?"子貢曰:"夫子溫、良、恭、儉、讓以得之④。此夫子之所謂求也。溫良恭儉讓云云,皆自修其德而已矣。今之人則不然,孟子曰:"今之人修其天爵,以要(干求)人爵(干求爵祿職位);既得人爵,而棄其天爵(出仕而不行道,而違道幹義),則惑之甚者也,終亦必亡(無)而已矣。"若夫爵祿之外之致富也,亦復如

---

① 《里仁》:子曰:"富與貴是人之所欲也,不以其道得之,不處也;貧與賤是人之所惡也,不以其道得之,不去也。君子去仁,惡乎成名?君子無終食之間違仁,造次必於是,顛沛必於是。"

② 《滕文公下》:孟子曰:"非其道,一簞食不可受於人。如以道,則舜受堯之天下不以為泰。"

③ 《述而》:子曰:"飯疏食飲水,曲肱而枕之,樂亦在其中矣。不義而富且貴,於我如浮雲。"

④ 《學而》:子禽問於子貢曰:"夫子至於是邦也,必聞其政,求之與?抑與之與?"子貢曰:"夫子溫、良、恭、儉、讓以得之。夫子之求之也,其諸異乎人之求之與?"

是,人之愛財,得之合道合法而已矣;徒公私之分,稍不同於公職爵祿,道義則一也。

《孔子世家》云:"定公五年,陽虎囚季桓子。季氏亦僭於公室,陪臣執國政。是以魯自大夫以下皆僭離於正道,故孔子不仕,退而修《詩》《書》《禮》《樂》。弟子彌衆,至自遠方,莫不受業焉。"

註解:

"可",意指有正當性,合於道,故可之;"求",兼有得、享有,和追求、追騖之意(當然,"求"本身還有索、乞、幹請等意思)。"可求",意為"所求(包括求的方法過程和求的結果目標)所得所有合於道,或不違背道義",質言之,這裏的"可求",意為求之得之而合道。也就是說,這個句子的意義重心在"可"字上,不在"求"字上,而"可"即是"正當性判斷"或"道義性判斷",即方法、過程和結果、目標都必須符合道義或正當性,如斯則可求,否則不可求。換言之,孔子始終將道義或正當性擺在一切事情的首要位置。這是此節的真正含義。

在孔子那個時代,一般庶民或實行井田制,財富出產有定數;私人工商業並不發達,一般人亦難以藉此致富;唯一可富的渠道便是獲得爵祿。但在孔子的觀念尤其是政治哲學裡面,主張德治或賢人政治——雖然出於政治現實主義的考慮,可能只能是宗法制度基礎上的賢人政治——,則只有修天爵而後人爵從之而已……《周官·太宰》所謂"祿以馭其富。""三代以上,未有不仕而能富者,故官愈尊則祿愈厚,求富即干祿也。"[1]

然此可見其時一般民生辛勞艱苦,而在官者,雖執鞭之士等賤職,相對於一般庶民而言,亦可謂富貴。今曰:所謂聖人,若不革易宗法世襲、過度的德能身份(經濟)等級制,另創更為平等之政治、文化系統(即使是不過度的德能薪酬體制,似亦優於上述過分身份

---

[1] 《論語發微》。

等級制），則亦不可謂聖矣①。

子之所慎：齊，戰，疾。

　　子之所慎：齊（戒潔也），戰，疾。斯三者也，或關乎上交鬼神天道（齋），或關乎邦國眾人之生死存亡（戰），或關乎一身之生死愈病（疾），故皆尤其慎之也。何如而慎齋？曰："居處齊則色姝，食飲齊則氣珍，言語齊則信聽，思齊則成，志齊則盈。五者齊，斯神居之"②；又曰："祭如在，祭神如神在。"③何如而慎戰？曰："臨事而懼，好謀而成也"④。何如而慎疾？曰："人有疾當慎養，苦酸辛甘不遺，形體有衰，雖在經絡，無由入其腠理。"⑤

　　解曰："《鄉黨篇》：'齊必有明衣布。齊必變食，居必遷坐。'慎齊也。《述而》子路曰：'子行三軍則誰與？'子曰：'暴虎馮河，死而無悔者。吾不與也。必也臨事而懼，好謀而成者也。'慎戰也。《鄉黨篇》：'康子饋藥，拜而受之，曰："丘未達，不敢嘗。"'慎疾也。"⑥

子在齊聞韶，三月不知肉味。曰："不圖為樂之至於斯也！"

　　魯昭公二十五年奔齊，魯亂。孔子時年三十五，亦避亂適齊，

---

　　①　當然，這種論述或不合三代之事實，因為其時之高階爵位如王君卿大夫（乃至上士中士）之數量占全民比例極低，且君爵等有周濟之義。與此同時，因為為民製產，家田百畝，故而一般庶民之收成，也同乎庶民在官者，並無太大貧富差距。

　　②　《韓詩外傳八》。

　　③　《八佾》：祭如在，祭神如神在。子曰："吾不與祭，如不祭。

　　④　《禮器》：子曰："我戰則克，祭則受福，蓋得其道。"

　　⑤　《金匱要略》，以上若干條引自《論語正義》，《論語集釋》。

　　⑥　《潘氏集箋》。

嘗與齊太師語樂。聞韶音，三月不知肉味（用心之專，感染之深）。曰：“吾知有此樂也，而不圖舜韶之為樂（作樂，奏樂；樂之作用，樂之美盛正大）①之至於斯（如此之境地、境界）也！”②又曰：“簫韶者，舜之遺音也。温潤以和，似南風之至。其為音如寒暑風雨之動物，如物之動人，雷動禽獸，風雨動龍魚，仁義動君子，財色動小人，是以聖人務其本。”③樂之感動人心，孔子之縈情措意於禮樂教化，也至於斯！

或曰：樂也，陶冶性情，安定心神，舒悦端肅容儀，安詳舉止禮儀……

解讀與發揮：

孔子當不會不知道韶樂，也不會不知道韶樂在陳在齊（《集解》與《皇疏》皆認為“此”即“齊國”，並不認可上文這個判斷，但竊謂朱熹之解讀更為妥當一些，即歎韶樂如此之美耳），但應該没有真正聽過韶樂；因為此乃王者之樂，而在古代，王者之一代之樂往往為其後代所保有（包括太師、樂師、器樂等，非凡人平民所可得之者），所以孔子未必真正親耳親眼見聞過韶樂。所以這裏應該不是詫異於韶樂在陳在齊，而當為美盛韶樂之言。孔子關注禮樂教化，所以凡有古樂者，必欲見聞討論之，如“入太廟，每事問”，“韶樂盡善盡美”之歎、此處“三月不知肉味”以及太史公所云“與齊太師論樂”等，皆可見也。

此又可對照季札觀舞樂後之評論，對參此節文字，則“不圖為樂之至於斯也”之意亦或可知矣：《左》襄二十九年傳：季札見舞象箾、南籥者，曰：‘美哉。猶有憾。’見舞大武者，曰：‘**美哉！周之盛**

---

① 或云“為樂”當為“媯樂”（“王肅以讀爲爲媯”），媯即媯氏，陳姓，媯陳皆舜裔也，而解此句曰“因謂媯氏樂宜在陳而不圖至齊”。參見：《翟氏考異》。

② 或解“斯”為“齊”，不甚切。

③ 《太平御覽》八十一引《樂動聲儀》，轉引自楊樹達，《論語疏證》。

也,其若此乎?'見舞韶箾者,曰:'德至矣哉,大矣,如天之無不幬也,如地之無不載也,雖甚盛德,其蔑以加於此矣。觀止矣!若有他樂,吾弗敢請已。'"①

關於"斯",有幾種解讀:齊,齊國;韶;如此其美,表程度。應為後者。

關於此節,此外還有其他解讀,如云憂慮陳氏專齊政而或將篡弒於齊,或憂其僭越,或感歎韶此"揖遜之樂,今乃至於齊之國,其殆傷今思古,故發爲此歎與"②,云云,皆稍不切,故皆不取。

冉有曰:"夫子為衛君乎?"子貢曰:"諾。吾將問之。"入,曰:"伯夷、叔齊何人也?"曰:"古之賢人也。"曰:"怨乎?"曰:"求仁而得仁,又何怨。"出,曰:"夫子不為也。"

定公十四年,衛侯(衛靈公)為夫人南子召宋朝,會於洮。衛太子蒯聵(得罪於父(衛靈公))(蒯聵,欲殺南子(衛靈公夫人),事不成),遂奔宋。哀公二年夏,衛靈公(太子蒯聵之父)卒,乃立蒯聵之子輒(衛出公)。六月,衛之敵國晉趙鞅納(護送而納入某地某城,如戚)衛蒯聵於戚③。哀公三年春,齊國夏、衛石曼姑帥師圍戚,即曰輒拒之也(拒絕蒯聵入衛,曰此乃輒意)。哀公五年,晉趙鞅伐衛。哀公六年,孔子自楚反衛(後在衛四年),為公養之仕。時冉有、子貢亦在衛。

冉有曰:"夫子為(助)衛君(出公輒)乎?"子貢曰:"諾。吾將問

---

① 《論語集釋》。

② 《論語集説》。

③ 晉衛本已有隙,"蓋晉定公時世卿擅國,厚責賄於衛,衛靈叛之,從齊景公伐晉,晉趙鞅忿甚,遂伐衛,與盟於鄟澤,使成河、涉沱辱衛公,抆子及腕,衛遂與晉絶。後雖殺涉佗以謝過,衛不顧也。"參見:《四書翼注》。

之。"入見孔子,問曰:"伯夷、叔齊何人也?"曰:"古之賢人也。"曰:"怨乎?"曰:"求仁而得仁,又何怨。"子貢出,曰:"夫子不為輒也。"此何故邪? 曰彼(伯夷叔齊)也兄弟讓國而無怨,此(蒯聵與其子輒)也父子爭國而不仁;彼也父慈子孝,此也父子皆不慈孝;彼也父子兄弟皆有道,此也父子皆無道。故子貢雖未明言其意,而自可以其義而推知孔子必不與輒之不仁(此亦聞一知二也),而不為(助)之也。君子(此指孔子)之行事,一准於道義而已,今孔子講明伯夷叔齊之義,故子貢能推彼知此也。孔子之意:人而忤逆不孝,奚可為人? 奚可為君? 奚可為國? 國無道矣,故不為(助)也。

朱熹曰:"伯夷、叔齊,孤竹君之二子。其父將死,遺命立叔齊。父卒,叔齊遜伯夷,伯夷曰:'父命也。'遂(讓而)逃去。叔齊亦(讓而)不立而逃之,國人立其中子。其後武王伐紂,夷齊扣馬而諫。武王滅商,夷齊恥食周粟,去隱於首陽山,遂餓而死。怨,猶悔也。君子居是邦不非其大夫,況其君乎? 故此子貢不斥衛君,而以夷齊為問。夫子告之如此,則其不為衛君可知矣。蓋伯夷以父命為尊,叔齊以天倫為重,其遜國也,皆求所以合乎天理之正,而即乎人心之安,既而各得其志焉。則視棄其國猶敝蹝爾,何怨之有? 若衛輒之據國拒父而唯恐失之,其不可同年而語明矣。"[1]

註解:

"為"或可解為"參與"、"從事"於"衛君相爭之事"。孔子之意或以為聵、輒父子皆當求仁得仁,輒不必讓(以有王父命故也),亦不必拒;聵不必怨,亦不必爭(以有父命故也),各據現城現狀,相安無事便可,不必參與從事於此父子相爭衛君之事也。冉有、子貢本為衛輒,而疑孔子從事其間,至於師弟政見不合而爭,故先諮問之。知孔子不與不為衛君之事,而後安心從事於為衛輒拒聵也。孔子

---

① 《四書章句集注》。另可參閱:康有為《論語註》。

以為過在輒也。求仁得仁一句，或亦稍隱斥輒也，並不以為輒之所為為當然。然又或曰孔子以伯夷叔齊喻誡公子輒，以為其當效伯夷叔齊而讓國於輒，以此求仁得仁而不怨。故孔子必不助衛君即公子輒也，又與前文孔子見南子之矢子路"天厭之"銜接之，可謂通也。立輒乃南子之意，南子與輒有隙。則前文可解曰：南子乃吾所鄙否者，天亦厭棄之，乃不得已而見之，豈有助力之他事哉。

子曰："飯疏食飲水，曲肱而枕之，樂亦在其中矣。不義而富且貴，於我如浮雲。"

子曰："飯疏（粗；或作蔬，亦通；或曰疏食即稷食，即今之高粱）食飲水，曲肱而枕之，樂亦在其中矣。不義而富且貴，於我如浮雲。"子曰："富與貴是人之所欲也，不以其道得之，不處也；貧與賤是人之所惡也，不以其道得之，不去也。君子去仁，惡乎成名？"[1]《中庸》云："君子素其位而行。素富貴，行乎富貴；素貧賤，行乎貧賤。君子無入而不自得。"此曰君子任道（道義）而行，而不枉道求富貴也。不義之富貴，如浮雲虛無自縹緲，而吾也無所牽掛（於心），不相干也已矣。

論曰：不義而富貴，無所擾於心也。天上浮雲，本來虛幻，雨氣化合而已，原本是空，或終將成空；亦且遙遠，即求之亦不得，或無益於得。本來亦本當與我無緣，故毫無心念牽纏，無所煩擾也[2]。

吾將遠其不義之富貴，非我所願也；且不義之富貴亦如浮雲，虛無可持，非我所能有也。

---

① 《論語·里仁》。

② 《里仁》：子曰："富與貴是人之所欲也，不以其道得之，不處也；貧與賤是人之所惡也，不以其道得之，不去也。君子去仁，惡乎成名？君子無終食之間違仁，造次必於是，顛沛必於是。"

錢穆之解甚好，"浮雲自在天，不行不義，則**不義之富貴，無緣來相擾。**"①

此節亦可接承上節爲解，曰不助衛君而得不義之富貴也。又可接"從吾所好"一節關聯之。

子曰："加我數年，五十以學《易》，可以無大過矣。"

孔子晚(年六十八)喜《易》，讀《易》，韋編三絕。贊《易》，序《彖》、《繫》、《象》、《說卦》、《文言》(此在刪《詩》、《書》，定《禮》、《樂》之後，而在編《春秋》之前)。而有研讀恨晚、意猶未盡之意，曰："若假(增加；或曰假，借；或曰暇)我數年，(當年)五十即始以學《易》，則其後亦可以無大過矣②；若是，則我今於《易》亦可以彬彬矣(理《易》也)。"③豈獨《易》彬彬也，而或將能有所製作也。

"所以必五十而學《易》者，人年五十，是知命之年也。《易》有大演之數五十，是窮理盡命之書，故五十而學《易》也④。又：《易》蓋先聖之精義、後聖無間然者也。是以孔子卽而因之，少而誦習，恒以爲務。稱五十而學者，明重《易》之至，故令學者專精於此書，雖老不可以廢倦也⑤。《易》以幾神爲教，顏淵庶幾有過而改，然則窮神研幾可以無過，明《易》道深妙，戒過明訓，微言精粹，熟習然後存義也⑥。"⑦

---

① 《論語新解》。

② 或曰此是孔子反思後半生，而以爲周遊列國十四年，無謂周旋而已，而誤此著述乃至製作之大事。

③ 《孔子世家》："孔子晚而《易》，序彖、繫、象、說卦、文言。讀《易》，韋編三絕。曰：'假我數年，若是，我於易則彬彬矣。'"

④ 《皇疏》。

⑤ 王朗，《皇疏》。

⑥ 王弼，《皇疏》。

⑦ 《皇疏》。

或曰:"《易》占辭於吉凶悔吝之外,屢以無(旡)咎言之,大要祇欲人無過,故曰無(旡)咎者,善補過也。悔則過能改而至於吉,吉則過不改而至於凶。使人皆知學《易》,則可以無大過,此夫子教人之深意也。"①或曰:"夫子自言學《易》可以無過,過對中言,非對正言。《文言》所稱'不失其正',此正卽中也,卽此無過之義。孔子學《易》,欲明於吉凶消長之理,進退存亡之道,而不失其中正耳。吉凶消長之理,天運也。進退存亡之道,人事也。明乎此,是爲知天知人,合天人而察其幾,以允協於中而無過,是乃聖人所蘄無過之精微也。然非平日學《易》,究時位之異,知變化之情,其孰能與於斯?"②

　　或解曰:子曰:"加我數年,五十以學,亦可以無大過矣。"開卷(篇,編)有益,學猶未晚也。

　　或解曰:子曰:"後生可畏,焉知來者之不如今也?四十、五十而無聞焉,斯亦不足畏也已③。雖然,開券有益,學猶未(有)晚也。加我數年,五十以學,亦可以無大過矣。"

　　或解曰:子曰:"加(增加;或曰假;或曰暇)我數年,五十(或以"五十"爲"卒"之誤,或曰爲"吾"之誤,或曰"七十"之誤)以學《易》(或曰"易"是"亦",連下句),可以無大過矣。"此子所雅(常)言者。《詩》、《書》、執禮之事,皆雅(常)言之也。(按:此解亦牽強。)(易也,關乎吉凶休咎、天命之類……)

　　或:孔子年四十三,而季氏強僭,其家臣陽貨(或曰陽貨名虎,陽貨陽虎是一人;或曰此是陽虎,陽貨爲魯大夫,陽虎爲季氏家臣。可參見崔述《洙泗考信錄》)作亂專政,故孔子不仕,而退修《詩》《書》《禮》《樂》,弟子彌衆④。雖得《易》,而一時無暇研讀之。子曰:"加我數年,五

---

① 《四書通》。
② 方東樹,《儀衛軒遺書》。
③ 《子罕》。
④ 《史記・孔子世家》。

十以學《易》，可以無大過矣。"（按：然此亦稍不通，四十三歲時，何必曰五十而加我數年？或解其意曰：假我數年，待我刪定《詩》《書》《禮》《樂》後，五十以學《易》，可以無大過矣。）

按：此句之言説背景今已不可考，古人諸説，多爲猜測，故亦無的解。

子所雅言，詩、書、執禮，皆雅言也。

子所雅言者（正言，兼有正音與莊重之意；莊言；正言其音）：《詩》、《書》；若夫執禮諸事（執掌禮書而宣讀相禮之，兼有執掌禮書和執掌禮事或詔相禮事之意），亦皆雅言也①。雅者，夏（華夏）也，正也②，王者斟酌正定天下之音，而達於諸侯之國也③；雅言，正言也，教讀《詩》、《書》等先聖先王之典法道術也，必正言其音，莊以出之，而臨文不諱④（教學時詩書不諱）⑤，土俗不與（不雜以方言俗語），所

---

①　實則六藝亦如是，教學，必慎之也，先秦即有統一語音而用今之普通話之制度；或曰孔子對於一般弟子只教詩書禮樂以爲常業，根器深者乃講易與春秋，《論語偶記》："子所雅言不及樂何也？蓋樂在詩禮之中矣。其不及易春秋何也？《學記》曰：'大學之教也，時教必有正業。'朱子謂古者惟習《詩》《書》《禮》《樂》，如《易》則掌於太蔔（卜），《春秋》則掌於史官，學者兼通之，不是正業。又考《孔子世家》：'孔子以《詩》《書》《禮》《樂》教，弟子蓋三千焉。'此遵樂正四術之常法。至及門高業弟子，方授以《易》《春秋》，故身通六藝者僅七十二人，則《易》象《春秋》，孔子不輕以教人，若外此雜説，更所不語矣。"

②　當孔子之時，以西都爲正音也，《論語正義》曰："周室西都，當以西都音爲正。平王東遷，下同列國，不能以其音正乎天下，故降而稱'風'，而西都之雅音固未盡廢也。夫子凡讀《易》及《詩》《書》、執禮，皆用雅言，然後辭義明達，故鄭以爲義全也。"

③　《論語駢枝》："王者就一世之所宜而斟酌損益之，以爲憲法，所謂雅也……王都之音最正，故以雅名。列國之音不盡正，故以風名。……正於王朝，達於諸侯之國，足爲雅言。雅之爲言，夏也。"

④　《曲禮》："臨文不諱。"

⑤　"鄭康成云：'讀先王典法，必正言其音，然後義全，故不可有所避諱。'"

謂雅語、莊語也；如此則辭義明達，而義全，免道理禮義授受之
歧誤也。故教讀經典大事，必以雅言，又以成就天下列國之文雅
士君子也。若夫執禮①，如祭祀朝聘即戎，乃至六禮等，亦皆大事
也，不可苟誤失敬失禮失事，又或涉列國異語(或土音土語)之人，故
亦皆當雅言也②。天下王國而有大道雅言，所以文明化育，柔遠向
慕，兆民會聚，列國交通，而成就公道一統之大同世界也。雅言正
音(即《中庸》所謂"考文")，其義也大哉！③

　　或解曰：子所雅(常)言者：詩、書、執(藝、樂)、禮，皆雅言也。
而如怪、力、亂、神之事，與乎性、命、利、仁，則罕言(不常言)也。常
言詩書禮樂者，以其關乎國民彝教(彝化)常典(彝敘、彝則)，所謂
"民之秉彝"④，所謂"彝倫攸敘"、"皇極之敷言，足彝是訓"⑤是也。
不常言怪力亂神者，以其無關乎彝化，適反乎正則而有害於義
也。罕言乎利、命、仁者，不易以言悟入，或反增罔固迷信，故
不言。
　　或解曰：子所雅言(常)者：詩、書；若夫藝(樂也，樂為六藝之一)
禮，亦皆雅言及也。

————————

　　① 比如：《文王世子》曰："秋學禮，執禮者詔之"，《雜記》曰："女雖未許嫁，年二十
而笄禮之，婦人執其禮"，《周禮·太史》："大祭祀，戒宿之日讀禮書，祭之日執書以次位
常。大會同朝覲，以書協禮事，將幣之日執書以詔王。"
　　② 《論語駢枝》："夫子生長於魯，不能不魯語，惟誦詩讀書執禮三者，必正言其
音"；《論語發微》："蓋《詩》《書》為古人之言與事，固必以雅言。若禮則行於當時，宜可
通乎流俗者。而孔子皆以雅言陳之，故曰'執禮皆雅言也。'是三者為夫子之文章，弟子
所共聞，故必以雅言明，若《易》《春秋》則性與天道不可得聞，故《爾雅》亦不釋也。"《翟
氏考異》："古者學禮行禮皆有詔贊者為之宣導，使無失錯，若今之贊禮官，其書若今之
儀注；於此而不正其言，恐事亦失正，故子必雅言也。《曲禮》'臨文不諱'，《正義》：'臨
文，謂執禮文行事時也。'文者，禮節文。執文即是執禮，所云不諱，亦猶雅言意
也。……燕閒晤語，不妨各操土風，執禮則必合中夏雅音也。"
　　③ 另可參閱：《論語正義》，《論語註》。
　　④ 《詩·大雅》。
　　⑤ 《書·洪範》。

葉公問孔子於子路,子路不對。子曰:"女奚不曰:其為人也,發憤忘食,樂以忘憂,不知老之將至云爾。"

葉公①(楚大夫,名諸梁,子子高,食采於葉,僭稱公。為楚之良臣)問孔子於子路②,子路不對(答,未知所以答)。子曰:"汝奚不曰:'其為人也,發憤(發憤即求道之心切也)忘食,樂以忘憂,不知老之將至云爾。'"生而求學成道(生而成人達道),孔子自述其人生鵠的也如此。吾之所有所得所安也,好學而已。(未得道而)好學(學道求道)不知貧賤,(既得道或體道則)樂道不知苦戚,(道成神化於世則)至聖(或道成)不知生死也③。歲月遷兮,吾心不離兮(總在於斯,系於斯,不離於斯道兮);求道不已兮,人生歡喜無悔兮④。

或問:"一生求道,而有悔乎?"曰:"求道正所以求不悔也。"

又曰:道成則不悔,道不成則或有悔。然究竟於道無悔也。或曰:此或與讀《易》或修訂《詩》《書》有關,故似可與上兩句"加我數年"結合解之。然當視孔子至楚之年與此相合否也。

論曰:求道,非曰不力業治生也。君子不素餐。不自力其業,何以為生?然治生不忘求道,求道所以知生善生也。求道治生,相益而不相妨;合之而正通,離之則危患不安。伴道而行,雖飯疏飲水,而此心此生究竟安然。

又曰:發憤即求道也,前文言"不憤不啟",憤即求道之心熾烈也。

---

① 可補充其人事蹟。

② 大意諸如"聖人之德何如?孔子聖仁乎?"之類者。

③ 此數句言有求道達道行道神化之心。

④ 《述而》:子曰:"若聖與仁,則吾豈敢?抑為之不厭,誨人不倦,則可謂云爾已矣。"公西華曰:"正唯弟子不能學也。"

子曰：“我非生而知之者，好古，敏以求之者也。”

子曰：“我非生而知之者，好古，敏以求之者也。”我之所有所成，不過好學好古、博求多方而已。何以成人成性？何以求道安生？不過好學敏求。古今橫通；三人有師，人文道理所在，故皆敬之好之，而學求之也。人之所成，皆在好學；不學不求，則難成矣。所謂“三人有吾師”、“每事問”、“不恥下問”、“與人歌而善則必反之”之類，皆好學而已矣。

或曰：此節應與上節合為一節。言告子路，我但好學而成之而已，無論答對葉公，或是概括孔師其人，但言好學，即可一言蔽之也。

子不語怪、力、亂、神。

子不語（答語；或辨詰論難；或曰言，告）怪（怪異）、力（蠻力）、亂（悖亂）、神（鬼神）之事[1]。怪異非常，無關乎人道，而或涉於妄誕，故其好奇駭怪、談怪說異者，每至於搖盪心旌，離於正經，而恐滋邪僻異端而已，故不語[2]。尚力不尚義（尚霸不尚德），易長其凌越霸道爭勝之心，而多啟釁爭侵暴之事（門），故不語。亂則違逆篡弒反叛之事也，蔑棄禮義，忤逆人倫，而至於因果相循，報應不爽，無有善終，而

---

① 即《中庸》所謂素隱行怪之事。《四書辨證》：“南宮適問羿奡暴而不答，衛靈公問陳，孔文子訪攻，太叔疾皆不對之類是。”又比如：《集解》：“力，謂若奡盪舟，烏獲舉千鈞之屬。”

② 不語者，教學不語也，非謂不曾聞知也。教學重在正經，若夫教學道德已成，何所不可語聞，而自有正中主張，斯心不亂於正經常道也。

人道以墮,同於禽獸,釀成人間慘劇,故不忍語;又以免心志不定、心術不正者之效尤也。鬼神之事亦大矣,然幽冥虛玄之微隱,豈中人之可識? 而語之不易領悟,侈談反增迷惑,淫祀諂媚,背忘人道仁義之正軌,故曰"不知生,焉知死",亦可謂"不知人,焉知神",而亦不輕語也。此四者,"有興於邪,無益於教"①,故皆不輕言也。子平素教學所常語者,在乎《禮》《樂》《詩》《書》,欲以正定禮樂倫常,而為師弟子乃至天下兆民之正典民彝也,"聖人語常而不語怪,語德而不語力,語治而不語亂,語人而不語神。"②如斯而已矣。

然亦非全不論也,論鬼神吉凶在《易》,論災異亂力則在《春秋》。然《易》之言鬼神也,在於守正從善(元亨利貞)無咎。《春秋》之言災異也,深戒乎人君,撥亂反正,修德善政也;言亂力也,懼亂臣賊子,而譏貶警誡乎世人也。

或曰:子所雅(常)言者:《詩》、《書》、《執》(藝、樂)、《禮》,皆雅言也。而如怪、力、亂、神之事,則不常言也。常言《詩》《書》《禮》《樂》者,以其關乎人民彝教(彝化)常典(彝敘、彝則),所謂"民之秉彝"③,所謂"彝倫攸敘"、"皇極之敷言,足彝是訓"④是也。不常言怪力亂神者,以其無關乎彝化,適反乎正則而有害於義也。又曰:於《春秋》、《易》雖有言之,亦所褒貶譏刺也;非所以獵奇妄論、炫惑人心之類也。另,言之亦所以與高明者相推契也。若夫根器淺者,或易至於馳騖效尤於此種怪力亂神,故不講。此皆非常之事,或離於人道正軌,故不言。

子曰:"三人行,必有我師焉。擇其善者而從

① 李充語,《皇疏》。
② 謝氏語,《四書章句集注》。
③ 《詩·大雅》。
④ 《書·洪範》。

之,其不善者而改之。"

子曰:"三人行,必有我師焉。擇其善者而從之,其不善者而改之。"君子無常師,惟善者是從,而轉益多師也。又:君子不求備於一人,敬而擇善從之而已。人之善長才藝也多矣,短乎此而長乎彼者,非於茲而是於爾者,每在多有。故人不可一概論之,而師其善長者也。其有一善(長於我),為我所不及者,我即師之,而其人其善即我師也;其有二善三善,我皆師之,所謂擇善而從,如此則日進(成熟長進於善德)。其人或有一不善者存焉,我則反躬自省,有則我改之矣,所謂有則改之,無則加勉也,如此則其不善者亦我師也。又將匡勸之以忠敬,共相砥礪,遷善改過,與人為善也。微諫以敬,三諫不聽,則不語,亦以免固執自是也。子曰:"忠告而善道之,不可則止,無自辱焉。"①人之處於世也,境地見聞人事各不同,豈知我不有有所不然者,而彼不有有所然者邪? 如此則謙抑以蓄德矣。各自正道正義正禮而外,或亦有和而不同者,不必強人從己。

皇侃論曰:"人生處世,則宜更相進益,雖三人同行,必推勝而引劣,故必有師也。有勝者則諮受自益,故云擇善而從之也。有劣者則以善引之,故云其不善者而改之。"蓋"於時道消俗薄,鮮能崇賢尚勝,故(孔子)託斯言以屬之。夫三人之行,猶或有師,況四海之內,何求而不應哉? 縱能尚賢而或滯於一方者,又未盡善也。"②

子曰:"天生德於予,桓魋其如予何?"

孔子去曹適宋,與弟子習禮大樹下。宋景公以孔子聖人,欲用

---

① 《顏淵》:子貢問友。子曰:"忠告而善道之,不可則止,無自辱焉。"
② 《皇疏》。

之。宋司馬桓魋①恐其礙己，誣陷之，又欲殺孔子，拔其樹。孔子遂去。弟子曰："可以速矣。"孔子曰："天生德於予，桓魋(宋司馬向魋)其如予何！"遂微服之鄭。孔子可謂知天命者也。其素志素行素學也從道蓄德(戒慎恐懼，溫良恭儉讓，敬人以忠信禮義，處事以天道公正，而避私心悔吝之事，故無咎)(平生行事一無違犯道義者)，其心也自信從容於天命(問心無愧)，其臨事也懼慎謀成，其避患處變也如此。孟子曰："仰不愧於天，俯不怍(zuò)於人。"②倘平生也自修謹飭，則小人無可乘之機，故有憂無患而已矣③。若夫桓魋其人則不然，強橫好貨，恃寵而驕，欲行不軌(其後欲弒君殺兄)，不仁不義不忠之人，若有所害我，亦必眾叛親離，天豈助之，而豈能如予何！

子曰："二三子以我為隱乎？吾無隱乎爾。吾無行而不與二三子者，是丘也。"

子曰："二三子(諸弟子)以我為隱(有所隱瞞；隱行)乎？④ 吾無隱乎爾(或解為汝)。吾無行(行事，所為，躬行)而不與(教與，教示，告與；示與，公示，公開)二三子者，是丘(之心、之行事方式)也。"君子之言動行止，必一準於道義，戒慎免乎悔吝，故其言語行事也，開誠佈公，無所不可公示諸人世也，而相與坦蕩；其天道性命之學術也，體仁合道，天下為公，正所以利益天下，而為天下之公道公器，故亦無所不可教示論說。特言辭表外，徒言而不示諸事禮則不知道(體道)，徒

---

①　宋景公男寵，兄弟五人，在宋國甚有權勢。其兄向巢，孔子弟子子牛即司馬牛是其弟。孔子與宋景公本系同宗同族，孔子周遊至宋，宋景公欲用之，而桓魋恐孔子妨害自己地位，乃誣阻之，又欲殺孔子。後桓魋欲作亂殺宋景公。有"殃及池魚"、"宋景公目盡腫"等典故。

②　《孟子·盡心上》(13.20)。

③　《孟子·離婁下》(8.28)。

④　《公冶長》：子貢曰："夫子之文章，可得而聞也；夫子之言性與天道，不可得而聞也。"《子罕》：子罕言利，與命，與仁。《述而》：子不語怪力亂神。

言而不行則無益於道；若夫天、神(鬼)、性、命幽玄，無論邇遠，而俱存乎深微，言而難言(難契，難以言辭説)，(常人)又難知難入，徒言亦無益，故不多語爾(而俟乎其人之領悟)。而俟諸各自領悟扣鳴，各因其材質境地之高下，而自得乎其人，實則吾無隱也①。天道性命，後亦且見諸《易》與《春秋》。

得之於言，不如得之於行，終身行之，利益實在無窮。故以吾之行事示諸二三子耳②。大道至簡，高深寓乎簡易，不離乎平常日用，而不在乎言辭之繁復玄妙。故於道術也，豈惟過求高遠，而又口舌繁辭之是騖？而尤在乎躬行實踐、用中實行而已矣。吾豈有隱哉？

論曰："夫子以行示範，而門人惟言是求，故自明其無隱之實以警之，與'天何言哉'之意同。又曰：師之於及門，有言教有身教。言教固所以教其行，然不若身教之得於觀感者尤深。夫子而後，若曾子之於公明宣，亦其次也。公明宣及曾子之門，見曾子居庭，親在，叱吒之聲未嘗至於犬馬，説之而學。見曾子之應賓客，恭儉而不懈，説之而學。見曾子之居朝廷嚴，臨下而不毀傷，説之而學。故不言之教，不從耳入而從心受，根於心，斯見於行矣。"③

或解曰：子曰："二三子(諸弟子)以我為隱(有所隱瞞；隱行)乎？吾無隱乎爾(或解為汝)。吾無行(行事，所為；躬行)而不與(與共，共與)二三子者是(視；示，教)丘(之道術)也。"大道簡易，不離於平常日用，不在於言辭繁復高妙，在乎用中實行也。

或：子曰："二三子(諸弟子)以我為隱(隱語；微言)乎？吾無隱乎

---

① 《公冶長》：子貢曰："夫子之文章，可得而聞也；夫子之言性與天道，不可得而聞也。"

② 《陽貨》：子曰："予欲無言。"子貢曰："子如不言，則小子何述焉？"子曰："天何言哉？四時行焉，百物生焉，天何言哉？"

③ 《反身録》。

爾(或解為汝)。吾無行(行事，所為，躬行)而不與(教與，説與)二三子者，是丘(之心)也。"性命鬼神幽玄，天道難聞，以其難言難入，非我微言隱語也。與其徒言滋惑而無益，不如切實用中實行，故多示諸行事而已矣。微言隱義，豈吾初志哉？且吾無隱也，天道性命，見諸《易》與《春秋》。

或：子曰："二三子(諸弟子)欲濟天下，而以我為隱(隱遁，退隱)乎？吾無隱乎爾(或解為汝)。吾無行(行事，所為，躬行)而不與(贊與)二三子(之出仕有為)者，是丘(之志)也。"

子以四教：文，行，忠，信。

子以四教：文，行，忠，信。文則道術(天道、大道、人道、仁道之總名)禮義(義理、道義、禮義等)之經典(涉及人道人文仁道之經學經典)也，行則禮儀德行修習踐履也，忠則敬人敬事，信則誠己實事(或曰"政事主忠，言語主信"①)。小學先行而後文，大學博文而約禮成德。十五就外傅而志於學，後生小子之立身成人，在乎斯。

論曰："其典籍辭義謂之文，孝悌恭睦謂之行，為人臣則忠，與朋友則信，此四者，教之所先也。故以文發其蒙，行以積其德，忠以立其節，信以全其終也。"②或曰："聖教不明，而務實者固陋而為鄉黨自好之士，務博者浮薄而為記誦辭章之儒。舍其心而求之文行，則無本而日流於偽，略文行而專求之心，則虛寂而不適於用。然後信聖人之教大中至正，不可得而損益也。"③

或曰："四教以文為先，自博而約。四科以文為後，自本而末。"④

---

① 劉敞，《公是弟子記》。
② 《皇疏》。
③ 《四書訓義》。
④ 《困學紀聞》。

子曰:"聖人,吾不得而見之矣;得見君子者,
斯可矣。"

子曰:"善人,吾不得而見之矣;得見有恆者,
斯可矣。亡而為有,虛而為盈,約而為泰,難乎有
恆矣。"

子曰:"聖人(德可配天子者,德配天地),吾不得而見之矣;得見君
子(德可配諸侯者,德可君物)者,斯可矣(此"疾世無明君"也)。"孟子曰:
"五百年而有王者興。"王者,聖人而天子者也,粹然德配天地,充沛
仁及萬物,無所偏私,仁民愛物,覆載天下而神化不測。(斯之)所謂
君子,賢德仁愛,保民化育而君之,可保一國之平安善政也,唯其風
力不足以文明柔遠(文明遠播,懷柔遠人),以及於天下耳。

子曰:"善人(諸善奉行而充體仁善賢德者),吾不得而見之矣;得見
有恆者(行其一善而必有恆),斯可矣。本亡而托為有,本虛而假為盈,
本約而矯為泰,則難乎有恆矣。"善人充體是善,諸善奉行不貳,積極
進取有為。有恆者,志行一貫,前後不違,行其一善必有恆,亦可謂
有所得其善者也。故曰行己有恆,恒常可信。若夫不發乎本性素
志,而激乎一時意氣,一驚一乍,行己無恆,前後不一,名實內外不
副,乃至虛矯詐欺,則其為人也,不過任情喜怒耳,豈可謂有恆有善?
亦無足稱也。孟子名之為"義襲而取者",而非"集義所生者"①。

或解曰:子曰:"聖人(德可配天,仁澤深厚,成己成物而神明不測,所
謂"知通乎大道,應變而不窮,能測萬物之情性者"②),吾不得而見之矣;

① 《孟子·公孫醜上》(3.2)。
② 《大戴禮·五義篇》。

得見君子（賢德者）者，斯可矣。"子曰："善人，吾不得而見之矣；得見
有恆者，斯可矣。亡而為有，虛而為盈，約而為泰，難乎有恆矣。"

子釣而不綱，弋不射宿。

子釣而不綱（網之大繩）①，弋（以生絲繫矢而射）不射宿（宿鳥）。孔
子仁心如此。

論曰："殺理不可頓去，故禁綱網而存釣也；宿鳥能生伏，故不取
也。將令物生有路，人殺有節，所以易其生而難其殺也。"或曰："以
萬物養人者，天地自然之利，故釣也弋也不廢也。釣不必得而綱則
竭取，弋勞於得而射宿可以命中。不盡取者，不傷吾仁；不貪於多得
而棄其易獲者，不損吾義。曲全萬物而無必得之心，豈非理之不遺
於微而心之無往不安者乎？"②又或曰："後儒求深者，謂夫子仁心非
不欲不釣弋，特以賓祭為之。此儒釋參合之言也。諸橫生（禽獸橫
生，人生也直，或直生）盡以養從生（人類縱生直立），文王之言也；羊豕之
類養而不愛，孟子之言也。魚鳥本可取之物，不綱不射宿，取物以節
而已。取物以節，遂其生即遂其性矣，此至誠之所以盡物性也。"③
雖然，終於仁道人仁有虧也！人之道藝進化也，必將去殺存仁，成己
成物，俾庶物咸各甯安，斯而後則誠天下大同而萬物俱適也。

或解曰：子釣而不綱（或曰網），弋（以生絲繫矢而射）不射宿。
補曰："孔子自衛將入晉，至河，聞趙簡子殺竇犨鳴犢，及舜華，
乃臨河而歎曰：'美哉水，洋洋乎，丘之不濟，此命也夫。'子貢趨而
進曰：'敢問何謂也？'孔子曰：'竇犨鳴犢，舜華，晉之賢大夫也，趙

---

① 《集解》："綱者，為大綱以橫絕流，以繳繫釣（釣鉤）羅（細網，羅網）屬著綱也。"
② 《四書訓義》。
③ 《論語後案》。

簡子未得志之時，須此二人而後從政，及其已得志也，而殺之。丘聞之，刳胎殺夭，則麒麟不至其郊；竭澤而漁，則蛟龍不處其淵；覆巢破卵，則鳳凰不翔其邑。何則？**君子諱傷其類者也**。鳥獸之於不義，尚知避之，況於人乎。'遂還息於鄒，作槃琴以哀之。"①

或曰此關乎獵較。

子曰："蓋有不知而作之者，我無是也。多聞擇其善者而從之，多見而識之，知之次也。"

子曰："蓋有'人所不知'（之道藝等）而能作（創作，作人所不知者，創作人所不知之道術也；或曰生知而作）之者，則曰生知之聖，我無是也。我非生而知之②，乃多聞擇其善者而從之，多見而識（記）之，所謂述而不作，知之次也，是我也。"生而知之者，上也；學而知之者，次也；困而學之，又其次也③。我非生而知之者，好古，敏以求之者也④，述也，故曰知之次也，次於作者之聖也。好古敏求之方何如？曰好學而不厭，好古而考信⑤；多聞多學，而擇其善（更善好更正確者）者；多見而識，又默而識之，以會通推演也⑥。何獨述作如是，舉凡進德修業廣智成才，亦皆如是。所謂"三人行，必有我師"，亦所以擇善廣從自進者也。生知生聖，在於人類全體大用（總體之道），好學敏求而次知上進，在乎吾人，勉乎哉，求道希聖也！

論曰：見、聞、傳聞之知，亦古而皆知也，好之。惟"所見異辭，

---

① 《孔子家語疏證·困誓》。

② 《述而》：子曰："我非生而知之者，好古，敏以求之者也。"

③ 《季氏》：孔子曰："生而知之者，上也；學而知之者，次也；困而學之，又其次也；困而不學，民斯為下矣。"

④ 《述而》。

⑤ 《述而》：子曰："述而不作，（考）信而好古，竊比於我老彭。"

⑥ 《述而》：子曰："默而識之，學而不厭，誨人不倦，何有於我哉？"

所聞異辭，所傳聞異辭"，故皆當考而擇信之也。

今論曰：生知，即内聖，即所謂"内在超越"①——人有生知之潛能，徒非人人實有之，又非人人能髮露進展之也；次知，即學而知之，又今之所謂實驗科學類，推求廣擇，所謂個性擴展、知識擴展、知識綜合、推演及發明也。

或解曰：子曰："蓋有不知而作（作人所不知者；造作，穿鑿妄作篇籍；作述，述作）之者，我無是也。多聞擇其善者而從之，多見而識之，知之次也。"知之爲知之，不知爲不知，是知也。若夫不知而作，妄作也，則豈可？

互鄉難與言，童子見，門人惑。子曰："與其進也，不與其退也，唯何甚！人潔己以進，與其潔也，不保其往也。"

互鄉②難與言（民性牾憪，冥頑不化；或曰"言語自專，不達時宜"，或曰"習於不善，難與言善"），其童子得見孔子，門人惑（訝異）。子曰："教誨之道，與其進（進德，上進於道、德）也，不與其退也，唯何甚（何必太甚，即不為已甚）！人潔己以進，與（贊與，贊許）其潔也，不保其往（以往，往日之行事善惡是非；或曰去，將來所往去者）也。"成事不説，遂事不諫，既往不咎③，彼若有潔己求道之志，自行敬禮以進（自行束脩以

上），則未嘗不教之也①。孟子曰：“仲尼不為已（太）甚者。”②“夫子之設科也，往者不追，來者不距。苟以是心（潔己之心，求道之心）至，斯受之而已矣。”③斯乃與其潔己上進之志，教習移人，亦可謂仁心化育，盡己之忠也。

或解曰：互鄉有一難與言之童子見，門人惑。子曰：“人潔己以進，與（贊與，贊許）其潔也，不保其往（以往，往日之行；或曰去，將來所往去者）也。與其進也，不與其退也，唯何甚！”④

亦可參照《孟子》相關之論述：

《孟子·離婁下》：孟子曰：“仲尼不為已（太）甚者。”

《孟子·盡心下》：“夫予之設科也，往者不追，來者不距。苟以是心至，斯受之而已矣。”

《孟子·滕文公下》：“古者不為臣不見。段幹木逾垣而辟之，泄柳閉門而不納，是皆已甚。迫，斯可以見矣。”(6.7)

《孟子·盡心下》：“逃墨必歸於楊，逃楊必歸於儒。歸，斯受之而已矣。今之與楊、墨辯者，如追放豚，既入其苙，又從而招之”(14.26)

子曰：“仁遠乎哉？我欲仁，斯仁至矣。”

子曰：“仁遠乎哉？行之則不遠，不行則若遠也。我欲仁，斯仁至矣。”所謂“仁道不遠，行之則至是也。”⑤欲之則在，志之不離。

---

① 《述而》：子曰：“自行束修以上，吾未嘗無誨焉。”

② 《離婁下》。

③ 《孟子·盡心下》。

④ 朱熹持此意見。但此解未必對，因為此句重心在“與其進，不與其退”，故前置而強調耳。

⑤ 《集解》。

故曰，為仁貴立志，在於一念之轉。心欲仁，而求仁為仁在我。則仁豈遠哉？為仁豈難哉？發心發願而已①。

為仁為善，皆是一念之轉，其實不難，人類之安樂和平大同，皆在此發心與此一念之轉耳。故孟子言必道性善，亦所以教人發此願轉此念為此仁也。

又所謂一心志仁，終生行之，離仁不遠矣。

陳司敗問："昭公知禮乎？"孔子曰："知禮。"孔子退，揖巫馬期而進之，曰："吾聞君子不党，君子亦党乎？君取於吳為同姓，謂之吳孟子。君而知禮，孰不知禮？"巫馬期以告。子曰："丘也幸，苟有過，人必知之。"

子在陳②。陳司敗（司敗，官名，陳、楚名司寇爲司敗。陳司敗，陳大夫；或曰齊大夫，不取）問："昭公（魯昭公，蓋習於威儀之節，時人以為知禮）知禮乎？"孔子曰："知禮。"孔子退，陳司敗揖巫馬期（或為旗。巫馬施，字子旗，名施，孔子弟子③）而進之，曰："吾聞君子不党（相助匿非曰黨），君子（指孔子）亦黨（匿非飾過其黨）乎？君（魯昭公）取（娶）於吳為同姓（吳為太伯之後，亦姬姓），謂之吳孟子（本當稱吳姬，而忌諱同姓之婚，隱其姓，謂曰吳孟子）。禮，同姓不婚，而魯君為之，而又諱隱之，適見其明知故犯也。行而如斯，謂魯君（魯昭公）而知禮，則孰不知禮？"巫馬期以告孔子。子曰："丘也幸，苟有過，人必知之。"孔子既曰知

---

① 《顏淵》：為仁由己，而由人乎哉？《述而》：求仁而得仁。

② 《論語集釋》："孔子於定公十四年自鄭至陳，居三歲，復於哀二年自衛如陳，皆在陳侯稠時，屢主司城貞子家。司敗之問，蓋孔子在陳時也。"

③ 《論語正義》："巫馬者，以官爲氏。周官有巫馬，掌養疾馬而乘治之是也。《仲尼弟子列傳》：'巫馬施字子旗，少孔子三十歲。'"

禮,又曰有過,何哉？曰:前答陳司敗曰知禮(孔子魯人,陳司敗為他國之人),是諱國惡也,諱國之惡是禮之所許,孔子魯人,故諱魯君之惡也;後之所言是師徒明辨禮義也,是義理公論也,則魯君之娶於吳也,誠為違禮也。

論曰:"向司敗之問則(諱言)以爲諱,今巫馬師徒將明其義,故向之言爲合禮也,(苟曰合禮則)不爲黨矣;今若不受爲過,則何禮之有乎?"[1]於斯也,論君臣祖國之禮則諱之,論道理、明禮義、察事實、辯是非,則公論之。彼一事,此一事,各有其理,而言之不免牽纏,聖人智深道閎,故前也諱言之,後也受以爲過也。又曰:雖則以禮隱諱,又或以微言褒貶譏刺之(《春秋》),終究不廢道義公論,且天下又自有公論,豈可心存僥倖哉！苟有過,人必知之。君子聞此,尤當戒慎也！

補論:論當時之禮制,孔子魯人,諱魯君之惡,故循君臣之禮而諱言其(魯君)知禮。陳司敗他國之人(非魯臣,與魯君無君臣之禮,無諱魯國惡之禮),不必拘此君臣之禮,自有公論。孔子前答以"知禮",乃所以"諱國(君)之惡"、"臣不可貶君也",後答以"苟有過,人必知之",乃所以陳義理也。故或曰前以國際政治機鋒之諱,後以師徒義理討論。

子與人歌而善,必使反之,而後和之。

子與人歌而善,必使反(復)之,而後和之。孔子正樂,絃而歌之,合於《韶》《武》、雅、頌之音;孔子教樂,循循善誘,反而熟之,又和而答之,俾得定其正音。孔子重樂,而以之陶冶性情也如此。

論曰:此蓋孔子度曲正樂之事,所謂"《詩》三百篇,夫子皆絃歌之,以求合《韶》《武》、雅、頌之音"。何以正樂？蓋審音度曲,與樂

---

① 《論語義疏》。

師弦歌之，歌之而或有不協，復斟酌改易；歌之而善（音韻協調），則復使樂師再被管弦，而後和之，然後定樂而正樂也。孔子精通音律（如五音①六律②八音器③之類），故能為此。後世亦多此事，如宋代張炎言其父曰：“先人曉暢音律，每作一詞，必使歌者按之，稍有不協，隨即改正”④，作詞度曲，亦類此，當知輕重清濁、四聲平仄陰陽之分。今人若明唐宋詞曲審定格律之法，則亦或可稍窺孔子正樂之一斑。故此節廣辭稍徵引之，俾助今人明此節之意云爾。“詞家既審平仄，當辨聲之陰陽，又當辨收音之口法。取聲取音，以能協為尚。”⑤“曲中用字，有陰陽法。人聲自然音節，到音當輕清處，必用陰字；音當重濁處，必用陽字，方合強調。”⑥“四聲者，平上去入也。平謂之平，上去入總謂之仄。曲有宜於平者，而平有陰陽；有宜於仄者，而仄有上去入。乖其法，則曰坳（ào）嗓。蓋平聲聲尚含蓄，上聲促而未舒，去聲往而不返，入聲則逼側而調不得自轉矣。”⑦

子曰：“文，莫吾猶人也。躬行君子，則吾未之有得。”

子以四教：文，行，忠，信。子曰：“文，莫（庶己，或許，大概；或解“文莫”為勉強⑧）吾猶人也。躬行君子，則吾未之有得。”於文，吾欲

---

①　宮商角徵羽；或喉、牙、舌、齒、唇等（根據發聲部位不同而劃分聲母）。

②　黃鐘、大呂、太簇、夾鐘、姑洗、中呂、蕤賓、林鐘、夷則、南呂、無射、應鐘等十二律，而分六律、六呂，六律即黃鐘、太簇、姑洗、蕤賓、夷則、無射。

③　金、石、土、革、絲、木、匏、竹。

④　張炎，《詞源》卷下。

⑤　劉熙載，《藝概》卷四“詞曲概”。

⑥　顧仲瑛，《製曲十六觀》。

⑦　王驥德，《方諸館曲律》卷二“論平仄”第五。以上皆轉引自：龍榆生，《唐宋詞格律》，上海古籍出版社，2017 年 6 月。

⑧　“燕齊謂勉強爲文莫”，《論語集釋》。

博學於文（禮義典章等），庶己勉強及人①；於行，盡忠致信而約之以禮，則吾恐尚無所得矣。此孔子謙抑之德也②。其意曰：行而無文（禮節），或過猶不及；文而無行，必虛文浮薄；文行相顧，而後君子也。

　　或解曰：時人弟子或謂孔子聖仁③。子曰："文莫（文莫卽忞 mín 慔 mù；忞，強也；慔，勉也。忞讀若旻 mín），吾猶人也。躬行君子，則吾未之有得。若聖與仁，則吾豈敢（更不敢當）？抑（只不過，不過是）為之不厭，誨人不倦，則可謂云爾已矣。"公西華曰："正唯弟子不能學也。"孔子意曰，存志而勉強於仁善則吾有之矣，躬行而及則吾不敢當也。勉力者何如？曰為之不厭、誨人不倦是也。孔子文行忠信以自律也高，而謙抑如此，不敢居聖仁之名也。"

　　或解曰：子曰："文莫（莫，語氣詞），（吾有志焉，勉力博學於文，而或猶人也），吾或猶人也。至於躬行君子（行、忠信而行），則吾未之有得（謙辭）。若聖與仁，則吾豈敢（更不敢當）？抑（只不過，不過是）為之不厭，誨人不倦，則可謂云爾已矣。"公西華曰："正唯弟子不能學也。"孔子文行忠信以自律也高，而謙抑如此，不敢居聖仁之名也。

子曰："若聖與仁，則吾豈敢？抑為之不厭，誨

---

①　或解"文莫"為"文不"，句意分為兩個分句，"文莫之有所勝於人，吾猶人也"，意為"凡文皆不勝於人，但猶如常人也。"參見：《論語注疏》。

②　《憲問》：子曰："君子道者三，我無能焉：仁者不憂，知者不惑，勇者不懼。"子貢曰："夫子自道也。"此蓋孔子一貫之謙抑。

③　《子罕》：大宰問於子貢曰："夫子聖者與？何其多能也？"子貢曰："固天縱之將聖，又多能也。"子聞之，曰："大宰知我乎！吾少也賤，故多能鄙事。君子多乎哉？不多也。"牢曰："子云，'吾不試，故藝'。"

人不倦，則可謂云爾已矣。"公西華曰："正唯弟子
不能學也。"

　　時人弟子或謂孔子聖仁①。子曰："若聖與仁，則吾豈敢？抑
為之不厭，誨人不倦，則可謂云爾（如此；有所謂；有此）已矣。"公西華
曰："正唯弟子不能學也。"為之，求道好學力行也；學不厭，智（聖
也，通也，聖與智古通稱）也；教不倦，仁也。正是孔子聖仁之所在。師
儒之職責有為者也大矣。

　　或論曰："鄉飲酒義曰：'東方者春，春之爲言，蠢也，產萬物者
也，聖也。南方者夏，夏之爲言，假也，假者，大也，養而大之，仁也。'
則內聖外王，總以仁及萬物爲言。聖仁者，明德而新民，成己而成物
者也。《禮》所云'天子之立也，嚮仁而左聖'，正以是也。然則學不
厭、教不倦，亦學爲聖仁教爲聖仁，以仁心及物而進於聖已矣"②

　　子疾病，子路請禱。子曰："有諸?"子路對曰：
"有之。誄曰：'禱爾於上下神祇。'"子曰："丘之禱
久矣。"

　　子疾病（疾甚曰病），子路請禱。子曰："斯禮有諸？（有此禮文或
有此祈禱鬼神之制否?）"子路對曰："有之。誄（當為讄）③曰：'禱爾於

___

　　①　《子罕》：大宰問於子貢曰："夫子聖者與？何其多能也?"子貢曰："固天縱之將
聖，又多能也。"子聞之，曰："大宰知我乎！吾少也賤，故多能鄙事。君子多乎哉？不多
也。"牢曰："子云，'吾不試，故藝'。"
　　②　《四書賸言》。
　　③　或曰子路引文失據，引義失指，以祈禱有二，誄與讄也，誄者，施於死者以作
謚；讄者，施於生者，累功德以求福也。故此當為讄，而不當為誄也。然此種解釋似有
過度解讀之嫌疑。於此，誄與讄不分，論旨在於"不當詔媚鬼神而求福"，故通解為祈禱
即可。

上下神祇（鬼神①）。'"子曰："丘之禱久矣。"

　　天道靡常，惟德是親，鬼神無改乎天道，故我修身正行，動輒合道，而素行合於神明，是禱也。若夫"獲罪於天，則無所禱也"②，神不歆非類，鬼不享諂祀，得罪於天，不可逭也，豈上下鬼神之可欺？誅，累功德以求福也，在乎正身行事，積德為仁也；然若無功德而誅，是諂誣於鬼神，曾謂上下神祇不如林放哉？③

　　君子之禱也，敬鬼神而遠之；敬之所以敬畏天道，天道蕩蕩巍巍中正，豈悅媚而偏私哉？君子之禱也，敬天命而正行正命，故惟守義養德、謹疾養身而已矣，"吾坐席不敢先，居處若齋，飲食若祭，吾卜之久矣"④。"天地神明，臨之在上，質之在旁。身心、性情、作止、語默，**無時無處而不悔過遷善，是乃平時之所以爲禱，不待疾病而後然也**。"⑤禱則累功德以求福佑。孔子素行仁義德行，以其聖仁之心也，非出於累功求福之意也。子路之禱，失其指也。然則以此理義教示子路而已矣。

　　論曰："蓋祈禱卜筮之屬，皆聖人之所作。至於夫子，而後教人一決諸理，而不屑屑於冥漠不可知之間。其所以建立人極之功，於是爲備，觀諸《易》之《十翼》亦可見矣。"⑥

子曰："奢則不孫，儉則固。與其不孫也，寧固。"

---

①　或以祭祀等級為說，如《皇疏》，是為過度解讀，不取。

②　《八佾》：王孫賈問曰："與其媚於奧，寧媚於灶，何謂也？"子曰："不然，獲罪於天，無所禱也。"

③　《八佾》：季氏旅於泰山。子謂冉有曰："女弗能救與？"對曰："不能。"子曰："嗚呼！曾謂泰山，不如林放乎？"

④　《太平禦覽》引《莊子》（《困學紀聞》引）。

⑤　尹會一，《讀書筆記》。

⑥　《論語或問》。

子曰："正禮而行。奢則不孫(遜，順，敬)，儉則固(陋)。俱失其中，而與其不孫也，寧固。"於祭禮與自處也，奢有誣詔詭遇枉道之心，儉有慳(音牽)吝不中之失，而誣詔之不敬大。故曰："二事乃俱爲失。若不遜陵物，物必害之，傾覆之期，餓頃可待。若止復固陋，誠爲不逮，而物所不侵。故與其不遜，寧爲固陋也。"①子曰："禮，與其奢也，寧儉。"②同其理。

論曰：利用厚生，是正物也；凌物奢靡，是暴殄天物也；舞佾歌雝舞徹，是不遜也。

子曰："君子坦蕩蕩，小人長戚戚。"

子曰："君子坦蕩蕩(寬廣貌)，小人長戚戚(多憂懼貌)。"君子持敬謹獨而樂天知命，語默動靜出處，操存於道、仁、理、義，一心不亂，當義立斷。出語無思自誠，行事一準於義，略無掛礙猶像，而俯仰無愧，故而心自寬舒，行自從容。本無枉道詭遇僥倖之心行，邪念歧思與乎非分之想，皆無所起，當來而來之，不當來則略無其念，則其人自然舒展瀟灑，泰然心寬，坦蕩夷任也。小人正念不足而多思多慾，不爲名牽，便爲利役，不能義以爲斷，而役於外物外境，故而心多掛礙牽纏，行多悔吝僥倖，患得患失而言行多違，故多患咎而憂懼。故曰"一絲未忘，難言蕩蕩"③。又曰："君子坦爾夷任，蕩然無私。小人馳競於榮利，耿介於得失，故長爲愁府也。"④

今論：正念能有效避免心理能量損耗，反而更有利於或更能有

---

① 《皇疏》。
② 《八佾》：放問禮之本。子曰："大哉問！禮，與其奢也，寧儉；喪，與其易也，寧戚。"
③ 《魯岡或問》。
④ 《皇疏》。

更好正向成就。

子溫而厲，威而不猛，恭而安。

　　子溫而厲（嚴肅），威①而不猛，恭而安（正禮而安，正禮而自我端肅提振整飭）。《中庸》所云"喜怒哀樂之未發謂之中，發而皆中節謂之和"，此之謂也（最好寫照）。何如而能此？曰奉道守正，一發至誠而已；曰禮義修持，而詩樂陶冶（性情）而已；曰心有定主定禮，但循正道正義正禮而已；曰仁恕忠信而已；曰用中而中和，中庸而無過與不及也（不可流入流蕩過情；自我克制之古典情意表達方式）。此孔子聖人之氣象，可深加想像體悟，而又自我覺悟陶冶修習之。

　　又：子曰："恭而無禮則勞，慎而無禮則葸，勇而無禮則亂，直而無禮則絞。君子篤於親，則民興於仁；故舊不遺，則民不偷。"②曾子言曰："君子所貴乎道者三：動容貌，斯遠暴慢矣；正顏色，斯近信矣；出辭氣，斯遠鄙倍矣。籩豆之事，則有司存。"③

　　論曰：孔子正在於心有定禮定主，守正禮而能為此也。

---

① 《論語·堯曰》：威者，"正其衣冠，尊其瞻視，儼然人望而畏（敬）之。"
② 《論語·泰伯》。
③ 《論語·泰伯》。

泰伯第八

子曰:"泰伯,其可謂至德也已矣!三以天下讓,民無得而稱焉。"

大王古公亶甫(父)避狄遷邠,來朝走馬,率西水滸,至於岐下①。人從之如歸市。"古公居三月,成城郭。一年,成邑。二年,成都。而民五倍其初,彷彿帝舜氣象。"②古公亶甫有子曰太伯、仲雍、季歷。歷有子曰昌。昌生有聖瑞,故古公曰:"我後世當有興者,其在昌乎?"太伯聞之,知大王賢昌而欲季為後也(而未明言,亦不可明言,因禮法本來當立嫡長子也),乃與仲雍托言入吳采藥,斷髮文身,以隨吳俗。大王將死,謂季歷曰:"我死,汝往讓(王位於)兩兄,彼卽不來,汝有義而安。"大王薨,季之吳告伯仲,伯仲從季而歸。治喪畢,(王)季避主,太伯再讓,(王)季不聽。伯謂仲曰:"今欲與群臣立季,季又讓,何以處之?"仲曰:"刑有所謂矣,要於扶微者,可以立季。"太伯遂三讓,曰:"吾之吳越,吳越之俗斷髮文身。吾刑餘之人,不可爲宗廟社稷之主。"(王)季知終不可,乃權(禮)而受之③。太伯與仲雍遂還荊蠻,

---

① 《孟子》:太王居邠,狄人侵之,去之岐山之下居焉。《詩》:古公亶父,來朝走馬,率西水滸,至於岐下。

② 《吳越春秋》。

③ 《論衡·四諱篇》。

國民君而事之，自號爲句吳。① 季歷遂立。而養文王(昌)，文王後果而王。孔子曰：“太伯獨見，王季獨知。伯見父志，季知父心。故大王、太伯、王季可謂見始知終，而能承(父)志矣。”②或曰：太伯雖讓以國，而其後姬昌而王天下，從後觀前，故亦可謂讓以天下也。或曰：岐周方百里(或曰方七十里)，而“唯至德者能以百里王天下，故是亦讓天下矣。”③故云“泰伯三以天下讓。”何以曰“民無得(德)而稱焉”？曰：“惟太王始不明言立季歷，乃泰伯因其在昌一言，暗知太王之意，託採藥而去，亦無讓國之跡，所以民尤無得而稱，所以爲德之至也。”④故子曰：“泰伯，其可謂至德也已矣！三以天下讓，民無得而稱焉。”其讓非要名，乃發乎至誠，中心自然流出，故且隱蔽不著，而又讓名藏德，若似無跡可見、無德可稱者，此可謂聖人神化其跡者也。

　　論曰：天道有則，公立義法。天下共守義法，乃可為之公平。義法在，天下安(平)。有義法焉，不必讓(有時甚至義不容讓)，是守義法也；而自讓之(權、利、禄、位、名等)，是其德也。質而言之，義法之為先，可讓，不可強其讓，是共尊義法，而天下長治久安之本；義法之為先，可讓可不讓，而其人自讓之(外人不可脅迫，而其人亦無讓之義務)，是其人之德也，而為天下之德望風義。於律他也，不可僭義法而強其以讓；義法所在，無讓亦皆可心安，天下亦遂寧。讓在我而已矣，而或為義、為國、為天下、為公禮讓也。故曰：可讓，不可強(其讓)(不可要其讓)；可讓，不可爭(其讓)。故古公亶甫(雖愛昌，仍謹奉)慈義不容令(太伯)讓；而太伯孝，觀知父意(而出之吳)而自讓之，以成父志；季歷弟，悌義不容立而不敢受讓，而太伯一再(以斷髮文身之刑餘為辭而)讓；交讓之⑤，終不可，然後季歷不得已而權以受兄

---

① 《吳越春秋》。
② 以上綜合《韓詩外傳》、《吳越春秋》、《史記》、《論衡四諱篇》而述之。
③ 《公是弟子記》。
④ 《讀四書叢説》。
⑤ 《經義雜記》：《書·堯典正義》引《六藝論》云：“若堯知命在舜，舜知命在禹，猶求於羣臣，舉於側陋，上下交讓，務在服人。”參見：《論語集釋》。

命慰父心也。傳至昌，遂大光於周，而後王之。其昌盛而王天下也，以義以讓。天道義法為本，本立而後倡禮讓；非義非讓，則爭則亂，則不仁不義，則將日衰而至於亡也。天道義法，仁義禮讓，其義亦大矣。所以孔子稱之。

又論曰："爲善不近名，方是真善；有爲之爲，君子弗貴，以其或非真也。力行好事，亦惟行其心之所安，當然而然耳。此生後世之知與不知(其名)，非所望也。若爲天下之人終必知之而力行，終是有爲而爲，非當然而然也。惟行其心之所安，是以不存形跡。"①若夫善名自來，亦非求也，故寵辱不驚而可淡然自安也。

補論曰："何以言其讓於隱微之中也？曰：泰伯之讓，無揖遜授受之跡，人但見其逃去不返而已，不知其讓也。知其讓者，見其讓國而已，而不知所以使文、武有天下者實由於此，則是以天下讓也。曰：其爲至德何也？曰：讓之爲德既美矣，至於三，則其讓誠矣。以天下讓，則其所讓大矣，而又能隱晦其跡，使民無得而稱焉，則其讓也非有爲名之累矣。此其德所以爲至極而不可以有加也。"②

又論曰："玩夫子本意，祇稱其能讓國於弟，以成父志，而其遜隱微，無跡可見。上以全其父之慈，下以成其弟之友，視伯夷之讓，尤爲盡善，故稱之爲至德，見其能全天倫而不傷耳。"③

子曰："恭而無禮則勞，慎而無禮則葸，勇而無禮則亂，直而無禮則絞。"

子曰："恭而無禮則勞，慎而無禮則葸(xǐ，畏懼之貌；愨質貌；謹慎

---

① 《反身錄》。
② 《論語或問》。
③ 《論語劄記》。

而至於若有所憂懼也），勇而無禮則亂，直而無禮則絞（jiǎo，乖剌；剌；急切；確；皇侃、陸德明解為譏剌。絞之本義為緢）。”

恭、慎、勇、直，固皆善士之德行，然亦不可過，過則適得其反，故皆當以正禮節中之，所謂“禮之用，和爲貴”而已矣。過猶不及，持其中。

恭敬而過甚，繁文縟節，煩瑣動勞，多事打擾，每行輒禮，無所節度，故身勞體動而不堪。製禮當有節有法有度，禮意形，斯可矣。如士相見禮，如尊賢禮士，一拜不再拜，辭別乃拜，不必使人使己僕僕爾亟拜也！子曰：恭而不中禮謂之給，給，繁瑣也，煩瑣而勞也。

戒慎而過甚，則動輒憂慮恐懼，凡事過思籌謀，易流於畏葸陰柔，患得患失，不能朗明磊落、當義立斷而剛毅果決，非正毅君子之素行也；合道合理合義合禮，斯行之，可也。

好勇而過，以氣帥志，以氣動義，則易流於爭意氣，衝動而至於動輒赫怒，好勇鬥狠、爭強好勝、凌義蔑禮、僭越篡逆，將作亂敗德誤事害人也；勇而不能自制於義禮，則亂，故當節之以義禮。子曰：勇而不中禮謂之逆，逆，牾逆也，衝動好鬥，悔不及其害。

好直而過甚，則或不能體情諱隱也，乖剌無禮，譏剌傷情，失和衷相與之意也。非曰不當直之以理與義，乃謂情理自可分明，聽者說者皆以此處之，則可矣。聽其理義而敬納之，忘其直絞而寬諒之，是我聽者之心也。於理義而直陳，於情衷而忠恕；於理義而勸諫，於情意而或幾微和婉，如為親尊者隱是也（父為子隱，子為父隱，而直在其中矣，此則情意忠恕也），所謂直之以義理，而或委婉隱諱之以情與恕，是我說者之心也。倘若直而忘情，直而急攻乖剌，直而言語譏剌，皆直而無禮者也。彼也語意含蓄未盡，此也性急好攻，好為乖剌斥違而“糾謬”（怨懟）他人，則絞也。絞而失其初衷，欲益反損，乃或剛愎自用，傲慢自大，不如以禮節和之。

子曰：“禮之用和爲貴，不以禮節之，亦不可行”，故恭、慎、勇、直也，皆不可太過，大抵取其制中而已乎。以禮節之，發而皆中節，謂之和也①。

　　論曰:禮貴中和。禮,在其中節(制中),在其合度(適度),在其和而已,不可太過,不可不及。

"君子篤於親,則民興於仁;故舊不遺,則民不偸。"

　　"君子(在位者)篤(原或作竺,厚)於親,則民興(起)於仁;故(古;舊知)舊(久)②不遺,則民不偸(媮,薄)。"此謂"君能厚於親屬③,不遺忘其故舊,行之美者,則民皆化之,起為仁厚之行,不偸薄。"④

　　論曰:"篤於親,不遺故舊,盡吾人道之當然耳,非爲欲動民而若此也。仁義之心,人皆有之,上行而下傚,自然民化而德厚矣。"⑤《大學》云:'一家仁,一國興仁。'故曰:'孝者,所以事君也。弟者,所以事長也。慈者,所以使衆也。'蓋孝弟慈皆篤於親之仁也。《禮‧緇衣》云:'上好仁,則下之爲仁爭先人。'蓋皆以是興也。……《荀子》云:'去其故鄉,事君而達,卒遇故人,曾無舊言,吾鄙之。'鄙其非君子表民也。……故《伐木》序云:'(《伐木》,燕朋友故舊也。自天子至於庶人,未有不須友以成者。親親以睦,友賢不棄,)不遺故舊,則民德歸厚矣。'"⑥

　　① 《筆解》。
　　② 《周官‧大宗伯》:"以賓射之禮,親故舊朋友。"註云:"王之古舊朋友,為世子時共在學者。"《小司寇》註:"故謂舊知也"是也。參見:《論語正義》。
　　③ 所謂親屬,《釋名‧釋親屬》云:"親,襯(音 chèn)也,言相隱襯也;屬,續也,恩相連續也。"《爾雅‧釋親篇》有宗族、母黨、妻黨、婚姻,此註所云"親屬",意皆兼之。參見:《論語正義》。
　　④ 包註。參見:《論語正義》。
　　⑤ 《論語集説》。
　　⑥ 《論語集注補正述疏》。

> 曾子有疾,召門弟子曰:"啟予足! 啟予手!《詩》云:'戰戰兢兢,如臨深淵,如履薄冰。'而今而後,吾知免夫! 小子!"

曾子有疾,臥而不起,召門弟子曰:"啟(視,或曰與啟同;開,開衾而視之)予足! 啟予手! 身體髮膚,受之父母,不敢毀傷①,而皆(安)完全乎?《詩》云:'戰戰(恐懼貌)兢兢(戒謹狀),如臨深淵,如履薄冰。'②孝以保愛父母之遺體,斯之謂也。吾將逝也,而今而後,吾知終免於毀傷夫! 豈易?! 而勉乎哉,小子(弟子門人)!"

奚為不敢毀傷? 曾子曰:"身者,親之遺體也。行親之遺體,敢不敬乎? 故居處不莊非孝也,事君不忠非孝也,蒞官不敬非孝也,朋友不信非孝也,戰陣無勇非孝也。五者不遂,災及乎身,敢不敬乎? 吾嘗聞諸夫子(孔子)曰:'天之所生,地之所養,人為大矣。父母全而生之,子全而歸之,可謂孝矣。不虧其體,可謂全矣。'"③

然則何以保身? 曾子曰:"君子一舉足,不敢忘父母;一出言,不敢忘父母。一舉足不敢忘父母,故道而不徑(抄小徑),舟而不遊,不敢以先父母之遺體行殆(危險)也;一出言不敢忘父母,是故惡言不出於口,忿言不及於己。然後不辱其身,不憂其親,則可謂孝矣。"④此保身以義也。又曰:"君子見利思辱,見惡思詬,嗜慾思恥,忿怒思患,君子終身守此戰戰也"⑤;君子"(不唱流言,不折辭,不陳人以其所能,)言必有主,行必有法"⑥,"出言以鄂鄂,行身以戰戰,亦殆免於罪矣。"⑦"昔者天子日旦思其四海之內,戰戰惟恐不能乂也;諸侯

---

① 《孝經》:"身體髮膚,受之父母,不敢毀傷。"
② 《曾子-疾病篇》:"與小人處,如履薄冰,每履而下,幾何而不陷乎哉。"
③ 《大戴禮·曾子大孝篇》,《大戴禮記補注》。
④ 《大戴禮·曾子大孝篇》,《大戴禮記補注》。
⑤ 《大戴禮·曾立事篇》,《大戴禮記補注》。
⑥ 《大戴禮·曾子立事篇》,《大戴禮記補注》。
⑦ 《大戴禮·曾子立事篇》,《大戴禮記補注》。

日旦思其四封之内,戰戰惟恐失損之也;大夫士日旦思其官,戰戰惟恐不能勝也;庶人日旦思其事,戰戰惟恐刑罰之至也。是故臨事而栗者,鮮不濟矣。"①此義以保身也。如斯則可謂保身而孝也。

論曰:保身以孝,亦只是修身守義也。

或曰:"孝以保身爲本。身體髮膚受之父母,不敢毀傷,故曾子啟手足以免於毀傷爲幸。然修身乃所以保身,手不舉非義,足不蹈非禮,循理盡道,方是不毀傷之實。平日戰兢恪守,固是不毀傷,卽不幸而遇大難臨大節,而死於忠,亦是保身不毀傷。若舍修身行義衛道而言'不毀傷',而或則模棱取容,或則臨難苟免,虧體辱親,則其爲毀傷,孰大於是?故曰:保身全在修身,而修身須是存心。心存則不亂,臨大事而不亂,方足以任大事。臨生死而不亂,方足以了生死。"②

　　曾子有疾,孟敬子問之。曾子言曰:"鳥之將死,其鳴也哀;人之將死,其言也善。君子所貴乎道者三:動容貌,斯遠暴慢矣;正顏色,斯近信矣;出辭氣,斯遠鄙倍矣。籩豆之事,則有司存。"

曾子有疾,孟敬子(魯大夫仲孫捷)問之(問疾;或亦有問道問政之意)。曾子言曰:"鳥之將死,其鳴也哀;人之將死,其言也善。吾將逝矣,感念厚意來視疾,不敢不盡我誠款以告也。君子所貴乎道者三:動容貌(正容體,身體儀容,舉一身而言),斯遠暴(粗厲)慢(放肆)矣;正顏色(齊顏色,表情容色,舉面容而言),斯近信矣;出辭氣(辭令順,語辭聲氣,舉言語聲氣而言。辭,言語;氣,聲氣也),斯遠鄙倍(凡陋,背禮)矣。若夫置樽俎列籩豆之事,則有司存,君子雖或不親力親為,亦

①　《曾子立事篇》,《大戴禮記補注》。
②　《反身錄》。

可也。君子(在位者)務其本,本末大小有分也(不可忽大務小)。"

論曰:"人之所以貴於禽獸者,以其慎終始、在困不撓也。禽獸之將死,不遑擇音,唯吐窘急之聲。人若將死,而不思令終之言,唯哀懼而已者,何以別於禽獸乎? 是以君子之將終也,必正存道,不忘格言,臨死易簀,困不違禮。辨禮三德,大加明訓,斯可謂善言也。"①

然則容禮"三道"何謂也? 曰:容貌者,身體頭頸之儀容(態)也;顏色者,顏謂眉目之間,色謂凡見於面也;辭氣者,辭謂言語,氣謂鼻息出入,若"聲容靜,氣容肅"是也。"人之相接,先見容貌,次觀顏色,次交言語",而後可識其賢否也。故人當有其(體儀)容貌、顏色、辭氣之修禮也。"禮義之始,在於正容體,齊顏色,順辭令。容體正,顏色齊,辭令順,而後禮義備。"②子夏言"君子三變"③:望之儼然,謂容貌也;卽之也溫,謂顏色也;聽其言也厲,謂辭氣也。鄭玄則曰:"動容貌,能濟濟蹡蹡(jǐqiàng,形容人多而容止有節④),則人不敢暴慢之也。正顏色,能矜莊嚴栗,則人不敢欺詐之也。出辭氣,能順而說,(和而或不同,)則無惡戾之言入於耳也。"⑤又或曰:"動容則人敬其儀,故暴慢息也。正色則人達其誠,信者立也。出辭則人樂其義,故鄙倍絕也。"⑥所解雖稍有出入,而皆當得其正則一也。人皆當正其禮容,若夫卿大夫,又固其然也,"是故君子貌足畏也,色足憚也,言足信也。"⑦"故望而宜爲人君(或君子)者,容也;近而可信者,色也;發而安中者,言也。久而可觀者,行也。故君子

---

① 《皇疏》。

② 《禮記·冠義》。

③ 《論語·子張》:子夏曰:"君子有三變:望之儼然,卽之也溫,聽其言也厲。"

④ 漢典,或讀爲 jǐ jǐ qiāng qiāng,意思是形容隊列整齊莊嚴,行動合乎禮儀。出自《詩經·小雅·楚茨》。

⑤ 鄭玄,《集解》。

⑥ 《皇疏》引顏延之云,見《皇疏》。

⑦ 《禮記·表記》。

容色天下儀象而望之,不假言而知宜爲人君者也"①。② "若夫籩豆之事,器數之末,道之全體固無不晐,然其分則有司之守,而非君子之所重矣。"③

論曰:此蓋曾子對治之言也。蓋孟敬子其人,"承仲孫氏屢朝奢僭之後,容貌顏色辭氣之間多不中禮,且察察爲明,近於苛細,故曾子以此教之而已矣"④。然儀容又豈可輕忽哉!《中庸》曰:"齊明盛服,非禮不動",此所謂正其衣冠,尊其瞻視之類也。修禮容,從容中禮,而後可爲君子。禮容亦大矣,謹爾吾中華(華夏)之後生小子也。

曾子曰:"以能問於不能,以多問於寡;有若無,實若虛,犯而不校,昔者吾友嘗從事於斯矣。"

曾子曰:"以能問於不能,以多問於寡;有若無,實若虛,犯而不校(報,報復;計校;或曰交,不取),昔者吾友顏淵嘗從事於斯矣。"欲爲君子賢人也,其志在進德修業,而惟聖人是希慕求比也,故其自處也常若德能之不足,而孳孳求進不止。人有一善一長,己有一不能不知,不恥於問學,以長我之才德,而思進取集成於大道也("推情在於忘(一己之)賢,故自處若不足。處物以賢善,故期善於不能",人有一善,必不失之;而又集思廣益,而諮請之,徵詢之,而後定論⑤),所謂"惟知義理之無窮,不見物我之有間"⑥也。道體是仁(與正),義理窮究,而德能功用豈有止境,又豈曰自炫自滿自傲者哉? 故

---

①　《韓詩外傳》。

②　以上綜合《論語正義》中之相關論述。

③　《四書章句集注》。

④　程樹德,《論語集釋》。

⑤　《經義雜記》:《書·堯典正義》引《六藝論》云:"若堯知命在舜,舜知命在禹,猶求於羣臣,舉於側陋,上下交讓,務在服人。"參見:《論語集釋》。

⑥　《四書章句集注》。

也有若無,實若虛,"不知有餘在己,不足在人,不必得爲在己,失爲在人"①,以為進德長才之地也;謙沖自忘其有,敬畏必志高遠,君子之素行自然者也。至於"犯而不校",爭道理,非爭意氣也;道理之爭,非爭也,道理自求自任而已。若夫道理得之利之樂之在我,則惡所犯哉?"非不爭事也,應物之跡異矣"②,其爲虛心容受正理則一也。"蓋校心生於客氣,惟平情以正之可也。"③故不校也。或曰:"顏子持己應物,決不得罪於人,故人有不是加他,方說得是犯;若我輩人有不是加來,必是自取,何曾是犯!"④此語真可警醒。

故曰:"虛受者進學之不已,忘怒者己私之淨盡,驗之於日用容止之際,察之於性情度量之間,而所謂於聖道庶乎者可得矣。"⑤又曰:"以能問於不能,以多問於寡,有若無,實若虛,犯而不校,顏子和風慶雲之氣象也。富貴不能淫,貧賤不能移,威武不能屈,孟子泰山巖巖之氣象也。"⑥一以正大剛毅似泰山巋然,一以謙沖自牧而虛懷若穀。君子之風,固各不同也,而一於正義道和也。

曾子曰:"可以托六尺之孤,可以寄百里之命,臨大節而不可奪也。君子人與?君子人也。"

曾子曰:"可以托(寄,托幼⑦)六尺之孤(六尺之孤,年十五已下,幼少之君童也),可以寄百里之命(寄命,攝君之政令也),臨大節而不可奪也。

---

① 《四書章句集注》。
② 《皇疏》。
③ 《嶺雲軒瑣記》。
④ 《嶺雲軒瑣記》。
⑤ 楊名時,《論語劄記》。
⑥ 《困學紀聞》。
⑦ 《經義雜記》:或作侂,寄也;又作託:蓋從言者以言託寄之,從人者以人侂寄之,義各不同。今從言,蓋通借字。

君子人與？君子人也。""大節者，安國家定社稷也。不可奪者，不可
傾奪之也。"①所謂"輔幼君，攝國政，其節至於死生之際而不可奪，
可謂君子矣"②。輔國(主)庇民，扶危定傾；時危見士節，世亂識忠
良③，可謂士人君子大節大才考驗之際也。朱熹曰："才節兼全，方
謂之君子。無其才而徒有其節，雖死何益？如受託孤之責，己雖無
欺之之心，卻被人欺；受百里之寄，己雖無竊之之心，卻被人竊，亦是
己不能受人之託受人之寄矣。"④君子當德才兼備，義節兼全，於節
義也忠謹而臨難不苟免，於才則堪任理劇而任重致遠也。

　　或曰："不遇盤根錯節，無以別利器；不遇重大關節，無以別操
守。居恒談節義，論成敗，人孰不能？一遇小小利害，神移色沮，隕
其生平者多矣！惟遇大投艱，百折不回，既濟厥事，又全所守，非才
品兼優之君子其孰能之？"⑤小子勉乎哉！

　　論曰："以能問於不能，以多問於寡；有若無，實若虛，犯而不
校"，乃可成我"寄百里臨大節"之才德也。

　　或解曰：曾子曰："可以托(寄，托幼⑥)六尺之孤(六尺之孤，年十五
已下，幼少之君童也)，可以寄百里之命(寄命，攝之政令也)，臨大節而
不可奪也。君子人與君子人也，方能共相濟成此義事也。""夫能託
六尺於其臣，寄顧命於其下，而我無二心，彼無二節，授任而不失
人，受任而不可奪，故必齊同乎君子之道，審契而要終者也。非君
子之人與君子者，孰能要其終而均其致乎？"⑦無德則不可托寄，無
才而托寄之難保，亦難哉。故曰此。

---

　　① 《集解》。
　　② 《集注》。
　　③ 鮑照：《代出自薊北門行》：時危見臣節，世亂識忠良。
　　④ 《朱子語類》。
　　⑤ 《反身錄》。
　　⑥ 《經義雜記》：或作佫，寄也；又作託：蓋從言者以言託寄之，從人者以人佫寄
之，義各不同。今從言，蓋通借字。
　　⑦ 《皇疏》。

曾子曰："士不可以不弘毅,任重而道遠。仁以為己任,不亦重乎? 死而後已,不亦遠乎?"

曾子曰(或為"子曰"):"士不可以不弘(大,大志,志意胸懷寬宏廣大;廣遠;胸懷寬廣)毅(毅力,志意堅決,強忍,強而能決斷),任重而道遠。仁以為己任,不亦重乎? 死而後已,不亦遠乎?"

弘乃志意遠大(廣大),所謂志存高遠是也①。志於何? 志於仁也,仁可謂極廣大者也,小而施於父兄,大而及乎天下,不可謂弘乎? 故弘即是"仁以為己任",以"仁及天下為己任"也,不亦重乎? 仁及天下,豈可一蹴而就哉? 亦是時時進德修業,死而後已矣;非暫假一時,而終生汲汲求道行道為仁,其路漫漫,不亦遠乎?

毅乃志意堅決。仁以為己任,其重其遠(任重道遠)如此,志意不堅決可乎? 故曰:士當弘以志仁,毅以成仁;弘以志士,毅以成士。又曰:弘仁而任重,毅力以道遠(兼言時、空,以時言則死而後已,以空言則仁不及天下不止。道遠而力毅),死而後已。

論曰:志存弘仁(弘大),故乃"以能問於不能,以多問於寡;有若無,實若虛,犯而不校",中虛而能受,博受而能大,而成我大才決斷,成我"寄百里臨大節"之才德也。

志存弘大(弘仁),則君子各隨其才,而於"籩豆之事",或可付諸有司,不斤斤於末器,而務力於大本也(君子不器),諸如修身養德,定禮立制,為政利民,尊賢化育,其他如紓民於倉卒(促)、授手援溺、振民於難等,皆是也,而皆志在仁德,化及一鄉一州一國乃至

---

① 人或才性各有高下,機緣各自不同,而終或不免於器,乃至無所表見,然其初其生也,不可不存了弘毅之心志也,如此乃能上進有為,一生無悔吝,而自盡吾才而已。最終如何,又豈所斤斤掛心哉。故雖曰人各有志,亦可凡庸度日,我本凡庸,凡庸非罪也;然若不力求之,則豈知吾本凡庸或高明哉? 且若不能弘毅,終不過是個自了漢,無以親仁鄉鄰友好,亦曰有憾也。子曰:"如有周公之才之美,使驕且吝,其餘不足觀也已。"(《泰伯》)斯之謂也。

天下也。

弘毅,則戰戰兢兢,如履薄冰,如臨深淵,既以保身孝親,亦以愛身有待也;有待者何? 待於成學成德行道也;仁以為己任,任重而道遠,則豈敢不敬持其身而朝夕運甕乎①。

弘毅,故"可以托六尺之孤,可以寄百里之命,臨大節而不可奪也",此弘毅之徵與果,又非弘毅力任而不可成者也。

或曰:"弘毅以器識言,重遠以事功言。蓋必有此器識,而後能建此事功也。士之義推十合一,通古今而任事者也。由士而大夫,由大夫而卿相,而君,皆由士推而上之。"②

子曰:"興於詩,立於禮,成於樂。"

子曰:"吾人之教學成立(成人立人)也,興(起,起初,興起,引發,生而起也;開始;興發;起其志意,立志;興發其好善惡惡之心)於詩,立(立身)於禮,成於樂。"

《學記》曰:"發慮憲,求善良,足以謏聞,不足以動眾;就賢體遠,足以動眾,未足以化民。君子如欲化民成俗,其必由學乎! // 玉不琢,不成器;人不學,不知道。是故古之王者建國君民,教學為先。《兌命》曰:'念終始典於學。'其此之謂乎!"③何以教學之,則曰興詩立禮成樂也。

興發其情志,好學求道守正,情意得中,言辭雅潔而敏達,以詩。詩者,"志之所之也,在心為志,發言為詩,情動於中而形於言"④;詩也,本乎志意性情,賦詩言志,即事抒情,狀物體情,每得事類情意之正中;而精雅合韻,朗朗上口,誦之而聲氣肢體暢舒如

---

① 陶侃致力恢復中原而朝夕運甕。
② 《論語稽》。
③ 《禮記今注今譯·學記》。
④ 《毛詩序》。

舞虹,識之而潛移默化意自得;又賦之比之興之,狀類事象,感通萬物,言辭典麗而微中,可以體悟道理禮義,可以摘章知言,可以使命於四方;又有風、雅、頌之分,可以興觀群怨,"興起其好善惡惡之心"①,皆得其中正自然。故若自小而誦讀陶冶,感發自然而深厚,沁人悅微於不自知,而興起於不能自已,最是相宜也,故教之學之,興起之以詩也②。朱熹曰:"詩本性情,有邪有正,其爲言既易知,而吟詠之間,抑揚反覆,其感人又易入。故學者之初,所以興起其好善惡惡之心而不能自已者,必如此而得之。"③

立其人而知揖讓周旋進退,恭敬交接行事,明別是非同異④,安身自立於世,以禮。禮者,法則也,古之"所以定親疏,決嫌疑,別同異,明是非也";今之所以恭敬人(泛仁人伾,今日普遍基本人權),明人倫,察是非,別同異,守法則,各各自卑以尊人,而相敬和悅而感其良情,以共處於斯世也。禮之用亦大矣,"道德仁義,非禮不成;教訓正俗,非禮不備;分爭辨訟,非禮不決;君臣上下父子兄弟,非禮不定;宦學事師,非禮不親;班朝治軍,涖官行法,非禮威嚴不行;禱祠祭祀,供給鬼神,非禮不誠不莊。是以君子恭敬撙節退讓以明禮"⑤。君子民人之自立任事處世,皆當循其禮法,"人有禮則安,無禮則危"⑥,故曰"立於禮"。

成學成人成性,成其為君子文雅和悅,天下諸倫和同親順之,以樂。樂也者,"聖人之所樂也,而可以善民心。其感人深,其移風易俗,故先王著其教焉。"⑦"夫樂者,樂也,人情之所不能免也。樂必發於聲音,形於動靜,人之道也。聲音動靜,性術之變,盡於此

---

① 《四書章句集注》。

② 《論語集注述要》。

③ 《四書章句集注》。

④ 《禮記·曲禮上》:"禮者,所以定親疏,決嫌疑,別同異,明是非也。"

⑤ 《禮記·曲禮上》。

⑥ 《禮記·曲禮上》。

⑦ 《禮記今注今譯·樂記》。

矣！故人不耐（能）無樂，樂不耐無形，形而不為道，不耐無亂。先
王恥其亂，故製雅頌之聲以道之，使其聲足樂而不流，使其文足論
而不息（或曰諰，xǐ，憂懼，胡思亂想），使其曲直繁瘠（或作繁省）廉肉（聲
之清脆或圓潤）節奏足以感動人之善心而已矣！不使放心邪氣得接
焉，是先王立樂之方也。//是故，樂在宗廟之中，君臣上下同聽之，
則莫不和敬。在族長鄉里之中，長幼同聽之，則莫不和順。在閨門
之內，父子兄弟同聽之，則莫不和親。故樂者，審一以定和，比物以
飾節，節奏合以成文。所以合和父子君臣，附親萬民也。是先王立
樂之方也。故聽其雅頌之聲，志意得廣焉；執其干戚，習其俯仰詘
伸，容貌得莊焉；行其綴兆（舞位之類），要其節奏，行列得正焉，進退
得齊焉。故樂者，天地之命，中和之紀，人情之所不能免也。"①

　　論曰："蓋古人之教，以樂爲第一大事。舜教胄子，欲其直温
寬簡，不過取必於'依永和聲'②數語。太史公《樂書》謂：'聞宮音
使人溫舒而廣大，聞商音使入方正而好義，聞角聲使人惻隱而愛
人，聞徵聲使人好善而樂施，聞羽聲使人整齊而好禮。'《周官·
大司樂》教國中子弟，一曰樂德，中、和、祇、庸、孝、友。一曰樂
語，興、道、諷、誦、言、語。一曰樂舞，即六代之樂。樂師、小胥分
掌之。俾學其俯仰疾徐周旋進退起訖之節，勞其筋骨，使不至怠
惰廢弛，束其血脈，使不至猛厲憤起。"③樂所以成性，故曰"成於
樂"也。

　　王弼論曰：此節"言有爲政之次序也。夫喜懼哀樂，民之自然，
感應而動，則發乎聲歌，所以陳詩採谣，以知民志。風既見其風，則
損益基焉，故**因俗立制，以達其禮**也。矯俗檢刑，民心未化，故必感
以聲樂，以和神也。若不採民詩，則無以觀風；風乖俗異，則禮無所

---

① 《禮記今注今譯·樂記》。
② 《尚書·虞書·舜典》："詩言志，歌永言，聲依永，律和聲。"
③ 《四書翼注》。

立;禮若不設,則樂無所樂;樂非則禮,則功無所濟;故三體相扶而用有先後也。"①

或曰:"詩之爲義,有興而感觸,有比而肖似,有賦而直陳,有風而曲寫人情,有雅而正陳道義,有頌而形容功德。説之故言之,言之不足,故長言之;長言之不足,故嗟嘆之;學之而振奮之心、勉進之行油然興矣,是興於詩。恭敬辭讓,禮之實也。動容周旋,禮之文也。朝廟、家庭、車輿、衣服、宮室、飲食、冠昏、喪祭,禮之事也。事有宜適,物有節文,學之而德性以定,身世有準,可執可行,無所搖奪,是立於禮。論倫無患,樂之情也;欣喜歡愛,樂之官也;手之舞之,足之蹈之,天地之命,中和之紀,學之則易直子諒之心生,易直子諒之心生,則樂;樂則安,安則久,久則天,天則神,是成於樂。"②

補述:"凡音者,生於人心者也;樂者,通倫理者也。是故知聲而不知音者,禽獸是也;知音而不知樂者,衆庶是也。唯君子為能知樂。是故審聲以知音,審音以知樂,審樂以知政,而治道備矣!是故不知聲者不可與言音,不知音者不可與言樂,知樂則幾於禮矣!禮樂皆得謂之有德。德者,得也。是故樂之隆,非極音也;食饗之禮,非致味也。清廟之瑟,朱弦而疏越,壹倡而三歎,有遺音者矣!大饗之禮,尚玄酒而俎腥魚,大羹不和,有遺味者矣!是故先王之製禮樂也,非以極口腹耳目之慾也,**將以教民平好惡,而反人道之正也**。"③

"是故先王之製禮樂,人為之節。衰麻哭泣,所以節喪紀也;鐘鼓干戚,所以和安樂也;昏姻冠笄,所以別男女也;射鄉食饗,所以正交接也。**禮節民心,樂和民聲,政以行之,刑以防之**,禮樂刑政四

---

① 《皇疏》。
② 《論語傳注》。
③ 《禮記今注今譯·樂記》。

達而不悖，則王道備矣！//樂者為同，禮者為異。同則相親，異則相敬。樂勝則流，禮勝則離。合情飾貌者，禮樂之事也。禮義立則貴賤等矣，樂文同則上下和矣，好惡著則賢不肖別矣，刑禁暴、爵舉賢則政均矣。仁以愛之，義以正之，如此則民治行矣。樂由中出，禮自外作。樂由中出故靜，禮自外作故文。大樂必易，大禮必簡。樂至則無怨，禮至則不爭，揖讓而治天下者，禮樂之謂也。暴民不作，諸侯賓服，兵革不試，五刑不用，百姓無患，天子不怒，如此則樂達矣。合父子之親，明長幼之序，以敬四海之內，天子如此，則禮行矣。//大樂與天地同和，大禮與天地同節。和故百物不失，節故祀天祭地。明則有禮樂，幽則有鬼神，如此，則四海之內合敬同愛矣！禮者殊事，合敬者也；樂者異文，合愛者也。禮樂之情同，故明王以相沿也。故事與時並，名與功偕。”①

子曰：“民可使由之，不可使知之。”

　　子曰：“學則立。若夫苟無教學成立也，則民可使由（用；從）之（道、德、政術等），難能（原文“不可”，難也，難使知之而奉守施行也②）使知之也。故化民成俗，必教學成立為之先也。”《學記》曰：“發慮憲，求善良，足以謏聞，不足以動眾；就賢體遠，足以動眾，未足以化民。君子如欲化民成俗，其必由學乎！//玉不琢，不成器；人不學，不知道。是故古之王者建國君民，教學為先。《兌命》曰：‘念終始典於學。’其此之謂乎！”③何以教學之？則曰興詩立禮成樂也。其有君子師儒之教學成立，而後皆可使知之也。若夫不學，則或雖由之而不知其道也，孟子曰：“行之而不著焉，習矣而不察焉，終身由之而

---

　　①　《禮記今注今譯·樂記》。
　　②　故曰知難行易。或曰：於未學之凡民也知難行易，於已學之成民也——成學成立之民，或謂中人以上者——知易行難。
　　③　《禮記今注今譯·學記》。

不知其道者,眾也。"①

或論曰:然從《學記》看,則此亦有先覺覺後覺、先知教後知之意,仍稍區分君子(先知先覺者)庶民(後知後覺者),故仍有上智下愚之意。孟子曰:"中(賢)也養(教)不中,才也養不才,故人樂有賢父兄也。如中也棄不中,才也棄不才,則賢不肖之相去,其間不能以寸。"②又述伊尹曰:"天之生此民也,使先知覺後知,使先覺覺後覺也。予,天民之先覺者也,予將以斯道覺斯民也。非予覺之,而誰也?"③或曰此則於今仍稍有不妥。

或解曰:子曰:"自志君子,固當好學興詩立禮成樂。若夫自甘凡民,其於《詩》《書》《禮》《樂》也,民可使由之,難能使知之也。勉乎哉!"

或解曰:子曰:"民可使由(從)之,不可(不能)使知之。"《禮記‧喪服傳疏》引鄭注:民,冥也,其見人道遠。《後漢書‧方術傳》注引鄭注:由,從也。言王者設教,務使人從之。**若皆知其本末,則愚者或輕而不行。**""民可使之由於是理之當然,而**不能**(原意為"不應"?難能?蓋為俊者)使之知其所以然也。"④"'民性皆善,故可使由之。**民性本愚,故不可**(不應?難能?蓋為俊者)**使知之**(此解甚不合現代觀念,似亦扞格於孔子"仁者愛人"之義)。王者為治但在議道自己,製法宜民,則自無不順。若必事事家喻户曉,日事其語言文字之力,非惟勢有所不給,而天下且於是多故矣,故曰不可。'其言至為明顯,毫無流弊。《集注》將'不可'改為'不能'(不應?難能?蓋為俊者),本煞費苦心。而程子之言⑤,意在

---

① 《孟子‧盡心上》。
② 《孟子‧離婁下》(8.7)。
③ 《孟子‧萬章上》(9.7)。
④ 《四書章句集註》。
⑤ 程子曰:"**聖人設教,非不欲家喻而户曉也。然不能使之知,但能使之由之爾。**若曰聖人不使民知,則是後世朝四暮三之術也。豈聖人之心乎?"參見:《四書章句集註》。

爲聖人廻護。殊不知聖言俟諸百世而不惑，刻意周旋，反爲多事也。"①"顏習齋先生曰：'此治民之定法也。修道立教，使民率由乎三綱五常之路，則會其有極，歸其有極，此可使者也。**至於三綱五常之具於心性，原於天命，使家喻而戶曉之，則離析其耳目，惑蕩其心思，此不可**（不應?）**使知也**②。後儒聖學失傳，乃謂不能（難能）使之知，非不（應）使之知，於是爭尋使知之術，而學術治道俱壞矣。'"③蓋"非常之原，黎民懼焉。及臻厥成，天下晏如也。聖人利物濟世，其創法制宜，用權行道，要使吾民行之有神而已，**固不能**④**使之曉吾意也**。《易》曰：'通其變，使民不倦。神而化之，使民宜之。'當其時，民無有不由者也，然豈能識其故乎？盤庚遷殷，民皆不欲，盤庚決意行之，誥諭再三，而民始勉強以從其後，卒相與安之。此可由不可知之明驗也。子產治鄭，都鄙有章，鄭民始怨而後德之。故使之行其事可也，**而欲使明其事則勢有不能**⑤。是不可知者，即其所可由者也。若如《集注》以可由爲理之當然，《語類》以使之由之爲教以人倫之事，則大不然⑥。**人倫日用之道，豈唯使民由之，並當使民知之。古者飲射讀法原使民習其事而知其理**，孟子云：'謹庠序之教，申之以孝弟之義。'故民出則負耒，入則橫經。由之則欲使知之，知之悉，則由之豈不更善？先王之時，婦

---

① 趙佑，《溫故錄》。

② 習齋此論亦有未備，即心性、天命確乎一時難悟，然亦可講論，俾其聰慧乃至慢朴者，自行領悟也。

③ 《論語傳注》。

④ 此處之"不能"何意？不應？難能？無法？羅按：揆其意，似曰：因爲其眼光短淺一時理解不了，而可能阻礙"吾"本諸仁心而苦心孤詣構造出來之良法良制，及其推行實施，然而亦終將使之（民）知其政之好結果。即：不讓其參與討論，而讓其獲得最後的好處。此即賢能政治、德治或政治精英主義之思路。今人或將批判之。

⑤ 此處之"不能"何意？不應？難能？無法？按其後文所論，似仍意爲"難能"或"無法"。

⑥ 劉開之駁斥亦誤解朱熹，因爲朱熹並非說不讓民去知理之所以然，而只是"無法"或"難知"而已。

人孺子皆知禮義，教使然也。以此爲由，何不可知之有？至於以理之所以然爲不可使之知，則是學者且不得聞，何況於民？其不可使亦不待言矣。"①

今論曰：若解爲"不應"，則是道德、賢能精英之德治主義，或今之所謂精英主義政治哲學。蓋民或有知、求而不能知得知悉者，然不可説"禁止其知求"也。不教之或不使嘗試學知之，則何以知其不能知之？故若其意爲"不應"，則今不敢苟同也。

或解曰：子曰："民可使由之，不可使知之。""由，用也。可使用而不可使知者，百姓能日用而不能知。"②"爲政以德，則各得其性，天下日用而不知，故曰可使由之。"③

或解曰：子曰："民可使由之，不可使知之(刑術)。""爲政以德，則各得其性，天下日用而不知，故曰可使由之。若爲政以刑，則防民之爲奸，民知有防而爲奸彌巧，故曰不可使知之。言爲政當以德，民由之而已；不可用刑，民知其術(刑術)也。"④不可，猶**不當**也。

或解曰：子曰："民可使由之，不可使知之。"**民者，七十二賢弟子之外之眾弟子**(三千弟子)也，言七十二賢人能通六藝而知之(道，能興能立能成者也)，若夫其餘弟子，才性稍遜，學能由之而難能通知之也。而此句乃為弟子教學而發。"上章是夫子教弟子之法，此民亦指弟子。《孔子世家》言：'孔子以《詩》《書》《禮》《樂》教，弟子蓋三千焉，身通六藝者七十有二人。'身通六藝，則能興能立能成者也。其能興能立能成，是由夫子教之，故《大戴禮》言其事云：'説之

---

① 劉開，《論語補注》。
② 《集解》。
③ 《皇疏》引張憑語。
④ 《皇疏》引張憑語。

以義而視諸體也。'此則可使知之者也。自七十二人之外，凡未能通六藝者，夫子亦以詩書禮樂教之，則此所謂可使由之，不可使知之之民也。謂之民者，《荀子王·制篇》：'雖王公士大夫之子孫，不能屬於禮義，則歸之庶人。'庶人即民也。"①（質言之，此就教學弟子而言：才高而可（知之）者，才具稍遜可（由之）者……。然此解或稍不甚切。

或解曰：子曰："民可，使由之；不可，使知之。"謂**可者由之，不可者亦使知之**："對於民，其可者使其自由之，而所不可者亦使知之。或曰：輿論所可者，則使共由之。其不可者，亦使共知之。均可備一說。"②

子曰："好勇疾貧，亂也。人而不仁，疾之已甚，亂也。"

子曰："好勇而疾貧者，狠而多怨，易作亂也。其人而不仁，若吾人疾之（不仁之人）已甚，使其無所容，無所改過之地，則亦將尤加激發，致其為亂也。此非仁者本意，故當"先治（其）小惡，（而）不為已甚"；善體人情，導之以漸，而後徐以風化之。"如孟子"先簿正祭器"、"為之兆也"③之類，理亦如是，而用於事也。

或論曰："人而不仁，疾之已甚，而致亂，蓋教君子當知時審勢也。不仁者固所當惡，《大學》所謂'迸諸四夷，不與同中國'，可謂甚矣（其所謂甚之可），理之正也，蓋時可為而勢足以制之，何憂其生亂。若處非其時，而勢不能誅討，徒疾惡之，則鮮有不致

---

① 《論語正義》。
② 《論語稽》。
③ 《孟子·萬章下》。

亂者,漢之宦者是已。君子非不惡之,不得時與勢,禍徧及於君子之身,而國並以亡,唐之末路亦類是也。聖人之言,其旨遠哉!”①

子曰:“如有周公之才之美,使驕且吝,其餘不足觀也已。”

子曰:“其人也,如有周公之才之美,而使(倘)驕(矜伐傲人)且吝(吝於施濟),則其餘(指諸多才藝)不足觀也已。驕則不能尊賢容眾,吝則不能聚賢納士;恃才傲慢失賢,吝財自厚失人(失民心),無所施行於世道。則驕吝敗德,雖有才藝,奚善?周公曰:‘不驕不悋(lìn,同“吝”),時乃無敵。’②君子以德為主,而材藝用以輔仁也。”《韓詩外傳》云:“周公踐天子之位七年,布衣之士所贄而師者十人,所友見者十二人,窮巷白屋所先見者四十九人,時進善百人,教士千人,官朝者萬人。當此之時,誠使周公驕而且吝,則天下賢士至者寡矣。成王封伯禽於魯,周公誡之曰:‘往矣!子無以魯國驕士。吾,文王之子,武王之弟,成王之叔父也。又相天子,吾於天下亦不輕矣。然一沐三握髮,一飯三吐哺,猶恐失天下之士。吾聞德行寬裕,守之以恭者榮;土地廣大,守之以儉者安;祿位尊盛,守之以卑者貴;人眾兵強,守之以畏者勝;聰明睿智,守之以愚者善;博聞強記,守之以淺者智。夫此六者,皆謙德也。’”③

論曰:“周公之才即《書》所謂‘能多才多藝’之才,其美自不待言。使有其才之美而既驕且吝,則才不足有為,大本已失,其餘所

---

①　《讀四書叢說》。
②　《周書·寤敬篇》。
③　《韓詩外傳》。

行之事,雖有小善,亦不足觀矣。天下才美之人,豈無一端之稍善,但驕吝則不能進德,德既無見,餘行何足觀焉?"①

子曰:"三年學,不至於穀,不易得也。"

子曰:"三年學,其心不至(及,到;志)於穀(穀祿),而篤信好學,死守善道,志存高遠,上進不已,斯之有志者亦不易得也。學非志祿,在乎求道,穀祿則其次也,或自然而至以行其道,或命也,學者豈以掛懷哉(非學道時之事,乃學成後之事,故當爾,而安心自肆於學而已,今曰活在當下)!學又不可自安小成(小成則三年而止,不思進取),而當勵志自修,精進向上,以期於大成。此之謂好學也,在我不在外,在高遠不在低淺。若但志於穀祿,乃謂貪求爵祿而已;豈止三年,時刻縈情利祿而已;若安於小成,則曰劃地自限。則其所謂學亦可知矣。學亦何易易,惟曰盡心盡力而已矣。亦曰各在乎其人而已。"《學記》云:"比年入學,中年考校。一年視離經辨志,三年視敬業樂羣,五年視博習親師,七年視論學取友,謂之小成。九年知類通達,彊立而不反,謂之大成。"斯之謂也。此古之學也(學為君子,將以行道,故穀祿亦因而隨之而已),又今之道學心學(心性道德教育、思想品德教育、公民或國民教育,常識教育、通識教育等)而普及全體國民者也;若夫物理、技術教育,又一事也,亦可藉以求知謀生,然不廢心性道德教育之必要與超脫。

或解曰:子曰:"三年學,不至(志;及)於穀(善),不易得也。"

子曰:"篤信好學,守死善道。危邦不入,亂邦不居。天下有道則見,無道則隱。邦有道,貧且賤

① 劉開,《論語補注》。

焉,恥也;邦無道,富且貴焉,恥也。"

　　子曰:"篤信好學,守死善(或曰正;或曰好,音 hào,皆可通)道。危邦不入,亂邦不居。天下有道則見,無道則隱。邦有道,貧且賤焉,恥也;邦無道,富且貴焉,恥也。"朱熹曰:"不篤信則不能好學,然篤信而不好學,則所信或非其正①。不守死則不能以善其道,然守死而不足以善其道,則亦徒死而已②。蓋守死者,篤信之效,善道者,好學之功。君子見危授命,則仕危邦者無可去之義,在外則不入可也。亂邦易危,而刑政綱紀紊矣,故潔其身而去之。天下舉一世而言,無道則隱其身而不見也。此惟篤信好學,守死善道者能之。若夫世治而無可行之道,世亂而無能守之節,碌碌庸人,不足以爲士矣,可恥之甚。"③邦有道,則以德能擇任爵祿,而可行其道,故自當進德修業,以得位行道行仁;貧賤,或以德能不我足也,故恥之,而勉人力爭上游,好學進德,行仁濟世。邦無道則反之。或曰:"無道之世,不枉道而事人,何以致無道之寵? 所以恥也。夫山林之士,笑朝廷之人束帶立朝,不獲逍遙也;在朝者亦謗山林之士褊厄也。各是其所是,而非其所非。是以夫子兼宏出處之義,明屈伸於當時也。"④

　　論曰:"或問:'古之君子貴爵祿與?'曰:'然。'問:'諸子之書稱爵祿非貴也,資財非富也,何謂乎?'曰:'彼遭世之亂,見貴而有是言,非古也。古之製爵祿也,爵以居有德,祿以養有功。功大者祿

---

　　①　羅按:朱熹此說甚好,不好學,則所謂篤信乃有可能是剛愎固執而已,而適成迷信、顢頇愚昧、思想專橫專制;好學廣求多論,則可免固執自是、蠻不講理、聽不進不同意見、群體極化等弊病。好其道,必好學,必無條件開放其道於公共討論,然後其道或可成立;好其道,則自信,自信則敢於開放和面對質疑,廣受質疑而仍有其自立之價值,故可篤信也;然若終於被攻破而有漏洞,則亦勇於修正其道乃至棄其道也;篤守與不斷之質疑並無矛盾。

　　②　羅按:此說亦好,亦免固執自是之病。朱熹此解雖或與原文關聯不大,而自有其價值。

　　③　《四書章句集註》。

　　④　《皇疏》。

厚,德遠者爵尊;功小者其祿薄,德近者其爵卑。是故觀其爵,則別其人之德也;見其祿,則知其人之功。古之君子貴爵祿者蓋以此也。孔子曰:"邦有道,貧且賤焉,恥也。"文武之教衰,黜陟之道廢,諸侯僭恣,大夫世祿,爵人不以德,祿人不以功,竊國而貴者有之,竊地而富者有之,姦邪得願,仁賢失志,於是則以富貴相詬病矣。故孔子曰:"邦無道,富且貴焉,恥也。""①

子曰:"不在其位,不謀其政。"

子曰:"不在其位,不謀其政。"此蓋接上文而為説,則"不在其位",亦可謂無道則可"隱"也,隱者,吾不欲任其事(非道之職事)而已。因不在其位,故可不謀其政,不謀者,不屑謀也,此因於無道之世,無道之君臣當路,則所謂"謀"者,皆不過無道之謀而為虎作倀而已,君子豈與哉!

《易》云:"君子思不出其位。"《中庸》云:"君子素其位而行,不願乎其外。"又云:"在上位不陵下,在下位不援上。"孟子亦云:"位卑而言高,罪也。"或皆是之謂也②,乃曰各專其職分,不相侵越而已。

子曰:"師摯之始,《關雎》之亂,洋洋乎!盈耳哉。"

孔子自衛反魯(時年六十八),而正樂③,而雅頌各得其所。及大

---

① 徐幹,《中論·爵祿篇》。
② 《論語稽》。
③ 當是與太師摯合作正樂也,"《晉書·司馬彪傳》云:'《春秋》不修,則孔子理之。《關雎》之亂,則師摯修之。'"(《群經義證》)質言之,樂則與魯太師共商定之也,即《八佾》所云"子語魯大師樂",孔子時年六十八。至於《史記世家》所云"魯亂,孔子適齊,與太師語樂,聞韶音,學之,三月不知肉味。"此則是孔子三十五歲時避魯亂適齊時事。或曰此是孔子於師摯適齊之後而追歎之辭,見《經學卮言》。

祭祀,帥瞽登歌①。帥(或曰帥是樂正,相太師,樂正帥領眾人登堂而歌;或解帥為長,帥瞽即大師)瞽即太師摯也。樂終,子曰:"斯樂也,自師摯之始奏登歌(即升歌),至於《關雎》之亂(樂之終)終合樂,洋洋(美盛)乎! 盈耳哉!"

《關雎》之亂云云者,《周南》之《關雎》、《葛覃》、《卷耳》,《召南》之《鵲巢》、《采蘩》、《采蘋》也,舉一(《關雎》)以該六也。何為而以《周南》、《召南》為亂終之樂邪? 曰,"二南(《周南》、《召南》)者,夫婦之道,生民之本,王化之端。此六篇者,其教之原也,故用之鄉人,用之邦國,必以此而合樂焉,此所謂亂也。"②亦可謂卒章言志耳,以此可觀古之樂教俗化也。

或問:"其樂之始終何如?"曰:"斯樂也,鄉飲酒禮、鄉射禮、燕禮皆是之奏也,用以合歡賓主、諧和其情志也。'樂凡四節,工(登堂而)歌《鹿鳴》、《四牡》、《皇皇者華》,所謂升歌三終也,比歌止瑟,此第一節。笙入堂下,磬南北面立,樂《南陔》、《白華》、《華黍》,所謂笙入三終也,輔笙止磬,此第二節。笙入三終之後,閒歌《魚麗》,

---

①　語見《周禮·大師職》,參見:《禮記正義》:"謂大師領人登堂而唱歌也。"

②　《毛詩序》:《關雎》,后妃之德也,《風》之始也,所以風天下而正夫婦也。故用之鄉人焉,用之邦國焉。風,風也,教也,風以動之,教以化之。詩者,志之所之也,在心為志,發言為詩,情動於中而形於言,言之不足,故嗟歎之,嗟歎之不足,故詠歌之,詠歌之不足,不知手之舞之,足之蹈之也。情發於聲,聲成文謂之音,治世之音安以樂,其政和;亂世之音怨以怒,其政乖;亡國之音哀以思,其民困。故正得失,動天地,感鬼神,莫近於詩。先王以是經夫婦,成孝敬,厚人倫,美教化,移風俗。故詩有六義焉:一曰風,二曰賦,三曰比,四曰興,五曰雅,六曰頌,上以風化下,下以風刺上,主文而譎諫,言之者無罪,聞之者足以戒,故曰風。至於王道衰,禮義廢,政教失,國異政,家殊俗,而變風變雅作矣。國史明乎得失之跡,傷人倫之廢,哀刑政之苛,吟詠情性,以風其上,達於事變而懷其舊俗者也。故變風發乎情,止乎禮義。發乎情,民之性也;止乎禮義,先王之澤也。是以一國之事,系一人之本,謂之風;言天下之事,形四方之風,謂之雅。雅者,正也,言王政之所由廢興也。政有大小,故有小雅焉,有大雅焉。頌者,美盛德之形容,以其成功告於神明者也。是謂四始,詩之至也。然則《關雎》《麟趾》之化,王者之風,故系之周公。南,言化自北而南也。《鵲巢》《騶虞》之德,諸侯之風也,先王之所以教,故系之召公。《周南》《召南》,正始之道,王化之基。是以《關雎》樂得淑女,以配君子,憂在進賢,不淫其色;哀窈窕,思賢才,而無傷善之心焉。是《關雎》之義也。

笙《由庚》,歌《南有嘉魚》,笙《崇邱》,歌《南山有臺》,笙《由儀》,歌笙相禪,故曰間,所謂**間歌三終**也,此第三節。乃合樂,《周南》《關雎》《葛覃》《卷耳》,《召南》《鵲巢》《采蘩》《采蘋》,則堂上下歌瑟及笙並作,所謂**合樂三終**也,此第四節。'"①此古之樂之大概也,而鄉州邦國皆有之矣。敦倫勸善、中正性情、移風易俗、民與同樂、情意自然表達,皆可恃以行之矣。

問:"亂如何也?"曰:"亂,理也(,治也,《樂記》曰:'復亂以節歸。'謂舞曲終,舞者復其行位而整治,而後擊金鐃而退。又曰亂為變亂,)'凡作篇章,義既成,撮其大要以爲亂辭。詩者,歌也,所以節舞者也。如今三節舞矣。曲終乃更變章亂節,故謂之亂。'劉彥和曰:'既履端於倡始,亦歸餘於總亂。序以建言,亂以理篇。'"②樂之中和其情,此樂之本也;然而知亂,亦可以知作文敘事之法要也③。

註解:

"始"有三義,一者謂"四節樂"中,太師始"登歌"也;二者謂"《關雎》之亂,以為風始"也;三者謂師摯"首理其亂"、"始理亂",謂鄭衛之音亂先王之樂也,此鄭義,似不妥。

此節中之"始"字,或當解為第一義,或言太師先為登歌(亦即

---

① 顧夢麟,《四書說約》。
② 《文心雕龍詮賦篇》、《論語後案》。
③ 又可參考王夫之的相關論述,論及詩文結尾與樂理之關係,足資啟發,可參看:"《孟子》七篇不言樂,自其不逮處,放大而未化。唯其無得於樂,是以爲書亦爾。若上篇以好辨終,下篇以道統終,而一章之末咸有尾煞。孔子作《春秋》即不如此,雖絕筆獲麟,而但看上面兩三條則全不知此書之將競。王通竊做爲《玄經》,到後面便有曉風殘月、酒闌人散之象。故曰:'不學《詩》,無以言。'詩與樂相爲表裏,如《大明》之卒章纔說到'會朝清明'便休,《綿》之卒章平平序四有,都似不曾完著,所以爲雅。《關雎》之卒章兩興兩序,更不收束,所以爲《南》。皆即從即成,斯以不淫不傷也。若《穀風》之詩便須說'不念昔者,伊予來墍',總束上'黽勉同心'之意。《崧高》、《烝民》兩道作誦之意旨以終之,所以爲淫爲變。雅與南之如彼者,非有意爲之,其心順者言自達也。其心或變或淫,非照顧束裹,則自疑於離散。上推之樂而亦爾,下推之爲文詞而亦爾,此理自非韓蘇所知。"參見:《讀四書大全說》。

《周禮‧太師職》所云"大祭祀，帥瞽登歌"），或為太師以某種音樂方式宣佈音樂歌舞開始（亦即鄭玄所註"眾皆待擊鼓乃作"①），如

---

① 《禮記‧樂記》："子夏對曰：'今夫古樂，進旅退旅，和正以廣，弦匏笙簧，會守拊鼓。始奏以文，復亂以武。治亂以相，訊疾以雅。君子於是語，於是道古。脩身及家，平均天下。此古樂之發也。'"鄭玄註曰：旅，猶俱也。俱進俱退，言其齊一也。和正以廣，無奸聲也。會，猶合也，皆也。言眾皆待擊鼓乃作。《周禮‧大師職》曰："大祭祀，帥瞽登歌，合奏擊棟，下管播樂器，合奏鼓棟。"文，謂鼓也。武，謂金也。相，即拊也，亦以節樂。拊者，以韋為表，裝之以穅。穅，一名"相"，因以名焉，今齊人或謂"穅"為"相"。雅亦樂器名也，狀如漆筒，中有椎。夫音扶，下同。廣如字，舊古曠反。匏，白交反。笙音生。簧音黃。拊音撫，注同。復音伏。相，息亮反，注同，即拊也，以韋為之，實之以穅，王云"輔相也"，徐思章反。訊音信。大師，音泰。播，彼佐反。棟音胤。穅音康。漆音七。筒音勇。椎，直追反。"疏曰："子夏"至"發也"。正義曰：此一經明子夏對文侯古樂之體也。古樂，謂古者先王正樂也。"進旅退旅"者，旅，謂俱齊。言古樂進則俱齊，退亦俱齊，進退如一，不參差也。"和正以廣"者，樂音相和，正以寬廣，無奸聲也。"弦匏笙簧，會守拊鼓"者，言弦也，匏也，笙也，簧也，其器雖多，必會合保守，待擊拊鼓，然後作也，故曰"會守拊鼓"。"始奏以文"者，文，謂鼓也。言始奏樂之時，先擊鼓。前文云"先鼓以警戒"是也。"復亂以武"者，武，謂金鐃也。言舞畢，反復亂理欲退之時，擊金鐃而退，故云"復亂以武"也。"治亂以相"者，相，即拊也，所以輔相於樂，故謂"拊"為"相"也。亂，理也。言治理奏樂之時，先擊相，故云"治亂以相"。"訊疾以雅"者，雅，謂樂器名。舞者訊疾，奏此雅器以節之，故云"訊疾以雅"。"君子於是語"者，謂君子於此之時，語說樂之義理也。"於是道古"者，言君子作樂之時，亦謂說古樂之道理也。"脩身及家，平均天下"者，言君子既門古樂，近脩其身，次及其家，然後平均天下也。正義曰：此古樂之發也"者，言此上來諸事，古樂之發動也。注"旅猶"至"有椎"。正義曰：云"旅，猶俱也"者，旅，眾也。經云"進旅退旅"，是眾俱進退，故雲"俱也"。云"和正以廣，無奸聲也"者，謂邪淫要妙，煩手淫聲，曲折切急。今經云"和正以廣"，故云"無奸聲也"。云"言眾皆待擊鼓乃作"者，眾，謂弦、匏、笙、簧，眾器皆待擊鼓乃始動作，解經"會守拊鼓"，言"會守"，謂器之聲也，以待拊鼓也。經有"拊"及"鼓"，鄭直云"擊鼓乃作"者，拊即鼓之類，言擊鼓必擊拊也。引《周禮‧大師職》者，證擊拊也。故《大師職》云："大祭祀，帥瞽登歌。"謂大師領人登堂而唱歌也。云"合奏擊拊"者，謂大師合奏樂之時，則先擊拊而合奏之也。云"下管播樂器，合奏鼓〈申束〉"者，謂大祭祀，堂下諸人吹管，播揚樂器之聲，大師合奏之時，先擊棟而合奏。言棟謂小鼓，在大鼓之下，引是大師登歌合奏之時，親擊拊，而以合下管。合奏時，親擊棟以奏之。云"文，謂鼓也。武，謂金也"者，金屬西方，可以為兵刃，故金為武。鼓主發動，象春，無兵器之用，故鼓為文也。云"相即拊也"者，前文既云拊，故知相即拊。鄭必知相為拊者，按《書傳》云："以韋為鼓，謂之搏拊。"白虎通引《尚書大傳》："拊革著以穅。"鄭以此知也，今《書傳》無"著穅"之文，謂齊人以穅為相，故知穅為相，即拊也。云"雅亦樂器名也，狀如漆筒，中有椎"者，按《周禮‧笙師職》云："掌舂牘、應、雅。"鄭司農云："雅，狀如漆筒，而弇口，大二圍，長五尺六寸，以羊韋鞔之，有兩組疏畫。"並以漢時制度而知也。

今之指揮或梆子手"打梆子"以開"演"然。以此言,則"始"亦可包含"始理亂"之意,然並非鄭玄所謂的"治理鄭衛之音之淆亂"之意,而是"理舞臺樂池之眾聲雜亂"也,如今之歌舞演出時,演出未開始前,乃有樂隊、演員、觀眾等竊竊私語,準備開始時,乃敲梆子等樂器而示意之,於是全場迅速靜默,而後音樂乍然齊奏,觀眾乃開始進入音樂審美過程,如其音樂美盛,則或覺從頭至尾皆能讓人獲得一種美感享受,乃至感到某種震撼,故孔子有所謂"洋洋乎盈耳"之歎。今人無論聽西方交響樂、中國民族音樂乃至在旅遊時聽到各種地方音樂,都不難獲得此種音樂審美體驗。則孔子所感歎者,亦類於此邪?

　　亂有幾種解釋:第一,"樂之終";第二,淆亂,混亂,意為鄭衛之音淆亂雅頌之正樂;第三,治,整理,指樂隊演奏和歌舞結束後,舞者退回其位整治之而退,稍類於今之歌舞劇演出結束後要謝幕然;第四,終篇,變亂章節,也包括第一種含義即"樂之終",但這裏兼顧辭與樂而言,"辭以卒章為亂,樂以終為亂"[①],故與第一義不同;第五,合樂為亂。

　　綜合之,"亂"之原意或為"曲終乃更變章亂節"(韋昭),曲終而變亂章節之謂,後以"亂"代為"曲終"之名,即"亂者,樂之終"。然"辭之卒章"與"樂之終亂"不同,"辭之亂",一詩之卒章也;"樂之亂",樂四節(登歌、笙歌、間歌、合樂)之終曲也,即"四節"(登歌、笙歌、間歌、合樂)中之最後一節,"合樂"。大概古人演奏歌舞時,例有四節之樂,當演出到第四節之合樂階段時,以辭之卒章(即《關雎》之卒章)而稍變亂之[②],而反復歌樂詠歎之,餘音嫋嫋而結束之,亦即《樂記》所謂"再始以著往,復亂以飭歸"(非孔氏之疏解),如今之音

---

① 　金吉甫,《考證》,《論語後案》,《論語集釋》。

② 　所謂"變亂之",實則"整理撮要",亦即韋昭所云"凡作篇章,義既成,撮其大要以爲亂辭。詩者,歌也,所以節舞者也。如今三節舞矣。曲終乃更變章亂節,故謂之亂。"亦即劉勰所云:"既履端於倡始,亦歸餘於總亂。序以建言,亂以理篇。"參見:劉彥和,《文心雕龍詮賦篇》。

樂終曲時反復詠歎變調然(比如最後一句升調而拖長之——今人不妨想像《青藏高原》這首歌的結尾)。而之所以用《關雎》之樂以為亂者,或因此詩樂"樂而不淫,哀而不傷",又其詩義關涉夫婦之道、生民之本、王化之端,遂以為若干音樂歌舞之亂樂,而見其王化敦倫和情之初衷邪? 或曰,"合樂,《周南》《關雎》、《葛覃》、《卷耳》、《召南》《鵲巢》、《采蘩》、《采蘋》凡六篇。而謂之'《關雎》之亂'者,舉上以該下,猶之言《文王之三》、《鹿鳴之三》云爾"①,所謂"……笙閒之後,卽合鄉樂《周南》、《召南》、《關雎》、《鵲巢》以下六詩。……蓋以二南者,夫婦之道,生民之本,王化之端。此六篇者,其教之原也,故用之鄉人,用之邦國,必以此而合樂焉,此所謂亂也。"②

子曰:"狂而不直,侗而不願,悾悾而不信,吾不知之矣。"

子曰:"狂(其行積極進取,如狂狷之狂,本宜直)而不直,侗(tóng,通僮 tóng,童稚無知貌,無知而未成器用狀,本宜謹善)而不願(謹,善),悾悾(kōng,誠愨貌,本宜信)而不信,吾不知之矣。"蓋狂者進取,宜(本當)直,而不直;侗者童稚無知,暫未成器用,宜(本當)願(謹願),而不願;悾悾者誠愨,宜信,而不信;若此者,皆與常度反,吾不知其可也。劉氏《正義》曰:"狂者當直,侗者當願,悾悾者當信,此常度也。今皆與常度反,故不能知之。《荀子·不苟篇》:'君子,愚則端愨而法;小人,愚則毒賊而亂。'又云:'端愨生通,詐偽生塞,誠信生神,誇誕生惑。'此夫子於失常度之人,不能知之也。《詩》云:'為鬼為蜮,則不可得。'"③

---

① 《論語駢枝》。
② 趙德,《四書箋義纂要》。
③ 劉寶楠,《論語正義》。

或解曰：子曰："於學也，若夫其行若狂（其行積極進取，而孜孜以求，如狂狷之狂，本宜直）而義不直（中正，合於中正之道；或內外一致），侗（tóng，通僮 tóng，童稚無知貌，無知而未成器用狀，本宜愨謹）蒙樸愨而不謹厚願（謹厚；愨，謹；心善）學，言貌悾悾（kōng，誠愨貌；或曰言與心違，空言無實貌，言似誠愨而無實；或曰無知）願學而不信（篤信之；誠，實有），吾不知其可矣。"

論曰：狂者雖進取，若不中正，則偏失其道，而至於南轅北轍，欲益反損而有害也；而若不能內外一致，則徒沽名釣譽，而偽之為惡尤大。侗者雖樸質誠愨，若不謹厚良善，又不願學以變化氣質，則恐愚而難進。悾悾者心與言若知好學求道者也，而不能篤行實踐以實有，則徒口耳之學以鶩名而已。斯數人者，吾不知其可教者也。質言之，疾其虛偽不誠而已矣。

或解曰：子曰："狂而不直，侗（內外同，即直）而不願，悾悾而不信，吾不知之矣。"其意曰：狂而不直，直而不願（謹厚，深厚），願而不信，吾不知其可矣。

論曰：子曰："狂（其行張狂進取）而不直（其義不正直；直，正也①），侗（無知；通僮，未成器之人）而不願（謹厚；善），悾悾（言與心誠愨貌）而不信（誠，實有），吾不知之矣。"直、願、信，似皆倡其內外一致，皆只是誠而已？則此節只是"**疾虛偽**"而已。

子曰："學如不及，猶恐失之。"

子曰："學如（似若，好像）不及，猶（又）恐失之。""如不及者，方學而如不及學也；猶（又）恐失者，既學有得於己，恐復失之也。"②蓋

---

① 直，一般意為內外一致，此或解為正，中正。
② 《論語正義》。

"學自外入,至熟乃可長久;如(似若;或假若)不及,猶(又)恐失之。"①
是故"如不及,則日知其所亡;恐失,則月無忘其所能。"②

論曰:學患其不得不成,又患其失之,故孜孜矻矻以學之,又時
時溫習俾不失。故"君子愛日以學,及時以行。"③故"温故而知
新","日知其所無,月無忘其所能。"④

又論曰:"學有交勞而無交利,自非天然好樂者,則易爲懈矣。
故如懼不及,猶恐失之,況可怠乎?"⑤又曰:"學自外來,非夫内足,
恒不懈惰,乃得其用。如不及者,已之;猶恐失者,未失也。言能
恐失之,則不失,如不及,則能及也。"⑥戰戰兢兢,為學當如此。

子曰:"巍巍乎! 舜禹之有天下也,而不與焉。"

子曰:"巍巍(高峻)乎! 舜禹(當為堯舜⑦)之有天下也,而不與
(私與、親與、私人干預、私預私享)焉。"不與者,不私與私享(非家天下,乃
公天下之意),又不必繁瑣親與(親身參與其事⑧。如作"親與其事"與"身

---

① 《集解》。
② 《子張》:子夏曰:"日知其所亡,月無忘其所能,可謂好學也已矣。"
③ 《大戴禮記・曾子立事篇》。
④ 《子張》:子夏曰:"日知其所亡,月無忘其所能,可謂好學也已矣。"
⑤ 《皇疏》。
⑥ 《皇疏》。
⑦ 或曰:堯舜治天下重在得人任賢,大禹則親力親為,有所不同,故《論語》下文
孔子將禹單獨挑出為説,不同乎堯舜武王,即所以言其相異者。堯舜巍巍蕩蕩,選賢任
能,無為而治;周亦得人,堪稱至德;禹則親力親為,有天下而不“與致享用”之。子曰:
"禹,吾無間然矣。菲飲食,而致孝乎鬼神;惡衣服,而致美乎黻冕;卑宮室,而盡力乎溝
洫。禹,吾無間然矣。"然此解恐有膠柱鼓瑟之嫌,蓋禹亦選賢任能也。
⑧ 對於"與"字的含義,歷來眾説紛紜,有多種解釋,比如:預,參與、親任或親與
其事,"不與"指選賢任能而後無為而治;或干預,干涉,佔有,私享;與求,與之同時;不
相關,不在意等。按照下文接著講"才難"來看,則這節想表達的意思應該是指"舜禹善
於為天下選任人才而公治天下,非所以私與、私享、私天下或家天下也"。　　(轉下頁注)

與私享"兩解,則可兼顧舜禹二人之情形)具體職事也,而為天下得人才,選賢任能,以此治平天下也。所謂"大道之行也,天下為公",所謂"賢人讓於朝,小人不爭於野,以賢才化無事,至道興矣。己仰其成,何與之有?"①為天下得天下之才士,豈易?(對照下文之"才難")而念茲在茲,竟得之,共襄大道,成其公道大治,而其人其功巍巍也。孟子曰:"堯以不得舜為己憂,舜以不得禹、皋陶為己憂。夫以百畝之不易為己憂者,農夫也。分人以財謂之惠,教人以善謂之忠,為天下得人者謂之仁。是故以天下與人易,為天下得人難。孔子曰:'大哉堯之為君!惟天為大,惟堯則之,蕩蕩(廣遠)乎民無能名焉!君哉舜也!巍巍乎有天下而不與(親自參與其事②)焉!'堯舜之治天下,豈無所用其心哉?亦不用於耕耳。"③"必言'有天下'者,舜、禹以受禪有天下,復任人治之,而己無所與(私與、私預私享),故舜復禪禹,禹復禪益也。"④所謂"天下為公",非謂私天下也。

或解曰:子曰:"巍巍乎!舜禹之有天下也,而不與焉。不與

(接上頁注)但似亦不可以現代漢語的詞義特點來以今律古。實則在先秦,語言進化的程度和現代漢語不同,許多詞義並未分化出來,而往往用同一個詞語表達更豐富的意義,此處的"與"即是這樣,兼而包括"親與、親力親為或親身參與其事"、"干預"、"私與、私享、私人佔有、享用"乃至"施與"等多重含義。在解讀時,則分別對應其中的某一種或幾種含義。此可謂為古代漢語之"詞義未分化而詞用或詞義解讀可分化"或"詞義、詞用分離"之特點。以此來理解上古或先秦漢語,許多難點亦可迎刃而解。

①　晉劉寔,《崇讓論》,參見:《論語正義》;又《論語稽求篇》。

②　此可回應陳相對於儒家"賢者與民並耕而食,饔飧而治"之要求。另外尚有三種解釋:佔有,享受——此可回應陳相對於儒家所謂"厲民以自養"之質疑;干預;無所施與——舜雖似未有所施與於民,實則為天下得人,如禹、皋陶,其功尤大,而巍巍乎人或莫識也,但此解稍牽強。

③　《孟子·滕文公上》。或曰:孟子在這裏只説堯舜,未將大禹與舜放在一起。《論語》此節則舜禹並列之,然根據孟子的敘述,舜曰得人,大禹則親任其事,如此,則解"與"為親任其事稍不切,而當解之為"佔有、享用"或"與之為樂"。然此解稍膠鼓,上註已述,茲不贅。

④　《論語正義》。

者,不干預也,而為天下得人,選賢任能,各勝其任,而舜禹不必與(干預)焉。所謂"賢人讓於朝,小人不爭於野,己仰其成,何與之有?"①賢人才能求得之,而信任之各得當而勝任,乃成其巍巍之功,又見舜禹其人之巍巍也。"此解稍同上解。

或解曰:子曰:"巍巍乎! 舜禹之有天下也,而不與焉。不與者,不與身其中而私享也。"孟子曰:"堯以不得舜為己憂,舜以不得禹、皋陶為己憂。夫以百畝之不易為己憂者,農夫也。分人以財謂之惠,教人以善謂之忠,為天下得人者謂之仁。是故以天下與人易,為天下得人難。孔子曰:'大哉堯之為君! 惟天為大,惟堯則之,蕩蕩(廣遠)乎民無能名焉! 君哉舜也! 巍巍乎有天下而不與(佔有,享受——此可回應陳相對於儒家所謂"厲民以自養"之質疑②)焉!'堯舜之治天下,豈無所用其心哉? 亦不用於耕耳。"③

餘論:此外又有其他若干解釋:"美舜禹己不與求天下而得之也。巍巍者,高大之稱。"④羅按:如作此解,則其文當為:子曰:"巍巍乎,舜禹之有天下也,以其德功,而不曾與求(非主動干求,乃孟子所謂"修其天爵,而人爵隨之"而已)焉。"⑤孟子曰:"舜之飯糗(qiǔ,乾糧,炒熟的米或面等)茹(rú,食菜,吃)草(粗食草菜之饌具,野菜)也,若將(以此)終身焉;及其為天子也,被袗衣(zhěn,畫衣;絺繡;禪衣,盛服珍裘;單衣),鼓琴,二女果(通婐 wǒ,

---

①　晉劉寔,《崇讓論》,參見:《論語正義》;又《論語稽求篇》。

②　另外尚有三種解釋:親自參與其事——此可回應陳相對於儒家"賢者與民並耕而食,饔飧而治"之要求;干預;無所施與——舜雖似未有所施與於民,實則為天下得人,如禹、皋陶,其功尤大,而巍巍乎人或莫識也,但此解稍牽強。

③　《孟子·滕文公上》。或曰:孟子在這裏只說堯舜,未將大禹與舜放在一起。《論語》此節則舜禹並列之,然根據孟子的敘述,舜曰得人,大禹則親任其事,如此,則解"與"為親任其事稍不切,而當解之為"佔有、享用"或"與之為樂"。然此解稍膠鼓,上註已述,茲不贅。

④　《集解》。

⑤　此解則類於《學而》此節:子貢曰:"夫子溫、良、恭、儉、讓以得之。夫子之求之也,其諸異乎人之求之與?"

侍,女侍),若固有之。"亦斯之謂也。蓋君子之為人,素行素志,素其位而行,道樂自然,窮達無違無改,一往終身而道位自得而已矣。

又:"孔子歎己不預見舜禹之時也。逢時遇世,莫如舜禹也。舜禹皆禪,有天下之極,故樂盡其善,歎不與並時。蓋感道契在昔,而理屈當今也。"①羅按:如作此解,則其文當為:子曰:"巍巍乎,舜禹之有天下也!而惜乎吾不與焉。"

又:"巍巍,高大之貌。不與,猶言不相關,言其不以位為樂也。"②"舜禹之不與富貴,猶孔顏之不與疏食簞瓢,心有所在,不暇及也。"③"巢許見有富貴,恐其沾染,故謝而逃之,潔己而已,未聞君子之大道也。聖人不見有富貴,故入其中而不染,惟藉是盡吾職分所當為。使天下無不治,而富與貴不與焉。且凡有天下時,平成教養,萬世仰賴之功,亦不過職分內事,又何與焉?所以巍巍也。"④"一命一爵之榮,猶能盛人之氣,奪人之志。舜禹以匹夫之身,一旦而享天下之貴,而能處之超然,不以為樂,若無所與於天下者,此其氣象視尋常人何啻萬倍。巍巍。言其大過人也。若以有其位而遂盛其氣,則自卑小矣。舜禹亦祇是內重而見外之輕。"⑤羅按:如作此解,則其文當為:子曰:"巍巍乎,舜禹之有天下也!乃道樂自在,以天下為天下人之天下,而自不干預私與(納入於私)焉。"

根據下文談"才難"而言,本節似當以"不私預私享,而為天下得人才,選賢任能,集義公治天下,而非私治天下或家天下"為解(不私與,不干預,不私享,而為天下得人,選賢任能,公治天下,天下於舜、禹而何有於私哉!而天下兆民乃得治乂安居,享王道之皞皞而無須庸酬,即下

---

①　《皇疏》。
②　《四書章句集註》。
③　《四書翼注》。
④　《魯岡或問》。
⑤　蔡清,《四書蒙引》。

文所謂"民無能名焉")。另外,或可據此修正《孟子正義》與《孟子解讀》中對於"不與"①之相關解釋。

子曰:"大哉,堯之為君也! 巍巍乎! 唯天為大,唯堯則之。蕩蕩乎! 民無能名焉。巍巍乎! 其有成功也;焕乎,其有文章!"

子曰:"大哉,堯之為君也! 巍巍乎! 唯天為大,唯堯則(法,效法)之。蕩蕩(廣遠;無形無名之稱)乎! 民無能名焉②。巍巍乎! 其有成功也(功成化隆);焕乎(明,著名,光明,或曰"鬱鬱乎"),其有文章(禮樂法度,立文垂制)!"天日廣大,化育萬物,大公無私照,無偏而周遍,其德大矣。堯之為天下也,則天而行,布德廣遠,與之同功,所謂順天行道,無所作功邀名,而無爲之化自成也。其功德廣大周遍,其為治則神化不顯形跡,如大氣周流,兆庶萬物日夕時刻呼吸不離,其養也大,而似若無知無覺,自然而然,無所感念酬庸(或負擔,就其輕重言);捫之而無形,言之不知而無所系於其人,無所感語名狀也。其功成化隆也盛德巍巍,其立文垂制也焕然光明,覆照垂遠、利益百世也。

王弼云:"聖人有則天之德,所以稱'唯堯則之'者,唯堯於時全則天之道也。蕩蕩,無形無名之稱也。夫名所名者,於善有所章,而惠有所存,善惡相須,而名分形焉;若夫大愛無私,惠將安在? 至美無偏,名將何生? 故則天成化,道同自然,不私其子,而君其臣,惡者自罰,善者自功,功成而不立其譽,罰加而不任其刑,百姓日用而不知所以然,夫又何可名也?"③

論曰:《謚法》:'民無能名曰神',孟子言:'聖而不可知之之謂

---

① 趙歧解"與"為"與益"、"加多"之意,誤也。參見:《孟子正義·滕文公上》。

② 莊子亦言"為善無近名,為惡無近刑"。

③ 《皇疏》。

神’。殺之而不怨，利之而不庸，民日遷善而不知爲之者，故君子所過者化，所存者神。不可知，故無能名；無爲而治，故不可知。《繫辭傳》云：‘黄帝、堯、舜氏作，通其變，使民不倦。神而化之，使民宜之。’孔子稱黄帝，‘民得其利百年，畏其神百年，用其教百年’。神而化之，故畏其神。堯之無能名，舜之無爲而治，皆神也。‘爲政以德，譬如北辰居其所而衆星共之’；‘德者無爲。’《易》之四德爲元亨利貞，天以寒暑日月運行爲道，聖人以元亨利貞運行爲德，用中而不執一，故無爲。無爲，故不可知。不可知，故民無能名。民運行於聖人之元亨利貞，猶衆星運行於天之寒暑日月。民可使由之，不可使知之，故黄帝、堯、舜承伏羲、神農之後，以通變神化，立萬世治天下之法。《論語》凡言堯舜，皆發明之也。曰‘爲政以德’，曰‘恭己正南面’，曰‘修己以敬’，此堯舜所以神通其變，使民不倦，神而化之，使民宜之。此堯舜所以爲德，即德即神，即神即德。故云‘顯道，神德行’，又云‘神而明之，存乎其人，默而成之，不言而信，存乎德行’，皆化裁推行之至用也。‘民無能名’四字，爲成功文章之本，爲則天之實也。”①

舜有臣五人而天下治。武王曰：“予有亂臣十人。”孔子曰：“才難，不其然乎？唐虞之際，於斯爲盛。有婦人焉，九人而已。三分天下有其二，以服事殷。周之德，其可謂至德也已矣。”

孟子云：“堯以不得舜爲己憂，舜以不得禹、皋陶爲己憂。夫以百畝之不易爲己憂者，農夫也。分人以財謂之惠，教人以善謂之忠，爲天下得人者謂之仁。是故以天下與人易，爲天下得人難。孔

---

① 《論語補疏》。

子曰：'大哉堯之為君！惟天為大，惟堯則之，蕩蕩（廣遠）乎民無能名焉！君哉舜也！巍巍乎有天下而不與（親自參與其事——此回應陳相對於儒家"賢者與民並耕而食，饗飧而治"之要求①）焉！'堯舜之治天下，豈無所用其心哉？亦不用於耕耳。"②

堯舜，其功德蕩蕩巍巍，堯曰則天，舜稱無為，而皆以得人（人才賢能）為重，得任其人，而後可集義共（公）事天下，無為而治，所謂有天下而不與（親與親任具體職事，又私與私享）焉。堯有四嶽羲和（羲氏與和氏）③而治天下；舜有臣五人（或曰"二十二人"④）而天下治。武王曰："予有亂（治，亂本作乿，古治字，好，賢）臣（官，或曰亂臣即治官者。然此解恐非，難與前句合）十人。"各得大才如斯而已，故孔子曰："才難（大才難得），不其然乎？唐虞之際（以下），於斯（至今，於此，於周，文武之際，或曰周文王⑤）為盛。有婦人焉（或謂武王之母大姒文母，或謂武王妻邑姜），餘則九人而已。斯人（這些人）以用之，（周（文武））三分天下有其二，猶以服事（敬事；或曰服事實反語，攻伐之意。茲不取）殷⑥。周之德，其可謂至德也已矣。"

論曰："《大誓》曰：'紂有億兆夷人，亦有離德；余有亂臣十人，同心同德。'此周所以興也。"⑦所謂有仁德，斯有人有群，有人群，

---

①　另外尚有三種解釋：佔有，享受——此回應陳相對於儒家所謂"厲民以自養"之質疑；干預；無所施與——舜雖似未有所施與於民，實則為天下得人，如禹、皋陶，其功尤大，而巍巍乎人或莫識也，但此解稍牽強。

②　《孟子·滕文公上》。或曰：孟子在這裏只說堯舜，未將大禹與舜放在一起。《論語》此節則舜禹並列之，然根據孟子的敘述，舜曰得人，大禹則親任其事，如此，則解"與"為親任其事稍不切，而當解之為"佔有、享用"或"與之為樂"。然此解稍膠㲉，上註已述，茲不贅。

③　參見：《尚書·堯典》。

④　禹、稷-棄、契、皋陶、垂、益、伯夷、夔、龍及四嶽十二牧凡二十二人——其中，稷-棄、契、皋陶任官久，故不計算入內。參見：《尚書今注今譯》。

⑤　或解為唐虞；此時；今時，等等，不切，故不取。

⑥　或曰此句主語為周文王，竊以為不必膠柱鼓瑟，武王繼位文王，初亦可謂服事於殷商也。

⑦　《左傳·昭公二十四年》。

斯有土地安居①，能興治於内，柔遠於外，而外人邪惡不能侮也②。

又曰："文王，其大道仁，其小道惠。三分天下而有其二，敬人無方，(帥殷之畔國以)服事於商；(或(散宜生)曰殷為無道可伐，文王弗許；(文王)流涕而咨之(紂王)；紂恐其畔，欲殺文王而滅周，文王曰：'父雖無道，子敢不事父乎？君雖不惠，臣敢不事君乎？孰王而可畔也？'乃拘於羑里。文王)既有其眾，而反失其身，此之謂仁。"③此之謂至德也。

子曰："禹，吾無間然矣。菲飲食，而致孝乎鬼神；惡衣服，而致美乎黻冕；卑宮室，而盡力乎溝洫。禹，吾無間然矣。"

子曰："禹，吾無間(隙；非)然(焉)④矣。菲(薄我)飲食，而致孝乎鬼神(祭祀豐潔)；惡衣服(常服粗惡，不甚為意而講究)，而致美乎黻冕(祭服，黻是冕服之衣，冕其冠也。損其常服，以盛祭服，用心於祭祀也)；卑宮室，而盡力乎溝洫(以正疆界備旱潦；居無求安，而奠萬姓之居是急也；或曰以此為民謀食)。禹，吾無間然矣。"禹也，大德美盛，吾即欲苟求非議，亦不知何以措於其間矣。大禹，自菲薄其飲食，而必祭祀豐

① 《大學》："是故君子先慎乎德。有德此有人，有人此有土，有土此有財，有財此有用。德者本也，財者末也。外本内末，爭民施奪。是故財聚則民散，財散則民聚。是故言悖而出者，亦悖而入；貨悖而入者，亦悖而出。"

② 以今之政治學思路則曰：有仁德公平乃能組群(今日組織)，群而團結，内政清明，同仁(人伻)親愛，同仇敵愾也。或曰"政治乃有組織之一部分人對於無組織之大部分人之統治"，吾人則曰："政治，乃全體民人基於天道仁德公平，而自結其同仁(人伻)公道之群組，之大群，人伻人倫不逾矩，自由自在無侵凌，以自治乂安也。"

③ 綜合《逸周書・太子晉篇》、《呂氏春秋・古樂篇》、《呂氏春秋・行論篇》、《左傳・襄公四年》等而述之，參見：《論語疏證》。

④ "無間然"，無可非議，無可厚非。"我不知何以措於非間矣"，參見：《論語義疏》。

潔,致孝敬乎鬼神;常服粗惡,自奉簡樸,而必致美乎黻冕以用心於祭祀也;居無求安,卑其宮室,無求高敞,而必盡力乎溝洫,以正疆界備旱潦,唯萬姓之福祉是急也。禹之大德也如此,吾無間然矣。

論曰:"前文已極美舜禹之有天下也而弗與,至於此章,方復以事跡歎禹者,而豈徒哉? 蓋以季主僻王,肆情縱慾,窮奢極侈麗,厚珍膳而簡僞乎享祀,盛纖靡而闕慢乎祭服,崇臺榭而不恤乎農政,是以亡國喪身,莫不由乎此矣。於有國有家者,觀夫禹之所以興也,覽三季之所以亡,可不慎與?"①

---

① 《皇疏》。

子罕第九

子罕言利,與命,與仁。

子教弟子君子,而罕言(倡言)利(義利之利,利益,私利),與(贊許,從)命,與仁。此何故邪? 君子之志也,在修德行道達義,計利(私利)則害義(公義),故不以利(私利)號召判斷,而罕言之。而贊與深許命與仁,言君子當知命(素其位而行)而為仁(止於至善,不至不息)也。故其教訓弟子,或有當言利之時也,則必合命與仁而為言:民利以為仁,(君子之)私利(君子之私利,即位爵俸祿之進黜升降也)而有命也。命也何? 人爵隨天爵也,天爵不至,則人爵不來,此君子之命也。自得利(祿)有命,無所干求追鶩,而自修天爵務鶩其德,以知吾命而順吾命也[1];利民利公利國利天下是仁,君子之志行也,必盡心勉力為之,斯為仁矣,斯為義利(所謂義之和也)也。

或論曰:君子喻於公義(包括義利、公利),小人(或曰小民、凡民)喻於私利。時之學者或每以利為私利,不知公利之義,孔子恐其弟子君子誤解,故亦罕言之(利,私利之利),而言義(公義公利);又言與(許與)命與(及)仁,仁則公義公利也,命則天爵人爵相應也。以此教訓弟子君子。"古所謂利,皆以及物言。至春秋時,人第知利己,其能及物(之利)遂別(名)為之義,故孔子贊《易》,以義釋

---

① 可對照孟子之性命反復之學,參見拙著《孟子廣義》與《孟子解讀》。

利,謂古所謂利,今所謂義也①。孔子言義,不多言利,故云子罕言利。若言利則必與命並言之,與仁並言之。利與仁並言,與命並言,則利卽是義;則行仁義修道德在我,而後或利或不利,在乎天也命也,吾但順天而行而已。(則)子所罕言者惟(私)利(私利、個人利祿)而已,曰命曰仁,皆平日所深與。"②故曰:若夫言利,必與斯二者(命與仁)俱言,合之乃為公利真利(義之和)。民言私利可也,而君子國士之志向當在此公義也。

論曰:此論君子國士之自修養也。孔子教君子弟子而罕言利(義利之利,利祿),與(贊許,從)命與仁。非不言利,乃罕言之,而必從命、從仁而已矣。此何故邪? 蓋君子志在為仁,或將出仕行道,故當喻於公義;小民無所俸祿之給,必力業治生以利之,故喻於利也。若夫君子公士之教訓也,計利則害義,放利行多怨③,故不以利祿號召判斷。荀子曰:"義與利者,人之所兩有也,雖堯、舜不能去民之慾利,然而能使其慾利不克其好義也。雖桀、紂亦不能去民之好義,然而能使其好義不勝其慾利也。故義勝利者為治世,利克義者為亂世。上重義則義克利,上重利則利克義。故天子不言多少,諸侯不言利害,大夫不言得喪,士不言通貨財;有國之君不息牛羊,錯質之臣不息雞豚,冢卿不修幣,大夫不為場園;從士以上皆羞利而**不與民爭業**(不與民爭利),樂分施而恥積臧。然故民不困財,貧窶者有所竄其手。"④若

---

① 故有論者謂孔子或儒家亦未嘗不應言利,則此所謂"利",實則"利民、利他、利公、利國、利天下"也,其論曰:"罕言之'罕',借為軒豁之'軒'……罕言者,表顯言之也。自《史記‧外戚世家》引'罕言命',《孟子列傳》引'罕言利',解罕為希,何晏因之。然以利為希言,於是義利之辨不明,迂腐者斥成敗利鈍之計為人慾,狂妄者臆倡王霸互用之論矣。以命為希言,於是理數判為二,儒者以性命為不傳之秘,又有命不足道之說,且有以術數言命與頹心聽命之說矣。以仁為希言,於是儒者謂夫子告諸弟子以為仁,而本體未嘗言。求其本體,須總核諸書之言仁,讀之數年而悟,而說仁者遂玄之又玄。"參見:《論語後案》。

② 《論語補疏》。

③ 《論語‧里仁》:子曰:"放於利而行,多怨。"

④ 《荀子‧大略篇》。

言論其(君子公士等)利祿,則必與命與仁合而為説。(公職)利祿爵位者,命也,故我自求天爵而修德,爵位利祿或隨而從之,或遭逆(遭命:行善得惡曰遭命)而無之,皆命也;(公職)利祿爵位者,所以為仁也,故利祿爵位非所以私享富貴而奢侈也,乃仁者、有德者斯得選任之,選任得之又所以行仁也。以此而論利,方可。如"曰'五十而知天命',曰'死生有命',曰'賜不受命',(曰'匡人其如予何'),曰'道之將行也與,命也;道之將廢也與,命也,公伯寮其如命何',曰:'不知命,無以為君子。'《易》言樂天知命,故不憂。窮理盡性,以至於命。(此外如)子思述之曰:'居易俟命,大德必受命。'孟子述之曰:'得之不得曰有命','莫非命也,順受其正','知命者不立乎巖牆之下','妖壽不貳,修身以俟之,所以立命也'。"①皆是之類也。

　　康有為曰:"考之《論語》,孔子言命、仁至多,曰'五十而知天命',曰'死生有命',曰'賜不受命',曰'道之將行也與,命也;道之將廢也與,命也,公伯寮其如命何',其卒章更大聲疾呼曰:'不知命,無以為君子。'《易》言樂天知命,故不憂。窮理盡性,以至於命。子思述之曰:'居易俟命,大德必受命。'孟子述之曰:'得之不得曰有命','莫非命也,順受其正','知命者不立巖牆之下','得之有命,性也有命'。莊子述之曰:'父母豈欲我如是哉?天地豈欲我如是哉?然而至此者,命也夫。'楊子述之為《力命篇》,《孝經緯》述三命曰:'善惡報也。'此為孔子大義。以令人安處善,樂循理,足以自得,安分無求。常教人者,徵羣經傳,難以悉數。墨子,攻孔子者也,特著《非命篇》以攻儒。其《非儒篇》曰:'強執有命以説議曰:壽夭貧富,安危治亂,固有天命,不可損益,窮達賞罰幸否,有極人之知力不能為焉。羣吏信之,則怠於分職。庶人信之,則怠於從事。不治則亂,農事緩則貧。貧且亂,而儒者以為道教,是賤天下之人者也。'又曰:'立命緩貧而高浩居,是若人氣鎌鼠藏,而羝羊視,賁彘起,君子笑之,怒曰

---

① 　以上轉引自康有為《論語注》而稍有增刪,下文則詳引之。

散人。'《公孟篇》攻儒亦曰:'貧富壽夭,齰然在天,不可損益。'又曰:
'君子必學。子墨子曰:"教人學而託有命,是猶命人葆而去其冠
也。"子墨子謂程子曰:"儒之道足以喪天下四政焉。以命為有貧富
壽夭,治亂安危有極矣,不可損益也。為上者行之,必不聽治矣。為
下者行之,必不從事矣。此足以喪天下。"程子曰:"甚矣先生之毀儒
也。"'儒墨相反相攻,而墨子之攻孔子,以命為儒者四義之一,則命
為孔子特立第一大義至明矣。若仁,則尤為孔子特立之義,無往而
非言仁者。"①羅按:原始儒家或真正儒家不與人爵之命,而與天爵
之命②,仍有提撕世人振作道德、勇猛精進、自修上游之意,非曰倡
言庸人貴族尸位世襲,尤非今之所謂宿命論之意。墨子義人,見其
後之儒家世襲世官世祿之人爵之命而抨擊之。

　　或解曰:子罕言利(利者,義之和,又元亨利貞之利也)與命與仁。意
曰:利、命、仁,孔子少言斯三者。"利者,義之和也。命者,天之命
也。仁者,行之盛也。寡能及之,故希言也。"③論曰:"利是元亨利
貞之道也,(常人)百姓日用而不知,其理玄絕,故孔子希言也;命之
理微,常人難曉,徒講反增迷惑妄動,故不輕說與之;仁之道大,常人
難及,輕言易增虛矯自足之心,慢仁自是,故皆夫子所罕言也。"④

　　或解曰:子罕(希,少)所言利(利者,義之和,又元亨利貞之利也。言

　　①　康有為,《論語注》。
　　②　《孟子·離婁下》(8.16):孟子曰:"有天爵者,有人爵者。仁義忠信,樂善不
倦,此天爵也;公卿大夫,此人爵也。古之人修其天爵,而人爵從之,(故曰聖賢而王而
爵)。今之人修其天爵,以要(干求)人爵,(故曰偽士幹祿);既得人爵,而棄其天爵,則惑
之甚者也,(故曰始假終棄,曰'靡不有初,鮮克有終',)終亦必亡(無)而已矣。(無天爵,
或假借天爵,則即有人爵亦只暫假耳,一朝褫奪,一生空茫,失笑於人。)參見拙著《孟
子解讀》。
　　③　《集解》。
　　④　《四書章句集注》:"程子曰:'計利則害義,命之理微,仁之道大,皆夫子所罕言
也。'"又參見《集解》。

利,言語論及之)、與(言語許與之)命、與仁。言利(以利論事)、與命(說與其人)、與仁(許與其人),孔子行教而議論人事,於斯三者罕所及也。"利者,天道元亨,利萬物者也。命,天命,窮通夭壽之目也。仁者惻隱濟眾,行之盛者也。(孔子教化時,希所以利言論,又希所以命、仁而自許,許(許與)人也。)所以然者,利是元亨利貞之道也,(常人)百姓日用而不知,其理玄絶,故孔子希言也。命是人稟天而生,其道難測,又好惡不同,若逆向人說,則傷動人情,故孔子希説與人也。仁是行盛,非中人所能,故亦希(許)與人也。然希者非都絶之稱,亦有時而言與人也。"①故論曰:"**蓋言者,自言也。記者旁窺已久,知夫子於此三者皆罕自言,非謂以此立教也。**……說者徒見弟子問答多問仁,遂疑命、仁為夫子所常言,實則皆非此章之義也。《論語》中如'小人喻於利'、'放於利而行'、'君子畏天命'、'不知命無以為君子'、'我欲仁而仁至'、'當仁不讓於師'之類,**出於夫子自言者實屬無幾**。大抵言仁稍多,言命次之,言利最少,故以利承罕言之文,而於命於仁則以兩'與'字次第之。阮元《論語論仁篇》:'孔子言仁者詳矣,曷為曰罕言也? **所謂罕言者,孔子每謙不敢自居於仁,亦不輕以仁許人也。**'今案夫子晚始得《易》,《易》多言利,而贊《易》又多言命。中人以下,不可語上,故弟子於《易》獨無問答之辭。今《論語》夫子言仁甚多,則又纍弟子記載之力,凡言仁皆詳書之,故未覺其罕言爾。龔元玠《十三經客難》以從訓與,謂罕言者利,而所從者命、仁。皆坐不知自言之非問答,故有此疑耳。"②

或解曰:子罕以利、命、仁自許。(然此解頗不切,故不取。)

達巷黨人曰:"大哉孔子! 博學而無所成名。"

---

① 《皇疏》。
② 《論語集釋》。

子聞之,謂門弟子曰:"吾何執? 執禦乎? 執射乎? 吾執禦矣。"

孔子之去魯凡十四載,而反乎魯。……然魯終不能用孔子,孔子亦不求仕①。達巷黨(達巷者,黨名也)人②曰:"大哉孔子! 博學而無所成名。"子聞之,謂門弟子曰:"君子疾沒世而名不稱焉③,則豈不欲成名? 然吾何執以成名? 執禦乎? 執射乎? 吾執禦矣。"達巷黨人之言,固是讚譽,然亦既有惋惜,又或有勸說乃至微諷之意。惋惜其博學仁德而不能得位行道,無所成名於世也;勸說微諷其當出仕行道也,而二者實為同一事。孔子對曰:非我不願出仕也,出仕行道,正吾平生志願也。而當世君卿不能用(吾人吾道)耳,若用,必以禮召我聘我,又用吾道吾言也。吾固願仕而行道也,雖執鞭之士,吾亦能亦願為之④,豈曰吾不願出仕行道哉? 若能用我,吾其為東周,又豈曰無所成名哉? 非不願也,不用(吾人吾道)耳。吾雖欲執禦無由也。君子不枉道從政徇人而干求富貴爵祿,若夫富而可求也,雖執鞭之士,吾亦為之。如不可求,從吾所好。此即孟子所謂:道士或也有時乎為貧而仕,則辭尊居卑,辭富居貧,所謂抱關擊柝、委吏執禦而已矣。

子曰:"弗乎弗乎,君子疾沒世而名不稱焉。吾道不行矣,吾何以自見於後世哉?"乃因史記作《春秋》……⑤故孔子述作大道,傳諸子弟後世,所以為師儒,乃至百世素王也。

或解曰:達巷黨人曰:"大哉孔子! 博學而無所成名。"子聞之,

---

① 《孔子世家》。
② 或曰黨人是黨正,主持鄉飲酒禮而以射選士者也。
③ 《論語·衛靈公》。
④ 《述而》:子曰:"富而可求也,雖執鞭之士,吾亦為之。如不可求,從吾所好。"
⑤ 《孔子世家》。

謂門弟子曰:"吾何執? 執禦乎? 執射乎? 吾執禦矣。"君子志道,博學達道而已,非所以徒成其一器一藝之世俗之名也(君子,其志非徒成名於一藝也)。孔子曰:"賜,爾以予為多學而識之者與?"子貢曰:"然。非與?"孔子曰:"非也。予一以貫之。"①貫於何? 道仁忠恕也。故曰:君子不器,而進德體仁,博學道藝(古之經學道學教育、博雅君子教育,今之所謂通識教育、博雅教育等),比如六藝乃至諸藝,用以達道行道也。學道達道,人藉以立而成;學藝達藝,則或以謀生,或以造福眾生,或以求真求理(原理),或以任事行道(藝以處事用世行道),而亦終皆不忘不廢其學道達道立成之大事大義也。道藝之學,古之所謂六藝也,用以達道行道;器具技藝之學,今之百科專業也②。其人也,其君子也,不素餐;故若德能不配以得大位行大道(公職),則固當執其一二器藝以自謀其生也。吾今不能得位行大道,故亦當執一藝以自食其力矣。"吾不試(得用),故藝。"此之謂也。人之自處於世也,擇業處位,必稱其德能(否則德不配位)。然則吾也何德何能? 吾執禦而已矣(執射者其德能高於執禦者)。孔子自謙如此。

論曰:君子不器,進則得位行道,退而為師儒(述作其道而傳道授道);出而行道,處而為器藝技能之士,自食其力者也。然則師儒也,又或有人師與藝師、通儒與專科博士之分,而各隨其德能,故君子但當進德修業而力爭上游而已矣。但修吾德吾學,不問前程。

學藝不學道,其生也罔而迷,多患過;學道不學藝,何以自食其力? 藝高藝多則出處行藏任逍遙,囂囂優裕自道安。故必也道藝兼顧,道以安身立命而推達仁義,藝以謀生自存而亦利益公私國家天下也。

---

① 《孔子世家》。

② 今之道藝之學亦廣矣。現代新經學固然是道學,哲學、倫理學、宗教學中亦有道學存焉,而道藝之學更無論矣,舉凡史學、辭章之學、邏輯學、辯論學、法學、政治學、經濟學、社會學乃至一切學術,皆是矣。然以普通或普遍道藝教學而言,當另有設置安排。茲事體大,此暫不贅述。

　　道者，一切眾生善則之總名也。善乃眾生諸善或生命諸善，則為定則，不為意志為轉移者也。有天道，有人道，有地道（又有物道）。天道好生、普及、周遍（徧）、公平、各適、因果不爽失、自為自致、無詒（或曰無聽、不聽，無情，無詒，無聽無詒於私志私情也）……天道之則，命也，天則也，天命也。人道仁也，法天，愛人為仁。人道之則，德者自得也，德以配位與命；德之（根）本，仁愛；德之（初）基（基礎、基本要求、外在法度），義禮；階級（作動詞用）義禮而上進（進德）為仁達道也[1]。人道者，有人生之道，有心神之道，有政道治道諸類。人生之道，人皆當知之求之達之，不可須臾離也，故教化而普及之；政道治道，人亦當知之，知之而能公議公行其政，亦以盡其共處於世之義責擔當（今曦務權利云云）也；而求行政道者尤不敢不學而達也。地道載養萬物，人亦不可不知，不可不順之。人道法天，而終將歸於天道（地道）。乃曰：天道不可不敬畏之，人道不可不力行之，地道（物道）不可不格致之；敬天道，行人道，格地道（物道）；道者，不可不知求達之者也。

　　理者，一切定則之總名也。理（自在）無情，人（自為）有智；智以達理，循理而行，人理相應無沖，斯乃可全人情，乃至全眾生情，全萬物情，全天地一切之情。

　　或論曰："《曾子問》記孔子與老耼助葬於巷黨。彼周京之地，此達巷蓋里名。**党人，党正下士**，稱人也。主鄉飲之禮。孔子歸老為撰者，因公會相見。稱孔子，知已為大夫也。**惜其不仕，僅傳博學名**。門弟子，門人弟子也。弟子受學者，門人在其家執事者，家臣之類。歸老教授，故有門弟子。門弟子別於國子及里塾者。'吾何執'，言人不用吾，非吾不仕。大夫有馬，其子曰能禦未能禦。執禦，言復仕也。黨正以射選士，孔子已仕，不能復選也。言曾為大夫，非党正所能用也。"[2]此解新穎，可備一說。

---

①　初曰德之內外而仁愛發而為義禮也云云，後改之。

②　《論語訓》。

餘論：

罕言利、器、謀生。

君子非為成名而學。學以達道，藝以行道。

師儒自任。

君子士人不器(今日通識教育)。"吾不試，故藝。"無所成名於一藝；"君子多乎哉？不多也。"這句有兩種解釋，第一種是說君子重在道德自修，故不必器、藝；另一種是說君子亦可藝多不壓身。一般理解為第一種，但吾人以為當二者結合：孔子只是說重在道仁，但並非說藝不重要，或無用，不然也不會教以六藝。就其"道德自修第一首要"而言，則曰"不多也"，唯此而已；就其"藝多不壓身"而言，則曰"不嫌其多"。或亦可備一說。

或解曰：孔子所志在道，本不以器、藝自期，藝本用以達道也，達巷黨人雖不識之，孔子亦不反駁，而謙虛承受之，而又與門弟子打趣，我於六藝中有何可名者也？

或論曰：當時孔子婉拒出仕，故魯國上下或社會上有批評之聲，認為孔子雖然博學，卻不願意出仕為國。又或批評或惋惜孔子未出仕行道而得德名仁名也，或獵卿相爵位而聞名於諸侯國家。孔子言，此非我錯也，人君不用爾，若用，雖執禦之事，吾亦為之。下一節即謂"我出仕當以禮"，非禮則"雖違眾"，亦自行其道而已——君卿不主動召見聘請，我不出仕；不循正禮道義，我不佐之。第四節再言"權"之義：我並非不仕，只要有機會或條件，我還是願意出仕行道的，並不臆必固我；第五節說孔子認為"天不我棄"，所以一貫是抱有出仕行道的志向的，並非達巷黨人的批評那樣，以為孔子僅僅只想成為一個隱士乃至一位師儒。孔子言：吾若有機會，必能有所作為。哪怕是執禦。或謙卑地說：我無所德能，所以即使是執禦也可以，並非我不願意出仕。

或曰：達巷黨人或為孔子鳴不平，**"無所成名"即無所施展其道術**，疾當時君卿不用孔子。孔子則謙以避之。

或謂孔子多藝，而不能行大道？無所成名，即無所在行道方面有所施展，則仍是批評。

或問：成名或指得位(士、大夫等)？謂孔子無以執一藝而被選任？孔子今非大夫，亦可執禦選士？

子曰："麻冕，禮也；今也純，儉。吾從眾。拜下，禮也；今拜乎上，泰也。雖違眾，吾從下。"

子曰："麻(緇布，黑布)冕(以祭祀)，禮也；今也純(當為紃、緇，黑絲帛，黑繒①)，儉；吾從眾。臣拜君於堂下，禮也；今(俗眾，各國臣眾)拜乎堂上，(臣)泰(驕慢)也；雖違眾，吾從下。"麻冕，祭祀之緇布冠也，古者績麻三十升(升即登，成也，八十縷為一登)布以為之，八十縷為一升，則一冕凡二千四百縷矣，為之甚繁費；而純冕則以絲帛為之，儉省而易成，少耗費而不廢禮意，故吾權之以禮義而從眾，與易其良風俗也(順同其良，移風易俗)。"古者臣與君行禮，再拜稽首於堂下，君辭之，然後臣升於堂上，復再拜稽首於君，故曰升成拜。"②今也"臣驕泰，而於堂上拜也。而吾乃仍從古禮，而於堂下再拜稽首，禮之恭也。"③君子之處事行禮也，無論從眾違眾，而一權准之以(正)義而已；君子之化民成俗、文明(人文)創製因革也，一準權於人道文明與乎仁德天道。曰：以(正)義不以眾也；義在我，雖千萬泥沙俱下，吾自巋然不動，而顏色不易、言動不改矣，何論其眾聲喧嘩之聲勢。聲勢豈可奪理義？君子豈可理義奪於聲勢、庸眾、惡

---

① 繒：音增。《說文》：帛也，從系曾聲。……疾陵切。
② 《四書釋地又續》。
③ 《集解》。

俗？滄海橫流，方顯英雄本色，此之謂也。

子絕四：毋意，毋必，毋固，毋我。

孔子之教人與自處也，欲力絕斯四者：毋意（臆測，臆度①，對應於"信"、"道"、"徵信"、"本道"、"信而有徵"。或曰毋意是毋測度未至者），毋必（期必，不問情勢變化而期待其一定發生或實現，對應於"時"、"時中"、"無可無不可"，行事出處循時而動也），毋固（固陋，執一，固執而無權，對應於"權"，斷事斷理權之以義也②），毋我（私己，私於我功我名也，對應於"和"、"同"、"合善"、"和同"、"不自伐"、"功成不必在我"、"隨喜諸善不必在我"）。③

此何謂邪？曰：毋意，謂君子凡事徵實有本，本於道而信有徵；毋（臆度）臆斷，"毋測（臆度）未至"④，而以道為度，徵信為斷，不任一己之猜測意見也（意見則未經道義審查、真理徵實、邏輯批判者也，另有正見、真見等。若夫正見、真見，自可堅持奉守）。孔子曰："所信者，目也，而目猶不可信；所恃者，心也，而心猶不足恃。"⑤又曰："不逆詐，不億不信。"⑥臆則或失實失道失人失事失己，故不可臆斷也。雖或不得已而暫為臆測，亦不可遂以臆測為斷而行事也；闕疑，待求而得其本末始終真相，徵而後信，道（義）而後斷後行，不誣罔自是也。故曰"毋意"。

---

① 所謂"不億不信""億則屢中"。朱熹解為私意，不取。

② 或曰"毋故"。《羣經平議》："固當讀為故，毋故者，不泥其故也。**用之則行，舍之則藏，是謂毋必。彼一時，此一時，是謂毋故。**"

③ 此節又可對照《列子·仲尼篇》：子夏問孔子曰："顏回之為人奚若？"子曰："回之仁賢於丘也。"曰："子貢之為人奚若？"子曰："賜之辨賢於丘也。"曰："子路之為人奚若？"子曰："由之勇賢於丘也。"曰："子張之為人奚若？"子曰："師之莊賢於丘也。"子夏避席而問曰："然則四子者何為事夫子？"子曰："居！吾語汝。夫回能仁而不能反，賜能辨而不能訥，由能勇而不能怯，師能莊而不能同。兼四子之有以易吾，吾弗許也。此其所以事吾而不貳也。"稍資參照而已。轉引自《論語疏證》。

④ 《禮記·少儀》。

⑤ 《呂氏春秋·任數篇》。

⑥ 《論語·憲問》。

　　毋必，毋期必也；萬事生生變易，情勢流轉，有非我所能轉移者，君子乃循時而動，因時達變，無可無不可，而期於時中而已，故毋期其必然必至(實現)也。彼一時，此一時；天下有道則現，無道則隱，君子自可用之則行，舍之則藏而已，故無期必也。

　　毋固，毋固陋執一也，疾固也；固者，固陋而執一，固執而無權也。君子執中而有權，固執諸道義而有權，斷事斷理，權之以道義之分際也；是故君子無可無不可，而無固行也。若夫固而不問情勢道義之言必信、行必果，則硜硜然小人哉也已。所謂唯義不固，正義不必。故子曰：“君子之於天下也，無適也，無莫也，義之與比。”①又曰：“我則異於是，無可無不可。”②

　　毋我，毋執於我功我名，與乎我專力專制專享也。君子和同合善，與人為善不自伐，隨喜諸善而功成不必在我也。孔子，“述古而不自作，處羣萃而不自異，惟道是從，故不有其身也”③，所謂“功名何有於我哉”、“仁德則我豈敢”，而君子謙謙也。又不專制也，道義以行，而和同於眾人也。“孔子在位聽訟，文辭有可與人共者，弗獨有也。”④“孔子為魯司寇，斷獄，屯屯與眾共之，不敢自專。”⑤，亦斯之謂也。

　　朱熹解曰：“必，期必也。固，執滯也。我，私己也。四者相為終始，起於意，遂於必，留於固，而成於我也。蓋意必常在事前，固我常在事後，至於我又生意，則物慾牽引，循環不窮矣。”⑥論曰：“四者之累，咸本於意，所謂意慮微起，天地懸隔是也。意若不起，三累自絕，不識不知，順帝之則。”⑦

　　或曰：無任意卽是無必無固無我(專)也，而一之以道義而

---

　①　《論語・里仁》。

　②　《論語・微子》。

　③　《集解》。

　④　《史記・孔子世家》。

　⑤　《春秋繁露》。

　⑥　《四書章句集註》。

　⑦　李顒(音 Yóng)，《反身錄》。

已。"在我為固,在人為必。聖人出處語默,唯義所在,無可無不可,奚其固? 成敗禍福,繫命所遭,誰得而知之,奚其必?"①又或曰:"意者,七情之根,情之澆,性之離也。故欲滌情歸性,必先伐其意,意亡而必固我皆無所傳,此聖人洗心退藏於密之學也。"②

論曰:意者,以道為度,不任意(,亦不意度,遑論任私心私意),此解乃可(《集解》之解最好)。私意、天理對舉固是朱熹發明,未必合乎孔子原意(孔子言道),然亦有其正理發揮,可備新説。陸王心學之"不起意念"又是發揮立論,去孔子原意愈遠矣。

今或曰:不妄為臆測,聽人講完再評論。

子畏於匡。曰:"文王既没,文不在兹乎? 天之將喪斯文也,後死者不得與於斯文也;天之未喪斯文也,匡人其如予何?"

定公六年二月,(魯定)公侵鄭,取匡(匡為鄭邑)③。當是時,魯陽虎帥師,而匡城適缺,虎與僕(執禦者)顏剋就其穿垣(城墻破缺處)而入之,遂暴匡人。匡人銜恨。

定公十五年,孔子(時年五十七)將適陳,過匡,顏剋(又作顏刻,或曰系孔子弟子,即顏高也)適又為僕,至於郭外。顏剋舉策指匡缺(穿垣),曰:"昔吾與陽貨正從此入。"夫子狀貌與虎類,故匡人聞之,以為魯之陽虎復來,遂圍止之,拘焉五日。顏淵後至,子曰:

---

① 《魯岡或問》。

② 焦竑,《筆乘》。

③ 《左傳·定公六年》:"定六年二月,(魯定)公侵鄭,取匡,為晉討鄭之伐胥靡也。往不假道於衛,及還,陽虎使季孟自南門入,出自東門,舍於豚澤。"

"吾以汝為死矣。"顏淵曰:"子在,回何敢死!"匡人拘孔子益急,弟子懼。① 故《論語》記云:子畏(拘囚,有系獄身死之危險②)於匡(鄭邑③)。孔子乃曰:"文王既没,文(禮樂制度,文武之道,典章文物或典籍方策)不在兹(吾人吾身,吾胸中懷抱也)乎? 天之將喪斯文也,後死者(孔子自稱,相比於文王)不得與於斯文也;天之未喪斯文也,匡人其如予何?"

《莊子·秋水篇》記此事曰:孔子游於匡,宋人圍之數匝,而弦歌不輟。子路入見,曰:"何夫子之娱也?"孔子曰:"來,吾語女。我諱窮久矣,而不免,命也;求通久矣,而不得,時也。當堯、舜而天下無窮人,非知得也;當桀、紂而天下無通人,非知失也,時勢適然。夫水行不避蛟龍者,漁父之勇也;陸行不避兕虎者,獵夫之勇也;白刃交於前,視死若生者,烈士之勇也;知窮之有命,知通之有時,臨大難而不懼者,聖人之勇也。由,處矣! 吾命有所制矣!"無幾何,將甲者進,辭曰:"以為陽虎也,故圍之;今非也,請辭而退。"

論曰:孔子時年五十七,方欲周流天下,而去魯去衛一年,將以適陳。當斯時也,孔子問學悟道經年,其好學深思、訪諮典策、從政踐道,皆累年積得,而舉凡三代禮樂刑政制度、文武之道、典章文物,與乎道義人倫、人道文明,盡皆瞭若指掌而如成竹在吾胸中,故曰斯文在吾身也④;乃至於極深研幾而通大《易》⑤,上窮天道,下通人道,可謂學成道充,頗悟天命也。因知天命畀我,乃

---

① 《史記·孔子世家》:將適陳,過匡,顏刻為僕,以其策指之曰:"昔吾入此,由彼缺也。"匡人聞之,以為魯之陽虎。陽虎嘗暴匡人,匡人於是遂止孔子。孔子狀類陽虎,拘焉五日,顏淵後,子曰:"吾以汝為死矣。"顏淵曰:"子在,回何敢死!"匡人拘孔子益急,弟子懼。孔子曰:"文王既没,文不在兹乎? 天之將喪斯文也,後死者不得與於斯文也。天之未喪斯文也,匡人其如予何!"孔子使從者為甯武子臣於衛,然後得去。《琴操》:"孔子到匡郭外,顏剋舉策指匡穿垣曰:'往與陽貨正從此入。'"

② 朱熹解為"有警戒之心"。

③ 關於匡,有鄭邑、宋邑、衛邑、魯邑四説,當以鄭邑為是。

④ 德國作家托馬斯-曼嘗曰:"我在哪裡,德國文化就在哪裡。"其言辭有類似者。然非有大心志、大格局、大學問、大自信而文明大道在身者,不敢自言如此也。

⑤ 《易·繫辭上》:"夫《易》,聖人之所以極深而研幾也。"

以天命自任。故曰“文武之道，未墜於地，在人。文王既没，其為文之道，實不在我身乎？”①自謙而復自信之言也。其意曰：“丘也，上慕文王之德，奄有斯文。今也文王既没，後死者如我而有斯文者也。若天將喪斯文也，則本不當使我知之；今使我知之，則天未欲喪之也。然則既天之未喪斯文也，則我當必傳之，匡人欲奈我何？欲奈天何？其必不能違天以害我也。”②孔子自悟敬信天命也如此。

　　且孔子，其平素之為人行事也，配義與道，為仁推達，忠恕而溫、良、恭、儉、讓，俯仰無愧怍，固或有一時不豫橫逆之患，而終信無患之成遂也。《説苑》記曰：“子路持劍。孔子問曰：‘由，安用此乎？’子路曰：‘善古者固以善之，不善古者固以自衛。’孔子曰：‘君子以忠爲質，以仁爲衛，不出環堵之内，而聞千里之外，不善以忠化，寇暴以仁圍，何必持劍乎？’子路曰：‘由也請攝齊以事先生矣。’”子路誠尚武義勇者也，惡不仁者，斯亦一道；孔子則居仁由義，仁以化成，以道義仁愛而自衛衛天下者也。素行素志如此，元亨利貞，無咎。故知匡人或一時誤解，而終無如予何也。是故孔子既得道知天命，而晏然言之若是，匡人亦以是（孔子斯時之言行）知非陽虎，而畏天命，懼害賢（之惡名），孔子遂以免也③。

　　或解曰：“文武之道，皆存方策。夫子周遊，以所得典籍自隨，故此指而言之。”此又可見孔子非虛矯沽釣、非大言欺世者

<hr>

　　①　《穀梁傳·哀公十四年》疏引《論語》云：文武之道，未墜於地，在人。文王既没，其為文之道，實不在我身乎？《翟氏考異》：“《白虎通》引孔子言：‘文武之道，未墜於地。天之將喪斯文也，樂亦在其中矣。’”

　　②　《集解》。

　　③　《皇疏》：《皇疏》引衛瓘云：若孔子自明非陽虎，必謂之詐，晏然而言若是，匡人是知非陽虎而懼害賢，所以免也。或曰：“孔子使從者為衛武臣於衛，然後得去。”然此言“衛邑”，或不確，而闕疑之。參見《史記·孔子世家》。

也,而斯言也,乃學成道充、志氣充足、天下文明自任之大願言、大信言也。故顏淵嘗喟然歎曰:"仰之彌高,鑽之彌堅;瞻之在前,忽焉在後。夫子循循然善誘人,博我以文,約我以禮。欲罷不能,既竭吾才,如有所卓立爾。雖欲從之,末由也已。"①

又或曰畏匡過宋實本一事,乃向魋聞孔子適陳,將出於匡,故使匡人要之,而後人誤分之為二事耳②。此亦可備一說,然無關義理宏旨,茲可不論也。

餘論:天畀我文與道,使吾有道德文章,又命吾行道,此必皆天命也,不然何以畀道文於吾身? 至於後來道不能行,又知天命不在我行大道,而在傳大道也。(聖賢師儒)傳大道亦可博學無所成名,不必執一藝以謀生、利,故吾不必藝器。

太宰問於子貢曰:"夫子聖者與? 何其多能也?"子貢曰:"固天縱之將聖,又多能也。"子聞之,曰:"太宰知我乎! 吾少也賤,故多能鄙事。君子多乎哉? 不多也。"牢曰:"子云,'吾不試,故藝'。"

太宰(太宰有吳宋魯陳四說,或為吳太宰)問於子貢曰:"夫子聖者與? 何其多能(技藝)也?"子貢曰:"固天縱(肆)之將(大③)聖,又多能也。"④子聞之,曰:"太宰知我乎! 吾少也賤,故多能鄙事。君子

---

① 《子罕》:顏淵喟然歎曰:"仰之彌高,鑽之彌堅;瞻之在前,忽焉在後。夫子循循然善誘人,博我以文,約我以禮。欲罷不能,既竭吾才,如有所立卓爾。雖欲從之,末由也已。"

② 崔述,《洙泗考信錄》。

③ 又或解為:且;將要;殆;將帥,群聖之統帥。茲不取。

④ 或斷句為"固天縱之,將聖又多能也",亦可。

當多能乎哉？不必多也。"牢(弟子子牢)①曰："子云，'吾不試(任用，選用)，故藝(多技藝)'。"

太宰之意，以為聖者當務道、德，文明化成(化民成俗)而輔世長民②，不必多能，即不必多務技藝也。時人多推重讚譽孔子為聖者，而太宰以孔子又多能，是殆非聖者之事象，故疑而問之。子貢則曰，孔子道、德高明無極，固然是上天縱肆寵賜、天命界之之大聖，不可疑也；而又多能而已。意曰其聖則不可疑，其又多能則是也。孔子聞之，以其素來沖虛自抑之謙德，不敢居聖，故然許太宰之疑，而又自承多能，乃曰"太宰知我者矣"。其意曰："聖者吾也豈敢！多能而已"，繼而又認可太宰之意："君子多乎哉？不多也"，言聖者不必多能，而以道、德之踐習修養述作、人文之化成為首務也；不言"聖者"，而改曰"君子"，亦謙辭也，其意曰，"聖者"尤其非一般人所能及，吾"後死者"與乎後生小子，豈敢虛矯而好高騖遠、虛自標榜，而當踏實求為君子之道行，漸階而上，斯可矣。"不多"者，不必多也，非謂不可多也。道德之士，若得位行道，固當鞠躬盡瘁、輔世長民而化民成俗，或無餘暇於多務技能也；若夫其道充德粹，學有餘力，又或其未能得位行道，則多能亦無妨；乃至必要也。何謂"無妨"？曰豈敢自居聖仁？乃必追求道德不止而已。人也，君子也，固當時刻求道，然而若夫不能得位行道，亦固當同時學藝以謀生自食也，豈可不勞而獲乃至寄生無功乎？故曰求道不妨多能。

―――――――――

　　①　琴張非子張，子牢非琴張，《論語正義》："《漢書·古今人表》有琴牢，王氏念孫《讀書雜誌》以琴牢為琴張之誤，云《人表》所載，皆經傳所有，《左傳》及《孟子》皆作琴張，《莊子》作子琴張，無作琴牢者。琴牢字張，始見《家語》，乃王肅偽撰，後人據《家語》以改《漢書》。其説良然。《白水碑》琴張、琴牢並列，此及《左傳》杜注皆為《家語》所惑，不足憑也。自《家語》琴牢之名出，唐贈琴牢南陵伯，宋贈頓丘侯，改陽平侯，則皆由《家語》之説誤之矣。竊謂琴張非子張，服氏之辨最確。而子牢非琴張，則鄭此注最當。《莊子則陽釋文》引司馬彪云：'卽琴牢，孔子弟子。'與杜預同誤。《史記·仲尼弟子列傳》無牢名，當是偶闕云。"

　　②　《孟子·公孫醜下》："天下有達尊者三：爵一，齒一，德一。朝廷莫如爵，鄉黨莫如齒，輔世長民莫如德。"

何謂"必要"？曰"吾少也賤,故多能鄙事"。"少也賤"者,非僅謂其出身卑賤也,乃謙言其當時德業無所成,則固當學藝謀生自食其力也。亦可謂"素其位而行"者也。於此言之,孔子固不鄙夷器技藝能也,徒以進德修業為人之不可或缺者也。蓋"孔子之意曰:我若見用,將崇本息末,歸純反素,兼愛以忘仁,遊藝以去藝,豈唯不多能鄙事而已。"①

　　進而論之,則曰:必也道、德高明充粹,乃至於聖哲,方或有得大位行大道之可能——然亦或有因緣際會而不得者,如孔子不得位而為素王,此皆命也。孟子曰:"口之於味也,目之於色也,耳之於聲也,鼻之於臭(xiù,氣味)也,四肢之於安佚也,性也,有命焉,君子不謂性也。仁之於父子也,義之於君臣也,禮之於賓主也,智之於賢者也,聖人之於天道也,命也,有性焉,君子不謂命也。(故君子修其天爵,終身以俟天命而已。)"②此儒者性命反復之學也。然則若夫不能得位行道(公職),道、德固然仍其首務,而技能亦所不可不學習者也。然而斯道也,有人生之道、心神之道與政道治道之分,有意公職行道者,固當三者具深修;若夫德不配位或命不配性或志不在此者,前二者固然終生進修不止,政道治道乃至得位實行則不苟求深致,而習其技能以利益推及公私國家天下也,亦可謂為仁之事矣。

　　論曰:"君子從物應物,道達則務簡,務簡則不多能也;君子所存,遠者大者,不應多能。然而或問曰,周禮百工之事,皆聖人之作也,明見聖人兼材備藝過人也,此則何故邪? 答曰:不以多能為君子也,不以才藝代道德也。明兼材自然多能,多能者非所學,所以先道德後伎藝耳,非謂多能必不聖也。"③且曰:道德進修而又技藝多能,亦可輔仁佐德也,然若道德之不修而才勝於德,則或墮落沉

---

①　《皇疏》。

②　《孟子・盡心下》。參見拙著《孟子解讀》。

③　《皇疏》。

迷而為惡，不能全生安生矣，故當警惕之。李顒云："元人謂宋徽宗詩文字畫諸事皆能，但不能為君耳。今聰明人詩文字畫諸事皆能（今則有科學技術、學術文化諸技藝，同乎此理）①，但不能為人耳。能為人，則無為其所不為，無欲其所不欲，俯仰無愧，不負乎為人之實，詩文字畫愈以人重。苟為不然，詩文字畫縱極其精妙，亦不過為詩人文人工於臨池而已。"②此誠可怵惕戒慎者也。

此亦可對照本書達巷黨人"大哉孔子！博學而無所成名"③一節之廣辭。

子曰："吾有知乎哉？ 無知也。有鄙夫問於我，空空如也，我叩其兩端而竭焉。"

子曰："吾有知乎哉？ 無知也（無成見，但用中達道而已）。我無成見，但用中達道而已矣。故有鄙夫問於我，（或曰鄙夫或曰孔子）空空（無所知貌；或作悾悾，誠也，愨也④）如也，我乃叩（叩問，扣發⑤）其事之始終本末善惡正反諸兩端，而竭盡其情實、事理焉，過與不及皆使知之而棄其不完足，然後用其中，得其中正，斯得知之而已矣（我扣格而知之，復扣格而使鄙夫知之）。"若夫舜也如是，"舜執其兩端，用其中於民。"⑥此曰但用中達道而不執一，如斯而知之得

①　今則有科學技術、學術文化諸技藝。同乎此理。
②　《反身錄》。
③　《子罕》：達巷黨人曰："大哉孔子！博學而無所成名。"子聞之，謂門弟子曰："吾何執？ 執禦乎？ 執射乎？ 吾執禦矣。"
④　或解曰"有鄙夫來問於我，其意空空然，我則發事之始終兩端以語之，竭盡所知，不為有愛也"，參見《集解》。
⑤　或解為發動；或解為"至，到"，《四書辨疑》："叩只是至到之意，惟以及字為説，似最親切字義本訓。叩頭，蓋亦頭與物相及之謂也。如俗言叩門、叩期，皆謂及門、及期也。**答所問之事，及首及尾而盡之，是之謂叩其兩端而竭焉也。**"
⑥　《中庸》。

之行之而已。

　　孔子好學不厭，固是有知者，但知之而不執，故曰無知。無知，既是謙語，又是物來順應、見機析理（分析）之意，亦是胸無成見之意。故曰：斯所謂"無知"也，乃曰不執，不執一也，又無成見也。緣事物，而窮究其本末始終與乎微隱宏粗，細大不捐（遺）；徵事理，而不拘泥執一，必因乎其事之情實、其人之委曲；循道義禮法（作為抽象名詞之道、義、禮、法），執其中而權之於諸禮義（復數之禮義，如大義小義之分際，具體之不同義則之區分權衡也，今或有所謂"不可通約之善"云云），然而合道中正，而後斷之。而後謂知之也（自扣格而知之，亦曰扣格而使鄙夫知之）。隨事失理，隨理失情（情實），隨義失道失中正，皆執一而無權，即不知扣其兩端而竭究，而後權衡用中，故不可謂知也。吾無知（不執一，無成見），所以知。

　　或論曰：聖人仁智，仁則公正，智則或思或叩而皆能盡其事之始終本末善惡正反諸端，故執中能權。至於凡俗，雖欲執中有權，或仁智有所不足而難自知也，故又當辯，眾辯而後盡諸端，超一己仁智之所短欠，而後能執中有權也。此權，權於眾庶兆民，各盡其仁智消息，然後得其中正。然則辯亦有法，非謂人多勢眾，聲高有理，荀子曰："以仁心説，以學心聽，以公心辯。"[①]可謂得之。仁心、公心，其心志也，必也正善為仁為公（又或為真）而誠而正，所謂空空如也無成見，悾悾如也而誠愨於中理；學（又思）、説、聽、辯，其法術也，即此之所謂扣其兩端、扣問鳴應、窮理竭義、充類至義、格致窮究等皆是也。故曰："空空如也，扣其兩端而竭焉"（兩端、四隅，舉一反三、聞一知十云云，皆類此，而為儒門思想方法，中庸亦同時是一種思想方法），此即儒家孔門之思問求道之方法（今曰思想方法），亦即用中之道術法門，即中庸也。又曰正名（術），今曰辯論術、邏輯學、知識論、演繹推理證明云云也。

---

① 《荀子·正名篇》。

論曰："夫名由跡生，故知從事顯，無為寂然，何知之有？唯其無也，故能無所不應。雖鄙夫誠問，必為盡其本末也。"①此即曰無成見而不執一拘泥也。"孔子言己空空無所知，唯叩問者是非之兩端而盡言之，舍此不能有所加也。蓋孔子自得其本心，見聞識知泯絶無寄，故謂之空空，然非離鄙夫問答間也。"②若夫"吾人學無歸宿，正坐不能空其所知。比之鄙夫，反多了一番知識，反增了一番心障，以致下不能如鄙夫，是以上不能希往聖。"③

或論曰："蓋凡事皆有兩端，如楊朱為我，無君也，乃曾子居武城，寇至則去。墨子兼愛，無父也，乃禹手足胼胝，至於偏枯。是故一旌善也，行之則詐偽之風起，不行又無以使民知勸。一伸枉也，行之則刁訴之俗甚，不行又無以使民知懲。一理財也，行之則頭會箕斂（tóu kuài jī liǎn，《漢典》曰：按人數徵稅，用畚箕裝取所徵的穀物。謂賦稅苛刻繁重）之流出，不行則度支或不足。一議兵也，行之則生事無功之説進，不行則國威將不振。凡若是皆兩端也，而皆有所宜，得所宜則為中。孔子叩之，叩此也；竭之，竭此也；舜執之，執此也；用之，用此也。處則以此為學，出則以此為治，通變神化之妙，皆自此兩端而宜之也。"④

又論曰：此節只是論權字。孔子於他處亦論及權，如子曰："可與共學，未可與適道；可與適道，未可與立；可與立，未可與權。"然則何謂權？或論之曰："經傳言權有二義。孟子言'權然後知輕重'，言'執中無權'，此權賅常變言也。言嫂溺援手，以權對經言也。此以'權'對'立'，亦以權衡事變而言。凡事勢至於不能兩全，審其至重者而為之，是謂之權。**立者，事有一是一非，而能固守其一是也。權則審度於兩是不並存之時，而取其至重者也。**孟子言

---

①　《皇疏》。
②　焦竑，《筆乘》。
③　《反身錄》。
④　《論語補疏》。

執一無權之舉一廢百，謂舉輕而舍其重者。能權則舉百而廢一，其廢者迫於不得已，而舉者重矣。"①

　　然則權有多義②。"權"者，對"經"（常）言，則非常之權變也；對"立"言，則於諸事諸理義之間衡量而審擇之也。"權"者，又"偏其反而"、"反經而權"、"思者當思其反"之意也；"扣其兩端而用中"之意也③；又用中之意也，"權祇是中字。權，稱錘也。古人遇事必量度以取中，故借權以爲言。孟子云：'權然後知輕重'是也。既知輕重，則中自出，故曰權而得中，是乃禮也。"④又權衡而"時中"之意也，"權卽聖之時字，非專以伊周放君、復辟爲等例也。事事有權，時時有權，惟聖人信手拈來，恰好爲難耳⑤。故今曰：權者，思考擇義之方法也。思反、反經、執其兩端、用中、時中、權宜合義等，皆所以權，所以成聖，所以神化（神明變化），所以通變之方法也。王弼云："權者，道之變。變無常體，神而明之，存乎其人，不可豫設，尤至難者也。"⑥"洪氏曰：'《易》九卦終於巽以行權，權者，聖人之大用。未能立而言權，猶人未能立而欲行，鮮不僕矣。'程子曰：'漢儒以反經合道爲權，故有權變、權術之論，皆非也。權只是經也，自漢以下無人識權字。'"⑦

　　今論曰：此蓋言思想方法——無論扣其兩端而竭，抑或所謂權，皆是一種思想方法：一切隨事而根據各種具體情形或情實來分析判斷，將各種因素納入具體分析中（人、事、時、變、理、道、權、過、不及、

---

①　《論語後案》。
②　可對照其他章節之廣辭。
③　此強調其作爲思想方法之價值，即強調思想方法（方法論）。下文"用中之意"則強調"取其中"，強調價值原則本身（價值論）。故分列之。實則兩者乃爲一事。
④　陸世儀，《思辨錄》。
⑤　《四書近指》。
⑥　《皇疏》。
⑦　《四書章句集注》。

本末始終善惡精粗等）。此與西方思維方式不同，中國講究物來順應，具體情況具體分析，西方則講"理念"，講原則，以理念來套萬物，故蔑視現實事物，以為不完美，而擁抱理念或抽象概念，以為是理想型。中國不預設成見，不以理念抹煞萬物之實際歧異處……

又論曰：所謂"空空如也，我叩其兩端而竭焉"，用今天的話來說，其實說是讓人們說話，讓所有人都能自由表達其看法和觀點，和進行自由充分的討論，使得各方面的情形、思路或思考角度都兼顧考慮到，以此集中所有人和各方面的意見、思路和智力，窮究極詰之，窮形盡相之，使人事物理無所遮蔽隱瞞；在經過這樣一種完全自由充分的討論後，再綜合權衡以道理禮義，最終得其（事理本來之）正中，得其合道合理之判斷、知識或答案。所謂"空空如也"，即"我"無成見，"我"無"意必固我"，而一任事物本來之道理也。

或解曰：子曰："吾於教也，每乃因人隨事施教而已矣，非謂吾盡皆預知其事與意也。吾有知（知其意；知其事；或曰"無隱"；或曰知識）乎哉？無知也。有鄙夫問於我，其人悾悾（誠也，慤也①，猶謂有問學之心，所謂"自行束脩以上"、"潔己以進"云云）如也，則我叩（叩問，扣發、發動）發其事之始終本末善惡正反諸兩端，而竭其才思，使有所悟得知會也。"學必盡心竭力而為之，然後或有得有知也。不叩不竭，學也無得。故曰學也問也，竭也得也。顏回曰："夫子循循然善誘人，博我以文，約我以禮；使我盡心盡力，欲罷（停止）②不能；既竭吾才力，而又如仍有所立，卓爾於我前，誘引我續以進也；我雖欲從之，末由也已。"③此夫子叩問竭引（誘）之教學之道也。

補曰："末由也已"，此顏回之謙言也，實則顏回好學，子曰："有

---

①　或解曰"有鄙夫來問於我，其意空空然，我則發事之始終兩端以語之，竭盡所知，不為有愛也"，參見《集解》。

②　《子罕》：子謂顏淵，曰："惜乎！吾見其進也，未見其止也。"

③　《論語·子罕》。

顏回者好學,於吾言無所不說"①"語之而不惰者,其回也與!"②惟夫子之道也高矣,故顏淵喟然歎曰:"仰之彌高,鑽之彌堅;瞻之在前,忽焉在後。"③故人之求道問學也,必終生鑽仰不息,或方有成也。顏回悟之,故子謂顏淵曰:"惜乎回之早死也!吾見其進也,未見其止也。顏回,可謂好學求道不止者也。"

或解曰:子曰:"吾有知乎哉? 無知也。有鄙夫問於我,我於其事空空(心中空空無所知;無成見)如也④,我但叩(叩問,扣發;發動)其始終本末善惡正反諸兩端,而竭盡其情實、事理焉,過與不及皆使知之而棄其不完足,然後用其中,得其中正,斯得知之而已矣。"此舜之道術也,"舜執其兩端,用其中於民。"⑤此曰但用中達道而不執一,如斯而知之得之行之而已。

或解曰:子曰:"吾有知乎哉? 無知也(我非生而多知也)。好學不厭而已。雖有鄙夫問於我,其似空空(無所知貌;或作悾悾,誠也,愨也)如也,我亦叩(叩問,扣發)其兩端而竭其所知焉。不恥下問,三人我師,以是知之。或謂我多能博學,實乃皆以斯知得之而已矣。"吾之知也,好學不厭、善於叩問而已。何以問而知?曰扣兩端而竭、窮(究)問不舍、舉一隅而三隅反、觸類旁通、聞一知十、充類至義之盡等,皆是也。知也,在心,在天,在叩問,在用中,在合道。知在我心,我心在天,而天人合一;知先在天,天畀我心,用之則發,而人道合於天道;知在叩問,叩問得其本末始終善惡正反諸兩端,而得其情實;知在用中,"執其兩端,過猶不及,允用其中";知在合道,用中

---

① 《先進》。
② 《子罕》。
③ 《子罕》。
④ 或斷句為:"有鄙夫問,於我空空如也"。
⑤ 《中庸》。

而不執一,用中而有權,權於道也。是謂知之。

　　或論曰:鄙夫有一知,我亦不棄,而問而竭盡之,是以我得之,我集大成之。我之所知,皆以此來;人之所知,亦以此來。此乃接上句"吾不試,故藝"而來,曰何以多藝多能? 不過好學善問(不恥下問)而已矣。

　　或解曰:子曰:"吾於教也,每乃因人隨事施教而已矣,非謂吾盡皆預知其事與意也。吾有知(知其意;知其事;或曰"無隱";或曰知識)乎哉? 無知也。有鄙夫問於我,其人悾悾(誠也,愨也①)如也,則我叩(叩問,扣發、發動)發其事之始終本末善惡正反諸兩端,而竭盡我所知,以盡心啟發教誨焉。"孟子曰:""夫子之設科也,往者不追,來者不距。苟以是心至,斯受之而已矣。""②此之謂也。君子於施教,"竭盡所知,不為有愛(吝惜)。"③所謂"日月照臨,不為愚智易光。聖人善誘,不為賢鄙異教。雖復鄙夫寡識,而率其疑誠,諮疑於聖,必示之以善惡兩端,已竭心以誨之也。"④

子曰:"鳳鳥不至,河不出圖,吾已矣夫!"

　　魯哀公十四年春,狩大野。叔孫氏車子鉏(chú,鋤草農具)商獲獸,以為不祥。仲尼視之,曰:"麟也。"取之⑤。子曰:"鳳鳥不至,河不出圖,吾已矣夫!"瑞鳥不至,河圖(治世之大道)無現,可知天道(天道好生則鳳鳥至)隱遁,人道(王道備則法度彰顯)崩毀,而王道毀棄,

---

　　①　或解曰"有鄙夫來問於我,其意空空然,我則發事之始終兩端以語之,竭盡所知,不為有愛也",參見《集解》。

　　②　《孟子·盡心下》。

　　③　《集解》。

　　④　《皇疏》。

　　⑤　《史記·孔子世家》作:曰:"河不出圖,雒不出書,吾已矣夫!"

周道衰頹也。故孔子傷焉！奚以傷？傷"時無明王，故己不用也"①。又或"自傷不王也。己（若）王，（則）致太平；太平，則鳳鳥至，河出圖矣。今不得王，故瑞應不至，悲心自傷，故曰'吾已矣夫'"②。

　　鳳鳥③，古之瑞鳥，或為今之鳳凰，其性親仁，故其之於人寰也，人好仁，有安詳之氣，則不懼而近人（若鷗鷺忘機然）；人好殺，有殺伐兇暴之氣，則不敢來（若鷗鷺不下然）。故古人以鳳鳥為太平王者之瑞應，"天下有道，得鳳象之一，則鳳過之；得鳳象之二，則鳳翔之；得鳳象之三，則鳳集之；得鳳象之四，則鳳春秋下之；得鳳象之五，則鳳沒身居之。"④河圖，古謂乃黃河中龍馬負圖而出，或曰伏羲氏則其象而為八卦，或曰文王籙圖、周西元甲之圖云云；又或曰河水清清而可映照天象，而為天象圖也。龍馬，或為今之斑馬，或為古之類於斑馬而產於河者，其身之紋理類龍，又類於八卦，故能

---

①　《潘氏集箋》："鳳鳥河圖，明王之瑞也；瑞應不至，時無明王；明王不存，己遂不用矣。"

②　《論衡·問孔篇》："自傷不王也。己致太平；太平，則鳳鳥至，河出圖矣。今不得王，故瑞應不至，悲心自傷，故曰'吾已矣夫'"（此處稍改易其辭）。漢人每持此論，又如《漢書·董仲舒傳》曰：仲舒對策曰："孔子曰：'鳳鳥不至，河不出圖，吾已矣夫！'自悲可致此物而身卑賤不得致也。"《漢書·儒林傳》曰："周道既衰，壞於幽、厲，禮樂征伐自諸侯出，陵夷二百餘年而孔子興。衷（或以）聖德遭季世，知言之不用而道不行，乃歎曰：'鳳鳥不至，河不出圖，吾已矣夫！''文王既沒，文不在茲乎？'"《周易乾坤鑿度》："仲尼，魯人偶筮其命，得旅，請益於商瞿氏。曰：'子有聖智而無位。'孔子泣而曰：'天也！命也！鳳鳥不來，河無圖至，天命之也。'"轉引自《論語疏證》。

③　《白虎通·封禪篇》："鳳凰者，禽之長也，上有明王，太平，乃來居廣都之野。"

④　《韓詩外傳·卷八》：黃帝即位，施惠承天，一道修德，惟仁是行，宇內和平，未見鳳凰，惟思其象，夙寐晨興，乃召天老而問之，曰："鳳象何如？"天老對曰："夫鳳象，鴻前麟後，蛇頸而魚尾，龍文而龜身，燕頷而雞啄；戴德負仁，抱中挾義；小音金，大音鼓；延頸奮翼，五彩備明；舉動八風，氣應時雨；食有質，飲有儀；往即文始，來即嘉成；惟鳳為能通天祉，應地靈，律五音，覽九德。天下有道，得鳳象之一，則鳳過之；得鳳象之二，則鳳翔之；得鳳象之三，則鳳集之；得鳳象之四，則鳳春秋下之；得鳳象之五，則鳳沒身居之。"黃帝曰："於戲！允哉！朕何敢與焉。"於是黃帝乃服黃衣，戴黃冕，致齋於宮，鳳乃蔽日而至，黃帝降於東階，西面再拜稽首，曰："皇天降祉，不敢不承命。"鳳乃止帝東國，集帝梧桐，食帝竹實，沒身不去。《詩》曰："鳳凰於飛，劌劌其羽，亦集爰止。"

則之而成也。又有河圖洛書之説,洛書者,又曰龜書,曰禹治洪水而神龜出於洛水,其甲殼負圖象,乃天賜以洛書,法而陳之而有洪範九籌,為古之治天下之大法也。今皆不可盡考明。

鳳鳥出,河出圖,乃皆為聖瑞也。其理何在?曰"為人君者,正心以正朝廷,正朝廷以正百官,正百官以正萬民,正萬民以正四方。四方正,遠近莫敢不壹於正,而亡有邪氣奸其間者,是以陰陽調而風雨時,羣生和而萬物殖,五穀熟而艸木茂。天地之間,將潤澤而大豐美。四海之內,聞盛德而皆徠臣。諸福之物,可致之祥,莫不畢至,而王道終矣。"①故曰:好仁則鳳鳥至,囂囂自在;好殺則鳳鳥不敢來,怵懼遠飆翠,乃而絶也。"昔二皇鳳凰至於庭,三代至乎門,周室至乎澤。德彌麤,所至彌遠。德彌精,所至彌近。"②即此理也。孟子曰:"王在靈囿,麀(yōu,母鹿,懷妊之鹿)鹿攸伏(自在而伏),麀鹿濯濯(zhuó,肥美而好),白鳥鶴鶴(肥澤而白)。王在靈沼,(見)於(音烏)牣(rèn,滿)魚躍。"③此則仁德充溢,達乎庶物,感於萬物眾生,故鳳鳥翔集也。何獨鳳鳥,若夫仁德人道合於天道而好生,則龜龍鳳麟騶虞之瑞應,乃可畢出矣。反之,"刳胎殺夭則麒麟不至郊,竭澤涸漁則蛟龍不合陰陽,覆巢毀卵則鳳凰不翔。"④

若夫河圖,亦如是也。人而好仁,仁民愛物,治水生養,數罟不入洿池,斧斤以時入山林,各順其性而萬物各適,則河水清清,草木菲菲,禽獸自在,魚鼈優遊;則龍馬出於清河,圖書象天顯道;而有聖人興作,以此而悟達天道,則天象以備人道⑤,而製作治世之大法也⑥。若夫人而好殺,譙(qiào,呵也,責也,讓也,以辭相責也,言相責

---

①　《漢書·董仲舒傳·對策》。

②　《淮南子·繆稱訓》。

③　《梁惠王上》,參見拙著《孟子解讀》。

④　《史記·孔子世家》。

⑤　《易繫辭》云:"伏羲氏仰則觀象於天,俯則觀法於地,觀鳥獸之文與地之宜,近取諸身,遠取諸物,於是始作八卦。"

⑥　《繫辭》:"河出圖,洛出書,聖人則之。"

讓也)殺殆盡,靡有孑遺,則天地閉合,愁霾沉霧,彌漫天地之間,豈獨鳳鳥不至、河不出圖,而將萬物隱遁,乃至懸絶一線也。

故《易坤鑿度》云:"仲尼偶筮其命,得旅,泣曰:'天也,命也!鳳鳥不來,河無圖至,嗚呼!天命之也!'歎訖而後息志。"①息何志?息王佐(或自王,或佐王)於天下之志也。其時也,孔子曰,吾已老矣,故退而著述講學,以傳述治天下之大法於後世,冀天道文明不絶如縷而後發維新也。或論曰:"夫聖人達命不復俟,此乃知也。方遺知任事,故理至乃言,所以言者,將釋衆庶之望也。"②又或論曰:"孔子所以乃發此言者,以體大聖之德。弟子皆稟絶異之質,豐落殊材,英偉命世之才。蓋王德光於上,將相備乎下,當世之君咸有忌難之心,故稱此以徵己之不王,絶不達者之疑望也。"③

論曰:君子既不能得位(天子,或王佐;今日公職)而推行天下為公之王道仁政,則退而為師儒而傳道,為素王而製作也。孔子於傳道也,得顏回,頗寄深望焉,而早死,故亦歎。於經世大法之製作也,則有《春秋》,乃至《易》《詩》《書》《禮》《樂》,皆是也。

或曰:"此言蓋在獲麟之後。獲麟而死,天告夫子以將没之徵,周室將亡,聖人不作,故曰'孰為來哉',又曰'吾道窮矣',義雖不同,亦可為周衰己不見用之證。"④

子見齊衰者、冕衣裳者與瞽者,見之,雖少必作;過之,必趨。

子見齊衰者、冕衣裳者與瞽者,見之(三者來見),雖少必作;過之(孔

---

① 《翟氏考異》。
② 《皇疏》。
③ 《皇疏》。
④ 《論語述何》。

子往見,或遇見),必趨(疾行就之也)。服齊衰者,齊衰以上之服喪者也[1],遭人倫大變,故而同其哀戚之情也;冕[2]則冠也,上衣下裳,乃卿大夫以上之正服也[3],故服冕衣裳者即卿大夫等有爵位者也,孔子尊其奉公為仁行政之德爵也;瞽者,盲人也,言以該聾瞽殘疾之類者也,而人有哀矜體恤之情也。孔子見此三種人(三者來見,孔子或在公所也,然亦不必拘泥),雖其年少童子,吾方坐,亦必改坐而起,變色(改容)而迎之也[4];路遇或往見此三者,必先以疾行而就之也,若有所哀矜不安,而皆以示哀戚矜敬之情與禮也。仁心自然髮露,而行之以禮,"此皆孔子哀有喪、尊在位、恤不成人之仁德義禮也。"[5]

或論曰:"聖人之道,無微顯,無內外,由灑掃應對而上達天道,本末一以貫之。一部《論語》祇如此看。"[6]

顏淵喟然歎曰:"仰之彌高,鑽之彌堅;瞻之在前,忽焉在後。夫子循循然善誘人,博我以文,約我以禮,欲罷不能。既竭吾才,如有所立卓爾;雖欲從之,末由也已。"

顏淵喟然歎曰:"夫子之道也,仰之彌高,鑽(鑽所以穿,如切磋琢磨然,喻言推究)之彌堅(固。此謂"顏子學於孔子,積累歲月,見道彌深也"[7]);瞻之在

---

① 即齊衰與斬衰。而齊衰又分四等:齊衰三年、齊衰杖期、齊衰不杖期、齊衰三月。可參閱有關"五服"之解釋。齊衰之喪服以粗生麻布製作,衣緣袖口不縫邊,居喪期間服之,以示哀戚。

② 古論作"覓"(音變),象形,冠也,冕也。

③ 《周官·司服》曰:"卿大夫之服,自玄冕而下,如孤之服。士之服,自皮弁而下,如大夫之服。"

④ 《邢疏》。又:《鄉黨》亦記此曰:"見齊衰者,雖狎,必變。見冕者與瞽者,雖褻,必以貌。"

⑤ 《集解》。

⑥ 謝顯道語,參見:《四書困勉錄》。

⑦ 《論衡·恢國篇》。

前(謂夫子之道若可見),忽(速貌)焉在後(精微廣大、極深研幾而難幾及也;隱微而難以恰得其正中也,恰如其分,適得其中;道微而大。此謂夫子之道終不易見)。夫子之施教於我也,循循然(有次序貌①)善誘(誘引以進)人,博我以文(謂六經等先王之墳典道法),約我以禮,使我學也欲罷(止,停止,罷息)②不能;(夫子)既竭吾才力③,又繼之以如(夫子之道有極精微者,瞻忽難體認,不敢必知,不可灼見,故曰“如有”)仍有所立者,卓(超也,絕也,獨也,殊絕也)爾(夫子之道高卓)示於我前,誘引我續以進也;我雖欲從之(從夫子之所立者也),末由也已(以其道高卓而幾不可及,猶若絕於瞻望也)。”此言“夫子既以文章開博我,又以禮節節約我,使我欲罷而不能,已竭我才矣。其有所立,則又卓然不可及,言己雖蒙夫子之善誘,猶不能及夫子之所立。”④斯顏子所以讚歎夫子之道高且美、精微而遠大也。蓋“道也者,萬物之奧,所以變化而凝成萬物,使各終其性命者也。是以仁者見之謂之仁,知者見之謂之知,百姓日用而不知。其為道也屢遷,變動不居,周流六虛,上下無常,剛柔相易,不可為曲要,唯變所適,此則道之權也。知變化之道者,知神之所為,其唯聖人乎? 知進退、存亡而不失其正者,其唯聖人乎? 故孔子曰:‘可與立,未可與權’;‘神而明之,存乎其人’;‘苟非其人,道不虛行’。唯聖人則巽以行權。巽,入也,精義入神以致用。巽,伏也,寂然不動,感而遂通天下之故。所謂‘龍蛇之蟄以存身’,至精者也,至變者也,至神者也,聖人之所以極深而研幾也。”⑤又:斯之謂循序漸進,而為孔子施教之道,顏回問學求道之筌蹄也。

　　“末由也已”者,顏回之謙言也,實則“仰之彌高,鑽之彌堅”,正見顏回“積累歲月,見道彌深也”⑥;“欲罷不能,雖欲從之,末由也

---

①　或曰循循為恂恂,恭順貌,不合文意,不取。參見:《後漢書》趙壹注引鄭注:恂恂,恭順貌。

②　《子罕》:子謂顏淵,曰:“惜乎! 吾見其進也,未見其止也。”

③　可對照“扣其兩端而竭焉”。

④　孔註。參見:《論語正義》。

⑤　姚配中,《經廬文鈔》,參見:《論語正義》。

⑥　《論衡·恢國篇》。

已”，正見顏回之好學不已也。蓋“顏子於博、約之教，服習既久，故舉其所已知者以自明，求其所未知者以自勉。”①顏淵曰：“夫子步亦步，夫子趨亦趨，夫子馳亦馳，夫子既奔逸絕塵，而回瞠若乎後矣！”②“奔逸絕塵，則夫子之‘所立卓爾’也；回瞠若後，則‘欲從’‘莫由’也。惟欲從末由，故仰、鑽既竭，而彌高、彌堅也。‘在前可瞻，而忽焉在後’者，此顏子之未達一間也。然雖欲從莫由，而終是欲罷不能，故夫子又言回‘吾見其進，未見其止矣。’”③子曰：“有顏回者好學，於吾言無所不說”④，“語之而不惰者，其回也與！”⑤惟夫子之道也高深精微矣，而顏回喟然有歎，又愈發精進求道不止也。然則人之求道問學也，必終生鑽仰不息，或方有成也。顏回悟之，故孔子謂顏淵曰：“惜乎回之早死也！吾見其進也，未見其止也。顏回，可謂好學求道不止者矣。”故曰：循循孜孜施教當如孔子，循序漸進而問學求道當如顏淵也。

　　彌高彌堅者，其道不可窮盡，非如有限之高、有形之堅可比也；在前在後者，其道恍惚不可為形象⑥，隱微而難以恰得正中，所謂恰如其分、適得其中也。或論曰：“夫有限之高，雖嵩岱可陵。有形之堅，雖金石可鑽。若乃彌高彌堅，鑽仰不逮，故知絕域之高堅，未可以力至也。馳而不及，待而不至，不行不動，孰焉測其所妙哉？”又曰：“慕聖之道，其殆庶幾。是以欲齊其高，而仰之愈邈；思等其深，而鑽鑿愈堅；尚並其前，而俛仰塵絕，此其所以喟然者也。”⑦

---

①　《論語正義》。

②　《莊子·田子方篇》。

③　《論語正義》。

④　《先進》。

⑤　《子罕》。

⑥　《集解》。

⑦　《皇疏》。

子疾病，子路使門人為臣。病閒，曰："久矣哉！由之行詐也，無臣而為有臣。吾誰欺？欺天乎？且予與其死於臣之手也，無寧死於二三子之手乎？且予縱不得大葬，予死於道路乎？"

子疾病（疾甚曰病），子路使門人為臣。病閒（病少差，病瘳，病差，音兼與見）①，子曰："久矣哉！由之行詐也，（吾）無臣而（由也為我）為有臣。吾誰欺？欺天乎？且予與其死於臣之手也，無寧死於二三子之手乎？且予縱不得大葬，予死於道路乎？"

此蓋魯以幣召孔子，孔子將反魯，而適於道路中得疾。周禮，卿大夫有小臣二人，掌士大夫之弔勞。孔子嘗為大夫，故子路欲使弟子行其臣之禮。孔子疾甚，當時不知，及其病瘳乃知，故斥之，曰子路之有是心，而行此詐僭不禮之事，久矣，非惟今日也，如子路禱於上下神祇亦復如是也。子路其意，以聖人足宜臣，又或以大夫之禮處孔子之弔勞。孔子則曰：吾前雖為大夫，今已去矣，故不當尊以大夫之禮，遑論君卿王臣之類。《王制》云："大夫廢其事，終身不仕，死，以士禮葬之。"則吾不當有臣而為弔勞之事，"人皆知之，不可欺也；而為有臣，則是欺天而已。人而欺天，莫大之罪。（故）引以自歸，其責子路深矣。"②然則子路雖欲尊其師夫子，實不知所以尊之也，已自違道違禮，又置夫子其師於不道不禮之境地，則豈敢受之？故子路此行，適為違道違師也。孔子，倡言王道仁政，守禮法以尊王道，周流天下，正所以率先垂範以衛此道也。今也若倡道而身違，倡禮而僭越，則道禮奚以尊？

_____

① "《文王世子》'旬有二日乃閒'，鄭注：'閒，猶瘳也。'孔疏：'病重之時，病恒在身，無少閒空隙，至瘳乃有空隙。'據此，則閒字讀為去聲固非，讀為安閒之閒亦誤，仍當讀如字。《方言》：南楚病癒者謂之差，或謂之閒。"參見：《論語集釋》。

② 《四書章句集注》。

奚以立？與乎三家專魯而家臣用事，奚異？故責子路，以謂不可效三家欺天爾。

而又退一步申言之。臨終之時事，與其僭用大夫之禮而由乎弟子家臣，毋寧與乎汝二三子之手也。吾與二三子，師弟也，其情誼深厚矣，臨終而告別之，吾願也。吾豈鶩慕虛榮者哉？而竟僭禮虛張聲勢乎？孔子前也責之以道義禮法，此又感格之以情意；前以公義，此以私情；不以私情僭違公義公法，而公義公法之外，自有吾用情之天地；公私分明，重公義而有真情也。又曰："就使我不得以君臣之禮葬，有二三子在，我寧當憂棄於道路乎。"①大葬，君臣禮葬也。則汝之所為，又非必要也。

論曰："大夫之簀，曾子不敢以死。無臣而為有臣，夫子不敢以葬。"②知道違道，何以為道衛道？知禮違禮，何以為禮？知法犯法，何以為法？君子深思志之哉。

或解曰：孔子之罪子路也，"己非人君，子路使門人為臣，非天之心，而妄為之，是欺天也"③。此解則子路或有"聖賢（孔子）自王"之意也。而孔子斥之，知天命不敢僭越也④。且王乃修天爵而人

---

① 《集解》。

② 葉味道，《四書説》（《四書通》引）。

③ 《論衡·感類篇》。

④ 然而漢人亦每謂孔子"自傷不王"，則子路此行，亦並非全無因由也。《論衡·問孔篇》解"鳳鳥不至，河不出圖，吾已矣夫！"曰："自傷不王也。已致太平；太平，則鳳鳥至，河出圖矣。今不得王，故瑞應不至，悲心自傷，故'吾已矣夫'"（此處稍改易其辭）。漢人每持此論，又如《漢書·董仲舒傳》曰：仲舒對策云："孔子曰：'鳳鳥不至，河不出圖，吾已矣夫！'自悲可致此物而身卑賤不得致也。"《漢書·儒林傳》曰："周道既衰，壞於幽、厲，禮樂征伐自諸侯出，陵夷二百餘年而孔子興。衷（或以）聖德遭季世，知言之不用而道不行，乃歎曰：'鳳鳥不至，河不出圖，吾已矣夫！''文王既没，文不在兹乎？'"《周易乾坤鑿度》："仲尼，魯人偶筮其命，得旅，請益於商瞿氏。曰：'子有聖智而無位。'孔子泣而曰：'天也！命也！鳳鳥不來，河無圖至，天命之也。'"轉引自《論語疏證》。然亦有解為"傷時無明王，故己不用也"者："鳳鳥河圖，明王之瑞也；瑞應不至，時無明王；明王不存，己遂不用矣。"參見《潘氏集箋》，轉引自《論語集釋》。

爵隨之之事，如文王然，如古之聖王然，非欺天而僭越也。

子貢曰："有美玉於斯，韞匵而藏諸？求善賈而沽諸？"子曰："沽之哉！沽之哉！我待賈者也。"

子貢曰："有美玉於斯，韞（裹也。謂包裹而後納匵也）匵而藏諸？求（或曰擇，或曰干求。茲取擇）善賈（良賈；或曰價，茲不取）而沽（賣；或曰衒賣，不取）諸？"子曰："沽之哉！沽之哉！我待賈者也。"子貢見夫子難仕（不輕易出仕）不仕，疑其跡近於隱藏，乃所以問之：是處藏而隱之歟？抑或出行而現之歟？"既韞且匵（櫝），猶弓之有韣，劍之有衣，皆在匵之內也"①，深自隱藏於世之狀也。求也，或曰干求，以子貢之賢，當不作是問，則曰擇求，擇其賈之善者而沽之，猶言擇其賢君良君，而出而行道也。孔子重言沽之哉，示沽之不疑也，其意曰欲聘賢良諸侯以急行其道也。然非衒賣，我居而待賈者也，有賢良諸侯，必將求道禮賢，而聘佐王道仁政也。道欲行傳，而非干求爵祿，其分際在此。"君子未嘗不欲仕也，（仕所以行道也），又惡不由其道。士之待禮，猶玉之待賈也。若伊尹之耕於野，伯夷、太公之居於海濱，世無成湯、文王，則終焉而已，必不枉道以從人，衒玉而求售也。"②

論曰："士患立身有瑕，果是美玉，售與不售，於玉何損？求固成玷，藏亦有心，待價（賈）二字，夫子特爲求者下鍼砭耳。其實待亦無心。有心以待，固遠勝於衒玉求售，然一有待心，便非囂囂。用舍安於所遇，行藏一出無心，斯善矣。伊尹、太公，耕莘釣渭，咸囂囂自得，初曷嘗有心待賈？而成湯、西伯並重賈以售。其次若孔明之高臥隆中，不求聞達；康齊之身世兩忘，惟道是資。一則三顧躬邀，一則行人敦迎。王仲淹生乎漢晉聖道陵彝之後，毅然以周孔

---

① 《論語後案》。
② 《四書章句集註》。

自任,豈非一時之傑,間世之玉乎? 乃詣闕自衒,遂成大瑕。其他隨時奔競之徒,本自不玉,本自無價,故人亦不以玉待之,多不言價。昔人謂周之士貴,士自貴也;秦之士賤,士自賤也。士亦奈何不自玉而甘自賤也哉!"①

餘論:善賈即賢君良君也。大道在行之,故孔子善賈而沽,不避小官。

子欲居九夷。或曰:"陋,如之何!"子曰:"君子居之,何陋之有?"

子欲居九夷②。或曰:"陋,如之何!"子曰:"君子居之,何陋之有?"其意曰"九夷所以爲陋者,以無禮義也。君子所居者化,則陋(亦可變化之,而)有泰也"③。

論曰:君子也,正當"推道訓俗,教民禮義",以風化之也。概言之,君子之德風,風化於上下四方,各隨其風力之大小,故君子當好學求道,長其風力,以有行道傳道之德能,而深厚化成之也,斯爲正向有益於世道者矣。雖曰"危邦不入,亂邦不居",不與其危亂之政也,而於其時其地其人其俗也,亦可有所仁德風化之也。在乎其人而已,而君子勉乎哉。

---

① 《反身錄》。

② 有多種解釋:東方九小國;楚之夷;朝鮮;九夷,朝鮮為其一。《説文》:夷從大,大人也。夷俗仁,仁者壽,有君子不死之國。《四書稗疏》:周衰典廢,小國諸侯國介邊徼,憚於盟會征伐之重賦,不能備禮,自降而從夷,則人亦以夷目之。《論語正義》:子欲居九夷,與乘桴浮海,皆謂朝鮮。夫子不見用於中夏,乃欲行道於外域,則以其國有仁賢之化故也。《後漢書·東夷列傳》:"昔箕子違衰殷之運,避地朝鮮。始其國俗未有聞也,及施八條之約,使人知禁,遂乃邑無淫盜,門不夜扃,回頑薄之俗,就寬略之法。行數百千年,故東夷通с柔謹爲風,異乎三方者也。苟政之所暢,則道義存焉。仲尼懷憤,以爲九夷可居。或疑其陋。子曰:'君子居之,何陋之有?'亦徒有以焉爾。"此本前漢《地理志》,而意更顯。

③ 《皇疏》。

論曰:君子欲教化行道也,非隱而無所作為也,孔子乃以用世行道為至要。

或解曰,九夷者,"海外東方有君子國,其人皆衣冠帶劍,好讓不爭"①,"孔子悼(其道)不行,欲乘桴浮於海,而之九夷以居也"②。

子曰:"吾自衛反魯,然後樂正,雅頌各得其所。"

周自幽厲失道,典章文物禮樂瞽史播散四方。魯為周公之後,秉持周之典章文物頗備盛,故周禮遂在魯。然自孔子去魯後③,魯政益亂,而亦禮樂崩壞,詩之篇次雜亂殘缺(樂章),雅頌音律失正(樂音)。魯哀公十一年冬,孔子周流在外十四年後(時年六十八),自衛反魯,自知道終不行,乃欲退而著述,敘列王政大法,以待後世也;又將歷敘詩書禮樂,以資王道仁政之教化(王化),故而參互考證,刪詩書,定禮樂④,"詩三百五篇,孔子皆弦歌之,以求合乎韶武雅頌之音。"⑤所謂"周道始缺,怨刺之詩起;王澤既竭,而詩不能作;王官失業,雅頌相錯,孔子論而定之。"⑥

其正樂(樂章與樂音)也何如? 曰"稽之度數,協之音律",得其中正和平⑦,而樂音得正;"黃鐘以生之,中正以平之"⑧,而鄭衛之音不能亂⑨。

---

① 《翟氏考異》。

② 《論語後案》。

③ 定公十三年春,齊饋女樂,季桓子受之,君臣多日不朝。祭無膰肉,孔子遂行,周遊列國,凡十四年,而道終不行。

④ 樂則與魯太師共商定之也,即《八佾》所云"子語魯大師樂"。

⑤ 《史記·儒林傳》。

⑥ 《漢書·禮樂志》。

⑦ 包慎言,《敏甫文鈔》。

⑧ 楊雄,《法言》。

⑨ 楊雄,《法言》:"中正為雅,多哇為鄭。"

或問：孔子等先王聖賢何爲而作樂重樂？答曰："樂也者，聖人之所樂也，而可以善民心，其感人深，其移風易俗，故先王著其教焉。"①先王"以樂德教國子：中、和、祗、庸、孝、友；以樂語教國子：興、道、諷、誦、言、語；以樂舞教國子舞雲門、大卷、大咸、大磬（sháo，籀文韶，从殷召。《周禮》以爲韶字）、大夏、大濩（hù，散佈，如"聲教佈濩"②）、大武；以六律、六同、五聲、八音、六舞，大合樂以致鬼神示，以和邦國，以諧萬民，以安賓客，以説遠人，以作動物。"③"凡作樂者，所以節樂。君子以謙退爲禮，減損爲樂，樂其如此也。以爲州異國殊，情習不同，故博采風俗，協比聲律，以補短移化，助流政教。天子躬于明堂臨觀，而萬民咸蕩滌邪穢，斟酌飽滿，以飾厥性。故云雅頌之音理而民正，嘄嘄之聲興而士奮，鄭衛之曲動而心淫。及其調和諧合，鳥獸盡感，而況懷五常，含好惡，自然之勢也。"④"是故先王之製禮樂，人爲之節；衰麻哭泣，所以節喪紀也；鐘鼓干戚，所以和安樂也；昏姻冠笄，所以別男女也；射鄉食饗，所以正交接也。禮節民心，樂和民聲，政以行之，刑以防之，禮樂刑政，四達而不悖，則王道備矣。"⑤是故"天子諸侯聽鐘磬未嘗離於庭，卿大夫聽琴瑟之音未嘗離於前，所以養仁義防淫佚也。夫淫佚生於無禮，故聖人耳聞雅頌之音，目視威儀之禮。"⑥"由是言之，樂之雅頌，猶禮之威儀。威儀以養身，雅頌以養心。聲應相保，細大不踰，使人聽之而志意得廣，心氣和平者，皆雅頌也。"⑦"故人不能無樂，樂不能無形，形而不爲道，不能無亂，故製雅頌之聲以道之。《周南》《召南》莫非先王

---

①　《禮記·樂記》。

②　《康熙字典》："大濩，湯樂名。《周禮·春官·大司樂》疏：濩，卽救護也，救護使天下得所也。一作護，亦音獲。"又音 huò，煮。

③　《周禮·春官宗伯下·大司樂》，上古版《周禮注疏》。

④　司馬遷，《史記·樂書》。

⑤　《禮記·樂記》。

⑥　《史記·樂書》。

⑦　包慎言，《敏甫文鈔》。

所製,則莫非雅頌也。非先王所製,而本之性情,稽之度數,協之聲律,不悖於先王者,聖人有取焉。"①樂之音律既正,所以雅頌之詩各得其本所也。故孔子曰:"吾自衛反魯,然後樂正,雅頌各得其所。師摯之始,《關雎》之亂,洋洋乎盈耳哉。"

《史記·孔子世家》載云:"定公時,魯自大夫以下皆僭離於正道,故孔子不仕,退而修詩書禮樂。弟子彌衆,至自遠方,莫不受業焉。……孔子之時,周室微而禮樂廢,詩書缺。追跡三代之禮,序書傳,觀殷夏所損益,曰:'後雖百世可知也。'以一文一質,周監二代,鬱鬱乎文哉,吾從周。故書傳禮記自孔氏。……古者詩三千餘篇,及至孔子,去其重,取可施於禮義三百五篇,孔子皆弦歌之,以求合韶武雅頌之音。禮樂自此可得而述,以備王道,成六藝。"

子曰:"出則事公卿,入則事父兄,喪事不敢不勉,不為酒困,何有於我哉?"

子曰:"出則事公卿,入則事父兄,喪事不敢不勉,不為酒困(亂),何難之有於我哉?"出,為公職公義也,則謹守公事禮法,奉事公卿命令職事,而共襄道集義行政也。入,為家事私情也,居家事親也,則孝親悌兄,用情有禮,親順和睦齊家也。生死喪事為大,内外或有之,則不敢不勉力喪葬,哀敬吊勞,必盡其孝心哀戚禮儀也。不為酒困者,不敢恣肆忘身忘禮義,酗酒致亂也,無論朝廷閨門,公私内外,乃至吉凶賓軍嘉諸禮,吾皆矜持有節,愛身有禮,不為酒亂;縱或有惟酒無量之時,而必不及亂,亂則債事誤國、致親之羞。豈惟此也,其害大矣。吾也有何德能,但為斯四者而已,而何難之有於我哉!

解曰:此章或因當時魯國有人盛讚孔子之佐治,或來孔子處問

---

① 《樂記》,轉引自:《論語集釋》中所引之《包慎言敏甫文鈔》,但經查證原文,《樂記》並無此句,或引用有誤。

政,孔子以此四者答之,意曰:此皆魯人自為之,我無與功也(何有於我哉),而謙讓之,亦所謂聖人無為而治,功成不居、神化無跡也。或解曰:孔子曰,魯國君臣誠能行此四者,則何必一再問於我哉。吾所諫教行政者,但為此四事耳。此則或孔子針對某君某臣之對治之言也。

子在川上,曰:"逝者如斯夫! 不舍晝夜。"

子在川上,曰:"逝(往,逝去)者如斯夫! 不舍(止息)晝夜。"孔子在川水之上,見川流迅邁,未嘗停止,故歎人年往去,亦復如此。向我非今我,則"逝者如斯夫"者也;日月不居,有如流水,則"不舍晝夜"者也。"川流不舍,年逝不停,時已晏矣,而道猶不興,所以憂歎。"[1]而或有欲學者愛惜景光之意[2]:"人非南山,立德立功,俛仰時邁,臨流興懷,能不慨然。聖人以百姓心爲心也。"[3]

《荀子·宥坐篇》曰:孔子觀於東流之水。子貢問於孔子曰:"君子之所以見大水必觀焉者是何(或作"何也")?"孔子曰:"夫水,大徧與諸生而無為也,似德。其流也埤下,裾拘必循其理,似義。其洸洸乎不淈盡,似道。若有決行之,其應佚若聲響,其赴百仞之穀不懼,似勇。主量必平,似法。盈不求概,似正。淖約微達,似察。以出以入,以就鮮潔,似善化。其萬折也必東,似志。是故君子見大水必觀焉。"

或解曰:子在川上,曰:"逝(往,往進)者如斯夫! 不舍(止息;釋;棄)晝夜。"滿而後漸,進修不止,其水乎?[4]《孟子·離婁篇》云:"徐

---

① 孫綽語,《皇疏》。
② 《論語述要》。
③ 江熙語,《皇疏》。
④ 《法言·學問篇》。

子曰：'仲尼亟稱於水曰：水哉水哉。何取於水也？'孟子曰：'源泉混混，不舍晝夜，盈科而後進，放乎四海，有本者如是，是之取爾。'"此"言有本不竭，無本則涸，虛聲過實，君子恥諸。"夫子此語，蓋既贊其不息，且知其有本也①。

　　或解曰：子在川上，曰："逝（往，往進）者如斯夫！不舍（止息；釋；棄）晝夜。"董仲舒曰："水則源泉混混沄沄，晝夜不竭，既似力者。盈科後行，既似持平者。循微赴下，不遺小間，既似察者。循溪穀不迷，或奏萬里而必至，既似知者。障防山而能清淨，既似知命者。不清而入，潔清而出，既似善化者。赴千仞之壑，入而不疑，既似勇者。物皆困於火，而水獨勝之，既似武者。咸得之生，失之而死，既似有德者。"孔子之川歎，蓋此之謂也。②

　　或解曰：子在川上，曰："逝（往，往進）者如斯夫！不舍（止息；釋；棄）晝夜。"朱熹云："天地之化，往者過，來者續，無一息之停，乃道體之本然也。然其可指而易見者莫如川流，故（孔子）於此發以示人，欲學者時時省察而無毫髮之間斷也。"

　　餘論：學道傳道行道，時不我待而當如水流般不舍晝夜，此生命奮鬥不息與生命文化信仰之事也。又可對照"撫髀悲"一語。

子曰："吾未見好德如好色者也。"

　　子曰："吾未見好德（本為好賢，今亦泛指好德）如好色者也。"

　　"好德如好色"，即誠好德也，誠有德也。《大學》曰："所謂誠其意者，毋自欺也。如惡惡臭，如好好色，此之謂自謙。"或曰：斯之所

---

① 　趙歧註，引自《論語正義》。
② 　《春秋繁露·山川頌篇》。

謂德也,謂賢士大夫有德者也,則好德即好賢,即尊賢禮士也。孔子發此語,蓋疾時人厚於色之甚而薄於德也,又有偽飾好德而實不誠者。使誠好德如好色,則棄邪而反正矣①。今則亦泛稱好道德也。論曰:"好好色,惡惡臭,誠也;好德如好色,斯誠好德矣,然(時人)鮮能之。"②若夫偽飾之好德,其為害德,同於不好德之人。故孔子為此下一針砭。

《史記·孔子世家》記此語之由來云:"孔子居衛月餘,靈公與夫人同車,宦者雍渠參乘,出,使孔子為次乘,招搖市過之。孔子曰:'吾未見好德如好色者也。'於是醜之,去衛③。"時在定公十四年。

餘論:好德如好色則寤寐求之,思欲見之得之(比喻見道得道)而不舍晝夜。

子曰:"譬如為山,未成一簣,止,吾止也;譬如平地,雖覆一簣,進,吾往也。"

子曰:"為學為仁由己。譬如為山(如鑿山開道等,或曰積土為山),未成一簣(盛土籠;草器。古文作臾,象形,人背竹筐或草筐形),止,"吾"止也(自止自棄),而前功盡棄(功敗垂成),乃自止自棄,非可諉過於他人也;譬如平地(如填平沼澤地類),雖覆一簣,進,"吾"往也,而加功望成,乃自往自進,得之在我也。""此勸人進於道德也。為山者其功雖已多,未成一籠而中道止者,我不以其(為山者)前功多而善之也,見其(為山者)志不遂,故不與(讚與,讚許)也。平地者將進加功,雖始覆一簣,我不以其(平地者)見功少而薄之也,據其(平地者)

---

① 《史記集解》引李充語。
② 《四書章句集註》引謝氏語。
③ 《史記·孔子世家》。

欲進而與之也。"①為仁由己,止者往者,"我"止"我"往而已。好學求道為仁,進德修業,皆在於我,未可諉過於人也②。

《荀子・勸學篇》曰:"積土成山,風雨興焉;積水成淵,蛟龍生焉;積善成德,而神明自得,聖心備焉。故不積跬步,無以至千里;不積小流,無以成江海。騏驥一躍,不能十步;駑馬十駕,功在不舍。鍥而舍之,朽木不折;鍥而不捨,金石可鏤。"亦斯之謂也。

朱熹曰:"《書》曰:'為山九仞,功虧一簣。'夫子之言,蓋出於此。言山成而但少一簣,其止者,吾自止耳。平地而方覆一簣,其進者,吾自往耳。蓋學者自彊不息,則積少成多;中道而止,則前功盡棄。其止其往,皆在我而不在人也。"③此節以下,皆言顏回,而此節乃興(賦比興之興)也。

餘論:此接不舍晝夜一節,曰求道上進不止。為學為仁在自我立志進取也。或曰亦可離原文而發揮,解為"無可無不可",或用舍行藏之意:知其不可(不義),雖多前功而垂成,亦必止;知其可(合義合道),雖方始於千里之行而前路漫漫,亦必往。配義與道,以定其或止或往也。

子曰:"語之而不惰者,其回也與!"

子曰:"吾(孔子)告語之而其能不惰(懈怠)者,其唯回也與!"不惰者何? 好學求道之志誠也,又於夫子之告語皆能悟證有得,正自欣喜道樂,而顏色怡然,又將躍躍欲試,力行實踐,而愈覺行道體道之自得其悅樂(安定幸福),故不惰也。余人或不能盡解,故乃懈惰於夫子之語④。論曰:"顏子聞夫子之言而心解力行,造次顛沛未

---

① 《集解》。《荀子・宥坐篇》:"孔子曰:'如坻而進,吾與之;如丘而止,吾已之。'"

② 孟子曰:"有為者辟若掘井,掘井九軔(八尺;或曰七尺)而不及泉,猶為棄井也。"參見:《孟子・盡心下》。

③ 《四書章句集注》。

④ 《論語集釋》。

嘗違之，如萬物得時雨之潤，發榮滋長，何有於惰？此輩弟子所不及也。”①或論曰：“唯顏子於夫子之言觸類皆通，非有所問而無不達，卽與言終日，莫不相説以解，所謂‘有如時雨化之者’是也，何惰之有哉？蓋唯顏子而後無不可語，唯語顏子而後無不可盡。所語之中必有最上之理，至善之事，他人所不得知者，而顏子皆悦之不倦，因心以達於行，此其所以獨絶而非（餘子）諸賢之所能也。”②

或解曰：子曰：“吾（孔子）語之而（吾）不惰（惰於語）者，吾其語於回時斯有之也與！”顏子與夫子言，無所不悦解；故夫子與顏子言終日，而語之不惰也③。此何故邪？顏淵當下悟解心證，欣然領會，而語之者亦覺言皆有契應，有冥然幽會、道理相應玄通之樂，故語之不惰。餘人不解，或有對牛彈琴之感，則故或有惰語之時④。

今按：第二解似不甚切，不合孔子“誨人不倦”之素行。然以教學經驗而言，則兩解皆可，第一解即學生聽得進去，聽得入神，聽得津津有味，不會分心走神懈怠；當然，亦因此使得講者語者即教師也講得盡性，而有酣暢淋漓之發揮，可謂因學生之不惰而使教師亦愈發不惰，相得益彰，此則第二解。此節上下文之論述重心主要為孔子感歎贊許顏回，或述二人師弟相與之情誼，就此而言，兩解亦皆可通。古代漢語並未充分分化，故在表達與解説時，本可作兩解乃至多解，故今人讀之，亦不必膠柱鼓瑟，一定要按照現代人的表達和解讀習慣，尋繹出唯一的或單一的意義表達。此讀古書時所

---

① 《四書章句集注》引範氏語。
② 劉開，《論語補注》。
③ 《論語正義》。
④ 《集解》。

甚應注意者。

子謂顏淵，曰："惜乎！ 吾見其進也，未見其止也。"

子謂顏淵，曰："惜乎！ 吾見其進也，未見其止也。"惜乎而悲哉！顏回求道心切，道樂囂囂，而其道德學問也，正自進益未止，方興未艾，本不可限量，難以底止，而竟早死，可痛惜也。

子曰："苗而不秀者有矣夫！ 秀而不實者有矣夫！"

子曰："苗（始生）而不秀（禾成穗，出穎；或曰吐花曰秀）者有矣夫！ 秀而不實者有矣夫！"惜乎吾回也！回也，本來資質稟賦高卓，盛德事業可期，而天不假年，不幸早死，吾（孔子）未得見其假年大成也，竟若秀而不實者然，悲乎！ 孔子所以深所嗟歎悵恨也。此與孔子自云"加我數年"而自傷"鳳鳥不至，河不出圖，吾已矣夫"有同然者也。顏回本自德盛，而孔子曰"秀而不實"，愈見顏回之資質與乎可能之盛德進境也，乃所以見孔子之極高期待，"苗而不秀，千古斯慟"，而實所深許之也。然此亦天也命也，若奈何。修道精進在我而心安而已矣。

或解曰："學者猶種樹也，春玩其華，秋登其實。講論文章，春華也；修身利行，秋實也。"而解此節為戒浮士無行，亦聊備一義耳[1]。

餘論：或曰此節乃承接上節語意而來，蓋言顏回也。

---

[1] 《論語後案》。

子曰："後生可畏，焉知來者之不如今也？四十、五十而無聞焉，斯亦不足畏也已。"

子曰："後生可畏，焉知來者之不如今也？諸生勉乎哉！四十、五十而無聞（德業聞達，聲譽令名，令聞令望，皆是）焉，斯亦不足畏也已。可不怵惕精進哉！"

畏者，愈敬也，敬其人益將大有所為而上進於道德，德業聲聞後來居上乃至於不可限量（無所底止）也，如回，甚乃至於超乎吾回也。不足畏者，難有大作為，恐將如斯而止而已，自恐無足稱者也。人之年少，精力志氣充沛，年富力強，運思力行，正當立志好學求道，而將突飛猛進，德業進境自有廣闊天地而不可限量也；若夫無志因循，玩日愒（音慨）時，乃至玩物喪志、自暴自棄，至於年歲漸長，精力日衰，歲月無多，即欲猛醒發憤，亦恐其有心無力，時不我待，而將進境日漸蹙狹，如斯而已。若夫道德無聞，不能得人敬重，乃至賤視之，則可悲也。故曰少小不努力，老大徒傷悲也。

人願敬人，亦願人敬我，所謂"人願疾沒世而令聞無稱也"。然則人何以敬人敬我？以有德有聞（聞道與德業聲聞）也。何以有德？亦曰後生小子好學求道，力行實踐，推達仁義，積德達道而已。

朱熹曰："孔子以後生年富力強，足以積學而有待，其勢可畏，安知其將來不如我之今日乎？然或不能自勉，至於老而無聞，則不足畏矣。言此以警人，使及時勉學也。曾子曰：'（三十、四十之間而無藝，即無藝矣①。）五十而不以善聞，則不聞矣。'"②後生小子勉乎哉。

論曰：聞道有德，則人敬之。人有德業聲聞，則人愈敬之。故後生小子，正當進德修業，精進不止也。

---

① 《大戴禮·曾子立事篇》。
② 《四書章句集註》。

餘論：或曰此仍是接上幾節之談，孔子意為顏回本來乃後生可畏者，聞道而將盛德不可限量者也。質言之，此言顏回本來可以後來居上，成其盛德，乃孔子所深寄其望者也。

子曰："法語之言，能無從乎？ 改之為貴。巽與之言，能無説乎？ 繹之為貴。説而不繹，從而不改，吾末如之何也已矣。"

子曰："法語之言（正言讜論而告之，循其正法度而直告之），能無從（聽從）乎？ 改之為貴。巽（恭，婉轉、委婉）與（告與，勸導）之言（恭孫謹敬之言，蓋即婉辭微諫幾諫之言也），能無説（悦）乎？ 繹（尋其緒，尋繹其言外微諫之意而順理行之也）之為貴。説而不繹，從而不改，吾末如之何也已（或止）矣。"蓋人若有過，他人或以正言讜論而正色告之，或以婉辭而柔巽微諷之，言者祇此二術，皆所以道義相規也（故不可求全責備於言者）；然則法語之，"人畏義而服，故口不能不順從"；巽與之，人感其恭敬柔婉，故心不能不愉悦[1]；然聽受者非可徒口從心悦，而尤當受教改過，尋繹其正理義則而實行之也。

朱熹曰："法語者，正言之也。巽言者，婉而導之也。繹，尋其緒也。法言人所敬憚，故必從，然不改，則面從而已。巽言（委婉隱微其辭），無所乖忤，故必説，然不繹，（而忽略其勸諫之深意、言外之意），則又不足以知其微意之所在也。"[2]若夫説而不繹，從而不改，誠無求道之心者，吾末如之何也已矣[3]。此言"懼之而不恐，説之而不聽，雖有聖人，亦無可若何矣。"[4]聞此語者，亦足以自戒之矣。

---

① 參閱《論語正義》。
② 《四書章句集注》。
③ 或句讀為：吾末如之何也，而已（止）矣。意曰其人自無志，故不再教誨之。
④ 《大戴禮記・曾子立事篇》。

或曰此接上節：何以四十五十而有聞？亦曰好學實行、虛心受教、悅繹改過而已矣。

子曰："主忠信，毋友不如己者，過則勿憚改。"

子曰："主（友，交友）忠信（忠信之人，忠信之友），毋友（德）不如（如，或類）己者，過則勿憚改。"①蓋忠信之人，乃能相交以道，正言讜論，理義相規，故吾或有過，則其或法語之（"我"），或巽與之（"我"），要皆在忠信愛"我"而已。故吾人當主友此忠信之人，聞過則改，所以取友之道也。

子曰："三軍可奪帥也，匹夫不可奪志也。"

子曰："三軍可奪（奪取；或曰脫，不取）帥（將帥；或曰佩巾，不取）也，匹夫不可奪志也。""三軍雖眾，人心不一，則其將帥可奪而取之。匹夫雖微，苟守其志，不可得而奪也。"②又："三軍之帥，以人為衛，故遇彊敵可覆而取之；匹夫守志，志有一定，不可得而奪也。"③"如可奪，則亦不足謂之志矣。"④"可奪者所主在人，不可奪者所主在我。"⑤故子曰："言有物而行有格也，是以生則不可奪志，死則不可奪名。"⑥"身可危也，而志不可奪也"⑦，此之謂也。

論曰：誠有志者，其志豈可奪？！可奪者，非其誠志也。為學求

---

① 參見《學而》之廣辭。
② 《集解》。
③ 鄭註。
④ 《四書章句集注》。
⑤ 《論語意原》。
⑥ 《禮記‧緇衣》。
⑦ 《禮記‧儒行》。

道祇在乎我，在乎我之志誠艱卓也。《禮記·儒行》曰："儒有今人與居，古人與稽；今世行之，後世以為楷；適弗逢世，上弗援，下弗推，讒諂之民，有比党而危之者，身可危也，而志不可奪也。"亦斯之謂也。

或論曰：此又可謂"有聞"之法門：一往無前，而後或可有聞。為學在立志有志也；既無志，又不立志，恐難成立矣。孟子云："雖千萬人，吾往矣。"蓋亦從此出。

子曰："衣敝緼袍，與衣狐貉者立，而不恥者，其由也與？'不忮不求，何用不臧？'"子路終身誦之。子曰："是道也，何足以臧？"

　　子曰："衣敝緼（緼，枲著也①。敝緼，舊絮亂絲）袍，與衣狐貉者立，而不恥者，其由也與？'不忮（害）不求（貪），何用不臧（善）？'"子路終身誦之。子曰："是道也，何足以臧？"

　　無求道之心志，或未曾聞道修道入道之凡俗，精神不能自立，道德無以自充，意志難能安定，則每見其隨時俗流轉，不能自已，故或羨富而忘慕德，恥貧而忘自尊，不能安重於道，自輕自賤，雜念紛亂，而為外緣外物牽動心神，失其魂魄也。故子曰："士志於道，而恥惡衣惡食者，未足與議也。"②子路則有求道上進之心，一心慕道而蕭然物外，中心有定而外緣難趁，可謂一心純然不亂，而身心合一者也，豈以名利得失、貧富奢慳為意哉？唯其毫不為意，故唯囂囂自在而已——今曰毫無心理能量損耗者也。故孔子引《詩·邶風·雄雉》美之："忮者，嫉人之有而欲害之也。求者，恥己之無而欲取之也。是皆為外物之所累者也。能於外物一無所累焉，則何往而不善哉。"③意曰："夫

----

①　枲，音喜，枲麻，泛指麻，麻類植物之纖維。
②　《論語·里仁》。
③　《四書纂疏》。

恥己之無而恨人之有則忮，恥己之無而羨人之有則求，天下祇此兩類矣。而苟不之，何所爲而不善。《邶風‧雄雉》之篇可爲子路美也。"①子路聞孔子教誨許可，歡喜之，引以為座右銘，終身誦之。孔子復激勵之：不忮不求，斯亦一道也，然"尚復有美於是者，何足以爲善"②，勉其不當以此自滿（自足），而當繼長精進而勉力登堂入室也。或曰，此徒消極道德耳，猶當有積極行道之事也。

子曰："歲寒，然後知松柏之後雕也。"

子曰："（不忮不求，斯亦一道，然素日持守小道也，何足以臧，何足以為大道！大道，出處行藏，風霜勁節，為仁推達，治亂無改，顛沛造次必是，身死而後已者也。故曰：）歲寒，然後知松柏之後雕也。"所謂"士窮見節義，世亂識忠臣"③，"大寒之歲，眾木皆死，然後知松柏之少凋傷。平歲，則眾木亦有不死者，故須歲寒而後別之。喻凡人處治世，亦能自修整，與君子同；在濁世，然後知君子之正，不苟容也。"④

《莊子‧讓王篇》曰："孔子窮於陳蔡之間，七日不火食，藜羹不糝（同糂，sǎn，飯粒，煮熟之米粒；shēn，穀類製成之小渣），顏色甚憊，而弦歌於室。孔子曰：'君子通於道之謂通，窮於道之謂窮。今丘抱仁義之道以遭亂世之患，其何窮之為！故內省而不窮於道，臨難而不失其德，天寒既至，霜雪既降，吾是以知松柏之茂也。陳蔡之隘，於丘其幸乎！'孔子削然反琴而弦歌，子路扢然執幹而舞。"斯為此節之註解也。

論曰："此欲明君子德性與小人異也，故以松柏匹於君子，眾木偶乎小人矣。言君子小人若同居聖世，君子性本自善，小人服

----

① 《論語傳注》。
② 《集解》。
③ 《四書章句集注》。
④ 《集解》。

從教化，是君子小人並不爲惡，故堯舜之民，比屋可封，如松柏與
眾木同處春夏，松柏有心，故木翁鬱，眾木從時，亦盡其茂美者
也。若至無道之主，君子秉性無回，故不爲惡，而小人無復忌憚，
卽隨世變改，桀紂之民，比屋可誅，譬如松柏眾木同在秋冬，松柏
不改柯易葉，眾木枯零先盡。……然後知松柏後凋者，後非俱時
之目，凋非枯死之名。言大寒之後，松柏形小凋衰，而心性猶存，
如君子之人，遭值積惡，外逼闇世，不得不遜跡隨時，是小凋矣；
而性猶不變，如松柏也。（又引琳公云：）夫歲寒別木，遭困別士。
寒嚴霜降，知松柏之後凋，謂異凡木也。遭亂世，小人自變，君子
不改其操也。"①

《反身錄》曰："問：歲寒然後知松柏固矣，當其未寒時，亦可以
先知其爲松柏乎？曰：居鄉不苟同流俗，立朝則清正不阿，亭亭物
表者是也。知而重之培之，可賴其用。若必待歲寒然後知之，亦惟
知其不彫之節而已，不究於用，雖知何益。又曰：漢唐宋明之末，非
無松柏正人，在野則逸遺而不知收用，致其老於窮途；在朝則建白
不采，多所擯斥，乃值變故，徒成就了忠臣義士之節。至此雖知某
也義、某也忠，亦已晚矣，嗟何及矣。故士而以節義見，臣而以忠烈
顯，非有國者之幸也。興言及此，於焉三歎。"

《論語稽》曰："治平之世，小人祿位或過君子。及國家多事，内
憂外患。交乘疊起，小人非畏禍規避，卽臨事失宜；唯君子能守正
不阿，鞠躬盡瘁，其節操乃見。譬之春夏之交，桃穠李郁，較松柏之
堅勁者，尤足悅目賞心；及至霜雪交加，百卉枯落，而所謂穠鬱者不
知何往，惟有此堅心勁節，足以支持殘局，重待陽和，然後知其秉性
固自不同也。"

君子之求行其道也，滄海橫流，猶不失我本色，而知其不可為
而為之而已。此蓋陳蔡絕糧、子路慍見、匡人止拘時，孔子當時自

---

① 《皇疏》。

言如此也。《衛靈公》記曰:衛靈公問陳(陣)於孔子。孔子對曰:
"俎豆之事,則嘗聞之矣;軍旅之事,未之學也。"明日遂行。在陳絶
糧,從者病,莫能興。子路愠見曰:"君子亦有窮乎?"子曰:"君子固
窮,小人窮斯濫矣。"

子曰:"知者不惑,仁者不憂,勇者不懼。"

子曰:"知者不惑,仁者不憂,勇者不懼。"智者能辨物明理,知
所權衡抉擇於道義理勢,故不惑。仁者性仁忠恕,與人為善,平生
無愧無歉於人,而安於仁,不改其樂,故不憂[1]。勇者義勇而勇義,
義以養勇,勇以就義衛義也;"見義而爲,不畏強禦,氣足以配道義,
故不懼也"[2]。我之生氣其在道與義也,道義在我則生,逆違道義
則萎靡,故道義堅則志氣充,骨鯁在喉而必發之,以伸我志氣也,則
志氣舒展充滿而神清氣朗。總言之,智者辨明道義理勢而權衡依
正抉擇之,仁者守之,勇者行之,何用不臧!孔子於陳蔡絶糧、匡難
拘止之際,猶能蕭然自安天命,以此也。又曰:"松柏之後雕於歲
寒",亦以此也。

論曰:"仁者克己愛人,於一己化侮奪之心,爲一世消忌欺之
術,道路皆蕩平,自無崎嶇偪側之憂也。董子《繁露》曰:仁者憯怛
愛人,謹翕不爭,好惡敦倫,無傷惡之心,無隱忌之志,無嫉妒之氣,
無感愁之慾,無險詖之事,無避違之行,故其心舒,其志平,其氣和,
其慾節,其事易,其行道。"[3]而無憂也。

---

　①　孟子則言:有終身之憂,無一朝之患。可參看《孟子·離婁下》(8.28),則知仁
者何以不憂(之理),而又以悟道矣。

　②　以上綜合《皇疏》與《集注》。

　③　《論語後案》。

子曰："可與共學,未可與適道;可與適道,未可與立;可與立,未可與權。"

子曰："可與共學,未可與適道;可與適道,未可與立;可與立,未可與權。"

論曰:共學,所謂博學文藝也(博文),然或縈情利祿名聲,或徒為器藝之學,或徒見小道異端(致遠而泥),不能見識仁義大道,故曰未可與適道。心志於道學,而徒辭章記誦,不能踐履居由(居仁由義),體道深切,內化於己,顛沛造次必行不違,"由仁义行,非行仁义"①,則亦不能自立於禮義大道;立則守也,立身守身、守道守經之謂。然能自立禮義,一事立於一事之理義,守道不回,然硁硁株守,於諸事之理義之分際,不識大小本末先後(如孟子所謂"急先務"),不知變易之理,不知權量輕重而通變之(權即別輕重②),則是不知權變反經(回復正經常道)之道也。或曰:"蓋同一所學之事,試問何為而學,其志有去道甚遠者矣,求利祿聲名者是也。道責於身,不使差謬,而觀其守道能不見奪者寡矣,故未可與立。守道卓然,知常而不知變,由精義未深,所以增益其心志之明,使全乎聖智者未之盡也,故未可與權。"③或"問權。曰:且先學立(立於常經禮義),(正常時)能立(於常經而不違逆,)而後可以言(非常時之)權(變合道義)也。問立。曰:道(理)明而後能立(能守),然必平日學無他岐,惟道是適,務使心之所存,念之所發,一言一動,必合乎道,造次顛沛不變所守,始也勉強,久則自然,富貴貧賤一視,生死患難如常,便是立。學至於能立,斯意定理明

---

① 《孟子・離婁下》(8.19)。
② 如孟子之答任人"禮与食孰重?""色与禮孰重?"之言即是別其輕重也。參見《孟子・告子下》。
③ 戴震,《孟子字義疏證》。

而可與權矣。蓋天下有一定不易之理，而無一定不易之事，惟意定理明之人，始能就事審幾，惟理是從。孟子謂‘權然後知輕重’，夫輕重靡定，從而權之，則必有極重者，吾從其極重者之謂權，是權之所在，卽道之所在也。《易傳序》謂‘隨時變易以從道’，《中庸》謂‘君子而時中’，皆能權之謂也，則權非義精仁熟者不能。彼藉口識時達變而行權者，皆小人而無忌憚者也。喪心失身，莫此爲甚，可惜也夫！可戒也夫！”①質言之，正常之時事，則必立於常道常經即禮義也，非常之時事，乃或不得不以道義權衡其輕重而變通之，權衡變通而仍當合於道義也。質言之，先守常經常道而後或有非常之權，而仍當合道。故知“權最難言，未能有守（常經常義）而言權（變非常），鮮有不背道者。孔子曰‘未可與權’，誠難之也。但權有大小，小事之權，或人人能與，如‘嫂溺，援之以手’之類，大者則非化之不能。大抵天下之事，事事有經，既有定經，不必言權，學者守之而已。經至兩窮處，或先王製禮所不及到處，然後不得不權以通之，能權須是精義入神，權所以善其經也。”②故曰：“權之於稱也，隨物之輕重以轉移之，得其平而止。……故變而不失常，權而後經正。”③又論曰：“經傳言權有二義。孟子言‘權然後知輕重’，言‘執中無權’，此權賅常變言也。言嫂溺援手，以權對‘經’言也。此以權對‘立’，亦以權衡事變而言。凡事勢至於不能兩全，審其至重者而爲之，是謂之權。立者，事有一是一非，而能固守其一是也。權則審度於兩是不竝存之時，而取其至重者也。孟子言執一無權之舉一廢百，謂舉輕而舍其重者。能權則舉百而廢一，其廢者迫於不得已，而舉者重矣。”④

---

① 《反身錄》。
② 《四書詮義》。
③ 焦循，《説權》。
④ 《論語後案》。

　　然漢人公羊家又言"權"乃"反經"："權者何？權者，反乎經者也。反乎經然後有善也。"①此則別諸經義道義之輕重而或暫反此經(小義或義之小者)以就彼經(大義或義之大者)，而終仍合於善也。如孟子所引"援溺嫂以手"②，雖反"男女授受不親"之經義或禮之輕者，而就全"仁者愛人救嫂"之經義或禮之大者，而終是合於善也。然則此種反經何以權？權有道乎？則曰"勢不得不然也，此權之所設也"③；"權之所設，捨死亡無所設。行權有道，自貶損以行權，不害人以行權。殺人以自生，亡人以自存，君子不為也。"④故曰權亦難也(不可輕率詭詐而權)，又曰唯聖人能權，"權者，聖人之所獨見也。故忤而後合者，謂之知權；合而後舛者，謂之不知權。不知權者，善反醜也。"⑤孟子亦極嚴權之分際，如曰伊尹權而放太甲，臣放君，乃反經而權也，然則孰能權？聖人如伊尹者乃能權，"有伊尹之志則可，無伊尹之志則篡"⑥，為奸臣賊子也。故極嚴其權，曰權難也。

　　然則權有多義⑦。"權"者，對"經"(常)言，則非常之權變也，

---

　　①　《公羊傳》："權者何？權者，反乎經者也。反乎經然後有善也。"

　　②　《孟子·離婁上》(7.17)。

　　③　《淮南子·氾論訓》："夫君臣之接，屈膝卑拜，以相尊禮也。至其迫於患也，則舉足蹴其體，天下莫能非也。是故忠之所在，禮不足以難之也。孝子之事親，和顏卑體，奉帶運履。至其溺也，則捽其發而拯，非敢驕侮，以救其死也。故溺則捽父，祝則名君，勢不得不然也，此權之所設也。故孔子曰：'可以共學矣，而未可以適道也。可與適道，未可以立也。可以立，未可與權。'權者，聖人之所獨見也。故忤而後合者，謂之知權；合而後舛者，謂之不知權。不知權者，善反醜也。"此章多說變法之意。

　　④　《公羊傳·桓公十一年》。現代法律每有緊急避險等規定，與此類似，可比較參悟之。

　　⑤　《淮南子·氾論訓》。

　　⑥　《孟子·盡心上》(13.31)。《韓詩外傳卷二》亦記曰：高子問於孟子曰："夫嫁娶者，非己所自親也，衛女何以得編於詩也？"孟子曰："有衛女之志則可，無衛女之志則怠。若伊尹於太甲，有伊尹之志則可，無伊尹之志則篡。夫道二：**常之謂經，變之謂權，懷其常道，而挾其變權，乃得為賢**。夫衛女，行中孝，慮中聖，權如之何？"《詩》曰："既不我嘉，不能旋反。視爾不臧，我思不遠。"

　　⑦　可對照其他章節之廣辭。《子罕》：子曰："吾有知乎哉？無知也。有鄙夫問於我，空空如也，我叩其兩端而竭焉。"

又曰“反經”也(公羊家言)；對“立”言，則於諸事諸理義之間衡量而審擇之也。“權”者，又有“偏其反而”、“反經而權”、“思者當思其反”之意也；“扣其兩端而用中”之意也①；又用中之意也，“權祇是中字。權，稱錘也。古人遇事必量度以取中，故借權以爲言。孟子云：‘權然後知輕重’是也。既知輕重，則中自出，故曰權而得中，是乃禮也。”②又權衡而“時中”之意也，“權即聖之時字，非專以伊周放君、復辟爲等例也。事事有權，時時有權，惟聖人信手拈來，恰好爲難耳”③。故今曰：權者，思考擇義之方法也④。思反、反經、執其兩端、用中、時中、權宜合義等，皆所以權，所以成聖，所以神化(神明變化)，所以通變之方法也。王弼云：“權者，道之變。變無常體，神而明之，存乎其人，不可豫設，尤至難者也。”⑤“洪氏曰：‘《易》九卦終於巽以行權，權者，聖人之大用。未能立而言權，猶人未能立而欲行，鮮不僕矣。’程子曰：‘漢儒以反經合道爲權，故有權變、權術之論，皆非也。權只是經也，自漢以下無人識權字。’”⑥

　　或論曰：聖人仁智，仁則公正，智則或思或叩而皆能盡其事之始終本末善惡正反諸端，故執中能權。至於凡俗，雖欲執中有權，或仁

---

① 此強調其作爲思想方法之價值，即強調思想方法(方法論)。下文“用中之意”則強調“取其中”，強調價值原則本身(價值論)。故分列之。實則兩者乃爲一事。

② 陸世儀，《思辨錄》。

③ 《四書近指》。

④ 《論語稽求篇》：“思者當思其反，反是不思，所以爲遠，能思其反，何遠之有？蓋行權即所以自立，而反經正所以合道，權進於立，非權不可立也。權者，反經之謂也，六季儒説相似不改，惟唐陸贊《論替換李楚高琳狀》有云：‘權之爲義，取類權衡。衡者，秤也。權者，錘也。故權在于衡，則物之多少可准。權施於事，則義之輕重不差。若以反道爲權，以任數爲智，歷代之所以多喪亂而長姦邪，由此誤也。’此不過一時一人有爲之言。據贊本論以權衡立義，亦正是相反之物。衡者，平也。錘者，垂重之器也。然不垂重，則衡不得平。衡者，正也。錘者，偏掎之物也。然不偏掎，則衡不得正。謂垂重偏掎所以求平正則可也，謂錘即平正，非垂重偏掎之物則不可也。若謂權即是經，是錘即衡矣。”參見：《論語集釋》。

⑤ 《皇疏》。

⑥ 《四書章句集注》。

智有所不足而難自知也,故又當辯,眾辯而後盡諸端,超一己仁智之所短欠,而後能執中有權也。此權,權於眾庶兆民,各盡其仁智消息,然後得其中正。然則辯亦有法,非謂人多勢眾、聲高有理,荀子曰:"以仁心說,以學心聽,以公心辯。"①可謂得之。仁心、公心,其心志也,必也正善為仁為公(又或為真)而誠而正,所謂空空如也無成見,悾悾如也而誠愨於中理;學(又思)、說、聽、辯,其法術也,即此之所謂扣其兩端、扣問鳴應、窮理竭義、充類至義、格致窮究等皆是也。故曰:"空空如也,扣其兩端而竭焉"(兩端、四隅、舉一反三、聞一知十云云,皆類此,而為儒門思想方法,中庸亦同時是一種思想方法),此即儒家孔門之思問求道之方法(今曰思想方法),亦即用中之道術法門,即中庸也。又曰正名(術),今日辯論術、邏輯學、知識論、演繹推理證明云云也②。

　　或解曰:"適,之也。道,仁義之善道。立,立德、立功、立言。權,因事制宜,權量輕重,無常形勢,能合醜反善,合於宜適,故聖人獨見之也。"③

　　又或解曰:"適,之也。雖學或得異端,未必能之道也;雖能之道,未必能有所成立也;雖能有所立,未必能權量其輕重之極也。"④《法言-問道篇》云:'或問道。曰:道也者,通也,無不通也。或曰:可以適他與? 曰:適堯舜文王者爲正道,非堯舜文王者爲他道。君子正而不他,塗雖曲而通諸夏則由諸,川雖曲而通諸海則由諸。''(所謂)他,異端也。諸子之異端若能自通於聖人之道亦可也。''雖學或得異端,(即)適他也。'"⑤

────────────

　　①　《荀子・正名篇》。
　　②　可對照其他章節之廣羲。《子罕》:子曰:"吾有知乎哉? 無知也。有鄙夫問於我,空空如也,我叩其兩端而竭焉。"
　　③　《淮南子・氾論訓》。
　　④　《集解》。
　　⑤　《論語補疏》。

又或解曰："説者疑於經不可反,夫經者,法也。法久不變則弊生,故反其法以通之。不變則不善,故反而後有善;不變則道不順,故反而後至於大順。"①

又或疑為:子曰:"可與共學,未可與立;可與立,未可與適道,可與適道,未可與權。"

或論曰:此或接上節,對比顏回而為批評仲由不能權。可以權,則(可作)聖也、神(化)也、通(變)也、時也……孔子期之於子路等弟子也大矣。

又或論曰:此言子路不知權定"不忮(害)不求(貪),何用不臧"之詩義詩指也。後文言"偏其反而"即謂前文批評"不忮(害)不求(貪),何用不臧"之"何足以臧",意為當進而上進求道,不可自足其德。應忮應求,忮求一人之有大道盛德也,可謂是"偏其反而"或"反經而權"之意也,亦是"思者當思其反"之意。此即思考之方法,亦即《子罕上》孔子所言之"扣其兩端而竭也"之意,思反、反經、執其兩端、用中等,皆所以權,所以成聖,所以神化(神明變化),所以通變之方法也,孔子以之教子路,可惜子路不會不解,而辯解之,此境地惟顏回能至能領悟也,故曰"語之而不惰者,其回也與",孔顏師弟道契相得之狀,躍然紙上矣。

"唐棣之華,偏其反而。豈不爾思?室是遠而。"子曰:"未之思也,夫何遠之有?"

(子曰:"可與共學,未可與適道;可與適道,未可與立;可與立,未可與權。"或曰(或作:子路有難色,曰):"權亦難也,")唐棣(白棣樹,即今小桃白,其樹高七八尺,其華初開反背,終乃合併)之華(花),偏其反而。

---

①　焦循,《説權》。

豈不爾（指權以反經合道，權而神化通明為聖之境界）思？室（堂室，登堂入室之室；其境地、境界）是遠（高遠難至）而。”子曰：“未之思（思即扣其兩端而竭焉，思而權也；志之，立志，志向之，志欲之）也，夫何遠之有？”

　　子路或某弟子曰：“吾豈不欲達於權變神化之聖人境界，然亦難也。夫子所謂權也，如唐棣之華，偏其初也反向而開（其華初開反背，終乃合併），不類常花常事也。猶如斷事，本當斷之以常經常義，今乃竟曰或當反經，而偏離其常經常義（如棠棣之華異常反向開放，不類於平常花之正向開放），乃覺違逆道義（包括禮義）正經、（諸義諸禮）自相矛盾、扞格不下，故弟子滋惑也。奚以惑？曰何時何事當守經合道，何時何事當反經合道，何以權衡諸義諸禮之衝突，未知其所以權之定則，故覺難也。吾豈不欲反經合道，而登堂入室，而至於神化通明之聖人境地？唯覺其（權法，權變神化之法）依違無定、恍惚難測、境地深遠而難至也。以斯而歎之①。”回曰：‘仰之彌高，鑽之彌堅；瞻之在前，忽焉在後。雖欲從之，末由也已。’②或亦斯之謂也。權亦難哉！難哉？子曰：“難乎哉，亦不難也。未之思也，夫思之得其道，則何遠之有？”思者，志也，志欲之，盡心竭思之也。何以思權之（思之權之之道）？亦曰扣其兩端而竭焉，似暫反而實終合，而用中合道，而時中也。然後能權，而神明變化之也。何謂“扣其兩端而竭焉”？亦曰“充類至義之盡”也，“義之盡”即“極其端（兩端乃至多端）”也，然後執其兩端而用中，此亦權之一法也。

　　故曰：權者，一種思想方法也，多方尋思推求，不遺一事一義

---

　　①　今人讀《論語》，讀《春秋》（三傳），亦往往有是惑。何謂邪？每見孔子此一言、彼一語也，此一事，彼一事也，各有道理分說，而或覺自相扞格矛盾，或覺依違無定，故每滋疑惑，不知所從也。若夫讀現代西方哲學著作等，則不然，自有概念界定、邏輯推理分析，而得一確定清晰之規範或理則、規律，而自可以之推行運用之所有類似之事象。兩相比照，故有惑也。

　　②　《子罕》：顏淵喟然歎曰：“仰之彌高，鑽之彌堅；瞻之在前，忽焉在後。夫子循循然善誘人，博我以文，約我以禮。欲罷不能，既竭吾才，如有所立卓爾。雖欲從之，末由也已。”

(諸善、諸義、諸禮、諸事、諸因素、諸變數等，又如所謂"不可通約之諸善"云云，而皆列舉之，而後權之)，盡心竭窮之，列舉之，乃至扣其兩端而暫反之，然後比較權衡於大義大道，正反推求，反復權衡推移如秤平然，終至於平(公平、平正等)而宜，斯得之矣。或曰西人有言"權之以總體利益功利者"(功利主義)，此又執一無權者也。權，非執一也，乃竭窮其多而後權之以輕重次序也，非棄多而執一也。常事易事但守常經常法而已；至於治天下國家之大道大事，亦曰當常守常經常法，而又千事萬機，千頭萬緒，萬端糾纏，而固當理次序，急先務，故或多有權衡之處，而權之也，權之以合大道。然其權也，亦曰一事一時而權之，非執一也，故曰神明變化莫測，而皆合於大道，唯聖人智者能之。

論曰：或謂"權乃反經"①，反謂暫反以思權，而終必合道乃定行也。然愚謂此"反"也，或謂"返"，返於經即合於經義或合於大道，非謂必乃違反常經大道也。"權之為義，取類權衡。衡者，秤也。權者，錘也。故權在於衡，則物之多少可准。權施於事，則義之輕重不差。若以反道為權，以任數為智，歷代之所以多喪亂而長姦邪，由此誤也。②……以權衡立義，亦正是相反之物。衡者，平也。錘者，垂重之器也。然不垂重，則衡不得平。衡者，正也。錘者，偏掎之物也。然不偏掎，則衡不得正。謂垂重偏掎所以求平正則可也，謂錘即平正，非垂重偏掎之物則不可也。若謂權即是經，是錘即衡矣。"③觀秤之衡錘垂重偏掎而平宜之象，可知權之方也，君子識之。然又或解曰：反經者，反乎經然後有善也④，則此亦可視為思想文化

---

① 《公羊傳》："權者何？權者，反乎經者也。反乎經然後有善也。"

② 陸贄，《論替換李楚高琳狀》。

③ 《論語稽求篇》。然"王符《潛夫論》有云：'夫長短大小，清濁疾徐，必相應也。然攻玉以石，洗金以鹽，濯錦以魚，浣布以灰，夫物固有以賤理貴，以醜化好者矣。智者棄短而取長，則才可致。賢者激濁以見清，則士可用。孔子曰：'未之思也，夫何遠之有？''此正以貴賤、好醜、長短、清濁相反而實相成處見思反之意。"此解則不敢苟同。

④ 《公羊傳》。

進化之一法。然此蓋公羊家之説而已，未必是孔子原意。故姑存之而已。

或曰：聖人仁智，仁則公正，智則或思或叩而皆能盡其事之始終本末善惡正反諸端，故執中能權。至於凡俗，雖欲執中有權，或仁智有所不足而難自知也，故又當辯，眾辯而後盡諸端，超一己仁智之所短，而後能執中有權也。此權，權於眾庶兆民，各盡其仁智消息，然後得其中正。然則辯亦有法，非謂人多勢眾、聲高有理，荀子曰：“以仁心説，以學心聽，以公心辯。”①可謂得之。

或解曰：“（‘唐棣之華，偏其反而。豈不爾思？室是遠而’，此）逸詩也。唐棣，（此謂）白棣樹（原作栘，誤）也，華反而後合。賦此詩者，以言權道反而後至於大順也。思其人而不得見者，其室遠也，以言思權而不得見者，其道遠。夫思者當思其反（返），反是不思，所以爲遠也。能思其反，何遠之有？言權可知，惟不知思耳，思之有次序，斯可知矣。”②

又或解曰：“《詩傳》：‘《唐棣》，思賢也。’既刪之後，詩尚未逸，唯毛傳失傳耳。既爲思賢之詩，則子曰：‘未之思也’，亦言其好賢之未誠。‘夫何遠之有’，言思之誠而賢者自至耳。義既大明，則漢人以偏反爲反經合權之邪説不攻而破矣。”③此亦可備一説。然又或解曰：“何解以此連上爲一章，北宋諸儒多從之。蘇子瞻以詩爲思賢不得之辭，別分一章。據《潛夫論·實貢篇》：‘孔子曰：“未之思也，夫何遠之有？”忠良之吏，誠易得也，顧聖王欲之不爾。’是王節信之意，以此詩傷賢人之難見也。唐棣之花，先開後合，偏與凡華相反，比賢者之先散處，與眾不同。與上當別爲一章也。”④又可備一説。

---

① 《荀子·正名篇》。

② 《集解》。

③ 《四書稗疏》。

④ 《論語後案》。

又或（此解不切，可不取）解曰：“唐棣，郁李也。偏，《晉書》作翩，然則反，亦當與翻同，言華之搖動也。而，語助也。此逸詩也，於六義屬興，上兩句無意義，但以起下兩句之辭耳。其所謂爾，亦不知其何所指也。夫子借其言而反之，蓋前篇‘仁遠乎哉’之意。程子曰：‘聖人未嘗言易以驕人之志，亦未嘗言難以阻人之進，但曰：“未之思也，夫何遠之有？”此言極有涵蓄，意思深遠。’”①

餘論：此（“唐棣之華，偏其反而。豈不爾思？室是遠而”）或為子路語，自辯解；然亦可是孔子引此詩，後又自解之，以此教解子路等弟子。質言之，最後一句接上節，批評子路之自辯。則此上數節全在説子路，或以子路為“藉口”而説教論道也。

總論：此一章中，如：子曰：“譬如為山，未成一簣，止，吾止也；譬如平地，雖覆一簣，進，吾往也。”//子曰：“語之而不惰者，其回也與！”//子謂顏淵，曰：“惜乎！吾見其進也，未見其止也。”//子曰：“苗而不秀者有矣夫！秀而不實者有矣夫！”以上數節，蓋皆為顏淵而發。如：子曰：“法語之言，能無從乎？改之為貴。巽與之言，能無説乎？繹之為貴。説而不繹，從而不改，吾末如之何也已矣。”//子曰：“主忠信，毋友不如己者，過則勿憚改。”//子曰：“三軍可奪帥也，匹夫不可奪志也。”//子曰：“衣敝縕袍，與衣狐貉者立，而不恥者，其由也與？‘不忮不求，何用不臧？’”子路終身誦之。子曰：“是道也，何足以臧？”//子曰：“歲寒，然後知松柏之後雕也。”//子曰：“知者不惑，仁者不憂，勇者不懼。”//子曰：“可與共學，未可與適道；可與適道，未可與立；可與立，未可與權。”//“唐棣之華，偏其反而。豈不爾思？室是遠而。”子曰：“未之思也，夫何遠之有？”以上數節，蓋皆為子路發也，而以“子曰：‘後生可畏，焉知來者之不如今也？四十、五十而無聞焉，斯亦不足畏也已。’”一節為之轉折，此節之前，皆言顏淵，此節之後，皆言子路，而有所期待之也。

---

① 《四書章句集注》。

鄉黨第十

孔子於鄉黨，恂恂如也，似不能言者。其在宗廟朝廷，便便言，唯謹爾。

孔子於鄉黨（即陬邑闕裏；或曰指鄉黨之人），恂恂（xún，信實溫恭之貌，恭順貌，謙卑巽順貌，信實貌）如也，似不能言者。其在宗廟朝廷，便便（pián，辯貌；或曰閒雅）言，唯謹（又敬謹）爾。

鄉黨，父兄宗族鄰里之所在，多父兄長者親友，又多情意也；鄉黨或敬我賢能多識，我不敢以賢智先人也，故與之交也，溫恭悌順，謙卑巽順，自卑以尊人；與之言也，唯諾而讓，先辭而後言，不敢自是自專，而似不能言者也。宗廟朝廷，宗廟禮法、天下邦國道義公事之所在（如助祭於公或見君議事），故忠敬職事，平時念茲在茲，皆在天下兆民之利害公義，而言之辯有條理，便便侃侃；又必知無不言言無不盡，非自炫也，為天下國家百姓盡心盡力也；然朝廷天下國家大事，又關乎兆民福祉利害，朝中一人微言，天下或萬民命運播遷，故其言也，必先盡心竭力而尋繹深思熟慮之，有據有識，而後出之，謹慎怵惕之至也。

論曰：言容，禮義之表，君子慎哉。孔子，於私事情意也，謙讓而有禮；於公事大義也，公忠義勇為國，而又謹慎周全，擔當其責任也。或曰，“鄉黨是做人第一步，他日立朝廷、交鄰國、事上接下，俱在此植基，故記者以鄉黨先之。”①

朝，與下大夫言，侃侃如也；與上大夫言，誾誾如也。君在，踧踖如也，與與如也。

（當孔子為臣而上）朝（上朝待君視朝時，君尚未至②③），與下大夫言，侃侃（和樂寬舒④）如也；與上大夫言，誾誾（yín，和説而中正而諍，中正謹敬而多聽内省⑤。諍即辯論其是非）如也。君在（君來視朝），踧踖如（cù jí，身履局促、恭敬不寧之貌⑥）也，與與如（安行，行步安舒，威儀中適；趨走於君而仍安舒，身行安舒徐徐而威儀中適之貌⑦）也。

孔子之言語也，隨其人爵職上下不同而皆中禮。於（入君之庫門以行至治朝，）（諸侯之君亦稱公，故又曰公門，公之門也）上朝而待君視朝之際時（或於入君之庫門而至於雉門、治朝，或於治朝，或於諸臣治事之所，皆是也），而與諸臣同事言，則其於同列之下大夫等也，言之也和氣而歡樂，互通意信款曲，故曰侃侃如也；其於職尊之上大夫也，言之也中正而謹敬，多聽而少言，故曰誾誾如也。君至視朝，則身履局促、恭敬似不寧，敬（公）事尊君也，若將有大事大命，故曰踧踖如

---

① 《四書近指》。

② 又或解為：諸臣治事之所。《五禮通考》：古者視朝之禮甚簡。既朝而退，君適路寢聽政，臣適諸曹治事。諸臣治事之所，即《匠人》所謂“外九室”是也。其室在治朝之左右，如今午門朝房矣。康成詩，以治事之所為私朝，蓋以卿大夫朝政於此，故亦得名朝。《曲禮》“在朝言朝”、《論語》“朝，與下大夫言，與上大夫言”，皆指治事之朝。

③ 從入庫門始，到入雉門，行至於治朝，此一行程皆可謂“朝”，而君尚未至，故而與同僚有言談。

④ 又或解為：和樂之貌；剛直；和樂而敬。

⑤ 又或解為：中正之貌；和説而諍；中正而敬。

⑥ 踧，行平易也；踖，長脛行也。

⑦ 與與當為懊懊之省文，行步安舒也；與與，《皇疏》云：“猶徐徐，雖踧踖又不得急速”；威儀中適之貌。

也；又雖趣走於君而仍安舒，身行安舒徐徐而威儀中適，心與神往於君，凝神屏氣以聽，似若身行前傾而不敢遺漏君之一言一詞然（威儀中適，不葸不肆），自重其公共職事責任也，故曰與與如。皇侃疏曰："君視之，則一一揖卿大夫，而都一揖士。當此之時，則臣皆起恭敬之貌，故孔子踧踖如也。雖須踧踖，又不得急速，與與猶徐徐也，所以恭而安也。"此因群臣當君揖時，皆須還辟，故有此容[①]。

論曰："上大夫職尊，孔子所事；下大夫則與孔子同列者也。蓋事上不難於和樂，而中正為難；接寮屬不難於中正，而和樂為難。"[②]不敢因尊君踧踖而廢其本任職事也，故曰踧踖而又與與，尊君敬事而又盡心盡責也。

君召使擯，色勃如也，足躩如也。揖所與立，左右手。衣前後，襜如也。趨進，翼如也。賓退，必覆命曰："賓不顧矣。"

（孔子為大夫，而為魯君作擯相（聘禮而為承賓，又或攝上擯）。）

君召使擯（bìn，又作儐，孔子本為大夫承擯，而魯君以其知禮，或特召而攝上擯），色勃如（必變色盛氣也）也，足躩如（jué，足躩，盤辟貌，逡巡貌，盤旋进退之意。盤同般，般：辟也，還也，或曰盤是旋步如盤圓轉；辟：逡遁不敢當盛，或曰辟是轉身轉繞之步態；躩如即逡巡貌）也。揖所與立（揖而傳辭），左右手（左立者紹擯士，右立者上擯卿）。衣前後，襜如（chān，衣裳襜如動也，衣動貌；襜，整貌，動而整飭貌）也。趨（原字作趍）進，翼（恭敬端好也）如（或曰如鳥舒翼也）也。賓退，必覆命曰："賓不顧矣。"

君召孔子，使擯而迎賓傳命（聘禮而禮賓），孔子顏色勃如而變，變色振作矜莊（提神盛氣以待公事）而鄭重君國公事也；動足躩如而

---

① 《論語正義》。
② 《論語正義》。

疾速,速於隨時聽命行事也;君子之於公事也,勃如躩如,而矜莊精神、敏疾待發(整裝待命)也。其為承擯(或曰是上擯①,則乃揖君與承擯也)傳君賓之命辭也,西向而立(即面向賓),揖左右所與立之上擯、末擯(或曰紹擯),而左右其手:傳君辭揖末擯,則左向而縮其手(而右臂伸展),傳賓辭揖上擯,則右向而縮其手(而左臂伸展);而其衣袖也,隨其揖禮俯仰而前後轉移、襜如嚴整;君子行禮如儀,歷歷不亂也②。及其隨行君賓而相迎送也(依禮來往於中庭與廟門之外),必小步快速趨進而止(所謂大夫徐趨繼武③),以示敬也,而其衣手袂袖也下垂而展放,隨其腳步前後擺動,如大鳥舒其兩翼如;君子(孔子)其行也,張拱端好,美姿儀形體而自然修飾也。朝聘④禮畢,大夫送賓出,再拜;賓退,孔子必覆命曰:"賓不顧矣。"必有辭,示事有始終,終畢則必覆命,而訖事安定也;君子之行事也,必也如斯而有本末始終。

　　註解:古人寬袖大袍,趨速行路時則手臂下垂稍展開,稍離身體與大袍,以免妨礙行路,故曰翼如。

入公門,鞠躬如也,如不容。立不中門,行不

---

　　①　"竊疑上擯本以卿為之,魯人重夫子知禮,故使以大夫攝上擯事。君召使擯者,使為上擯也。夫子為上擯,則所與立者但有左人無右人矣,而云'揖所與立,左右手'者,**謂左其右手也。**蓋承擯在上擯之左,夫子與之揖時足不移易,惟引其右手鄉左而已,故其衣之前後襜如也。他人於此,所與揖者在左,則必側身左鄉,非'君子立不易方'之義矣。"參見:《群經平議》。

　　②　"擯者雁行立於東方,西面北上,是以南北為左右,東西為前後。其傳命達於賓,當左其手,則左臂縮而右臂伸,右者隨之而左。其傳賓命達主,當右其手,右肱短而左肱長,則左者亦緣之而右矣。……當擯者揖時,必俛其首,及揖畢而仍仰立,故曰一俛一仰。揖分左右,故衣之前後亦與為轉移也。"《江氏永圖考》,轉引自《論語正義》。

　　③　有徐趨與疾趨之分,徐趨謂之圈豚行。詳見:《論語正義》。

　　④　朝與聘:諸侯來朝與卿大夫來聘。

履閾。過位，色勃如也，足躩如也，其言似不足者。攝齊升堂，鞠躬如也，屏氣似不息者。出，降一等，逞顏色，怡怡如也。沒階趨，翼如也。復其位，踧踖如也。

（當孔子上朝在朝時①。）入公門（諸侯國君稱公，公門即公之門、國君之門，包含庫門、雉門與路門，皆公門也。而群臣初入之門，則始庫門也，再入雉門，而後或入路門②），鞠躬（曲斂其身；自歛斂之貌；當讀爲"鞠窮"，形容畏謹之狀。歛：xī，吸氣）如也，如不容。立不中門，行不履閾（門限）。（君視朝畢，或揖群臣以入路門，將以升堂議事，則孔子與群臣）過位（為路門外——或路門中——君視朝所立之處③），色勃如（變色矜莊）也，足躩如（足躩，盤辟逡巡貌）也，其言似不足者（不敢肆也④）。攝（摳）齊（衣下曰齊；齊，衣下縫也。攝齊者，摳衣也；或曰斂身、屈身，屈俯其身，前衣必委地也）升堂（路寢之庭堂），鞠躬如也，屏（藏，屏住，屏阻）氣似不息（鼻息）者。（君與群臣議事畢，孔子與群臣）出，降一等（臺階，階級）（將下堂），逞（申、放）顏色，怡怡如也。沒階，（而下堂畢，則）趨（或有"進"⑤

①　或曰此是孔子奉君命為賓而聘問於諸侯鄰國，或曰是孔子為己謀聘之事，或曰此是孔子應君召而迎賓為擯時，皆不合，故皆不取。

②　或解曰：庫門；雉門；庫門與雉門；庫、雉、路皆為公門；廟門。拘泥之。

③　或解為卿大夫之位；若解此段為聘問之事，則為主君之位，廟門之內，中庭之位也。《論語駢枝》："過位者，過主君之位，廟門之內，中庭之位也。主君先入門右，即中庭之位俟賓，賓後入門左，及中庭，乃與主君並行，故以過位爲節，而色勃如，足躩如，事彌至，容彌蹙也。"鄭康成則注曰："過位，謂入門右北面君揖之位。"

④　或曰此是聘問迎賓時儐相之辭。《論語發微》："《聘禮》又云：'及廟門，公揖入，立於中庭。賓接立西塾。幾筵既設，擯者出請命，賓襲執圭，擯者入告，出辭玉，納賓，賓入門左，介皆入門左，北面西上三揖。'鄭注云：'入門將曲揖，既曲，北面又揖，當碑揖。'按此皆君揖之位也。當公入立中庭，賓立西塾，君揖尚虛而擯者出入其間，即《論語》過位之時。又有請命辭玉之事，擯者乃有言，故《論語》於此云'其言似不足者。'"

⑤　退出則面向出門方向，故言"進"，實則退也：相對君言則是臣退出於君庭，自臣自己言則是退而進於路門而出也。

字），翼如也。復其位（復過君視朝之位①），踧踖如（身履局促、恭敬不寧之貌②）也。

論曰："（入公門，屈身自歛斂，鞠躬如也，公門高大而若不容，敬其君國也。立不中門，敬奉君國也，又自奉其正法職位，各安本職本分，公法正禮而上下黜陟，不私意僭越也。）履，踐也；閾，限也。若出入時則不得踐君之門限也。所以然者，其義有二：一則忽上升限似自高矜，二則人行跨限，己若履之則汙限，汙限則汙跨者之衣也。（行不履閾，莊重其君國重地與公共職事，敬其公僚，不自伐高矜，善體人情，自卑以奉職奉公。）位，君常所在外之位也，謂在寧屏之間揖賓之處也③。卽君雖不在此位，此位可尊，故臣行入，從位之邊過，而色勃然足躩然，（言語輕簡似不足者，以）爲敬也；（攝齊升堂，鞠躬如也，屏氣似不息者。此皆因君及其位其庭堂乃國、民之象徵，故此之尊君，實乃所以鄭重君、國公共大事④與威儀也，君正而有威儀，國家公共重地而有端肅莊重之氣，乃可正其臣僚，信其百姓，而兆民斯聚，國有大事，乃能動而有法有主、有序有力也。）降，下也。逞，申也。出降一等，謂見君已竟，而下堂至階第一級時也。初對君時既屏氣，故出降一等而申氣，氣申則顏色亦申，故顏容怡怡也。沒，猶盡也。盡階，謂下諸級盡至平地時也。既去君遠，故又徐趨而翼如也。位，謂初入時所過君之空位也。今出至此位而更踧踖爲敬也。"⑤孔子在朝之儀容如此。

餘論：常朝則君立於寢門外之位，揖群臣入路寢庭，王揖群臣

---

① 或曰復其臣之治朝之位，不取。《論語後案》："《皇疏》：'位，謂初入時所過君之空位也。今出至此位，而更踧踖爲敬也。'疏申孔注是也。後儒或以過位在外朝，卽以復位爲外朝之位，固非。"

② 踧，行平易也；踖，長脛行也。

③ 君於路門外視朝之位。或卽路門中設有國君視朝之位。

④ 鄭重其事。

⑤ 以《皇疏》爲主，而稍增述之。

就位,王便入,而群臣雁行過路寢門。過王适才所立之路寢門外之位時,色勃如……王升堂,群臣亦各至堂下,或有拜堂下者,君辭乃升成拜;或拜受命,拜而後皆各歸堂下之臣位,而君臣內朝議事矣。若無事,則不升堂聽政,而君自在路寢自治文書等,而群臣則各自治文書於官府。治朝之位,則或在路門外,處於雉門內之庭堂(然亦有所闕疑)。至於國有大事而須與群臣、國人父兄子弟眾庶諮謀者,則在庫門外,然此非常朝,然則雉門之內之堂庭,蓋用於日常聽政治事也與?

執圭,鞠躬如也,如不勝。上如揖,下如授。勃如戰色,足縮縮,如有循。享禮,有容色。私覿,愉愉如也。

(當孔子奉君命出使而聘問鄰國時。)執圭,鞠躬(斂身而敬)如也,如不勝(如不勝其重,敬慎小心)。上如揖(敬而高舉於心上),下如授(慎而授置之)。勃如戰色(戰而色懼),足縮縮(舉足促狹),如有循(舉前曳踵行,行不離地,如緣物也)。享(獻)禮,有容色(和,發氣滿容)。私覿(見),愉愉如(顏色和)也。

論曰:當孔子奉君命出使而聘問鄰國時,敬執吾君之圭,斂身鞠躬如也,如不勝其重;則其於君國使命也,敬慎之至也。上舉之如揖,授玉宜敬也;下持之如授[①],不敢忘禮也,皆慎重其事;圭者,其國其君以至百姓兆民之象徵也,而一臣在外擔當敬持之,以敬聘於鄰國,而不敢辱吾君命國命也。其於聘問時之容色行動也,勃如矜莊,戒慎恐懼有戰色,恐辱君命也;足縮縮而微步持重,舉前足曳其踵而行之,如有前後相循然,皆慎重之,以免傾跌失守失禮(失

① 或曰此為執圭上下階級之狀容。

手),乃至失我君國莊重文明之威儀也(所謂外交無小事)。既聘而享獻庭實①,享用圭璧②,有庭實而皮馬相間,又醴以賓主之禮③,而夫子皆和有容色,發氣滿容④,以輸吾君國兆民之親和至誠敬意也——亦曰出使在外,時刻不忘身負君國聘問之使命,不可但逞我使臣私人之意氣也。既享禮,而以吾君國之命而私覿其君⑤,而顏色愉愉如和也,亦曰言語應對得體,儀容和氣自若,而終成遂吾君國之使命也。

皇侃曰:"周禮,五等諸侯各受王者之玉以爲瑞信。公桓圭九寸,侯信圭七寸,伯弓圭七寸,子穀璧五寸,男蒲璧五寸。五等,若自執朝王,則各如其寸數;若使其臣出聘鄰國,乃各執其君之玉而減其君一寸也。今云執圭,魯是侯,侯執信圭,則孔子所執,執君之信圭也。初在國及至他國,執圭皆爲敬慎。圭雖輕而己執之恒如圭重,似己不能勝,故曲身如不勝也。享者,聘後之禮也。夫諸侯朝天子,及五等更相朝聘禮,初至皆先單執玉行禮,禮王,謂之爲朝。使臣禮主國之君,謂之爲聘。聘,問也。政言久不相見,使臣來問於安否也。既是初至,其禮質敬,故無他物,唯有瑞玉,表至誠而已。行朝聘既竟,次行享禮。享者,獻物也。亦各有玉,玉不與聘玉同也。又皆有物將之,或用皮馬,或用錦繡,又獻土地所生,羅

---

① 《集解》:"《聘禮》:既聘而享,享用圭璧,有庭實也。"
② 聘執圭,享執璧。
③ 《經學巵言》曰:"禮與享爲二事。禮者,謂主人以醴禮賓也。聘儀,既聘乃享,既享乃禮,既禮乃私覿。"
④ 聘問則容色嚴莊,享禮則容色和氣。
⑤ 《郊特牲》:"朝覲大夫之私覿,非禮也。大夫執圭而使,所以申信也。不敢私覿,所以致敬也。而庭實私覿,何爲乎諸侯之庭? 爲人臣者無外交,不敢貳君也。""按:此周時儒者議禮之言。鄭注云:'其君親來,其臣不敢私見於主國君也。以君命聘,則有私見。'是鄭據《周禮》,以臣聘得行私覿,未爲失禮也。《儀禮》所謂'奉束錦乘馬',《左傳》所記'楚公子棄疾以錦八束、馬四匹私覿於鄭伯'是也。又云'以錦四束、馬二匹見子產',則卿大夫亦有私覿。故《朱子語錄》云:'聘使亦有私禮物與所聘之國君及其大臣也。'"參見:《論語集釋》。

列滿庭，謂之庭實，其中差異，不復曲論。但既是次後行禮，以多爲貴，則質敬之事猶稍輕，故有容貌采章及裼以行事，故云'有容色'也。行聘享公禮已竟，別日使臣私齎己物以見於主君[1]，故謂爲私覿也。既私見非公，故容儀轉以自若，故頗色容貌有和悅之色，無復勃戰之容者也。"[2]

君子不以紺緅飾。紅紫不以為褻服。當暑，袗絺綌，必表而出之。緇衣羔裘，素衣麑裘，黃衣狐裘。褻裘長。短右袂。必有寢衣，長一身有半。狐貉之厚以居。去喪，無所不佩。非帷裳，必殺之。羔裘玄冠不以吊。吉月，必朝服而朝。齊，必有明衣，布。齊，必變食，居必遷坐。

總論：此節皆講衣裳服飾之禮文制度。

君子不以紺（gàn，深青透紅色，或深青揚赤色）**緅**（zōu，絳紅色）**飾**。君子，指孔子，此節續敘孔子日常之禮容等。君子平時服制有常，"父母存，冠衣不純（領緣）素"[3]，故必有裝飾，如領袖緣等，然其色澤之選擇，又有制度，"具父母大父母衣純（領緣）以繢（繢者，音繪，《說文》以為織餘也，布帛之頭尾，色赤；或曰繪），具父母衣純以青，如孤子衣純以素"[4]，而"紺緅非繢，又非青素，於盡飾無飾之義，兩無所取，故不用"[5]。衣裳服飾有制度禮文，必遵循之。此其一因。

---

[1] 此解恐不確，見上注。

[2] 《皇疏》。

[3] 《禮記·曲禮》。

[4] 《禮記·深衣》。

[5] 《四書典故辨正》、《困學紀聞》、《論語集釋》。

或謂另有一因曰:君子平時(素)居處,之所以不以紺緅為領袖飾,因"紺緅紫,玄之類也;紅,纁之類也;玄纁所以爲祭服。"①質言之,以(因)紺緅為祭服色也,非祭服而服,不敬也。

註解:

"《爾雅》:'一染爲縓,再染爲䞓,三染爲纁'","《考工記》:'三入爲纁,五入爲緅,七入爲緇。'"此為古代染色之法,即用草木材料,如茜草(紅色染料)或《詩經》中之茹藘、《爾雅》中之"蒨"等,製成液體染料,傾倒置入水缸等染缸容器,先將欲染之物如絲帛布匹等放入染缸中浸泡,然後根據所欲染之色而分別加入黑色汁液若干次(即以黑色染料套染),從而染成不同之顏色。比如,"一染爲縓",即第一次加入黑汁,則布匹就將染成縓色即淡紅色;"再染爲䞓",即在一染基礎上再第二次加入黑汁,染出之顏色就是䞓色即淺紅色,餘皆類推,比如,三染爲纁(洋紅色),四染為紺(深青透紅色,或深青揚赤色),五染為緅(絳紅色),六染為玄(赤黑色),七染為緇(純黑色)。《考工記》中所謂"入"即"加入黑汁"之意,仍是染。

齊服玄冠玄端;練衣黃裡縓緣,練冠麻衣縓緣。

領緣謂之純,袖緣謂之飾,合言之則領袖緣皆謂之飾。

禮:三年練,以縓為深衣領緣,紺緅非關喪服,可參閱《禮記‧深衣》。

色又有正色、間色之分,所謂五方正色與五方間色,五方正色為青、赤、白、黑、黃,五方間色為綠、紅、碧、紫、緇,即"綠爲青之間,紅爲赤之間,碧爲白之間,紫爲黑之間,緇爲黃之間也。"②

總結諸家之説,"不以紺緅飾",即謂"不以紺、緅為領緣、袖緣(修飾)",其原因在於:A."《深衣篇》云:'具父母大父母衣純以繢,

① 《皇疏》引鄭注。
② 《皇疏》。

具父母衣純以青,如孤子衣純以素。'純即緣也。紺緅非繢,又非青素,於盡飾無飾之義,兩無所取,故不用。"[1]"父母存,冠衣不純素。"[2]B."紺緅紫,玄之類也。紅,纁之類也。玄纁所以爲祭服。"[3]故不用為衣飾。C."紺緅木染,不可以爲衣飾。紅紫草染,不可爲褻服而已。"[4]D.紺緅,皆喪服或齋服之色,君子平居不以此二色為緣飾(緣:領袖緣),可謂敬慎知禮也[5]。

紅紫不以為褻服。 君子平素私居(燕居),不以紅紫為褻服。紅紫,不正之間色也;又近於婦人女子之服,故褻尚不衣,正服尤無所施也;且孔子惡紫之亂朱,僭君服,故不以之為褻服。可見其服飾尚正而敬謹也。

當暑,袗(zhěn,單衣)**絺綌**(chī,xì)**,必表而出之。** 當暑,燕居或單穿絺綌(葛衣,粗葛布)(精絺粗綌),出之則必表加上衣,而後接賓往訪,酷暑不失其禮其敬也。

解曰:絺、綌、裘"形且褻,皆當表而乃出"。燕居可單穿褻衣,亦可單穿絺、綌、裘,然出門接賓客或往訪等,則不可單衣出行,必於裘葛(絺綌)之上另加上衣,且裘色當與上衣之色相稱;葛色與上衣色則不知。

或解曰:燕居或著(穿)絺綌單衣,出之則必表加上衣,而後接賓往訪,此不使袒露,示莊敬也,雖暑不失其禮容。

或解曰:燕居或單衣絺綌,出之,必表以裼衣(xī,古代加於皮裘上

---

① 《深衣篇》,《四書典故辨正》,《困學紀聞》,《論語集釋》。
② 《禮記》。
③ 《皇疏》引鄭注。
④ 《皇疏》引鄭注。
⑤ 孔註。

之无袖長衣,如今之披風然)以充美,敬慎莊重也,亦所以示敬於人也。

衫非褻衣,乃"形似褻衣"而已。

論曰:今日注重儀錶服飾。

註解:

古人衣服之制(從內到外):褻衣(親身之衣,又名"裡衣",袍亦是褻衣),用於燕居;//中衣:春秋時為夾褶;夏時為襌綌(襌同單)(絺精綌粗,皆葛布);冬時為裘;//表衣或上衣:衫衣(單衣);裼衣(披風類,所以充美);//禮服。

緇衣羔裘,素衣麑(ní,幼鹿)裘,黃衣狐裘。

夫子外(上衣)緇衣裡(中)黑羔裘;外素(白)衣中白麑裘;外黃衣中黃狐裘。衣服必中外之色相稱也。冠亦隨之,故有玄冠玄端,素衣素冠,黃衣黃冠。緇(黑色)衣為朝服,素衣為皮弁,黃衣為蠟祭(歲終大蠟報功息民之祭也)。中衣緇衣、素衣其用最廣,又多系大禮。

論曰:孔子於衣裳修飾,可謂敬慎矣,謹守禮儀文節,內自修,而外敬人也。今日潔淨整齊,君子必修儀容衣飾也。

褻裘長。短右袂。

褻裘長。短右袂,冬日褻裘長以保暖,反卷及肘而短其右袂以作事。

或疑曰:褻裘長短過(超過)外衣(上衣、表衣)之袂? 或:褻裘長短過兩袂(或右袂)之長? 或:冬日著褻裘,厚重笨拙,不便作事,故作事時乃反卷右袂至肘,以便作事也[1]。

必有寢衣,長一身有半。

冬夜休息眠臥,則必寢以寢

---

[1]　此解有復雜化之嫌疑,此或當以《皇侃義疏》為是。

衣（小臥被），長一身又半，不使袒露，居處休夢不失禮與敬也；又以
保暖謹疾，愛此受之父母之身體髮膚也。

或曰：先秦古人臥室或為木質建築，故可拖曳修長寢衣以取
暖？如是，則此講冬日居住也，與下節相銜接？

或疑曰：長一身之半？

狐貉之厚以居。

狐貉之厚以居，（冬日），必以狐貉之厚
以居坐，禦寒氣，慎養身（愛其身以有待）以有所作為也。有所為者，
事親好學達德行道也，非身健氣充則難以行（難行）①。

去喪，無所不佩。

無喪哀災眚之事，則必有所佩。君子
無故玉不去身，玉以比德，時時念之存之也；謙不比德，則孔子佩象
環五寸而纂組授也，示己無德事也。

又曰：去喪，無災眚之事，則玉不去身，君子於玉比德焉，若無
玉，雖象環亦佩，故曰無所不佩。孔子失魯司寇，則謙不比德，而不
佩玉，然雖象環亦佩。其心時刻不忘修敬德業也。

非帷裳，必殺之。

"帷裳，謂朝祭之服。裳用正幅，如
帷。帷，圍也。朝祭之裳，襞積無數，以人要（腰）中寬狹不一，各就
所宜為之也。非帷裳，謂其餘之衣。殺之者，削其幅使有下縫，所
以別於朝祭之服也。"②朝祭則慎重敬肅其事，其餘則禮有輕重差
等而不僭亂也。

羔裘玄冠不以吊。

羔裘即黑裘，為朝服；玄冠，委貌，諸

---

① 此當以《皇侃義疏》為是。
② 《論語大義》。

侯視朝之服。凡君大夫士之吊也，始死或小斂前不必變，"小斂則改襲而加武與帶絰矣"[1]，大斂則變朝服（羔裘）為皮弁服，變玄冠為弁絰或皮弁。"喪主素，吉主玄。弔必變服，所以哀死。"[2]故孔子羔裘玄冠不以吊。敬人敬喪祭，又敬君敬其職事也，而各別之不淆亂。

吉月，必朝服而朝。吉月，必朝服而朝。

解曰：吉月，魯有司於太廟以月朔告月[3]，孔子必以聽朔之服至，卒則易朔服而朝，必以朝廷之制，又必循朝臣之禮。魯君聽朔視朔與否，吾則不知，若夫為臣也，則必勤其臣職也。又重王道之正中禮法也，奉之而不違，以尊國制國禮國法，以治國也。

或解曰：吉月（每月月朔），魯君於太廟聽朔視朔畢，孔子必易聽朔之服，而服朝服以朝。

吉月有若干解：A. 正月，朝正，一年之禮；告朔，天子頒朔（來年十二個月之朔）與諸侯；B. 月朔，視朔，一月之禮；C. 令月，吉月吉日；D. 告月之訛：或魯君（諸侯）告月於廟；或有司告月於君；E. 君每月聽朔視朔，朝廟即諸侯朝於大祖廟而北面受朔。

告朔：天子遣使以來歲十二月之朔頒告諸侯。

齊（通齋[4]），必有明衣，布。必有寢衣，長一身有半。

齋，必著明衣，以生絲絹之布為之，以保其潔，以示其虔敬也。服仕公事，必謹其服，示敬事敬民也；出外交接，必謹其服，示修己敬人也。

---

①　《喪大記》，參見：任大椿，《弁服釋例》。轉引自《論語集釋》。
②　《四書章句集註》。
③　文公後，視朔之禮廢，而無論魯君聽朔視朔與否，有司告月如故，重其禮也。
④　《釋文》："齊，或作齋。"

　　明衣：齋時沐浴，潔清其身心，而後必著(加)明衣，以顯以保其潔也。萬事皆敬，不敬不成其事。人有敬，乃成人；民有敬，則民立；國有敬，國乃立。

　　明衣，齋時特別之服，著之以祭以朝。徒不知是襯身(親身之衣)而著以保潔，抑或是加之於外而行道禦塵也。明衣用布，其時之布，即未練之生絲絹也，先秦時無棉布，棉布自宋元時始從交趾引而種之中土，遂有棉布之衣。

　　齊，必變食，居必遷坐。變食者，齋(齊)時必變日常之食，而不飲酒茹葷，不敢犯神明，示敬畏也；遷坐者，易平常之居處，亦以潔身虛靜以示敬也。"蓋常處在燕寢，至齊必遷居正寢"①，正寢者，外寢也，天子則路寢也。

　　變食，即改常饌，而有兩義：一曰盛饌，有"王日一舉"、"齋日三舉"之說，舉者或以殺牲殺大牢(牛羊豕)也，"日一舉"則朝舉盛饌而日中、夕二者皆餕其餘也；"日三舉"則朝、日中、夕三餐皆新作盛饌也。二曰減其飲食，所謂"王齋則不舉"，以免味之濁者亂我清明之氣而於鬼神不敬也。關於減其飲食，具體到饌食內容本身，又有若干說：一曰不飲酒不茹葷(薑辛之類)即可，而可食肉飲醪，唯"食肉不至變味，飲酒不至變貌"②、"食肉不得茹葷，飲酒不得致亂"③；一曰不飲酒不茹葷亦不食(三牲之)肉等。

　　食不厭精，膾不厭細。食饐而餲，魚餒而肉敗，不食。色惡，不食。臭惡，不食。失飪，不食。不時，不食。割不正，不食。不得其醬，不食。肉

---

① 《論語釋故》。
② 《禮記·曲禮》。
③ 《朱子家禮》。

雖多，不使勝食氣。惟酒無量，不及亂。沽酒市脯不食。不撤薑食。不多食。祭於公，不宿肉。祭肉不出三日。出三日，不食之矣。食不語，寢不言。雖疏食菜羹，瓜祭，必齊如也。席不正，不坐。

此節皆講飲食之節。

食不厭精，膾不厭細。 此有三解：第一，於食，非必待其精而後屬厭[①]，此為不挑食之意，亦即"食無求飽"、"謀道不謀食"之意；第二，食雖精而仍不多食（厭乃厭飫飽食之意），此為不多食，亦有不飽食之意；第三，於食也不厭（惡）其精，意曰"愈精細愈好"，而或有養生謹疾之意。

第一、二義中，厭皆屬足之意，第二義則食不求飽之意，第一義則於食不求飽之外，又加"食不求精"之意，更進一步。一般解釋作第一義，於義協也；但據下文，則似解為第三義亦可。

食饐而餲，魚餒（něi）而肉敗，不食。色惡，不食。臭惡，不食。失飪，不食。不時，不食。 食饐（yì，食物腐敗發臭）臭而餲（ài，食物經久而變味）味變，魚餒而肉敗（皆腐壞），不食。食物失常色而色惡，不食。臭惡，不食。失飪即失生熟之節，不食。不在時令之物，不食，以其逆天氣而傷人也。此可謂飲食有節，善自調養，以安生盡責有待也。

割不正，不食。不得其醬，不食。 割不正，或意為

① shǔ yàn，1.亦作"屬魘"。2.飽足。《左傳．昭公二十八年》："願以小人之腹，為君子之心，屬厭而已。"杜預注："屬，足也。言小人之腹飽，猶知厭足，君子之心亦宜然。3.猶飽覽。參見：漢典。

切割肉菜時過大過小,如大骨大胾(zì,切成大塊的肉)或畸形圓滑骨
肉類,過大則吃相難看,有損君子容儀;過小則兩箸難挾,數挾不
聽,則亦失儀,故不食也。然此乃於朝聘享獻鄉飲酒酬酢等正式場
合時如此,燕居時或可借助調勺而為之。若夫剖順腠理、肉分貴
賤、體解之制(解牲之制)、殺不以道,乃至割必方正而造次不離於正
之解云云,或稍過度解讀。然肉分貴賤而割不正,亦或可備一說:
若於燕饗之時,見有不潔之部分亦偶然入菜,則嫌其不潔而不食
也。此或可謂不食不常(不正)之食——如豕蹄、尾、大小腸等。不
得其醬,或有調味生克相和(調和滋味)之意,所謂陰陽寒熱等⋯⋯
君子謹慎其食養也如此。

　　或曰:如大骨大胾或畸形圓滑骨肉類,食不雅觀,有損容儀,則
不食。

肉雖多,不使勝食氣。惟酒無量,不及亂。此
與"膾不厭細"或正相對應,言不可過多食肉,多則口氣腥惡,與人
語則口氣冒犯失禮也。五穀之食氣,則(氣)清,故曰不使勝食氣。
酒可合歡盡歡,然不可亂志亂血氣而忘禮失禮也。禮,不可須臾忘
也,飲食之間亦然。

沽酒市脯不食。未知其時其原(原料或來源)其質,則不
食也。此與孔子不食康子饋藥之事,皆謹食避疾也。(而不必解作
唯齋時不食沽酒市脯)。又或曰:食乃要事,平居必熟食有常,不於
風雨塵衢中造次而食。

不撤薑食。不多食。食既,不撤薑食,薑辛清而不臭,
(白晝)倦食而可卻眠,故不撤,然亦不多食,多食發汗散氣,夜晏而
傷生。或解為:齋禁葷物,薑辛而不臭不葷,不類於菜蔥蒜韭薤(音

謝），故不撤，然亦不多食，多食傷氣。（於食也，薑蔥蒜韭虀，所以調和食材之味，殺肉之腥臭者，知此廚中五君子，即知飪知味矣！於薑也，宜食醒腦清神，多食傷氣；晨食氣壯若參，晚食汗虛如砒霜。）或曰，不多食獨為一句，不可飽食之意，亦可備一說。

　　論曰：此皆飲食調養之道也，君子亦當知之。知之而知自我攝養珍重，與乎孝敬親長、調養妻兒朋友也。

祭於公，不宿肉。祭肉不出三日。出三日，不食之矣。

"祭於公"者，此單（特）言"助祭於君而歸（饋）之胙肉、膰肉，因系當日便可持歸，故曰'不宿肉'"；下言"祭肉不出三日"，則概言（一切）祭肉（助祭於君之肉，或家祭之肉等）——然解為"家祭之肉"亦可，意謂家祭之肉必於三日之內頒賜於家臣親朋、君子小人等。因禮有"賜君子小人不同日"之制，故必有宿肉之事，然出三日，則不再頒賜，則亦不自食，以免致病或不敬，此即所謂"以鬼神之餘為褻"之意。或曰"祭肉不出三日"意為"不能留三日以上"。此皆孔子飲食之節。

食不語，寢不言。

食語亂容儀，而恐塞物窒息；寢言亂精神妨安眠。一心不二用，言語自有時。

雖疏食菜羹，瓜祭，必齊如也。

雖疏（粗）食菜羹，必祭祝先王后聖（以其發明創製衣服飲食之物類制度也），必謝主人，祭必齋如嚴敬，報功不忘本也；謝必鞠如誠敬，讚美感恩也。重情不重食。主人則辭曰："疏食不足祭謝也。"然後其樂融融。

《禮運》曰："昔者先王未有火化，食草木之實、鳥獸之肉，飲其血，茹其毛。後聖有作，然後修火之利，范金合土，以炮以燔，以烹以炙，以為醴酪，以養生送死，以事鬼神上帝，皆從其朔。此以祭之所以報功，不忘本也。"飲食何以祭？曰：凡祭，皆出少許置之籩豆之間，或上豆或醬湆之間①。公食大夫禮"魚臘(腊)醬湆不祭"，"不祭者，非食物之盛者。"疏云："以其有三牲之醴，魚臘(腊)醬湆非盛者，故不祭也。"《玉藻》云："唯水漿不祭，若祭爲已僭卑。"注云："水漿非盛饌也。"據此，是盛物方祭，非盛物或可不祭。夫子家居所食，雖極之疏食菜羹，亦必祭之，又必致其肅敬之容，所謂不敢以菲薄廢禮者也。②

席不正，不坐。必先正席而後坐，謹以免失正坐，以示恭敬，以持容儀之正也。坐而後正席，亂而無儀不敬。

論曰："席不正不坐，割不正不食，不飲盜泉，積正也。"③

總論：《鄉黨》(中)除"祭於公"一節明言"公事"，餘皆略去背景，吾意編者乃故意而為之，以示此乃為一切人立儀法而使師法之也。立萬世師表，正所以勸學而示修養容儀之法門也(非徒頌揄其師)。足見聖人弟子(孔門弟子)之一片苦心，此亦可見聖人(平時行教之大化)之教化淪洽也。故解此卷時，不必另增其特別之情境而為解。

鄉人飲酒，杖者出，斯出矣。鄉人儺，朝服而立於阼階。

鄉人飲酒，杖者出，斯出矣。鄉人儺，朝服而立於阼階。

鄉飲酒者，"凡有四事：一則三年賓賢能，二則鄉大夫飲國中賢

---

① "凌氏廷堪《禮經釋例》言之詳矣。"《論語正義》。

② 《論語正義》。

③ 《此木軒四書説》引許慎語。

者,三則州長習射飲酒也,四則黨正蠟祭飲酒。總而言之,皆謂之鄉飲酒"①,此外又有族師祭脯、冠昏祭祀乃至尋常酬酢之類。而無論賓賢、習射、蠟(音 zhà,一種祭禮。在周朝稱為蠟,於歲末大祭萬物②)祭等之異,於鄉黨也,又皆有尊長敬老養老之義。其如鄉飲酒禮,則"六十者坐,五十者立侍以聽政役,所以明尊長也。六十者三豆,七十者四豆,八十者五豆,九十者六豆,所以明養老也。"③其如蠟祭(冬至後臘祭百神也,"蠟也者,索也。歲十二月,合聚萬物,而索饗之也"④,所以報功崇仁義也),"國索鬼神而祭祀,則以禮屬民,而飲酒於序,以正齒位。"⑤然"蠟祭飲酒初雖正齒位,及其禮末,皆以醉為度。《雜記》云:'子貢觀於蠟,曰:"一國之人皆若狂。"'是既醉而出之時,不復有先後之次。此夫子杖者出斯出矣,所以為異於人。"⑥"禮,五十杖於家,六十杖於鄉,故呼老人為杖者也。鄉人飲酒者貴齡崇年,故出入以老人者為節也。"⑦孔子於諸鄉飲酒禮上,必持尊長敬老之禮,雖蠟祭既醉猶不亂,可謂君子守禮有恆者矣。斯之謂

---

① 《禮記・鄉飲酒義正義》。

② 一種祭禮。在周朝稱為"蠟",於歲末大祭萬物。《禮記・郊特牲》:"天子大蠟八,伊耆氏始為蠟。"唐・陸德明《經典釋文・卷一二・禮記音義之二》:"蠟,祭名,夏曰清祀,殷曰嘉平,周曰蠟,秦曰臘。"(漢典)

③ 《鄉飲酒義》。

④ 《禮記・郊特牲》:天子大蠟八,伊耆氏始為蠟。**蠟也者,索也。歲十二月,合聚萬物,而索饗之也。**蠟之祭也,主先嗇而祭司嗇也,**祭百種,以報嗇也。**饗農及郵表畷、禽獸,**仁之至,義之盡也。**古之君子,**使之必報之。**迎貓,為其食田鼠也。迎虎,為其食田豕也。迎而祭之也。祭坊與水庸,事也,曰:土反其宅,水歸其壑。昆蟲毋作,草木歸其澤。皮弁素服而祭,素服,以送終也。葛帶榛杖,喪殺也。**蠟之祭,仁之至,義之盡也。**黃衣黃冠而祭,息田夫也。野夫黃冠,黃冠,草服也。**大羅氏,天子之掌鳥獸者也**,諸侯貢屬焉。草笠而至,尊野服也。**羅氏致鹿與女,而詔客告也,以戒諸侯曰:**好田(音畋)好女者,亡其國。天子樹瓜華,不斂藏之種也。八蠟以記四方,四方年不順成,八蠟不通,以謹民財也。順成之方,其蠟乃通,以移民也。既蠟而收,民息已,故既蠟,君子不興功。

⑤ 《周官・黨正職》。

⑥ 《潘氏集箋》。

⑦ 《皇疏》。

君子。

季冬十二月,鄉人儺且禓(音傷,同殤)。儺者何? 儺,難(四聲)也①,天子國君命方相氏索室中,難卻驅逐疫鬼,以送寒氣也。禓者何? 禓,殤也,強鬼也,無主之鬼謂之殤,毆逐強鬼而祭之於道上也。於斯時之儺也,"方相氏索室驅疫,比戶爲之,至孔子家,則孔子行朝服立阼階之禮,故謂之存室神。"②"室神,猶云廟神也。蓋廟有寢室,先祖之神在寢室中,故云'存室神'也。"③恐此儺禓或驚先祖,故孔子朝服而立於廟之阼階④,既以矜莊衛甯先祖五祀,又以示敬重國俗君命,無所不用其誠敬也。此君子居鄉之行事也。

問人於他邦,再拜而送之。康子饋藥,拜而受之。曰:"丘未達,不敢嘗。"

問人於他邦,再拜而送之。康子饋藥,拜而受之。曰:"丘未達,不敢嘗。"

孔子問人有禮,必再拜而送之。"問,猶遺也,謂因問(而)有物遺之也。問者,或自有事問人,或聞彼有事而問之,悉有物表其意。故《曲禮》云:'凡以弓劍苞苴簞笥問人者,操以受命,如使之容。'此孔子凡以物問遺人於他邦者,必再拜而送其使者,所以示敬也。"⑤君子有禮,雖倩使者問人,而敬如其人在焉;君子問人恭敬肫摯有

---

① 《月令》:"季春之月,命國難,九門磔攘,以畢春氣。仲秋之月,天子乃難,以達秋氣。**季冬**之月,命有司,大難旁磔,出土牛,以送寒氣。"《敔厓考古錄》:"凡難有三。季春國難,畢春氣,諸侯以下不得難。仲秋天子難,達秋氣,天子以下不得難。惟季冬難,貴賤皆得爲,故謂之大。"

② 《敔厓考古錄》。

③ 任大椿,《弁服釋例》。

④ 任大椿,《弁服釋例》:"士入廟玄端,大夫入廟朝服。孔子爲少司寇,故得以大夫之服入廟也。"

⑤ 《邢疏》。

禮,遂及其物,故雖託付弟子臣僚使者,而必敬而拜託送行之也。孟子曰:"恭敬者,幣之未將(奉、執、行)者也。恭敬而無實,君子不可虛拘(止、致、留)。"①"書曰:'享(享獻)多儀(禮),儀不及物(心意敬意不至,或威儀簡陋、儀法不當)(則無敬,無敬則)曰不享,惟(因其)不役(用)志(心意)於享也。'"②故君子問人必致誠敬也。

論曰:康子饋孔子藥,孔子拜而受之,禮敬也。曰:"丘未達於藥性醫理,故不敢造次嘗也。"古禮,尊者饋食,嘗之以敬(今禮不然,而當權衡以時中。或曰:以食物藥品事關性命健康,不可造次,故謝之以禮即可,不必面嘗);藥則不然,故又誠直告之也。或曰:"凡賜食必嘗以拜,藥未達則不敢嘗,受而不飲,則虛人之賜,故告之如此。然則可飲而飲,不可飲而不飲,皆在其中矣。"③又曰:"大夫有賜,拜而受之,禮也;未達不敢嘗,謹疾也;必告之,直也。"④故曰:正禮以敬、謹疾愛身、直誠告因、權衡以知,如斯,而公私禮義仁知,權而皆時中也;聖人之行事,禮知俱全也如此。此一節記孔子與人交之誠意也。⑤

廐焚。子退朝,曰:"傷人乎?"不問馬。

(孔子家)廐焚。子退朝,曰:"傷人乎?"不問馬。此可見孔子重人輕財,以人(仁)為本也⑥。君子之處人事萬物也,親親、仁人而愛物。天地好生,聖人仁愛惻隱,徒以人道義長,故仁民而後愛物也。孟子曰:"君子之於物(財物;畜獸犧牲;或萬物)也,愛(愛惜)之而弗仁;於民也,仁之而弗親。親親而仁民,仁民而愛物。"⑦

---

① 《孟子·盡心上》,參見拙著《孟子解讀》。
② 《孟子·告子下》,參見拙著《孟子解讀》。
③ 範氏語,《四書章句集註》。
④ 楊氏語,《四書章句集註》。
⑤ 《四書章句集注》。
⑥ 或曰其時之貴族,或有重馬賤廝役者,孔子以此矯之。
⑦ 《盡心上》,參見拙著《孟子解讀》。

　　或解曰：廄焚。子退朝，曰："傷人乎？""不（否）。"問馬。此可
見孔子重人輕財，以人為本也。君子之處人事萬物也，親親、仁人
而愛物。天地好生，聖人仁愛惻隱，徒以人道義長，故仁民而後愛
物也。孟子曰："君子之於物（財物；畜獸犧牲；或萬物）也，愛（愛惜）之
而弗仁；於民也，仁之而弗親。親親而仁民，仁民而愛物。"

　　或解曰：廄焚。子退朝，曰："傷人乎不（否）？"問馬。此可見孔
子重人輕財，以人為本也。君子之處人事萬物也，親親、仁人而愛
物。天地好生，聖人仁愛惻隱，徒以人道義長，故仁民而後愛物也。
孟子曰："君子之於物（財物；畜獸犧牲；或萬物）也，愛（愛惜）之而弗仁；
於民也，仁之而弗親。親親而仁民，仁民而愛物。"

**　　君賜食，必正席先嘗之；君賜腥，必熟而薦
之；君賜生，必畜之。侍食於君，君祭，先飯。疾，
君視之，東首，加朝服，拖紳。君命召，不俟駕
行矣。**

　　君賜食（熟食），夫子必正席先嘗之（既嘗之，乃以頒賜家臣等），以敬
君之惠賜也[1]；君賜腥（原字為胜，生肉，已殺未烹之牲），夫子必熟而薦
之祖考，以榮君之惠賜也；君賜生（活牲），夫子必畜之，君賜而愛之，
仁君之惠，敬君之賜，無故不敢殺也。燕饗，侍食於君，君（若不以客
禮待之而）祭（不以客禮待臣），則夫子先飯，示臣代君嘗食而敬之，不敢
以客禮自居也。夫子有疾而君來視（慰問）之，則夫子雖臥床於南牖
下之西[2]，不能起，而必東首（首東向）以延君，所以尊君於東方主人

---

[1]　古禮，尊者饋食，嘗之以敬。
[2]　或曰"恒居北牖下，疾則移於南牖下"（《論語後錄》），《士喪禮》所謂"寢東首於
北墉下"是也。

之位,示我不敢自居主人,而存臣禮也(或曰:則夫子雖臥床不能起,而必移床於戶東,所謂"寢東首於北墉下"①,又東首以延君,所以尊君於西位也②);並加(加,覆也)朝服於被(或曰是加於身,不敢以褻服面君也),而又拖紳(大帶)其上,如朝服於朝而俟面君然,夫子雖有疾而不忘其尊君,不敢不衣朝服見君也。君命召,不俟駕行矣,急君國公事也。《玉藻》云:"凡君召以三節,二節以走,一節以趨。在官不俟屨,在外不俟車。"荀子曰:"諸侯召其臣,臣不俟駕,顛倒衣裳而走,禮也。詩云:'顛之倒之,自公召之。'"孔子尊君事君也如此,可謂忠敬矣。其意或以尊君以勵君志君德,正身而垂範、正德而能群也。

補述曰:"祭,謂祭食之先也。夫禮食必先取食,種種出片子,置俎豆邊地,名爲祭。祭者,報昔初造此食者也。君子得惠不忘報,故將食而先出報也。當君正祭食之時,而臣先取飯食之,故云先飯。飯,食也。所以然者,示爲君先嘗食,先知調和之是非者也。"③

"禮,天子適諸侯,升自阼階。天子主天下,諸侯不敢爲主也。諸侯適其臣,亦升自阼階。諸侯主其國,大夫不敢爲主也。疾不能興,寢於南墉下之西,而東首以延君。君升自阼,立於戶東,使首戴君,存臣禮也。"④

註解:

飪(已烹)、腥(未烹)、餼。飪、腥,皆牲之殺者,皆曰饗;牲之未

---

① 《士喪禮》。
② 《論語稽求篇》:"按《玉藻》:'**君子之居恒當戶,寢恒東首。**'是平時臥寢無不束首者。……若君來視疾,則《論語》於《儀禮》及《喪大記》皆云寢東首,是不問遷臥與否,必令東首者,**以室制尊西,君苟入室,則必在奧與屋漏之間,負西而向東,故當東首以示面君之意**。加朝服拖紳,《喪大記》云'徹褻衣,加新衣',舊注:'徹去褻衣,而加新朝服於其上。'正指君來視疾一節,則是禮固有之。"
③ 《皇疏》。
④ 《四書稗疏》。

殺者曰饋。而腥、饋不祭。

禮食，蓋公食大夫禮。或曰此為正禮，或曰為外臣之禮，或曰為正客禮。此蓋為正客禮也。

侍食：有兩種情形：1. 君客之，近於禮食：君命之(臣)祭，然後(君)祭。而臣先飯，辨嘗羞，飲而俟。此為客禮之次，而**君命臣祭**。2. 君不客之，純為燕饗。此又有兩種情形：(1)有膳宰嘗食(君側有嘗羞者)：則臣俟君之食然後食；而**君祭**。(2)君側無嘗羞者：則臣代膳宰夫嘗食。此兩者皆不以客禮待臣。

此節乃為"君不以客禮"，而君側無嘗羞者，故孔子於君祭之時，以臣之禮代膳宰先為君嘗飯羞(飯則飯黍稷，羞則庶羞也)，而不敢以客禮自居；飯先，羞亦如之，謂先飯而後，又先為君"遍嘗庶羞"也。羞亦言膳。《論語》以"先飯"兼概"先嘗庶羞"而不贅文也。孔子以此表敬謹之至；或此可見孔子之敬謹之至，所謂"亡於禮者之禮"也。然何如"非禮之禮"？

入太廟，每事問。

入太廟，每事問。重禮謹慎也①。好學而多問，故多聞博識也。

朋友死，無所歸。曰："於我殯。"朋友之饋，雖車馬，非祭肉，不拜。

朋友死，無所歸(無有親屬料理後事)。曰："於我殯。"朋友之饋，雖車馬，非祭肉，不拜。

朋友死，無有親屬，又或四海漂泊，無以為家，故無所為其殯

---

① 參見《八佾》之相關廣辭：子入大廟，每事問。或曰："孰謂鄹人之子知禮乎？入大廟，每事問。"子聞之曰："是禮也。"

歸。生死大事，則我將爲朋友盡其後事，重朋友之恩，而大事不辭，盡朋友之情義也。大事不辭，則朋友相交小事，如朋友通財等，亦可知矣。

朋友有所饋，祭肉則再拜稽首[①]，以禮敬其祖考也，若夫其餘財物，雖車馬之重，亦不拜。不拜者何？朋友通財，相交之公共禮義也，既曰義合乎公義，則天下人共守之；且朋友敵體相親（以道義），依禮平等，故不必拜，而共尊朋友禮義也。前曰義不容辭，理所當然；後曰義不必謝，禮所當然。「蓋能以義處己，方能以義處人，惟能以義處人，必能以義自處。」[②]孔子之朋友相交以義禮也如此。

論曰：「後世同志者少，而泛然交處者多，只得隨其淺深厚薄，度吾力量爲之，寧可過厚，不可過薄。曰朋友交遊，固有淺深，若泛然之交，一一要周旋亦不可，須是情文相稱。若泛泛施之，卻是曲意徇物。古人於此自分明，如交友稱其信也，執友稱其仁也，又如師吾哭諸寢，朋友哭諸寢門之外，所知哭於野，恩義自有許多節。」[③]

　　寢不屍，居不客。見齊衰者，雖狎，必變。見冕者與瞽者，雖褻，必以貌。凶服者式之。式負版者。有盛饌，必變色而作。迅雷風烈，必變。

寢不屍，居（居家）不客（或作容，容儀[④]）。見齊衰者，雖狎（素親狎），必變。見冕者（位爲大夫者；或曰冕與絻同，亦是喪服，似亦可取，而或

---

① 《少儀》：「爲人祭曰致福，爲己祭而致膳於君子曰膳，衦練曰告。凡膳告於君子，主人展之以授使者於阼階之南，南面再拜稽首送，反命，主人又再拜稽首。」

② 蔡清，《四書蒙引》。

③ 《朱子語類》。

④ 邢疏曰：「其居家之時，則不爲容儀，爲室家之敬難久，當和舒也。」

尤減其等級制之弊端）與瞽者，雖褻（謂燕見；或曰數相見），必以貌。凶服（喪服，送死時所穿之衣物）者式（車前橫木，有所敬則俯而憑之）之。式負版者（負版者，持邦國之圖籍；鄭注：版，謂邦國圖籍也；負之者，賤隸人也；或曰負販，謂式凶服之負販者，似亦可取）。有盛饌，必變色而作（起身道謝表敬意也）。迅雷風烈，必變。

孔子之處於家也，寢不偃臥四體，布展手足，而似屍，惡生之同於死也，眠則或可敬而小屈，所謂右向曲肱而枕，不迫其心，亦可也；居家不莊敬似客（居家不以客禮自處），嫌主之類於賓，而爲室家之敬難久，故當和舒也。

見齊衰者，雖其爲素所親狎者，亦必變色莊戚以對之，惻隱之心，而同其哀情。見冕者（位爲大夫者；或曰冕與絻同，亦是喪服，似亦可取）與瞽者，雖褻而燕見，或數相見，必變色莊敬以貌，以尊在位，而恤不成人也。瞽者目不能視，而我必變色禮貌之，所以内發乎情而外形乎禮，外形乎禮而盡其内在誠情，而言動聲色，自然而然有所變易相應者也，亦曰盡己之心情也。

凶服者式之，同其哀情而敬死者也。雖負販者[1]，亦式敬之如禮，《曲禮》曰：“夫禮者自卑而尊人，雖負販者必有尊也”，此之謂也。或曰此是式其負運邦國圖籍者，重國典民數也。邦國圖籍者，國之憲典，民之秉彝（持執常道），平治爲仁之法度，萬方兆民之福祉也，可不肅然起敬歟？

有盛饌而盛情客己（以己爲主客）[2]，必變色而作，起身敬謝主人之親饋於我也[3]。食之也有禮，《曲禮》云：“侍食於長者，主人親

---

① 《禮記·曲禮》：“夫禮者自卑而尊人，雖負販者必有尊也，而況富貴乎？”
② 即主人親饋，主人盛情請我也，亦即主人以己爲客（主要客人）待我。今人或曰主人親自上菜，此則於後世平常人家乃如此，於先秦貴族之家則不然也，必有宰夫。主人但盛情敬辭饗請之也。
③ 《曲禮》云：“侍食於長者，主人親饋，則拜而食。主人不親饋，則不拜而食。”《坊記》云：“故食禮，主人親饋則客祭，主人不親饋則客不祭。故君子苟無禮，雖美不食焉。”

饋,則拜而食;主人不親饋,則不拜而食。"《坊記》云:"故食禮,主人親饋則客祭,主人不親饋則客不祭。故君子苟無禮,雖美不食焉。"《玉藻》云:"孔子食於季氏,不辭,不食肉而飧。"注云:"以其待己及饌非禮也。"《雜記》云:"孔子曰:'吾食於少施氏而飽,少施氏食我以禮。吾祭,作而辭曰:"疏食不足祭也。"吾飧,作而辭曰:"疏食不敢以傷吾子。"'"

迅雷風烈,必變色怵惕,敬天之怒,而又戒慎其居所,備不虞之災禍也。《玉藻》云:"若有疾風迅雷甚雨則必變,雖夜必興,衣服冠而坐。"

升車,必正立執綏。車中,不內顧,不疾言,不親指。

子為大夫,升車,禦者授綏(挽以上車之索),孔子必正立執綏,肅然安誠(或曰以待禦者,而不掩不備);又履地而升,未嘗履乘石之類,不敢自同於尊者,雖禦者而亦敬之也[1]。車中,不內顧,不疾言,不親指。不內顧者,前視不過衡軏,旁觀不過輢轂,儼然端嚴不回顧外顧,此君子之克己守禮,端肅以正視聽,又以免失容惑人也(或曰不外視臣下之私,不見人短)。"所以然者,後人從己者不能常正,若轉顧見之,則掩人私不備,非大德之所為,故不為也。"[2]"疾,高急也。在車上言易高,故(雖外緣嘈雜,我自持重,)不疾言,為驚於人也。車上既高,亦不得手有所親指點,為惑下人也。"[3]君子平素之動容

---

① 《少儀》:"執君之乘車則坐,僕者右帶劍,負良綏,申之面,拖諸幦,於散綏升,執轡然後步。"《曲禮》:"君車已駕,僕取貳綏跪乘。大夫以下則惟一綏,升車則僕人授。"《少儀》:"僕於君子,升下則授綏。"《曲禮》:"凡僕人之禮,必授人綏。若僕者降等則受,不然則否。若僕者降等,則撫僕之手,不然則自下拘之。"

② 《皇疏》。

③ 《皇疏》。

行止，自奉謹嚴守禮、體恤通察人情而也如此。

色斯舉矣，翔而後集。曰："山梁雌雉，時哉！時哉！"子路共之，三嗅而作。

孔子與弟子行。有雉於路，見人近之，色斯舉矣，翔而後集（於山梁）。孔子曰："山梁（橋；以木架水上，可踐渡水之處也）雌雉，時哉！時哉！"子路共（拱近欲執；拱執；或供糧粟而欲誘執，設食物以張之）之，雉乃三嗅（作'戛'，謂雉鳴；或曰臭，古闃反，張兩翅；又曰；若前解為糧粟，則此為聞嗅）而作（飛走）。

何謂"色斯舉矣，翔而後集"？見顏色不善則去之，回翔審觀而後下止也[1]。此"謂孔子在處觀人顏色而舉動也；謂孔子所至之處也，必回翔審觀之後乃下集也。"[2]"時哉者，言雉逍遙得時所也。所以有歎者，言人遭亂世，翔集不得其所，是失時矣。而不如山梁間之雉，十步一啄，百步一飲，是得其時，故歎之也。"[3]虞氏贊曰："色斯舉矣，翔而後集，此以人事喻於雉也。雉之爲物，精儆難狎，譬人在亂世，去危就安，當如雉也。供，猶設也。言子路見雉在山梁，因設食物以張。雉性明儆，知其非常，三嗅而作，不食其供也。"[4]君子謹慎戒懼之至，觀風氣，察世變，知別擇，見幾微知著顯，以明出處行藏，以行道為仁，以遠禍避害保身，而當皆能舉止得時，而時中之。雉稚類此，故孔子歎之。

或有論曰："時哉云者，非贊雉也，以警雉也。鳥之知時者，色斯舉矣，翔而後集。今兩人至乎其前，而猶立乎山梁，時已迫矣，過

---

① 《集解》。

② 《皇疏》。

③ 《皇疏》。

④ 《皇疏》。

此則成禽矣。古稱雉爲耿介之禽，守死不移，知常而不知變，故夫子以翔鳥之義警之，徒然介立而不知幾，難乎免矣。人之拱己，而始三嗅以作，何其鈍也。然此亦聖人觀物之一意而已，非謂色舉翔集便可與聖人之時中同一作用。"[1]

　　或解曰：孔子與弟子行。有雉於路，子路共（拱近欲執；拱執；或供糧粟而欲誘執，設食物以張之）之，雉三嗅（作'戞'，謂雉鳴；或曰臭，古闋反，張兩翅；又曰：若前解為糧粟，則此為聞嗅）而作（飛走）。孔子曰："山梁雌雉，時哉！時哉！見色斯舉矣，翔而後集。"君子之出處行藏，亦當如是也。

---

[1] 《讀四書大全說》。

先進第十一

子曰："先進於禮樂，野人也；後進於禮樂，君子也。如用之，則吾從先進。"

子曰："選舉任用之道法（術）有二。其先前（周初）進用之法，乃從全體民間野人中，選舉其俊秀者，而修習、任用、仕進於禮樂之公事公職也，而為選賢任能之法；其後來（孔子所處之春秋時期）進用之法，則有所退卻潛替，乃徒以君子等貴族子弟，為之教習、選拔、任用、仕進於禮樂之公事公職也，而為世襲爵祿之法。而用人之途遂日益狹隘，天下為公之公（治）天下遂一變而為私（專）天下矣！如欲用之（選舉任用之道法），以為政於天下，則吾從其先前（周初）進仕於禮樂之全民公選之道法也，以其不拘一格，選民俊秀而進修任用，而有天下為公、選賢任能、公平樸質之政風也。故吾又嘗曰：'吾從周。'從其周初（之王道禮法）也，亦曰遵從周初之全民選舉任用之道法也。於樸野全民中，選賢任能，以公治天下而已矣。有教無類，亦斯之謂也。"

或解曰：三代以上（其先），先仕進（進學與仕進）於禮樂（以為大人官長）者，乃從全體野人民人中選舉其俊秀者；三代以下（其後），後仕進（進學而仕進）於禮樂者，乃從世爵祿之君子貴族中選其俊秀者。如選用乎斯二種進學選任之法，則吾選從三代之先之進學進仕之法。

　　（三代以先，進學進仕於禮樂者，野人之俊秀也；三代以後，進學進仕於禮樂者，世爵祿之貴族君子也。如擇於斯二者，則吾用從三代以上之先進之法，有教無類，又以惠及全體野人民人也。）

　　（或又曰：三代以來之古之所謂君子，國君之眾子與貴族子弟也；自斯往後，今之所謂君子，將為志行高潔、仁善愛民之士也。）

　　或解曰：子曰："吾弟子中，有先進者，有後進者，而為師弟朋友，講論詩書仁義，修習禮樂。先進吾門而修習於禮樂者，大體皆來（選）自民間之樸質野人也；後進吾門而修習於禮樂者，多為君子等貴族子弟也。如欲用之為政於天下，則吾願用其樸質而後文質彬彬之先進也。（或：如欲用之為政於天下，則吾從其先進於禮樂之法，以其不拘一格，選民俊秀而進修任用，而有天下為公、公平樸質之政風也。）"

　　論曰：先進後進云云，似皆孔門弟子來學之先後，先前來學者，多為樸野無位祿之庶民，後來從學為弟子者，多為有爵祿之君子。先進文質彬彬，後進文勝於質，如若用之，吾以調和文質而從先進也（若任用之，吾以先薦先進）。而從我於陳蔡者，皆不及仕進於公門之野人也（故無上下之交），可謂先進學者。

　　《論語・先進》一章，大抵講孔門弟子之事，就此而言，則"先進後進"云云，當為孔門弟子入門之先後耳，未必是選任之法術。

子曰："從我於陳、蔡者，皆不及門也。"

　　子曰："從我於陳、蔡者，當時皆不及仕進之於公門也。"哀公四年，孔子六十二歲，自陳遷蔡，絕糧於陳蔡之間①②。此因無上下之

---

　　①　《鄉黨圖考》："哀公四年，孔子六十二歲，自陳遷蔡，絕糧於陳蔡之間。"
　　②　《孔子世家》：孔子遷於蔡三歲，吳伐陳。楚救陳，軍於城父。聞孔子在陳蔡之間，楚使人聘孔子。孔子將往拜禮，陳蔡大夫謀曰："孔子賢者，所刺譏皆中諸侯之疾。今者久留陳蔡之間，諸大夫所設皆非仲尼之意。今楚，大國也，來聘孔子。**孔子用於楚，則陳蔡用事大夫危矣。**"於是乃相與發徒役圍孔子於野。不得行，絕糧。從者病，莫能興。孔子講誦弦歌不衰。子路慍見曰："君子亦有窮乎？"孔子曰："君子固窮，小人窮斯濫矣。"

交,而有此厄①②。若斯世亦為先前(周初或三代以先)之天下全民而選賢任能之法,則天下賢人多,賢弟子亦多,四海之內皆兄弟朋友,拳拳服膺忠誠於道義,而相互扶助匡救,則賢人義人當無此厄也。而天下乂安。故曰:欲復三代以前之天下為公之治,先復三代以先之全民選賢任能之道法也("先進"之道法)。公治天下從公選天下始。

德行:顏淵,閔子騫,冉伯牛,仲弓。言語:宰我,子貢。政事:冉有,季路。文學:子游,子夏。

德行:顏淵,閔子騫,冉伯牛,仲弓。言語:宰我,子貢。政事:冉有,季路。文學:子游,子夏。後人謂之為孔門四科:德行、言語、政事、文學。德行為人之根本,言語為人之(公私情意)辭命交涉之筌蹄(德行之發表),政事為人之公功善業(德行之施用),文學為先王之典文而又人之文華也③。(然亦有不同排序,或曰:德行、政事、文學、言語④;或曰:德行、文學、政事、言語。)皇侃云:"德行,百行之美也。四子俱雖在德行之目,而顏子爲其冠。言語,謂賓主相對之辭也。政事,謂治

① 《論語正義》:"孔子世家言匡人拘孔子,孔子使從者爲甯武子臣於衛,然後得去。雖甯武子非孔子同時人,然必有從者臣衛之事,誤以屬之甯武子耳。**及陳蔡之厄,孔子亦使子貢如楚,楚昭王興師迎孔子,然後免**。又《檀弓》'夫子將之荆,先之以子夏,申之以冉有',可知夫子周遊,亦賴羣弟子仕進得以維護之。今未有弟子仕陳蔡,故致此困厄也。"《論語集釋》:《論語稽》云:"**陳蔡之厄在哀四年庚戌,孔子時年六十一,子遊十六,子夏十七**。子夏《詩》有序,《書》有說,《易》於喪服有傳,其傳聖道之功甚大。《檀弓》所記凡十四事,皆以子遊一言而決,蓋以習禮列於文學,三代典章之遺,賴子遊而存。惟當從陳蔡時尚在童稚之年,似稍嫌言之過早。此可疑者四。竊謂以經解經,當以孟子'君子之厄於陳蔡之間,無上下之交也'爲此章確解。所謂不及門者,即無上下之交之義。謂弟子中無仕陳蔡者,故致斯厄。"參見:《論語集釋》。

② 孟子云:"君子之厄於陳蔡之間,無上下之交也。"參見:《孟子·盡心下》(14.18)。

③ 劉寶楠,《論語正義》。

④ 《史記·仲尼弟子列傳》:"孔子曰:'受業身通者七十有七人,皆異能之士也。德行:顏淵、閔子騫、冉伯牛、仲弓。政事:冉有、季路。言語:宰我、子貢。文學:子游、子夏。'"

國之政也。文學,謂善先王典文。"①弟子才不徒十②,蓋舉其美者
以表業分名,其餘則各以所長從四科之品也③。或曰:"凡學聖人
之道始於文,文通而後正人事,人事明而後自得於言,言忘矣而後
默識已之所行,是名德行,斯入聖人之奧也。"④

子曰:"回也非助我者也,於吾言無所不説。"

子曰:"師弟論難往還,小扣則小鳴,大叩則大鳴,而其理義將
愈加拓展精微,故曰扣鳴相應,教學相長(助)。回也,則非(教學扣
鳴而)助(益)我者也,於吾言無所不説,默識心通,聞一知十,當下
契合意會也。"皇侃云:"聖人爲教,須賢啟發。遊、參之徒,聞言輒
問,是助益於我,以增曉導。而顏淵嘿識,聞言説(悦)解,不嘗口
諮,於我教化無益,故云'非助我者,於吾言無所不説'也。"王陽明
云:"道本無窮盡,問難愈多,則精微愈顯。聖人之言,本自周遍,但
有問難之人,胷中窒礙,聖人被其一難,發揮愈加精神。若顏子聞
一知十,胷中了然,如何得問難?故聖人亦寂然不動,無所發揮,故
曰非助。"⑤"其辭若有憾焉,其實乃深喜之。"⑥

子曰:"孝哉閔子騫! 人不間於其父母昆弟之言。"

子曰:"孝哉閔子騫! 其初也,不幸而後母遇之甚酷。而損之為

---

① 《皇疏》。
② 開元時至據此立十哲之名。《論語集釋》。
③ 《皇疏》引王弼語。
④ 《筆解》李翱語。
⑤ 《陽明全集》。
⑥ 朱熹,《四書章句集注》。

人也,上事父母(後母),下順兄弟(繼兄弟),動靜盡善,使人無間言(非議)於其父母昆弟。可謂仁善智慧而至孝也。"子騫,名損,早喪母,父娶後妻,生二子,而疾惡子騫,以蘆花衣之。父察之,欲逐後母。子騫曰:'母有一子寒,母去三子單。'父善之而止。母感而悔改之,遂成慈母①。故孔子有此言。《太平御覽》則載曰:"閔損,字子騫,以德行稱。早失母,後母遇之甚酷,損事之彌謹。損衣皆槁枲爲絮,其子則綿纊重厚。父使損御,冬寒失靷,後母子御則不然。父怒詰之,損默然而已。後視二子衣,乃知其故,將欲遣妻。損諫曰:'大人有一寒子,猶上垂心。若遣母,有二寒子也。'父感其言,乃止不遣。"所述雖稍有出入,而情節大體皆同。由斯觀之,可見閔子騫之篤孝仁義也。雖處之於非常之家庭人倫境遇,而孝仁不改,謹篤負重,事父母兄弟盡於美善,又或有微諫而不苟從親令,以感化父母兄弟之心,而終於父母慈、兄弟義,孝友克全,家庭和睦,而成其一家之天倫安樂也。所謂"後母之酷可間,二子獨綿纊可間,父不能察後妻可間。(閔子騫)一諫而全家感化,父母不失其慈,二子不失其悌,使可間化而爲無可間,閔子之孝,不啻大舜之'乂不格姦'也。"②

或解曰:子曰:"孝哉閔子騫! 其爲人也,不間(即無間,無所不妥,無所可非議者,亦即盡善也)於其父母昆弟之言。"父母昆弟之言行或有不妥而可非議者,則閔子騫必守正禮而不苟從親令,而或微諫之,或巧爲斡旋調和,或彌謹篤孝,所行無非禮者,以此感化之,乃使父母昆弟之言行終無(可爲人所)間言(非議)者,以光大傳揚父母兄弟之德音家聲,而一家和睦盡歡。可謂篤孝而仁智也。故曰:子以人不間於其父母爲孝,臣以人(原文爲下,此改之)不非其君上爲忠(即臣以其仁智巧爲諫止周旋,使君上從善改過歸正,則人無間言)。子騫

---

① 《韓詩外傳》。
② 《論語補疏》。

之孝,化其父母兄弟,人無非之者也。忠臣事君,有過卽諫,在人(原文為下,此改之)無有非君者(即臣以其仁智巧為諫止周旋,使君上從善改過歸正,則人無間言),是忠臣也。[1]"蓋以從令而致親於不義,則人必有非間其父母昆弟之言。唯不苟於從令,務使親所行均合於義,人乃無非間其親之言,是乃得爲孝。然則閔子之孝,在人無間於其父母昆弟之言。人所以無間於其父母昆弟之言者,以其不苟從親令也。"[2]

或解曰:子曰:"孝哉閔子騫!其待父母兄弟之行事也,使人無所間(非議)於其父母昆弟之言。"

南容三復白圭,孔子以其兄之子妻之。

《詩‧大雅‧抑》云:"白圭之玷,尚可磨也。斯言之玷,不可爲也。"言人當慎其言行德操而無所玷污也。南容讀詩至此,三反覆之,深自戒慎警惕,是其心慎言也[3]。君子慎其言行,所謂"獨居思仁,公言言義"[4],不違正義正法正禮正情,免玷清節,貽羞世人,乃至陷於恥辱刑戮。故孔子深贊其謹慎於言行道義,而以其兄之子妻之,一者可見孔子崇義弘教而深許之,二者可見孔子與其君子端嚴不苟、言行謹慎而深信之。孔子取人也如此,此又孔子真正崇道之心也。

於《公冶長》一章中,子謂南容,"邦有道,不廢;邦無道,免於刑戮"。以其兄之子妻之[5]。皆可見南容其人。

---

① 《九經古義》引自《後漢書》。

② 《論語補疏》。

③ 《集解》。

④ 《大戴禮‧衛將軍文子篇》:"獨居思仁,公言言義。其聞詩也,一日三復'白圭之玷',是南宮縚之行也。夫子信其仁,以爲異姓。"

⑤ 《公冶長》。

論曰：今人或有一心追鶩權力財富，其餘皆所不問，而此處可知孔子選人看人之價值觀，迥異乎流俗，亦可從人之言行實事中見其真正之價值觀念也。

季康子問："弟子孰為好學？"孔子對曰："有顏回者好學，不幸短命死矣！ 今也則亡。"

季康子問："弟子孰為好學？"孔子對曰："有顏回者好學，不幸短命死矣！ 今也則亡。"季康子為魯國權臣，此問蓋為延攬人才，以強私室弱公室。孔子尊道為公，為國尊君，故略答以酬之而已。《雍也》一章中，哀公亦問："弟子孰為好學？"孔子對曰："有顏回者好學，不遷怒，不貳過。不幸短命死矣！ 今也則亡，未聞好學者也。"此則對君答問，詳言而微諫。孔子之意也，或曰諷諫哀公不當遷怒貳過，或曰哀公求賢自輔，而孔子歎息顏回有王佐之才而早死也。或曰："哀公、康子問同，而孔子之答不同，不但君臣之分也。哀公有為之君，得賢可以自輔，故以顏子之學詳告之。康子權臣，其延覽賢才，蓋欲為強私弱公之助。且季氏嘗用冉有、季路矣，又欲用閔子騫、高柴矣，而卒無可匡救，故夫子只惜顏子之死，而更無餘辭。"①

顏淵死，顏路請子之車以為之槨。子曰："才不才，亦各言其子也。鯉也死，有棺而無槨。吾不徒行以為之槨。以吾從大夫之後，不可徒行也。"

顏淵死。其父顏路，亦為孔子弟子，欲用殯槨②之喪制，而請

---

① 《論語稽》。
② 停殯西序時之靈車，非葬時之外槨或外棺。

子之車,欲菆(cuán 或 zōu)①塗而以之為殯②槨也③。子曰:"才不才,亦各言其子也。鯉也死(孔子兒子鯉,字伯魚,年五十,先孔子死,其後三年,顏淵死),有棺而無槨。吾不徒行以為之槨。以吾從大夫之後④(致仕,孔子時年七十一二),(於禮)不可徒行也。"⑤古制,天子之殯,叢聚材木堆於輴(chūn,靈車)⑥,至於棺上,似屋形,而以泥畢塗之,又畫覆棺之衣爲斧文,卽幬(chóu,帳子,或車帳)⑦也⑧;諸侯之殯,輴而設幬;大夫之殯以幬(車帷)欑⑨,至於西序,塗不曁於棺;士之殯,則見衽⑩(草席)塗上帷之。則天子國君之殯有輴,大夫有車,士無車也⑪。顏淵、孔鯉生前俱為士,當依士喪禮殯葬,不可用車

① 菆:cuán,(1)堆聚。特指把木材堆聚在靈柩的周圍。引申為停放靈柩。如:菆塗。(2)借指靈柩。如:菆塗。參見:漢典。

② 殯(殯)bìn,停放靈柩或把靈柩送到墓地去:~葬。~斂。~儀館。出~。送~。本義:停柩待葬。參見:漢典。

③ 《王制》:"大夫士庶人三日而殯,三月而葬。"

④ 《四書章句集注》:孔子時已致仕,尚從大夫之列,言後,謙辭。

⑤ 子曰:"雖有才不才,於名分而言之,亦各為其子也。回也,吾待之如子;鯉也,不亦吾子乎,吾豈不愛之?而必依禮而殯葬之,故有棺而無槨,有所受於禮也。吾不舍車徒行以為槨,以吾從大夫之後,依禮不可徒行也。"

⑥ 輴:chūn,1.靈車:"曾子攀柩車,引~者為之止也。"2.古代行泥濘道路的一種交通工具。參見:漢典。

⑦ 幬(幬)chóu 1.帳子:"何必同衾~,然後展殷勤"。2.車帷:"大路之素~也"。參見:漢典。

⑧ 《禮·喪大記》君殯用輴欑至於上,畢塗泥。【註】輴,盛柩之車。欑,猶菆也。菆木於輴之四面,至於棺上,以泥塗之。此欑木似屋形,故曰畢塗泥也。參見:漢典,"欑"條目。

⑨ 欑 cuán 聚合、拼湊。欑:《康熙字典》:【集韻】【韻會】徂丸切【正韻】徂官切,音穳。【說文】一曰積竹杖也。【禮·喪大記】君殯用輴欑至於上,畢塗泥。【註】輴,盛柩之車。欑,猶菆也。菆木於輴之四面,至於棺上,以泥塗之。此欑木似屋形,故曰畢塗泥也。【後漢·岑彭傳】田戎橫江水,起浮橋、鬭樓,立欑木。參見:漢典。

⑩ 衽 rèn。1.衣襟:"連~成帷"。斂~。2.衣袖。3.古代睡覺時用的席子:~席。參見:漢典。

⑪ 《檀弓》:"天子之殯也,菆塗龍輴以槨,加斧於槨上,畢塗屋。"又曰:"天子龍輴而槨幬,諸侯輴而設幬。"《喪大記》:"君殯用輴幬,至於上畢塗屋。大夫殯以幬幬,至於西序,塗不曁於棺。士殯見衽塗上帷之。"《士喪禮》:"士殯掘肂見衽。"

為槨。故孔子婉拒之，而微諷教諭之以循禮。其意曰："回鯉雖有才不才之分，於名分而言之，亦各為其子也。回也，吾待之如子；鯉也，不亦吾子乎？吾豈不愛之？而必依禮而殯葬之，故有棺而無槨，有所受於禮也。吾不舍車徒行以為槨，以吾從大夫之後，依禮不可徒行也。"生死之際、公私之間、情義刑政之分，皆當不以私情深厚而亂其正禮大法也。質言之，君子不以私情厚誼亂正禮正法。

《皇疏》曰："顏路之家貧無以備禮，而顏淵之德美稱於聖師，喪子之感，痛之愈深，二三子之徒將厚其禮，**路率情而行，恐有未允，而未審制義之輕重**，故托請車以求聖教也。孔子則曰：'子雖才，不可貧求備；雖不才，而**豐儉亦各有禮**。制之由父，故鯉死也而無槨也。'"①

或曰：孔子母親顏征在，當為顏氏族人，或可稱為顏路姑母，故顏路於夫子，乃為外兄弟。則顏回亦孔子之表外侄，以此言之，故孔子待之如子，亦正當然也。則顏回與孔子之關係，不僅是師弟共道，亦且是親戚關係。

顏淵死。子曰："噫！天喪予！天喪予！"

顏淵死。子曰："噫！天喪予！天喪予！"孔子一生，志在行道傳道，道不行，乃歸而著述傳道，唯顏回得之，而深冀之或以傳行。今顏淵不幸早死，孔子悼道無傳，故曰若天喪己也。再言之者，痛惜之甚也。

論曰："夫聖人出世，必須賢輔，如天將降雨，必先山澤出雲。淵未死則孔道猶可冀，縱不爲君，則亦得爲（之）教化。今淵既死，是孔道亦亡，故云天喪我也。"蓋"顏是亞聖之偶，然則顏孔自然之對物，一氣之別形，玄妙所以藏寄②，既道旨所由贊明，敓顏淵死則

---

① 《皇疏》引謬協語。

② 《皇疏》又引謬播云：知孔子理在回，知淵亦唯孔子也。

夫子體缺,故曰:'噫! 天喪予!'諒卒實之情,非過痛之辭,將求聖賢之域,宜自此覺之也。"①"《漢書‧董仲舒傳贊》曰:'劉歆以爲伊、呂乃聖人之耦,王者不得則不興。故顏淵死,孔子曰:"噫! 天喪餘!"唯此一人爲能當之,自宰我、子貢、子游、子夏不與焉。'(天喪餘者,)'言失其輔佐也。'蓋天生聖人,必有賢才爲之輔佐。今天生德於夫子,復生顏子爲聖人之耦,並不見用於世,而顏子不幸短命死矣,此亦天亡夫子之徵,故曰'天喪予'。"②

　　論曰:"孔子嘗曰:'文王既没,文不在兹乎?'羲、黄、堯、舜、禹、湯之傳於文王,孔子固已任之己矣,猶覬其或可以傳之回也。回存,則己雖死而道不亡;回死,則其系己以不亡者幾何時哉?"③故而痛惜深慟之。

顏淵死,子哭之慟。從者曰:"子慟矣。"曰: "有慟乎? 非夫人之爲慟而誰爲!"

　　顏淵死,子吊,哭之慟(哀甚,過哀;變動容貌,加重其情)。從者(孔子從行之諸弟子)曰:"子慟矣。"曰:"有慟乎? 非夫人之爲慟而誰爲!"道通知己爲難。微斯人,吾誰與寄託道命(傳道行道之天命)? 孔子於斯而至情髮露矣。

顏淵死,門人欲厚葬之,子曰:"不可。"門人厚葬之。子曰:"回也視予猶父也,予不得視猶子也。非我也,夫二三子也。"

①　《皇疏》引劉歆語。
②　《論語正義》。
③　齊夢龍,《語解》(《經正錄引》)。

顏淵死,門人欲厚葬之,子曰:"不可。"門人厚葬之。子曰:"回也視予猶父也,予竟不得視猶子也。厚葬非禮,非我意也,夫二三子也。"喪禮有制,君卿大夫士,各有其禮度(禮等,或禮儀),不可逾制;又禮,貧富有宜,有財,死則有禮;無財則已焉。顏淵貧士,當以士禮葬之,而門人欲厚葬。此蓋回父顏路有厚葬之意,門人亦發乎同門深情,故為此也。孔子,於顏回也,何嘗不情深意厚,何嘗不視之如子(視如子所以必以正禮待之也)?而時時守禮,以禮正情,不以情亂禮。以孔子聖人,眼光所及處(著眼點)不徒在私情,尤在風俗經濟,而知禮亂難繼,每多不良後果,故不允也。非謂孔子不愛顏回孔鯉也。故其乃曰:回也悟道重道之士,重禮守禮,豈貪虛禮,若其泉下有知,亦當許同(與)我意;予實待回如子,而終不能以正禮葬之,如孔鯉然,似若負之也。故歎息之,言此非我意也。而二三門人昧於此,故孔子微諷教諭之。

論曰:然此雖關風俗,究竟是私情私德,非關公事公政,故雖曰於禮不合,究竟情出有因;且路、回父子,喪禮之決定權自在於路。故孔子雖責門人,而亦只微諷而已。

論曰:"厚葬非禮,故不許也。門人欲厚葬,何也?緣回父有厚葬之意,故欲遂門人之深情也。言回雖以父視我,我不得以子遇回,雖曰師徒,義輕天屬,今父欲厚葬,豈得制止。言厚葬非我之教,出乎門人之意耳。此以抑門人而救世弊也。"[1]

今或亦可解為:"予不得視猶子也"一句,意為:吾乃不能以待親子之禮待吾回(我卻無法以對待親生兒子的方式來對待他)。言回若有知,亦必不同意厚葬。孔子此言,似有自責辜負顏回之意邪?然《集解》之解尤為切當。

季路問事鬼神。子曰:"未能事人,焉能事

---

[1]　《皇疏》引範甯語。

鬼?"敢問死。曰:"未知生,焉知死?"

　　季路問事鬼神。子曰:"未能事人,焉能事鬼?"敢問死。曰:"未知生,焉知死?"此"蓋言事人之道尚且未能,又焉能務事鬼神乎?生當爲者且未知,又焉用求知其死乎?此正教之使盡人事所當爲者,非所以教事鬼神告其知死也。"[1]"**知死知鬼神,非夫子五十知天命不能及此。夫子不答,猶是不語怪神之意也。下章類記子路之死,一以見知死之難,一以見夫子之獨知此也。**"[2]"**夫從生可以善死,盡人可以應神,雖幽顯路殊,而誠恒一。苟未能此,問之無益,何處問彼耶?**"[3]

　　論曰:"禮有五經,莫重於祭。古之所爲事鬼神者,嘗無不至,則子路之問不爲不切。夫先王之事鬼神,莫非由事人而推之,故生則盡養,死則盡享。惟聖人爲能饗帝,惟孝子爲能享親。云事鬼也,莫非教天下之事人也。吾未見孝友不敦於父兄,而愛敬能達乎宗廟者也,則盡乎事鬼神之義矣。進而問死,欲知處死之道也。人有所當死,有所不當死。死非季路所難,莫難乎其知之明、處之當。然而死非可預期之事,故爲反其所自生。君子之窮理盡性以至於命,歸於得正而斃。其不敢以父母之身行殆,不敢以匹夫之諒爲名者,皆惟其知生。敬吾生,故重吾死也。否則生無以立命,死適爲大愚而已。則盡乎知死之義矣。子嘗言之矣,務民之義,卽所以事人;敬鬼神而遠之,卽所以事鬼也。夫孝者善繼人之志,善述人之事。事死如事生,事亡如事存,孝之至也。所謂能事人能事鬼也。'人之生也直,罔之生也幸而免',所以教知生。'志士仁人,無求生以害仁,有殺身以成仁',所以教知死也。孟子曰:'知命者不立乎

---

　　① 《四書辯疑》。
　　② 《論語後案》。
　　③ 《皇疏》引顧歡語。

巖牆之下。'盡其道而死者，正命也。桎梏死者，非正命也。所謂知生知死也。"①

又曰："氣有聚散，理無聚散。形有生死，性無加損。知此，則知生知死。學至於知生知死，學其志矣。夫誠知性無加損，則知所以盡性，終日乾乾，攝情歸性，湛定純一，不隨境遷，晝如此，夜如此，生如此，自然死亦如此矣。一念萬年，死猶不死，此堯、舜、孔、孟及歷代盡性至命者知生知死之實際也。苟爲不然，徒知何益。……誠知人之生也本直，生而不罔，斯死而無憾。生能俯仰無愧，死則浩然天壤。生時正大光明於天下，死自正大光明於後世。若關壯謬、司馬光、文天祥、海剛峰諸人是也。問：此就心術正大行履無咎者言，下此則奈何？曰：下此則蚩蚩而生，昧昧而死。生時茫然，死而惘然。生既不能俯仰無愧浩然坦蕩於世上，屬纊之時，檢點生平，黯然消沮，自貽伊戚於地下，存不順而沒不寧，何痛如之。蚤知如此，何至於此。此季路之所以問死，而學者之所以不可不知也。蓋知終方肯善始，知死方肯善生，知死期不可預定，則必兢兢思所以自治。惟恐今日心思言動違理，而無以善始善生，便非他日所以善終而善死。生時慎之又慎，免得死時悔了又悔。昔人謂少壯不努力，老大徒傷悲。餘則謂生時不努力，死時徒傷悲。"②

今之餘論："禮"不同於法，"禮"有的時候暫時不要求對方明瞭"禮儀"背後的禮義，但卻必須要求其先行遵奉之（禮儀，或行禮），而獲其利益，如教國家之孺子之相關禮儀規矩，待其成長或成人後，而漸次教育或自悟此種"禮"、"禮儀"之禮義與禮意。現代教育學講究所謂博特斯巴赫共识或博特斯巴赫三原則，然亦非

---

① 趙佑，《温故錄》。
② 《反身錄》。

謂學堂不可有基本禮儀之規定,第漸長大後而有理性之啟蒙討論
也。問題的關鍵在於成人世界(或聖賢)所製定的禮義和禮儀本
身,卻是要經得起天道、聖心、公心或現代理性與正當性的推敲
和自證。

閔子侍側,誾誾如也;子路,行行如也;冉有、子貢,侃侃如也。子樂。"若由也,不得其死然。"

閔子侍側,誾誾如(yín,中正貌;和悦而諍;此曰德行)①也;子路,行行如(hàng,剛强貌;此曰勇毅敢任)也;冉有、子貢,侃侃如(和樂貌,或曰為"衎衎",kàn;滔滔不絶②;多言③。此曰政事、言語)也。子樂。曰④:

---

① 誾:1. 和悦而正直地爭辯。2.〔誾誾〕a. 説話或爭辯時正直而和藹的樣子,如"與上大夫言,誾誾如也。"b.(香氣)濃烈,如"芳酷烈之誾誾。"《康熙字典》:音銀。【説文】和悦而諍也。【玉篇】和敬貌。【廣韻】中正之貌。【類篇】語也。【論語】朝與上大夫言,誾誾如也。【後漢・張輔傳】前入侍講,屢有諫正,誾誾惻惻,出於誠心。參見:漢典。

② 宋翔鳳《過庭錄》:《説文解字》:侃,剛直也。從仴。仴,古文信從川,取其不舍晝夜。羅按:疑"侃侃"即"滔滔不絶"意也。

③ 《左傳》:"仲尼曰:'賜不幸言而中,是使賜多言者也。'"夫子懼其多言,故每抑之。參見:《論語後錄》。此處應為"多言"之意,孔子欲其抑之而中和也。如此,則"子曰:'若由也,不得其死然。'"此後皆具論各弟子之氣質性情也。然如作如是解,則"子曰:'若由也,不得其死然。'"一句,當置於"言必有中"一句後,方與此處次序吻合;而"過猶不及"一句,則可置於"由也喭"一句之後,則"回也其庶乎"或"回也其庶幾"正好接"過猶不及",為中道中庸也;另有其他調整。**以下試重整其次序:閔子侍側,誾誾如也;子路,行行如也;冉有、子貢,侃侃如也。子樂。//魯人為長府。閔子騫曰:"仍舊貫,如之何? 何必改作?"子曰:"夫人不言,言必有中。"//子曰:"若由也,不得其死然。"//子曰:"由之瑟奚為於丘之門?"門人不敬子路。子曰:"由也升堂矣,未入於室也。"//季氏富於周公,而求也為之聚斂而附益之。子曰:"非吾徒也。小子鳴鼓而攻之,可也。"//賜不受命,而貨殖焉,億則屢中。//柴也愚,參也魯,師也辟,由也喭。//子貢問:"師與商也孰賢?"子曰:"師也過,商也不及。"曰:"然則師愈與?"子曰:"過猶不及。"//子曰:"回也其庶乎,屢空。"** 如此則此句另有其解,如侃侃即為多言之意。

④ 或曰此處當為"子曰",無"樂"字。

"若由也,不得其死然。"①②

論曰:闇闇中正,和悦静正;行行剛強,勇毅任道;侃侃如流,言辭才智優有餘裕,擅於政事言語,動而和樂。孔子於此,見諸弟子之秉性氣象,各有卓犖優異處,而樂其各盡其性,又樂得英才而教育之。孔子於子路也,則亦可謂一者以喜,一者以憂。喜其堪以剛強任道衛道也,斯世本應多此種人物,而吾也有此師弟;而憂其或剛過,道直時邪,自然速禍,而或遭難遇厄不得壽終也,恐斯世因之而少此人物,而吾也或將失之也。故歎息之,又以諄諄叮嚀警示之,欲其輔之以戒慎恐懼,乃至或有所變化氣質也。《孔子家語》載云:"顏回問子路曰:'力猛於德而得其死者,鮮矣,盍慎諸焉。'孔子謂顏回曰:'人莫不知此道之美,而莫之禦也,莫之為也,何居為聞者,盍日思也夫。'"③然而終究亦喜其剛強勇毅,正直行行,嘗曰:"自吾得由,惡言不聞於耳。"④子路之勇,義勇也,正直之勇也,非殘暴兇悍之勇。故樂也。實乃一片師弟至情。

論曰:"剛柔皆道之用也。剛之過或不足以通吉凶之故,而柔之過則人慾易溺而天理不能自持,故聖人之所嘉予者惟剛,而聖教之裁成,必使卓然自拔於流俗。以直方而不屈,雖憂患之不免,而聖人終有取焉。志正則氣伸,氣不餒則神傳於容貌之間,故諸子侍

---

① 《論語隱義》(《禦覽》卷三百六十六引):"衛蒯聵亂,子路興師往。有狐黶當師曰:'子欲入邪?'曰:'然。'黶從城上下麻繩鉤子路,半城,問曰:'爲師邪? 爲君邪?'曰:'在君爲君,在師爲師。'黶因投之,折其左股,不死。黶開城欲殺之,子路目如明星之光曜,黶不能前,謂:'畏子之目,願覆之。'子路以衣袂覆目,黶遂殺之。"參見:《論語集釋》。羅按:此亦小説筆法,不可盡信,引以廣聞耳。

② 若由也,由也喭,行行如也,不得其死然;若閔子騫也,訚訚如也,夫人不言,言必有中;若師與商也,師也過(辟),商也不及,過猶不及;若求與賜也,侃侃如也,賜不受道命而旁騖貨殖而億(不能持道如一而言行必中道,非億而屢中也),求不能諫正匡救衛道,非吾徒也;若柴也愚,參也魯,師也辟,由也喭,皆有氣質之偏;若夫回也,其庶幾乎達道也。

③ 《孔子家語疏證·顏回》。

④ 《史記·仲尼弟子列傳》。

側,夫子目擊而知其所養也。夫剛者可以自持而不可以加物,決於任道而非決於任志,志之任,其何以盡屈伸進退之理? 剛加於物,而能不忤於物乎? 夫喜其剛而又爲之憂,蓋欲有以善剛之用,乃雖爲之憂而不易其喜,則以靡靡者之生固不如行行者之死也。見利而歆,遇難而餒,闇然求媚於世,誠不如死之久亦。"①

或曰:子路之人格被儒家壓抑太久,導致中國文化對於勇毅的偏見,以及中國人的國民精神中的勇毅精神的某種缺失。當然,孟子也表現出了義勇的精神和人格。吾中華人今當倡補此一維也。

魯人爲長府。閔子騫曰:"仍舊貫,如之何? 何必改作?"子曰:"夫人不言,言必有中。"

昭公欲伐季氏。乃命魯人爲(改作、修繕)長府,將居之,藉以用之(長府中所藏之兵器貨賄)爲事。閔子騫曰:"仍舊貫(事),如之何? 何必改作?"語意雙關,而有諫止諷喻之意,以季氏得民久,不可輕舉妄動而招禍殃也;且"魯君失民數世矣,隱民皆取食於季氏,復爲長府以重勞之,是爲淵驅魚也"②③。故子聞之而論曰:"夫人不言,言必有中。"善其言不妄發,發則守正中理,燭微卓識,切中肯綮。亦可謂"言談微中,可以解紛"矣。

然昭公不爲所動。其後公居長府,伐季氏,入之。孟氏、叔孫氏共逐公徒,公遜於齊。④

---

① 《四書訓義》。
② 包慎言,《溫故錄》。
③ 《翟氏考異》解曰:"季氏惡公恃此伐已,故於己事後率魯人卑其閈閎,俾後此之爲魯君者不復有所憑恃,其居心寧可問乎? 閔子無諫諍之責,能爲婉言諷之,則自與聖人**強公弱私之心**深有契矣。"
④ 《左傳·昭公二十五年》。

或解曰：公居長府，伐季氏，入之。孟氏、叔孫氏共逐公徒，公遜於齊。"季氏惡公恃此伐己，故於已事後率魯人為長府，卑其閈閎，俾後此之爲魯君者不復有所憑恃"。閔子騫曰："仍舊貫（事），如之何？何必改作？"閔子此言，乃婉言諷之，其意乃曰君臣之義不可廢也。義正辭婉，微言而大義出矣。且"與聖人強公弱私之心深有契"也。故子聞之而論曰："夫人不言，言必有中。"善其言不妄發，發則必持正中理，不為苟論也。

季氏嘗使閔子騫為費宰。閔子騫曰："善為我辭焉。如有復我者，則吾必在汶上矣。"①閔子騫之為人，於斯可見。

或曰："如之何"者，如前解乃為：季氏能把魯君怎麼樣呢？如後解乃為：魯君能把季氏怎麼樣呢？

今論曰：古代人格身份不平等，財富懸殊不均，故人有不平之心、覬覦之心，而叛亂攻伐不休。儒家只講仁義禮法，不於此二者作根本改張，則終究無濟於事，乃至無益於世。人格身份平等（人伻），機會平等，法律平等公正、經濟財富均衡，如此而後乃可有現代之普遍主義之仁愛與公正（正義），以及建基其上之禮儀人倫。此為現代仁義禮法也。

註解：

關於此處之"魯人"與"長府"，歷來有不同說法，綜合之如下：昭公為長府；昭公為長府公館別宮欲伐季氏；季氏於昭公事後擬欲改作（魯君之）長府；三家於昭公事後欲改作長府；魯人魯國魯君改鑄錢之形制；魯君加長府之度而僭於王者之府，閔子騫諫之，而魯君聽之而僅修舊，未加度，故《春秋》無"魯作長府"之文。

---

① 《論語·雍也》。

子曰："由之瑟奚為於丘之門?"門人不敬子路。子曰："由也升堂矣,未入於室也。"

子曰："由之瑟奚為於丘之門?"蓋子路性剛勇決,其鼓瑟也多壯氣,乃至有北鄙殺伐之聲,不合雅頌溫柔治安之聲風。且"瑟者,嗇也,閑也,所以懲忿窒慾、正人之德也。"①如是乃可謂知瑟知樂。故孔子之意曰:若子路鼓瑟如斯,豈知瑟知樂者哉?又豈知吾丘門之學之道者哉?蓋孔子欲中和其鄙野,而進於禮樂文雅,以臻於文質彬彬,故似抑而實提撕之,欲其有所改張中和,非欲棄絶黜退也。門人或未解,以為孔子賤之,遂不敬子路。子曰:"由也升堂矣,未入於室也。"所謂升堂入室,喻入道之次第,而"門、堂、室皆所謂造聖賢之域也。夫子教人和平中正,造其域者氣質悉化。子路陶淑雖久,其生性不近春溫而近秋殺,故於鼓瑟之頃偶流露焉,而夫子戒之。"②孔子每或直言斥其弟子,非所以棄絶之,乃所以指斥教誨之也。言者善心苦衷,聽訓者當忽其辭容,而取其苦心深意也。

《説苑》載云:"子路鼓瑟,有北鄙之聲。子曰:'南者,生育之鄉。北者,殺伐之域。故舜造南風之聲,其興也勃焉。紂爲北鄙之聲,其亡也忽焉。'"儒家及孔子之教,仁道也,仁學也,生道也,非殺伐攻取之術也。此儒學與孔子之教之根本,亦其數千年而不絶如縷而日益擴展之根由也。

《家語・辨樂解》載云:"子路鼓琴,孔子聞之,謂冉有曰:'甚矣由之不才也! 夫先王之製音也,奏中聲以爲節,入於南,不歸於北。南者,生育之鄉。北者,殺伐之域。故君子之音溫柔居中,以象生育之氣,憂愁之感不加於心也,暴厲之動不在於體也,夫然者乃所

---

① 《白虎通・禮樂篇》。
② 《論語稽》。

謂治安之風也。小人之風則不然，亢屬微末以象殺伐之氣，中和之感不載於心，溫和之動不存於體，夫然者乃所以爲亂之風。今由也匹夫之徒，曾無意於先生之制，而習亡國之聲，烏能保其六七尺之體也哉?'冉有以告子路，子路懼而自悔，靜思不食，以至骨立。夫子曰：''過而能改，其進矣乎。'"

今之餘論：今日西方流行音樂、黑人音樂文化皆主熱烈奔放、自然發抒。然西方亦有古典化、紳士化舞樂禮儀也。儒家亦講情意自然發抒表見、思無邪，非謂壓抑自然情感及義勇作爲也。

實則後人對子路亦有誤解或偏見，如門人然。孔子雖每斥子路，實則愛之深、寄之厚也，故或曰："升堂豈易許哉? 喜告過則改之，誠恐有聞則勉之；力辭叛者之要言，必成其信；贈處者之求益，堪知其謙；墮費未盡大猷，治蒲亦只小試；勇足以立千乘之功而不流於霸，明足以斷單辭之獄而不入於偏，此仲子之所以不可及也。"① 故子路死，孔子歌曰："太山壞乎! 樑柱摧乎! 哲人萎乎!"②

子貢問："師與商也孰賢?"子曰："師也過，商也不及。"曰："然則師愈與?"子曰："過猶不及。"

子貢問："師（子張）與商（子夏）也孰賢?"子曰："師也過，商也不及。"曰："然則師愈（勝）與?"子曰："過猶不及。"俱不得中也。子貢越席而對曰："敢問將何以爲此中者也?"子曰："禮乎禮。夫禮所以制中也。"③ 而制中亦所以製禮也，《中庸》言之綦詳，然此唯聖人能之。

論曰：子夏嘗既除喪而見（孔子）。（孔子）予之琴，和之而不和，

---

① 《論語後案》。
② 《史記·孔子世家》。
③ 《禮記·仲尼燕居》。

彈之而不成聲,作而曰:"哀未忘也。先王製禮,而弗敢過也。"若夫子張,既除喪而見,予之琴,和之而和,彈之而成聲,作而曰:"先王製禮,不敢不至焉。"①於此可見,子夏氣質拘謹,規模或稍狹隘,有所不及(亦可曰是守禮而過);子張氣質揚厲,張大其心志言辭,有所過之,皆不得其中②。故孔子誡之。誡之而曰:"師也過,商也不及",而過猶不及也③。

或解曰:"子張性繁冗,爲事好在避過而不止也;子夏性疏闊,行事好不及而止也。"④又或曰:"《禮記》載子張與子夏各除喪而見孔子,張則哀痛已竭,彈琴成聲,曰:'不敢不及也。'夏則哀痛未忘,彈琴不成聲,曰:'不敢過也。'卽此一節,亦一過一不及之證。然而喪尚哀戚,一則哀不足而禮有餘,一則禮不足而哀有餘"⑤,子夏不及,而子張過也。

或論曰:"故此苟引經,當引《洪範》三德證此猶字。三德者,正直、剛克、柔克。正直以無偏無側據作首德,而高明剛克、沈潛柔克卽過不及也,皆氣質也。然而正直,德也,高明、沈潛,亦德也。三德並列,有何勝負,其解'猶'字當如此。"⑥此亦可備一說,然或

---

① 《禮記‧檀弓上》:子夏既除喪而見。予之琴,和之而不和,彈之而不成聲,作而曰:"哀未忘也。先王製禮,而弗敢過也。"子張既除喪而見,予之琴,和之而和,彈之而成聲,作而曰:"先王製禮,不敢不至焉。"

② 如《子張》:子張之門人問交於子張。子曰:"子夏云何?"對曰:"子夏:'可者與之,其不可者拒之。'"子張曰:"異乎吾所聞:君子尊賢而容眾,嘉善而矜不能。我之大賢與,於人何所不容? 我之不賢與,人將拒我,如之何其拒人也?"於此亦可見二者氣質之差異也。

③ 又可對照本章:子路問:"聞斯行諸?"子曰:"有父兄在,如之何其聞斯行之?"冉有問:"聞斯行諸?"子曰:"聞斯行之。"公西華曰:"由也問聞斯行諸,子曰'有父兄在';求也問聞斯行諸,子曰'聞斯行之'。赤也惑,敢問。"子曰:"求也退,故進之;由也兼人,故退之。"可見孔子因材施教之意之方也。

④ 《皇疏》。

⑤ 《四書改錯》。

⑥ 《四書改錯》。

不合孔子原意也。

季氏富於周公，而求也為之聚斂而附益之。子曰："非吾徒也。小子鳴鼓而攻之，可也。"

"哀公十一年，季孫欲以田賦，使冉有訪諸仲尼。仲尼曰：'丘不識也。'三發(發問)，卒曰：'子為國老，待子而行，若之何子之不言也？'仲尼不對。而私於冉有曰：'君子之行也，度於禮，施取其厚，事舉其中，斂從其薄。如是則以丘亦足矣。若不度於禮，而貪冒無厭，則雖以田賦，將又不足。且子季孫若欲行而法，則周公之典在。若欲苟而行，又何訪焉？'弗聽。"[1]十二年春王正月，用田賦。

季氏富(厚)於周公(天子之宰卿士；或曰即是魯君)[2]，而求也為之聚斂而附益之[3][4]。子曰："非吾徒也。小子鳴鼓而攻之(聲其罪以責之)，可也。"季氏為魯國世卿，而用田賦，強僭逾制，攘奪其君，刻剝其民，張私室，弱公室，動搖國本，將為隱憂。而"季氏不能納諫，故求也莫得匡救。匡救不存，其義屈，故(子)曰'非吾徒也'。攻譏於求，所以深疾季氏。"[5]深疾者何？以"魯有季氏，世卿專政，祿去公室，攘奪克剝，而有用田賦之事。是亦卑勝尊，賤傷貴，不義之至

---

① 《左傳今注今譯》(下冊)。

② 此處之周公非指周公旦，乃為春秋時之周公即周天子之宰卿士，系周公之孫世食采於周者。於制，季氏以侯國之卿之身份，不可富於王朝之宰，今季氏埰地賦稅多於王朝卿士，則僭越也。可參閱：《論語斆質》。或曰：周公即魯君。參見：《四書改錯》。

③ 《翟氏考異》："魯自宣公稅畝而田賦倍，已富厚於周公矣。及此而冉有復爲季氏訪問田賦。"

④ 宣公稅畝，哀公用田賦，今則季氏亦用田賦，一脈相承，由來遠矣。而先王之制遂壞，民生弊惡矣。

⑤ 《皇疏》引謬協語。

者,(國之大憂患也)。與季氏不能聽,冉有不能救,厥罪惟均,故鳴鼓而攻。若深疾冉有,實正季氏之惡。"[1]譏諷聲討之,欲以聲明道學道統、張揚政風而維持國本也。

《魯語》載曰:"仲尼私於冉有曰:"汝不聞乎? 先王制土,藉田以力,而砥其遠邇;賦里以入,而量其有無;任力以夫,而議其老幼。於是乎有鰥寡孤疾,有軍旅之出,則徵之;無則已。其歲收,田一井出稯禾秉芻缶米,不是過也。先王以爲足。若子季孫欲其法也,則有周公之藉矣。若欲犯法,則苟而賦,又何訪焉?""

柴也愚,參也魯,師也辟,由也喭。

柴(高柴字子羔,衛人)也愚(愚直,好仁過也;知不足而厚有餘),參也魯(鈍也。曾子性遲鈍;質勝文也),師也辟(辟是習於容止威儀[2];或作僻,偏也,以其志過高,而流於一偏也;飾過差也)[3],由也喭(畔喭,並作"吸喭";喭,剛猛失容也,言子路性行剛強,常吸喭失於禮容也;剛猛也)。斯數人也,有其善長者,亦有其短,所謂氣質有偏,故孔子諭之,欲其當有所中和之也。若夫顏回,則庶己矣。

朱熹解曰:"愚者,知不足而厚有餘。《家語》記其(高柴)'足不履影,啟蟄不殺,方長不折。執親之喪,泣血三年,未嘗見齒。避難而行不徑不竇',可以見其爲人矣。魯,鈍也。程子曰:'參也竟以魯得之。'又曰:'曾子之學誠篤而已。聖門學者聰明才辯不爲不

---

①　《論語發微》。

②　《季氏》:孔子曰:"益者三友,損者三友。友直,友諒,友多聞,益矣。友便辟,友善柔,友便佞,損矣。"可參見本書此節之"廣辭"。

③　《史記·仲尼弟子列傳》:子張問:"士何如斯可謂之達矣?"孔子曰:"何哉,爾所謂達者?"子張對曰:"在國必聞,在家必聞。"孔子曰:"是聞也,非達也。夫達者,質直而好義,察言而觀色,慮以下人,在國及家必達。夫聞也者,色取仁而行違,居之不疑,在國及家必聞。"故馬曰:"子張才過人,失在邪僻文過。"(《集解》);王弼曰"僻,飾過差也"(《皇疏》);朱熹曰"辟,便辟也,謂習於容止,少誠實也。"參見:《四書章句集註》。

多，而卒傳其道乃質魯之人爾，故學以誠實爲貴也。'辟，便辟也，謂習於容止，少誠實也。喭，粗俗也。傳稱喭者，謂俗論也。楊氏曰：'四者性之偏，語之使知自勵也。'"①

子曰："回也其庶乎，屢空。賜不受命，而貨殖焉；億則屢中。"

子曰："回也其庶幾聖道(得道；得道之全體；受教命；全性中和)——不類於上述數子氣質偏倚之病——，雖屢空匱②，而樂在其中(不改其道樂)③。賜不受命(或曰孔子之教命；或曰天命、秉承天道之命)，而旁鶩貨殖焉；雖亦億(億度是非，憶度事理)則幸而屢中④，不如損之"闒闒而言必有正中"也。"

"憶，謂心憶度事宜也。言子貢性好憶度是非而屢幸中，亦是失也，故君子不憶不幸(僥倖)也。"⑤"子貢雖不受爵而能富，雖不窮理而幸中，蓋不逮顏之庶幾，輕四子所病，故稱'子曰'以異之也。"⑥《繫辭》云："子曰：'顏氏之子，其殆庶幾⑦乎？有不善未嘗不知，知之未嘗復行也。'"⑧或曰："屢，猶每也。空，猶虛中也。以聖

---

① 《四書章句集註》。

② 或解"空"爲"虛中"，茲不取。

③ 《經讀考異》：此凡兩讀，何氏《集解》言："回庶幾聖道，雖屢空匱，而樂在其中。"是以"乎"字絕句，近讀從之。又云："屢，猶每也。空，猶虛中也，言其於庶幾每能虛中者，是以屢空。"連上"庶幾"爲句。

④ 解有二通。一云：憶，謂心憶度事宜也。言子貢性好憶度是非而屢幸中，亦是失也，故君子不憶不幸。又一通云：雖不虛心如顏，而憶度事理必亦能屢中。參見《皇疏》。朱熹則解曰："**子貢不如顏子之安貧樂道，然其才識之明，亦能料事而多中也。**"類於此。參見《四書章句集注》。

⑤ 《皇疏》。

⑥ 王弼語，引自《皇疏》。

⑦ 虞翻注："幾，神眇也。"翻說幾，以上"知幾其神"故云爾。參見《論語後錄》。

⑧ 《論語後錄》。

人之善道，以教命於數子，猶不至於知道者，各內有此氣質偏倚之害。其於庶幾每能虛中者，惟回懷道深遠。不虛心不能知道，子貢雖無數子之病，然亦不知道者，雖不窮理而幸中，雖非天命而偶富，亦所以不虛心也。"①

總述之，則曰：若損（閔子騫）也，誾誾如也，夫人不言，言必有中；若由也，由也喭，行行如也，不得其死然；若求與賜也，侃侃如多言也，賜不受道命而旁騖貨殖而幸而**億中耳**（不能持道如一而言行必中道，如損之"言必有中"然也），求不能諫正匡救衛道，非吾徒也；若夫柴也愚，參也魯，師也辟，由也喭，皆有氣質之偏（故曰：從我於陳、蔡者，皆不及門也——然而，顏回亦經陳蔡之厄，似不在此內）；若師與商也，師也過（辟）②，商也不及，過猶不及；若夫回也，其庶幾乎達道（之全體）而全性自完足也。至於雍（仲弓）也，可使南面；若夫伯牛也，斯人也而有斯疾，命也夫（德行：顏淵、閔子騫、冉伯牛、仲弓）。

或解曰：子曰："回也其庶幾受教命乎，屢空（空匱，匱乏）而不改其道樂。賜不受教命，而貨殖焉，億（億度，猜度；意貴賤之期"）則屢中（數得其時）。"

或解曰：子曰："過猶不及，回也庶幾其中，無此數子氣質偏倚之病也（此解接"過猶不及"一句），雖屢空匱，而樂在其中③。賜不受教命，而貨殖焉；億則幸而屢中而已。"《繫辭》云："子曰：'顏氏之

---

① 此處參酌《集解》而述解之。

② 《史記·仲尼弟子列傳》：子張問："士何如斯可謂之達矣？"孔子曰："何哉，爾所謂達者？"子張對曰："在國必聞，在家必聞。"孔子曰："是聞也，非達也。夫達者，質直而好義，察言而觀色，慮以下人，在國及家必達。夫聞也者，色取仁而行違，居之不疑，在國及家必聞。"故馬曰"子張才過人，失在邪僻文過"（《集解》）；王弼曰"僻，飾過差也"（《皇疏》）；朱熹曰"辟，便辟也，謂習於容止，少誠實也"（《四書章句集註》）。

③ 《經讀考異》：此凡兩讀，何氏《集解》言："回庶幾聖道，雖屢空匱，而樂在其中。"是以"乎"字絕句，近讀從之。又云："屢，猶每也。空，猶虛中也，言其於庶幾每能虛中者，是以屢空。"連上"庶幾"爲句。

子,其殆庶幾①乎？有不善未嘗不知,知之未嘗復行也。'"②《集解》別解曰:"屢,猶每也。空,猶虛中也。以聖人之善道,教數子之庶幾,猶不至於知道者,各內有此害。其於庶幾每能虛中者,惟回懷道深遠。不虛心不能知道,**子貢雖無數子之病,然亦不知道者,雖不窮理而幸中,雖非天命而偶富,亦所以不虛心也。**"

總結之,則解曰:子曰:"若夫回也,其庶幾乎(得道;得道之全體;受命;全性中和,無所偏倚也);受命於道,心無旁鶩,而屢空(匱乏;或曰虛空其中,空其成見,空虛其心,故能一心求道納道,毫無旁鶩;又或曰空其氣質之偏)不改道樂。賜不受教命,而貨殖焉;億則幸而屢中(賜也侃侃多言,億度是非或億度貴賤之期而屢中耳——然不類乎損之"言必有正中";惜乎不受道命,私心旁鶩於貨殖也)。"

子張問善人之道。子曰:"不踐跡,亦不入於室。"

子張問善人(義人君子)之道。子曰:"善人者,不似眾人但踐(循)疑似形跡(雜沓形跡而已)而已,然亦不入於室而優入聖域也。"不踐跡,則已德業優長,而卓然拔前升堂,得親見聖師,親聆謦欬(qǐng kài),而為賢者,如子路子貢等;不入室,則雖升堂而未得聖奧精義之全體大用,故但為賢者而尚未優入聖域,亦如子路然③。以宮墻室家喻之,則踐跡,但在墻外,踐循雜沓疑似之形跡,依違不定,不得其門而入,不得正道,泯然疑惑固陋之眾人而已;不踐跡,則得其門而入,而登堂,而道路宛然可循行,不必搔首捫探,踐跡摸索,而學習道藝,以成賢者,若窺見室家之好然;若夫入室,則博學道藝而能通貫,

---

①　虞翻注:"幾,神眇也。"翻說幾,以上"知幾其神"故云爾。參見《論語後錄》。

②　《論語後錄》。

③　《論語·先進》:子曰:"由之瑟奚為於丘之門?"門人不敬子路。子曰:"由也升堂矣,未入於室也。"

執中而能權，時中而神化，乃為聖者，若見宗廟之美，百官之富然①，如斯乃為聖者，而可行王道矣。故曰：善人之道，可循行之而為賢者，然猶當入進之，而後登堂入室而優入聖域也。

或解曰：子張問善人（義人君子）之道。子曰："若不踐（循）跡（舊跡，舊路），則亦不入於室也。"善人之道，亦只是踐行前賢往聖之往跡典型，嘉言懿行，由其正道，循其正禮（典型），而後方或可登堂入室，而成就善人之行事也。子曰："誰能出不由戶？何莫由斯道也？"②亦斯之謂也。

論曰："此言善人之道，當踐跡，乃能入聖人之室。如不踐跡，亦不能入室。言質美未可恃也。"③又曰："言問善人之道，則非問何如而可以為善人，乃問善人當何道以自處也。故子告以當效前言往行以成其德。譬諸入室，必踐陳除堂戶之跡，而後可循循然至也。蓋有不踐跡而自入於室者，唯聖人能之，堯舜禪而禹繼，唐虞讓而殷周誅是也。亦有踐跡而終不入於室者，七十子之學孔子是也。若善人上不及聖，而又非中賢以下所及，故苟踐跡，斯必入於室；若其不踐跡，則亦不能入於室耳。"④孟子所謂：徒善不足以為政，而須踐行先王之跡、先王之道制禮法也。

或解曰：子張問善人（與王者或聖王相對，賢者也；或曰諸侯）之道。子曰："善人不踐跡，然亦不入於室。"不踐跡則不但循追舊跡而已，亦稍有創製，少能創業，然徒此恐亦不能入於聖人聖王之奧室也。不能登堂入室，則不能窺大道之全體，而不能優入聖域矣，故但為

---

① 《論語·子張》：叔孫武叔語大夫於朝，曰："子貢賢於仲尼。"子服景伯以告子貢。子貢曰："譬之宮牆，賜之牆也及肩，窺見室家之好。夫子之牆數仞，不得其門而入，不見宗廟之美，百官之富。得其門者或寡矣。夫子之云，不亦宜乎！"

② 《雍也》。

③ 《東塾讀書記》。

④ 《經學卮言》。

賢人善人而已。故子曰:"如有王者,必世而後仁。善人爲國百年,亦可以勝殘去殺矣。"①斯之謂也。

或曰:《漢書·刑法志》云:"孔子曰:'如有王者,必世而後仁。善人爲國百年,可以勝殘去殺矣。'言聖王承衰撥亂而起,被民以德教,變而化之,必世然後仁道成焉。至於善人,不入於室,然猶百年勝殘去殺矣。"據志此言,以善人指諸侯言。王者以德教化民,製禮作樂,功致太平。若善人爲邦百年,仍不能興禮樂之事,故僅可勝殘去殺。若仁道猶未能成,所謂不入於室也。②

子曰:"論篤是與? 君子者乎? 色莊者乎?"

子曰:"善人之道何謂(或:何謂踐跡? 何謂前賢之典型?)? 曰:論篤是與? 君子者乎? 色莊者乎? 此三者可爲善人之道也。"③論篤者,謂口無擇言,言善人有所論説,必出篤厚謹敬之辭也;君子者,謂身無鄙行而能行君子之行也;色莊者,顏色莊嚴,不惡而嚴,威而不猛,以遠小人者也。言此三者皆可以爲善人之道也④。

或解曰:"與,許也。莊,妝之假借字,飾也。言但以其言論篤實而許之,則未知其爲君子者乎? 抑飾爲色莊者乎? 此言觀人之法,當審其心術,亦以勉學者修辭立其誠也。"⑤

子路問:"聞斯行諸?"子曰:"有父兄在,如之何其聞斯行之?"冉有問:"聞斯行諸?"子曰:"聞斯

---

① 《子路》。
② 《論語正義》。
③ 此種解讀,則此句當接上句,合爲一節。
④ 《集解》與《皇疏》,參見:《論語義疏》。
⑤ 《論語大義》。

行之。"公西華曰:"由也問聞斯行諸,子曰'有父兄
在';求也問聞斯行諸,子曰'聞斯行之'。赤也惑,
敢問。"子曰:"求也退,故進之;由也兼人,故
退之。"

　　子路問:"聞斯行諸?"子曰:"有父兄在,如之何其聞斯行之?"
冉有問:"聞斯行諸?"子曰:"聞斯行之。"公西華曰:"由也問'聞斯
行諸',子曰'有父兄在';求也問'聞斯行諸',子曰'聞斯行之'。赤
也惑,敢問。"子曰:"求也退,故進之;由也兼人(好勝人),故退之。"
冉求嘗曰:"非不說子之道,力不足也。"①若夫子路,有聞善言善
道,必當下立行,倘未之能行,則惟恐有(又)聞。於斯可見二子氣
質之異,故孔子因材施教之。《禮記·學記》曰:"學者有四失,教者
必知之。人之學也,或失則多,或失則寡,或失則易,或失則止。此
四者,心之莫同也。知其心然後能救其失也。教也者,長善而救其
失者也。"荀子亦曰:"治氣養心之術:血氣剛強,則柔之以調和;知
慮漸深,則一之以易良;勇膽猛戾,則輔之以道順;齊給便利,則節
之以動止;狹隘褊小,則廓之以廣大;卑濕、重遲、貪利,則抗之以高
志;庸眾駑散,則劫(通劫,奪去)之以師友;怠慢僄棄,則炤之以禍
災;愚款端愨,則合之以禮樂,通之以思索。凡治氣養心之術,莫徑
由禮,莫要得師,莫神一好。夫是之謂治氣養心之術也。"②可謂合
於孔子之教法也。
　　皇侃曰:"夫賑施之理,事有大小,大者車馬,小或一餐。若
其大者必諮,小可專行。而由施無大小,悉竝不諮;求大小悉
諮。今故抑由之不諮,欲令其竝諮,引冉之必諮,令其竝不諮

———————

　　①　《論語·雍也》。
　　②　《荀子·修身》。

也。但子路性進，雖抑而不患其退；冉求性退，雖引不嫌其過也。"論曰："聞義固當勇爲，然有父兄在，則有不可得而專者。若不稟命而行，則反傷於義矣。'子路有聞，未之能行，惟恐有聞'。則於所當爲不患其不能爲矣，特患爲之之意或過，而於所當稟命者有闕耳。若冉求之資稟失之弱，不患其不稟命也，患其於所當爲者，逡巡畏縮而爲之不勇耳。聖人一進之一退之，所以約之於義理之中，而使之無過不及之患也。"[1]此可見孔子因材施教之意之方。

子畏於匡，顏淵後。子曰："吾以女爲死矣。"曰："子在，回何敢死?"

定公六年二月，(魯定)公侵鄭，取匡(匡爲鄭邑)[2]。當是時，魯陽虎帥師，而匡城適缺，虎與僕(執靮者)顏剋就其穿垣(城墻破缺處)而入之，遂暴匡人。匡人銜恨。

定公十五年，孔子(時年五十七)將適陳，過匡，顏剋(又作顏刻，或曰系孔子弟子，即顏高也)適又爲僕，至於郭外。顏剋舉策指匡缺(穿垣)，曰："昔吾與陽貨正從此入。"夫子狀貌與虎類，故匡人聞之，以爲魯之陽虎復來，遂圍止之，拘焉五日。顏淵後至，子曰："吾以汝爲死矣。"顏淵曰："子在，回何敢死!"匡人拘孔子益急，弟子懼。[3]

---

①　張敬夫語，《四書章句集注》。

②　《左傳·定公六年》："定六年二月，(魯定)公侵鄭，取匡，爲晉討鄭之伐胥靡也。往不假道於衛，及還，陽虎使季孟自南門入，出自東門，舍於豚澤。"

③　《史記·孔子世家》：將適陳，過匡，顏刻爲僕，以其策指之曰："昔吾入此，由彼缺也。"匡人聞之，以爲魯之陽虎。陽虎嘗暴匡人，匡人於是遂止孔子。孔子狀類陽虎，拘焉五日，顏淵後，子曰："吾以汝爲死矣。"顏淵曰："子在，回何敢死!"匡人拘孔子益急，弟子懼。孔子曰："文王既没，文不在兹乎? 天之將喪斯文也，後死者不得與於斯文也。天之未喪斯文也，匡人其如予何!"孔子使從者爲甯武子臣於衛，然後得去。《琴操》："孔子到匡郭外，顏剋舉策指穿垣曰：'往與陽貨正從此入。'"

故《論語》記云:子畏(拘囚,有系獄身死之危險①)於匡(鄭邑②)。孔子乃曰:"文王既没,文(禮樂制度,文武之道,典章文物或典籍方策)不在兹(吾人吾身,吾胸中懷抱也)乎? 天之將喪斯文也,後死者(孔子自稱,相比於文王)不得與於斯文也;天之未喪斯文也,匡人其如予何?"《莊子·秋水篇》記此事曰:孔子游於匡,宋人圍之數匝,而弦歌不輟。子路入見,曰:"何夫子之娱也?"孔子曰:"來,吾語女。我諱窮久矣,而不免,命也;求通久矣,而不得,時也。當堯、舜而天下無窮人,非知得也;當桀、紂而天下無通人,非知失也,時勢適然。夫水行不避蛟龍者,漁父之勇也;陸行不避兕虎者,獵夫之勇也;白刃交於前,視死若生者,烈士之勇也;知窮之有命,知通之有時,臨大難而不懼者,聖人之勇也。由,處矣! 吾命有所制矣!"無幾何,將甲者進,辭曰:"以為陽虎也,故圍之;今非也,請辭而退。"③

於斯時也,子遇畏(人或時以非罪攻己,不能有以説之而死之者,謂之畏。此言孔子遭遇此種情形也)事(畏事,謂遇冤屈之事,有口難辯,或有遂死者)於匡,顏淵與夫子相失在後,輾轉而重逢。子曰:"吾以女為死矣。"曰:"子在,回何敢死?"

孔子知命(天命、道命),所以雖遇畏事而不鬥不死也;顏回以夫子仍在,師弟侍奉傳道之責未盡,亦不敢鬥而死,愛其身以有待也。且夫《曲禮》云:"父母在,不許友以死。"顏子事夫子猶父,又有道業未完,故云:"子在,回何敢死?"④聖賢於生死之際,其自處也如此。

論曰:聖無虚慮之悔,賢無失理之患,而斯言何興乎? 將以世道交喪,利義相蒙,或殉名以輕死,或昧利以苟生,苟生非存理,輕死非明節,故發顏子之死對以定死生之命也。(又引庚翼云:)顏子未能盡窮理之妙,妙有未盡,則不可以涉險津;理有未窮,則不可以冒

---

① 朱熹解為"有警戒之心"。

② 關於匡,有鄭邑、宋邑、衛邑、魯邑四説,當以鄭邑為是。

③ 參見本書《子罕》"子畏於匡"一節之廣辭。

④ 《論語正義》。

屯路。故賢不遭聖，運否則必隱；聖不值賢，微言不顯。是以夫子因畏匡而發問，顏子體其旨而仰酬。稱入室爲指南，啟門徒以出處，豈非聖賢之誠言，互相與起予者也①。

或論曰：子畏於匡，匡人以非罪攻己，一時有口難辯，不能明之，後以彈琴而釋匡人之疑而脫難。然“顏淵後”云云，則或仍有微服潛行之事，未必如論者所謂彈琴、設辭而自明釋疑從容離去者。且顏刻亦隨同，顏刻當年隨陽虎爲難爲虐於匡人，則匡人必不放過，故仍有其他途徑而走脫者，非從容也。

故或述曰：“陽虎嘗侵暴於匡，時又孔子弟子顏刻爲陽虎禦車。後孔子亦使刻禦車從匡過，孔子與陽虎相似，故匡人謂孔子爲陽虎”②，乃“告匡君曰：‘往者陽虎今復來至。’乃率衆圍孔子，數日不解。子路悲感，悖然大怒，張目奮劍，聲如鐘鼓。孔子曰：‘由來，今汝欲鬭名，爲戮我於天下。爲汝悲歌而感之，汝皆和我。’孔子乃引琴而歌，音曲甚哀。有暴風擊拒，軍士僵僕，於是匡人乃知孔子聖人，瓦解而去。”③④或曰“孔子自説，故匡人解圍也。自説者，謂卑辭遜禮，（使從者爲甯武子臣於衛⑤）。《論語注》云‘微服而去’，謂身著微服，潛行而去，不敢與匡人鬭，以媚悦之也。”⑥“蓋微服所以脫桓魋，彈琴所以解匡人。魋惡其習禮，故微服自廢於禮，以柔魋之怒。匡人憾虎暴，故彈琴以明其非虎。各有所當，可想見聖人解難之妙用。若鬭，必死於畏矣，故

---

①　《皇疏》引李充語。

②　《檀弓正義》引《世家》，轉引自《論語補疏》。

③　《琴操》，轉引自《論語補疏》。

④　《史記·孔子世家》言：“孔子使從者爲甯武子臣於衛，然後得去。”《索隱》云：“《家語》子路彈劍而歌，孔子和之，曲三終，匡人解圍而去。”今此取《論語》“文王既没”之文，及從者臣甯武子然後得去，蓋夫子再厄匡人，**或設辭以解圍，或彈劍而釋難**。轉引自《論語補疏》。

⑤　此蓋《史記·孔子世家》所言：“孔子使從者爲甯武子臣於衛，然後得去。”

⑥　《檀弓正義》引《世家》，轉引自《論語補疏》。

《琴操》戒子路之欲鬭，而《禮疏》稱其不敢與匡人鬭。不鬭所以
不死，不死所以爲知命。"①

　　然其事無確徵，故亦闕疑而已。

　　季子然問："仲由、冉求可謂大臣與?"子曰："吾
以子爲異之問，曾由與求之問。所謂大臣者：以道
事君，不可則止。今由與求也，可謂具臣矣。"曰：
"然則從之者與?"子曰："弑父與君，亦不從也。"

　　季子然問："仲由、冉求可謂大臣與?"子曰："吾以子爲異之問，
曾(乃，竟)由與求之問。所謂大臣者：以道事君，不可則止。今由與
求也，可謂具(供置，供置鼎食；備、辦；器具，才幹；辦理具體事務；或小，小
器)臣矣。"曰："然則從之(國君；或家臣之主卿②)者與?"子曰："弑父
與君，亦不從也。"

　　大臣，唯天子國君之臣卿或可稱之，季子然爲權臣季氏子弟，自
多(傲，有得色)其家得臣此二子(家臣)，故問之，而又含而未露。孔子
亦含蓄微言折之，將大臣與國君對言，非所謂卿之家臣也。曰此二
人之問，安足大乎。由與求也，雖皆政事之良，然亦皆供置備辦君主
旨意之器具之小臣耳，徒備臣數而已，不可言大臣也。若夫大臣，
"以道事君者，不從君之慾。不可則止者，必行己之志。具臣，謂備
臣數而已。意二子既非大臣，則從季氏之所爲而已。然二子雖不足
於大臣之道，然君臣之義則聞之熟矣，弑逆大故，必不從之③。蓋深

---

　　①　《論語補疏》。
　　②　若解作君，則不從君而為大不義之事；若解作卿，則曰其不從其主卿而為弑父
弑君之大不義或大逆不道之事也。
　　③　包慎言，《溫故錄》《韓詩外傳》云："大夫有諍臣三人，雖無道，不失其家。季
氏爲無道，僭天子，舞八佾，旅泰山，以雍徹，然而不亡者，以有冉求、季路爲宰臣也。故
曰：'有諤諤諍臣者其國昌。'"

許二子以死難不可奪之節，而又以陰折季氏不臣之心也。"①《先進篇》曰：季氏富於周公，而求也為之聚斂而附益之。子曰："非吾徒也。小子鳴鼓而攻之，可也。"②參互觀之，可知孔子此處，又或"所以假言二子之不能盡諫者，以說季氏雖知貴其人，而不能敬其言也。"③

論曰：此言大臣之道也。"以道事君，不可則止"者，謂事君當以正道。若君所行有過失，卽以道諫正之。止，謂去位不仕也。《曲禮》云："爲人臣之禮不顯諫，三諫而不聽則逃之。"《白虎通·諫諍篇》曰："諸侯之臣諍不從得去何？以屈尊伸卑，孤惡君也。"並言大臣事君之法。蓋"具臣者，其位下，其責薄，小從可也，大從罪也。大臣者，其任重，其責厚，小從罪也，大從惡也。"④若夫"三諫不從，遂去之，君子以爲得君臣之義也。"⑤何以故？不從得去者，仕爲行道，道不行，義不可素餐，所以申賢者之志，孤惡君也。夫二子非黨惡之臣，然不能直伸己志，折奸人僭竊之萌，故曰具臣。⑥

今論曰：孔子反對無道、昏庸、專制獨裁之君主，亦反對臣子弑逆，在恪遵儒家憲典（先王之制、先王之道法，比如為民製產、取於民有制等）的基礎上，平衡君、臣、民之間的關係，以此維護國家統一、天下大一統。"以道事君，不可則止"用以維護道統，制衡君權；"弑父與君，亦不從也"用以維護君統或治統，制衡破壞治統和社會

① 《四書章句集注》。羅按："大臣"或謂天子國君之卿臣，卿大夫之家臣則曰"小臣"而已。季子然言"大臣"，或有得意季氏得此二人可為大事之意，故孔子折之。"具臣"或為"小臣"之意。

② 《先進》：季氏富於周公，而求也為之聚斂而附益之。子曰："非吾徒也。小子鳴鼓而攻之，可也。"可與此節參照閱讀。

③ 《皇疏》。

④ 劉敞，《春秋意林》。

⑤ 《公羊》莊二十四年"曹羈"之傳。

⑥ 《論語正義》。

秩序的犯上(天下國家之統一或大一統和平秩序)作亂者和地方篡逆分離勢力。

　　但當君主昏庸無道、一意孤行時,似乎卻並無更好的制衡方法,或制度化的和平權力轉移方法。在儒家所設想的制衡方式中,第一是大臣的諫止或消極抵制、不合作(去位),發展到後來,就是相權對於君權的制衡,或士大夫階層對皇權的制衡,即道統對治統(或政統)的制衡——但效果並不好,因為掌握權力的士大夫階層自身就是一個特殊利益集團,往往也會偏離道統,甚至和皇權沆瀣一氣,而共同站在百姓、人民或民權的對立面,換言之,這種制衡方式的設計的缺陷,在於將民眾完全排除在外;而孟子甚至更為激進,想出了"變置易位"以及"得乎民者為天子"的方式。但這些制衡或設想基本上停留在簡單想像中,並未設置出足夠成熟的制度化的方式,來落實這種設想(歷史發展到後來,依賴或仰賴於皇帝親戚來制止皇帝的錯誤言行似乎並不現實,不過在春秋戰國時期,卻切實存在著相應的情形,但那大多是"易樹子",針對的是尚未即位的太子,而並非掌權的國君或天子)。第二便是所謂的"湯武革命"——如果並不將"天道無常,惟德是親"的對於天子、皇帝或國君的道德警示當成是一種制衡方式的話——,但這種方式代價巨大,其過程亦往往存在著以暴制暴的特點,並非是和平的、制度化的權力轉移方式,所以仍然只是一治一亂的非制度化的戰亂方式而已。

　　無論是宮廷政變(皇室內部的權力鬥爭,包括權臣擁立)、權臣篡逆、湯武革命(很多時候,其實就是地方或方鎮權力起而反抗)或是民眾造反,都將造成混亂而嚴重的社會破壞後果。儒家其實都不支持。但儒家仍然未找出一種有效的制度化的和平的權力制衡、糾錯問責和權力轉移機制,導致一治一亂的死結,在封建時代或君主專制時代之前的中國,迄未解開。

子路使子羔為費宰。子曰:"賊夫人之子。"子

路曰："有民人焉，有社稷焉。何必讀書，然後為學？"子曰："是故惡夫佞者。"

　　定公十二年夏，孔子言於定公曰："臣無藏甲，大夫毋百雉之城。"①使"仲由為季氏宰，將墮三都。於是叔孫氏先墮郈。季氏將墮費，公山不狃、叔孫輒率費人襲魯。公與三子入於季氏之宮，登武子之台。費人攻之，弗克，入及公側。孔子命申句須、樂頎下伐之，費人北。國人追之，敗諸姑蔑。二子奔齊，遂墮費。將墮成，公斂處父謂孟孫曰：'墮成，齊人必至於北門。且成，孟氏之保鄣，無成是無孟氏也。我將弗墮②。'冬十二月，公圍成，弗克。"③

　　子路以墮郈後不可無良宰，故欲任子羔治之④⑤。

――――――――

　　①　參見：《史記・孔子世家》。
　　②　或作"子偽不知，我將不墜"。參見：《左傳・定公十二年》：仲由為季氏宰，將墮三都，於是叔孫氏墮郈。季氏將墮費，公山不狃、叔孫輒帥費人以襲魯。公與三子入於季氏之宮，登武子之臺。費人攻之，弗克。入及公側，仲尼命申句須、樂頎下，伐之，費人北。國人追之，敗諸姑蔑。二子奔齊，遂墮費。將墮成，公斂處父謂孟孫："墮成，齊人必至於北門。且成，孟氏之保障也。無成，是無孟氏也。子偽不知，我將不墜。"冬十二月，公圍成，弗克。另參見：《春秋左傳今注今譯》（下）。
　　③　參見：《春秋左傳今注今譯》（下）；另可參見：《史記・孔子世家》。
　　④　《論語正義》。
　　⑤　子路死衛難時，子羔亦嘗仕衛，可參見：《史記·衛康叔世家》：十二年，初，孔圉文子取太子蒯聵之姊，生悝。孔氏之豎渾良夫美好，孔文子卒，良夫通於悝母。太子在宿，悝母使良夫於太子。太子與良夫言曰："苟能入我國，報子以乘軒，免子三死，毋所與。"與之盟，許以悝母為妻。閏月，良夫與太子入，舍孔氏之外圃。昏，二人蒙衣而乘，宦者羅御，如孔氏。孔氏之老欒甯問之，稱姻妾以告。遂入，適伯姬氏。既食，悝母杖戈而先，太子與五人介，輿猳從之。伯姬劫悝於廁，彊盟之，遂劫以登臺。欒甯將飲酒，炙未熟，聞亂，使告仲由。召護駕乘車，行爵食炙，奉出公輒奔魯。
　　仲由將入，遇子羔將出，曰："門已閉矣。"子路曰："吾姑至矣。"子羔曰："不及，莫踐其難。"子路曰："食焉不辟其難。"子羔遂出。子路入，及門，公孫敢闔門，曰："毋入為也！"子路曰："是公孫也？求利而逃其難。由不然，利其祿，必救其患。"有使者出，子路乃得入。曰："太子焉用孔悝？雖殺之，必或繼之。"且曰："太子無勇。若燔臺，必舍孔叔。"太子聞之，懼，下石乞、盂黶敵子路，以戈擊之，割纓。子路曰："君子死，冠不免。"結纓而死。孔子聞衛亂，曰："嗟乎！柴也其來乎？由也其死矣。"孔悝竟立太子蒯聵，是為莊公。

　　子路（仲由字子路，卞人，少孔子九歲①）將使子羔②為費（或郈之）宰。時子羔二十四歲。子曰："賊（害）夫人之子（稱"人子"，言子羔年紀小也）。"③意曰子羔學未熟習，若使其爲政，則或其知力所不能任，或為必乖僻，乖僻則為罪累所及④，所以爲賊害也；且"季氏不臣，由不能正，而使子羔爲其邑宰。直道而事人，焉往不致弊；枉道而事人，不亦賊夫人之子乎？"⑤子路曰："有民人焉，有社稷焉。何必讀書，然後為學？"其意曰：治民事神，於是而習之，亦學也⑥⑦。子曰："是故惡夫佞（口才）者。"而斥子路此不假思索之對乃是佞辯之辭，古人所以惡之也⑧，所謂"疾其以口給應，遂己非而不知窮者也。"⑨故孔子嘗斥子路曰野哉，"君子於其所不知，蓋闕如也。"⑩亦所謂"知之為知之，不知為不知"而勿佞口捷給之意。然孔子此意也，尤重當先學而後仕，不學則不能從政為政，非治國為政之正法，非惟賊夫人之子，又賊君國百姓庶民也。則豈可！

　　朱熹曰："治民事神固學者事，然必學之已成，然後可仕，以行其學。若初未嘗學，而使之卽仕以爲學，其不至於慢神而虐民者幾希矣。子路之言，非其本意，但理屈詞窮，而取辯於口以禦人耳。

---

　　①　《史記·仲尼弟子列傳》。

　　②　高柴字子羔。少孔子三十歲。子羔長不盈五尺，受業孔子，孔子以為愚。參見：《史記·仲尼弟子列傳》。

　　③　定公十二年，孔子五十四歲，而子羔二十四歲而已。

　　④　《論語義疏》。

　　⑤　《皇疏》。

　　⑥　《集解》。

　　⑦　《論語正義》；《韓詩外傳》："哀公問於子夏曰：'必學然後可以安國保民乎？'子夏曰：'不學而能安國保民者，未之有也。'"

　　⑧　《論語·公冶長》：或曰："雍也，仁而不佞。"子曰："焉用佞？禦人以口給，屢憎於人。不知其仁，焉用佞？"

　　⑨　《集解》。

　　⑩　《論語·子路》。

故夫子不斥其非,而特惡其佞也。範氏曰:'古者學而後入政,未聞以政學者也。蓋道之本在於修身,而後及於治人。其説具於方册,讀而知之,然後能行,何可以不讀書也? 子路乃欲使子羔以政爲學,失先後本末之序矣。不知其過而以口給禦人,故夫子惡其佞也。'"①

朱熹又曰:"子路非謂不學而可以爲政,但謂爲學不必讀書耳。上古未有文字之時,學者固無書可讀,而中人以上,固有不待讀書而自得者。但自聖賢有作,則道之載於經者詳矣,雖孔子之聖,不能離是以爲學也。舍是不求而欲以政學,既失之矣,況又責之中材之人乎? 然子路使子羔爲宰本意,未必及此,但因夫子之言而托此以自解耳,故夫子以爲佞而惡之。"②

皇侃則曰:"子路以子羔爲學藝可仕矣,而孔子猶曰不可者,欲令愈精愈究也。而於時有以佞才惑世,竊位要名,交不以道,仕不由學,以之宰牧,徒有民人社稷,比之子羔,則長短相形。子路舉兹以對者,所以深疾當時,非美之也。夫子善其來旨,故曰'是故惡夫佞者',此乃斥時,豈譏由乎?"③亦可備一説。

或曰:"子路言人民社稷,何必讀書,是言學之途不止讀書,非廢學也。但子路使子羔本意,不過欲爲季氏得一良宰,又使子羔得禄仕。此一副議論,乃隨口撰出,故夫子不斥其非而惡其佞,以其言本不乖謬也。"④

《左傳》亦有類似之事,可與此節參互對照之:襄公三十一年,"子皮欲使尹何爲邑。子產曰:'少,未知可否?'子皮曰:'愿,吾愛之,不吾叛也。使夫往而學焉,夫亦愈知治矣。'子產曰:'不可。人之愛人,求利之也。今吾子愛人則以政,猶未能

---

① 《四書章句集注》。

② 《朱子文集》(答陳明仲)。

③ 《皇疏》。

④ 《四書翼注論文》。

操刀而使割也，其傷實多。子之愛人，傷之而已，其誰敢求愛於子？子於鄭國，棟也，棟折榱崩，僑將厭焉，敢不盡言。子有美錦，不使人學製焉。大官大邑，身之所庇也，而使學者製焉，其為美錦不亦多乎？僑聞學而後入政，未聞以政學者也。若果行此，必有所害。譬如田獵，射御貫則能獲禽；若未嘗登車射御，則敗績厭覆是懼，何暇思獲。'子皮曰：'善哉！虎不敏。吾聞**君子務知大者遠者，小人務知小者近者**。我，小人也。衣服附在吾身，我知而慎之。大官大邑所以庇身也，我遠而慢之。微子之言，吾不知也。他日我曰："子為鄭國，我為吾家，以庇焉，其可也。"今而後知不足。自今請雖吾家，聽子而行。'子產曰：'人心之不同，如其面焉，吾豈敢謂子面如吾面乎？抑心所謂危，亦以告也。'子皮以為忠，故委政焉。子產是以能為鄭國。"①

　　子路、曾皙、冉有、公西華侍坐。子曰："以吾一日長乎爾，毋吾以也。居則曰：'不吾知也！'如或知爾，則何以哉？"子路率爾而對曰："千乘之國，攝乎大國之間，加之以師旅，因之以饑饉；由也為之，比及三年，可使有勇，且知方也。"夫子哂之。"求！爾何如？"對曰："方六七十，如五六十，求也為之，比及三年，可使足民。如其禮樂，以俟君子。""赤！爾何如？"對曰："非曰能之，願學焉。宗廟之事，如會同，端章甫，願為小相焉。""點！爾何如？"鼓瑟希，鏗爾，舍瑟

_____
① 《左傳・襄公三十一年》。

而作。對曰："異乎三子者之撰。"子曰："何傷乎？亦各言其志也。"曰："莫春者，春服既成。冠者五六人，童子六七人，浴乎沂，風乎舞雩，詠而歸。"夫子喟然歎曰："吾與點也！"三子者出，曾皙後。曾皙曰："夫三子者之言何如？"子曰："亦各言其志也已矣。"曰："夫子何哂由也？"曰："為國以禮，其言不讓，是故哂之。唯求則非邦也與？安見方六七十如五六十而非邦也者？唯赤則非邦也與？宗廟會同，非諸侯而何？赤也為之小，孰能為之大？"

子路、曾皙、冉有、公西華侍坐。子曰："以吾一日長乎爾，毋吾之以為儔儕，而不敢無忌暢言也①。汝儕居（平素自居處）則曰：'不吾知也！不吾用也！'如或知爾，則吾子將何以為用為治（國）哉？"

子路率②爾（急促，輕遽）而對曰："千乘之國，攝（猶爾也，箝也，並夾；鉗制而蹙迫）乎大國之間，加之以師旅（大軍壓境③），因之以饑饉④；由

_____

① 或作：以吾一日長乎爾，毋吾以為難言也。又作：以吾一日長乎爾，毋吾已也。意為："毋以我長之故，已而不言。"參見：劉寶楠，《論語正義》："毋吾以"者，"毋"與"無"同，皇本作"無"。以，用也。言此身既差長，已衰老，無人用我也。《釋文》云："吾以，鄭本作'已'。"鄭謂"毋以我長之故，已而不言。已，止也"，義似紆曲。羅按：或亦可解為：以吾一日長乎爾，毋吾已也。意為：因為我比你們年長些，所以不要對我有所隱瞞，而敢請暢所欲言。亦為一種謙辭。

② 或作"卒"，急遽、猝然。

③ 二千五百人為師，五百人為旅。

④ 《論語集釋·考證》《爾雅·釋天》："穀不熟為饑，疏不熟為饉。"郭注："疏、蔬同，草果可食者之通名。"《穀梁襄二十四年傳》：一穀不升謂之嗛，**二穀不升謂之饑**，三**穀不升謂之饉**，四穀不升謂之康，五穀不升謂之大饑。

也為之，比及三年，可使民有勇，且知方（義方；或曰方略戰陣之事，不取）也。”夫子哂之①。

“求！爾何如？”對曰：“方六七十，如（與，及）五六十，求也為之，比及三年，可使足民。如其禮樂，以俟君子。”②

“赤！爾何如？”對曰：“非敢曰能之，願學焉。宗廟之事（祭祀），如（與）會同（諸侯朝見天子，諸侯時見曰會，殷頫曰同③）之事，吾將玄端而章甫（衣玄端禮服而戴章甫禮冠），願為國君之小（謙辭）相（贊君之禮者）焉，而佐君為治也④。”⑤

“點！爾何如？”鼓瑟希，鏗爾，舍瑟而作⑥⑦。對曰：“異乎三子者之撰（鄭作“僎”，具也，具述也，陳也，説辭）。”子曰：“何傷乎？亦各言其志也。”曰：“莫（暮，晚）春（四月）者，春服既成。冠者五六人，童子六七人，浴濯（或浴日）乎沂水之上（盥濯以祓除，或曰是“涉沂水”以祓濯），風（沐風，風乾，幹身；或曰是“歌”意；或解為“放”。皆不取）涼乎舞雩（雩，請雨之壇處，請雨祭謂之雩。雩，籲也，民不得雨，故籲嗟也；祭而巫舞，故謂爲舞雩也）壇之下（此即祓濯於沂水而後行雩祭），詠雅頌之樂而歸

---

① 《公冶長》：孟武伯問：“子路仁乎？”子曰：“不知也。”又問。子曰：“由也，千乘之國，可使治其賦也，不知其仁也。”

② 《公冶長》：“求也何如？”子曰：“求也，千室之邑，百乘之家，可使為之宰也。”

③ 頫 fǔ，《爾雅·釋詁》：頫，視也。《註》謂察視也。或他彫反。《周禮·春官·典瑞》：“頫聘。”《註》：大夫衆來曰頫，寡來曰聘。《韻會小補》：古音流變，字亦隨異，如俯仰之俯，本作頫，或作俛，今皆作俯。而頫音兆，俛音免，不復音俯矣。參見《康熙字典》。然《周禮·春官·大宗伯》作曰：“時見曰會，殷見曰同。”鄭玄注：“時見者，言無常期，殷，猶眾也。”

④ 《公冶長》：“赤也何如？”子曰：“赤也，束帶立於朝，可使與賓客言也。”

⑤ 宗廟之事，如（與）會同之事，吾將衣玄端禮服（士之禮服，亦擯相之禮服）而戴章甫禮冠，願為國君之小相矣。或解曰：“宗廟之事，如（往；或與）會同之事，國君玄端章甫以視朝之事（端，玄端也。衣玄端，冠章甫，諸侯日視朝服也），則吾皆願為國君之小相矣。”如此解則為三事，非兩事也。

⑥ 《少儀》云：“侍坐弗使，不執琴瑟。”則點之侍坐鼓瑟，必由夫子使之。參見：《論語偶記》。

⑦ 《集解》：孔曰：“思所以對，故其音希也。鏗爾者，投瑟之聲也。舍瑟而作，置瑟起對也。撰，具也，爲政之具也。”

焉(或曰:歌詠先王之道,歸夫子之門也;或解為:浴乎沂風乎,舞雩,詠而歸;或解為:沿乎沂,風(放)乎舞雩,詠而歸。皆不取)。"①夫子喟然歎曰:"吾與點也!"

三子者出,曾皙後。曾皙曰:"夫三子者之言何如?"子曰:"亦各言其志也已矣。"曰:"夫子何哂由也?"曰:"為國以禮,其言不讓,是故哂之。"蓋侍於君子有三愆,其一曰言未及之而言謂之躁也②;《曲禮》亦言:侍於君子,不顧望而對,非禮也。此言禮尚讓,若問多人,則侍者當先顧望,坐中有勝己者宜先,而己不得率爾先對,而子路如恐人之先己,若有所爭然。答問如此,為國亦同,恐其爭先兼人,故孔子哂以諭之③。

---

①　《論語集釋·考證》:"《家語·弟子解》:曾點疾時禮教不行,欲修之,孔子善焉。"《論衡·明雩篇》:"魯設雩祭於沂水之上。……冠者,童子,雩祭樂人也。浴乎沂,涉沂水也。象龍之從水中出也。風乎舞雩,風,歌也。詠而饋,詠,歌;饋,祭也。歌詠而祭也。……孔子曰:'吾與點也。'善點之言,欲以雩祭調和陰陽,故與之也。"《論語正義》:"今案宋説雩在正歲四月,非二月,甚是。又以浴為祓濯,亦較《論衡》涉水之訓為確。予友柳氏興恩解此文亦從《論衡》,云:'春服既成,謂雩時所服也。《國語·楚語》:'在男曰覡,在女曰巫。是使制神之處位次主,而為之牲器時服。'韋昭解:'時服,四時服色所宜。'又《春秋繁露·求雨篇》言'春雩之制,祝服蒼衣,小童八人,服青衣而舞之'是也。"今案由《繁露》文觀之,此冠者疑即祝類,童子即雩舞童子也。五六人者,或五人或六人也。六七人者,或六人或七人也。《太平禦覽·禮儀部漢舊儀》曰:"禮後稷於東南,常以八月祭。舞者七十二人,冠者五六三十人,童子六七四十二人,為民祈農報功。"然則冠者童子皆是舞人,而五六、六七則合七十二人之數。又晉張協《洛禊賦》"童冠八九",八九亦合七十二人。疑漢晉時雩禊之制本用七十二人,而遂以《論語》所云五六、六七以巧合之也。又漢《唐扶頌》:"四遠童冠,摳衣受業。五六六七,化導若神。"此以童冠為曾點弟子,是魯論之説。而《隸釋》載《員興宗答洪丞相書》指七十二子,失之遠矣。竊以古論解此節為雩祀,自是勤恤愛民之意。其時或值天旱,未行雩禮,故點即時言志,以諷當時之不勤民者。"《論語發微》:"王仲任説《論語》此條最當。其云説論之家,當指魯論,當時今文魯論最盛也。……浴沂,言被濯於沂水而後行雩祭。蓋三子者之僎,禮節民心也。點之志由鼓瑟以至風舞詠饋,樂與民聲也。樂由中出,禮自外作,故孔子獨與點相契,唯樂不可以偽為,故曾皙託志於此。孔子問:'如或知爾,則何以哉?''何以'言何以為治,若以魯論所説,則點有遺世之意,不特異三子,並與孔子問意反矣。"

②　《季氏》:孔子曰:"侍於君子有三愆:言未及之而言謂之躁,言及之而不言謂之隱,未見顏色而言謂之瞽。"

③　《論語集釋》。

（子）曰：“唯求則非邦也與？安見方六七十如五六十而非邦也者？唯赤則非邦也與？宗廟會同，非諸侯而何？赤也為之小，孰能為之大？”孔子之意曰：若夫求也謙：五六十如六七十，雖曰小國，豈非為邦治國哉？而足民富之，則其事也大，而謙辭禮讓出之①。赤也謙：宗廟會同之事，豈非邦國之事哉？其曰願輔佐諸侯國君，而相禮於宗廟祭祀、朝見天子、視朝行政三事，則其志實非小也，而亦謙語禮讓出之。斯二人也，所謂“五六十而以俟君子”、“非敢而願學”云云，皆所以辭讓而對也。為國以禮讓，由斯可見矣。故孔子然求赤而哂子路也。

然則孔子何以尤獨與點？“蓋三子者之僎，禮節民心也。點之志由鼓瑟以至風舞詠饋，樂和民聲也。樂由中出，禮自外作，故孔子獨與點相契（原文後句為：唯樂不可以偽為，故曾皙托志於此也）。”②為國當禮樂相濟，文質彬彬，然後為治。先王雅頌之樂章，感化之功也大矣。《禮記·樂記》曰：“樂者，音之所由生也，其本在人心之感於物也。是故先王慎所以感之者。故禮以道其志，樂以和其聲，政以一其行，刑以防其奸。禮樂刑政，其極一也，所以同民心而出治道也。”③孔子於樂，深有寄託造詣，今茲師弟答問，旨在討論治道，而點也及此，然後孔子“何以（為治）哉”之道諭（教）乃謂完足，故孔子喟然而與點也。點也，可謂“助我為教者也”④。

或論曰：“孔子所以與曾點者，以點之所言為太平社會之縮影也。”⑤

① 《集解》：求性謙退，言欲得方六七十如五六十里小國治之而已也。自云能足民而已，謂衣食足也；若禮樂之化，當以待君子，謙也。”
② 《論語發微》：“王仲任説《論語》此條最當。其云説《論》之家，當指魯論，當時今文魯論最盛也。……浴沂，言被濯於沂水而後行雩祭。蓋三子者之僎，禮節民心也。點之志由鼓瑟以至風舞詠饋，樂和民聲也。樂由中出，禮自外作，故孔子獨與點相契，唯樂不可以偽為，故曾皙托志於此。孔子問：‘如或知爾，則何以哉？’‘何以’言何以為治，若以魯論所説，則點有遺世之意，不特異三子，並與孔子問意反矣。”
③ 《禮記·樂記》，參見：《禮記今注今譯》。
④ 《先進》：“回也非助我者也，於吾言無所不説。”《為政》：“回也言終日，不違如愚。”
⑤ 《論語疏證》。

另可參見《陽貨》一節①之評論：“禮樂之治，冉有以俟君子，公西華亦曰願學，而皆無以自見。子遊不得行其化於天下國家，而唯於武城小試焉，夫子牛刀割雞之喻，其辭若戲之，其實乃深惜之也。”②

註解：

不要因為我比你們年長一些，便動輒説“夫子並不瞭解我們年輕人”，此解似亦可？

宗廟固可包括祭祀與朝覲會同之事，然此處為行文方便，則主要指天子京師或諸侯都城中之祭祀與朝覲、朝聘，會同則主要指隨同天子或諸侯出而會同於外於壇。

章甫，本為殷代禮冠，而周用六代之禮，亦用章甫以為士之禮冠，則周代之禮冠乃章甫、委貌共用之也。鄭玄、朱熹皆謂“端”為玄端服（士之正服，亦擯相之朝服），然吾意以為，此兩句亦可解為“如，往也，隨吾君出而會同也；端，端正也，端正吾之禮冠而為相也”，似亦通。

---

① 《陽貨》：子之武城，聞弦歌之聲。夫子莞爾而笑，曰：“割雞焉用牛刀？”子遊對曰：“昔者偃也聞諸夫子曰：‘君子學道則愛人，小人學道則易使也。’”子曰：“二三子！偃之言是也。前言戲之耳。”

② 《論語稽》。

顏淵第十二

顏淵問仁。子曰："克己復禮為仁。一日克己復禮，天下歸仁焉。為仁由己，而由人乎哉？"顏淵曰："請問其目。"子曰："非禮勿視，非禮勿聽，非禮勿言，非禮勿動。"顏淵曰："回雖不敏，請事斯語矣。"

顏淵問仁。子曰："克（約，約束，抑，或作尅①）己（自也，己也，自身也②；朱熹解為"身之私慾"，私）而復（反，反歸於，反合於；或曰合，符合，復禮即合禮）於禮（，即）為仁。（其人③若）一日克己而皆復於禮，（則）天下（將）歸④（稱，稱名，稱讚⑤）仁焉（於斯也；於斯人，於斯行斯事，於我也，意曰天下將歸仁名或稱仁名於斯人斯行斯

---

① 或解為"勝"，勝私慾；或解曰"責"，責克己失禮也；或解為"肩、任"；或解為"卑身自下"；或直解為能；或解"克己復禮"曰"使己肩之任之能之而循禮合禮也"。

② 《皇疏》曰："於時為奢泰過禮，故云禮也。"

③ 或曰是"君"或"君子"（國君之子），如范甯即持此解。參見《皇疏》。

④ 《里仁篇》："君子去仁，惡乎成名？"

⑤ 劉寶楠解"歸"為"稱"，稱名，歸仁名於斯人斯行也。參見：《論語正義》（下）："言己誠為仁，人必知之，故能歸仁，己得成名也。言'天下'者，大之也。案：《漢書·王莽傳·贊》：'宗族稱孝，師友歸仁。'《後漢書·郎顗傳》：'昔顏子十八，天下歸仁。'並以'歸仁'為稱仁。"

事也①）。克己由我，復禮亦由我。為仁由己②，而豈由人乎哉？”顏淵曰：“請問其目（具體條目）。”顏回意以禮有三百三千③，卒難周備，欲知其要，故請問其目。子曰：“非禮勿視，非禮勿聽，非禮勿言，非禮勿動（行事；或動容貌）。④”顏淵曰：“回雖不敏，請事斯語矣。”

　　《春秋繁露·天道施篇》曰：“夫禮，體情而防亂者也。民之情不能制其慾，使之度禮，目視正色，耳聽正聲，口食正味，身行正道，非奪之情，所以安其情也。”有其正心也，知其正禮也，則能制我視聽言動，而一切合復於禮；惟能克己復禮，則凡非禮之事所接於吾（我）者，自能有以制吾之目而勿視，制吾之耳而勿聽，制吾之口而勿言，制吾之心而勿行，所謂克己復禮者如此也⑤。

　　然則一日克己復禮又豈易哉！常人每日心思言動、舉止行事，每多嗜慾誘迫，或不能自已。故孔子亦不敢自稱其仁，而曰：“為之難，言之得無訒乎？”又曰：“若聖與仁，則吾豈敢？抑為之不厭，誨人不倦，則可謂云爾已矣。”⑥故又須有勉力克己省治修為之功，漸至於此心道心一體，而從心所欲，皆合正禮不逾矩，而或得眾口乃至天下歸仁名於己也。仁豈自伐造勢者哉！

　　或解曰：“克，責也。復禮，謂責克己失禮也。非仁者則不能責己復禮，故能自責己復禮則為仁矣。亂世之主不能一日克己，故言

---

　　①　焉者，於斯也，於斯行斯事也，於我也，於此克己復禮之人也。或解曰：斯人而克己復禮，則斯人而為天下所仁待之也，則天下皆歸（對待）仁於斯人也；又曰：一日而皆己復禮於禮，則將一日天下歸於仁和安寧也；終生而皆克己復於禮，則終生仁和寧安，而善生善終也。又或可解為：於斯——即此克己復禮之人——而仁和無虞也；或曰於此天下，天下亦將仁和寧安也。

　　②　《述而篇》：子曰：“仁遠乎哉？我欲仁，斯仁至矣。”

　　③　所謂“經禮三百，曲禮三千”，經禮者，《周禮》也；曲禮者，《儀禮》也。

　　④　或曰：非禮非正勿思勿想，一念不起。此則禪家說也。

　　⑤　《論語正義》。

　　⑥　《述而》。

一日也。'爲仁由己，而由人乎哉'，言爲仁在我，豈俟彼爲仁耶？"①
彼爲仁，則彼爲仁者，而得仁者之稱名與仁者之福祉；我不克己復
禮爲仁，則人所賤視，多恥辱憂患，乃至身死國滅，豈由人哉！

　　昭公十三年夏四月，楚公子比自晉歸於楚，弑其君虔（即楚靈
王）於乾溪②。楚靈王其人也，不仁而作惡多端③，衆叛親離，無處
可歸，終於自取其辱，自縊於乾溪。④　前此，昭公十二年，子革嘗藉
《祈招》之詩，諷喻於楚靈王，曰："昔穆王欲肆其心，周行天下，將皆
必有車轍馬跡焉。祭公謀父作《祈招》之詩，以止王心，王是以獲没
於祗宫。"（比喻善終、壽終正寢）王問其詩。對曰："其詩曰：'祈招之

---

①　《皇疏》引范甯語。

②　《左傳今注今譯》（下）。

③　如弑王侄（楚王郟敖，楚康王之子，即楚靈王胞兄之子）而自立，滅陳，殺蔡靈
侯，滅蔡……諸多不仁之惡行。

④　《左傳·昭公十三年》：楚子（羅按：即後之楚靈王）之爲令尹也，殺大司馬蒍掩
而取其室。及即位，奪蒍居田，遷許而質許圍。蔡洧有寵於王，王之滅蔡也，其父死焉，
王使與於守而行。申之會，越大夫戮焉。王奪鬭韋龜中犫，又奪成然邑而使爲郊尹。
蒍成然故事蔡公，故蒍氏之族及蒍居、許圍、蔡洧、蒍成然，皆王所不禮也。因群喪職之
族，啟越大夫常壽過作亂，圍固城，克息舟，城而居之。//觀起之死也，其子從在蔡，事
朝吳，曰："今不封蔡，蔡不封矣。我請試之。"以蔡公之命召子幹、子晳，及郊，而告之
情，強與之盟，入襲蔡。蔡公將食，見之而逃。觀從使子幹食，坎，用牲，加書，而速行。
己徇於蔡曰："蔡公召二子，將納之，與之盟而遣之矣，將師而從之。"蔡人聚，將執之。
辭曰："失賊成軍，而殺余，何益？"乃釋之。朝吳曰："二三子若能死亡，則如違之，以待
所濟。若求安定，則如與之，以濟所欲。且違上，何適而可？"衆曰："與之。"乃奉蔡公，
召二子而盟於鄧，依陳、蔡人以國。楚公子比、公子黑肱、公子棄疾、蒍成然、蔡朝吳帥
陳、蔡、不羹、許、葉之師，因四族之徒，以入楚。及郊，陳、蔡欲爲名，故請爲武軍。蔡公
知之曰："欲速。且役病矣，請藩而已。"乃藩爲軍。蔡公使須務牟與史猈先入，因正僕
人殺大子祿及公子罷敵。公子比爲王，公子黑肱爲令尹，次於魚陂。公子棄疾爲司馬，
先除王宫。使觀從從師於乾溪，而遂告之，且曰："先歸復所，，後者劓。"師及訾梁而
潰。//王聞群公子之死也，自投於車下，曰："人之愛其子也，亦如余乎？"侍者曰："甚
焉。小人老而無子，知擠於溝壑矣。"王曰："余殺人子多矣，能無及此乎？"右尹子革曰：
"請待於郊，以聽國人。"王曰："衆怒不可犯也。"曰："若入於大都而乞師於諸侯。"王曰：
"皆叛矣。"曰："若亡於諸侯，以聽大國之圖君也。"王曰："大福不再，只取辱焉。"然丹乃
歸於楚。王沿夏，將欲入鄢。芋尹無宇之子申亥曰："吾父再奸王命，王弗誅，惠孰大
焉？君不可忍，惠不可棄，吾求從王。"乃求王，遇諸棘圍以歸。夏五月癸亥，王縊於芋
尹申亥氏。申亥以其二女殉而葬之。參見：《左傳今注今譯》（下）。

惝惝,式昭德音。思我王度,式如玉,式如金。形民之力,而無醉飽之心。’”①王揖而入,饋不食,寢不寐,數日,不能自克,以及於難（即昭公十三年之乾溪之難）。仲尼聞之,曰：“古也有志：‘克己復禮,仁也’。信善哉！楚靈王若能如是,豈其辱於乾溪?”②人不能自克復禮歸仁,其後果亦可畏也。觀楚靈王之反面典型,可知此節之意,與克己復禮歸仁之要重也。

　　今論曰：克己到何種程度？ 或克抑私慾到何種程度？ 或者：其界限（私慾與正常慾望之界限）何在？ 如有合理正當（正當性）之禮與法（合法性）,則曰復禮、合禮斯可矣。故先立正當之禮法③,合禮合法,自可為也。

---

　　①　詩譯文曰：祈父掌管了甲兵,很能安和不迫,並能昭明周王的德音,使人民想念周王的法式器局,如金玉的堅重。又使周王用民力有個分寸,並沒有過求醉飽的心念。參見：《左傳今注今譯》（下）。

　　②　《左傳-昭公十二年》：（昭公十二年）楚子狩於州來,次於潁尾,使蕩侯、潘子、司馬督、囂尹午、陵尹喜帥師圍徐以懼吳。楚子次於乾溪,以為之援。雨雪,王皮冠,秦復陶,翠被,豹舄,執鞭以出,僕析父從。右尹子革夕,王見之,去冠、被,舍鞭,與之語曰：“昔我先王熊繹,與呂級、王孫牟、燮父、禽父,並事康王,四國皆有分,我獨無有。今吾使人於周,求鼎以為分,王其與我乎?”對曰：“與君王哉！ 昔我先王熊繹,辟在荊山,篳路藍縷,以處草莽。跋涉山林,以事天子。唯是桃弧、棘矢,以共禦王事。齊,王舅也。晉及魯、衛,王母弟也。楚是以無分,而彼皆有。今周與四國服事君王,將唯命是從,豈其愛鼎?”王曰：“昔我皇祖伯父昆吾,舊許是宅。今鄭人貪賴其田,而不我與。我若求之,其與我乎?”對曰：“與君王哉！ 周不愛鼎,鄭敢愛田?”王曰：“昔諸侯遠我而畏晉,今我大城陳、蔡、不羹,賦皆千乘,子與有勞焉。諸侯其畏我乎?”對曰：“畏君王哉！ 是四國者,專足畏也,又加之以楚,敢不畏君王哉?”//工尹路請曰：“君王命剝圭以為鏚柲,敢請命。”王入視之。析父謂子革：“吾子,楚國之望也! 今與王言如響,國其若之何?”子革：“摩厲以須,王出,吾刃將斬矣。”王出,復語。左史倚相趨過。王曰：“是良史也,子善視之。是能讀《三墳》、《五典》、《八索》、《九丘》。”對曰：“臣嘗問焉。昔穆王欲肆其心,周行天下,將皆必有車轍馬跡焉。祭公謀父作《祈招》之詩,以止王心,王是以獲沒於祗宮。臣問其詩而不知也。若問遠焉,其焉能知之?”王曰：“子能乎?”對曰：“能。其詩曰：‘祈招之惝惝,式昭德音。思我王度,式如玉,式如金。形民之力,而無醉飽之心。’”王揖而入,饋不食,寢不寐,數日,不能自克,以及於難。//仲尼曰：“古也有志：‘克己復禮,仁也’。信善哉！ 楚靈王若能如是,豈其辱於乾溪?”參見：《左傳今注今譯》（下）。

　　③　何以立禮法? 可參閱《中庸》,詳見拙著《中庸廣辭》。

修身合禮，則言動舉止從禮所度而不逾也。

非禮：不合禮義，不合禮儀，過猶不及。

私慾過度逾矩，則非禮或非法也。

仲弓問仁。子曰："出門如見大賓，使民如承大祭。己所不欲，勿施於人。在邦無怨，在家無怨。"仲弓曰："雍雖不敏，請事斯語矣。"

仲弓問仁。子曰："出門如見大賓（諸侯朝覲之禮；或曰君臣嘉會），使民如承大祭（國祭；或曰天子之禘祭），敬也。己所不欲，勿施於人，恕也。在邦（原意為"仕於諸侯之邦"；或曰為諸侯）無怨，在家（原意為"仕於卿大夫家"；或曰為卿大夫）無怨，和也。"仲弓曰："雍雖不敏，請事斯語矣。"

論曰：仁也，先也克己復禮而為仁；後也各循正禮，奉守不逾；而又（人人）敬恕如此，則各守其分（本分，度，限），人己相安，邦家無怨，而天下仁和也。何以恕？曰："己惡饑寒焉，則知天下之欲衣食也。己惡勞苦焉，則知天下之欲安佚也。己惡衰乏焉，則知天下之欲富足也。知此三者，聖王所以不降席而匡天下。故君子之道，忠恕而已矣。"[1]何以無怨？曰："正己而不求於人，則無怨。"[2]然則製正其禮（禮之正當性與合法性）亦為首要之務也[3]。

今論曰：毋庸諱言，孔子當時教授眾弟子，其一部分目的乃是為培養治術人才，其教育對象亦頗多貴族子弟，教育內容亦多治國之術。但除此之外，亦有較具普遍意義的人倫道德教育。並且，孔子聖人之心，故其思其道也，其心則無偏頗偏袒議論之意，而將求其大

---

[1]　《韓詩外傳三》。

[2]　《中庸》。

[3]　何以製正禮法？可參閱《中庸》，詳見拙著《中庸廣辭》。

體中正,不偏不倚,所以,即使培養治術人才,教授治國之術,學生多貴族子弟(當然亦有平民),其某些議論和學說本身都仍然具有獨立的價值。故當教育下移於一般平民,或教育日漸開放,乃至下移至於全體國民時,其學說之部分內容仍然有其價值。這也是孔子學說於現代社會仍能發揮某些正面作用的原因所在。當然,不可否認的是,這也使得儒家的倫理道德學說,在某些方面帶上了濃厚的等級主義、精英主義和官僚主義性格,並表現在中國人的倫理道德交往的實踐之中。比如,較難將對方視為一個平等的主體來進行平等的交往,而更多是角色倫理、德行區分乃至不同程度的等級倫理。

司馬牛問仁。子曰:"仁者其言也訒。"曰:"其言也訒,斯謂之仁已乎?"子曰:"為之難,言之得無訒乎?"

司馬牛(宋人,孔子弟子,名犁①)問仁。子曰:"仁者其言也訒②(頓、鈍。難言,不忍言,故訒),不輕易其言,尤不敢輕易稱仁也。"曰:"其言也訒,斯可謂之仁已(而已,而止;或作矣)乎?"子曰:"為之(仁,為仁之事)難,言之得無訒乎?③ 為仁也,當克己復禮,日日事事,一循正禮,而非禮勿視聽言動;於一切人事也,謹敬忠恕而邦家無怨④,無終食之間違仁,造次必於是,顛沛必於是⑤。為之如此而其難,言之豈

---

① 《史記·仲尼弟子傳》:"司馬耕字子牛。牛多言而躁。"

② 《子路》:子曰:"剛毅、木訥,近仁。"

③ 《雍也》:仁者先難而後獲,可謂仁矣。《憲問》:"克、伐、怨、慾不行焉,可以為仁矣?"子曰:"可以為**難矣,仁則吾不知也。**"《子張》:子遊曰:"吾友張也,**為難能也。然而未仁。**"又,曾子曰:"堂堂乎張也,**難與並為仁矣。**"《述而》:子曰:"**若聖與仁,則吾豈敢?** 抑為之不厭,誨人不倦,則可謂云爾已矣。"公西華曰:"正唯弟子不能學也。"

④ "出門如見大賓,使民如承大祭。己所不欲,勿施於人。在邦無怨,在家無怨。"

⑤ 《里仁》。

得無訒乎！仁者先**難**而後獲（其仁名）也。古者言之不出，恥躬之不逮也[1]，所謂恥其言而過其行[2]。故君子欲訥於言，而敏於行[3]，敏於事而慎於言[4]。"

皇侃曰："古者言之不出，恐行之不逮，故仁者必不易出言，故云其言也訒。且夫仁道既深，不得輕説，故言於人仁事必爲難也。《禮記》云：'仁之爲器重，其爲道遠。舉者莫能勝也，行者莫能致也。勉於仁者，不亦難乎？'行仁既難，言仁豈得易？凡行事不易，則言語豈得妄出而不難乎？夫易言仁者，不行之者也。行仁然後知勉仁爲難，故不敢輕言也。"

或論曰：司馬牛乃向魋之弟，向魋作亂，向氏遂有覆宗絶世之禍，故司馬牛憂之，又或將禍及司馬牛，故又有憂懼之意。司馬牛遭此亂難，憂懼之外，又或"多言而躁"，不能自已，孔子及同門弟子皆相勸解之。孔子乃"告之以此，使其於此而謹之，則所以爲仁之方，不外是矣。所謂仁者心存而不放，故其言若有所忍而不易發，蓋其德之一端也。"[5]孔子其意曰：於斯時也，汝於憂患中，於此道義抉擇之困境中，如何抉擇合道合義，尤當戒慎恐懼，頭腦清醒，謹慎抉擇行事，勿多言而躁。勿要言行有悔也。

又或曰：此或未必是司馬牛本性多言而躁，而亦或是司馬牛處此種困境，不能自已，而有憂懼躁聒之表現，孔子言此以提醒安慰之，所謂稍安勿躁，謹言慎行，難（訒）言深謀而後動也。

參照材料：

《子路》："故君子名之必可言也，言之必可行也。君子於其言，

---

[1]　《里仁》。
[2]　《憲問》。
[3]　《里仁》。
[4]　《學而》。
[5]　《四書章句集注》。

無所苟而已矣。”

　　《憲問》:子曰:“君子恥其言而過其行。”

　　《學而》:“君子食無求飽,居無求安,敏於事而慎於言……”

　　《里仁》:子曰:“古者言之不出,恥躬之不逮也。”

　　《里仁》:子曰:“君子欲訥於言,而敏於行。”

司馬牛問君子。子曰:“君子不憂不懼。”曰:“不憂不懼,斯謂之君子已乎?”子曰:“內省不疚,夫何憂何懼?”

　　司馬牛問君子。子曰:“君子不憂不懼。”曰:“不憂不懼,斯可謂之君子已(而已,而止;或作矣)乎?”子曰:“內省不疚(病),夫何憂何懼?”①若夫內省而曰:吾也日日事事克己復禮,一循正禮,非禮不視聽言動;於平素所居處所行為也謹敬忠恕,無怨於邦家眾庶②,事事合義③,無愧於心,則無憂懼也。所謂“君子坦蕩蕩,小人長戚戚”也。

　　然內省不疚、不憂不懼又豈易易哉! 或有實多咎而內省草草不知者,而自謂俯仰無愧,或虛自標榜“君子坦蕩蕩,小人長戚戚”,斯則虛矯也,客氣也。或曰:“餘生平多疚,初冥然莫知自省,終日意氣自若,自謂無憂無慮。後稍知所向,每一內省,輒戁然汗無以自容,時憂時懼,食息不寧,夢魂之間,未嘗不慄(古同悚)然如有所失,甚矣無憂無懼之難也。”④ “憂從中來,懼自外至,總之皆因有疚。卽強為鎮定,而神不恬,氣先靡矣。內省不疚者,中庸之無惡也,大學之自慊也,此是聖學。”⑤

---

　　① 《子罕》:子曰:“知者不惑,仁者不憂,勇者不懼。”《憲問》:子曰:“君子道者三,我無能焉:仁者不憂,知者不惑,勇者不懼。”子貢曰:“夫子自道也。”

　　② “出門如見大賓,使民如承大祭。己所不欲,勿施於人。在邦無怨,在家無怨。”

　　③ 孟子:浩然之氣乃集義而生。

　　④ 《反身錄》。

　　⑤ 《四書近指》。

　　或徵實而論曰：司馬牛乃向魋之弟，向魋作亂，向氏遂有覆宗絕世之禍，故司馬牛憂之，又或將禍及司馬牛，故又有憂懼之意。孔子之意曰：於斯時，如何抉擇方可以兩全家、國道義？則曰公私分明，國則國，家則家（族），我則我也。於國，當全公義，而不可附逆於家（向魋）也，則孔子於斯或然與牛之適齊奔吳之選擇；於我，則於國於家內省不疚：國不可去而去，非我之過也；巢魋等不可親附，乃而避之，亦非我絕之也；今則將或去趙去陳，亦可謂邦家無怨也，故可無憂懼，不必憂懼，坦蕩行去即可。君子自處憂患當如此也。蓋孔子寬慰然與其去國奔趙或陳也。

　　司馬牛憂曰：“人皆有兄弟，我獨亡。”子夏曰：“商聞之矣：死生有命，富貴在天。君子敬而無失，與人恭而有禮。四海之內，皆兄弟也。君子何患乎無兄弟也？”

　　司馬牛，宋國貴族，孔子弟子。其家有兄弟五人：向巢、桓魋（即向魋，後改為桓魋）、子牛（司馬牛）、子頎、子車是也。皆宋桓公子（名眵，字向父）之後，故稱向氏，或稱桓氏。向巢時為宋國左師，魋為宋國司馬，而子頎、子車輔佐其兄桓魋，子牛則自為宋國貴族，有封邑。後桓魋作亂，子頎、子車皆附逆，而向巢後亦入叛軍。自向魋作亂，司馬牛之兄弟向巢、向魋、子頎、子車等或奔或死。唯司馬牛未叛，然為避嫌避患故，司馬牛亦先後避宋（司馬牛之祖國宋國）避魋（司馬牛之兄向魋）而適齊奔吳，吳人惡之，而反，過魯[1]。或於此

---

　　[1]　《左傳·哀公十四年》：向魋奔衛。……司馬牛致其邑與珪焉，而適齊。向魋出於衛地，公文氏攻之，求夏後氏之璜焉。與之他玉，而奔齊。陳成子使為次卿，司馬牛又致其邑焉，而適吳。吳人惡之，而反。趙簡子召之，陳成子亦召之，卒於魯郭門之外，阬氏葬諸丘輿。參見：《左傳今注今譯》（下）。

時而與夫子及子夏等門人相見也。桓魋既謀亂，向氏遂有覆宗絕世之禍，故司馬牛乃憂懼不能自已。而孔子及子夏等同門，乃藉論學而寬解之也。故此數節既是論道，又是論人事而寬解之；既是經，又是史。讀之當作如是觀也。

司馬牛憂曰：「人皆有兄弟，我獨亡。因我之兄弟叛國而或奔或死，我不能親附依靠也。」子夏曰：「商聞之（於夫子或曰此下一句是當時俗語、成語）矣：死生有命，富貴在天。君子敬而無失（失敬，失禮；或作佚，佚樂，或曰懈怠，怠慢），與人恭而有禮。四海之內，皆兄弟也。君子何患乎無兄弟也？」

「命稟於有生之初，非今所能移；天莫之爲而爲，非我所能必，但當順受而已。既安於命，又當修其在己者，故又言苟能持己以敬而不間斷，接人以恭而有節文，則天下之人皆愛敬之如兄弟矣。」[1]君子進德修業，尊賢樂義，尚友古人，則人皆敬之，天下可適，子曰：「居處恭，執事敬，與人忠。雖之夷狄，不可棄也。」[2]又曰：「敏其行，修其禮，千里之外，親如兄弟。若行不敏，禮不合，對門不通矣。」[3]又曰：「大道之行，人不獨親其親，不獨子其子[4]。聖人能以天下爲一家[5]。」曾子亦曰：「君子執仁立志，先行後言。千里之外，

---

[1]　《四書章句集注》。

[2]　《論語・子路》。

[3]　《説苑・雜言篇》。

[4]　《禮記・禮運》。

[5]　《禮記・禮運》：孔子曰：「大道之行也，與三代之英，丘未之逮也，而有志焉。大道之行也，天下爲公，選賢與能，講信修睦。故人不獨親其親，不獨子其子，使老有所終，壯有所用，幼有所長，矜寡孤獨廢疾者皆有所養，男有分，女有歸。貨惡其棄於地也，不必藏於己；力惡其不出於身也，不必爲己。是故謀閉而不興，盜竊亂賊而不作，故外戶而不閉。是謂大同。今大道既隱，天下爲家，各親其親，各子其子，貨力爲己，大人世及以爲禮，城郭溝池以爲固，禮義以爲紀，以正君臣，以篤父子，以睦兄弟，以和夫婦，以設制度，以立田里，以賢勇知，以功爲己。故謀用是作，而兵由此起。禹、湯、文、武、成王、周公由此其選也。此六君子者，未有不謹於禮者也。以著其義，以考其信，著有過，刑仁講讓，示民有常，如有不由此者，在執者去，眾以爲殃。是謂小康。」

皆爲兄弟。苟是之不爲，則雖汝親，庸孰能親汝乎？"①

論曰：此蓋"牛以魋故，喪其世祿，出奔他國，故(子夏)稱天言命以寬牛之憂。明有命當順受其正，在天，非人所能爲也。"②朱熹曰："蓋子夏欲以寬牛之憂，故爲是不得已之辭，讀者不以辭害意可也。"③其言下之意或曰：汝之兄弟亦曰咎由自取，汝被殃及之遭遇亦是天命而已，非汝之慾咎也，且寬心而順其天命也。非汝絕兄弟也，兄弟絕汝也。吾子也，立身行事，未嘗有錯，内省不疚，夫何憂何懼？且敬恭如此，則四海之内，皆兄弟也。然終以有兄弟之情，故孔子師弟其言也稍隱諱，未如以上之直白也。蓋"人皆有兄弟，我獨亡。"此就情說；而"四海之内，皆兄弟也"，此就道、理、仁愛說。

或論曰："牛以無兄弟爲憂，而子夏語以'四海之内皆兄弟'者，欲其之他國以避禍也。魋嘗欲弑宋公，殺孔子，兇惡素著，滅亡無日矣。爲之弟者，諫之不從，去之不能，惟有見幾而作，不與其亂焉可耳。但牛本宋公族，爵祿有列於朝，決然舍去，人情所難。故子夏不便顯言而微辭以諭之曰'死生有命，富貴在天'，是破其繫戀之私。曰'敬而無失，恭而有禮'，則示以涉世之道。曰'四海之内皆兄弟'，若謂天壤甚大，唯吾所之，何必懷此都也。牛不能從，至禍亂既作，而後出奔，匆匆不暇擇國。卒至安身無地，客死道途，豈非其自致哉！"④此解牛夏之對語爲向魋作亂前，或亦可自圓其說。然解司馬牛戀慕富貴則未必，國、家、公、私之去就抉擇之難，則有之矣。

又或曰：司馬牛之兄弟雖多，然皆與向魋同叛，牛憂慮其兄弟皆將爲亂而死，故有此言，蓋發之於向魋叛亂出奔之後。而前兩節或發於向魋叛跡將彰之前。"人皆有兄弟，我獨亡。"此就情說；"四

---

① 《大戴禮·曾子制言上》。
② 戴望，《論語注》。
③ 《四書章句集注》。
④ 《四書典故辨正》

海之内，皆兄弟也”，此就道、理、仁愛説。

子張問明。子曰："浸潤之譖，膚受之愬，不行焉。可謂明也已矣。浸潤之譖膚受之愬不行焉，可謂遠也已矣。"

子張問明。子曰："浸潤（淺，漬也。淺，積也。潤，益也，漬也；浸淫，猶言漸染也[1]）之譖（毁人之行），膚受（愬者本無情實，而徒爲皮膚外語，故曰膚受。以其在外所受，非内實如此）之愬（愬己之冤），不行焉。可謂明也已矣。浸潤之譖膚受之愬不行焉，可謂遠也已矣。"

孔子之意曰：或有譖者徐徐用言（譖毁他人之言）來説己，如水漸漬漸染，久之生潤濕，令人常不覺，而或積久而盲信其誣譖；愬者本無情實，而徒爲皮膚外語，非其内實本意全貌，而自飾自辯（自我文飾辯解），為偏頗一面之辭，授愬於我（人），而我人或因其累言，不經於心胸頭腦察核之，而膚受其虛愬。似此等浸潤之譖、膚受之愬，吾皆不輕受輕信，而將以心胸道義智慧，深知其情核本意全貌，獨立以實斷之，故而難施行奏效於我。如此，則可謂明也已矣。無此二者，非但爲明，亦為體遠，可謂德行智識高遠，可以行久致遠而無咎，人莫能及也。故曰：明智高遠者，"只在人情物理上能精細便是明，便是明之遠，不必遠求。大抵好高之人，往往窮極於天地古今之遠，而失之於人情物理之近，自以爲明，其暗已甚也。"[2]故不識人情物理之近，則亦不可言乎明智高遠也。又：正因惟謹惟明惟遠，則譖愬之言事遂益乏絶之矣。

《荀子-致士篇》云："衡聽、顯幽、重明、退奸、進良之術：朋黨比周之譽，君子不聽；殘賊加累之譖，君子不用；隱忌雍蔽之人，君子

---

① 《論語正義》：此言譖者徐徐用言來説己，如水漸漬，久之生潤濕，令人常不覺也。

② 《松陽講義》。

不近；貨財禽犢之請，君子不許。凡流言、流說、流事、流謀、流譽、流愬，不官而衡至者，君子慎之。"是衡聽顯幽，乃絕譖愬之萌。《漢書·梅福傳》曰："博覽兼聽，謀及疏賤。令深者不隱，遠者不塞，所謂辟四門、明四目也。如此則讒賊奚由而至？卽有一二宵小妄施譖愬，而人君知人之明，終不可欺掩之也。"①

論曰："譖愬不行，雖由於明，明見之深，乃出於體遠。體遠不對於情僞，故功歸於明見。斥言其功故曰明，極言其本故曰遠也。"②朱熹曰："毀人者漸漬而不驟，則聽者不覺其入而信之深矣；愬冤者急迫而切身，則聽者不及致詳而發之暴矣。二者難察，而能察之，則可見其心之明而不蔽於近矣。"③《論語意原》云："於此不行焉，可謂明矣。明不足言也，可謂遠矣。害正殖邪，召禍產亂，皆譖愬者之爲也。消之於未萌，折之於方來，非遠而何？"④《論語稽》云："子張才高意廣，好爲苟難，其以明問，已有無遠不燭之意。然讒惑之禍，其所蔽者正在近不及防之地，苟能不蔽於近，則遠者自不能蔽矣。兩曰不行，正除蔽之要旨也。"⑤

今論曰："不行焉"，不行於此，謂"在我這裏行不通，乃至根本無此等事情發生在我這裏"。換言之，自己平素知人善任、親賢遠佞、立身正謹、義威不苟，則譖愬之人之言不得近身，不得蒙入我心也。質言之，身邊不僅無此言，且無此等譖愬之人，則浸潤、膚受云云，自始便無之。或解曰：吾人雖正謹守義不苟，親賢遠佞，然生斯世也，處斯世也，遇人遇事，有吾所不能預料與選擇者，故而浸潤之譖、膚受之愬而猶難免，而吾自以義斷之，守正不偏，則譖愬雖來，

①　《論語正義》。
②　《皇疏》顏延之語。
③　《四書章句集注》。
④　《論語意原》。
⑤　《論語稽》。

而不入不行於此心此身此事也。此可謂之"吾"明。何止明也，且可謂見識宏遠而可行久致遠也。又可從施事、受事二維解之，於受事言：浸潤之譖，膚受之愬，於我身皆不能行其效，吾亦不有此兩事也，即我不會有因浸潤而終於接受其譖，因膚受而終於接受其愬之事；於譖愬之施事者言解，則謂他人浸潤於吾之譖、膚接於我之愬之事，於我處皆無之，蓋吾人平素之所樹立，本自尊道樂義，敬親賢德，遠鄙小人，自奉謹嚴中正，人皆知之，故小人不敢來欺逞也，是故我處固多固願賢人之言、情實之言等，而小人譖愬之言事等，則無之不行於此也。然此非孔子原意。

註解：

"膚受"有幾種解釋。第一種解釋："膚受，謂初入皮膚以至骨髓也"者，言"若吾不明，則將侵入骨髓而為身害也"；第二種解釋："膚受，謂皮膚之不經於心胸"者，則謂因"吾不以心胸智識道義衡量之，正所以不明也"。此兩解有相似處，而第一解"初入皮膚以至骨髓"之解與浸潤同意相應，第二解"不經於心胸"則與"浸潤"之意義重心有所不同，故吾以為第一解更好，而第二解亦可補入。第三解："愬者本無情實，而徒爲皮膚外語，故曰膚受。以其在外所受，非内實如此"、"皮膚外語，非其內實也"、"謂受人之訴辭皮膚之，不深知其情核也"、"非其事謂之皮傅，謂不深得其情核，皮膚強相傅會也"，稍同於第二解而優於第二解，可與"浸潤之譖"相應。

"膚受之愬，謂受人之訴辭皮膚之，不深知其情核也。"[1]此從受者言，意為：吾不膚受之（吾不當不經於心胸而膚受之）；從施事者言解，意為外來之表面不實之讒語，則受可解為"授"字，而不經於心胸，或無情實。

餘論：《論語》中的文字每省略主語，固然為解讀帶來麻煩，不

---

[1]　《後漢・戴憑傳》注引鄭注。

知其是針對何人何事何物件而言，然而亦因此使其文義具有更廣泛深宏之解讀空間，不僅是針對某事某人某物件某群體而發，而一切人、事、物件、群體皆可於此有所論及也。可謂簡略而遠大，晦玄而啟發智深慧遠也。

子貢問政。子曰："足食。足兵。民信之矣。"子貢曰："必不得已而去，於斯三者何先?"曰："去兵。"子貢曰："必不得已而去，於斯二者何先?"曰："去食。自古皆有死，民無信不立。"

子貢問為國為政之道。子曰："足食。足兵（五兵，兵器，兵備；兼人與器）。民信之（即：民，使有忠信；意為：教民以孝悌之義，而使民有忠信）矣。"子貢曰："必不得已而去，於斯三者何先?"曰："去兵。"子貢曰："必不得已而去，於斯二者何先?"曰："去食。自古皆有死，民無信（忠信），則國、民皆不立也。"足食，故重農重地，重為民製產，重墾殖，使民俱有三年之糧，而邦國君卿亦倉廩實，而可救濟鰥寡孤獨，又可以備萬一之缺而賑濟國民也；非曰徒足國君、公家之倉廩府庫也，尤足百姓庶民之糧食財貨也，民為國之本，民富國乃富。足兵，兵則兼兵器與兵備而言，農隙而講武備盜，如斯而可外禦侵侮，內救盜亂，公力救濟不公不義之事也；兵者，邦國君民之兵也，所以護衛邦國百姓庶民，非謂國君、公家維護私利私慾之私人武裝也。民信之，即是教民以忠信之道，而成道義（正義正道）禮儀（正禮正儀）之民、邦也；民為義民，邦為（義民之）義邦，仁義相愛相維，安居樂業，而又共斥暴君污吏蠻橫，而後可正立斯世，永屹綿延也。故足食即是富之足民，足兵即是群之（知群善群）講武（尚武），民信之即是教之（道義忠信）而足義（足德足道）也。

不得已而去之，則先去兵而求足食；食者，生命之本也；民窮而窮兵黷武，則成軍國主義而民不堪生矣。不得已而又去之，則先去食而申信義；信義，人之本也；人而不信無義，人而不仁，則將掠食苟生、生殺予奪而害人，如此則人將暴虐爭鬥、相食以盡，則國、民奚以立？又奚可哉？故"孔子既答云去食，又恐子貢致嫌，故更此爲解之也，言：'人若不食，乃必致死。雖然，自古迄今，雖復食亦未有一人不死者，是食與不食俱是有死也。而自古迄今，未有一國無信而國安立者。今推其二事，有死自古而有，無信國立自古而無，今寧從其有者，故我云去食也。'且夫朝聞道夕死，孔子之所貴；捨生取義，孟軻之所尚。自古有不亡之道，而無有不死之人，故有殺身非喪己，苟存非不亡己也。"①"如韓信驅市人以戰，非素拊循士卒，是謂去兵。時勢窮促，食信不可並得，如張巡桴腹致死，而守睢陽，是謂去食。蓋食足信乎，雖空拳持梃，可使撻堅；君民一心，雖羅雀掘鼠，可與圖存。如其無信，則子棄其父，臣背其君，喪無日矣，何立之有？"②

或解曰：子貢問政。子曰："足食。足兵（五兵，兵器，兵備；兼人與器）。（令；使）民信之（指君國或公家政府）矣。"子貢曰："必不得已而去，於斯三者何先？"曰："去兵。"子貢曰："必不得已而去，於斯二者何先？"曰："去食。自古皆有死，民不信（君與國，則君國）不立。"

論曰："'民信之者，（君仕）爲民所信也。民無信者，不爲民信也。爲政至於不爲民信，則號令日輕，紀綱日弛，賞不足以勸，罰不足以懲，委靡頹墮，每事不立矣。故寧去食，不可失信。'此說二信字皆爲國家之信，立亦國家之立也。"③朱熹曰："民無食必死，然死者人之所必不免，（君官）無信則雖生而無以自立，不若死之爲安。故寧死而不失信於民，使民亦寧死而不失信於我也。"④

----

① 《皇疏》。

② 《論語傳注》。

③ 《四書辨疑》引王瀰南語。

④ 《四書章句集注》。此亦解"民信之"爲"君國不失信於民。"此或合於皇權時代之古代中國，而以君國官府爲主體立言；於今民治時代，則不如解爲"教民以信義"，而賦予人民主體地位。

餘論曰：自古皆有死。若乎立國與為國也，民不信則國不立；國不立，則君(君國)何以立？反之，若乎於信與食之間，不得已去食而君民或有死者，而民信之，國仍不亡也。國之本體在民。(此節本是問政，故皆針對國君行政為國而言，則曰足食為重農勸農富農而國庫倉廩充實，足兵則為富之而人口繁庶、器物充足而民人與兵備皆足也，使民信之則是君臣自守禮義使民信之，又教以忠信孝悌之道。)又可有另一思路：使民富之而足食，使民庶之而足兵，使民忠孝而(足義)信之。

或問：足誰之食？足之何為？以國政公政言，可知是國有儲積，以備萬一之缺，而可賑濟國民。足兵亦以備叛逆與外來之侵略也。足之云云，皆謂徵賦云云。如何足之？非謂橫徵暴斂，乃是依古制徵賦而君卿自為儉樸，以足食足兵也。以民政言，則固然是足民之食與財。

棘子成曰："君子質而已矣，何以文為？"子貢曰："惜乎，夫子之説，君子也，駟不及舌。文猶質也，質猶文也。虎豹之鞟(鞹)，猶犬羊之鞟。"

棘子成(衛大夫)曰："君子質而已矣，何以文為？"子貢曰："惜乎，夫子(棘子成)之説(論)君子如斯也，可謂失言之甚，駟不及舌也，所謂過言一出，駟馬追之不及也。實則文猶質也，質猶文也，等而不可或缺，不可相無相離。若夫相無相離，則虎豹之鞟(鞹，皆音kuò)(皮去毛曰鞟)，猶犬羊之鞟，則奚以別虎豹犬羊哉？。孔夫子曰：'質勝文則野，文勝質則史。文質彬彬，然後君子。'[①]斯之謂也。"

"虎豹所以貴於犬羊者，政(正)以毛文炳蔚為異耳。若今取虎

---

① 《論語・雍也》。

豹及犬羊皮,俱滅其毛,唯餘皮在,則誰復識其貴賤(妍媸),別於虎豹與犬羊乎?譬於君子,所以(稱之者),政以文華爲別,今遂若使質而不文,則何以別於君子與(自修未臻之)衆人乎?"①

或解曰:棘子成(衛大夫)曰:"君子質而已矣,何以文為?"子貢曰:"惜乎,夫子(棘子成)之說(論)君子如斯也,可謂失言之甚,駟不及舌也,所謂過言一出,駟馬追之不及也。以夫子之說,倘君子徒質而不文,而文猶質也,質猶文也②。如此,則虎豹之鞹(鞟)(皮去毛曰鞹),猶犬羊之鞹,則奚以別虎豹犬羊,與乎君子小人哉?實則人皆有質有文,而文質彬彬,方為君子矣。孔夫子曰:'質勝文則野,文勝質則史。文質彬彬,然後君子。'③斯之謂也。"④朱熹曰:"文猶質也,質猶文也,此言文質等耳,不可相無,若必盡去其文而獨存其質,則君子小人無以辨矣。夫棘子成矯當時之弊,又無本末輕重之差,胥失之矣。"

論曰:子貢之意曰:文猶質也,質猶文也,皆當重之,不可相無,文質斑斑,然後君子。以子之言(說),則虎豹之鞹猶犬羊之鞹,無以別矣。鞹則有質無文(鞹乃去其毛文(紋)之皮也)。(或曰:然此或稍有引喻失當之嫌,因此或有"以質為本,文為末"之誤解。然孔子與子貢之意,恰以為文質斑斑,不可有本末之分執也。朱注言本末輕重為解,亦為畫蛇添足,無怪乎或有質斥者。)

哀公問於有若曰:"年饑,用不足,如之何?"有若對曰:"盍徹乎?"曰:"二,吾猶不足,如之何其徹

---

① 《皇疏》。
② 此種解說不合原意。
③ 《論語·雍也》。
④ 《皇疏》。

也?"對曰:"百姓足,君孰與不足? 百姓不足,君孰與足?"

哀公既用田賦,連年有螽(zhōng,一種昆蟲,害蟲,即螽斯)①。哀公問於有若曰:"年饑,用(國用)不足,如之何?"有若對曰:"盍(何不)徹(通遍)乎?"徹,通遍也,意曰畿內、邦國皆用十一稅,而通行此稅制於天下也;又曰周代畿貢、邦助皆用十一而通內外也。三代稅制,夏代用貢,殷代用助,周代則王畿內用貢,而邦國用助②,然皆十一稅而已,故曰徹③④。哀公曰:"今也二(十稅二),吾猶不足,如之何復其徹也?"蓋西周乃用徹法,至魯宣公初稅畝(第一次在公田之外而向民之私田徵收賦稅),則變而為十二稅制,故哀公曰二。其或欲加賦以應對之,不意有若欲復徹法(而減賦),故疑之。有若對曰:"百姓足,君孰與不足? 百姓不足,君孰與足?"有若之意曰,用不足者,恰因失其本也,道之本、政之本、心之本,失而至於本末倒置,南轅北轍,欲益反損也。失者何? 一失於盤剝過重而民無恆產恆心,二失於奢靡淫逸而貪婪效尤,三則尤失之於無"民胞物與"之仁心

---

①　"《春秋》哀公十二年春,用田賦。其冬十二月,有螽。十三年九月,有螽。十二月,又有螽。又連年用兵於邾,又有此災,所謂'年饑,用不足'也。有若之問,當在此時,蓋其情亦迫矣。"參見:《四書經注集證》。

②　皇侃解其所以然者曰,"至周大文,而王畿內用夏之貢法。所以然者,為去王近,為王視聽所知,兼鄉遂公邑之吏旦夕從民事,為其役之以公,使不得恤其私也。若王畿外邦國諸侯,悉用殷之助法。所以然者,為諸侯專一國之政,貪暴稅民無法故也。"參見:《皇疏》。《四書典故辨正》亦解曰:"大抵後世民心漸狡,百畝之內,名以十畝與君,而取其豐饒,上其瘠薄,君之所入日少,於是躬行田畝,而踏取其十畝之最上者以為例,故曰履田而稅耳。"然此解"初稅畝"、"履田而稅"或皆不切,亦無以解哀公之"二"。

③　孟子曰:"夏後氏五十而貢,殷人七十而助,周人百畝而徹。"

④　《論語稽求篇》:《周禮·匠人》注引《孟子》:'請野九一而助,國中什一使自賦'語,謂'畿內用夏之貢法,邦國用殷之助法'。又云'合郊內郊外而通其率為什取其一',則徹之為通,亦只是通貢助通內外,與通行天下諸通字立義已耳。《穀梁傳》云:'古者什一,藉而不稅。私田稼不善則非吏,公田稼不善則非民。'所云非者,謂責而罪之。夫惟公自公,私自私,不通耕作,故公稼不善,得以罪民;私稼不善,得以罪吏。

也。本失而培末厚斂之,豈可? 久之必也大樹將傾、大廈毀圮也。故務本之法,乃在追本先王之道,回復先王之制,守禮奉法,懷民胞物與、君民一體之心,而恤民薄賦,培植根本,則自然中正足用也。故宣公十五年"初稅畝",而傳曰:"非禮也。穀出不過藉,以豐財也。"此言為政不可違背先王之王道憲制也。

《説苑・政理篇》載云:"魯哀公問政於孔子。對曰:'政有使民富。'哀公曰:'何謂也?'孔子曰:'薄賦斂,則民富矣。'公曰:'若是,則寡人貧。'孔子曰:'詩云"愷悌君子,民之父母",未見其子富而父母貧者也。'"①且夫"下貧則上貧,下富則上富。故田野縣鄙者,財之本也;垣窌倉廩者,財之末也。百姓時和,事業得敍者,貨之源也;等賦府庫者,貸之流也。故明主必謹養其和,節其流,開其源,而時斟酌焉,潢然知天下必有餘而上下不憂不足。如是,則上下俱富,多無所藏之,是知國計之極也。"②若夫"為家者與一家俱足,乃可謂足,豈可足一己而謂之足也? 夫儉以足用,寬以愛民,日計之可不足,而歲計之則有餘。十二而行,日計可有餘,歲計則不足。行十二而不足,不思損而益,是揚湯止沸,疾行遁影,有子之所以發德音者也。"③

蓋有若之答,所以"抑哀公斯問也:其將喪邦乎? 年饑,不憂民之餓莩,而憂己之不足,此豈君道哉? 有若若為不喻其意而憂民用之不足者,故對之曰'盍徹乎',及公明言其意,然後以當使百姓足者告之。雖違其本意以諷君,實亦切乎時務而忠告也。"④有若,可謂義臣善諫也。

註解:

此事發生於哀公用田賦之後,故有若建議回復徹法。

---

① 轉引自:《翟氏考異》。
② 《荀子・富國篇》。
③ 皇侃引江熙語,參見:《皇疏》。
④ 李文貞,《論語劄記》。

徹：第一種解釋：遍，通，通遍（徹上徹下，徹此徹彼），十一而為天下之通法；第二種解釋：通貢、助而言，而皆為十一稅，又為天下之通法；第三種解釋：十分徹取其一。

宣公稅畝，或哀公之“用田賦”，是說在原有井田制助法（保留助法之稅制，即私田產出歸民私家，公田產出歸君卿公家）的基礎上，再對民人之私田徵收賦稅（十一），如此加上公田，則為十二稅？還是根本廢除公田助法然後再用“田賦”或“稅畝”？（此則何來十二？）如是前者，則有若言“盍徹乎”，蓋謂回復到原有的徹法（即有助有貢的十一稅制，“徹”意為“通貢助”而言），亦是回復到十一稅制。有若將哀公的“用不足”故意理解成“民之用不足”，以此鼓勵贊許哀公有恤民之心，故似建議實匡諫曰“盍徹乎”。

此句如直接足食、足兵等幾節，則論述行文及義理可謂一貫銜接也。然棘子成幾節又間之，然則《論語》之次序安排或未有特別條理矣。

子張問崇德、辨惑。子曰：“主忠信，徙義，崇德也。愛之欲其生，惡之欲其死；既欲其生，又欲其死，是惑也。”

子張問崇（充、擴充、充盛、修養）德、辨（辨別）惑。子曰：“主（親）忠信，徙義（見義則徙意而從之；徙，遷也），崇德也。若夫辨惑，譬如‘愛之欲其生，惡之欲其死’，既欲其生，又欲其死，是惑也。中正有節有度，各得相應其中，則不惑矣。”

孔子答之曰：“若能復以忠信為主（自為忠信，又親近忠信之人），又若見有義事則徙意從之，此二條是崇德之法也。”[1]若夫愛恨好

---

[1]　《皇疏》，參見：《論語義疏》。

惡,臧否毀譽,選人用人(知人善任),皆以義節斷之,不失其中(義),亦不失其仁;聽言、識人、交友、表情、應事,皆有常有度,皆得其中正,中其正禮,過猶不及,如此則可以無惑矣。

邢疏曰:"此章言人當有常德也。(子張)言欲充盛道德,袪別疑惑,何為而可也。子曰:人有忠信者則親友之,見義事則遷意而從之,此所以充盛其德也。(若夫辨惑,則首在於其心也中正守常。)人心愛惡當須有常。若人有順己,己即愛之,便欲其生;此人忽逆於己,己即惡之,則願其死;一欲生之,一欲死之,用心無常,是惑也。既能別此是惑,則當袪之,(如是則知辨惑也)。"①

包曰:"愛惡當有常。一欲生之,一欲死之,是心惑也。"②皇侃曰:"中人之情,不能忘於愛惡。若有人從己,己則愛之,當愛此人時,必願其生活於世也。猶是前所愛者,而彼忽違己,己便憎惡,憎惡之既深,便願其死也。猶是一人,而愛憎生死,起於我心,我心不定,故為惑矣。"③朱熹曰:"愛惡,人之常情也。然人之生死有命,非可得而欲也。以愛惡而欲其生死,則惑矣。既欲其生,又欲其死,則惑之甚也。"④《曲禮》曰:"賢者狎而敬之,畏而愛之;愛而知其惡,憎而知其善。"亦斯之謂也。

舊本此節後有"誠不以富,亦只以異"一句,舊解為"生死不定之人,誠不足以致富,而只以為異事之行耳也","鄭玄曰:'此《詩·小雅》也。祇,適也。言此行誠不可以致富,適足以為異(異於常道、人道、常人之道)耳。取此《詩》之異義以非之。'"⑤邢疏曰:"'誠不以富,亦祇以異'者,此《詩·小雅·我行其野篇》文也。祇,適也。言此行誠不足以致富,適足以為異耳。取此詩之異義,以非人之惑

①　《論語注疏》。
②　《集解》。
③　《皇疏》,參見:《論語義疏》。
④　《四書章句集注》
⑤　《皇疏》,參見:《論語義疏》。

也。案：詩刺淫昏之俗，不思舊姻，而求新昏也，彼誠作成。鄭箋云：'女不以禮為室家，成事不足以得富也，女亦適以此自異於人道，言可惡也。'此引《詩》斷章，故不與本義同也。"①然此句蓋為錯簡，當在《季氏》"齊景公有馬千駟"一節中。故今刪去不解。

今論曰："愛之欲其生，惡之欲其死"之惑，何以辨之？答：今曰泛仁人伻，又曰平等基本人權，曰自由也。泛仁人伻即基本平等人權，不可無故非法剝奪之；自由則曰：人無違法幹義之事，則不可非法干預打擾之。若夫愛之雖其人違法幹義而溺寵開脫，惡之雖其人合法正當人伻、自由亦侵擾之(有時借民主之名，有時借合眾之名)，是惑也，又違法犯義也。又論曰：辨其惑也，一曰不可好惡無常；二曰不可無基本底線——如今之基本平等人伻或人權然；三曰謹慎選人用人；四曰當有知人之明而避毀譽之蔽，而正中有節；五曰不可忿懥無節；六曰情感愛惡當以義節斷之，又當以仁寬恕之，義則一時一事之斷之愛惡，仁則由來長遠之情，不以一時一事而失其仁心，不以一時一事而掩其長久全體之交情，忠恕而情得其中；七曰聽言、識人、交友、表情、應事皆當得其中正，中其正禮，過猶不及；八曰有情也。

齊景公問政於孔子。孔子對曰："君君，臣臣，父父，子子。"公曰："善哉！信如君不君，臣不臣，父不父，子不子，雖有粟，吾得而食諸？"

齊景公問政於孔子。孔子對曰："君君，臣臣，父父，子子。"公曰："善哉！信如'君不君，臣不臣，父不父，子不子'，雖有粟，吾豈得而食諸？"

---

①　《論語注疏》。

　　昭公二十五年,孔子至齊,此當齊景公三十年。是時陳僖子乞專政,行陰德於民,景公弗能禁,是不能君君臣臣也。景公又多内嬖而不立太子,寵少子荼而逐公子陽生,是不能父父子子也。《管子・形勢篇》曰:**"君不君則臣不臣,父不父則子不子。"**君臣父子之間,皆失其道,則必將有後患也。夫子早見於此,故其對深切如此。其後,哀公五年,齊景公卒;六年,陽生因陳乞弒荼而立(陳僖子使召公子陽生立之);十四年夏四月①,陳恒執其君(簡公)於舒州②,甲午而弒之③。齊國大亂數世,終於國移陳氏。是不能父父子子,以致臣得篡國也。

　　論曰:"君臣者何謂也? 君,羣也,下之所歸心。臣者,繵堅也,屬志自堅固。父子者何謂也? 父者,矩也,以法度教子。子者,孳孳無已也。故《孝經》曰:'父有爭子,則身不陷於不義。'"④此君臣父子稱名之實也。《呂氏春秋・處方篇》曰:"凡爲治必先定分。君臣夫子夫婦六者當位,(各各謹守對等之義禮,)**則下不踰節而上不苟爲矣,少不悍辟而長不簡慢矣。"**又云:"同異之分,貴賤之別,長幼之義,此先王之所慎,而治亂之紀也。"《左》昭二十六年傳:"齊侯與晏子坐於路寢。公歎曰:'美哉室! 其誰有此乎?'對曰:'其陳氏乎? 陳氏雖無大德,而有施於民。後世若少惰,陳氏而不亡,則國其國也已。'公曰:'善哉! 是可若何?'對曰:'唯禮可以已之。在禮,家施不及國。'"又曰:"君令臣共(恭),父慈子孝,兄愛弟敬,夫和妻柔,姑慈婦聽,禮也。君令而不違,臣共而不貳,父慈而敬,子孝而箴,兄愛而友,弟敬而順,夫和而義,妻柔而正,姑慈而從,婦聽

---

　　① 向難叛宋亦發生於是年六月。

　　② 《憲問》:陳成子弒簡公。孔子沐浴而朝,告於哀公曰:"陳恒弒其君,請討之。"公曰:"告夫三子!"孔子曰:"以吾從大夫之後,不敢不告也。君曰'告夫三子'者。"之三子告,不可。孔子曰:"以吾從大夫之後,不敢不告也。"

　　③ 其事參見《左傳今注今譯》。孔子聞之,三日齋,入請伐齊三。魯哀公不聽。參見《左傳今注今譯》。

　　④ 《白虎通・三綱六紀篇》,轉引自《論語正義》。

而婉,禮之善物也。"晏子所言,正與夫子答齊侯意同。①今曰對等之義禮、義法或禮法,而各各恪遵無違也。

又論曰:景公"因夫子之言,感國家之事,故舉先大夫(即管仲)之語以實之。然無二'則'字者,夫子平言之,故亦平答之,且又不肯任過,此國所以終亂矣。"②先大夫者,即管子也,《管子·形勢篇》曰:"君不君則臣不臣,父不父則子不子。"用二"則"字,則將責任加諸君與父之身也。景公省二則字,蓋仍有不自立而一味諉過於臣下之意,此齊後來所以終亡於陳恒之手也。

子曰:"片言可以折獄者,其由也與?"子路無宿諾。子曰:"聽訟,吾猶人也,必也使無訟乎!"

子論聽訟曰:"子路之為人(與乎平素之言)也,雖其片(或曰半)言單辭而無不直誠忠信,未嘗文過以自衛,而毫無曲辭誣枉。故其聽訟也,必察明信實而後斷獄定讞,非信實則不輕言一辭,可見其重言重信也;故其終斷獄也,雖發片言而足可定讞而折獄,不信終不發故也。(羅按:或曰當解為:故倘(人)聽訟也,可以無須對質而據其人(指子路)片言單辭(一造之辭)以折(斷,裁斷;或曰制,裁決)獄者,其唯由也與(假設子路為兩造之一,而非法官或裁判)? 然竊以為不當,故不取也。)子路性篤信,言出而必急踐之,無宿(豫,逆,預先;或曰留)諾,不輕諾也,以免臨時多故,言不得行而失言失信於人也。"據傳,小邾射奔魯,不與魯君盟,要子路約(盟),而子路辭之,是不論諾也。及季康子使冉有謂曰:"千乘之國,不信其盟,而信子之言(楊伯峻曰:射寧與子路相約,而不欲與魯盟誓),子何(何故)辱(有辱,覺得屈辱)(而不盟)焉?"對曰:"魯有事(戰事)於小邾,不敢問故,死其城

① 《論語正義》。
② 《四書辯證》。

下可也。彼不臣（不盡臣道，小邾本爲魯附庸，此蓋指其不與魯君盟）而濟（成，佐成，讚成）其言（成其不臣之言），是義之（之爲義，即以“小邾射之不臣”爲“義”，以非義而竟義之，則不可也）也，由弗能。”是終不許諾也①。子路忠信如斯，故其斷獄而片言信實如斯，故人（兩造）信之而受讞而獄折（判決，判定，解決）又如斯也。

子曰：“若夫一般聽訟也，吾猶人（與人同）也，必也聽獄之兩辭而後公正裁斷之也。雖然，必也使無訟乎！”孔子意曰：使吾聽訟，與衆人等；然而立政施德，當先以德義化之，使其絕於爭訟，而無訟也②。所謂使無訟，乃曰化之在前也③。“若訟至後察，則不異於凡人也，此言防其本也。”④“聽訟者，治其末，塞其流也；正其本，清其源，則無訟矣。聖人不以聽訟爲難，而以使民無訟爲貴也。”⑤《大戴禮·禮察篇》曰：“凡人之知，能見已然，不能見將然。禮者禁於將然之前，而法者禁於已然之後。是故法之用易見，而禮之所爲至難知也。若夫慶賞以勸善，刑罰以懲惡，先王執此之正，堅如金石；行此之信，順如四時；處此之功，無私如天地爾。豈顧不用哉？然如曰禮云禮云，貴絕惡於未萌，而起敬於微眇，使人日徙善遠罪而不自知也。孔子曰：‘聽訟，吾猶人也。必也使無訟乎？’此之謂也。”⑥《潛夫論·德化篇》曰：“是故上聖故不務治民事，而務治民心。故曰：‘聽訟，吾猶人也。必也使無訟乎？’導之以德，齊之以禮，務厚其情而明則務義，民親愛則無相害傷之意，動思義則無姦

---

① 《左傳·哀公十四年》：“小邾射以句繹來奔，曰：‘使季路要我，吾無盟矣。’使子路，子路辭。季康子使冉有謂之曰：‘千乘之國，不信其盟，而信子之言，子何辱焉？’對曰：‘魯有事於小邾，不敢問故，死其城下可也。彼不臣，而濟其言，是義之也，由弗能。’”子路不盟者，尊君也。

② 《論語正義》。

③ 《集解》。

④ 《皇疏》。

⑤ 《四書章句集注》。

⑥ 《論語正義》。

邪之心。夫若此者,非律之所使也,非威刑之所強也,此乃教化之所致。"①孔子曰:"道之以政,齊之以刑,民免而無恥;道之以德,齊之以禮,有恥且格。"老氏稱:"上德不德,是以有德;下德不失德,是以無德。法令滋章,盜賊多有。"太史公曰:信哉是言也! 法令者治之具,而非制治清濁之源也。昔天下之網嘗密矣,然姦偽萌起,其極也,上下相遁,至於不振。當是之時,吏治若救火揚沸,非武健嚴酷,惡能勝其任而愉快乎! 言道德者,溺其職矣。故曰"聽訟,吾猶人也,必也使無訟乎"②。

論曰:聽訟則必兼聽兩辭(兩造之單辭)以剖判是非,此後斷獄則明決而必無誣枉偏袒,且因此兩造亦皆無異議。以子路為人忠信公正,重信守諾,義信以自處處他無間然,則其斷獄也必直必信而無所偏枉,故人皆信服之也。此處之片言,非指兩造告訴之單辭,乃指子路作為裁決者之片言隻語之定讞,必信實,又可使雙方信服其公正,或無所詭辯也。故此節乃言子路之正直公正與重信守諾、忠信無枉,得人信服敬畏(敬重)。質言之,以子路斷獄必信直,則人不必欺,又剛毅勇武,人亦不敢欺也。然或曰:小小是非爭執或不敢欺,大罪大姦大惡必幸逞欺瞞,則如之何? 則曰:子路善聽訟固可,然仍非急務,非根本也。根本在於德化。故孔子乃婉諷而告誡子路當知為政之大本也。

或解曰:子論聽訟曰:"子路忠信,所言必直,能取信於人;人既信子路,自不敢欺,(則其人即兩造)雖片言單辭,必是直理③;故(聽訟者即子路聽訟)雖據其(兩造之一之)片言單辭而可以折獄者,其唯由也與(假設子路為法官裁判)? 子路性篤信,言出而必急踐之,無宿(豫,逆,

---

①　《論語正義》。

②　《史記·酷吏傳》。

③　《論語正義》。

預先)諾,不輕諾也,以免臨時多故,言不得行而失言失信於人也。忠信如斯,故人亦忠信之而不欺,雖片言必信實也,所以唯子路方能如此聽訟。若夫一般聽訟也,則吾猶(像,和⋯⋯一樣)人(與一般人同,一般人即今日一般法官然)也,必也聽獄之兩辭而後公正裁斷之,不敢但據片言單辭而遂斷之也。雖然,必也使無訟乎!"孔子意曰:使吾聽訟,與衆人(今日一般法官)等;然而立政施德,當先以德義化之,使其絕於爭訟,而無訟也①。所謂使無訟,乃曰化之在前也②。"若訟至後察,則不異於凡人也,此言防其本也。"③"聽訟者,治其末,塞其流也;正其本,清其源,則無訟矣。聖人不以聽訟爲難,而以使民無訟爲貴也。"④《大戴禮·禮察篇》曰:"凡人之知,能見已然,不能見將然。禮者禁於將然之前,而法者禁於已然之後。是故法之用易見,而禮之所爲至難知也。若夫慶賞以勸善,刑罰以懲惡,先王執此之正,堅如金石;行此之信,順如四時;處此之功,無私如天地爾。豈顧不用哉? 然如曰禮云禮云,貴絕惡於未萌,而起敬於微眇,使人日徙善遠罪而不自知也。孔子曰:'聽訟,吾猶人也。必也使無訟乎?'此之謂也。"⑤《潛夫論·德化篇》曰:"是故上聖故不務治民事,而務治民心。故曰:'聽訟,吾猶人也。必也使無訟乎?'導之以德,齊之以禮,務厚其情而明則務義,民親愛則無相害傷之意,動思義則無姦邪之心。夫若此者,非律之所使也,非威刑之所強也,此乃教化之所致。"⑥

　　或解曰:夫判辯獄訟,必須二家對辭。子路既能果斷,故偏聽一辭而能折獄也⑦。又或曰:"片言以折獄及無宿諾"皆孔子批評

---

① 《論語正義》。
② 《集解》。
③ 《皇疏》。
④ 《四書章句集注》。
⑤ 《論語正義》。
⑥ 《論語正義》。
⑦ 《皇疏》。

子路①,然亦不可的解,故且闕疑之。

子曰:"聽訟,吾猶人也,必也使無訟乎!"

子曰:"聽訟,吾猶人也,必也使無訟乎!"

註解:

或曰上兩節當並為一節:子曰:"片言可以折獄者,其由也與?"子路無宿諾。子曰:"聽訟,吾猶人也,必也使無訟乎!"

子張問政。子曰:"居之無倦,行之以忠。"

子張問政。子曰:"居之無倦,行之以忠。"為國為政者(或"之道"),居位理劇,(恪守本職,)不可懈倦;行政接民,(當存心仁愛,)必以忠信,而皆盡心盡力焉。政事非閑易而每多劇煩,無其誠仁,則易倦懈而不盡心,故告之以此。為國為政者,其選舉生養我者民也,其國亦民成之國也,為國所以為民,故倘非無倦,則無可溫雅接人以禮,而理劇剸繁;"非忠信,則無可以取親於百姓矣。外內不相應,則無可取信者矣"②。

子曰:"君子博學於文,約之以禮,亦可以弗畔矣夫!"

子曰:"君子博學於文,約之以禮,亦可以弗畔(不違道)矣夫!"③論

---

① 《論語集釋》。
② 《大戴禮·子張問入官》。
③ 參見《雍也》之相關廣辭。

曰：（正公之）禮之教與義理之教當並行不悖。

子曰：“君子成人之美，不成人之惡。小人反是。”

子曰：“君子成人之美（善美之事之名），不成人之惡。小人反是。”此亦所謂與人爲善，又與人爲美；不與人爲惡，又不與人爲不美也。如斯而懲惡揚善、激濁揚清，美善與共，以成君子美善大同之天下。《大戴禮·曾子立事篇》曰：“君子己善，亦樂人之善也。己能，亦樂人之能也。君子不說人之過，成人之美。存往者，在來者。朝有過，夕改則與之；夕有過，朝改則與之。”人或有過將形、惡且萌者，則或諫止或避去，而必無所逢迎唆長以成其惡也；且彼有過者，方畏人非議，我從而爲之辭說，則彼將無意於改，是成人之惡矣。故君子不爲也[1]。故孟子曰：“教人以善謂之忠”[2]、“責難於君謂之恭，陳善閉邪謂之敬”[3]，此即成人之善美也；若夫“長（張大）君之惡”、“逢（逢迎引導）君之惡”[4]、“吾君不能謂之賊”[5]，亦皆曰“小人成人之惡”也。《穀梁傳》曰：“《春秋》成人之美，不成人之惡；貴義而不貴惠，信道而不信邪。孝子揚父之美，不揚父之惡。”[6]斯之謂也。

季康子問政於孔子。孔子對曰：“政者，正也。子帥以正，孰敢不正？”
季康子患盜，問於孔子。孔子對曰：“苟子之

① 《論語補注》（《論語正義》引）。
② 《孟子·滕文公上》（5.4）。
③ 《孟子·離婁上》（7.1）。
④ 《孟子·告子下》（12.7）。
⑤ 《孟子·離婁上》（7.1）。
⑥ 《穀梁傳》隱公元年。

不欲，雖賞之不竊。"

　　季康子問政於孔子曰："如殺無道，以就有道，何如？"孔子對曰："子為政，焉用殺？子欲善，而民善矣。君子之德風，小人之德草。草上之風，必偃。"

　　季康子（魯上卿，諸臣之帥）問政於孔子。孔子對曰："政者，正也。子（季康子，泛指則為在上位者；或作"己"）帥以正，孰敢不正？"為政，乃至一切人事之道，只在一正字，所謂正道、正義、正禮、正法、正政、正身等是也，故曰不正非政，不正難為政。而又在於"正己"二字，不正己，則難以正人（他人）正事（政事）正教正生（一己之人生）。所謂正己以正人，修己以安人，皆是。《禮記‧哀公問篇》：公曰："敢問何謂為政？"孔子對曰："政者，正也。君為正，則百姓從政矣。"未有己不正而能正人者[1]。故子曰："其身正，不令而行；其不正，雖令不從。"又曰："苟正其身矣，於從政乎何有？不能正其身，如正人何？"[2]

　　季康子患盜，問於孔子。孔子對曰："苟子之不欲，雖賞之不竊。"為政之道，惟當在上位者正己守正（如為民製產、不奪民時、十一稅、薄稅斂等），奉法循禮，無所僭越於正道禮法之外，而又導之以德，則民皆歸化於德義矣，荀子所謂"天下有道，盜其先變"[3]。苟為政者自無貪慾僭制，不違先王之道法憲典，無所厚斂盤剝，則民富足而知

---

①　《四書章句集注》。

②　《論語‧子路》。

③　《荀子‧正論篇》。《荀子‧君子篇》又曰："聖王在上，分義行乎下，則士大夫無流淫之行，百吏官人無怠慢之事，眾庶百姓無姦怪之俗，無盜賊之罪，莫敢犯上之禁。天下曉然皆知夫盜竊之人不可以為富也，皆知夫賊害之人不可以為壽也，皆知夫犯上之禁不可以為安也。由其道則人得其所好焉，不由其道則人必遇其所惡焉。是故刑罰綦省而威行如流；世曉然皆知夫為姦則雖隱竄逃亡之由不足以免也，故莫不服罪而請。《書》曰：'凡人自得罪。'此之謂也。"

德義，雖賞之而不竊，以民無需而恥之也。所謂"敲骨吸髓之風既息，疲敝凋瘵之民獲蘇，各安其居，誰復思亂？"①民之多盜，正肇因於為政者之盜民也。《左傳》曰："國家之敗，由官邪也。官之失德，寵賂章也。"②《汲塚瑣語》曰：魯國多盜，季康（或曰此為武子，非康子③）治之，獲一人焉。詰之曰："汝何以盜？"對曰："子大夫爲政不能不盜，何以詰吾盜？"斯之謂也。或論曰："定公時家臣公山不狃以費叛，侯犯以郈叛。夫子爲政，叔孫氏墮郈，季氏墮費，惟成宰公斂處父不肯墮。康子此問，其猶有大都耦國之憂乎？夫子以不欲對之，蓋隱以強公室弱私家諷之也。"④斯則此節所或依託之史事也。

魯有父子訟者，康子欲殺之。孔子曰："未可殺也。夫民爲不義，則是上其失道。上陳之教而先服之，則百姓從風矣。"⑤季康子問政於孔子曰："如殺無道，以就（成）有道，何如？"孔子對曰："子為政，焉用殺？子欲善，而民善矣。君子之德風，小人之德草。草上（加、施加）之風，必偃（僕倒），如隨風而化之也。"倘一國無道之人事多繁，恰坐其國正道正教之不立不化，政事法度之不修治、在上位者之不能身教故也，則正當反躬罪己（反求諸己），有以問責黜懲，更張而新正政教也。"夫上為大盜，而欲禁民之盜，豈不愚哉？"⑥

且夫以身教者從，以言教者訟，而況於殺教乎？⑦ 不教而聽其獄，殺其人，乃以惡政殺不辜也。《鹽鐵論·疾貪篇》曰："百姓不治（安），有司之罪也。（正道教化不行，天子君王之罪也。）《春秋》刺譏不及庶人，責其率（帥、長）也。故古者大夫將臨刑，聲色不御。刑已

---

① 《反身錄》。

② 《反身錄》。

③ 《翟氏考異》。又：襄公二十一年，"魯多盜，季孫謂臧武仲：'子盍詰盜？'武仲曰：'子召外盜而大禮焉，何以止吾盜？'"

④ 《潘氏集箋》。

⑤ 《韓詩外傳》。

⑥ 《論語大義》。

⑦ 《四書章句集注》。

當矣，猶三巡而嗟歎之，恥其不能以化而傷其不全也。政教闇而不著，百姓顛躓而不扶，猶赤子臨井焉，聽其入也。若此，則何以爲民父母？故君子急於教，緩於刑。"①《鹽鐵論·申韓篇》曰："所貴良吏者，貴其絶惡於未萌，使之不爲非，非貴其拘之囹圄而刑殺之也。"②

"王者尚其德而希其刑，霸者刑德並湊，強國先其刑而後德"③，若夫上失道而好刑殺，其不亡者幾希。故曰：子（治國爲政者）欲善，則民善矣；子欲義，則民義矣，而共臻仁善道義而不違不亂。《書·君陳》曰："爾（君）惟風，下民惟草。"故"堯舜行德則民仁壽，桀紂行暴則民鄙夭"④，上之化下，猶風靡草。東風則草靡而西，西風則草靡而東，在風所由，而草爲之靡，是故人君之動不可不慎也⑤。

季康子患盜，問於孔子。孔子對曰："苟子之不欲，雖賞之不竊。"

論曰：富民而又稍均貧富，則無盜。

季康子問政於孔子曰："如殺無道，以就有道，何如？"孔子對曰："子爲政，焉用殺？子欲善，而民善矣。君子之德風，小人之德草。草上之風，必偃。"

廣辭見上文。

---

① 《論語後案》。
② 《論語後案》。
③ 《説苑·政理篇》。
④ 《漢書·董仲舒傳》。
⑤ 《説苑·君道篇》。

　　子張問：“士何如斯可謂之達矣？”子曰：“何
哉，爾所謂達者？”子張對曰：“在邦必聞，在家必
聞。”子曰：“是聞也，非達也。夫達也者，質直而好
義，察言而觀色，慮以下人。在邦必達，在家必達。
夫聞也者，色取仁而行違，居之不疑。在邦必聞，
在家必聞。”

　　子張問：“士何如斯可謂之達矣？”子曰：“何哉，爾所謂達者？”
子張對曰：“在邦（仕諸侯）必聞，在家（仕卿大夫）必聞。”子曰：“是聞
（浮其虛名，非實德之名）也，非達（通達大道大德，達其德名①）也。夫達也
者，既質（質樸，樸實，誠樸誠實）直而好義，克己正身；又察言而觀色，
慮（或解為“思”，或解為“大抵”）以下人②，而謙抑禮讓也。達者自修實
德而不自伐淩人，於我（自修自律），必質直端謹而踐義忠信，於人
（待人接物），則仁相人偶而察意敬讓寬恕，自卑以尊人；亦可謂‘君
子以仁造人，義造我，所謂躬自厚而薄責於外也’③，如此則在邦必
達（有令名，有實德之名），在家必達。若夫聞也者，色取仁而行違，居
之不疑（自居其偽善而人己不疑，實則自欺欺人）。如斯則在邦必聞，在
家必聞。然徒虛聞而已矣。”

　　聞、達不同，聞也求名，或流乎外，達也務實（實德），必存乎內，
而誠偽以分。達也者，“內主忠信，而所行合宜；審於接物，而卑以

————————————

　　①　古者思想文義未分化，故“達”字包含多層意義：通達大道；聖，通達；“達即聖
之次，聖是已成之達，達是未成之聖”；“達者乃士大夫學問明通、思慮不爭、言色質直、
循行於家國之間無險阻之處也”（引文參見：阮元，《揅經室卷一·釋達》）；行，能行，行
效，實行；通行；顯達令德令名於四方等。

　　②　此義或即是《曲禮》“臨財毋苟得，臨難毋苟免。很毋求勝，分毋求多。疑事毋
質，直而毋有”之意。

　　③　《論語正義》，轉引自《論語集釋》。

自牧,皆自修於內,不求人知之事。然德修於己而人信之,則所行自無窒礙矣。"①若夫聞也者,"善其顏色以取於仁,而行實背之,又自以爲是而無所忌憚,此不務實而專務求名者,故虛譽雖隆,而實德則病矣。"②③世亂則佞人多,風俗弊而党盛,相與作伐推引,故多聞而虛譽。皇侃云:"聞者,達之名。達者,聞之實。有實者必有名,有名者不必有實。實深於本,聞浮於末也。而殉爲名者衆,體實者寡,故利名者飾僞,敦實者歸真,是以名分於聞,而道隔於達也。"④

程子曰:"學者須是務實,不要近名。有意近名,大本已失,更學何事? 爲名而學,則是僞也。今之學者,大抵爲名,爲名與爲利,雖清濁不同,然其利心則一也。"尹氏曰:"子張之學,病在乎不務實。故孔子告之,皆篤實之事,充乎內而發乎外者也。⑤

《大戴禮·曾子制言上》:弟子問於曾子曰:"夫士何如則可以爲達矣?"曾子曰:"不能則學,疑則問,欲行則比賢,雖有險道,循行達矣。今之弟子病下人,不知事賢,恥不知而又不問,欲作則其知不足,是以惑闇終其世而已矣,是謂窮民也。"

或論曰:慮以下人者,比賢,不自伐自滿,好學多問,從善如流也;察言觀色者,知其優長,賢德善義而學效之,日進日新也。達德者不自尊自伐,所謂不可高自標榜,或不可過於(但務力於)好高騖遠而忽於謙抑下人也。若夫居之不疑,自我標榜而自居賢德不自疑也,則自欺欺人也深,而奚益?

又曰:何以比賢? 亦曰聞一善言善行斯行之而已。

---

① 《四書章句集注》。
② 《四書章句集注》。
③ 《集解》:"佞人假仁者之色,行之則違,安居其僞而不自疑。"
④ 《皇疏》。
⑤ 《四書章句集注》。

樊遲從遊於舞雩之下，曰：“敢問崇德、修慝、辨惑。”子曰：“善哉問！先事後得，非崇德與？攻其惡，無攻人之惡，非修慝與？一朝之忿，忘其身，以及其親，非惑與？”

樊遲從遊於舞雩之下，曰：“敢問崇德、修（治）慝（惡，匿藏於心之惡）、辨惑。”子曰：“善哉問！先事後得，非崇德與？攻其惡，無攻人之惡，非修慝與？一朝之忿，忘其身，以及其親①，非惑與？”

論曰：“樊遲勇而志於學，質樸而狹隘，意其爲人，必預事而計得，恕己而嚴人，忿而不思難者也。夫子以崇德修慝辯惑皆切己之事，故既善之，而非與云者，又若誘掖奬勸之，情見於言外。先事後得者，正其誼不謀其利，明其道不計其功。攻其惡不攻人惡者，以責人之心責己，則寡悔；以恕己之心恕人，則寡尤也。一朝之忿亡身及親者，有終身憂，無一朝患也。”②又曰：“先事後得，上義而下利也。人惟有慾利之心，故德不崇。惟不自省己過，而知人之過，故慝不修。感物而易動者莫如忿，忘其身以及其親，惑之甚者也。惑之甚者，必起於細微，能辯之於早，則不至於大惑矣，故懲忿所以辯惑也。”③

或曰，孔子自衛反魯，時哀公亦欲去季氏。樊遲從遊於舞雩之下，觸景而思，感雩而問及“崇德修慝辯惑”雩禱之辭④，或問及此一時事（哀公欲去季氏），又或欲究昭公喪亂之由，又或刺魯不能崇德而徒雩也。故孔子乃舉昭公前事以危之（哀公）論之也⑤，曰：“先盡

① 《荀子·不苟篇》曰：“鬭者，忘其身者也，忘其親者也。行其少頃之怒，而喪終身之軀，然且爲之，是忘其身也。室家立殘，親戚不免乎刑戮，然且爲之，是忘其親也。”楊倞曰：“蓋當時禁鬭，殺人之法，戮及親戚。”參見：《九經古義》。

② 《論語稽》。

③ 《四書章句集注》引範氏語。

④ 《論語正義》。

⑤ 宋翔鳳，《四書纂言》。

君道而臣道自正,昭之失民失政久矣,驟欲得之可乎? 子家駒言,諸侯僭天子,大夫僭諸侯。公曰:吾何僭? 是(昭公)知人之惡而不知己之惡也。至不忍一朝之忿,而身不容於齊晉,辱及宗廟,則惑之甚矣。"①

　　樊遲問仁。子曰:"愛人。"問知。子曰:"知人。"樊遲未達。子曰:"舉直錯諸枉,能使枉者直。"樊遲退,見子夏。曰:"鄉也吾見於夫子而問知,子曰,'舉直錯諸枉,能使枉者直',何謂也?"子夏曰:"富哉言乎! 舜有天下,選於眾,舉皋陶,不仁者遠矣。湯有天下,選於眾,舉伊尹,不仁者遠矣。"

　　樊遲問仁。子曰:"愛人。"問知。子曰:"知人。"樊遲未達(理解)。子曰:"舉直,錯(廢置;或為措。或解為:置於……之上,取"賢人選為上位而以上帥下"之意,亦可通)諸枉,能使枉者直。"樊遲退,見子夏。曰:"鄉也吾見於夫子而問知,子曰,'舉直錯諸枉,能使枉者直',何謂也?"子夏曰:"富(盛)哉言乎! 舜有天下,選於眾,舉皋陶,不仁者遠矣。湯有天下,選於眾,舉伊尹,不仁者遠矣。"《大戴禮-王言篇》:"孔子曰:'仁者莫大於愛人,知者莫大於知賢。'"即此之謂也。

　　論曰:子夏知孔子之意,必堯舜禹湯之爲君,而後能盡用人之道,以垂百世之法,故言選舉之事如斯。選舉之道何謂邪? 一言以蔽之,曰選賢任能而已。蓋選舉之事,關乎國家社稷之安危存亡也。然當春秋時,廢選舉之務,置不肖於位,賢人無位退絕,國家遂多過失。至於君臣忿爭出奔,國家之所以昏亂,社稷之所以危亡,

---

① 《論語述何》。

其本在此。且夫禮，公、卿、大夫、士皆選賢而用之。卿大夫任重職大，不當世，爲其秉政久，恩德廣大，小人居之，必奪君子威權。故尹氏世而立王子朝，齊崔氏世而弑其君光。君子疾其末則正其本，見譏於卒者，亦不可造次無故驅逐，必因其過卒絶之。明君案見勞授賞，則衆譽不能進無功；案見惡行誅，則衆讒不能退無罪。① 故知此節亦《春秋》譏世卿之義。蓋卿大夫世，則舉直錯枉之法不行。有國者宜以不知人爲患，故子夏述舜舉皋陶，湯舉伊尹，皆不以世而以賢，以明大法。②

　　今論曰：賢能與不賢能之分，或曰立賢，只可在公職選任上，不可帶入社會層面。於社會層面，當首講泛仁人伻（今曰平等基本人權），又講教化立人，成人成德，此後或自有人際疏遠親近之分，然無所謂身份性質之賢人。

　　或曰："有天下"、"知人"云云，此或不探本之論。今不當云"舜有天下"，而云"舜暫理天下而為天下立正制大法，功成身退，將天下以法委還諸百姓而已"；今又或不當但云"王君知人薦任"，而又當曰"兆民知人而選任"也。

　　又曰：豈獨卿不當"世"（世襲），君亦不當"世"（即"世襲君主制"，對比於"世卿"）。"世"則違上古聖王選賢禪讓之制。又曰：愛人則不當選惡君惡臣以害人也；愛人則又必重仁正之政風。又論曰：先

---

① 《公羊傳·隱公三年》。

② 引自《論語發微》而稍改動，原文如右：子夏知孔子之意，必堯舜禹湯之爲君，而後能盡用人之道，以垂百世之法，故言選舉之事曰云云。《公羊》隱元年何休說："當春秋時，廢選舉之務，置不肖於位，輒退絶之以生過失。至於君臣忿爭出奔，國家之所以昏亂，社稷之所以危亡，故皆錄之。"隱三年何休說："禮，公卿大夫士皆選賢而用之。卿大夫任重職大，不當世，爲其秉政久，恩德廣大，小人居之，必奪君子威權。故尹氏世立王子朝，齊崔氏世弑其君光。君子疾其末則正其本，見譏於卒者，亦不可造次無故驅逐，必因其過卒絶之。明君案見勞授賞，則衆譽不能進無功；案見惡行誅，則衆讒不能退無罪。"此《春秋》譏世卿之義。蓋卿大夫世，則舉直錯枉之法不行。有國者宜以不知人爲患，故子夏述舜舉皋陶，湯舉伊尹，皆不以世而以賢，以明大法。

王選賢任能固然是仁政善政,然君位亦不可世襲也。故曰歸於三代(夏商周)之先而復上古堯舜禹之賢德禪讓制之王道仁政法治也。

子貢問友。子曰:"忠告而善道之,不可則止,無自辱焉。"

子貢問友(友道)。子曰:"忠告而(或曰當加"以"字,不取)善道之,不可則止,無自辱焉。"

解曰:"忠告,以是非告之也。**以善道導之,不見從則止。必言之,或見辱。**"①朱熹曰:"友所以輔仁,故盡其心以告之,**善其説以道之**②。然以義合者也,故不可則止。若以數而見疏,則自辱矣。"③

曾子曰:"君子以文會友,以友輔仁。"

曾子曰:"君子以文(詩書禮樂,墳典經論;禮樂法度刑政綱紀之文)會友,以友輔④仁。"友朋自遠方來,不亦説乎? 切磋琢磨,經義相與講習,此即以文會友也;忠告而善道之,匡正補益,聞義而徙,從善如流,見賢思齊,相與進德,此即以友輔仁也。《説苑·説從篇》:"賢師良友在其側,詩、書、禮、樂陳於前,棄而爲不善者鮮矣。"朱熹曰:"講學以會友,則道益明。取善以輔仁,則德日進。"⑤

---

① 《集解》。
② 或解爲"善其辭色以爲言",參見:《四書辯疑》。
③ 《四書章句集注》。
④ 古代夾在車輪外旁的直木,每輪二木,用以增加車輪載重支力。參見:漢典。
⑤ 《四書章句集注》。

論曰:"文者,禮樂法度刑政綱紀之文。當時文武之道未墜於地,識大識小,莫不有文武之道焉。夫子憲章文武,教門弟子,以此講學,以此修德,如所謂兩君相會,揖讓而入門,入門而縣興,揖讓而升堂,升堂而樂闋,君子於是知仁焉。故曰:'人而不仁如禮何?人而不仁如樂何?'張子曰:'"禮儀三百,威儀三千",無一事之非仁也。'若如近世之文,浮靡放漫,可爲輔仁之具哉?"①

又論曰:此蓋接上節而言以德交,以道交,以仁交。彼若不聽善言,則難以交友也,難以輔仁也,則止也。

---

① 劉源淥,《冷語》(《經正錄》引)。

子路第十三

子路問政。子曰："先之，勞之。"請益。曰："無倦。"

子路問政。子曰："先之（之作助詞，無意義），勞之（之作助詞，無意義）。"請益。曰："無倦。"躬行者，政之始也，故以道教民，必先躬親之。君子欲政之速行也者，莫若以身先之也。欲民之速服也者，莫若以道禦之也。如此，則其身正，不令而行，而政得之矣①。盡心勞心於民事國事，政之本也，故君子處則問學求道，逍遙於道樂，出則勞動於民事公事，勤勉於政治也。無倦者，政之（善始）善終也。政事者，理劇剸繁，非易事也，苟無仁民之心，將倦怠瀆職，故曰無倦，凡民事國事公事皆無可倦怠敷衍推諉也。總言之，"凡民之行，（君子）以身先之，則不令而行。凡民之事，（君子）以身勞之，則雖勤不怨。"②凡民之政，身心勞動無倦怠，則民信而忠之。先之者，非謂但先而不繼，曰始終以身作則，勞而無倦怨也。

或曰"子張堂堂，子路行行，皆易銳於始而怠於終，故答其問政，皆以無倦告之"③；又曰"勇者喜於有為而不能持久，故以此告之"④，

---

① 《論語正義》。

② 《四書章句集注》。

③ 《四書通》。

④ 《四書章句集注》。

則亦可謂因材施教而針砭藥石之言也。

　　或解曰：子路問政。子曰："先之（之，民也），勞之（民）。"請益。曰："無倦。"①先民而任其勞，而後勞其民。"已先有此勤政之勞，然後以政勤勞其民，民雖勞而不怨也。"②故古之天子親耕，王后親蠶，所謂君子信而後勞其民也。昔聖王之處民也，擇瘠土而處之，勞其民而用之，故長王天下。夫民勞則思，思則善心生。逸則淫，淫則忘善，忘善則惡心生。沃土之民不材，淫也。瘠土之民莫不嚮義，勞也。故曰：君子勞心，小人勞力，先王之訓也。自上以下，誰敢淫心舍力？③ 無論勞心勞力，而各務其職，雖易倦，必為之，以勞而自維稱義，各勞而後乃得善生善世也。知其必然，乃能無倦。如此而民足國富，天下乂安。總言之，"先勞是不迫於始，無倦是不懈於終。一不銳往，一不惰歸，一不苛於民，一不恕於己"④，為政之道，如斯而已矣。

　　或曰"子張堂堂，子路行行，皆易銳於始而怠於終，故答其問政，皆以無倦告之"⑤；又曰"勇者喜於有為而不能持久，故以此告之"⑥，則亦可謂因材施教而針砭藥石之言也。

　　今或論曰：孔子原意，或有勞力勞心而君王率先垂范之意，稍有德能等級制之意思。但如上之第一解，則相對符合現代價值觀念。

---

① 或解作：子路問政。子曰："先之（之，民也）勞之（之作助詞，無意義）。"請益。曰："無倦。"意思相同。
② 《四書辯疑》。
③ 《魯語》。
④ 《論語稽求篇》。
⑤ 《四書通》。
⑥ 《四書章句集注》。

仲弓為季氏宰，問政。子曰："先有司，赦小過，舉賢才。"曰："焉知賢才而舉之？"曰："舉爾所知。爾所不知，人其舍諸？"

仲弓為季氏宰，問政。子曰："先有司，赦小過，舉賢才。"曰："焉知賢才而舉之？"曰："舉爾所知。爾所不知，人其舍諸？"孔子之意也，為政之道，貴在設官分職責其事，非乃事必躬親，所謂先任有司，而後各責其事也。於吏民之小過，苟無傷大雅禮法，則赦免而勸導之，而勸功襃化，則刑罰不濫，所謂慎刑恤民也。"賢有德者，才有能者，舉而用之，則（人民百姓勸而勵於德學，而）有司皆得其人而政益修矣。"①若夫何以識賢才，則曰唯當存此舉顯賢才之公心，舉人無私唯賢，"所知者則舉之，爾不知者，他人自舉之，各舉所知，則賢才豈棄乎"②？所謂"犁牛之子騂且角，雖欲勿用，山川其舍諸？"③得賢才為民為國為公，而國、民天下之幸事也。然倘有私心，舉人唯親，朋黨為奸，妒賢嫉能，則邦國民眾之害也。

論曰："自世卿世大夫，而舉賢之政不行。故仲弓獨質其疑，以求其信。皋陶曰'在知人'，禹曰'惟帝其難之'，此'焉知賢才'之慮也。如舜舉皋陶，湯舉伊尹，皆舉爾所知也。不仁者遠，則仁者咸進。《易》曰：'拔（拔出）茅（茅草）茹（rú，根相牽引貌；或解為蔬菜），以（同"及"；或曰因為）其（指茅茹）匯（匯聚，聚合，或曰同類、種類），征（驗證，證明；卜筮結果為）（吉）。'④此

---

① 《四書章句集注》。

② 《皇疏》。

③ 《雍也》。

④ 此為泰卦、否卦之爻辭與象辭：否卦第一爻，爻辭曰：初六：拔茅茹，以其匯，貞吉，亨。《象》曰："拔茅貞吉"，志在君也。泰卦第一爻，爻辭曰：初九：拔茅茹，以其匯。征，吉。《象》曰：拔茅征吉，志在外也。羅按：志在君，即志在尊君，以喻清君側；志在外，即志在除去（外之）茅茹，喻外去小人也。

《易經·泰卦》：小往大來。其爻辭曰：拔茅茹，以其彙，征吉。王弼注："茅之為物，拔其根而相牽引者也。茹，相牽引之貌也。三陽同志，俱志在外，初為類首，（轉下頁注）

'爾所不知,人其舍諸'之説也。"①

　　《後漢書》曰:"知人之難,聖哲所病。聽其言則未保其行,求其行則或遺其才。校勞考則巧僞繁興,而貞方之人罕覯;殉聲華則趨競彌長,而沉退之士莫升。是必素與交親,備詳本末,探其志行,閱其器能,然後守道藏器者可得而知,沽名飾貌者不容其僞。是以前代有鄉舉里選之法、長吏辟舉之制,所以明厥試、廣旁求、敦行能、息馳騖也。而廣求才之路,使賢者各以彙征。啓至公之門,令職司皆得自達。"②

　　今或論曰:"赦小過"為舉賢才之方,"赦小過,舉賢才"即所以"先有司"也。而當賢才被舉任為有司之後,便無所謂"赦小過"之説,而一任其法治也。然其法也,本含有"赦小過"之立法原意,然後一切依法行政督責而已。未入公職,而為囂囂之民時,或有小過小疵,無妨也;一旦入公職,則必當奉公守法,大過小過皆有相應之界定,與乎相應之懲罰也,無可私恩通融。若夫極微小之過,則法有赦免之條件或明文,不必有人治性自由心裁。此則法治也。

　　政無大小,以立得其良人良制為本,良者,正也,善也;於制又曰完善也。或曰:然若為政者自身不正而多私慾,則豈能豈願舉賢人、正人、義人而任之? 必舉佞人而沆瀣一氣於雞鳴狗盜之事矣。

(接上頁注)已舉則從,若茅茹也。上順而應,不為違距,進皆得志,故以其類征吉。"孔穎達《正義》:拔茅茹者,似拔茅,舉其根相牽茹也。以其彙者,彙,類也,以類相從。"《易經·否卦》:大往小來。其爻辭曰:拔茅茹,以其彙,貞吉,亨。王弼注:"居否之初,處順之始,為類之首者也。順非健也,何可以征? 居否之時,動則入邪,三陰同道,皆不可進,故茅茹以類貞而不餡則吉亨。"孔穎達《正義》:"拔茅茹者,以居否之初,處順之始,未可以動,動則入邪,不敢前進,三陰皆然,猶若拔茅,牽連其根相茹也。己若不進,餘皆從之,故云拔茅茹也。以其彙者,以其同類共皆如此。"參見:《周易正義》。

①　宋翔鳳,《論語發微》。
②　《後漢書》,陸敬輿奏議。

子路曰："衛君待子而為政，子將奚先？"子曰："必也正名乎！"子路曰："有是哉，子之迂也！奚其正？"子曰："野哉由也！子於其所不知，蓋闕如也。名不正，則言不順；言不順，則事不成；事不成，則禮樂不興；禮樂不興，則刑罰不中；刑罰不中，則民無所措手足。故君子名之必可言也，言之必可行也。君子於其言，無所苟而已矣。"

魯哀公六年，孔子自楚反乎衛，時年六十三①。是時也，衛君輒之父蒯聵不得立，在外，諸侯數以爲讓（責讓衛君輒）。而孔子弟子多仕於衛，衛君輒欲得孔子爲政②。

子路曰："衛君待子而為政，子將奚先？"子曰："必也正名（書字）乎！"子路曰："有是哉，子之迂（迂遠而闊於急務）也！奚其正？"子曰："野（弊俗，率爾妄對）哉，由也！子於其所不知，蓋闕如也，豈可信口雌黃！名不正，則言不順；言不順，則事不成；事不成，則禮樂不興；禮樂不興，則刑罰不中；刑罰不中，則民無所措手足。故君子名（書字）之必可言也，言之必可行也③。君子於其言，無所苟而已矣。"苟於名言，名實混亂，禮法錯雜違逆，則何以為政？故必先正名（書字），如斯可以立身立人，如斯可以為國為天下，故曰：正名之學，所以立法立禮立制立國立天下立人之學也。由此觀之，正名之事也大矣！

名者，書字也，古者曰名，今世曰字；正名，謂正書字也。書字所以名百事萬物也，故正名者，亦正百事之名也。百事萬物之名正，則文言典章禮法可正；典章禮樂法制正，則政教正、刑罰中；政教刑罰

①　《史記·孔子世家》。

②　《史記·孔子世家》。

③　《史記·孔子世家》作"夫君子爲之必可名也，言之必可行也"。

正中而後可治天下矣。故爲政也，先以正名立制，爲之正本清源，爲之典型，而後可循名責實而爲政於天下國家也。"故王者之制名，名定而實辨，道行而志通，則慎率民而一焉。故析辭擅作名，以亂正名，使民疑惑，人多辨訟，則謂之大姦。其罪猶爲符節度量之罪也。故其民莫敢托爲奇辭以亂正名，故其民慤；慤則易使，易使則公。其民莫敢托爲奇辭以亂正名，故壹於道法，而謹於循令矣。如是則其跡長矣。跡長功成，治之極也。是謹於守名約之功也。今聖王没，名守慢，奇辭起，名實亂，是非之形不明，則雖守法之吏，誦數之儒，亦皆亂也。若有王者起，必將有循於舊名，有作於新名。然則所爲有名，與所緣以同異，與制名之樞要，不可不察也。"①而於孔子春秋之世，時昏禮亂，言語翻雜，名物失其本號，（先王之典章制度日漸堙滅僭亂，孟子所謂"諸侯惡其害己也，而皆去其籍"②，而淆亂先王名物典章禮制，以遂其私慾專制，）故爲政必以正名爲先也，所謂"邦君之妻，君稱之曰夫人之屬"，即是正名之類也③。

然孔子言語，往往微言而大義，言簡潔而意深廣，其"正名"之説亦如是，既有言内之意，又有言外之意，復有時事之關聯隱喻指斥。前者則正字、正百物之名、正典籍（如删定詩書）也④，中者則正典章、正禮樂、正法制也，後者則或關乎衛國政治，即出公輒與其父蒯聵、亡父衛靈公之名分禮制也，如"世子"、"父與王父"、父子、君臣、昭穆（古代宗法制度，宗廟或宗廟中神主的排列次序，始祖居中，以下父子（祖、父）遞爲昭穆，左爲昭，右爲穆）⑤、祖禰（zǔ mí，祖廟與父廟，先祖和先

---

① 《荀子·正名》。

② 《孟子·萬章下》。

③ 《皇疏》。

④ 《皇疏》：孔子見時教不行，故欲正其文字之誤。

⑤ 1.古代宗法制度，宗廟或宗廟中神主的排列次序，始祖居中，以下父子（祖、父）遞爲昭穆，左爲昭，右爲穆。2.指同一祖宗。3.墓地葬位的左右次序。4.古代祭祀時，子孫按宗法制度的規定排列行禮。5.泛指宗族關係。6.按照長幼、上下等次序左右排列。亦指此種排列的次序。參見：漢典。

父）之名，又如"不以父命辭王父命，以王父命辭父命，是父之行於子也。不以家事辭王事，以王事辭家事，是上之行乎下也"①之禮制云云，皆攸關古代國家禮制治亂之大本也。子路徒以為正書字，不知其言外之意與時事隱語也。不知而妄論，以為遠於事，非今日之急務，故孔子斥之而後諭之，斥"責其不能闕疑而率爾妄對"②，而諭之以正名，乃為政之根本大道也。若夫君子，或為國家治術人才，或為賢德道義之士，於其言，皆當無所苟也，如斯而可為政治國治天下，如斯而可修身立命立人成德也。

論曰：正（書）字（今或曰文字學）正所以"正百事之名"（"正名百物"），正名百物（今曰論理學，或知識論）正可以該正名分，蓋名分亦百事百物之一也，而又於政治哲學中十分重要。然正名不止正名分之一事。禮樂刑罰、是非同異、道義異端等，皆有正名之事，皆所謂"正名百物萬物"等也。

此又可對照《衛靈公篇》孔子論"史闕文"之言，可知此節之意：子曰："吾猶及史之闕文也，有馬者借人乘之。今亡矣夫！"③又可參見《季氏》：邦君之妻，君稱之曰夫人，夫人自稱曰小童；邦人稱之曰君夫人，稱諸異邦曰寡小君；異邦人稱之亦曰君夫人。

餘論：此處斥子路之"野"，及"猝然而對曰"，"是故惡乎佞"等處，似皆與子路率爾妄對有關。

　　樊遲請學稼，子曰："吾不如老農。"請學為圃。曰："吾不如老圃。"樊遲出。子曰："小人哉，樊須也！上好禮，則民莫敢不敬；上好義，則民莫敢不服；上好信，則民莫敢不用情。夫如是，則四方之

---

① 轉引自《論語稽》及《論語集釋》。
② 《四書章句集注》。
③ 參見本書《衛靈公篇》之相關廣辭。

民襁負其子而至矣，焉用稼？"

樊遲（樊須，名須，字子遲，魯國人，或曰是齊國人）請學稼（樹五穀曰稼），子曰："吾不如老農。"請學為圃（樹菜蔬曰圃）。曰："吾不如老圃。"樊遲出。子曰："小人哉，樊須也！上好禮，則民莫敢不敬；上好義，則民莫敢不服；上好信，則民莫敢不用情（情實，或曰用情即盡忠）。夫如是，則四方之民襁（負兒衣）負其子而至矣，焉用稼？"

樊遲嘗屢問仁、知、孝道與崇德、修慝、辨惑於孔子，蓋亦有志於行道安民者。今乃請學稼圃，若一反孔子教導與儒家志業者，或其（樊遲）亦有所激動自反也。於斯時也，禮崩樂壞，俗陋政弊，征伐篡弒相循，而君卿大夫每或恣肆私慾，暴虐貪淫，厲民自養，盤剝無度，故民亦不敬服盡忠，相視如仇寇。樊遲感於此，以為虛文治、假道學之弊，在於厲民以自養，違道不仁，故欲尋反其本，或當"賢者與民並耕而食，饔飧而治"[1]方可；又或有天下無道而避世隱遁之意。蓋或與農家、道家學術萌芽相與感發也。而微詢於孔子。孔子之意則曰，此非道學之本有虧，而恰因道學之違逆失墜也。春秋諸侯暴虐盤剝無度，恰不能遵循正道仁政之果也。故當反其道政本原，而揭櫫為政安民致治之本在於好禮好義好信，即好道行道也。賢能君子當志其大道，重其政本，而行其大仁。若斯之能行，則其功尤大，尤利於民，尤為大仁德也，何必親為稼穡場圃而後為仁民？樊遲棄其大仁大志大願，棄其士人行道淑世之大志業，而務小人之事，故斥之。孔子之意，雖曰"耕也，餒在其中矣；學也，祿在其中矣"，然而士志於道，君子謀道不謀食，而政事關乎道義與天下國家兆民，賢能者自當矢志求道問

---

[1] 《孟子·滕文公上》："滕君，則誠賢君也；雖然，未聞道也。賢者與民並耕而食，饔飧而治。今也滕有倉廩府庫，則是厲民而以自養也，惡得賢？"孟子駁斥農家甚力，可參看。今人讀此，取其仁心，而棄其職業身份歧視之嫌疑，不可視同為歧視農業或農人也。

學,以期將來求仕行道也。

此非歧視農業農人,乃所以激勵君子士人。因農雖為天下之本,而尤須以善治維持之。奚可為善治?則曰須君子賢能士人矢志戮力為之,本諸天道仁心,訂正禮樂,立行善制良法仁政,而後士民相與勉勵而為政,不可棄其志業而任由邪僻庸鄙之人胡作非為,則暴虐相循,天下大亂,民不聊生也。則斯亦君子賢能退避不為政之故也。故曰農為天下之本,而政為天下治亂之樞機,乃大人君子之事,君子賢能豈可自棄回避諉過哉!

皇侃曰:"用情,猶盡忠也。行禮不以求敬,而民自敬;好義不以服民,而民自服;施信不以結心,而民自盡信;言民之行上,猶影之隨形也。負子以器,言化之所感,不召而自來。"①

或論曰:"當春秋時,世卿持祿,廢選舉之務,賢者多不在位,無所得祿,故樊遲請夫子學稼學圃。蓋諷子以隱也。古者四民各有恆業,非可見異而遷。(孔子之意則曰,)若士之為學,則由成己以及成物,己欲立而立人,己欲達而達人。但當志於大人之事,而行義達道,以禮義信自治其身,而民亦向化而至,安用此學稼圃之事,徒潔身而廢義哉!"②蓋"所貴學於聖人者,以大學明德新民之道、修己治人之方也。而樊遲以學稼圃為問,故夫子以不如老農老圃拒之,責之至矣。而又以小人名之,繼以大人之事言之,可謂明盡。然觀'四方之民'至'焉用稼'之語,則樊須所欲學,蓋欲如許行為神農之言者,孟子辟許行章又此章之注疏也。"③

再論曰:《論語》中,樊遲問仁(三次)、問知(兩次)、問孝、問崇德修慝辨惑,可見其本乃有志向道為政仁民之人。此乃請學稼圃,或

---

① 《皇疏》。
② 《論語正義》。
③ 《論語集釋》。

曰"遲以爲世好文治，民不信從，不如以本治治之"，而"以稼穡治民"，類於神農家言①；或曰"稼圃者，井田之法，一夫百畝，所以爲稼；五畝之宅，所以爲圃。樊遲欲以井田之法行於天下"②；或曰"遲之思以學稼教民，將欲近招遠來，不使一民不歸己者，蓋懼末治文勝，直欲以本治天下，一返後稷教民之始，其志甚大，惜其身淪於小民而不知也"③；或曰蓋謂遲務學末學而求多藝(不知大本)，故下節孔子則曰"誦詩三百，授之以政，不達；使於四方，不能專對；雖多，亦奚以爲?"或亦含續論此事之意。而孔子乃示之以大人之事，蓋"古凡習稼事者皆稱小人"，其意曰"用稼非不善，然而身已爲小人而不自知矣。因以君民相感三大端教之，蓋好禮義信則用大，學稼則用小也"④；"孟子所謂有大人之事，有小人之事。小人哉者，使遲知稼圃爲小人之事也"⑤。

今論曰：修己進德任道之精英主義，不同於身份等級制之律他自肆之精英主義。然則讀者亦不可接受文中所極可能導致之職業歧視或身份歧視之可能思想觀念。

子曰："誦詩三百，授之以政，不達；使於四方，不能專對；雖多，亦奚以爲?"

子曰："誦詩三百，授之以政，不達；使於四方，不能專(擅，獨)對；雖多，亦奚以爲?"孔門儒家之德行、言語、政事、文學，皆道學也，又皆實學也，所以行道爲政也，豈虛文浮詞哉！如詩有三百，是

---

① 《四書賸言》。
② 《論語發微》。
③ 《四書改錯》。
④ 《四書賸言》。
⑤ 《論語發微》。

可以爲政者也，古人使賦詩而答對也；答對則其辭必順且説，此亦所習於詩教然也。若夫不達於政，不能專對，則徒爲詩賦辭章文人耳，非經世行道之儒士也。使於四方而專對者，古者大夫出使，"受命不受辭，出境，有可以安社稷利國家者，則專之可也"①。

朱熹曰："詩本人情，該物理，可以驗風俗之盛衰，見政治之得失，其言温厚和平，長於風諭，故誦之者必達於政而能言也。"②若夫專對，謂應對無方，能專其事；又所謂受命不受辭，辭必順且説也。《聘記》云"辭無常，孫而説"，謂受君命聘於鄰國，不受賓主對答之辭。必不受辭者，以其口及則言辭無定準，故不受之也③。《韓詩外傳》記曰：齊景公使人於楚。楚王與之上九重之台，顧使者曰："齊有台若此乎？"使者曰："吾君有治位之坐，士階三等，茅茨不翦，樸椽不斲者，猶以謂爲之者勞，居之者泰。吾君惡有台若此者。"使者可謂不辱君命，其能專對矣。④

此蓋接上節而論，樊遲既學儒家仁義大道，又學稼穡場圃，似若欲多藝者，孔子斥其不知道藝本末。此節蓋是上節補論也。

子曰："其身正，不令而行；其不正，雖令不從。"

子曰："其身正，不令（教令）而行；其不正，雖令不從。"

解曰："上能正己以率物，則下不令而自從也。上行理僻，制下使正，猶立邪表責直影，猶東行求郢，而此終年不得也。"⑤

---

① 《公羊傳》。

② 《四書章句集注》。

③ 《論語正義》。

④ 《論語正義》。亦可參見：《左傳今注今譯》（鄭伯請鄭國七子賦詩觀志，此亦可見古人學詩而知辭命）。

⑤ 《皇疏》引範甯語。

　　論曰：王道者，（天道仁道，）正道也，善道也。王君行王道仁政，即行正道善政也。故正命正令而後乃為王君之命令，不正之令，非王君所可發；不正，非王君也。卿大夫亦如是。是以道行令，以德行令，以正行令，非以爵位行令也；民聽命於道，聽命於正，聽命於仁德為民之人，非聽命於爵位者也。其人若無道德仁正，則有爵不尊，雖令不從，雖從不服（心服），後必有災。天下惟正令終行終善，其不正者，終不行不善也。知此者，其知治天下之道也。孟子曰：有天爵者（仁德正道）而人爵（世俗爵位俸祿）隨之，是為王君卿大夫。若夫無修天爵，無意求正道而行仁者，則不敢為王君卿大夫士。何謂邪？其人身心不正，或率天下以邪僻暴虐而暴及其身，或因其身不正，雖令不從，亦有災殃也。《中庸》云：“堯舜帥天下以仁，而民從之；桀紂帥天下以暴，而民從之。其所令反其所好，而民不從。”①此亦所謂“以身教者從，以言教者訟”。

　　又論曰：《表記》云：“下之事上也，不從其所令，從其所好。上好是物，下必有甚焉者。”“是故有諸己，不非諸人；無諸己，不求諸人。所立於下者，不廢於上；所禁於民者，不行於身。所謂亡國，非無君也，無法也。變法者，非無法也，有法者而不用，與無法等。是故人主之立法，先自爲檢式儀錶，故令行於天下。故禁勝於身，則令行於民矣。”②若夫“無諸己，求諸人，古今未之聞也。同言而民信，信在言前也。同令而民化，誠在令外也。聖人在上，民遷而化，情以先之也。動於上不應於下者，情與令殊也。”③

　　此亦可接樊遲一節，言並非儒道無用不行，乃當時之諸侯不能真行儒道也，若能真正奉行，何必稼穡場圃？！

————————

　①　《論語稽》。
　②　《淮南子·主術訓》。
　③　《淮南子·謬稱訓》。

子曰："魯衛之政，兄弟也。"

子曰："魯衛之政，兄弟也。"

魯，周公之後；衛，康叔之後，本兄弟親睦之國，而政教亦有相與仁正者。如周公伯禽之政，親親尊尊；康叔之政，明德慎罰；魯秉周禮，衛多君子，昔皆德化之邦，多賢德君子，故孔子思魯衛之士；又曰"魯一變至於道"，可謂深有寄託矣。而是時衰亂，兩國治亂略同，政皆失其本，於魯之政也，君不君，臣不臣（魯君哀公與季氏）；於衛之政也，父不父，子不子（後莊公蒯聵與出公輒），而卒之哀公孫（遜）邾而死於越，出公奔宋而亦死於越。故夫子歎惜之，惜其無人振起也。有惜之之意，而亦有望之之意也。

此或孔子適衛時與諸弟子所言。

子謂衛公子荊，"善居室。始有，曰：'苟合矣。'少有，曰：'苟完矣。'富有，曰：'苟美矣。'"

子謂衛公子荊（字南楚，獻公子，後為衛大夫），"善居室（皇疏：居其家能治，不為奢侈，故曰善也）。始有（有財，猶富也），曰：'苟（誠，信，確實）合矣。'少有，曰：'苟完（備，器用完備）矣。'富有，曰：'苟美（盡飾盡美）矣。'""苟"者"誠"也，始有而曰誠合禮而合周於用，稍有而曰誠足矣，富有而曰誠美不可加矣，皆可謂於衣食也儉治中禮、知足常樂而已。蓋"公子荊處衛富庶之時，知國奢當示之以儉，又深習驕盈之戒，故言苟合、苟完、苟美。言其意已足，無所復歎也。"[1]

或曰苟者苟且僥倖（苟且而非本意，謙稱慚愧不敢當之；僥倖；聊且粗略，差不多），示不敢當。《禮》云："慾不可縱，志不可滿。"公子荊可

---

[1]　《論語正義》。

謂得之矣。初有財帛而謙曰苟且遇合而得之,非刻意;稍勝而謙曰
苟且慚愧居室用度完備而已,非敢汲汲而求久處富貴;大富則謙曰
苟且斯美,實非德能之所匹配,非性之所欲必也。志在修德行道,
爵祿非所求者,而人爵或隨之而已(隨其天爵)。非所汲求而竟得
之,得之而自謂德能不敢當,故曰苟。

　　論曰:於衣食宮室也順其自然,不求奢華輪奐過實,如斯乃可
專心求道也。“苟”者,乃富則富之,窮則窮之,求之合道合義,亦
可;惟不役心汲汲,惟不以之累吾心也。《墨子‐親士》曰:“非無安
居也,我無安心也。非無足財也,我無足心也。”《韓詩外傳五》曰:
“知足然後富從之。食物而不知止者,雖有天下,不富矣。”故曰:
“務爲全美,則累物而驕吝之心生。公子荆皆曰苟而已,則不以外
物爲心,其慾易足故也。”①又曰:“藿食念饑夫,其食卽飽矣。粗衣
思凍民,其衣卽溫矣。”②故或論曰:“知足由於少慾,少慾易於入
道,故夫子稱之,且以風當時之世祿怙侈成風者。”③

　　《説苑》:“智襄子爲室,美士苗夕焉。智伯曰:‘室美矣夫?’對
曰:‘美則美矣,抑臣亦有懼也。’智伯曰:‘何懼?’對曰:‘臣以秉筆
事君。記有之曰:高山浚源,不生草木。松柏之地,其土不肥。今
土木勝人,臣懼其不安人也。’室成三年而智氏亡。”
此或是孔子適衛時與諸弟子臧否月旦衛國人物之言論也。

　　今論曰:士官,先求行道,不求祿多,小富即安;至於庶民,自可
量力才而行之,求其事業而財富隨之。“苟”字甚好,富則富之,窮
則窮之,求之合道合義,亦可。惟不役心汲汲,惟不以之累吾心也。

---

①　《四書章句集注》楊氏語。
②　皮襲美座右銘,《論語集釋》。
③　王肯堂,《論語義府》。

　　子適衛，冉有僕。子曰：“庶矣哉！”冉有曰：“既庶矣。又何加焉？”曰：“富之。”曰：“既富矣，又何加焉？”曰：“教之。”子曰：“苟有用我者。期月而已可也，三年有成。”子曰：“善人為邦百年，亦可以勝殘去殺矣。誠哉是言也！”子曰：“如有王者，必世而後仁。”

　　子適衛，冉有僕（馭車）。子曰：“（衛）庶（民人眾多）矣哉！”冉有曰：“既庶矣。又何加焉？”曰：“富之。”曰：“既富矣，又何加焉？”曰：“教之（正道禮義或義方）。”庶之而後富之，富之而後教之，亦所謂生聚教訓之義也①。富而不教以正道禮義，則近於禽獸，相爭相殺，雖庶，奚益奚存？

　　論曰：富之之法，古代農業之世則曰為民製產、取於民有制而薄稅斂、不違農時云云。孟子云：“易其田疇，薄其稅斂，民可使富也。食之以時，用之以禮，財不可勝用也。民非水火不生活，昏暮叩人之門户求水火，無弗與者，至足矣。聖人治天下，使有菽粟如水火。菽粟如水火，而民焉有不仁者乎？”②於“教之”則曰：“逸居而無教，則近於禽獸”③，故當“謹庠序之教，申之以孝悌之義”④；又曰：“施仁政於民，省刑罰，薄稅斂，深耕易耨，壯者以暇日修其孝悌忠信，入以事其父兄，出以事其長上”⑤皆可證此富之教之之意也。

---

　　① 　子曰：“苟有用我者。期月而已可也，三年有成。”子曰：“善人為邦百年，亦可以勝殘去殺矣。誠哉是言也！”子曰：“如有王者，必世而後仁。”此蓋皆富之、教之之意。

　　② 　《孟子·盡心上》。

　　③ 　《孟子·滕文公》。

　　④ 　《孟子·梁惠王上》。

　　⑤ 　《孟子·梁惠王上》。

今論曰:於今之科技工商業社會,富之道又多矣。然其大義亦有相似者在焉。

子曰:"苟有用我者。期月而已可也,三年有成。"

孔子去衛。子曰:"苟(誠)有用我者。於一國之富之教之,期月(週一歲之月,一年)而可初見小效;三年而有(小)成。"富之教之,期月而初立規模,行其政教綱紀;三年乃(小)成其功,民知忠信孝悌,而政風治理,所謂"期月而大綱立,三年而治功成。然三年之所成者,卽其期月所立之規摹者也,充之而已矣。"①

論曰:"三年有成",蓋謂三年而農政、教化規模初立也,其始也先之勞之而富之,其次也身之信之而教之,其後也政事、教化初立,而治功小成也。"三年耕,則餘一年之畜,衣食足而知榮辱,廉讓興而爭訟息。故三載考績"②。孔子去衛時,年六十五歲。在外周流十四年,雖於七十餘君而無所遇,然揣摩天道義理學術,行觀天下政治得失,而天下邦國治理之道術,已了然於胸,故有斯言,非大言誇飾不慚也。

此節或可與上節並之。

今論曰:無論治一鄉一縣一郡,乃至治國平天下,如欲得此小成之功,先當累年訪察討論揣摩,而後深思熟慮其更張構設之方,涵思反復而胸有成竹(如大政大綱、對治之法等),待時而動而已。既得位行道,將此胸中平生累年經月之覃思精慮用之於政、教(今曰政經文教)、禮樂、法刑,乃至工、農、技、戎等,無不歷歷爽然;而先立其大

---

① 張栻,《南軒論語解》。
② 《漢書·食貨志》。

政規模,然後待之施行復深廣完善之,故曰期年可小治,三年可小成也。非謂前無所博覽廣取、深謀遠慮,而貿然執一鄉一縣乃至一國之大政也。必有前之"苟當其任,皆吾事也"之心志,又有經年累月之博學揣摩之豫備,而後有此自信與豪氣也,而非客氣虛矯。

或問:善人為邦百年而勝殘去殺,王者必世而後仁,孔子三年有成,此三者之間關係如何? 蓋孔子所以(用)者,乃為王者治平之道術也,故三年即可有所成,三年有成乃小成也;若欲成仁政太平之大功,尤須聖王至誠動人,感格神化,則世(一世三十年)而後仁也;若其道術未精,大本少粗,規模未宏,感格之風力稍遜,如賢德之人治之,則又多艱難曲折,然亦可百年勝殘去殺而刑措,徒尚未至於仁政太平也。故曰:遵王之道,三年小成;善人為邦百年而勝殘去殺,將入乎平世,為中成;聖王至誠感格,則必世而後仁,方為太平仁道之大成也。

子曰:"善人為邦百年,亦可以勝殘去殺矣。誠哉是言也!"

子曰:"善人為(治理)邦百年,亦可以勝殘去殺矣。誠哉是言也!"[1]

"善人,謂賢人也。爲邦,謂爲諸侯也。勝殘,謂政教理勝而殘暴之人不起也。去殺,謂無復刑殺也。言若賢人爲諸侯百年,則殘暴不起,所以刑辟無用。所以百年者,言化當有漸,任善用賢則可止刑,任惡則殺愈生也。"[2]朱熹曰:"爲邦百年,言相繼而久也。勝殘,化殘暴之人,使不爲惡也。去殺,謂民化於善,可以不用刑殺也。蓋古有是言,而夫子稱之。"[3]

---

① 《子路》:子曰:"善人教民七年,亦可以即戎矣。"

② 《皇疏》。

③ 《四書章句集注》。

　　或曰：「周自平王東遷，諸侯力爭，殆無虛月，民之困於傷殘殺戮者二百餘年。有王者作，能朝諸侯而一天下，僅可已其亂。至於勝殘去殺，雖使善人爲之，非百年相繼之久，必不能致。此所以歎當世之習亂，而痛斯民未有反古之日也。」①

　　論曰：亂世末世已成後，天下相率以邪僻暴虐，共相苦海沉淪，若欲勝殘去殺，雖善人為邦，亦需百年，而生民之苦難極矣，吉凶休咎、天道輪迴歷然不爽矣。明乎此，尤當慎乎防微杜漸，衛護天道正道，不使稍墮偏離，遂成決堤之勢也。兆民君子，人自有責也。或問：百年而後可，此何故邪？曰人心禮俗沉淪，積重難返也，故其平定天下，黜惡揚善，休養生息，訪求在野君子，選賢任能，集義共事，扭轉人心世風，正政教化，培養人才，興作事業，正定風俗，製禮作樂，非易易也。又曰：善人為邦尚需百年，以其德仁風力稍遜也；若夫大德宏深之聖人，則必世而後仁。然亦不世出也。

子曰：「如有王者，必世而後仁。」

　　子曰：「如有王者，必世(三十年曰世)而後仁。」意曰「善人為邦，必百年乃能勝殘去殺；若夫如有聖人受天命而興為王者，必三十年仁政乃成，教化乃浹，而民化於仁矣。」②斯則王者王道大成也。善人乃為賢者，聖人而後可為王者。善人心有定主(依循於仁善)而不踐跡(不踐循雜沓疑似之形跡異端)，然亦不入於室而優入聖域③；王者必聖者乃能膺任而興作大化。「善人上不及聖，而又非中賢以下所及」④，德能精誠不同如彼，故其為治平之速緩深淺也各不同如此。

---

　　①　《論語意原》。

　　②　《集解》，《四書章句集注》。

　　③　《論語・先進》：子張問善人之道。子曰：「不踐跡，亦不入於室。」亦可參閱本書有關此節之廣辭。

　　④　《經學卮言》。

或問：何必三十年？則曰：王者承亂離之後，（被民以德教，變而化之①，）統天下以歸於仁，非三十年不可②。蓋"三十年之間，（乃能）道德和洽，製禮興樂，災害不生，禍亂不作。"③皇侃曰："革命之王，必漸化物以善道。染亂之民，未能從道爲化，不得無威刑之用，則仁施未全。改物之道，必須易世，使正化德教，不行暴亂，則刑罰可措，仁功可成。"④

或論曰："《漢書·食貨志》云：'三年耕，則餘一年之畜。衣食足而知榮辱，廉讓興而爭訟息。故三載考績，三考黜陟，餘三年食。進業曰登，再登曰平，餘六年食。三登曰太平，二十七歲，餘九年食。然後而德化流洽，禮樂成焉。故曰"如有王者，必世而後仁"，繇此道也。'案依《志》言，必世後仁，蓋謂養而後教。食者，民之本。饑寒並至，雖堯舜在上，不能使民無寇盜。貧富兼併，雖皋陶制法，不能使強不淩弱。故王者初起，必先制田里，教樹畜，使民家給人足，然後以禮義化導之。言必世者，量民力之所能，不迫切之也。《刑法志》亦引此經解之曰：'言王者乘衰撥亂而起，被民以德教，變而化之，必世然後仁道成焉。'義亦略同。"⑤

餘論：此節之"王者必世後仁"，可對照孔子自言"三年而成"與"善人爲邦百年"，可見孔子之志向：自謙而復自負也。

此節又當接上兩節，而可三節合爲一節解。

子曰："苟正其身矣，於從政乎何有？ 不能正其身，如正人何？"

---

① 《刑法志》。

② 《論語後案》。

③ 《漢書·平當傳》，《論語正義》。

④ 《皇疏》，又引樂肇云："習亂俗雖畏法刑，而外必猶未能化也。必待世變人改，生習治道，然後仁化成也。刑措成康，化隆文景，由亂民之世易，殷秦之俗遠也。"

⑤ 包慎言，《溫故錄》，《論語集釋》。

子曰：“苟正其身矣，於從政乎何（難之）有？不能正其身，如正其人（他人，民）何？”所謂“其身正，不令而行；其不正，雖令不從。”①

此與上文（子曰：“其身正，不令而行；其不正，雖令不從。”）所論同。

冉子退朝。子曰：“何晏也？”對曰：“有政。”子曰：“其事也。如有政，雖不吾以，吾其與聞之。”

冉子退朝（實為季氏之私朝，非魯君之公朝）。子曰：“何晏（晚）也？”對曰：“有政（國君之國政公政，稱政）。”子曰：“其事（卿臣之家事私事，稱事）也。如有政，雖不吾以（用，不用吾即孔子不再為魯大夫），吾其與聞之。”冉有時仕魯卿季氏。禮，天子及諸侯，合民事於外朝，合神事於內朝（即諸侯國君之內朝）②。自卿以下，合官職於外朝（即諸侯國君之公朝），闔家事於內朝（即卿大夫之內朝或私朝）。外朝，君之公朝，在國君路門外兩旁九室，為諸臣治事之所。（卿大夫之）內朝，家朝也，私朝也，在卿臣自家之宮室，古處於國（都城）之四門也。夫季氏之外朝，所以業君之官職焉，其內朝，則將庀季氏之政焉③。冉有此蓋朝季氏之私朝也。退朝而晏，故孔子問焉。冉有答以議

---

① 《子路》。

② 《國語》。“其所以分內外者，以外議民政，內議國典。神事者，祭祀之事，即典禮也。”參見：《論語稽求篇》。

③ “‘自卿以下，合官職於外朝，闔家事於內朝。’此言卿大夫家有內外朝也。其所以分內外者，外朝與私臣議公家之政事，故曰業官職；內朝與家臣議私家之政事，故曰庀（pǐ，治理）家政。則是季氏本有朝。季氏之朝，原可以議國政，並議家事，而為之家臣者，原得詣私朝而與之議政議事。然則夫子何譏焉？曰譏其議事之久也。蓋朝不可晏，朝見曰朝，夕見曰夕。有《周禮‧大宗伯》注：‘朝，猶朝也，欲其朝之早也。’朝而晏，則議事久矣，久則多事矣。故冉子推以政，而夫子直指之曰其事也。若果政，則吾亦國老，猶將暫聞；暫聞之不得，而議之若是之久乎？此明白正大之語，並非寓言。先仲氏云：‘禮，公事不私議，謂不議於大夫之外朝，只議私室，則不可耳。’”參見：《論語稽求篇》。

政事。夫"政"，國政也，唯諸侯國君能稱之，卿臣則稱"事"也，所謂"在君爲政，在臣爲事"；君國之公事曰政，卿臣之私事曰事；"政者，君上之所施行，合於法度、經國治民之屬，皆謂之政。臣下奉教承旨，作而行之，謂之事。"①冉有既是以家宰而朝季氏之私朝，則只可稱"事"也。"禮，大夫雖不治事，猶得與聞國政。是時季氏專魯，其於國政，蓋有不與同列議於公朝，而獨與家臣謀於私室者。"②故孔子曰，若爲"政"，則吾雖致仕不用，仍將與聞國政（所謂"子爲國老，待子而行"）③。今不與聞，則知是私事或私議也，不可言"政"。（禮，公事不私議④，"在官言官，在府言府，在庫言庫，在朝言朝。朝言不及犬馬。輟朝而顧，不有異事，必有異慮。故輟朝而顧，君子謂之固。在朝言禮，問禮對以禮"⑤。）故孔子辨其公私，而正其名，亦正名定分之意，"蓋微言以譏季氏僭越專政"也⑥。

論曰："上下之亂也，先竊其實而猶存其名。竊之已久，則並其名而竊之，至於並竊其名而不忌，而大亂遂不可解。君子欲正其所竊之非，必先急奪其名。夫冉子所議，明爲魯之大政，而夫子若爲不知，以昭國典，以正公私之名，一言而大法昭焉，此欲正其實必先正其名之大義也。"⑦又曰："魯政逮於大夫四世矣，康子與冉子謀者，固政也。曰有政，實對也，而不知失辭也。夫子嘗曰：'天下有道，則政不在大夫。'故一聞其言，而正其失曰其事也。"⑧

①　《魏書·高閭傳》。

②　《四書章句集注》。

③　《左傳》哀十一年："季孫欲以田賦，使冉有訪於仲尼。曰：'丘不識也。'三問，曰：'子爲國老，待子而行，若之何子之不言也？'"參見：《論語稽求篇》。

④　《禮記·曲禮下》。或曰"季氏之朝，原可以議國政，並議家事，而爲之家臣者，原得詣私朝而與之議政議事。"參見：《論語稽求篇》。

⑤　《禮記·曲禮下》。

⑥　《皇疏》。

⑦　《四書訓義》。

⑧　《四書近指》。

或解曰：冉子退朝。子曰："何晏（晚）也？"對曰："有政（政事，實則當時唯國君之國政公政乃稱政）。"子曰："其事（卿臣之家事私事）也。如有政（國君之國政公政），雖不吾以，吾其與聞之。"冉有時仕季氏，而從之（季氏）朝魯君（然只可季氏朝君，而冉有作為季氏家宰，徒俟於黨氏之溝而已①）。退朝而晏。云云。然此解不甚切，故不取。存之而已。

註解：

政，君上召卿大夫合議大政謀策改張應對之國政公事也；事，行事，臣下卿大夫遂行其君上策令之政事也。或曰：冉有自稱有政，亦可謂其為季氏之家宰而參與季氏之家事家政也。而自孔子視之則不可，孔子以為必須正名，唯國君之公朝方可稱政，卿大夫之私朝不可稱政，只可稱家事也。質言之，**君國之事乃可稱政，卿之家事則稱家"事"私事而已**。故孔子正名之。

大夫有二朝，其一為公朝，即國君公朝之兩旁九室治事處，其二為自家私朝，古在國之四門，故曰"辟四門，使為己（君王）出政教於天下"。卿之私朝在國之四門，君之公朝在國之中北。

定公問："一言而可以興邦，有諸？"孔子對曰："言不可以若是其幾也。人之言曰：'為君難，為臣不易。'如知為君之難也，不幾乎一言而興邦乎？"

---

①　《論語偶記》："案左氏哀十一年傳：'季孫使冉子從於朝，俟於黨氏之溝。'可見家臣從大夫之公朝，僅得俟於朝中之地，無朝魯君之事。其朝於大夫之私朝者，則左氏襄三十年傳：'鄭伯有嗜酒，朝至未已。朝者曰："公焉在？"'《魯語》：'公父文伯之母與季氏，康子在其朝，與之言，弗應，康子辭於朝而入。'注云：'辭於家臣。'是其證也。《禮·玉藻》云：'揖私朝，煇如也。登車，則有光矣。'注：'揖其臣乃行。'《玉藻》又云：'朝辨色始入。'先視私朝，然後朝君，猶當辨色之時。則家臣之退，自然宜早，此子所以問冉有退朝之晏。"

曰:"一言而喪邦,有諸?"孔子對曰:"言不可以若
是其幾也。人之言曰:'予無樂乎為君,唯其言而
莫予違也。'如其善而莫之違也,不亦善乎? 如不
善而莫之違也,不幾乎一言而喪邦乎?"

　　定公問:"一言(君王之言、志或君王所聽從執行之言)而可以興邦,
有諸?"孔子對曰:"言不可以若是,其幾(近,幾乎,庶幾①)乎於是也。
人之言曰:'為君難,為臣不易。'(君若信斯言,則)如知為君之難
也,不幾乎一言而興邦乎?"曰:"一言而喪邦,有諸?"孔子對曰:"言
不可以若是,其幾乎於是也。人之言曰:'予無樂乎為君,唯其(君
王)言而莫予(君王)違也。'(君若信斯言,則)如其(君王)善而莫(無
人,沒有誰,即臣下兆民)之違也,不亦善乎? (然)如其不善而莫之違
也,不幾乎一言而喪邦乎? 則一言而可以興喪者,在乎其言之善不
善與我行之善不善也。戒慎恐懼,仁心智辨,守善擇正,斯可矣。"
　　論曰:"夫邦之興喪,亦必由於積漸,豈有一言便能興喪,故曰
'言不可以若是其幾'。然能因一言而知所謹,則可以興邦;因一
言而恣所欲,則可以喪邦。雖於敬肆之分,積累將去,乃能興喪,而
實皆因一言以致之,故曰'不幾乎一言而興邦乎','不幾乎一言而
喪邦乎'。"②又曰:"人君所言善,無違之者,則善也。所言不善,而
無敢違之者,則近一言而喪國。"③所謂"唯其言而莫予違也,則幾
於喪國焉。"④何也? "如不善而莫之違,則忠言不至於耳,君日驕
而臣日諂,未有不喪邦者也。"⑤伍子胥曰:"王曰予令而莫違。夫

　　① 或曰訓"期",讀若"言不可以若是其幾也",解為"一言之間,未可以如此而必
期其效",參見:朱熹,《四書章句集注》。
　　② 蔡清,《四書蒙引》。
　　③ 《集解》。
　　④ 《申鑒·雜事篇》。
　　⑤ 《四書章句集注》。

不違,乃違也,亡之階也。"①②故又論曰:"言莫予違,敢自是也。自是則讒諂所蔽,禍患所伏,而人莫之告。自古喪國之禍,多由自是。陸敬輿所謂天下大慮,在於下情不通。所謂忽於戒備,逸於居安,憚忠鯁之怫心,甘諛詐之從欲,不聞其失,以至大失也,皆自是也,自是者安知難。"③孟子亦斥庸君"好臣其所教(教誨別人,以聽話的人為臣),而不好臣其所受教(聽從教誨,以賢者為臣)"④,類於此,蓋國君蔑棄道法制度,不咨賢者集議,恣意任情,剛愎自用,自專私智,無任賢智眾智民智民意,下情不通,則治日蹙日鄙陋,而國日窮日偷日不立也。

"《傳》曰:爲王不易。大命之至,其太宗、太史、太祝斯素服執策,北面而弔乎天子,曰:'大命既至矣,如之何憂之長也?'授天子策一矣。曰:'敬享以祭,永主天命,畏之無疆,厥躬無敢寧。'授天子策二矣。曰:'敬之,夙夜伊祝,厥躬無怠,萬民望之。'授天子策三矣。曰:'天子南面,受於帝位,以治爲憂,未以位爲樂也。'《詩》曰:'天難諶斯,不易惟王。'"⑤斯之謂也。

又論曰:"晉平公(嘗)與羣臣飲酒。飲酣,喟然歎曰:'莫樂乎爲君,惟其言而莫之違。'師曠侍於前,援琴撞之。公被衽而避,琴壞於壁。公曰:'太師誰撞?'師曠曰:'今者有小人言於側者,故撞之。'公曰:'寡人也。'師曠曰:'啞!是非君人者之言也。'"⑥由此觀之,則此蓋夫子舉晉平公成言以爲定公戒也。上文興邦之言,亦卽《大禹謨》"后克艱厥后,臣克艱厥臣"二語之變,足以相明⑦。

---

① 《吳語》。
② 以上轉引自《論語集釋》。
③ 《論語後案》。
④ 《孟子·公孫醜下》(4.2).
⑤ 《韓詩外傳》。
⑥ 《韓非子·難一》。
⑦ 《四書考異》。

葉公問政。子曰："近者説,遠者來。"

葉公問政。子曰："近者説（悦附）,遠者來。"此以成效説為政之道,所謂懷柔遠人、心悦誠附、來遠附邇也。皇侃曰："言爲政之道,若能使近民歡悦,則遠人來至也。"朱熹曰："被其澤則説,聞其風則來,然必近者説而遠者來也。"[①]

《韓非子》記曰："葉公子高問政於仲尼,仲尼曰:'政在悦近而來遠。'哀公問政於仲尼,仲尼曰:'政在選賢。'齊景公問政於仲尼,仲尼曰:'政在節財。'三公出,子貢問曰:'三公問夫子政一也。夫子對之不同,何也?'仲尼曰:'葉都大而國小,民有背心,故"政在悦近而來遠"。魯哀公有大臣三人,外障距諸侯四鄰之士,内比周而以愚其君,使宗廟不掃除,社稷不血食者,必是三臣也,故曰"政在選賢"。齊景公築雍門,為路寝,一朝而以三百乘之家賜者三,故曰"政在節財"。'"[②]此雖或有虚托處,然亦非懸空之論,可見此節論述之由來,又可見孔子之因緣説法、因事立論,如因材施教然也。

今論曰:孔子、孟子可謂目中不在君,而在仁,或仁政,或王道仁政。換一種説法,孔孟所重不在王位君位,而在仁道、王道。君臣父子云云,非尊君位父位也,尊仁道、王道、君道、父子道（慈父）也。唯其仁道王道民本大道為首重,不問其國其君位也。且當時民亦可遷徙,或逃去,所謂徠遠,所謂來附也,類於今日之自由移民。然今日世界,乃所謂主權國家體系,則既不採取完全自由移民之術——因各國之民每皆不少,又有國家主權觀念在焉[③]——,亦無可國家主

---

① 《四書章句集注》。

② 《韓非子·難三》。

③ 唯於帝國主義殖民時代,如美洲、澳洲等地,如美國、巴西、澳大利亞等,其歐洲侵略者、殖民者掩印第安人或土著之地而居之後,乃有招徠移民之舉,用以聚集人力以開發圖存謀利也。及開發"功成","掩土據守立國"以成,乃仍發明援引所謂"先佔理論"、"主權國家"之義等,控制移民也。

權之空間擴展之説——因有國家主權之共識——,故或只有仁政之風之擴展,感染周邊國家,或感其民,或感其"君官",或感其國(國體國策),向化而變,共臻於仁善仁政。質言之,孔子鼓勵各國以仁道仁政之高低而和平相爭,不以霸道力爭(力征)。如此你追我趕,各國皆得仁政仁道,文明水平大漲,人類社會發展,而共臻於人類仁道大同之世。故曰:仁道大一統,非權力大一統也。

　　然亦當注意一點:各國仁政或治理水平、文明水平不一,而所謂"先進國"挾(利用)其國之文明、文化、科技、宣傳、軟實力等之優勢,而使別國慕之,而收政治操縱、經濟控制、盤剝之效;倘別國自無振作而相應趕超,則使別國永遠處於經濟產業鏈之低端,處於事實上之受剝削之地位,看似文明擴展或文明之高低分野,然亦有國家間階層化之事實,亦當警惕而更張之。然此仍需自我振作,捨此而爭意氣,則無濟於事,乃至是自食其果、自取衰弱沉淪滅亡,而終於失去生存空間等。於此萬類相爭、優勝劣汰之時世,不自立自善,則此皆或勢所必然,無可奈何,故明哲之士,於此尤不可短視糊塗也。

子夏為莒父宰,問政。子曰:"無欲速,無見小利。欲速,則不達;見小利,則大事不成。"

　　(魯)定公十三年,晉國内亂。晉趙鞅殺邯鄲午(即趙午,趙氏支系),趙氏内亂,隨之而趙、知、韓、魏、範、中行皆捲入焉[1]。冬,晉荀寅(即中行文子,又稱中行寅)、士吉射(範氏,名吉射,因範氏出自士氏,故又稱士吉射)入於朝歌以叛晉(晉定公)。(魯)定公十四年冬,魯定公會

---

　　[1]　"夏六月,上軍司馬籍秦圍邯鄲。邯鄲午,荀寅(即中行文子,又稱中行寅)之甥也;荀寅,范吉射(範氏,名吉射,因範氏出自士氏,故又稱士吉射)之姻也,而相與睦,故不與圍邯鄲,將作亂。……秋七月,範氏、中行氏伐趙氏之宮,趙鞅奔晉陽。晉人圍之。""丁未,荀寅、士吉射奔朝歌。"《左傳今注今譯》。

齊侯、衛侯，謀救範、中行氏。冬十二月，晉人敗範、中行氏。魯（定公）遂城莒父及霄以備敵。① 莒父為魯之西鄙也。

　　子夏為莒父宰，問政。子曰：“無欲速，無見小利。欲速，則不達；見小利，則大事不成。”蓋“莒父下邑，政久廢弛，民亦無多望於上之安全盡善者。（今又處此危急之勢，則）子夏急圖改弦更張，或以規近，效期小康，則迫而致之，苟而安之矣。”②故孔子告諭之。蓋為政重其本，正本清源，合於正道，而後立其綱紀制度、禮樂政教；規模初立，而後圖其治。此皆非可一蹴而就者，而將徐圖之。強速之，必有虛矯操切僨事、敷衍塞責之病者，而不合其事，不達其初衷；欲速目下小利，則旁騖枝節，損違根本長遠之大事大利之謀劃施行也。故曰欲速而不達根本大利。譬如“管仲天下才，而弊在欲速見小。後世之稱盛治者，輒言霸王道雜，弊亦同此。無欲速見小之心，此黜霸崇王之政也。”③

　　論曰：“欲速者心之躁，見小利者心之私，二者有陰陽之不同，而其病亦相因。凡大事未有速成者，故欲速者其見必小。心存於久遠，則不為利動，故見小利者恒由於欲速。”④又曰：“大事一成，勝小補萬倍。見小利，則大利當興、大害當革者，皆以小有所不能割，而坐隳其成矣，此千古之通患也。”⑤又曰：“為政欲速非善政，為學欲速非善學。若夫宰一邑與宰天下，特患無求治之心耳。如果有心求治，不妨從容料理。斲輪老人謂不疾不徐之間，有妙存焉。豈惟讀書宜然，為政亦然。若求治太急，興利除害，為之不以其漸，不是忙中多錯，便是操切僨事。自古成大事者，眼界自闊，規模

---

　　① 《左傳今注今譯》。其後，魯哀公五年，範、中行氏出奔於齊。晉國六卿當政遂變為知、趙、韓、魏四卿也。其後又三家攻知氏（知伯）而分晉而為韓、趙、魏。

　　② 《論語後案》。

　　③ 《論語後案》。

　　④ 李文貞，《論語劄記》。

　　⑤ 《四書說約》。

自別,寧敦大成裕,不取便目前,亦猶學者寧學聖人而未至,不欲以一善成名。"①故曰:大志(又大事)不求速成,大志大事不求小利也。

此節可與"期月而可,三年有成"、"爲邦百年"、"世而後仁"等結合起來分析。言當立其規模,非因循敷衍塞責也,然孟子亦言獵較"簿正",可結合分析思悟之。

餘論:《論語》中孔子之"論"雖亦每依本典制大法,然亦多因緣説法、因材施教者,而隱匿其所針對之具體歷史背景、事情境遇或言説物件等中間環節或考慮變數等,故讀者在閱讀時,如果完全抽離其背景因素,便可能膠柱鼓瑟。而修身爲國之大道、禮樂典制之常經,另有其書,如"三禮"等,必先讀此常經,才能進乎《論語》中之權變。包括禮樂典制法度等在內的常經,或可謂系統性之論述,《論語》則不然,故當參證之,即以《論語》參證常經,以常經參證《論語》。但如欲爲國爲政於邦國天下,則先須通常經常典也,常經常典爲主,《論語》爲輔助者也。

葉公語孔子曰:"吾黨有直躬者,其父攘羊,而子證之。"孔子曰:"吾黨之直者異於是。父爲子隱,子爲父隱,直在其中矣。"

葉公語孔子曰:"吾黨有直躬(躬其名,直誠者躬行其直,故名躬;或曰直而躬行②)者,其父攘(有因而盜曰攘③)羊,而子證之(直而躬行,不

---

① 《反身錄》。

② 先秦多此稱呼命名法;或曰楚語通稱直誠者曰直躬,如後世通稱木匠爲魯班然;或解爲直誠躬行者。

③ 趙歧於《孟子正義》中解爲"因其自來而取之曰攘"。參見《孟子正義》,又可參見拙著《孟子解讀》。

避其親,若無所徇私然)。將何如哉?"孔子曰:"吾黨之直者異於是。父為子隱(不稱揚其過失),子為父隱,直在其中矣。"所以崇父子之親也①。

何以隱之?則曰始而幾諫(微諫),繼而顯諫,終而補償其罪過而隱諱之。"《檀弓》云'事親有隱而無犯',隱,謂不稱揚其過失也。蓋子之事親,當時微諫,諭父母於道,不致有過誤。若不幸而親陷不義,亦當為諱匿。所以崇父子之親也。"②何以隱之?又曰父子相首(主謀,謀劃)匿(藏匿、隱匿逃犯或罪行),而不相告發,以存養恩情也。何以隱之?復曰當私隱而補償其過(比如古代常見之代父自首,或賠償,或償罪等),以存天道公義國法,如此則似隱而實不隱也。

《韓詩外傳》卷二曰:楚昭王有士曰石奢,其為人也,公而好直,王使為理。於是道有殺人者,石奢追之,則父也,還返於廷,曰:"殺人者,臣之父也。以父成政,非孝也;不行君法,非忠也;弛罪廢法,而伏其辜,臣之所守也。"遂伏斧鑕,曰:"命在君。"君曰:"追而不及,庸有罪乎?子其治事矣。"石奢曰:"不然。不私其父,非孝也;不行君法,非忠也;以死罪生,不廉也。君欲赦之,上之惠也;臣不能失法,下之義也。"遂不去鈇鑕,刎頸而死乎廷。君子聞之曰:"貞夫法哉!石先生乎!孔子曰:"子為父隱,父為子隱,直在其中矣。"《詩》曰:"彼已之子,邦之司直。"石先生之謂也。③ 論曰:石奢者,為公士(典獄官)而隱父罪,又全其義而伏法,所謂於人之私情所不忍,於天之公理所不逃,亦所不忍,故如此也。是故聖人憫之,而製作法則曰"父子相隱",以倡父母子女之親情。若夫國法折獄,必奉法公平,無所隱也。故曰,於父子之情可隱,隱者無罪(然無妨被隱

---

① 《公羊傳·文公十五年》何休註:"十有二月,齊人來歸子叔姬。其言來何?閔之也。此有罪,何閔爾?父母之於子,雖有罪,猶若其不欲服罪然。"何休註:"所以崇父子之親。"

② 《論語正義》。

③ 《韓詩外傳》卷二。

者實有罪也）；於天網國法公義，（公士）必究索之，以彰公義，而被隱者不改其罪，故亦終難隱也。

《孟子》亦記論曰：桃應問曰：“舜為天子，皋陶為士（典獄訟之官），（倘）瞽瞍殺人，則如之何？”孟子曰：“執之而已矣。”“然則舜不禁與？”曰：“夫舜惡得而禁之？夫有所受之（舜受之堯；皋陶受之舜；此法或此一職責受之於上，受之於天或天道；法律依據）也。”“然則舜如之何？”曰：“舜視棄天下，猶棄敝蹝（xǐ，通屣，草鞋）也。竊負而逃，遵海濱而處，終身訴（xīn，古欣字）然，樂而忘天下。”①此即雖相隱而知其罪，又不改其（犯罪者）罪也②。

直在其中又何謂？則曰愛有差等，人有親情孝道天然之情，而直誠表之也。“夫所謂直者，以不失其道也。若父子不相隱諱，則傷教破義，長不孝之風，焉以為直哉？故相隱乃可謂直耳。”③直在其中何謂？又曰仁者愛人，人皆有惻隱羞惡之心，人皆有仁愛良知公義，亦將直而表之，故又或必報罪償過，或終不能隱而必奉法服罪，故亦曰必以直，直於（天道）公義王法也。如此而親情孝道與公義王法或可兩全也。

《韓非子》記此事曰：“楚之有直躬，其父竊羊，而謁之吏。令尹曰：‘殺之。’以為直於君而屈於父，執而罪之。”④《呂氏春秋》則記此事曰：“楚有直躬者，其父竊羊，而謁之上。上執而將誅，直躬者請代。將誅，告吏曰：‘父竊羊而謁之，不亦信乎？父誅而代之，不亦孝乎？’荊王乃不誅。”⑤雖傳聞稍異辭，實或一事也，唯韓非記其始而呂氏記其終耳。蓋當時楚人（或即葉公）難之，故詢之孔子，而為說之如此。

---

① 《孟子·盡心上》（13.15）。
② 詳細論述，請參閱拙著《孟子解讀》。
③ 《皇疏》引範甯語。
④ 《韓非子·五蠹篇》。
⑤ 《呂氏春秋·仲冬記·當務篇》。

或曰：此乃"葉公見聖人之訓，動有隱諱，故舉直躬欲以訾毀儒教，抗衡中國"①，所謂"葉公惡儒教多諱，故以此諷"②。若此，則葉公斯論也，蓋亦有切中肯綮處，如莊子之指斥儒家然，又如許行、陳相師徒對於儒家"厲民以自養"③之批評等，故皆當正面回應之也。而孔子答之如此，蓋亦有所針對之言，其主意或斥夷狄之俗不知父子(以及君臣等倫)禮義而已，如其不諫不商而徑告而傷恩情之類也，非謂不顧公義王法也。故讀者閱讀此節時亦不可過猶不及。

餘論：此節須加入微諫、幾諫之論述，不然則多誤導。於事親也，凡涉及道義，皆可諫；不幸而陷於罪，亦可為之諱匿，不必或不可親告官。然亦可視其情實，勸說商討自首與否，徒不可或不必未曾商討而徑直偷偷告官，此則或有傷於父子親情孝道恩義也，故而立此義矩，以崇父母子女乃至夫妻兄弟等倫之親情也。然也終於獲之，亦知罪伏法，不敢公然蔑視法律與天道公平，又以完公義也。

歷來學者於此或多所回護，然於今言之，則尤當深思而正面回應之。

樊遲問仁。子曰："居處恭，執事敬，與人忠。雖之夷狄，不可棄也。"

樊遲問仁。子曰："居處恭，執事敬，與人忠。雖之夷狄，不可棄也。"《衛靈公篇》亦曰："言忠信，行篤敬，雖蠻貊之邦，行矣。言不忠信，行不篤敬，雖州里，行乎哉？"恭敬忠恕，天下之達道也，夷狄雖或暫未及，我必行之，行之自安(心安身安，身心俱安)，而夷狄亦或將漸化之也。不行，豈可一日自安乎？憂患必多矣！朱熹曰：

---

① 《皇疏》。
② 康有為，《論語注》。
③ 《孟子·滕文公上》(5.4)。

"恭主容,敬主事。恭見於外,敬主乎中。之夷狄不可棄,勉其固守而勿失也。"①

子貢問曰:"何如斯可謂之士矣?"子曰:"行己有恥,使於四方,不辱君命,可謂士矣。"曰:"敢問其次。"曰:"宗族稱孝焉,鄉党稱弟焉。"曰:"敢問其次。"曰:"言必信,行必果,硜硜然小人哉!抑亦可以為次矣。"曰:"今之從政者何如?"子曰:"噫!斗筲之人,何足算也。"

子貢問曰:"何如斯可謂之士矣?"子曰:"行己有恥,使於四方,不辱君命,可謂士矣。"曰:"敢問其次。"曰:"宗族稱孝焉,鄉党稱弟焉。"曰:"敢問其次。"曰:"言必信,行必果(成,必成,必行),硜硜(小石之堅確者,小人之貌)然識量淺陋之小器人哉!抑(然)亦可以為次矣。"曰:"今之從政者何如?"子曰:"噫!斗筲(shāo,盛飯竹器,籍,飯筥也,受五升。從竹,稍聲。秦謂莒為籍。籍、筲並可通筲)之人,何足算(選,數)也。"

當時之士,乃指(君)國(卿大夫)家之治術人才(君卿大夫士之士),故雖曰孝悌德行植其基,而又必能行用政事,能堪士職,所謂堪用為國家政事也,兩相結合,然後而為士之優全者,可謂國士上士。故以"行己有恥,使於四方,不辱君命,可謂士矣"為上士,所謂行己有恥,德行身修,而有恥者有所不為也;所謂使於四方,不辱君命,國家政事堪用也;而以"宗族稱孝焉,鄉党稱弟焉"之士次之,以孝悌為德行之本,雖或一時難堪國家政事,猶能范正稱譽於宗族鄉党,敦厚影響一鄉之風俗,而仍可為士之良者。若夫"言必信,行必果"者,自修自謹(硜硜自守),有所守正,有所不為,亦可謂潔身自好者,然硜硜然格

---

① 《四書章句集注》。

局狹小，識量風力淺陋，乃但守"小忠小信"之節而已，不能以其德行風力影響鄰朋鄉里，不能以其政事而仁利及家國，非關大義，故曰小人哉。然斯之所謂小人者，非謂其邪僻佞惡也，乃謂其雖正直謹飭而小器風力不張也。至於"今之從政者"，如魯之三家之屬，徒鬥筲之人而已，才器小劣，固不及上述三類，而何足名之為士！

皇侃曰："居正情者當遲退，必無者，其唯有恥乎？是以當其宜行，則恥己之不及；及其宜止，則恥己之不免。爲人臣，則恥其君不如堯、舜；處濁世，則恥獨不爲君子。將出言，則恥躬之不逮。是故孔子稱丘明，亦貴其同恥，義備孝悌之先者也。古之良使者，受命不受辭，事有權宜，則與時消息，排患釋難，解紛挫銳者，可謂良也。其次，雖孝稱於宗族，悌及於鄉黨，而孝或未優，使於四方，猶未能備，故爲之次者也。又其次，言可覆而行必成，雖爲小器，取其能有所立。果，成也。言必合乎信，行必期諸成，君子之體，其業大哉！雖行硜硜小器，而能必信必果者，取其共有成，抑亦可以爲士之次也。"①

論曰："此以鄉舉里選之法言。周禮，自比閭族黨、六鄉六遂皆立學，鄉師、鄉大夫各受教法於司徒，以教其所治，考其德行道藝；黨正各掌其黨，以屬民正齒位；族師掌書其孝友睦婣有學者，以次而升於大學。士之造就必由此爲正。案春秋之時，卿大夫皆世官，選舉之法已廢。此文所言，猶是舊法，故子貢復問今之從政，明前所舉皆是昔時有然也。稱孝稱弟，卽孟子所謂'一鄉之善士'。此雖德行之美，然孝弟維人所宜盡，不必待學而能，故夫質性之善者亦能行之，而非爲士職分之所盡也，故以爲次。《荀子·子道篇》以入孝出弟爲人之小行，志以禮安，言以類從，爲儒道之極。與此章義相發。志以禮安，則知所恥；言以類從，則能出使不辱君命矣。言必信，行必果，謂不度於義而但守小忠小信之節也。《孟子·離婁篇》：'孟子曰："大人者，言不必信，行不必果，唯義所在。"'明大人言行皆視乎義，

① 《皇疏》。

義所在,則言必信,行必果;義所不在,則言不必信,行不必果。反是者爲小人。蓋'大人仗義,義有不得必信其言,子爲父隱也;有不能得果行其所欲行者,義若"親在,不得以其身許友"也。'①"②

論曰:"士人有廉恥,斯天下有風俗。風俗之所以日趨日下,其原起於士人之寡廉鮮恥。有恥則砥德礪行,顧惜名節,一切非禮非義之事,自羞而不爲,唯恐有浼乎生平。若恥心一失,放僻邪侈,何所不至? 居鄉而鄉行有玷,居官而官常有虧,名節不足,人所羞齒,雖有他長,亦何足贖? 論士於今日,勿先言才,且先言守,蓋有恥方有守也。論學於今日,不專在窮深極微,高談性命,只要全其羞惡之良,不失此一點恥心耳。不失此恥心,斯心爲真心,人爲真人,學爲真學,道德經濟咸本於心,一真自無所不真,猶水有源木有根。恥心若失,則心非真心,心一不真,則人爲假人,學爲假學,道德經濟不本於心,一假自無所不假,猶水無源木無根。"③

子曰:"不得中行而與之,必也狂狷乎? 狂者進取,狷者有所不爲也。"

子曰:"不得中行(中道;中庸;用中;依中道而行)者而與(相與同行)之,必也(若必有所擇與者,則其唯)狂狷(獧,疾跳,急;或曰懁)乎? 狂者進取,狷者有所不爲也。"狂狷,即《公冶長》與《孟子·盡心下》④中所謂之"狂簡"也。狂者進取於善道,狷者守節無爲⑤,雖過猶不及,不能用中行道,故不及中行(者),然亦有可取者,相與之,亦可裁正於(中)道,而共進於中行也。

---

① 趙岐,《孟子注》。
② 趙佑,《溫故錄》。
③ 《反身錄》。
④ 《孟子·盡心下》(14.37)。
⑤ 《集解》。

《孟子》記曰：萬章問曰："孔子在陳，(厄,上下無所賢人之交，乃)曰：'盍歸乎來！吾黨(鄉黨、故鄉、魯國)之士狂(積極進取大道而不得其正者)簡(大,志大)(狂簡:志大而略於事)，進取，不忘其初(不改其求道初衷)。'孔子在陳，何思魯之狂士？"孟子曰："孔子'不得中道(中正之道)而與(相與,交往)之，必也狂獧(juàn,同"狷":疾跳也;潔身自好，不為不善之事)乎！狂者進取，獧者有所不為也'。孔子豈不欲中道哉？不可必得，故思其次(者)也。""敢問何如斯可謂狂矣？"曰："如琴張、曾晳、牧皮者，孔子之所謂狂矣。""何以謂之狂也？"曰："其志嘐嘐(xiāo,志大狂傲)然，曰'古之人，古之人'。夷(平;大)考其行而不掩(掩覆、符合)焉者也。狂者又不可得，欲得不屑(潔)不潔之士而與之，是獧也，是又其次也。①

論曰："狂似太過，狷似不及，皆美才也。中行無過不及，得天獨優，較易裁成，然不可得。惟就地取才，(雖其狂狷者亦取而)培之植之，至於有成，亦與中行無異。聖門如顏子，中行者也。曾子、閔子、仲弓、有若之屬，抑其次也。子貢、曾晳、琴張則近於狂者也。原思、子夏、高柴則近於狷者也。"②

另可參見：《論語・公冶長》：子在陳曰："歸與！歸與！吾黨之小子狂簡，斐然成章，不知所以裁之。"此言哀公三年，孔子在陳，時年六十。魯召冉求，為季氏家臣。孔子亦牽動歸國之念，曰："歸與！歸與！吾黨之小子(指冉求等弟子)，志行狂簡進取(簡:大;狂簡:志大而略於事,高卓,或志高遠而才疏略,志高而行事有所疏簡)，才華斐然成章(樂竟為章,成文成事為章;如豹紋文采斐然,比喻其才終成)，如豹變文(紋)蔚③。惜尚不知所以裁之④(裁之即用之,喻用其才而合於中正

---

① 《孟子・盡心下》。

② 《論語稽》。

③ "《易》曰："君子豹變，其文斐也。"

④ 如豹紋斐然，裁之而後乃成禮服也，而得中正其宜合禮。裁之，即用之，喻用其才而合於中正也。

也,如尊王、王道仁政等)。吾願與俱歸而述作行教,使其知所裁正也。中正合於王道禮樂,則為政為仁乎何有(何難之有)!"卒未及行。哀公十一年,魯人以幣召之,乃歸,時年六十八,遂專意删述六經而行教。

或解曰:哀公三年,孔子在陳,時年六十。魯召冉求,而余弟子亦多有在魯從政者,孔子(心系故國,若有憂)念之,曰:"歸與! 歸與! 吾黨之小子(指在魯國從政之冉求等弟子門人)狂簡(狷;或狂或狷)①(簡:略,退守而有所不為;狂是志大進取,簡是退守略事而有所不為;或曰狷,有所持守而不為)。匪(非;妄穿鑿)然成章(妄穿鑿以成文章)(或曰斐然成章,斐:紋采燦然)②,(恐其)而不知所以裁正之(或:斐然成章而不知所以裁正之)。吾當歸以教導裁制之,而合於中正也③。中正,則小子可立,國可恃以興也。"卒因事未及行。

──────────

①　竊以為:**此處之狂簡即是孟子所謂狂狷**,簡與狷同音,聽聞記述不同而已,然其原意也,或以孟子之解釋為是,不必依孔注! 因為如依孔注和朱注,解"簡"為"大",則孔子弟子並非全是狂簡即積極進取者,亦有狷者即消極持守者,俱不得中正,所以孔子欲歸而裁之。實則"簡"與"狷"亦可通,"簡"則略於事,"略於事"即是"退守而有所不為",即"狷"也。

②　如宰我妄解"周人以栗,曰使民戰慄"云云,亦可謂是"匪然成章而妄穿鑿"也;或曰:此或為孔子諸弟子於此已開始私下記述孔子平時言辭論説(如"子張書諸紳"之類),以及試圖幫助孔子收集相關禮樂典册(如至杞宋而求相關册簡等),至於"斐然成章",然徒聚集集而已,不能裁之,故孔子欲歸而編定删述之,而裁定六經也。如朱竹垞亦有類似文字,"左氏爲孔子弟子,主其説者衆矣。謂'孔子將修《春秋》,與左丘明乘如周,觀書於周史,歸而修《春秋》之經。丘明爲之傳'者,嚴彭祖也。"參見:朱竹垞,《孔子弟子考》,《論語集釋》。此或亦可備為一種假説。然此處同樣可解讀為"斐然成章",指孔子言自己弟子或狂或狷,而皆有所才華成就,徒不知裁制而合於中正也。

③　冉求為季氏用田賦,宰予妄解,子路"賊夫人之子",皆是"不知所以裁之"之事例也,故孔子欲進一步系統解説教育之,此又牽涉禮樂典籍之編定,即所謂的删述六經之事也。哀公問社於宰我。宰我對曰:"夏後氏以松,殷人以柏,周人以栗,曰使民戰慄。"子聞之曰:"成事不説,遂事不諫,既往不咎。"(《八佾》)子路使子羔為費宰。子曰:"賊夫人之子。"子路曰:"有民人焉,有社稷焉。何必讀書,然後為學?"子曰:"是故惡夫佞者。"參見:《論語·先進》。

注解：

綜合以上解讀，"斐然成章"或"匪然成章"或有幾種解釋：（一）"匪然成章"：妄穿鑿以成文章，如宰我妄解；妄穿鑿而解禮樂、行政事，不得中正，如冉求為季氏用田賦；（二）"斐然成章"：文章典册斐然而富，即搜集相關禮書典籍（乃至孔子言辭論説）等；孔門弟子們才華如豹變文蔚而成章。

"不知所以裁之"或"裁之"的含義亦有幾種解釋：指導、裁正諸弟子之政事等；行教於諸弟子；删述編訂六經。

子曰："南人有言曰：'人而無恒，不可以作巫醫。'善夫！""不恒其德，或承之羞。"子曰："不占而已矣。"

子曰："南人有言曰：'人而無恒（常，正常，常德，常道常行），不可以作巫醫（或曰巫醫為卜筮、筮醫之誤）。'善夫！"《易‧恒卦》九三爻辭云："不恒其德，或承（繼，進）之羞（羞辱凶咎）。"子曰："不占而已矣。"

解曰：南人有言：人而不能奉行常道（守恆守常守正），正邪喜怒無常，則雖為之請作巫醫（或曰巫醫為卜筮、筮醫之誤），以卜筮（吉凶）醫治（魂魄身體）之，亦無可挽（或曰"知吉凶"①）吉凶、救膏肓也。因巫醫亦不能治無常之人也。此語可謂得之矣。《易》曰："不恒其德，或承之羞"，"此《易》恒卦之辭，言德無常則羞辱承之。《易》所以占吉凶也；無恒之人，《易》所不占也。"②其意曰："人若不能恒守常道常德，則必有患難凶果，而羞辱咎惡者將承之於身也。"故於此無恒必凶而不改張之人，巫不占（或曰卜筮不

① 鄭注：不可爲卜筮，言卦兆不能見其情，定其吉凶也。
② 《集解》。

能知①）、醫不治而已，《詩》曰："我龜既厭，不我告猶。"②即不占也。斯即南人"不作巫醫"之意也。則可不戒慎恐懼哉？無恒之人，改張之，歸奉常道，則庶幾乎免矣。

　　或曰：不占亦可知其（不恒其德之人）必將承受羞辱凶咎之事，何待於占。

　　或論曰：不恒之人，人豈信之？不信則不就之卜之，為就之承之而羞故也。無人來占，即不占。

　　或論曰：《禮》曰：醫非三世，不服其藥。三世為醫，可謂有恆有本，可信，故其作巫醫，人也信之，服其藥矣。

---

①　《論語足徵記》："《禮記·緇衣篇》：'子曰："南人有言曰：'人而無恒，不可以作卜筮。古之遺言與？'龜筮猶不能知也，而況於人乎？'"'鄭玄注曰：'不可爲卜筮，言卦兆不能見其情，定其吉凶也。'以經證經，則此云不可以作巫醫，猶言不可以爲卜筮也。此云不占而已矣，猶曰龜筮不能知也。"《禮記·緇衣》原文：子曰："南人有言曰：'人而無恒，不可以為卜筮。'古之遺言與？龜筮猶不能知也，而況於人乎？《詩》云：'我龜既厭，不我告猶。'《兌命》曰：'爵無及惡德。'民立而正事，純而祭祀，是為不敬。事煩則亂，事神則難。《易》曰：'不恒其德，或承之羞。''恒其德偵。婦人吉，夫子凶。'"鄭玄註：恒，常也。"不可為卜筮"，言卦兆不能見其情，定其吉凶也。與音餘。猶，道也。言褻而用之，龜厭之，不告以吉凶之道也。惡德，無恒之德。純，猶皆也。言君祭祀，賜諸臣爵，毋與惡德之人也。民將立以為正，言放傚之疾。事皆如是，而以祭祀，是不敬鬼神也。惡德之人使事煩，"事煩則亂"，使事鬼神又難以得福也。"純"，或為"煩"。兌音悅。毋音無。放，方往反。傚，戶教反。差（羅按：蓋羞之誤），猶辱也。偵，問也。問正為偵。婦人，從人者也，以問正為常德則吉。男子當專行幹事，而以問正為常德，是亦無恒之人也。偵音貞，《周易》作"貞"。幹，古半反。孔穎達正義曰："正義曰：此一節明為人臣之法，當有恆也。'人而無恒，不可以為卜筮'者，南人，殷掌卜之人，有遺餘之言稱云：人而性行無恒，不可為卜筮。'古之遺言與'？龜筮猶不能得知無恒之人，而況於凡人乎。《詩》云：'我龜既厭，不我告猶'者，《小雅·小旻》之篇，刺幽王之詩。言幽王性行無恒，數詛卜筮，故云我龜既厭倦於卜，不於我身告其吉凶之道也。引之者，證無恒之人不可以為卜筮也。'《兌命》曰：爵無及惡德'者，此《尚書》傅說告高宗之辭，云祭祀之末，爵人之時，無復及此惡德之人。惡德，無恒者也。"參見《禮記正義》。

②　《禮記·緇衣》："子曰：'人而無恒，不可以作卜筮。古之遺言與？龜筮猶不能知也，而況於人乎？'《詩》曰：'我龜既厭，不我告猶。'"

子曰："君子和而不同，小人同而不和。"

子曰："君子和而不同，小人同而不和。"和者，各（事）（諸事，復數）皆（各）適於（各）義（諸義或各義，復數。各義不同）也，所謂（各事）（復數）發而皆中（各）節（諸節，各節，復數）謂之和①（各適其不同之義節，而總名之則曰義曰節也。今可謂"具體情況具體分析"、"具體一事有具體一事之義矩"，而節合其義矩），節義之與比也；又順也，諧也，中也，不堅不柔也②，每事（每事，單數）無過無不及也（亦一準於中正也）。同者，比同阿同，又混為一同，無所制中用正，問同不問義節也。具言之，則曰或也每事為同而同，無所正中，無所正禮法度，故每過猶不及；或又各事混同一氣，無所義節之各適也。故其比同、混同，為同而同，則不能各適、中和於義節法度也。無義節法度，則國不能立、群不能立、人不能立。故君子義之與比（比同，循，遵循），各事合各義，每事皆中節，然後謂之中和於義（各義、諸義與總名之義）節（節亦義，如各節、諸節與總名之節）。

或論曰：君子義之與比，而律己以忠義，待人以寬恕，內方外圓，自守而不剛愎，集思容異而不失己（正、義），故能和③。小人阿比党與，混同一氣，尚同不尚義④，心無定主，無所取正節中，而唯利是趨，陽同而陰違，各各相爭，故曰同而不和⑤。

"《左》昭二十年傳：齊侯論子猶云：'惟據（梁丘據，即子猶）與我和夫？'晏子對曰：'據亦同也，焉得為和？'公曰：'和與同異乎？'對曰：'異。和如羹焉，水火醯醢鹽梅以烹魚肉，燀（chǎn，燒，炊，浸泡中

---

① 《中庸》。

② 《廣韻》。

③ 故下文又曰："善者好之，其不善者惡之"；"君子易事而難說也：說之不以道，不說也；及其使人也，器之。小人難事而易說也：說之雖不以道，說也；及其使人也，求備焉"；"君子泰而不驕，小人驕而不泰"，皆是尚義而和之意也。

④ 《孟子·公孫醜下》："好臣其所教，不好臣其所受教。"亦是一種"尚同"。

⑤ 或解為"唯利慾嗜好是同，然各相爭"，參見：《集解》："君子心和，然其所見各異，故曰不同。小人所嗜好者則同，然各爭利，故曰不和。"

藥而炮製)之以薪，宰夫和之，齊之以味，濟其不及，以泄其過。君子
食之，以平其心。君臣亦然。君所謂可，而有否焉，臣獻其否，以成
其可。君所謂否，而有可焉，臣獻其可，以去其否。是以政成而不
幹，民無爭心。先王之濟五味、和五聲也，以平其心，成其政也。聲
亦如味，一氣，二體，三類，四物，五聲，六律，七音，八風，九歌，以相
成也。清濁大小，短長疾徐，哀樂剛柔，遲速高下，出入周疏，以相
濟也。君子聽之，以平其心，心平德和。今據不然，君所謂可，據亦
曰可；君所謂否，據亦曰否。若以水濟水，誰能食之？若琴瑟之專
壹，誰能聽之？同之不可也如是。'"①

《鄭語》云："史伯曰：'今王去和而取同。夫和實生物，同則不
繼。以他平他謂之和，故能豐長而物生之。若以同裨同，盡乃棄矣。
故先王以土與金木水火雜以成百物，是以和五味以調口，剛四支以
衛體，和六律以聰耳，正七體以役心，平八索以成人，建九紀以立純
德，合十數以訓百體。出千品，具萬方，計億事，材兆物，收經入，行
姟極。故王者居九畡之田，收經入以食兆民，周訓而能用之，和樂如
一。夫如是，和之至也。於是乎先王聘后於異姓，求財於有方，擇臣
取諫工，而講以多物，務和同也。聲一無聽，物一無文，味一無果，物
一不講。王將棄是類也而與剸同，天奪之明，欲無弊，得乎？'"②

論曰：平敬人伾(泛仁親愛，今曰平等基本權利)以普同(兼愛，泛仁
親愛)，謹守國法(國法即維護全體國民利益之公法，如此而國法乃得其正當
性)以大公(奉公，公私分明，公事公域之公正不徇私)，自修正禮人倫以
別愛(私事私域之別愛、差等之愛，而當先受之於人伾之底線與公法之節
制)，情思各適(今曰"群己權界"、自由或 liberty 或 freedom)而互補相和。
平敬人伾故不能相害(侵越；人相害，或其他相害之形式)；謹守國法故
不能損公(損公即是損民損人)害民(害民之人伾或平等基本權利，以及其

---

① 《左傳·昭公二十年》。

② 《鄭語》。

他政治權利、公共權利、社會權利、私人利益等）；自修正禮人倫則人各有敬養倫樂，德義自維；情思各適則人各自繇，暢展才智情意，成己成物；如此而或互補相和又各不相侵，則多滋味，盛色彩，可相親愛而不能相侵越，則人世和悦而多姿也。

今或論曰：於此，今人或以熵增定律或熱力學第二定律等、開放性與多樣性或創新之間之關係等解釋之。

子貢問曰："鄉人皆好之，何如？"子曰："未可也。""鄉人皆惡之，何如？"子曰："未可也。不如鄉人之善者好之，其不善者惡之。"

"子貢問知人，曰：'一鄉之人皆好此人，此人何如？'[1]子曰：'未可即以爲善（人）。何者？此人或者行與衆同，或朋黨矣。'子貢又曰：'若一鄉之人皆惡此人，此人何如？'子曰：'未可即以爲惡也。何者？此人或者行與衆異，或孤特矣。不若鄉人之善行者善之（此人），惡行者惡之（此人），（則此人也或其人也，）與善人同，復與惡人異，（可）知（此人）是實善。'"[2]所謂"善人善己（即此人，以第一人稱自述，故曰"己"），惡人惡己（此人），是此人真善，而我（此處之"我"，與"此人"相對待而言）之當善（此人之）善明也[3]；反是而善人惡己（此人），惡人善己（此人），是此人真惡，而我之惡（此人之）惡著也[4]。"[5]識人之難而當慎也如此！而君子當善善而惡惡，仁仁而惡不仁也，故孟子曰："一鄉

---

① 或解曰：子貢問曰："我欲爲一鄉皆好之之人，何如？"然此則下句不可解，豈曰："然則我欲爲一鄉皆惡之之人，何如？"哉？故不取。

② 《徐彦疏》，參見：《論語集釋》。

③ 或"我之當善此善人也明也"。

④ 或"我之當惡此惡人也著也"。

⑤ 《論語正義》（下册）。

之善士(如卿、大夫也)，斯友一鄉之善士；一國之善士(如國君也)，斯友一國之善士；天下之善士(如天子也)，斯友天下之善士。"①此又可謂物以類聚，人以群分，而善惡異道也。故善人之所善之者為善人，惡人之所惡之者亦為善人；若夫善人之所惡之者，而惡人之所引之為友者，則為惡人而非善人也。復可知"道不同不相為謀"，觀其道其友而知其人也。若夫廁身容受、享"譽"授獎於流俗邪惡小人者流，恰證其自處污濁惡劣也，君子豈以為榮為意哉！

或解曰：子貢問知人薦任之道，曰："其人也，鄉人皆好之，何如？"子曰："未可據以斷也。""其人也，鄉人皆惡之，何如？"子曰："未可據以斷也。不如其人也，鄉人之善者皆好之(指"其人")，其不善者惡之(指"其人")。斯可謂善人也。"此何故邪？鄉人有善惡、君子小人之分，而人以群分，或和同或比同，或和而不同或善惡水火，故善人善善人而惡惡人，惡人惡善人而善惡人；君子和同於君子而惡小人，而小人比同於小人而惡君子。故曰"其人也，鄉人之善者好之，其不善者惡之"，則為善人，可(以舉任選用)矣！此即尚義不尚同，以"正、義、善、中"(與否)斷之，而不以"同"(否)斷之也。

亦可解曰：子貢問曰："鄉人皆好之之人，舉任之何如？"子曰："未可據以斷也。""鄉人皆惡之之人，舉任之何如？"子曰："未可據以斷也。不如舉任鄉人之善者好之而鄉人之不善者惡之者也。"此即尚義不尚同，以"正、義、善、中"(否)斷之，而不以"同"(否)斷之也。

或解曰：子貢問曰："鄉人皆好之之事(或習俗)，何如？"子曰："未可據此(指"鄉人皆好之"這個狀況)而斷定也。""鄉人皆惡之之事，何如？"子曰："未可據此(指"鄉人皆惡之"這個狀況)而斷定也。不如鄉人行事之善者而吾好之，其(指"鄉人之行事")不善者而吾惡之

_____

① 《孟子·萬章下》。

也。"尚義不尚同也。又或解曰:子貢問曰:"鄉人(之言行風俗)吾皆好之,何如?"子曰:"未可也。""鄉人(之言行風俗)吾皆惡之,何如?"子曰:"未可也。鄉人或各有善惡,人之百行或各有善惡,言行風俗或各有善惡,故不如鄉人之(人、百行、言行風俗等)善者則吾好之,其不善者則吾惡之。"此即尚義不尚同也。然此兩解稍有固陋處。

今之餘論:此節蓋接上節,而續論"和"當有中正、中義、中節也。然因主賓混淆、施受遊移(下節尚包括音義之遊移),故導致許多變化,可變化多解。但其本意到底為何,則必須根據孔子的其他論述來進行旁證才好定讞,而無法在單句單節的文本之內作出解釋。此節與下節皆稍有此難。或曰:"惡之"或乃"以之(某人某事某物)為惡"之意;皇侃之疏解則以交友解,問何如是和是同;或以鄉人為好、惡之賓詞。皆稍有穿鑿曲折處。

子曰:"君子易事而難說也:說之不以道,不說也;及其使人也,器之。小人難事而易說也:說之雖不以道,說也;及其使人也,求備焉。"

子曰:"君子(原意指居位者,在上位者,然亦可解為德性意義上之君子),易事(之①)而難說(悅,取悅②)(之)也:說(悅,取悅③)之(指君子)

---

①　增一"之"字,起到在語法上提示賓語前置或無主語被動句的效果,即對於君子,(人們)容易奉事於他,卻難以取悅於他。

②　但這句中的"說"解釋為"言說"、"遊說"之"說"也未嘗不可以,古代詞義未以別字的形式完全分化開來,所以古人在閱讀理解的時候,亦往往採取模糊邏輯接受之。這當然造成古人思維的某種程度的含混或不清晰,也造成了古代典籍表述的豐富性,不可簡單地以現代邏輯、現代語法與現代思維來固著原本復雜多歧的思想。換言之,含義含糊復雜者擴譯(擴解)之,含義清晰單一者對譯之。

③　同上註。

不以道，(君子)不說(悅，喜悅①)也；及其(指君子)使人也，器(度材而任官，隨其材器而使之)之，隨其才器而用之也。小人難事而易說也：說之雖不以道，說也；及其使人也，求備焉(求全責備)。"

於使他人也，君子不求備於一人，度材而使事任官，故(人)易奉事(之)也；然於自處也，君子以道義節分裁斷之，非其義節則不與，乃至惡之，故難取悅也。小人則反是，無以道義氣節自處自裁，任情喜怒，故佞人投其所好而悅之；及其使人，則求全責備，乃至"好臣其所教，不好臣其所受教"②，無所中正法度，故難事也。

論曰：君子律己自處而道嚴，待人使人而和恕，小人反是。君子可事之悅之以道，小人反是，故爾也。然則，君子也乎？何以為君子？何以為君子而自處？又何以處事用情？於斯皆可判可知矣。又："君子貴重人才，隨材器而使之，而天下無不可用之人。小人輕視人才，故求全責備，而卒至無可用之人。"③

或讀"說"為"言說"、"遊說"，而解為："君子厚重簡默，苟於義分不宜說，有相對終日不出一言者，似乎深沉不可測；而使人平易，絕無苟求。小人喋喋然，議論遝發，非義所當說亦說之；而一經使人，便苟求不已。讀說始悅反。"④未嘗無其思致意義，然不合原意，茲不取。

餘論：以下為英語翻譯，可避免原文因古漢語語法、語義、語音乃至古代邏輯、思維方面的某些特點所可能導致的誤解或問題，亦可據此思考古代漢語乃至現代漢語之語言學特點，其優勢與缺陷，

---

① 但這句中的"說"只能解釋為"悅"，不能解釋為"言說"、"遊說"之"說"。故根據這一句來看，如果以現代思維來要求或律諸古人，則本節中的"說"原意應是"取悅"。但正如上面的注釋所言，這也並不完全排除古人思維、語法、邏輯、詞義分化等方面的古代特點，比如邏輯上的模糊、詞義上的含混或未曾"別字分化"、語音上無法有外在形式上的"分化顯現"等。

② 《孟子·公孫醜下》。

③ 《輔廣論語答問》。

④ 《先聽齋講錄》。

及其進化之可能方向和方法。

The master said，"The superior man is easy to serve and difficult to please. If you try to please him in any way which is not accordant with right，he will not be pleased. But in his employment of men，he uses them according to their capacity. The mean man is difficult to serve，and easy to please. If you try to please him，though it be in a way which is not accordant with right，he may be pleased. But in his employment of men，he wishes them to be equal to everything. "①

子曰："君子泰而不驕，小人驕而不泰。"

子曰："君子泰而不驕，小人驕而不泰。"君子通達於道術，一切隨順義節宛轉，從心所欲不逾矩，故泰然通達；節義自處，仁恕及人，故不驕慢。小人反是。皇侃曰："君子坦蕩蕩，心貌怡平，是泰而不爲驕慢也。小人性好輕淩，而心恒戚戚，是驕而不泰也。"②質言之，道義自處，仁恕接人，行止坦蕩，俯仰無愧，故泰然自若而不驕慢於人也。或曰："君子無衆寡，無小大，無敢慢，何其舒泰，而安得驕？小人矜己傲物，惟恐失尊，何其驕侈，而安得泰？"③

此蓋接上節而論。

子曰："剛、毅、木、訥，近仁。"

子曰："剛（強，堅強，強志不屈撓；或曰無過慾）、毅（果斷，決斷，能決於義

---

①　Confucian Analects，the Chinese classic translated by James Legge. 羅按：此皆各以君子小人爲兩句主語（無謂詞被動語法），"事"則似轉主詞爲受事賓詞。

②　《皇疏》。

③　《論語傳注》。

曰有決,所決不合於義曰妄怒,其以決斷爲毅則同;或曰強忍、持久,不取)、木(樸愨貌)、訥(訒言、難言,敏於行而訒於言也),近仁。"剛而強志不屈撓,強於衛道,不以慾牽;毅而果敢決斷於義,又勇於行義;木而質樸端愨,無所僞飾;訥而鄭重其言信(恥身之不逮,故不輕易其言,而必行而後言,以誠信也),故難言訒言,而敏於行。有斯四者,則亦可謂近於仁矣。皇侃曰:"言此四事與仁相似,故云近仁:剛者(堅強,而不屈於内外之慾,又)性無求慾,仁者靜,故剛者近仁也。毅者性果敢,仁者必有勇,周窮濟急,殺身成仁,故毅者近仁也。木者質樸,仁者不尚華飾,故木者近仁也。訥者言語(鄭重)遲鈍,仁者慎言,故訥者近仁也。"①

論曰:"剛毅近於高明,木訥近於沉潛,雖各得一偏,然絕無取巧習氣,故曰近仁。若夫巧言令色,與夫貪私鄙吝之爲病,則去仁遠矣。"②"剛毅者必不能令色,木訥者必不爲巧言,此近仁鮮仁之辯也。"③

今論曰:剛、毅皆有其優點,而偏於有志有守,而性情仍稍有偏,未得中道,而合於義則爲仁,故曰近仁。或曰剛毅者即狂者,木訥者即狷者。若夫訥言,與利口相對,利口鄉願多,則贊訥言亦仍是"惡利口之亂義也"之意。

子路問曰:"何如斯可謂之士矣?"子曰:"切切、偲偲、怡怡如也,可謂士矣。朋友切切、偲偲,兄弟怡怡。"

子路問曰:"何如斯可謂之士矣?"子曰:"切切(切,刌(cǔn,割;切:同忖)也④,責也;切磋砥礪於義,切磋相正,勸勵)、偲偲(sī,本又作愢,敬

---

① 《皇疏》。
② 《論語稽》。
③ 《容齋隨筆》。
④ "引申之,凡以物相磨按謂之切。"《論語正義》。

慎於言,審謹於言;或相切責;或解為詳勉)、怡怡(和悦、和順、謙順貌)如也,可謂士矣。朋友切切、偲偲,兄弟怡怡。"蓋"朋友以義合,兄弟以恩合,處之各有所宜。(故朋友而當切磋相正,砥礪於義;又敬慎於言,相與責勉制節於道義也;若夫兄弟,則和悦悌順,相維恩情,不以責善而鬩牆也。)此盡倫之事,非凡民不學者所能,故如此乃可稱士也。"①《毛詩·常棣》傳曰:"兄弟尚恩,熙熙然;朋友以義,切切節節(限制,相勉)然。"

皇侃曰:"(或)以為朋友不唯切磋,亦貴和諧;兄弟非但怡怡,亦須戒厲。然朋友道缺,則面朋而匿怨;兄弟道缺,則鬩牆而外侮。何者?憂樂本殊,故重弊至於恨匿,將欲矯之,故云朋友切切偲偲,兄弟怡怡如也。切切偲偲,相切責之貌也。怡怡,和順之貌也。"②復言之者,"孔子恐子路混於所施,則兄弟有賊恩之禍,朋友有善柔之損,故又別而言之"③。

論曰:此接上節言,蓋剛毅木訥本來近仁,然亦或用之不得其中,遂至於剛過而強橫,毅過而專斷,木過而愚笨,訥過而遲鈍,則不可。故以切切、偲偲、怡怡補充調和之,則得其性情之中正,可謂中道之士也。切磋於義,溫柔(親切)敦厚於情,斯可矣,亦所以補剛毅木訥之或過或偏。概言之,切切、偲偲,以補剛毅,怡怡以補(化)木訥;剛毅木訥當進以切切、偲偲、怡怡,方為中正性情也。

或曰此為孔子針砭子路之言④,蓋子路於朋友兄弟也,或皆剛毅一貫待之,無所別,有所失其中,故孔子發此語教補之也。然此亦臆測而已⑤。

---

① 《論語正義》。

② 《皇疏》。

③ 《四書章句集注》。

④ 蓋子路於朋友兄弟也,或皆剛毅一貫待之,無所別,有所失其中,故孔子發此語教補之也。然此亦臆測而已。

⑤ 我在閱讀古書時,對於難解的字,古代注疏家雖然給出了某種解釋,但我往往不滿意,因為他們的解釋往往是武斷的,就是說某個字的意思是如何如何,(轉下頁注)

子曰："善人教民七年，亦可以即戎矣。"

子曰："善人教民七年，亦可以即戎矣。"孟子亦曰："地方百里而可以王。王如施仁政於民，省刑罰，薄稅斂，深耕易（治）耨（nòu，鋤草農具）。壯者以暇日修其孝悌忠信，入以事其父兄，出以事其長上，可使制梃（作杖，或曰制通掣，提）以撻（tà，打；征討）秦楚之堅甲利兵矣。"①蓋亦類於斯之謂也。朱熹曰："教民者，教之以孝弟忠信之行，務農講武之法。民知親其上死其長，故可以即戎。"②七年者何？"夫教民三年一考，九歲三考，黜陟幽明，待其成者，九年爲正可也。今曰七年者，是兩考已竟，新人三考之初者也。若有可急，不暇待九年，則七年考亦可也。"③

此又可對照王者、善人、孔子自謂之不同情形④。

子曰："以不教民戰，是謂棄之。"

（接上頁注）卻並不解釋其造字原理，或字義與字形或所造字之間的意義關聯或邏輯關聯，即使講清楚其語言文字學的原理，那就是武斷或強制認定，我便覺得不滿足。我喜歡推究其原理，必須言之成理，自圓其說，可以進行邏輯闡說，才好。所以我以前讀書時，不大記數學公式或幾何公式，當寫作業或考試要用到時，我可以臨時推導出來，而不是機械地記憶和適用數學公式——當然，化學公式我還是背得非常熟的。我希望能窮盡所有漢字的造字來由，即某個字的意義為何是這個，當時造字時為何寫成這樣，其背後的思維過程是怎樣的，諸如此類。不過，即使是專門研究語言文字學的專家，大概也會說這是一個很難完成的任務，只能說，到目前為止，大部分字大體可以追溯其造字原由而已。

① 《孟子·梁惠王上》，又比如："謹庠序之教，申之以孝悌之義。"
② 《集四書章句注》。
③ 《皇疏》。
④ 《論語·子路》：子適衛，冉有僕。子曰："庶矣哉！"冉有曰："既庶矣。又何加焉？"曰："富之。"曰："既富矣，又何加焉？"曰："教之。"子曰："苟有用我者。期月而已可也，三年有成。"子曰："善人為邦百年，亦可以勝殘去殺矣。誠哉是言也！"子曰："如有王者，必世而後仁。"

子曰："以不教民戰，是謂棄之(棄其民師)。"教者，教以禮義孝悌忠信，又教習以講武戰陣也，尚義而尚武，而後乃可以正義之師而禦侵略之敵，討伐不義之寇也。若平素不教以禮義，則悖亂敗亡之師耳；不教以戰陣技擊，則弱逞烏合之眾而已，皆所以取敗亡，而棄其師(師旅)、失其民也(又害其民)。"其失民何也？以其不教民戰，則是棄其師也。爲人君而棄其師，其民孰以爲君哉？"①皇侃曰："善人教民如斯，乃可即戎；況乎不及善人，而馳驅不習之民戰，以肉喂虎，徒棄而已也。"②

奚以教民戰？兵者，守國之備也。何以習戰？如大閱，"大閱者何？簡車徒也。""比年簡徒謂之蒐，三年簡車謂之大閱，五年大簡車徒謂之大蒐。存不忘亡，安不忘危。"③又如治兵振旅，"中春，教振旅，司馬以旗致民，平列陳，如戰之陳"④。"以兵者凶事，不可

---

① 《穀梁僖二十三年傳》。

② 《皇疏》。

③ 《公羊桓六年傳》，何休注。

④ 《周官‧大司馬》："中春，教振旅，司馬以旗致民，平列陳，如戰之陳。辨鼓鐸鐲鐃之用：王執路鼓，諸侯執賁鼓，軍將執晉鼓，師帥執提，旅帥執鼙，卒長執鐃，兩司馬執鐸，公司馬執鐲。以教坐作、進退、疾徐、疏數之節。遂以蒐田，有司表貉，誓民；鼓，遂圍禁；火弊，獻禽以祭社。//中夏，教茇舍，如振旅之陳。羣吏撰車徒，讀書契，辨號名之用，帥以門名，縣鄙各以其名，家以號名，鄉以州名，野以邑名，百官以象其事，以辨軍之夜事。其他皆如振旅。遂以苗田，如蒐之灋，車弊，獻禽以享礿。//中秋，教治兵，如振旅之陳。辨旗物之用：王載大常，諸侯載旂，軍吏載旗，師都載旜，鄉遂載物，郊野載旐，百官載旟，各書其事與其號焉。其他皆如振旅。遂以獮田，如蒐田之灋，羅弊，致禽以祀祊。//中冬，教大閱。前期，羣吏戒衆庶，脩戰灋。虞人萊所田之野，為表，百步則一，為三表，又五十步為一表。田之日，司馬建旗于後表之中，羣吏以旗物鼓鐸鐲鐃，各帥其民而致。質明，弊旗，誅後至者；乃陳車徒，如戰之陳，皆坐。羣吏聽誓于陳前，斬牲以左右徇陳曰：'不用命者斬之！'中軍以鼙令鼓，鼓人皆三鼓，司馬振鐸，羣吏作旗，車徒皆作。鼓行，鳴鐲，車徒皆行，及表乃止。二鼓，摝鐸，羣吏弊旗，車徒皆坐。又三鼓，振鐸，作旗，車徒皆作。鼓進，鳴鐲，車驟徒趨，及表乃止，坐作如初。乃鼓，車馳徒走，及表乃止。鼓戒三闋，車三發，徒三刺。乃鼓退，鳴鐃，且却，及表乃止，坐作如初。遂以狩田，以旌為左右和之門，羣吏各帥其車徒，以叙和出，左右陳車徒，有司平之；旗居卒間以分地，前後有屯百步，有司巡其前後，險野人為主，易野車為主。既陳，乃設驅逆之車，有司表貉于陳前。中軍以鼙令鼓，鼓人皆三鼓，羣司馬振鐸，車徒　（轉下頁注）

空設,(故)因蒐狩而習之。凡師出曰治兵,入曰振旅,皆習戰也。四時各教民以其一焉。"①

論曰:其實此節之主意,首先仍在於愛民以德仁,非所以論戰也②。

(接上頁注)皆作。遂鼓行,徒銜枚而進。大獸公之,小禽私之,獲者取左耳。及所弊,鼓皆駴,車徒皆譟。徒乃弊,致禽饁獸于郊;入,獻禽以享烝。//及師,大合軍,以行禁令,以救無辜、伐有罪。若大師,則掌其戒令,涖大卜,帥執事涖釁主及軍器。及致,建大常,比軍衆,誅後至者。及戰,巡陳,眂事而賞罰。若師有功,則左執律,右秉鉞,以先愷樂獻于社。若師不功,則厭而奉主車。王弔勞士庶子,則相。//大役,與慮事,屬其植,受其要,以待攷而賞誅。大會同,則帥士庶子,而掌其政令。若大射,則合諸侯之六耦。大祭祀、饗食,羞牲魚,授其祭。大喪,平士大夫。喪祭,奉詔馬牲。"

① 轉引自《論語正義》。

② 《史記·孔子世家》:他日,靈公問兵陳。孔子曰:"俎豆之事則嘗聞之,軍旅之事未之學也。"明日,與孔子語,見蜚雁,仰視之,色不在孔子。孔子遂行,復如陳。

憲問第十四

憲問恥。子曰："邦有道，穀；邦無道，穀，恥也。"

　　憲（原思，名憲）問恥。子曰："邦有道，穀；邦無道，穀，恥也。"邦有道，道正風清，仕民守正振作，則當勉力問學達道，進德修業，以備賢能選任，出仕（食祿）行道為民也。邦無道，君臣昏淫暴虐，邪制惡法誤國害民，無所行道作為之地（空間），則不可出仕食祿而獵取富貴，以出仕直所以讒佞貪利、為虎作倀、沆瀣一氣也。如斯誤國害民而食祿，士君子之恥也。故又曰：邦有道莫作自了漢，而積極進取，推達其德；邦無道莫作幫兇流，而退處思籌，更張化及於民野，相機有所振作也。《泰伯篇》亦云："邦有道，貧且賤焉，恥也；邦無道，富且貴焉，恥也。"貧且賤何以為恥？以德業未充，不能備賢能選任為國民，而道德庸碌無聞也，故將自修達德以有所作為也。是故孔子又曰："士而懷居，不足以為士矣。"

　　論曰：原思受教而奉守，終不愧其師之教誨。"孔子卒，原憲亡在草澤中"[1]，則邦無道而隱處，可見其人也。《雍也》云："原思為

---

[1]　《史記·仲尼弟子列傳》。

之(孔子)宰,(孔子師弟)與之粟九百,辭。子曰:'毋! 以與爾鄰里鄉黨乎!'"①又《史記·遊俠列傳》云:"季次原憲,閭巷人也。讀書懷獨行君子之德,義不苟合當世,當世亦笑之。故終身空室蓬户,褐衣疏食不厭。死已四百餘年,而弟子志之不倦。"出處授受合乎聖人,可謂能事斯語矣②。

又論曰:朱子蓋增廣其意,以救時弊,以警偽士庸官(大夫)也③。有道時當有作為而出仕食禄,此非恥;然若有道時出仕食禄而無作為,則恥也。

"克、伐、怨、慾不行焉,可以為仁矣?"子曰:"可以為難矣,仁則吾不知也。"

"克(好勝人)、伐(誇耀,自矜,自伐其功)、怨(忿恨)、慾(貪慾)不行焉,可以為仁矣?"子曰:"可以為難矣,仁則吾不知也。"克、伐、怨、慾之心行,常人每或難免,故克己省治,使之不行於身,亦可謂有志矣,勉而難矣。然若止步於此,則此皆自治自克耳,不損人,然亦不能立人達人,不能利人及人,故曰不知其仁也。仁者愛人,仁者相人偶,仁利及於人也。故曰:克、伐、怨、慾而不行焉,只是制慾制情,不是體仁;只是工夫,不是仁之本體。若夫仁,其理其事也甚易,其成其名也難當,則豈敢自矜自伐其仁哉。然"顏淵無伐善,夷齊無怨,老子曰'少私寡慾'"④,皆立一天地消息正氣,加持立達於

---

① 《雍也》:子華使於齊,冉子為其母請粟。子曰:"與之釜。"請益。曰:"與之庾。"冉子與之粟五秉。子曰:"赤之適齊也,乘肥馬,衣輕裘。吾聞之也,君子周急不繼富。"原思為之宰,與之粟九百,辭。子曰:"毋! 以與爾鄰里鄉黨乎!"

② 《論語後案》。

③ 《四書章句集註》:"憲,原思名。穀,禄也。邦有道不能有為,邦無道不能獨善,而但知食禄,皆可恥也。憲之狷介,其於邦無道穀之可恥固知之矣,至於邦有道穀之可恥則未必知也,故夫子因其問而並言之,以廣其志,使知所以自勉而進於有為也。"

④ 《皇疏》。

百世後生,則亦可謂之仁矣。

論曰:"克、伐、怨、慾不行焉,夫子歎其難,不許其仁。世謂不行爲守,仁爲化,由守斯可化,殆非也。率是道也,如靈龜曳尾於塗,拂跡跡生,而豈求仁之路哉? 語云:能一情者可以成德,能忘一情者可以契道,制情者絶之始萌也,然制情情存,第不造於惡而已。忘情者情未萌也,情既不萌,忘何所忘? 情忘心空,道將來契,斯孔門之所謂仁矣。"①

又曰:"克、伐、怨、慾不行,猶禦寇然,寇之竊發,多由主人昏寐。主人若醒,寇自不發,何待於禦? 學問要識本體,然後好做工夫。原憲不識仁體,而好言工夫,用力雖勞,終屬安排。治病於標,本體何在?! (若)問本體,(則)曰:爲克、伐、怨、慾者誰乎? 識此斯識本體矣。昔羅近溪先生見顏山農,自述遘危病生死得失能不動心。顏不許,曰:'是制慾,非體仁也。'先生曰:'非制慾,安能體仁?'顏曰:'子不觀孟子之論四端乎? 知皆擴而充之,如火之始燃,泉之始達,如此體仁,何等直截! 子患當下日用而不知,勿妄疑天性之息也。'先生時如大寐得醒,此方是識仁。原憲直以克、伐、怨、慾不行爲仁固不是,然憲雖不識仁體,猶能力做工夫,能制克、伐、怨、慾於不行。吾人當其或克、或伐、或怨、或慾時,亦能痛懲力窒,制其不行乎? 程子云:'七情之發,惟怒爲甚。能於怒時遽忘其怒,其於道思過半矣。'吾人心體之累,克、伐、怨、慾爲甚。若能於克、伐、怨、慾時一覺卽化,使心體無累,其於仁思過半矣,未可藉口不行爲非仁,而缺卻制之工夫也。大凡人之好勝由心不虛,誠虛以處己,自與物無競。矜伐多由器小,器大則萬善皆忘,何伐之有? 怨生於不知命,知命則安命聽天。慾生於不知足,知足則淡然無慾。"②

---

① 《焦氏筆乘》。

② 《反身錄》。

　　"董子論仁曰:'其事易,此孔子之恉也。我欲仁,斯仁至矣。有能一日用其力於仁矣乎? 我未見力不足者。皆以仁爲易也。故《易傳》云:易則易知,簡則易從。'《吕覽·察微》云:"子貢贖魯人於諸侯,來而讓不取其金。孔子曰:'賜失之矣。自今以往,魯人不贖人矣。取其金則無損於行。'子路拯溺者,其人拜之以牛,子路受之。孔子曰:'魯人必拯溺者矣。'"讓不取金,不伐不慾也,而贖人之路遂窒。孟子稱公劉好貨,太王好色,與百姓同之,使有積倉而無怨曠。孟子之學全得諸孔子,此卽己達達人、己立立人之義。必屏妃妾,減服食,而於百姓之饑寒仳離漠不關心,則堅瓠也。故克、伐、怨、慾不行,(徒)苦心潔身之士,孔子所不取。不如因己之慾,推以知人之慾,卽因己之不欲,推以知人之不欲。絜矩取譬,事不難而仁已至矣。絕己之慾,而不能通天下之志,非所以爲仁也。"①

子曰:"士而懷居,不足以為士矣。"

　　子曰:"士而懷居,不足以為士矣。"士志於道,有人處即有行道處,故傳道行道,自鄉黨郡縣而至於邦國天下,行仁兼濟,經營四方,棲棲遑遑,席不暇暖;若夫出仕為官(為行道也),造福一方,亦將天下遷轉,何至於懷居一地,而圖庸庸之安逸哉! 古之"士初生時,設弧於門左,爲將有事於四方也。膂力方剛,經營四方,士之志也。若繫戀所居,乃偷安而無意人世者,故孔子警之。"②韓愈曰:"自古聖人賢士,皆非有求於聞用也。閔其時之不平,人之不義,得其道,不敢獨善其身,而必以兼濟天下也。孜孜矻矻,死而後已。故禹過家門不入,孔席不暇暖,而墨突不

　　①　《論語補疏》。

　　②　吳英,《經句説》(《論語正義》引)。

得黔。彼二聖一賢者，豈不知自安佚之為樂哉？誠畏天命而悲人窮也。夫天授人以賢聖才能，豈使自有餘而已，誠欲以補其不足者也。"①

或曰：今人重一己之個人自由、平常之人世煙火（人生人權、私人情意生活享受），若古之百姓萬民然，固亦可亦好也；若夫有志道士（達道行道之士）、公士、公仕於大道者則不然，其人也，自志於道，而不斤斤營營於一己之安逸，亦好也。故亦可謂自志選擇，各得其所哉。

子曰："邦有道，危言危行；邦無道，危行言孫。"

子曰："邦有道，危（正）言危行；邦無道，危行而言孫（或作遜，順，卑順；委婉；從命而利君謂之順②）。"邦有道，則正當振作有為，故正言正行；邦無道，則有惡法虐政亂俗，有昏暴邪佞之君臣，乃至暴民邪僻，故雖仍持士節而正行不違，於言辭禮貌儀態也，則遜辭委婉以避禍遠害也；又以有待有為，遂其志道也。君子不輕捐其身於瑣屑無益之事，愛其身以有待也。所謂"正行以善經，言孫以行權"③。"仁者豈以歲寒虧貞松之高志？於其言語可以免害，知志愈深。孔子曰：'諾，吾將仕矣。'此皆遜辭以遠害也。"④或曰："君子之持身不可變也，至於言則有時而不敢盡，以避禍也。然則為國者使士言孫，豈不殆哉！"⑤防微杜漸無所為，大廈將傾不可挽，貪慾勝智識，而至於沉淪萬劫不復，亦天下國家人類之悲哀也。

---

① 韓愈，《爭臣論》。
② 《荀子·臣道》。
③ 戴望，《論語注》。
④ 《皇疏》。
⑤ 《四書章句集注》。

遜，順也，卑順婉轉辭也；又"從命而利君謂之順"①也。"孫非諛說詭隨之謂，不許直以取禍也。"②"言孫非畏禍也，（徒）賈禍而無益，則君子不爲矣。知進退存亡而不失其正，亦時中之道也。"③故"邦無道，則當留有用之身匡濟時變，故舉動雖不可苟，而要不宜高談以招禍也。漢之黨錮、宋之元祐黨、明之東林黨，皆邦無道而言不孫者也。（持之過激，釀爲黨禍，亦可沉痛。）以此章言之，豈聖人之所許哉！"④

此蓋又古之事君之道，"事聖君者，有聽從，無諫爭；事中君者，有諫爭，無諂諛；事暴君者，有補削，無撟拂。迫脅於亂時，窮居於暴國，而無所避之，則崇其美，揚其善，違其惡，隱其敗，言其所長，不稱其所短，以爲成俗。《詩》曰：'國有大命，不可以告人，妨其躬身。'此之謂也。"⑤董仲舒亦曰："義不訕上，智不危身，故遠者以義諱，近者以智畏。畏與義兼，則世逾近而言逾謹矣。此定哀之所以微其辭。以故用則天下平，不用則安其身，《春秋》之道也。"⑥然此皆權也，未可一律諸平世平常。

或解曰：子曰："邦有道，危（厲）言危行；邦無道，危行而言孫（或作遜，順，卑順；從命而利君謂之順⑦）。""危，厲也，邦有道，可以厲言行也；孫，順也，厲行不隨俗，順言以遠害。"⑧

又或解曰：子曰："邦有道，危（高）言危行；邦無道，危行而言孫（或作遜，順，卑順；從命而利君謂之順⑨）。"

---

① 《荀子・臣道》。
② 《論語意原》。
③ 《四書詮義》。
④ 《論語稽》。
⑤ 《荀子・臣道》。
⑥ 《春秋繁露・楚莊王篇》。
⑦ 《荀子・臣道》。
⑧ 《集解》。
⑨ 《荀子・臣道》。

餘論：孔子似即如是，微言隱辭。然亦有"知其不可而為之"之行，故知無論有道無道，仁者必有為，在於隱顯之間而已。

今或責之曰：吾人頗不能贊同孔子此種處世之態度，以其或養成中國士人乃至中國人面對強權與暴政時之明哲保身之態度，缺乏抗暴扞難之英雄氣概……

子曰："有德者，必有言。有言者，不必有德。仁者，必有勇。勇者，不必有仁。"

子曰："有德者，必有（德）言；有（德）言者，不必（一定）有（實）德。仁者，必有勇；勇者，不必有仁。"

有德者必有言，以其平素心之所思，身之所履，皆以求道體仁；踐履力行，涵養領悟，皆深自有得，故發而為言也信實正嚴，有裨益於世道人心也。若夫有言者，也多矣，固有正言讜論、信實踐履者，然亦有不然者，其言也，或"甘辭利口，似是而非者，佞巧之言也；敷陳成敗，合連縱橫者，說客之言也；淩誇之談，多方論者，辨士之言也；德音高合，發為明訓，聲滿天下，若出金石，有德之言也。"①雖皆有言，而或有虛飾邪僻者，故曰有言者不必（一定）有德。"修理蹈道，德之義也。由德有言，言則末矣，末可矯而本無假，故有德者必有言，有言者不必有德也。"②

仁者行仁衛道，濟人危難；見危授命，捨生取義；諤諤獨任，一往無前；若此者，皆必以勇毅，故曰有勇，義勇也。而有勇者亦多矣，若不以義，亦曰暴虎馮河之血氣之勇耳，乃至暴亂淩虐之勇，譬如"陸行而不避虎兕者，獵夫之勇也；水行不避蛟龍者，漁父之勇

---

① 《皇疏》。
② 《皇疏》。

也；鋒刃交於前，視死若生者，烈士之勇也；知窮之有命，知通之有時，順大難而不懼者，仁者之勇也。"①故曰勇者不必有仁。"誠愛無私，仁之理也。見危授命，若身手之相救焉，存道忘生，斯爲仁矣。若夫強以肆武，勇以勝物，陵超在於要利，輕死元非以爲仁，故云仁者必有勇，勇者不必有仁。"②

南宮適問於孔子曰："羿善射，奡蕩舟，俱不得其死然；禹稷躬稼，而有天下。"夫子不答，南宮適出。子曰："君子哉若人！尚德哉若人！"

　　南宮適（南宮敬叔，即南容，魯大夫）問於孔子曰："羿善射，奡（ào③，寒浞之子，多力，能陸地行舟；或曰為丹朱）力巨蕩（推）舟（蕩舟即陸地推舟；或曰蕩陣，左右衝殺），俱不得其死然④；禹稷躬稼，而有天下。有之矣？"夫子不答，南宮適出。子曰："君子哉若人！尚德哉若人！"

　　"羿，有窮國之君，篡夏后相之位。其臣寒浞殺之，因其室而生奡。奡多力，能陸地行舟，爲夏后少康所殺。此二子者，皆（尚力，而）不得以壽終焉。禹盡力於溝洫，稷播百穀，故曰躬稼。（此二人也，皆尚德，而）禹及其身，稷及後世皆王。"⑤南宮適舉羿奡二人，以言"力不足恃"、"不義（邪僻而）非命"；又舉禹稷二人躬稼，以言尚德尚義；蓋悟"力不足恃，可恃者惟仁惟德"，仁德覆眾，眾乃愛戴

---

　　①　《皇疏》。
　　②　《皇疏》。
　　③　奡，古同"傲"，傲慢；又為上古人名，相傳力大，並能陸地行舟。參見：漢典。
　　④　或曰此句當讀若問句："俱不得其死；然禹稷躬稼，而有天下？"為問辭也。故孔子不答，乃謂此乃正當然爾（之事），不必問答。吾丘汝適何必有疑而問答，以此教諭悟之。而南宮適見孔子不答，其悟遂益篤，故孔子又贊許之。
　　⑤　《集解》。

之,故能有天下。南宮之問,蓋傳聞異辭,而有所不定也。孔子不語怪力亂神,恐末學膚受者或誤入歧途,故不答。雖然,孔子取與其"賤不義而貴有德"之見悟,故又從而嘉許之。

或曰:南宮之言,其悟則然,而其語辭理義則或有未盡者,如禹稷二人,非徒躬稼也,又非為有天下也。孔子取其"賤不義而貴有德"之見,故當時不答,而深嘉許其君子尚德尚義之心也。

論曰:"周末權奸自矜智術可以奪命,孰不為羿為奡?豈知惡積必至滅身,祈命必在用德。南宮之問,夫子之贊,非聖賢之顯言命以明報效之必然乎?世或行道而凶、違道而吉者,此數之變而不可為常。常者多且久,變者少且暫,以少且暫之變而遂言命數不足憑,豈其然乎?荀子曰:'仁義德行,常安之術也,然而未必不危也。汙漫突盜,常危之術也,然而未必不安也。故君子道其常,而小人道其怪。'①或曰:'施吉報凶謂之命,施凶報吉謂之幸。然行善而獲福者猶多,為惡而不得禍者猶少。總夫二者,豈可舍多而從少也。'②讀此經而參以荀徐之言,學者可以無疑。"③

故曰:力不足恃,可恃者德也。

餘論:羿當為夏代有窮國君,篡夏自立,為家眾寒浞所殺。浞有子澆與豷,澆有大力者④,"帝相二十七年,澆伐斟鄩,大戰於濰,覆其舟,滅之"⑤。覆舟即蕩舟,所謂蕩陣,左右衝殺。其後夏"少康滅澆於過,後杼滅豷於戈,有窮由是遂亡。"⑥有窮氏蓋本夷羿之國也。南宮適舉此二人,或悟"力不足恃"、"善射大力皆不足恃,可恃者惟仁惟德矣"。仁德覆眾,眾乃愛戴之,故能有天

----

① 《荀子・榮辱篇》。

② 徐幹即徐偉長,《中論・修本篇》。

③ 《論語後案》。

④ 《左傳》言"浞因羿室生澆及豷"。

⑤ 《竹書・帝相》,可參見:《今本竹書紀年疏證》。

⑥ 《左傳》。

下,故孔子嘉許之。

子曰:"君子而不仁者有矣夫,未有小人而仁者也。"

子曰:"君子而不仁者有矣夫,未有小人而仁者也。""此君子無定名也。利仁慕爲仁者不能盡體仁,時有不仁一跡也。小人性不及仁道,故不能及仁事者也。"①"君子志於仁矣,然毫忽之間,(或)心不在焉,則未免爲不仁也。"②然"君子容有不仁處,此特君子之過耳,(非謂存心有意,亦非謂雖有不仁不害爲君子,正見此心須臾有間便是不仁,爲君子者豈可一息放下③)。若小人本心既喪,天理已自無有,(則純是私慾,無緣得其悔悟④),何得更有仁在? 己自頑痺如鐵石,亦無醒覺之理,(絶之嚴,所以)甚言小人之不仁也。"⑤

論曰:"君子偶不仁,無害其爲君子。小人偶或仁,終見其爲小人。況小人之仁,其暫也,其跡也,而其心則斷然不仁矣。此聖人示人以觀人之法也。"⑥

或曰:仁道尤大,君子亦或未可當其名也,所謂"雖曰君子,猶未能備也"⑦。雖然,若夫其存心操持也,則念念在仁矣。小人反是。故或曰:大人大仁,聖人聖仁。

---

① 《皇疏》。

② 《四書章句集注》。

③ 《此木軒四書説》:"非謂雖有不仁不害爲君子,正見此心須臾有間便是不仁,爲君子者豈可一息放下。若小人則純是私慾,無緣得其悔悟,故絶之嚴。"。

④ 《此木軒四書説》。

⑤ 陳埴,《木鐘集》。

⑥ 《論語稽》。

⑦ 《集解》。

子曰：“愛之，能勿勞乎？忠焉，能勿誨乎？”

　　子曰：“愛之，能勿勞（勞勅，勞之來之，勤之①；勉，勸勉）乎？忠焉，能勿誨乎？”何謂邪？愛之不能不勸勉勞勤之，盡忠不能不教誨之也。曾子曰：“君子之愛人也以德，細人之愛人也以姑息。”②愛人以德，則必教誨匡正之，勞勅之；愛人以姑息，則不能勸勉、勞勅之，以立人成德也；不能立人成德，則何以成人自存於世？又奚以謂忠愛邪？故曰，無論治國齊家、仁民愛親、君臣父子，皆當勞誨之如是也③。

　　孟子曰：“教人以善謂之忠。”④又曰：“食而弗愛，豕交之也；愛而不敬，獸畜之也。”⑤又曰：“後稷教民稼穡。樹藝（種植）五穀，五穀熟而民人育。人之有道也，飽食、暖衣、逸居而無教，則近於禽獸。聖人有（又）憂之，使契（xiè）為司徒，教以人倫：父子有親，君臣有義，夫婦有別，長幼有序，朋友有信。放勳曰：‘勞之來之（勅，勞勅也；勞，來，勤也），匡之直之，輔之翼之，使自得之（自得其本來之善），又從而振（救、賑濟）德之（振其贏窮，加德惠；教誨）。’聖人之憂民如此，而暇耕乎？”⑥皆斯之謂也。

　　論曰：勞之所以愛之，誨之所以忠之；“愛而知勞之，則其為愛也深矣；忠而知誨之，則其為忠也大矣。”⑦

　　或解曰：子曰：“愛之，能勿勞（勞心，憂）乎？忠焉，能勿誨乎？”何謂邪？“愛之不能不勞心，盡忠不能不教誨也。”⑧孟子曰：“後稷

---

①　趙歧注：勅，勞勅也；勞，來，勤也。參見：《孟子正義》。
②　《禮記・檀弓上》。
③　然則何謂勞？則曰使之克己復禮、習禮樂、明道義、守法度、不誤農時云云，皆可謂勞之也。
④　《孟子・滕文公上》。
⑤　《孟子・盡心上》。
⑥　《孟子・滕文公上》。
⑦　《四書章句集注》。
⑧　《皇疏》。

教民稼穡。樹藝（種植）五穀，五穀熟而民人育。人之有道也，飽食、暖衣、逸居而無教，則近於禽獸。聖人有（又）憂之，使契（xiè）為司徒，教以人倫：父子有親，君臣有義，夫婦有別，長幼有序，朋友有信。放勳曰：'勞之來之（勑，勞勑也；勞，來，勤也），匡之直之，輔之翼之，使自得之（自得其本來之善），又從而振（救、賑濟）德之（振其贏窮，加德惠；教誨）。'聖人之憂民如此。"①斯之謂也。

子曰："為命：裨諶草創之，世叔討論之，行人子羽修飾之，東里子產潤色之。"

　　子曰："為命（下達外交辭命②）：裨（bì，增添，補益，裨益。pí，古代祭祀時大夫所穿之次等禮服；副，偏，如裨將。或作卑）諶③（鄭國大夫）草（略）創（造，謀）之，世叔（即太叔，鄭大夫游吉）討（正辭糾謬謂之討，發其紛糾而治之曰討，去其不正有罪曰討④）論（講議；綸也，輪也，理也，次也，撰也）⑤之，行人（掌使之官⑥）子羽（公孫揮）修飾（斟酌增損）之，東里（地名，子產居東里，因以爲號）子產潤色（加以文采）之。"其為政為命也，必也尊賢用才、合眾共議、集思廣益、討正論理，敬慎縝密如此，非一人任情喜怒、自傲其智（自恃其智，恃才智而傲物）、專制獨裁，故鮮有敗事。《左傳》記其事曰："襄公三十一年，鄭國將有諸侯之事，子產乃問四

---

　　①　《孟子・滕文公上》。

　　②　指諸侯之事，如朝聘會盟等。引申之，可作一切内外政事命令或辭命。

　　③　諶，chén，相信，誠然；姓。shèn，姓。

　　④　《説文》：治也，從言從寸。寸，法也，奉辭伐罪，故從言。蓋討治罪過，而使之絕惡，謂之討（漢典）。

　　⑤　《論語・序解正義》：論者，綸也，輪也，理也，次也，撰也。以此書可經綸世務，故曰綸，圓轉無窮故曰輪，蘊含萬理故曰理，篇章有序故曰次，羣賢集定故曰撰。參見：《康熙字典》。

　　⑥　"《周官》大行人掌大賓大客，小行人掌使適四方。"參見：《周禮》，轉引自《論語後案》。

國之爲於子羽,且使多爲辭令,與裨諶乘以適野,使謀可否,而告馮簡子,使斷之。事成,乃授子太叔使行之,以應對賓客,是以鮮有敗事。"①朱熹曰:"鄭國之爲辭命,必更此四賢之手而成,詳審精密,各盡所長,是以應對諸侯,鮮有敗事。孔子言之,蓋善之也。"②

論曰:"此章卽鄭之爲命,以見事之貴詳審,而又見能得人能用人之效,羣賢之和衷,子產之不自用,共有五意。又由爲命而推之凡事,由鄭國而推之凡爲國者。"③此又可見議事討論之法。討論者,必討而後論理次之也;不討,何論?

"命者,聘會之書,圖於使者未行之前也。以聘禮言之,臨行之日,君揖使者進之,上介立於左接聞命,迨宰執圭以授,使者受圭垂繅以受命。其行聘之日,几筵既設,擯者出請命,賓入升西楹西,東面致命,此所謂命也,卽彼聘禮之所謂命也。《左傳》僖公三十六年,展喜受命於展禽以犒師,此又犒師之有命辭也。禮,使者受命不受辭,此言隨時應對,辭本無常,不可以受,而命則先時爲之也。"④

餘論: 此節可與《憲問》他節對照之:子言衛靈公之無道也,康子曰:"夫如是,奚而不喪?"孔子曰:"仲叔圉治賓客,祝鮀治宗廟,王孫賈治軍旅。夫如是,奚其喪?"⑤

　　或問子產。子曰:"惠人也。"問子西。曰:"彼哉! 彼哉!"問管仲。曰:"人也。奪伯氏駢邑三百,飯疏食,没齒,無怨言。"

---

① 《左傳·襄公三十一年》。
② 《四書章句集注》。
③ 《四書困勉錄》。
④ 《論語後案》。
⑤ 《憲問》。

　　或問子產。子曰："惠人也。"問子西(鄭大夫,子產同宗兄弟,鄭國權臣子駟之子,子產為鄭司馬子國之子;或曰楚公子申,即楚令尹子西)。曰："彼(哀;邪;那個人,輕蔑意)哉! 彼哉!① 人無足稱,不可與子產同論也!"問管仲。曰："仁也②。奪伯氏(齊大夫)駢邑(地名,伯氏所食采邑也)三百(伯氏食邑三百家。駢邑三百家,齊下大夫之制;或曰是三百社),(伯氏)飯疏食,没齒無怨言。"此何謂邪? 謂"時伯氏有罪,管仲相齊,削奪伯氏之地三百家"③,而伯氏心服口服,無怨言,以其當理④,政事刑罰必中故也,且敬管仲存中國之功。《荀子》則曰:"齊桓公主管仲爲仲父,與之書社三百,而富人莫之敢距。"⑤或卽此事也。由斯可管窺管仲其人其功也。故孔子曰"仁也"。

　　《孟子》記子產其人,聽鄭國之政,以其乘輿濟人於溱洧(zhēn wěi)。孟子曰:"(斯則徒施私)惠而不知為政(之大本)。(若夫)歲十一月徒杠(獨木人行橋)成,十二月輿梁(車馬橋)成,(則)民未病涉也。君子(若)平(治理好)其政,(則雖)行辟人(亦)可也。焉得人人而(私力)濟之? 故為政者,(若徒欲)每人而(私)悦之,(則)日亦不足矣。(為政當務根本,定其制度,而公力普濟之。)"⑥孟子以為子

————————————

　　① 恐或為"鄙",或為口授辨音之誤。或曰:"佊者,邪也。""彼"字省作"佊"字。然學者辟之。參見:《論語稽求篇》。

　　② 此處恐有缺漏或訛舛,原作"人",註曰"猶《詩》言所謂'伊人'",或為"仁也",或為"仁人也"。孔子云:"桓公九合諸侯,不以兵車,管仲之力也。如其仁! 如其仁!"(《論語・憲問》)由斯可知其"仁"也。

　　③ 《坊記正義》引鄭注。或曰此是桓公因伯氏之罪,奪之而與之管仲,非管仲奪之。則可見管仲之功大,人盡敬服之。

　　④ 《論語補疏》:《天官》"太宰八柄,六曰奪,以馭其貧",注云:"奪,謂臣有大罪,没入家財者。"**蓋伯氏時有罪,管仲没其家財,故注云當理。**《廣雅》:"理,治也。"治獄之官名理,當理,謂治獄得當也,此管氏所以爲法家之冠矣。諸葛孔明廢廖立爲民。廖聞亮卒,垂泣欺曰:"吾終爲左袵矣。"又嘗廢李平爲民,徙梓潼郡。十二年,平聞亮卒,發病死。習鑿齒曰:"昔管仲奪伯氏駢邑三百,没齒而無怨言,聖人以爲難。諸葛亮之使廖立垂泣,李平致死,豈徒無怨言而已?"習氏引管仲事以例諸葛,今轉可引諸葛事以例管仲,邢疏未能詳也。惟案云聖人以爲難,則連下"貧而無怨"爲一章。

　　⑤ 《荀子・仲尼篇》。此則明言是"桓公奪而與之"。

　　⑥ 《孟子・離婁下》,參見拙著《孟子解讀》。

產惠人愛民，然惠而不知為政也。或曰："子產謂子太叔惟有德者能以寬服民，其次莫如猛，所以矯子太叔懦弱之弊。刑書之鑄，不過申明已墜之法，亦不足爲子產病。子產爲政以寬仁著績，其事班班可考。夫子此言爲循吏述績，非爲酷吏解嘲也。陸稼書曰：'聖人爲政寬處常多，嚴特偶用耳。雷霆霜雪，豈天所常用乎？子產謂之惠人，亦以其寬處多耳，非謂政多嚴而心寬也。'"[1]

論曰：子西乃子產同宗兄弟，其人也，《左傳》有記之，襄公十年，鄭盜五族，殺子西之父子駟、子產之父子國等於西宮。於斯時也，"子西聞盜，不儆（儆戒）而出，屍而追盜，盜入於北宮，乃歸授甲。臣妾（子駟之妾）多逃，器用多喪。子產聞盜，為（佈置、安排）門者（守衛宮門者），庀（安置好）群司，閉府庫，慎閉藏，完守備，成列而後出，兵車十七乘，屍而攻盜於北宮。子蟜帥國人助之，殺尉止，子師僕，盜眾盡死。"[2]遂定亂，以此可知二子之優劣。後子西又殺子孔而盡分其室，子產則多有善辭命、寬惠為政之行事。子產、子西同聽鄭國之政，而其言行政事也如此多間（異，不同），故孔子言"彼哉彼哉"而有所臧否也。

或解曰："子西，楚公子申，能遜楚國立昭王而改紀其政，亦賢大夫也。然不能革其僭王之號，昭王欲用孔子，又沮止之[3]，其後卒召白公以致禍亂，則其爲人可知矣。（故孔子曰彼哉彼哉。）彼哉者，外之之辭也。"

若夫管仲其人，孔子論曰："管仲相桓公，霸諸侯，一匡天下，民

---

① 《論語後案》。

② 《左傳·襄公十年》，參見：《左傳今注今譯》。

③ 《史記·孔子世家》：於是使子貢至楚。楚昭王興師迎孔子，然後得免。昭王將以書社地七百里封孔子。楚令尹子西曰："王之使使諸侯有如子貢者乎？"曰："無有。""王之輔相有如顏回者乎？"曰："無有。""王之將率有如子路者乎？"曰："無有。""王之官尹有如宰予者乎？"曰："無有。""且楚之祖封於周，號為子男五十里。今孔丘述三五之法，明周召之業，王若用之，則楚安得世世堂堂方數千里乎？夫文王在豐，武王在鎬，百里之君卒王天下。今孔丘得據土壤，賢弟子為佐，非楚之福也。"昭王乃止。其秋，楚昭王卒於城父。

到於今受其賜。微管仲,吾其被髮左衽矣。豈若匹夫匹婦之為諒也,自經於溝瀆,而莫之知也。"①又曰:"桓公九合諸侯,不以兵車,管仲之力也。如其仁! 如其仁!"②故曰"仁也"。或曰:"管仲真有存中國之功,雖奪人邑而人不怨言,功業高深,可爲一世之偉人也。孔子極重事功,累稱管仲,極詞讚歎。蓋仁莫大於博愛,禍莫大於兵戎。天下止兵,列國君民皆同樂生,功莫大焉,故孔子再三歎美其仁。宋賢不善讀之,乃鄙薄事功,攻擊管仲,至宋朝不保,夷於金元,左衽者數百年,生民塗炭,則大失孔子之教旨矣。專重內而失外,而令人誚儒術之迂也。"③

論曰:"三節隨問隨答,無分重輕,然於子產則因其事而原其心,於子西則置之不議不論,於管仲則略其罪而與其功,聖人善善長而惡惡短,苟有可取,必亟稱之;然適如其量而止,終不肯溢美於人,此可見聖人之直道而行,無所毀譽矣。"④或問:"管仲、子產孰優?"曰:"管仲之德不勝其才,子產之才不勝其德,然於聖人之學,則概乎其未有聞也。"⑤

今之餘論:孔子於評論管仲時,並非直接評價,而是用其他人對於管仲行事之反應,來反襯管仲之行事為人。現代文學多採用此種寫法,而《論語》與孔子於兩千多年前,即用此種修辭方法,可謂筆法多變矣。

子曰:"貧而無怨難,富而無驕易。"

子曰:"貧而無怨難,富而無驕易。""貧而無怨,(守道)樂天(知

---

①　《論語·憲問》。
②　《論語·憲問》。
③　康有爲,《論語注》。
④　《四書詮義》。
⑤　《四書章句集注》。

命）之事。富而無驕，自守（禮義）者能之。”①處貧難，處富易，“顏淵無怨，不可及也。若子貢不驕，猶可能也。”②然而志於道者，出處行藏，不違於道，正在於貧而無怨也。

子曰：“孟公綽，為趙魏老則優，不可以為滕薛大夫。”

子曰：“孟公綽（魯大夫），為趙魏（趙魏，晉卿之家）老（家臣稱老，家臣之長，群吏之尊者）則優，不可以為滕薛（二國名）大夫。”蓋“公綽性寡慾③，趙魏貪賢（務多賢能），家老無職，故優（裕有餘）。滕薛小國，大夫政煩，故不可為。”④人之才性各不同，用人之道亦如之。治煩理劇，必用幹練之士；化民敦俗，必致德望之士。

或曰：“大家勢重而無諸侯之事，家老望尊而無官守之責，優，有餘也。滕薛，二國名，大夫，任國政者。滕薛國小政煩，大夫位高責重，然則公綽蓋廉靜寡慾而（倦於煩劇者也）。楊氏曰：‘知之弗豫，枉其才而用之，則為棄人矣。此君子所以患不知人也。言此則孔子之用人可知矣。’”⑤

論曰：“孔子言此，蓋以人各有能有不能，國家用人，宜量其所長而用之也。如公綽之賢，尚有能有不能，其他可知。此孔子為用人者言，言不可用人而違其才，非於公綽有貶辭也。”⑥故孔子嘗曰“君子易事而難悅”，“易事”者，即隨人之才力而用之，不苟責求備也。

《漢書·薛宣傳》：“頻陽縣北當上郡西河，為數郡湊，多盜賊。

① 《論語意原》。
② 《皇疏》。
③ 下節曰“公綽之不欲”。
④ 《集解》。
⑤ 《四書章句集注》。
⑥ 《論語稽》。

其令平陵薛恭本縣孝者,功次稍遷,未嘗治民,職不辨。而粟邑小,辟在山中,民謹朴易治,令鉅鹿尹賞久郡用事史。宣即以令奏賞與恭換縣,二人視事數月,而兩縣皆治。宣因移書勞勉之曰:‘昔孟公綽優於趙魏,而不宜滕薛,故或以德顯,或以功舉。’”斯之謂也。①

《淮南子・主術訓》:“是故有大略者不可責以捷巧,有小智者不可任以大功。人有其才,物有其形,有任一而太重,或任百而尚輕,是故審毫釐之計者,必遺天下之大數;不失小物之選者,惑於大數之舉,譬猶狸之不可使搏牛,虎之不可使搏鼠也。”②子曰:“君子不可小知,而可大受也;小人不可大受,而可小知也。”③蓋孟公綽亦乃有所可以大受者也。

或曰此接上節言,孟公綽,以喻子產;滕薛大夫,以喻管仲。所需才性德能不同也。

子路問成人。子曰:“若臧武仲之知,公綽之不欲,卞莊子之勇,冉求之藝,文之以禮樂,亦可以為成人矣。”曰:“今之成人者何必然? 見利思義,見危授命,久要不忘平生之言,亦可以為成人矣。”

子路問成人(問成人之道;或曰:問孰可謂成人。成人,全德之人)。子曰:“若臧武仲(魯大夫臧孫紇)之知④,公綽(魯大夫孟公綽)之不欲

---

① 《論語集釋》。

② 《淮南子・主術訓》,參見:《論語集釋》。

③ 《論語・衛靈公》。

④ 此處之“知”實有所指,實有其事,考之可知孔子之意。此“知”也,不同於今日所謂之純粹智力。《皇疏》:然武仲唯有求立後於魯,而爲孔子所譏,此亦非智者。齊侯將爲臧紇田。臧孫聞之,見齊侯。與之言伐晉。對曰:“多則多矣,抑君似鼠。夫鼠晝伏夜動;不穴於寢廟,畏人故也。今君聞晉之亂而後作焉,寧將事之,非鼠如何?”乃弗與田。臧孫知齊侯將敗,不欲受其邑,故以比鼠,欲使怒而止。仲尼曰:“智之難也。有臧武仲之智,謂能避齊禍;而不容於魯國,抑有由也。作不順而施不恕也。《夏書》曰:‘念茲在茲。’順事恕施也。”故是智也。事在《春秋》第十七卷,襄公二十三年傳也。

（不營財利也①），卞莊子（魯卞邑大夫）之勇，冉求之藝，必文（加增，加文於其上；成之美之善之；文而采飾之，文而采之，文而交錯之）之以禮樂，亦可以為成（全，全德）人（成人，全德之人）矣。"曰②："今之成人者何必然？見利思義，見危授命（言不愛其生，持以與人也），久要（要：約；久要即舊約，久遠舊日之約；或曰久處困厄約貧之處境）不忘平生（平日）之言（平生之言即久約、舊約；或曰是平生所學所奉之道德），亦可以為成人矣。"

　　子路問全德成人之道，孔子諭之以四子之知、不欲、勇、藝，曰當用此四子之專才，而**必文**之以禮樂以成。蓋禮樂者，本也質也；知廉勇藝者，華也文也。本華相映，文質彬彬，然後為成人典型也。若無正中禮樂植其基，則或偏倚失本也，如好智、好廉、好勇、好藝而過（過於正中禮義文節）何？又如好智、好廉、好勇、好藝而不好學好禮何?! 故如臧武仲之知，有無禮者也，觀其"斬鹿門之關以出"③、據防求後要君於魯可知④；公綽之不欲，有無禮者也，雖廉靜寡慾而或短於才、倦於為政也⑤；卞莊之勇，有無禮者也，逞勇遂忘君國也；冉求之藝，有無禮者也，觀其為季氏聚斂而可知⑥。故"知廉勇藝，四人分得之，則為偏材，一人合得之，（而又必合文以禮樂，則方）幾於全德。故四人之品不及子路，而子路不能及四子之

---

①　此亦當有具體史實故事，惜乎今不傳。蓋公綽不貪祿利、不營財利、不好虛名自伐之事也。

②　或以為此句是子路自言，或以為是孔子移時再言。吾以為當是孔子之言。

③　又比如其"臧紇斬鹿門之關以出，奔邾"，亦"幹國之紀"，無禮。參見：《左傳今注今譯》。

④　《憲問》：子曰："臧武仲以防求為後於魯，雖曰不要君，吾不信也。"故朱熹引範氏言其**好智而不好學**："要君者無上，罪之大者也。武仲之邑，受之於君，得罪出奔，則立後在君，非己所得專也。而據邑以請，由其好智而不好學也。"參見：《集注》，轉引自：《論語集釋》。

⑤　《憲問》：子曰："孟公綽，為趙魏老則優，不可以為滕薛大夫。"

⑥　《先進》：季氏富於周公，而求也為之聚斂而附益之。子曰："非吾徒也。小子鳴鼓而攻之，可也。"

嫥(zhuān,壹也,嫥壹也)長,且不能兼有之,夫子因以是勉之也。文以禮樂,即《文王世子》所謂'禮樂交錯於中'。有恭敬之心,而以樂化其拘;有和易之趣,而以禮酌其中也。知廉勇藝,(分之或有偏倚,)合之(或為全才),而(必)復交錯之(以禮以樂,)以敬與和,是謂古之成人,見古成人之難也如此。"[1]"是成人爲成德之人,最所難能。此告子路但舉魯四人,是降等論之,故言亦可也。"[2]故曰:"論人不可不嚴,取人不可不恕。如夫子於臧武仲、孟公綽、冉求諸人,平日謂其要君,不可爲滕薛大夫,甚至欲爲鳴鼓之攻;至論成人,則曰知,曰不欲,曰藝,未嘗不各有所取也。想見夫子當局,用人無不如此。蓋論之嚴,故人得其實;取之恕,故用盡其才。聖明之主陶鑄一代人物,祇此機軸而已。"[3]

於成人之義,孔子先答以古時之人事,必合知廉勇藝於禮樂,而方為成人典型,而禮樂其本也。然於孔子之時世也(今世),禮崩樂壞,每況愈下,求其典型中正而益難能,故既答而復言及今,而稍寬縱之,而正中禮義大本仍不可失也。所謂見利思義,義廉也;見危授命,義勇也;合之以抉擇去取出處,義知也;久要不忘平生之言,忠信也,義禮也。若夫樂與藝也或未備,雖非典型,然不失禮義大本,故亦可謂成人矣。

其意又或曰,"見利思義,雖不及公綽之不欲,猶顧(禮)義也;見危授命,雖不及卞莊子之勇,猶顧(禮)義不苟免也"[4]。雖曰未備,然亦可為成人之次也。何以退而求其次?蓋"思義授命,久要不忘,亦因今之士習少此一段風骨,故曰亦可以爲成人。"[5]

孔子又嘗正論成人之義:"顏淵問於仲尼曰:'成人之行何若?'

---

① 《論語後案》。

② 《論語正義》。

③ 張楊園(即張履祥),《備忘錄》。

④ 《皇疏》。

⑤ 《四書近指》。

子曰：'成人之行，達乎情性之理，通乎物類之辨，知幽明之故，睹遊氣之源。若此而可謂成人。既知天道，行躬以仁義，飭躬以禮樂。夫仁義禮樂，成人之行也。（若乃）窮神知化，德之盛也。'"①此亦為成人之典型。

朱熹曰："成人，猶言全（德之）人。（孔子）言兼此四子之長，則知足以窮理，廉足以養心，勇足以力行，藝足以泛應，而又節之以禮，和之以樂，使德成於內，而文見乎外，則材全德備，渾然不見一善成名之跡，中正和樂，粹然無復偏倚駁雜之蔽，而其為人也亦成矣。然亦之為言，非其至者。蓋就子路之所可及而語之也。若論其至，則非聖人之盡人道不足以語此。"②

餘論：此節意思或許並非是"知，不欲，勇，藝，必一人合得之而文之以禮樂方為成人"，或意為此四者各文之以禮樂亦可謂成人，如此解則強調禮樂為本而各隨才性專長。從反面講，此四者皆得一專長，惜乎不能一之以禮樂文節之本，故雖專而有所偏失也。成人者，立於禮，成於樂也，下一節亦是"立於禮"之意。而今何以為禮義？或禮義何以為妥當？則曰義利之辨、捨生取義、以義約身而已，此皆禮義之中，故不曰專偏，而亦可謂成人也已矣。

又論曰：古曰知、不欲、勇、藝（或知廉勇藝）、禮、樂，今則曰德智體美勞。而古之知不同於今之智，今為邏輯、知識、智力等，古則為人生人事智慧等。今之智何以培養固知之矣，然則古之知何以培養？則大體仍是五經、史學等。然則"不欲"何以修？勇何以養？禮樂何以教？亦可深思縷陳其具體法門。亦曰新國民教育內容之細目也。

① 《說苑·辨物篇》。《孔子家語》則載曰："顏回問於孔子曰：'成人之行，若何？'子曰：'達於情性之理，通於物類之變，知幽明之故，睹游氣之原，若此可謂成人矣。既能成人，而又加之以仁義禮樂，成人之行也，若乃窮神知禮，德之盛也。'"參見：《孔子家語疏證·顏回》。

② 《四書章句集注》。

"見利思義,雖不及公綽之不欲,猶顧（禮）義也；見危授命,雖不及卞莊子之勇,猶顧（禮）義不苟免也"①。此解甚好,略以三事（見利思義,見危授命,久要不忘平生之言）比方前文之四五事（臧武仲之知,公綽之不欲,卞莊子之勇,冉求之藝,文之以禮樂）而概括之。然未必是不及前四事,而是不及"前四事而又合之以禮樂"之成人；且此三者亦非不及前四事也,而亦得禮義之中,故亦曰成人,亦過之於前四事之專偏也。質言之,此三事則合中於禮義,故不偏,即本是禮義、禮樂之中事,無所謂偏失,得其中正,故亦是成人。

> **子問公叔文子於公明賈曰："信乎夫子不言、不笑、不取乎？"公明賈對曰："以告者過也。夫子時然後言,人不厭其言；樂然後笑,人不厭其笑；義然後取,人不厭其取。"子曰："其然,豈其然乎？"**

子問公叔文子（衛大夫公孫拔,文,謚也。衛獻公之孫）於公明賈（姓公明名賈,衛人）曰："信乎夫子（指公叔文子）不言、不笑、不取乎？"公明賈對曰："以（因為；或曰用,以之告）告者過（誇大）也。夫子時然後言,人不厭其言；樂然後笑,人不厭其笑；義然後取,人不厭其取。"子曰："其理然。豈其人然乎？如斯,則聖矣。"蓋"美其得道,（而）嫌不能悉然。"②衛大夫公叔文子蓋時賢也,人或以為聖。故孔子亦問衛人焉。當時必多其人傳聞,然今不可考知耳。或曰："不言、不笑、不取,矯激好名者類能強而制之。至時言、樂笑、義取,則時中之聖矣。告者固過,而賈言尤過。孔子論人,譽必有試,故以疑詞姑置之,以待後之核其實耳,非存一刻薄之念以待人也。"③

---

① 《皇疏》。
② 馬註。
③ 《論語稽》。

子曰：“臧武仲以防求為後於魯，雖曰不要君，吾不信也。”

子曰：“臧武仲（魯大夫臧紇）以防（武仲故邑）求為（存，立；有；或曰“為”是人名，即臧紇之同父異母兄臧為）後於魯，雖曰不要（要脅）君，吾不信也。”“防，武仲故邑也。爲後，立後也。魯襄公二十三年，武仲爲孟氏所譖（zèn，讒毀，誣陷），出奔邾。自邾如防，使爲（或曰“為”是人名，即臧紇之同父異母兄臧為）以大蔡納請，曰：‘紇（即臧武仲）非能害也，知不足也。非敢私請，苟守先祀，無廢二勳，敢不避邑。’乃立（其兄）臧爲。紇致防而奔齊。”①臧武仲“奔不越境而據私邑求立先人之後，此正要君也。”②蓋“武仲之請後，其辭甚（卑）遜（而佞隱），（其跡非要君者，而意實要之，）當時未有言其非者。（而）夫子（討）正其要君之罪，（亦）《春秋》誅意之法也。”③武仲言下之意實曰，“若不得請，則將據邑以叛，（則）是要君也。要君者無上，罪之大者也。武仲之邑，受之於君，得罪出奔，則立後在君，非己所得專也。而據邑以請，由其好智而不好學也。”

或曰此節接上節言，解説“豈其然乎”之疑。此又可對照本章此節：子路問成人。子曰：“若**臧武仲之知**，公綽之不欲，卞莊子之勇，冉求之藝，文之以禮樂，亦可以為成人矣。”曰：“今之成人者何必然？見利思義，見危授命，久要不忘平生之言，亦可以為成人矣。”

餘論：采邑、埰地云云，事實上而為權貴自治領，雖不類於西歐、北歐“漢薩同盟”之自治城市（自由市民），而必類似於西歐封建

---

① 《集解》。

② 《皇疏》。

③ 綜合《論語意原》與《四書章句集注》。

時代之自治領主，同時又與更高封建統治者有君臣或臣屬關係。然大則難制，而必有爭、叛、僭乃至攻伐弑篡之事也。又：古代春秋戰國時，得罪其君（本國之君）而出奔亦是正常之事，即亦是當時政治常態，人（諸國君臣）亦默許之。然追殺要誅之事亦不少。

《左傳》記此事曰：

襄公二十三年冬十月乙亥，臧紇斬鹿門之關以出，奔邾。

初，臧宣叔娶於鑄，生賈及為而死。繼室以其姪，穆姜之姨子也，生紇，長於公宮，姜氏愛之，故立之。臧賈、臧為出在鑄。臧武仲自邾使告臧賈，且致大蔡焉，曰：“紇不佞，失守宗祧，敢告不弔。紇之罪不及不祀，子以大蔡納請，其可。”賈曰：“是家之禍也，非子之過也。賈聞命矣。”再拜受龜，使為以納請，遂自為也。臧孫如防，使來告曰：“紇非能害也，知不足也。非敢私請，苟守先祀，無廢二勳，敢不辟邑。”乃立臧為。臧紇致防而奔齊。①

季武子無適子，公彌長而愛悼子，欲立之。訪於申豐曰：“彌與紇，吾皆愛之，欲擇才焉而立之。”申豐趨退，歸，盡室將行。他日又訪焉。對曰：“其然，將具敝車而行。”乃止。訪於臧紇，臧紇曰：“飲我酒，吾為子立之。”季氏飲大夫酒，臧紇為客。既獻，臧孫命北面重席，新樽絜之。召悼子，降，逆之。大夫皆起。及旅而召公鉏，使與之齒。季孫失色。季氏以公鉏為馬正，慍而不出。閔子馬見之，曰：“子無然。禍福無門，唯人所召。為人子者患不孝，不患無所。敬共父命，何常之有？若能孝敬，富倍季氏可也；姦回不軌，禍倍下民可也。”公鉏然之，敬共朝夕，恪居官次。季孫喜，使飲己酒，而以具往，盡舍旃。故公鉏氏富，又出為公左宰。

孟孫惡臧孫，季孫愛之。孟氏之禦騶豐點好羯也，曰：“從餘言，必為孟孫。”再三云，羯從之。孟莊子疾，豐點謂公鉏：“苟立羯，

① 《左傳·襄公二十三年》，參見《左傳今注今譯》。

請讎臧氏。"公鉏謂季孫曰："孺子秩,固其所也。若羯立,則季氏信有力於臧氏矣。"弗應。己卯,孟孫卒。公鉏奉羯,立於戶側。季孫至,入哭而出,曰："秩焉在?"公鉏曰："羯在此矣。"季孫曰："孺子長。"公鉏曰："何長之有? 唯其才也。且夫子之命也。"遂立羯,秩奔邾。

臧孫入哭甚哀,多涕。出,其御曰："孟孫之惡子也,而哀如是。季孫若死,其若之何?"臧孫曰："季孫之愛我,疾疢也;孟孫之惡我,藥石也。美疢不如惡石。夫石猶生我,疢之美其毒滋多。孟孫死,吾亡無日矣。"孟氏閉門,告於季孫曰："臧氏將為亂,不使我葬。"季孫不信。臧孫聞之,戒。冬十月,孟氏將辟,藉除於臧氏。臧孫使正夫助之。除於東門,甲從己而視之。孟氏又告季孫。季孫怒,命攻臧氏。乙亥,臧紇斬鹿門之關以出,奔邾。

初,臧宣叔娶於鑄,生賈及為而死。繼室以其姪,穆姜之姨子也,生紇,長於公宮,姜氏愛之,故立之。臧賈、臧為出在鑄。臧武仲自邾使告臧賈,且致大蔡焉,曰："紇不佞,失守宗祧,敢告不弔。紇之罪不及不祀,子以大蔡納請,其可。"賈曰："是家之禍也,非子之過也。賈聞命矣。"再拜受龜,使為以納請,遂自為也。臧孫如防,使來告曰："紇非能害也,知不足也。非敢私請,苟守先祀,無廢二勳,敢不辟邑。"乃立臧為。臧紇致防而奔齊。其人曰："其盟我乎?"臧孫曰："無辭。"將盟臧氏,季孫召外史掌惡臣而問盟首焉,對曰："盟東門氏也,曰:'毋或如東門遂不聽公命,殺適立庶。'盟叔孫氏也,曰:'毋或如叔孫僑如欲廢國常,蕩覆公室。'"季孫曰："臧孫之罪皆不及此。"孟椒曰："盍以其犯門斬關?"季孫用之,乃盟臧氏曰："無或如臧孫紇幹國之紀,犯門斬關。"臧孫聞之曰："國有人焉,誰居? 其孟椒乎!"①

---

① 《左傳·襄公二十三年》,參見《左傳今注今譯》。

子曰:"晉文公譎而不正,齊桓公正而不譎。"

　　子曰:"晉文公、齊桓公,雖皆以力假仁,心有所不正者,而成霸主之業,然又皆能攘夷狄、綏諸侯以尊周室,外夷狄(不知仁道正中禮義之夷狄)而內諸夏(奉守仁道正中禮義之諸夏),為諸侯盟主,而周室一統,天下車無異轍、書無異文,而粗略安穩,亦可謂有功矣。然晉文公譎(詐;或曰權,權變)而不正,能行權而惜乎不能守正經;齊桓公正而不譎①,能守正經而惜乎不能行權。故皆未能佐成天下王道。惜乎!"晉文公之行譎權也,召天子而使諸侯朝之,而天下粗安。齊桓公之守正經也,"伐楚以公義,責包茅之貢不入,問昭王南征不還"②,而卒也未遑長久規模,人亡政息,風力未化不彰也。二子之行事大體如此,故皆不能成就天下王道也。

　　論曰:"夫權雖反經,亦必在可以然之域;不在可以然之域,故雖死亡,終弗為也……。諸侯在不可以然之域者,謂之大德,大德無踰閒者,謂正經。諸侯在可以然之域者,謂之小德,小德出入可也,權譎也。尚歸之以奉鉅經耳。故《春秋》之道,博而要,詳而反一也。"③是權譎也,正經也,言晉文能行權而不能守經,齊桓能守經而不能行權,各有所長,亦各有所短也④。"正而不譎"亦作"法

---

①　《經義述聞》:《漢書·鄒陽傳》:"魯哀姜薨於夷。孔子曰:'齊桓公**法而不譎**。'以爲過也。"顏注曰:"法而不譎者,言**守法而行,不能用權以免其親也**。"法與正同義。法而不譎,古人以爲齊桓之過,則守正爲齊桓之所長,權譎爲齊桓之所短,較然甚明。然則晉文公譎而不正,亦是嘉其譎而惜其不正可知矣。

②　《集解》。

③　《春秋繁露·玉英篇》:"夫權雖反經,亦必在可以然之域;不在可以然之域,故雖死亡,終弗爲也,公子目夷是也。故諸侯父子兄弟,不宜立而立者,《春秋》視其國,與宜立之君無以異也,此皆在可以然之域也;至於鄟取乎莒,以之爲同居,目曰'莒人滅鄟',此在不可以然之域也。諸侯在不可以然之域者,謂之大德。大德無踰閒者,謂正經。諸侯在可以然之域者,謂之小德。小德出入可也。權,譎也,尚歸之以奉鉅經耳。故《春秋》之道,博而要,詳而反一也。"

④　《經義述聞》。

而不譎”，“法者，（正法也，）聖人之經法也。譎者，（權宜也，）聖人之權衡也。善用譎則爲權，不善用譎則爲詐”①。蓋晉文公善用權，而有時乎不免爲詐；齊桓公善守法（正），而有時乎不知權也。晉文公譎詐不正，齊桓公拘泥無權。孔子之意，蓋以爲當經權結合，反經合義，斯可矣。

城濮之戰後，晉文公大會諸侯於踐土，《左傳》記曰：“僖二十八年（五月癸醜，公（即魯僖公）會晉侯（晉文公），齊侯、宋公、蔡侯、鄭伯、衛子、莒子）‘盟於踐土’，（其後）‘公（即魯僖公）朝於王所’（王所即晉國爲周王於踐土所修築之王宮②）③”。《公羊傳》曰：“曷不言公如京師？天子在是也。天子在是，曷爲不言天子在是？不與（贊同，晉）致天子也（晉以諸侯而招致天子，非禮）。”何休注曰：“時晉文公年老，恐霸功不成，故上白天子曰：‘諸侯不可卒致，願王居踐土。’下謂諸侯曰：‘天子在是，不可不朝。’迫使正君臣，明王法。雖非正，起時可與，故書朝，因正其義。”是冬又書：“會溫。天王狩於河陽。”皆晉文用權道以正君臣，明王法。而實非禮之正，故曰譎而不法。若夫齊桓公，鄒陽言“魯哀姜（哀姜，姜姓，哀爲諡號，齊國公女，魯莊公夫人。或爲齊桓公之女）薨於夷。（薨者，諱言也，實則以其害於魯閔公（閔公，莊公子，曰啟方，齊哀姜之娣叔姜之子，故齊人立之，爲魯閔公），而齊人羞怒之，追而殺之，而其父齊桓公尊法不救，孔子以爲不能權，失親親之義，故）孔子曰‘齊桓公法而不譎’，以爲過也。”④師古注：

──────────

① 《論語發微》。

② 《左傳》：晉師“甲午至於衡雍，作王宮於踐土”。參見：《左傳今注今譯》（上冊）。

③ 參見：《左傳今注今譯》（上冊）。

④ “魯哀姜薨於夷，孔子曰‘齊桓公法而不譎’，以爲過也。”參見：《漢書·賈鄒枚路傳》。關於哀姜之事，參見《左傳·閔公二年》：初，公傅奪卜齮田，公不禁。秋八月辛醜，共仲使卜齮賊公於武闈。成季以僖公適邾，共仲奔莒，乃入，立之。以賂求共仲於莒，莒人歸之。及密，使公子魚請，不許。哭而往，共仲曰：‘奚斯之聲也。’乃縊。閔公，哀姜之娣叔姜之子也，故齊人立之。共仲通於哀姜，哀姜欲立之。閔公之死也，哀姜與知之，故孫於邾。齊人取而殺之於夷，以其屍歸，僖公請而葬之。參見：《左傳今注今譯》（上冊）。

"謂不能用權以免其親。"①故論曰:蓋齊桓公知正不知權,親親之
義先闕。及身受禍,五子爭立,其後嗣不復振。晉文公知權而不知
正,故數世雄長中國,亦終不合於王道。惟聖人斷之以義,而人事
浹,王道備,成《春秋》之治,在可與立又可與權也。"②

　　餘論:此皆是就其大體言之而已,言當經權相合,得其中正。
若夫"譎而不正"一句,孔子蓋責惜兼有,言"嘉(其權譎而惜其不
正)",亦可。然而權亦當慎之。

　　《左傳》記哀姜事曰:

　　初,公傅奪卜齮田,公不禁。

　　秋八月辛醜,共仲(即慶父)使卜齮賊公於武闈。成季以僖公適
邾,共仲奔莒,乃入,立之。以賂求共仲於莒,莒人歸之。及密,使
公子魚請,不許。哭而往,共仲曰:"奚斯之聲也。"乃縊。

　　(魯)閔公,哀姜之娣叔姜之子也,故齊人立之。共仲(即慶父)
通於哀姜,哀姜欲立之。閔公之死也,哀姜與知之,故孫於邾。齊
人取而殺之於夷,以其屍歸,(魯)僖公請而葬之。③

　　又可參閱《漢書·賈鄒枚路傳》以參互本節之意:

　　初,勝、詭欲使王求為漢嗣,王又嘗上書,願賜容車之地徑至長
樂宮,自使梁國士眾築作甬道朝太后。爰盎等皆建以為不可。天
子不許。梁王怒,令人刺殺盎。上疑梁殺之,使者冠蓋相望責梁
王。梁王始與勝、詭有謀,陽爭以為不可,故見讒。枚先生、嚴夫子
皆不敢諫。

　　及梁事敗,勝、詭死,孝王恐誅,乃思陽言,深辭謝之,齎以千
金,令求方略解罪於上者,陽素知齊人王先生,年八十餘,多奇計,

────────────

① 顏師古曰:"哀姜,莊公夫人也,淫於二叔,而豫殺閔公,齊人殺之於夷。夷,齊
地也。法而不譎者,言守法而行,不能用權以免其親也。"參見:《漢書·賈鄒枚路傳》。

② 《論語發微》。

③ 參見:《左傳今注今譯》(上冊)。

即往見，語以其事。王先生曰："難哉！人主有私怨深怨，欲施必行之誅，誠難解也。以太后之尊，骨肉之親，猶不能止，況臣下乎？昔秦始皇有伏怒於太后，群臣諫而死者以十數。得茅焦為廓大義，始皇非能說其言也，乃自強從之耳。茅焦亦廑脫死如毛氂耳，故事所以難者也。今子欲安之乎？"陽曰："鄒、魯守經學，齊、楚多辯知，韓、魏時有奇節，吾將歷問之。"王先生曰："子行矣。還，過我而西。"

鄒陽行月余，莫能為謀，還，過王先生，曰："臣將西矣，為如何？"王先生曰："吾先日欲獻愚計，以為眾不可蓋，竊自薄陋不敢道也。若子行，必往見王長君，士無過此者矣。"鄒陽發寤於心，曰："敬諾。"辭去，不過梁，徑至長安，因客見王長君。

長君者，王美人兄也，後封為蓋侯。鄒陽留數日，乘間而請曰："臣非為長君無使令於前，故來侍也；愚戇竊不自料，願有謁也。"長君跪曰："幸甚。"陽曰："竊聞長君弟得幸後宮，天下無有，而長君行跡多不循道理者。今爰盎事即窮竟，梁王恐誅。如此，則太后怵鬱泣血，無所發怒，切齒側目於貴臣矣。臣恐長君危於累卵，竊為足下憂之。"長君懼然曰："將為之奈何？"陽曰："長君誠能精為上言之，得毋竟梁事，長君必固自結於太后。太后厚德長君，入於骨髓，而長君之弟幸於兩宮，金城之固也。又有存亡繼絕之功，德布天下，名施無窮，願長君深自計之。昔者，舜之弟象日以殺舜為事，及舜立為天子，封之於有卑。夫仁人之於兄弟，無臧怒，無宿怨，厚親愛而已，是以後世稱之。魯公子慶父使僕人殺子般，獄有所歸，季友不探其情而誅焉；慶父親殺閔公，季子緩追免賊，《春秋》以為親親之道也。**魯哀姜薨於夷，孔子曰'齊桓公法而不譎'，以為過也。**以是說天子，僥倖梁事不奏。"長君曰："諾。"乘間入而言之。及韓安國亦見長公主，事果得不治①。

_____

①　《漢書·賈鄒枚路傳》。

子路曰："桓公殺公子糾，召忽死之，管仲不死。"曰："未仁乎?"子曰："桓公九合諸侯，不以兵車，管仲之力也。如其仁! 如其仁!"

子路曰："桓公殺公子糾，召忽死之，管仲不死。"曰："未仁乎?"子曰："桓公九（九次；或為虛數；或作"糾"，督）合諸侯，不以兵車，管仲之力也。如（似差可；似，差似，大體近似①；幾乎，幾近；乃；亦）其仁!② 如其仁!"

"齊襄公立，無常。鮑叔牙曰：'君使臣慢，亂將作矣。'奉公子小白（齊襄公之次弟，子糾庶弟）出奔莒。襄公從弟公孫無知殺襄公。管夷吾（即管仲）、召忽奉公子糾（齊襄公之弟，小白之庶兄）出奔魯。齊人殺無知。魯伐齊，納子糾（擬將子糾送回齊國繼位）。小白自莒先入，是爲桓公。乃（使魯）殺子糾，召忽死之。"管仲請囚，鮑叔受之，及堂阜而稅（脫）之。歸而以告曰："管夷吾治於高傒（或為高侯，齊國大夫，嘗迎立齊桓公），使相可也。"公（即齊桓公）從之③，遂為齊相。此白、糾、管、召之事也。子路蓋疑管仲不能死君難，於君臣之義有虧，而又"忘君事仇，忍心害理"④，及見孔子平時頗稱管仲之仁，故疑而問焉。孔子則許其功，以為管仲襄助齊桓公九合諸侯，而不以兵車，力避干戈擾動於天下，亦可謂仁之功也。言"如其仁"者，曰亦有仁之功效也，故曰"如之（差似，差可，似差可）"；至於仁人之心，則未必也。質言之，

---

① 管仲雖是"假仁"而已，然其事功亦大體近似也。

② 或曰：亦如召忽之仁。意曰不可率爾軒輕也。

③ 《左傳》："夏，公伐齊，納子糾。桓公自莒先入。秋，師及齊師戰於乾時，我師敗績。鮑叔率師來言曰：'子糾，親也，請君討之。管召，讎也，請受而甘心焉。'（魯）乃殺子糾於生竇，召忽死之。管仲請囚，鮑叔受之，及堂阜而稅之。歸而以告曰：'管夷吾治於高傒，使相可也。'公從之。"

④ 《四書章句集注》。

許其如似仁之功，而差其未必仁之心也；許其仁之跡，而差其仁之心。孟子亦曰："堯舜，性之也；湯武，身之也（體之行仁，視之若身；身體力行仁義）；五霸，假之也（假仁以正諸侯；假借仁義之名）。久假而不歸，惡知其非有也。"①五霸管仲之流，雖不及王者之醇粹仁化，亦可謂差存仁者之跡也。仁者，固是心之德，愛之理，故論仁也，必也先原其心，而後論其跡，論心又論跡（原心論跡）也。然春秋之衰世，王道毀棄，禮崩樂壞，人物風流墮散，不得其全德仁善之人，故退而求其次，亦以其仁之跡而稍許之也。孔子之道，非僅心性辭章也，而尤在行道行仁踐履之實行事功也②，故許其功跡，而豈可空言大言欺世而靡弱無為哉。孔子聖人，聖者時也，其論人也如此，有經有權，反經合義而已。故前亦並列晉文公之譎而不正與齊桓公之正而不譎，責之而又稍許之，亦是權之意也。故論曰："管仲乃假仁之人，非有仁者真實之仁，所成者無異，故曰如其仁也。"③

《説苑》記此事曰："子路問於孔子曰：'昔者管仲欲立公子糾而不能，召忽死之，管仲不死，是無仁也？'孔子曰：'召忽者，人臣之材，不死則三軍之虜也，死之則名聞於天下矣。管子者，天子之佐、諸侯之相也，死之則不免於溝瀆之中，不死則功復用於天下，夫何爲死之哉。'"④而或論曰："此則專論才具，特尚時用，與夫子'一匡天下，民到於今受其賜'語⑤，正是一意，蓋夫子未嘗薄事功也。"⑥

又論曰："君臣之分，所關者在一身。華夷（文野義邪）之防，所繫者在天下。故夫子之於管仲，略其不死子糾之罪，而取其一匡九

① 《孟子·盡心上》。
② 故《論語》編者下節又進一步闡明之。今人當曉悟此中深意也。不可虛矯偏激，單重心性氣節而輕事功、單重禮樂而輕尚武、義勇，將以弱民弱國也。宋儒於此稍有偏倚，今人不可不察之。
③ 《四書辨疑》。
④ 轉引自《論語稽求篇》、《論語集釋》。
⑤ 參見下一節。
⑥ 《論語稽求篇》。

合之功,蓋權衡於大小之間,而以天下爲心也。夫以君臣之分,猶不敵華夷之防,而《春秋》之志可知矣。論至於尊周室、存華夏之大功,則公子與其臣區區一身之名分小矣。雖然,其君臣之分故在也,遂謂之無罪非也。”①

皇侃疏其事曰:“桓公與子糾爭國,管仲射桓公中鉤帶。子糾死,管仲奔魯。初鮑叔牙與管仲同遊南陽,極相敬重。叔牙後相桓公,而欲取管仲還。無漸,既因告老辭位,桓公問叔牙:‘誰復堪爲相者?’牙曰:‘唯管仲堪之。’桓公曰:‘管仲射朕鉤帶殆近死,今日豈可相乎?’牙曰:‘在君爲君,謂忠也。至君有急,當射彼人鉤帶。’桓公從之,遣使告魯不欲放殺管仲。遣使者曰:‘管仲射我君鉤帶,君自斬之。’魯還之,遂得爲相。(《春秋》)莊九年夏云:小白既先入,而魯猶輔子糾。至秋,齊與魯戰於乾時,魯師敗績。鮑叔牙志欲生管仲,乘勝進軍,來告魯曰:‘子糾,親也,請君討之。管召,讎也,請受而甘心焉。’子糾是我親也,我不忍殺,欲令魯殺之。管仲、召忽是我欲自得而殺之。魯乃殺子糾於生竇,召忽死之。管仲請囚,鮑叔牙受之,及堂阜而脱之。遂使爲相也。霸諸侯,使輔天子合諸侯,故曰霸諸侯也。一匡天下,故天下一切皆正也。”②

子貢曰:“管仲非仁者與? 桓公殺公子糾,不能死,又相之。”子曰:“管仲相桓公,霸諸侯,一匡天下,民到於今受其賜。微管仲,吾其被髮左衽矣。豈若匹夫匹婦之爲諒也,自經於溝瀆,而莫之知也。”

子貢曰:“管仲非仁者與? 桓公殺公子糾(仲傅糾;管仲、召忽,皆

---

① 顧炎武,《日知錄》。轉引自:《論語集釋》。
② 《皇疏》,轉引自:《論語集釋》。

子糾傅），不能死（公子糾，即死君難），又相之（齊桓公）。"子曰："管仲相桓公，霸（或作"伯"，把持王者之政教；長、執掌）諸侯，一匡（正）天下，民到於今受其賜（恩惠）。微（無）管仲，吾其被髮（或作編髮、辮髮）左衽（衣衿，或作"袵"）矣。豈若匹夫匹婦之為諒（小信，小信於"死君難"之義）也，自經（自縊）於溝瀆（地名，即魯之句瀆，子糾、召忽死難處；或曰乃齊之用刑地；或曰一般匹夫死處；或曰召忽投河而死處），而莫之知也。"

《皇疏》記其事曰："桓公與子糾爭國，管仲射桓公中鉤帶。子糾死，管仲奔魯。初鮑叔牙與管仲同遊南陽，極相敬重。叔牙後相桓公，而欲取管仲還。無漸，既因告老辭位，桓公問叔牙：'誰復堪為相者？'牙曰：'唯管仲堪之。'桓公曰：'管仲射朕鉤帶殆近死，今日豈可相乎？'牙曰：'在君為君，謂忠也。至君有急，當射彼人鉤帶。'桓公從之，遣使告魯不欲放殺管仲。遣使者曰：'管仲射我君鉤帶，君自斬之。'魯還之，遂得為相。"又敘曰："（《春秋》）莊九年夏云：小白既先入，而魯猶輔子糾。至秋，齊與魯戰於乾時，魯師敗績。鮑叔牙志欲生管仲，乘勝進軍，來告魯曰：'子糾，親也，請君討之。管召，讎也，請受而甘心焉。'子糾是我親也，我不忍殺，欲令魯殺之。管仲、召忽是我欲自得而殺之。魯乃殺子糾於生竇，召忽死之。管仲請囚，鮑叔牙受之，及堂阜而脫也。遂使為相也。"[1]

管仲為桓公相而輔佐之。於時周天子微弱，管仲乃使桓公師諸侯以尊周室，而一正天下也；於時又戎狄交侵，亡邢滅衛，管仲乃輔桓公攘戎狄而封之南服；楚師北伐山戎，而中國不移，故有功於華夏中國矣。尊周室，帥（合）諸侯，攘夷狄，而正天（王）道、正君臣、正華夷，皆所以正天下也。

或謂其時夷狄之人，不知仁道禮義，貪而好利，人面獸心，苟利所在，不聞禮義。而被髮左衽，與中國殊章服，異習俗，飲食不同，言語不通，故其人君不君臣不臣而無倫理禮義也。而於斯時也，夷

---

① 《皇疏》。

狄侵逼中華,可謂危矣。幸得管仲匡霸桓公,今不爲夷狄所侵,而享吾華先進之文物聲教、正道禮樂、政教文明,此皆由管仲之恩賜也。倘無管仲,則將君不君,臣不臣,正道禮義教化文物服飾等,悉皆蔑棄之,夷之野之,則華夏之民將皆降而爲野蠻粗俗之夷狄也。

《管子》或述召忽管仲之對語云:"召忽曰:'百歲之後,犯吾君命,而廢吾所立,奪吾糾也,雖得天下,吾不生也。兄與我,齊國之政也。受君令而不改,奉所立而不濟,是吾義也。'管仲曰:'夷吾之爲君臣也,將承君命,奉社稷,以持宗廟。豈死一糾哉?夷吾之所死者,社稷破,宗廟滅,祭祀絶,則死之。非此三者,則夷吾生。夷吾生,則齊國利;夷吾死,則齊國不利。'"①觀此,則二子之死與不死,各自有見。仲志在利齊國,而其後功遂濟天下,使先王衣冠禮樂之盛未淪於夷狄,故聖人以仁許之,且以其功爲賢於召忽之死矣②。由斯可見,管仲雖不死,而其初志、其節義,及其終之爲功爲義也尤大矣。一死於君臣上下師(傅)弟(弟子)之義,一爲天下華夏王道文明存亡,相較之,故孔子寬許(其初之心志之大,與)其後之大功大節(尊周室、攘夷狄而存華夏),而原其初之不死(於小信小義之罪過(相對言之))也③。蓋"夫子許管仲之意,是重事功,尚用世,以民物爲懷,以國家天下爲己任。聖學在此,聖道亦在此。"④故或曰:"桓公殺公子糾,管仲不能死而又相之,此匹夫匹婦之所羞,而孔子顧(反而)不之罪,何哉?曰:此三代以上之見,聖人公天下之盛心也。"⑤"孔子之言,官天下者也。(若夫)程子曰:'小白兄也,子糾弟也,故管仲可以不死。'程子之言,家天下者也。此古今之異也,古人官天下,後人家天下也。"⑥故又論曰:"一

---

① 《管子‧大匡》。

② 《論語正義》。

③ 《孟子‧離婁下》:孟子曰:"大人者,言不必信,行不必果,惟義所在。"《論語‧子路》:孔子曰:"言必信,行必果,硜硜然小人哉!"

④ 《四書改錯》:"而程氏無學,讀盡《四書》經文,並不知聖賢指趣之何在……"

⑤ 《湖樓筆談》。

⑥ 《湖樓筆談》。

部《春秋》大義,尤有大於君臣之倫爲域中第一事者,故管仲可以不死耳。原是論節義之大小(存齊國,非存主僕;有功於天下,非有功於一人),不是論功名也。"①且"有管仲之(初志節義與終)功則(或)可不死,若無管仲之(初志節義與終)功,而背君事讎,貪生失義,又遠不如召忽之爲諒也"②。

職之是故,"孔子更語子貢,喻召忽之不足爲多,管仲不死,不足爲小也。(若夫如)匹夫匹婦(指人不能淬煉大德大才,仁及萬民國家,而為匹夫匹婦;非謂不尊重匹夫匹婦之基本人格人權也,乃謂尊人而尤復崇德也)無大德而守於小信③,則其宜也。自經,謂經死於溝瀆中也。溝瀆小處(,無關大仁大義),非(君子)宜死之處也。君子直而不諒,(若其平生德才心志等,皆)事存濟時濟世,(則)豈執守小信,自死於溝瀆而世莫知者乎?(必將施展其大德才,仁及廣遠而後死也。)喻管仲存於大業,不爲召忽守小信。"④《說苑》記此事曰:"子路問於孔子曰:'昔者管仲欲立公子糾而不能,召忽死之,管仲不死,是無仁也?'孔子曰:'召忽者,人臣之材。不死則三軍之虜也,死之則名聞於天下矣。管子者,天子之佐、諸侯之相也。死之則不免於溝瀆之中,不死則功復用於天下,夫何爲死之哉。'"⑤此之謂也。

然此又非謂其初便可存其以功抵罪之心也,孔子仍是許其初志(之有仁者存焉),又以後見之管仲功業本末,而許其功之大與其仁之跡;非徒論其跡而遂推原其心。故乃微曰"如(近似,差似)其仁如其仁",或亦有暫論其功效事蹟,以此原其

<hr>

① 呂留良,《四書講義》。
② 《論語正義》。
③ 《白虎通》云:"匹夫匹婦者,謂庶人也。言其無德及遠,但夫婦相爲配匹而已。"
④ 《皇疏》。
⑤ 轉引自:《論語稽求篇》。《論語集釋》。

初之不死,而未輕許其初心之全仁之意在也(亦非所以許其初之不死也①)。故或論曰:"一部《春秋》大義,尤有大於君臣之倫爲域中第一事者,故管仲可以不死耳。原是論節義之大小(存齊國,非存主僕;有功於天下,非有功於一人),不是論功名也。"②且"有管仲之(初志節義與終)功則(或)可不死,若無管仲之(初志節義與終)功,而背君事讎,貪生失義,又遠不如召忽之爲諒也"③。

餘論:管仲之事與衛輒之事,史論紛紜,亦《論語》中兩大衆説紛紜之事。君臣之人身人格(人命)依附之禮(忠),本來強人所難,不若今之公事公法、私事私權之處置方法,免所謂君臣主僕之間,因其君主所爲之依違難斷(之以正道禮義)之事,而使其臣依違難處之事(如死難其君其主之義,今不必有),則人事便清其大半。個人生命權亦個體私權,非關公事公法;然若事關公事公法之所系,則不可枉法,而其重大者,或有捨生取義處;反之,若枉公法,則以公法論處(今分公法與私法,公法如憲法、行政法等,私法如民法等,故違私法亦有相應之懲處也),其重者亦有刑罰之相應加重,乃至死刑(姑且不論死刑存廢之論題),如或有叛國罪、內亂罪、人類滅絕罪、戰爭罪等,亦有相應之懲罰。然罪不至死者亦多。

又曰:若夫於外患頻仍、侵略殆危之際,不顧國家危急,不能務實謀劃,但持清議,好爲道德大言,不肯許其正義韜略武功,則皆文人論政,不識爲邦大體,不計天下安穩遠圖之言耳,亦不可也。

今論曰:華夷之防,當必取於仁道正善、中道禮義、泛仁人伻、

---

① 故程子論曰:"若使桓弟而糾兄,管仲所輔者正,桓奪其國而殺之,則管仲之與齊桓不可同世之讎也,**若計其後功而與其事**桓,聖人之言無乃害義之甚,啓萬世反覆不忠之亂乎? 如唐之王珪、魏徵,不死建成之難,而從太宗,可謂害於義矣。**後雖有功,何足贖哉?**"參見:《四書章句集注》。

② 呂留良,《四書講義》。

③ 《論語正義》。

民權伸張之新義而後可。等級身份法（系）每多牽纏不清，平等人權法（系）則稍可判然。今之立法者當致力於立法之精密，與法律解釋、分析、斷案之精確、清晰等。

公叔文子之臣大夫僎，與文子同升諸公。子聞之曰：“可以為文矣。”

公叔文子（衛大夫公孫拔）①之臣大夫（臣大夫，即家大夫也；或曰：陪臣至春秋亦稱大夫。大夫僎者，家臣之通稱也②）僎（或作選），與文子同升諸公③。子聞之曰：“可以為文矣。”

大夫僎本文子家臣，文子薦之使與己並為大夫，同升在公朝為臣，其推賢進士，可謂休休有大臣風度，道德博厚、光明俊偉之士也④。《周書》謚法，“文”有六等，稱經緯天地、道德博厚、學勤好問、慈惠愛民、湣民惠禮、錫民爵位⑤。而觀文子此行也，亦可謂道德博厚、錫民爵位者也，故孔子然其可其謚為文矣⑥。《檀弓》記曰：“公叔文子卒，其子戍請謚於君（衛靈公）曰：‘日月有時，將葬矣。請所以易其名者。’君曰：“昔者衛國凶饑，夫子為粥與國之餓者，是不亦惠乎？昔者衛國有難，夫子以死衛寡人，不亦貞乎？夫子聽衛國之政，修其班制，以與四鄰交，衛國之社稷不辱，不亦文乎？故謂夫子貞惠文子。”’⑦衛靈

---

① 孔文子其人，亦可參見《憲問》：子問公叔文子於公明賈曰：“信乎夫子不言、不笑、不取乎？”公明賈對曰：“以告者過也。夫子時然後言，人不厭其言；樂然後笑，人不厭其笑；義然後取，人不厭其取。”子曰：“其然，豈其然乎？”

② 《四書釋地》：“陪臣至春秋亦稱大夫。大夫僎者，家臣之通稱也。毛奇齡《經問》引先仲氏説：‘蓋仕於家曰家大夫，仕於邑曰邑大夫，而統為臣大夫。’”

③ 《左傳》：“子伯季氏初為孔氏臣（即孔悝家臣也），新登於公。”

④ 《集解》、《四書困勉錄》。

⑤ 《論語後錄》。

⑥ 《公治長》：子貢問曰：“孔文子何以謂之文也？”子曰：“敏而好學，不恥下問，是以謂之文也。”此則“學勤好問”——然此為孔文子。

⑦ 《禮記今注今譯》。又可參見：《論語集釋》。

公之論"文",不本典制,蓋孔子故舉同升佚事以合之①,亦可謂正名守制探本之事也②。其事似小,而其關涉者也甚大矣。或論曰:"家臣之賤,而引之使與己並,有三善焉:知人一也,忘己二也,事君三也。"③又曰:"人臣之病有二:一忌後來之賢此後功名出我之上,一自尊卑人,不肯與若輩同列。此皆曖昧私情。"④文子則不然,故孔子贊之。

子言衛靈公之無道也,康子曰:"夫如是,奚而不喪?"孔子曰:"仲叔圉治賓客,祝鮀治宗廟,王孫賈治軍旅。夫如是,奚其喪?"

子言衛靈公之無道也,康子曰:"夫如是,奚而不喪?"孔子曰:"其有賢臣眾故也,如仲叔圉(即孔文子⑤)治賓客,祝鮀治宗廟,王孫賈治軍旅。夫如是,奚其喪?"衛靈之無道,宜喪也。然靈雖無道,而所任者各當其才,故亦可以維持於一時也。此三人,雖未必大賢,然其才可用,而靈公用之又能各當其才,亦可謂知人善任,故猶足以保其國。若夫其人(君)無道,又不能用人當其才,則喪無日矣。人才關乎國運,其可不謹而重乎? 故孔子贊鄭之集賢為命之道也⑥。此言為國用人之重之效。

或論曰:"夫子平日語此三人皆所不許,而此章之言乃若此,可

---

① 《論語後錄》。

② 下節亦論衛靈公事,則可知此節或確與衛靈公此事相關。

③ 《四書章句集注》。

④ 《四書困勉錄》。

⑤ 《公治長》:子貢問曰:"孔文子何以謂之文也?"子曰:"敏而好學,不恥下問,是以謂之文也。"

⑥ 《憲問》:子曰:"(鄭君)為命:裨諶草創之,世叔討論之,行人子羽修飾之,東里子產潤色之。"

見聖人不以其所短棄其所長，至公之心也。用人當以此爲法，但欲當其才耳。"①君子易事而難悦，其之所以"易事"，即在於欲以人盡其才也。

今論曰：此亦足資討論人事、思量因果之啟發：或有邪惡人，而又有其善長者存焉，故每能維持於一時，賴其善長者也。庸人或不識此，乃曰邪惡而得善果，因果天道不彰而可忽，則謬而愚矣。

子曰："其言之不怍，則為之也難。"

子曰："其言之不怍(慚)，則其為之也難。"蓋欲不愧怍，則必有其實(必致其果)；欲有其實，則必踐言以證成；凡其言也不怍而必成必果，凡言必求其實，則其為之也難矣。若無君子誠信之心志，則言之易，言之不怍亦易；然若有君子誠信之心志，則言之難(訒)，言之不怍尤難，以"言之不怍而有其實"為難也。"內有其實，則言之不慚。積其實者爲之難也。"②子曰："君子恥其'言而過其行'。"③《禮記・雜記》曰："有其言而無其行，君子恥之。"《禮記・表記》曰："君子恥有其辭而無其德，有其德而無其行。"故"君子欲訥於言，而敏於行。"④子曰："為之難，言之得無訒乎？"⑤皆斯之謂也。亦所謂"生平行事無不可對人言"，則其行事也正謹而難之也⑥。

或解曰：子曰："其言之不怍(慚)者，欲其實為之，恐或也難矣。"

① 《讀四書叢説》。
② 《集解》。
③ 《憲問》。
④ 《里仁》。
⑤ 《顏淵》。
⑥ 宋司馬光語，轉引自：毛子水注譯，《論語》。

蓋大言欺世不慚,則無必為之志,豈能真有作為哉？故欲其(大言不慚者)踐言而為之,恐也難矣。朱熹曰:"大言不慚,則無必爲之志,而不自度其能否矣。欲踐其言,豈不難哉!"[1]論曰:"凡人志於爲者,必顧己之造詣力量時勢事機,決不敢妄發言。如言之不怍,非輕言苟且,卽大言欺世。爲難卽在不怍時見。"[2]素言必果者,其言也,吾也信之;素言而常不踐不果者,其言也,乃為大言不慚,孰信之?

或解曰:子曰:"其言之不怍,則其為之也難。"怍,起也。勇於有爲者,其言必有振厲奮起之色。言不奮起,則行必觀望,故曰爲之也難[3]。

陳成子弒簡公。孔子沐浴而朝,告於哀公曰:"陳恒弒其君,請討之。"公曰:"告夫三子!"孔子曰:"以吾從大夫之後,不敢不告也。君曰'告夫三子'者。"之三子告,不可。孔子曰:"以吾從大夫之後,不敢不告也。"

陳成子(齊大夫,名恒)弒齊簡公。孔子沐浴而朝,告於(魯)哀公曰:"陳恒弒其君,請討之。"哀公曰:"告夫三子(魯國季氏三子)!"孔子曰:"以吾從大夫之後,不敢不告也。君曰'告夫三子'者。"之(去到)三子告,三子不可(不同意出兵討伐陳成子)。孔子曰:"以吾從大夫之後,不敢不(從君命而)告也。"

魯哀公十四年,齊國陳成子(齊大夫,名恒)弒齊簡公。臣弒其君,非獨人倫大逆,亦且根本顛覆於天下王道憲制(道統)、君國政則(政

---

① 《四書章句集注》。
② 《四書困勉錄》。
③ 包慎言,《溫故錄》。

統)、諸侯共識(國際準則)、君臣大義(禮義倫常,君臣以義合),聳動天下,如若聽之任之,將以釀成亂臣賊子蠢蠢欲動、弒簒相繼、效尤加厲之勢,則生民塗炭而天下糜爛亂喪矣。秉彝裂隙不治,千里之壩或潰於一蟻。孔子素以推行天下王道憲政自任,聞之而憂心如焚,懼不絕如縷之王道憲制之根本失墜,故乃沐浴齋戒而鄭重其事,而後朝而告於哀公曰:"陳恒弒其君,請討之。""弒"則聲討彰明其罪,師出正名。哀公亦知此根本政治大義。然魯君失其政也久矣,自襄十一年作中軍,季氏三公分室而各有其一,而政乃歸於季氏三家矣。至於哀公,尤其如是,故哀公不得自專國政,而使孔子告之三家。君不能自為政發令,竟以權臣之私意為進退,失君國政治根本,君臣禮義政統俱失,亦非君國為政之禮制也。故孔子歎息之,而自言不得不遵君命,既以諫正,又以隱諱魯君之失。復自言不得不遵君命而至於季氏三家告請之(於君臣,則不必告,而魯君命之可也),亦所以隱折季氏之罪。而季氏三子果不允可討伐之事。蓋以季氏三子權臣,亦可謂類於陳成子者也。故孔子既知季氏三子必不可,既告之而又復言是從君命而已。語意雖隱含,而自有其義正辭嚴者在焉。其意曰:吾既知此(吾來告請三子)不合於君國體制,而遵君臣禮義,從君命而已。一語之下,蘊涵多重而自顯(歎息,悵然、沉痛,諫止,諫正,斥責、警告,聲討……),而又語意含蓄,讀者自不難體會孔子此情此意也。

朱熹曰:"臣弒其君,人倫之大變,天理所不容,人人得而誅之,況鄰國乎?故夫子雖已告老,而猶請哀公討之。時政在三家,哀公不得自專,故使孔子告之。孔子出而自言如此,意謂弒君之賊,法所必討;大夫謀國,義所當告(意曰:我為從大夫之後,於君臣之義本當告魯君),君乃不能自命三子而使我告之邪?以君命往告,而三子魯之強臣,素有無君之心,實與陳氏聲勢相倚,故沮其謀,而夫子復以此應之,其所以警之者深矣。"[1]又或據《左傳》而

---

① 《四書章句集注》。

補孔子告哀公之言曰："陳恒弒其君,民之不予者半。以魯之衆,加齊之半,可克也。"①

論曰："此蓋爲哀公發耳。哀公庸君,暗於是非,明於利害。以魯敵齊,必有強弱衆寡之慮,夫子之言,蓋以破其顧望而使之勇於義舉也。"②

餘論:以禮立朝行事,以言(又恭、名等)避禍保身,孔子可謂得之矣。又:朱熹注解時亦不時參入一己意見、思想,圖有所思考創見與作爲也。

子路問事君。子曰:"勿欺也,而犯之。"

子路問事君。子曰:"勿欺(隱瞞欺騙)也,而(或曰"而""能"通用)犯之。"事君之道,義不可欺,不得已時,當能犯顏諫爭③。故於事君也,信直無隱而不欺(無所隱瞞欺騙);君或有過失,或微諷,或顯諫;其過失或關乎大事國命,微諷顯諫而不聽,不得已則能犯顏而直諫(諫爭)。直諫者,即無隱不欺也。何故邪? 君之德行政事,事關國命公義民祉,君臣以義合,合以集義行義,故不得不犯之以正義也。《禮記・檀弓上》曰:"事君有犯而無隱。"④不得已而犯君諫

---

① 《左傳》。

② 芮長恤,《匏瓜錄》。

③ 《集解》。

④ 《禮記・檀弓上》曰:"事親有隱而無犯,左右就養無方,服勤至死,致喪三年。事君有犯而無隱,左右就養有方,服勤至死,方喪三年。事師無犯無隱,左右就養無方,服勤至死,心喪三年。"意思是:服事父母,父母如有過失,不顯諫,三諫而不聽,則號泣而隨之,不可犯顏指責父母。而且伺候在左右,事事皆要親手來做,這樣竭力服務到他倆死後,依斬衰的喪禮守喪三年。至於服事國君,國君如有過失,可以犯顏力爭而不包藏其過失,而且伺候在左右,各有各的職司,不相侵犯,這樣竭力服務至他死後,比照斬衰之服,守喪三年。至於服事老師,老師如有過失,既無所隱故亦無用犯言直諫。方其伺候老師左右時,亦是事事躬親,竭力服務至他死後,雖不用披麻戴孝,但悲痛之情,猶如喪親。參見:《禮記今注今譯》。

政正國匡天下，斯之謂也。親、君、師，倫各不同，皆有所事則一，而所事之道亦有所不同，此何故邪？則曰或以恩合、或以義合故也。故《禮記·檀弓上》曰："事親有隱而無犯，左右就養無方，服勤至死，致喪三年。事君有犯而無隱，左右就養有方，服勤至死，方喪三年。事師無犯無隱，左右就養無方，服勤至死，心喪三年。"

餘論：或引申而分為誇大之諫、炫己之諫、有所為之諫，以為此皆"欺"也，亦皆可備一說，然非常解。常解只是信直無隱勿欺而已。

子曰："君子上達，小人下達。"

子曰："君子上達，小人下達。"君子有志於道，取法乎上，故也律己嚴，而持志力行進取乎其上善高明也；小人不思進取，自甘墮落，故律己也寬縱放肆，取法乎下而每況愈下矣。上者，道也，德也，仁義也，天理也，正義也；下者，器也，放肆（放佚淫逸、佚失）也，貪財利也，人慾也，邪僻也。"人無生而爲君子者，亦無生而爲小人者，譬之一路，行而上爲君子，行而下爲小人，必無中立之勢，在行路之初辨之而已。"①君子當於始立志也。

皇侃曰："上達者，達於仁義也。下達，謂達於財利，所以與君子反也。"②朱熹曰："君子循天理，故日進乎高明。小人徇人慾，故日究乎汙下。"③

論曰："上下無盡境，君子小人皆非一日而至。君子日長進一日，初亦爲難而試勉之，久而所勉者安以爲常。小人日沈淪一日，初亦疑而嘗試之，久而所嘗者恬不爲怪。兩人各有樂處，故各不能自已。要之祇從一念起，分別路頭，祇在戒懼慎獨。"④又曰："形而

---

① 《論語稽》。
② 《皇疏》。
③ 《四書章句集注》。
④ 《四書近指》。

上者謂之道,形而下者謂之器,非二物也。君子見性,故不得有,但見其道,而不見其器。小人執相,故不得無,但見其器,而不見其道。君子上達,故大道可受;而(若)以小知囿之,則非不器之大道。小人下達,故小道可觀;而(若)以大道界之,則爲無忌憚之中庸。"①

蘇子由則曰:"君子上達,小人下達,而孔子自謂下學而上達者,灑掃應對詩書禮樂,皆所從學也,而君子由是以達其道,小人由是以得其器。達其道,故萬變而致一;得其器,故有守而不蕩,此孔子之所以兩得之也。"②

餘論:農工商賈亦可有上達之心志行事,而上達得道。仁心德行不必繫限於職業。

子曰:"古之學者爲己,今之學者爲人。"

子曰:"古之學者爲己,今之學者爲人。"爲己者,謂學欲得之於己,而道義德業在身,以身率天下也(道德充實,功業踐履);爲人者,謂學而務以虛飾(假)在外,欲爲人知,用以悅人使美己也。故"湯武身之,是爲己者也;五伯假之,是爲人者也。"③此"明今古有異也。古人所學,己未善,故學先王之道,欲以自己行之,成己而已也。今之世學,非復爲補己之行闕,正是圖能勝人,欲爲人言己之美,非爲己行不足也。"④"君子之學也,入乎耳,箸乎心,布乎四體,形乎動靜,端而言蠕而動,一可以爲法則。小人之學,入乎耳,出乎口,口耳之間,則四寸耳,曷足以美七尺之軀哉? '古之學者爲己,今之學者爲人。'君子之學也以美其身,小人之學也以爲禽犢。"

---

① 《焦氏筆乘》。
② 蘇子由,《古史》。
③ 《筆解》。
④ 《皇疏》。

為禽犢者何謂？自炫其學，欲以學為贄而見之於人耳①。《新序》云："齊王問於墨子曰：'古之學者爲己，今之學者爲人。何如？'對曰：'古之學者得一善言以附其身，今之學者得一善言務以悦人。'"②"爲人者憑譽以顯揚，爲己者因心以會道。"③孟子曰："君子所性，仁義禮智根於心，其生色也，睟然見於面，盎於背，施於四體，四體不言而喻。"④此即為己得己之學也。

或解曰："古之學者爲己，以補不足也。今之學者爲人，但能説之也。"⑤所謂"爲己履而行之，爲人徒能言之"⑥。又或曰："欲得之於己，此爲爲己之公。欲見知於人，此爲爲己之私。兩句皆是爲己，（然其）爲人之義不可通也。蓋爲己，務欲治己也。爲人，務欲治人也。但學治己，則治人之用斯在。專學治人，則治己之本斯亡。若於正心修己以善自治之道不用力焉，而乃專學爲師教人之藝，專學爲官治人之能，不明己德，而務新民，舍其田而芸人之田，凡如此者，皆爲人之學也。"⑦如此則曰：不能為己治己，何能為人治人？

論曰："古之學者爲己，須是不求人知。有一豪求名之心，功夫便不真實，便有間斷。試思仁義禮智，吾心之所固有，孝弟忠信，吾身之所當爲，無一是求名之事。《易》云：'遯世无悶，不見是而无

---

① 《荀子・勸學篇》楊倞注："禽犢，餽獻之物也。"郝懿行解為玩好玩弄之物；王先謙解為"禽獸"；劉師培解為"以學為贄，言小人自炫其學，欲以學見之於人"（禽即贄，古人士相見禮等所執之贄非獸即禽，"犢"從（牛賣（或作賣））聲，《説文》云：'贄，簹也。'《廣雅》："贄。"是贄有炫鬻之意）。參見：《荀子匯校匯注附考説》。《康熙字典》：《説文》：犢，牛子也。从牛賣聲。《爾雅・釋畜》：其子，犢。

② 《新序》。

③ 《後漢-桓榮傳》。

④ 《孟子・盡心上》。

⑤ 《顏氏家訓-勉學篇》。

⑥ 《集解》。

⑦ 《四書辨疑》。

悶。'《論語》云:'人不知而不愠。'《中庸》云:'遯世不見知而不悔。'須存此心,方是實做功夫,方有進處。"①

　　餘論:古之學者,學之欲己成德,欲己達道,成德達道則必己欲立而立之,而後立人;己欲達而達之,而後達人,所謂以德美身及人,以道安身安人也。

蘧伯玉使人於孔子。孔子與之坐而問焉,曰:"夫子何為?"對曰:"夫子欲寡其過而未能也。"使者出。子曰:"使乎! 使乎!"

　　蘧伯玉(衛大夫,名瑗。孔子居衛,嘗主於其家)使人於孔子。孔子與之坐而問焉,曰:"夫子(指蘧伯玉,孔子尊稱之)何為?"對曰:"夫子欲寡其過而未能也。"使者出。子曰:"使乎! 使乎!"使得其人也。

　　蘧伯玉者,衛大夫瑗也。孔子居衛,嘗主於其家。既而反魯,故伯玉使人來也。孔子敬其主以及其使,而與之坐,乃問其夫子即伯玉別來何為。使者乃言其主時欲寡過而猶未能,則其省身克己常若不及之意可見矣。使者之言愈卑約,而其主之賢益彰,亦可謂深知君子之心而善於辭令者矣,故夫子再言"使乎"以重美之②,言使得其人也。蓋使者,受命不受辭,而爲使之難,在於善辭令不辱君命;而此使者也,辭令委婉而信直,不辱使命,可謂賢使也。"身賢,賢也;使賢,亦賢也。"③此之謂也。

　　然記者此意,非在徒美使者,尤在美蘧伯玉之"君子常欲寡過"也。雖曰未能,愈見其平居修省不自滿假之意,可謂時刻篤志精進,省身克己、自修不已、常如不及也。蘧伯玉,君子賢人也,時人

---

①　張伯行,《困學錄》。

②　《四書章句集注》。

③　《谷梁傳·襄公二十九年》。

稱伯玉行年六十而六十化①，年五十而知四十九年之非②，蓋其進德之功，老而不倦，是以踐履篤實，光輝宣著，不惟使者知之，而夫子亦信之也③。此皆操存持養之功也。故曰："常欲寡其過而未能"，自修不已，常若不及，亦可謂君子修行之工夫法門也。

論曰："非向裏爲己之人，必無心於欲寡其過。非篤志精進而省身克己常如不及之人，則必自謂其過之已寡。今伯玉以欲寡其過爲心，則見其所以戒警於先，而不使至於有過；懲切於後，而不復容其貳過者，固已隨事用其力矣。而其心則常若有不及改之過，有未能遷之善，此其省身克己常若不及之意何如哉。或曰：如是，則伯玉之過已寡，而其自視則若未能乎？曰：非然也。言其欲寡之心誠切，而能自見其所未至也。"④

或解曰："使乎使乎，非之也。非之者，非其代人謙也。"⑤上代其下謙則可，如父稱犬子；下代上謙則不可。然此非關代謙，乃辭令得體而彰主公君子之賢德也。故不取。

子曰："不在其位，不謀其政。"曾子曰："君子思不出其位。"

子曰："不在其位，不謀其政。"⑥曾子曰："君子思不出其位。"

此言"不越其職"⑦，蓋"誠人各專己職，不得濫謀圖他人之政

① 《莊子·則陽篇》。
② 《淮南子·原道訓》。
③ 《四書章句集注》。
④ 《四書紹聞篇》。
⑤ 《漢書·藝文志》。
⑥ 另見《泰伯》。
⑦ 《集解》。

也。君子思慮當己分內，不得出己之外而思他人事。思於分外，徒勞不可得。"①艮卦象辭曰："兼山艮，君子以思不出其位。"山，不相往來者也，故職業惟思各居②。此雖孔子之言，蓋亦古語，曾子聞孔子"不在其位，不謀其政"之語而引以證明之。

論曰："不在其位，不謀其政。"其理何在？孟子曰：修其天爵，而人爵隨之，天爵者，道德賢能也，人爵者，位也，爵位職權也。於其正中之道理天則言之，有天爵遂有相應之人爵，有道德賢能遂有相應之位職也。故不在其位，恰所以道德賢能不足，故不敢僭越（吾道德賢能、才華職分之外）而謀，而謀於吾人德業職分之內也。或問何以更謀其大者？曰先進德修業，而後或可得位（然得位之與否，視乎吾之德能與世之賢德之推移相形高下也），然後可謀其大者，德進位隨、名正言順也。而得位之與否，視乎吾之德能與世之賢德之頡頏高下也。故曰：積極修德進取，在我（我心我志我身我行）；得位與否，在天（公道公則）在命（稟賦德業何所屆止，是命也），而皆囂囂然。君子素其位而行，此之謂也。

論曰：反言之則曰：在其位必謀其政，所謂"陳力就列"也；不謀者，政（正）由吾德學或不足謀之也，所謂"不能者止"也③，故當進德修業力學之不遑也。

曾子曰："君子思不出其位。"

曾子曰："君子思不出其位。"

子曰："君子恥其言而過其行。"

---

① 《皇疏》。
② 《四書翼注》。
③ 《季氏》："陳力就列，不能者止。"

子曰:"君子恥其'言而過其行'。"君子行而後言,期以言行相副,所謂"先行,其言而後從之。"①"古者言之不出,恥躬之不逮也。"②《禮記》曰:"有其言而無其行,君子恥之。"③又曰:"君子恥有其辭而無其德,有其德而無其行。"④小人反是,言過其實,言過其行,而躬身不逮。則大言不慚,名實不副,沽名釣譽,緣飾祿利,而小人哉。故"君子欲訥於言,而敏於行。"⑤子曰:"其言之不怍,則為之也難。"怍者,恥也。若夫"人之易其言也,無責耳矣。"⑥小人哉。

或解曰:子曰:"君子恥其言,而過其行。"朱熹曰:"恥者,不敢盡之意。過者,欲有餘之辭。"此解雖亦有好意,然稍牽強,茲不取。然此解之好意亦未嘗不可取之也。

餘論:此節似接上節文意。

子曰:"君子道者三,我無能焉:仁者不憂,知者不惑,勇者不懼。"子貢曰:"夫子自道也。"

子曰:"君子道(由,由之而行)者三,我無能焉:仁者不憂,知者不惑,勇者不懼。"⑦子貢曰:"夫子自道(言)也。"孔子言君子道(由)之以行者可有三,而其(己)無能不及也,以此自責而勉人。子貢隨侍受教於孔子經年,耳濡目染,識得此恰是孔子所臻之聖人氣象(仁智勇三達德,孔子盡皆備之),然又謙沖自牧,自視欠然,自謂志崇之

---

① 《為政》。
② 《里仁》。
③ 《禮記·雜記》。
④ 《禮記·表記》。
⑤ 《里仁》。
⑥ 《孟子·離婁上》。
⑦ 關於此節之注解,可參見《子罕》(子曰:"知者不惑,仁者不憂,勇者不懼。")一節之"廣辭",茲不贅述。

而不敢居，故子貢言夫子實有之矣，而自謙也。

論曰：然尤當思何以不憂、不惑、不懼之理，則可悟道矣。

子貢方人。子曰："賜也賢乎哉？夫我則不暇。"

子貢方（比方，比較臧否；或曰謗，譭謗）人。子曰："唯賢者能方人，又唯賢者不方人。賜也賢乎哉？夫我則不暇矣。"蓋若夫自檢多過，寡過不暇，自修不及，德業未臻，豈可一味別具隻眼於他人之過，專務方人哉？君子慎哉！"日夜痛自檢點且不暇，豈有暇檢點他人？責人密，自治疏矣，可不戒哉！"①皇侃曰："比方人不得不長短相傾，聖人誨不倦，豈當相臧否？故云我則不暇。是以問人之賢而無毀譽，長物之風，於是乎暢。"②

論曰：自修不暇，自我檢點不暇，自規寡過不暇，則不敢方人也。孔子之意：於己也，人之進德也，首重在自修，不在方人；為學也，重在為己，不在為人③；修業也，不患人之不己知，患其不能④；三人行也，必有我師，故與人為善、從善如流而不暇也。於人於事也：方人無益，徒增意氣好勝爭鬥之心，而多事，故君子不方人；於教人用人也，不方人，而或因材施教，誨人不倦，或調和氣質，治氣養心⑤，或進賢長善，必用其才而已矣。如是，則不暇方人矣。子

---

① 黃宗羲，《明儒學案》引吳康齋語。

② 《皇疏》。

③ 《憲問》：子曰："古之學者為己，今之學者為人。"

④ 《憲問》。

⑤ 《荀子·修身》："治氣養心之術：血氣剛強，則柔之以調和；知慮漸深，則一之以易良；勇膽猛戾，則輔之以道順；齊給便利，則節之以動止；狹隘褊小，則廓之以廣大；卑濕、重遲、貪利，則抗之以高志；庸眾駑散，則劫之以師友；怠慢僄棄，則炤之以禍災；愚款端愨，則合之以禮樂，通之以思索。凡治氣養心之術，莫徑由禮，莫要得師，莫神一好。夫是之謂治氣養心之術也。"

曰：“吾之於人也，誰毀誰譽？如有所譽者，其有所試矣。”①

反之，若一味方人，則不識為人為己之分，本末倒置，自治遂疏，“彼人之才性之相縣也，豈若跛鱉之與六驥足哉？然而跛鱉致之，六驥不致，是無他故焉，或為之，或不為爾。道雖邇，不行不至；事雖小，不為不成。其為人也多暇日者，其出入不遠矣。”②且或致無謂爭鬥災殃，“憍泄（jiāo xiè，傲慢）者，人之殃也；恭儉者，偋五兵也。雖有戈矛之刺，不如恭儉之利也。故與人善言，暖於布帛；傷人之言，深於矛戟”，方人而傷人矣。“故薄薄之地，不得履之，非地不安也，危足無所履者，凡在言也。巨塗則讓，小塗則殆，雖欲不謹，若云不使。博而窮者，訾也；清之而俞濁者，口也；辯而不說者，爭也；直立而不見知者，勝也；廉而不見貴者，劌也。此小人之所務，而君子之所不為也。……凡鬥者，必自以為是，而以人為非也。”③

若夫君子則不然，“君子能亦好，不能亦好；小人能亦醜，不能亦醜。君子能，則寬容易直以開道（導）人；不能，則恭敬繜絀以畏事人；小人能則倨傲僻違以驕溢人，不能則妒嫉怨誹以傾覆人。故

①　《衛靈公》：子曰：“吾之於人也，誰毀誰譽？如有所譽者，其有所試矣。斯民也，三代之所以直道而行也。”

②　《荀子·修身》：“彼人之才性之相縣也，豈若跛鱉之與六驥足哉？然而跛鱉致之，六驥不致，是無他故焉，或為之，或不為爾。道雖邇，不行不至；事雖小，不為不成。**其為人也多暇日者，其出入不遠矣。**”

③　《荀子·榮辱》：“憍泄者，人之殃也；恭儉者，偋五兵也。雖有戈矛之刺，不如恭儉之利也。故與人善言，暖於布帛；傷人之言，深於矛戟。故薄薄之地，不得履之，非地不安也，危足無所履者，凡在言也。巨塗則讓，小塗則殆，雖欲不謹，若云不使。快快而亡者，怒也；察察而殘者，忮也；博而窮者，訾也；清之而俞濁者，口也；豢之而俞瘠者，交也；辯而不說者，爭也；直立而不見知者，勝也；廉而不見貴者，劌也；勇而不見憚者，貪也；信而不見敬者，好剸行也。**此小人之所務，而君子之所不為也。**……凡鬥者，必自以為是，而以人為非也。己誠是也，人誠非也，則是己君子，而人小人也；以君子與小人相賊害也，憂以忘其身，內以忘其親，上以忘其君，豈不過甚矣哉！是人也，所謂以狐父之戈钃牛矢也。將以為智邪？則愚莫大焉；將以為利邪？則害莫大焉；將以為榮邪？則辱莫大焉；將以為安邪？則危莫大焉。人之有鬥，何哉？我欲屬之狂惑疾病邪？則不可，聖王又誅之。我欲屬之鳥鼠禽獸邪？則又不可，其形體又人，而好惡多同。人之有鬥，何哉？我甚醜之。”

曰：君子能則人榮學焉，不能則人樂告之；小人能則人賤學焉，不能則人羞告之。是君子小人之分也。"①

又論曰："比方人物而較其長短，雖亦窮理之事，然專務爲此，則心馳於外，而所以自治者疏矣。故（孔子）襃之（子貢）而疑其辭，復自貶以深抑。"②

或解曰：子貢方（正，諫也，言其過失；或曰謗，毀，言人之過惡，亦諫也）人。子曰："唯賢者能方人。賜也賢乎哉？夫我則不暇矣。"

又或解曰：此節蓋接上節而來。孔子之意或為：吾乃如實道來，子貢則強作比方，以為"夫子自道"，居我於君子盛德之位，我不敢當也。然此解稍迂曲固陋，蓋不取也。

子曰："不患人之不己知，患其不能也。"

子曰："不患人之不己知，患其不能也。"患己無能也。

子曰："不逆詐，不億不信。抑亦先覺者，是賢乎！"

子曰："不因逆（未至而迎之，先之，謂以詐意逆猜人也）猜其詐（謂人欺己）而先詐之；不因億（未見而意之）測其不信（謂人疑己；或曰其人不可信）而先不信之；抑（即使，假設；或然而）或其真有詐而不信，亦（又）

---

① 《荀子·不苟》："君子能亦好，不能亦好；小人能亦醜，不能亦醜。君子能則寬容易直以開道人，不能則恭敬縛絀以畏事人；小人能則倨傲僻違以驕溢人，不能則妒嫉怨誹以傾覆人。故曰：君子能則人榮學焉，不能則人樂告之；小人能則人賤學焉，不能則人羞告之。是君子小人之分也。……君子崇人之德，揚人之美，非諂諛也；正義直指，舉人之過，非毀疵也；言己之光美，擬於舜禹，參於天地，非夸誕也；與時屈伸，柔從若蒲葦，非懾怯也；剛強猛毅，靡所不信，非驕暴也；以義變應，知當曲直故也。《詩》曰："左之左之，君子宜之；右之右之，君子有之。"此言君子以義屈信變應故也。"

② 《四書章句集注》。

能先覺者;皆是賢乎!"不因逆猜其詐而先詐之,自直(人)也;不因億測其不信而先不信之,自信(人)也;"君子不先人以惡,不疑人以不信。"①抑或其真有詐而不信,亦能先覺者,明知也。自直信而明知,皆賢也。若夫(無故而)自先不直不信,無故而逆億在心,則自先是小人矣;若夫自不明知,則愚人矣。仁忠則直信,明知則不疑(而知其詐),不逆詐億不信也。故曰:"明則不疑。凡事之多疑,皆生於不明,如以察爲明,(而逆詐億不信,)皆至暗也。"②

　　或問:賢者何以先覺其情僞或詐而不信? 則曰:"詐不信,聰明人自能覺之。如目動言肆,知其誘我,是先覺有實徵,以人之辭貌而覺之,以平日素行而覺之,以時事不侔而覺之,皆先覺也。賢者於事能見之於微,謂之先覺,如履霜可以知堅冰也。此亦謂事有朕(徵)兆而覺之也。幾者,動之微,知幾則先覺也。"③又問:"聖人何以不欺? 曰:'聖人者,以己度者也故以人度人,以情度情,以類度類,以説度功,以道觀盡,古今一度也。類不悖,雖久同理。故鄉乎邪曲而不迷,觀於雜物而不惑,以此度之。'"④孔子亦能先覺者也,"孔子既不得用於衛,將西見趙簡子。至於河而聞竇鳴犢、舜華之死也(竇鳴犢、舜華皆時之賢人),臨河而歎曰:'美哉水,洋洋乎! 丘之不濟此,命也夫!'子貢趨而進曰:'敢問何謂也?'孔子曰:'竇鳴犢、舜華(犢犨,chōu,牛喘息之聲),晉國之賢大夫也。趙簡子未得志之時,須此兩人而後從政;及其已得志,殺之乃從政⑤。丘聞之也,刳

----

① 《大戴禮·曾子立事篇》。
② 《朱子語類》。
③ 《論語後案》。
④ 《荀子·非相篇》。
⑤ 《説苑·權謀》:趙簡子曰:"晉有澤鳴、犢犨,魯有孔丘,吾殺此三人,則天下可圖也。"於是乃召澤鳴、犢犨,任之以政而殺之。使人聘孔子於魯。孔子至河,臨水而觀曰:"美哉水! 洋洋乎! 丘之不濟於此,命也夫!"子路趨進曰:"敢問奚謂也?"孔子曰:"夫澤鳴、犢犨,晉國之賢大夫也。趙簡子之未得志也,與之同聞見,及其得志也,殺之而後從政,故丘聞之:刳胎焚夭,則麒麟不至;幹澤而漁,蛟龍不遊;覆巢毀卵,則鳳凰不翔。丘聞之:君子重傷其類者也。"

胎殺夭則麒麟不至郊,竭澤涸漁則蛟龍不合陰陽,覆巢毀卵則鳳凰不翔。何則?君子諱傷其類也。夫鳥獸之於不義也尚知辟之,而況乎丘哉!'乃還息乎陬鄉,作為陬操以哀之。而反乎衛,入主蘧伯玉家。"①

論曰:於己之言動行事,己不逆料(認)他人為詐(不預設或預先認定他人詐欺),己不臆測他人為不信(之人);然而對他人之詐與不信(若他人實有詐與不信),若有之而能先覺之,則亦賢者能為此也。其意曰:然而對他人之言動行事,其若實有其詐欺與不信,吾能先覺之,則亦賢者也②。賢者不(先)欺人,亦不為人所欺;不(先)逆詐,亦不為詐所趁,見微知著,察幾識隱也。

此節真可謂治心之言。世人而悟此,既以克己復禮,又以信人正禮,則將省卻許多爭執猜疑。故曰:"逆詐億不信,都是有忿懥恐懼好樂憂患時易搆此想。君子不於逆億用功,衹就忿懥四者竭力克之,到得消磨將淨,則心平如水,不必鑑物而物在鑑中。"③

或解曰:子曰:"不逆(逆料之,先之,迎之,即謂以詐意逆猜人也)其詐(謂人欺己);不億(臆測,臆猜)其不信(謂人疑己;或曰其人不可信);抑(即使,假設)其或詐而不信,亦(又)能先覺者;皆是賢乎!"不逆其詐,不億其不信,仁愛也,忠信也;抑其或詐而不信,亦能先覺者,知也,明也。仁愛、忠信、明知,賢者之行事也。若夫(無故先)逆彼詐、億彼不信,自已是小人;若夫彼詐不信而自不明不知,則自已是愚人。

---

① 《史記·孔子世家》。
② 或問:能否將"逆"解為"先"?然,亦不然,因為這裏的"逆"完全是一個主體間性的詞語,即根據自己預設的對方的可能表現來決定自己的相應表現或對待,英語乃至現代漢語中根本沒有相應的詞或相應的思維方式,這是中國文化中特有的一種思維方式,有點類似於今日博弈論中的情形。用一個字而表達如此復雜的意思,這是古代漢語的表達豐富性所在,也是中國思維方式的特別性所在。
③ 《養一齋劄記》。

孟子曰："無罪而殺士，則大夫可以去；無罪而戮民，則士可以徙。"①何也？"惡傷其類，視其下等，懼次及也。"②語曰："鳶鵲蒙害，仁鳥曾逝。"此之謂也。蓋"君子見幾而作，故趙殺鳴、犢，孔子臨河而不濟也，是上為下則也。孟子謂國君無罪而殺戮其士，則為之大夫者可以奔去，無他，蓋大夫雖於士為尊，不可命以為士，然亦未離乎士之類也，是其惡傷其類耳。國君無罪而誅戮其民，則為之士者可以徙而避之，無他，蓋士於民雖以為尊，不可命以為民，然亦未離乎民之類也，是亦惡傷其類耳。《史記》：'趙殺鳴、犢，孔子臨河而不濟，乃歎曰："刳胎殺夭，則麒麟不至郊；竭澤涸魚，則蛟龍不會；覆巢毀卵，則鳳凰不翔。"'君子諱傷其類也。"③

或解曰："先覺人情者，是寧能為賢乎？或時反怨人也。"④此解後半句乃順前半句而來，意為如若先覺其詐與不信，而乃先詐之，先不信之，豈謂自己先詐先不信？如此豈可謂賢者之心思行事？故云："人寧信詐"⑤而自先為忠信之人，如此方自先不失賢者之心行也。作此解者或恐賢人或被小人所詐，故斷上下半句為相反之意，未必是孔子原意。

微生畝謂孔子曰："丘何為是棲棲者與？無乃為佞乎？"孔子曰："非敢為佞也，疾固也。"

微生畝謂孔子曰："丘何為是棲棲(如日落西方而鳥棲，棲無定所，喻周流不止而行無定所)者與？無乃為佞乎？"孔子曰："非敢為佞也，疾固也。"微生畝蓋時之高年隱者，或類於道家隱逸者流，而直呼孔子名，

①　《離婁下》。
②　趙歧註。
③　偽孫奭疏。
④　《集解》。
⑤　《皇疏》引李充語。

言其周流四方,棲無定所(棲棲皇皇),遊說諸侯,不專事一君,則似乃逞其佞口而獵逐富貴者乎？孔子答曰："吾志非敢為佞悦權貴也,之所以遊說諸侯者,乃疾斯世之固陋,欲尋佐明君行道以化之也。"孔子於斯也,微生畝不己知而不慍,謙恭敬長,又稍明其志而已。

註解：棲棲(栖栖)有幾種解釋：一曰棲同西,日在西方而鳥棲,所棲者皇皇無定也；棲棲同皇皇(彷徨不安貌；或同"遑遑",匆忙貌),周流不止而行無定所。二曰同濟濟,整飭多威儀也,指孔子修飾威儀實習禮樂。

子曰："驥不稱其力,稱其德也。"

子曰："驥(千里善馬)不稱(讚譽)其力,稱其德(馬之德,即馬之調良也,或曰:謂有五禦之威儀)也。"驥,千里善馬也,世人稱之,然稱其調良威儀駿力能用於世(人)也,非但稱其自恃其力也。若但有力而不能調良,則亦不可用(於行走道路)也。人亦如是,不稱其力,稱其德也。德者,德人也,以德愛人及人也。徒恃其力與才,無德及人,無足稱也；有其德,用其力與才以德及人,則人稱之也。仁德者,皆相人偶也,獨恃獨用者,力與才耳；仁愛及人者,德也,人稱之而愛敬之也。"伯樂曰:'驥有力而不稱。'君子雖有兼能,而惟稱其德也。"①

或曰："以德報怨,何如?"子曰："何以報德?以直報怨,以德報德。"

或曰："以德報怨,何如?"子曰："何以報德? 以直報怨,以德

---

① 《皇疏》引江熙語。

報德。”

　　世或每有以德報怨之説，如“大小多少，報怨以德”①、“聖人報怨以德”②、“以德報怨，則寬仁之身也；以怨報德，則刑戮之民也”③之類也。然或為老莊道家之言，或唯聖人之德；孔子即或言之，亦自有權度限定或因緣説法。然今之問者乃截頭去尾，不明其因由限度，非常經，反中庸，(恐不可為根本律令(絕對道德律令)也，)故皆不可為普通人説法也。高自標榜終難及，反常苛求逆人情，過猶不及，偏畸難久，必致亂果，故聖人用中以治世。若夫一切以德報怨，無所威懾懲戒，則小人將肆無忌憚，乃是誘人為害不義，而天下將邪惡怨恨充斥，恰所以取怨之因也。故孔子以“何以報德”一語指斥其不經難行。而示以中正不偏之法度：以直報怨，以德報德。或曰“以德報德，則民有所勸；以怨報怨，則民有所懲”④，亦是矣。然今曰“以直報怨”，何謂也？ 直者，正也，是也，義也；中也，當(相當)也，相應也；不偏倚也，過猶不及也；所謂“不因報怨而有所增損”⑤，此君子之報也。“於其所怨者，愛憎取捨，一以至公而無私，所謂直也。”⑥

　　此蓋聖人見微知著、見細觀遠之知，又以小知大，以近知遠之明也。故聖人齊俗製禮，必用中以正，不高亢而過猶不及也。《淮南子》載曰：昔太公望、周公旦受封而相見，太公問周公曰：“何以治魯？”周公曰：“尊尊親親。”太公曰：“魯從此弱矣！”周公問太公曰：“何以治齊？”太公曰：“舉賢而上功。”周公曰：“後世必有劫殺之君！”其後齊日以大，至於霸，二十四世而田氏代之。魯日以削，至三十二世而亡。故《易》曰：“履霜，堅冰至。”聖人之見終始微言。

---

①　《道德經·恩始章》。

②　《説苑·權謀篇》引孔子言。今則未知真偽，是否孔子之言。

③　《禮記·表記》。未知是否真為孔子之言。

④　《禮記·表記》。未知是否真為孔子之言。

⑤　《義門讀書記》。

⑥　《四書章句集注》。

故糟丘（積糟成丘，極言釀酒之多，沉湎之甚）生乎象槠（箸），炮烙生乎熱門。子路撜溺而受牛謝，孔子曰："魯國必好救人於患。"子贛贖人而不受金於府，孔子曰："魯國不復贖人矣。"子路受而勸德，子贛讓而止善，孔子之明，以小知大，以近知遠，通於論者也。由此觀之，廉有所在，而不可公行也。故行齊於俗，可隨也。事周於能，易為也。矜偽以惑世，伉行以違眾，聖人不以為民俗。①

或論曰："或問'以德報怨，亦可謂忠且厚矣，而夫子不之許何哉？'曰：'德有大小，皆所當報，而怨則有公私曲直之不同，故聖人之教，使人以直報怨，以德報德。以直云者，不以私害公，不以曲勝直，當報則報，不當則止，是則雖曰報怨，而豈害其為公平忠厚哉？'"②又或曰："以直者，不匿怨而已。以直報怨，凡直之道非一，視吾心何如耳。吾心不能忘怨，報之直也。既報，則可以忘矣。苟能忘怨而不報之，亦直也。雖不報，固非有所匿矣。怨期於忘之，德期於不忘，故報怨者曰以直，欲其心之無餘怨也；報德者曰以德，欲其心之有餘德也。其心不能忘怨，而以理勝之者亦直，以其心之能自勝也。直之反為偽，必若教人以德報怨，是教人使為偽也。烏乎可？"③質言之："以直二字，凡待天下之常人皆然，不因報怨而有所增損耳。"④

---

① 《淮南子·齊俗訓》。《呂氏春秋卷十六·先識覽第四·察微》則載曰：魯國之法，魯人為人臣妾於諸侯，有能贖之者，取其金於府。子貢贖魯人於諸侯，來而讓，不取其金。孔子曰："賜失之矣。自今以往，魯人不贖人矣。取其金則無損於行，不取其金則不復贖人矣。"子路拯溺者，其人拜之以牛，子路受之。孔子曰："魯人必拯溺者矣。"孔子見之以細，觀化遠也。又：《淮南子卷十二·道應訓》：魯之法，魯人為人妾於諸侯，有能贖之者，取金於府。子贛贖魯人於諸侯，來而辭不受金。孔子曰："賜失之矣！夫聖人之舉事也，可以移風易俗，而受教順（或作"而教訓"）可施後世，非獨以適身之行也。今國之富者寡而貧者眾，贖而受金，則為不廉；不受金，則不復贖人。自今以來，魯人不復贖人於諸侯矣。"孔子亦可謂知禮矣。故老子曰："見小曰明。"

② 《論語或問》。

③ 吳嘉賓，《論語說》。

④ 《義門讀書記》。

又論曰：以直報怨則相應之，不過；以德報德，則加厚之，然亦在受人恩德者之心意也，非謂施恩德者將以此心預期苛求之也，如斯，則為春華秋實，失其德之本義也。

子曰："莫我知也夫！"子貢曰："何為其莫知子也？"子曰："不怨天，不尤人。下學而上達。知我者，其天乎！"

子曰："莫我知也夫！"子貢曰："何為（讀wéi，什麼是；或曰讀wèi，為什麼）其莫知子也？"子曰："不怨天，不尤（非）人。下學而上達。知我者，其天乎！"

魯哀公十四年春（孔子時年七十一），狩於大野。叔孫氏車子鉏（chú，古同鋤）商鋤獲獸，以為不祥。仲尼視之，曰："麟也。"取之。曰："河不出圖，雒不出書，吾已矣夫！"[1]顏淵死，孔子曰："天喪予！"及西狩見麟，知天命之窮，曰："吾道窮矣！"喟然歎曰："（世）莫知我也夫！"子貢曰："何為莫知子？"子曰："不怨天，不尤人，下學而上達（天道王法），知我者其天乎！"[2]鳳鳥不至，河不出圖，已知天道（天道好生則鳳鳥至）隱遁，人道（王道備則法度彰顯）崩毀，而王道毀棄，周道衰頹也。故孔子傷焉，傷"時無明王，故己不用也"[3]。及

---

[1]　另可參見《子罕》一章對此句的"廣辭"：瑞鳥不至，河圖（治世之大道）無現，可知天道（天道好生則鳳鳥至）隱遁，人道（王道備則法度彰顯）崩毀，而王道毀棄，周道衰頹也。故孔子傷焉！奚以傷？傷"時無明王，故己不用也"。參見《潘氏集箋》："鳳鳥河圖，明王之瑞也；瑞應不至，時無明王；明王不存，己遂不用矣。"

[2]　《史記·孔子世家》："哀公十四年春，狩於大野。叔孫氏車子鉏商獲獸，以爲不祥。仲尼視之曰：'麟也。'取之，曰：'河不出圖，洛不出書，吾已矣夫！'顏淵死。孔子曰：'天喪予！'及西狩獲麟，曰：'吾道窮矣！'喟然：'莫我知也夫！'子貢曰：'何爲莫知子？'子曰：'不怨天，不尤人，下學上達，知我者，其天乎？'"

[3]　《潘氏集箋》："鳳鳥河圖，明王之瑞也；瑞應不至，時無明王；明王不存，己遂不用矣。"

西狩見麟，乃知天告之以將沒之徵（天命之窮），故曰："吾道窮矣！"
何以窮？恰因"（世）莫我知"也。"莫我知也"者，當世諸侯莫能知
遇我人我志（心）我學我達而行天道王法也，亦即"時無明王，故己
不用也"；或曰亦有"自傷不王"之隱衷。子貢未達而問，"莫我知"
何謂？孔子亦不徑答之，以此志此意（時無明王）固難為常人道解
也。而自述其心也不怨天尤人。"不怨天者，知天之以己製作為後
王法也。不尤人者，人事之厄，天所命也。孔子在庶，而褒貶進退，
王者所取則，故曰下學而上達。達，通也；上達者，謂達於佐國理民
之道（大道天道王道）。"①然世皆不知遇也。今西狩獲麟，可謂天有
應示，故曰"知我者，其天乎？"或曰莫知我之人也不怨天尤人，學也
"下學而上達"，故不用也。質言之，上達天道王法，而世不我知，唯
天知我而現此災異麟應，示吾道窮而終於不用也。

　　或曰此為孔子自言修《春秋》之志也②。孟子曰："世衰道微，邪
説暴行有（又）作，臣弒其君者有之，子弒其父者有之。孔子懼，作
《春秋》。（作）《春秋》，天子之事也，是故孔子曰：**'知我者，其惟《春
秋》乎**；罪我者，其惟《春秋》乎。'"③"莫我知"者，不知吾撰《春秋》之
隱衷與乎《春秋》之大義也；"知我者，蓋唯天乎"，天示麟應，天命如
此，天命畀我斯文，使我著《春秋》，天命此世不遇而斯道不行也。蓋
"夫子行説七十諸侯，無定處，意欲使天下之民各得其所。而道不
行，退而修《春秋》。采毫毛之善，貶纖介之惡，人事浹，王道備，精和
聖制，上通於天而麟至，此天之知夫子也。於是喟然而歎曰：'天以
至明為不可蔽乎？日何為而食？地以至安為不可危乎？地何為而
動？'天地而尚有動蔽，是故聖賢説於世而不得行其道，故災異並作
也。夫子曰：'不怨天，不尤人，下學而上達，知我者其天乎！'"④"能

---

①　包慎言，《温故錄》。
②　《論語發微》。
③　《孟子·滕文公下》。
④　《説苑·至公篇》。

知天，斯不怨天；能知人，斯不尤人；能知天知人，乃能明天人之際。際者，上下之間也。《春秋》二百四十二年之中，人事浹，王道備，治太平以上應天命，斯爲下學人事、上知天命也。"①蓋"'仲尼悼禮樂廢崩，(故)追修經術，以達王道。''周衰道廢，孔子知言之不用，道之不行也。(乃修《春秋》,)是非二百四十二年之中，以爲天下儀表，貶天子，退諸侯，討大夫，以達王事而已矣。'②此上達之義也歟？"③所謂《春秋》之"學通於天，故惟天知。蓋《春秋》本天治人，(故包)説夫子上達於佐國理民之道，即是上通於天也。"④

或曰："孔子不用於世，而不怨天；人不知己，亦不尤人。下學人事，上知天命。"⑤又曰："下學，學人事，上達，達天命。我既學人事，人事有否有泰，故不尤人，上達天命，天命有窮有通，故我不怨天也。"⑥恰因下學而上達，故不怨天尤人。論曰："學不著裡，易生怨尤。著裡則一味正己，循理樂天，凡吉凶禍福順逆得喪之在外者，舉無一動其中，何怨何尤之有？"⑦

餘論：吾學只是為己盡性知天之學(故不怨天不尤人)；為道(大道、天道、王道)之學(志)；為天下之學；而世人不吾知。蓋世人之所謂學也，學不為己而律他，學不為道而為利祿名聲，學不為天下而為一國一家一人之私。故曰"不真吾知也"。

"知我者，其天乎？"此似有"吾志、吾學、吾心難與當時世人言，難有世人真正領會之，難有世人奉持施行推廣之"等意在，或又有難言之隱衷。不僅此也，而又有誤解、厄難、曲用等之事，故亦有慨

---

① 《論語發微》。
② 史公自敍曰：董生云：周衰道廢云云。
③ 包慎言，《溫故錄》："……《春秋》本天以治人，知我者，其惟《春秋》；罪我者，其惟《春秋》。故曰：'知我者，其天乎？'"。
④ 《論語正義》。
⑤ 《集解》。
⑥ 《皇疏》。
⑦ 《反身錄》。

歎。或曰:"吾修《春秋》之心,時人豈知其苦衷;吾之删訂贊修,時人豈知其大道天下利益之好(如《易》中之天道、《春秋》中之王法等)……"故歎息之也。

又論曰:初問學求道只當下學務實;上達天命云云,只是自然或得,不可虛矯而揠苗助長。

我知天;天知我。

註解:

上達或有三義:上達天道;上達天命;上達王道(上達王事王法)。

"下學上達"有若干解:其一,"**下學人事,上知天命**",人事有否有泰,故不尤人,天命有窮有通,故不怨天(或曰人事之厄亦天所命,故不尤人怨天,而樂天知命);其二,**下學為修撰《春秋》**(或所有退而删訂贊修之**事業**),而人事浹,王道備;上達謂上達於王者,達於王事,達於王道,達於佐國理民之道,而將為後王法。自盡人事,天命吾道此世不行,皆天命如此,故不怨尤。其三,人君當下學而禮賢下士,上達而"通於天道而畏威"(顏師古);其四,下學謂"練世事"、"學人事","上達"謂知天道,所學通於天;其五,**下學**(修撰)**六經**,上達天道天命。

公伯寮愬子路於季孫。子服景伯以告,曰:"夫子固有惑志於公伯寮,吾力猶能肆諸市朝。"子曰:"道之將行也與? 命也。道之將廢也與? 命也。公伯寮其如命何!"

公伯寮(或曰是孔子弟子而當罷其從祀;或曰非孔子弟子①。魯士,或

① 《史記》以為是孔子弟子公伯寮字子周;《孔子家語》有申繚字周,無公伯寮;或曰非孔子弟子;或曰是孔子弟子而當罷其從祀。

曰魯大夫）愬（譖）子路於季孫。子服景伯（魯大夫子服何，景是謚，伯字，魯國孟孫族）以告，曰：“夫子（季氏，季孫，或即桓子）固有惑志於公伯寮（指季孫信公伯寮之讒言，而恚子路），吾力猶能肆（極陳，陳屍，殺而陳屍曰肆）諸（之於，之指公伯寮）市朝。”子曰：“道之將行也與？命也。道之將廢也與？命也。公伯寮其如命何！”

魯定公九年許，孔子由中都宰為司空，由司空為大司寇。定公十二年夏，使仲由為季氏宰，墮三都。季氏即季孫桓子也。而魯人公伯寮譖愬子路於季孫。魯國孟孫族子服景伯以此告孔子，曰：“夫子季孫桓子本受公伯寮譖言之蠱惑。然吾為孟孫族，勢力猶能辨子路之無罪於季孫，使之誅寮而肆之①。”肆者何？曰殺而陳屍也，有罪既刑，陳其屍曰肆。肆諸市朝何謂？《周官·掌戮》云：“凡殺人者，踣於市，肆之三日。”大夫於朝，士於市。公伯寮是士，止應云肆諸市，連言朝耳②。其意曰：“景伯是孟孫之族，當有勢力，能與季孫言也。辨子路之無罪，欲令季孫知寮之愬，然後使季孫誅寮，以國之常刑殺之也。”③④孔子答景伯以子路無罪，言人死生有命，非伯寮之譖如何。人之道德得行於世者與，此是天之命也。而君道廢墜不用於世者，此亦是天之命也。子路之道廢興，由天之命耳。雖公伯寮之譖，其能違天命而興廢於子路邪？⑤孟曰：“行或使之，止或尼（nì，止）之。行止，非人所能也。吾之不遇魯侯，天也。臧氏之子焉能使予不遇哉？”⑥斯之謂也。

---

①　《集解》。

②　《周禮·秋官·司市·疏》引鄭注：大夫於朝，士於市。又可參見：《周禮·秋官·鄉士疏》。

③　《論語正義》。

④　“陳鱣云：按臧在東曰：‘季孫既惑志於寮，故景伯欲誅寮，必先向季孫辨子路之無罪，使季孫知子路無他，又知寮之愬，然後季孫誅之於市，與衆棄之，景伯必無不告季孫而竟自誅寮也。’”參見：《論語集釋》。

⑤　《皇疏》：“景伯既告孔子曰季氏猶有惑志，而又以此説助子路，使子路無罪，而伯寮致死。言若於他人該有豪勢者，則吾力勢不能誅耳，若於伯寮者，則吾力勢是能使季孫審子路之無罪，而殺伯寮於市朝也。肆者，殺而陳屍也。”參見：《論語義疏》。

⑥　《梁惠王下》。

　　論曰:"孔子爲魯司寇,子路爲季氏宰,實相表裏,觀墮都之事可見。子路見疑,卽孔子不用之由,故孔子以道之行廢言之,似不僅爲子路發也。"①以季孫本有不臣魯君之心,而孔子師徒志在張公室興魯國,故其(季桓子)本將排擠孔子師徒也(固有惑志),豈在公伯寮之譖哉。"定公十二年墮三都,其時季孫意嚮聖人甚至,未幾乃受女樂,聖人不復言、子路不復諫者,以其意先疑而不用其說矣。其所以疑而不用其說者,蓋公伯寮之徒爲之也,所謂彼婦之口、彼婦之謁者歟? 聖人非不惡讒而欲正其罪也,然猶是季孫始者能意嚮聖人,是必天之啓其衷也;(而今也)天命如斯,而吾強執公伯寮而誅之,以快一時之意,然而國之朋黨不已交爭,而禍安知所極乎? 是小丈夫之所爲也,是不知命者也。"②且夫季孫之能遂志,亦因當時王道廢棄,禮崩樂壞,君亦不君臣亦不臣,勢難力挽,孔子亦是知其不可而為之耳。故曰天也命也。

　　張爾岐論曰:"人道之當然不可違者,義也。天道之本然而不可爭者,命也。貧富貴賤得失死生之有所制而不可強也,君子與小人一也。命不可知,君子當以義知命矣。凡義所不可,卽以爲命所不有也。故進而不得於命者,退而猶不失吾義也。小人嘗以智力知命矣,力不能爭則智邀之,智力無可施而後謂之命也。君子以義安命,故其心常泰。小人以智力爭命,故其心多怨。衆人之於命,亦有安之矣,大約皆知其無可奈何而後安之者也。聖人之於命,安之矣,實不以命爲準也,而以義爲準。故雖力有可爭,勢有可圖,而退然處之,曰義之所不可也。義所不可,斯曰命矣。故孔子之於公伯寮,未嘗無景伯之可恃也;於衛卿,未嘗無彌子瑕之可緣也。孟子之於臧倉,未嘗無樂正子之可力爲辨而重爲請也,亦曰義所不在

---

① 《洙泗考信錄》。
② 《惜抱軒經說》。

耳。義所不在，斯命所不有矣。故聖賢之於命，不必一於義也，而命皆有以制之。制之至無可奈何，而後安之。故聖賢之與衆人，安命同也，而安之者不同也。"①

餘論：由此節反溯上節，上節之意蓋言"時君不能用我行王道焉"，故曰"知我者，其天乎"，天也，命也，故人不知而不慍，不怨天尤人。

孟子亦有論"命"者，可對勘之②：

孟子曰："盡（極、儘量擴展）其心（而行善）者，知其性（本性如仁、義、禮、智之端）也。知其性，則知天（天命，天意，天道，天意天道貴善）矣，（而天道好生貴善）。存其（善）心，養其（善）性，所以事天（天道、天意、天則、天律、天理、天命）（對待天命的方法）也，（天道無親，惟仁是與）。殀壽不貳（違反、改易），修身以俟之（待天命），所以立命（證立天命，安身立命）也。"（天之命令者，天則天律天理也，善則得正命，不善則得非命，所謂"積善之家必有餘慶，積不善之家必有餘殃"是也。）③

孟子曰："求則得之，舍則失之，是求有益於得也，求在我者也（天爵）。求之（人爵）有道（修其天爵、居仁由義），得之（人爵）有（天）命（天則、天律、天律、必然規律），是求無益於得（人爵）也，求在外者也（人爵）。"④

孟子曰："口之於味也，目之於色也，耳之於聲也，鼻之於臭（xiù，氣味）也，四肢之於安佚也，性也，有命焉，君子不謂性也。仁之於父子也，義之於君臣也，禮之於賓主也，智之於賢者也，聖人之於天道也，命也，有性焉，君子不謂命也。（故君子修其天爵，終身以俟天命而已。）"⑤

---

① 張爾岐，《蒿庵閒話》。
② 參見拙著《孟子解讀》。
③ 《盡心上》。
④ 《盡心上》。
⑤ 《盡心下》。

"君子行(正)法(禮法,義法),以俟(天)命而已矣。"①

或解曰:公伯寮(或曰是孔子弟子而當罷其從祀;或曰非孔子弟子②。魯士,或曰魯大夫)愬(譖)子路於季孫。子服景伯(魯大夫子服何,景是諡,伯字,魯國孟孫族)以告,曰:"夫子(季氏,季孫,蓋桓子)固有惑志(本有不臣魯君之心,故本將不用志在張公室興魯國之孔子子路),吾或無奈何;然於公伯寮也,吾力猶能肆(極陳,陳屍,殺而陳屍曰肆)諸(之於,之指公伯寮)市朝。"子曰:"道之將行也與? 命也。道之將廢也與? 命也。公伯寮其如命何!"

約魯定公九年時,孔子由中都宰為司空,由司空為大司寇。定公十二年夏,使仲由為季氏宰,墮三都。季氏即季孫桓子也。而魯士公伯寮譖愬子路於季孫。魯國孟孫族子服景伯以此告孔子,曰:"夫子季孫桓子本已專魯,而有不臣魯君之心,以孔子師徒志在張公室興魯國,故其(季桓子)本將不用之。季氏豪勢,吾或無奈何;然於譖愬小人公伯寮也,吾力猶能肆殺而陳其屍於市朝也。"肆諸市朝何謂?《周官·掌戮》云:"凡殺人者,踣於市,肆之三日。"大夫於朝,士於市。公伯寮是士,止應云肆諸市,連言朝耳③。

子曰:"賢者辟世,其次辟地,其次辟色,其次辟言。"

子曰:"賢者辟(去)世,其次辟地,其次辟色(或作"辟人"),其次辟言。"此講出處行藏之道也。避世,無道則隱,世主莫得而臣之

---

① 《盡心下》。

② 《史記》以為是孔子弟子公伯寮字子周;《孔子家語》有申繚字周,無公伯寮;或曰非孔子弟子;或曰是孔子弟子而當罷其從祀。

③ 《周禮·秋官·司市·疏》引鄭注:大夫於朝,士於市。又可參見:《周禮·秋官·鄉士疏》。

也,若伯夷然;避地,去亂國,適治邦也;避色,(君、人等)色(顏色、臉色不善或不敬)斯舉、禮貌衰而去之矣;避言,(君、人等)有惡言乃去①。"其次"者,或曰此是以先後大小深淺言,或曰以優劣序列之,然亦不必拘泥之。"出處之義,自非一端,隨所遇之時而酌所處之宜可也。衛靈公顧蜚雁則辟色矣,問陳則辟言矣,豈夫子於爲劣乎? 此所以不可以優劣言也。"②王夫之亦曰:"辟地以下三言其次,以優劣論固不可,然云其次,則固必有其次第差等矣。程子以爲所遇不同,乃如夫子之時,天下之無道甚矣,豈猶有可不避之地哉? 而聖人何以僅避言、色也? 蓋所云次者,就避之淺深而言也。避世,避之尤者也。避地以降,漸不欲避者也,志益平而心益苦矣。"③

論曰:"聖人無可無不可,故不以治亂爲隔。賢者去就順時,若天地否(或爲閉)塞,則賢人便隱,高蹈塵外,枕石漱流,天子不得而臣,諸侯不得而友,此避世之士也。其次避地者,謂中賢也,未能高栖絕世,但擇地而處,去亂就治也。其次避色者,此次中之賢也,不能豫擇治亂,但臨時觀君之顏色,顏色惡則去。其次避言者,不能觀色斯舉矣,唯但聽君言之是非,聞惡言則去也。"④

餘論:此似接上節言,辟言即事關譖愬之事。或以爲辟公伯寮之譖愬言爲事之小者後者,或以爲辟景伯之言而不答? 又或曰以先後大小深淺言之,或曰以優劣序列言之,而上文已辯之明矣。

子曰:"作者七人矣。"

子曰:"作者七人矣。"作者之謂聖,述者之謂繼。吾則述而

---

① 《集解》。

② 《論語注義問答通釋》。

③ 《讀四書大全説》。

④ 《皇疏》。

不作，信而好古而已①。作，為天下製作大法，製作王道法制也，唯聖王可以作之。孔子謙不敢當聖，復無位（故後人稱之為素王），雖有《春秋》，亦曰知我罪我其惟《春秋》，以此也。"仲尼序《書》，始堯舜。堯舜以來始有典籍，故道典籍以來，聖人得位而製作者凡七人，即堯、舜、禹、湯、文、武、周公也。"②"此蓋孔子自明述而不作之意，言作者已有七人，不待更作，《中庸》云：'仲尼祖述堯舜。'《論語》末篇亦上稽堯舜而止。"③孔子，有志於興作，而謙不敢居也。

　　或解曰：（此接上節，孔子移時復言，）子曰："作之（其事，上節所述"四辟"之事）者七（或曰是"十"之誤）人矣。"作，作為也，見幾而作為也；爲之者，謂爲辟世、辟地、辟色、辟言者也。此引孔子言，證能避世以下，自古已來作此行者，唯七人而已矣，七人者誰？曰伯夷、叔齊、虞仲、夷逸、朱張、柳下惠、少連也。或曰七人是"長沮、桀溺、丈人、石門、荷蕢、儀封人、接輿"④。又或曰"七"乃"十"之誤：伯夷、叔齊、虞仲辟世者，荷蓧、長沮、桀溺辟地者，柳下惠、少連辟色者，荷蕢、楚狂接輿辟言者，凡十人也⑤。所謂"作者七人，隱各有方"。今已不能定論其人。然孔子發此言，蓋稍有表彰能辟四事、不從不義、見幾隱逸之意在也。

　　餘論： 然亦可以語意轉折而為解，意曰：當此無道之亂世，本當無道則隱也，如前述"四避"之說。然孔子知天命，天命行道傳道，而無論其成不成也。既奉天命，又知天命（或不成），故無論公伯寮如何譖（zèn，讒言，誣陷）愬（sù，同訴），吾自行道若素，而豈改素行素志哉。吾固然知"天下無道時賢者避世"等"四避"之意，然若夫大志之士或聖人（雖則孔子不自居聖人），則不避之，又有聖人逆勢興作

----

① 《述而》。
② 劉原父（即劉敞），《七經小傳》。
③ 《論語稽》。
④ 《集解》。
⑤ 《皇疏》。

之一途，天命我有所興作也，若商湯文武皆是也。天之予吾斯文也，將有所命乎？則吾豈敢辭！故知其不可為而為之，亦是奉天命、行天命之意矣！由此解之，則“作”既是興作、作為，又是製作，而“作者”自是“作者之謂聖”之意，而張載“製法興王之道，非有述於人者”之解可謂當也。孔子前言賢者，此言作者，顯屬對比之說，而孔子不自居聖人，故曰作者。而晨門隱者、避世者，豈知聖人之心哉！此或為孔子之所謂狷者。狷者有所不為而避世也，孔子則必有作為，而不求必成；不求必成者，天也，命也。

註解：

作：A. 作其（四）事者，謂避四事也，又可謂“見幾而作”；B. 製作法制，“作者之謂聖”——此解則另起一章，不接上節。

作者：A. 作四避之事之隱士；B. 制法興作之聖王。

七人：包注解“作”為“作辟言者”邪？鄭注則解“作”為“避四事”，非徒避言或避世等。

子路宿於石門。晨門曰：“奚自？”子路曰：“自孔氏。”曰：“是知其不可而為之者與？”

子路宿於石門（魯城門，次南第二門）。晨門（閽人，主守門之吏，掌城門之晨夜開閉也。或曰“蓋賢人隱於抱關者也”[1]）曰：“奚自？”子路曰：“自孔氏。”曰：“是知其不可而強為之者與？”

此蓋“是夫子周流在外，使子路歸魯，值莫（暮）而宿於魯之城外，故有此問答之辭。曰知其不可而爲之，正指聖人周流列國，知道不行，而猶欲挽之。晨門知聖也。”[2]孔子雖曰知命，皆天命也，

———————

① 《四書章句集注》。

② 《論語後案》。

而又積極進取於道,知其不可而為之。盡心正命,終生不已,此之謂也。亦即孟子所謂"君子行(正)法,以俟(天)命"①,"殀壽不貳(違反、改易),修身以俟之(待天命),所以立命(證立天命,安身立命)也。"②

今論曰:《論語》記此條,正見儒家與道家之人格精神之區分,亦可見儒家本有積極精進、剛毅艱卓之一面也。近代以來,或有將中國衰弱盡歸之於儒家思想者,固亦曰有其特別之理由,然亦或有"只言其一,不及其餘"之厚誣也。

餘論:此仍可謂接上節而言,意曰:"吾之不隱不避,乃是知其不可而為之也",此恰是聖人無可無不可之行事。換言之,"時中"之外,又有"知其不可而為之"之一途。"時中"固然是知命,"知不可為而為之"亦是知天命,抱奉天命而為,不求必成,精進向上,至於成否,命也,不怨尤也。由此上三節之文義貫通論之,則上節"作者"又當為"作此四事者"(鄭註),或作此"辟言者"(包注)。然又與上節之廣辭有異,故亦皆存之而闕疑而已。

子擊磬於衛。有荷蕢而過孔氏之門者,曰:"有心哉!擊磬乎!"既而曰:"鄙哉!硜硜乎!莫己知也,斯己而已矣。深則厲,淺則揭。"子曰:"果哉!末之難矣。"

子擊磬於衛。有荷(擔負,任)蕢(kuì,草器,織草為器,所以盛土③)而過孔氏之門者,曰:"有心哉!擊磬(qìng)乎!"既而曰:"鄙哉!硜

---

① 《盡心下》。
② 《盡心上》。
③ 荷蕢乃擔負草筐或竹筐,而擔竹筐正所以負土,故亦曰負土。

硜(或曰即是古文磬字①)乎！莫己知也，斯己而已矣。深則厲(濡濕衣服涉水)②，淺則揭(攝衣，提起衣服)③。”子曰：“果(果然，誠然如是；或曰果敢，未知己志而便譏己，所以爲果)哉！末之難矣。”

　　孔子三至衛，是時靈公老，怠於政，不用孔子④。孔子嘗擊磬於家。有以賣荷土者過孔氏之門，聞之而曰：“硜硜然(憂苦)而於斯擊磬，蓋其心別有所志也！”⑤(此言蓋其心未嘗忘天下也。)⑥繼而曰：“此擊磬之聲也，硜硜然堅硬確執，是亦鄙固也(以不能隨宜世變)。若夫世莫己知也，則斯存一己優遊而已矣⑦，何必堅確如磬。處斯世也，譬如涉水焉，深則濡衣而涉，淺則揭衣(主要指下裳，或曰攝衣)而涉，適其深淺，與世沉浮而已矣。”意曰當“隨世以行己，若遇水必以

----

①　《潘氏集箋》：“硜硜，《論語古義》、《論語後錄》並云‘硜’古文‘磬’。《史記》載《樂記》云‘石聲硜硜’，卽磬字。今《禮記》作‘磬’，《論語竑質》、陳鱣並同。《竑質》又謂石聲。磬以其聲名其石，遂名樂石爲磬。石聲磬，單言之；鄙哉硜硜乎，重言之，皆言其聲也，文異而字實同也。陸德明以苦耕反硜，誤矣。”

②　《爾雅》：“揭者，揭衣也。以衣涉水爲厲，繇厀以下爲揭，繇厀以上爲涉，繇帶以上爲厲。”“按：《論語古訓》云：‘《釋水》云：“繇厀以下爲揭，繇厀以上爲涉，繇帶以下爲厲。”蓋分舉之則三，縱言之則二’，以膝爲準而分上下也。包云‘以衣涉水爲厲’，亦不以繇厀以上言之，不謂繇帶以上也。此注當有‘繇厀以下爲揭’。參見：《論語集釋》。

③　此兩句爲《邶風·匏有苦葉》中詩句：“匏有苦葉，濟有深涉。深則厲，淺則揭。有瀰濟盈，有鷕雉鳴。濟盈不濡軌，雉鳴求其牡。雝雝鳴雁，旭日始旦。士如歸妻，迨冰未泮。招招舟子，人涉卬否。人涉卬否，卬須我友。”

④　《論語後案》。

⑤　《論語義疏》。

⑥　或曰：《禦覽》五百七十六引《論語》注文：子擊磬者，樂也。蕢，草器也。荷此器，賢人辟世也。**有心哉，善其音有所病於世。**朱熹則解爲“聖人之心未嘗忘天下，此人聞其磬聲而知之，則亦非常人矣。”參見：《四書章句集注》。

⑦　《集解》則解爲“此硜硜者徒信己而已，言亦無益也。”《皇疏》曰：“時既不行，而猶空信己之道欲行之，是於教化無所益也。”參見：《論語義疏》。亦或可取。另可參見：《論語後案》：“依皇、刑二疏，既，已也。鄙哉，磬中之聲可鄙劣也。硜硜莫己知，斯己而已者，此鄙哉之事，言磬聲硜硜然，**無知己之人，惟堅信於己而已矣。**疏申何解如此。一曰：‘莫己知也斯己而已矣’二句連讀，**言世莫知己，祇一己之孤而已也，**與滔滔皆是誰以易之之意正同。《史記世家》繫此事於三至衛，是時靈公老，怠於政，不用孔子。荷蕢云莫己知，情事亦合。”

濟,知其不可,則當不爲"①。子聞之曰:"(斯人亦莫我知也。)果然行事如此,則何難之有?"②其語似若有微義之意,而尤申言其志不在此。無難者,以其不能解己之道也③,蓋亦道不同不相為謀者也。其意曰:果然如此而與世沉浮,則有何難? 然吾豈為此? 吾不為此,乃知天命也,天之與(畀)我斯文,若有所命之,故不可為而為之。孔子蓋非反唇相譏,而反似若有歆羨之意,若許點之舞雩然。豈不欲安樂隱處? 然聖人之心自有不可自已者也。荷蕢者又豈知之!

論曰:"果,誠也。果哉末之難矣,猶曰誠哉無難矣。蓋如荷蕢者之言,隨時世以行己,視孔子所爲,難易相去何啻天壤? 故孔子聞其言而歎之,一若深喜其易者,而甘爲其難之意自在言外。(此亦可見)聖人辭意微婉也。"④

或曰:涉深者衣必濡水,以喻事不可救。揭淺則水不濡衣,以喻事猶可救。或以厲爲石樑,荷蕢者引《邶風·匏有苦葉》詩句"深則厲,淺則揭",詩意以淺水可褰裳而過,水深必依橋梁乃可過,喻禮義之大防不可踰也⑤。

或曰荷蕢者是隱士,或曰其是鄉願,其"莫己知也,斯己而已矣"之言,即孟子所述鄉願之言也:"鄉原也曰:'生斯世也,為(處、行事)斯世也,善(流俗稱善,同流合俗)斯可矣。'"⑥若夫鄉願者,孔子辟之曰"德之賊"⑦,孟子亦辟之:

孔子曰:'過我門而不入我室,我不憾焉者,其惟鄉原(願,善)乎! 鄉原,德之賊也。'"曰:"何如斯可謂之鄉原矣?"曰:"(鄉原也,其攻狂者曰):'何以是嘐嘐也? 言不顧行,行不顧言,則曰:古之

---

① 《集解》,參見:《論語義疏》。
② 或解曰:果敢而擇斯途而行之。斯途者,忘世而一己逍遙而已。
③ 《集解》。
④ 《群經平議》。
⑤ 《論語後案》。
⑥ 《盡心下》。
⑦ 《陽貨》:子曰:"鄉原,德之賊也。"

人，古之人。'（又攻獌人曰）：'行何為踽踽（jǔ，疏行，無所親）涼涼（薄），（而生於今之世無所用之乎）？'曰：'生斯世也，為（處、行事）斯世也，善（流俗稱善，同流合俗）斯可矣。'（如斯之人，）閹然（豎宦之狀，討好流俗）媚（愛）於世也者，是鄉原也。"

萬章曰："（鄉原，）一鄉皆稱原人（愿人，善人）焉，無所往而不為原人，（而）孔子（反）以為德之賊，何哉？"曰："（鄉原也，善能匿藏其惡，故）非（指摘）之（似）無（所）舉也，刺（譏刺）之（似）無（所）刺也；同乎流俗，合乎汙世；居之似忠信，行之似廉潔；眾皆悅之，自以為是，而（無仁義之實），不可與入堯舜之道，故曰德之賊也。孔子曰：'惡似而非者：惡莠（yǒu，狗尾草或秀而不實者），恐其亂苗也；惡佞（詐偽、詐飾），恐其亂義也；惡利口（善辯，詭辯），恐其亂信也；惡鄭聲，恐其亂樂也；惡紫，恐其亂朱也；惡鄉原，恐其亂德也。'君子反（歸）經而已矣。經正，則庶民興；庶民興，斯無邪慝矣。（無邪慝，則慕賢德；人慕賢德，則孔子豈有厄於陳蔡。此孔子所以歎歸也。）"（趙歧曰："反經身行，民化於己，子率而正，孰敢不正也。"）[1]

餘論：晨門、荷蕢者皆接"作者七人"而來，孔子意在"興作"，而答子服景伯時乃先以天命對之，以"曉景伯、安子路而警伯寮"，又欲揚先抑，先言於斯事也（慇），一般賢者或有四避之應對處置之法，然又有聖人興作之別一途也。故曰"作者七人"，此可見孔子之心志（或編撰《論語》者以此表明孔子及"儒家"之心志作為）。此為賢者與聖者之不同行事之對比。而晨門、荷蕢者乃舉實例繼續比方之，晨門、荷蕢者皆避世或四辟者，而孔子乃志意堅決，精進作為，此亦孔子思魯之狂士之原由與一貫態度也。則《論語》記此，確有某種"斥隱"之意在。故對"無道則隱"亦不可推崇過度。

今或解"莫己知"為"無自知之明"，解"斯己而已矣"為"自我中

---

[1]　參見：羅雲鋒著，《孟子解讀》。

心之執",雖屬望文生義,亦可稍備一思。

子張曰:"《書》云:'高宗諒陰,三年不言。'何謂也?"子曰:"何必高宗,古之人皆然。君薨,百官總己以聽於冢宰三年。"

子張曰:"《書》云:'高宗諒陰(即梁闇,楣謂之梁;闇,廬也。梁闇乃古人居喪之凶廬,古代之特別喪禮制度),三年不言(不言政事,不使令,不改父之道政也)。'何謂也?"子曰:"何必高宗,古之人皆然。君薨,百官總己,以聽於冢宰三年。而世子亦聽於冢宰三年,不敢服先王之服,履先王之位而聽焉①。"

史記,小乙崩,武丁(即高宗)立,奉孝子守喪三年之禮,(居倚廬柱楣,)居於梁闇凶廬,三年不言政事②。子張不解而問。"言君薨則諸侯亦然。總己,謂總攝己職。冢宰,太宰也。百官聽於冢宰,故君得以三年不言也(不言政事,不使令,不改父之道政也)。(此蓋)位有貴賤,而生於父母無以異者,故三年之喪,自天子達於庶人。子張非疑此也,殆以爲人君三年不言,則臣下無所稟令,禍亂或由以起也。夫子告以聽於冢宰,則禍亂非所憂矣。"③孔子則答曰此是古禮,自天子、諸侯以至於庶人,皆如是也,乃親親孝道。以人生三年乃免於父母之懷,故守孝亦三年,念父母恩情也。至於子張"天子守孝如此,則政事何如"之問,孔子則答言解之曰,"古之人君(乃至自天子諸侯以至於庶人,)有喪者皆三年不言,何必獨美高宗邪? 此言(蓋)亦激時人也。(然則)人君之喪,其子得不言之由(何故邪?)若君死則羣臣百官不復諮詢於

---

① 《尚書大傳》。
② 《論語故訓》。
③ 《四書章句集注》。

君,而各總束己之事,故云總己也。冢宰,上卿也,百官皆束己
職,三年聽冢宰,故嗣君三年不言也。"①《尚書-伊訓》曰:"百官總
己,以聽冢宰。"此之謂也。

論曰:"三年之喪,宅憂而不正南面之治。天子之爲子,唯盡乎
人子之心,則大臣之爲臣,自守其爲臣之節。惟仁孝衰於上,而忠
誠亦薄於下,於是當喪制命,而不敢移其柄於大臣,大倫之斁(dù,
敗壞;又音 yì,有解除;厭倦,懈怠,厭弃;盛大貌;終止等意②),有自來矣。
自康王卽位於喪次,其後因之蔑喪踐祚,至於春秋之季,並不知有
此禮,故子張讀《說命》而疑焉。"③又曰:"人同此心,心同此理,爲
子者不以天下易其親,則爲臣者自不敢以大權私於己,人倫正而天
下化。後世上偷而下竊,下僭而上疑,其廢此也久矣。此周道之所
以不及殷,而聖人論禮,必折衷於三代也。"④

註解:

"《白虎通-喪服篇》:'所以必居倚廬何? 孝子哀不欲聞人之聲,
又不欲居故處。居中門之外,倚木爲廬,質反古也。不在門内何?
戒不虞故也。故《禮-閒傳》曰:"父母之喪,居倚廬。"於中門外,東牆
下戶北面練居。堊室,無飾之室。又曰:"天子七日,公諸侯五日,卿
大夫三日而服成,居外門内東壁下爲廬。"'然則廬是倚木爲之,別倚
一木橫臥於地,以上承所倚之木,即葛洪所謂'下著地'者也。孝子
於所倚木兩旁出入,或以苫蔽其一旁耳。既葬,則以短柱將其所橫
臥於地之長樑柱起,若爲半屋然。則所謂柱楣者,謂有柱有楣也。
梁闓以喪廬稱之。《殷本紀》:'帝小乙崩,子帝武丁立。武丁修政行
德,天下咸驩,殷道復興。'又《漢書·五行志》云:'劉向以爲殷道既

---

① 《皇疏》,參見:《論語義疏》。
② 參見:漢典。
③ 《四書訓義》。
④ 《四書訓義》。

衰,高宗承敝而起,盡涼陰之哀,天下應之也.'是高宗爲殷之中興
王,故孟子言'武丁朝諸侯,有天下'矣。馬融《書》注云:'亮,信也。
陰,默也。爲聽於冢宰,信默而不言.'此僞孔所本。《楚語》言高宗
云:'於是乎三年,默以思道.'此但釋不言之義。其不言在居喪時,
故鄭從伏傳作'梁闇',解爲喪廬,不用其師説也。"①

子曰:"上好禮,則民易使也。"

子曰:"上好禮,則民易使也。"

論曰:此蓋講君人治國之道。"君人者,國之本也,夫爲國,其
化莫大於崇本,崇本則君化若神,不崇本則君無以兼人,無以兼人,
雖峻刑重誅,而民不從,是所謂驅國而棄之者也,患庸甚焉!何謂
本?曰:天地人,萬物之本也,天生之,地養之,人成之;天生之以孝
悌,地養之以衣食,人成之以禮樂,三者相爲手足,合以成體,不可
一無也。無孝悌,則亡其所以生;無衣食,則亡其所以養;無禮樂,
則亡其所以成也。三者皆亡,則民如麋鹿,各從其慾,家自爲俗,父
不能使子,君不能使臣,雖有城郭,名曰虚邑。如此,其君枕塊而
僵,莫之危而自危,莫之喪而自亡,是謂自然之罰。自然之罰至,裹
襲石室,分障險阻,猶不能逃之也。明主賢君,必於其信,是故肅慎
三本,郊祀致敬,共事祖禰,舉顯孝悌,表異孝行,所以奉天本也;秉
耒躬耕,採桑親蠶,墾草殖穀,開闢以足衣食,所以奉地本也;立辟
雍庠序,修孝悌敬讓,明以教化,感以禮樂,所以奉人本也。三者皆
奉,則民如子弟,不敢自專,邦如父母,不待恩而愛,不須嚴而使,雖
野居露宿,厚於宮室。如是者,其君安省而臥,莫之助而自強,莫之
綏而自安,是謂自然之賞。自然之賞至,雖退讓委國而去,百姓襁
負其子,隨而君之,君亦不得離也。故以德爲國者,甘於飴蜜,固於

---

① 《論語正義》。

膠漆。是以聖賢勉而崇本，而不敢失也。君人者，國之證（疑是徵）也，不可先倡，感而後應。故居倡之位，而不行倡之勢；不居和之職，而以和為德；常盡其下，故能為之上也。"①

　　故天子必先之以禮，如"三年之喪，宅憂而不正南面之治。天子之為子，唯盡乎人子之心，則大臣之為臣，自守其為臣之節。惟仁孝衰於上，而忠誠亦薄於下，於是當喪制命，而不敢移其柄於大臣，大倫之斁（dù，敗壞；又音 yì，有解除；厌倦，懈怠，厌弃；盛大貌；終止等意②），有自來矣。自康王即位於喪次，其後因之蔑喪踐祚，至於春秋之季，並不知有此禮，故子張讀《説命》而疑焉。"③又曰："人同此心，心同此理，為子者不以天下易其親，則為臣者自不敢以大權私於己，人倫正而天下化。"④夫如是，則天下鄉風而化矣。故曰：上

----

①　《春秋繁露·立元神》："君人者，國之元，發言動作，萬物之樞機。樞機之發，榮辱之端也，失之豪釐，駟不及追。故為人君者，謹本詳始，敬小慎微；志如死灰，形如委衣，安精養神，寂寞無為，休形無見影，揜聲無出響；虛心下士，觀來察往，謀於眾賢，考求眾人；得其心，遍見其情，察其好惡，以參忠佞；考其往行，驗之於今，計其蓄積，受於先賢；釋其讎怨，視其所爭，差其黨族，所依為臬，據位治人，用何為名？累日積久，何功不成？可以内參外，可以小占大，必知其實，是謂開闔。君人者，國之本也，夫為國，其化莫大於崇本，崇本則君化若神，不崇本則君無以兼人，無以兼人，雖峻刑重誅，而民不從，是所謂驅國而棄之者也，患庸甚焉！何謂本？曰：天地人，萬物之本也，天生之，地養之，人成之；天生之以孝悌，地養之以衣食，人成之以禮樂，三者相為手足，合以成體，不可一無也。無孝悌，則亡其所以生；無衣食，則亡其所以養；無禮樂，則亡其所以成也。三者皆亡，則民如麋鹿，各從其慾，家自為俗，父不能使子，君不能使臣，雖有城郭，名曰虛邑。如此，其君枕塊而僵，莫之危而自危，莫之喪而自亡，是謂自然之罰。自然之罰至，襄襲石室，分障險阻，猶不能逃之也。明主賢君，必於其信，是故肅慎三本，郊祀致敬，共事祖禰，舉顯孝悌，表異孝行，所以奉天本也；秉耒躬耕，採桑親蠶，墾草殖穀，開闢以足衣食，所以奉地本也；立辟雍庠序，修孝悌敬讓，明以教化，感以禮樂，所以奉人本也。三者皆奉，則民如子弟，不敢自專；邦如父母，不待恩而愛，不須嚴而使，雖野居露宿，厚於宮室。如是者，其君安省而臥，莫之助而自強，莫之綏而自安，是謂自然之賞。自然之賞至，雖退讓委國而去，百姓繦負其子，隨而君之，君亦不得離也。故以德為國者，甘於飴蜜，固於膠漆。是以聖賢勉而崇本，而不敢失也。君人者，國之證也，不可先倡，感而後應。故居倡之位，而不行倡之勢；不居和之職，而以和為德；常盡其下，故能為之上也。"

②　參見：漢典。

③　《四書訓義》。

④　《四書訓義》。

好禮,則民易使也。使之自為於正道禮義而天下國家治化也。

今論曰：禮者，聖王據本天地之道，而用中製作人道禮樂，為人倫絜矩，又為公正法度也。故古之禮治即今之法治也。有道斯有禮，斯有法度，斯有所守，斯無侵奪淩辱，斯得人心平，天下安；或於內外敵寇侵略時，又得正氣凜然，同仇敵愾也。有端正禮法，則君卿大夫不僭民，民不僭公吏。易使者，依循正道禮法，則官民易於戮力奉公而治國也。又：古為君國，今曰民國、共和國、人民共和國、民治國等①，為全體國民之國也，無君，而有國家公職人員，故不曰使民、治民，而曰奉全體國民之命，而依法代為治理而已矣。

餘論：此節或亦可謂承上節論題續談，再釋子張之疑問，亦以言諒陰之禮制之意義。由此上推"果哉"之意，或為"若果敢而行之，獨行己志，知其不可而為之，此又有何難"。上節子張或謂時君以三年諒陰不言為難而不行之，故問其意。孔子乃言曰此禮制，先難而後易，似難而實易，小損而大利，與乎作者行大道之意正同也。而人不識之，蓋眼光短淺狹陋於一時之利益也。然此將兩節合為一節而為解，亦稍有牽強固陋處，故但存之，稍備考思而已矣。

子路問君子。子曰："修己以敬。"曰："如斯而已乎？"曰："修己以安人。"曰："如斯而已乎？"曰："修己以安百姓。修己以安百姓，堯舜其猶病諸！"

子路問君子。子曰："修己以敬。"曰："如斯而已乎？"曰："修己以安人。"曰："如斯而已乎？"曰："修己以安百姓。修己以安百姓，堯舜其猶病（難，以之為難）諸！"

---

① Republic，people's republic and so on.

君子,有德者也,在上位者也,君也。修己以敬何謂?修其身敬其身也。何以敬其身?敬天道中庸也,約言其根本(原則),乃敬以奉持正義正禮正法也;具言其條目,乃《尚書·洪範》之"敬用五事"也,"一曰貌,二曰言,三曰視,四曰聽,五曰思;貌曰恭,言曰從,視曰明,聽曰聰,思曰睿;恭作肅,從作乂,明作哲,聰作謀,睿作聖。"①"人之修身,不過五事,曰貌、言、視、聽、思,五事之則曰恭、從、明、聰、叡。有物必有則,惟敬則得之,不敬則失之,故曰敬用五事,即修己以敬之旨也。"②一之於克己敬己於天道中庸,復正己於正義正禮正法,如斯而修己以敬,是齊家交友、立業處世、治國平天下等一切事業之本也。修身安己,而後言安人安百姓安天下,而皆是敬持奉守(正道正義正禮正法)之一途也。

何以敬人己?一之於敬以正道正義正禮正法也。一之於敬人己以正道正義正禮正法,而後人慕之敬之,效之法之;然後一君(子)正,而後一家正、一國之臣正、一切交遊正,而皆安之於正道正義正禮正法正君子也。故曰修己以安人,以安親族臣屬友好,將以齊家也,將以集義共事也。斯人者,親朋九族也,在下位者也,臣屬也,乃至一切遇合熟識(陌)者也。而皆一之於相敬安於其正義正禮正法也。

齊家安人而集義行事,然後可以言修己以安百姓之事矣。安百姓即安天下也,孟子所謂"王者之民,皞皞如也,民日遷善而不知為之者",所謂"(聖人)君子所過(歷;行動)者化(感化),所存者神(留存於世或謀劃天下大利益之精神心思神妙廣遠),上下與天地同流(運行流轉不息)"③,斯則仁義化育之大仁,聖人王者之事,雖

---

① 《尚書正義》。

② 《四書紹聞編》。

③ 《孟子·盡心上》:孟子曰:"王者之民,皞皞(hào,浩浩瀚瀚,廣大,自由伸展,自由自在,怡然自得)如也。殺之(處死犯違死罪之罪人)而不怨,利之而不庸(功,酬功,酬勞,酬謝),民日遷善而不知為之者。夫(聖人)君子所過(歷;行動)者化(感化),所存者神(留存於世或謀劃天下大利益之精神心思神妙廣遠),上下與天地同流(運行流轉不息),豈曰小補之哉?"參見拙著《孟子解讀》。

堯舜亦難之也。然君子也,本當德業上進無止境,而求道推仁不止息也。先本之以修己以敬,能仁而修己以安人,復能仁而修己以安百姓安天下也。然亦皆是君子,而其本亦皆在修己以敬而已矣。

或論曰:"君子,謂在位者也。修己者,修身也。以敬者,禮無不敬也。安人者,齊家也。安百姓,則治國平天下也。《易-家人-象傳》云:'女正位乎内,男正位乎外。'此安人之義也。凡安人安百姓,皆本於修己以敬,故曰:'君子篤恭而天下平①。'"

又論曰:"今日學者要做君子,須先理會這敬字。先儒謂整齊嚴肅,是敬之入頭處;主一無適,是敬之無間斷處;惺惺不昧,是敬之先成處;提撕喚醒,是敬之接續處,大約不出此數端。若非敬,則雖日講學問,日講事業,都無頭腦,終於無成耳。所以古人於小學時,(只有)這敬字工夫都做成了,方能去做八條目。今人不曾於敬字上用得功,這八條目如何做的來? 子思作《中庸》,亦先提戒懼慎獨,至於堯舜禹之欽,湯之日躋,文之緝熙,無非是這敬。不是説空空一敬便完事了,一切致知力行工夫都是敬做成的,切莫看小了這敬字。"②

今論曰:揆原文之意,君子當指在位者或在上位之君子,然若以作現代教育或倫理學道德教育,則解為精神人格之君子便可。若以作公職人員或現代士官教育,則仍須講明原意。以原意論,"人"指臣僚百官(乃至講解時,亦可稍言及:古之所謂"齊家"即所謂親睦九族等);以道德品格教育或倫理學薰陶而言,則"人"解為"他人"或一切相關之交涉人事(社會交往、為人處世)皆可。"修己以敬"既是古之"君正而國正"之意,亦是内敬其身、以敬持禮之修養之意;"以

---

① 《中庸》。
② 《松陽講義》。

安百姓"原意固然是統治階級之口吻態度,為國家治理之事。今則亦改換其內涵而已。

或又解為"無為而治","夫君子者不能索足,故修己者索己。故修己者僅可以內敬其身,外安同己之人耳,豈足安百姓哉?百姓百品,萬國殊風,以不治治之,乃得其極;若欲修己以治之,雖堯舜必病,況君子乎?今堯舜非修之也,萬物自無為而治,若天之自高,地之自厚,日月之明,雲行雨施而已,故能夷暢條達,曲成不遺而無病也"[1]。此則頗類於現代社會之民主之治或民自治。此解雖不合孔子原意,然亦甚好。

餘論:如果將此節與上節關聯起來而為解,則仍是講君子為上在位先當修己以敬。高宗諒陰三年不言,亦是修己以敬而已。然此解有牽強附會處,故但存之而已。

原壤夷俟。子曰:"幼而不孫弟,長而無述焉,老而不死,是為賊!"以杖叩其脛。

原壤(魯人,或曰是孔子少小故舊,而或年少於孔子,蓋嘗為鄉里惡少之類也;或曰是方外之聖人)夷(屍也,陳也,平也。本或作僛,狀其箕踞如偃屍也;又或作跠,踞也,箕踞也)俟(待;或解作肆,倨肆,驕倨。夷俟猶踞肆,即箕踞)[2]。子曰:"幼而不孫弟,長而無述(稱譽)焉,老而不死,是為賊!"以杖叩其脛。

原壤蓋孔子幼小之故舊,今也無所事事,夷陳其兩足如箕,而箕踞以待孔子,不知敬人己以為禮者也。孔子甚惡無志不知禮義之人,乃即事而為弟子教諭曰:"斯人也,無志自修,不學禮義,幼而不孫悌;長而無所德業進取作為,酒食庸碌自了(漢)一生,故亦無

---

[1]　《皇疏》引郭象語。

[2]　夷俟:夷者,夷陳其兩足如箕而箕踞;俟則待也。

可稱述於鄉里者;食廢之徒,無所利貞善風於人與世,而或敗壞風氣,乃老而不死,徒食敗俗,可謂德之賊也。"為人無德,為老不尊,老而不死是為賊。孔子歷數言之既竟,又以杖叩擊壞脛,令其脛而不夷踞也①。孔子蓋或有為而發矣。

論曰:"記此章祇在聖人數語,見人生而無善可稱,便是世間一害,聖人所痛惡者。"②或論曰:"養生家譏儒者拘執禮法,迫情拂性,非延年之道,而自以曠遠為養生。夫子言壞壞禮傷教,生不如死,責之深矣。此為養生家解惑,非謾罵故人也。"③

餘論:恭敬而強;自持自克自奉,自整齊嚴肅,而強。又:《陽貨》:子曰:"年四十而見惡焉,其終也已。"

闕黨童子將命。或問之曰:"益者與?"子曰:"吾見其居於位也,見其與先生並行也。非求益者也,欲速成者也。"

闕(闕門,即魯城曲阜之兩觀;孔子故里即在闕門之內,所謂闕里也,二十五家為里)黨(周禮五百家為黨④)童子(未冠者之稱)將命(傳賓主之辭出入。將,持也;命,命辭也)。或問之曰:"(此童子請)益者與?"子曰:"吾見其(童子)居於位也,見其與先生(成人,或禮儀中之賓主)並行也。非求益者也,欲速成者也。"

孔子在州里,篤行孝道;居於闕黨,而為里門之師,教學於魯之

---

① 《皇疏》。
② 《四書説約》。
③ 《論語後案》。
④ 《摭餘説》:"毛西河曰:《周禮》五家為鄰,五鄰為里,四里為族,五族為黨。闕黨總該五百家,而夫子所居祇在闕里二十五家之中。而里門有師,謂之閭師。夫子幼時,或即為里門之師而教授焉,故云教學於魯之闕門。然則闕里者,闕黨之里也。"

闕門。其教化之效也，"居於闕黨，闕黨之子弟罔不分，有親者取多，孝悌以化之也。"①今或於鄉飲酒禮，而有闕黨之未冠童子，將持先生大人賓主之辭命而傳語之。或見而問之曰："此童子而來傳辭，是自求進益之道者與？"孔子曰："其非真學禮求道者，非所以真求德業進益者也。何以知之？禮，童子隅坐，無有列位，而此童子不讓，乃與成人並居位也；又禮，父之齒隨行，兄之齒雁行，此童子行不讓於長，而與先生並行也。此皆違謙越禮，失少長之禮也。故知其非所以踐習禮樂禮儀而求德業進益，乃所以求虛飾速成，以為入世逐俗之資耳。"②

或問：於此童子也，將何以示其求德業之進益？曰："使之給使令之役，觀少長之序，習揖遜之容，蓋所以抑而教之"③而或可也。

論曰："禮之於人大矣，老者無禮，則足以為人害；少者無禮，則足以自害。夫子於原壤、童子皆以是教之，述《論語》者以類相從，所以著人無老少皆不可以無禮義也。"④

---

①　《荀子·儒效篇》，又續曰："**儒者在本朝則美政，在下位則美俗。儒之為人下如是矣。**"《新序雜事一》亦曰："孔子在州里，篤行孝道。居於闕黨，闕黨之子弟畋漁分有，親者得多，孝以化之也。"

②　參酌《皇疏》。

③　《四書章句集注》。

④　《論語注義問答通釋》。

衛靈公第十五

衛靈公問陳於孔子。孔子對曰："俎豆之事，則嘗聞之矣；軍旅之事，未之學也。"明日遂行。在陳絕糧，從者病，莫能興。子路慍見曰："君子亦有窮乎？"子曰："君子固窮，小人窮斯濫矣。"

衛靈公問陳（陳，軍陳行列之法，將欲攻伐也；或曰即陳國之戰事或軍陣之事）於孔子。孔子對曰："俎（四足小盤。《説文》：俎，禮俎也。從半肉在且上）豆（禮器。《説文》：豆，古食肉器也）（俎豆，皆禮器）之事，則嘗聞之矣；軍旅（萬二千五百人爲軍，五百人爲旅）之事，未之學也。"明日遂行。在陳絕糧，從者（弟子）病，莫能興（起。起身，站立）。子路慍見曰："君子亦有窮乎？"子曰："君子固窮，小人窮斯濫（溢；竊）矣。"

衛靈公無道，不修明政教禮樂，而問軍陣之事，本末倒置，或有報仇攻伐之心。故孔子微言辟之，其意曰：俎豆禮樂政教之事，為立國之本，"軍旅末事；本未立，不可教以末事"①。明日，衛靈公與孔子語，見蜚雁，仰視之，色不在孔子（失敬賢者）。孔子遂行，復如陳②。此何故邪？孔子知其無志，無意於施行王道仁政，乃辟之也

---

① 《集解》。
② 《史記·孔子世家》。

（所謂辟人辟色辟言），故行而去之，如陳。會吳伐陳，陳亂，而孔子於陳蔡之間，又一時無所上下賢人君子之交也，故在陳而絶糧乏食，從者病餓，莫能興立。子路愠見曰："君子亦有窮乎？"子曰："君子固亦或有窮矣，然即或窮，也必固守其道而不違[1]；小人窮斯濫矣，濫者，放溢其道，行於邪僻（之途），而爲非義非道之事也。"孔子之意曰："君子之學非爲通（發達富貴）也，爲窮而不憂，困而意不衰也，知禍福終始而心不惑也"[2]。

論曰："有耿耿自命，寧死決不爲小人者，到窮之難忍，平生操履不覺漸漸放鬆，始焉濫衹一二分，既三四分矣，又既而五六分矣，到此便將無所不至。自非居仁由義之大人，不易言不濫也。《易》曰：'介於石，不終日，貞吉'。在己在人，總在辨之於早；若反求諸己，不免有小人之心，衹有刻責自治而已。"[3]

《荀子・宥坐篇》亦記此事，可參閱之：

孔子南適楚，厄於陳蔡之間，七日不火食，藜羹不糝（原爲糂，同糝，音傘），弟子皆有饑色。子路進而問之曰："由聞之：爲善者天報之以福，爲不善者天報之以禍，今夫子累德積義懷美，行之日久矣，奚居之隱也？"孔子曰："由不識，吾語女。女以知者爲必用邪？王子比干不見剖心乎！女以忠者爲必用邪？關龍逢不見刑乎！女以諫者爲必用邪？吳子胥不磔姑蘇東門外乎！夫遇不遇者，時也；賢不肖者，材也；君子博學深謀不遇時者多矣！由是觀之，不遇世者

---

① "固窮"一語，歷代以爲或有兩解：或言君子固有窮時，或言君子固守其窮，而難以折中確定，故於其間依違兩可。實則春秋時人言説撰述時，往往語言簡省，語意含渾，且詞義本來並未明確分化，故往往以一詞一語而包含多重語意，本是當時之語言常態，必以今日之語言學標準律之，務求字義、語義單一而一一對應解釋之，則難而不可，失春秋漢語之本來面目。故於今之計，不若詳細擴展解釋，而有層次，將一字一詞一句而分説兩意乃至多意，而不以爲誤解、增解，斯可矣。此種**"單辭重解"**或**"單辭多解"**之古語新解之法，可用以解釋先秦許多疑難句子，故亦頗可立爲一常規**詮釋義法**，吾今爲明確揭櫫之也。今人讀《論語》等先秦典籍時，當明此一古今語言學之差異也。

② 《荀子・宥坐篇》。

③ 張楊園（張履祥），《備忘錄》。

眾矣，何獨丘也哉！且夫芷蘭生於深林，非以無人而不芳。君子之學，非為通也，為窮而不困、憂而意不衰也，知禍福終始而心不惑也。夫賢不肖者，材也；為不為者，人也；遇不遇者，時也；死生者，命也。今有其人，不遇其時，雖賢，其能行乎？苟遇其時，何難之有！故君子博學深謀，修身端行，以俟其時。"孔子曰："由！居！吾語女。昔晉公子重耳霸心生於曹，越王句踐霸心生於會稽，齊桓公小白霸心生於莒。故居不隱者思不遠，身不佚者志不廣；女庸安知吾不得之桑落之下？"

子曰："賜也，女以予為多學而識之者與？"對曰："然，非與？"曰："非也，予一以貫之。"

子曰："賜也，女以予為多學而識之者與？"對曰："然，非與？"曰："非也，予一以貫（穿，貫穿；中，持中；行，事，習，行事；即忠恕之道）①之。"

"時人見孔子多識，並謂孔子多學世事而識之，故孔子問子貢而釋之也。（又）言我所以多識者，我以一善之理貫穿萬事，而萬事自然可識，故得知之，故云予一以貫之也。"②何以一之？一之於持中守正守常而不執，一之於與人為善也，一之於仁善忠恕而踐習篤行也，一之於忠恕之道③也④。《荀子·勸學篇》曰："其數則始乎誦

---

① 《說文解字注》：錢貝之冊（羅按：《說文解字》：冊，穿物持之）也。冊各本作貫，今正。錢貝之冊，故其字從冊貝會意也。《漢書》：都內之錢，貫朽而不可校。其**本義**也。《齊風》：射則貫兮。傳云。**貫，中也**。《詩》：及爾如貫。《易》：貫魚以宮人寵。《左傳》：使疾其民以盈其貫。皆其引伸之義也。其字皆可作冊，叚借爲撌字，**習**也。如《孟子》我不貫與小人乘是也。亦借爲宦字，**事**也。如《毛詩》三歲貫女、《魯詩》作宦是也。《毛詩串夷傳》云：串，習也。**串卽冊之隸變，傳謂卽慣字**。參見：漢典。

② 《皇疏》。

③ 《里仁》：子曰："參乎！吾道一以貫之。"曾子曰："唯。"子出。門人問曰："何謂也？"曾子曰："夫子之道，忠恕已矣。"

④ 此處仍採取"**一辭多解**"之**先秦漢語詮釋法**。見前文相關注釋。茲不贅。

經,終乎讀禮;其義則始乎爲士,終乎爲聖人。"①始終士聖,皆一之以忠恕,而持中守善爲仁也。忠恕爲仁又在於篤行,故又曰一之於篤行也。《中庸》云:"博學之,審問之,慎思之,明辨之,篤行之。"斯之謂也。學問思辨,多學而識之也;篤行,一以貫之也②。子貢又嘗問曰:"有一言而可以終身行之者乎?"子曰:"其恕乎!己所不欲,勿施於人。"③

焦循論曰:《繫辭傳》云:"天下何思何慮?天下同歸而殊途,一致而百慮。""少則得,多則惑。塗雖殊,其歸則同。慮雖百,其致不二。苟識其要,不在博求。一以貫之,不慮而盡矣。"④孔子以一貫語曾子,曾子卽發明之云:"忠恕而已矣。"忠恕者何?成己以成物也。孟子曰:"大舜有大焉,善與人同,舍己從人,樂取於人以爲善。"⑤舜於天下之善,無不從之,是真一以貫之。以一心而同萬善,所以大也⑥。

若夫莊子引《記》曰:"通於一而萬事畢"。"此何韓('殊途而同歸,百慮而一致')之説也。夫通於一而萬事畢,是執一之謂也,非一以貫之也,(失乎聖人之指)。一貫則爲聖人,執一則爲異端。董子云:'夫喜怒哀樂之發,與清暖寒暑,其實一貫也'。四氣者,天與人所同也。天與人一貫,人與己一貫,故一貫者,忠恕也。

孔子焉不學?無常師,無可無不可。異端反是。孟子以楊子爲我,墨子兼愛,子莫執中,(皆)爲執一而賊道。執一由於不忠恕,楊子惟知爲己而不知兼愛,墨子惟知兼愛而不知爲我,子莫但知執中而不知有當爲我、當兼愛之時也。爲楊者必斥墨,爲墨者必斥

①　《荀子・勸學篇》。
②　《論語正義》。
③　《衛靈公》。
④　韓康伯注。
⑤　《孟子・公孫醜上》(3.8)。
⑥　《論語補疏》。

楊。楊已不能貫墨，墨已不能貫楊。使楊子思兼愛之說不可廢，墨子思爲我之說不可廢，則恕矣，則不執一矣。聖人之道，貫乎爲我、兼愛、執中者也。執一，則人之所知所行與己不合者皆屏而斥之，入主出奴，不恕不仁，道日小而害日大矣。'人之有技，若己有之'，保邦之本也。'己所不知，人其舍諸'，舉賢之要也。'知之爲知之，不知爲不知'，力學之基也。善與人同，則人之所知所能皆我之所知所能，而無有異。惟事事欲出乎己，則嫉忌之心生。嫉忌之心生，則不與人同而與人異。

執兩端而一貫者，聖人也。執一端而無權者，異端也。《記》曰：'夫言豈一端而已？夫各有所當也。各有所當，何可以一端概之？'《史記‧禮書》云：'人道經緯萬端，規矩無所不貫'。惟孔子無所不貫，似恃乎多學而識之，乃多學而識，仍自致其功，而未嘗通於人。（實則）孔子以忠恕之道通天下之志，故無所不知，無所不能，非徒恃乎一己之多學而職也。忠恕者，絜矩也。絜矩者，格物也。物格而後知至，故無不知。由身以達乎家國天下，是一以貫之也。一以貫之，則天下之知皆我之知，天下之能皆我之能，何自多之有？自執其多，仍執一矣。"①

又論曰："多學之爲病者，由不知一也。苟知其一，則仁義不相反，忠孝不相違，剛柔不相悖，曲直不相害，動靜不相亂，語默不相反。如是則多卽一也，一卽多也，物不異道，道不異物，精亦粗，粗亦精，故曰通於一，萬事畢。"又曰："孔子曰：主忠信；曾子曰：夫子之道，忠恕而已矣。人人有此忠信而不自知其爲主，人人有此忠恕而不知其卽爲道，舍無妄而更求，是自成妄也，故曰無妄之往何之矣。夫門人疑一貫之說，如繫風捕影之難，而曾子斷斷然以忠恕盡之，然能直信曾子之言者誰乎？"②

①　《論語補疏》。
②　焦竑，《筆乘》引李嘉謀語。

顧炎武論曰："好古敏求,多見而識,夫子之所自道也。然有進乎是者,六爻之義至賾也,而曰知者觀其彖辭,則思過半矣;三百之詩至汎也,而曰一言以蔽之,曰思無邪;三千三百之儀至多也,而曰禮與其奢也寧儉;十世之事至遠也,而曰殷因於夏禮,周因於殷禮,雖百世可知;百王之治至殊也,而曰道二,仁與不仁而已矣;此所謂予一以貫之者也。其教門人也,必先叩其兩端而使之以三隅反,故顏子則聞一以知十,而子貢切磋之言,子夏禮後之問,則皆善其可與言詩,豈非天下之理殊塗而同歸,大人之學舉本以該末乎?彼章句之士,既不足以觀其會通,而高明之君子,又或語德性而遺問學,均失聖人之指矣。"①

或論曰："子貢聰明博識,而學昧本原,故夫子借己開發,使之反博歸約,務敦本原。本原誠虛靈純粹,終始無間,自然四端萬善,溥博淵泉而時出,肆應不窮,無往不貫,等閒識得東風面,萬紫千紅總是春。天下之動,貞夫一者也。貞夫一,斯貫矣。問一,曰卽人心固有之理,良知之不昧者是也。常知則常一,常一則事有萬變,理本一致……。若欲心與理融,打成片段,事與道凝,左右逢原,須黜聰墮明,將平日種種聞見種種記憶盡情舍卻,盡情瞥脱,令中心空空洞洞了無一翳,斯乾乾淨淨方有入機,否則憧憧往來,障道不淺。"②又論曰:"博識以養心,猶飲食以養身,多飲多食物而不化,養身者反有以害身;多聞多識物而不化,養心者反有以害心。飲食能化,愈多愈好,博識能化,愈博愈妙。蓋並包無遺,方有以貫,苟所識弗博,雖欲貫,無由貫。劉文靖謂邱文莊博而寡要,嘗言邱仲深雖有散錢,惜無錢繩貫錢。文莊聞而笑曰:'劉子賢雖有錢繩,卻無散錢可貫。'斯言固戲,切中學人徒博而不約,及空疏而不博之通弊。"③

---

① 《日知錄》。
② 《反身錄》。
③ 《反身錄》。

餘論：忠恕或篤行能作為“一以貫之”之“一”否？或可否以之作為倫理學之元概念？抑或再上溯為仁？為善？為愛？為敬？為誠？為理？為性？為天道？為執中有權？為權而反經？為中庸？為良知（良能）？儒家似乎要一意消解掉所有之絕對主義思維與所有之絕對概念，簡直和後現代主義思想有相通之處，然亦可說是一種經驗主義之思維方式。人事與倫理學上或合於人之精神特點，卻無法進入到科學、形式邏輯（數理邏輯）等之領域。儒家不鑽牛角尖，於人事則訴諸經驗性安排，雜然紛陳而似有所和治（亂而無大亂），於物理學或科學則重其用不重其理，故在科學創新上之表現並不突出（技術上稍有表現）。

子曰：“由！知德者鮮矣。”

子曰：“由！知德者鮮矣。”

孔子呼子路語之云：夫知德之人難得，故爲少也①。德者，仁善義理之得於己者，又篤行實有者。若非己實有之，則亦不能知悟其意味之實也②。故曰“有德者必有言”③，以其行悟得之於己，故能道其義蘊，與乎達德之曲折本末也。然知德者少，虛飾沽釣者多，淆亂正義常經者多，異端邪説鄙俗昌行於世，世遂因之不能德化流行，每多昏亂悖逆暴詐之事。故孔子歎之。

論曰：“夫子告子路，言知德之人鮮，猶言‘中庸之爲德，其至矣乎，民鮮能久矣’。彼言能者鮮，此言知者鮮，其意一也。”④

餘論：或曰此接“子路愠見”一節，“王曰‘君子固窮，而子路愠

---

① 《皇疏》。
② 此解採取朱熹之思路而稍稍變化之。參見：《四書章句集注》。
③ 《憲問》。
④ 《東塾讀書記》。

見,故謂之少於知德。'"①或曰獨立一節。又或曰:此句或為"至德
者鮮矣",而後接"無為而治"合為一節,舜則至德者也,能恭己正南
面。然即或為"知德者鮮矣",仍可接合下節。

子曰:"無為而治者,其舜也與? 夫何為哉,恭己正南面而已矣。"

子曰:"無為(創作王法,製作大法)而治者,其舜也與? 夫何為
哉,恭己正南面而已矣。"

"無爲者,謂不親勞於事也……。恭己正南面者,朝群賢而涖
之,己祇仰成也。"②獨舉舜者,承堯而授禹(為臣)皆聖,故可無為
也。《荀子‧王霸篇》曰:"人主者,以官人為能者也。論德使能而
官施之者,聖王之道也,儒之所謹守也③。傳曰:農分田而耕,賈分
貨而販,百工分事而勸,士大夫分職而聽,建國諸侯分土而守,三公
總方而議,則天子共(恭)己而已。"④恭己何謂?"《詩》曰:'淑人君
子,其儀不忒,正是四國。'言正諸身也。故反其道而身善矣,行義
則人善矣,樂備君道而百官已治矣,萬民已利矣。三者之成也,在
於無爲。無爲之道曰勝天。"⑤

或問:何以獨言舜? 曰:"堯不得無爲者,所承非聖也;禹不得
無爲者,所授非聖也。今三聖相係,舜居其中,承堯授禹,又何爲
乎? 夫道同而治異者,時也。自古以來,承至治之世,接二聖之間,
唯舜而已,故特稱之焉。"⑥王道大法具備,天下仁化治安,則何必

---

① 《集解》。
② 《論語後案》。
③ 《集解》:"任官得其人,故無爲而治。"
④ 《荀子‧王霸篇》,參見:張覺著,《荀子譯注》。原引自:《論語後案》,今補充之。
⑤ 《呂氏春秋‧先己篇》。
⑥ 《皇疏》。

喧囂擾攘而另行創製作為哉？斯之所謂無為者，於根本大法不必另有改張製作之意也，故曰恭己無為南面而已。朱熹曰：“無爲而治者，聖人德盛而民化，不待其有所作爲也。獨稱舜者，紹堯之後，而又得人以任衆職，故尤不見其有爲之跡也。恭己者，聖人敬德之容，既無所爲，則人之所見如此而已。”①

王夫之論曰：“三代以上大經大法皆所未備，故一帝王出則必有所創作以前(猶導也，引導)民用，《易傳》、《世本》、《史記》備記之矣。其聰明睿知苟不足以有爲，則不能以治著；唯舜承堯而又得賢，則時所當爲者堯已爲之，其臣又能爲之損益而緣飾之，舜且必欲有所改創以與前聖擬功，則反以累道而傷物。舜之無爲，與孔子之不作同，因時而利用之，以集其成也。恭己者，修德於己也。正南面者，施治於民也。此皆君道之常，不可謂之有爲。至於巡狩封禪舉賢誅凶，自是正南面之事，夫子固已大綱言之，而讀書者不察耳。”②

焦循論曰：“孔子贊《易》，言黃帝、堯、舜垂衣裳而天下治，正與此經相發明。蓋伏羲、神農以前，民苦於不知，伏羲定人道而民知男女之有別，神農教耒耜而民知飲食之有道，顓蒙之智識已開，詐偽之心漸起，往往窺朝廷之好尚以行其慧，假軍國之禁令以濟其詭。無爲者，無一定之好尚，無偏執之禁令，以一心運天下而不息，故能通其變，使民不倦，神而化之，使民宜之也。黃帝、堯、舜承伏羲、神農之後，以通變神化爲治，所謂‘民可使由之，不可使知之’；伏羲、神農之治，在使民有所知；黃帝、堯、舜之治在不使民知。不使民知，所以無爲，何以無爲？由於恭己，恭己則無爲而治，即所謂篤恭而天下平。《中庸》本天命率性而推論修道設教之由，盡其性以盡物之性，贊天地之化育與天地參，此伏羲、神農之治也。其次致曲，曲能有誠，以至形著明動變化，此黃帝、堯、舜之治也。唯天

①　《四書章句集注》。
②　《讀四書大全説》。

下至誠爲能盡其性，唯天下至誠爲能化，變化承於盡性之後，故云其次，次猶繼也。盡性者，以通神明之德，以類萬物之情也。致曲者，通其變，使民不倦；神而化之，使民宜之也。因其性善而使之知，故自誠明。因其知而致曲，使復其性之善，故自明誠。伏羲神農開其先，固是天下至誠；黃帝堯舜次其後，亦是天下至誠。鄭康成謂‘其次致曲’爲不能盡性，失之矣。羲、農已盡人盡物之性，繼之者以能化爲神，此黃帝、堯、舜次羲、農以通變神化爲治，實爲萬世聖王之法。《中庸》自此以下，多詳能化之義，曰至誠如神，曰時措之宜，曰無爲而成，曰生物不測，曰純亦不已，惟時措故不已，惟不已故不測，惟不測故如神，而神則無爲。凡議禮制度考文，所以寡天下之過，無不如此。無爲而治，民無能名，堯、舜之能化也。文、武，法堯、舜者也，故明之云：祖述堯、舜，憲章文、武。錯行代明，並育並行，溥博淵泉而時出，經綸大經，立大本，知化育而無所倚，皆所以如神，所以能化之實用也。如是乃無爲而治，故未暢發之。君子之所不可及者，其爲人之所不見乎？不動而敬，不言而信，不賞而勸，不怒而威，所以無爲而治，所以篤恭而天下平。上天之載，無聲無臭，此天之無爲而成，卽聖人之無爲而治。邢疏以‘無爲’爲老氏之清淨，全與經義相悖。”[1]

　　子張問行。子曰：“言忠信，行篤敬，雖蠻貊之邦行矣；言不忠信，行不篤敬，雖州里行乎哉？立，則見其參於前也；在輿，則見其倚於衡也。夫然後行。”子張書諸紳。

　　子張從在陳蔡間，困（困厄不遇，身心憔悴），問行（達，何以能行達）[2]。

---

①　焦循，《論語補疏》。
②　《史記·仲尼弟子列傳》。

子曰："言忠信,行篤敬,雖蠻貊之邦行矣;言不忠信,行不篤(厚重)敬,雖州(二千五百家爲州)里(二十五家爲里)行乎哉？立,則見其參(直,又植,或曰森然,即直立然;古驂字,如禦驂在目前;或曰"與我相參"①)於前也;在輿,則見其倚於衡(軛,車前橫木②)也。夫然後行。"子張書諸紳(大帶)。

孔子聖賢,猶不免流離憔悴,故子張或亦有疑惑,而問行。孔子之意曰："體恭敬而行忠信,術禮義而情愛人,橫行天下,雖困四夷,人莫不貴。"③以忠信篤敬,上下同之,天之道也④。何以然？曰："恭敬忠信可以為身。恭則免於眾,敬則人愛之,忠則人與之,信則人恃之。人所愛,人所與,人所恃,必免於患矣。可以臨國家,何況於身乎？"⑤故《子路篇》亦曰："居處恭,執事敬,與人忠。雖之夷狄,不可棄也。"⑥孔子以此寬慰勉勵子張,不必為一時困悴而灰心喪志也。若夫吾通道不違,雖至於蠻貊之邦如楚如九夷⑦,亦可行道達道矣。無此,何以為人？何以自存於世？而曰行達,則無本之木無源之水耳,虛矯矣,雖在州里親朋,亦不行矣。故其本不在外,而在內;不在外之機遇而行達,而在內之自修而無間,操存而不忘也。譬如今也身在顛沛流離之途,而吾也仍將自修不止,如禦者之忠信篤敬然,車停而立,而(操存想)見禦者忠信篤敬之義與事,如其森然而在目前;車行而在輿,而(操存想)見禦者忠信篤敬之義與事,如其

---

① 　或解曰如忠信篤敬之御者之直立在前;或解曰:蓋以驂比喻道義,言道義如驂直立在前,可恃以行也。

② 　或解曰如忠信篤敬之御者之倚於衡;或解曰:蓋仍以驂比喻道義,言道義如驂倚於衡,可恃以行也。

③ 　《荀子·修身篇》。

④ 　《晏子春秋》。

⑤ 　《說苑·敬慎篇》:顏回將西游,問於孔子曰:"何以為身？"孔子曰:"恭敬忠信可以為身。恭則免於眾,敬則人愛之,忠則人與之,信則人恃之。人所愛,人所與,人所恃,必免於患矣。可以臨國家,何況於身乎？"轉引自:《論語疏證》。

⑥ 　《子路》:樊遲問仁。子曰:"居處恭,執事敬,與人忠。雖之夷狄,不可棄也。"

⑦ 　孔子欲居九夷。

依倚於衡①。此亦修己之法門也:凡與人交遊、念謀行事也,於忠
信篤敬之義,必"存想不忘,事事如前"。如斯而造次必於是,顛沛
流離必於是,時時志意堅決,修己提撕,以至於道體充滿,自然中
和,發之從心所欲不逾矩。然後可以行矣。子張書此語於紳帶,志
將銘記不忘也。

論曰:"意在操存者,如或見之,猶之見堯於羹、見堯於牆云爾。
或②曰:此所謂誠則形也。忠信篤敬,誠也。立與在輿有所見,則
形也。夫子言行之道,曰夫然後行,見其所以行者由功無間斷,積
久有效,非可驟致也。(而)'小人朝爲而夕求其成,坐施而立望其
反,行一日之善而求終身之譽,譽不至則曰善無益矣,是以身辱名
賤而不免爲人役也。'③"④

或解曰:子張問如何行上節之"無爲而治"或"舜之道"(或"恭己
而正南面"),孔子答之"言忠信,行篤敬"即是"恭己正南面"之意。
下節又云"參於前,倚於衡"云云,則曰舜也,法堯舜而已矣。如堯
舜在前在衡也。此或可聊備一説。

餘論:子張書諸紳,此可見孔子許多言論,乃或即以如此方式,
而被弟子們記錄流傳下來。

子曰:"直哉史魚! 邦有道,如矢;邦無道,如

---

① 　或解曰:立而操存想見忠信篤敬之義與事,森然如在目前;在輿而操存想見忠
信篤敬之義與事,如依倚於衡。或解曰:如驂驖立在目前,如禦者依倚於衡;驂驖、禦
者,亦可謂忠信篤敬之人事也,又行之必恃之,不可或缺者也,故舉以爲喻,如"工欲善
其事必先利其器"之義然。此則解曰:參倚皆是禦者,禦者可謂忠信篤敬矣,故舉以喻
之。吾以爲此解較切。

② 　引呂伯恭語。

③ 　徐偉長,《中論‧修本篇》。

④ 　《論語後案》。

矢。"君子哉蘧伯玉！邦有道，則仕；邦無道，則可卷而懷之。"

子曰："直哉史魚（史官名魚，衛大夫，名鰌）！邦有道，如矢；邦無道，如矢。"君子哉蘧伯玉！邦有道，則仕；邦無道，則可卷（收）而懷（藏；或曰歸，而"之"作"也"，卷而懷也）之。"

史魚，衛大夫史鰌。仲尼言史鰌有君子之道三：不仕而敬上，不祝而敬鬼，直能曲於人①。其直者，無論君有道無道，行常如矢，直而不曲也。性本正直，言行不苟曲，不以外緣利害而緣飾曲折阿附，生死如一，是性直、誠直也。《詩·大東》曰："其直如矢。"蓋以矢行最直，故取爲喻也，"如矢"言其壹志，謂志壹於直，不計有道無道②。孔子贊與其正直也。

史魚其人，《孔子家語》記其事曰：史魚病將卒，命其子曰："吾在衛朝，不能進蘧伯玉（衛國賢人），退彌子瑕，是吾爲臣不能正君也。生而不能正君，則死無以成禮。我死，汝置屍牖下，於我畢矣。"其子從之。靈公弔，怪而問焉，其子以告。公愕然失容曰："是寡人之過也。"於是命之殯於客位，進蘧伯玉而用之，退彌子瑕而遠之。孔子聞之，曰："古之諫者，死則已矣，未有若史魚死而屍諫，忠感其君者也，可不謂直乎！"③參照之，可知此節之句意。

蘧伯玉爲衛國賢人，常有寡過進德之心④，孔子居衛時亦嘗主其家。或曰其人身值衛獻、殤、襄、靈四君之世，而其出處行藏今皆不可盡考。《韓詩外傳二》論其人曰，"外寬而內直，自設於隱括之中，直己而不直人，善廢而不悒悒，蘧伯玉之行也"。於其仕也，《淮

---

① 《說苑·雜言篇》。

② 《論語正義》。

③ 《孔子家語·困誓篇》。

④ 《憲問》：蘧伯玉使人於孔子。孔子與之坐而問焉，曰："夫子何爲？"對曰："夫子欲寡其過而未能也。"使者出。子曰："使乎！使乎！"

南子·泰族訓》云："蘧伯玉以其仁寧衛,而天下莫能危。"《說苑奉使篇》言趙簡子將襲衛,使史黯往視之。黯曰:"今蘧伯玉爲相,史鰌佐焉,孔子爲客,子貢使令於君前,甚聽,其佐多賢矣。"簡子按兵而不動。是皆有道則仕之事也。① 於其卷而歸藏之事,"如於孫林父、甯殖放弒之謀不對而出,亦其事也"②。蓋亦知出處進退行藏者,不違道干祿,為虎作倀;復能保身而免於刑戮,故孔子讚歎之。

《列女傳·仁智篇》記其事曰:"衛靈公與夫人夜坐,聞車聲轔轔,至闕而止,過闕復有聲。公問夫人曰:'知此謂誰?'夫人曰:'此蘧伯玉也。'公曰:'何以知之?'夫人曰:'妾聞禮下公門,式路馬,所以廣敬也。夫忠臣與孝子不爲昭昭變節,不爲冥冥惰行。蘧伯玉,衛之賢大夫也,仁而有智,敬於事上,此其人必不以闇昧廢禮,是以知之。'公使視之,果伯玉也。"③由此亦可稍窺蘧伯玉平時之行事也。蓋亦可謂克己守禮,賢能而有智者矣。故孔子每稱之。

總言之,史魚,無論天下有道無道,而我自直之,可謂正直君子矣;蘧伯玉,天下有道則仕,無道則卷收歸藏,可謂智者矣。而孔子皆讚歎之。處世固不必執一也,用中而守正合義,權而反經合道,皆可矣。

餘論:孔子此舉史魚與蘧伯玉,類於孟子舉伊尹、伯夷。

註解:蘧伯玉之生平行事又為一樁公案。或曰失"三大義"("近關再出"、"不與時政"、"不對而出")(則壽長而歷經衛獻、殤、襄、靈四君),或曰衛獻公時蘧伯玉尚未出生。然《左傳》似言其身歷衛獻公之世,而有"近關再出"、"不與時政"、"不對而出"之事,而《論語足徵記》則謂《說苑》、《韓詩外傳》、《烈女傳》、《淮南子》、《新序》、《呂氏春秋》、《孔子世家》及《論語》皆云蘧伯玉乃為仕於靈公朝,非《左

---

① 《論語後案》。
② 《四書章句集注》。
③ 《潘氏集箋》。

傳》所云之獻公朝，解曰《左傳》為劉歆所竄亂以誣構忠良也。皆闕疑之。

子曰："可與言而不與之言，失人；不可與言而與之言，失言。知者不失人，亦不失言。"

子曰："可與言而不與之言，失人①；不可與言而與之言，失言。知者不失人，亦不失言。"

可與言而不與之言，失人，失賢人君子，失同道相與也。不與言，彼何以知我志我道我思我情？察而或善，而不與言，則吾何以知彼之志道思情也。如斯而將兩相擦肩而過，失相與砥礪、正道相規、集義共事之人也。孟子曰："一鄉之善士，斯友一鄉之善士；一國之善士，斯友一國之善士；天下之善士，斯友天下之善士。"②不與言，何以知之友之？故曰失人也。

不可與言而與之言，失言；言非其人，或言而非當，皆可謂失言。道不同不相為謀，察而非善，言非其人，失言於人，或有憂患；情勢因緣不合，言而非當，或致失禮，或有恥辱。皆失言也。

或問：言與不言，奚以判知之？曰，以知（智）也。知（智）者知人，亦知言，故知（智）者不失人，亦不失言。語默動靜，顏色辭氣，皆所以知人也；道理禮法，意誠心正，常經中庸，皆所以知言也。而知人知言不二。孟子曰："吾知言。詖（bì）辭知其所蔽，淫辭知其所陷，邪辭知其所離，遁辭知其所窮。"③孔子所謂"四辟"（辟世、辟人、辟色、辟言），亦有以此者焉。

論曰："君子必貴其言。貴其言則尊其身，尊其身則重其道，重

---

① 亦可對照《憲問》：子曰："不逆詐，不億不信。抑亦先覺者，是賢乎！"
② 《孟子·萬章下》(10.8)。
③ 《孟子·公孫醜上》(3.2)。

其道,所以立其教。言費則身賤,身賤則道輕,道輕則教廢。故君子非其人則弗與之言。君子之與人言也,使辭足以達其知慮之所至,事足以合其性情之所安,弗過其任而強牽制也。夫君子之於言也,所致貴也,雖有夏后之璜、商湯之駟,弗與易也。今以施諸俗士,以爲志誣而弗貴聽也,不亦**辱己而傷道**乎?"①又曰:"人才難遇,覿面而失,豈是小事? 然恐失人,遂至失言者,勢也,兩病祇是一根,祇爲不識人耳,故知者得之。"②

《荀子·正名篇》論君子之言與愚者之言,亦可參酌:

君子之言,涉然而精,俔然而類,差差然而齊。彼正其名,當其辭,以務白其志義者也。彼名辭也者,志義之使也,足以相通,則舍之矣。苟之,姦也。故名足以指實,辭足以見極,則舍之矣;外是者,謂之訒,是君子之所棄,而愚者拾以為己寶。故愚者之言,芴然而粗,嘖然而不類,誻誻然而沸,彼誘其名,眩其辭,而無深於其志義者也。故窮借而無極,甚勞而無功,貪而無名。故知者之言也,慮之易知也,行之易安也,持之易立也,成則必得其所好,而不遇其所惡焉。而愚者反是。《詩》曰:"為鬼為蜮,則不可得。有覥面目,視人罔極。作此好歌,以極反側。"此之謂也。

子曰:"志士仁人,無求生以害仁,有殺身以成仁。"

子曰:"志士仁人,無求生以害仁,有殺身以成仁。"

此言志士仁人之仁道抉擇自任也。然此乃言其大原則,非謂生不可貴。仁而有大小,非謂必為小仁小義而捐棄其身(小仁小義何至於必捐其身而後可?),亦非謂不可權也(如脅迫、不可抗力等)。(執

---

① 《中論·貴言篇》。
② 《四書說約》。

中無權,猶執一也。)然即其權也,亦曰反經合道而已矣。不合道,
則非權,賊矣。

故曰:仁也有大小,身也有大小,仁也身也,當揣(chuǎi,揣量,度
量;等齊,齊整)其本而衡其本末,允執其中,而或權之。若夫迫於外
之非義非得已而小事小情等,竟乃輕捐其生,亦可謂不揣其本而齊
其末,執一無權者也。

素常之仁義行事,何至於要殺身乃成?! 故平時直可從容自愛
而行也。若夫生死之際、殺身成仁,乃是大仁大義、大是大非之非
常情勢,一般事不至此。此身此生亦可貴重,志士仁人尚且愛其身
以有待(達道行道),而況凡夫俗子哉! 其分際,仍是執中有權、反經
合道而已。

論曰:"死生是大關節,功夫卻不全在此,學者須是於日用之間,
不問事之大小,皆欲即於義理之安,然後臨死生之際,庶幾不差。若
平常應事義理合如此處都放過,到臨大節未有不可奪也。"[1]

孟子於此論之綦詳,可互參之。

任人有問屋廬子曰:"禮與食孰重?"曰:"禮重。""色與禮孰
重?"曰:"禮重。"曰:"(然則設若)以禮食,則饑而死;不以禮食,則
得食,必以禮乎? (設若)親迎,則不得妻;不親迎,則得妻,必親迎
乎!"屋廬子不能對,明日之(至)鄒以告孟子。

孟子曰:"於答是也何(難之)有? 不揣(chuǎi,揣量,度量;等齊,
齊整)其本而齊其末,方寸之木可使高於岑(高)樓。(人皆知)金重
於羽者,(然)豈謂一鉤金與一輿羽之謂哉? (此任人之比,非對等
之比也。)取食之重者,與禮之輕者而比之,奚翅(不啻,何啻,何止)食
重? 取色之重者,與禮之輕者而比之,奚翅(不啻,何啻)色重? (則
將曰食色聲器等無不重於禮邪? 然則豈可徒以極端情形謬比之。)
(汝且)往應(答)之曰:'紾(zhěn,扭曲)兄之臂而奪之食,則得食;不

---

[1] 《朱子語類》。

紾，則不得食，則將紾之乎？踰東家牆而摟（拉拽摟抱）其處子，則得妻；不摟，則不得妻，則將摟之乎？'（對等而比方之，則食重乎？色重乎？禮重乎？豈不顯然乎！）"①

　　孟子又曰："魚，我所欲也；熊掌，亦我所欲也，二者不可得兼，舍魚而取熊掌者也。生，亦我所欲也；義，亦我所欲也，二者不可得兼，舍生而取義者也。生亦我所欲，所欲有甚於生者，故不為苟得（其生）也；死亦我所惡，所惡有甚於死者，故患有所不辟（死）也。（所欲有甚於生者何？大道禮義正直也。所惡有甚於死者何？違大道非禮義不正直也。）如使人之所欲莫甚於生，則凡可以得生者，何不用也？使人之所惡莫甚於死者，則凡可以辟患者，何不為也？（雖違禮義正直，而無所不為也。）（然而仁義賢者有所不然也，賢者之行事也，倘違大道禮義，即）由是則生而有不用也，（即）由是則可以辟患而有不為也，是故所欲有甚於生者，所惡有甚於死者，（皆系於大道禮義正直也）。非獨賢者有是心也，人皆有之，賢者能勿喪耳。一簞食，一豆羹，得之則生，弗得則死，（設若）呼爾而與之，行道之人弗受；蹴爾而與之，乞人不屑也，（以其無禮也）。（倘今日）萬鐘則不辨禮義而（吾）受之（於齊王），（則吾奚為而受之也？）萬鐘於我何加焉？為宮室之美、妻妾之奉（養，"奉"之"賓詞當為"我"）、所識窮乏者得（德，以我為有德，而親悦我）我與？（然則，）鄉（向）為（禮義，雖）身死而不受，今為宮室之美為之？鄉為（禮義，雖）身死而不受，今為妻妾之奉為之？鄉為（禮義，雖）身死而不受，今為所識窮乏者得我而為之？（設如是，則）是亦（將）不可以已（止，慾壑難填）乎？（而將無所不為也。）此之謂失其本心。"②

　　今之餘論：愛其身以成仁，成仁自盡，或自盡成仁（自盡者，自然化

---

①　《孟子·告子下》，參閱拙著《孟子解讀》。
②　《孟子·告子上》，參閱拙著《孟子解讀》。

盡也,非今日自殺自戕之意)。然則求仁、成仁與"愛其身"並不矛盾,求
仁者必愛其身,愛其身者必當仁。此外又可對照現代倫理學、法學
以及生命權利、緊急避險等論題來分析。或解曰:子曰:"志士仁人,
無求生以害人,有殺身以成人。"然此解顯然不合原意,因此前句乃
基本要求,既曰"志士仁人",則顯然不能以此低標準自律或要求。

子貢問為仁。子曰:"工欲善其事,必先利其器。居是邦也,事其大夫之賢者,友其士之仁者。"

　　子貢問為仁。子曰:"工(巧師,巧匠,工師,善作事者,善作器物者)
欲善其事,必先利其器(斧斤之屬;或曰材器)。居是邦也,事其大夫
之賢者,友其士之仁者。"

　　子貢問為仁,蓋問為仁行道如治國為政之事也。孔子乃舉工
師作事利器為喻,其意曰:為仁行道,當先磨礪修利自己材器,即先
修己之德業才能也。材器利而有德才賢能,方可為仁行道。無其
德業利器,空言為仁為天下,則大言虛矯,行之難能也。然則何以
利修之(其器)？則曰與仁賢者交遊切磋砥礪也,今人曰"寶劍鋒從
磨礪出",是之謂也。且夫為仁行道之大事也,又必有賢能集義共
事、分職襄助而後可,則仁賢之士大夫,又是為仁治國之器也。故
其有志者,必將尊賢友士,而後得相集義於為仁行道之事也。

　　蓋子貢質美才高,有瑚璉之器,然好方人而悅與不若己者處,
故孔子喻言諄告之。大體才高之人,或有此病,恃才傲物,目下無
人,好臧否自高,則反恐累其德業,孔子觀察人情物理至微,故為此
類人對治説法也。既曰當先修身,修己以敬,長其德業,利其才器,
而後乃可言為仁也;又曰當尊賢友士,敬業樂群,集義共事,而後共
襄仁善道業可期也。反之,若無上下賢人之交與共事,則小事或可
為,大業則難成,以獨力難支故也。

或論曰："子貢生質最美,夫子稱爲瑚璉之器,但好方人而悦不若己者處,恐其自是而輕視當時之人,故告以隨所居之邦,必得賢仁之資以收事友之效,庶幾可以成其材德之善。如工之善事利器,不自恃其器之良,而必取利於他物以自利也。所謂器者,蓋比己之材質,即'汝器也'之義。所謂利者,蓋比取益於人以成己之善,是即所以利其器也。"①

餘論：先當事賢友仁以自我切磋磨礪,自我進德修業,砥礪操存以成仁德,而後乃可為仁也。

顏淵問為邦。子曰："行夏之時,乘殷之輅,服周之冕,樂則《韶》《舞》。放鄭聲,遠佞人。鄭聲淫,佞人殆。"

顏淵問為邦(或曰治天下,或曰治魯,《皇疏》持此為解。蓋為前者)。子曰："(其或繼周者,)行夏之時(或曰正),乘殷之輅(心,本亦作"路",天子所乘車曰路②;輅,車軨前橫木,借代為車之"路"),服周之冕,樂則(取法,效仿;或曰連詞)《韶》《舞》(《韶》《舞》,《韶》《武》之樂與舞,《韶》《武》之歌詩樂舞;舞,舞樂;舞,或作"武",《韶》則舜樂,《武》則大武,為周樂)。放(禁絕之)鄭聲,遠佞人。鄭聲淫,佞人殆(危險,致邦國於危殆之中)。"

顏淵,有王佐之才,世衰不仕,而自得道樂,孔子深所寄望者也。其謙辭微言,但問為邦,實乃問治天下之道,謂繼周而王者,將以何道治之也。孔顏有同樂相契者也,故孔子亦答以治天下之道。"弟子問政者數矣,而夫子不與言三代損益,以非其任也。回則備言(之),(以回乃)王者之佐,伊尹之人也,故夫子及之焉。"③

---

①　劉開,《論語補注》。

②　《釋名釋車》:"天子所乘曰路。路亦車也,謂之路者,言行於道路也。"

③　幹寶,《易雜卦注》。

行夏之時,謂用夏曆(夏家時節)以行事也,夏曆以孟春月爲正也。古之王者建國立極,必改正朔,示與民更始也。《尚書大傳》曰:"夏以孟春月(陰曆或農曆一月初一)爲正,殷以季冬月(陰曆或農曆十二月初一)爲正,周以仲冬月(陰曆或農曆十一月初一)爲正。"又曰:"王者存二代之後,與己爲三,所以通三通(統),立三正。"又曰:"三統,三正也,若循連還,周則又始,窮則反本也。"是以知帝王之受命,必改正朔,不相沿襲。(堯正建醜,舜正建子①,)逆而溯之,堯之前高辛氏必建寅,又其前高陽氏必建子,凡建子後必建寅也。周正建子,則繼周者自當建寅,故子曰"行夏之時",是據繼周者而言,非謂長行夏曆久不改也。② 蓋"三陽之月③皆可爲正,皆可爲春,周以天氣一陽初復之月爲春正(即仲冬月),殷以地氣初萌芽之月爲春正(即季冬月),夏以人得陽煦之氣、農功初起之月爲春正(即孟春月),三正迭用。而夫子則以夏時爲得宜也。"④易言之,"三王所尚,正朔服色也,雖異,而田獵祭祀播種並用夏時(便於農,故今亦稱爲農曆,實乃陰陽合曆),夏時得天之正故也。故云行夏之時也。"⑤此可謂"四時不隨正朔變"也:"春夏秋冬之序以日所次爲紀,所謂四時不隨正朔變⑥。《周書·周月》云:'**萬物春生夏長,秋收冬藏,天地之正,四時之極。夏數得天,百王所同。**'又云:'我周致伐於商,改正異械,以垂三統,至於敬授民時,巡守祭享,猶自夏焉。'……既有元有春而後有王,董仲舒言王者上承天之所爲,下以正其所爲,正王道之端云爾。《春秋》以王上承天,故繫王於春而繫正於王。《春秋》之名即太史正歲年之法。

---

①　《尚書·堯典》鄭注。

②　《論語竢質》。

③　羅按:指春天,或指農曆正月;或曰:古人稱農曆十一月冬至一陽生,十二月二陽生,正月三陽開泰,合稱"三陽"。

④　《四書問答》。

⑤　《皇疏》:原文解爲"魯家行事亦用夏時",茲不取。

⑥　班固,《述博士義》。

孔子之所竊取，則《春秋》之義，天法也。其不隨正朔而變，所謂天不變也。正月以下皆王之所爲，故有三統（即三正，上文已述），而史之文用之，凡商周之書稱月者，未嘗繫時（時，指春夏秋冬之類，如孟春仲冬等①）。"②蓋夏曆得天之正、四時之正，故四時不隨正朔變，而皆用夏之時也。

或曰：夏建寅（人生於寅），商建醜（地辟於醜），周建子（天開於子）。用夏時，則尊人道也；夏時以人為本，利人，敬授民時，萬物生長（生道），利民利農；平治天下尚仁（人），利用厚生，春風化及，故曰行夏之時。尚仁也。

乘殷之輅。輅，天子所乘車也。殷之輅，大輅也，木輅也，無所金玉雕飾，尚質，所謂"大輅越席，昭其儉也"③。**孔子取其質與儉樸也，治國為政尚質尚儉，故曰乘殷之（木）輅。**

蓋輅之制，各代不同，《禮記·明堂位》曰："鸞車，有虞氏之路也。鈎車，夏后氏之路也。大路，殷路也。乘路，周路也（又乘路，玉路也）。""周禮，天子自有五輅：一曰玉輅，二曰金，三曰象，四曰革，五曰木。五輅並多文飾，用玉輅以郊祭。而殷家唯有三輅：一曰木輅，二曰先輅，三曰次輅。而木輅最質素無飾，用以郊天。故云：'乘素車，貴其質也。旂十有二旒，龍章而設日月，以象天也。'④'設日月，畫於旂上也。素車，殷輅也。'⑤"⑥朱熹曰："古者以木爲車而已。周人飾以金玉，則過侈而易敗，不若商輅之樸素渾堅，而等威已辨，爲質而得其中也。"⑦又曰："周人尚輿，一器而

---

① 夏商周之時、月不同也。四時不隨正朔變，而月則各隨夏商周之不同正朔而變之也。若繫時於月，則增淆亂也。

② 《過庭錄》。

③ 《左傳》，轉引自《集解》。

④ 《郊特牲》説魯郊。

⑤ 鄭玄注。

⑥ 《皇疏》。

⑦ 《四書章句集注》。亦曰"文質彬彬"或"文質班班"也。

工聚，且飾以金玉。夫子言乘殷之輅，則知日用器物以質爲貴，後世金玉之器類失於奢。"①**故乃救文以質，而後文質彬彬也。故曰乘殷之輅，尚質也。**

服周之冕。冕爲禮冠，孔子舉此所以言禮文也。周監於二代，於禮也典制詳密，可謂備矣，如弁師掌六冕，司服掌六服，設擬等差，各有其序，敬德尊賢，而以參德能倫位也。其祭冕也，繅采備飾，可謂盡美。②**周冕何以能獨舉以代言其禮文？蓋取其文明盡美而又倫等有序，為治天下之政教也③；又取其垂旒蔽明，黈纊塞耳，不任視聽之意也。**④古者冕而前旒，所以蔽明也；黈絖塞耳，所以弇聽也⑤。又曰："以懸絖垂旒爲閑奸聲，弇亂色，令不惑視聽。則繅瑱之設，兼此二事也。"⑥蓋周之禮文，非僅外在文飾也，而自有其內在相應之禮義禮意，各得其正中，故孔子稱之。譬如冕之爲名也，因其後高前下，有俛俯之形，而因名焉。蓋以在上位者易於驕矜，欲令位彌高而志彌下也⑦⑧。禮文之中自有禮義，所以教化自守、化民成俗而治天下者矣。**孔子尚禮，周鑒於二代，於禮文典制也美備，故曰服周之冕，尚禮也，又尚文也。**

樂則《韶》《舞》。《韶》《舞》，《韶》、《武》之歌詩樂舞也。《韶》則《大韶》，為舜樂，《武》則《大武》，為周樂⑨，而皆有歌詩樂舞也。"吳

---

① 《論語後案》。

② 《宋書·禮志》。

③ 《皇疏》："《周禮》有六冕：一曰大裘冕，二曰袞，三曰鷩，四曰毳，五曰絺，六曰玄。周王郊天以大裘而冕……。《郊特牲》云：'祭之日，王被袞以象天。'鄭玄注曰："謂有日月星辰之章也，此魯禮也。周禮，王祀昊天上帝則服大裘而冕，祀五帝亦如之。'"

④ 《集解》。

⑤ 《大戴禮·子張問入官篇》。

⑥ 《禮緯含文嘉》。

⑦ 《左傳疏》，《四書辨證》引。

⑧ 《周禮·弁師·疏》：爵弁前後平則得弁稱，冕則前低一寸餘，得冕名，冕則俛也，以低爲號也。《四書辨證》引。

⑨ 《皇疏》：周用六代樂：一曰雲門，黃帝樂也。二曰咸池，堯樂也。三曰大韶，舜樂也。四曰大夏，夏禹樂也。五曰大濩，殷湯樂也。六曰大武，周樂也。若余諸侯，則唯用時王之樂。

公子札之觀樂，以歌始，以舞終，卽舞亦以文武始，以韶箾終。"①而子謂《韶》，"盡美矣，又盡善也。"謂《武》，"盡美矣，未盡善也"②。蓋皆盡美而又或盡善也，足以化人心，故孔子取之③。取之者何故？欲"絃歌詩以求合《韶》《武》雅頌之音"④，以成一代王化雅樂而化及兆民天下也。樂之功用也大矣。孔子曰："興於詩，立於禮，成於樂。"⑤以此取之。故曰樂則《韶》《舞》，尚樂也，卽尚樂舞雅頌也。

　　論曰："學者之事，始乎書，立乎禮，成乎樂，而舞又樂之成焉，故《大司樂》言樂德樂語而終於樂舞，《樂師》言樂成告備而終於臯舞⑥，《孟子》言仁義智禮樂之實而終於不知手之舞之，《記》言詩言志，歌詠聲，而終於舞動容，此舞之所以爲樂之成也。"⑦"夫樂者，樂也，人情之所不能免也。樂必發於聲音，形於動靜，人之道也。聲音動靜，性術之變，盡於此矣！故人不耐（能）無樂，樂不耐無形，形而不爲道，不耐無亂。先王恥其亂，故制雅頌之聲以道之，使其聲足樂而不流，使其文足論而不息，使其曲直繁瘠廉肉節奏足以感動人之善心而已矣！不使放心邪氣得接焉，是先王立樂之方也。//是故，樂在宗廟之中，君臣上下同聽之，則莫不和敬。在族長鄉里之中，長幼同聽之，則莫不和順。在閨門之內，父子兄弟同聽之，則莫不

---

①　《四書釋地三續》。

②　《八佾》：子謂《韶》，"盡美矣，又盡善也。"謂《武》，"盡美矣，未盡善也"。

③　孔子何以謂其或盡善盡美，或盡美未盡善？則可參見《八佾》此節之"廣辭"，兹不贅述。

④　《孔子世家》。

⑤　《泰伯》。

⑥　《周禮·春官·樂師》："掌國學之政，以教國子小舞。凡舞，有帗舞，有羽舞，有皇舞，有旄舞，有干舞，有人舞。教樂儀，行以《肆夏》，趨以《采薺》，車亦如之。環拜，以鍾鼓爲節。凡射，王以《騶虞》爲節，諸侯以《貍首》爲節，大夫以《采蘋》爲節，士以《采蘩》爲節。凡樂，掌其序事，治其樂政。凡國之小事用樂者，令奏鍾鼓。凡樂成，則告備。詔來瞽臯舞；及徹，帥學士而歌徹，令相。饗食諸侯，序其樂事，令奏鍾鼓，令相，如祭之儀。燕射，帥射夫以弓矢舞。樂出入，令奏鍾鼓。凡軍大獻，教愷歌，遂倡之。凡喪，陳樂器，則帥樂官；及序哭，亦如之。凡樂官，掌其政令，聽其治訟。"

⑦　陳祥道，《禮書》。

和親。故樂者，審一以定和，比物以飾節，節奏合以成文。所以合和父子君臣，附親萬民也。是先王立樂之方也。故聽其雅頌之聲，志意得廣焉；執其干戚，習其俯仰詘伸，容貌得莊焉；行其綴兆，要其節奏，行列得正焉，進退得齊焉。故樂者，天地之命，中和之紀，人情之所不能免也。"①

"蓋古人之教，以樂爲第一大事。舜教胄子，欲其直溫寬簡，不過取必於依永和聲數語。太史公《樂書》謂：'聞宮音使人溫舒而廣大，聞商音使入方正而好義，聞角聲使人惻隱而愛人，聞徵聲使人好善而樂施，聞羽聲使人整齊而好禮。'《周官·大司樂》教國中子弟，一曰樂德，中、和、祇、庸、孝、友；一曰樂語，興、道、諷、誦、言、語；一曰樂舞，卽六代之樂。樂師、小胥分掌之。俾學其俯仰疾徐周旋進退起訖之節，勞其筋骨，使不至怠惰廢弛；束其血脈，使不至猛厲憤起。"②樂所以成性，故曰"成於樂"也。

王弼云：此節"言有爲政之次序也。夫喜懼哀樂，民之自然，感應而動，則發乎聲歌，所以陳詩採謡，以知民志。風既見其風，則損益基焉，故因俗立制，以達其禮也。矯俗檢刑，民心未化，故必感以聲樂，以和神也。若不採民詩，則無以觀風；風乖俗異，則禮無所立；禮若不設，則樂無所樂；樂非則禮，則功無所濟；故三體相扶而用有先後也。"③然後亦可知孔子與點於樂之意④。

或曰："詩之爲義，有興而感觸，有比而肖似，有賦而直陳，有風而曲寫人情，有雅而正陳道義，有頌而形容功德。說之故言之，言之不足，故長言之；長言之不足，故嗟嘆之，學之而振奮之心、勉進之行

---

① 《禮記今注今譯·樂記》。

② 《四書翼注》。

③ 《皇疏》。

④ 《先進》："點！何如?"鼓瑟希，鏗爾，舍瑟而作。對曰："異乎三子者之撰。"子曰："何傷乎? 亦各言其志也。"曰："莫春者，春服既成。冠者五六人，童子六七人，浴乎沂，風乎舞雩，詠而歸。"夫子喟然歎曰："吾與點也!"

油然興矣,是興於詩。恭敬辭讓,禮之實也;動容周旋,禮之文也;朝廟、家庭、車輿、衣服、宮室、飲食、冠昏、喪祭,禮之事也;事有宜適,物有節文,學之而德性以定,身世有準,可執可行,無所搖奪,是立於禮。論倫無患,樂之情也;欣喜歡愛,樂之官也;手之舞之,足之蹈之,天地之命,中和之紀,學之則易直子(通"慈",慈爱)諒之心生,易直子諒之心生,則樂;樂則安,安則久,久則天,天則神,是成於樂。"①②

放鄭聲,鄭聲淫。鄭聲即鄭音鄭樂也。鄭聲淫。淫者何謂?謂過也,過其常度也③,"(水過於平曰淫水,雨過於節曰淫雨,)聲過於樂曰淫聲,謂鄭作樂之聲淫,非謂鄭詩皆淫也。"④"(夫子言鄭聲淫耳,曷嘗言鄭詩淫乎? 聲者,樂音也,非詩詞也。淫者,過也,非專指男女之慾也。古之言淫多矣,皆言過其常度耳。)**樂之五音十二律長短高下皆有節焉,鄭聲靡曼幻眇,無中正和平之致,使聞之者導慾增悲,沈溺而忘返,故曰淫也。"⑤**《樂記》曰:"鄭音好濫淫志,宋音燕女溺志,衛音趨數煩志,齊音敖辟喬志。此四者,皆淫於色而害於德"⑥,"内則致疾損壽,外則亂政傷民"⑦,故當禁絶之。《樂記》云:"世亂則禮慝而樂淫,是故其聲哀而不莊,樂而不安,慢易以犯節,流湎以忘本,廣則容姦,狹則思慾。感條暢之氣,而滅平和之德,是

---

① 《論語傳注》。

② 參見本書《八佾》一節之"廣辭"。《八佾》:子謂《韶》,"盡美矣,又盡善也。"謂《武》,"盡美矣,未盡善也"。

③ 或解"鄭聲淫"為"鄭國之俗,有溱洧之水,男女聚會,謳歌相感"之類,兹不取。參見:《五經異義》:"魯論説,鄭國之俗,有溱洧之水,男女聚會,謳歌相感,故云'鄭聲淫'。"《白虎通・禮樂篇》:"樂尚雅何? **雅者,古正也**,所以遠鄭聲也。孔子曰'鄭聲淫'何? 鄭國土地民人山居谷汲,男女錯雜,爲鄭聲以相悦懌。"朱子《詩集注》:"鄭衛皆淫聲,然衛詩三十九,淫奔才四之一。鄭詩二十一,淫奔不翅七之五。衛猶爲男悦女,鄭皆爲女惑男。衛人猶多刺譏懲創之意,鄭人無復羞愧悔悟之萌,故夫子獨以鄭聲爲戒。"

④ 《丹鉛總錄》:"水過於平曰淫水,雨過於節曰淫雨,聲過於樂曰淫聲,謂鄭作樂之聲淫,非謂鄭詩皆淫也。"

⑤ 陳启源,《毛詩稽古篇》。

⑥ 《樂記》:"……是以祭祀弗用也。"

⑦ 《漢書・禮樂志》。

以君子賤之也。"《周官·大司樂》云："凡建國,禁其淫聲、過聲、凶聲、漫聲",淫聲,即若鄭衛也。淫聲爲建國所宜禁,故此言爲邦亦放之矣①。故曰放鄭聲,正於雅頌,所以革弊俗、正樂聲也。

遠佞人,佞人殆。佞人,惡人也,佞口生事之人也;佞人殆何謂? 謂或將亂道義善行,傾覆國政也。所謂遠者,非但不用而已,乃遠而絕之,隔塞其源,戒之極也②。此言爲政、治天下之用人也。反言而曰遠佞人,正言則曰親賢臣德才,而尊賢禮士、推賢進士也。

合言之,則曰放遠鄭聲、佞人,而其所以宜放遠之由也,在於鄭樂聲淫過度而佞人讒鬥亂(義),將使國家爲危殆也③,所謂惡鄭聲之亂雅樂,惡利口之覆邦家也。質言之,"鄭聲佞人亦俱能感(惑)人心,與雅樂賢人同。而使人淫亂危殆,故當放遠之。"④

論曰:"程子曰:'問政多矣,惟顏子告之以此。蓋三代之制皆因時損益,及其久也,不能無弊。周衰,聖人不作,故孔子斟酌先王之禮,立萬世常行之道,發此以爲之兆爾。由是求之,則餘皆可考也。'此所謂百王不易之大法,孔子之作《春秋》,蓋此意也。孔顏雖不得行之於時,然其爲治之法,可得而見矣。'⑤"⑥

合而觀之,前四句皆從正面立説,後兩點則反説之。夏時殷輅周冕、樂則《韶》《舞》者,夏時尚仁好生,以人為本;殷輅尚質尚儉,為政以質;周冕尚文尚禮,儀文禮義得其正中而美;樂則《韶》《舞》,所以尚樂尚和尚雅(正)也。"夏時殷輅周冕,備三代之質文,著三統之遞易"也⑦,若夫樂則《韶》《舞》者,《韶》也盡美盡善,美舜以德禪於堯,又盡善致太平也;《武》《舞》也盡美未盡善,美武王以武功定天

---

①　《論語正義》。
②　《論語正義》。
③　《皇疏》。
④　《集解》。
⑤　引尹氏語。
⑥　《四書章句集注》。
⑦　《論語發微》。

下而未致太平也，則此明《韶》樂爲致太平之樂，故舉《韶》樂以明之也。放鄭聲，是得音聲之中；遠佞人，是得用人之中。仁義好生，文質彬彬，禮樂雅舞，音聲禮樂得中，推賢進士，治天下之道備矣。

餘論：孔子之前不以四時（春夏秋冬）繫於正朔，春夏秋冬亦不隨正朔而易，所以每代王者改正朔後，四時之孟仲季仍自不變。如仲夏、季冬云云，仍如夏時（夏曆）也。自劉歆以傳合經，改左氏，而班固撰《漢書》，於月份上皆加四時之名，如暮春三月云云，遂多紛亂。

註解：正：一年之第一月為正月；朔，一月之第一天為初一。鄭聲：鄭聲、鄭音、鄭樂；鄭詩、鄭風（鄭國）；鄭，邪也。淫：過也，過其常度；男女淫奔類。

子曰："人無遠慮，必有近憂。"

子曰："人無遠慮，必有近憂。"今日之近憂，恰因當時之無遠慮，故爾也。當時權宜彌縫，因循苟且，敷衍塞責，玩日愒時，則憂患伏積於將來也。《皇疏》曰："人生當思漸慮遠，防於未然，則憂患之事不得近至。若不爲遠慮，則憂患之來不朝則夕，故云必有近憂也。"論曰："居安而不慮危，危即生於安。處治而不慮亂，亂即伏於治。故曰慮不遠，憂必近也。慮者預備，非虛慮也。凡造化人事，憂樂相循，利害相倚，日中則昃，月盈則虧，自然之數。能慮則神明常醒，灼見消息盈虛之理，不敢爲貫盈履滿之事；兢業早圖，則造化可回，雖氣數有固然，而意外卒至之患無矣。"[1]

子曰："已矣乎！吾未見好德如好色者也。"

---

[1]　《四書釋地三續》。

子曰：“已矣乎！吾未見好德如好色者也。”食色性也，好德如好色，性之也。孟子云：“堯舜，性之也；湯武，身之也（體之行仁，視之若身；身體力行仁義）；五霸，假之也（假仁以正諸侯；假借仁義之名）。久假而不歸，惡知其非有也。”①德者性之、自得，囂囂而樂，而人不知；言德，則人以為難之（為難伊），伐性嗜欲。身之假之猶難，況性之而好德如好色哉！故曰“知德者鮮矣”②。

論曰：“此章與《子罕篇》所記同，而多‘已矣乎’三字，疑因季桓子受女樂而郊不致膰，孔子時將去魯而發也。曰已矣乎，有惜功業不就，吾道不行之意。”③

子曰：“臧文仲其竊位者與？ 知柳下惠之賢，而不與立也。”

子曰：“臧文仲其竊位者與？ 知柳下惠（柳下惠氏展，名獲，字禽，又字季，諡惠，而柳下之稱未知是邑是號。蓋居於柳下，或曰食邑柳下）之賢，而不與立（同立於朝，謂舉賢也；或曰立是位，不與位即不舉之）也。”

柳下惠之仁賢誠信，聲聞於魯國內外；臧文仲時用事於魯，知賢而不舉賢，蓋有嫉賢蔽賢以擅保祿位之嫌疑或私心，故曰竊位。竊者，不僅論其跡，尤且論其心，臧文仲於此也，素餐尸位，妨賢病國，罪與三家之擅公室者同，故曰其心可誅也。蓋“臧文仲為政於魯，若不知賢，是不明也；知而不舉，是蔽賢也。不明之罪小，蔽賢之罪大，故孔子以為不仁，又以為竊位。”④

① 《孟子·盡心上》。
② 《衛靈公》：子曰：“由！知德者鮮矣。”
③ 《論語稽》。《子罕》：子曰：“吾未見好德如好色者也。”
④ 《四書章句集注》引範氏言。

論曰："魯國之無治也，世卿柄政而公室不張，臧孫蔽賢而展禽伏處於下位，屬有疆場之事，則談言可以卻強敵，要信足以孚鄰國①，亦唯柳下惠是問，彼肉食者安往乎？故惠之三黜，不足以損惠之聖，而魯不用惠，非惠之不幸，是魯之不幸也。"②

《列女傳》記柳下惠曰："柳下惠處魯，三黜而不去，仕於下位。既死，門人將誄之。妻乃誄曰：'夫子之不伐兮，夫子之不竭兮，夫子之信誠而與人無害兮。屈柔從容，不強察兮。蒙恥救民，德彌大兮。雖遇三黜，終不蔽兮。愷悌君子，永能厲兮。嗟呼惜哉！乃下世兮。庶幾遐年，今遂逝兮。嗚呼哀哉！魂神泄兮。夫子之謚，宜爲惠兮。'門人從之。"

若夫公叔文子則不然，可參閱《憲問》③，得一對照，乃知此節之義也。

子曰："躬自厚而薄責於人，則遠怨矣。"

子曰："躬自厚而薄責於人，則遠怨矣。"責己重，躬自厚其德；責人輕，寬而恕之，則可以遠怨咎，人或尊德愛重之。德者，自得於己也，非所以苛求於人也。德者，爲己之學也。好方人④，亦是責人之意多，君子戒之。"疾惡太嚴，非處世所宜，然究其弊，仍是爲己之心未切。若移疾惡之心反而自治，則其疾人惡之意自緩矣，故曰攻其惡，無攻人之惡。惡不仁者，其爲仁矣，不使不仁者加乎其身。又曰見不賢而內自省也。其不善者改之。蓋學惟爲己而已，誠嚴於自治，又何暇責人乎？"⑤故曰："大人者，正己而物正者也。至誠而不動者，未之有也。不誠未有能動者也。常常誦之，責己必

---

① 《呂氏春秋》：齊攻魯，求岑鼎。魯君載他鼎以往，齊侯弗信，必取信於柳下惠。
② 《繹史》。
③ 《憲問》：公叔文子之臣大夫僎，與文子同升諸公。子聞之曰："可以爲文矣。"
④ 《憲問》：子貢方人。子曰："賜也賢乎哉？夫我則不暇。"
⑤ 吳廷棟，《拙修集》。

密,責人必輕矣。呂成公讀'躬自厚而薄責於人'章,頓改悁忿之質,此袛認得躬字,非從遠怨落想也。"①"故君子責人則以人(常人),自責則以義。責人以人則易足,易足則得人;自責以義則難爲非,難爲非則行飾(文飾以道德充實),故任天地而有餘。不肖者則不然,責人則以義,自責則以人。責人以義則難贍,難贍則失親;自責以人則易爲,易爲則行苟。故天下之大而不容也,身取危,國取亡焉,此桀紂幽厲之行也。"②

《中論·修本篇》曰:"孔子之製《春秋》也,詳內而略外,急己而寬人。故於魯也,小惡必書;於衆國也,大惡始筆。夫見人而不自見者謂之矇,聞人而不自聞者謂之聵,慮人而不自慮者謂之瞀。故明莫大乎自見,聰莫大乎自聞,睿莫大乎自慮。"

餘論:此與今之庸俗人情親疏準則(縱容包庇)不同,而有愛深責厚之意。責,所以正也;正,所以安心安樂乃至得福也。

子曰:"不曰'如之何如之何'者,吾末如之何也已矣。"

子曰:"不曰'如之何如之何'者,吾末如之何也已矣。"孔子嘗曰:"暴虎馮河,死而無悔者,吾不與也。必也臨事而懼,好謀而成者也。"③此蓋言人當隨時隨事深謀遠慮,戒慎恐懼,豫治之於未亂,謀而後斷成也,《荀子·大略篇》曰:"天子即位,上卿進曰:如之何? 憂之長也。"臨事豫憂,未雨綢繆,亦此之謂也。若夫前也苟且

---

① 《養一齋劄記》。

② 《呂氏春秋·舉難篇》。

③ 《述而》:子謂顏淵曰:"用之則行,舍之則藏,唯我與爾有是夫!"子路曰:"子行三軍,則誰與?"子曰:"暴虎馮河,死而無悔者,吾不與也。**必也臨事而懼,好謀而成者也。**"

不豫,後也臨事倉惶者,禍亂已成,勢不可挽,則吾也無如之何也已矣。有天則也,命理也,禱於神且不顧,況於人力可挽哉!靡不有終(果),何必當初(亂)!寧慎其始哉。

或解曰:子曰:"不曰'如之何如之何'者,吾末如之何也已矣。""不曰如之何者,猶言不曰奈是何也。如之何者,言禍難已成,吾亦無如之何也。"①此蓋"孔子遭君暗臣亂,衆邪在位,政道隔於王家,仁義閉於公門。故作《公陵之歌》②,傷無權力於世,大化絕而不通,道德私而不用,故曰:'無如之何者,吾末如之何也已矣。'"③

子曰:"群居終日,言不及義,好行小慧,難矣哉!"

子曰:"群居終日,言不及義,好行小慧(小辨慧,小智;有才知。或作惠。不取),難矣哉!"若夫於學校庠序、社稷宗廟乃至朝堂也,友朋斯來,群相聚集,本當講學切磋,聞道問政,而其言也不及於大義正道經典政事,好行小辨慧,樂辯忘道,鶩小遺大,本末倒置,眼辨一葉之纖毫,而不睹泰山之正大,則亦難以為學進德臻道也。為學問道為政,當先務其正經本業,而小辨小慧不能通大道、理大政也。

《大戴禮記·小辨》記曰:公(魯哀公)曰:"寡人欲學小辨,以觀於政,其可乎?"子曰:"否,不可。社稷之主愛日,日不可得,學不可以辨。是故昔者先王學齊大道,以觀於政。天子學樂辨風,製禮以行政;諸侯學禮辨官政以行事,以尊天子;大夫學德別義,矜行以事君;士學順,辨言以遂志;庶人聽長辨禁,農以力行。如此,猶恐不

---

① 《集解》。

② 公陵,帝王墳墓;公陵之歌,懷念先帝之詩歌,相傳為孔子所作。

③ 陸賈,《新語·辨惑篇》。

濟,奈何其小辨乎?"公曰:"不辨則何以為政?"子曰:**"辨而不小。夫小辨破言,小言破義,小義破道,道小不通,通道必簡。**是故循弦以觀於樂,足以辨風矣;爾雅以觀於古,足以辨言矣。傳言以象,反舌皆至,可謂簡矣。夫道不簡則不行,不行則不樂。夫弈十稘之變,由九不可既也,而況天下之言乎?"曰:"微子之言,吾壹樂辨言。"子曰:**"辨言之樂,不若治政之樂;辨言之樂不下席;治政之樂皇於四海。夫政善則民説,民説則歸之如流水,親之如父母;諸侯初入而後臣之,安用辨言?"**①

或曰:"此章是夫子家塾之戒。羣居,謂同來學共居者也。夫子言人羣居當以善道相切磋,不可以非義小慧相誘引也。"②"羣居終日,言不及義,好行小慧,此學校不修,教學不明之故也。後世糾黨立社,標榜聲譽之徒大率如此。求其講學以明善取善而輔仁者,殆無有也。人材之所以日壞,世道之所以日病,其不以此歟?"③又或論曰:"小慧,私智也。言不及義,則放僻邪侈之心滋。好行小慧,則行險僥倖之機熟。難矣哉者,言其無以入德而將有患害也。"④此亦皆可廣原文之意義矣。

以下為《大戴禮記·小辨》後續之文,可參讀而見此節之義:

……公曰:"然則吾何學而可?"子曰:"行禮樂而力忠信,君其習可乎?"公曰:"多與我言忠信而不可以入患。"子曰:"毋乃既不明忠信之備,而口倦其君則不可,而有明忠信之備,而又能行之,則可立待也。君朝而行忠信,百官承事,忠滿於中而發於外,刑於民而放於四海,天下其孰能患之?"公曰:"請學忠信之備。"子曰:"唯社稷之主實知忠信。若丘也,綴學之徒,安知忠信?"公曰:"非吾子問之而焉也?"子三辭,將對。公曰:"彊避!"子曰:"彊侍。丘聞:大道

---

① 孔廣森,《大戴禮記補注·小辨第七十四》,中華書局,2013年1月。

② 《論語正義》。

③ 夏錫疇,《強學錄》。

④ 《四書章句集注》。

不隱。丘言之君,發之於朝,行之於國,一國之人莫不知,何一之彊辟？丘聞之:忠有九知——知忠必知中,知中必知恕,知恕必知外,知外必知德,知德必知政,知政必知官,知官必知事,知事必知患,知患必知備。若動而無備,患而弗知,死亡而弗知,安與知忠信？內思畢心曰知中,中以應實曰知恕,內恕外度曰知外,外內參意曰知德,德以柔政曰知政,正義辨方曰知官,官治物則曰知事,事戒不虞曰知備,毋患曰樂,樂義曰終。"①

子曰:"君子義以為質,禮以行之,孫以出之,信以成之。君子哉!"

子曰:"君子義以為質(本質,根本),禮以行之(義事,或合義之事),孫以出(指言語)之,信以成之。君子哉!"君子德行之本在乎義,故君子之一切言動行事也,義為本質,必合義而後或可行之,所謂"無適無莫,義之與比"②,亦即孟子所謂"配義與道"③也。然又當正禮以行之,禮則節文也,恭敬也,正中也,以鄭重其事、敬人敬事而又中正不偏也(彬彬有禮之紳士);又當遜辭以言之,不自伐,不虛矯,不傲慢,而後人受之合之;又當誠信不自欺,內外合一,徹始徹終,而成其君子之德也。蓋"義者,制事之本,故以爲質榦,而行之必有節文,出之必以退遜,成之必在誠實,乃君子之道也。"④(實則)此四句只是一事:以義爲本⑤。或曰:"君子體質先須存義,義然後禮,禮然後遜,遜然後信,有次序焉。"⑥

---

① 孔廣森,《大戴禮記補注·小辨第七十四》,中華書局,2013年1月。
② 《里仁》。
③ 《孟子·公孫醜上》。
④ 《四書章句集注》。
⑤ 《集注》引程子言。
⑥ 《筆解》。

論曰："上一截是骨子，無上一截則成同流合汙鄉願一流人物；然無下一截，則有激訐之病，或致清流之禍，此聖人之言所以周全中正而無弊也。"①又或詳論曰："這一章就處事上見君子學問之精。大抵君子學問規模固極其闊大，而節目又極其細密，成箇君子，不是容易的。這個義只是事之所當然，'義以爲質'一句便包得'無適無莫，義之與比'一節意思。若義上稍差，這件事就如沒質榦一般，縱做得來驚天動地也不中用。萬事有萬事的義，一事有一事的義，常事有常事的義，變事有變事的義，須要認得清，立得定，參不得一毫意見，雜不得一毫功利。有了這義，則這件事大段不差了。然義又不是可徑情直遂的，非怕徑情直遂壞了這事，只是義中容不得一毫疏忽，有一毫疏忽，事雖無傷，亦可恥也。故必禮以行之，使有節文，而無太過不及之弊焉。義又不是可稜角峭厲的，非怕稜角峭厲壞了這事，只是義中容不得一絲鹵莽，有一絲鹵莽，事雖克就，深可鄙也。故必孫以出之，使去矜張，而有從容和順之美焉。既禮行孫出，則義已入細密了，又恐幾微之間，須臾之頃，誠意或不貫徹，一處不貫徹，便有一處的病；一息不貫徹，便是一息的病，不必大段虛僞，然後爲義之累，故自始至終又必信以成之，使一言一動莫非實心實理之流行焉。君子之處事如此。"②

或曰："惟君子方義以爲質，若小人則利以爲質矣。利以爲質，則本質盡喪，私慾篡其心位而爲主於内，耳目手足悉供其役，動靜云爲惟其所令。即有時而所執，或義節文咸協，辭氣雍遜，信實不欺，亦總是有爲而爲，賓義主利，名此實彼，事成功就，聲望赫烜，近悦遠孚，翕然推爲君子，君子乎哉？吾不知之矣。"③

---

① 《强學錄》。

② 《松陽講義》。

③ 《反身錄》。

子曰:"君子病無能焉,不病人之不己知也。"

子曰:"君子病無能焉,不病人之不己知也。"

此可對照:子曰:"不患人之不己知,患其不能也。"①又:子曰:"不患無位,患所以立;不患莫己知,求為可知也。"②

子曰:"君子疾没世而名不稱焉。"

子曰:"君子疾(病,以……為病,痛恨、深憾)没世(離世)而名不稱(揚)焉。"

何謂君子?有德者也。故君子必欲成德,而後稱(相稱,名副其實)其君子之名也。若夫聲聞過情,名實不副,則君子恥之,不敢居君子之名也。故君子又必欲成名,成名即成其德名也,則成名即是成德,乃是求諸己之事,必欲成己德,非謂必欲人知也。然則所謂求名稱名(揚名),實則求德行仁,推己及人,行仁德被於他人乃至天下國家也。然則何以成德成名?則曰"君子去仁,惡乎成名?"③曰"善不積,不足以成名"④,曰"齊景公有馬千駟,死之日,民無德而稱焉。伯夷叔齊餓於首陽之下,民到於今稱之"⑤;故曰孝悌忠信是德是名,推己及人是德是名,推而論之,而立德、立功、立言,皆是成德成名也。故孔子天縱之聖,而修德化育焉,是立德;周流天下,遊説諸侯以王道仁政,欲以安民安天下,是立功之

---

① 《憲問》。

② 《里仁》。

③ 《里仁》:子曰:"富與貴是人之所欲也,不以其道得之,不處也;貧與賤是人之所惡也,不以其道得之,不去也。君子去仁,惡乎成名?君子無終食之間違仁,造次必於是,顛沛必於是。"

④ 《周易・繫辭下》。

⑤ 《季氏》:"'誠不以富,亦只以異。'齊景公有馬千駟,死之日,民無德而稱焉。伯夷叔齊餓於首陽之下,民到於今稱之。其斯之謂與?"

事;而删述典籍,以成六經,是立言也。故孔子曰:"弗乎弗乎,君子病没世而名不稱焉。吾道不行矣,吾何以自見於後世哉?"乃因史記作《春秋》,以繩當世①,以其王法而用化於後世,此孔子成德立言稱(揚)名之事也。若夫無所德業自得於己而表見於人於世,人不德之,名無所稱,可見或為此生懶怠庸惰有以至此,則君子之恥也,故疾之。疾之,恰所以激勵之也。

或解曰:子曰:"君子疾(病,以……為病,痛恨、深憾)没世(離世)而名不稱(相稱,名副其實)焉。"聲聞過情,君子恥之②。若夫一生奔忙,名為君子,而實不稱焉,則將没世而深憾也。此何故邪? 蓋既没世則已無可挽回也。故疾之所以激勵之也,人生在世,當珍惜暇冕,進德修業,將以有所德業表見於世。故孔子曰:"弗乎弗乎,君子病没世而名不稱焉。吾道不行矣,吾何以自見於後世哉?"乃因各國史記作《春秋》,以繩當世③,以其王法而用化於後世。此孔子疾而激勵作為之事也。

論曰:君子豈有務虛名之心哉? 疾名之不稱,則必求其實而已矣④。譬猶匠終年運斤不能成器,匠者病之;君子終年為善不能成德成名,亦君子病之也⑤。又論曰:"孔子贊《易》,曰:'善不積,不足以成名。'《孝經》曰:'立身行道,揚名於後世。'於《論語》曰:'君子去仁,惡乎成名?'又曰:'君子疾没世而名不稱焉。'聖人以名立教,未嘗惡人之好(道德禮義之)名也。孟子曰:'令聞廣譽施於身。'令聞廣譽非名而何? 唯聲聞過情,斯君子恥之耳。道家以無為宗,

---

①　《史記·孔子世家》。

②　《孟子·離婁下》。

③　《史記·孔子世家》。

④　《日知錄》。

⑤　《皇疏》:《皇疏》引江熙云:"匠終年運斤不能成器,匠者病之。君子終年為善不能成名,亦君子病之也。"

故曰：‘聖人無名’，又曰‘無智名，無勇功’，又以伯夷死名與盜蹠死利並言，此悖道傷教之言，儒者所弗道。”①

或曰：“此章言諡法也。《周書·諡法篇》曰：‘大行受大名，細行受細名。行出於己，名生於人。’春秋時列國大夫多得美諡，細行而受大名，名不稱矣，故孔子言此，明當依周公諡法，不得溢美也。”②亦可備一說。

子曰：“君子求諸己，小人求諸人。”

子曰：“君子求諸己，小人求諸人。”

君子之進德也責己自修，所謂反求諸己也；小人之言德也責人自肆，所謂姑息於己而苛責於人也③。君子之求行達也，必求諸己，進德修業而後水到渠成、實至名歸，所謂修其天爵，而人爵隨之也；小人之求聞達也，則求諸人，枉道干求詭遇，無所不至，所謂要其人爵，而天爵淪亡也。舉凡君子小人為人行事之別，大抵如此。孟子曰：“愛人不親反（反思）其仁，治人不治反其智，禮人不答反其敬。行有不得者，皆反求諸己，其身正而天下歸之。《詩》云：‘永言配（遵循）命，自求多福。’”④此君子之求諸己也。孟子又曰：“有天爵者，有人爵者。仁義忠信，樂善不倦，此天爵也；公卿大夫，此人爵也。古之人修其天爵，而人爵從之。今之人修其天爵，以要（干求）人爵；既得人爵，而棄其天爵，則惑之甚者也，終亦必亡（無）而已矣。”⑤此小人之求諸人也。

論曰：“君子雖不病人之不己知，然亦疾沒世而名不稱也。雖

① 《養新錄》。
② 《羣經平議》。
③ 《憲問》：子曰：“古之學者為己，今之學者為人。”
④ 《孟子·離婁上》。
⑤ 《孟子·告子上》。

疾没世而名不稱，然所以求者亦反諸己而已。小人求諸人，故違道幹譽無所不至。"①唯其"行有不得而反求諸己，則其責己也必嚴；違道幹譽而望人之知己，則其責人也必甚。"②又論曰："求諸己者，凡事祇求自盡，見得盡倫踐形皆己正當事務，不可不求，而窮通殀壽俟之天，用舍毀譽聽之人，於己無與也。然非勉爲也，必求自盡，心始安耳。若著一念勉強，則故爲隱晦，與求諸人者同。"③

子曰："君子矜而不爭，群而不黨。"

子曰："君子矜（矜莊自重以禮義）而不爭（爭利以非禮義），群（合大群於正義之公事，合公群合公義）而不黨（私黨於小群之私利，私黨私群私利）。"此何謂邪？謂君子之自處也，矜莊自重，凡事必一本於正禮正義也；終日自敬④，動輒中禮中義而後行，而不以非禮義者爭，即不爭利於非禮義之事也。又謂君子之相處也，以道相聚，樂群合眾，切磋成德⑤，集義共事，循其公義正禮群規，無所乖僻私心也，亦所謂合大群合公義也。蓋君子雖眾，不相私黨，義之與比⑥；一本公義公利，而不私相黨與於小群之私利私慾，所謂結黨營私而害公利公事也。質言之，矜於正禮正義，群於公義公利也。有正禮正義而後君子矜莊自重不必爭，雖爭亦循以禮義也；若無之，則先創製之。有公義公法正禮，而後有集義共事之君子之群，而小人之私利黨與無間可乘也。若群無公義公法正禮，則或先創製之，或退而

① 《四書章句集注》。
② 《論語稽》。
③ 《四書詮義》。
④ 《皇疏》。
⑤ 《皇疏》："君子不使其身倪（輕率，瀧脫不羈。或作倦）焉若非，終日自敬而已，不與人爭勝之也。君子以道相聚，聚則爲羣，羣則似黨，羣居所以切磋成德，非私於私也。"
⑥ 《集解》："君子雖眾，不相私助，義之與比。"

不與其假群私黨也。故曰：君子不黨，而群；有公義斯有公群義群，有正道斯有正群；群於正義公義正道正禮也。

論曰："莊以持己曰矜，然無乖戾之心，故不爭。和以處衆曰羣，然無阿比之意，故不黨。"①

子曰："君子不以言舉人，不以人廢言。"

子曰："君子不以言舉人，不以人廢言。"蓋有言者不必有德②，故不可以言舉人，若僅以言舉人，不證問其人之實德，則詐佞（小）人將盡飾其言而競趨干求，致所舉每皆利口捷給之小人，實德君子反黜退隱沒，用人之途遂壞，將償誤國家公事，而天下風氣將痲敗不可收也。舉人者，乃天下國家用人之大事公事，關乎天下國家之福祉治亂，故不可不嚴正謹慎也。然若其人有善言正言諫言等，則吾也將納言自善更張，雖其人或卑賤不善，亦不廢其一言之善，而但問其言之正知否。此無他，以納言非關舉用其人，乃用以臻善長進，實德佐事，而納之用之行之皆在我而已矣。故曰：舉人不以言而以德能，納言不問其人，而唯其正言是取也。此即所謂"君子用人聽言之道。以是見君子之至公也，又見君子之至明也；見君子之至慎也，又見君子之至恕也。"③

論曰："不以言舉人，則徒言者不得倖進；不以人廢言，庶言路不至壅塞，此致治之機也。以言舉人則人皆尚言，以行舉人則人皆尚行，上之所好，下即成俗，感應之機，捷於影響，風俗之淳漓，世道之升沈係之矣。三代舉人一本於德，兩漢舉人意猶近古，**自隋季好文，始專以言辭舉人，相沿不改，遂成定制**。雖其間不無道德經濟之彥，

---

① 《四書章句集注》。

② 《憲問》：子曰："有德者，必有言。有言者，不必有德。仁者，必有勇。勇者，不必有仁。"

③ 《四書困勉錄》。

隨時表見，若以爲制之盡善，則未也，是在圖治者隨時調停焉。”①

子貢問曰：“有一言而可以終身行之者乎？”子曰：“其恕乎！己所不欲，勿施於人。”

子貢問曰：“有一言（古之一言即一字）而可以終身行之者乎？”子曰：“其恕乎！己所不欲，勿施於人。”

終身行之，則欲終身安之也；何以安之？則曰“恕”而已矣。此何故邪？蓋人之終身，必將時時與各色人等相與交涉，相與而和平則安定，不平則爭亂。何以平和之？視人如己也，如斯則知己所不欲，則人亦不欲，故既不欲人施之於己，則己亦勿施之於人也。此即視人如己之法，亦所謂絜矩之道也。或曰：不欲者多雜遷變，或隨其人之智愚善惡情意而變，則如之何？則曰：有經也，有禮也，有法也，有仁也，經以明常度正中（與是非），禮以定分際同異，法以禁邪僻，仁以推愛及。而後知恕，而從心所欲不逾矩也。恕之道與準則也，非是固執己見、師心剛愎自用，有其獨立不偏之正中也；非我之是非，乃天下之是非也，故當明經、知禮（守禮）、奉法（守法）、推仁而後可言恕也。恕非易易也。

朱熹曰：“推己及物，其施不窮，故可以終身行之。”“《韓詩外傳三》曰：‘己惡饑寒焉，則知天下之欲衣食也。己惡勞苦焉，則知天下之欲安佚也。己惡衰乏焉，則知天下之欲富足也。知此三者，聖王所以不降席而匡天下。故君子之道，忠恕而已矣。’以此言恕，即絜矩之道也。”②論曰：“聖賢學問無不從人己相接處做功夫，既有此身，決無與人不交關之理，自家而國而天下，何處無人，何處不當行之以恕。”③

---

① 《反身錄》。
② 《論語後案》。
③ 《此木軒四書説》。

子曰：“吾之於人也，誰毀誰譽？如有所譽者，其有所試矣。斯民也，三代之所以直道而行也。”

子曰：“吾之於人也，誰毀（詆毀，譭謗，説人壞話，毀人過實）誰譽（稱，贊，善聲；這裏指過譽，過美之名）？如有所譽（稱，善聲；這裏指讚譽）者，其有所試（試以事；驗之，試驗；實際表現）矣。不虛美，不隱惡，必正其實，不失其當，斯為直道矣。斯人斯民也（或曰無“民也”），三代之所以（用）斯直道而行也。”

人之於民人也，既不可譭謗失實，又不可稱譽過當。或有所譽，亦其必有所心行實事先而顯驗之也，故吾譽之而獎掖焉，乃與人共善之意，非無其心向徵象而憑空阿諛也，此所謂不苟譽，雖譽之而不苟也。若夫詆毀失實，失正失仁失恕，則斷然不可也，此所謂其人雖有過而不苟毀，必稱其情，而或有仁恕之諱也。“孔子言我之於世，平等如一，無有憎愛毀譽之心，故云誰毀誰譽也。既平等一心，不有毀譽，然君子掩惡揚善，善則宣揚，而我從來若有所稱譽者，皆不虛妄，必先試驗其德而後乃譽之耳，若云其有所試矣。又通云：我乃無毀譽，若民人百姓有相稱譽者，則我亦不虛信而美之，其必以事試之也。”[①]

論曰：“譽者，善未顯而亟稱之也。毀者，惡未著而遽詆之也。‘試’云者，亦驗其將然而未見其已然之辭也。蓋聖人之心，光明正大，稱物平施，無毫髮之差，故於人之善惡，稱之未嘗少有過其實者。然以欲人之善也，故但有試而知其賢，則善雖未顯，已進而譽之矣。不欲人之惡也，故惡之未著者，雖有以決知其不善，而卒未嘗遽詆之也。此所以言譽而不及毀，蓋非若後世所謂恥言人過而全無黑白者。但有先褒之善而無預詆之惡，是則聖人之心耳。曰

①　《皇疏》。

若有譽而無毀,則聖人之心爲有所倚矣;曰有譽無毀,是乃善善速、惡惡緩之意,正《書》所謂‘與其殺不辜,寧失不經。罪疑惟輕,功疑惟重’;《春秋傳》所謂‘善善長,惡惡短’;孔子‘樂道人之善,惡稱人之惡’之意;而仁包五常,元包四德之發見證驗也。聖人之心雖至公至平,無私好惡,然此意則未嘗不存,是乃天地生物之心也。若以是爲有倚,而以夫恝然無情者爲至,則恐其高者入於老佛荒唐之説,而下者流於申商慘酷之科矣。"①

(古之三代之)斯民也,即"吾之於人"之斯人,三代之所以直道而行用者也(直道而行,即行其直道②)。三代之民,即今之斯人斯民也。三代之直道者何? 善善惡惡而無所私曲、不枉是非也,《春秋》之所謂"不虛美,不隱惡",褒貶予奪,悉本三代之法,無虛加之辭也③。吾今用此無所毀譽之道,亦即三代之直道也。三代之民以此直道而行用之,而成三代之治④;故今之人亦當用此直道也。吾乃用此,無所私曲偏枉,必以其實,而毀譽稱當。如斯而化之,或可復三代之郅治也。所謂堯舜之民可比屋而封,桀紂之民可比屋而誅,皆斯民斯人也;而聖主用之也民人如彼,惡主用之也民人如此,則竟在化,不徒在性也;化以直道則直道而行,化以邪道則邪僻而行。聖主用之以直道而化之,惡主反之。故曰:堯舜以德化民,即是直道而行,異於桀紂之邪道暴虐也⑤。

皇侃曰:"無心而付之天下者,直道也。有心而使天下從己者,曲法。故直道而行者,毀譽不出於區區之身,善與不善信之百姓,故曰吾之於人,誰毀誰譽,如有所譽,必試之斯民也。"⑥

---

① 《論語或問》。

② 《雍也》:子曰:"人之生也直,罔之生也幸而免。"

③ 《論語述何》。

④ 《集解》:"三代用民如此,無所阿私,所以云直道而行。"

⑤ 《論語正義》。

⑥ 《皇疏》引郭象言。然此解似將上節斷句爲"其有所試矣(於?)斯民也"。

或論曰："我之於人無毀無譽,而或有所譽,稱揚稍過者,以斯人皆可獎進而入於善之人,往古之成效可覩也。蓋斯民即三代之民。三代用此民直道而行,而人皆競勸於善,安在今之不可與爲善哉?其有所試,謂三代已嘗試之,非謂身試之也。"①亦可備一説。

或曰前述無毀無譽及試而實之乃譽,即是三代所行之直道。然此兩句稍難索解,則亦可闕疑之,不必牽強解之。

子曰:"吾猶及史之闕文也,有馬者借人乘之。今亡矣夫!"

子曰:"吾猶及史(古之典章文物也)之闕文(先周之遺存典章文物,蓋每皆殘篇斷簡,崩漏漫漶,故曰闕文)也,有馬者借人乘之。今亡矣夫!"

史之闕文,蓋乃夏商西周之先王典章文籍也,杞、宋守之(先代之遺物,乃至禮樂之類),千百年來,歷劫奔竄,轉徙飄蓬,以至於今,而每皆殘篇斷簡,崩漏漫漶,多缺漏也②。然吾當年猶之(至)杞宋、於故魯而稍及觀見之。杞爲夏後,殷王封之於杞,奉守有夏一代之祭祀圖籍、典章文物也;宋爲殷後,周王封之於宋,亦守殷代先王典籍禮樂也;魯爲周公後,得以備有周之禮典史文也。杞、宋、故魯之有先代先王之典章文物,而我得以之杞、宋、於故魯而觀之。杞、宋,猶如有馬者,而借我乘之也。我乘之者何?欲以成就三代先王之王道政教禮樂之大法聖典也。吾有志焉,惜乎文獻不足徵也。當時猶是闕文,今闕文亦或無存,不可及而難觀睹也。故曰"亡矣

---

① 包慎言,《溫故錄》。

② 又:其所闕文之原因,又有"諸侯惡其害己也,而皆去其籍"之因素。《萬章下》:北宮錡問曰:"周室班(列,安排)爵祿(制度)也,如之何?"孟子曰:"其詳不可得聞也。諸侯惡其害(束縛、妨礙)己也,而皆去其籍。然而軻也,嘗聞其略也。"

夫"，深所歎息也。唯魯史稍存全，故吾退而求其次，取故魯十二君二百四十餘年之史文，筆而削之，以成《春秋》，以稍明王法也。然若文獻足徵，蓋亦可祖述堯舜，追跡三代先王，損益三代典章而另有大創述也；增益廣大之，或不止於《詩》、《書》、《禮》、《樂》、《易》、《春秋》之斯文也。故孔子曰："夏禮，吾能言之，杞不足徵也；殷禮，吾能言之，宋不足徵也。文獻不足故也，足則吾能徵之矣。"①此孔子明其志向之言也。蓋"孔子雖觀坤乾之義、夏時之等，然以文獻不足之故，未及筆削成書，以齊六經之列。周有百二十國之寶書，文也。使子夏等十四人求之，獻也。文、獻足而《春秋》成，故能據魯親周故殷紬夏，運之三代。《禮運》一篇皆發明志在《春秋》之義，而夏殷之禮亦可推而知矣。"②

　　子曰："夏禮，吾能言，之杞（夏桀無道失國，殷封其後於杞，奉守祭祀圖籍，備其典章文物③）觀學焉，而典籍文物禮制多湮滅無存，不足徵明（包曰成；朱熹曰證；康有為曰**明證**；徵集或考證；證明、**證成**）也，吾僅得夏時五行焉；殷禮，吾能言，之宋（殷紂無道失國，周封微子於宋，奉守祭祀圖籍，備其典章文物）觀學焉，而亦殘篇斷簡，崩漏漫漶，不足徵明也，吾僅得乾坤八卦焉。此皆時世久遠，先代禮樂毀散，而兩國僅存之文獻（典籍簡策史冊與實際禮樂文制；或解獻為賢人）不足故也，若足，則吾皆能徵明之矣。無徵不信，故吾但取夏時之等、坤乾之義，而黜杞故宋以闕疑也。若夫周也（有百二十國之寶書），列國之典冊文獻足資訪求徵明，故今吾從周禮，而（斟酌三代之禮，損益以）用之。又以魯之周之禮典史文最為獨備，故吾用之而修《春秋》（筆削），寓王法於魯，所謂依託魯史而徵明王法也。'文獻足而《春秋》

————————

　　①　《八佾》。

　　②　《論語發微》。參見：《論語集釋》之相關注解，《八佾》：子曰："夏禮，吾能言之，杞不足徵也；殷禮，吾能言之，宋不足徵也。文獻不足故也，足則吾能徵之矣。"

　　③　"王者存二王之後，杞宋皆得郊天，以天子禮樂祭其始祖受命之王，自行其正朔服色，備其典章文物"，戴望，《論語補注》。

成,故能據魯親周故殷紬夏,運之三代,以治百世也。'"①

或解曰:子曰:"吾猶及史(古之字書,非史書)之闕文(其字有疑則闕之)也,有馬者借人乘之。今亡矣夫!"

史則字書也,闕文則其字有疑而闕之者也。此蓋古之正字法,疑而闕之,不師心自用而穿鑿徑改,以亂聖道經典義理也②。有馬者,蓋其人有其馬而未調良,不能服御而"範法馳驅"者也③。己不能馴而定之,則將倩(請)人(如《孟子》所謂善御者王良)代為調良之,不必自馴無方失範,使御馬也不得其中,乃至於詭遇也。此蓋古之正御法,不知範(正,規範)乘正御,則借善御者代為調良之。此正猶見闕文而不必自作主張,以待他人他文之確證也。二事而有同歸者,歸於謹篤服善也。則此蓋所以明問學而當敬審謹慎以守正中,而不可師心自用、巧言亂義也。

"古之良史於書字有疑則闕之以待能者,不敢穿鑿,孔子言我尚及見此古史闕疑之文。有馬者借人乘之者,此舉喻也,喻己有馬不能調良,當借人乘習之也。今亡矣夫者,亡,無也。孔子自謂及見其人如此闕疑,至今則無有矣,言此者,以俗多穿鑿。"④又曰,亡

---

① 《八佾》。以上參見本書此節之"廣辭"。另可參照:《為政》:子張問:"十世可知也?"子曰:"殷因於夏禮,所損益,可知也;周因於殷禮,所損益,可知也;其或繼周者,雖百世可知也。"《八佾》:子曰:"周監於二代,鬱鬱乎文哉!吾從周。"

② 《子路》:子路曰:"衛君待子而為政,子將奚先?"子曰:"必也正名乎!"子路曰:"有是哉,子之迂也!奚其正?"子曰:"野哉由也!君子於其所不知,蓋闕如也。名不正,則言不順;言不順,則事不成;事不成,則禮樂不興;禮樂不興,則刑罰不中;刑罰不中,則民無所措手足。故君子名之必可言也,言之必可行也。君子於其言,無所苟而已矣。"

③ 即所謂"範我馳驅",參見《孟子·滕文公下》,關於"範法馳驅"與"詭遇",可參見:焦循著,《孟子正義》。

④ 《邢疏》。《皇疏》則稍不同,而從反面解說之,曰:"孔子此歎世澆流迅速,時異一時也。史者,掌書之官。古史為書,若於字有不識者,則懸而闕之以俟知者,不敢擅造為者也。孔子自云已及見昔史有此時闕文也矣。孔子又曰,亦見此時之馬難調御者,不能調則借人乘服之也。亡,無也。**當孔子末年時,史不識字,輒擅而不闕;有馬不調,則恥云其不能,必自乘之,以致傾覆,故云今亡也矣夫。**"

矣夫者何？曰“當孔子末年時，史不識字，輒擅而不闕；有馬不調，則恥云其不能，必自乘之，以致傾覆，故云今亡也矣夫。”①或曰：史之闕文與乎借人乘馬，即古之所謂書與御也，皆隸於古之六藝，此舉二以明六也。“我有馬不能服習，藉人之能服習者，乞其代己調良，此謹篤服善之事也。史闕文屬書，借人乘屬御，此孔子爲學六藝者言也。”②今亡矣夫，蓋歎學之亡也。

　　論曰：“《周禮·保氏》：‘教國子以六藝，四曰五御，五曰六書。’孔子言執御，言正名，言雅言，所以教門弟子者，與天子諸侯之設官無異。史籀爲周宣王時太史，作大篆十五篇。《周禮》內史掌達書名於四方，亦太史之屬。……史書令史者，爲掌史書之令史，以正書字爲職，故曰史書，曰史篇，皆謂書字掌於太史，而保氏以教。班氏《藝文志》云：‘古制，書必同文，不知則闕，問諸故老。至於衰世，是非無正。人用其私，故孔子曰：“吾猶及史之闕文也，今亡矣夫。”蓋傷其寖不正。’③其引《論語》‘史之闕文’與《子路篇》‘不知蓋闕’同義。《志》又言：‘《史籀篇》，周宣王教學童書也。’**《論語》之‘史’，或漢代史書史篇之類，而不必爲紀言紀事之成書也。**許氏《説文解字》敍曰：‘詭更正文，鄉壁虛造不可知之書，以耀於世。’與班氏言衰世之弊同。許氏又云：‘《書》曰：“予欲觀古人之象。”言**必遵修舊文而不穿鑿。**孔子曰：“吾猶及史之闕文，今亡矣夫。”蓋非其不知而不問，人用己私，是非無正，巧説衺辭，使天下學者疑。蓋文字者，經藝之本，王政之始，前人所以垂後，後人所以識古，故曰“本立而道生”，知天下之至賾而不可亂也。’班許兩家之言若出一塗，故包注云：‘古之良史於書字有疑，則闕之以待知者。有馬不能調良而借人乘習。’則皆期於善御，亦六藝之一，弟子之事，而保氏之所教也。五馭之目爲鳴和鸞、逐水曲、過君表、舞交衢、逐禽左。乘之者，習

---

① 《皇疏》。
② 《論語補疏》。
③ 《漢書·藝文志》：“古制，書必同文，不知則闕，問諸故老。至於衰世，是非無正。人用其私，故孔子曰：‘吾猶及史之闕文也，今亡矣夫。’蓋傷其寖不正。”

此者也。有一定之法，非可人用其私，**故車能同軌**。六書之目爲指事、象形、諧聲、會意、轉注、假借。**闕文者，所不知者也。有一定之法，非可詭更正文，故書能同文也**。"①

或曰：史闕文而待正，馬借乘而必範（馳驅），蓋所以書同文、車同軌，以成大一統之王道天下也。"古制，書必同文，不知則闕，問諸故老。至於衰世，是非無正。人用其私，故孔子曰：'吾猶及史之闕文也，今亡矣夫。'蓋傷其寖不正。"②

此又可對照《子路篇》孔子論"正名"之言，或可知此節之意也：

子路曰："衛君待子而為政，子將奚先？"子曰："必也正名乎！"子路曰："有是哉，子之迂也！奚其正？"子曰："野哉由也！子於其所不知，蓋闕如也。名不正，則言不順；言不順，則事不成；事不成，則禮樂不興；禮樂不興，則刑罰不中；刑罰不中，則民無所措手足。故君子名之必可言也，言之必可行也。君子於其言，無所苟而已矣。"③

子曰："巧言亂德，小不忍則亂大謀。"

子曰："巧言亂德；小不忍（能，敢於，敢於行；耐，能耐，忍耐，忍心於事；忍害）則亂大謀。"

巧言，佞言也，利口捷給，變亂是非正邪，似是而非，亂義亂信，違禮敗俗，淆亂正法，導人於邪僻，將以致亂也。蓋孔子"惡紫之奪朱也，惡鄭聲之亂雅樂也，惡利口之覆邦家者"④也。孟子則記曰："孔子曰：'惡似而非者：惡莠（yǒu，狗尾草或秀而不實者），恐其亂苗也；惡佞（詐偽、詐飾），恐其亂義也；惡利口（善辯，詭辯），恐其亂信也；

---

① 《論語發微》。
② 《漢書·藝文志》。
③ 參見本書《子路篇》相關之廣辭。
④ 《論語·陽貨篇》。

惡鄭聲,恐其亂樂也;惡紫,恐其亂朱也;惡鄉原,恐其亂德也。'"①
皆是之謂也。

忍,能也,敢也。忍者其心狠強也,而所忍者不一,如忍心(狠心)、忍情、忍痛、忍耐、忍害(忍於為"害"為"惡"為"不仁"之事),乃至舉凡忍常人之所難忍者等,皆是忍。然則斯處之所謂忍者,蓋敢於惡惡、敢於惡不仁也;所謂"小"者,小惡小不仁也,未蔓延而寖以成勢之惡與不仁也,於人己之小惡小不仁(之事)而不及時忍心果敢以惡之、糾之、正之,絕邪僻禍亂於未萌蘖時,而待其恣肆張大(寖以成勢),則後必有大患,而將成大惡大邪大不仁之亂之後果也;然則其大亂也,正在於當時之小不忍也。大謀者,長遠根本大體(大局)之正命正義、大仁大利也。故曰小不忍則亂大謀,亂大謀者何?亂其人其事其群其國之長遠之仁利正命也。若夫君子義人也,其(君子義人)仁之(為小惡之人,以及為小惡者之現在將來之所有可能之受害者)愛之也大,則忍其(為小惡之人)不正邪惡也嚴厲而及時,所以必惡其(為小惡之人)小惡而依法依禮依義依道而正之也,此即所謂雖小惡而忍(惡惡,惡不仁)糾之。然忍其小惡,非所謂任情喜怒之生殺予奪,亦將必先有(立)正道正法正禮正義,而後依之而忍應對治其小惡也,而避其過猶不及之過寬過苛,乃至莫須有之泄私怨之加害也。故曰:然亦不為已甚,尤不可以此飾掩而售其傾險刻薄詐佞兇暴之小人心術也。

若夫"小不忍"之具目也多矣,如不能未雨綢繆而扼亂逆於萌芽,如不能忍一時溺愛之情、拂其肆志而導兒女子弟、國民官長於禮,如不能違法必糾、有罪必懲而維持國法與法治之尊嚴,等等,皆是也。譬如父母之愛其子女也,若處處事事溺愛而不忍拂逆其意(包括小惡小過),不教以正禮正義,則或將使子女於驕橫自肆無忌諱,終將自食其大惡果,乃所以害其成人成德之大謀也;然則此時

---

① 《孟子·盡心下》。

（小時）之小不忍，恰所以害其正大成長之謀，害之而成其將來之大不能忍（惡惡）也，所謂施小惠而不識大體長遠，奚可？故知其所小惡而忍為者，似邪、害、惡、不仁，而實則正、愛、善、仁也。非可謂其真忍心（此忍心乃狠心意，非惡惡心之意）為“害”為“惡”為“不仁”也。

若夫大謀，正大之德業利益也。或曰：大謀，正大長遠之利益鴻猷，亦是。君子志在行仁行道，不徒為匹夫之勇、意氣之爭，識大體則不斤斤於爭虛禮虛名、為小惠也。然小惡不忍心（即今之忍心）而惡惡之，則將寖以成勢，而長成大惡大過，勢所難挽難忍（惡惡，惡不仁），則反害大謀也。故君子雖小惡而忍（惡惡）之，不使張大也。

或曰此言蓋為孔子為魯司寇而誅少正卯之事而發。《荀子》記曰：“孔子為魯攝相，朝七日而誅少正卯。門人進問曰：‘夫少正卯，魯之聞人也，夫子為政而始誅之，得無失乎？’孔子曰：‘居！吾語女其故。人有惡者五而盜竊不與焉：一曰心達而險；二曰行辟而堅；三曰言偽而辯；四曰記醜而博；五曰順非而澤。此五者，有一於人，則不得免於君子之誅，而少正卯兼有之。故居處足以聚徒成群，言談足以飾邪營眾，強足以反是獨立，此小人之傑雄也，不可不誅也。是以湯誅尹諧，文王誅潘止，周公誅管叔，太公誅華仕，管仲誅付里乙，子產誅鄧析、史付。此七子者，皆異世同心，不可不誅也。《詩》曰：‘憂心悄悄，慍於群小’小人成群，斯足憂矣。’”[1]少正卯巧言亂德，故孔子忍（惡惡）而誅之，忍（忍心，能忍心，忍心而惡惡）一誅少正卯之小惡，而成就整肅魯國綱紀之大謀。而正風肅紀，正禮義綱紀，而魯國之政風民風清矣，此其大謀正謀也。

論曰：“惟仁者能愛人，能惡人。苟不能忍（惡惡）其小惡，不忍（忍心）於惡一（惡）人（或小過），則將有亂大事大謀者矣。聖人之

---

① 《荀子·宥坐》。《孔子世家》記曰：定公十四年，孔子年五十六，由大司寇行攝相事，有喜色。門人曰：“聞君子禍至不懼，福至不喜。”孔子曰：“有是言也。不曰‘樂其以貴下人’乎？”於是誅魯大夫亂政者少正卯。與聞國政三月，粥羔豚者弗飾賈；男女行者別於塗；塗不拾遺；四方之客至乎邑者不求有司，皆予之以歸。

所惡,常在於似是而非(之小)者。巧言亂德,所謂惡佞足以亂義也。小不忍(惡惡)則亂仁亂義,將成大亂。"①

　　然此解與通解不同,通解以為"忍"乃忍心、忍耐之意,故小不忍則亂大謀,乃曰如不能忍耐一時之讒毀無禮、不逞匹夫之勇,而將亂其愛其身以有待於大仁大義之大謀大事。康有為亦持此解:"小不忍(忍耐,忍心承受),如婦人之仁,匹夫之勇,一時小動,而大謀因此而移,遂至喪國亡家。如劉備不能忍(忍耐,忍心承受)吳殺關羽而伐吳,幾以亡蜀云云。"②然亦稍有異議者,"先王有不忍(害)人之政,然非小不忍(忍耐,忍心承受)之謂也。故曰惟仁者能愛人,能惡人。苟不忍(忍心,能忍心,忍心承受)於惡一人,則將有亂大謀者矣。聖人之所惡,常在於似是而非者,巧言亂德,所謂惡佞足以亂義也,小不忍(忍心,能忍心)則亂仁。或曰必有忍(忍耐,忍心承受),其乃有濟,若後世所謂能有所忍(忍耐,忍心承受)以就大事者,不知此狙詐之術,雖於聖人之辭若可通,竊以為非也。"③

子曰:"眾惡之,必察焉;眾好之,必察焉。"

　　子曰:"眾惡之,必察焉;眾好之,必察焉。"濁亂之世,人心不正,或脅於威,或誘於利,或劫於小群大群,或逞於慾與倖,則信口雌黄,讒毀諛阿者眾;眾口一詞,出於一心,壞心私心也。豈獨末世亂世,縱平時亦不免也,蓋人心難測難制也。故(君子公仕)欲得其平,則當獨

①　吳嘉賓,《論語說》。然此稍引用原文而稍改易之。
②　康有為,《論語註》。古代漢語乃至現代漢語中之所謂婦人之仁,曰施小惠而不識大體,比喻姑息少決斷。《漢書・卷三四・韓信傳》:"項王見人恭謹,言語姁姁,人有病疾,涕泣分食飲;至使人有功,當封爵,刻印刓,忍不能予,此所謂婦人之仁也。"(漢典)。羅按:今日此有性別歧視之病,不可如此言說或解讀也。然此為另一事也。
③　吳嘉賓,《論語說》。

立察之,平正斷之也。"或衆阿党比周,或其人特立不羣,故好惡不可不察也。"①且"賢人不與俗爭,則莫不好愛也;俗人與時同好,亦則見好也;凶邪害善則莫不惡之;行高志遠與俗違忤亦惡之,皆不可不察也"②識人用人,其難其當謹慎也如此。若夫古之"亂主不察臣之功勞,譽衆者則賞;不審其罪過,毀衆者則罰之。如此者,則邪臣無功而得賞,忠臣無罪而有罰"③,如此,欲得國治民安,可乎?

論曰:"或以獨行滋多口,或以大義冒不韙,衆雖惡之,所當鑒諒於形跡之外者也。或違道以幹時譽,或矯情以博名高,衆雖好之,所當推測於心術之微者也。衆之所惡亦有當惡,則察其所以得罪於清議者安在;衆之所好亦有當好,則察其所以允府於輿情者安在;斯不至隨聲附和也。患不知人者其詳之。"④

或曰:此皆人治法;若夫法治之世,則識人用人另有法門也。

子曰:"人能弘道,非道弘人。"

子曰:"人能弘(大之,擴大之;宏大;含容之大;本義為弓聲)道(仁道),非道弘人。"

此曰人就(即)道,非道就(即)人也。"道者寂然不動,行之由人。人可適道,故曰人能弘道。道不適人,故曰非道弘人也。"⑤人而不弘道,則仁道之名也,雖恒在乎天地人心之間(如天道、人道、聖人之道恒在焉;我雖無道,他人有道、天地人間有道也),而與人無與焉。道恒在焉(在於人心之幽冥,在乎聖人道體之消息,在乎天地之間……西人則曰在於上帝云云),而不弘道,則其仁人無有,"夫周道衰於幽厲,非道亡也,幽厲

————————

① 《集解》。
② 《皇疏》。
③ 《管子·明法解》。
④ 刁包,《四書翊注》。
⑤ 《皇疏》。

不繇(卽不弘道不適道)也。至於宣王,思昔先王之德,興滯補弊,明文武之功業,周道粲然復興"①。道者,恒存乎人心之中(天地人心之間),天地之間。覺之而有,蒙昧之而幽冥沉潛;覺存之而人在道在,昧棄之而人在道亡②。亡於何?亡於惡慾之窒礙也。

所謂人能弘道,道在我在内,人、道合一,我實行張大其道,而仁以是推擴也;所謂"非道弘人",仁道在外,則徒道之虛名而已(人、道離分),人不能因道之虛名而自大,乃因實行推擴其仁而大之(仁道)也。道在天地之間,亙久永在;仁道亦如是,人在,則仁道在。然則仁道徒一名耳,實之弘之在人;其人仁之大小,在於其人弘之(仁道)大小,隨人行而宛轉變化也,故曰:志願才力大者,道隨大,志願才力小者,道隨小③。又曰:"道隨才爲大小,故人能自大,其道即可極仁聖之詣;而非道可以弘人。故行之不著,習矣不察,終身由之而不知其道,則仍不免爲衆。"④

欲假道之名以張大一己之虛名者,偽士也,偽有道也,名爲虛名,道(仁道,道德)不在焉。《中庸》云:"苟不至德,至道不凝焉",至德,實德也,實行弘道也。

或曰:道固能弘人,固能成人之仁,然必先人就之學之、居由踐履之,然後能弘其人也(通達大道天爵)。故曰:人能弘道:貴自得之而後能弘揚之;非道弘人:非以道外在外飾以幹虛譽也(虛飾聞達,以幹人爵富貴)。

子曰:"過而不改,是謂過矣。"

子曰:"過而不改,是謂過矣。"又贊顏回"不貳過"⑤,過而改

---

① 《漢書·董仲舒傳》。
② 朱熹認爲:"人外無道,道外無人,然人心有覺,而道體無爲,故人能大其道,道不能大其人也。"參見:《集注》。這涉及所謂"内在超越"和"外在超越"等論題。
③ 《集解》:"才大者道隨大,才小者道隨小。"
④ 《論語正義》。
⑤ 《雍也》。

之,即是不貳過也。故子又曰:"過而改之,是不過也。"①《穀梁傳》亦曰:"過而不改,又之,是謂之過。"②孟子曰:"古之君子,過則改之;今之君子,過則順之(順過飾非)。古之君子,其過也,如日月之食,民皆見之;及其更也,民皆仰之。今之君子,豈徒順之,又從為之辭。"③過而不改乃文飾,則偽君子也。

子曰:"吾嘗終日不食,終夜不寢,以思,無益,不如學也。"

子曰:"吾嘗(有時)終日不食,終夜不寢,以思,無益,不如學也。"

論曰:"學聖王之道者,譬其如日;靜思而獨居,譬其若火。夫舍學聖之道而靜居獨思,譬其若去日之明於庭,而就火之光於室也。然可以小見而不可以大知,是故明君而君子貴尚學道,而賤下獨思也。"④孔子非謂不當思或學而不思也,故曰"嘗"而已,嘗者,有時乎如此也;然思而不當廢學也;且夫有時徒思而狹隘窒障難通悟也,則必以學廣思啟發,而或能豁然貫通,增廣思悟也。學乃以一己之慧識,而集眾智人慧,而上達會通天智天道者也,又豈可獨恃其一己之智力哉。故孔子嘗云:"學而不思則罔,思而不學則殆。"⑤皆病也,然此則獨闡"思而不學則殆"之意而已矣。

---

① 《韓詩外傳》卷三。

② 《谷梁傳·僖公二十二年》:冬,十有一月,己巳,朔,宋公及楚人戰於泓。宋師敗績。《谷梁传》曰:春秋三十有四戰,未有以尊敗乎卑、以師敗乎人者。以尊敗乎卑,以師敗乎人,則驕其敵。襄公以師敗乎人,而不驕其敵何也? 責之也。泓之戰,以為復雩之恥也。雩之恥,宋襄公有以自取。伐齊之喪,執滕子,圍曹,為雩之會,不顧其力之不足,而致楚成王。成王怒而執之。故曰:禮人不答,則反其敬。愛人而不親,則反其仁。治人而不治,則反其知。過而不改,又之,是謂之過,襄公之謂也。

③ 《孟子·公孫醜下》(4.9)。

④ 《新書·修政語上》。

⑤ 《為政》:子曰:"學而不思則罔,思而不學則殆。"

餘論：非謂不當苦思，特言學思結合，"學而不思則罔，思而不學則殆。"學，學聖人之道，前賢之心得，智者之理論，既得其正經正道，又得其誨悟，得其悟道體道之委曲富饒。又：習而後能，能皆自踐習多任中來。

子曰："君子謀道不謀食。耕也，餒在其中矣；學也，祿在其中矣。君子憂道不憂貧。"

子曰："君子謀道不謀食。耕也，餒在其中矣（，而小民憂念之）；學也，祿在其中矣（自然而來之，若謂修其天爵大道大學，而人爵自然而從之，然非強求人爵耳）（，雖然，而君子本志不在此，未嘗汲汲以求，乃曰素其學才而行耳）。君子憂道不憂貧。"

皇侃曰："董仲舒曰：'遑遑求仁義，常患不能化民者，大人之意也。遑遑求財利，常恐匱乏者，小人之意也。'此君子小人謀之不同者也。慮匱乏，故勤耕；恐道闕，故勤學。耕未必無餓，學亦未必得祿；祿在其（學）中，恒有之勢，是未必君子，但當存大而遺細，故憂道不憂貧也。"①耕者，為食，餒非所求也，而憂之；學者，為道，祿非所主也，學仕為公自有祿，而所主則憂道不憂貧，且無道無學則必無位祿也；然而耕也或四時不調，而餒隨之；若夫學也，或達成天爵而人爵俸祿隨之，或有時乎為貧，而"辭尊居卑，辭富居貧"②而得祿。然非謂其初衷志祿不志道也。故孟子曰："仕非為貧也，而有時乎為貧；娶妻非為養也，而有時乎為養。為貧者，辭尊居卑，辭富居貧。辭尊居卑，辭富居貧，惡乎宜乎？抱關擊柝（tuò）。孔子嘗

---

① 《皇疏》。
② 《孟子·萬章下》：孟子曰："仕非為貧也，而有時乎為貧；娶妻非為養也，而有時乎為養。為貧者，辭尊居卑，辭富居貧。辭尊居卑，辭富居貧，惡乎宜乎？抱關擊柝（tuò）。孔子嘗為委吏矣，曰'會計當而已矣'。嘗為乘（shèng）田矣，曰'牛羊茁壯，長而已矣'。位卑而言高，罪也；立乎人之本朝，而道不行，恥也。"

為委吏矣，曰'會計當而已矣'。嘗為乘（shèng）田矣，曰'牛羊茁壯，長而已矣'。位卑而言高，罪也；立乎人之本朝，而道不行，恥也。"①則亦曰：學者，志祿不志道，得位得祿而道不充行，則學者之恥也。

按：此句語法簡省，字斟句酌、膠鼓原文而解之則或不知所云，詳闡之則或有偏原意。故以下乃或離原文而就其主題稍加議論而已。

古之學者，學道也；學而優則仕，仕以行道也。學雖或得祿（以世必不棄其大道學者故也），而初不以得祿為學；仕必有祿，以酬其公仕行道為仁之勞，然仕非為祿，為行道也（行公道而仁民）。故若道不行，雖耕或不免於餒，而或則"辭尊居卑，辭富居貧"②，或則退隱而耕，故知其所重所憂在道不在貧也。

又論曰：古之學之也者，非謂避勞謀食物也，乃學聖賢之道，所以為君子也；為君子也哉，非謂食祿專權也，乃學為賢能而後所以為公政、理公事、德庶民、敬國事也（勞心戮力而治國理政）。然學者亦仰賴衣食之給，故勞而後獲。人無衣食不能生，則衣食，生之本也，然學者之初衷尤在於謀道，謀道，而祿在其中而已。學不成，德不重，道不行，不得位，則耕也，自食其力也。

今又可學科學（物理之學）專技（器物之學），以為個體之謀生，或為公眾庶民造福也，如科學技術之創造發明、專業技術之習得（如醫生、教師等）。學而謀生，則自致其財貨，自食其力而已，如農工商然，無有（公財）俸祿；學而為公，則有俸祿，如公仕然（亦可對照現代知識產權或智慧財產權法對於職務發明報酬之相關規定）。此學亦勞也，乃至尤勞也；學之後又當勞也，敬持其職事，非謂不勞而獲、不學而

---

①　《孟子·萬章下》。
②　《孟子·萬章下》。

尸位素餐也；又非謂學而蔑視歧視其他一切國民或職事也。學與不學，學多學少，徒社會分工、社會貢獻之多少不同，非謂人格身份之高下、基本權利之多少也（然在人類社會資源財富有限之情形下，收入仍有差異，仍將造成不過度之經濟權利之差異），斯為學矣。

> 子曰："知及之，仁不能守之；雖得之，必失之。知及之，仁能守之，不莊以蒞之，則民不敬。知及之，仁能守之，莊以蒞之，動之不以禮，未善也。"

子曰："父在觀其志，父沒觀其行。"①或問："何以居位？"子曰："知（智能、智識）及（趕得上，配得上，應付得了）之（治國為政之位）民；官位，祿位；或曰國與民，或曰國，或曰民；或曰治國理民之道），仁（仁德，賢德）不能守之；雖得之，必失之。知及之，仁能守之，不莊（嚴，嚴正，原意為草壯、草大，壯盛精嚴；或曰平正。蓋兼有自莊嚴平正不苟於禮義儀容之意）以蒞之（臨，蒞國蒞政；或曰蒞民，臨民），則民不敬。知及之，仁能守之，莊以蒞之，動之（助動詞，治國為政者之言動舉止行事；或曰民，動民）不以禮，未善也。"

此蓋為得有天下國家者言保國為邦行政理民之道也。必也智、仁、莊（莊嚴、嚴正）、禮而後善也。及其得位也，則曰：何以居位？曰知，知以知人知事而知擇義應變也；何以守位？曰仁②，仁以得民（心）也，孟子曰："三代之得天下也以仁，其失天下也以不仁。國之所以廢興存亡者亦然。天子不仁，不保四海；諸侯不仁，不保社稷；卿大夫不仁，不保宗廟；士庶人不仁，不保四體。惡死亡而樂不仁，是猶惡醉而強酒。"③又曰："民為貴，社稷次之，

---

① 《學而》：子曰："父在，觀其志；父沒，觀其行；三年無改於父之道，可謂孝矣。"
② 《易》。
③ 《孟子・離婁上》。

君為輕。是故得乎丘民而為天子，得乎天子為諸侯，得乎諸侯為大夫。諸侯危社稷，則變置。犧牲既成，粢盛既潔，祭祀以時，然而旱幹水溢，則變置社稷。"①皆此之謂也。又必莊以涖國，何謂也？曰涖國涖民自當嚴正（於禮義法度）不苟阿，苟阿偏僻（於禮義法度）則上（仕，法）無威信，而民不敬畏（於禮義法度，與乎君卿仕大夫），將致亂，亂載自上，而作於下也。動之以禮何謂？曰敬而中乎正道禮法，過猶不及，無禮偏禮則人情不正安而多爭亂也，上無禮，下亦如之。質言之，莊則先自敬自嚴自正（於正道禮義法度）而奉法司法不苟偏也，禮則敬人敬事合於正禮法度而不苟也。或曰："知及仁守，所謂道之以德也。莊涖動禮，所謂齊之以禮也。"②如斯而國不治者，未之有也。

　　論曰："夫智及以得，其失也蕩；仁守以靜，其失也寬；莊涖以威，其失也猛，故必須禮，然後和之。以禮制智，則精而不蕩；以禮輔仁，則溫而不寬；以禮御莊，則威而不猛，故安上治民，莫善於禮也。蓋智以通其變，仁以安其性，莊以安其慢，禮以安其情，化民之善，必備此四者也。"③

　　或曰："此章言治民之道也。以知得民，以不仁失民，殘刻之害為大。《武王踐阼記》云：'以仁得之，以仁守之，其量百世。以不仁得之，以仁守之，其量十世。以不仁得之，不以仁守之，必及其世。'（秦如是也。）"④故知及之，仁不能守，雖得必失，此刑名法術之家雖能馭民而不能保民也⑤。此可見知不可恃，可恃者仁也，而知以相輔之。

　　餘論：仁民，則得民心，得民擁戴，故能守之，不為外國侵淩；民不敬，則有內部邪僻作亂之事。莊者，自持中正守禮也；敬者，民化

---

① 《孟子‧盡心下》。
② 李文貞，《論語劄記》。
③ 《皇疏》。
④ 《武王踐阼記》，轉引自：《論語後案》。
⑤ 《四書問答》。

而各自中正守禮也；"動之"也者，政事之謂也，必依禮奉法而行，得其公平、正當、合法，而後為善治也。

子曰："君子不可小知，而可大受也；小人不可大受，而可小知也。"

子曰："君子（器量深宏而有志行道為仁為民、為國為天下者）不可小知（知事，小知即知小事①），而可大受（受命受事，大受即受大命大事）也；小人（器量淺狹不深廣者，非是德性意義上之小人）不可大受，而可小知也。"意曰"君子之道深遠，不可以小了知而可大受。小人之道淺近，可以小了知而不可大受也。"②此講君子為學求道與德業修養之法。孔子嘗斥樊須小人哉，即以此也，以其器量格局淺狹也③。又謂"行己有恥，使於四方，不辱君命，可謂士矣。而言必信，行必果，硜硜然小人哉！抑亦可以為士之次而已"④；又嘗謂子夏曰："女為君子儒，無為小人儒。"⑤亦皆此意也。

_____

①　或解為知人，小知即以小事而測知其人賢否，整節乃講觀人知人之法。然若采此解，則上下文句法語意皆不倅，"小知"（知人）則隱含主語"我"、"君"或"在上位者"，"我知之"也；而"大受"則主語為"君子"，不倅，故不取。或曰"小知、大受"之主語皆可為"我"或"君"，則其辭當為：君子不可小知而可大授也，知之以小事（小節等），授之以大命。仍解為識人觀人之法，然"小人而可小知"（小人可以小事知之）又頗覺窒礙不通。故不可以觀人法、識人法解之目之。或可謂用人之法，則曰"君子不可小知而可大授也，小人不可大授而可小知也"，知則"知遇"授職事之意也。則或亦可。

②　《集解》。

③　《子路》：樊遲請學稼，子曰："吾不如老農。"請學為圃。曰："吾不如老圃。"樊遲出。子曰："小人哉，樊須也！上好禮，則民莫敢不敬；上好義，則民莫敢不服；上好信，則民莫敢不用情。夫如是，則四方之民繈負其子而至矣，焉用稼？"

④　《子路》：子貢問曰："何如斯可謂之士矣？"子曰："行己有恥，使於四方，不辱君命，可謂士矣。"曰："敢問其次。"曰："宗族稱孝焉，鄉黨稱弟焉。"曰："敢問其次。"曰："言必信，行必果，硜硜然小人哉！抑亦可以為次矣。"曰："今之從政者何如？"子曰："噫！鬥筲之人，何足算也。"

⑤　《雍也》。

　　或解曰：子曰："君子不可小知（知遇，授予職事），而可大授（授命授職事）也；小人不可大受，而可小知也。"此講用人之法。《憲問》：子曰："孟公綽，為趙魏老則優，不可以為滕薛大夫。"蓋亦有是意在焉。《淮南子》曰："是故有大略者不可責以捷巧，有小智者不可任以大功。人有其才，物有其形，有任一而太重，或任百而尚輕，是故審毫釐之計者，必遺天下之大數；不失小物之選者，惑於大數之舉，譬猶狸之不可使搏牛，虎之不可使搏鼠也。"①皇侃曰："謂之君子，必有大成之量，不必能為小善也，故宜推誠闇信，虛以將受之，不可救備，責以細行也。"②朱熹亦謂此講觀人用人之法，曰："此言觀人之法。知，我知之也。受，彼所受也。蓋君子於細事未必可觀，而材德足以任重；小人雖器量淺狹，而未必無一長可取。"③又曰"一事之能否不足以盡君子之蘊，故不可小知；任天下之重而不懼，故可大受。小人一才之長亦可器而使，但不可以任大事爾。"④所謂因材量能施用之，務求人當其才，世無棄材，而又避選任措置失宜之病也。其義雖不無好意，其解則稍牽強不侔語法也。故以下乃以英文譯之，則無語法上之糾纏含糊：

　　The master said, "The superior man can not be known in little matters; but he may be entrusted with great concerns. The small man may not be entrusted with great concerns, but he may be known in little matters. "⑤

子曰："民之於仁也，甚於水火。水火，吾見蹈

---

　　① 《淮南子·主術訓》。
　　② 《皇疏》。
　　③ 《四書章句集注》
　　④ 《朱子文集》（答張敬夫）。今亦可曰：小事之能，小節之信，不足以據以測知君子也。
　　⑤ Confucian Analects.

而死者矣，未見蹈仁而死者也。”

子曰：“(人)民之賴於仁(仁道；仁義；仁政)也，甚於水火①。仁者何？仁道、仁義而又仁政也。水火，民仰之以生存，所不可或缺者也，然吾猶見或蹈之(水火)而死者((民)人)矣②；若夫仁，民亦仰之以生存安和，未見蹈仁而死者((民)人)也。何謂邪？蹈水火或時殺人，如貪婪暴虐等；仁未嘗殺人③，“仁乃乾之初生之道，故未見蹈仁而死。(雖)極其變(而言之)，如求仁得仁，殺身成仁，乃全而歸之之義，不可言死(也)。”④

民於仁之需(利益)也不可或缺，仁之用也百無一害，仁哉，人之本，而又治國治天下之本也。孟子曰：“三代之得天下也以仁，其失天下也以不仁。國之所以廢興存亡者亦然。天子不仁，不保四海；諸侯不仁，不保社稷；卿大夫不仁，不保宗廟；士庶人不仁，不保四體。惡死亡而樂不仁，是猶惡醉而強酒。”⑤

論曰：“民之於水火，所賴以生，不可一日無，其於仁也亦然。但水火外物，而仁在己，無水火不過害人之身，而不仁則失其心，是仁有甚於水火，而尤不可以一日(或)無者也。況水火或有時而殺人，仁則未嘗殺人，亦何憚而不爲哉？”⑥

---

①　原文“民之於仁也，甚於水火”，此可謂介詞與動詞的未分化現象，故介詞而兼具動詞之語法功能，然而介詞有定而動詞不定，其所蘊含之動詞含義更爲寬泛，於是句意亦便更爲含蘊豐富，亦可推衍化生豐厚含義。此亦古代漢語之一特點。

②　水火，即指自然物之水火，又喻言糧食財貨，於後者而言“蹈而死”者，則如貪婪；又如俗語所謂“人爲財死，鳥爲食亡”然。

③　《集解》。

④　惠棟，《周易述》。

⑤　《離婁上》：孟子曰：“三代之得天下也以仁，其失天下也以不仁。國之所以廢興存亡者亦然。天子不仁，不保四海；諸侯不仁，不保社稷；卿大夫不仁，不保宗廟；士庶人不仁，不保四體。惡死亡而樂不仁，是猶惡醉而強酒。”

⑥　《四書章句集注》。

餘論：仁之於民，甚於水火之於民。又或曰：末世亂世，亦有蹈仁而死者，則仁而又需智以擇行之也。

子曰："當仁不讓於師。"

子曰："當（值，遇；或曰擔當，任，不取）仁不讓於師（師長；或曰眾，義雖可取，類於孟子所謂"自反而縮，雖千萬人，吾往也"之意，然此不合原文之意）。"

當行仁之事，事雖小、人雖微，當下為之而已。行仁不必禮讓，急行仁也。仁先於禮而又重於禮。仁為禮之原，不仁，如禮何？義為禮之本，不義，如禮何？禮讓與仁義，仁重也；若為仁急，不拘虛禮也。

若夫當仁而先禮讓、推讓、退讓，則慢仁虧仁，好虛名而損仁實，反違禮之本原也。當仁之事，當下立行。故若是行仁之事，何必以禮讓為藉口而躊躇不行哉？見仁（事）斯行之而已。或有禮讓於親長，然親長未暇，吾必行為之，行仁而先之，非犯（親長）也，親師亦將許而不責。"非不好讓，此道非所以讓也。"[1]當仁不讓，自行眾與，亦可有化育之功效也。

然亦當行仁而不伐，伐，則有矜爭炫耀功名之心，非禮，尤非行仁也，乃行偽也。故曰，當仁不讓於師，行仁不伐於人，誠仁也。

朱熹曰："當仁，以仁為己任也。雖師亦無所遜，言當勇往而必為也。蓋仁者人所自有而自為之，非有爭也，何遜之有？"[2]"非不好讓，此道非所以讓也。"[3]《春秋繁露》論楚子反許宋平事云："今子往視宋，聞人相食，大驚而哀之，不意之至於此也，是以心駭目動而違常禮。禮者，庶於仁，文質而成體者也。今使人相食，大失其仁，安

---

① 《皇疏》。

② 《四書章句集注》。

③ 《皇疏》："先人後己，外身愛物，履謙處卑，所以為仁，非不好讓，此道非所以讓也。"

著其禮？方救其質，奚恤其文？故曰當仁不讓，此之謂也。"①

子曰："君子貞而不諒。"

子曰："君子貞（正，正道而誠信）而不諒（言語之信，小信，不問是非之信；或曰"信而不通"）。"

於常也，君子貞而諒，道正而言信；然或有非常之時焉，情勢不遑，固守小信或害道害義，則君子正其道，而言不必小信，亦所謂權而反經合道也。然非謂其初言行即存不信之心也，一言既出，駟馬難追，故君子不輕易其言，訒於言而敏於行，行而後言，則信（諒）矣。

道不正，行不貞，如信（諒）何？如諒何？貞者諒之本，貞為信之先也。貞義之事，言行必信；若夫信，必合於貞義而後信，不拘泥也。子曰："君子之於天下也，無適也，無莫也，義之與比。"②此之謂也。

若夫小信小義，與乎大信大義，大多本無衝突，每可兼顧；或有必不可兼顧者，則權之，而權之亦當合於道義情理也，非謂初欲飾掩以大信大義，而遮其小信小義之苟且不修、失信害人也。小信而違害大道大義，君子不取，以不擇是非而必於信者③，執一無權，硜硜小人也。孔子曰："言必信，行必果，硜硜然小人哉！"④孟子曰："大人者，言不必信，行不必果，唯義所在。"⑤斯之謂也。若夫飾大道大義而言行苟且不信，又豈可之？詐佞之徒耳。

論曰："君子權變無常，若爲事苟合道，得理之正，君子爲之，不必存於小信，自經於溝瀆也。"⑥故孔子謂管仲曰："豈若匹夫匹婦

---

① 《春秋繁露·竹林篇》。
② 《里仁》。
③ 《四書章句集注》。
④ 《論語·子路》。
⑤ 《孟子·離婁下》。
⑥ 《皇疏》。

之為諒也,自經於溝瀆,而莫之知也。"①或亦此之謂也。

或論曰:"孟子曰:'君子不亮,惡乎執。'亮與諒同。諒者,信而不通之謂。君子所以不亮者,非惡乎信,惡乎執也。故孟子又曰:'所惡執一者,為其賊道也。'焦循《孟子正義》(曰):《論語》云:'好信不好學,其蔽也賊。'蓋好信不好學,則執一而不知變通,(反貞違逆,)遂至於賊道。君子貞而不諒,正恐其執一而蔽於賊也。友諒兼友多聞,多聞由於好學,則不至於賊。"②故所謂"君子不亮,惡乎執"者,君子不必諒,惡其執一害道也。何如斯不必諒?曰當"貞而不諒",不貞則不諒也。貞為本,而諒隨之。

或解曰:子曰:"君子貞(正,正道而誠信)而不讓。"上文云"當仁不讓於師",仲尼慮弟子未曉,故復云正而不讓,謂仁人正直不讓於師耳③。或可聊備一說。

子曰:"事君,敬其事而後其食。"

子曰:"事君(國公事),敬其事而後其食(即祿,食祿)。"即公仕事君(國),當敬其事而後食其祿之意也,亦所謂"先事後得"④、"先難而後獲"⑤之意也。君(國)之本,在於奉天守道秉德為仁,以選

---

① 《憲問》:子貢曰:"管仲非仁者與?桓公殺公子糾,不能死,又相之。"子曰:"管仲相桓公,霸諸侯,一匡天下,民到於今受其賜。微管仲,吾其被髮左衽矣。**豈若匹夫匹婦之為諒也**,自經於溝瀆,而莫之知也。"

② 何異孫,《十一經問對》。

③ 《筆解》。

④ 《顏淵》:樊遲從游於舞雩之下,曰:"敢問崇德、修慝、辨惑。"子曰:"善哉問!先事後得,非崇德與?攻其惡,無攻人之惡,非修慝與?一朝之忿,忘其身,以及其親,非惑與?"

⑤ 《雍也》:樊遲問知。子曰:"務民之義,敬鬼神而遠之,可謂知矣。"問仁。曰:"仁者先難而後獲,可謂仁矣。"

賢任能,合群理民;公仕事君(國)之本,在於行道仁民,集義敬事。故曰:恪居官次以達其道,事君(國公事)之意也;非所以尸位素餐獵取爵祿也。百官公仕,以賢以能,敬事後食,食功也,非食爵(位)也。《禮記-儒行篇》曰:"先勞而後祿",不勞無祿,斯之謂也。(孔子此言,)蓋傷時利祿以事君(國公事)也①。

子曰:"有教無類。"

子曰:"有教無類。"

子曰:"性相近也,習相遠也。"②人性皆有善,發其善性而化育遷移固著之,則將思之也無邪,行之而自然,習焉而無難,終身由之樂之而不離其道也。何以發之? 曰學習教化也。"生生之類,同稟一極,雖下愚不移,然化所遷者其萬倍。若生而聞道,長而見教,處之以仁道,養之以德,與道終始,乃非道者,餘所以不能論之也。"③"故師之教也,不爭輕重尊卑貧富,而爭於道。其人苟可,其事無不可。"④其苟以向道之心而來學,則所來見教,無有貧富尊卑之種類之分別也。教化之事,為仁也,為人也。

子曰:"道不同,不相為謀。"

子曰:"道(道術;或曰術業,不取)不同,不相為謀。"道者路也,由之以行者也,有正道,有邪道,而正邪異趨,各有善惡之因果。君子志於正道,若夫正邪不同,則自始便無可相謀之處也。道為根本,

---

① 《皇疏》。

② 《陽貨》:子曰:"性相近也,習相遠也。"

③ 《皇疏》。

④ 《呂氏春秋·勸學篇》。

根本不同,趨舍異路,南轅北轍,奚以謀? 志不在此(志趣不同),本已扞格,鑿枘難通,雖謀亦無益於道,反害道也,所以不謀。

論曰:"孟子言禹、稷、顏子同道,曾子、子思同道,故君子與君子有時意見不同,行跡不同,而卒能相謀者,其道同也。"①若夫異端小人之賊道者,正邪不同,則志道潔己自好之君子,豈同謀哉?

子曰:"辭達而已矣。"

子曰:"辭達而已矣。"君子之於朝聘會盟、使命專對也,辭命不必侈麗繁富,徵引冗多(雜),辭達其意,不辱使命,斯可矣。子曰:"誦詩三百,授之以政,不達;使於四方,不能專對;雖多,亦奚以為?"②繁麗而不達,誇飾而無當,未可也。蓋"辭無常,孫而說。辭多則史,少則不達。辭苟足以達,義之至也。"③或又論曰:"凡事莫過於實,辭達則足矣,不煩文豔之辭。"④辭章言語,辭達為要,文以佐之。孔子曰:"言以足志,文以足言。不言,誰知其志? 言之無文,行而不遠。"朝聘會盟,折衝樽俎,非文辭不為功,慎辭哉。⑤ 亦斯之謂也。

師冕見,及階,子曰:"階也。"及席,子曰:"席也。"皆坐,子告之曰:"某在斯,某在斯。"師冕出。子張問曰:"與師言之道與?"子曰:"然。固相師之

---

① 《論語後案》。
② 《子路》:子曰:"誦詩三百,授之以政,不達;使於四方,不能專對;雖多,亦奚以為?"
③ 《禮記・聘禮》。
④ 《集解》。
⑤ 《左傳・襄公二十五年》:仲尼曰:"志有之,'言以足志,文以足言。不言,誰知其志? 言之無文,行而不遠。'晉為伯,鄭入陳,非文辭不為功,慎辭也。"《左傳今注今譯》。

道也。"

師冕（樂人盲者，名冕①）見，孔子迎之。及階，子曰："階也。"及席，子曰："席也。"皆坐，子告之曰："某（前後左右之或相與者）在斯，某在斯。"師冕出。子張問曰："與師言之道（禮）與？"子曰："然。固相（導，扶，助，侍奉）師之道也。"

邢疏曰："此章論相師之禮也。樂（師）盲者，名冕，來見孔子。（孔子乃出而迎之。）師冕及階、及席，孔子並告之，使師冕知而升階、登（堂上）席也。孔子見瞽者必起，弟子亦起②；冕既登席而坐，孔子及弟子亦皆坐。孔子歷以坐中人姓字、所在處告師冕，使知也。師冕出。子張見孔子歷告之，未嘗知此禮，既師冕出去，（故）而問孔子曰：'此是與師言之禮與？'孔子然答子張，言此固是相導（樂）師之禮也。"③

論曰：《論語》敘此場景栩栩如生，今人讀之，恍若身歷其境，此俾人得見孔子平時行事，恭敬仁厚，善解人意，悉心體貼，關懷備至，敬長相師恤民之禮也如此；又使人知所效法，歷歷清明，而立相師敬長恤人禮教之示範規矩也。

---

① 吾意此或其時之樂師皆服樂師冕冠，故代稱而已，未必是其名。亦可參閱《微子》：大師摯適齊，亞飯幹適楚，三飯繚適蔡，四飯缺適秦。鼓方叔入於河，播鼗武入於漢，少師陽、擊磬襄，入於海。

② 《皇疏》曰："孔子見瞽者必起，師既起，則弟子亦隨而起。冕至席已坐，故孔子亦坐，弟子並坐，故云'皆坐'之也。"參見：《論語義疏》。

③ 《論語注疏》。

季氏第十六

　　季氏將伐顓臾。冉有、季路見於孔子曰:"季氏將有事於顓臾。"孔子曰:"求！無乃爾是過與? 夫顓臾,昔者先王以為東蒙主,且在邦域之中矣,是社稷之臣也。何以伐為?"冉有曰:"夫子欲之,吾二臣者皆不欲也。"孔子曰:"求！周任有言曰:"陳力就列,不能者止。'危而不持,顛而不扶,則將焉用彼相矣? 且爾言過矣。虎兕出於柙,龜玉毀於櫝中,是誰之過與?"冉有曰:"今夫顓臾,固而近於費。今不取,後世必為子孫憂。"孔子曰:"求！君子疾夫舍曰欲之,而必為之辭。丘也聞有國有家者,不患寡而患不均,不患貧而患不安。蓋均無貧,和無寡,安無傾。夫如是,故遠人不服,則修文德以來之。既來之,則安之。今由與求也,相夫子,遠人不服而不能來也;邦分崩離析而不能守也。而謀動干戈於邦內。吾恐季孫之憂,不在顓臾,而在蕭牆之內也。"

季氏將伐（擊，凡師有鐘鼓曰伐）顓臾（zhuān yú，風姓之國，伏羲、大皡之後，主其祀，時為魯國附庸。今山東省沂州市蒙陰縣有古顓臾國）。冉有、季路①見於孔子曰：“季氏將有事於顓臾。”孔子曰：“求！無乃爾是過與？夫顓臾，昔者先王以為東蒙主（主祭東蒙山②），且在邦域之中矣（顓臾國為魯之附庸，在魯封七百里之內③），是社稷（國之社稷，指魯君）之臣也。何以伐為？”冉有曰：“夫子（季氏）欲之，吾二臣者皆不欲也。”孔子曰：“求！周任（古之良史）有言曰：‘陳（計陳，度陳；貢陳，布陳，施展，展示）力就列（度其所能貢陳之才力，而就列相應之職位；計陳我才力所堪，乃後就其列，次治其職任耳），不能者止。’危而不持，顛而不扶，則將焉用彼相（佐助）矣？且爾言過矣。虎兕（sì，野牛，或曰犀牛）出於柙（xiá，檻，jiàn），龜玉毀於櫝（匱，盒櫃）中，是誰之過與？”冉有曰：“今夫顓臾，固（城郭完堅，兵甲利）而近於費（季氏之私邑）。今不取，後世必為子孫憂。”孔子曰：“求！君子疾（病，深惡，痛恨）夫舍曰‘（吾）欲之’，而必為之辭。丘也聞有（執掌，治理，或擁有）國（諸侯）有家（卿大夫）者，不患寡（土地人民之寡少）而患不均（政理之不均平有法度，如十一稅等），不患貧（國家財乏）而患不安（有國有家者即諸侯國君與卿大夫，其國家、身心、人民不安寧）。蓋（政）均（平，公平，均平有度，如為民製產之類）

---

①　《論語集注補正述疏》：“冉有仕季氏在哀三年，季路仕季氏在定十二年，彼其時二子仕不同時矣。哀十四年《左傳》云：‘小邾射以句繹來奔，曰：‘使季路要我，吾無盟矣。’使子路，子路辭。季康子使冉有謂之曰：‘千乘之國，不信其盟，而信子之言，子何辱焉？’’此其時則二子同仕季氏也。哀十五年《左傳》云：‘秋，齊陳瓘如楚，過衛，仲由見之。’則季路在衛焉，其冬而季路死衛難矣，然則將伐顓臾之時，可從而知也。”《四書章句集注》曰：“疑子路嘗從孔子自衛反魯，再仕季氏，不久而復之衛也。”

②　一名東山，或即“登東山而小魯”之東山也。《義門讀書記》：“費在蒙之陽，魯以費為東郊，故謂之東蒙。”

③　或有說附庸不包括在魯封七百里之內者。“《周官·大司徒》言：公方五百里，侯四百里，伯三百里，子二百里，男百里。’先鄭注以爲附庸在內，後鄭則以附庸不在其中。《明堂位》云：‘成王以周公爲有勤勞於天下，是以封周公於曲阜，地方七百里。’注云：‘上公之封，地方五百里。加魯以四等之附庸方百里者二十四，並五五二十五，積四十九開方之，得七百里。’是魯七百里包有附庸。”參見：《論語集釋》。

無貧（君民皆無貧，君國卿家大夫士民等皆無貧），（人或政）和（上下和同於正道與乎諸禮義文節）無寡，（民或君民上下）安（或曰小大君民安寧）無傾（國家不傾覆）。夫如是，故遠人（天下國家邊遠之人，或曰指荒服之類化外之人①，於魯也則為徐、郯、邾之屬，或曰指顓臾）不服，則修文德以來之。既來之，則安（安綏，以善政正道安之，如為民製產，教以正道禮義等）之。今由與求也，相夫子，遠人不服而不能來也（不能修文德）；邦分崩離析（民有異心曰分，欲去曰崩，不可會聚曰離析；或曰此謂四分公室，家臣屢叛）而不能守也。而謀動幹（楯）戈（戟）於邦內。吾恐季孫之憂，不在顓臾，而在蕭（肅）牆（屏，短垣，所以障蔽內外）②之內（或曰指魯君哀公——哀公後果欲以越伐魯而去季氏——天子外屏，諸侯內屏也；或曰季氏僭禮為屏，此指季氏家臣陽虎等將作亂③。或曰孔子諷其內部政治本身有問題也。”內無正道禮義（、仁道仁政，謀行邪僻不軌，暴虐於民），則久將內亂作也。

　　或解曰：冉有、季路④見於孔子曰：“季氏將有事於顓臾。”孔子曰：“求！無乃爾是過與？夫顓臾，伏羲、大皞之後，昔者先王興滅繼絕，使以為東蒙主（主祭東蒙山⑤），守大皞之祭祀，而屬（附屬於）魯

---

①　《國語》：“荒服者王有不至，則修德。”

②　《說文》：“牆，垣蔽也。”屏亦短垣，所以障蔽內外，故亦稱牆。轉引自《論語正義》。

③　蕭牆之內，或曰指魯君哀公——哀公後果欲以越伐魯而去季氏——天子外屏，諸侯內屏也；或曰季氏僭禮為屏，此指季氏家臣陽虎等將作亂。然《論語正義》曰：“**陽虎囚季桓子在定公八年，而二子事季氏則在哀公十一年後，鄭氏此言未得其實……**”

④　《論語集注補正述疏》：“冉有仕季氏在哀三年，季路仕季氏在定十二年，彼其時二子仕不同時矣。哀十四年《左傳》云：‘小邾射以句繹來奔，曰：‘使季路要我，吾無盟矣。’使子路，子路辭。季康子使冉有謂之曰：‘千乘之國，不信其盟，而信子之言，子何辱焉？’此其時則二子同仕季氏也。哀十五年《左傳》云：‘秋，齊陳瓘如楚，過衛，仲由見之。’則**季路在衛焉**，其冬而季路死衛難矣，然則將伐顓臾之時，可從而知也。”《集注》曰：“**疑子路嘗從孔子自衛反魯，再仕季氏，不久而復之衛也。**”

⑤　一名東山，或即“登東山而小魯”之東山也。《義門讀書記》：“費在蒙之陽，魯以費爲東郊，故謂之東蒙。”

為臣,為魯國之附庸,且在邦域之中矣(顓臾國為魯之附庸,在魯封七百里之內①),是魯君國社稷(國之社稷,指魯君)之臣也。季氏何以伐為?"孔子之意曰:"是時四分魯國,季氏取其二,孟孫、叔孫各有其一,獨附庸之國尚為公臣,季氏又欲取以自益,故孔子言顓臾乃先王封國,則不可伐;在邦域之中,則不必伐;是社稷之臣,則非季氏所當伐也。"②

冉有曰:"夫子(季氏)欲之,吾二臣者皆不欲也。"

孔子曰:"求!古之良史周任(古之良史)有言曰:"為君國之臣也,陳(計陳,度陳;貢陳,布陳,施展,展示)力就列(度其所能貢陳之才力,而就列相應之職位;計陳我才力所堪,乃後就其列,次治其職任耳),不能者止。'若夫身居其臣位,於君國也,危而不持,顛而不扶,則君國將焉用彼相(佐助)矣?且爾言過矣。虎兕(野牛)出於柙(檻),龜玉毀於櫝(匱,盒櫃)中,是誰之過與?豈非典守者之本職邪?為君國之臣亦如是也。"此乃孔子責二子之失職,又不知進退出處之道也,其意曰:"人生事君(國公事)當先量後入,若計陳我才力所堪,乃後就其列,次治其職任耳。若自量才不堪,則當止而不為也。既量而就,汝今為人(君國公事)之臣,臣之為用,正在匡弼,持危扶顛。今假季氏欲為濫伐,此是危顛之事,汝宜諫止;而汝不諫止,乃云夫子欲之,吾等不欲,則何用汝為彼之輔相乎?若必不能,是不量而就之也。"③

冉有曰:"今夫顓臾,固(城郭完堅,兵甲利)而近於季氏私邑費(季氏之私邑)。今不取,後世必為子孫憂。"孔子曰:"求!君子疾(病,深惡,痛恨)夫舍曰(舍,放棄;舍曰即故意不説)'吾欲之',而必為之

---

① 或有説附庸不包括在魯封七百里之內者。"《周官·大司徒》言:公方五百里,侯四百里,伯三百里,子二百里,男百里。'先鄭注以為附庸在內,後鄭則以附庸不在其中。《明堂位》云:'成王以周公為有勳勞於天下,是以封周公於曲阜,地方七百里。'注云:'上公之封,地方五百里。加魯以四等之附庸方百里者二十四,並五五二十五,積四十九開方之,得七百里。'是魯七百里包有附庸。"參見:《論語集釋》。

② 《四書章句集注》。

③ 《皇疏》。

文飾之辭。欲為邪僻不義，何患無辭？丘也聞有（執掌，治理）國（諸侯）有家（卿大夫）者，不患寡（其國其家土地人民之寡少）而患不均（政理之不均平有法度，如十一稅等），不患貧（國家財乏）而患不安（有國有家者即諸侯國君與卿大夫，其國家、身心、人民不安寧）。蓋（政）均則（平，公平，均平有度）無貧（君民皆無貧，君國家卿家大夫士民等皆無貧），所謂均者，均平公正有法度之謂也，如古之為民製產而民有恆產之法，薄稅斂而尠酌貢、徹、助諸法而必以十一稅等——此亦所謂"若民富，則君國臣僚孰與不富"之意也；（人或政）和（上下和同於正道禮義）則無寡，人和者，君民和合同心也，何以和同之？曰與民同富同道（同正道禮義）同樂也，而有相應之禮樂；（民或君民上下）安（小大安寧）則無傾（國家不傾覆）。何謂民安？乃曰無論君民異位異職，而皆安於此道此政此義此居業此禮樂也，各安其分，無憂他人之侵侮掠奪（今日無憂其生計、道義、人伻、權利、自由等）。夫如是，故若遠方化外之氓人族群（天下國家邊遠之人，或曰指荒服之類化外之人①，於魯也則為徐、郯、邾之屬，或曰指顓臾）不服，則吾也修文德以來（歸附）之（包括以其土與民而鄉化歸附之，則曰文教政道治道之擴展，非但招徠遷徙內附之謂），來之以文德也，非來之以征伐侵略也。何謂修文德？曰內修文明政治、文教道義、文雅禮樂、文化安居也，文治美善，則人或將鄉慕而歸附於此文明也。既來之，則安（安綏，以善政正道安之）之。何以安之？亦曰一視同仁，一歸於王法（大）一統也。今由與求也，相夫子，不能內修文德，則於外也，遠人不服而不能來也（不能修文德）；於內也，為政無道非義，悖理違法，至於邦分崩離析（民有異心曰分，欲去曰崩，不可會聚曰離析；或曰此謂四分公室，家臣屢叛）而不能守也。如斯而不思更張改圖，歸於正道正法，而猶欲謀動幹（楯）戈（戟）於邦內，則吾恐季孫之憂，不在顓臾，而在蕭（肅）牆（屏，短垣，所以障蔽內外）②之內

---

① 《國語》："荒服者王有不至，則修德。"
② 《説文》："牆，垣蔽也。"屏亦短垣，所以障蔽內外，故亦稱牆。轉引自：《論語正義》。

(或曰指魯君哀公——哀公後果欲以越伐魯而去季氏——,天子外屏,諸侯内屏也;或曰季氏僭禮為屏,此指季氏家臣陽虎等將作亂①。或曰孔子諷其内部政治本身有問題)也。此何謂邪? 天下國家無道,則必亂而已矣。不亟返歸於正道而均平和安之,乃欲謀動干戈惡鬥之,必及其果也已耳。"或問:蕭牆之内者何? 曰,"謂季孫之臣必作亂也","人君於門樹屏,臣來至屏而起肅敬,故謂屏爲蕭牆也。臣朝君之位在蕭牆之内也。今云季孫憂在蕭牆内,或謂上行下效而季孫之臣必作亂也(蓋謂陽虎)。然天子外屏,諸侯内屏,大夫以簾,士以帷。季氏是大夫,應無屏而云蕭牆者,季氏皆僭有之也。"②

或曰:"季氏之欲取顓臾,患寡與貧耳。然是時季氏據國,而魯公無民,則不均矣。君弱臣強,互生嫌隙,則不安矣。均則不患於貧而和,和則不患於寡而安,安則不相疑忌而無傾覆之患,内治修,然後遠人服。有不服,則修德以來之,亦不當勤兵於遠。又言不均不和,内變將作,其後哀公果欲以越伐魯而去季氏。謝氏曰:'當是時,三家強,公室弱,冉求又欲伐顓臾以附益之,夫子所以深罪之,爲其瘠魯以肥三家也。'"③

又或論曰:"竊謂斯時哀公欲去三桓,季氏實爲隱憂。又以出甲墮都之後,(季氏)雖有費邑,難爲臧紇之防,孫林父之戚,可藉以逆命。君臣既已有隙,一旦難作,(季氏)即效意如之譎,請因於費而無可逞。(季氏)又畏顓臾世爲魯臣,與魯犄角以逼己。惟有謀伐顓臾,克之,則如武子之取卞以爲己有而益其強;不克,則魯師實已勞憊於外,勢不能使有司討己以干戈。憂在内者攻強,乃田常伐吳之故智。此後所爲正不可知,所謂内變將作者也。然則蕭牆之内

---

① 蕭牆之内,或曰指魯君哀公——哀公後果欲以越伐魯而去季氏——,天子外屏,諸侯内屏也;或曰季氏僭禮為屏,此指季氏家臣陽虎等將作亂。然《論語正義》曰:"陽虎囚季桓子在定公八年,而二子事季氏則在哀公十一年後,鄭氏此言未得其實……"

② 《皇疏》。

③ 《四書章句集注》。

何人？鲁哀公耳，不敢斥君，故婉言之。"①

孔子曰："天下有道，則禮樂征伐自天子出；天下無道，則禮樂征伐自諸侯出。自諸侯出，蓋十世希不失矣；自大夫出，五世希不失矣；陪臣執國命，三世希不失矣。天下有道，則政不在大夫。天下有道，則庶人不議。"

孔子曰："天下有道，選賢任能，聖王在位，天下為公，則禮樂征伐自天子出；天下無道，權詐力征，勝霸敗寇，天下為私，則禮樂征伐自諸侯出。自權霸諸侯出，則天下以霸道，不以天道公義，雖其國大力雄，而禮樂不正，征伐不寧（征伐無公義準則），相為豪奪兼併，一無義戰，蓋十世希（少）不失矣；自悖禮亂法之大夫出，上無忠信，下必甚焉，悖亂蜂起，（諸侯君卿）弒篡清側（清君側），虐鬥無日，五世希不失矣；陪臣（家臣，重臣，其為臣之臣，故云重。重二聲）執國命，名不正言不順，天下側目不納（拒斥，陪臣即或僭執國命，而諸侯不納，故其亦不可與於諸侯之會盟朝聘也），上下讁讎，力微心野，橫徵暴斂，民不堪貳，三世希不失矣。天下有道，聖賢而王而聖王在位，則國政不在大夫，在乎賢君。天下有道，先王聖王之正經典章制度俱在，君卿遵循正法以為仁政良治，政無邪僻，民無不平，則庶人不議。不議者，不必議，故亦無議也。政在賢君，則必與卿大夫正議集義，動靜必先思以仁正，免可讁陋，則士大夫行之，而庶民受之，故庶民士人皆不必議也。"

"按：此（於陪臣，）但云執國命（一國之政命；或曰國君之命），不云禮樂征伐出者，其不能僭禮樂征伐也。"②"家臣雖專政，無行禮

---

①　方觀旭，《偶記》，轉引自《論語正義》。
②　《皇疏》。

樂征伐之事者也。禮樂征伐必交乎四鄰,而國命不出境。陪臣執之云者,猶彊奴抗屛主,第相鬨於門之內而已矣。禮樂征伐自大夫出何也? 曰古之大夫束修之問不出境,春秋之大夫交政於中國,凡盟會之事皆與焉,(則)大夫而僭諸侯久矣。若陪臣雖稱兵據地,甚至囚執其主,而卒不得與於會,昭定哀之間可徵也。南蒯也、侯犯也、公山不狃也、陽虎也,皆季氏家臣執國命者也。然春秋於其叛也、襲魯也,皆不書,何也? 略家臣也。家臣賤,名氏不見。聖人謹微,蓋絕之於其端焉耳。不可以告廟,不可以赴諸侯,故嚴其防而不書其後。陪臣懼,子洩及身而出奔;南蒯者,南遺之子也,二世而出奔;陽氏爲季氏家臣,至虎三世而出奔,三世而不失者希矣。聖人之言《春秋》法備焉,義精而辭信。”① 而所謂“大夫五世,陪臣三世者,苟得之有由,則失之有漸,大者難傾,小者易滅,近本罪輕,遠彌罪重,輕故禍遲,重則敗速,二理同致,自然之差也。”②

　　若夫庶人不議,非謂政惡弭謗而庶人不可議也。若此,道路以目,國人暴動,豈獨不議哉! 所謂“上有私議,則下興公議;上無正議,則下恣橫議。”③ 故皇侃曰:“君有道,則頌之聲興在路,有時雍(猶和熙,指時世太平。亦作:時邕、時雝、時廱。雝,原義雖鵝也,又和也)之義,則庶人民下無所街群巷聚,以評議天下四方之得失也。若無道,則庶人共有所非議也。”④ 朱熹曰:“上無失政,則下無私議,非箝其口使不敢言也。”⑤ 詳論之則曰:“天下有道,在上者總其政,而其諮訪亦及乎芻蕘之賤,當是之時,民有公言而無私議。天下無道,大夫竊執國柄,雖士君子之言亦

①　馮景,《解春集》。
②　《皇疏》。
③　《論語後案》。
④　《皇疏》。
⑤　《四書章句集注》。

壅於上聞，於是庶人始私相非議於下，又其甚至於道路以目，而天下之情窮矣。"①

論曰：此亦可見孔子作《春秋》之微意也。《春秋》始乎隱公，以其僭天子禮樂也，至於昭公而出奔，恰十世（或曰政去公室，自桓公至定公爲十世，而稍有差異，然亦無傷大雅宏旨），所以惡禮樂征伐自諸侯出也；魯自季友專政，歷文（季文子即季孫行父，季友之孫——季友之子無佚早亡）、武、平、桓子（季孫斯），而季孫斯於哀公時終爲家臣陽虎所執，恰五世，所以惡禮樂征伐自大夫出也；若夫陽虎（字貨，季平子家臣，後嘗囚季桓子而專國政，又嘗欲殺季桓子，季桓子脱，三桓逐之，陽虎大敗，入齊，被囚，脱，奔晉輔趙鞅），以季氏家臣而專魯政，兩世而奔齊，所以惡陪臣執國命也。"蓋仲尼自定哀之際，三桓與魯皆衰，故《春秋》止於麟，厥旨深矣。"②故孟子曰："孔子成《春秋》，而亂臣賊子懼"③，亂臣賊子者，三桓季氏陽虎之類，所以惡之警之也。

補述曰："齊自僖公小霸，桓公合諸侯，歷孝昭懿惠頃靈莊景，凡十世，而陳氏專國。晉自獻公啓彊，歷惠懷文而代齊霸，襄靈成景厲悼平昭頃，而公族復爲強臣所滅，凡十世。魯自隱公僭禮樂滅極，至昭公出奔，凡十世。魯自季友專政，歷文武平桓子，爲陽虎所執。齊陳氏、晉三家亦專政而無陪臣之禍，終竊國者，皆異姓公侯之後，其本國亡滅，故移於他國也。又曰：南蒯、公山不擾、陽虎皆及身而失，計其相接，故曰三世。"④

餘論：然如庸劣世襲、"無如瀆職、弄權者何"等，又固其弊病不待言者也。又，此節於文義實接上節，因別有理義經義，故亦另置一節以明其不同經義也。或亦傳經之義法也。

---

① 蔡節，《論語集説》引劉東溪語。
② 《筆解》。
③ 《孟子·滕文公下》。
④ 《論語述何》。

孔子曰："祿之去公室,五世矣;政逮於大夫,四世矣;故夫三桓之子孫,微矣。"

孔子曰:"祿之去公(國君)室,五世矣(魯君之宣成襄昭定);政逮於大夫,四世矣(季氏之文武平桓①);故夫三桓之子孫,微(衰微)矣。"

孔子言此之時,蓋在魯定公之初,故不及哀公。魯自東門襄仲殺魯文公之子赤,而立魯宣公,於是政在大夫,爵祿不復從君出,歷宣、成、襄、昭、定,至定公爲五世矣。宣公十八年,襄仲卒,季孫行父(即季文子)逐襄仲子公孫歸父而專國政,歷文、武、平、桓,至桓子為四世矣。大夫執政,五世必失,而季世已四世,故三桓子孫轉以弱也。三桓者,謂仲孫、叔孫、季孫。三卿皆出桓公,故曰三桓也。後仲孫氏改其氏稱孟氏②。

孔子何為而言此? 蓋"徵王經以貶強臣,以扶公室,將以行周道"也:"季氏當定公時,季氏斯爲陽虎所伐,極則衰矣。仲尼魯哀十一年自衛返魯,使子路伐三桓城,不克,至十四年,叔孫氏西狩獲麟,仲尼乃作《春秋》,始於桓,終於定而已。三家興於桓,衰於定,故徵王經以貶強臣。三桓子孫微者,諭默扶公室,將行周道也。"③"蓋仲尼自定哀之際,三桓與魯皆衰,故《春秋》止於麟,厥旨深矣。"④又曰:"禮樂征伐自諸侯出,宜諸侯之強也,而魯以失政。政逮於大夫,宜大夫之強也,而三桓以微。何也? 強生於安,安生於上下之分定(今曰生於正道禮義),今諸侯大夫皆陵其上,則無以令於下矣,故皆不久而失之也。"⑤

---

① 季氏自季友以後,有文武悼平桓,然悼子未嘗為卿,則無所謂政逮於大夫,故去之而為文武平桓。參見:《論語稽求篇》。

② 《集解》、《皇疏》、《集注》、《論語稽求篇》。

③ 《筆解》。

④ 《筆解》。

⑤ 《四書章句集注》引蘇氏語。

孔子曰:"益者三友,損者三友。友直,友諒,友多聞,益矣。友便辟,友善柔,友便佞,損矣。"

孔子曰:"益者三友,損者三友。友直,友諒(信,有信之人),友多聞,益矣。友便(熟習)辟(徒習似於儀文威儀而實不誠正,不直①;習慣其般旋退避之容,一於卑遜,足恭;或曰巧避人之所忌以求容媚;或曰即是偏辟,偏倚偏頗於正道禮義),友善柔(面柔,令色;面從而背毀者,不諒信),友便佞(諞佞,似是而非之巧佞之言,佞辯無其多聞之實;或曰熟習佞辯),損矣。"

此即"無友德不如己者"之意。孔子之意曰:"友直則聞其過,友諒則進於誠,友多聞則進於明②,與此三者為友,可以使我益進(更進)於德,故曰益者三友;若夫徒習熟於儀文威儀足恭而實不誠直者,善為面柔令色、工於媚説而面從背毀不諒者,善為似是而非之巧佞之言、利口捷給、佞辯而無其正道學問多聞之實者,與此三者為友,而不期然濡染同化諸,將使損我德矣,故曰損者三友。"

或曰孔子原意乃針對人君而言,"三友、三樂皆指人君言。直者能正言極諫,諒者能忠信不欺,多聞者能識政治之要,人君友此三者,皆有益也。便辟者,謂習於威儀,與直相反。善柔能為面柔,與諒相反。便佞但能口辯,非有學問,與多聞相反。人君友此三者,皆有損也。"③然今亦可為一般交友之道也,故論曰:"人生不可無友,交友不可不擇,友直、諒、多聞,則時時得聞己過,聞所未聞,長善救失,開拓心胸,德業學問日進於高明。若與便辟柔佞之人

---

①　《先進》:柴也愚,參也魯,師也辟,由也喭。又:《陽貨》:子曰:"色厲而內荏,譬諸小人,其猶穿窬之盜也與?"可參照本書此兩節之"廣辭"。

②　《四書章句集注》。

③　《論語正義》。

處,則依阿逢迎,善莫予責,自足自滿,長傲遂非,德業學問日墮於匪鄙。爲益爲損,所關匪細,交友可不慎乎!"①

今之餘論:古人蓋講所謂德商,今人講所謂情商。

註解:辟義另有四說:避(讀辟爲避,便辟,巧辟人之所忌,以求容媚);譬(便辟,謂巧爲譬喻);嬖(寵嬖之嬖);僻(偏倚,偏頗)。

孔子曰:"益者三樂,損者三樂。樂節禮樂,樂道人之善,樂多賢友,益矣。樂驕樂,樂佚遊,樂宴樂,損矣。"

孔子曰:"益者三樂,損者三樂。樂節禮樂,樂道(稱道而追慕效行;或曰導,導人至於善,亦通)人之善,樂多賢友,益矣。樂驕樂(驕慢自肆,不知敬人;恃尊貴以自恣),樂佚遊(亦作逸游,怠惰遊樂不務正業而不知節),樂宴樂(沈荒淫瀆,燕私淫溺而狎呢寵辛小人),損矣。"

孔子之意曰:"使人得益者有三樂:樂節禮樂則凡事節之以禮之中、樂之和,從心所欲不逾矩之樂也,所謂動靜中於禮樂之節,不過度逾矩,不恣肆無節而傷生害性也;樂道人之善,則曰素來尊賢慕義,向善慕風,能識人之賢德優長,喜聞樂道,以聞善而從,進德修業,又以宣導風氣,長善化俗,故亦可謂居心仁道而導人心風俗於善也;樂多賢友,則得切磋砥礪、匡正多聞、與人為善、集義共事之樂也。使人有損者亦有三樂:樂驕樂則驕慢自恣肆無忌憚之樂(不知敬人,或曰恃尊貴以自恣);樂佚遊則怠惰遊樂、流連荒亡、無有正業束縛、無所事事之樂(不務正業而不知節);樂宴樂則燕私淫溺、沈

①   《反身錄》。

荒淫瀆、奢靡而狎昵嬖幸小人之樂。此三者,當時樂則樂矣,然驕樂慢人自肆,佚樂不務正業,宴樂淫瀆而狎昵小人,必有後患,實則損也。"故曰:"從來會受享人,祇是於損者之樂占盡勝場,以爲奇福,豈知樂有損益,益者之樂,在彼不在此,節禮樂全在日用間應事接物上討求,心安理順,此便是孔顏樂處。"①

論曰:"禮以謹儀節,樂以養性情,此日用而不可離者。所樂在此,斯循繩履矩,身心咸淑,聞人之善,喜談樂道,愛慕流連,即此便是己善;或道德邁衆,或經濟擅長,以至直諒多聞,忠孝廉節,有一於斯,便是賢友。交一賢友,則得一友之益。所交愈多,則取益愈廣。驕奢佚惰,惟晏樂是耽者,烏足以語此? 昔人謂'晏安鴆毒,劇於病臥',又云'安於逸樂,如陷水火',故君子所其無逸。"②

孔子曰:"侍於君子有三愆:言未及之而言謂之躁,言及之而不言謂之隱,未見顏色而言謂之瞽。"

孔子曰:"侍於君子有三愆(過錯):言未及(提及,及其人、名或次序)之(其人,即侍於君子者,或後生小輩)而言謂之躁(躁狂,不安靜;急,疾;或曰傲),言及之而不言謂之隱(有意隱匿不盡情實),未見顏色而言謂之瞽。"躁動而急於自炫傲人(傲人之不知),則失敬,又失君子雍容禮讓、人不知而不慍之風;有意隱匿則失君子直誠坦蕩、赤誠相與之風,亦失敬;瞽蒙唐突而為言,不能察言觀色而通情應對之(即未可與言者則不言,可與言者則當言之),則不謹慎明知,亦或失禮失時——或曰"見顏色"為言者現恭敬端謹之色,不然則有目中無人之嫌。故皆曰愆。一言蔽之則曰:時而後言而已,此又有三,曰禮

① 《四書近指》。
② 《反身錄》。

讓而言,直誠而言,明知而言。不明知而率爾直言之,亦不可,所謂"好直不好學,其蔽也絞"①、"直而無禮則絞"②。素日友朋交遊,固當如此;侍於有德君子,尤當如是,而敬也。

《荀子》曰:"未可與言而言謂之傲,可與言而不言謂之隱,不觀氣色而言謂之瞽。君子不傲不隱不瞽,謹順其身。"③《韓詩外傳》曰:"未可與言而言謂之瞽,可與之言而不與之言謂之隱,君子不瞽言,謹慎其序。"④類皆斯之謂也。

今之餘論:解此句當注意"侍於君子"此一情境:君子或為有德者,或有位者,或年長者,或保傅師長,皆當奉持相應禮節,不可躁、傲、隱、瞽,此亦中國君子、紳士之言談禮儀也。"言未及之",若作"沒談及此話題,而乃自節外生枝主動提起,以至於此一自己擅長之話題或知識"解,即是炫耀而欲傲人;若作"未可與言而與言謂之傲"解,則語意又自不同:如侍坐於長者,長者未問及而主動言之,或不謙辭而對,或毛遂自薦(對比所謂"士不見諸侯")等,皆或有自傲其才之失……《禮記·曲禮》曰:"長者不及,毋僭言,正爾容,聽必恭,毋剿說,毋雷同。"亦斯之類也。

孔子曰:"君子有三戒:少之時,血氣未定,戒之在色;及其壯也,血氣方剛,戒之在鬥;及其老也,血氣既衰,戒之在得。"

---

① 《陽貨》。又曰:子貢曰:"君子亦有惡乎?"子曰:"有惡:惡稱人之惡者,惡居下流而訕上者,惡勇而無禮者,惡果敢而窒者。"曰:"賜也亦有惡乎?""惡徼以為知者,惡不孫以為勇者,惡訐以為直者。"

② 《泰伯》。

③ 《荀子·勸學篇》。

④ 《韓詩外傳》卷四。

孔子曰:"君子有三戒:少之時,血氣未定,戒之在色;及其壯也,血氣方剛,戒之在鬥;及其老也,血氣既衰,戒之在得(貪得)。"

皇侃曰:"君子自戒其事有三,故云有三戒也。一戒也少,謂三十以前也,爾時血氣猶自薄少,不可過慾,過慾則爲自損,故戒之也。二戒也壯,謂三十以上也,禮,三十壯而爲室,故不復戒色也,但年齒已壯,血氣方剛,性力雄猛者無所與讓,好爲鬥爭,故戒之也。三戒也老,謂年五十以上也①,年五十始衰,無復鬥爭之勢,而戒之在得也。得,貪得也。老人好貪,故戒之也。老人所以好貪者,夫年少象春夏,春夏爲陽,陽法主施,故少年明怡也;年老象秋冬,秋冬爲陰,陰體斂藏,故老者好斂聚,多貪也。"②何以戒之?曰明學問,知義理,持志氣,隨時以義禮道理志氣戒勝之,則"不爲血氣所使也"③。"惟心則主乎血,而志爲氣之帥,故知養其心,則能制血氣而不至於亂。聖人三者之戒,亦惟操其心而已。"④

論曰:此養生之法,又養性之法也。或曰:"孔子不言養氣,然三戒卽養氣之法。戒色則養其元氣,戒鬥則養其和氣,戒得則養其正氣。孟子言持志,戒卽持志也。"⑤

今或論曰:"色"或指容色容儀之色,血氣未定,性情不沉穩,故容易情緒化,情緒化則容色乍驚乍怒乍喜(一驚一乍),失君子沉穩、嚴肅、和悦等之容色。此或亦可備一説。

孔子曰:"君子有三畏:畏天命,畏大人,畏聖人之言。小人不知天命而不畏也,狎大人,侮聖人

---

① 《論語偶記》:《曲禮》:"七十曰老";《王制》:"五十始衰"。
② 《皇疏》。
③ 《四書章句集注》:"隨時知戒,以理勝之,則不爲血氣所使也。"
④ 《讀四書叢説》。
⑤ 尹會一,《讀書筆記》引高景逸語。

之言。”

孔子曰:“君子有三畏:畏(敬畏,嚴憚之)天命,畏大人(三代以前選賢任能而得位者如天子諸侯;或曰是當時諸侯卿大夫;或曰是有德有齒者如聖人賢人等),畏聖人之言。小人不知天命而不畏也,狎(媟慢,慣忽之)大人,侮聖人之言。”

君子,古之學而進德,欲出仕行道者,今之學以進德修業者也。何以畏天命?天命作善降百祥,作不善降百殃,從吉逆凶,是天之命,故君子畏之,不敢逆之也①。

何以畏大人?大人,在位者也,三代以前乃聖賢自王、選賢任能而後得其位如天子諸侯,今也世襲而為諸侯卿大夫②;則古之大人也體德仁、崇道義而為之政教,豈可慣忽媟慢而不謹受其德義禮樂刑政之教令哉?今之大人也得專誅,為眾人禍福所繫,故當謹以正事之,以免蒼生之禍亂,又當戒慎恐懼以自保有待,不可無忌憚而輕捐其身也,所謂“邦無道,免於刑戮”③,則又豈可言行不謹慎而忽之哉?孔子之行事亦然,“《春秋》所褒損大人,當世有威權勢力,其事實皆形於傳,是以隱其書而不宣,所以免時難也”④。又或曰:大人或有德有齒者,故亦當敬其德也。董仲舒曰:“以此見天之不可不畏敬,猶主上之不可不謹事。不謹事主,其禍來至顯。不畏敬天,其殃來至闇。闇者不見其端,若自然也。由是觀之,天殃與上罰所以別者,闇與顯耳。孔子同之,俱言可畏也。”⑤

①　《皇疏》。
②　大人:三代以前聖賢自王與選賢任能政治文化制度下的在位者。而孔子意中又有王君卿大夫士之君臣之義之意在。
③　《公冶長》:子謂南容,“邦有道,不廢;邦無道,免於刑戮”。以其兄之子妻之。
④　《漢書·藝文志》。
⑤　《春秋繁露·郊語篇》。

何以畏聖人之言？聖人，與天地合其德者也，其言也，簡易寬宏，而義旨神妙深遠①，人或不識，故不知畏也。蓋其於聖人之言也，簡易直捷而以為卑淺無甚高明，寬宏隱括而以為迂闊無裨實用，深遠神妙而以為虛渺空疏無益世事，一己之不明，而不知虛心涵詠、切己體悟、推闡明確，應用力行而得益，反乃因之以典籍為妄作②，鄙視戲侮之，是不知畏也。不畏將如何？自食其果也。

論曰：天命恢疏，小人不識，故惟我所欲，肆無忌憚，不知畏也；聖王大人直而不肆（正大仁恕，無過不及），小人不懼德，故狎之也；聖人之言深宏而不可小知，小人不識聖道義理而無所忌憚，故侮之也③。不畏而違逆天道大人聖言，則災禍將及乎身，則敢不畏乎？孟子曰：“禍福無不自己求之者。《詩》云：‘永言配命，自求多福。’《太甲》曰：‘天作孽，猶可違；自作孽，不可活。’此之謂也。”④董仲舒曰：“至於祭天不享，（則多災異），過有深淺薄厚，而災有簡甚，不可不察也；見百事之變之所不知而自然者，勝言與？以此見其可畏。專誅絕者，其唯天乎！臣殺君，子殺父，三十有餘，諸其賤者則損（意曰其卑賤者亦因此而殃及池魚，受到損害）。以此觀之，可畏者，其唯天命、大人（蓋即天子）乎！亡國五十有餘，皆不事畏者也。況不畏大人，大人專誅之，（則）君（諸侯國君）之滅者，何日之有哉（言天子將誅之，則國君之時日無多）？魯宣違聖人之言，變古易常，而災立至，聖人之言可不慎?！此三畏者，異恉而同致，故聖人同之，俱言其可畏也。”⑤

或曰：“大人，謂當時之天子諸侯也。天子有天下，建立諸侯，

---

①　《集解》。

②　《皇疏》。

③　《集解》、《皇疏》、《集注》。《集解》：“恢疏，故不知畏也。直而不肆，故狎之也。不可小知，故侮之也。”

④　《孟子·公孫醜上》(3.4)。

⑤　《春秋繁露·順命》。

與之分而治之。君子之畏之者，豈爲其崇高富貴哉？位曰天位，事曰天職，則皆天命之所在也。故進退必以禮，匡諫必以正，所謂‘我非堯舜之道，不敢以陳於王前’也。小人之於大人，效奔走之恭，極逢迎之巧，而日導之以非，所謂‘是何足與言仁義’，則狎之甚也。’”①蓋以言諸侯，則大人爲天子；以言卿大夫，則大人爲諸侯，如此而已。

又或曰：“君子畏大人，如《中庸》所稱王天下者，德位兼隆，固所當畏。然必待此然後畏之，則君子終身但有畏天命聖言；而(若夫)畏大人(，以世無聖王賢君，則或將)空有其心，竟無其事矣。以孔子言之，如魯之定哀，豈非庸君弱主？然事之盡禮，告之盡誠，是亦畏大人之事也。推之出事公卿，禮有等差，敬畏之心未嘗忘也。”②

孔子曰：“生而知之者，上也；學而知之者，次也；困而學之，又其次也；困而不學，民斯爲下矣。”

孔子曰：“生而知之(道，天道、人道；人道，如禮義孝悌之類)者，上也；學而知之者，次也；困(有所不通)而學之，又其次也；困而不學，民斯爲下矣。”

知之者，知道也；道者，天道、人道也；天道不可盡述，如吉凶禍福，如正命逆命之類，而聖人睿德天縱，多所得之，用中而製作禮義也；人道者，如禮義孝悌、德行言語政事文學之類。生知者固少，若夫凡民，欲知道，舍學無由也。亦曰學聖人之言，學聖王之道也。然有自志學而求道者，有困而求索者，而其學求而知道，皆知也。學以知道，變化氣質，以成人，以成君子俊民也。若夫困而不學，其爲不知道而愚者，無以改也；不知道，何以稱人，故曰不學愚民斯爲

---

①　程廷祚，《論語説》。
②　《此木軒四書説》。

下，惜而斥之也。

孔子曰：“君子有九思：視思明，聽思聰，色思溫，貌思恭，言思忠，事思敬，疑思問，忿思難，見得思義。”

孔子曰：“君子有九思：視思明（視無所蔽，則明無不見），聽思聰（聽無所壅，則聰無不聞），色思溫（色，見於面者，靜容謂之色，柔暢謂之溫），貌思恭（貌，舉身而言，動容謂之貌，謙接謂之恭），言思忠（言忠益正而盡己之誠），事思敬（敬事而盡心不辱使命），疑思問（思問則疑不蓄），忿思難（思難則忿必懲），見得思義（思義則得不苟）。”

思者，時時用心謹慎檢束也；九，言其多也。“視無所蔽，則明無不見；聽無所壅，則聰無不聞；色，見於面者，靜容謂之色，柔暢謂之溫；貌，舉身而言，動容謂之貌，謙接謂之恭；（言忠益正而盡己之誠；敬事而盡心不辱使命；）思問則疑不蓄；思難則忿必懲；思義則得不苟。”①君子於凡百之事，無論言動行止，將時刻思以檢束其身行，克己以復禮，而皆合於中正不苟也。若夫習慣成自然，則自然從心所欲不逾矩，思之而無邪，不思而正中，得囂囂道樂也。《書》曰：“敬用五事：一曰貌，二曰言，三曰視，四曰聽，五曰思。貌曰恭，言曰從，視曰明，聽曰聰，思曰睿。恭作肅，從作乂，明作哲，聰作謀，睿作聖。”②

論曰：“君子九思，皆惟思是主焉。君子與人相見者，先接之以視聽，次接之以色貌，次接之以言，次接之以事，既有事矣，斯或有疑，斯或有忿，斯或有得，此九思之序也。終曰見得，明乎九者，皆君子與人相見者也。”③君子九思，又惟省察之以求其當而已：“君

---

① 《四書章句集注》。
② 《書·洪範》。
③ 《論語集注補正述疏》。

子九思,日用迭起循生,無動靜無内外,而必省察之以求其當。九思各專其一,欲人思之深也。如《玉藻》九容,目容端與視思明相足,色容莊與色思溫相足,口容止與言思忠相足,足容重、手容恭、頭容直、聲容靜、氣容肅、立容德與貌思恭相足,思必深於一也。"①

孔子曰:"見善如不及,見不善如探湯。吾見其人矣,吾聞其語矣。隱居以求其志,行義以達其道。吾聞其語矣,未見其人也。"

孔子曰:"見善如不及,見不善如探湯(滾燙熱水)。吾見其人矣,吾聞其語矣。隱居以求其志,行義以達其道。吾聞其語矣,未見其人也。"

見善如不及,慕行之也如不遑;見不善如探湯,疾之也甚。如斯之人,若顏曾閔冉之徒蓋能之矣。或曰:此蓋類於狂狷者。見善如不及,類於狂者進取也;見不善如探湯,類於狷者有所不為也。狂狷類者,今世亦有其人,故吾見其人而聞其語與事也,若子路之徒是也。若夫無道則隱,不與無道君臣暴民同其邪僻惡俗,隱居以求其志行之不染;有道則現而仕,與同其正道者集義共事,行義以達其仁道之推達,可謂中行(中道)賢德君子。如斯之人也,吾聞其語矣,如古之伊尹、太公、伯夷、叔齊(或:與乎下文之伯夷、叔齊),皆是也,而於今未曾親見其有斯人也。孟子曰:"孔子'不得中道(中正之道)而與(相與,交往)之,必也狂獧(juàn,同"狷":疾跳也;潔身自好,不為不善之事)乎!狂者進取,獧者有所不為也'。孔子豈不欲中道哉?不可必得也。"②斯之謂也。

隱居以求其志,非徒隱也,而且孜孜求道,囂囂樂道,將以待幾

---

① 《論語後案》。
② 《盡心下》。

行道也。明代羅洪先於奸臣當道之時，隱居不出，而每日不忘運甓講武，研求天下凡百治平之事，曰：「苟當其任，皆吾事也。」即同此理。故曰隱居以求其志，即所以待機而出，行義以達其道也。故曰：「隱居求志，斯隱不徒隱；行義達道，斯出不徒出。若隱居志不在道，則出必無道可達，縱有建樹，不過詭遇，君子不貴也。脫迹紛囂，潛心道德經濟，萬物一體，念切世道生民，此方是‘隱居求志’。苟志不出此，徒工文翰以自負，優游林壑以遣口，無體無用，於世道無所關係，以此為隱，隱可知矣。莘野、傅巖、磻溪、隆中，當其隱居之日，志未嘗不在天下國家；經世事宜，咸體究有素，故一出而撥亂返治，如運諸掌。後世非無隱居修潔之士，顧志既與古人異，是以成就與古人殊。」[1]

孟子曰：「伊尹耕於有莘之野，而樂堯舜之道焉。非其義也，非其道也，祿之以天下，弗顧也；繫馬千駟，弗視也。非其義也，非其道也，一介（草）不以與人，一介不以取諸人。湯使人以幣聘之，囂囂然（閒暇自得）曰：‘我何以湯之聘幣為哉？我豈若處畎畝之中，由是以樂堯舜之道哉？’湯三使往聘之，既而幡（翻，反，改變）然改曰：‘與（其）我處畎畝之中，由是以樂堯舜之道，吾豈若使是君為堯舜之君哉？吾豈若使是民為堯舜之民哉？吾豈若於吾身親見之哉？天之生此民也，使先知覺後知，使先覺覺後覺也。予，天民之先覺者也，予將以斯道覺斯民也。非予覺之，而誰也？’思天下之民匹夫匹婦有不被堯舜之澤者，若己推而内（納）之溝中。其自任以天下之重如此，故就湯而説之以伐夏救民。」[2]隱居以求其志，行義以達其道，斯之謂也。孔子歎息於今無之。

朱熹之解則平實而亦是也：「真知善惡而誠好惡之，顏曾閔冉之徒蓋能之矣。求其志，守其所達之道也；達其道，行其所求之志

---

[1]　《反身録》。

[2]　《孟子·萬章上》。參見拙著《孟子解讀》。

也。蓋惟伊尹、太公之流可以當之,當時若顏子亦庶乎此。然隱而不見,又不幸而蚤死,故夫子云然。”①

“齊景公有馬千駟,死之日,民無德而稱焉。伯夷叔齊餓於首陽之下,民到於今稱之。‘誠不以富,亦只以異。’②其斯之謂與?”

“齊景公有馬千駟(四匹馬,千駟,四千匹),死之日,民無德③而稱焉(齊景公無德可稱)。伯夷叔齊餓於首陽之下,民到於今稱之。‘(雖)誠(成,成事)不(足)以富(德),亦只(適)(足)以(自)異(人道耳)。’其斯之謂與?”④

解曰:齊景公好馬⑤,有馬如彼之富(多,多好馬),而無德,死則身名俱消,無德可稱,無名(德名、令名)可傳;伯夷、叔齊兄弟讓國,守義不食周粟,“雖無馬而餓死,而民至孔子之時,相傳猶揄揚愈盛也。此言(齊景公雖)多馬而無德,亦死即消耳;(伯夷、叔齊)雖餓而有德,(而人)稱義無息也。言有德不可不重”⑥。“(齊景公)雖成其事(有馬千駟)而不足以富德,亦適足以自異人道耳”,其斯之謂與? 蓋其事(如不義之事,如權勢富貴榮華等)雖成,亦不足以富於德望令名,而以德傳諸此世後世,徒適足以此不義之行事,而自異於人道德義而已。則豈可哉?

─────────────

① 《四書章句集注》。
② “誠不以富,亦只以異”此句,本在《顏淵》“子張問崇德辨惑”一節,程伊川移錄於此節之首;吾又將其移錄於“其斯之謂與”之前,而同於胡安定之意。參見:《論語稽求篇》、《論語集釋》。
③ 或改“德”為“得”,不當,不取。
④ 或解“其斯之謂與”曰:斯即德,謂即“稱”,“斯之謂”即“稱德”,此解委曲繁復穿鑿,不取。蓋不知此有錯簡,而牽強附會之,故不取。
⑤ 齊景公惟狗馬是好。見《晏子春秋》。
⑥ 但其“言有德不可不重,其斯之謂也”之解則有誤,不知此中有錯簡之故也,故不取。參見:《論語義疏》。

“誠不以富，亦只以異”，此《詩·小雅》之詩也，“詩刺淫昏之俗，不思舊姻，而求新昏也。彼誠作成。鄭箋云：‘女不以禮為室家，成事不足以得富也①，女亦適以此自異於人道，言可惡也。’”②孔子借此詩而稍賦新解，以貴重人道德義也。齊景公雖富有千駟，而君臣父子之人道有失；伯夷叔齊雖窮餓首陽，然兄弟讓國有義，謹守君臣父子之人道；故齊景公無德可稱，而伯夷叔齊則民至今猶稱其德也。

或曰：孔子此徒借其詩，而自賦新義，其意曰：人之令名令望，如伯夷叔齊之傳諸千古者，此誠非因其富貴，亦不過另有存焉。異者，另也，即德也，非所謂富貴也。世人求富貴而棄德義，乃所以誤會執迷也。

或解曰：當將此節與上節關聯為解，仍視此節與上節皆孔子語，而語意關聯，故解“斯”為上節之語，言人之名望，各視其所行求之善惡道義之行事，而各致其果也。“隱居以求其志，行義以達其道”，言伯夷叔齊之行事也；“見善如不及，見不善如探湯（見不善亦欲嘗試之）”，則言齊景公之行事也：見善則曰“吾不能及行之”，見不善則又如探湯而躍躍欲嘗試之。故一者死而無德而稱，一者死而民至今猶稱之，斯實乃其行事之異、德行之異（而非“其富”）所以成之也。“見善如不及，謂見善矣，又若不及見之也；見不善如探湯，謂見不善矣，猶未免於嘗試之也。求之於今，則齊景公其人矣。隱居以求其志，志於求仁者也；行義以達其道，行吾得爲之義，以達夫當然之道於天下後世者也。求之於今，則未見其人也；求之於古，則夷齊其人也。景公知夫子之聖而不能用，善晏子之言而不能行，是見善如不及也。田氏不之正，而幸公室之僅存；嗣君不之定，而幸孽子之得立，是見不善如探湯也。悠悠於善惡之間，故雖擁千乘

---

① 另一斷句為：“女不以禮為室家成事，不足以得富也”，意同。
② 《論語注疏》。

之富,而無一德之稱。夷齊兄弟遜立捨國而逃,是隱居以求其志
也。扣馬而諫,恥食周粟,是行義以達其道也。卽夫人心之安,循
夫天理之正,雖餓死首陽,而民到於今稱之。卽是人以證是語,故
曰其斯之謂與。"①如此解,則與上節之解不同,且不須另加"誠不
以富,亦只以異"此一句。然又或曰:若加之,則解曰"誠非因其富,
乃是因其異",異者何? 異於德行也,"言人之所稱不在於富,而在
於異也"②。

又或解"見善如不及"爲"見善則欲求及之",如齊景公之然同
孔子"君臣父子"之言,然又見不善而仍欲嘗試之,故終不成其德
也。"見善如不及,有志於善也;見不善如探湯,未免於嘗試也。君
子有志於善,必力去不善以成之,不然,則好善之心終爲不善之所
勝也。齊景公聞夫子君君臣臣父父子子之言則深善之,聞晏子惟
禮可以爲國之言則又善之,見善如不及也;知陳氏之僭不能已其
僭,知子荼之嬖不能忘其嬖,見不善如探湯也。悠悠於惡善之間,
是以無德而稱。夷齊之隱居,至於舍國而逃,所以遂求仁之志也。
其行義也,至於叩馬而諫,所以達萬世之道也。二人果於自信,勇
於力行,是以民到於今稱之。夫子於景公,蓋見其人矣;於夷齊,則
不見其人也。"③

此數解皆稍牽強,故附錄於後,稍作參考耳④。

餘論:又或解"斯"爲"德":"言有德不可不重,其此之謂也。"⑤
邢疏曰:"此章貴德也。(伯夷、叔齊)雖然窮餓,民到於今稱之,以
爲古之賢人。其此所謂以德爲稱者與?"⑥然則曰:"誠不以富,亦

---

① 《論語集說》。
② 《四書章句集注》。
③ 《論語意原》。
④ 詳細論證,可參見《論語集釋》。
⑤ 《皇疏》。
⑥ 參見:《論語注疏》。

只以異”,異者何？曰其斯德之謂與？

　　陳亢問於伯魚曰：“子亦有異聞乎？”對曰：“未也。嘗獨立，鯉趨而過庭。曰：‘學《詩》乎？’對曰：‘未也。’‘不學《詩》，無以言。’鯉退而學《詩》。他日又獨立，鯉趨而過庭。曰：‘學《禮》乎？’對曰：‘未也。’‘不學《禮》，無以立。’鯉退而學《禮》。聞斯二者。”陳亢退而喜曰：“問一得三，聞《詩》，聞《禮》，又聞君子之遠其子也。”

　　陳亢（子禽）問於伯魚（孔子之子鯉）曰：“子（汝，指伯魚）亦有異聞諸夫子（乃父，指孔子）乎？”蓋亢以私意揣測夫子，以為父子師弟不同，疑夫子教子或有私心而有所不同（於教弟子），故問之。伯魚對曰：“未也。（夫子指孔子）嘗獨立，鯉趨而過庭。（夫子）曰：‘學《詩》乎？’吾對曰：‘未也。’‘不學《詩》，無以言。’鯉退而學《詩》。他日（夫子）又獨立，鯉趨而過庭。（夫子）曰：‘學《禮》乎？’吾對曰：‘未也。’‘不學《禮》，無以立。’鯉退而學《禮》。聞斯二者。”陳亢退而喜曰：“問一得三，聞《詩》，聞《禮》，又聞君子之遠其子也。”

　　蓋孔庭之教曰《詩》《禮》。子曰：“小子！何莫學夫《詩》？《詩》，可以興，可以觀，可以群，可以怨。邇之事父，遠之事君。多識於鳥獸草木之名。”子謂伯魚曰：“女為《周南》《召南》矣乎？人而不為《周南》《召南》，其猶正牆面而立也與？”[1]子思曰：“夫子之教，必始於《詩》《書》而終於《禮》《樂》，雜說不與焉。”《荀子》亦曰：“學惡乎始？惡乎終？曰：其數則始乎誦經，終乎讀《禮》，其義則始乎

----

　　① 《陽貨》。

爲士,終乎爲聖人。"①何以是《詩》《禮》? 曰:"夫教之以《詩》,則出辭氣斯遠暴慢矣;約之以禮,則動容貌斯立威嚴矣。"②皇侃則疏曰:"《詩》有比興答對酬酢,人若不學《詩》,則無以與人言語也③;禮是恭儉莊敬立身之本,人有禮則安,無禮則危。若不學禮,則無以自立身也。"④或問:"孔庭之法,曰《詩》曰《禮》,不及四經,何也?"曰:"《春秋》斷物,志定而後及也。《樂》以和德,德全而後及也。《書》以制法,從事而後及也。《易》以窮理,知命而後及也。四者非具體不能及,故聖人後之。"⑤

　而孔子之行教也,道無異義而教無私拘(留),或曰道不異人而教無容私,亦同意,如此而已。豈因父子師弟而有所厚薄軒輊哉? 亦曰或有因材施教而已矣。然則陳亢何以謂"君子之遠其子"? 蓋亢揆諸常人私心,以為父子親於師弟,故教學也尤當加厚之,今見夫子教子弟一般無二,無所加近,故曰遠之。然亢亦或未盡明其理也。蓋"古者命士以上,父子皆異宮,所以別嫌疑,厚尊敬也。一過庭須臾之頃,而學《詩》學《禮》,教以義方,所謂家人有嚴君者,是之謂遠。《白虎通·五行篇》云'君子遠子近孫',此其義也。"⑥亢或不盡識也。《孟子·離婁上》:公孫醜曰:"君子之不教(幼)子,何也?"孟子曰:"勢不行也。教者必以正;以正不行,繼之以怒;繼之以怒,則反夷(傷)矣。(幼子其心將曰:)'夫子教我以正,夫子(怒,則夫子自)未出於正也。'則是父子相夷也。父子相夷,則惡矣。古者易子而教之。父子之間不責善。責善則離,離則不祥莫大焉。"⑦蓋亢誤以之為"遠"也。

―――――――

①　《荀子·勸學篇》。
②　王通《中說》引姚義語。
③　古希臘之修辭學、辯論術稍類此。
④　《皇疏》。
⑤　王通《中說》引姚義語。
⑥　《論語正義》。
⑦　《孟子·離婁上》,詳見拙著《孟子解讀》。

孔子家教重學,同乎子弟。孔子曰:"鯉,君子不可以不學,見人不可以不飾。不飾無貌,無貌不敬,不敬無禮,無禮無以立。"①子謂伯魚曰:"鯉乎!吾聞可以與人終日不倦者,其惟學焉。其容體不足觀也,其勇力不足憚也,其先祖不足稱也,其族姓不足道也,終有大名,顯聞四方,流聲後裔,豈非學之效乎?故君子不可不學,容不可不飾,不飾無類,無類失親,失親不忠,不忠失禮,失禮不立。夫遠而有光者,飾也。近而愈明者,學也。譬之汙池,水潦注焉,舊葦生焉,雖或以觀之,孰知其源乎?"②

邦君之妻,君稱之曰夫人,夫人自稱曰小童;邦人稱之曰君夫人,稱諸異邦曰寡小君;異邦人稱之亦曰君夫人。

邦君之妻,君稱之曰夫人,夫人自稱(於君臣國人)曰小童(幼小之目,謙不敢自比於成人);邦人稱之曰君夫人,(邦人)稱諸(之於,之為邦君之妻也)異邦曰寡(寡人、寡德,自謙,謙稱)小君;異邦人稱之亦曰君夫人。

此言稱名之法,曰正其倫禮名分,又曰自卑以尊人而已,所謂自卑以自稱,尊人以稱人(尊人以尊稱)。故於自稱也,君自稱則曰寡人,寡德之人也;夫人自稱於君則曰小童,謙不敢自比於成人也;邦人自稱其邦君之妻則謙曰寡小君也,此何故邪?蓋異邦是外,吾邦是內,揆之異邦之人(君臣),則吾邦之君是吾君,是內是我,故亦自卑而謙稱之;謙之,正所以內之也,所以親近吾君也。於稱人也,則尊稱也,邦君尊稱其妻曰夫人(夫,丈夫也,從大,一以象簪也。又曰:從一大則為天,從大一則為夫,於此見人與天同也。君敬其妻,故尊稱之也。

---

①　《大戴禮–勸學篇》。
②　《孔子家語・致思篇》。

蓋古有敬女子之禮俗也），邦人尊稱其邦君之妻曰君夫人，異邦人亦尊稱之曰君夫人也。

稱名，蓋禮之一大端也，所以定倫類名分，別同異，明禮法也。故稱名之義也大矣，不可淆亂；故有稱名之禮與法，亦所謂名法名教也。稱名不正謹，何以知恭、敬？何以別倫知禮？自稱當卑而恭之，稱人當敬而恭之。

故知此是講稱名之法，亦是正名之法。所謂"自卑以尊人"之類，蓋"當此之時，諸侯嫡妾不正，稱號不審，故孔子正言其禮也"①；然亦即是正名之意，正名之法，孔子於此略舉其一端而稍教示之也②。

餘論：或曰：於義理也，此為定名分、正名之法；於史事也，此斥南子③，而不可證明。《史記》曰："靈公夫人有南子者，使人謂孔子曰：'四方之君子不辱，欲與寡君為兄弟者，必見寡小君。寡小君願見。'孔子辭謝，不得已而見之。"④蓋南子非正妻，不可稱寡小君邪？

---

① 《集解》。《皇疏》則曰："當時禮亂，稱謂不明，故此正之也。"

② 《子路》：子路曰："衛君待子而為政，子將奚先？"子曰："必也正名乎！"子路曰："有是哉，子之迂也！奚其正？"子曰："野哉由也！君子於其所不知，蓋闕如也。名不正，則言不順；言不順，則事不成；事不成，則禮樂不興；禮樂不興，則刑罰不中；刑罰不中，則民無所措手足。故君子名之必可言也，言之必可行也。君子於其言，無所苟而已矣。"此即詳論正名之義。《衛靈公》：子曰："吾猶及史之闕文也，有馬者借人乘之。今亡矣夫！"此或亦關正名之學。可參看相關廣辭。

③ 《史記·仲尼世家》：月餘，反乎衛，主蘧伯玉家。靈公夫人有南子者，使人謂孔子曰："四方之君子不辱欲與寡君為兄弟者，必見寡小君。寡小君願見。"孔子辭謝，不得已而見之。夫人在絺帷中。孔子入門，北面稽首。夫人自帷中再拜，環佩玉聲璆然。孔子曰："吾鄉為弗見，見之禮答焉。"子路不說。孔子矢之曰："予所不者，天厭之！天厭之！"居衛月餘，靈公與夫人同車，宦者雍渠參乘，出，使孔子為次乘，招搖市過之。孔子曰："吾未見好德如好色者也。"於是醜之，去衛，過曹。

④ 《史記·仲尼世家》。

陽貨第十七

　　陽貨欲見孔子，孔子不見，歸孔子豚。孔子時其亡也，而往拜之，遇諸塗。謂孔子曰："來！予與爾言。"曰："懷其寶而迷其邦，可謂仁乎？"曰："不可。""好從事而亟失時，可謂知乎？"曰："不可。""日月逝矣，歲不我與。"孔子曰："諾。吾將仕矣。"

　　陽貨①欲見（使某某來見）孔子，孔子不見（拜見）。陽貨乃歸（同饋，饋贈）孔子豚。孔子時（待時，擇時）其（陽貨）亡（出門，不在家）也，而往拜之，（拜歸而）遇諸（之於，之即陽貨）塗。陽貨謂孔子曰："來！予與爾言。"（言辭容色頗無禮）而曰："懷其寶（懷藏道德與乎治平大道）而迷其邦，可謂仁乎？"曰："不可。""好從事而亟（數）失時，可謂知乎？"曰："不可。""日月逝矣，歲不我與。"②孔子曰："諾。吾將

---

　　① 　或曰陽貨名虎，陽貨、陽虎是一人；或曰陽貨為魯大夫，陽虎為季氏家臣。可參見崔述《洙泗考信錄一一》。

　　② 　以上數句，或解為陽貨絮絮叨叨而自問自答，以勸孔子出仕，而孔子道心不動搖，心意早定，故但聽之而已；或解為陽貨與孔子之問答，陽貨徒便辟而似正氣（言）凜然，徒便佞而似正理在我，實則不直無諒，徒以佞言詭辯誘惑而已，故孔子但取其正言正理，而順其正言正理為之辭答，理義自洽不違，然於實際則決無依從陽虎而出仕助逆之意也；如此而既不違道義己志，又暫不無謂而逆陽虎之怒。此又聖人反經而權、神化不測之行事也。

仕矣。"

　　陽貨爲季氏家臣，然時則淩駕季氏而專魯政，有所謂陪臣執國命之勢，蓋欲見孔子使仕，以助己而有所遂其私圖也。孔子倡王道，尊君，奉守君臣之義，以張公室，必不與陽貨，故陽貨召之而孔子不見。

　　於是陽貨乃心生一計。蓋其時之禮，兩大夫相饋，或大夫饋士，不得親拜受於己家①，則當回拜於饋者之家，《玉藻》曰："大夫親賜士，士拜受，又拜於其室；敵者不在，拜於其室"。陽貨欲使孔子往謝，乃故伺孔子亡而遺孔子豚，如此而"期度孔子必來拜謝己，因得與相見，而勸之，欲仕也"②。孔子識其意，故亦瞰其亡而回拜之，則實不欲見之也，而此徒聖人之權也。

　　（歸而）不期然而遇諸途，陽貨佞言強要之出仕，言孔子不仕，是懷寶也；知國不治而不爲政，是迷邦也；又言孔子棲棲好從事，而數不遇失時，今若再失，不得爲有知者也；日月逝，言年老而歲月已往，當急仕也③。此數句也，乃陽貨絮絮叨叨而自問自答，以勸孔子出仕。而孔子道心不動搖，心意早定，故但聽之而已。或曰此是陽貨與孔子之問答，陽貨徒便辟而似正言凜然，徒便佞而似正理在我，實則不直無諒，徒以佞言詭辯誘惑而已。故孔子但取其正言正理，而順其正言正理爲之辭答（據理答之而已，不與爲辯，因早知其人其事其心也），理義自洽不違，然於實在行事之際，則決無依從陽虎而

----

　　①　孔子時爲大夫（或爲致仕之大夫，然猶是大夫也），陽貨則爲季氏家臣邑宰，亦爲大夫。蓋"季氏是司徒，下有大夫二人，一曰小宰，一曰小司徒。此大國命卿之明稱也，故邑宰家臣當時得通稱大夫"。參見：《四書賸言》。故陽貨與孔子，本乃是敵者之禮。陽貨欲無禮，則孔子亦以對應之也。孟子以爲孔子時是士，陽貨則爲邑大夫。

　　②　《皇疏》："既召孔子，孔子不與相見，故又遺人餉孔子豚也。所以召不來而餉豚者，禮，得敵己以下餉，但於己家拜餉而已；勝己以上見餉，先既拜於己家，明日又往餉者之室也。陽貨乃不勝孔子，然己交專魯政，期度孔子必來拜謝己，因得與相見也。得相見而勸之，欲仕也。"

　　③　《集解》。

出仕助逆之意也；如此而既不違道義己志，又暫不無謂而逆陽虎之怒。此又聖人反經而權、神化不測之行事也。故曰："聖人無心，仕與不仕隨世耳。陽虎勸仕，理無不諾，不能用我，則無自用此直道而應者也。然危遜之理，亦在其中也。"①亦孟子所謂"故君子（或）可欺以其方（正方，正當，正直不回②；類），（必）難罔以非其道"③。

　　或曰孔子雖曰"吾將仕"，其實不過暫虛與委蛇、順辭免害耳。蓋此亦"要盟"之類，故孔子又權之也④，非真欲仕於陽貨也。或曰："孔子聖人，所以不計避之而在路與相逢者，其有所以也。若遂不相見，則陽虎求召不已，既得相見，則其意畢耳。但不欲久與相對，故造次在塗路也。"⑤故一般解曰：此皆可見君子循道出處之嚴如此，而反經合義之權又如斯，而其應用之妙極神化不測又如是也，所以為聖人之行事也。朱熹曰："陽貨之欲見孔子，雖其善意，然不過欲使助己為亂耳，故孔子不見者，義也。其往拜者，禮也。必時其亡而往者，欲其稱也。遇諸塗而不避者，不終絕也。隨問而對者，理之直也。對而不辯者，言之孫而亦無所詘也。"⑥反而言之："此一事耳，而見聖人之一言一動，無非時中之妙。陽貨欲見孔子而遽見之，非中。既有饋而不往拜之，非中也。不時其亡則中小人之計，非中也。不幸遇諸塗而又避之，則絕小人之甚，非中也。理之直者其辭易至於不遜，非中也。辭之遜而或有所詘，非中也。

---

　　①　《皇疏》引郭象語。

　　②　《急就篇》解"鄭子方曰："方者，言其正直不回也。"參見：張傅官撰，《急就篇校理》，中華書局 2017 年 8 月。

　　③　《孟子·萬章上》(9.2)。

　　④　《史記·仲尼世家》：過蒲，會公叔氏以蒲畔，蒲人止孔子。弟子有公良孺者，以私車五乘從孔子。其為人長賢，有勇力，謂曰："吾昔從夫子遇難於匡，今又遇難於此，命也已。吾與夫子再罹難，寧鬥而死。"鬥甚疾。蒲人懼，謂孔子曰："苟毋適衛，吾出子。"與之盟，出孔子東門。孔子遂適衛。子貢曰："盟可負邪？"孔子曰："要盟也，神不聽。"

　　⑤　《皇疏》。

　　⑥　《四書章句集註》。

聖人不徇物，而亦不苟異，不絕物，而亦不苟同，愈雍容不迫，而愈
剛直不詘，此其所以爲時中之妙也。"①

　　或曰：陽貨不以兩大夫敵者之禮先來拜見（孔子與陽貨皆是大
夫。或曰是不以尊賢禮士之禮來拜見身爲士之孔子），反欲使人往拜之，
可謂妄自尊大，居心無禮。故孔子不見。然此是另一義，如"不見
諸侯"、"尊賢禮士"云云，孟子嘗言之如下文。而於斯也，孔子之不
見陽貨，乃是尊君之公義，非是爭私人意氣禮儀之意也。

　　孟子曰："古者不爲臣不見。（昔者魏文侯就見，）段幹木踰垣
而辟之；（魯穆公來），泄柳閉門而不內（納），是皆已甚。（諸侯求見
之心）迫（急迫），斯可以見矣。陽貨欲見（使人來見，使孔子來見陽貨）
孔子而惡（待賢）無禮（之名）。（禮，）大夫有賜於士，（士若）不得受
於其（士）家，則往拜其（大夫）門。陽貨（遂）矙（窺伺）孔子之亡（不在
家）也，而饋孔子蒸豚，（以待其來拜也）；孔子（惡陽貨無禮，故）亦
矙其亡也，而往拜之。當是時，（若）陽貨先（來就見），（孔子）豈得
不見？（諸侯誠無求道之心也，則不來，故士不見諸侯。何邪？）曾
子曰：'脅（翕；斂縮）肩諂笑，病於夏畦。'子路曰：'未同而言，觀
其色赧赧（nǎn）然，非由之所知也。'（彼無向道之心，君子豈可詭遇
而枉道事人？）由是觀之，則君子之所養可知已矣。"②

子曰："性相近也，習相遠也。"

　　子曰："性相近也，習相遠也。"故君子重教化，慎所習③。

　　"性者，人所稟以生也；習者，謂生後有百儀常所行習之事也。
人俱稟天地之氣以生，雖復厚薄有殊，而同是稟氣，故曰相近也。

---

①　《四書通》。

②　《孟子·滕文公下》。

③　《集解》。

及至識，若值善友則相效爲善，若逢惡友則相效爲惡，惡善既殊，故云相遠也。"[1]"性待漸於教訓而後能爲善。善，教誨之所然也。性者，天質之樸也；善者，王教之化也。無其質，則王教不能化。無王教，則質樸不能善。"[2]

　　性之一字，始見於《商書》，曰："惟皇上帝，降衷於下民，若有恆性。"恒卽相近之義。相近，近於善也；相遠，遠於善也。故孔子曰："人之生也直，罔之生也幸而免。"[3]人亦有生而不善者，然此千萬中之一耳。蓋凡人之所大同而不論其變也。故終謂之性善也。[4]《大雅》曰："天生蒸民，有物有則。民之秉彝，好是懿德。"此之謂也。故或曰："夫子此言，惟孟子能暢其説。其曰'性善'，卽相近之説也。其曰'或相倍蓰而無算'、'其所以陷溺其心者然也'，則習相遠之説也。先儒謂孔子所言者，氣質之性，非言性之本。孟子所言，乃極本窮源之性。愚謂惟其相近，是以謂之善；惟其善，是以相近。似未可言孔孟之指殊也。蓋孔孟所言者，皆人性耳。若以天地之理言，則乾道變化，各正性命，禽獸草木，無非是者。然禽獸之性則不可言與人相近，相近者必其善者也。故《孝經》曰：'天地之性人爲貴。'是孔子之説無異於孟子也。禽獸之性不可以言善，所謂善者，以其同類而相近也。故曰'人皆可以爲堯舜'，是孟子之説又無異於孔子也。"[5]

　　論曰："性者分於陰陽五行，以爲血氣心知，品物區以別焉。舉凡既生以後所有之事，所具之能，所全之德，咸以是爲其本。故《易》曰：'成之者，性也。'氣化生人生物以後，各以類滋生久矣。然類之區別，千古如是也，循其故而已矣。在氣化曰陰陽，曰五行。而陰陽五行之成化也，雜糅萬變，是以及其流形，不特品物不同，雖一類之中，又復

---

①　《皇疏》。
②　《春秋繁露・實性篇》。
③　《雍也》。
④　《日知錄》。
⑤　李光地，《論語劄記》。

不同。凡分形氣於父母,即爲分於陰陽五行,人物以類滋生,皆氣化之自然。《中庸》曰:'天命之謂性。'以生而限於天,故曰天命。《大戴禮記》曰:'分於道之謂命,形於一之謂性。'分於道者,分於陰陽五行也。言乎分,則其限之於始,有偏全、厚薄、清濁、昏明之不齊,各隨所分而形於一,各成其性也。然性雖不同,大致以類爲之區別,故《論語》曰"性相近"也。此就人與人近言之也。孟子曰:'凡同類者,舉相似也。何獨至於人而疑之?聖人與我同類者。'言同類之相似,則異類之不相似明矣。故語告子'生之謂性'曰:'然則犬之性猶牛之性,牛之性猶人之性與?'明乎其不可混同言之也。⋯⋯問孟子之時,因告子諸人紛紛各立異説,故直以性善斷之。孔子但言性相近,意在於警人慎習,非因論性而發,故不必直斷以善與?曰然。古今常語,凡指斥下愚者,矢口言之,每曰此無人性;稍舉其善端,則曰此猶有人性。以人性爲善,稱無人性即所謂人見其禽獸也,有人性即相近也,善也。《論語》言'性相近',正見人無有不善。若不善與善相反,其遠已縣絶,何近之有?分別性與習,然後有不善,而不可以不善歸性。凡得養失養及陷溺梏亡,咸屬於習也。"①

子曰:"唯上知與下愚不移。"

子曰:"唯上知與下愚不移。"上知不移者,上知性之(此"性"作動詞用,如性之、身之)於善,生而知之,動得其正,無所染習裏挾於邪惡也。下愚不移者,愚惡深固,而又不學也,不習於正也,故下焉不移。《論衡》曰:"孔子曰:'性相近也,習相遠也'夫中人之性,在所習焉。習善而爲善,習惡而爲惡也。至於極善極惡,非復在習。故孔子曰:'惟上智與下愚不移。'性有善不善,聖化賢教不能復移易也。"②

---

① 戴震,《孟子字義疏證》。
② 《論衡·本性篇》,轉引自:《論語正義》。

或解曰:子曰:"中人也者,性相近也,習相遠也。而唯上知與下愚不移。"性相近者何? 近於人也。近於人者何? 皆是人也,皆屬人類也,人而別於禽獸,以其善與知也,故曰近於善與知也;以其後天習染不同,而或有偏至於邪惡者,故曰習相遠也。上知不移者,上知"性之"於善,生而知之,動得其正,無所染習裏挾於邪惡也。下愚不移者,愚惡深固,而又不學也,不習於正也,故下焉不移。《論衡》曰:"孔子曰:'性相近也,習相速也'夫中人之性,在所習焉。習善而爲善,習惡而爲惡也。至於極善極惡,非復在習。故孔子曰:'惟上智與下愚不移。'性有善不善,聖化賢教不能復移易也。"①或問:何為習? 曰:舉凡禮樂刑政、政教風俗、親師交遊等,皆是習染之外緣也,習染制約乎正善則為正善,習染制約乎邪惡則為邪惡。性與善緣合而長善,性與惡緣染而變長其惡也。故聖人善人造善緣,使人有習染之正。

子之武城,聞弦歌之聲。夫子莞爾而笑,曰:"割雞焉用牛刀?"子遊對曰:"昔者偃也聞諸夫子曰:'君子學道則愛人,小人學道則易使也。'"子曰:"二三子! 偃之言是也。前言戲之耳。"

子游爲武城(魯之下邑)宰。子之武城,聞弦歌之聲。夫子莞爾(小笑貌,微笑貌)而笑,曰:"割雞焉用牛刀?"子遊對曰:"昔者偃也聞諸夫子曰:'君子學道(禮樂)則愛人,小人學道則易使也。'"子曰:"二三子(從行者,諸弟子)! 偃之言是也。前言戲(戲謔)之耳。"

於時子游爲武城宰,孔子往焉。既入其邑,聞邑中人家家有弦歌之聲,此由子遊政化和樂故也②。弦歌者,弦謂琴瑟也,歌

---

① 《論衡·本性篇》,轉引自:《論語正義》。
② 《論語義疏》。

則依永①（詠）詩也，以琴瑟之弦依詩詠之也。古人教以詩樂，誦之歌之，弦之舞之，《文王世子》所謂"春誦夏弦"也。古者之教，本來家有塾，黨有庠；於春秋時，庠塾之教廢，故禮樂崩壞，先王雅頌之音不作。子游為武城宰，乃始復庠塾之教，於時受學者眾，故夫子得聞弦歌之聲也②。孔子笑之以割雞焉用牛刀云云，蓋言治小何須用大道也③，其意或曰："小邑但當令足衣食教敬（讓）而已，反教歌詠先王之道也，如牛刀割雞，非其宜也"④。

或解曰："子遊宰小邑，能令民得其所，弦歌以樂也。（孔子）惜其不得導千乘之國，如牛刀割難，不盡其才也。"⑤則笑之恰所以深惜其才也。子游則對以愛人易使。何謂邪？《樂記》云："樂者為同，禮者為異。同則相親，異則相敬。樂勝則流，禮勝則離。合情飾貌者，禮樂之事也。樂至則無怨，禮至則不爭，揖讓而治天下者，禮樂之謂也。"⑥則學禮樂，自知相親、相敬之道，故愛人

---

① 《尚書・舜典》："詩言志，歌永言。聲依永，律和聲。"孔穎達疏："'聲依永'者，謂五聲依附長言而為之。"

② 《論語正義》。

③ 《集解》，參見《論語義疏》。

④ 《皇疏》，參見《論語義疏》。

⑤ 《皇疏》，參見《論語義疏》。

⑥ 《禮記・樂記》："是故先王之製禮樂，人為之節。衰麻哭泣，所以節喪紀也；鐘鼓干戚，所以和安樂也；昏姻冠笄，所以別男女也；射鄉食饗，所以正交接也。禮節民心，樂和民聲，政以行之，刑以防之，禮樂刑政四達而不悖，則王道備矣！//樂者為同，禮者為異。同則相親，異則相敬。樂勝則流，禮勝則離。合情飾貌者，禮樂之事也。禮義立則貴賤等矣，樂文同則上下和矣，好惡著則賢不肖別矣，刑禁暴、爵舉賢則政均矣。仁愛以之，義以正之，如此則民治行矣。樂由中出，禮自外作。樂由中出故靜，禮自外作故文。大樂必易，大禮必簡。樂至則無怨，禮至則不爭，揖讓而治天下者，禮樂之謂也。暴民不作，諸侯賓服，兵革不試，五刑不用，百姓無患，天子不怒，如此則樂達矣。合父子之親，明長幼之序，以敬四海之內，天子如此，則禮行矣。//大樂與天地同和，大禮與天地同節。和故百物不失，節故祀天祭地。明則有禮樂，幽則有鬼神，如此，則四海之內合敬同愛矣！禮者殊事，合敬者也；樂者異文，合愛者也。禮樂之情同，故明王以相沿也。故事與時並，名與功偕。"參見：《禮記今注今譯・樂記》。

也。《樂記》又云："禮義立則貴賤等矣，樂文同則上下和矣。民知事貴（有德而貴）敬上（有德而獲位爵）之道，故易為上所使也。"①論曰："今曰貴賤上下則不義，故不可以易使為辭也，乃曰可使化而臻善正、有禮義，以致其德福也。"

論曰："禮樂之治，冉有以俟君子，公西華亦曰願學，而皆無以自見。子遊不得行其化於天下國家，而唯於武城小試焉，夫子牛刀割雞之喻，其辭若戲之，其實乃深惜之也。"②

公山弗擾以費畔，召，子欲往。子路不說，曰："末之也已，何必公山氏之之也。"子曰："夫召我者而豈徒哉？ 如有用我者，吾其為東周乎？"

定公九年，季氏家臣公山弗擾（復姓公山，名不狃，又作弗擾、不擾，字子泄。魯權臣季桓子家臣）以費邑畔（季氏），召孔子。子欲往，子路不說，曰："末（無，沒有，無正道出仕之機會，或曰道既不行）之也已（止，止步不前，罷了），君子非道不仕，道不行不往，夫子何必叛臣公山氏之（助詞，動賓倒置）之（至，適）也。"然公山弗擾蓋以"抑卿大夫（即專擅魯國之政之季氏）而張公室"之名召孔子，而子路未識也。子曰："夫召我者而豈徒（空，無所事）然，竟無所正志正名而往哉？ 如有用我者，吾其（將）為東周乎？ **為東周，興周道於東方魯國**（所謂王魯），**再定西周先王之王道制度之美盛大一統也。此吾欲往之志也。**吾豈懷非道之志而應召哉？"或曰："東周，平王東遷，能復修西周之政，志在周公典禮。"③則亦曰孔子往而志在藉以復興周道也。皇侃曰："孔子答子路所以欲往之意，言夫欲召我者，豈容無事空然而召我乎，

---

①　《論語正義》。

②　《論語稽》。

③　《筆解》。

必有以也。若必不空然而用我時，則我當爲興周道也。魯在東，周在西，云東周者，欲於魯而興周道，故云吾其爲東周也；亦曰如能用我者，不擇地而興周室道也已矣。”①

然而孔子卒不往，蓋知公山弗擾徒矯其名，而無其（尊魯之）實志實德也。其後公山弗擾叛魯，而孔子助魯君伐之：定公十二年，仲尼時為魯司寇，“仲由為季氏宰，將墮三都，於是叔孫氏墮郈。季氏將墮費，公山不狃、叔孫輒帥費人以襲魯。公與三子入於季氏之宮，登武子之台。費人攻之，弗克。入及公側。仲尼命申句須、樂頎下，伐之，費人北。國人追之，敗諸姑蔑。二子奔齊，遂墮費。”②由此可以推見孔子當時欲應召之意也（抑大夫張公室，即伐季氏而復君政也），而“為東周”又或有王魯之意矣③。

論曰：此與下文“佛肸召，子欲往”之意同，蓋言孔子能權而欲以行道，並不拘泥執一，或執中而無權，所謂“聖人道德高厚、過化存神，無所往而不可”④也。故“公山弗擾以費畔而召也欲往”，“佛肸以中牟畔而召也欲往”，皆欲權而行道也；若非為行道，則不可；而“夫子從佛肸之召，而其操縱久速之機則在我。蓋春秋之初，諸侯專恣，習以爲常；春秋之末，大夫專制，又習以爲常，故當時以二子欲張公室爲大辠。夫聖人在上，則可以治諸侯大夫，聖人在下，非有所假，則何自而爲之哉？此公山、佛肸之畔大夫，夫子所以不絕之也。其可與有爲，則聖人自是爲之，必自有道。使其不可與有爲，則聖人行止久速，其權在我，彼何足以浼之？又豈足以拘之哉？

① 《皇疏》。
② 《左傳·定公十二年》。
③ 《微子》：齊景公待孔子，曰：“若季氏則吾不能，以季、孟之間待之。”曰：“吾老矣，不能用也。”孔子行。《筆解》論之曰：韓曰：“上段孔子行是去齊來魯也。下段孔子行是去魯之衛也。孔子惡季氏，患其強不能制，故出行他國。”李曰：“按《史記·孔子世家》，子在衛，使子路伐三桓城，不克。此是仲尼既不克三桓，乃自衛反魯，遂作《春秋》。**《春秋》本根不止傷周衰而已，抑亦慎齊將爲陳氏，魯將爲季氏云**。”此又一説。
④ 《反身錄》。

凡此皆聖人可爲之微機在不言之表者。此公山、佛肸之畔大夫，夫子所以不絕之也。"①子路性直，謹守師訓而執中無權，以為孔子自食其言而違道，故諫之，其心志雖善，然則或仍未登堂入室，不能識聖人之心也。

論曰："孔子生於亂世，莫之能容也。故言行於君，澤加於民，然後仕；言不行於君，澤不加於民，則處。孔子懷天覆之心，挾仁聖之德，憫時俗之污泥，傷紀綱之廢壞，服重歷遠，周流應聘，乃俟幸施道以子百姓，而當世諸侯莫能任用。是以德積而不肆，大道屈而不伸，海內不蒙其化，群生不被其恩，故喟然而歎曰：'而有用我者，則吾其為束周乎！'故孔子行說，非欲私身運德於一城，將欲舒之於天下，而建之於群生者耳。"②此孔子之心也，而權之必合道③。

《史記》載此事曰："定公八年，公山不狃不得意於季氏，（乃）因陽虎為亂，欲廢三桓之嫡，更立其庶孽陽虎素所善者，遂執季桓子。桓子詐之，得脫。定公九年，陽虎不勝，奔於齊。是時孔子年五十。公山不狃以費畔季氏（蓋定公九年後，十二年前），使人召孔子。孔子循道彌久，溫溫無所試，莫能己用，曰：'蓋周文武起豐鎬而王，今費雖小，儻庶幾乎！'欲往。子路不說，止孔子。孔子曰："夫召我者豈

---

① 《論語集注考證》。

② 《說苑·至公》。

③ 《論語正義》："蓋聖人視斯人之徒莫非吾與，而思有以治之，故於公山、佛肸皆有欲往之意。**且其時天下失政久矣，諸侯畔天子，大夫畔諸侯，少加長，下淩上，相沿成習，恬不爲怪。若必欲棄之而不與易，則滔滔皆是，天下安得復治？**故曰：'天下有道，丘不與易也'，明以無道之故而始欲仕也。且以仲弓、子路、冉有皆仕季氏。夫季氏非所謂竊國者乎？而何以異於畔乎？子路身仕季氏，而不欲夫子赴公山、佛肸之召，其謹守師訓，則固以'親於其身爲不善，君子不入'二語而已，**而豈知夫子用世之心與行道之義固均未爲失哉**《論語集注考證》則曰："以末二句語意推之，則夫子從佛肸之召，而**其操縱久速之機則在我**。蓋《春秋》之初，諸侯專恣，習以爲常；《春秋》之末，大夫專制，又習以爲常，故當時以二子欲張公室爲大臯。夫聖人在上，則可以治諸侯大夫，聖人在下，非有所假，則何自而爲之哉？此公山、佛肸之畔大夫，夫子所以不絕之也。**其可與有爲，則聖人自是爲之必自有道。使其不可與有爲，則聖人行止久速其權在我，彼何足以浼之？又豈足以拘之哉？凡此皆聖人可爲之微機在不言之表者。**"

徒哉？如用我，其為東周乎！"然亦卒不行。"

或解曰：定公九年，季氏家臣公山弗擾（復姓公山，名不狃，又作弗擾、不擾，字子洩。魯權臣季桓子家臣）以費邑畔（季氏），召孔子，子欲往。子路不説，曰："末（無，没有，無正道出仕之機會，或曰道既不行）之也已（止，止步不前，罷了），君子非道不仕，道不行不往，夫子何必叛臣公山氏之（助詞，動賓倒置）之（至，適）也。"然公山弗擾蓋以"抑卿大夫（即專擅魯國之政之季氏）而張公室"之名召孔子，而子路未識也。子曰："夫召我者而豈徒然，竟無所正志正名而往哉？**如有用我者，吾其（豈）為東周之偏安微弱之衰乎？而將復西周先王之王道制度之美盛也。**"或又解曰："吾其爲東周乎，'其'猶'豈'也。夫子身在周東，故以東周爲論。**蓋言凡其召我者，豈虚召哉，必將聽信我言，用我之道耳。譬如今此東方諸國，有能信用我者，我必正其上下之分，使之西向宗周而已。我豈與之相黨，別更立一東周乎？**[1] 只此便是欲勸弗擾歸魯之意，聖人之言辭不迫切如此。初將勸令改過遷善，以此欲往，仁之事也；察知其心終不能改，以此不往，智之事也。若乘弗擾之叛，欲與共興周道於東方，則是無仁無智之舉，不可以此揆度聖人也。"[2]

餘論：又有以"仁與智"、"復王政"、"權"、"遵時王乃至聖賢自王"之意解讀者。

"為東周"有若干解讀：興周道於東方；興周道於魯（黜周王魯）；"東周"謂平王東遷後之東周，"為東周"即"復修西周之政，志在周公典禮"[3]；"東周"謂時之成周，周公所營，以處殷頑民，"王子朝之亂，敬王出居成周"，在平王東遷後之東都王城之東四十里，"為東

---

① "其為東周"，或解"其"為"豈"，豈為東周者，不為東周也；或解"為"為"助"；又或解為："豈肯為東周之微弱偏安而已乎？"

② 《四書辨疑》。

③ 《筆解》。

周"則意取周公之教頑民也；謂因公山弗擾而為東周，重修王政王道。蓋平王以來，以東都為東周，敬王以來，則以成周為東周。

子張問仁於孔子。孔子曰："能行五者於天下，為仁矣。"請問之。曰："恭、寬、信、敏、惠。恭則不侮，寬則得眾，信則人任焉，敏則有功，惠則足以使人。"

子張問仁於孔子。孔子曰："能行五者於天下，為仁矣。"請問之。曰："恭、寬、信、敏、惠。恭則不侮(侮慢)，寬則得眾，信則人任焉，敏(捷疾①)則有功(應事疾則多成功)，惠(有恩惠，施惠於人②)則足以使人。"

皇侃曰：孔子答問之意曰："人君行己能恭，則人以敬己，不敢見輕侮也，(所謂)'自敬者，人亦敬己也。'③人君所行寬弘，則眾附歸之，是故得眾也。人君立言必信，則為人物所委任也，或曰人思任其事，故不見暝(或冥)也。人君行事不懈而能進疾也，則事以成而多功也。人君有恩惠加民，民則以不憚勞役也，(所謂)'有恩惠則民忘勞也。'④⑤邢疏曰："此章明仁也。子張問何如斯可謂之仁，孔子言為仁之道有五。子張復請問五者之目，孔子(乃)略言為仁五者之名，又歷說五者之事。言己若恭以接人，人亦恭以待己，

---

①　或解為：敏，審，審當於事，善謀而審當。言舉事敏審，則有成功矣。參見：《論語補疏》。

②　或解為：順，順乎人情。趙佑《溫故錄》："惠，順也。此《康誥》'惠不惠'之惠。仁者待人，務順乎人情，凡有所使，皆量其長而不苛所短。子以佚而常禮其勞，是之謂惠。"

③　引江熙語。

④　引江熙語。

⑤　《論語義疏》。

故不見侮慢；言行能寬簡則為眾所歸；言而有信則人所委任；應事
敏疾則多成功；有恩惠則人忘其勞也。"①

　　論曰：此數句蓋或有所錯簡，與《堯曰篇》之論"五美四惡"者稍
相類②，可參看。

　　"信則人任焉"，孟子亦嘗言之："居下位而不獲（獲得信任，得位）
於上，民不可得而治也。獲於上有道：**不信**（取信）於友，弗獲於上
矣；信於友有道：事親弗悅，弗信於友矣；悅親有道：反身不誠（實，
或誠，誠善，實善；真心之孝？），不悅於親矣；誠身有道：不明乎善，不誠
其身矣。（則曰：誠身以善，萬物歸仁。）是故（人本實有仁善之性端
之）誠（仁）者，天（然）之道也；思（萬事皆本乎仁善之）誠（仁）者，
（為）人之道也。至誠而不動（感動、打動、激動；轉動）者，未之有也；不
誠，未有能動者也。"③

　　　佛肸召，子欲往。子路曰："昔者由也聞諸夫
子曰：'親於其身為不善者，君子不入也。'佛肸以
中牟畔，子之往也，如之何！"子曰："然。有是言
也。不曰堅乎，磨而不磷；不曰白乎，涅而不緇。
吾豈匏瓜也哉？焉能繫而不食？"

---

　　①　《論語注疏》。

　　②　《堯曰》：子張問於孔子曰："何如斯可以從政矣？"子曰："尊五美，屏四惡，斯可
以從政矣。"子張曰："何謂五美？"子曰："君子惠而不費，勞而不怨，慾而不貪，泰而不
驕，威而不猛。"子張曰："何謂惠而不費？"子曰："因民之所利而利之，斯不亦惠而不費
乎？擇可勞而勞之，又誰怨？欲仁而得仁，又焉貪？君子無眾寡，無小大，無敢慢，斯不
亦泰而不驕乎？君子正其衣冠，尊其瞻視，儼然人望而畏之，斯不亦威而不猛乎？"子張
曰："何謂四惡？"子曰："不教而殺謂之虐；不戒視成謂之暴；慢令致期謂之賊；猶之與人
也，出納之吝，謂之有司。"

　　③　《孟子·離婁上》，詳見拙著《孟子解讀》。

佛肸（xī，本晉國中牟邑宰，親近範氏，範、中行氏之亂後叛，或依衛，而距趙鞅①）召，子欲往。子路曰："昔者由也聞諸夫子曰：'親於其身為不善者，君子不入（不入其黨，或曰不入亂人之邦）也。'②又曰'危邦不入，亂邦不居。'③今佛肸以中牟（或曰中牟爲範、中行邑，佛肸是範、中行之臣，於時爲中牟宰，而趙簡子伐之，故佛肸卽據中牟以畔也④）畔（晉，實叛趙鞅也），可謂危亂者，子之往也，如之何！"子曰："然。有是言也。然由也勿憂。不曰堅乎？真堅將雖磨而不磷（又通作瓴，敝，薄；不磷者，不動不敝不傷也）敝；不曰白乎？誠白將雖涅（染皁物。涅，礬石也，蓋今之皁礬。或作泥）而不緇（黑色，《釋名》："緇，滓也。泥之黑者曰滓，此色然也。"或作"涅而不滓"、泥而不滓）染；若夫誠堅白也，誠道行艱卓也，則豈能輕為所敝染乎？至堅者磨之而不薄，至白者染之於涅而不黑；君子雖在濁亂，道術不違，濁亂不能汙也。⑤（此今所謂"真金不怕火煉，出污泥而不染"者也。）佛肸（之不善，）豈能浼我⑥。且夫吾豈苦匏（páo）⑦瓜也哉？焉能繫而不食（不能被食用，喻無益於世），而無益於世？有瓜之名，而無瓜之用，如斯大椿難老（全身長壽），又何益哉（一生無所德業表現）？吾生斯世，畀天命，聞斯道，斯文在焉，吾將有所作為行道也。故也見機而試，不失其時，而正命履險，知權而不違其道，不可徒為匏椿保身而全，而無益於世道者也。"

---

① 或曰中牟爲範、中行邑，佛肸是範、中行之臣。於時爲中牟宰，而趙簡子伐之，故佛肸卽據中牟以畔也。參見：《論語正義》。

② 《史記·孔子世家》：子路曰："由聞諸夫子：'其身親爲不善者，君子不入也。'今佛肸親以中牟畔，子欲往，如之何？"

③ 《泰伯》：子曰："篤信好學，守死善道。危邦不入，亂邦不居。天下有道則見，無道則隱。邦有道，貧且賤焉，恥也；邦無道，富且貴焉，恥也。"

④ 《論語正義》。

⑤ 《集解》。

⑥ 《四書章句集注》："言人之不善不能浼己。楊氏曰：'磨不磷，涅不緇，而後無可無不可。堅白不足而欲自試於磨涅，其不磷緇也者幾希。'"

⑦ 《邶風·匏有苦葉》談及匏："匏有苦葉，濟有深涉。深則厲，淺則揭。有瀰濟盈，有鷕雉鳴。濟盈不濡軌，雉鳴求其牡。雍雍鳴雁，旭日始旦。士如歸妻，迨冰未泮。招招舟子，人涉卬否。人涉卬否，卬須我友。"參見：《詩經今注今譯》。

　　東漢詩人王粲《登樓賦》云：“懼匏瓜之空懸，畏井渫（xiè，污穢，除去污穢）之不食。”即取孔子斯之意也。故論者曰：“孔子，機發後應，事形乃視，擇地以處身，資教以全度者也，故不入亂人之邦。聖人通遠慮微，應變神化，濁亂不能汙其潔，凶惡不能害其性，所以避難不藏身，絕物不以形也。有是言者，言各有所施也。苟不得，繫而不食。舍此適彼，相去何若也？”①徒不可如苦匏瓜般無益於世也。

　　論曰：此與上文“公山弗擾以費畔，召，子欲往”之意同，蓋言孔子能權而欲以行道，並不拘泥執一，或執中而無權，所謂“聖人道德高厚、過化存神、無所往而不可”②也。故“公山弗擾以費畔而召也欲往”，“佛肸以中牟畔而召也欲往”，皆欲權而行道也；若非為行道，則不可；而“夫子從佛肸之召，而其操縱久速之機則在我。蓋春秋之初，諸侯專恣，習以為常；春秋之末，大夫專制，又習以為常，故當時以二子欲張公室為大皋。夫聖人在上，則可以治諸侯大夫，聖人在下，非有所假，則何自而為之哉？此公山、佛肸之畔大夫，夫子所以不絕之也。其可與有為，則聖人自是為之必自有道。使其不可與有為，則聖人行止久速其權在我，彼何足以浼之？又豈足以拘之哉？凡此皆聖人可為之微機在不言之表者。此公山、佛肸之畔大夫，夫子所以不絕之也。”③子路性直，謹守師訓而執中無權，以為孔子自食其言而違道，故諫之，其心志雖正善，則或仍未登堂入室，不能識聖人之心也。“孔子懷天覆之心，挾仁聖之德，憫時俗之

---

①　《皇疏》引王弼語。
②　《反身錄》。
③　《論語集注考證》：“以末二句語意推之，則夫子從佛肸之召，而其操縱久速之機則在我。蓋春秋之初，諸侯專恣，習以為常；春秋之末，大夫專制，又習以為常，故當時以二子欲張公室為大皋。夫聖人在上，則可以治諸侯大夫，聖人在下，非有所假，則何自而為之哉？此公山、佛肸之畔大夫，夫子所以不絕之也。其可與有為，則聖人自是為之必自有道。使其不可與有為，則聖人行止久速其權在我，彼何足以浼之？又豈足以拘之哉？凡此皆聖人可為之微機在不言之表者。”

汙泥,傷紀綱之廢壞,服重歷遠,周流應聘,乃俟幸施道以子百姓,而當世諸侯莫能任用。是以德積而不肆,大道屈而不伸,海内不蒙其化,羣生不被其恩,故喟然歎曰:'而有用我者,則吾其爲東周乎?'"①此孔子之心也,而權之必合道②。

　或論曰:"子路昔者之所聞,君子守身之常法;夫子今日之所言,聖人體道之大權也。然夫子於公山、佛肸之召皆欲往者,以天下無不可變之人,無不可爲之事也。其卒不往者,知其人之終不可變,而事之終不可爲耳。一則生物之仁,一則知人之智也。"③"蓋聖人視斯人之徒莫非吾與,而思有以治之,故於公山、佛肸皆有欲往之意。且其時天下失政久矣,諸侯畔天子,大夫畔諸侯,少加長,下淩上,相沿成習,恬不爲怪。若必欲棄之而不與易,則滔滔皆是,天下安得復治? 故曰:'天下有道,丘不與易也',明以無道之故而始欲仕也。且以仲弓、子路、冉有皆仕季氏,夫季氏非所謂竊國者乎? 而何以異於畔乎? 子路身仕季氏,而不欲夫子赴公山、佛肸之召,其謹守師訓,則固以'親於其身爲不善,君子不入'二語而已,而豈知夫子用世之心與行道之義固均未爲失哉。"④則"此段與公山

---

①　《説苑・至公篇》。

②　《論語正義》:"蓋聖人視斯人之徒莫非吾與,而思有以治之,故於公山、佛肸皆有欲往之意。**且其時天下失政久矣,諸侯畔天子,大夫畔諸侯,少加長,下淩上,相沿成習,恬不爲怪。若必欲棄之而不與易,則滔滔皆是,天下安得復治?** 故曰:'天下有道,丘不與易也',明以無道之故而始欲仕也。且以仲弓、子路、冉有皆仕季氏。夫季氏非所謂竊國者乎? 何以異於畔乎? 子路身仕季氏,而不欲夫子赴公山、佛肸之召,其謹守師訓,則固以'親於其身爲不善,君子不入'二語而已,**而豈知夫子用世之心與行道之義固均未爲失哉**。"《論語集注考證》則曰:"以末二句語意推之,則夫子從佛肸之召,而**其操縱久速之機則在我**。蓋春秋之初,諸侯專恣,習以爲常;春秋之末,大夫專制,又習以爲常,故當時以二子欲張公室爲大皐。夫聖人在上,則可以治諸侯大夫,聖人在下,非有所假,則何自而爲之哉? 此公山、佛肸之畔大夫,夫子所以不絶之也。**其可與有爲,則聖人自是爲之必自有道。使其不可與有爲,則聖人行止久速其權在我,彼何足以浼之? 又豈足以拘之哉? 凡此皆聖人可爲之微機在不言之表者**。"

③　《四書章句集注》引張敬夫語。

④　《論語正義》。

氏義同,有以知仲尼意在東周,雖佛肸小邑亦往矣。"①

　　事起因於晉國範、中行氏之亂。(魯)定公十三年,晉國內亂。晉趙鞅殺邯鄲午(即趙午,趙氏支系),趙氏內亂,隨之而趙、知、韓、魏、範、中行六家皆捲入焉②。冬,晉荀寅(即中行文子,又稱中行寅)、士吉射(範氏,名吉射,因範氏出自士氏,故又稱士吉射)入於朝歌以叛晉(晉定公)。(魯)定公十四年冬,魯定公會齊侯、衛侯,謀救範、中行氏。冬十二月,晉人敗範、中行氏③。此後相互征戰頻仍,逶迤以至於魯哀公五年,範、中行氏出奔於齊(晉國六卿當政遂變為知、趙、韓、魏四卿也。其後又三家攻知氏(知伯)而分晉而為韓、趙、魏。此是後事,茲不贅),而趙鞅遂圍中牟,"哀公五年春,晉圍柏人,荀寅、士吉射奔齊。夏,趙鞅伐衛,範氏之故也,遂圍中牟。"④中牟本為晉邑,佛肸為之宰,然佛肸同情範氏,而恥趙鞅(趙簡子)以卿淩晉侯,故隨範氏叛之入衛,而趙鞅伐之。**孔子時在衛,佛肸乃(哀公五年)召孔子,蓋欲諮以謀也。**

　　《史記·孔子世家》記此事曰:靈公老,怠於政,不用孔子。孔子喟然歎曰:"苟有用我者,朞月而已,三年有成。"孔子行。佛肸為中牟宰。趙簡子攻範、中行,伐中牟。佛肸畔,使人召孔子。孔子欲往。子路曰:"由聞諸夫子,'其身親為不善者,君子不入也'。今佛肸親以中牟畔,子欲往,如之何?"孔子曰:"有是言也。不曰堅乎,磨而不磷;不曰白乎,涅而不淄。我豈匏瓜也哉,焉能繫而

---

①　《筆解》:"韓曰:'此段與公山氏義同,有以知仲尼意在東周,雖佛肸小邑亦往矣。'李曰:'此自衛返魯時所言也,意欲伐三桓,子路未曉耳。'"

②　"夏六月,上軍司馬籍秦圍邯鄲。邯鄲午,荀寅(即中行文子,又稱中行寅)之甥也;荀寅,范吉射(範氏,名吉射,因範氏出自士氏,故又稱士吉射)之姻也,而相與睦,故不與圍邯鄲,將作亂。……秋七月,範氏、中行氏伐趙氏之宮,趙鞅奔晉陽。晉人圍之。""丁未,荀寅、士吉射奔朝歌。"《左傳今注今譯》。

③　《左傳今注今譯》。其後,魯哀公五年,範、中行氏出奔於齊。晉國六卿當政遂變為知、趙、韓、魏四卿也。其後又三家攻知氏(知伯)而分晉而為韓、趙、魏。

④　《左傳》:哀公五年。

不食?”

《説苑‑立節篇》記佛肸其人其事曰:“佛肸用中牟之縣畔。設禄邑炊鼎,曰:‘與我者受邑,不與我者其烹。’中牟之士皆與之,城北餘子田基獨後至,袪衣將入鼎,曰:‘軒冕在前,非義弗乘。斧鉞於後,義死弗避。’佛肸播而止之。”子路蓋既言其叛晉之事,又言其人之暴虐也。

或解曰:“匏,瓠也。言瓠瓜得繫一處者,不食故也。吾自食物,當東西南北,不得如不食之物繫滯一處。”①“我非匏瓜,焉能繫而不食者,冀往仕而得禄也。”②“孔子亦爲説我所以一應召之意也,言人非匏瓜,匏瓜係滯一處,不須飲食而自然生長,乃得不用,何通乎? 而我是須食之人,自應東西求覓,豈得如匏瓜係而不食耶?”③“匏,瓠也。匏瓜繫於一處而不能飲食,人則不如是也。”④又或曰匏苦不能食,徒空其囊而繫於身,以濟河而已,不能食用,終是無其本來之用。又或曰匏是星名,繫於天而不必食,“匏瓜,星名也。言人有才智,宜佐時理務,爲人所用,豈得如匏瓜係天而不可食耶?”⑤兹皆不取。

參閲:《邶風·匏有苦葉》:“匏有苦葉,濟有深涉。深則厲,淺則揭。有瀰濟盈,有鷕雉鳴。濟盈不濡軌,雉鳴求其牡。雝雝鳴雁,旭日始旦。士如歸妻,迨冰未泮。招招舟子,人涉卬否。人涉卬否,卬須我友。”⑥

———————

① 《集解》。
② 《文選·登樓賦注》引鄭注。
③ 《皇疏》。
④ 《四書章句集注》。
⑤ 《皇疏》。
⑥ 參見:《詩經今注今譯》。

子曰:"由也,女聞六言六蔽矣乎?"對曰:"未也。""居!吾語女。好仁不好學,其蔽也愚;好知不好學,其蔽也蕩;好信不好學,其蔽也賊;好直不好學,其蔽也絞;好勇不好學,其蔽也亂;好剛不好學,其蔽也狂。"

子曰:"由也,女聞六言六蔽(遮蔽而不明)矣乎?"子路起而對曰:"未也。""居(坐,古代之跪坐於尻,稍放鬆於危坐之跪)!吾語女。好仁不好學(學禮義),其蔽也愚(不知裁之,可陷可罔,或見陷見罔);好知不好學,其蔽也蕩(放離於義;放縱無歸,無所適守。當守於何?守於義);好信不好學,其蔽也賊(傷害,賊義,害義,故曰"君子貞而不諒",或曰傷人或傷己);好直不好學,其蔽也絞(確也,堅確不知變通;急切,剛愎凌人;誤會);好勇不好學,其蔽也亂(勇於爭比,或犯上失序而作亂);好剛不好學,其蔽也狂(剛硬不化,躁狂輕率,妄抵觸人)。"

仁智信直勇剛,皆是懿德,皆當執持,然亦皆當合於禮義,故又不可執一,過猶不及,而必以學明禮義,而裁節之,而執中有權,斯可矣。故曰:正義以裁之,正禮以節之。否則反成六蔽,蔽於何?蔽於正道義禮也。如斯也,則好仁不好學,其蔽也愚,不知以義禮裁之,或將可陷可罔,而見陷見罔也;好知不好學,其蔽也蕩,蕩離於義,放縱無歸,無所適守也(當守於何?守於道義);好信不好學,其蔽也賊,硜硜小信虛名是鶩,守之空無其義禮之實,則何以哉?適足賊道義而傷人或傷己也,如尾生死於梁下然;好直不好學,其蔽也絞,急直堅確,不遑問證其實,不知變通,剛愎凌人,而或誤會誤事也;好勇不好學,其蔽也亂,勇於爭比,蔑違倫禮,或將犯上失序而作亂也;好剛不好學,其蔽也狂,狂則剛愎逞意氣,妄抵觸人,雖或虧於義禮而剛硬不化,寧折不彎,不能折中於義禮也。

"好者,聞其風而悅之。不學則不能深原其所以之道,故必有所蔽①。仁智信直勇剛六言皆美名，不學則不明其義，不究其實；以意會之，有轉成不美者。"②若夫好其名，而不顧其實其義，皆或有過者矣。學以明其道、理、義、事，與乎義禮之凡百之適用，守道理義禮，而非徒株守其虛名儀文，則免執一也。故君子不可自足其智，而必以學，以廣其義理思悟見聞，與朋友切磋討論，而後漸至於明，非謂不學義禮而能生而知之者也。

又曰：執中有權，然於常人常境也，尤須先有所執，所執者何？義禮之常也。何所知有所當執者？曰學也。何以執？執以仁知信直勇剛也；何以節？節以禮義也；何以權？以道理禮義權衡之而仍合於道理禮義也。

論曰："好仁者，謂聞其風而悅之者也。不學不能深原乎其道，知其一而未識其二，所以蔽也。自非聖人，必有所偏，偏才雖美，必有所蔽。學者假教以節共性，觀教知變，則見所過也。"③

子曰："小子！何莫學夫《詩》？《詩》，可以興，可以觀，可以群，可以怨。邇之事父，遠之事君。多識於鳥獸草木之名。"

子曰："小子（門人；或是伯魚④）！何莫學夫《詩》？《詩》，可以興（引譬連類），可以觀（觀天下萬物萬事，觀風俗之盛衰），可以群（夫婦父子君臣朋友之相群，羣居相切磋吟詠唱和等），可以怨（刺上政，怨慕親長、譏刺褒貶

---

① 此是錢氏節取《皇疏》之義。

② 錢穆著，《論語新解》。

③ 《皇疏》引江熙語。

④ 《季氏》：陳亢問於伯魚曰："子亦有異聞乎？"對曰："未也。嘗獨立，鯉趨而過庭。曰：'學詩乎？'對曰：'未也。''不學詩，無以言。'鯉退而學詩。他日又獨立，鯉趨而過庭。曰：'學禮乎？'對曰：'未也。''不學禮，無以立。'鯉退而學禮。聞斯二者。"陳亢退而喜曰："問一得三，聞詩，聞禮，又聞君子之遠其子也。"

等）。邇（近）之事父，遠之事君。而又能多識於鳥獸草木之名。"

　　此蓋孔子庭訓其子伯魚①，或曰教門人弟子（究竟何人，實無傷宏旨），而一歸於論崇詩教之義。詩（《詩》）可以興者，詩本多引譬連類，如賦比興者是也，故讀之而漸濡其意其法，亦可引之效之，於言語辭章應對也，連類引譬而能興發傳佈其志意情思，而溫柔敦厚、含蓄蘊藉、意象優美，有禮而不唐突，辭達而象意不盡，故可比興以言事專對道情寫意也；詩（《詩》）可以觀者，因《詩》本乃王者命行人采風於道路，用以觀天下之風氣者，若夫風雅頌等，包敘深廣，故讀之可以觀天下政理民情之常變、風俗之盛衰，與乎萬物千事、人情百態，而觀摩以明智也。詩（《詩》）可以群者，詩道人情人事，用以仁和相偶，舉凡夫婦、父子、兄弟、朋友、師弟、君臣之事，皆在其中，故讀之可以詩文會友，遠近來往應對，友朋羣居切磋，吟詠唱和酬酢，群以講道契情，又可知夫婦父子兄弟朋友師弟君臣相處之道，故可以群也。詩（《詩》）可以怨者，詩敘寫萬方，含蘊深廣，不獨雅頌，亦有種種風刺譏貶，故亦可用以譏弊俗、惡不仁、刺上政、怨慕②親長（雖忠臣孝子而有時不能無怨，然怨亦有道有節，此詩之怨也）等，而哀而不傷、含而不露、不失其性情之正也。如斯而興觀群怨，則邇之可事父，遠之可事君，其為用也大矣。而又能多識於鳥獸草木之名，而明天下萬物各有其性，各安其情，故而明乎庶物，順應物理、推達仁義而天人合一也。"

　　《周官》曰："太師教六詩：曰風，曰賦，曰比，曰興，曰雅，曰頌。"賦之言鋪，直鋪陳今之政教善惡。比，見今之失，不敢斥言，取比類以言之。興，見今之美，嫌於媚諛，取善事以喻勸之。或又云：比者，比方於物也。興者，托事於物。一解比興就物言，一就事言，互

---

　　①　可對照《季氏》"陳亢問於伯魚曰"一節。不贅。

　　②　《孟子·萬章上》：萬章問曰："舜往於田，號泣於旻（mín）天（秋天），何為其號泣也？"孟子曰："怨慕也。"

相足也。賦比之義皆包於興，故夫子止言興。《毛詩傳》言興百十有六而不及賦比，亦此意也①。

論曰："夫詩，溫柔敦厚者也。不質直言之而比興言之，不言理而言情，不務勝人而務感人。自理道之説起，人各挾其是非以逞其血氣。激濁揚清，本非謬戾，而言不本於情性，則聽者厭倦，至於傾軋之不已，而忿毒之相尋。以同爲黨，卽以比爲爭，甚而假宮闈廟祀儲貳之名，動輒千百人哭於朝門，自鳴忠孝，以激其君之怨，害及其身，禍於其國，全失乎所以事君父之道。余讀明史，每歎詩教之亡，莫此爲甚。"②此説明詩教佳善之用。

又論"多識於鳥獸草木之名"，曰："《詩》尚比興，多就眼前事物，比類而相通，感發而興起。故學於《詩》，對天地間鳥獸草木之名能多熟識，此小言之。若大言之，則俯仰之間，萬物一體，鳶飛魚躍，道無不在，可漸躋於化境，豈止多識其名而已。孔子教人多識於鳥獸草木之名者，乃所以廣大其心，導達其仁。《詩》教本於性情，不徒務於多識。"③又可知格物（格求萬物之理）之意，收博物（學，物理學）之效，《困學紀聞》曰："格物之學，莫近於詩。關關之雎摯有別也，呦呦之鹿食相呼也，德如鳲鳩，言均一也。德如羔羊，取純潔也。仁如騶虞，不嗜殺也。鴛鴦在梁，得所止也。桑扈啄粟，失其性也。倉庚，陽之候也。鳴鵙，陰之兆也。蒹葭，露霜變也。桃蟲，拚飛化也。鶴鳴於九臯，聲聞於野，誠不可揜也。鳶飛戾天，魚躍於淵，道無不在也。南有喬木，正女之操也。隰有荷華，君子之德也。匪鱣匪鮪，避危難也。匪兕匪虎，慨勞役也。蓼莪常棣，知孝友也。縈藟行葦，見忠信也。葛屨褊而羔裘怠也，蟋蟀儉而蝃蝀奢也。爰有樹檀，其下維穀，美必有惡也。周原膴膴，堇荼如飴，惡可

①　《論語正義》。

②　《焦氏循毛詩補疏序》，《論語正義》引之。

③　《論語新解》。

爲美也。黍以爲稷,心眩於視也。蠅以爲鷄,心惑於聽也。綠竹猗
猗,文章奢也。皎皎白駒,賢人隱也。贈以芍藥,貽我握椒,芳馨之
辱也。焉得諼草,言采其蝱,憂思之深也。柞棫斯拔,侯薪侯蒸,盛
衰之象也。鳳凰於飛,雉離於羅,治亂之符也。相鼠碩鼠,疾惡也。
采葛采苓,傷讒也。引而伸之,觸類而長之,有多識之益也。"[1]又
曰:識萬物之理,乃可用之以比興吟詠而無不熨帖也。故今或論
曰:《詩經》中自有《昆蟲記》。

子謂伯魚曰:"女爲《周南》《召南》矣乎？人而不爲《周南》《召南》,其猶正牆面而立也與？"

子謂伯魚曰:"女爲(學,效,知習)《周南》《召南》矣乎？人而不
爲《周南》《召南》,其猶正牆面而立也與？"

《周南》《召南》之"南"者,南國也,在江漢之域。或曰有二南之
國即南方二國,或曰南國諸侯即南方多國,如江、漢、汝、淮、漳等,
蓋在南郡、南陽之間。

《周南》之"周"者,雍州地名,周王周公之地;周王之地在周,在
岐山之陽,本太王所居,扶風雍(縣)東北故周城是也;周公食采於
周,故曰周公。當武王、成王之世,周公在王朝爲陝東之伯,率東方
諸侯;攝政五年,營治東都王城;六年,製禮作樂,遂以文王受命以
後與己陝内所采之詩,編諸樂章,屬歌於大師,名之曰周南焉[2],蓋
又合陝以東與陝東以南之南國之地所采之詩樂也,即《詩經》中之
《周南》。

《召南》之"召",地名,在岐山之陽。扶風雍縣南有召亭,雍水
東逕召亭南,乃故召公之采邑。周武王封召公於北燕,在成王時爲

---

[1]　《困學紀聞》。
[2]　陳奐,《毛詩疏》。

三公。召公未就國，居王朝爲西伯，自陝以西主之。周公定樂，遂以分陝（以西）所典治之國，名之曰召南①，蓋合陝以西及以南之南國之地所采之詩樂也，即《詩經》中之《召南》。

　　《周南》《召南》之詩，《國風》之始，皆言夫婦之道，所謂樂得淑女以配君子之類然，爲王化之始（王教之端），三綱之首②，如《周南》十一篇，言夫婦男女者九；《召南》十五篇，言夫婦男女者十一，皆無淫蕩狎褻之私，而有肅穆莊敬之德；無乖離傷義之苦，而有敦篤深摯之情，（略舉其例而有諸如"窈窕淑女，君子好逑"、"琴瑟友之，鐘鼓樂之"《周南·關雎》）、"樂只君子"（《周南·樛木》）、"之子於歸，宜其家室"（《周南·桃夭》）、"赳赳武夫，公侯干城"（《周南·兔罝》）、"雖速我訟，亦不女從"（《召南·行露》）、"肅肅宵征，夙夜在公"（《召南·小星》）、"其釣維何？維絲伊緡"（《召南·何彼襛矣》）等，又合以樂聲音律，濡染感人，）夫婦道德之盛極矣。匡氏衡曰："夫婦者，人倫之始，萬福之原。"《中庸》亦曰："君子之道，造端乎夫婦。"此處一失其道，卽無以爲推行一切之本。故君子反身必先修諸己，而後可刑（型）於寡妻，至於兄弟，以禦於家邦。《漢書·匡衡傳》謂"室家之道修，則天下之理得"，卽此義也。③ 所謂"爲"者，習其詩義鄉樂也，蓋"二南之詩，用於鄉人，用於邦國。當時鄉樂未廢，故夫子令伯魚習之。依其義説以循行之，故稱爲也。"④此亦是合禮樂而言，故可謂習其禮樂也。不踐習其道其禮樂，則將處處碰壁，寸步難行，故曰"猶正牆面而立也"。《大戴禮》曰："故婚姻之禮廢，則夫婦之道苦，而淫辟之罪多矣。"⑤正

---

① 　陳奐，《毛詩疏》。
② 　《集解》。
③ 　《論語正義》、《論語述要》。
④ 　《論語正義》。
⑤ 　《大戴禮·禮察》：孔子曰："君子之道，譬猶防與？"夫禮之塞，亂之所從生也，猶防之塞，水之所從來也。故以舊防爲無用而壞之者，必有水敗；以舊禮爲無所用而去之者，必有亂患。故婚姻之禮廢，則夫婦之道苦而淫辟之罪多矣；鄉飲酒之禮廢，則長幼之序失而爭鬥之獄繁矣；聘射之禮廢，則諸侯之行惡而盈溢之敗起矣；喪祭之禮廢，則臣子之恩薄而倍死忘生之禮眾矣。

反不同，而其意皆在此也。

蓋王者起，必正禮樂，而化天下邦國萬民，而後禮樂政教具備，而王道行焉。而王教之端，在乎夫婦之道之教；王者之教民，聖人之教子，二而一，皆如是也。故孔子以此訓導伯魚。此蓋孔子於伯魚過庭之訓①，或伯魚授室之訓，訓以善處夫婦之意也②。或曰"伯魚出妻，意當日夫婦之間必有苦痛不可言者，子特指二南爲訓，其有意乎？"③此或可備一説，然不必拘泥，取其經義可也。

或曰：此先秦禮樂情意之道之教也，於今當有所改張更創之，乃至創立新經新禮樂，以成新詩教。此論固是，而其新經新義新禮樂新詩教，分之攻各科（比如今之文學之情感教育、生活教育，哲學、倫理學、思想史之道智義理教育等），合之而爲一，一之於新道義新禮樂也，而俟諸今之希賢希聖之仁義正直君子也。

子曰："禮云禮云，玉帛云乎哉？樂云樂云，鐘鼓云乎哉？"

子曰："禮云禮云（即每言其禮），豈徒玉（璋珪之屬）帛（束帛之屬）云（言）乎哉？樂云樂云（即每言其樂），豈徒鐘鼓云乎哉？"

禮樂，王道政教之本，而周公製禮作樂，遂有《禮》、《樂》二經，而師儒乃依此教之，故言必稱其禮、樂，所謂云禮云樂云④。然禮樂豈徒言玉帛鐘鼓哉？非也，玉帛鐘鼓徒禮樂之儀文末器也，用以崇

---

① 《季氏》：陳亢問於伯魚曰："子亦有異聞乎？"對曰："未也。嘗獨立，鯉趨而過庭。曰：'學詩（《詩》）乎？'對曰：'未也。''不學詩，無以言。'鯉退而學詩。他日又獨立，鯉趨而過庭。曰：'學禮（《禮》）乎？'對曰：'未也。''不學禮，無以立。'鯉退而學禮。聞斯二者。"陳亢退而喜曰："問一得三，聞詩，聞禮，又聞君子之遠其子也。"

② 《論語述要》。

③ 《論語述要》。

④ 或曰：《禮經》、《樂經》編排敘述之體例，每以"禮云"、"樂云"言之，故曰禮云禮云樂云樂云，代《禮經》、《樂經》之教義也。

其本,而禮樂之本則不在此,在乎修身踐履於正禮,與乎和同性情而共樂於雅(正)樂也,在乎安上治民,與乎移風易俗也,又在乎"樂以洽內而爲同,同以和親;禮以修外而爲異,異以畏敬"也①:"樂以洽內而爲同,禮以修外而爲異。同則和親,異則畏敬。畏敬之意難見,則著之於享獻辭受登降跪拜;和親之說難形,則發之於詩歌詠言鐘石筦弦。蓋嘉其敬意而不及其財賄,美其歡心而不流其聲音。此禮樂之本也。"②若夫徒云玉帛鐘鼓,而不及其禮樂之本義,則徒儀文耳,乃至"幣厚則傷德,財侈則殄禮"③,失禮樂之本而本末倒置,離禮樂愈遠矣。《禮記·仲尼燕居篇》載孔子之言曰:"師,爾以爲必鋪幾筵,升降酌獻酬酢,然後謂之禮乎? 爾以爲必行綴兆,興羽籥,作鐘鼓,然後謂之樂乎? 言而履之,禮也;行而樂之,樂也。"④

　　論曰:禮之所貴者,安上治(以天道義禮而文明化及為良善也)民也,非但崇此玉帛而已;樂之所貴者,移風易俗也,非謂治此鐘鼓而已⑤。"玉帛,禮之用,非禮之本;鐘鼓者樂之器,非樂之主。假玉帛以達禮,禮達則玉帛可忘;借鐘鼓以顯樂,樂顯則鐘鼓可遺。以禮假玉帛於求禮,非深乎禮者也;以樂託鐘鼓於求樂,非通乎樂者也。苟能禮正,則無恃於玉帛,而上安民治矣;苟能暢和,則無借於鐘鼓,而移風易俗也。"⑥"禮以敬爲主,玉帛者,敬之用飾也;樂主於和,鐘鼓者,樂之器也。於時所謂禮樂者,厚贄幣而所簡於敬,盛鐘鼓而不合雅頌,故正言其義也。"⑦此蓋當乎周季末之君,澆季之主,唯知崇尚玉帛鐘鼓,而不能安上治民、移風易俗,故孔子嘆之云也。⑧

---

　　①　《漢書·禮樂志》。
　　②　《漢書·禮樂志》。
　　③　《荀子·大略篇》:《聘禮志》曰:"幣厚則傷德。財侈則殄禮。"禮云禮云,玉帛云乎哉?
　　④　《禮記-仲尼燕居篇》。
　　⑤　《集解》。
　　⑥　《皇疏》引繆播語。
　　⑦　《皇疏》引王弼語。
　　⑧　《集解》。

餘論：此蓋接上節而來，訓伯魚當知禮樂之本。

子曰："色厲而內荏，譬諸小人，其猶穿窬之盜也與？"

子曰："色厲（矜厲，類於所謂"便辟"①）而內荏（荏爲桸 rěn 之借，柔，弱，柔佞，不能振作），譬諸小人，其猶穿窬（窬，竇，牆洞，穿窬即穿牆，所謂雞鳴狗盜之徒也）之盜也與？"

外在容色似若矜持嚴厲於道義，義正辭嚴，威儀儼然，然其內心固不能、不欲志意堅決於守道衛道，而柔佞多私心私慾；柔則猶豫彷徨，患得患失，依違不定，佞則巧言文飾，何患無辭；私心私慾勝則害於正義正道，而終也不能持守正道禮義，多所違礙也。然猶佯高其抗厲、疾言厲色於其實所必不能持者，所以幹獵虛名位祿慾利也。"處虛義則色厲，顧利慾則內荏，厲而不剛者，私慾奪之也"②，如斯之心行，類如小人中之穿窬之盜。蓋有穿窬爲盜（欺世盜名盜利等）之心，而故作抗厲以欺世也。"夫色厲而內荏者，外示嚴正之色以影人，內懷柔媚之心以取事"③，小人哉！所謂"外自矜厲而內柔佞。爲人如此，猶小人之有盜心也。"④蓋有穿窬之心者，便不能直，不敢直，不能心口如一、言行一致，而多偽飾誇張也，色厲僅其一耳。子曰："君子不以色親人，情疏而貌親，在小人則穿窬之盜也與？"⑤此又其一也。

或曰：若僅是柔弱人，猶能振作，而振作乃所以振作於義而又

---

① 《季氏》：孔子曰："益者三友，損者三友。友直，友諒，友多聞，益矣。友便辟，友善柔，友便佞，損矣。"
② 《論語後案》。
③ 《四書辨疑》。
④ 《集解》。
⑤ 《禮·表記》。

內外一致；若夫色厲內荏，則非真正振作，乃是邪僻緣飾爲奸，自欺欺人欺世，而終於既難自欺，亦難欺人，又成其小人穿窬爲盜之恥也。

或解爲容色兇悍實則虛弱，其論曰："言其譬如小人爲偷盜之時也。小人爲盜，或穿人屋壁，或踰人垣牆，當此之時，外形恒欲進爲取物，而心恒畏人，常懷退走之路，是形進心退，內外相乖，如色外矜正而心內柔佞者也。"①此何故邪？以其自知爲非違義，而終無膽氣以抗世間正氣正義也，孟子所謂"氣餒"者②也。氣餒者，自知其心行也不合於道義，猶欲強行之，故或則必佞言文飾，所謂"外爲矜厲而實柔，佞之密"③，而無其實也；或則必色厲而內荏，內荏，即內餒也，內虛弱也。此亦可備一説。

餘論：一切不能真正奉持道義、內外不一者，皆可謂必謂色厲內荏。

子曰："鄉原，德之賊也。"

子曰："鄉原（同願，願慤，善），德之賊（害）也。"

鄉願者，鄉曲中不顧大道正義、不問是非曲直、心無定主，而但一味揣摩庸俗人情、隨世隨人宛轉其辭其言其行、投俗所欲、讒佞亂義，以博取流俗善人之名之假善人也。再具言之，則曰：鄉里見識鄙陋、未聞大道正義、無所持守其中道正禮、內無所守而外佞多變、但媚流亂風俗、淆亂（不顧）是非、惑亂人心、敗壞中正禮義風俗、閹然諂媚鄉曲之假善人也。德者，持守正道正義正禮而行仁推

---

① 《皇疏》。

② 《孟子·公孫醜上》：孟子曰："其爲氣也，配義與道；無是，餒也。是集（雜；眾；合；積）義（集聚眾事皆合義）所生者，非義襲（偶然而行之）而取之也。行有不慊（qiè，滿足；滿意）於心，則餒矣。"

③ 《皇疏》引江熙語。

達者也,無所持守、失其中道則非德也。若夫鄉願,則不問正道正義正禮,無論是非曲直,而一味徇人苟同諂媚,投人所好,利口捷給,似是而非,導人於邪僻流亂恣肆,故人皆喜之,以為愛我,以為願人善人;實則惑亂人心,敗壞中道風俗,賊德害義也甚焉者也。一鄉之中多此鄉願,則鄉里中正風俗便難立,正道正義不立,人心惑亂而黯於是非義直,而將無所不為,賊德害義也,故曰亂也,賊也,敗也。若夫一縣一郡一國乃至天下多此類,則為害尤大,故孔子疾之也甚,此亦所謂"惡紫之奪朱也,惡鄭聲之亂雅樂也,惡利口之覆邦家"①之意也。《禮記‧檀弓上》曰:"君子之愛人也以德,細人(小人)之愛人也以姑息。"②鄉願之願善,猶小人之溺愛也,適足以敗德賊人而已。

質言之,鄉願者,但"同乎流俗,合乎汙世;居之似忠信,行之似廉潔,闇然(豎宦之狀,討好流俗)媚(愛)於世",然揆其實,則內無所守道,外無所持正,"色取仁而行違",媚時亂俗,違礙道義,流質善變,所以為德之賊害也。故曰:鄉願,俗人小人或喜之,喜之而共與任情喜怒(今日貶義之任性,然非褒義之特立獨行)、沉淪敗德;君子惡之,惡其無所持守正道正義,敗德亂義而將導世沉淪於不繼難返也。

《孟子》述曰:孔子曰:'過我門而不入我室,我不憾焉者,其惟鄉原(願,善)乎! 鄉原,德之賊也。'"曰:"何如斯可謂之鄉原矣?"曰:"(鄉原也,其人其心也曰:'生斯世也,為(處、行事)斯世也,善(流俗稱善,同流合俗)斯可矣。'闇然(豎宦之狀,討好流俗)媚(愛)於世也者,是鄉原也。"

萬章曰:"(鄉原,)一鄉皆稱原人(願人、善人)焉,無所往而不為原人,(而)孔子(反)以為德之賊,何哉?"曰:"(鄉原也,善能匿藏其惡,故)非(指摘)之(似)無(所)舉也,刺(譏刺)之(似)無(所)刺也;同

---

①　《陽貨》。

②　《禮記‧檀弓上》:"君子之愛人也以德,細人之愛人也以姑息。"

乎流俗,合乎汙世;居之似忠信,行之似廉潔;眾皆悅之,自以為是,而(無仁義之實,無所持守,不顧是非),不可與入堯舜之道,故曰德之賊也。孔子曰:'惡似而非者:惡莠(yǒu,狗尾草或秀而不實者),恐其亂苗也;惡佞(詐偽、詐飾),恐其亂義也;惡利口(善辯、詭辯),恐其亂信也;惡鄭聲,恐其亂樂也;惡紫,恐其亂朱也;惡鄉原,恐其亂德也。'君子反(歸)經而已矣。經正,則庶民興;庶民興,斯無邪慝矣。"①

論曰:"'耦俗全身,則鄉原也。'②'鄉原之心,欲盡合天下人也。(天下)人非庸人卽君子,(而鄉原)同乎流俗,合乎汙世,以求合乎庸人;居似忠信,行似廉潔,求合於君子。'③(然)古今士術,未有爲君子而能同乎小人者也。鄉原能伸其是非之不忤於世者,而怵然於忤世之是非,隨眾依違,模稜而持兩端;鄉之人以其合君子而賢之,則其合小人者或諒之,或惑之矣。己無立志,復使鄉人迷於正道,故賊德。"④

餘論:色厲內荏亦是鄉願之行,內無立志,內不敢任道衛道而外迎合於流俗,此則孔子立剛道,剛正以守衛道義也。

子曰:"道聽而塗說,德之棄也。"

子曰:"道聽而塗說,德之棄也。"

孔子之意曰:道聽塗說者,鄉曲庸俗鄙陋孟浪謬妄之言,游談無根,信口胡謅,荒疏不經,傳聞無定,坐井觀天,自足其智,無所質正於大道正義,無所折中於先王先聖之中道經義,反將淆亂正經大道,故君子疾之不與也,此亦所謂"惡紫之奪朱也,惡鄭聲之亂雅樂也,惡利口之覆邦家"⑤之意。若夫其人而但滿足於道聽塗說,不

---

① 《孟子·盡心下》,詳見拙著《孟子解讀》。
② 《論衡·累害篇》。
③ 呂伯恭語。
④ 《論語後案》。
⑤ 《陽貨》。

思進取,而不學,不精研聖賢大道、義理精蘊,不親師訪友、切磋砥礪,則乃是自棄其德者也。質言之,不學而游談,道聽塗説,言不及義,即是自棄其德。若夫君子之學習進修也,舍先聖先王之典章制度、古今聖賢之嘉言懿行、淵博學者之精研覃思而何哉?

或曰此接上節而論之。鄉願之所得者,不過道聽塗説之鄉曲鄙陋之言而已,未曾聞受乎聖賢大道,未曾質正乎中道大義(正道正義),故也是非淆亂,良莠不齊,小善亂義,小義亂道,小忠敗德,小信硜硜而敗亂德義,此其所以徒為鄉曲偽願之人而已也。而為自棄其德之人。

皇侃則解論曰:"道,道路也。塗亦道路也。記間之學,不足以為人師,師人必當溫故而知新,研精久習,然後乃可為人傳説耳。若聽之於道路,道路仍即為人傳説,必多謬妄,所以為有德者所棄也,亦自棄其德也。又引江熙云:今之學者,不為己者也,況乎道聽者哉。逐末愈甚,棄德彌深也。"[①]

子曰:"鄙夫可與事君也與哉? 其未得之也,患得之;既得之,患失之。苟患失之,無所不至矣。"

子曰:"鄙夫可與(參與其事,給予其位,四聲)事君也與哉? 其未得之(位,祿位)也,患得之;既得之,患失之。苟患失之,無所不至矣。"

鄙夫也哉,鄙陋無志,未聞大道,心無定主,其事君也,求利而非求道,邀寵固位而非行道匡君。故其未得位時,則汲汲欲求得之,憂慮不可自已;及其得位,則又貪戀利祿富貴,憂慮或失其位祿,惶惶不可終日。苟其心所縈情者盡是位祿,而無天道禮義,則因憂慮失其位祿,而將無所不為也,如逢君之惡(曲意逢迎)、君過不諫、昧道聽從、妒賢嫉能乃至篡弒殺伐,無所不至也。質言之,鄙夫

---

① 《皇疏》。

小人之心，縈情位祿而已，故也患得患失，而將無所不至。

若夫君子之出仕事君也，以道，爲（行）道，故道合則合，集義共事，道不合則不相爲謀，而三諫不聽則去也。君子心有定主，以道義定出處行藏，天下有道則仕，無道則隱，故也坦蕩從容，而一以其道事君匡君而已矣。以道義合，道義行則遂己志矣；若夫位祿也，何足論哉。故無患得患失之心。

何獨事君，人生萬事盡皆如此，合道則爲，不合道則去，如此則從容瀟灑，毫無悔吝患憂，是故君子時時事事囂囂坦蕩，而小人則時時事事戚戚憂慮也。此可謂一切人生修養之根本法門。道義在我，雖千萬人阻之泥之，吾往矣，無所畏懼憂慮；道義不在我，雖稚童鄙夫而疾我，亦虛心受之改之而已。千人之唯唯，不如一夫之諤諤，何哉？亦曰得其道義之正大直信也。

子曰："古者民有三疾，今也或是之亡也。古之狂也肆，今之狂也蕩；古之矜也廉，今之矜也忿戾；古之愚也直，今之愚也詐而已矣。"

子曰："古者民有三疾（病，瑕），今也或是之亡（無）也。古之狂（張狂進取失中）也肆（肆志張揚於道義，極意敢言），今之狂也蕩（放佚無所據，背道義正禮，踰大閑）；古之矜（矜持太嚴）也廉（自檢斂，自嚴厲持守於道義，有廉隅；或讀廉爲貶，自貶損、律己嚴也①），今之矜也忿戾（惡理多怒，雖背理義而亦爭，爭其非義之人事利祿）；古之愚也直（直誠，內外言行一致），今之愚也詐（詐佞文飾）而已矣。"

此蓋慨歎世風日下，今不如古。古者民雖有疾，不若今之甚也，且雖疾而仍不失其善者存焉；今則其疾變本加厲，而又失古疾

---

① 《論語集釋》："考異"：《釋文》：魯讀廉爲貶，今從古。《論語古訓》：貶，自貶損也。《釋名》云。"廉，自檢斂也。"貶廉義同。

中之善者,雖古民之疾亦不可得。人心不醇、風俗墮沉也如此。孔子之意曰:古者民或有三病瑕,即狂、矜、愚也,今則或是之猶無也。何謂邪? 古之病狂也肆志張揚,極意敢言,狂於進取求道也;而今之病狂也蕩然放佚,無所正志,敢於蔑道義、棄正禮、踰大閑。古之病矜持苛嚴也自廉自檢斂,嚴持禮義;今之病矜持苛嚴也忿戾,矜善上人,律人苛責不恕,不遂己意則多怒爭,雖背理義亦爭其非義之人事利祿也。古之病愚陋也猶直誠,内外言行一致;今之病愚陋也詐佞偽飾而已矣。今也求古人之肆狂、廉矜、直愚猶不可得也。風俗文教失墜,每況愈下,可歎也。《禮記·曲禮上》曰:"太上貴德,其次務施報。"再其次而如今,則不知其可也。

子曰:"巧言令色,鮮矣仁。"

子曰:"巧言令色,鮮矣仁,而足以亂正禮正義。疾之。"

論曰:徒巧言令色而無行實。參見《學而》之相關廣辭。

子曰:"惡紫之奪朱也,惡鄭聲之亂雅樂也,惡利口之覆邦家者。"

子曰:"巧言令色,君子疾之甚。何哉? 惡紫(紫色,間色之美者)之奪朱(朱,紅色,正色,古為君王服)也,惡鄭聲(鄭聲淫靡不節,不正)之亂雅樂(雅樂,正樂,樂而不淫,哀而不傷)也,惡利口(佞言善辯、巧辭捷給而不正)之覆(顛覆,傾敗)邦家者。"[1]

王者興則頒正朔、易服色,以示與民更始,以明正一代典制正

---

[1] 《陽貨》:子貢曰:"君子亦有惡乎?"子曰:"有惡:惡稱人之惡者,惡居下流而訕上者,惡勇而無禮者,惡果敢而窒者。"曰:"賜也亦有惡乎?""惡徼以為知者,惡不孫以為勇者,惡訐以為直者。"與此節句式相類。

禮，不可亂。紫，間色也；朱，正色也，王用以為禮服（天下邦國之象徵），而諸侯大夫也僭之，亂一代正禮，典制遂亂，朝綱不飭矣。王者起，又將定雅樂，以宣導中和人情。若夫鄭聲，淫靡不節，淫哇過度，失音律之正；雅樂，正樂也，音律有節度，溫柔敦厚，故樂而不淫，哀而不傷，而鄭聲也亂之，則將亂人情風俗，如亡國之音哀以思之類也。利口者佞言善辯、巧辭捷給，而似是而非，淆亂道義，若鄉願然，將導人邪僻，傾敗邦家也。質言之則曰，紫奪朱，亂正禮也；鄭聲亂雅樂，亂正樂也；利口覆邦家，亂正治政教也。故皆疾之。

孟子曰："（鄉原也，善能匿藏其惡，故）非（指摘）之（似）無（所）舉也，刺（譏刺）之（似）無（所）刺也；同乎流俗，合乎汙世；居之似忠信，行之似廉潔；眾皆悅之，自以為是，而（無仁義之實），不可與入堯舜之道，故曰德之賊也。孔子曰：'惡似而非者：惡莠（yǒu，狗尾草或秀而不實者），恐其亂苗也；惡佞（詐偽、詐飾），恐其亂義也；惡利口（善辯、詭辯），恐其亂信也；惡鄭聲，恐其亂樂也；惡紫，恐其亂朱也；惡鄉原，恐其亂德也。'"①亦此意也。

論曰：佞也利也，有同然者，或"釋佞字曰辨給，釋利字曰捷給，捷則顛倒是非於片言之頃，使人悅而信之，有不暇致詳者，視佞爲尤甚，故覆亡之禍立見，有甚於殆焉者矣。"②蓋"利口者，心足以見小數，言足以盡巧辭，給足以應切問，難足以斷俗疑。然而好說而不倦，諜諜如也。夫類族辨物之士者寡，而愚闇不達之人者多，孰知其非乎？此其所以無用而不見廢也，至賤而不見遺也。"③而為害尤不易曉，故孔子再三斥言之，一片諄諄告誡警世之意也。

或曰："是非善惡最相反也，聖人不之惡者，以人心自有正理，而正不正之相反易辨也。惟夫似是而實非，似善而實惡，則人心疑惑而足以亂正，此孔子所以惡鄉原而又及乎此也。"④故"先王之

---

① 《孟子·盡心下》，詳見拙著《孟子解讀》。
② 《四書通》。
③ 《中諭·覈辨篇》。
④ 《論語注義問答通釋》。

法，析言破律、亂名改作者，殺之；行僻而堅、言僞而辨、記醜而博、順非而澤者，亦殺之。爲其疑衆惑民，而潰亂至道也。孔子曰：‘巧言亂德，惡似而非者也。’”①殺之固已甚，重（重視）之則當然；必有正道教化，世風鄉慕共持於義禮，上行下效，然后庶人不議，而佞辭利口邪僻無所措其間也。

　　餘論：今當以常識教育、國民教育、理義教育、理性主義教育、哲學教育、論理學教育等對治之。

子曰：“予欲無言。”子貢曰：“子如不言，則小子何述焉？”子曰：“天何言哉？四時行焉，百物生焉，天何言哉？”

　　子曰：“予欲無言。”子貢曰：“子如不言，則小子何述焉？”子曰：“天（或作夫）何言哉？四時行焉，百（或作萬）物生焉，天何言哉？”

　　上若干節皆談巧言利口之類，此則曰無言，孔子之意，蓋教示以重實德，不可徒於言語文辭間求也；然而不止於此，實乃是孔子悟天道、談天道之言也。子貢嘗謂：夫子之言性與天道不可得而聞②，實則此正是孔子論傳天道，惜乎子貢一時未悟也。天道有常而好生，四時自行而有序，神妙而變化，默然而成之，而萬物各得其生，各正其位也。“列星隨旋，日月遞炤，四時代禦，陰陽大化，風雨博施，萬物各得其和以生，各得其養以成，不見其事而見其功，夫是之謂神。皆知其所以成，莫知其無形，夫是之謂天。”③如此，則天

---

　　①　《中論·覈辨篇》。

　　②　《公冶長》：子貢曰：“夫子之文章，可得而聞也；夫子之言性與天道，不可得而聞也。”

　　③　《荀子·天論篇》。

何言哉？吾所言行也，人道之所在也，不過則天順天而已。《大雅》曰："天生蒸民，有物有則。民之秉彝，好是懿德。"秉彝守常，懿德是親，人道也如斯而已矣，又豈必多言喋喋哉。"予欲無言，蓋欲明本，舉本統末而示物於極者也。夫立言垂教，將以通性，而弊至於湮。寄旨傳辭，將以正邪，而勢至於繁。既求道中，不可勝禦，是以修本廢言，則天而行化。以淳而觀，則天地之心見於不言，寒暑代序，則不言之令行乎四時，天豈諄諄者哉？"①

論曰："學者多以言語觀聖人，而不察其天理流行之實有不待言而著者，是以徒得其言，而不得其所以言，故夫子發此以警之。子貢正以言語觀聖人者，故疑而問之。四時行，百物生，莫非天理發見流行之實，不待言而可見。聖人一動一靜，莫非妙道，精義之發，亦天而已，豈待言而顯哉？（此亦開示子貢之切，惜乎其一時或末之喻也。）此與前篇無隱之意相發。"②

此節孔子言說之來由本末與原意何如，今不可知。後人蓋結合上下文而推測而論其義也。"前云天何言哉，言天之所以爲天者，不言也。後云天何言哉，言其生百物，行四時者，亦不在言也。蓋自言曰言，語人曰語，言非語也，抑非必喋喋多出於口而後爲言也，有所論辨而著之簡編者皆是也。聖人見道之大，非可以言說爲功，而抑見道之切，誠有其德，斯誠有其道。知而言之以著其道，不如默成者之厚其德以敦化也。故嘗曰訥，曰恥，曰訒，至此而更云無言，則終日乾乾，以體天之健而流行於品物各正其性命者，不以言間之而有所息，不以言顯之而替所藏也。"③

又論曰："夫子懼學者徒以言語文字求道，故欲無言，使人知真正學道，以心而不以辯，以行而不以言。而子貢不悟，反求之於言，

---

①　《皇疏》引王弼語。
②　《四書章句集注》。
③　《經正錄》。

區區惟言語文字是耽,是以又示之以天道不言之妙,所以警之者至矣。時行物生,真機透露,魚躍鳶飛,現在目前。學人誠神明默成,不識不知,順帝之則,四端萬善,隨感而應,道卽在是,夫何所言?一落言詮,便涉聲臭,去道遠矣。陸象山有云:'寄語同遊二三子,莫將言語壞天常。'而鄒南皋亦云:'寄語芸窗年少者,莫將章句送青春。'合二詩觀之,吾曹得無惕然乎?高宗恭默思道,顏子如愚,亦足以發,必如此方是體道忘言之實,否則終屬道聽塗說,德之棄也。"[①]

又曰:"這一章是道無不在之意。開口説予欲無言一句,最要看得好,不可將言字太説壞了。聖人平日教人都是用言,若將言字説壞,便是六經皆聖人糟粕話頭,不是孔門教法矣。夫子斯言,蓋欲子貢於動靜語默之間,隨處體認,如曾子之隨處精察而力行,不沾沾在言語上尋求也,必如此方是著實工夫。子貢所以終聞性(與)天道而一以貫之者,其得力於此也歟?今日學者讀這章書,要知道無不在,於聖人言處也去理會,無言處也去理會。到工夫熟後,鳶飛魚躍,無非至道,便是一貫境界。"[②]

餘論:此或接前數節文意而來。此又可見《論語》之所由來,蓋弟子隨時記述也。

孺悲欲見孔子,孔子辭以疾。將命者出户,取瑟而歌。使之聞之。

孺悲欲見(拜見)孔子,孔子辭以疾。(孔子之)將(持,持而傳)命者出户,孔子取瑟而歌。使之(孺悲)聞之。

此蓋孺悲尚未學禮於孔子而為弟子時事也。《禮記·雜記》

---

① 《反身錄》。

② 《松陽講義》。

曰："恤由（子路）之喪，哀公使孺悲之（至，到）孔子學'士喪禮'。"①
禮，（若）士不中間（必資介紹）而見，女無媒而嫁者，非君子之行也②。
而"孺悲欲見孔子，不由介紹，故孔子辭以疾。"③又故瑟歌使聞之，
以曉其非禮，以斯教誨之也。

論曰："孔子曰：'人潔己以進，與其潔，不保其往。'所以不逆乎互
鄉也。今不見孺悲者何？明非崇道歸聖，發其蒙矣。苟不崇道，必有
舛寫之心，則非教之所崇。言之所喻，將欲化之，未若不見也。聖人
不顯物短，使無日新之塗。故辭之以疾，猶未足以誘之，故絃歌以表
旨，使抑之而不彰，挫之而不絕，則矜鄙之心頹，而思善之路長也。"④

補述："《禮・少儀》云：'聞始見君子者辭曰："某固願聞名於將
命者，不得階主。"'此少者見尊長之禮當有介紹。《聘義》所謂'君
子於其所尊弗敢質，敬之至也'是也。"⑤

或解曰：孺悲欲見（召見，使孔子來見⑥）孔子，孔子辭以疾。（孺
悲之）將（持，持而傳）命者出戶，孔子取瑟而歌。使之（將命者）聞之。

蓋孺悲持哀公命，將學"士喪禮"於孔子，而自恃君命，倨傲以
召孔子，非待賢者之禮，尤非尊師之禮，故孔子辭以疾，又瑟歌使聞
之，將使孺悲自省其過，自悟非禮而改張之也（免孺悲問疾差而召己不
止，乃以此使孺悲知我故不來，非為疾不來也）。此不屑之教，唯有志於
修德進學者始能悟之。孟子曰："教亦多術矣，予不屑之教誨也者，
是亦教誨之而已矣。"⑦此之謂也。其後孺悲入室為弟子，傳喪禮，

① 《禮記・雜記》："恤由（子路）之喪，哀公使孺悲之（至，到）孔子學士喪禮，士喪
禮於是乎書。"
② 《禦覽四百二》引《韓詩外傳》。
③ 《儀禮・士相見禮・疏》。
④ 《皇疏》引李充語。
⑤ 《潘氏集箋》。
⑥ 見：召見，使其來見。正類於"陽貨欲見孔子"。
⑦ 《孟子・告子下》（12.16）。

則可見孺悲其人蓋省悟而改張，終於有所成也。

　　宰我問：“三年之喪，期已久矣。君子三年不為禮，禮必壞；三年不為樂，樂必崩。舊穀既沒，新穀既升，鑽燧改火，期可已矣。”子曰：“食夫稻，衣夫錦，於女安乎？”曰：“安。”“女安則為之，君子之居喪，食旨不甘，聞樂不樂，居處不安，故不為也。今女安，則為之！”宰我出。子曰：“予之不仁也！子生三年，然後免於父母之懷。夫三年之喪，天下之通喪也。予也，有三年之愛於其父母乎？”

　　宰我問：“三年之喪，期（或作朞，周年；或作其）已久矣。君子（人君）三年不為禮，禮必壞；三年不為樂，樂必崩。舊穀既沒，新穀既升（登，豐收），鑽燧（鑽木取火）改火，期可已（止）矣。”子曰：“丁憂（居喪，父母之喪）居喪之時，若食夫稻，衣夫錦，於女（汝）安乎？”曰：“安。”“女安則為之。若夫君子之居喪也則不然，食旨（美，美味）不甘，聞樂不樂，居處不安，故不為也。今女安，則為之！”宰我出。子曰：“予之不仁也！子生三年，然後免於父母之懷。夫三年之喪（二十五月而畢，然踰月則其善也，故爲二十七月），天下之通喪也。予也，有三年之愛於其父母乎？”

　　所謂鑽燧，即鑽木取火也；所謂改火，“《周書·月令》有更火之文。春取榆柳之火，夏取棗杏之火，季夏取桑柘之火，秋取柞楢之火，冬取槐檀之火。一年之中，鑽火各異木，故曰改火也。”①古人鑽燧改火，或偶有物理（今日物理之學或科學，百科之事理學或物理學也）

────────────

① 《集解》。

不明之誤會，然亦有其所關切者，如隨時取材（薪材），如驅疫卻疾，如勞薪害味害生（因古人乃是燃薪以爨也），"昔者遂人氏作，觀乾象，察辰星，而出火作鑽燧，別五木以改火，豈惟惠民哉？以順天也。"①所謂"四時變火，以救時疾。明火不變則時疾必興。"②今則但取其順天惠民之意，不必拘泥其形式也③。

　　宰我有短喪之意，"又説喪不宜三年之義也。君子，人君也。人君化物，必資禮樂，（而宰我憂之曰：）若有喪三年，則廢於禮樂，禮樂崩壞，則無以化民。爲此之故，（故）云宜期，而不三年。禮云壞樂云崩者，禮是形化，形化故云壞，壞是漸敗之名；樂是氣化，氣化無形，故云崩，崩是墜失之稱也。宰予又説一期爲足意也。言夫人情之變，本依天道，天道一期，則萬物莫不悉易，故舊穀既沒盡，又新穀已熟，則人情亦宜法之而奪也。鑽燧者，鑽木取火之名也。《内則》云'大觿木燧'是也。改火者，年有四時，四時所鑽之木不同。若一年，則鑽之一周，變改已遍也。（故）宰我斷之（期）也，穀沒又升，火鑽已遍，故有喪者一期亦爲可矣。"④

　　宰我蓋見時人雖或用三年之喪，然而因諸般原因而不能盡守之，反多僞態，故當時便多短喪之論，與乎相應行事，如墨子即言其弊曰："使面目陷㩻，顏色黧黑，耳目不聰明，手足不勁強；敗男女之交，則不可爲眾；失衣食之財，則不可爲富。君子無以聽治，小人無以從事。"⑤宰我睹此，以爲不如直定爲期年，反而真實奉行，或更有利於維護名教。揆其意也，"蓋目覩居喪

---

　　①　《路史·遂人改火論》。

　　②　《路史·遂人改火論》。

　　③　或曰，若夫儀文形式，或變而為"棄其義而取其形"之傳統文化，即今之所謂非物質文化遺產，斯可矣。惜乎今人不通禮儀、儀式制度製作之術，如古代許多節日儀式、傳統民族體育項目等，每因缺乏良好製作而不能光大發展，而一味剿襲西方（之皮毛），則自身之文化主體性與創造力乃堪憂也。

　　④　《皇疏》。

　　⑤　《墨子·節葬篇》。

者之不中禮也,與其食稻衣錦於期之内,竊讀禮之名,而亡禮之實,何如真實行之,卽期可已矣。或有激於中,故疑而相質,未可知也。夫子爲千萬世名教之主,故始終以大義責之,使反求而自得其本心。"①

故孔子問以居喪而食稻衣錦安否,正所以激發其愛慕哀慽之仁心也。丁憂居喪,哀毀慟絶,豈忍食稻衣錦?一者既無心思,二者尤不安,此皆人情之常也。《禮·問喪》云:"夫悲哀在中,故形變於外也。痛疾在心,故口不甘味,身不安美也。"蓋精美稻粱、錦繡袍服,於古代中國北方皆是奢侈品,平日得之則喜用樂享,居喪則傷沖其哀慟之情也。《孝經·喪親章》:"服美不安,聞樂不樂,食旨不甘,此哀慽之情也。"②又以此長孝親懷恩之摯情也。

或曰:"宰我之所惜者,禮樂也;夫子之所以責者,仁也。仁,人心,而愛之理也,孩提之童,生而無不知愛其親者。故仁之實,事親是也。禮所以節文之,樂所以樂之,豈有不仁而能行禮樂者乎?"③孔子之意,"三年之喪,念父母罔極之愛,而食旨不甘,聞樂不樂,居處不安,此仁人孝子之心,正禮之所以不壞,而樂之所以不崩。"④"夫子爲千萬世名教之主,故始終以大義責之,使反求而自得其本心。"⑤而人間乃有正善仁愛恩親之義風也。

而宰我竟未悟,故孔子斥之不仁,又細説三年之喪之義:"子生三年,然後免於父母之懷。"且痛斥宰我,"予也,其有三年之愛於其父母乎?"蓋人之生也,十月懷妊,一朝墜地,"既生之後,(父母)撫育顧復,備極劬勞,必歷三年,而後子能言能行,少能自立,而後免於父母之懷。此三年中,子不能自爲人,飲食衣服臥起便溺,皆父

①　《四書近指》。
②　《論語正義》。
③　《論語經正録》録馮厚齋語。
④　《四書近指》。
⑤　《四書近指》。

母代之,然後自立,得享人身之樂。雖其後,愛育腹我之恩,昊天罔極,終身無以報之。然送死有已,復生有節,惟初生三年之恩,非父母不得成人,則必當如其期以報之也。"①孔子細述居喪三年所以然之理義在此②。或曰:"聖人未嘗面折人以其過,其於門人宰我、樊遲之失,皆於其既出而言之,使之有聞焉而改,其長善救失,待人接物忠厚蓋如此。"③

或曰:此是子貢故意設問,以使孔子闡明三年之喪之禮意,所謂屈己以明道④;又或曰:當時喪制本來不定,乃是孔子改制,而定為三年之喪,故孟子後亦有是辯,而曰天下之通義⑤。皆稍備一説而已,兹不贅述。

子曰:"飽食終日,無所用心,難矣哉! 不有博弈者乎,為之猶賢乎已。"

子曰:"飽食終日,無所用心,難(難以有成,難以成德)矣哉! 不有博(局戲,六博,雙陸棋之類)弈(圍棋)者乎,為之猶賢乎已(止)。"

不學(道),不修(德),不行(仁),不為(事),食粟而已,則為酒食之徒而已,何以曰人? 無論出處行藏,非謂飽食終日而無所用心也,處則學道修德,將以有為,出則行仁達道,推達仁義也。且夫人而無所用心,固不能臻仁達道,稱名於世,亦且不能樂生長知,將日益萎靡無生趣,而成行屍走肉之愚人廢人而已,則何為而來哉? 雖為無

---

① 康有為,《論語注》。
② 質言之,其意蓋曰:在恩情仁愛也。人生之意義與美好,即在於此種恩情,相維相繫(係),相愛相憶,慎終追遠,福佑子孫也;失此情意,將失人生之根本,而成慾望絶情之動物而已,故為之具論之。
③ 《論語經正録》錄馮厚齋語。
④ 《皇疏》。
⑤ 康有為,《論語注》。

用之博弈,猶善於此,以其終有一絲生氣與進取之心也。孟子曰:
"今夫弈(圍棋)之為數(技,六藝之一之"九數"),小數也;不專心致志,則
不得也。弈秋,通國之善弈者也。使弈秋誨二人弈,其一人專心致
志,惟弈秋之為聽;一人雖聽之,(而)一心以為有鴻鵠將至,思援弓
繳(zhuó,繫在箭上的生絲縷)而射之,雖與之俱學,弗若之矣。為是("是
為"、"是謂"之意)其智弗若與? 曰:非然也。(不思不學,不操存省察故
爾也)。"① 蓋博弈而專心致志,猶可通此小數小藝也,若移而用之於
學道進德,何愁無所成。或曰:"博弈之事,不惟使人廢時失業,而又
易啓貪爭之心,是豈可為者哉? 然飽食而心無所用,則淫辟之念生,
而將無所不為矣,故不如博弈者之為害猶小也。"② 又曰:"心體本運
動不息,若頃刻間無所用之,則邪辟之念便生,聖人以為難矣哉,言
其至危而難安也。心若有用,則心有所主。如今讀書,心便主於讀
書;寫字,心便主於寫字;若悠悠蕩蕩,未有不入於邪辟。"③

　　論曰:孔子此言,蓋亦有所對治者也,或如隱遁無為者之紕繆,
或如無志食粟而已之自棄,或如在位者之奢靡淫逸之類。然此節
孔子原意如何,今已難知。後儒之解讀,頗多發揮者,有其義精意
醇者,然未必是孔子原意也。

子路曰:"君子尚勇乎?"子曰:"君子義以為上。君子有勇而無義為亂,小人有勇而無義為盜。"

　　子路曰:"君子尚勇乎?"子曰:"君子義以為上。君子(有位者,
或王君之子)有勇而無義為亂,小人有勇而無義為盜。"
　　孔子此處所謂義,君君臣臣父父子子也;所謂君子,有位者也

---

① 《孟子·告子上》(11.9)。
② 《論語稽》。
③ 《朱子語類》。

（或曰王君之子），故曰有勇無義則亂。亂者，亂禮義分際，犯上作亂，將危及君父也。小人，凡民也，則將為盜。

或曰：義者，君臣父子相與之禮義也，既有君臣之分，復有對等之禮（人倫）；乃至五倫之禮義，各有分際職分，而又對等相敬有禮（人伻）。君子尚義則謹守此分際而敬之；若無義而有勇，以其有位，身處公室，身任公事，則或藐視而違反職分分際，而有犯上作亂之事也。若夫小人，無與公事，則有勇而無義將為盜也。

今曰公仕亦當有職任分際法度，不可僭越，如此乃有公事秩序，即所謂公序（公法）；若夫私人倫理禮義，亦有常經共識，有德君子當謹遵之，即所謂良俗（正道禮俗）也。公序良俗，公法私德，即今之禮義也，今之尚義即尚此也。若夫有勇無義而惡，則君子（在公職者）將作亂害公，而小人將為盜害私也。

實則尚義者必勇，孟子所謂“自反而縮，雖千萬人，吾往矣”[1]，此為義勇。若夫尚勇而非關道義，不問是非，則徒為意氣之勇、血氣之勇、莽夫之勇、暴虎馮河之類，此為氣勇，君子不與也（又有尚氣之說，或曰尚氣節，或曰尚義而後尚氣，志義以帥氣，皆好。徒尚氣而無道義氣節，則不可）。故曰：尚義者必尚勇，勇以行義，勇以行道衛道；尚勇者未必尚義，而有血氣之勇、匹夫之勇等。有勇而無義，於個人言，或為盜；於群體言，或為盜匪烏合之眾，外則凌虐侵侮，內則自相爭鬥無寧日。

或曰此是子路初見孔子時，孔子對治子路好勇之言。

子貢曰：“君子亦有惡乎？”子曰：“有惡：惡稱人之惡者，惡居下流而訕上者，惡勇而無禮者，惡果敢而窒者。”曰：“賜也亦有惡乎？”“惡徼以為知

---

[1] 《孟子·公孫醜上》。

者,惡不孫以為勇者,惡訐以為直者。"

子貢問曰:"鄉人皆好之,何如?"子曰:"未可也。""鄉人皆惡之,何如?"子曰:"未可也。不如鄉人之善者好之,其不善者惡之。"①子貢曰:"仁者愛人,君子亦有惡乎?"子曰:"有惡,惡不善也:惡稱人之惡者,惡居下流(德暫不充而居下位②)而訕(譭謗)上者,惡勇而無禮者,惡果敢而窒(窒塞,不通,不通事理,不通禮義)者。"(孔子,或曰是子貢)又:"賜也亦有惡也:惡徼(絞急)以為知者,惡不孫以為勇者,惡訐(攻發人之陰私)以為直者。"

蓋子貢本有惡三者之心,然受教於仁者愛人之義,或自疑君子不當惡人,故求教於孔子。孔子告以君子亦惡不善者,然後子貢之疑惑渙然冰釋,而亦自言其所惡也。此子貢之善於言語也。

論曰:"稱人惡則無仁厚之意,下訕上則無忠敬之心③,勇無禮則為亂,果而窒則妄作,故夫子惡之。"④稱人之惡與忠信直婉匡諫之異,在於其存心之仁善否;惡居下位而訕上者,本有覿面諫諍之責機,而陰訕謗之,無忠信者也,又將亂公序法度也。"子貢聞孔子説有惡已竟,故云賜亦有所憎惡也。徼,抄也。言人生發謀出計,必當出己心義,乃得為善,若抄他人之意以為已有,則子貢所憎惡也。勇須遜從,若不遜而勇者,子貢所憎惡也。訐,謂面發人之陰私也。人生為直,當自己不犯觸他人,則乃是善;若對面發人陰私,欲成己直者,亦子貢所憎惡也。然孔子所惡者有四,子貢有三,亦示減師也。"⑤

---

① 《子路》。
② 《子張》:子貢曰:"紂之不善,不如是之甚也。是以君子惡居**下流**,天下之惡皆歸焉。"《陽貨》:子曰:"惡紫之奪朱也,惡鄭聲之亂雅樂也,惡利口之覆邦家者。"此則句式稍相類。
③ 《禮·少儀》曰:"為人臣下者,有諫而無訕,有亡而無疾。"
④ 《四書章句集注》。
⑤ 《皇疏》。

　　或解惡為過惡，蓋君子自修自持嚴，時時遷善改過，故於他人之過惡亦在所必糾，而每多稱人之惡；君子道義自任，以匡君匡人為己任，故雖居下位而直言匡諫，乃至流於訕上；君子勇於道義，義之與比，故義直則雖千萬人吾往，而或有不顧倫情禮儀處（比如無禮於君臣父子）；君子果敢立行，而或不及三思，故或有違礙不通事理者。此四者，雖亦不無事出有因，終究失其忠恕絜矩、自嚴寬人之意，故亦當惡之而遷改於尤為妥善之道也。

　　或解曰：子貢問曰："鄉人皆好之，何如？"子曰："未可也。""鄉人皆惡之，何如？"子曰："未可也。不如鄉人之善者好之，其不善者惡之。"①子貢曰："仁者愛人，然則君子亦有惡（憎惡、厭惡）乎？"子曰："有惡：惡稱人之惡者，惡居下流（德暫不充而居下位）而訕（毀謗）上者，惡勇而無禮者，惡果敢而窒（窒塞，不通，不通事理，不通禮義）者。"（子貢）曰："賜也亦當有惡乎？""惡徼（鈔，鈔人之意以爲己有；伺察；絞急）以為知者，惡不孫以為勇者，惡訐（攻發人之陰私）以為直者。"

　　論曰："稱人惡則無仁厚之意，下訕上則無忠敬之心（《禮‧少儀》曰："爲人臣下者，有諫而無訕，有亡而無疾。"），勇無禮則爲亂，果而窒則妄作，故夫子惡之。"②或曰：孔子或微言諷子貢此問（君子亦有惡乎）為"徼（伺察）以為知"？又諷子貢方人，以為此即子貢訐（攻發人之陰私）以為直？"子貢方人。子曰：'賜也賢乎哉？夫我則不暇。'"③然此稍牽強附會，故不取。

子曰："唯女子與小人為難養也，近之則不孫，

---

①　《子路》。

②　《四書章句集注》。

③　《憲問》：子貢方人。子曰："賜也賢乎哉？夫我則不暇。"

遠之則怨。"

子曰："唯女子（婢妾）與小人（所謂僕隸下人類）為難養（蓄，如蓄妾、豢養奴僕之類）也，近之則不孫，遠之則（有）怨。"尤且違仁敗德，故君子不蓄妾婢、不養僕隸也。

此句中之女子與小人，乃各指婢妾與僕隸而言。蓋孔子之意為：窈窕淑女，君子好逑，君子之擇妻女也，擇其明理賢淑者，故妻知禮義，琴瑟和鳴；而妾則未必然，不知禮義，邀寵固幸，故難蓄養也。賢德忠信，君子好臣，君子之擇臣僚也，擇其明道忠信者，故臣知禮義，君臣義合，集義共事行道也；若夫僕隸則未必然，諂幸要寵，無所不為，故亦難蓄養也。婢妾僕隸之類，雖男女不同，而不顧道禮，闇然要寵媚人則一，讒佞魅惑，投其所好，不顧禮義，導人恣肆於淫（過度不節）慾，雖曰媚人，亦以營其私情慾利而已矣，故近之則不孫，遠之則有怨，所以難蓄養也。難者何？以其本不仁、不道、不義也：不愛之，不以禮義（或愛之不以禮義），故曰不仁；天道好生好仁，而此以僕妾犬馬蓄之，生殺予奪，故不道；夫婦君臣義合，而此乃於義合之外另闢慾利聲色之合，違己所不欲勿施於人之恕道，故不義。則其難之原由也，不獨在婢妾僕隸，尤在時之蓄養自淫慾者也。然則曰：既難，何如棄絕其俗？孔子蓋見當時蓄養婢妾僕隸成風，每多悖亂禮義之事，故發此言，而有更張弊俗之意也。

論曰：以義合，則互敬以禮義，故君子之人，人愈近愈敬；而婢妾僕隸之人，以慾利寵幸合，故近之則狎而不遜；以義合，故於公也集義共事，於私也君子之交淡如水，而可相忘於江湖；而婢妾僕隸之人，以慾利合，故遠之則生怨恨，言人不接己也[1]。故曰：不義而往之，不義而反之；不正以待之，邪僻以反之；此也不正非義，彼也

---

① 《皇疏》。

以不正非義反之，故凡百之事，非正禮正義不為也。若夫僕妾蓄之，豈正義正禮哉？豈正道君子所願為哉？災禍必相及耳。

或曰：世間固有知書明理之男女，動輒以禮義，亦有意在讒佞邀寵之佞幸之徒，動輒以妖媚惑人，如前者，交以禮義互敬斯可矣，而夫婦男女情相容悅也；如後者，則莊以涖之，慈以蓄之而已，雖男女小人亦如是，亦可以免恥辱憂患矣。

古人則論之曰："此言修身齊家者，不可有一事之可輕，一物之可慢，毋謂僕妾微賤，可以惟我所使，而忽以處之也。安上治民，莫善於禮，而禮必本於身，以惠愛之心，行天澤之禮，亂本弭矣，所謂莊以涖之，慈以畜之也。君無禮讓則一國亂，身無禮即一家亂，女戎宦者之禍天下，僕妾之禍一家，皆恩不素孚，分不素定之故也。夫子言之，其為天下後世慮者至深且遠也。"[1]

子曰："年四十而見惡焉，其終也已。"

子曰："年四十而見惡（厭惡，為人所惡，或曰詆毀）焉，其終也已（止，止於此）。"

四十不惑，不惑者何？道義內在堅固，道充志堅，不為外誘猶疑惑亂也。四十本成德之時，於此時而猶造惡致過而見惡名於世，可見其半生荒疏不修，於今猶是，亦曰無志（於道德）之人而已，吾恐其終也將止步於此耳，無所成德成名也。而將徒為原壤之流而已，子曰："幼而不孫弟，長而無述焉，老而不死，是為賊！"[2]蓋四十以下，其精力智慧年齒猶足學修踐行，積德積善，後來居上，（德）名有所稱；若夫四十而猶不能立志治身，及時遷善改過，克己寡過，則亦

---

　　① 《四書詮義》。
　　② 《憲問》：原壤夷俟。子曰："幼而不孫弟，長而無述焉，老而不死，是為賊！"以杖叩其脛。《子罕》：子曰："後生可畏，焉知來者之不如今也？四十、五十而無聞焉，斯亦不足畏也已。"

已矣乎。故子曰："後生可畏，焉知來者之不如今也？四十、五十而無聞焉，斯亦不足畏也已。"①孔子發斯言，蓋皆在勉人及時立志，進德修業，遷善改過，日遷於道德也。

孟子曰："中(賢)也養(教)不中，才也養不才，故人樂有賢父兄也。如中也棄不中，才也棄不才，則賢不肖之相去，其間不能以寸。"②蓋年四十則在可謂父兄之年，若德實道充，已能教養子弟、行仁推及之事，得人敬重。反之，不有令聞令望，反見惡焉，則其素日德業可知也。

或有論曰："吳康齋讀《論語》至年'四十而見惡焉，其終也已'，不覺潸然太息曰：'與弼今年四十二矣，其見惡於人者何限。而今而後，敢不勉力，少見惡於人斯可矣。'夫康齋年未弱冠，即砥德礪行至是，蓋行成德尊，猶自刻責如此，況餘(余)因循虛度，行履多錯，宜見惡於人者何可勝言。人即不盡見惡，時時反之於心，未嘗不自慚自恨自惡，於志其所以痛自刻責者，尤當如何耶？"③自志於道者當如此，時刻檢點警醒自己，怵惕恐懼，遷善改過，擇善而從，或可免此終身之辱也。

---

① 《子罕》。
② 《孟子·離婁下》(8.7)。
③ 《反身錄》。

微子第十八

微子去之，箕子為之奴，比干諫而死。孔子曰：“殷有三仁焉。”

微子去之，箕子為之奴，比干諫而死①。孔子曰：“殷有三仁焉。”

微子啟，紂之庶兄，生時母尚為妾，及紂生時已立為后，故紂乃繼位為殷天子。箕子、比干，皆紂之諸父（叔父）。其先，帝乙（子姓，名羨，紂父）、箕子等以微子啟賢，嘗欲立啟為太子，而太史據法而爭之曰：“有妻之子，不可置妾之子。”遂立紂。“紂既立，不明，淫亂於政，微子數諫，紂不聽。及祖伊（商紂王臣，祖己後裔）以周西伯昌之修德（而）滅黎國，懼禍至，以告紂。紂曰：‘我生不有命在天乎？是何能為！’於是微子度紂終不可諫，欲死之及去，未能自決，乃問於太師、少師曰：‘殷不有治政，不治四方。我祖遂陳於上，紂沈湎於酒，婦人是用，亂敗湯德於下。殷既小大好草竊奸宄，卿士師師非度，皆有罪辜，乃無維獲，小民乃並興，相為敵讎。今殷其典喪！若涉水無津涯。殷遂喪，越至於今。（（諺曰：）父子有骨肉，而臣主以

---

① 比干為紂之諸父，微子為帝乙元子（長子），或言亦為紂之同父同母兄，而微子生時因母為妾，紂生時母已立為后；或言為紂之異母兄即庶兄而母賤（紂母則為后）。孟子則以為微子亦為紂之諸父。

義屬。故父有過,子三諫不聽,則隨而號之;**人臣三諫不聽,則其義可以去矣**①。)'(乃問)曰:'太師,少師,我其發出往?**吾家保於喪?**今女無故告予,顛躋,如之何其?'太師若曰:'王子,天篤下菑亡殷國,乃毋畏畏,不用老長。今殷民乃陋淫神祇之祀。**今誠得治國,國治身死不恨。為死,終不得治,不如去**。'遂亡。"②乃抱祭器而去之,亦所以存宗祀也。

若夫箕子,"紂為淫泆,箕子諫,不聽。人或曰:"可以去矣。"箕子曰:"為人臣諫不聽而去,是彰君之惡而自說於民,吾不忍為也。"乃被髮詳狂而為奴。遂隱而鼓琴以自悲,故傳之曰箕子操。"③

若夫"王子比干者,亦紂之親戚也。見箕子諫不聽而為奴,則曰:'**君有過而不以死爭,則百姓何辜**!'乃直言諫紂。紂怒曰:'吾聞聖人之心有七竅,信有諸乎?'乃遂殺王子比干,刳視其心。

論曰:"微子見紂無道無道,(抱祭器而去之,)去之以存宗祀;箕子、比干皆諫,紂殺比干,囚箕子以為奴,箕子因佯狂而受辱。三人之行不同,而**同出於至誠惻怛之意,故不咈乎愛之理,而有以全其心之德也**。楊氏曰:'此三人者,**各得其本心**,故同謂之仁。'"④⑤蓋"箕子、比干不忍去,皆是同姓之臣,有親屬之恩,君雖無道,不忍去之也。然君臣義合,道終不行,雖同姓有去之理,故微子去之,與箕子、比干同稱三仁。"⑥君臣之義、親屬之愛(恩)、宗祀社稷邦國人

①　《史記·宋微子世家》。此引稍調整原文次序,而插入此句。

②　《史記·宋微子世家》。

③　《史記·宋微子世家》。

④　《四書章句集注》。

⑤　《史記·孔子世家》亦言及此:孔子知弟子有慍心,乃召子路而問曰:"詩云'匪兕匪虎,率彼曠野'。吾道非邪?吾何為於此?"子路曰:"意者吾未仁邪?人之不我信也。意者吾未知邪?人之不我行也。"孔子曰:"有是乎!由,譬使仁者而必信,安有伯夷、叔齊?使知者而必行,安有王子比干?"亦所以稱其全本心也。

⑥　《詩·柏舟》正義引鄭注,轉引自《論語集釋》。

民之福祉,見諸斯三人之身行也。或又論曰:“仁者愛人。三人行異而同稱仁,以其俱在**安亂寧民**。”①②故不避囚死而猶諫,雖去國而心存宗祀人民;其去就、囚脫、死生,其出處行止,其取捨抉擇,皆非為一己之私慾虛名也,乃在於得其本心、全乎其德、權衡道理、推達仁義、安亂寧民、衛道傳道也,而皆本乎至誠惻怛之仁愛之心而已。所以孔子稱之。

或論曰:“微子以兄之嫌,箕子以立微子之怨,其勢必不可復諫,雖諫必不用。微子欲全其先祀,故去之。箕子去無益於殷,而不忍棄其宗國,故囚。比干,宗室大臣而無嫌者也,若不以死諫,是苟免矣。此三子之志,而孔子所以皆稱其仁也。”③

皇侃疏曰:“微子者名啓,是殷王帝乙之元子,紂之庶兄也。殷紂暴虐,殘酷百姓,日月滋甚,不從諫爭。微子觀國必亡,社稷顛殞,己身是元長,宜存係嗣,故先去殷投周,早爲宗廟之計,故云去之。箕子者,紂之諸父也,時爲父師,是三公之職,屢諫不從,知國必殞,己身非長,不能輒去,職任寄重,又不可死,故佯狂而受囚爲奴,故云爲之奴也。比干亦紂之諸父也,時爲少師,少師是三孤之職也,進非長適,無存宗之去;退非台輔,不俟佯狂之留。且生難死易,故正言極諫,以至剖心而死,故云諫而死也。孔子評微子、箕子、比干,其跡雖異而同爲仁,故云有三仁焉。所以然者,仁以憂世忘己身爲用,而此三人事蹟雖異,俱是爲憂世民也。然若易地而處,則三人皆互能耳;但若不有去者,則誰保宗祀耶? 不有佯狂者,則誰爲親寄耶? 不有死者,則誰爲亮臣節耶? 各盡其所宜,俱爲臣

---

① 《集解》。

② 《韓詩外傳》述此事曰:“紂作炮烙之刑。王子比干曰:‘主暴不諫,非忠也。畏死不言,非勇也。見過卽諫,不用卽死,忠之至也。’遂諫,三日不去。紂囚殺之(比干諫而死)。箕子曰:‘知不用而言,愚也。殺身以彰君之惡,不忠也。’遂被髮佯狂而去。”轉引自:《論語正義》

③ 《古史》。

法,於教有益,故稱仁也。”

《史記·宋微子世家》述此事曰:

微子開者,殷帝乙之首子而帝紂之庶兄也。紂既立,不明,淫亂於政,微子數諫,紂不聽。及祖伊以周西伯昌之修德,滅黎國,懼禍至,以告紂。紂曰:“我生不有命在天乎?是何能為!”於是微子度紂終不可諫,欲死之,及去,未能自決,乃問於太師、少師曰:“殷不有治政,不治四方。我祖遂陳於上,紂沈湎於酒,婦人是用,亂敗湯德於下。殷既小大好草竊奸宄,卿士師師非度,皆有罪辜,乃無維獲,小民乃並興,相為敵讎。今殷其典喪!若涉水無津涯。殷遂喪,越至於今。”曰:“太師,少師,我其發出往?吾家保於喪?今女無故告予,顛躋,如之何其?”太師若曰:“王子,天篤下菑亡殷國,乃毋畏畏,不用老長。今殷民乃陋淫神祇之祀。今誠得治國,國治身死不恨。為死,終不得治,不如去。”遂亡。

箕子者,紂親戚也。紂始為象箸,箕子歎曰:“彼為象箸,必為玉桮;為桮,則必思遠方珍怪之物而御之矣。輿馬宮室之漸自此始,不可振也。”紂為淫泆,箕子諫,不聽。人或曰:“可以去矣。”箕子曰:“為人臣諫不聽而去,是彰君之惡而自說於民,吾不忍為也。”乃被髮詳狂而為奴。遂隱而鼓琴以自悲,故傳之曰箕子操。

王子比干者,亦紂之親戚也。見箕子諫不聽而為奴,則曰:“君有過而不以死爭,則百姓何辜!”乃直言諫紂。紂怒曰:“吾聞聖人之心有七竅,信有諸乎?”乃遂殺王子比干,刳視其心。

微子曰:“父子有骨肉,而臣主以義屬。故父有過,子三諫不聽,則隨而號之;人臣三諫不聽,則其義可以去矣。”於是太師、少師乃勸微子去,遂行。

周武王伐紂克殷,微子乃持其祭器造於軍門,肉袒面縛,左牽羊,右把茅,膝行而前以告。於是武王乃釋微子,復其位如故。

武王封紂子武庚祿父以續殷祀,使管叔、蔡叔傅相之。

武王既克殷,訪問箕子。

武王曰："於乎！維天陰定下民，相和其居，我不知其常倫所序。"

箕子對曰："在昔鯀陻鴻水，汩陳其五行，帝乃震怒，不從鴻範九等，常倫所斁。鯀則殛死，禹乃嗣興。天乃錫禹鴻範九等，常倫所序。

"初一曰五行；二曰五事；三曰八政；四曰五紀；五曰皇極；六曰三德；七曰稽疑；八曰庶徵；九曰向用五福，畏用六極。

……

於是武王乃封箕子於朝鮮而不臣也。

其後箕子朝周，過故殷虛，感宮室毀壞，生禾黍，箕子傷之，欲哭則不可，欲泣為其近婦人，乃作麥秀之詩以歌詠之。其詩曰："麥秀漸漸兮，禾黍油油。彼狡僮兮，不與我好兮！"所謂狡童者，紂也。殷民聞之，皆為流涕。

武王崩，成王少，周公旦代行政當國。管、蔡疑之，乃與武庚作亂，欲襲成王、周公。周公既承成王命誅武庚，殺管叔，放蔡叔，乃命微子開代殷後，奉其先祀，作微子之命以申之，國於宋。微子故能仁賢，乃代武庚，故殷之餘民甚戴愛之。

微子開卒，立其弟衍，是為微仲。……①

柳下惠為士師，三黜。人曰："子未可以去乎？"曰："直道而事人，焉往而不三黜？枉道而事人，何必去父母之邦。"

柳下惠為士師（典獄官），三黜。人曰："子未可以去乎？"曰："直道而事人，焉往而不三黜？枉道而事人，何必去父母之邦。"

---

①　《史記·宋微子世家》。

　　蓋於柳下惠之時世也，舉世喪亂，不容正直；而柳下惠也必以
直道而行仕，不肯同流合污、沆瀣一氣，則不為昏君奸臣所容，其黜
也必然。或有勸其去之者，勸之者蓋曰：以子之賢，去之他國必可
大用。然而柳下惠不去者，憂此國此民也：吾在仕一日，則必一日
正道為政，位雖每況愈下而吾終直道不改，亦可護佑治安其民於一
日，而必不枉道而免黜求留擢也。且柳下惠亦明世道，知此世為末
世，天下滔滔皆是也，故曰"直道而事人，焉往而不三黜？"若夫有意
枉道，則何處不可枉，又何必去父母之邦？此正見柳下惠必不枉道
之志，以其出仕之本意非在枉道求位祿富貴，故必無枉道之心也。
故每仕必直，直必不用，所以三黜也。① 而三黜不變其道，此柳下
惠之直道而仕也。直道事人而三黜，賢人因此而或廢棄不用，或隱
遁不與，可見君之昏庸而世之無道，蓋亦有深恨痛惜之意也。

　　孟子曰："柳下惠不以三公易其介（大；操；特立獨行）。"② 又曰：
"柳下惠，不羞汙君，不卑小官。進不隱賢，必以其道。遺佚而不
怨，阨窮而不憫（憂）。（與鄉人處，由由然（怡然自樂）不忍去也③。）
故曰：'爾為爾，我為我，雖袒裼（xī 裸露無衣）裸裎（chéng，露身）於我
側，爾焉能浼我哉？'故由由然（愉快）與之偕而不自失焉，援而止（挽
留）之而止。援而止之而止者，是亦不屑去已。"④ 和而不失其介，亦
可見柳下惠其人其志行也。

　　《勸學錄》記柳下惠之"三黜"曰："岑鼎之徵，魯君欲以贗，惠必
以真，魯君於是乎黜之。爰居之止，臧孫以為吉，惠以為災，文仲於
是乎黜之。僖公之躋夏父，弗忌以為明順，惠以為不祥，弗忌於是

---

　　① 《皇疏》。

　　② 《盡心上》。

　　③ 《萬章下》："柳下惠，不羞汙君，不辭小官。進不隱賢，必以其道。遺佚而不
怨，阨窮而不憫。與鄉人處，由由然（怡然自樂）不忍去也。'爾為爾，我為我，雖袒裼裸
裎（tǎn xī luǒ chéng）於我側，爾焉能浼（měi，汙）我哉？'故聞柳下惠之風者，鄙夫寬，薄夫
敦。"

　　④ 《公孫醜上》。

乎黜之。是之謂三黜也。"①

《列女傳》記柳下惠之行事曰："柳下惠處魯,三黜不去。妻曰:'無乃瀆乎?君子有二恥,國有道而賤,恥也;國無道而貴,恥也。今當亂世,三黜不去,亦近恥也。'惠曰:'油油之民將陷於害,吾能已乎?且彼爲彼,我爲我,彼敗裸裎,安能汙我?'油油然與之處仁於下位。既死,門人將誄之。妻曰:'誄夫子之德耶?二三子不知,妾知之也。'乃誄之,而謚爲惠。"惠者,愛人愛民也。

此又可對照《史記·孔子世家》,可見孔子出處行藏之意,讀者可深味之:

孔子困於陳蔡,絕糧,從者病,莫能興,而孔子講誦弦歌不衰。子路慍見。孔子知弟子有慍心,乃召子路而問曰:"詩云'匪兕匪虎,率彼曠野'。吾道非邪?吾何爲於此?"子路曰:"意者吾未仁邪?人之不我信也。意者吾未知邪?人之不我行也。"孔子曰:"有是乎!由,譬使仁者而必信,安有伯夷、叔齊?使知者而必行,安有王子比干?"子路出,子貢入見。孔子曰:"賜,詩云'匪兕匪虎,率彼曠野'。吾道非邪?吾何爲於此?"子貢曰:"夫子之道至大也,故天下莫能容夫子。夫子蓋少貶焉?"孔子曰:"賜,良農能稼而不能爲穡,良工能巧而不能爲順。君子能脩其道,綱而紀之,統而理之,而不能爲容。今爾不脩爾道而求爲容。賜,而志不遠矣!"子貢出,顏回入見。孔子曰:"回,詩云'匪兕匪虎,率彼曠野'。吾道非邪?吾何爲於此?"顏回曰:"夫子之道至大,故天下莫能容。雖然,夫子推而行之,不容何病,不容然後見君子!夫道之不脩也,是吾醜也。夫道既已大脩而不用,是有國者之醜也。不容何病,不容然後見君子!"孔子欣然而笑曰:"有是哉顏氏之子!使爾多財,吾爲爾宰。"②

---

① 《論語稽》引。
② 《史記·孔子世家》。

齊景公待孔子，曰：“若季氏則吾不能，以季、孟之閒待之。”曰：“吾老矣，不能用也。”孔子行。

齊景公待（止，留）孔子（孔子時年三十七歲），曰：“若季氏而待之（汝，孔子）則吾不能，以季、孟之閒待之。”他日（齊景公）又曰：“吾老矣，不能用（汝，或汝道，王道也）。”孔子行。

齊景公之意曰，魯三卿，季氏爲上卿，最貴；孟氏爲下卿，不用事；吾將待子（孔子）以二者之間，不畀以政事也[1]。又以孔子所陳之王道仁政一時難成，故以“吾老，不能用”[2]而搪塞之。而孔子之志，本在推行王道仁政，非爲位祿富貴，聞景公二語，知其無心於此，故行而歸魯。

論曰：“麟不能爲豺步，鳳不能爲隼擊。夫子所陳，必也正道，景公不能用，故託吾老。可合則往，於離則去，聖人無常者也。”[3]“孔子生於亂世，莫之能容也。故言行於君，澤加於民，然後仕；言不行於君，澤不加於民，則處。孔子懷天覆之心，挾仁聖之德，憫時俗之污泥，傷紀綱之廢壞，服重曆遠，周流應聘，乃俟幸施道以子百姓，而當世諸侯莫能任用。是以德積而不肆，大道屈而不伸，海內不蒙其化，群生不被其恩，故喟然而歎曰：‘而有用我者，則吾其爲

---

① 此蓋類於齊宣王之待孟子：他日，王謂（齊臣）時子曰：“我欲中國（於國之中）而授孟子室，養弟子以萬鐘，使諸大夫國人皆有所矜（jīn，敬重）式（效法）。子盍（何不）爲我言之？”時子因陳子而以告孟子，陳子以時子之言告孟子。孟子曰：“然。夫時子惡知其不可也？如使予欲富，（則吾前）辭十萬而（今）受萬，是爲欲富乎？季孫曰：‘異（奇怪、不正常）哉子叔疑！使己爲政，不用，則亦已矣，又使其子弟爲卿。’人亦孰不欲富貴？而獨於富貴之中，有私龍斷（岡壟之斷而高者）焉。古之爲市也，以其所有易其所無者，有司者治（管理治安等）之耳，（無所征）。有賤丈夫焉，必求龍斷而登之，以左右望而罔（網羅）市利。人皆以爲賤，故從（就）而征之。征商，自此賤丈夫始矣。”參見《公孫醜下》，詳見拙著《孟子解讀》。

② 《集解》。

③ 《皇疏》引江熙語。

東周乎！'故孔子行説，非欲私身運德於一城，將欲舒之於天下，而建之於群生者耳。"①

《史記·孔子世家》亦述此事，參照之，可知景公二語與乎孔子終行之意也：（齊）景公問政孔子（時昭公二十六年，孔子三十七歲），孔子曰："君君，臣臣，父父，子子。"景公曰："善哉！信如君不君，臣不臣，父不父，子不子，雖有粟，吾豈得而食諸！"他日又復問政於孔子，孔子曰："政在節財。"景公説，將欲以尼溪田封孔子。晏嬰進曰："夫儒者滑稽而不可軌法；倨傲自順，不可以為下；崇喪遂哀，破產厚葬，不可以為俗；遊説乞貸，不可以為國。自大賢之息，周室既衰，禮樂缺有間。今孔子盛容飾，繁登降之禮，趨詳（當通翔）之節，累世不能殫其學，當年不能究其禮。君欲用之以移齊俗，非所以先細民也。"後景公敬見孔子，不問其禮。異日，景公止孔子曰："奉子以季氏，吾不能。"以季孟之間待之。齊大夫欲害孔子，孔子聞之。景公曰："吾老矣，弗能用也。"孔子遂行，反乎魯。②

《史記·孔子世家》亦述孔子困於陳蔡之事，對照之，可見孔子出處行藏之意（見上節，此略）。

齊人歸女樂，季桓子受之。三日不朝，孔子行。

齊人歸（通饋）女樂，季桓子受之。三日不朝，孔子行。

《史記·孔子世家》亦述此事，可參證之：定公十四年，孔子年五十六，由大司寇行攝相事。……齊人聞而懼，曰："孔子為政必霸，霸則吾地近焉，我之為先並矣。盍致地焉？"黎鉏曰："請先嘗沮之；沮之而不可則致地，庸遲乎！"於是選齊國中女子好者八十人，

---

① 《説苑·至公》。
② 《史記·孔子世家》。

皆衣文衣而舞康樂，文馬三十駟，遺魯君。陳女樂文馬於魯城南高門外，季桓子微服往觀再三，將受，乃語魯君為周道遊，往觀終日，怠於政事。子路曰："夫子可以行矣。"孔子曰："魯今且郊，如致膰乎大夫，則吾猶可以止。"桓子卒受齊女樂，三日不聽政；郊，又不致膰俎於大夫。孔子遂行，宿乎屯。而師己送，曰："夫子則非罪。"孔子曰："吾歌可夫？"歌曰："彼婦之口，可以出走；彼婦之謁，可以死敗。蓋優哉遊哉，維以卒歲！"師己反，桓子曰："孔子亦何言？"師己以實告。桓子喟然歎曰："夫子罪我以群婢故也夫！"①

《韓非子·內儲說》述此事曰："仲尼爲政於魯，齊景公患之。黎且謂景公曰：'君何不迎之重祿高位。遺哀公女樂以驕榮其志，定公②新樂之，必怠於政，仲尼必諫，諫必輕絕於魯。'景公曰善，乃令黎且以女樂六遺哀公。定公③樂之，果怠於政。仲尼諫不聽，去而之楚。"

論曰：此兩節，正所以明孔子之行事與柳下惠不同，又所以明孔子出處去就一貫之初衷。柳下惠直則直矣，和則和矣，（仁則仁矣），而局守庸君庸臣，稍欠天下自任、淑世淑天下之志量，或失之於狹也——孟子又以為失之於不恭④。孔子或有困厄以暫安於際可、公養之仕者，然其心一日不忘於行可之仕、天下之志，故大道不行則棄際可、公養而思以淑天下也。柳下惠降志辱身，

----

① 《史記·孔子世家》。

② 原文為哀公，錯，因改之。

③ 原文為哀公，錯，因改之。

④ 《公孫醜上》：孟子曰："伯夷，非其君不事，非其友不友。不立於惡人之朝，不與惡人言。立於惡人之朝，與惡人言，如以朝衣朝冠坐於塗炭（塗，泥。炭，墨也）。推惡惡（wù è）之心，思與鄉人立，其冠不正，望望然（怨望貌）去之，若將浼（měi，污染）焉。是故諸侯雖有善其辭命而至者，不受也。不受也者，是亦不屑就已。柳下惠，不羞汙君，不卑小官。進不隱賢，必以其道。遺佚而不怨，阨窮而不憫（憂）。故曰：'爾為爾，我為我，雖袒裼（xī裸露無衣）裸裎（chéng，露身）於我側，爾焉能浼我哉？'故由由然（愉快）與之偕而不自失焉，援而止（挽留）之而止。援而止之而止者，是亦不屑去已。"孟子曰："伯夷隘，柳下惠不恭。隘與不恭，君子不由也。"詳見拙著《孟子解讀》。

孔子不與也。孔子出處去就之幾，在乎行道為仁、天下自任而已矣。

《史記·孔子世家》又記孔子困於陳蔡之事，對照之，亦可見孔子出處行藏之意（見上上節，此略）。

楚狂接輿歌而過孔子曰：“鳳兮鳳兮！何德之衰？往者不可諫，來者猶可追。已而，已而！今之從政者殆而！”孔子下，欲與之言。趨而辟之，不得與之言。

孔子適楚，楚昭王欲以書社地七百里封孔子，令尹子西沮之①。

楚狂接輿（楚國狂士，姓接名輿；或曰是陸通，或曰以其接孔子之輿而名之，故下文言“孔子下”）歌而過孔子（輿，或館舍之門）曰：“鳳兮鳳兮！何德之衰？往者不可諫（正），來者猶可追（治，有所為）②。已（止；去，離去楚國，猶言去乎去乎）而，已而！今之從政者殆（危）而！”孔子下，欲與之言。楚狂趨而辟之，不得與之（楚狂接輿）言。於是孔子自楚反乎衛。是歲也，孔子年六十三，而魯哀公六年也。

楚狂接輿者，蓋楚國之狂者而隱士也，或曰是陸通。楚昭王時，通見楚政無常，乃髠（剔）首（頭）③自刑身體，佯狂避世不仕。

---

① 《史記·孔子世家》：於是使子貢至楚。楚昭王興師迎孔子，然後得免。昭王將以書社地七百里封孔子。楚令尹子西曰：“王之使使諸侯有如子貢者乎？”曰：“無有。”“王之輔相有如顏回者乎？”曰：“無有。”“王之將率有如子路者乎？”曰：“無有。”“王之官尹有如宰予者乎？”曰：“無有。”“且楚之祖封於周，號為子男五十里。今孔丘述三五之法，明周召之業，王若用之，則楚安得世世堂堂方數千里乎？夫文王在豐，武王在鎬，百里之君卒王天下。今孔丘得據土壤，賢弟子為佐，非楚之福也。”昭王乃止。其秋，楚昭王卒於城父。

② 此句或解以反問句，或解以陳述句。此以陳述句、斷言句解之。

③ 《楚辭九章》：“接輿髠首兮。”

《韓詩外傳》稱其"躬耕以食,楚王使使者齎金百鎰,願請治河南。接輿笑而不應,乃與其妻偕隱。變易姓字,莫知所之"①。

其歌辭也,知孔子有聖德,故比孔子於鳳鳥。但鳳有道則見,無道則隱;有道則見者,鳳鳥待聖君乃見也。今孔子周行屢不合,所以是鳳德之衰,亦世之衰也。(孔)子既屢適不合,是示已往之事不復可諫,是既往不咎也;來者,謂未至之事也,未至之事猶可追而自止之,而勸使孔子莫復周流天下,辟亂隱居可也。已而已而者,言世亂已甚,不可復治也;再言之者,傷之深也。殆而者,言今從政者皆危殆,不可復救治之者也。"②

蓋其(楚狂接輿)本楚人,楚之有道無道,可仕不可仕,見之審矣③。其過孔子,蓋在孔子適楚見昭王前後,故或則聞孔子將之楚,故歌以迎之;思孔子之不必適楚,故歌以止之;或則聞孔子將仕楚,因愛惜孔子賢德,恐其陷於危殆,故特來善意告誡之也。又因時政昏暴,動輒有殺身之禍,乃佯狂歌而諷之,欲以微言隱語感切孔子也。故車前矢音,敬愛兼至,勸戒互陳,若惟恐孔子罹於從政之殆者也,故亦可謂有心哉狂也④。孔子感其善意,識其微義,欲以自明己志,切磋以道,故下車欲與言之。楚狂乃趨而辟之,不得與言。

論曰:"以下數章(節),皆見聖人之不忍於避世也。接輿諸人高蹈之風致自不可及,其譏孔子處,亦非謂孔子果趨慕榮祿,同於俗情;但世不可為,而勞勞車馬,深為孔子惜耳。顧天下無不可為之時,而隱士必以為不可為,則聖人之見達,而隱士之見膠;天下有不忍絕之情,而隱士必果於忘世,則聖人之情仁,而隱士之情忍;天下有不可逃之義,而隱士祇潔其一身,則聖人之德溥,而隱士之德孤。故隱士每冷譏孔子,而孔子亦惓惓於隱士,欲與之語,以廣其志,此聖人之至教也。"⑤

---

① 《韓詩外傳》。
② 《集解》、《皇疏》。
③ 《匏瓜錄》。
④ 《匏瓜錄》。
⑤ 《四書詮義》。

或論曰:"猶可追,言猶可治也。夫子删詩書,定禮樂,贊《周易》,修《春秋》,爲後世法,皆所以治來世也。公羊子曰:'制《春秋》之義,以俟後聖,以君子之爲亦有樂乎此也。'深得孔子之意,而皆自楚狂一言發之,楚狂之功大矣。"[①]

餘論: 至於以下幾節,則所以明孔子用世救世之心志,雖曰是"無可無不可",而尤其是"知其不可爲而爲之",所以與隱者之心志出處爲別也。質言之,孔子其意曰:"天下無道,乃所以尤當精進進取以淑救之",故不取隱逸之一途。而其方法乃遊説諸侯以王政,尊王佐輔而已。非霸道,亦非陳吴之革命,亦非現代之公民運動、議會鬥爭之類也。

《史記·孔子世家》記此事曰:孔子遷於蔡三歲,吳伐陳。楚救陳,軍於城父。聞孔子在陳蔡之閒(間),楚使人聘孔子。孔子將往拜禮,陳蔡大夫謀曰:"孔子賢者,所刺譏皆中諸侯之疾。今者久留陳蔡之閒(間),諸大夫所設行皆非仲尼之意。今楚,大國也,來聘孔子。孔子用於楚,則陳蔡用事大夫危矣。"於是乃相與發徒,役圍孔子於野。不得行,絕糧,從者病,莫能興,而孔子講誦弦歌不衰。子路愠見。孔子知弟子有愠心,乃召子路而問曰:"詩云'匪兕匪虎,率彼曠野'。吾道非邪?吾何爲於此?"子路曰:"意者吾未仁邪?人之不我信也。意者吾未知邪?人之不我行也。"孔子曰:"有是乎!由,譬使仁者而必信,安有伯夷、叔齊?使知者而必行,安有王子比干?"子路出,子貢入見。孔子曰:"賜,詩云'匪兕匪虎,率彼曠野'。吾道非邪?吾何爲於此?"子貢曰:"夫子之道至大也,故天下莫能容夫子。夫子蓋少貶焉?"孔子曰:"賜,良農能稼而不能爲穡,良工能巧而不能爲順。君子能修其道,綱而紀之,統而理之,而不能爲容。今爾不修爾道而求爲容。賜,而志不遠矣!"子貢出,顏回入見。孔子曰:"回,詩云'匪兕匪虎,率彼

---

① 《春在堂隨筆》。

曠野'。吾道非邪？吾何為於此？"顏回曰："夫子之道至大，故天下莫能容。雖然，夫子推而行之，不容何病，不容然後見君子！夫道之不修也，是吾醜也。夫道既已大修而不用，是有國者之醜也。不容何病，不容然後見君子！"孔子欣然而笑曰："有是哉顏氏之子！使爾多財，吾為爾宰。"

於是使子貢至楚。楚昭王興師迎孔子，然後得免。昭王將以書社地七百里封孔子。楚令尹子西曰："王之使使諸侯有如子貢者乎？"曰："無有。""王之輔相有如顏回者乎？"曰："無有。""王之將率有如子路者乎？"曰："無有。""王之官尹有如宰予者乎？"曰："無有。""且楚之祖封於周，號為子男五十里。今孔丘述三王之法，明周召之業，王若用之，則楚安得世世堂堂方數千里乎？夫文王在豐，武王在鎬，百里之君卒王天下。今孔丘得據土壤，賢弟子為佐，非楚之福也。"昭王乃止。其秋，楚昭王卒於城父。

楚狂接輿歌而過孔子，曰："鳳兮鳳兮，何德之衰！往者不可諫兮，來者猶可追也！已而已而，今之從政者殆而！"孔子下，欲與之言。趨而去，弗得與之言。於是孔子自楚反乎衛。是歲也，孔子年六十三，而魯哀公六年也①。

或解曰：孔子適楚，楚昭王欲以書社地七百里封孔子，令尹子西沮之②。楚狂接輿（楚國狂士，姓接名輿；或曰是陸通，或曰以其接孔子之輿而名之，故下文言"孔子下"）歌而過孔子（輿，或館舍之門）

———————————

① 《史記·孔子世家》。

② 《史記·孔子世家》：於是使子貢至楚。楚昭王興師迎孔子，然後得免。昭王將以書社地七百里封孔子。楚令尹子西曰："王之使使諸侯有如子貢者乎？"曰："無有。""王之輔相有如顏回者乎？"曰："無有。""王之將率有如子路者乎？"曰："無有。""王之官尹有如宰予者乎？"曰："無有。""且楚之祖封於周，號為子男五十里。今孔丘述三五之法，明周召之業，王若用之，則楚安得世世堂堂方數千里乎？夫文王在豐，武王在鎬，百里之君卒王天下。今孔丘得據土壤，賢弟子為佐，非楚之福也。"昭王乃止。其秋，楚昭王卒於城父。

曰："鳳兮鳳兮！何德之衰？往者不可諫（正），來者猶可追（治，有所為）？①已（止；去）而，已而！今之從政者（或曰是楚國當政者，蓋指子西之徒）殆（危；或曰疑）而！"孔子下，欲與之言。趨而辟之，不得與之言。於是孔子自楚反乎衛。是歲也，孔子年六十三，而魯哀公六年也。

解曰："往者不可諫，來者猶可追。往，往世也。諫猶正也。來，來世也。言待來世之治，猶可追乎？明不可追。《莊子》述此歌曰：'往世不可追，來世不可待。'（又曰：'殆乎殆乎！畫地而趨。'畫地即指封書社之事，明以此見殆②。）殆，疑也。昭王欲以書社地封孔子，令尹子西沮之。故言今之從政者見疑也。"③

論曰："晨門、荷蕢、沮、溺、丈人，皆無意於遇孔子而遇之者也。楚狂則有意於遇孔子而遇之者也。狂，楚人也。楚之有道無道，可仕不可仕，見之審矣。聞孔子將之楚，故歌以迎之；思孔子之不必適楚，故歌以止之。車前矢音，敬愛兼至，勸戒互陳，若惟恐孔子罷於從政之殆者，卒之受困於陳蔡，見沮於子西。吾道之窮，楚狂若先料之，有心哉狂也。"④

《莊子·人間世》亦記此事，可參看："孔子適楚。楚狂接輿遊其門，歌曰：'鳳兮鳳兮！何德之衰也？來世不可待，往世不可追也。天下有道，聖人成焉；天下無道，聖人生焉。方今之世，僅免刑焉。福輕乎羽，莫之知載；禍重乎地，莫之知避。已乎已乎！臨人以德。殆乎殆乎！畫地而趨。迷陽迷陽，無傷吾行；吾行卻曲，無傷吾足。山木自寇也，膏火自煎也。桂可食，故伐之；漆可用，故割之。人皆知有用之用，而莫知無用之用也。'"⑤

---

① 此句或解以反問句，或解以陳述句。此以反問句解之。
② 《論語正義》。
③ 戴望，《論語注》。
④ 《匏瓜錄》。
⑤ 《莊子·人間世》。

長沮、桀溺耦而耕，孔子過之，使子路問津焉。長沮曰："夫執輿者為誰？"子路曰："為孔丘。"曰："是魯孔丘與？"曰："是也。"曰："是知津矣。"問於桀溺，桀溺曰："子為誰？"曰："為仲由。"曰："是魯孔丘之徒與？"對曰："然。"曰："滔滔者天下皆是也，而誰以易之？且而與其從辟人之士也，豈若從辟世之士哉？"耰而不輟。子路行以告。夫子憮然曰："鳥獸不可與同群，吾非斯人之徒與而誰與？天下有道，丘不與易也。"

孔子自楚反蔡，於途。長沮（長而沮洳）、桀溺（桀然高大而塗足）①耦而耕（並耕，二人並頭耕為耦；或曰前後遞耕為耦。此蓋前後而耦耕），孔子過之，使子路問津（津渡，濟渡處）焉。長沮曰："夫執輿者（即孔子，因使子路問津，故孔子代執轡②）為誰？"子路曰："為孔丘。"曰："是魯孔丘與？"曰："是也。"曰："是知津矣。"問於桀溺，桀溺曰："子為誰？"曰："為仲由。"曰："是魯孔丘之徒與？"對曰："然。"曰："滔滔（古論作悠悠，水迴旋周流貌；魯論作慆慆，亂貌；今本作滔滔，言天下之亂皆同）者天下皆是也，而（汝）誰（與誰；或曰指可能之賢德而得位者）以易（改易，替換）之（天下混亂無道之狀；或曰指今之在位者，即當世在位之諸侯卿大夫等）③？且而（或曰汝，或曰轉折助詞）與其從辟人之士（指孔子，避暴君庸君而擇賢君明君也）也，豈若從辟世之士（指出世避世隱者）哉？"耰（摩

①　或曰：沮，沮洲也；溺，淖溺也；長謂久，桀謂健。或曰長是水長、桀是水寬。二人蓋皆楚人，蓋為沮、溺邊之隱者，因以稱之。或曰："沮，沮夫子之行道也；溺，溺而不返也。"參見：唐文治，《論語大義》。

②　《四書章句集注》："執輿，執轡在車也。蓋本子路御而執轡，今下問津，故夫子代之也。"

③　即以誰易之，或曰是"誰能改易之，用誰、跟從誰、與誰能改易此種狀況"。

田,耙田,又曰覆種,以耙覆種;或曰是鋤,鋤土以覆種)而不輟(止)。子路行以告。夫子憮然(撫,安定不動,指一時寂然不動、悵然失意貌)曰:"鳥獸不可與同群,吾非斯人之徒(指長沮、桀溺等隱者;或曰指子路等欲以出世行道之弟子門人;或曰是天下人)與而誰與? 天下有道,丘不與(參與)易(易世道之事業)也。"

長沮之意曰:"孔丘也,昔者來(楚國),今者去,數周流於道,天下邦國遍行,遊說諸侯,則天下有道無道,與乎一己之進退出處行藏,當盡已明之,則當是自知津處(喻指歸處)矣。"乃喻言孔子心志有定,自知出處進退,此去何處,其心早有一貫之志,所謂"避人尋人"(避暴君昏君而尋賢明之君)、"往能行道處去"也。我則不然,識此世亂,而避世隱居,故吾所能告津者,避世隱居之津渡也,非孔丘之所欲之。孔我出處異道,故我不必告之也。或曰:長沮言孔子賢者,本應明乎出處進退之義,天下有道則仕,無道則隱,則於斯也自當知津而隱,蓋有微諷也。

桀溺則對子路而言說,其意曰:今之天下也,如斯地長(長)沮、桀(寬)溺①之水然,迴旋周流,流亂處處,此地如此,他處亦如是,而天下皆然也。若夫孔子空勞而舍此適彼,遊說諸侯,究竟無得(賢君)以易之也。而汝又將誰與(與同,跟從,用與)改易之? 且天下無道則隱,則汝與其追從辟人之士如孔丘者也,豈若追從辟世之士如隱者哉? 避人(昏暴之君)擇人(賢君),而昏暴之君盈天下,焉得避? 又焉得其人(賢君)? 不如辟世而隱居高蹈也。

長沮、桀溺二人,皆主隱居避世者也。孔子亦知天下無道則隱、賢者避世②之義,而贊其"隱居以求其志"③者;孔子又豈不知樂山樂水之樂? 嘗曰:"知者樂水,仁者樂山;知者動,仁者靜;知者

---

① 二人蓋為沮、溺邊之隱者,因以稱之。

② 《憲問》:子曰:"**賢者辟世**,其次辟地,其次辟色,其次辟言。"

③ 《季氏》:孔子曰:"見善如不及,見不善如探湯。吾見其人矣,吾聞其語矣。**隱居以求其志**,行義以達其道。吾聞其語矣,未見其人也。"

樂，仁者壽。"①又曰："飯疏食飲水，曲肱而枕之，樂亦在其中矣。"②故孔子於長沮、桀溺之意，亦可謂心有戚戚焉，因聞之而憮然，寂然悵念良久。而曰："若夫無道則隱，而隱居於山林，固無可與鳥獸同羣，亦將與人類聚共游，作葛天氏之民，亦吾願也；然則微斯人隱者之徒，吾將誰與之？若夫天下有道，吾又豈必與於改易世道之事哉？而願與斯人而樂山樂水矣。然今天下無道而生民塗炭，不忍，故吾乃不得已而為之（周流天下以求行道），知其不可而為之也。"蓋孔子之言，既有林泉微羨之意，又有微諷自隱獨善之不忍③，而尤見道業艱卓之志願也。此所以為聖賢之心也。

蓋其聖賢之心，曰：吾亦欲風乎舞雩，優遊山林，然鳥獸固不可與同群，可同群者惟此清逸之士也！然而今日天下無道，吾不得已而棲棲遑遑。若夫天下有道，吾豈必汲汲更張乎？而自可寄情山水林泉也。"道之不行，已知之矣！而但行其義耳。"

或解曰："憮然，謂其不達己意而便非己也。孔子曰：'隱居於山林，是與鳥獸同羣也。吾自當與此天下人同羣，安能去人從鳥獸居乎？'"④朱熹同此解："憮然，猶悵然，惜其不喻己意也。言所當與同羣者，斯人而已，豈可絕人逃世以爲潔哉？天下若已平治，則我無用變易之；正爲天下無道，故欲以道易之耳。程子曰：'聖人不敢有忘天下之心，故其言如此也。'張子曰：'聖人之仁，不以無道必天下而棄之也。'"⑤

論曰："夫子憮然曰：'鳥獸不可以同羣也。'明夫理有大倫，吾所

---

① 《雍也》：子曰："知者樂水，仁者樂山；知者動，仁者靜；知者樂，仁者壽。"

② 《述而》：子曰："**飯疏食飲水，曲肱而枕之，樂亦在其中矣**。不義而富且貴，於我如浮雲。"

③ 《公治長》：子張問曰："崔子弑齊君，陳文子有馬十乘，棄而違之。至於他邦，則曰：'猶吾大夫崔子也。'違之。之一邦，則又曰：'猶吾大夫崔子也。'違之。何如？"子曰："清矣。"曰："仁矣乎？"曰："未知。**焉得仁**？"

④ 《集解》。

⑤ 《四書章句集注》。

不獲已也。若欲潔其身，韜其蹤，同羣鳥獸，不可與斯民，則所以居大倫者廢矣。此卽我以致言，不可以乘彼者也。丘不與易，蓋物之有道，故大湯武亦稱夷齊，美管仲而無譏召忽。今彼有其道，我有其道，不執我以求彼，不係彼以易我，夫可滯哉！世亂，賢者宜隱而全身，聖人宜出以宏物，故自明我道以救大倫。彼之絕跡隱世，實由世亂，我之蒙塵棲遑，亦以道喪，此卽彼與我同患世也。彼實中賢，無道宜隱，不達教者也。我則至德①，宜理大倫，不得已者也。我既不失，彼亦無違，無非可相非。且沮、溺是規子路，亦不規夫子。謂子路宜從己，不言仲尼也。自我道不可復與鳥獸同羣，宜與人徒，本非言彼也。彼居林野，居然不得不羣鳥獸，羣鳥獸，避世外，以爲高行，初不爲鄙也。但我自得耳，以體大居正，宜宏世也。下云‘天下有道，丘不與易也’，言天下人自各有道，我不以我道易彼，亦不使彼道易我，自各處其宜也。”②此論稍繁雜，而亦可備參酌穎悟。

或曰：“鳥獸同群，深爲隱者惜也。言吾若非沮、溺之徒，將誰與之共濟時艱？天下若已有道，則吾無用變易之，正爲天下無道，故欲以道易之也。或曰‘鳥獸’句言不可避世，‘吾非斯人’句言吾非避人；‘天下有道’二句，對‘滔滔者’二句而言。蓋接輿、沮、溺皆有招隱之情，而夫子則有招隱者與共出之志，皆語重心長，千載下如聞歎息之聲矣。”③

餘論： 吾以前讀此節，以爲孔子或有微羨隱者之意，以“斯人之徒”爲隱者，而同於羨慕“風乎舞雩”；今知或當解爲子路等儒者之徒，而對隱者稍有微詞也。“與”，當解作“相與”爲是。吾當然與斯人之徒而集義行事行大道也。若天下有道，則吾何須與斯人之徒而汲汲改易或治理哉！然後乃可以風乎舞雩也。故曰道不同不相爲謀也。然據下文觀之，則孔子

① 此是論者口吻，非謂孔子自居聖人也。下文亦同。當識之。
② 《皇疏》。
③ 唐文治，《論語大義》。

對隱者亦有理解與認可，"身中清，廢中權"，應無過分之責辭也。

　　註解與闕疑：

　　易：改易？治理？區別？

　　誰與易之：與誰易之（與誰一起來改變或治理，然此解似不妥切，因子路數子本來便跟從孔子而試圖一起易之）？以誰易之（意曰無聖賢君臣可輔可用）？

　　"滔滔者天下皆是"，天下皆暴虐混亂之君臣？天下到處是遊說之遊士？（雖則至戰國時縱橫家方尤大行）天下到處昏亂？則孔丘師徒到哪裡（任何國家）都一樣，周流天下，遊說諸侯，乃是徒勞也。

　　　子路從而後，遇丈人，以杖荷蓧。子路問曰："子見夫子乎？"丈人曰："四體不勤，五穀不分。孰為夫子？"植其杖而芸。子路拱而立。止子路宿，殺雞為黍而食之，見其二子焉。明日，子路行以告。子曰："隱者也。"使子路反見之。至則行矣。子路曰："不仕無義。長幼之節，不可廢也；君臣之義，如之何其廢之？欲潔其身，而亂大倫。君子之仕也，行其義也。道之不行，已知之矣。"

　　　子路從行（孔子）而後，遇丈人（長老，年長老者），以杖荷（擔，負）蓧（竹器如籃筐類）。子路問曰："子見夫子乎？"丈人曰："四體不勤，五穀不分（分辨，理；或曰播種；或曰糞，糞以治之）。孰為夫子（有位者如卿大夫等，或有德者如賢德師儒等）？"植（置）其杖而芸（耘草，除草）。子路拱（拱手示敬）而立。止（留）子路宿，殺雞為黍而食之，見其二子焉①。明

――――――――――

　　① 或曰"見其二子焉"此句在"至則行矣"之後。

日,子路行以告(孔子)。子曰:"隱者也。"使子路反(返回)見之。至則行矣。子路曰:"不仕(則)無義。長幼之節,不可廢也;君臣之義,如之何其廢之? 欲潔其身,而亂大倫(君臣之倫理)。君子之仕也,行其義也。道之不行,已知之矣。"

丈人為隱者,蓋奉倡無道則隱、躬耕自食之義,而痛恨當時權貴之橫徵暴斂、賦稅逾制,其"四體不勤,五穀不分,孰為夫子"云云,蓋譏當時之君臣仕士,有位者如君卿大夫等,無位者如士人儒者等,以為皆尸位素餐,不能如禹稷躬殖五穀,與民並耕而食,饔飧(yōngsūn,熟食,朝夕而別)而治,乃"不稼不穡而取禾三百廛"①者流,則孰可為夫子? 此正如陳相所言:"厲(病,害)民而以自養(供養)也,惡得賢?"②故而痛詆之也③。其語自亦有正義焉,子路正直,而敬之,故拱手侍立於旁,以待見教也。丈人見子路不以為忤,而恭敬有禮,知子路真賢者,乃留宿款待之,並見其二子,而有所相與討論也。越明日,子路行,具以告諸孔子。孔子知其隱者,欲與道義切磋之,故使子路返求見之,而丈人已行,子路乃論明其義,其意曰:"不仕,則失卻君臣大義。丈人既知父子相養不可廢,則豈反可廢君臣之大義耶? 天下無道,隱居而不與汙亂之政,自潔獨善其身,固有好意;然而棄亂君臣義合行道之大倫,則豈可哉? 君子之仕,所以行君臣之義而以集義行道也。孔子道不見用,自已知之。然而必求其本心,而知其不可而為之者也。"④何謂"不可為而為之"? 論曰:"義者,事之宜也。古人度事之宜,而立為君臣,(聖賢而王官,選賢任能而治國平天下;倘)世無(此賢德)君臣,豈復得

---

① 《詩經·魏風·伐檀》。
② 《滕文公上》:陳相見許行而大悦,盡棄其學而學焉。陳相見孟子,道許行之言曰:"滕君,則誠賢君也;雖然,未聞道也。賢者與民並耕而食,饔飧(yōngsūn,熟食,朝夕而別)而治。今也滕有倉廩府庫,則是厲(病,害)民而以自養(供養)也,惡得賢?"
③ 蓋類於莊子詆儒家,可參看《莊子》相關篇章。
④ 《集解》意。

（天下邦國公）事之宜？欲潔其身而亂大倫，言丈人之廢義（天道公義）而亂倫（君臣一倫之集義行道）也。道，謂先王禮樂政教，設爲萬世常行之道者也。已知其不行者，世不見用，運已否也。知道不行而行其義者，……盡其性以事天，不敢遽諉爲天運之窮也。聖人事天如事親，知道不行而周流列國，正如孝子不得乎親而求親之底豫，（雖）果求之而仍不能底豫，乃限於數之無如何，而求其底豫之心未嘗已也。"①

皇侃疏曰："（子路）言人不生則已，既生便有在（或無"在"字）三之義，父母之恩，君臣之義，人若仕則職於義，故云不仕無義也。既有長幼之恩，又有君臣之義，汝知見汝二子，是識長幼之節不可廢缺，而如何廢於君臣之義而不仕乎？大倫，謂君臣之道理也。汝不仕濁世，乃是欲自清潔汝身耳，如爲亂君臣之大倫何也？又言君子所以仕者，非貪榮祿富貴，政（通正）是欲行大義故也。爲行義故仕耳，濁世不用我道，而我亦反自知之也。"②朱熹論曰："人之大倫有五：父子有親，君臣有義，夫婦有別，長幼有序，朋友有信，是也。仕所以行君臣之義，故雖知道之不行而不可廢。然謂之義，則事之可否，身之去就，亦自有不可苟者。是以雖不潔身以亂倫，亦非忘義以徇祿也。"③

或論曰："明大倫，義也；救世濟人，道也。道雖不行，而義則不可不行，所謂窮不失義，達不離道也。春秋時天下將亂，賢者皆以不仕為宗旨。君無與正，民無與救，此聖人所痛惜而深憂者也。"④

總論：以上三節皆述孔子師徒與隱者之遇會交涉，蓋既有以讚隱者之避世高蹈，又有以明儒者與隱者之別，而尤揭橥儒者"知其

① 黃式三，《論語後案》。
② 《皇疏》。
③ 《四書章句集注》
④ 唐文治，《論語大義》。

不可而為之"之道勇義勇也。"列接輿以下三章(節)於孔子行之後，以明夫子雖不合而去，然亦未嘗恝然忘世，所以爲聖人之出處也。然卽此三章(節)讀之，見此四子者，律以聖人之中道，則誠不爲無病，然味其言，觀其容止，以想見其爲人，其清風高節，猶使人起敬起慕。彼於聖人，猶有所不滿於心如此，則其視世之貪利祿而不知止者，不啻若犬彘耳，是豈非當世之賢而特立者歟？以子路之行行，而拱立丈人之側若子弟然，豈非其真可敬故歟？嘗謂若四人者，惟夫子然後可以議其不合於中道；未至於夫子者，未可以妄議也。貪祿嗜利之徒，求以自便其私，亦借四子而詆之，欲以見其不可不仕，多見其不知量也。"①又曰："沮溺之耕，丈人之耘，樓遲農畝，肆志煙霞，較之萬物一體、念切救世者固偏，較之覃懷名利、奔走世路者則高。一則鳳翔千仞，一則蛾逐夜燈，孰是孰非，孰得孰失，當必有辨之者。聖人無不可爲之時，不論有道無道，直以綱常名教(今曰人伻而後人倫，故曰當有正道新禮義也，非謂秦制後之專制性三綱五常也)爲己任，撥亂返治爲己責。若自己德非聖人，才不足以撥亂返治，只宜遵聖人家法，有道則見以行義，無道則隱以守身，事跡同沮、溺、丈人之偏，慎無蹈昧於知止之轍。"②

餘論："不仕無義"，或有兩解：第一解：不出仕則失卻君臣之義；第二解：不仕事於無道義之君。若作第二解，則上文"四體不勤，五穀不分"云云，乃是非責孔子之語，"不自食其力而仕無道之君者，豈可稱為夫子？"子路時無以對，其後則以此節之義意對之。或曰當時子路覺丈人之言亦非全無道理，故拱手。吾以為丈人蓋責臆孔子師徒或有貪圖榮祿富貴之意，不然，天下滔滔皆是，而汝師徒何故棲棲遑遑如汲汲於祿利富貴哉？故孔子與子路以此語明

---

① 《論語注義問答通釋》。
② 《反身錄》。

其心志行事也。

　　然此處蓋為第一解，然豈必人人皆仕邪？今則曰仕亦義（公共行政、公共服務或服務於國家人民），不仕亦義，而以自謀生計、自食其力、奉獻社會、納稅公參（民主參與或參與公共事務）為盡一己之道義也。此非君臣之恩，乃同胞人類之情耳。

　　"不仕無義"云云，此當為孔子子路師徒之言談，不然子路對其二子責其父，亦不近人情。

　　　逸民：伯夷、叔齊、虞仲、夷逸、朱張、柳下惠、少連。子曰："不降其志，不辱其身，伯夷、叔齊與！"謂："柳下惠、少連，降志辱身矣。言中倫，行中慮，其斯而已矣。"謂："虞仲、夷逸，隱居放言。身中清，廢中權。""我則異於是，無可無不可。"

　　逸民（佚民；或曰軼民，節行超逸之人；民中節、行超逸不拘於世者）：伯夷、叔齊、虞仲（或曰是仲雍，吳仲雍；或曰是仲雍曾孫吳國周章弟；或曰不可考）、夷逸（不可考；或曰夷詭諸之裔；或曰虞仲隱逸於夷）、朱張（不可考；或曰是周章；或曰是子弓、仲弓；或曰讜張，陽狂之意）、柳下惠、少連（東夷之子，善居喪，三日不怠，三月不解）。子曰："不降其志，不辱其身，伯夷、叔齊與？"謂："柳下惠、少連，降志辱身矣。言中倫（倫理，義理之次弟），行中慮（思慮，中慮即合於義理之思，合於本心），其斯而已矣。"謂："虞仲、夷逸，隱居放（置）言（放言：不復言世務）。身（行）中清，廢（自廢而隱；或曰發，廢、發古通）中權。"子曰："我則異於是，無可無不可。"

　　此數人，皆節行超逸而不拘於世，為逸民之賢者也[1]。伯夷、

---

[1]　《集解》、《皇疏》。

叔齊,兄弟讓國,能直己之心,不入庸君之朝,其後又義不食周粟,餓死首陽山;虞仲蓋即仲雍,與兄泰伯讓國,佯狂而竄身蠻夷,斷髮文身,而土人義之;夷逸放逸,或勸夷逸仕,逸曰,"吾譬則牛,寧服軛以耕於野,豈忍被繡入廟爲犧"①;朱張其人不可考,蓋亦有其品行卓異者②;柳下惠直道行事,不羞汙君,不辭小官;進不隱賢,必以其道;遺佚而不怨,阨窮而不憫;與鄉人處,由由然(怡然自樂)不忍去也③,故三黜不去;少連,東夷之子也,善居喪,三日不怠,三月不解,期悲哀,三年憂,可謂孝矣④。或曰:"伯夷、叔齊、虞仲,避世者。柳下惠、少連,辟色者。"⑤

論曰:"逸民雖(名)同而其行事有異,故孔子評之也。夷齊隱居餓死,是不降志也;不仕亂朝,是不辱身也,是心跡俱超逸也。(柳下惠、少連,)此二人心逸而跡不逸也,並仕魯朝,而柳下惠三黜,則是降志辱身也;雖降志辱身,而言行必中於倫慮,故云其斯而已矣⑥。(虞仲、夷逸,)隱居幽處,廢置世務,世務不須及言之者也;身不仕亂朝,是(身行)中清潔也;廢事免於世患,是合於權智也,所謂"行則潔清,廢乃通變"⑦;超然出於埃塵之表,身中清也。晦明以遠害,發動中權也。"⑧

——————————

①　《尸子》:"或勸夷逸仕。逸曰:吾譬則牛,寧服軛以耕於野,豈忍被繡入廟爲犧。"

②　《皇疏》:或曰朱張字子弓,荀卿以比孔子,今序六人而闕朱張者,明其取捨與己合也。

③　《萬章下》。

④　《禮記雜記》云:孔子曰:少連、大連善居喪,三日不怠,三月不解,期悲哀,三年憂,東夷之子也。

⑤　鄭注。然柳下惠似不可謂辟色者。

⑥　《集解》:"但能言應倫理,行應思慮,如此而已。"《皇疏》又引張憑語曰:"(且)彼(豈徒)被祿仕者乎? 其處朝也,唯言不廢大倫,行不犯色,思慮而已,豈以世務暫嬰其心哉? 所以爲逸民也。"

⑦　《集解》:包曰:放,置也。不復言世務。馬曰:清,純潔也。遭世亂,自廢棄以免患,合於權也。《四書章句集注》:仲雍居吳,斷髮文身,裸以爲飾,隱居獨善,合乎道之清,放言自廢,合乎道之權。

⑧　《皇疏》。

　　若夫孔子自為,則曰“無可無不可”,“亦不必進,亦不必退,惟義所在”①,與時偕行而合乎時中,孟子所謂“聖之時者也”,“可以速而速,可以久而久,可以處(退隱)而處,可以仕而仕,孔子也。”②故論曰:“夫跡有相明,教有相資,若數子者,事既不同,而我亦有以異矣③。然聖賢致訓,相爲内外,彼協契於往載,我拯溺於此世,不以我異而抑物,不以彼異而通滯,此吾所謂無可無不可者耳,豈以此自目己之所以異哉? 我跡之異,蓋著於當時。彼數子者,亦不宜各滯於所執矣。故舉其往行而存其會通,將以導夫方類所挹抑乎?”④

　　或論曰:出則聖王聖相,處則聖師,隱則聖道。出則在廟堂,集義行道;處則野處民間,教化賢才君子;隱則山林隱逸,著書明道。

　　《孟子》亦論及此,可参看:

　　孟子曰:“聖人,百世之師也,伯夷、柳下惠是也。故聞伯夷之風者,頑(貪婪)夫廉,懦夫有立志(堅強);聞柳下惠之風者,薄(刻薄)夫敦(敦厚),鄙(狹隘鄙陋)夫寬(寬宏大度)。(其人也,)奮乎百世之上,(而)百世之下,聞者莫不興起(振作)也。非聖人而能若是乎,(百世之下猶如此,)而況於親炙之者乎?”⑤

　　孟子曰:“伯夷,非其君不事,非其友不友。不立於惡人之朝,不與惡人言。立於惡人之朝,與惡人言,如以朝衣朝冠坐於塗炭(塗,泥。炭,墨也)。推惡惡(wù è)之心,思與鄉人立,其冠不正,望望然(怨望貌)去之,若將浼(měi,污染)焉。是故諸侯雖有善其辭命而至者,不受也。不受也者,是亦不屑就已。柳下惠,不羞汙君,不卑小官。進不隱賢,必以其道。遺佚而不怨,阨窮而不憫(憂)。故

---

　　① 《集解》。

　　② 《萬章下》:孟子曰:“伯夷,聖之清者也;伊尹,聖之任者也;柳下惠,聖之和者也;孔子,聖之時者也。”

　　③ 或解曰:《後漢黃瓊傳》注引鄭注:“不爲夷齊之清,不爲惠連之屈,故曰異於是也。”

　　④ 《皇疏》。

　　⑤ 《盡心下》,詳見拙著《孟子解讀》。

曰：'爾為爾，我為我，雖袒裼(xī裸露無衣)裸裎(chéng,露身)於我側，爾焉能浼我哉？'故由由然(愉快)與之偕而不自失焉，援而止(挽留)之而止。援而止之而止者，是亦不屑去已。"

孟子曰："伯夷隘，柳下惠不恭。隘與不恭，君子不由也。"①

孟子曰："伯夷，目不視惡色，耳不聽惡聲。非其(賢)君不事，非其(良)民不使。治則進，亂則退。橫(暴)政之所出，橫(暴)民之所止，不忍居也。思與(狹隘鄙陋之)鄉人處，如以朝(cháo)衣朝冠坐於塗炭也。當(暴)紂之時，(避)居北海之濱，以待天下之清也。故聞伯夷之風者，頑(貪)夫廉，懦夫有立志。

伊尹曰：'何事非君？何使非民？'治亦進，亂亦進。曰：'天之生斯民也，(有先知後知、先覺後覺，而)使先知覺後知，使先覺覺後覺。予，天民之先覺者也；予將以此(大)道覺此民也。'思天下之民匹夫匹婦有不與被堯舜之澤者，若己推而內(納)之溝中，其自任以天下之重也。

柳下惠，不羞汙君，不辭小官。進不隱賢，必以其道。遺佚而不怨，阨窮而不憫。與鄉人處，由由然(怡然自樂)不忍去也。'爾為爾，我為我，雖袒裼裸裎(tǎn xī luǒ chéng)於我側，爾焉能浼(měi,汙)我哉？'故聞柳下惠之風者，鄙夫寬，薄夫敦。

孔子之去齊，接淅(xī,攜其已淅幹待炊之米；或曰漉淅)而行；去魯，曰：'遲遲吾行也。'去父母國之道也。可以速而速，可以久而久，可以處(退隱)而處，可以仕而仕，孔子也。"

孟子曰："伯夷，聖之清者也；伊尹，聖之任者也；柳下惠，聖之和者也；孔子，聖之時者也。孔子之謂集大成。集大成也者，金聲而玉振之也。金聲也者，始條理也；玉振之也者，終條理也。始條理者，智之事也；終條理者，聖之事也。智，譬則巧也；聖，譬則力也。由(猶)射於百步之外也，其至，爾力也；其中，非爾力也。"②

---

① 《公孫醜上》，詳見拙著《孟子解讀》。

② 《萬章下》，詳見拙著《孟子解讀》。

　　大師摯適齊，亞飯幹適楚，三飯繚適蔡，四飯
缺適秦。鼓方叔入於河，播鼗武入於漢，少師陽、
擊磬襄，入於海。

　　大師摯(即師摯，樂官之長)適齊，亞(次)飯幹適楚，三飯繚適蔡，
四飯缺適秦。鼓(司鼓者，司鼓樂師)方叔入於河(河內，或河之濱)，播
(搖)鼗(táo，小鼓，兩旁有耳，持其柄而搖之，則旁耳還自擊，今曰撥浪鼓)武
入於漢(漢水之濱，漢中)，少師陽、擊磬襄(或即師襄，孔子學琴於師襄
子)，入於海(海島)。

　　亞飯、三飯、四飯云云，蓋皆樂師也，又可謂樂章也。殷周王
君卿大夫奏樂以舉食，亞飯、三飯、四飯云云，乃以樂侑食之官
也；舉食有次，樂各不同，而樂師亦異。故於人言則為樂師，於樂
言則為樂章也。幹、繚、缺、方叔、武、陽、襄云云，皆樂師其名也。
其奏樂也，或奏於堂上，或奏於堂下，或奏於階間，各有次序而相
應和①。

　　或曰此是孔子述殷周之間事，或曰是魯哀公時事。

　　其主殷周間事者："《漢書‧禮樂志》：'殷紂作淫聲，樂官師瞽
抱其器而犇散，或適諸侯，或入河海。'師古注曰：《論語》太師摯適
齊云云，此志所云及《古今人表》所敍皆謂是也。云諸侯者，追繫其
地，非謂當時已有此國名。'"《董仲舒傳‐對策》亦云：'紂逆天暴
物，殺戮賢知，守職之人皆奔走逃亡，入於河海。'……考《周本紀》
'太師疵、少師強抱其樂器而犇周'，疵與彊即摯與陽，兩音相近之
名。"②"《殷本紀》亦云：'微子與太師少師謀去，而比干剖心，箕子
為奴，殷之太師少師乃持其祭樂器奔周。'《周本紀》又云云，是則太

---

①　如今之西洋交響樂然。
②　《論語稽求篇》。

師少師爲殷之樂官,卽太師摰、少師陽也。摰則疵,陽卽彊,音皆相近。惟傳聞異辭,則載所如不一而其事則一也。"①蓋"上章(節)逸民有夷齊爲殷末周初,下章(節)八士亦周初人,則此章(節)太師摰等自爲殷末人。竊以太師適齊、少師入海皆在奔周之前。"②

其主魯哀公時事者:"魯哀公時,禮壞樂崩,樂人皆去。陽、襄皆名也。"③"張子曰:'周衰樂廢,夫子自衛反魯,一嘗治之,其後伶人賤工識樂之正。及魯益衰,三桓僭妄,自太師以下皆知散之四方,逾河蹈海以去亂。聖人俄頃之助,功化如此;如有用我,期月而可,豈虛語哉?'"④或曰:"周道衰,賢者相召爲祿仕,仕於伶官者多矣。是時樂失其次,夫子自衛反魯,嘗一正之。魯政益微,三家僭妄,鄭聲既熾,女樂方張,先王遺音厭棄不省矣。自太師而下皆不得其職,故相率而逃之。夫子慮樂師去而遺音絕,於是筆其所適之所於簡,使後之人知而求之,則猶或有所考也。"⑤又曰:"此必女樂既入,奸聲亂色,雜然並進,以古樂爲無所用,(故)樂官失其職,因率屬而去。余有丁云:《歷聘記》載夫子年二十九適衛,從師襄學琴。後孔子用魯,舉爲樂官。夫子以女樂去,魯師襄入於海。"⑥或曰:"太師摰以下八人去魯,不知何時。《論語》所記有在夫子卒後者,或夫子正樂,伶官多賢;及卒,魯事益非,諸伶有悽然不忍居者,因以散之四方。記者記此,蓋不勝今昔悲感。記八人,追思夫子也。"⑦曰:"此段初嘗疑之,及見唐史安祿山亂,使梨園弟子奏樂,雷海清輩皆毀樂器,被殺而不悔。彼俗樂尚能如此,況識先王之正樂者乎?**諸子既識先王之正樂,決不肯舞八佾於季氏,歌雍於三**

---

① 段玉裁,《尚書撰異》。

② 《論語正義》。

③ 《集解》。

④ 《四書章句集注》。

⑤ 《論語集說》。

⑥ 《四書翼注》。

⑦ 《論語述要》。

家,爲僭佟伶人矣,故皆去之。"①

考論上述諸注,亦可知孔子述斯之深意也。

註解:

若夫亞飯、三飯、四飯之名物制度,亦可參照如下:

王者日四食之制:"王者所以日四食者何? 明有四方之物,食四時之功也。四方不平,四時不順,有徹膳之法焉,所以明至尊,著法戒也。王者平居中央,制禦四方,平旦食少陽之始也,晝食太陽之始也,晡(bū)食少陰之始也,暮食太陰之始也。《論語》曰:'亞飯幹適楚,三飯繚適蔡,四飯缺適秦。'諸侯三飯,卿大夫再飯,尊卑之差也。"②

四飯以樂侑食之制:"大師兼堂上堂下三樂者,亞飯、三飯、四飯以樂侑(yòu,助,相助)食,奏於堂上,鼓鼗以倡,笙管奏於堂下,貳大師者少師,與堂上堂下之歌笙相應者鐘磬,立言之序不苟如此。又曰:《論語》記亞飯至四飯,則諸侯亦有初飯,特不侑食,故無其官。案《周禮·大司樂》:'王大食三侑,皆令奏鐘鼓。'則天子日四食,而侑日食之樂惟三,知平旦食亦無樂也。"③

或曰天子亦三飯:"《周官膳夫》云:'王齊日三舉。'則天子亦三飯。又鄭注《鄉黨》云:'不時,非朝夕日中時。'此通説大夫士之禮,則周制自天子至士皆三飯,與殷異也。又《禮器》云:'禮有以少爲貴者,天子一食,諸侯再,大夫士三。'注云:'謂告飽也。'既告飽,則侑之乃更食,凡三侑。《儀禮特牲》是士禮,有九飯。少牢是大夫禮,有十一飯。故鄭注以諸侯十三飯,天子十五飯,皆因侑更食之數,與《論語》亞飯、三飯、四飯之義不同。"④

---

① 《四書集注考證》。
② 《白虎通·禮樂篇》。
③ 《樸學齋劄記》。
④ 《論語正義》。

或曰此曰四飯,蓋言天子之制:"《周禮-春官-大司樂》:'王大食,三宥',謂樂三奏也。大食,朔望食也。又《白虎通》云:'王者平旦食,晝食,晡食,暮食,凡四飯。諸侯三飯。大夫再飯。'此雖是周制,然王者等殺或不相遠。此有四飯,非諸侯可知。"①

周公謂魯公曰:"君子不施其親,不使大臣怨乎不以。故舊無大故,則不棄也。無求備於一人。"

周公(姬旦)謂魯公(伯禽,周公旦之子)曰:"君子不施(弛,廢,疏遠;又曰易;或曰與;或曰劾,不取)其親;不使大臣怨乎(或曰呼,不取)不以(用,任用);故舊(世子在學時之共學之太子、嫡子、庶子及國之俊秀)無大故(惡逆之事)則不棄也;無求備(盡)於一人。"

此蓋伯禽就封魯國時周公之庭訓,鄭重叮嚀於四事,蓋其意此乃君子秉國用人之要也。四事實只一事,曰接人用人;接人用人有四類,曰親族、大臣、故舊、士民也;何以接之?曰仁義忠厚也。不施其親者,不廢弛疏遠親族宗人也,或解"不施"為"不易",不易其宗族之親而親外戚也;不使大臣怨乎不以者,既選賢德大臣,則當信而用之,毋使怨己不用也;故舊無大故則不棄者,故舊為世子在學時之國之俊秀共在學者,《王制》所謂"王太子、王子、羣後之太子、卿大夫元士之適子,國之俊選皆造焉",於君則君子等國之俊秀者,如斯之類也,若其無大惡逆,當存錄選用之,為君之股肱輔佐之臣,亦亦所以用一國之才俊也;無求備於一人者,於一般士民也,凡有一長則用之,人盡其用而不遺其才也②。周公言此乃安邦為政

---

① 《論語稽求篇》。

② 《子路》:子曰:"君子易事而難説也:説之不以道,不説也;及其使人也,器之。小人難事而易説也:説之雖不以道,説也;及其使人也,求備焉。"

之根本也。在上失用人之道，昏庸不仁不義不正，則賢人隱遁，小人悻進，國之將亡也不遠矣。

論曰：“《泰伯》篇：‘君子篤於親。’篤者，厚也，卽不弛之義。《禮‐中庸》云：‘仁者，人也。親親爲大。’又云：‘親親則諸父昆弟不怨。’《儀禮喪服》傳：‘始封之君不臣諸父昆弟’，則諸父昆弟在始封國時當加恩也。……（或曰，）施，猶劾也，謂劾其罪也。（則）不施爲隱其罪，亦待公族之道，於義得通者也①。大臣，謂三卿也。不以，謂不用其言也。《禮‧緇衣》云：‘子曰：“大臣不親，百姓不寧，則忠敬不足，而富貴已過也；大臣不治而邇臣比矣，故大臣不可不敬也，是民之表也。”’又云：‘君毋以小謀大，則大臣不怨。’蓋既用爲大臣，當非不賢之人，而以小臣間之，則臣必以不用爲怨矣。故舊者，《周官‧大宗伯》：‘以賓射之禮親故舊朋友’，注云：‘王之故舊朋友爲世子時共在學者。’《王制》言大學之制云：‘王太子、王子、羣後之太子、卿大夫元士之適子，國之俊選皆造焉。’此文故舊，卽謂魯公共學之人，苟非有大故，當存錄擇用之，不得遣棄，使失所也。備者，盡也。人才知各有所宜，小知者不可大受，大受者不必小知，因器而使，故無求備也。《漢書‧東方朔傳》顏師古注：‘士有百行，功過相除，不可求備。’（此於今之法治規範相悖，故今不可取）亦此義也。《大傳》云：‘聖人南面而聽天下，所且先者五，民不與焉。一曰治親，二曰報功，三曰舉賢，四曰使能，五曰存愛。’（此又有不合今世民治國政治觀念者，當細辯之）以此五者爲先，當是聖人初政之治。周公此訓略與之同，故說者咸以此文爲伯禽就封，周公訓誡之詞，當得實也。”②

或論曰：“周公戒伯禽多矣，仲尼獨舉此，諷哀公不親信賢人

---

① 今論曰：今世則頗不然此解，且此於今世法治觀念不合，當去之，或改易使合於現代法治價值觀念。

② 《論語正義》。

爾。施當（解）爲弛，言不弛慢所親近賢人，如此則大臣無所施矣。雖有周親，不如仁人也。"①

今論曰：此節所言之治國之道術，於今言之，有可行者，有不合現代正道法治而不可行者，當分辨擇捨之。

周有八士：伯達、伯適、仲突、仲忽、叔夜、叔夏、季隨、季騧。

周有八士：伯達、伯適、仲突、仲忽、叔夜、叔夏、季隨、季騧。

此蓋贊盛世人才之美多，而哀衰世人才之凋落也；而其轉機，在乎政教化育也。朱熹曰："（此八士也，）或曰成王時人，或曰宣王時人，蓋一母四乳而生八子也，（皆為顯士，）然不可考矣。張子曰：'記善人之多也。'愚按此篇孔子於三仁、逸民、師摯、八士既皆稱贊而品列之，於接輿、沮、溺、丈人又每有惓惓接引之意，皆衰世之志也，其所感者深矣。在陳之歎蓋亦如此。三仁則無間然矣，其餘數君子者亦皆一世之高士，若使得聞聖人之道，以裁其所過，而勉其所不及，則其所立，豈止此而已哉？"②

論曰："《論語》一書，記孔子與弟子之言行，以垂教於萬世者也。此篇雜載柳下惠、周公之言，師摯諸人及八士之事，蓋其言語事實皆魯人素所稱述，故類記也。"③又曰："人才之盛，作人者之休養之也。仁以育之，而人嚮乎仁，無果於忘世者焉；義以處之，而人喻於義，無傲上孤立者焉。此人之感於上而起也，而人之所助，天必佑之，和氣充而善氣集，故以先王先公之澤生其時者異焉。周之

① 《筆解》。
② 《四書章句集注》。
③ 《論語稽》。

作人盛矣,於是賢者之生不可勝紀。尤異者八士而集於一家,一家而八士產於一母,一母而八子四乳而生,而八子者又皆周多士之選也。嗚呼!豈非天哉!而天下不虛佑,則先王先公親親尊賢恤故掄才之德,實有以燕翼天而昌其後。乃當其盛,天不可期而期,其生也不爽。及其衰,則聚數姓之子講治法於一堂,而且散而之四方,何怪乎田野之多賢,而聖人之道終不行於齊魯哉!道之不行,已知之矣,而聖人之棲棲不舍,以盡至仁,明大義,則不見知於人而不尤人,不見佑於天而不怨天,斯其為不可及歟?記者雜著之篇,其意誠深。"①

又總論《微子》一章曰:"此篇(章)所紀往古實行及當時隱逸之人,皆當以夫子對看。孔子行二章(節),見孔子可去而去,不苟合,而非遯世;而楚狂三(節)章,又見孔子惓惓救世之志,不能一日忘,仁至義盡,而必非徇人枉己,此子之無可無不可也。三仁無間,亦是所處之時位當然。若柳下惠,則視一世皆枉道。楚狂沮、溺、丈人輩,又視斯世之人為若浼其趣,皆異於聖人,而各有所偏主矣。太師摯諸人實把孔子流風,而周公之訓,八士之盛,又夫子所有志焉,而未之逮見者也。(以《微子》"柳下惠"一節玩之②),則惠之和而介可見。以(此)下二章(節)參之,則孔子之時中,而惠之不恭,亦可見矣。孟子每以孔子與伯夷、伊尹、柳下惠並言,而要歸願學孔子,皆此篇之意也。"③

---

① 《四書訓義》。
② 原文為"此章以本章玩之"。
③ 《四書詮義》,轉引自《論語集釋》。

子張第十九

子張曰:"士見危致命,見得思義,祭思敬,喪思哀,其可已矣。"

子張曰:"士見危(極端危急狀態,非常狀態,別無其他選擇時)致(授,獻)命,見得思義,祭思敬,喪思哀,其可已矣。"

古之士也為君國,今之士也為國為民,為公事大道也;士亦人也,又為家人父母夫妻兒女也。若夫極端危急存亡之際,別無可擇,義不容辭,則將見危而授命,所謂"生以違道大辱,不如死以榮"也①。

見得思義,心安身安,行之久遠。祭思敬,敬天地鬼神,敬天道神明也,慎終追遠也。喪思哀,哀戚同情,恩情孝思永不匱,養仁心而長恩情也。

或論曰:"危邦不入,亂邦不居,非其君不仕,許多審慎都在前面。若既仕之,則見危時只有致命,並無思法耳。"②

今論曰:或則斟酌出處而不仕則已,仕則見危授命(非常狀態下),見得思義,乃為題中應有之事之義。擇其職業亦如是也,而各

---

① 《曾子·制言篇》:"生以辱,不如死以榮。"
② 《四書約旨》。

有其特別之職責,乃至非常形勢或狀態:士兵將帥而或有馬革裹屍之時事,員警游檄亦有巡察糾鬥、保一方平安之時事,官員公仕於非常形勢下固當恪盡職守……

子張曰:"執德不弘,通道不篤,焉能為有? 焉能為亡?"

子張曰:"執德不弘(大),通道不篤(深),焉能為有? 焉能為亡(無)?"

執德不弘,太狹也,無所推擴,硜硜鄙陋一生也;通道不篤,太淺也,耳聞膚受,志意不堅,不能得道樂道益,又不能任重致遠也。安於小成,惑於異端①,何足為世之輕重哉?

論曰:"有德不能宏大,通道不務厚至,雖有其懷,道德蔑然,不能為損益也。"②如此,則焉能謂道德之有無得失? 又焉足以為存世之輕重? 有德不孤,汝敬人愛人,教養子弟鄉里(孟子所謂"中也養不中"之類),則人亦必敬之愛之,四海之內皆兄弟,故不孤也;有道不虛(虛空、萎靡、虛度),學之充之,切磋砥礪,行之為之,教之化及,四海之內皆道友,故不虛也。弘德篤道,為世之重;不孤不虛,無悔無吝,來也安樂,去也安然矣。

論曰:"執德是持,守堅定宏,則**擴所未擴**。通道是心,孚意契篤,則始終如一。既宏且篤,方足以**任重致遠**,做天地間大補益之事,為天地間有關繫之人。若不宏不毅,則**至道不凝**,碌碌一生,**無補於世**(德孤道廢)。世有此人,如九牛增一毛,不見其益;世無此人,如九牛去一毛,不見其損。何足為輕重乎? 每讀《論語》至'焉能為有? 焉能為亡?'中心不勝懼悚,不勝悵恨,慚平生見道未明,

---

① 《論語正義》。
② 《皇疏》。

德業未就，恨平生凡庸罔似，於世無補，虛度待死，與草木何異？猛然一醒，痛自振奮，少自別於草木，庶不負此一生。"①

　　子夏之門人問交於子張。子張曰："子夏云何?"對曰："子夏曰：'可者與之，其不可者拒之。'"子張曰："異乎吾所聞：君子尊賢而容眾，嘉善而矜不能。我之大賢與，於人何所不容？我之不賢與，人將拒我，如之何其拒人也?"

　　子夏之門人問交（交友，與人交接之道）於子張。子張曰："子夏云何?"對曰："子夏曰：'可者與之，其不可者拒（棄絕）之。'"子張曰："異乎吾所聞：君子尊賢而容眾，嘉善而矜（憐，憫惘而或有所提攜教助也）不能（德能暫時稍遜，或某方面稍遜之人，或曰庸劣之人）。我之大賢與，於人何所不容？我之不賢與，人將拒我，如之何其拒人也?"

　　子夏取友嚴正而必有德，"可與不可"，觀乎其人其德正可否也，蓋取"無友不如己者"之意，親敬有德而遠拒不肖，與有德君子相交遊切磋，不與邪僻小人惡人相沉溺沉瀣也。尚義尚德，相與以正，道義切磋提撕，乃可德業精進，義以為群為和，行之久遠。子張蓋亦有聞於孔子，而曰"君子尊賢而容眾，嘉善而矜不能"，其尊賢嘉善，同於子夏，亦有所守，有正則也；而又容眾矜不能，寬恕而合眾，憐憫而泛仁也。矜者何？於其庸劣不能者，亦視其可否而憐憫有所教正提攜也。然則尊賢嘉善是擇友以親，容眾矜不能是泛交以和；擇友以進德，親而敬之；泛交有度矩，矜持而不親近，以和衷共濟於公事也，而其間自不可顛

_____

　　① 《反身錄》。

倒混淆也。荀子曰：“君子賢能容罷，知能容愚，博能容淺，粹能容雜。”①此之謂也，然此是成人成德之後事。蓋子張所云，亦周公“無求備於一人”②之意，又孔子“君子易事而難說”之意：易事，則容眾矜不能，而不求備於一人也；難悅，則內有義方度矩，有其凜然不可犯者，類於子夏也③。

或曰：“士人交友進德，當有次第。初學之士，當‘毋友不如己’者，所謂‘其不可者拒之也’。待德日進而識益定，在外者不足以移之，則當容眾而矜不能。故學者當如子夏之慎，勿遽學子張之高。”④蓋少小或初學，見識未廣，道理未精，德業不固（厚），定力不深，威嚴未足，倘與庸俗邪僻小人交遊，恐不免挾持陷溺不可自拔，故其初便當嚴正以擇交，斷其汙濫之接觸；若夫見識漸廣，道理日精，德業厚固，定力日深，威嚴自足，則能知能守其義方壁壘，容眾矜庸而內自不染不陷，故能合眾治事，集合眾人之才力而為道業義事也。

或論曰：“子夏之言迫狹，子張譏之是也。但其所言亦有過高之弊，蓋大賢雖無所不容，然大故亦所當絕；不賢固不可以拒人，然損友亦所當遠，學者不可不察。”⑤又或論之曰：“子夏之門人問交於子張，而二子各有所聞乎夫子。然則其以交誨也，商也寬，故告之以距人；師也褊，故告之以容眾。各從其行而矯之，若夫仲尼之正道，則汎愛眾而親仁。故非善不喜，非仁不親，交遊以方，會友以仁，可無貶也。”⑥

質言之：近人親人以德（有德者乃親近而敬之），處人用人以和容

---

① 轉引自《論語後案》。

② 《微子》。

③ 《子路》：子曰：“君子易事而難說也：說之不以道，不說也；及其使人也，器之。小人難事而易說也：說之雖不以道，說也；及其使人也，求備焉。”

④ 《論語大義》。

⑤ 《四書章句集注》。

⑥ 蔡邕，《正交論》。

（泛交相處共事則容而和之）；自處自修以嚴，論人用人不求備。故曰：
自律嚴，律他寬，不必求備於一人，而大節皆不可奪。

子夏曰："雖小道，必有可觀者焉；致遠恐泥，是以君子不為也。"

子夏曰："雖小道，必有可觀（觀覽，觀美）者焉；致遠恐泥（泥濘，不通，違礙），是以君子不為也。"

小道者，如小徑，如旁逸斜出而不經（常）之道，又如山徑蹊間、鳥獸之道等，乍行之，亦有可觀美便利者也；欲行而至遠通達，則恐或泥濘坎坷斷裂而不通，或違離正路、南轅北轍而不至，或迷惑兇險而危其身。故君子不貪便利而僥倖，不獵奇而迷惑，道不由徑（小道）①，而必由經常之正道，斯可行穩致遠，達其正道善果也。故曰：君子必由大道，然後可致遠通達。大道者何？聖人之道也，"五經聖人所制，萬事靡不畢載。……夫小辯破義，小道不通，致遠恐泥，皆不足以留意"②；又居仁由義也，孟子曰："仁，人之安宅也；義，人之正路也。曠安宅而弗居，舍正路而不由，哀哉！"③此之謂也。

喻言之，大道，眾人所由之常道也，正大光明、由之必達之正道也，可通達天下之大道也（雖至九夷可通行也），如忠信篤敬，雖蠻貊之邦亦行矣，雖之夷狄不可棄也④。若夫小道者，凡偏離大道大義或正道正義者，皆小道也⑤，一時或可觀其效利捷給，久則違道幹

---

① 《雍也》：子游為武城宰。子曰："女得人焉爾乎？"曰："有澹台滅明者，**行不由徑**。非公事，未嘗至於偃之室也。"

② 《漢書·宣元六王傳》。

③ 《離婁上》。

④ 《衛靈公》：子張問行。子曰："言忠信，行篤敬，**雖蠻貊之邦行矣**；言不忠信，行不篤敬，雖州里行乎哉？立，則見其參於前也；在輿，則見其倚於衡也。夫然後行。"子張書諸紳。《子路》：樊遲問仁。子曰："居處恭，執事敬，與人忠。**雖之夷狄，不可棄也**。"

⑤ 《陽貨》：子曰："**道聽而塗說，德之棄也**。"

義,窒礙不通,而憂患禍殃隨之,故君子不爲也①。具言之,若夫異端曲説、縱橫詭譎、急功近利、僥倖干求、抄由捷徑等,皆可謂小道之事也。若夫違礙正道正義之邪僻惡濁之術,邪惡之術事也,不可謂小道也。

或曰:小道,道之小者,道之低者,道之粗者;大道,道之大者,道之高者,道之精者。於小處小群小利或可觀,而於大處大群大利則違背扞格不通;小道或亦可觀美利生,若夫大道,可以修己成德、利用厚生、齊家治國經世平天下也。故君子當進於高明精微,不可斤斤徒鶩於小道。

或謂小道爲異端:"聖人一貫,則其道大;異端執一,則其道小。孟子以爲'大舜有大焉,善與人同'。能通天下之志,故大。執己不與人同,其小可知。故小道爲異端也。可觀,謂可以相觀而善,卽攻乎異端也。百家九流,彼此各異,使彼觀於此而相摩焉,此觀於彼而相摩焉,則異者相易而爲同,小者旁通而爲大。惟不能相觀而善,小終於小而不相通,則不能致遠矣。泥則執也,相觀則能致遠,不相觀則泥,故欲致遠則恐其泥,是以君子不爲也,卽是以君子不泥也。"②

或謂小道爲諸子百家功利之説:"蓋小道者,如今之所傳諸子百家功利之説,皆其類也。取其近效,固亦有可觀者,期欲致遠,則泥而不通,雖有暫成,不久而壞,是故君子惡而不爲也。"③又曰:"諸子書或反經術,非聖人,或明鬼神,信物怪。太史公書有戰國縱橫權譎之謀,不可予。蓋五經聖人所制,萬事靡不畢載。夫小辯破義,小道不通,致遠恐泥,皆不足以留意。"④

或謂小道爲詩文字畫:"小道,在當時不知果何所指,在今日詩

---

① 《子路》:子夏爲莒父宰,問政。子曰:"無欲速,無見小利。欲速,則不達;見小利,則大事不成。"

② 《論語補疏》。

③ 《四書辨疑》。

④ 《漢書·宣元六王傳》。

文字畫皆是也。爲之而工，觀者心悦神怡，躍然擊節，其實内無補於身心，外無補於世道，致遠恐泥，是以知道君子不爲也。然則詩文可全不爲乎？曰豈可全不爲。顧爲須先爲大道，大道誠深造，根深末自茂，即不茂亦不害其爲大也。伊傅周召，何嘗藉詩文致遠耶？問大道。曰：内足以明心盡性，外足以經綸參贊，有體有用，方是大道，方是致遠。其餘種種技藝，縱精工可觀，皆不足以致遠，皆小道也，皆不足爲。爲小則妨大，所關非細故，爲不可不慎也。"①

總言之：小道者，蓋若縱橫權譎之術，若小説家者流，若堅白同異之小辯，若書畫詩文辭賦，若農圃醫蔔，若異端，若諸子功利之説，皆或有乎是也。然此論亦稍籠統，明知者於此不可臆必固我。蓋道之大小正邪，不在其名，而在其實；不當膠固其類，而當辨其良莠；不必一概抹煞，而當知其本末而已。本不存，徒鶩末藝，則或害其生，不能安生行遠也。本者何？人也，人生人心也，安生行遠，安心樂世，舍正道仁學中庸禮義奚致？故曰必先務本，非謂如書畫詩文辭賦諸藝概不可為也。

餘論：天下有正道大經，則固當學習大道經典；天下無正道大經，則正當多方探究格致而求之。人類之正道大經不過是天道仁道而已，依天道仁道而求人類人間之正道正經。若夫大道正道失墜或未得之前，何所知奚為大道正道？何所定之？則或曰無所謂大道小道、正道異端之分，各致其學其道其藝其術，而後天示之，聖人用中以製作之，人選取而受(悟會)之，王者法之，兆民循之，而後或可為正道大經也②。或曰：宗(五)經，與研習諸子百家，乃至異端，正可相輔相成，並行不悖。(正)經為體，為正統，而諸子百家為永遠之競爭者、監督者、批評者、補苴缺漏者、造血者，或在野派、反對派云云，所謂以道爭、以學爭、以正義爭也。若有正經或新經，則

---

① 《反身錄》。
② 亦可參閱拙著《中庸廣辭》。

正經學為道體根本,諸子學或各學科為道用枝葉,枝葉固當各自努力生長伸展繁茂,而不離根本大道(即天道仁道人道正道),而道體根本亦當深固正大直立穩重也。小道亦當有所作為,大道尤不當失墜;小道之學,專家之學也;大道之學,通人之學、中庸之學也;專家而必先有大道之通識、常識教育植其基而後可;通人則必有通識之博通深厚而又時時資取專家之學以納入也,或曰通人資於專家之學而後據道體根本而決斷也。大道植其根基,則若夫小道怡情之類,非關大道之道體根本,則固可遊於藝,而亦平等互敬之。

　　今之餘論:然則科技亦是另一種道(實則儒家仍認為是"藝"),曰物理也,非是人間道體,而仍有其特別之獨立價值;至於藝術之類,非關道體,然亦可怡情審美,有其才華心志者,固可潛心盡力為之,不必一律求之以"藝以載道"也。然仍當有人生大道之基本通識而後可。此為本節之意旨。

子夏曰:"日知其所亡,月無忘其所能,可謂好學也已矣。"

　　子夏曰:"日知(志,識,記)其所亡(無,所無即所不知、所未及、所不足),月無忘其所能(已知者),可謂好學也已矣。"

　　日知其所亡,不自滿自止,好學不厭、進德不止也;月無忘其所能,不貪多務速而耳食風散,乃踐習內化於己也。此亦溫故知新、博學篤志(識,記)之意。日知其所不足,月無忘其所能[1],則可日進累積,道業精進也。若是,何至於飽食終日無所用心哉[2]。

---

　　① 《舊唐書·張玄素傳》。
　　② 《陽貨》:子曰:"飽食終日,無所用心,難矣哉! 不有博弈者乎,為之猶賢乎已。"

論曰:"此勸人學也。亡,無也,謂從來未經所識者也;令人日新其德,日日知所未識者,令識錄之也。所能,謂已識在心者也,既自日日識所未知,又月月無忘其所能,故言識之也。能如上事,故可謂好學者也。然此即是溫故而知新也,日知其所亡是知新也,月無忘所能是溫故也,可謂好學也。"①

餘論:先立其大本,本立而道固,則可求其專家之學也。立本之教,即是大道經(經即常)義常識之教(道本),通識之教也。

子夏曰:"博學而篤志,切問而近思,仁在其中矣。"

子夏曰:"博學而篤(深、厚)志(識,記),切(精細研討切磋;或曰切己、及己)問而近思,仁在其中矣。"

其意曰:廣學而深識(識,記)之;"切問,謂以切己之事問於人也;近思,謂不馳心高遠,就其切近者而思之也。外焉問於人,內焉思於心,皆先其切近者,則一語有一語之益,一事有一事之功,不比汎然馳騖於外,而初無補於身心也。"②蓋"初而學,既學要記,疑則問,終乃思,乃求知之序也"③,若志存學道,而切磋問難、深思體會,則是充道體仁,求知為仁之學術,有仁心哉,故曰仁在其中矣。

或曰切問是切磋問難;切者,切磋其玉也,切之磋之,層層剖析,條分縷析,精雕細琢,精研覃論,細審問難也。

或曰篤志是誠篤其求道修德之心志。

子夏曰:"百工居肆以成其事,君子學以致

---

① 《皇疏》。
② 《四書集編》。
③ 《論語後案》。

其道。”

子夏曰：“百工居肆（工肆，古代官府造作之處①；或曰市肆，市中陳物之處，不取）以成其事（器物、器具），君子學（學習；或曰學校，此蓋是“居學”之省）以致（得，獲；或曰至）其道。”。

百工，造作器物爲用也。殷周處百工於官府，俾專心於造作之事，又使父子相繼恒其業，故能成其物事器具也。管子對桓公曰：“昔先王之處工也，就官府。令夫工，羣萃而州處，審其四時，辨其功苦，權節其用，論比協材，旦暮從事，施於四方，以飭其子弟，相語以事，相示以巧，相陳以功。少而習焉，其心安焉，不見異物而遷焉。是故其父兄之教不肅而成，其子弟之學不勞而能。夫是，故工之子恒爲工。”②是之謂也。故曰：百工之欲成其器也，必居肆習事攻作乃成；若夫君子之欲致其道也，則必居庠序學校，專心致志，博文約禮，毅然長久學習切磋乃可得之也。百工必成其事（器物、器具），學者必致其道，而皆當學也。或問：何必學？曰：“百工亦非生巧也，居肆則是見廣，見廣則巧成；君子未能體足也，學以廣其思，思廣而道成也。”③居肆居校云云，師友問學請益、切磋琢磨，專心一志、毅然久焉乃成之謂也。君子於學，不可不弘毅。

論曰：“學者侈言道而疏於學，則無體道之實功，而其求至於道之心亦未篤也。夫學何爲也？非侈誦習之博也，非摹倣古人之跡以自表異爲君子也，以人各有其當行之道，不至焉，必求致也。而非學無以盡道之用而通其變化，抑非學無以定己之志而靜其神明，

---

① 《齊語》：“管子對桓公曰：‘昔先王之處士也，使就閒燕，處工，就官府。’又曰：‘令夫工，羣萃而州處，審其四時，辨其功苦，權節其用，論比協材，旦暮從事，施於四方，以飭其子弟，相語以事，相示以巧，相陳以功。少而習焉，其心安焉，不見異物而遷焉。是故其父兄之教不肅而成，其子弟之學不勞而能。夫是，故工之子恒爲工。’”

② 《齊語》。

③ 《皇疏》。

則其於學也，日有作，月有省，瞬有養，息有存，以遇古人於心，而復吾性之知能也。必無不盡也，而後可集於吾心，而行焉皆得也。不然，慕道而無求道之功，何足以爲君子乎？"①

子夏曰："小人之過也必文。"

子夏曰："小人之過也必文（文飾）。"

"過（或）出無心，文（必）出有意"②，"小人憚於改過而不憚於自欺，故必文以重其過"③。文過飾非者，將以復犯。豈徒過後之文飾，實則又有明知故犯前之文飾也，必以文飾而故爲之（其過）也。行前行後，皆文過飾非，此其所以爲小人也。"君子有過則謝以質，小人有過則謝以文"④，此君子小人之分。

論曰："君子有過是己誤行，非故爲也，故知之則改；而小人有過，是知而故爲，故愈文飾之，不肯言己非也。君子過由不及，不及而失，非心之病，務在改行，故無吝也；其失之理明，然後得之理著，得失既辨，故過可復改也。小人之過生於情僞，故不能不飾，飾則彌張，乃是謂過也。"⑤又曰："君子之過如日月之食，過也人皆見之。小人之過也必文，此其所以爲小人歟？⑥ 吾人果立心欲爲君子，斷當自知非改過始。若甘心願爲小人，則文過飾非可也。庸鄙小人不文過，文者多是聰明有才之小人；肆無忌憚之小人不文過，文者多是慕名竊義、僞作君子之小人。蓋居恒不肯檢身，及有過又

---

① 《四書訓義》。
② 《四書紹聞編》。
③ 《四書章句集注》。
④ 《史記·孔子世家》。
⑤ 《皇疏》。
⑥ 此亦可參閱《孟子·公孫醜下》，又可參閱《子張》：子貢曰："君子之過也，如日月之食焉：過也，人皆見之；更也，人皆仰之。"

怕壞名，以故多方巧飾，惟務欺人。然人卒不可欺，徒自欺耳，果何益哉！”①

子夏曰：“君子有三變：望之儼然，即之也溫，聽其言也厲。”

子夏曰：“君子有三變：望之儼然（矜莊），即（接近）之也溫（和潤），聽其言也厲（嚴正、清正）。”

論曰：儼然者，貌之莊；溫者，色之和；厲者，辭之確②。望之儼然，禮之存；即之也溫，仁之著；聽其言厲，義之發③。“君子敬以直內，義以方外，辭正體直，德容自然發”④，人之接之，若見其有變，故謂之變耳，君子實無變也⑤。

或曰：望之儼然，即《禮記·曲禮》之“儼若思”，又或“正其衣冠，尊其瞻視，儼然人望而畏之”⑥之意；聽其言也厲，亦有《禮記·表記》“君子不厲而威”之意，而彼則“敬以直內，義以方外”之氣質容色，此則言辭嚴正也。

子夏曰：“君子信而後勞其民，未信則以為厲己也；信而後諫，未信則以為謗己也。”

子夏曰：“君子信（克己修德，率先垂範於道德禮義，使民信己）而後勞其民，未信則以為厲（病、害）己也；信（盡忠敬事，使君上信己）而後諫

---

① 《反身錄》。
② 《四書章句集注》。
③ 《論語新解》。
④ 《皇疏》。
⑤ 《皇疏》、《論語新解》。
⑥ 《堯曰》。

其君上,未信則以爲謗己也。”

論曰:在位君子克厲德也,率先垂範於道德禮義,其之於民也,保民若子,用政素必終利民,故民素信之,服勞役故知非私,而聽之;倘信不素立,民動以爲病己而奉其(在位君子)私也。若夫於君上朋友也,倘吾也素所盡己忠恕,誠意惻怛,而人(君上朋友)信之,則吾自可正言匡諫之,知吾善意也;倘若吾人其人尚非忠誠相與,則未能諫也,以其將以爲(諫者)不懷好意而毀謗之也。非徒無益,災害反將危及其(諫者)身。故曰:倘無素信,不可輕致諫也。① 或曰:“信而後諫,亦有雖不信而不容不諫者,箕子、比干是也;信而後勞,亦有民未信而不容不勞者,如子產爲政,民欲殺之是也。子夏特論道理必如此然後盡善耳,非爲未信皆不可使民諫上也。”②

或曰:“事上使下,皆必誠意交孚,而後可以有爲。”③古有上下尊卑之分,故有此論。今則人各平等,不言上下,然而人之相交也,盡己忠信、誠意惻怛,古今一貫之善道也。

餘論:君子不務一時之虛譽,必為國為民致長遠之大利,故或有(人)初謗後稱許之事也。然此其權變,於常道,仍當信而後行、信而後諫。

子夏曰:“大德不踰閑,小德出入可也。”

子夏曰:“大德不踰閑(闌,門闑),小德出入(稍有出入逾越)可也。”

大德小德,大節小節也。

君子之自處,大節凜然不可奪,謹守其度限;若夫有時大節小

---

① 《皇疏》引江熙語。

② 《四書存疑》。

③ 《四書章句集注》。

節相間扞格，危急間一時不能兼顧，則一時權宜，全大節，而小節稍有出入逾越，亦可也。故曰：為全大節，而小節權宜出入；無此（危急而不得已），則君子之自處自修也，與乎先生之施教，固當責其持守大節小節也。

若夫論人，則寬以恕之，不求備苛責，於大節固無所寬縱，必立矩則崖岸；若夫小節出入，亦寬恕之而已。然究竟是大節小節而皆嚴以自處者，是誠賢德，我敬以友之。

論曰："觀人者有不必求備之道焉，責之於動履之微，而曲謹之士進，而志義之君子且見疵焉，失之也多矣。如其於綱常名教之大信之心而施之行者，皆天理民彝當然之則，無有踰也，則一介之取與、片語之從違，或入於閑之中，亦或出於閑之外，而言不足法，行不足則焉，則亦許之可矣。必欲求全焉，則飾忠飾信而大義缺然，多得之於偽士矣。此知人者取捨之辨也。"[1]然"論人與自處不同，觀人當觀其大節，大節苟可取，小差在所略；自處則大德固不可踰閑，小德亦豈可出入？一有出入，便是心放，細行不謹，終累大德，爲山九仞，功虧一簣，是自棄也。"[2]

或解曰：大德者雖小閑者亦不敢踰，自處嚴也；小德者則不然，此其所以為小德者。然此解恐不合原意，原意蓋言大德者有時乎而有權也，貞而不亮，非必為硜硜哉小信之人。

子遊曰："子夏之門人小子，當灑掃、應對、進退，則可矣。抑末也，本之則無。如之何？"子夏聞之曰："噫！言遊過矣！君子之道，孰先傳焉？孰後倦焉？譬諸草木，區以別矣。君子之道，焉可誣

① 《四書訓義》。
② 《反身錄》。

也？有始有卒者，其惟聖人乎！"

子遊曰："子夏之門人小子(亦弟子；或曰小子是門人中之幼小者；或曰接下讀)，當灑掃、應(唯諾)對(答辭)、進退，則可矣。抑(然，恐徒，恐徒為)斯徒為末也，本之則無。如之何?"子夏聞之曰："噫(不平之聲)！言遊過(誤)矣！君子之道(教學為君子之道)，孰者(指道之具目內涵，今曰教學内容；或曰孰人，今曰教學對象，此不取)先傳(傳授)焉，孰者(指道之具目內涵，今曰教學内容)後傳焉；孰人(指孰人、誰人，今曰教學對象)先倦(倦而止，或曰止學，或曰止其灑掃應對進退之弟子職事，而進於正心誠意之大道修習)焉，孰人(指孰人、誰人，今曰教學對象)後倦焉①，此皆譬諸草木，區(分區、品類、區別②)以別矣。道之本末大小精粗條目不同，故教之傳之也有先後；學者之天分不同，學有遲速，故倦之也有先後，得道也有深淺；故皆有先後深淺之別也。君子之道，焉可躐等以進、虛矯自伐而誣(誣枉擅改、師心自用之意，兼指道之内涵與教法而言；又"道不可誣、非其人不得"之意)也？有始有卒、得道之全體大用者，其惟聖人乎！"

灑掃者，"凡糞除，先以水潑地使塵不揚，而後掃之，故灑先於掃。《曲禮》云：'凡為長者糞之禮，必加帚於箕上，以袂拘而退，其塵不及長者，以箕自鄉而扱之。'《弟子職》云：'凡拚(fèn，掃除③)之道，實水於槃，攘袂及肘，堂上則播灑，室中握手，執箕膺擖，厥中有帚，入户而立，其儀不貸。執帚下箕，倚於户側。凡拚之紀，必由奥始。俯仰磬

---

① 或曰前一孰字指道之内涵條目，孰先傳孰後傳，皆本有次序；後一孰字指學者，即今之教學對象，學者有聰穎遲速之異，故教之學之亦當有次序。兩者皆如草木有別也。於"孰"也同字異指，於"傳"、"倦"也異字以示二事，此古之對文省文之文法也。竊以為此解較為妥切。

② 《潘氏集箋》："《論語發微》曰：'《說文》："區，踦區藏匿也。從品在匚中。品，眾也。"'按此知區為品類，區以別矣。謂區其品類以別之，凡言區分者，即區別也。又按《樂記》'草木茂區萌達'，鄭注：'屈生曰區。'則《論語》'區以別矣'，亦可訓為區萌之區。區，屈聲之轉，不必改讀，謂其區萌未達之時，即有以別之，以區萌喻學者之始也。"

③ 《禮記·少儀》："掃席前曰拚。"又 pàn，拋棄，捨棄；又讀 pīn 捨棄，後作"拼"。

折,挤毋有徹,挤前而退,聚於戶內,坐板排之,以枼適己,實帚於箕.'此灑掃之事也."①應,唯諾也,對,答辭也,"《曲禮》云:'在父母之所,有命之,應唯敬對.'又云:'父召無諾,先生召無諾,唯而起.'"②進退者,"《曲禮》云:'進退周旋慎齊.'凡摳衣趨隅,與夫正立拱手、中規中矩之節,皆幼儀所當習者.子遊習於禮樂,以學道爲本,而以灑掃應對進退爲禮儀之末,故譏子夏爲失教法.'曾子曰:"夫禮,大之由也,不與小之自也."'③又謂趨翔周旋俛仰從命爲未成於弟,亦此意."④本,謂先王之道,如禮樂大道、性與天道、正心誠意之類也.

　子夏之意曰:"君子之道,非以其末爲先而傳之,非以其本爲後而倦教.但學者所至,自有淺深,如草木之有大小,其類固有別矣.若不量其淺深,不問其生熟,而概以高且遠者強而語之,則是誣之而已,君子之道豈可如此? 若夫始終本末一以貫之,則惟聖人爲然,豈可責之門人小子乎? 程子曰:'君子教人有序,先傳以小者近者,而後教以大者遠者.非先傳以近小,而後不教以遠大也.'學者當循序而漸進,不可厭末而求本."⑤

　論曰:子夏曰:"雖小道,必有可觀者焉;致遠恐泥,是以君子不爲也."⑥此是告誡學者君子當立大本,不可逐末棄本,本末倒置.此節則是論爲學之次序,所謂先小學而後大學也.所謂大⑦學,本曰大人之學⑧,又曰學其道之大者也;大者何? 天道人道之大節大義、大道大德(行)、高深正大之理則也.小學⑨學其天道人道道禮

---

① 《論語正義》.
② 轉引自《論語正義》.
③ 《大戴禮·曾子事父母篇》.
④ 轉引自《論語正義》.
⑤ 《四書章句集注》.
⑥ 《子張》.
⑦ 音泰,如大師少師之"大"然;今音念如本字;大人,成人;又大道也.
⑧ 對應於少學或小學,少小之人之學.
⑨ 小者,本少小意也,少小者學其道禮儀節規模之小者,故曰小學.

儀節之小者,若六藝(禮樂射禦書數)、六行(孝、友、睦、姻、任、恤)與乎六德(知、仁、聖、義、中、和①)之少小適齡可行者也。所謂大學學其天道人道之大者,若禮樂仁義大道,若為政行道於國家天下之道②,若窮究人事物理之道③,皆是也。古者小學學其禮樂射禦書數,與乎禮樂儀節之小者,若孝、友、睦、姻、任、恤,若灑掃、應對、進退、愛親、敬長、隆師、親友之曲禮然;儀節立,小學成,斯略可成人自立,而後將能習學立其大者也④。

又論曰:"子遊蓋言小學、大學一貫之道,子夏蓋言小學、大學漸進之功。故教高明之士,當師子遊之意;教沉潛之士,當遵子夏之法。"⑤而"經文兩'孰'字明分二事。先傳對後傳者而言,性與天道,未至其時不得聞,而灑掃應對之事童而習之,是先傳者也。後倦對先倦者而言,既冠成人,而後弟子之職不復躬親矣,而嚮道而行,忘身之老,俛焉日有孳孳,死而後已,是後倦者也。孰先傳焉,孰後倦焉,猶曰有小道焉,有大道焉,故繼之曰:'譬之草木,區以別矣。'"⑥⑦

---

①　中、和之外,孟子則言"仁義禮智",蓋禮言其外,聖言其內也。參見:朱熹《小學集註》高愈註。

②　實則其原意似主要為針對貴族君子之"為政大道",其後則學問與政教機會皆下移,而明德與新民、止於至善與治平而同重之也,明德、止善亦皆是學道達道,不獨在為政行道。

③　事理與物理,今曰物理為自然科學,為自然物之理。欲以輔道,故窮究物理;窮究物理,正所以輔道。以此而不同於專究物理之專技之學,兩者同究物理,方法無二,所推出之物理無二,而初衷與待物理之術異也,異者何? 道之製之,以輔天道人道也。

④　詳見拙著《大學廣辭》。

⑤　《論語大義》。

⑥　《羣經平議》。

⑦　餘論:或曰:"孰後倦焉",蓋即"孰後傳焉",傳聞傳寫之誤。然以"孰後倦焉"為解,亦可引申新義,故以此為解耳。另:孰:或指教學內容;或指教學對象(弟子生徒)。稍難明,故亦闕疑之。

或解曰：子遊曰："子夏之門人小子（亦弟子；或曰小子是門人中之幼小者；或曰接下讀），當灑掃、應（唯諾）對（答辭）、進退，則可矣。抑（然，恐徒，恐徒為）斯徒為末也，本之則無。如之何？"子夏聞之曰："噫（不平之聲）！言遊過矣！君子之道，孰（孰人、誰人，今日教學對象）先得傳（傳得、得其傳、得道，指學者之速者）焉，孰（孰人、誰人，今日教學對象）後倦止（指學者之遲緩者；或曰學而倦止，指學者之好學者）焉①，其心志天資遲速深淺也各不同，此皆譬諸草木，區（分區、品類、區別②）以別矣。君子之道，焉可虛矯自伐而誣（"道不可誣、非其人不得"之意；或曰誣枉擅改，師心自用）也？有始有卒者，其惟聖人乎！"

子夏之意曰："君子之道，此當視人所能學而後傳之，故曰'孰先傳焉，孰後倦焉'。倦卽'誨人不倦'之倦，言誰當爲先而傳之，誰當爲後而倦教。皆因弟子學有淺深，故教之亦異。草木區別，卽淺深之喻。今子遊所譏，則欲以君子之道概傳之門人，是誣之也。草木區別，喻人學有不同，故注云大道、小道，則指本末言之。本爲大道，末爲小道也。"③

論曰："孰，誰也。言先王大道卽既深且遠，而我知誰先能傳，而後能倦懈者邪？既不知誰，故先歷試小事，然後乃教以大道也。大道與小道殊異，譬如草木，異類區別，學者當以次，不可一往學，致生厭倦也。君子大道既深，故傳學有次，豈可發初使誣罔其儀而並學之乎？唯聖人有始有終，學能不倦，故可先學大道耳；自非聖

---

① 或曰前一孰字指道之內涵條目，孰先傳孰後傳，皆本有次序；後一孰字指學者，卽今之教學對象，學者有聰穎遲速之異，故教之學之亦當有次序。兩者皆如草木有別也。於"孰"也同字異指，於"傳"、"倦"也異字以示二事，此古之對文省文之文法也。竊以為此解較為妥切。

② 《潘氏集箋》："《論語發微》曰：'《說文》："區，踦區藏匿也。從品在匚中。品，衆也。"'按此知區爲品類，區以別矣。謂區其品類以別之，凡言區分者，卽區別也。又按《樂記》'草木茂區萌達'，鄭注：'屈生曰區。'則《論語》'區以別矣'，亦可訓爲區萌之區。區，屈聲之轉，不必改讀，謂其區萌未達之時，卽有以別之，以區萌喻學者之始也。"

③ 轉引自《論語正義》。

人,則不可不先從小起也。又引張憑云:人性不同也,先習者或早懈,晚學者或後倦,當要功於歲終,不可以一限也。譬諸草木,或春花而夙落,或秋榮而早實,君子之道,亦有遲速焉。惟聖人始終如一,可謂永無先後之異也。又引熊埋云:凡童蒙初學,固宜聞漸日進,階麤入妙,故先且啓之以小事,後將教之以大道也。"①

又或解曰:子遊曰:"子夏之門人小子(亦弟子;或曰小子是門人中之幼小者;或曰接下讀),當灑掃、應(唯諾)對(答辭)、進退,則可矣。抑(然,恐徒,恐徒為)斯徒為末也,本之則無。如之何?"子夏聞之曰:"噫(不平之聲)! 言遊過矣! 君子之道,本末大小精粗不同,孰者(指道之具目内涵,今曰教學内容)先傳(傳授)焉,孰者後倦(倦而不教,則亦傳、教之意。故此句亦"孰後傳焉"之意,用倦字,文章之法也)焉②,此皆譬諸草木,區(分區、品類、區別③)以別矣。君子之道,焉可躐等而教以誣(誣枉其次序)之也? 有始有卒者,其惟聖人乎!"

子夏曰:"仕而優則學,學而優則仕。"

子夏曰:"仕而優(行有餘力)則學,學而優(行有餘力)則仕。"
古之學也,天道仁義之學、身心性命之學、君子大人之學、禮樂刑政之學、博文約禮之學、輔世長民之學、治平為政之學也;而學、

---

① 《皇疏》。

② 或曰前一孰字指道之内涵條目,孰先傳孰後傳,皆本有次序;後一孰字指學者,即今之教學對象,學者有聰穎遲速之異,故教之學之亦當有次序。兩者皆如草木有別也。於"孰"也同字異指,於"傳"、"倦"也異字以示二事,此古之對文省文之文法也。竊以為此解較為妥切。

③ 《潘氏集箋》:"《論語發微》曰:'《説文》:"區,踦區藏匿也。從品在匸中。品,衆也。"'按此知區為品類,區以別矣。謂區其品類以別之,凡言區分者,即區別也。又按《樂記》'草木茂區萌達',鄭注:'屈生曰區。'則《論語》'區以別矣',亦可訓為區萌之區。區,屈聲之轉,不必改讀,謂其區萌未達之時,即有以別之,以區萌喻學者之始也。"

仕相通，轉換自如，故亦可謂仕宦之學也。

　　仕宦必先盡職營事，若夫仕行有餘力，則當繼之以進學，以輔其仕宦職事也。其所學者何？曰博文也，曰先王之典章制度、訓誥誡命、禮樂刑政、王道仁政等學術道本也。

　　若夫"學而優則仕"，學者學以體道自修進德，又學以行道行仁也。於前者言，學不成固不仕，雖學成亦不仕昏君邪朝亂世，或有知其不可而為之者，然尤必自守自得其道樂也；於後者言，學成則必出仕而為政行道也，此古之學與學者之本與本志也。故曰"學而優則仕"：其學（古之學，亦古之廣義之政學也）成，行有餘力，足以出仕行道，則仕矣。

　　或曰："仕而優則學"，蓋針對古代世襲其職位而無學者言，行有餘力之餘，當補以進學；"學而優則仕"，蓋針對"尊賢、選賢任能"而言，當從賢德學人（所學乃道德禮義、治國為政之學，故曰士宦之學，出而為職業政治家或公職人員，非謂今日所謂專業技術之學）中選拔賢才而授予官職也。則"仕而優則學"乃權宜過渡之計，"學而優則仕"乃國家公職人才選拔之革新制度也。或解曰："仕而優則學"，仕當盡職，若夫行有餘力，則於仕宦之余，必終生進學（古之仕學、政學、道學或廣義政學）不輟，一者助其營職奉公，二者亦不忘進德修業之本也。"學而優則仕"，不學（古之專門仕學、政學、道學）者不得仕也，蓋仕者，公職公事也，大則關乎天下國家之治亂，小則關乎郡縣鄉党之百姓萬民之福祉，其重也如此，豈可委諸不學（古之仕學、政學、道學）、無學、學不正、學不精之人手？不亦視國家兆民之利益福祉為兒戲乎？不亦苟且昏亂至極乎？

　　故論曰："仕優則學，為已仕者言也，蓋時必有仕而不學如原伯魯者，故有是言；學優而仕，為未仕者言也，蓋未有以明乎修己治人之道，則未可以仕耳。又以明夫仕未優而學，則不免有背公徇私之失；學已優而不仕，則亦不免有愛身忘物之累。"①故曰："仕學相

---

① 《論語或問》。

資。學不矢志經綸，一登仕途，則所學非所用，是後世詞章記誦之學，非有體有用之學；仕不輔之以學，簿書期會之外，漫無用心，是後世富貴利達之仕，非輔世長民之仕。論仕、學次第，學在先，仕在後，而子夏先言仕，後言學者，良以學人一入仕多不復學，故先言仕，以見既仕比之未仕所關尤重，尤不可以不學。蓋未仕則耳目心思不雜，即有愆尤，易覺易更。一行作史，事務糾纏，苟警策無聞，未免情移境奪，日異而月不同，以至頓喪生平者多矣。學則心有所養，不至汩沒。況天下之事變無窮，一人之知識有限，學則耳目日新，心思益開，合天下之長以為己長，集天下之善以為己善，措置精密規矩，比俗吏自是不同。由斯觀之，則知已仕者不可離學，而未仕者亦不可以不知所學也。"①

餘論：又當知者：其時此學，徒就政學、輔世長民之學、心性性命之學而言——此皆包含於仕學、政學之內——，不及於今之所謂專業之學。故今亦不可膠柱鼓瑟而簡單套用之。

若於今言之，則於政學、輔世長民之學而言，則有心奉公職而輔世長民、為國為民為公為天下者，自當深學之，且必當以仕驗其學，以學資其仕。無學之仕，乃是政治問題之根源之一。故於此言之，則可倡曰"學而優則仕"（然此學非專家之學，乃政學、輔世長民之學，其職權範圍又只可及於政治，乃至文教，不可及於百科專業之學）；而其餘百姓國民，則了解基本政治常識（政道、政學、政理等，政道不違天道人道正道）即可（今日西方以公民教育為之）。於心性、性命、道德之學，則所有國民皆當終生學習涵詠之，而得終生之心性修養、行事安生之利益。於百科專業之學或專家之學也，自有其獨立價值，不必如政學之"學而優則仕"也，然仕亦不可染指干涉其格致物理、藝術之事，而自有其權職界限與法度也。合而言之，則仕者必有心性、性命、

---

① 《反身錄》。

道德、禮義之學，又必有輔世長民之政學（古代所謂經濟之學或經世濟用之學），其涉於特定行業領域專業者，又必增以專業專家之學，皆終生學習之，如此方為妥全。於無意奉公職之國民也，必有心性、性命、道德、禮義（乃至禮樂）之通識或常識之學，又當有基本政學常識之普遍教育，而後視其興趣而擇一專家之學或職業之學，而皆不必學而優則仕。質言之，心性道德禮義之學，乃一切人所當終生講學涵詠踐習者也。

子遊曰：“喪致乎哀而止。”

子遊曰：“喪致（至）乎哀而止。”

“雖喪禮主哀，然孝子不得過哀以滅性，故使各至盡其哀而止。”[1]所謂“喪恐滅性，故致哀而止，毋過情也。”[2]“林放問禮之本。子曰：‘大哉問！禮，與其奢也，寧儉；喪，與其易也，寧戚。’”[3]此之謂也。在其孝思哀慕，不在奢侈失節，亦不在哀毀過度也。

論曰：“‘人未有自致者也，必也親喪乎！’先王製禮，非由天降，非自地出，人情之所不能自已者而已矣。是故衰麻絰（縗絰 cuī dié，喪帶和喪服，即麻布所製之喪服）之數，哀之發於容服者也。擗踊（pǐyǒng 擗，捶拍胸部；踊，以腳頓地。擗踊，捶胸頓足，極為悲痛狀）哭泣之節，哀之發於聲音者也。斬衰唯而不對，齊衰對而不言，大功言而不議，哀之發於言語者也。父母之喪，朝一溢米，莫（暮）一溢米，齊衰之喪不食菜果，大功不食醯醬，小功不飲酒醴，哀之發於飲食者也。父母之喪，居倚廬，寢苦枕塊，齊衰之喪居堊室，哀之發於居處者也。凡此者無他，創鉅者其日久，痛深者其愈遲，

---

① 《皇疏》，原文為“極哀”，此蓋“盡其哀”。
② 《四書偶談》引孔安國語。
③ 《八佾》：林放問禮之本。子曰：“大哉問！禮，與其奢也，寧儉；喪，與其易也，甯戚。”

凡有知者之所固然,稱情以立文焉而已矣。"①此古之治喪盡哀之事也。

　　論曰:"子張固是務外,然見危及信篤語,卻説得平實。子夏固是見小,然小道恐泥及大德不踰閑語,卻志在遠大。子游極熟於禮文,卻説喪致乎哀而止。都可見他矯枉之功,進德之實。"②

子遊曰:"吾友張也,爲難能也。然而未仁。"

　　子遊曰:"吾友張也,(盤辟爲禮容,威儀堂堂(容貌威儀;或曰堂堂是務求高遠偉大之意)高遠③,)爲難能(難能爲,難能及)也。然而未仁。"蓋爲仁不可徒爲容貌盤辟也。

　　或解曰:"爲難能也,言其**爲所難爲**也。以一介儒生欲行非常之仁,失近取之方,而實澤未必能周也。"④其意曰:吾友子張,志存高遠正大,爲所難爲,此其所難能及者也。然而尚未真實體仁也。此何謂邪? 不知爲仁實有簡易直捷者也,子貢嘗問於孔子曰:"如有博施於民而能濟眾,何如? 可謂仁乎?"子曰:"何事於仁,必也聖乎! 堯舜其猶病諸? 仁者,己欲立而立人,己欲達而達人。能近取譬,可謂仁之方也已。"⑤不必徒事高遠也;子夏亦曰:"博學而篤志,切問而近思,仁在其中矣。"⑥故子游此言,蓋匡之也:行仁非是

---

　　①　夏之蓉,《喪説》,《論語正義》引。

　　②　《四書約旨》。

　　③　《先進》:柴也愚,參也魯,師也辟,由也喭。又:子貢問:"師與商也孰賢?"子曰:"師也過,商也不及。"曰:"然則師愈與?"子曰:"過猶不及。"

　　④　《論語後案》。

　　⑤　《雍也》:子貢曰:"如有博施於民而能濟眾,何如? 可謂仁乎?"子曰:"何事於仁,必也聖乎! 堯舜其猶病諸 r 仁者,己欲立而立人,己欲達而達人。能近取譬,可謂仁之方也已。"

　　⑥　《子張》。

徒務高遠而其實澤未及也。

《列子》嘗記曰："子夏問孔子曰：'子張之為人奚若？'子曰：'師之莊賢於丘也，師能莊而不能同。'"①《衛將軍》則記曰：子貢曰："業功不伐，貴位不善，不侮可侮，不佚可佚，不敖無告，是顓孫之行也。孔子言之曰：'其不伐則猶可能也，其不弊百姓者則仁也（，仁也難能）。《詩》云："愷悌君子，民之父母。"'夫子以其仁為大也。"②其意蓋曰：子張能莊而堂堂，又能不伐云云，可謂難能；然而若夫不弊百姓，和同於民（合同，和同，尊賢容眾），此仁之事也，則尚須進之也。其斯之謂耶？

餘論：此節言辭簡略，其原意難以確指，故姑解而闕疑之。又，《先進篇》亦曰子張"辟"，可參看："柴（高柴字子羔，衛人）也愚（愚直，好仁過也；知不足而厚有餘），參也魯（鈍也。曾子性遲鈍；質勝文也），師也辟（辟是習於容止威儀③；或作僻，偏也，以其志過高，而流於一偏也；飾過差也）④，由也喭（畔喭，並作"叿喭"；喭，剛猛失容也，言子路性行剛強，常叿喭失於禮容也；剛猛也）。"⑤

曾子曰："堂堂乎張也，難與並為仁矣。"

曾子曰："堂堂乎張也，難與並為仁矣。"曾子之意蓋曰：子張外

---

①　《列子・仲尼篇》。

②　《衛將軍・文子篇》。

③　《季氏》：孔子曰："益者三友，損者三友。友直，友諒，友多聞，益矣。友便辟，友善柔，友便佞，損矣。"可參見本書此節之"廣辭"。

④　《史記・仲尼弟子列傳》：子張問："士何如斯可謂之達矣？"孔子曰："何哉，爾所謂達者？"子張對曰："在國必聞，在家必聞。"孔子曰："是聞也，非達也。夫達者，質直而好義，察言而觀色，慮以下人，在國及家必達。夫聞也者，色取仁而行違，居之不疑，在國及家必聞。"故馬曰："子張才過人，失在邪僻文過。"（《集解》）；王弼曰"僻，飾過差也"（《皇疏》）；朱熹曰"辟，便辟也，謂習於容止，少誠實也。"參見：《四書章句集註》。

⑤　《先進》。

務威儀堂堂高盛，營心在儀容，一心難二用，故難於同時而為行仁之事也。

《列子》嘗記曰："子夏問孔子曰：'子張之為人奚若？'子曰：'師之莊賢於丘也，師能莊而不能同。'"①《衛將軍》則記曰：子貢曰："業功不伐，貴位不善，不侮可侮，不佚可佚，不敖無告，是顓孫之行也。孔子言之曰：'其不伐則猶可能也，其不弊百姓者則仁也（，仁也難能）。詩云："愷悌君子，民之父母。"'夫子以其仁為大也。"②其意蓋曰：子張能莊而堂堂，又能不伐云云，可謂難能；然而若夫不弊百姓，和同於民（合同，和同，尊賢容眾），此仁之事也，則尚須進之也。其斯之謂耶？

餘論：此節簡略，難以索解，古今注解亦多牽強附會。此亦姑妄解之而已。

曾子曰："吾聞諸夫子：人未有自致者也，必也親喪乎！"

曾子曰："吾聞諸夫子：人未有自致（盡，盡其極）者也，必也親喪乎！"

此即孔子"喪事不敢不勉"③、子張"喪思哀"④之意。自致者，自盡（極盡）其力其情也。人素日之行事也，克己復禮，過猶不及，而用中，哀而不傷，樂而不淫。若夫親喪，人生之創痛巨深，哀慟無極，則必極盡其力其情其禮也。故子曰："喪，與其易也，寧戚。"⑤

---

① 《列子·仲尼篇》。

② 《衛將軍·文子篇》。

③ 《子罕》：子曰："出則事公卿，入則事父兄，喪事不敢不勉，不為酒困，何有於我哉？"

④ 《子張》：子張曰："士見危致命，見得思義，祭思敬，喪思哀，其可已矣。"

⑤ 《八佾》。

不然則心不安而情難自已也①。孟子曰：“親喪固所自盡（其孝）也。曾子曰：‘生，事之以禮；死，葬之以禮，祭之以禮，可謂孝矣。’”②此之謂也。

論曰：“人情每不能自盡於極，亦有不當自盡乎極者。惟遇父母之喪，此乃人之常情，不能自已，得自盡其極。若遇父母喪而仍不能自盡其極，則人生乃無盡情之所，而人心之仁亦將漸滅無存矣。”③

曾子曰：“吾聞諸夫子：孟莊子之孝也，其他可能也；其不改父之臣，與父之政，是難能也。”

曾子曰：“吾聞諸夫子：孟莊子（魯大夫，名速，仲孫速；其父獻子，名蔑，仲孫蔑）之孝也，其他可能也；其不改父之臣，與父之政，是難能也。”

不改者，不忍也，此（父之臣與父之政）皆父之所愛、所施、所規模欲行，故順之以成父志，以懷深恩，而不忍拂逆之也。難能者，孟莊子，一旦繼父而立，為魯大夫之家，形格勢禁，或必當有所更張而後可；且夫既自有主張志向，一朝得位秉權，或必欲有所展布而專己用事，而此皆或與父之臣、政有所扞格（父臣父政或與己意不合，或竟稍有不善者存焉），而能懷恩寬仁，自克（而三年）不違不改，故曰難能也。“人固有用父之臣者，然稍拂其私意，便自容不得；亦有行父之政者，於私慾稍有不便處，自行不得。”④對照之，可見孟莊子之孝。

---

① 《陽貨》：宰我問：“三年之喪，期已久矣。君子三年不為禮，禮必壞；三年不為樂，樂必崩。舊穀既沒，新穀既升，鑽燧改火，期可已矣。”子曰：“食夫稻，衣夫錦，**於女安乎**？”曰：“安。”“女安則為之，君子之居喪，食旨不甘，聞樂不樂，居處不安，故不為也。今女安，則為之！”宰我出。子曰：“予之不仁也！子生三年，然後免於父母之懷。夫三年之喪，天下之通喪也。予也，有三年之愛於其父母乎？”

② 《孟子·滕文公上》。

③ 錢穆，《論語新論》。

④ 《朱子語類》。

蓋孟莊子之孝行也多矣，其他或可能行易行，如致喪盡哀、居喪守制等，獨此抑己懷恩、不違不改之孝，為難能也。

或曰：孟獻子有賢名，故其用人行政或無大過，小疵或有之，而孟莊子繼位不立改，不稱顯父之過也。若夫大本或病民，則亦有所更張，執政之本為民也，故或曰：「莊子之不改，意者其政雖未盡善，而亦不至悖理害事之甚，故有取其不忍改也。蓋善而不改，乃其常耳，不必稱難能。惡而不改，則是成其父之惡，不可稱難能也。」①又或曰：「莊子之繼世也，必其先臣先政有不利於己者，他人不能不改而莊子能之，是以稱難。」②

或曰：「《春秋》襄公十九年八月丙辰，仲孫蔑卒。二十三年八月己卯，仲孫速卒。蔑卽莊子之父獻子也，其卒之相去不過四年。《學而篇》稱‘三年無改於父之道，可謂孝矣。’莊子襲賢父世卿之位，歷四年之久，左氏傳於盟向伐邾外無所敍述，是其用人行政悉仍父舊，未嘗改易，可知三年無改為孝，莊子不止三年，尤所難能，是以夫子獨指而稱之。」③

又：《學而》：子曰：「父在，觀其志；父沒，觀其行；三年無改於父之道，可謂孝矣。」《里仁》：子曰：「三年無改於父之道，可謂孝矣。」可參互之。

孟氏使陽膚為士師，問於曾子。曾子曰：「上失其道，民散久矣。如得其情，則哀矜而勿喜。」

孟氏（魯下卿）使陽膚（曾子弟子，南武城人）為士師（典獄官），問於曾子。曾子曰：「上失其道，民散（離散，無仁道禮義以維繫之，謂情義乖

---

① 《四書辨疑》。
② 《四書辨疑》。
③ 《潘氏集箋》。

離,不相維繫)久矣。如得其情(犯罪之情實),則哀矜而勿喜。"

　　此節敍魯國下卿孟氏使曾子弟子陽膚為其家士師獄官,陽膚赴任前乃來請教曾子何以盡職。曾子之意曰:方今天下,上失其道,禮樂政教或則不施,或則不得其中正合道,譬如一則不能為民製產(富之),二則不能教民道理禮義孝悌(教之),三則不能正身為政、養育風化於上下(安之),而每多昏暴悖亂之政行,致民多離散流徙,父子兄弟夫婦或則飄蓬轉徙溝壑,或則蔑棄倫常而相與鬩離爭訟,遑論從容修習禮義廉恥哉;乃至或不得已而陷於罪,觸於刑,如斯者由來已久矣。此豈其人本邪惡而觸刑律哉? 在於國無正道禮義之教以教民化民,而在位者無善政以富民安民,乃上失其道以致之也①。故汝為士師,雖曰職責所系,不得不據法典獄,然思及民人水深火熱之苦厄,雖得其犯罪之情實,亦哀矜之,而勿自喜明察也。"所以必須哀矜者,民之犯罪,非其本懷,政是由從君上故耳。罪既非本,所似宜哀矜也。"②

　　論曰:於古之君權專制之時代,"君上若善,則民下不犯罪,故堯舜之民比屋可封;君上若惡,則民下多犯罪,故桀紂之民比屋可誅。"③"民之散也,以使之無道,教之無素,故其犯法也,非迫於不得已,則陷於不知也,故得其情,則哀矜而勿喜。"④若夫"得情而喜,則太刻之意或溢於法之外;得情而矜,則不忍之意嘗行於法之中,仁人之言蓋如此。"⑤"夫不傷民之不治,而伐己之能得姦,猶弋者觀鳥獸掛罥羅而喜也。"⑥則亦曰不仁也。君子雖不得其位以正君,或更張其大本,然於其職也不違其道法,於其情也必哀矜折

①　《韓詩外傳》引傳曰:"魯有父子訟者。孔子曰:'夫民父子訟之為不義久矣,是則上失其道。'"
②　《皇疏》。
③　《皇疏》。
④　《四書章句集注》。
⑤　《四書通》(引黃勉齋)。
⑥　《鹽鐵論・後刑章》。

獄也。

又論曰：“讀曾子‘上失其道’數語，不覺太息。蓋上平日失養民之道，以致民多飢寒切身；上平日失教民之道，以致民無理義維心；（上平日暴虐不仁不信，則上行下效，世風日下；如斯）則犯法罹罪，勢所必至。讞獄而誠得其情，正當閉閣思咎，惻然興悲，若自幸明察善斷，物無遁情，乃後世法家俗吏所爲，豈是仁人君子用心？”①《孔子家語》云：“魯人有父子訟者，孔子爲司寇，同牢獄繫之，父子皆泣。子曰：‘上失其教，民散久矣。’皆釋之。”斯之謂也。

所謂“上失其道而民散久矣”，孟子亦嘗言及此：（梁惠）王曰：“吾惛（hūn 古同“昏”，迷亂；糊塗），不能進於是矣。願夫子輔吾志，明以教我。我雖不敏，請嘗試之。”曰：“無恆產而有恒心（人所常有之善心）者，惟士爲能。若民，則（苟）無恆產，因無恒心。苟無恒心，（則）放辟（放蕩邪僻）邪侈，無不爲已。（如此而）及陷於罪，然後（君官）從而刑之，（則）是（君官）罔民（張落網以線民）也。焉有仁人在位，罔民而可爲也？是故明君制民之產，必使仰足以事父母，俯足以畜妻子，樂歲終身飽，凶年免於死亡。然後驅而之善，故民之從之也輕。今也制民之產，仰不足以事父母，俯不足以畜妻子，樂歲終身苦，凶年不免於死亡。此惟救死而恐不贍（給，相足），奚暇治禮義哉？王欲行之，則盍反其本矣。（王政之本者何謂？曰：）五畝之宅，樹之以桑，五十者可以衣帛矣；雞豚狗彘之畜，無失其時，七十者可以食肉矣；百畝之田，勿奪其時，八口之家可以無饑矣；謹庠序之教，申之以孝悌之義，頒白者不負戴於道路矣。老者衣帛食肉，黎民不饑不寒，然而不王者，未之有也。”②又：滕文公問爲（治）國。孟子曰：“民事不可緩也。《詩》云：‘晝爾於（往；或取）茅（取茅），宵爾索綯（táo，搓繩子）；亟其乘（升；治）屋，其始播百穀。’民之爲道也，有

---

① 《反身錄》。
② 《梁惠王上》，詳見拙著《孟子解讀》。

恆產者有恒心,無恆產者無恒心。苟無恒心,放辟邪侈,無不為已。及陷乎罪,然後從而刑之,是罔民也。焉有仁人在位,罔民而可為也?是故賢君必恭儉禮下,取於民有制。陽虎曰:'為富不仁矣,為仁不富矣。'"①讀此,可知曾子之微意。

子貢曰:"紂之不善,不如是之甚也。是以君子惡居下流,天下之惡皆歸焉。"

子貢曰:"紂(殷王帝乙之子,名受德,廟號帝辛,紂是諡②)之不善,不如是之甚也。是以君子惡(wù)居下流,天下之惡皆歸焉。"

此蓋子貢門人問紂於子貢,而子貢為解說之,其意曰:紂雖不善斑斑,不如是(門人所言或野史所傳之紂之諸種惡行)之甚,然因其為不善而喪天下,後世憎甚之,乃以天下之惡皆歸之於紂③,恨其害道殘義損善塗炭天下也。故君子聞斯而自警醒,進修德業,力爭上游,以成仁善君子,而惡居下流,淪為惡德邪僻之小人,以免天下之惡名皆歸焉,如紂然。

論曰:"下流,地形卑下之處,眾流(污濁)之所歸,喻人身有汙賤之實,亦惡名之所聚也。子貢言此,欲人常自警省,不可一置其身於不善之地;非謂紂本無罪,而虛被惡名也。"④

或解曰:"聖人之化由羣賢之輔,闇王之亂由眾惡之黨,(然則)一紂之不善,其亂不得如是之甚;身居下流,天下惡人皆歸之,是故亡也。"⑤《左傳·昭公七年》載昔武王數紂之罪曰:"紂為天下逋逃

---

① 《滕文公上》,詳見拙著《孟子解讀》。
② 殷雖無諡,後人為作惡諡,殘義損善曰紂。或曰名辛字受又字紂。
③ 《集解》。
④ 《四書章句集注》。
⑤ 《皇疏》引蔡謨語。

主，萃淵藪”，意曰天下逋逃悉以紂爲淵藪，集而歸之，如飛廉、費仲、惡來、崇侯虎、左彊、屈商之類，是紂時惡人皆歸之證也①。故論曰：“君子惡居下流，謂紂之爲逋逃藪也。衆惡人歸紂，而紂受之，其所自爲惡雖不甚，而衆惡之所爲惡，皆紂之惡也，故曰天下之惡皆歸焉。”②然則君子之自處擇交，豈可不審慎乎？親君子賢德，遠小人邪僻；親賢臣，遠佞臣，如此之類而已矣。

子貢曰：“君子之過也，如日月之食焉：過也，人皆見之；更也，人皆仰之。”

子貢曰：“君子之過也，如日月之食焉：過也，人皆見之；更也，人皆仰之。”

君子本心向善，志在進德修業，以臻於仁道而力行之，故其聞過則喜以改之，不貳過；聞善言則拜，而與人爲善，積善長才。故其言動行止也，至誠磊落，凡事無不可對人言，必不文飾；故其過也，本來無心之過，過而人告之，則拜謝而改之。故曰其人如日月，通體光明赤誠；或有無心之過如日食月食然，而無掩飾，人皆見而告之；及其更張改之，復其光明，人皆仰而贊之。

孟子曰：“古之君子，過則改之；今之君子，過則順之（順過飾非）。古之君子，其過也，如日月之食，民皆見之；及其更也，民皆仰之。今之君子，豈徒順之，又從爲之辭。”③又曰：“子路，人告之以有過則喜。禹聞善言則拜。大舜有大焉，善與人同。舍己從人，樂取於人以爲善。耕、稼、陶、漁以至爲帝，無非取於人者。取諸人以爲善，是與人爲善者也。故君子莫大

---

① 《論語集釋》引劉恭冕語。

② 《論語徵》。

③ 《孟子·公孫醜下》，詳見拙著《孟子解讀》。

乎與人為善。"①又曰："禹惡旨酒（美酒）而好善言。"②"舜之居深山之中,與木石居（居木石間）,與鹿豕游（鹿豕近人,若與人遊;作伴）,其所以異於深山之野人者幾希。及其聞一善言,見一善行,（則效之行之）若決江河,沛然莫之能禦也。"③皆此之謂也。

衛公孫朝問於子貢曰："仲尼焉學?"子貢曰："文武之道,未墜於地,在人。賢者識其大者,不賢者識其小者,莫不有文武之道焉。夫子焉不學?而亦何常師之有?"

衛公孫朝問於子貢曰："仲尼（孔子字仲尼,或曰尼是謚;尼父,魯哀公因其字以為之謚）焉學?"子貢曰："文武之道,未墜於地,在人。賢者識（志,記,又知也）其大者,不賢者識其小者,莫不有文武之道焉。夫子焉不學? 而亦何常師之有?"

仲尼蓋哀公以孔子字為之謚,而此或孔子卒後之事。衛公子朝之意蓋曰:孔子之學廣博深厚如斯,然則何人足堪為其師而授之? 蓋生而知之邪? 子貢答之曰:孔子之學即文武之道,而文武之道又繼承前賢往聖之道學而來,由三皇、堯舜至於大周,而大備矣。而孔子祖述之。"《中庸》云:'仲尼祖述堯舜,憲章文武。'憲者,法也。章者,明也。大道之傳,由堯舜遞至我周,製禮作樂,於是大備。故言'文王既没,其文在兹',及此子貢言道,亦稱文武也。（未墜於地者,未曾墜落塵泥、埋没墓葬石匱,而成空文溓册、斷簡零篇乃至朽爛斷絕之也;而仍存諸其人,各自逶迤流轉也。徒人有賢與不賢,才器識量各異,故其所傳得亦各異耳。）賢者識其承天治人之

---

① 《孟子·公孫醜上》,詳見拙著《孟子解讀》。
② 《孟子·離婁下》,詳見拙著《孟子解讀》。
③ 《孟子·盡心上》,詳見拙著《孟子解讀》。

大,不賢者識其名物制度之細,(雖所傳各異,而莫不有文武之道之一環(部),合之而文武之道備焉,而)文武之道所以常存(也);而夫子刪定贊修,皆爲有徵之文獻可知。書傳言夫子問禮於老聃,訪樂萇弘,問官郯子,學琴師襄,其人苟有善言善行足取,皆爲我師,此(孔子)所以爲集大成(者)也與?①故曰:夫子焉不學?而亦何常師之有?學無常師,唯善是取,如舜而已矣,此孔子之學所以成其大。

孟子曰:"禹聞善言則拜。大舜有大焉,善與人同。舍己從人,樂取於人以爲善。耕、稼、陶、漁以至爲帝,無非取於人者。取諸人以爲善,是與人爲善者也。故君子莫大乎與人爲善。"②又曰:"禹惡旨酒(美酒)而好善言。"③"舜之居深山之中,與木石居(居木石間),與鹿豕游(鹿豕近人,若與人遊;作伴),其所以異於深山之野人者幾希。及其聞一善言,見一善行,(則效之行之)若決江河,沛然莫之能禦也。"④此皆聖人無常師之謂,故能成其大也。

或曰:"文武之道,謂文王、武王之謨訓功烈,與凡周之禮樂文章皆是也。"⑤亦通。

論曰:"仲尼學無常師,此仲尼所以爲聖也。人人能惟善是師,隨在取益,則人人仲尼矣。"⑥後生小子勉乎哉。

餘論:文武之道未盡皆殘絶於地,徒爲空文典册,仍有人傳得之,體現之,力行之,或大或小而已,賢者識(記,知)其大者,不賢者亦或秉記有其小者,故皆可有所師也。雖曰孔子生知之質,然豈不亦學於他人哉?徒學無常師,惟善是取而已矣,如舜。

① 《論語正義》。
② 《公孫醜上》,詳見拙著《孟子解讀》。
③ 《離婁下》,詳見拙著《孟子解讀》。
④ 《盡心上》,詳見拙著《孟子解讀》。
⑤ 《四書章句集注》。
⑥ 《反身錄》。

　　叔孫武叔語大夫於朝，曰："子貢賢於仲尼。"
子服景伯以告子貢。子貢曰："譬之宮牆，賜之牆
也及肩，窺見室家之好。夫子之牆數仞，不得其門
而入，不見宗廟之美，百官之富。得其門者或寡
矣。夫子之云，不亦宜乎！"

　　叔孫武叔（魯大夫叔孫州仇，武其諡）語大夫於朝，曰："子貢賢於
仲尼。"子服景伯以告子貢。子貢曰："譬之宮（宮室，或曰宮亦是牆）
牆，賜之牆也及肩，窺見室家之好。夫子（指孔子①）之牆數仞（一仞
八尺；或曰七尺，或曰五尺六寸），不得其門而入，不見宗廟之美，百官之
富。得其門者或寡（少）矣。夫子（指叔孫武叔）之云，不亦宜乎！"

　　"夫子歿後，諸子切劘（mó，切削）砥礪以成其學，故當時以有若
似聖人，子夏疑（擬）夫子，而叔孫武叔、陳子禽皆以子貢賢於仲尼，
可見子貢晚年進德修業之功，幾幾乎超賢入聖。"②蓋"子貢晚見用
於魯，拒吳之強大，曉齊，而舍衛侯伐齊之謀，請陳子而反其侵地，
（故）魯人賢之，此所謂賢於仲尼也。"③"然孟子言子貢智足知聖
人，又子貢、有若皆言夫子生民未有，故此及下兩章（節）皆深致贊
美。"④而子貢乃辟時流之俗論，尊崇其師其道也。

　　子貢善言語應對，故譬喻之，"子貢聞景伯之告，亦不驚距，仍爲
之設譬也。言人之器量各有深淺，深者難見，淺者易覬。譬如居家
之有宮牆，牆高則非闚闞所測，牆下闚闞易了，故云譬諸宮牆也。"⑤

---

　　①　或曰此亦指叔孫武叔，然此乃語言表層意思，實則喻言孔子之學。此解迂曲，
不取。
　　②　《論語正義》。
　　③　《梁氏旁證》引葉孟得語。
　　④　《論語正義》。
　　⑤　《皇疏》。

其意曰：觀論其人其德其學也，譬如隔宮牆而觀測其宮殿家室之所有也。吾家之牆也僅及肩高（不及一切），故在外即可窺見之，不過家室之好耳，一覽無餘，故可盡見而論之——子貢以此喻言謙稱自家學問疏淺未宏富也；若夫（孔）夫子之學問德行也，喻以宮牆，則高達數仞，外人若不得其門而入，不親炙親見，豈知其內自有宗廟之美、百官之富哉？又豈知其學也自有宏深富麗、神化而深不可測者哉？得孔夫子之門者或寡矣，而徒以管窺天，以蠡測海，則豈足論之哉！故叔孫武叔之所云，蓋亦適與其識量相應而已。子貢此語，蓋有暗諷而語意仍渾厚，言夫子（指叔孫武叔）之識量，豈能達聖人之道，故其之所云，不亦宜乎！

《論語》選此節，蓋有宣導尊師重道之意在。

孟子曰："宰我、子貢、有若智足以知聖人。汙（此字或有傳抄訛誤），不至阿其所好。宰我曰：'以予觀於夫子，賢於堯舜遠矣。'子貢曰：'見其禮而知其政，聞其樂而知其德。由百世之後，等（排，列；差等；或等同）百世之王，莫之能違也。自生民以來，未有夫子也。'有若曰：'豈惟民哉？麒麟之於走獸，鳳凰之於飛鳥，太山之於丘垤（dié，蟻封，小土丘），河海之於行潦（lǎo，雨水，路上流水；lào，同"澇"），類也。聖人之於民，亦類也。出於其類，拔乎其萃，自生民以來，未有盛於孔子也。'"[1]

又曰："昔者孔子沒，三年之外，門人治任（擔，抱，包裹）將歸，入揖於子貢，相向而哭，皆失聲，然後歸。子貢反，築室於場（類墓地神道等），獨居三年，然後歸。他日，子夏、子張、子遊以有若似聖人，欲以所事孔子事之，強曾子。曾子曰：'不可。江漢以濯之，秋陽以暴之，皜皜（hào，潔白；浩瀚）乎不可尚（超過；升）已。'"[2]

---

① 《孟子·公孫醜上》，詳見拙著《孟子解讀》。
② 《孟子·滕文公上》，詳見拙著《孟子解讀》。

叔孫武叔毀仲尼。子貢曰："無以為也，仲尼不可毀也。他人之賢者，丘陵也，猶可踰也；仲尼，日月也，無得而踰焉。人雖欲自絕，其何傷於日月乎？多見其不知量也！"

叔孫武叔毀仲尼。子貢曰："無以為（無以為用，為之無用；或曰不必理會）也，仲尼不可毀也。他人之賢者，丘陵也，猶可踰也；仲尼，日月也，無得而踰焉。人雖欲自絕，其何傷於日月乎？多（只，徒，適）見其不知量也！"

論曰："猶是前之武叔又訾毀孔子。子貢聞武叔之言，故抑止之，使無以為訾毀。又明言語之云：仲尼聖人，不可輕毀也。更喻之說仲尼不可毀之譬也。言他人賢者雖有才智，才智之高止如丘陵，丘陵雖高，而人猶得踰越其上，既猶可踰，故可毀也。言仲尼聖智高如日月，日月麗天，豈有人得踰賤者乎？既不可踰，故亦不可毀也。世人踰丘陵而望下，便謂丘陵為高。未曾踰踐日月，不覺日月之高，既不覺高，故訾毀日月，便謂不勝丘陵，是自絕日月也。日月雖得人之見絕，而未曾傷滅其明，故言何傷於日月也。譬凡人見小才智便謂之高，而不識聖人之奧，故毀絕之，雖復毀絕，亦何傷聖人德乎？不測聖人德之深而毀絕之，如不知日月之明而棄絕之，若有識之士視覩於汝，則多見汝愚闇，不知聖人之度量也。"①

陳子禽謂子貢曰："子為恭也，仲尼豈賢於子乎？"子貢曰："君子一言以為知，一言以為不知，言不可不慎也。夫子之不可及也，猶天之不可階而

---

① 《皇疏》。

升也。夫子之得邦家者，所謂立之斯立，道之斯
行，綏之斯來，動之斯和。其生也榮，其死也哀，如
之何其可及也。"

　　陳子禽謂子貢曰："子為恭也，仲尼豈賢於子乎?"子貢曰："君
子一言以為知，一言以為不知，言不可不慎也。夫子之不可及也，
猶天之不可階(梯)而升也。夫子之得邦家者，所謂立(立禮樂政教，
或曰立人;或曰得位而立，不取)之(禮樂政教，或曰民人)斯立，道(導，引導，
導之以德與政，齊之以禮①)之(民)斯行(民人行其德業百事，如孝悌忠信、勤
於農事然)，綏(安)之(遠人、遠氓)斯來(遠人遠氓來附)，動(號召作為之，
勞役之如農工祀戎諸事;或曰鼓舞之)之斯和(和於德義)。其生也榮(民
人喜好尊親之)，其死也哀(民人哀慟之)，如之何其可及也。"
　　"夫子歿後，諸子切劇砥礪以成其學，故當時以有若似聖人，子
夏疑夫子，而叔孫武叔、陳子禽皆以子貢賢於仲尼，可見子貢晚年
進德修業之功，幾幾乎超賢入聖。"②蓋"子貢晚見用於魯，拒吳之
強大、曉嚚，而舍衛侯伐齊之謀，請陳子而反其侵地，(故)魯人賢
之，此所謂賢於仲尼也。"③而子貢乃辟時流之俗論，尊崇其師其
道也。
　　此節中，陳子禽蓋見孔子當年棲遑不被時用④，而子貢其後
則仕魯多事功，故僅以可見之事功論之，而發昏惑之論，乃謂子
貢於孔子甚為尊崇，徒恭敬其師耳，實則仲尼豈賢於汝子貢乎?
子貢乃辟之，謂其出語不謹知，徒見外跡，難能知幾，故有此不智

　　① 《為政》:子曰:"道之以政，齊之以刑，民免而無恥;道之以德，齊之以禮，有恥
且格。"
　　② 《論語正義》。
　　③ 《梁氏旁證》引葉夢得語。
　　④ 《皇疏》。

之論。"子貢抑之既竟,故此更廣爲陳孔子聖德不與世人同也。(得邦家者,若得邦家也,)邦,謂作諸侯也;家,謂作卿大夫也。言孔子若爲時所用,得爲諸侯及卿大夫之日,則其風化與堯舜無殊。夫子若得爲政,則立教無不立,故云所謂立之斯立也;又若導民以德,則民莫不興行也,故云導之斯行也;綏,安也,遠人不服,修文德安之,遠者莫不繈負而來也;動,謂勞役之也,悦以使民,民忘其勞,故役使之,莫不和穆也。孔子生時,則物皆賴之得性,尊崇於孔子,是其生也榮也。孔子之死,則四海遏密,如喪考妣,是其死也哀也。"①

　　論曰:"夫子之不可及(一)節,言聖德之體高妙也。夫子之得邦家(一)節,言聖德之用神速也。體人所難知,故又指其用言之。"②"夫子之得邦家者,其鼓舞羣動,捷於桴鼓影響,人雖見其變化,而莫窺其所以變化也,蓋不離於聖,而有不可知者存焉。聖而進於不可知之之神矣,此殆難以思勉及也。"③孔子之盛德神化如此,如之何其可及也?

　　又論曰:"《荀子·儒效》云:'造父者,天下之善御者也,無輿馬,則無所見其能;羿者,天下之善射者也,無弓矢,則無所見其功;大儒者,善調一天下者也,無百里之地,則無所見其功。'夫子未得大用,故世人莫知其聖而或毀之。然至誠必能動物存神過化,理有不忒。夫子仕魯,未幾政化大行,亦可識其略矣。"④"《鹽鐵論·備胡》曰:'古者,君子立仁修義以綏其民,故邇者習善,遠者順之。是以孔子仕於魯,前仕三月及齊平,後仕三月及鄭平,務以德安近而綏遠。當此之時,魯無敵國之難、鄰境之患;強臣變而忠順,故季桓墮其都城;大國畏義而合好,齊人來歸鄆、讙、龜陰之田。故爲政以

---

①　《皇疏》。
②　《論語集注考證》。
③　《四書章句集注》引謝氏語。
④　《論語正義》。

德,所欲不求而自得。'聖人至誠化人,天德備則王化捷。學者求聖人之神化,當思其至誠動物之實。"①

或解曰:若孔子得位而爲諸侯卿大夫也,則將立其禮樂政教(或曰立人),而能即立之;導民人以德與政,而齊之以禮,則民能立行之(行其德業百事,如孝悌忠信、勤於農事然);懷文德而綏安遠人(氓),則遠人即來附之;以愛民之心動召其民人勤勞而作興之(勞動之如農工祀戎諸事,以富之安之),則民皆聽之而致富,而和睦於德義。而皆能行之有效如桴鼓影響也。其生也民人皆喜好尊親之,其死也民人皆哀慟之②。

餘論:觀令尹子西泥沮孔子之辭,亦可知子貢非誇大也。

孔子於是使子貢至楚。楚昭王興師迎孔子,然後得免。昭王將以書社地七百里封孔子。楚令尹子西曰:"王之使使諸侯有如子貢者乎?"曰:"無有。""王之輔相有如顏回者乎?"曰:"無有。""王之將率有如子路者乎?"曰:"無有。""王之官尹有如宰予者乎?"曰:"無有。""且楚之祖封於周,號爲子男五十里。今孔丘述三王之法,明周召之業,王若用之,則楚安得世世堂堂方數千里乎?夫文王在豐,武王在鎬,百里之君卒王天下。今孔丘得據土壤,賢弟子爲佐,非楚之福也。"昭王乃止。其秋,楚昭王卒於城父③。

---

① 《論語後案》。
② 《集解》則解曰:"得邦家,謂爲諸侯及卿大夫。綏,安也。言孔子爲政,其立教則無不立,道之則莫不興行,安之則遠者來至,動之則莫不和睦,故能生則榮顯,死則哀痛。"
③ 《史記·孔子世家》。

堯曰第二十

堯曰:"諮!舜!天之歷數在爾躬。允執其中。四海困窮,天祿永終。"舜亦以命禹。曰:"予小子履,敢用玄牡,敢昭告於皇皇後帝:有罪不敢赦。帝臣不蔽,簡在帝心。朕躬有罪,無以萬方;萬方有罪,罪在朕躬。"周有大賚,善人是富。"雖有周親,不如仁人。百姓有過,在予一人。"謹權量,審法度,修廢官,四方之政行焉。興滅國,繼絕世,舉逸民,天下之民歸心焉。所重:民、食、喪、祭。寬則得眾,信則民任焉,敏則有功,公則説。

堯(名放勳,諡堯)(命舜)曰:"諮(呼諮嗟,嗟呼)!舜(名重蘋,諡舜)!天(命天位)之歷(次)數(曆數,謂天位列次也。帝王相繼之次第,猶言天命今畀乎汝也)(今)在(在;或解為察)爾躬(汝身;"歷數在爾躬"即"天命畀乎汝身"之意。或解"在爾躬"即省察其身,則有先自修身以德之意)。允(信;或曰用)執(持)其中(中正之道,無過不及;或曰古稱皇極權柄為大中,不取)、(以治安天下)。(不然,若)四海困窮(困厄窮乏)、(將)天祿(王位、天位)永終(絕)(或解為:窮極四海,天祿永久)。"

舜亦以(此辭)命禹①。

堯舜聖賢禪讓(揖讓而授之)而王,中正公仁,其治天下之道也同。

(湯禱雨②告天受命而王)曰:"予小子履(履者,湯名;天乙者,號;湯亦號,商湯,成湯而死後之謚號,如商紂然,蓋周人謚之,以商代無謚也③),敢(斗膽,謙稱)用玄(黑)牡(雄,玄牡即黑色犠牲,黑公牛),敢(斗膽,謙稱)昭(明)告於皇皇(大)後(君)帝(天帝;皇皇後帝,即大君大帝;或作"皇王后帝",或作"皇天上帝"):有罪(有罪者;或曰是夏桀,兹不取)不敢(擅)赦(順天奉法,刑賞不敢私濫),帝臣(天帝之賢臣,天下賢人;或曰是夏桀④,或曰是商湯自稱,兹皆不取)不(敢私)蔽(選任不敢私專,即選賢任能而有公正法度之意),簡(閱,選任)(任皆)在帝(上天、上帝)心(公正)(選任刑賞惟奉天命行天道持公法;簡閱在天心,言天簡閱其善惡也),(惟帝所命,奉天行法)。朕(我)躬有罪,無以(及)萬方;萬方有罪,罪在朕躬⑤。(天命靡常,惟德(道)是親,惟天制之。)"

(武王曰:)"周(周家)有大賚(賜、予),善人是富(富,多也,多善人:周家受天大賜,故富足於善人,即所謂"有亂臣十人"之類,而殷紂則多用惡人,則此是"選賢任能"之意;或曰善人是黎元即黎民之意⑥,則"善

---

① 其辭蓋為:"諮!爾禹,天之曆數在爾躬。允執其中。四海困窮,天祿永終。"

② 或曰此為商湯禱雨,以身代牲而為民受罪之辭。

③ 《四書辨證》:"《仲虺之誥》曰'成湯放桀於南巢',孔傳云:'湯放桀,武功成,故以為號。'又《路史·夏後紀》注引羅疇老云:'禹之功至平水土而後大,故於禹成厥功之後始稱大禹。湯之功至克夏而後成,故於湯歸自夏之後始稱成湯。其果謚乎?抑號乎?'此說得之。《檀弓》:'死謚,周道也。'《周書·謚法解》:'安民立政曰成,除殘去虐曰湯。'蓋後人因周有此謚法,因移而加之於成湯,故云成湯死後謚(見《商頌》疏)。"《論語集釋》:"按《白虎通》云:'湯本名履,克夏以後,欲從殷家生子以日為名,故改履名乙,以為殷家法也。'是漢人舊說如此,紛紛異解,均可不必。"

④ 若如《皇疏》解"帝臣"為"夏桀",則其文當為:"有罪不敢赦。帝臣(夏桀)不蔽(不敢隱瞞夏桀其罪,必討伐之也)。"然則"簡在帝心"何意?《集解》作:"言桀居帝臣之位,罪過不可隱蔽,以其簡在天心故也。"亦甚牽強,故不取。

⑤ 或曰此兩句可見此非伐桀之辭,乃禱雨之辭。

⑥ 《九經古義》:"《戰國策》云:'制海內,子元元,非兵不可。'高誘曰:'元元,善也。'姚察《漢書訓纂》曰:'古者謂人云善人,因善謂元,故云黎元。其言元元者,非一人也。'……善人為黎元審矣。何晏以為有亂臣十人,失之。"

人是富"，仍是愛民、民本之意；或曰：賜予財帛於善人而富之；周家大賜財帛於天下之善人，善人故是富也，此是**教化慕善之意**，或曰即是"祿之"之意）。雖有周（至，至親，或解為多；或曰周家至親；或曰是紂王雖多至親，而不用仁人，則是伐紂時語）親，不如仁人（仁賢之人；或曰周親指周家至親，而善人、仁人皆是針對殷商遺民之仁人如箕子微子而言，乃武王收攬人才而安撫之言①；或曰仁人指太公尚，此數語是分封諸侯時語②，大賚即大封之意③）④。百姓有過，在予一人⑤。"

湯武革命，替天行道，奉天行法，選賢用善，政教清明，刑賞分明，其治天下之道也通。

（孔子曰⑥：）"謹（謹嚴其事）權（秤）量（鬥斛量器），審（審定，諦）法度（禮樂制度⑦；治國之典制；凡制之有限節者皆謂之法度。或解曰：尺度，丈尺；即律度，律即法，法謂音律之十二律，度謂尺度之五度如分寸尺丈引），修廢官（昏暴之君因其約己而廢棄之正當必要之舊有官職，當更修立之，此亦包含於設官分職以佐諫之事之內），四方（天下）之政行焉。興滅國（封建古之聖王之後，或曰已滅國之諸侯之後），繼絕世（古之賢德卿大夫之後，絕祀，故仍立其後以繼祀；或曰卿大夫世襲，故指卿大夫之後，或曰亦包君而言），舉（舉任，授任）逸民（德操才行超逸者），天下之民歸心焉。所重：民、食、喪、祭。寬則得眾，信則民任焉，敏（為政行事敏疾）則有功，公（公平；或曰"公"當作"惠"）則

---

① 《四書答問》。

② 《論語正義》引宋翔鳳論。

③ "按：《周頌詩序》：'賚，大封於廟也。賚，予也，所以錫予善人也。'《洪範》曰：'凡厥正人，既富方穀。'"參見：《論語集釋》。

④ 《泰誓》："受有億兆夷人，離心離德。予有亂臣十人，同心同德。雖有周親，不如仁人。"參見：《書集傳》。

⑤ 此又武王襲用商湯語。

⑥ 或曰此以下皆是孔子所言，為陳王道大法也。故以此意補之。

⑦ 邢疏："法度，謂車服旌旂之禮儀也，審之使貴賤有別，無僭偪也。"參見：《論語後案》。

(民)説①。②"

孔子承亂世,禮崩樂壞,政教失墜,法度淆亂,故重定禮樂政教法度,興滅繼絶舉逸,仁民富庶教化而安之,民德歸厚,而天下復歸於堯舜湯武周公之正道大法也。

解曰:"自此("堯曰")以下,堯命舜以天位之辭也。堯、舜(皆諡號),《諡法》云:'翼善傳聖曰堯,仁盛聖明曰舜也。'堯將命舜,故先諮嗟歎而命之,故云'諮,汝舜'也。所以歎而命之者,言舜之德美兼,合用我命也。天,天位也。曆數,謂天位列次也。堯命舜曰:天位列次,次在汝身,故我今命授與汝也。中,謂中正之道也。言天信運次既在汝身,則汝宜信執持中正之道也。四海,謂四方蠻夷戎狄之國也。困,極也。窮,盡。若内執中正之道,則德教外被四海,一切服化莫不極盡也。永,長也。終,猶卒竟也。若内正中國,外被四海,則天祚禄位長卒章汝身也。執其中,則能窮極四海,天

---

① 或曰《堯曰》此節之"公"字乃當作"惠"。《陽貨》:子張問仁於孔子。孔子曰:"能行五者於天下,為仁矣。"請問之。曰:"恭、寬、信、敏、惠。恭則不侮,寬則得眾,信則人任焉,敏則有功,惠則足以使人。"**或曰《堯曰》此節此數語及下節蓋皆孔子答子張語,可與《陽貨》篇"子張問仁"一節合而為一篇(共納入《子張》篇),而為《子張》篇之首**,即:子張問仁於孔子。孔子曰:"能行五者於天下,為仁矣。"請問之。曰:"恭、寬、信、敏、惠。恭則不侮,寬則得眾,信則人任焉,敏則有功,惠則足以使人。"子張問於孔子曰:"何如斯可以從政矣?"子曰:"尊五美,屏四惡,斯可以從政矣。"子張曰:"何謂五美?"子曰:"君子惠而不費,勞而不怨,慾而不貪,泰而不驕,威而不猛。"子張曰:"何謂惠而不費?"子曰:"因民之所利而利之,斯不亦惠而不費乎? 擇可勞而勞之,又誰怨? 欲仁而得仁,又焉貪? 君子無眾寡,無小大,無敢慢,斯不亦泰而不驕乎? 君子正其衣冠,尊其瞻視,儼然人望而畏之,斯不亦威而不猛乎?"子張曰:"何謂四惡?"子曰:"不教而殺謂之虐;不戒視成謂之暴;慢令致期謂之賊;猶之與人也,出納之吝,謂之有司。"

② 若如上注所云,將《堯曰》此節此數語及下節納入《子張》篇首,則《堯曰》篇只此一節而已(或加第三節),而成為《論語》之後序,"綜括最舉其綱要",為敘後王之法也,又類於《論語》上編之《鄉黨》,而皆不分章節;或則將此兩節(《陽貨》一節,《堯曰》一節)合《堯曰》而為《堯曰》篇——此則將《陽貨》一節移入今之《堯曰》篇;或曰古《論語》有兩《子張》篇,《堯曰》下節即古《論語》之另一《子張》篇;或曰《陽貨》"子張問仁"一節與《堯曰》"子張問政"一節,皆稱"孔子曰",與其他篇章不同,蓋是最後編入《論語》者。參見:《論語新解》。

祿所以長終也(或解為：若四海困窮，則天祿永絕)。

(其後，舜亦以此辭命禹，而為王道道統也。再言之)，重明舜讓禹也。舜受堯禪，在位年老而讓與禹，亦用堯命己之辭以命於禹也，故云舜亦以命禹也。所以不別為辭者，明同是揖讓而授(而為道統)也。

(其後，述商湯得位告天之辭)，重明湯伐桀也。伐與授異，故不因前揖讓之辭也。澆淳既異，揖讓之道不行，禹受人禪，而不禪人，乃傳位與其子孫，至末孫桀無道，為天下苦患。湯有聖德，應天從民，告天而伐之，此以下是其辭也。予，我也。小子，湯自稱，謙也。履，湯名也。將告天，故自稱我小子，而又稱名也。敢，果也。玄，黑也。牡，雄也。夏尚黑，爾時湯猶未改夏色，故猶用黑牡以告天，故云果敢用於玄牡也。昭，明也。皇，大也。後，君也。帝，天帝也。用玄牡告天，而云敢明告於大大君天帝也。湯既應天，天不赦罪，故凡有罪者，則湯亦不敢擅赦也，此明有罪之人也。帝臣，謂桀也。桀是天子，天子事天，猶臣事君，故謂桀為帝臣也。不蔽者，言桀罪顯著，天地共知，不可隱蔽也[1]。朕，我也。萬方，猶天下也。湯言我身若自有罪，則我自當之，不敢關預於天下萬方也。若萬方百姓有罪，則由我身也。我為民主，我欲善而民善，故有罪則歸責於我也。

(其後，述武王伐紂誓民之辭)，重明周家法也。舜與堯同是揖讓，謙，共用一辭。武與湯同是干戈，故不為別告天之文，而即用湯之告天文也。而此述周誓民之文而不述湯誓民文者，《尚書》亦有《湯誓》也。今記者欲互以相明，故下舉周誓，則湯其可知也。周，周家也。賚，賜也。言周家受天大賜，故富足於善人也。或云：周家大賜財帛於天下之善人，善人故是富也。已上《尚書第六-泰誓》中文，

---

[1]　此與上文"廣辭"之解不同，另備一說。蓋"廣辭"就義理而為說，此緣史事而為說。或可兩存。

言雖與周有親而不爲善，則被罪黜，不如雖無親而仁者必有祿爵也。此武王引咎自責辭也。按湯伐桀辭皆云天，故知是告天也。周伐紂文句句稱人，故知是誓人也。禪者有命無告，舜之命禹，一準於堯。周告天文少其異於殷，所異者如此，存其體不錄修也。

（若夫"謹權量"以下①），重明二帝三王所修之政同也。不爲國則已，既爲便當然也。謹，猶慎也。當謹慎於稱尺鬥斛也。審，猶諦也。法度，謂可治國之制典也。宜審諦分明之也。治故曰修，若舊官有廢者，則更修立之也。自謹權以下若皆得法，則四方風政並服行也。若有國爲前人非理而滅之者，新王當更爲興起之也。若賢人之世被絕不祀者，當爲立後係之，使得仍享祀也。若民中有才行超逸不仕者，則躬舉之於朝廷爲官爵也。既能興繼舉，故爲天下之民皆歸心繈負而至也。此四事並又治天下所宜重者也。國以民爲本，故重民爲先也。民以食爲活，故次重食也。有生必有死，故次重於喪也。喪畢，爲之宗廟，以鬼享之，故次重祭也。爲君上若能寬，則衆所共歸，故云得衆也。君行事若儀用敏疾，則功大易成，故云有功也。君若爲事公平，則百姓皆歡悅也②。"③

論曰："四海困窮，天祿永終，千萬世鼎革之故盡於此。天之立君以爲民也，自古未有民窮而國不亂亡者。而所以困窮之故，則由於人王之一心。此《大學》'平天下'章所以反覆叮嚀，垂爲炯鑒也。"④又論曰："昔先聖王之治天下也必先公，公則天下平矣。平得於公，嘗試觀於上志，其得之以公，其失之必以偏。故《洪範》曰：'無偏無黨，王道蕩蕩。無偏無頗，遵王之義。無或作好，遵王之

---

① 又引江熙云："自此以上至'大賚'，周告天之文也。自此以下，所修之政也。"參見《皇疏》。

② 《集解》則解曰："孔曰：'重民，國之本也；重食，民之命也；重喪所以盡哀；重祭所以致敬。'孔曰：'言政教公平，則民説矣。凡此二帝三王所以治也，故傳以示後世。'"

③ 《皇疏》。《論語註疏》。

④ 《此木軒四書説》。

道。無或作惡,遵王之路。'天下非一人之天下也,天下之天下也。陰陽之和不長一類,甘露時雨不私一物,萬民之主不阿一人。"①是言政教宜公平也。公平則舉措刑賞皆得其宜,民服於上,故説也②。

又論曰:"謹權量"以下,"此篇以《春秋》繼二帝三王之統也。謹權量,如譏初税畝、用田賦之屬。審法度,如改制質文。修廢官,如辨爵等、王國百二十官之屬。興滅國,謂凡書滅皆當興也。繼絶世,如孫以王父字爲氏。城緣陵、城成周、城杞、嘉、紀、季,皆善辭也。舉逸民,如嘉叔肸、曹嘉時吳劄之義。重民,如征伐城築之屬悉書。重食,如水旱、螽蝝、大饑、告糴、有年之屬;他穀不書,惟麥禾獨書,尤重也。詳崩薨、卒葬、奔喪、會葬、歸賵、含襚,重喪也。詳禘祫烝嘗,譏立廟屋壞,重祭也。"③

又論曰:"古今之天下,一帝王之所維持,而爲民立極者也。周衰,王道息,夫子集二帝三王之成,論定其道法,而原其德之所由隆以垂萬世。故帝王不復作,而得其意者以治,失其理者以亂。後世雖不睹聖治之休,而天下猶足以立。記者述夫子所稱書史之舊文,與其論治理者,著之篇,以爲聖學之與王道無二致焉。有天下者,上合天心其要已,而天心之去留存乎民志,民志之從違因乎主術,主術之純雜根於王心。夫子嘗以寬信敏公爲天德王道會歸之極,驗之帝王,無非是道也。四者天德也,仁之行於天下者也。古之帝王惟此以宅心而出治,而吾夫子之立教也,以此盡學者之心。然則守夫子之心學,卽以紹帝王之治統,後世得之而天下安,未失焉而天下存,違之而天下亂,豈有爽哉?"④

---

① 《吕氏春秋・貴公篇》。
② 《論語集釋》。
③ 《論語述何》。
④ 《四書訓義》。

　　朱熹則解曰："此("堯曰"云云)堯命舜而禪以帝位之辭。曆敷，帝王相繼之次第，猶歲時節氣之先後也。中者，無過不及之名。四海之人困窮，則君祿亦永絶矣，戒之也。舜後遜位於禹，亦以此辭命之。今見於《虞書‧大禹謨》，比此加詳①。此("湯曰予小子履"云云)引《商書‧湯誥》之辭。蓋湯既放桀，而告諸侯也。與《書》文大同小異。'曰'上當有湯字，履蓋湯名。用玄牡，夏尚黑，未變其禮也。簡，閲也。言桀有罪，己不敢赦；而天下賢人皆上帝之臣，己不敢蔽，簡在帝心，惟帝所命。此述其初請命而伐桀之辭也。又言君有罪，非民所致；民有罪，實君所爲，見其厚於責己，薄於責人之意。此其告諸侯之辭也。此("周有大賚")以下述武王事。賚，予也。武王克商，大賚於四海，見《周書‧武成篇》。此言其所富者皆善人也。《詩序》云：'賚，所以錫予善人。'蓋本於此。此《周書‧泰誓》之辭。孔氏曰：'周，至也。言紂至親雖多，不如周家之多仁人。'……興滅繼絶，謂封黄帝堯舜夏商之後。舉逸民，謂釋箕子之囚，復商容之位。三者皆人心之所欲也。《武成》曰：'重民五教，惟食喪祭。'此("寬則得衆"以下)於武王之事無所見，恐或泛言帝王之道也。楊氏曰：'《論語》之書皆聖人微言，而其徒傳守之，以明斯道者也。故於終篇具載堯舜諮命之言，湯武誓師之意，與夫施諸政事者，以明聖學之所傳者一於是而已，所以著明二十篇之大旨也。《孟子》於終篇亦歷敘堯舜湯文孔子相承之次，皆此意也。'"②

　　其(朱熹)解湯辭曰：(湯既伐桀而告諸侯或曰當爲告天，觀"簡在帝

---

　　①　古文《虞書‧大禹謨》蓋引《論語》此數句("舜亦以命禹")而僞撰之，不可信。《論語集注補正述疏》："僞古文《虞書大禹謨》云：'帝曰來，禹！乃云天之曆數在汝躬，汝終陟元後，人心惟危，道心惟微，惟精惟一，允執厥中。'又云：'欽哉！慎乃有位，敬修其可願。四海困窮，天祿永終。'朱子以《論語》此文校之，謂比此加詳者，若斯也，蓋未察其僞爾。僞者之言，危微精一也，以《荀子》引道經者竄馬。"《論語後案》亦云："今《大禹謨》，僞書也。危微精一數語，本《荀子‧解蔽篇》引道經語，作僞者采入之。程朱二子信此，以闡發執中之義。"

　　②　《四書章句集注》。

心”一句可見）曰："予小子履（履者，湯名；天乙者，號，湯亦號，商湯，成湯而死後之諡號，如商紂然，蓋周人諡之，以商代無諡也①），敢（斗膽，謙稱）用玄（黑）牡（雄，玄牡即黑色犧牲，黑公牛），敢（斗膽，謙稱）昭（明）告於皇皇（衆多）後帝（諸侯國君）：（夏桀）有罪（指夏桀；鄭曰是四凶），（吾）不敢（擅）赦，（天下賢人皆）帝臣（天帝之賢臣；鄭曰是禹），（吾）不（敢私）蔽（選任不敢私專），簡（閱，選任）（選）在帝（上天、上帝）心（選任刑賞惟奉天命持公法），（惟帝所命，奉天行法）。（又自誓受命而王曰：）朕（我）躬有罪，無以（及）萬方；萬方有罪，罪在朕躬。（天命靡常，惟天制之。）"

論曰：朱熹以爲辭分兩節，前半段爲既伐桀而告諸侯（此當爲告天）之辭，後半段或爲自誓立命而王之辭。前襲引舜授禹之辭亦可自圓其説。（朱熹似解"皇皇"爲衆多，則皇皇後帝，即諸侯國君之意。）不赦不蔽則言選任刑賞必公必聽命於天。然最後一句顯是告天之語。

又論曰："《集注》據《詩序》，以大封爲大賚也。其曰富者，即祿以馭富之謂。傳曰：'善人富謂之賞也，周親不如仁人，是富善人也。'二句與上連讀，孔注是。此文今在僞《泰誓篇》。《集注》所引即僞《書》之僞孔傳，而孔氏此注指爲既誅管蔡後所作，與僞傳迥殊。今僞傳云少仁人，朱子引作多，所見本異也。"②"《朱子或問》以錫予善人爲克商賞功之時，即《樂記》所謂'將帥之士使爲諸侯'者，則大賚指分封，不指散財發粟也。"③"《説苑·貴德篇》：武王克

---

① 《四書辨證》："《仲虺之誥》曰'成湯放桀於南巢'，孔傳云：'湯放桀，武功成，故以爲號。'又《路史·夏後紀》注引羅泌疇老云：'禹之功至平水土而始大，故於禹成厥功之後始稱大禹。湯之功至克夏而後成，故於湯歸自夏之後始稱成湯。其果諡乎？抑號乎？'此説得之。《檀弓》：'死諡，周道也。'《周書·諡法解》：'**安民立政曰成，除殘去虐曰湯。**'蓋後人因周有此法，故移而加之於成湯，故云成湯死後諡（見《商頌》疏）。《論語集釋》："按：《白虎通》云：'湯本名履，克夏以後，欲從殷家生子以日爲名，故改履名乙，以爲殷家法也。'是漢人舊説如此，紛紛異解，均可不必。"

② 《論語後案》。

③ 《四書典故辨正》。

殷,問周公曰:'將奈其士衆何?'周公曰:'使各宅其宅,田其田,無變舊親,惟仁是親,百姓有過,在予一人。'武王曰:'廣大乎! 平天下矣。'《韓詩外傳三》、《淮南·主術訓》與《説苑》同。《書大傳》作'無故無新,惟仁之親',餘亦同。"①

餘論:吾意此("予小子履"以下)解告天爲妥,而不赦不蔽當解爲選任刑賞之公法奉天,最後談及天命靡常而對天子亦有天命制之之意。

"韓曰:'帝臣,湯自謂也,言我不可蔽隱桀之罪也。包以桀爲帝臣,非也。'李曰:'吾觀《湯誥》云:"爾有善,朕弗敢蔽,罪當朕躬,弗敢自赦,惟簡在上帝之心。"此是湯稱帝臣明矣。疑古《尚書》與古文《論語》傳有異同焉,考其至當,即無二義。'"②《筆解》此解似周全,然一節之中,或用帝臣自稱,或用朕躬,亦有不通處,除此以外,則似可。

吾以爲此節("謹權量"以下,乃至上節等)只是一般言説王天下之大法,不必牽合於諸如滅商之具體史事。質言之,乃爲言王道仁政之一般原則或大本而已。

"百姓有過,在予一人",此或可解爲:對天子亦有制約與懲罰條款。古有所謂"罪己詔",今則有官員、政治家、政客或國家公職人員"引咎辭職"之類。

《左傳》:世祿不世位,世祿亦只埰地;無世位,然若有賢子孫,亦或復其位,此法優於《公羊》、《谷梁》所譏之"卿大夫世"之制。

詳解之③,則曰:

---

① 《論語集釋》。

② 《筆解》,轉引自《論語集釋》。

③ 因此節關乎古之王法、治道,典章制度歷歷清晰,務實可行(古學本有務實具體之風格,注重實用,非如後世徒以文辭記誦爲學,遂使中國經濟練達之儒者一變而爲百無一用之文人),不可僅以虛文義理視之,故大篇幅引述之,俾讀者於此有所具體了解,不可徒視爲虛文浮詞也。

“《書·堯典》云：‘乃命羲和，欽若昊天，歷象日月星辰，敬授民時。’歷象、歷數，詞意並同。《洪範》五紀：一曰歲，二曰月，三曰日，四曰星辰，五曰歷數。歷數是歲月日星辰運行之法。《曾子天圜篇》：‘聖人慎守日月之數，以察星辰之行，以序四時之順逆，謂之歷。’《中論·歷數篇》：‘昔者聖王之造歷數也，察紀律之行，觀運機之動，原星辰之迭中，寤晷景之長短。於是營儀以准之，立表以測之，下漏以考之，布算以追之。然後元首齊乎上，中朔正乎下，寒暑順序，四時不忒。夫歷數者，先王以憲殺生之萌，而詔作事之節也，使萬國不失其業者也，此歷數之義也。’《史記·歷書》言：‘黃帝考定星歷，建立五行，起消息，正閏餘，於是有天地神祇物類之官’。又言‘堯復遂重黎之後，立羲和之官，明時正度。年耆禪舜，申戒文祖云：‘天之歷數在爾躬。’舜亦以命禹。由是觀之，王者所重也’。據《史記》之文，則‘諮舜’云云，乃堯禪位語。舜不陟帝位，故當堯之世但攝政也。王者，天之子，當法天而行，故堯以天之歷數責之於舜。《春秋繁露·郊祭篇》引此文釋之云：‘言察身以知天也。’此董以‘在’訓‘察’，躬訓身也。在之爲察，見《爾雅·釋詁》。察身者，謂省察其身①。當止至善，以承天之事，受天之大福。故天垂象，而人主法焉；天示異，而人主懼焉。《書·洪範》云：‘王省惟歲。’《詩·大明》云：‘唯此文王，小心翼翼，昭事上帝，聿懷多福。’翼翼者，敬也。並皆察身之義也。”②

“《漢書·律歷志》：‘《虞書》：“乃同律度量衡”，所以齊遠近，立民信也。自伏羲畫八卦由數起，至黃帝堯舜而大備。三代稽古，法度章焉。周衰官失，孔子陳後王之法曰：“謹權量，審法度，修廢官，舉逸民，四方之政行矣。”’據志此文，是‘謹權量’云云以下皆孔子語，故何休《公羊》昭三十二年注引此節文，冠以‘孔子曰’。《説文》

---

①　此則解“在”爲“省察”。
②　《論語正義》。

云：'寀，悉也。知，寀諦也。審，篆文從番。'《考工記・弓人》注：
'審猶定也。'成氏蓉鏡《經義駢枝》曰：'法度與權量相對爲文，當爲
二事。法謂十二律，度謂五度也。《堯典》"同律度量衡"，馬融注：
'律，法也。'量衡卽《論語》之權量，則律度亦卽《論語》之法度矣。
《漢書・律曆志》引《虞書》及《論語》此文，又云："元始中，羲和劉歆
等言之最詳。一曰備數，二曰和聲，三曰審度，四曰嘉量，五曰權
衡。"聲者，宮商角徵羽也。五聲之本生於黃鐘之律，二十有二，律
卽法也。'案成說是也。律者聲之所出，聲正而後數可明，數明而後
萬物可正，故黃鐘爲萬物根本也。度者，漢志云：'分、寸、尺、丈、引
也。'謹審之本在於正律，故《漢志》引劉歆曰：'五聲之本，生於黃鐘
之律。九寸爲宮，或損或益，以定商角徵羽。九六相生，陰陽之應
也。'又云：'度本起黃鐘之長，以子穀秬黍中者。一黍之廣，度之九
十分。黃鐘之長，一爲一分，十分爲寸，十寸爲尺，十尺爲丈，十丈
爲引，而五度審矣。量本起於黃鐘之龠，用度數審其容，以子穀秬
黍中者千有二百實其龠，以井水準其概，十龠爲合，十合爲升，十升
爲鬥，十鬥爲斛，而五量嘉矣。權本起於黃鐘之重，一龠容千二百
黍，重十二銖，兩之爲兩，二十四銖爲兩，十六兩爲斤，十斤爲鈞，四
鈞爲石，而五權謹矣。'包氏慎言《溫故錄》：'《漢志》引此文云云。
顏氏不解修廢官者意，蓋以官卽職此權量法度者。《志》上云"周衰
官失，孔子陳後王之法"，下乃引《論語》，明繼周而起者，惟修此數
官爲急耳。《志》下又引劉歆《鐘律篇》，分敘權量法度云："權者，所
以稱物平施，知輕重也。職在大行人，鴻臚掌之。量者，所以量多
少也。職在太倉，大司農掌之。度者，所以度長短也。職在內官，
廷尉掌之。"以修廢官爲修此數官。故劉氏每敘一事，而結云某職
在某官，某官掌之。'案包說是也。據成君義，法訓律，當據《志》補
云：'聲(律)(法)，所以作樂者(，所以律五聲、備度(法)數也)。職在
大樂，太常掌之。'昔舜一歲四巡守，皆同律度量衡。《月令》：'春秋
分皆同度量，正權概。'《周官・大行人》：'十有一歲，同度量，同數

器。'蓋奸民貿易，積久弊生，古帝王特設專官以審察之。其官歷代皆未廢，至周衰而或失耳。趙氏佑《溫故錄》'或有職而無其官，或有官而不舉其職，皆曰廢'是也。"①

"古者天子謂諸侯受封謂之埰地，百里諸侯以三十里，七十里諸侯以二十里，五十里諸侯以十里，其後子孫雖有罪而絀，使子孫賢者守其地，世世以祠其始受封之君，此之謂興滅國，繼絕世也。"②"爲先王無道，妄殺無辜，及嗣子幼弱，爲強臣所奪，子孫皆無罪囚而絕，重其先人之功，故復立之。《左》襄十年傳疏：禮，天子不滅國，諸侯不滅姓。其身有罪宜廢者，選其親而賢者更紹立之，《論語》所謂'興滅國，繼絕世'者此也。"③"《爾雅釋詁》：'滅，絕也。'《公羊》僖五年傳：'滅者，亡國之善辭也。'許氏《五經異義》解此文云：'國，謂儲侯。世，謂卿大夫。'《白虎通·封公侯篇》：'王者受命而作，興滅國，繼絕世何？爲先王無道，妄殺無辜，及嗣子幼弱，爲強臣所奪，子孫皆無罪囚而絕。重其先人之功，故復立之。《論語》曰云云。'據此，是興滅國爲無罪之國，若有罪當滅者亦不興之也。《尚書大傳》：'古者諸侯始受封則有埰地。百里諸侯以三十里，七十里諸侯以二十里，五十里諸侯以十五里。其後子孫雖有臯黜，其埰地不黜，使其子孫賢者守之，世世以祠其始受封之人，此之謂興滅國，繼絕世。《書》曰："茲予大享於先王，爾祖其從與享之"，此之謂也。'《韓詩外傳》同。此言平時立國，不以有臯黜其埰地，亦興滅繼絕之義。凡封國當有此制也。漢成帝詔曰：'蓋聞襃功德、繼絕統，所以重宗廟，廣聖賢之路也。'又曰：'夫善善及子孫，古今之通義也。'《五經異義》：'按《公羊》、《穀梁》説云，卿大夫世，則權並一姓，防賢塞路，經譏伊氏、崔氏是也。古《春秋》左氏説，卿大夫得世祿不世位，父爲大夫死，子得食

---

① 《論語正義》。

② 《韓詩外傳》。

③ 《白虎通·公侯篇》。

其故埰地,如有賢才則復父故位。許慎謹案:《易》爻位三爲三公,食舊德謂食父故祿。《尚書》云:"世選爾勞子,不絶爾善。"《論語》:"興滅國,繼絶世。"《詩》云:"凡周之士,不顯亦世。"孟子云:"文王之治岐也,仕者世祿。"故周世祿也。從左氏義。'鄭氏無駁,與許同。"①"按:任氏啓運曰:'滅國是人無土,興謂續封之也。絶世謂有土無人,繼謂俾其支庶進承大宗也。'金澂曰:'興者,於有子孫而失其爵土者,立其本支也。繼者,於有爵土而無子孫者,立其旁支也。'考《詩·文王·正義》引《五經異義》云:'國謂諸侯,世謂卿大夫。'是舊說相傳如是。然而世可兼諸侯卿大夫言,父傳子子傳孫之世系也,不必專指卿大夫,金說可從。"②

"武王立紂子武庚,宗廟不毀,社稷不遷。時殷未亡也,所以異乎曩日者,不朝諸侯,不有天下也。是則殷之亡天下也,在紂之自燔。亡國也,在武庚之見殺。……武王克商,不以其故都封周之臣,而仍以封武庚,降在侯國,而猶先人之故土。武庚卽畔,乃命微子啓代殷,而必於宋。謂大火之祀,商人是因,弗遷其地。蓋明告以取天下。無滅國之義也。"③

"(皇)疏以國世分言,與《異義》合。班固《功臣侯表》引杜業說云:'內恕之君樂繼絶世,隆名之主安立亡國。'絶世亡國分言,疑亦同許氏之說。或曰:上言大賚卽大封,此又言興滅國,然則封建固聖人之意乎?曰此聖人之公心也。馬貴與謂'必有公天下之心,而後可行封建'是也。天子出以公心,其始封也選賢與能,其既封也無忌疏畏偪之弊,所謂有《關雎》、《麟趾》之意,而行《周官》之法度也,否則,其禍大矣。"④

"《虞書》曰:'衆非元後何載?後非衆罔與守邦。'《孟子·盡心

---

① 　《論語正義》。
② 　《論語集釋》。
③ 　《日知録》,轉引自《論語集釋》。
④ 　《論語後案》。

下》：‘民爲貴。’又言諸侯之寶，有人民。《周官‧太宰》：‘以九兩繫
邦國之民。’《大司徒》：‘掌人民之數。’《司民》：‘掌登萬民之數，自
生齒以上皆書於版，異其男女，歲登下其死生。及三年大比，以萬
民之數詔司寇，司寇獻其數於王，王拜受之，登於天府。内史、司
會、冢宰貳之，以贊王治。’是民爲國之本也。《書‧洪範》：‘八政，
一曰食’，伏生《傳》：‘食者，萬物之始，人事之所本，故八政先食。’
《周官‧太宰》：‘以九職任萬民，一曰三農，生九穀。二曰園圃，毓
草木。’《大司徒》：‘辨十有二壤之物而知其種，以教稼穡樹藝。’又
云：‘頒職事十有二於邦國都鄙，使以登萬民，一曰稼穡，二曰樹
藝。’是食爲民命，當重之也。喪以哀爲主，祭以敬爲主，喪祭者，所
以教民反本追孝也。《禮記‧經解》云：‘喪祭之禮廢，則臣子之恩
薄。臣子之恩薄，則背死亡生者衆矣。’”①

　　又：“論家説曰：‘重民，國之本也。重食，民之命也。’斯舊説明
矣。重喪，民孝當慎終也。重祭，民生當報本也。蓋民爲首重，其下
三者則因民以重焉。《書‧康誥》稱武王告康叔者，一則曰‘用保乂
民’，再則曰‘用康保民’，終則曰‘用康乂民’，明武王重民也。《書‧
洪範》稱武王訪於箕子者，其八政之首，一曰食。《周官》九職，所以
首言三農生九穀也，明武王重食也。《中庸》稱‘武王未受命，周公成
文武之德’，而言其製禮，則曰‘父母之喪，無貴賤一也’。此周公本
武王繼文王之德，而爲是禮也，明武王重喪也。《書‧酒誥》稱武王
述文王之言曰：‘祀兹酒。惟天降命，肇我民，惟元祀。’明武王重祭
也。《漢書‧藝文志》敘農家者流，稱孔子曰‘所重民食’，顔注：‘謂
所重者在人之食。’則不以民列所重之一也。此節而引之，未可執
也。其稱孔子曰者，亦以意加之爾。《詩‧蕩》云：‘枝葉未有害，本
實先撥。’言殷商之失民也。《漢書‧酈食其傳》云：‘王者以民爲天，
而民以食爲天。’其聞諸古語者乎？孟子云：‘民爲貴，社稷次之，君

---

　　① 《論語正義》。

焉輕。'言君奉社稷，奚可不重民而輕之，徒知自貴也？故孟子言諸侯之寶者，亦曰人民，由乎《論語》此經。《堯典》云：'諮十有二牧，曰食哉惟時。'蔡傳云'王政以食爲先，足食之道，惟在不違農時'是也。牧者養民之官，故告之重食焉。《禮‧三年問》云：'三年之喪，人道之至文者也，夫是之謂至隆。是百王之所同，古今之所壹也，未有知其所由來者也。'蓋至隆者，非其重喪歟？《禮‧郊特牲》云：'萬物本乎天，人本乎祖，此所以配上帝也。郊之祭也，大報本反始也。'而民祀亦其義焉。《荀子》云：'先祖者，類之本也。'蓋禮尊先祖，而重祭者，不忘本也。《禮‧經解》云：'喪祭之禮廢，則臣子之恩薄，而倍死忘生者衆矣。'今敢廢而不重乎？……"①

　　子張問於孔子曰："何如斯可以從政矣？"子曰："尊五美，屏四惡，斯可以從政矣。"子張曰："何謂五美？"子曰："君子惠而不費，勞而不怨，欲而不貪，泰而不驕，威而不猛。"子張曰："何謂惠(民)而不費？"子曰："因民之所利而利之，斯不亦惠而不費乎？擇可勞而勞之，又誰怨？欲仁而得仁，又焉貪？君子無眾寡，無小大，無敢慢，斯不亦泰而不驕乎？君子正其衣冠，尊其瞻視，儼然人望而畏之，斯不亦威而不猛乎？"子張曰："何謂四惡？"子曰："不教而殺謂之虐；不戒視成謂之暴；慢令致期謂之賊；猶之與人也，出納之吝，謂之有司。"

　　子張問於孔子曰："何如斯可以從政矣？"子曰："尊(或作遵)五

---

　　① 《論語集注補正述疏》，轉引自《論語集釋》。

美，屏（除）四惡，斯可以從政矣。”子張曰：“何謂五美？”子曰：“君子惠（民，惠民即利民）而不費（費財，損費；或曰拂，拂逆民心），勞（民，勞民即勤勞之而利之富之，使自勤勞而自得富也）而（民）不怨①，欲（仁）而（故）不貪（利，或財色），泰（安泰，泰然素行素志，於人也一視同仁，故安泰、泰然也）而不驕（驕慢），威（威嚴於正道禮義）而不猛（猛厲、兇猛、兇狠）。”子張曰：“何謂惠（民）而不費？”子曰：“（利民在政，以政惠民，）因民之所利而利之，斯不亦惠而不費乎？擇可勞②而勞之，又誰怨？欲仁而得仁，又焉貪？君子無眾寡，無小大，無敢慢，斯不亦泰而不驕乎？君子正其衣冠（衣無撥，冠無免，衣冠整潔不亂，自整飭有敬也），尊其瞻視（視瞻無回邪，非禮勿視），儼然（儼若思，矜莊於正道義禮貌）人望而畏之，斯不亦威而不猛乎？”子張曰：“何謂四惡？”子曰：“不教而殺謂之虐（殘酷不仁）；不戒（宿戒，預戒，預先告誡）視成（風化無漸，責其立成，責目前成，臨時責其成功）謂之暴（粗暴，猝遽無漸）；慢（怠慢、懈怠、粗疏不謹，慢令即教令粗率不審嚴，信口胡説，無所細緻嚴謹之叮嚀申救）令致期（刻期，信口胡説之教令而刻期責成）謂之賊（賊害）；（吝與苛取謂之貪獨（或蠹，或酷，或獨夫，不能得民：財散則民聚）③，）猶之與人（與民，與民以財）也，出納之吝，謂之有司（人君為政當寬以惠民，吝則類於鄙賤有司），（豈從政君子之行邪？）”

邢昺疏曰：“此章（節）論為政之理也。……子張問（孔子）政術，孔子答曰：當尊崇五種美事，屏除四種惡事，則可也。子張未知其目，故復問之。孔子（乃）為述五美之目。子張雖聞其目，猶未達其理，故復問之。孔子（乃）為説其惠而不費之一美也：民居五土，所利

---

① 原意涉及使民，從下文孔子之解釋可知，但吾意以為今或可解為從政者兢兢業業，勤政而無怨，故此句可易為“勤政而不怨”。

② 何謂“可勞”？此謂“可勞之時”，亦即“使民以時”也，非謂“擇可勞之民”。

③ 此句結合《陽貨》“惠則足以使人”一句而補之；如據“寬則得眾”一句補之，則可曰“謂之獨夫”。參見：《陽貨》：子張問仁於孔子。孔子曰：“能行五者於天下，為仁矣。”請問之。曰：“恭、寬、信、敏、惠。恭則不侮，寬則得眾，信則人任焉，敏則有功，惠則足以使人。”

不同,山者利其禽獸,渚者利其魚鹽,中原利其五穀;人君因其所利,使各居其所安,不易其利,則是惠愛利民在政,且不費於財也①。孔子(既)知子張未能盡達(其餘),故既答惠而不費,不須其問,即為陳其餘者。說勞而不怨:擇可勞而勞之,謂使民以時,則又誰怨恨哉!說欲而不貪:言常人之慾,失在貪財;我則欲仁,而仁斯至矣,又安得為貪乎?說泰而不驕:常人之情,敬眾大而慢寡小;君子則不以寡小而慢之也,此不亦是君子安泰而不驕慢乎?說威而不猛:言君子常正其衣冠,尊重其瞻視,端居儼然,人則望而畏之(不敢欺罔諂佞以邪僻異端等),斯不亦雖有威嚴而不猛厲者乎?子張未聞四惡之義,故復問之。(故)此下孔子歷答四惡也。('不教而殺謂之虐'者,謂)為政之法,當先施(道、理、仁、德、義、禮之)教令於民,猶復丁甯申敕之;教令既治,而民不從,後乃誅也;若未嘗教告而即殺之,謂之殘虐。'不戒視成謂之暴'者,謂不宿戒而責目前成,謂之卒暴。'慢令致期謂之賊'者,謂與民無信,而虛刻期,期不至則罪罰之,謂之賊害。('吝與苟取謂之貪獨'者,財聚則民散,財散則民聚,君上以得民乃為君也,故當散財藏富於民而民聚也;吝施苟取則民散,類於有司嗇夫,小人哉!)'猶之與人也,出納之吝謂之有司'者,謂(國之)財物俱當與人(民,今曰"國之稅收公財取之於民而用之於民"也),而人君吝嗇於出納而惜難之,此有司之任耳,非人君之道。"②

　　皇侃疏曰:"因民所利而利之,謂民水居者利在魚鹽螺蛤,山居者利於果實材木,明君為政,即而安之,不使水者居山,渚者居中原,是因民所利而利之,而於君無所損費也。孔子知子張並疑,故並歷答之也。言凡使民之法各有等差,擇其可應勞役者而勞役之,則民各服其勞而不敢怨也③。慾有多塗,有欲財色之慾,有欲仁義

---

①　王肅曰:"利民在政,無費於財。"參見《論語義疏》。

②　《論語注疏》。

③　此解恐泥,或過於簡略,不知所謂。

之慾,欲仁義者爲廉,欲財色者爲貪;言人君當欲於仁義,使仁義事顯,不爲欲財色之貪也;則'我欲仁,則仁至,非貪也。'①(復)言不以我富財之衆,而陵彼之寡少也;又不得以我貴勢之大,加彼之小也;我雖衆大,而愈敬寡小,故無所敢慢也;能聚能大,是我之泰,不敢慢於寡小,是不驕也,故云泰而不驕也;'君子處心以虛,接物以爲敬,不以衆寡異情,大小改意,無所敢慢,斯不驕也。'②衣無撥,冠無免,瞻視無回邪,若思以爲容,(如此則)望之儼然,卽之也溫,聽其言也厲,故服而畏之也;望而畏之,是其威也;卽之也溫,是不猛也。"子張既聞五美,"故次更諮四惡(,而孔子答之)。爲政之道必先施教,教若不從,然後乃殺,若不先行教而卽用殺,則是酷虐之君也。爲君上見民不善③,當宿戒語之,戒若不從,然後可責,若不先戒勖,而急卒就責目前,視之取成,是風化無漸,故爲暴卒之君也——暴淺於虐也。與民無信而虛期,期不申勅丁寧,是慢令致期也;期若不至而行誅罰,此是賊害之君也,'令之不明而急期之也。'④('吝與苛取謂之貪獨'者,財聚則民散,財散則民聚,君上以得民乃為君也,故當散財藏富於民而民聚也;吝施苛取則民散,類於有司嗇夫,小人哉!)'猶之與人',謂以物獻與彼人,必不得止者也;吝,難惜之也,猶會應與人,而其吝惜於出入(之屬),故云出內之吝也。有司,謂主典物者也,猶庫吏之屬也。庫吏雖有官物而不得自由,故物應出入者,必有所諮問,不敢擅易;人君若物與人而吝,即與庫吏無異,故云謂之有司也。"⑤《禮記·大學》曰:"道善則得之,不善則失之矣。是故君子先慎乎德。有德此有人,有人此有

---

① 此引江熙語。

② 此引殷仲堪語。

③ 此解稍拘泥,此非僅謂"民之不善",蓋亦可謂耕種收成、賦稅聚斂(古之所謂"暴君",亦往往與橫徵暴斂相聯繫)、漕運水利、兵戎勞役等之事,而與前句"勞而不怨"稍有意義關聯也。

④ 此引袁氏語。

⑤ 《論語義疏》。

土,有土此有財,有財此有用。德者本也,財者末也。外本內末,爭民施奪。是故財聚則民散,財散則民聚。是故言悖而出者,亦悖而入;貨悖而入者,亦悖而出。"亦此之謂也。

論曰:《陽貨篇》載有子張問仁之事①,與此相類,蓋或有錯簡,可參看:子張問仁於孔子。孔子曰:"能行五者於天下,為仁矣。"請問之。曰:"恭、寬、信、敏、惠。恭則不侮(侮慢),寬則得眾,信則人任焉,敏(捷疾②)則有功(應事疾則多成功),惠(有恩惠,施惠於人③)則足以使人。"

對照之,則"恭而不侮"類於"泰而不驕"、"威而不猛";"寬則得眾"則"吝與苟取謂之貪獨"之反,又類於"欲(仁)而不貪";"信則人任焉"、"敏則有功"則類於"慢令致期謂之賊"④之反,"信則人任焉"又稍類於"勞而不怨";"惠則足以使人"即"惠而不費,勞而不怨"之謂也。

餘論:孔子之意蓋曰:於民之或有罪者,其罪或肇因於君上之不正教、失正教也。

子曰:"不知命,無以為君子也。不知禮,無以立也。不知言,無以知人也。"

子曰:"不知命(命,天命,德命,天賦天命仁義禮智順善之心性,又謂窮達之分),無以為君子也。不知禮,無以立也。不知言,無以知人

---

① 《陽貨》:子張問仁於孔子。孔子曰:"能行五者於天下,為仁矣。"請問之。曰:"恭、寬、信、敏、惠。恭則不侮,寬則得眾,信則人任焉,敏則有功,惠則足以使人。"

② 或解為:敏,審,審當於事,善謀而審當。言舉事敏審,則有成功矣。參見:《論語補疏》。

③ 或解為:順,順乎人情。趙佑《溫故錄》:"惠,順也。此《康誥》'惠不惠'之惠。仁者待人,務順乎人情,凡有所使,皆量其長而不苛所短。子以佚而常禮其勞,是之謂惠。"

④ 孔解曰:"與民無信,而虛刻期。"

也（聽言則別其是非善惡也）。”

《韓詩外傳》曰：“子曰：‘不知命，無以為君子。’言天之所生，皆有仁義禮智順善之心，不知天之所以命生，則無仁義禮智順善之心，無仁義禮智順善之心，謂之小人。故曰：‘不知命，無以為君子。’《小雅》曰：‘天保定爾，亦孔之固。’言天之所以仁義禮智保定人之甚固也。《大雅》曰：‘天生蒸民，有物有則。民之秉彝，好是懿德。’言民之秉德以則天也。不知所以則天，又焉得為君子乎！”①董仲舒曰：“人受命于天，固超然異於群生，入有父子兄弟之親，出有君臣上下之誼，會聚相遇，則有耆老長幼之施，粲然有文以相接，驩（歡）然有恩以相愛，此人之所以貴也。生五穀以食之，桑麻以衣之，六畜以養之，服牛乘馬，圈豹檻虎，是其得天之靈，貴於物也。故孔子曰：‘天地之性人為貴。’明於天性，知自貴於物；知自貴於物，然後知仁誼（義）；知仁誼，然後重禮節；重禮節，然後安處善；安處善，然後樂循理；樂循理，然後謂之君子。故孔子曰：‘不知命，亡以為君子’，此之謂也。”②《呂氏春秋》曰：“達士者，達乎死生之分。達乎死生之分，則利害存亡弗能惑矣。故晏子與崔杼盟而不變其義。延陵季子，吳人願以為王而不肯。孫叔敖三為令尹而不喜，三去令尹而不憂。皆有所達也。有所達則物弗能惑。//荊有次非者，得寶劍於幹遂，還反涉江，至於中流，有兩蛟夾繞其船。次非謂舟人曰：‘子嘗見兩蛟繞船能兩活者乎？’船人曰：‘未之見也。’次非攘臂祛衣，拔寶劍曰：‘此江中之腐肉朽骨也。棄劍以全己，余奚愛焉！’於是赴江刺蛟，殺之而複上船，舟中之人皆得活。孔子聞之曰：‘夫善哉！不以腐肉朽骨而棄劍者，其次非之謂乎？’……天固有衰嗛廢伏，有盛盈坌息；人亦有困窮屈匱，有充實達遂，此皆天之容物理也。古聖人不以感私傷神，俞然而以待耳。//晏子與崔杼

---

①　《韓詩外傳卷六》。

②　《漢書·董仲舒傳》引董仲舒對策。

盟。其辭曰：'不與崔氏而與公孫氏者，受其不祥！'晏子附而飲血，仰而呼天曰：'不與公孫氏而與崔氏者，受此不祥！'崔杼不説，直兵造胸，句兵鉤頸，謂晏子曰：'子變子言，則齊國吾與子共之；子不變子言，則今是已！'晏子曰：'崔子！ 子獨不為夫《詩》乎！《詩》曰："愷悌君子，求福不回。" 嬰且可以回而求福乎？ 子惟之矣。'崔杼曰：'此賢者，不可殺也。'罷兵而去。晏子之僕將馳，晏子撫其僕之手曰：'安之！ 毋失節！ 疾不必生，徐不必死。'晏子可謂知命矣。命也者，不知所以然而然者也，人事智巧以舉措者不得與焉。故國士以義為之決而安處之。"①知命，即知天也，知天命也，知天則知命，安然修俟之，孟子曰："盡（極、儘量擴展）其心（而行善）者，知其性（本性如仁、義、禮、智之端）也。知其性，則知天（天命，天意，天道，天意天道貴善）矣，（而天道好生貴善）。存其（善）心，養其（善）性，所以事天（天道、天意、天則、天律、天理、天命）（對待天命的方法）也，（天道無親，惟仁是與）。殀壽不貳（違反、改易），修身以俟之（待天命），所以立命

---

① 《呂氏春秋・知分篇》："達士者，達乎死生之分。達乎死生之分，則利害存亡弗能惑矣。故晏子與崔杼盟而不變其義。延陵季子，吳人願以為王而不肯。孫叔敖三為令尹而不喜，三去令尹而不憂。皆有所達也。有所達則物弗能惑。//荆有次非者，得寶劍於干遂，還反涉江，至於中流，有兩蛟夾繞其船。次非謂舟人曰：'子嘗見兩蛟繞船能兩活者乎？'船人曰：'未之見也。'次非攘臂祛衣，拔寶劍曰：'此江中之腐肉朽骨也。棄劍以全己，余奚愛焉！'於是赴江刺蛟，殺之而複上船，舟中之人皆得活。孔子聞之曰：'夫善哉！ 不以腐肉朽骨而棄寶劍者，其次非之謂乎？'//禹南省，方濟乎江，黃龍負舟。舟中之人，五色無主。禹仰視天而歎曰：'吾受命於天，竭力以養人。生，性也；死，命也。余何憂于龍焉？'龍附耳低尾而逝。則禹達乎死生之分也。//天固有衰嗛廢伏，有盛盈坌息；人亦有困窮屈匱，有充實達遂，此皆天之容物理也。古聖人不以感私傷神，俞然而以待耳。//晏子與崔杼盟。其辭曰：'不與崔氏而與公孫氏者，受其不祥！'晏子附而飲血，仰而呼天曰：'不與公孫氏而與崔氏者，受此不祥！'崔杼不説，直兵造胸，句兵鉤頸，謂晏子曰：'子變子言，則齊國吾與子共之；子不變子言，則今是已！'晏子曰：'崔子！ 子獨不為夫詩乎！《詩》曰："愷悌君子，求福不回。" 嬰且可以回而求福乎？ 子惟之矣。'崔杼曰：'此賢者，不可殺也。'罷兵而去。晏子之僕將馳，晏子撫其僕之手曰：'安之！ 毋失節！ 疾不必生，徐不必死。'晏子可謂知命矣。命也者，不知所以然而然者也，人事智巧以舉措者不得與焉。故國士以義為之決而安處之。"又可參見：《論語疏證》；《論語正義》。

（證立天命，安身立命）也。”（天之命令者，天道天則天律天理也，又人道、人義、仁德也，天賦之，人順之，善則得正命，不善則得非命，所謂“積善之家必有餘慶，積不善之家必有餘殃”是也。）孟子曰：“莫非（無非）（天）命也，順受其正（順受其善性，而得其正命）。是故知（天）命者，不立乎岩牆之下。盡其道（正道、善道、修身之道）而死者，正命也。桎梏（比喻犯罪）死者，非正命也。”又曰：“求則得之，舍則失之，是求有益於得也，求在我者也（天爵）。求之（人爵）有道（修其天爵、居仁由義），得之（人爵）有（天）命（天則、天律、天律、必然規律），是求無益於得（人爵）也，求在外者也（人爵）。”①

《風俗通義》曰：“夫聖人之制禮也，事有其制，曲有其防，為其可傳，為其可繼，賢者俯就，不肖跂及。是故子張過而子夏不及，然則無愈；子路喪姊，期而不除，仲尼以為大譏；況於忍能矯情，直意而已也哉？《詩》云：‘不愆不忘，帥由舊章。’《論語》：‘不為禮，無以立。’”②《禮記·檀弓上》記子路事曰：“子路有姊之喪，可以除之矣，而弗除也。孔子曰：‘何弗除也？’子路曰：‘吾寡兄弟而弗忍也。’孔子曰：‘先王制禮，（用以節制中和其情，）行道（踐行仁義中道）之人，皆（有所）弗忍也。’子路聞之，遂除之。”③凡事奉守正禮，無過無不及，斯可謂立於禮也。

言不可不知也。知言者，知其真假是非（善惡）也。言為心之聲與飾，有真假，有是非，故當聽而別之，則人（及事）之是非善惡亦可知矣④。《易·繫辭傳》曰：“將叛者其辭慚，中心疑者其辭枝，吉人之辭寡，躁人之辭多，誣善之人其辭遊，失其守者其辭屈。”知（辨

---

① 《孟子·盡心上》詳見拙著《孟子解讀》、《孟子廣義》。

② 《風俗通義·愆禮第三》：“夫聖人之制禮也，事有其制，曲有其防，為其可傳，為其可繼，賢者俯就，不肖跂及。是故子張過而子夏不及，然則無愈；子路喪姊，期而不除，仲尼以為大譏；況於忍能矯情，直意而已也哉？《詩》云：‘不愆不忘，帥由舊章。’《論語》：‘不為禮，無以立。’故注近世苟妄曰愆禮也。”註：愆，籀文作諐。

③ 《禮記·檀弓上》。

④ 參見《論語正義》。

別)言則知人,將知人事政行之吉凶終始也。孟子云:"吾知言。詖辭知其所蔽,淫辭知其所陷,邪辭知其所離,遁辭知其所窮。(其言辭也,)生於其心,害於其政;發于其政,害於其事。"①皆此之謂也。

或疏曰:"命,謂窮通夭壽也。人生而有命,受之由天,故不可不知。若不知而強求,則不成爲君子之德,故云無以爲君子也。禮主恭儉莊敬,爲立身之本。人若不知禮者,無以得立其身於世也。故《禮運》云:'得之者生,失之者死。'《詩》云'人而無禮,不死何俟'是也。不知言,則不能賞言,不能賞言,則不能量彼,猶短緪不可測於深井,故無以知人也。"②蓋"聽人之言,當別其是非。若不能別其是非,則無以知人之善惡也。"③

論曰:"赫赫在上者,天命也,知之而兢兢業業矣。不然,何以有九德六德三德而爲君子修己治人之準禮也? 知之而約我以禮,爲國以禮矣。不然,而於何立? 人之邪正長短不能掩者,言也。知之而人才入吾洞照矣。不然,而何以知之,而取之用之? 此聖聖相傳之要道。按《鄉黨》記孔子衣食坐臥皆具,而不及刪《詩》《書》,作《春秋》,餘十九篇皆不之及,蓋聖人之道,以生德於予,斯文在茲爲重,不在著書。卽及門推聖人,亦以宗廟美,百官富,博我文,約我禮,而不在著書也。且子貢宮牆日月,猶屬虛喻,至答子禽,歸於得邦家,末篇歷敘帝王相傳而結以從政、知命二章,更見聖人之道主於用世。乃後儒專以著書爲傳聖道,去之遠矣,可以返矣。"④

2020 年 4 月中旬執筆,2020 年 9 月 6 日初稿。幾經修訂,於2021 年 4 月 29 日定稿。

---

① 《孟子·公孫醜上》。
② 《皇疏》,參見:《論語義疏》。
③ 《論語注疏》。
④ 《論語傳注》。

附錄　論"道"：正名與分析

　　道之本義為**道路**，而有二大引申義：一曰則（今曰客觀規則、規律，或必然規則、規律，或曰客觀宇宙自然規律），曰理（今曰理則，即客觀理則、規律，或必然理則、規律①），曰數（所謂"天數"，即絕對理則之意）②，曰常（通常理則規律），即今之所謂宇宙自然之客觀規律③，茲暫以"**客觀物理**"或"**天則**"一詞稱之④（今人或名之為"宇宙自然之必然理則規律"⑤）；二曰"**大道**"（最大最高之道，故又名之為天道；涉及人，以人為主體或對象，故亦曰人道或人之大道；今曰絕對主觀價值原則或最高道德原則，如仁、德、善、正義等。亦曰主觀價值、主觀規範或價值規範，而古代則將道義披上客觀真理或必然超驗原則之外衣），即今之所謂人間絕對或最高主觀價值原則，茲暫以"**最高主觀價值原則**"（宋儒名之為"天理"；亦或名之曰"天道"，實皆此意）或"**元道**"（元道即大道，即人道或人類之大道⑥，亦即

---

　　①　實則古之"理"字又有"文理"或"紋理"之意，則道又有"文"或"紋"之意，故天道、地道、人道又曰天理、地理、人理，乃有天文、地文、人文之意。茲不贅述。

　　②　《荀子·富國第十》："萬物同宇而異體，無宜而有用為（猶於也）人，數也。"

　　③　以此思路，則其視人類乃至眾生亦為宇宙自然之一部分，而亦視作客體而研究之，故曰人則、眾生則，今日作為自然科學之（人類乃至其他生命物類）心理學、生物學等。

　　④　言"暫"者，冀將以正名而選新字或造新字以名之，俾名實相符也。

　　⑤　若進一步細論之，實則先秦儒家或中國人之"天道"觀念中，此一"天則"亦包含"主觀或人事必然規律"之意；"元道"亦然，既有最高道德原則之意，又有"主觀或人事必然規律"之意。只是這些在當時都並未以概念分化之形式獨立出來而已，然其中自有此內涵。限於篇幅，茲不具論。

　　⑥　因為下文另有地道、人道之名目，故此處乃名之為"元道"，元道即人之大道或最高道、根本道也。

人類最高道德原則或根本道德原則;或又進而包舉一切生命,則生物之元道)一詞稱之①。

　　道分天道、地道、人道。天道、地道主"天則""地則"之意,又常賦予而用為"元道"之意。人道則主"元道"之意,亦有"人則"之意②,又為(元道發衍下之諸種)人義之總名。

　　天道③,天行天運之**道路**也,以天行天運有常軌常則常理,故又引申曰**天則**天理天常(宇宙自然之必然理則規律,而皆"客觀物理"或"客觀規律"之意;如"行夏之時"即日行其天道天則天時也)④,又以其道行最高而引申為"**大道**""**元道**"或"**最高主觀價值原則**"(或元道德原則)。故"道源於天"即"元道源於天則"⑤。 其所謂"天"也,亦有四

----

①　言"暫"者,亦冀將以正名而選新字或造新字以名之,俾名實相符也。

②　人則即今之所謂"關於人的自然科學"。

③　於總名言,天道包含天則(客觀宇宙自然規律)與人道(托言於法天,又武斷其不可改易,為天經地義,故曰天道)。儒家每日觀察天文地理而知天道,法天道而知人道。

④　今曰客觀規律。

⑤　實則此亦包括地則、人則,即元道源於天則、地則、人則。然則:天則(天則、地則、人則)何以過渡至於元道(或作為元道之人道)? 則中國古人曰"天命之"、"聖人或聖王法之則(動詞)之、而又製作之"、"人受之",亦即"則(動詞)天"(或法天)而已。則(動詞)者,模仿也,效法也;則(名詞)者,客觀規則規律也。又問曰:對於**天則過渡至於元道**之此種"則天"論證或推理,其成立否? 即其有邏輯必然性否? 而有如下分說:

　　雖然此乃類比思維或類比推理、類比論證,或是一種模仿、取法、取象思維或論證(法天取象或觀象取法等,法即取法乃至模仿或效仿),並非嚴格的邏輯自洽的演繹推理或形式邏輯推理,以今之科學思維或邏輯學原理判論之,則類比論證或模仿取法推理論證並不足以自證其正當性或合理性(推理論證並不嚴格,或無法邏輯自洽),而只是一種經驗主義的理性——當然,就此而言,**先秦中國文化仍是一種(經驗)理性主義文化**(則天、法天或則天則)**和人文主義文化**(大聖本乎天道(此處之天道乃指天則+元道)天命及人所稟賦之天性而用中製作人義人道),儘管是經驗主義意義上的理性,至少在當時並未明確提出今之所謂"邏輯必然性"思想。

　　然而,在倫理學或人類文化價值觀念領域,人類的道德價值觀念或文化價值觀念,無論是宗教的還是人文的,出世的或入世的,就其起源而言,絕大部分都在一定程度上存在著某種取象、取法思維,或本來就是一種價值觀念的武斷或獨斷,雖則就所謂人類"正統"、"主流"或"人道"文化價值觀念或文化標準而言,有些價值觀念是"善"的、"正義"的,或其價值武斷是基於善意,合於"人道",有利於"人類"。實則多是一種價值武斷。

(轉下頁注)

（接上頁注）現代社會以來，隨著科學觀念之擴展乃至獨尊，人們乃甚至欲將人道或人類文化價值觀念建立於作為客觀存在物之"客體人"的科學研究結論之上，即建立於"人則"之上。這其實乃是回應或在一定程度上回復到中國先秦時的**"元道源於天則"**之思路上，而調整為**"元道源於人則"**（關於客體人之科學原理或理則）或**"人道源於人則"**。從而，一方面，聲言**"元道（人道、人義）"**源於人則，即元道（人道、人義）源於"人本身"（人則），從人本身出發來思考元道（人道、人義），從而在一定程度上凸顯了"人本身"之重要性，而不是將元道（人道、人義）溯源於天則，於是以這樣一種方式消解了"何以從天則過渡到元道（人道、人義）"之理論命題；然而，另一方面，這種所謂之"人本身"，其實乃是將"人"視為"客體－自然－物"，即將人"物化"，從而取消了人之精神性、價值性、靈性方面之特質，在此意義上，雖然其試圖使人類擺脫天則或天命等之限制，由"從天談人"而至於"從人（本身）談人（本身）"，然而其對所謂"人本身"之理解乃是狹隘的，即回到了"人本身"之物質性、客體性或物性層面或維度，卻抽離了"人本身"之靈明性、生命性、精神性層面或維度，故在此意義上又不是凸顯──反而是消解掉了人的主體性。

　　或者，根據現代科學觀念，將"元道源於人則"進一步擴展為**"元道源於（廣義之）天則"**（廣義之天則包括古之所謂狹義之天則、地則、人則──"則"皆意指客觀原理或規律）（亦可謂"元道源於科學或科學原理本身"）。然此仍然是"科學主義"、"客觀主義"或"物化"之思路，將"元道（人道、人義）"直接化約為"天則"（客觀規律、物理）本身，完全取消人類之靈明性、精神性、價值維度之特異性或存在本身。亦即：以根本否定作為靈明存在之人類之"元道"之方式，而取消或否決了"元道何來？"或"何以從天則過渡到元道"等命題或難題。這是現代科學主義之思路，既非各種宗教之思路，亦非古代中國之"元道源於天則"之經驗理性人道主義（有條件人本主義，即雖曰以人為本，而又須則天或法天，而聽命於天，從而天人合一）、人文主義思路。

　　或曰將上述"元道源於（廣義）天則"之思路，進一步轉換為**"元道源於天則、地則與人則之綜合考量"**，此則仍是先秦中國古人之思路，仍當回應**"何以從天則**（廣義天則，即包括天則、地則、人則在內之廣義自然規則規律）**過渡至元道"**之問題。或曰其相異者唯在於：其時（在從天則過渡到元道或以天則論證元道時，所採取的乃）或為類比論證（類比思維）、經驗主義推理論證（經驗主義思維方式）乃至一定層面或一定程度的獨斷論，而今乃當變為所謂科學論證或科學方法，或必須經受科學方法或科學論證的檢驗（正當性論證或正當性的邏輯學論證）；其時之法天思維為武斷獨斷（將從天則過渡到元道或以天則論證元道的過程和結論，或天則與元道的相應關係，視為必然和絕對）而不容置疑（先聖先王之天經地義），而當變為今時之科學思維，而於一切斷言、信仰或理論皆當可質疑而證實證偽也。但這同樣難以解決上一段所提出之理論難題：因為元道永遠是一種"人為的"或"人間的"或"人本的""（文化）設定"或（從廣義天則到元道的）"間接過渡"，而不是"廣義天則"的直接推論或演繹之結論，否則，如後者就將元道化約為了"廣義天則"，而取消了靈明人類本身之主體性或精神、價值維度層面之特性或存在。這是一個悖論。

（轉下頁注）

（接上頁注） 就此而言,古代中國哲人在論證"從(廣義)天則過渡到元道"時採取類比論證方式並不是一個錯誤,儘管類比思維或類比論證也並非唯一的一種論證方式,比如神秘主義、各種宗教論證或其他獨斷論等。而無論採取什麼論證方式,也永遠無法獲得自然科學那樣的必然性或邏輯必然性,因為在論述"元道起源問題"或"元道正當性論證"時,永遠存在著相當程度的獨斷論成分,這是由"元道"的"人本"本質所決定的。現代科學思維、科學方法、現代邏輯(形式邏輯、數理邏輯等)、現代知識論等,在探求天則(廣義天則,包括天則、地則、人則等)方面可以發揮更大更有效的作用,也將在審查、評估不同文化體系、國家或民族基於不同"元道"進行文化系統設計的有效性、合元道乃至科學性方面發揮更大的作用,因為按照現代科學方法、邏輯和知識論等所探究出來的更趨於準確、精確、全面、完整的天則(客觀真理),更有利於元道的"人為或人本"設定,也更有利於對於基於"元道"的文化系統的有效性審查評估,但這些卻都是一種間接的作用,甚至可以説根本無助於"從天則過渡到元道"的必然性論證。就此而言,無論是所謂的獨斷論,或是古代中國文化的"則天思維"、類比論證,還是其他文化體系的各種神秘主義、宗教論證乃至其他包括闡釋論在內的種種所謂的哲學論證(涉及主客體關係或主客觀世界的關係等),於此論題上,並無高下軒輊之分,即對元道的起源論證並無高下之分。分出高下的,乃是對於元道本身性質的價值評估(以及對於不同"元道"的價值比較,比如文化比較乃至由此而來的文化衝突或文明衝突),以及對於基於元道而來的整體文化設計系統或制度的"優劣高下"和所謂科學性的價值評估和效用評估,亦即内部邏輯自洽性和内部效用性的評估。

　　經此分析之後,再來看中國古人之"則天"或"法天"思維及其基礎上的元道文化,就會發現中國古代或古人之"天道思維"(實為天則思維或則天思維)於今仍有其價值。質言之,**古代中國哲人之所創道設教,乃是基於廣義天則**(或遵循、敬畏廣義天則基礎上)、**以人為本而創設之元道**,從而兼顧(廣義)天則與人本,既不是簡單的"人定勝天"、"征服自然"(比如現代科學主義)——而必須尊重依循敬畏天則(作為天則之天道),也不是簡單的"天定勝人""上帝專制"從而主動取消人的主體地位而匍匐於各種宗教鬼神或神秘主義腳下(比如各種宗教鬼神或淫祀等)——而是在敬畏天命(實則是作為天則之天道)的基礎上仍然以人為本,製作人義,提出仁道德性文化,而表現出積極明朗的入世精神或淑世主義精神,**即試圖建立一種基於天道而以人為本的積極活澄有序的人文主義文化生活,也是一種基於中道的人文主義文化生活**——因為聖人在"法天則"或"聽天命"而製作人道人義時,採取的乃是"用中"(中庸)製作的方式(詳見拙著《中庸廣辭》)。

　　然則中國古代或古人之有關"元道"來源之"天道思維"(實為天則思維或則天思維)之價值不可抹煞。只是其時在探求天道(實即天則,作為天則的天道)方面,似乎大體只是一種樸素"經驗主義理性"或思維,今則有科學思維和科學方法(尤其是更為嚴格的演繹推理方法);其時在論證元道來源於天則時,只能採取類比論證而帶有一定程度的獨斷論(正如上文所論,這是不可避免的),而今則雖然仍然無法避免其在"元道"起源論證方面的獨斷性,卻要求對基於"元道"而來的文化系統或道義系統 （轉下頁注）

(接上頁注)設計和效用性等方面,有著更為嚴格的現代邏輯學論證或邏輯自治(基於現代邏輯要求或邏輯標準的自圓其說)的審查和評估,以及要求元道內涵本身的因時進化,比如回應現代文化對於"平等"、"自由"、"博愛"、"民主"等價值觀念或元道內容的要求。

　　進一步詳細申論之,則曰:就其"元道"之起源或"元道源於天則"這一追問"元道"的思路之一而言——顯然,"元道"溯源或"元道"淵源問題並不是,也不能,只有此一種思路,比如,或曰元道不當來源於(客觀物理世界之)天則,而乃是與天則(客觀物理世界)並行獨立之價值領域(人類主觀精神領域或價值觀念領域),應有其獨立之價值起源或價值設定乃至武斷,不可落入科學主義或客觀主義之專制或窠臼中;"元道"不存在起源或淵源問題,而根本就"應該"是一種價值觀設定或價值觀武斷或獨斷,以及其他種種思路等——,將可使中國之"天道(此言元道,法天而來之元道)觀念"或"天道(此言元道,法天而來之元道)文化(元道文化,此言法天而用中製作元道之天道文化)"或"天道"(即法天而來之元道)本身,以及"則天(則天則)觀念"或"法天(法天則)觀念"或文化等,建立於更堅實的基礎上,即將其所則所法之"天則"或"天則"之探求、論證(證實或證偽)、評審(真理判斷)和進展等,建立於科學方法之基礎上,亦即**由古代中國的"經驗主義理性"**(探求天則時的經驗主義理性,以及論證元道的天則來源時的類比論證及一定程度的獨斷論)的文化地基,**轉為現代中國的"科學理性"的文化新地基**。

　　然則中國"天道(天則＋元道)文化"或"則天文化"(元道源於或則於天則)便將由經驗主義理性文化(強調作為客觀規律的"天則",儘管其實當時只是經驗主義的天則)和經驗主義獨斷論(或獨斷哲學,亦即在從天則過渡到元道或以天則來論證元道時所採取的不嚴格的類比論證及其獨斷論)的混合狀態,進展至基於科學方法與科學思維乃至懷疑精神與理性精神之上的更具開放性的現代理性論或科學理性主義文化(以科學理性和科學方法探求天則,由之前的經驗論天則進化為現代的科學論天則;同時以科學理性或現代邏輯學來製作、論證、審查"基於元道的文化設計系統"或"則天文化的內容系統"的合元道性和效用度,質言之,以現代科學理性、邏輯學、知識論等來幫助"用中製作"(**立道學、衍道學、立禮學、立法學**等),或者,換一種說法,將現代科學思維、科學方法、邏輯學、知識論等納入"用中"或"中庸"方法論的武庫中,或者,將以往的多少有點抽象、空泛含糊或語焉不詳的"用中製作"或"中庸"方法顯現出來了)(當然,就其"元道"的不可避免的獨斷論起源而言,而仍然帶有獨斷哲學的成分,但這是所有人類"元道"文化的本質或特性,並非缺點)——亦即:**將中國文化的古代的"經驗主義理性"地基,轉變為現代的"科學理性"或知識論地基,而中國文化便由一種經驗主義理性文化,進化而兼有其科學理性或現代理性主義文化**。

　　當然,延續上文所論及之有關"元道淵源問題"之其他思路,則此種"更具開放性之廣義現代理性主義文化",同樣將開放於其他德性主義乃至神秘主義文化假設或設定,或開放於所有有關"元道"之獨斷論或獨斷哲學,唯(其基於元道之文化系統設計)當同時開放於或經受人們之理性(理性檢驗。指科學理性或現代理性之檢驗)或邏輯(最低現代邏輯學底線)質疑和批判,不可流於混亂扞格、自相矛盾、准的無依(中 (轉下頁注)

(接上頁注)國人曰"無法無天"),至少亦當邏輯自洽、自圓其説(邏輯學上之基本要求),此則一切思想文化價值觀念體系之最基本之要求(且某一"元道"亦不可排斥與其他諸等元道之溝通進化,詳見下文)。就此而言,在"求道或立道方法論"方面,無論是通過法天(則天)取象(所謂天命或聽受天命而製作,其實同樣是法天製作)之方式,還是通過其他方式來探求、推導或確立"元道";在求道或立道主體方面,無論是先秦中國的"大聖或聖王用中製作人義人道"、歐洲中世紀基督教的"上帝立道立約"還是現代社會的依據同時起源於基督教和現代人文主義、啟蒙主義運動的平等、人權、博愛等現代"元道"而來的"民主據道(元道)立憲立法",都是可以的,甚至並沒有什麼簡單化的高下軒輕之分——有時,在滿足某些限定條件的前提下,大聖則天立道、用中製作禮樂的方式,甚至還要優於無道、無理的民主立法;**關鍵在於"元道"本身的"善好性"**(關於這一點,則某一文化體系中之"元道"亦可與其他文化體系之諸等"元道"進行溝通乃至比較,從而互相進展,乃至最後真正進入"道通為一,天下道同"之境地),**以及"依道(元道)立義"以及立法立制等的"合元道性"、邏輯自洽性,以及"道義文化系統"之效用性,於後者**(合元道性、邏輯自洽性、效用性)**而言,現代理性、邏輯學、科學方法等,比之於古代類比思維等,有其某些方面的優越性,也能以此對各種惡元道、偽人義進行袪魅、揭露、批判和革新。**

其實,就"元道"之評估和"所有的'元道'或價值原則都有一定程度的獨斷性"而言,獨斷論並非關鍵,關鍵在於這個獨斷出來的"元道"本身是否"善好",以及為了達到這種"元道"所進行的文化系統和制度系統設置是否正當合理,是否有效,等等。就"元道"本身而言,中國文化中之普遍性意義上的"仁"("仁者普遍愛人"意義上,而非別愛意義上之"仁")、"德"、"善"等,和其他文化體系對於人類善好的追求,有其一致性,尤其是和現代價值觀念如平等(人伴)、人權(人伴)、博愛、公平等,可相貫通或疏通,此即所謂的"道通為一"或"道體無二";對此種"元道"之評判,不在於"元道"之本身,而在於站在什麼主體的立場,比如,是為一人、一家、一姓、一族、一國,還是為天下(王道或天下仁道)、全人類,抑或是為眾生(比如動物權利)乃至整體生態系統(比如可持續性發展、生態文明、和諧世界、眾生權利或生態自在權利等),即享受普遍性"元道之仁"的主體或對象問題。而對於中國古代文化中的"別愛"意義上的仁、義、德、禮等,則當有對其本身之正當性分析。

與此同時,不同文化體系在對於"元道"的進一步解釋,或達道的具體文化設計和制度體系安排方面,又有各種不同表現,則尤其涉及正當性(亦即合元道性)分析或批判,以及邏輯自洽性分析。換言之,以更為精確嚴格的現代理性和邏輯來對各種自我宣稱的所謂"元道"進行正當性或合道性分析,同時對各種基於或不基於"元道"的文化系統、制度系統或文化、制度進行分析和批判。質言之,以現代理性、科學理性和科學方法來求求**天則**(自然科學或客觀科學知識),同時以現代理性、現代邏輯等來對**元道**與基於或不基於元道的各種"人義"、"義禮"、規範、"制度"、"法律"等進行正當性(或合道性)分析和批判。或者,代之以上述基於現實的事後或消極應對的情形,而從積極文化建構的角度,以現代理性、邏輯和科學方法等來進行新的文化建構和制度(轉下頁注)

義:或專指太陽(日);或泛指上天之(客觀)宇宙自然;或為一"絕對主宰"之哲學概念;或指天神或上帝。

天,或專指太陽,則天道即是太陽道,天行天運天性即日行日運日性也。而"天行有常,不為堯存,不為桀亡。應之以治則吉,應之以亂則凶。"①故曰**天則天常**(客觀物理,絕對自然物理規律。然以其求知天則也有深淺,故實或乃經驗規則而已)。又曰**天性大公無私親**,孔子曰:"天無私覆,地無私載,日月無私照。奉斯三者以勞天下,此之謂三無私。"②故曰天道(太陽道)大公無私(無私親)無親無情(無偏無黨)③。天運不止,故又曰**天行剛健而生生不息**(乾道):"天行健,君子以自強不息。"④

(接上頁注)設計。在這些方面,現代理性、科學理性、邏輯學、知識論等,都將發揮重要作用。**至於"元道"的擴展和提升本身,跟科學、邏輯學、知識論乃至理性都並非是一種直接影響關係,其涉及的其實是人心**(良心或良知)**和元道本身,就此而言,元道意義上的天道,本乎人心而已。**

　　或曰:**現代理性或科學並不能解決"元道"本身的問題,不能通過理性或科學來論證"元道",亦即"元道"本身是無法通過理性或科學來論證或證明的。**現代理性與科學的作用只在於審查基於"元道"的諸種"人義"、"義禮"、"規範"、"制度"、"法律"等的合道性(合元道性)和邏輯自洽性。"元道"的選擇,在於人心,而現代理性和科學(通過更有效地探求"天則"而)所創造的外部環境條件,只是有利於(現代理性與科學的正向價值)或不利於(現代理性主義與科學主義的負面後果)人心本身對於某種"元道"的選擇而已。這種選擇(尤其是集體層次的選擇,比如某個相對獨立發展的群體、民族、社會、國家或文化共同體等對於"元道"的選擇)也許受到包括外部理性發展階段等因素在內的外部環境條件的影響,但更多是一種偶然機緣,比如"初始"天文地理生存環境條件(先秦儒家所謂天道、地道)、初始文化起源或設置(先秦中國之聖王製作禮樂)、歷史發展遇合的機緣等,或在這些機緣的綜合作用下所形成的。當下人類世界存在的若干文化系統,都是各自在這種不同機緣下形成的,並將在相互交往遇合的過程中,形成新的機緣和發展。

　　① 《荀子·天論》。

　　② 西漢戴聖編,《禮記·孔子閒居》:子夏曰:"敢問何謂三無私?"孔子曰:"天無私覆,地無私載,日月無私照。奉斯三者以勞天下,此之謂三無私。"

　　③ 實則"天則"本身即"不以人之主觀意志為轉移",亦即大公無私無親無情也,故曰天則,或客觀必然規律,客觀必然規律則必然大公無私無親無情而已矣。

　　④ 《周易·乾卦·象傳》。孔穎達《周易正義》曰:"天行健者,謂天體之行,晝夜不息,周而復始,無時虧退,故云天行健。此謂天之自然之象。君子以自強不息,此以人事法天所行,言君子之人,用此卦象,自強勉力,不有止息。"又:"天行健,君子以自強不息;地勢坤,君子以厚德載物。"

天，或泛指上天之宇宙自然，則亦有天則天常、天性大公無私、天行剛健而生生不息之義。

若夫天為"絕對主宰"或天神上帝，則有**天命**，而畏受天命不敢違逆，孔子曰："君子有三畏：畏天命，畏大人，畏聖人之言。小人不知天命而不畏也，狎大人，侮聖人之言。"①而古人曰天神上帝之天命亦有其天性常則，為**德**、**仁**(仁者愛人，兼愛)、**公**(無私親，大道為公，天下為公)、**平**(均)之類也——此則發而為**人伻**之義。故曰："天命靡常，唯德是輔。"②雖言("絕對主宰"或天神上帝之命、之道之)"靡常"，實則有常也："靡常"者，"靡常而無親"於一家一姓一人，乃至一國一天下一物類(人類，或動植眾生中之某物類)，而有"常"於有德者也，"皇天無親，惟德是輔。"③或以"天命靡常"言天命(天道，即元道)不可知，實則"天道(元道)有常，常與善人德者"，故天命天道(元道)實可知也。《尚書-皋陶謨》曰："天命有德，天討有罪。"《尚書-湯誥》曰："天道福善禍淫"，"天命弗僭。"《尚書-仲虺之誥》曰："欽崇天道，永保天命。"皆斯之謂也④。若夫"天則"(今人或名之為"宇宙自然之必然理則規律")，理則自在，不以人而存亡，故人乃當求證趨近之，即或一時不能盡知，或僅知其一時之"暫常"(經驗主義之"常理")，然亦可以理求之精之(常理之日漸精微，乃至永趨於絕對理則)也。

總言之(四種"天"之天性、天則、天行)，則曰天道大公無私(天性本

---

①　《論語-季氏》。

②　《尚書·多士》。又，《詩經·大雅·文王》："侯服于周，天命靡常(無私親)。殷士膚敏，祼將於京。厥作祼將，常服黼冔。王之藎臣，無念爾祖。"

③　《尚書-蔡仲之命》。又，《春秋繁露-卷七-堯舜不擅移湯武不專殺第二十五》："天之生民，非為王也，而天立王以為民也。故其德足以安樂民者，天予之，其惡足以賊害民者，天奪之。《詩》云："殷士膚敏，祼將于京，侯服于周，天命靡常。"言**天之無常予，無常奪也**。故封泰山之上，禪梁父之下，易姓而王，德如堯舜者七十二人。王者，天之所予也，其所伐，皆天之所奪也。"

④　又，《尚書-太甲下》："伊尹申誥于王曰：嗚呼！惟天無親，克敬惟親。民罔常懷，懷于有仁。鬼神無常享，享于克誠。天位艱哉。"《尚書-咸有一德》："伊尹作《咸有一德》。伊尹既復政厥辟，將告歸，乃陳戒于德，曰：嗚呼！天難諶，命靡常，常厥德，保厥位。厥德匪常，九有以亡。""非天私我有商，惟天祐于一德。"

體或天之本體），天運有常有則（天則，或天之理則），天行剛健而自強不息（天行天運，或天之功用）。

道家亦曰天道，其意有相類者，老子曰："天道無親，常與善人。"[1]莊子曰："行於萬物者，道也。"[2]"天道運而無所積，故萬物成；帝道運而無所積，故天下歸；聖道運而無所積，故海內服。"[3]

———————————

[1] 《老子·德經·第七十九章》："和大怨，必有餘怨；報怨以德，安可以為善？是以聖人執左契，不責於人。（故）有德司契，無德司徹。天道無親，常與善人。"

[2] 《莊子·外篇·天地》：**天地雖大，其化均也**，萬物雖多，其治一也；人卒雖眾，其主君也。君原於德而成於天。故曰：玄古之君天下，無為也，天德而已矣。以道觀言而天下之名正；以道觀分而君臣之義明；以道觀能而天下之官治；以道汎觀而萬物之應備。故通於天者，道也；順於地者，德也；**行於萬物者，道也**；上治人者，事也；能有所藝者，技也。**技兼於事，事兼於義，義兼於德，德兼於道，道兼於天**。故曰：古之畜天下者，無欲而天下足，無為而萬物化，淵靜而百姓定。《記》曰："通於一而萬事畢，無心得而鬼神服。"夫子曰："**夫道，覆載萬物者也**，洋洋乎大哉！君子不可以不刳心焉。無為為之之謂天，無為言之之謂德，愛人利物之謂仁，不同同之之謂大，行不崖異之謂寬，有萬不同之謂富。故執德之謂紀，德成之謂立，循於道之謂備，不以物挫志之謂完。君子明於此十者，則韜乎其事心之大也，沛乎其為萬物逝也。若然者，藏金於山，藏珠於淵；不利貨財，不近貴富；不樂壽，不哀夭；不榮通，不醜窮。不拘一世之利以為己私分，不以王天下為已處顯。顯則明，萬物一府，死生同狀。"

[3] 《莊子·外篇·天道》：**天道運而無所積，故萬物成；帝道運而無所積，故天下歸；聖道運而無所積，故海內服**。明於天，通於聖，六通四辟於帝王之德者，其自為也，昧然無不靜者矣。聖人之靜也，非曰靜也善，故靜也；萬物無足以鐃心者，故靜也。水靜則明燭鬚眉，平中准，大匠取法焉。水靜猶明，而況精神！聖人之心靜乎！天地之鑑也；萬物之鏡也。夫虛靜恬淡寂漠無為者，天地之平而道德之至，故帝王聖人休焉。休則虛，虛則實，實則備矣。虛則靜，靜則動，動則得矣。靜則無為，無為也則任事者責矣。無為則俞俞，俞俞者憂患不能處，年壽長矣。夫虛靜恬淡寂漠無為者，萬物之本也。明此以南鄉，堯之為君也；明此以北面，舜之為臣也。以此處上，帝王天子之德也；以此處下，玄聖素王之道也。以此退居而閒遊，則江海山林之士服；以此進為而撫世，則功大名顯而天下一也。**靜而聖，動而王**，無為也而尊，樸素而天下莫能與之爭美。**夫明白於天地之德者，此之謂大本大宗，與天和者也；所以均調天下，與人和者也。與人和者，謂之人樂；與天和者，謂之天樂**。莊子曰："吾師乎！吾師乎！䪡萬物而不為戾（或作義），澤及萬世而不為仁，長於上古而不為壽，覆載天地刻雕眾形而不為巧，此之謂天樂。故曰：'知天樂者，其生也天行，其死也物化。靜而與陰同德，動而與陽同波。'故知天樂者，無天怨，無人非，無物累，無鬼責。故曰：'其動也天，其靜也地，一心定而王天下（或作"天地正"）；其鬼（或作魄）不祟，其魂不疲，一心定而萬物服。'言以虛靜推於天地，通於萬物，此之謂天樂。天樂者，聖人之心，以畜天下也。"（**夫帝王之德，以天地為宗，以道德為主，以無為為常**。無為也，則用天下而有餘；有為也，則為天下用而不足。故古之人貴夫無為也。上無為也，下亦無為也，是下與上同德，下與上同德則不臣；下有為也，上亦有為也，是上與下同道，上與下同道則不主。上必無為而用天下，下必有為為天下用，此不易之道也。故古之王天下者，知雖落天地，不自慮也；辯雖雕萬物，不自說也；能雖窮海內，不自為也。天不產而萬物化，地不長而萬物育，帝王無為而天下功。故曰莫神於天，莫富於地，莫大於帝王。故曰帝王之德配天地。此乘天地，馳萬物，而用人羣之道也。）

"天地固有常矣，日月固有明矣，星辰固有列矣"①②

　　地道者，地則地常地性也，其所謂"道"，亦兼有"則"（大地萬物之必然理則規律，而皆"客觀物理"或"客觀規律"之意；又曰地文、地理，如《禹貢》所述即是）與"元道"二義。就其"元道"言之，則曰坤道，"地勢坤，君子以厚德載物"。地道好生，所謂"地道敏樹"③、"萬物資生；含弘光大，品物咸亨"④，厚德載物⑤，利用厚生，故亦曰**仁德**也；地無私載，平而無私，故亦曰**公平**也；又**謙卑柔順而上行**也⑥，所謂"乃順承天，柔順利貞"⑦，"坤道其順乎，承天而時行"⑧——此則儒家將法其天、地之別，而發而為**人倫**也⑨。此地道地性也。

　　人道者，人常人性人義也。《中庸》曰："天命之謂性（人性），率性之謂道（人道），修道之謂教（教化，身教）。"天命率性而立人道，

---

　　① 《莊子·外篇·天道》：老聃曰："意，幾乎後言！夫兼愛，不亦迂乎！無私焉，乃私也。夫子若欲使天下無失其牧乎？則**天地固有常矣，日月固有明矣，星辰固有列矣**，禽獸固有羣矣，樹木固有立矣。夫子亦放德而行，循道而趨，已至矣；又何偈偈乎揭仁義若擊鼓而求亡子焉？意，夫子亂人之性也！"

　　② 雖然學術界頗為懷疑《莊子-外篇》並非莊子本人所作。

　　③ 《禮記·中庸》曰："人道敏政，地道敏樹。"

　　④ 《易經·坤卦·彖辭》。

　　⑤ 《易經·坤卦·彖辭》："坤厚載物，德合無疆。"

　　⑥ 《易經-謙卦-彖辭》："《彖》曰：謙，亨。天道下濟而光明，地道卑而上行。天道虧盈而益謙，地道變盈而流謙，鬼神害盈而福謙，人道惡盈而好謙。"

　　⑦ 《易經·坤卦·彖辭》。

　　⑧ 《易經·坤卦·文言》。

　　⑨ 其等級制人倫不合現代價值觀念，當革新之。又：儒家從法天（乃至法地）或法天地之同而倡言"仁、德、公、平"之"人伻"，從法天、地之別而倡言陰陽剛柔乃至上下尊卑之"人倫"（乃至包含等級制成分），兩者皆為一種類比思維，從邏輯學上言，實則無法從天道、地道直接過渡到人道，或無法以此天道、地道來論證其所倡言宣稱之人道之正當性。質言之，於茲言之，人伻、人倫，皆為主觀價值觀念而已，此處並未自證其正當性。然而，其從法天道而所倡言之"仁、德、公、平"之"人伻"，有其善意，且合於現代價值觀念（現代人對此種"人伻"之正當性之論證，乃是另外一種思路，並非是中國古代之"法天"或"法象"類比思維）；而其從法天地之別而所倡言之"人倫"，就其陰陽剛柔之別而言，未嘗無其一定理據或合理性，然就其上下尊卑之人格等級制而言，則不合於現代價值觀念，且於科技工業文明社會中亦難以自證其正當性，故尤當批判革新之。

聖人法天而立人道，二而一也，曰人法天（日、太陽）地而已矣。天、地皆有大公無私親之仁德（公或平，仁，故發而為人伻），又有乾坤陰陽剛柔之分（乃至所謂上下尊卑之別，故發而為人倫），而聖人法之以立人道人義也。故人道既有仁德而公平之"人伻"之義，而又有陰陽剛柔乃至所謂上下尊卑①之"人倫"之義，合而為人道人義之全體也②。此孔子與儒家所謂之道術也③。質言之，人伻、人倫合而為人道（人義）。人道（人義）五倫（五常，五典），即曰君臣父子夫婦長幼朋友。

王道亦法天："無偏無陂，遵王之義；無有作好，遵王之道；無有作惡，遵王之路。無偏無黨，王道蕩蕩；無黨無偏，王道平平；無反無側，王道正直。會其有極，歸其有極。"④"大道之行也，天下為公。"⑤此即法"天無私覆，地無私載"之意，言其仁德人伻也。子曰："天何言哉？四時行焉，百物生焉，天何言哉？"⑥此即"天行有常，不為堯存，不為桀亡"之意，言其高懸自威（即絕對之"道治"*rule of Dao*，如今之所謂"法治"*rule of Law* 或"道法之治"*rule of laws under Dao* 然）、道不私徇也。

王道仁政，即曰法天受命而率性修道教化治理也。法天，即法天道、地道；率性修道教化，即所以修治人道、人義而教化。人道、人義即人伻與人倫，則王道仁政所以行其人伻與人倫之人義而同

---

① 　此則不合現代價值觀念，故當革去其等級制人倫禮義，而或新代之以普遍人伻基礎上之情意對等製人倫禮儀也。茲事體大，有待進一步商榷討論。

② 　人道唯仁唯德，又有人倫之分。如何從天道過渡到人道？則《繫辭》曰："仰則觀象於天，俯則觀法於地，觀鳥獸之文與地之宜，近取諸身，遠取諸物，始畫八卦。"立人道人義之類也。

③ 　今當損益之。曰：不是其等級制之人倫之義，而或可議論斟酌其對等制之人倫之義也。

④ 　《尚書·洪范》。

⑤ 　《禮記·禮運》。

⑥ 　《論語–陽貨》。又，《論語–公冶長》：子貢曰："夫子之文章，可得而聞也；夫子之言性與天道，不可得而聞也。"

修化也①。

簡要而綜述之，則曰：天道，天（或曰，又不盡然，而曰客觀宇宙自然世界與主觀人事世界之總名②）行（運）之道；天行有常則（軌道、軌則），即常道也。天之常道，即天之常則。天則天道有已知者，又有未知者。然則已知之天則何不順之？未知之天則何不畏之？非曰天不可知，乃曰天深遠廣大，而永有其暫未知者，故曰"天不可測"而敬畏之。順天之常則，畏天之不可測，故法天正命，敬之法之；臨深履薄，戰戰兢兢。法其天則，製立其正善之元道。元道，人之仁善之道也。**法天之則而以人為本，而製立之**（元道、人道、人義）。法天則，正所以為人類之福祉也。天行有常則而安，故人行亦當有常則而安，如奉天則而不違；（天而普施陽光雨露，地而博厚載護利生萬物，故曰天地有其仁善好生之德。然實則天命又靡常，而唯德是其親，故）人而善好仁正則有正命，則人亦奉之而不違而有正命。正命安好，是為人道。故曰：天道者，若言天行之道有常（則、軌、法），則曰天則；若言天行之道之常則常軌有凡人所暫所未知或暫不可知者，則曰天道有已知之天則（天道），有未知之天則（天道）；若言**聖人法天受命而以人為本**（以人為本則當仁者愛人而仁善通於天下也），**以製立為人之善道**，則曰元道，亦曰人道。故曰：**天道者，已知之天則，未知之天則，法已知之天則而為人所製立之元道善道，皆是也**。所已知之天則未變，則此元道亦不變；知（格致研究）之（天則）而變，則元道亦隨之而變。以言其法天，故曰元道或天道；以言其為人（以人為本），故曰人道，其實一也。天（所已知之天則）不變，道亦不變，所謂不可移易

---

① 關於"王道"，應區分治道與治權，詳見拙文《"匹夫而有天下"與"繼世而有天下"——孟子政治思想中的理想主義與現實主義》，參見：羅雲鋒著，《孟子廣義》，p613—674；另可參閱拙著《孟子解讀》中的相關論述（p48—49）。

② 前註已有述：先秦儒家或中國人之"天道"觀念中，天道——即"天則"與"元道"，俱皆亦包含"主觀或人事必然規律"之意，只是並未分化出來，而其中自有此內涵。

者也；天（所已知之天則）若變（而格致知其新天則），道亦可變當變（然亦或可不變）（**天不變，道不變；天若變，道亦變**）。然其實也，天自在，道自在，則自在，乃至心自在，皆未嘗變；所變者，人類致道悟道之深淺，而求道之心、理愈（越）發（發悟）展而進升之也。故求道之心、理愈發展，而將愈趨進於天道元道也。欲求天道，必求（發悟進升）此心此理①。故曰：天道（天道與元道）長（永，永久）自在，道心（求道之心，又曰求道、順道、衛道、敬道、畏道之心也。此道兼天則與元道而言之）永不匱，理用無止息，天道（天則與元道）格（來，格致，存）心、理（此心此理，"天人合一"之真義在此）。天道（天則與元道）之變與不變之理則與樞機在此。

天則，今曰客觀規律、必然規律②或絕對之法則等，或以經驗理性求（格致）之知之，或以科學理性求（格致）之知之，其以理（經驗理性或抽象理性或科學理性等）求之順之（亦曰循用之），則一也。順天則，即曰客觀理性精神；格（格致、研究）天則，致（獲致）天則、新天則，即曰主觀求知求真精神（意志）。理以求道（天則＋元道）順道（天則＋元道），如斯而已。

2021 年 7 月 29 日

---

① 乃至所謂"革新天道"，亦在此心此理，又必合於此心此理。

② 包括主觀人事必然規律。

參考文獻

（一）**主要參考書目**（與《論語》直接相關者，以及部分經籍，不包括其他經籍、史著等）：

程樹德，《論語集釋》（簡體橫排本），中華書局，2013 年 3 月（繁體豎排本，2017 年 6 月）

楊樹達，《論語疏證》，上海古籍出版社，2013 年 9 月

［清］劉寶楠《論語正義》，中華書局，1990 年 3 月

［三國］何晏，《論語集解》，參見：《論語註疏》（［宋］邢昺疏），北京大學出版社，1999 年 12 月；又參見：［梁］皇侃，《論語義疏》，中華書局，2013 年 10 月

［梁］皇侃，《論語義疏》，中華書局，2013 年 10 月

［南宋］朱熹，《四書章句集注》（簡體橫排本），中華書局，2011 年 1 月（繁體豎排本，1983 年 10 月）

［清］黄式三，《論語後案》，鳳凰出版社，2008 年 12 月

［清］陸隴其，《松陽講義——陸隴其講四書》，華夏出版社，2013 年 1 月

［清］李顒，《四書反身錄》，參見：李顒，《二曲集》，中華書局，1996 年 3 月

［清］王夫之，《讀四書大全説》，中華書局，1975 年 9 月

［清］康有為，《論語注》，中華書局，1984 年 1 月

錢穆,《論語新解》,九州出版社,2011 年 7 月

唐文治,《論語大義》,上海人民出版社,2018 年 6 月

楊伯峻,《論語譯注》,中華書局,1980 年 12 月第二版

毛子水,《論語今注今譯》,重慶出版社,2008 年 11 月

［清］阮元校刻,《十三經注疏》(清嘉慶刊本),中華書局,2009 年 10 月

《史記・仲尼弟子列傳》

《史記・孔子世家》

［漢］韓嬰,《韓詩外傳集釋》(許維遹校釋),中華書局,2020 年 8 月

［清］陳士珂輯,《孔子家語疏證》,鳳凰出版社,2017 年 10 月

郭沂校註,《孔子集語校註》,中華書局,2017 年 4 月

［清］孔廣森,《大戴禮記補注》,中華書局,2013 年 1 月

王鍔彙校,《禮記鄭註彙校》,中華書局,2020 年 11 月

王夢鷗註譯,《禮記今註今譯》,新世界出版社,2011 年 8 月

李宗侗註譯,《春秋左傳今注今譯》,新世界出版社,2012 年 6 月

馬乘風註譯,《詩經今注今譯》,新世界出版社,2011 年 8 月

屈萬里註譯,《尚書今注今譯》,新世界出版社,2011 年 8 月

董治安等整理,《荀子匯校匯注附考説》,鳳凰出版社,2018 年 12 月

王天海較釋,《荀子較釋》,上海古籍出版社,2016 年 10 月

張覺著,《荀子譯注》,上海古籍出版社,2012 年 8 月

［清］焦循,《孟子正義》,中華書局,2017 年 6 月

〔清〕戴震，《孟子字義疏證》，中華書局，1961 年 12 月

錢穆，《四書釋義》，九州出版社，2010 年 5 月

羅雲鋒，《孟子解讀》，上海三聯書店，2020 年 8 月

羅雲鋒，《孟子廣義》，上海三聯書店，2021 年 1 月

羅雲鋒，《大學廣辭》（暫未出版）

羅雲鋒，《中庸廣辭》（暫未出版）

〔清〕呂留良，《四書講義》，中華書局，2017 年 8 月

〔清〕李光地，《論語劄記》，參見：李光地，《榕村全書》，福建人民出版社，2017 年 1 月

〔清〕毛奇齡，《四書改錯》，華東師範大學出版社，2015 年 7 月

（二）其他間接徵引書目（部分，且不包括其他經籍、史著等；本書凡有引用以下諸書者，大體皆轉引自《論語集釋》，不贅）：

〔宋〕蔡節，《論語集説》

〔宋〕蔡模，《論語集疏》

《論語補注》（劉開、戴震、戴望、孔廣森各撰有同名著作）

〔清〕宋翔鳳，《論語發微》

〔清〕焦循，《論語補疏》

〔清〕劉台拱，《論語駢枝》

〔清〕毛奇齡，《論語稽求篇》

〔清〕宦懋庸，《論語稽》

〔清〕劉縫祿，《論語述何》

〔清〕崔適，《論語足徵記》

〔清〕錢坫，《論語後錄》

〔清〕江聲，《論語竢質》

〔清〕王闓運，《論語訓》

［元］許謙,《讀四書叢說》

［元］胡炳文,《四書通》

［元］陳天祥,《四書辨疑》

［明］鹿善繼,《四書說約》

［清］王夫之,《四書訓義》

［清］王夫之,《四書稗疏》

［清］翟灝,《四書考異》

［清］孫奇逢,《四書近指》

［清］陸隴其,《四書困勉錄》

［清］毛奇齡,《四書賸言》

［清］閻若璩,《四書釋地》

［清］汪份,《四書大全》

［清］翟灝,《四書考異》

［清］周柄中,《四書典故辨正》

［宋］朱熹,《朱子語類》

［宋］朱熹,《朱子文集》

［清］陳澧,《東塾讀書記》

［清］王引之,《經義述聞》

［清］俞樾,《羣經平議》

［清］阮元,《揅經室集》

［清］孔廣森,《經學卮言》

［清］焦竑,《筆乘》

後　記

　　和孟子、荀子相比，孔子的面目似乎稍嫌隱約。《孟子》一書辭嚴氣盛、文采斐然，孟子其人則英氣挺拔、圭角崢嶸；《荀子》一書辭達思倫、論述周全，荀子其人則雄才沉穩、端嚴不苟。

　　欲了解先秦儒家思想文化學説，自可先從《孟子》《荀子》兩書入手。另外一本就是《論語》。《論語》此書，辭約而義豐，言近而旨遠，要言不煩，朗朗上口而易於誦習，主要以格言體的方式，傳達出孔子的一些基本思想文化觀念。

　　當然，因為文風的簡約，省略了許多言説情境或背景，對於不甚熟悉先秦思想文化或歷史背景的讀者來説，也可能會造成一些理解上的困難或障礙，使得孔子的面目稍覺模糊。

　　要了解孔子其人其思——以及先秦儒家思想文化——，還要結合經由孔子所整理的“五經”或“六經”，亦即《詩》、《書》、《禮》、《樂》（後佚失）、《春秋》、《易》。孔子以及先秦儒家的思想學説，就是通過“六經”所構築的整體文化“系統”，而傳達出來。不通“六經”，難論孔子。

　　但“六經”並不僅僅是孔子的思想或學説。孔子是在整理“此前學説”的基礎上，提出自己思想主張。質言之，孔子既是此前思想文化的整理者和集大成者，也根據時代要求，在此基礎上提出自己的一些思想主張，體現了某種創造性。

　　所謂“此前學説”，筆者認為或可將其分為兩個部分：“三代學”

（夏、商、西周）與“前三代學”（堯舜二帝或堯舜禹三帝，乃至三皇五帝）①。今人在研究先秦思想文化時，應將此二階段區分論述。事實上，在《禮運》中，孔子便區分了“大道之行，天下為公”的大同之世與“大道既隱，天下為家，各親其親，大人世及以為禮”的小康之世②；孟子也明顯區分了兩者：堯舜禪讓，聖賢而王；三代世襲，選賢任能。至於春秋戰國乃至秦代以後，便又是一番情形了。

這是先秦的文化大脈絡，或總體背景。只有在上述思想文化的歷史脈絡中，（同時結合“六經”）來打量孔子，或才能釐清其思想面目。餘如孟子、荀子，乃至其他先秦思想家如墨子、老子、莊子等，或所謂的諸子百家，對於其思想學説之理解與分析，亦需置於此一歷史文化脈絡中來打量。在此基礎上，今人才能更好地分析和評價先秦思想文化，讓孔子其人其説都面目清晰起來。

然後或可以更好地閱讀理解乃至評價《論語》一書。

但《論語》本身的一些閱讀障礙仍然存在，為此，筆者乃創以“廣辭體”形式，補充相關言説情境（或語境）、論説針對性、歷史背景、論述思路或命題論證等，幫助讀者理解其思想或義理要旨等。至於對其思想學説的分析評價，則尚有待於讀者自己的獨立分析和判斷。

筆者撰寫本書，一方面是為了解讀《論語》，為那些對於中華傳統文化有興趣的讀者提供一些幫助，節省一點時間精力；同時也是嘗試以“廣辭體”這樣一種新的方式或體例，來整理傳統文化典籍，乃至為復興優秀傳統文化，及其可能的創造性轉換，做一些有益的

---

①　或曰：前三王學（堯舜禹）與後三王學（夏商周，或夏禹－啟、商湯、周文－武）。於此不可簡單盲從疑古學派的觀點，而一筆抹殺中國上古史。很簡單，孔子、墨子、孟子等去古未遠，距離夏代在二千年之內，其談夏商周，正與今人談論漢代以來的中國歷史類似，可信者多。簡言之，兩千年前被時人尊稱為聖人的孔子，以及墨子等，乃至後來的孟子等，其對於之前“去古未遠”的歷史的言之鑿鑿的論述，竟然全不可信？吾不知其可也。

②　雖然對於《禮記》一書的成書年代頗多爭論。

探索。筆者的《四書廣辭》(包括本書《論語廣辭》與《孟子廣辭》①、《大學廣辭》、《中庸廣辭》)業已完成；至於是否要擴展到《十三經廣辭》，以及對於《荀子》、《墨子》、《莊子》等書的整理，都要再看情況。

　　附錄中的《論道：正名與分析》一文，亦是此意，又頗涉中國思想文化史或中國哲學史。筆者頗有意以同樣文風(文言)和思路，對中國傳統文化或古代哲學中的重要思想範疇，分別做一概念史或觀念史之分析，最終撰成《中國古代哲學範疇正名》一書。與此同時，又或將繼續撰寫《漢語語言哲學概論》或《漢語的語言哲學分析》一書，為中國哲學的研究，或中國思想文化的發展創造，做一些基礎性的工作。此是後話。

　　稍述寫作過程如下：

　　什麼時候發願撰寫《四書廣辭》乃至《十三經廣辭》，並有意識地進行閱讀等相應準備工作，現在已經不甚記得。但《論語廣辭》的撰寫，卻是從《孟子解讀》寫畢之後的 2019 年 12 月份就正式提上議事日程。2020 年 4 月中旬正式動筆，原計劃每天寫作十小節左右，兩個月便可告成。起初階段寫作速度較快，但後來越寫越慢，就調整為每天五小節；然而有時仍覺吃力，並且偶亦有他事耽誤，便只得暫停一天兩天。這樣遷延乃至於 2020 年 9 月 6 日寫畢。又修訂三四次，並在 2021 年 5 月下旬將書稿電子版提交給出版社。2021 年 7 月 31 日又寫畢"自序"、"凡例"與"附錄"(即《論'道'：正名與分析》)。

　　因為篇幅和時間的限制，關於此書的整體撰寫思路的說明，其他一些足資啟發的論述，以及其他一些想說或一時沒想起來說的話，在此無法全部納入，只能暫時割愛，將來有機會時，再予以發表或出版。

　　本書是在幾千年來歷代賢哲對《論語》苦心孤詣的研究積累的

---

①　即筆者已經出版的《孟子解讀》一書。

基礎上完成的。在此特別感謝他們(參見附錄參考文獻，尤其是主要參考書目一)，尤其是程樹德的《論語集釋》，為筆者的寫作提供了極大的便利。同時也希望筆者的這本小書，能夠為《論語》解讀或研究，做出一點小小的貢獻。當然，倉促之間，舛誤蓋亦在所不少，故亦冀世之博雅學者，有以指正，則幸甚。

感謝本書責任編輯錢震華先生，正是他的努力工作和妥善安排，使得本書得以早日面世。

最後抄錄筆者於 2021 年 8 月所撰一詩，作為此文之收束。本詩談及"天道"，正與儒家對於天道義理的關注相合，亦頗合於附錄《論道》一文之論述思路，原本想納入之而未遑，故今乃亦題名為"论道"——實則"道"中又有"情"在焉：

忽然平生獨來去，世上風雲曾看取。四季晴雨情相應，道是自然亦不然。

羅雲鋒

於辛丑年庚子月辛亥日(2021 年 12 月 29 日)

圖書在版編目(CIP)數據

論語廣辭/羅雲鋒著.

－－上海：上海三聯書店,2021.12

ISBN 978－7－5426－7573－6

Ⅰ.①论… Ⅱ.①羅… Ⅲ.①《论语》—译文②《论语》—注释 Ⅳ.①B222.2

中國版本圖書館 CIP 數據核字(2021)第 216428 號

論語廣辭

著　　者　羅雲鋒

責任編輯　錢震華

裝幀設計　陳益平

出版發行　上海三聯書店

　　　　　中國上海市漕溪北路 331 號

印　　刷　上海晨熙印刷有限公司

版　　次　2022 年 7 月第 1 版

印　　次　2022 年 7 月第 1 次印刷

開　　本　700×1000　1/16

字　　數　710 千字

印　　張　56.5

書　　號　ISBN 978－7－5426－7573－6/B・752

定　　價　98.00 元